当代学术文丛

儒家“熟仁”新探（上卷）

Rujia “Shuren” Xintan (shangjuan)

杨建祥/著

江西人民出版社
全国百佳出版社

目　录

上　卷

中 卷

下 卷

楔子

儒家“熟仁”的来龙去脉

在悠久的中国文化历史传统里，有个很有价值的承传，就是“熟仁”。儒家开启了这个传统。

所谓“熟仁”，用朱熹的话说，就是钻到仁里面，心身于仁，在仁里面滚来滚去、熟来熟去，就是对“熟仁”之“熟”的“工夫一境界”论考究。

“熟”，乃是中国文化里充满了想象力的“符号”，极富神蕴。出神入化，是由于“熟”；穷神知化，是到了“熟”；大而化之，是应验了“熟”。要问“熟”什么？熟底是“仁”。熟“仁”，这就构成了“熟仁”问题，而“熟仁”所要达到的最高境界，乃为“仁熟”矣。

追溯地看，出自于孟子“夫仁，亦在乎熟之而已矣”命题，采撷出意蕴深刻深远的“熟仁”概念，涵盖了“熟仁”之于“仁熟”的终极境遇和最高境界。

儒家之“仁”，需要世俗化、普世化、平民化。通过什么方式进行呢？一个字，通过“熟”。“熟仁”性质就来了。这一问题涵盖了儒家的来龙去脉。

这就需要做好两件事，一是理论上对“熟仁”进行阐述和建构，二是实践上去消化、实现这个“熟仁”。这两件事是一直伴随着儒学的造化问题。

“熟仁”，乃为儒家的原创性思想。自孔子开启了“熟仁”的方向，到孟子的高度概括和论证，完成了一个“圆圈”。到了宋明清之儒那一代，从二程到朱熹，从陆象山到王阳明，从张载到王船山，各自推进了孔、孟的“熟仁”集义,并形成了各自的思想“圆圈”。

站在前人的高度,一批具有实干精神的儒家,除了上面提及的这些人物之外,纷纷试图从行动中去印证、去实现,并在更新颖、更高级的层次和平台,使孔、孟以来的“熟仁”获得了新型格调,似乎达到了被应用和被验证化了的完整形态。

更为重要的是,透过儒家“熟仁”的来龙去脉,发现儒家“熟仁”理性的存在事实,这一理性之光,照耀人们的心灵深处,是堵塞“心魔”的一块坚石,更是走出“心魔”的必由之路。

透过中国文化的视野,也可以讲这么一句话,儒家的“熟仁”,在当代人的生活世界里,依然有效。时至今日,“熟仁”,还在进行中!

一、一个由来已久的话题

“熟仁”,乃为中国文化一个源远流长又极富意蕴的概念。凡事凡物皆有一“熟”字,可以透个底。“仁”与“熟”义,不是孔子凭空的创造,在他以前,中国人已经有“仁”与“熟”的不同表述。一部早于孔子、或言孔子所增、子夏所益的《尔雅》已言:“如切如磋,道学也;如琢如磨,自修也。”孔子称赞说:“‘尔雅’以观于古,足以辨言矣。”[1] 这里,可以推得,孔子提出的“仁”与“熟”义,一定受到了《尔雅》的启发。

这个儒家“熟仁”话题,是以孔子为“分水岭”的。也就是说,这里的“仁”,是以孔子提倡的“仁”为界限,可以作孔子前、孔子后两段截看。更为重要的是,经过孔子“仁”之形态所衍生的“革命”性转型,使这一古已有之的“仁”到了孔子那里,发生了华丽转升,以后中国人再谈及“仁”,基本不出孔子之“门”为规矩。[2]

1. 由“德”向“仁”的转升

有两个“由来已久”,即这个由来已久的话题,是紧密地联结着中国人对于“德”字的由来已久的执着信念和难以割舍的情感。这类特殊情结可以通过上古时代的作品获得着实照观。

孔子说过:“子所雅言,《诗》、《书》、执礼,皆雅言也。”[3]何谓“雅言”?按郑玄注:“读先王典法,必正言其音,然后义全。”雅言不仅是古代士族学校用语,而且是各地官吏办公、春秋战国时列国交往及商业往来的通用语,也即当时的“正音”或“官话”。据王充在《论衡·自纪篇》忆其童年八岁就学“书馆小僮百人以上”,表明东汉初年僻处东南的会稽学童教育已有如此规模。这些学校都是用雅言教学的,孔子教学六艺即如此。

此处引出这些话,一来表明儒家教育的历史悠久性质,二来,更重要的是,要关注到孔子教学使用的“教材”,这些“教材”有正统性、规范性、广泛性、可靠性,并且也或多或少影响到孔子提出“仁”与“熟”义的使然。这里,两本记载上古史料的文献《诗经》和《尚书》,对孔子提出“仁”、由“德”向“仁”的转升,甚有影响。可以关注的是,《诗》、《书》之共同性:

其一,以“德”为主线。一部《尚书》,直言“仁”字只有四处[4],仅在《仲虺之诰》直言其为居官之德:“克宽克仁,彰信兆民。”但此“仁”,仅属于“德”字下的执政素质而已:“惟王不迩声色,不殖货利。德懋懋官,功懋懋赏。用人惟己,改过不吝。克宽克仁,彰信兆民。”相反,综观《尚书》,出现的“德”字几乎涵盖之尽,其表述意蕴不尽相同,但必须挑明的是,这“德”字,更多的是凸现执政意义。

看这些表述:“俊德”、“惇德”、“敏德”、“明德”、“正德”、“允德”、“文德”、“大德”、“俭德”、“积德”、“施德”、“用德”、“敬德”、“成德”、“尚德”、“辅德”、“种德”、“观德”、“若德”、“度德”、“同德”、“树德”、“崇德”、“怀德”、“比德”、“好德”、“慎德”、“昭德”、“惟德”、“享德”、“衣德”、“中德”、“经德”、“在德”、“秉德”、“民德”、“容德”、“令德”、“懋德”、“天德”、“显德”等,可以悟出其中之理。

不仅如此,《尚书》中还不乏诸如“帝德”、“朕德”、“王德”、“公德”、“周公之德”等说法,更可想而知这个“德”字的价值取舍。而且,像《皋陶谟》之“九德”、《洪范》之“三德”、《咸有一德》之“德”论、《立政》之“德”论等,品味出的感觉,就是政治伦理的主轴。所谓“以德治国”,最早应渊源于此吧。有话为证:《太甲下》讲“德惟治,否德乱”;《大禹谟》讲“德惟善政,政在养民”,可能是“仁政”的最早表述;《仲虺之诰》讲“有夏昏德,民坠涂炭”、《召诰》讲“惟不敬厥德,乃早坠厥命”,是以“德”衡量治国得失之权重也。更有甚者,《大禹谟》讲“惟德动天,无远弗届。满招损,谦受益,时乃天道。”已经在把“德”与“天道”作了连接,使“德”上升到本体性地位。这些概述,无非是要印证:孔子之前,“德”字优势于“仁”字,或许“仁”字被“德”字涵盖;“德”字主要用途于政治伦理、主要关切于执政者层次。

一部《诗经》,直言“仁”字仅有两处,《齐风·卢令》出现一次:“卢令令,其人美且仁。”“仁,心美。”[5]这“心美”,还是“德”之意蕴。西汉毛苌传云:“卢,田犬。令令(音铃),缨环声。言人君能有美德,尽其仁爱,百姓欣而奉之,爱而乐之,顺时游田,与百姓共其乐,同其获,故百姓闻而说(音悦)之,其声令令然。”唐孔颖达疏云“卢令至且仁”。《毛诗正义》:“言古者有德之君,顺时田猎,与百姓共乐同获,百姓闻而悦之,言吾君之卢犬,其环铃铃然为声。又美其君,言吾君其为人也美好,且有仁恩。”还是言之可信。《郑风·叔于田》又出现一次:“叔于田,巷无居人。岂无居人?不如叔也。洵美且仁。”这个“仁”,指意为“爱人”:“言其能爱人。”[6]按俞樾云:“仁者,人也。以人意相存问之意,故其字从二人也。此章以仁称叔,见有叔则能以人意相存问,故巷有人。无叔则莫能以人意相存问,故巷无人也。”[7]这层意思被孔子的“仁者爱人”直接继承了。尽管本诗中的“叔”,有不同理解,或特指郑庄公之弟太叔段,[8]或非是特指,而指的是一般猎人。[9]同样,必须指出,《诗经》里的“德”字依然是其鲜活主题。一连串的“德”字,环绕在当时人们的生活世界里,即一种处处显为的含情脉脉之血缘人情世故中,所以在《诗经》,其“德”字包含的蕴意就不仅仅属于政治伦理和统治阶层的范畴了。

诸如这些表述:“德音莫违,及尔同死”、“百尔君子,不知德行”、“士也罔极,二三其德”、“彼美孟姜,德音不忘”、“三岁贯女,莫我肯德”、“厌厌良人,秩秩德音”、“公孙硕肤,德音不瑕”、“我有嘉宾,德音孔昭”、“民之失德,干餱以愆"、"群黎百姓,遍为尔德"、"乐只君子,德音不已"、"乐只君子,德音是茂"、"其德不爽,寿考不忘"、"显允君子,莫不令德"、"浩浩昊天,不骏其德"、"淑人君子,其德不回"、"淑人君子,其德不犹"、"匪饥匪渴,德音来括"、"辰彼硕女,令德来教"、"醉而不出,是谓伐德"、"既见君子,德音孔胶"、"之子无良,二三其德"、"无念尔祖,聿修厥德"、"乃及王季,维德之行"、"厥德不回,以受方国"、"成人有德,小子有造"、"帝迁明德,串夷载路"、"貊其德音,其德克明"、"比于文王,其德靡悔"、"帝谓文王,予怀明德,不大声以色"、"王配于京,世德作求"、"媚兹一人,应侯顺德"、"既醉以酒,既饱以德"、"显显令德,宜民宜人"、"威仪抑抑,德音秩秩"、"有孝有德,以引以翼"、"敬慎威仪,以近有德"、"怀德维宁,宗子维城"、"不明尔德,时无背无侧"、"抑抑威仪,维德之隅"、"有觉德行,四国顺之"、"颠覆厥德,荒湛于酒"、"无言不仇,无德不报"、"辟尔为德,俾臧俾嘉"、"温温恭人,维德之基"、"告之话言,顺德之行"、"申伯之德,柔惠且直"、"民之秉彝,好是懿德"、"人亦有言,德輶如毛"、"矢其文德,洽此四国"、"济济多士,秉文之德"、"于乎不显,文王之德之纯"、"不显维德,百辟其刑之"、"我求懿德,肆于时夏"、"穆穆鲁侯,敬明其德"、"明明鲁侯,克明其德"、"济济多士,克广德心"、"赫赫姜嫄,其德不回,上帝是依"、"佛时仔肩,示我显德行"等,可以悟出其中之义。

其实,翻开司马迁《史记》中与《诗》《书》记载的上古时代相一致的五帝、夏、商、周之本纪里,主要不以"仁"字而以"德"字记载诸帝出现,以及这类"德性"的细节。[10]

其二,《诗》《书》"并举齐称"问题。《诗》《书》并举齐称,可能出于彼此间有着共同的理念志向和共通的价值旨趣。这一点突出地表现为古人常以《诗》《书》中的"原话"来论证同一个观点。

《诗》《书》乃记载上古时代之作品,其材料的真实性极强,而且常在儒家文献甚或诸家文献里被引用、引证,又被视为儒家一以贯之的教材之一。更重要的是,在中国人的文化情结里,《诗》《书》常被"并举齐称",而且一直很有效的得到“诸家”叙述的连贯性之保存：

《(赵氏)孟子题解》:“治儒术之道,通五经,尤长于《诗》、《书》。”

《荀子·劝学》:“《诗》、《书》之博也。……顺《诗》、《书》而已尔。”

《韩非子·难言》:“时称《诗》、《书》,道法往古,则见以为诵。”

《淮南子·说山训》:“蹲踞而诵《诗》、《书》。”

《潜夫论·讚学》:“导之以《诗》、《书》。”

《忠经》:“夫定高卑以章目,引《诗》、《书》以明纲。”

《河南程氏遗书》:“《诗》、《书》,载道之文。”“《诗》、《书》如药方。”

《潜书·得师》:“其戒惩之言,具有《诗》、《书》。成王闻之熟也。”

这里,为什么要特意以《诗》《书》“并举齐称”来印证由“德”向“仁”转升的历史悠久性呢?比较信服的理由是:因为两书里有着对“德”之运作的共通观念、价值。

《左传》襄公二十五年:“君子之行,思其终也,思其复也。《书》曰:‘慎始而敬终,终以不困。’《诗》曰:‘夙夜匪解,以事一人。’”

《孟子·公孙丑上》:“祸福无不自己求之者。《诗》云:‘永言配命,自求多福。’《太甲》曰:‘天作孽,犹可违;自作孽,不可活。’此之谓也。”(注:《太甲》系《尚书·商书》之一篇名)

《荀子·正论》:“传曰:‘恶之者众则危。’《书》曰:‘克明明德。’《诗》曰:‘明明在下。’故先王明之,岂特玄之耳哉!”

《说苑·君道》:“齐宣王谓伊文曰:‘人君之事,何如?’伊文对曰:‘人君之事,无为而能容下。夫事寡易从,法省易因,故民不以政获罪也。大道容众,大德容下,圣人寡为而天下治矣。《书》曰:“容作圣。”《诗》人曰:“岐有夷之行,子孙其保之。”’宣王曰:‘善。’”

《呻吟语·谈道》:“理道之天是先天,未着阴阳五行以前,纯善无恶。《书》所谓‘惟皇降衷,厥有恒性。’《诗》所谓‘天生烝民,有物有则’,是也。气数之天是后天,落阴阳五行之后,有善有恶。《书》所谓‘天生烝民,有欲’,孔子所谓‘惟上知与下愚不移’,是也。孟子道性善,只言个德性。”

《潜书·用贤》:“《书》曰:‘恭作肃,从作乂,明作哲,聪作谋,睿作圣。’《诗》曰:‘国虽靡止,或圣,或否;民虽靡膴,或哲,或谋,或肃,或艾。’此五者,人之恒德,生而各具。”

所引这六条并非凑合,隐约于其中的,是可以发现“德性”之运作中的“娴熟”之处,尽管其中所讲之氛围,主要还是囿于政治伦理和道德实践。程子言:“《诗》、《书》如药方”,[11]这一“药方”,同样应验于“德性”之运作中的“娴熟”问题。这里,势必要引申出《诗》、《书》中“德”字的共通性问题。

其三,共通性问题。《诗》、《书》中的共通性问题,如果聚焦孔子之所以用心于“仁”上的细腻,即由“德”向“仁”的转升中有三处很值得研判:

第一,《诗》、《书》之“德”字,其分量之重,似乎都确认于统治阶层的个体性所具有。“德”,主要环顾于帝、朕、王、公、君、臣一类;在《诗》、《书》记载的年代,或甚再早,“仁”之地位不仅低于“德”,而且具备之主体也低于“德”一层。以晋皇甫谧撰的《帝王世纪》为基础的《续补》里,记载殷汤与伊挚的一段对话,足以见证这里的观点。殷汤问伊挚:“古者立三公九卿大夫元士者何?”古人设立“三公、九卿、大夫、元士”究竟为了什么?伊挚回答:“三公以与主参王事,九卿以参三公,大夫以参九卿,元士以参大夫。故参而又参,是谓事宗。”“三公、九卿、大夫、元士”又各自如何行事呢?伊挚点到症结:“三公之事常在于道”、“九卿之事常在于德”、“大夫之事常在于仁”、“元士之事常在于义”,结论就是:“道德仁义定而天下正矣。”伊挚所答,几近涵盖了《诗》、《书》“德”字的“分量之重”。“道德仁义”,首先属于“三公九卿大夫元士”,其次,还有次序规定。在这样的“德”字氛围里,孔子了不起的地方,正是在于让这个“德”还原于“民间”,并且,通过“仁”去娴熟地实现这个“德”。所以,儒家之“德”,从此就不仅仅为“统治阶层的个体性”所独有,也是“民间”的传统。虽然《诗》、《书》里并不抹杀也不淡化这个传统,但是,通过孔子的“仁”,使得其更具活力性、鲜活性、关系性。儒家之“熟仁”,就以孔子这个努力为起点、为标志。

第二,《诗》、《书》之“德”字,略带神秘感。孔子试图以“仁”字,使其获得消解和脱离。怎么说来呢?《尚书》里有“天德”之称,《诗经》里有“其德不回,上帝是依”的警句,是足以引起这类“神秘”感的。其实,这一“德”字中的“神秘”感,却是《诗》、《书》那个时代的真实写照。刘泽华先生评价殷人的“德”字:“殷代关于德的观念受敬天、尊祖思想的支配。所以,德首先是一个宗教观念。当然也包括人事。”[12]此话有理。所谓“德首先是一个宗教观念”,就蕴涵了这个“德”字的“神秘”感了。至于到了周人、周公那里,“周把‘天’与‘上帝’同指”,“周公继承了殷代上帝至上的信念,但有修正,主要点是:唯命不于常,唯德是授。”[13]借此,周公完成了由“天”到“德”、由“德”到“天”的转化与内接,所谓“天德”之“天”,就成了“德”字最具政治道德效率的宗教性保证。宗教、宗法、血缘、政治、道德、社会、秩序等,皆连成一体,在一个“天德”的罩壳内,一切存在的根据都在其中。这个“德”,会说是不神秘吗?所以,孔子罕言“性与天道”,而且以实际存在的、活生生的“仁”来讲“德”的实现,就丝毫没有“神秘”之感了。

第三,《诗》、《书》之“德”字,带有“熟”性。对此,孔子引以承之,获益匪浅,发扬光大,建树创新。以上所引《诗》、《书》之“德”,若细细品味,其底蕴可能就是“熟仁”之道、之术的节次。《尚书》讲的“显德”、《诗经》讲的“既饱以德”,被孔子及后儒们尽情发挥到“熟仁”之边界,譬如,以娴熟运作孔子之“仁”而推至于“仁政”的孟子,就是与《尚书·大禹谟》讲的“德惟善政,政在养民”、“正德,利用,厚生,惟和”甚有渊源。再譬如,《孟子·告子上》记孟子所言:“《诗》云:‘既醉以酒,既饱以德。’言饱乎仁义也”,一种深切的“熟仁”之感,不禁油然而生!当然,至于《诗经》中的“德”之“熟”细节,孔子汲取了更多,又有更实际的运作,这在孔子的“熟仁”观里会专门细述。站在儒家立场去研判,这个《诗》《书》在“德”字上的“熟”性问题,很显然,“德”包含了“仁”,也蕴涵了“熟仁”之节次,尤其在《诗经》的篇章里,获得了孔子和后儒们的极大兴趣与张扬,道理就在于此。

孔子由“德”向“仁”的转升,必须提出这个孔子之差异性见解,即“德”与“仁”的次序关系。这句话便记在《论语·述而》:

“子曰：‘志于道，据于德，依于仁，游于艺。’”

朱熹释谓：“志者，心之所之之谓。道，则人伦日用之间所当行者是也。知此而心必之焉，则所适者正，而无他岐之惑也。据者，执守之意。德者，得也，得其道于心而不失之谓也。得之于心而守之不失，则终始惟一，而有日新之功矣。依者，不违之谓。仁，则私欲尽去而心德之全也。功夫至此而无终食之违，则存养之熟，无适而非天理之流行矣。游者，玩物适情之谓。艺，则礼乐之文，射、御、书、数之法，皆至理所寓，而日用之不可阙者也。朝夕游焉，以博其义理之趣，则应务有余，而心亦无所放矣。”[14] 按朱熹解释，这“德”与“仁”的关系，孔子想要说明的，正是通过“仁，则私欲尽去而心德之全也。功夫至此而无终食之违，则存养之熟”而已。也就是说，“德”性的普天光照是通过人性中的“仁”性去实现。“仁”性的生长就是德性的历练和成熟。也可另称为“仁者，心德之全也、之熟也。”

这“道—德—仁—艺”之关系次序，不能颠倒曲解，否则便没有那“仁”性的生长与德性的成熟。按朱熹对此段做的结论，意思正是：“志道，则心存于正而不他；据德，则道得于心而不失；依仁，则德性常用而物欲不行；游艺，则小物不遗而动息有养。学者于此，有以不失其先后之序、轻重之伦焉，则本末兼该，内外交养，日用之间，无少间隙，而涵泳从容，忽不自知其入于圣贤之域矣。”[15] 所谓“依仁”，就是“德性常用”，也是“德行”砥砺，这正是“德性”之“熟”的实现（即“熟仁”）；也就是在这样的过程里，人才可以完全彻底地把握住自我。以朱熹释孔子“仁以为己任”一句作“旁证”，似可领得其中真谛：“仁者，人心之全德，而必欲以身体而力行之”，是矣。

在此，提出孔子这一“华丽”转升的几个赋予价值性的特殊研判：

（甲）孔子之“仁”，不仅是个人的，更是社会中的，是一种关系意义中的“熟仁”。

（乙）孔子之“熟仁”，不仅是“心”里的，也是身体力行的，是活生生的、鲜活的生命活动。

（丙）孔子由“德”向“仁”的华丽“转升”，是升至为更具共通性、关系性、鲜活性的"仁"上,去囊括德性、德行运作的娴熟"机制",这就是"华丽"之所在。

2. 从《说文·人部》之"仁"说开

现在,要集中对孔子之"仁"(由"德"向"仁"之"仁")来作一些考辨性追究功夫,以便梳理出儒家"熟仁"之来龙去脉的核心要件。这里,要引进《说文·人部》释的"仁":"仁,亲也,从人、二。"

从中华文化的历史状况看,华夏文化应属于世界文明史中相当"早熟"的产物,而中国人早熟的文明成果,完全可以集中在这个"仁"字上。尽管从词源学的考古看,"德"字早于"仁"字。[16]

学界一般认为,"仁"的概念大约起于西周后期。至东汉许慎撰编的《说文解字》,作为中国第一部系统的分析字形和考究字原的字书,才第一次以"仁,亲也,从人、二"来定义、规范"仁"字。把西周以来、当然也包括孔、孟之"仁"的意义,囊括其中。

这里,对西周以来的"仁"字与孔、孟之"仁"字的同异作些许彰显,会深入于儒家"熟仁"之中轴,获得总括性的指导意义,即"仁"更主要的是反映人对己、对人、对社会的关系。

其一,西周后期。西周末期与春秋之际,记载这段历史的文献当属《左传》与《国语》甚为可靠。其中出现的"仁"字,总体上似乎还停留在《诗》、《书》的水平。但仔细品味,已经显示那个时代特征,即"仁"散射出某种"关系"的一种新观念之水准。这里,有两个方面反映这样的水准。

第一个方面,这个"仁"字具有政治关系、伦理关系的多维性质。按刘泽华先生的分类,分为九种,即尊礼为仁,尊君命、利公室为仁,利国、利众、保民为仁,能让国为仁,杀无道、立有道为仁,爱人为仁,德、正、直三者具备为仁,守志不变为仁,功利为仁。[17]这其中,有些是进步的,有些被孔子及其后儒们得以继承与张扬。[18]

第二个方面,仍然是以"德"字、"礼"字优于"仁"字的价值取向。这个研判,完全可以从《左传》得到印证。这不仅表现为"德"字、"礼"字出现的频率远超于"仁"字,更重要的是君臣们常以"德"字、"礼"字来论证当时天下的秩序。所谓"纲举目张"式的指标性语录,仅以《左传》记录,似乎"铁证如山":

○隐公十一年:

"礼,经国家,定社稷,序民人,利后嗣者也。许无刑而伐之,服而舍之,度德而处之,量力而行之,相时而动,无累后人,可谓知礼矣。"

"恕而行之,德之则也,礼之经也。"——"恕",孔子解释为:"推己及人"、"己所不欲,勿施于人",就是"熟仁"运转。在《左传》,也没有以一"仁"字概括。当然,对之置于"德之则"、"礼之经",还达不到孔子"仁"之境界。

○僖公七年:

"招携以礼,怀远以德,德礼不易,无人不怀。"

"德、刑、礼、义,无国不记。"

○僖公二十七年:

"礼、乐,德之则也。德、义,利之本也。"

似乎"仁"就不具其中了,当然,相应的,在"德"与"礼"的关系里,"仁"似乎显得稍逊一筹。

其实,在《左传》,的确还存在孔子后来对"德"与"仁"关系中张扬出来的一个话题,即以"仁"显"德",只不过《左传》是不自觉的。僖公十四年:"背施,无亲;幸灾,不仁;贪爱,不祥;怒邻,不义。四德皆失,何以守国?"况且,在颂扬"德"字的条目里,《左传》的作者似乎用心于"仁"之精神,只不过没有使用"仁"这个字:

○隐公三年:"君义,臣行,父慈,子孝,兄爱,弟敬,所谓六顺也。"

○隐公十一年:"不度德,不量力,不亲亲,不征辟,不察有罪,犯五不韪,而以伐人,其丧师也,不亦宜乎?"

○庄公六年:"不知其本,不谋;知本之不枝,弗强。《诗》云:'本枝百世。'"

○庄公二十七年:"夫礼乐慈爱,战所畜也。夫民,让事、乐和、爱亲、哀丧,而后可用也。”

〇僖公二十四年:“庸勋、亲亲、昵近、尊贤,德之大者也。”

这些说明性的例句表明,到了孔子的时代,或有说是到了重神向重人的转折时期,“仁”及其蕴涵的“熟仁”,似乎经历了许久的岁月,已经开始“发酵”,并且从含义和意义里,又开始奔向了更多、更实在的活生生的人世间,使孔子、孟子从中提炼出相应的“熟仁”,提供了历史转折的深度背景和广阔前景。

其二,孔、孟之“仁”字。“仁”之核心要件经过这两位哲人的“仁”字定义获得基础性定位。孔子具有连贯性的“仁”之精神,即“仁者爱人”、“推己及人”、“己所不欲,勿施于人”、“立人而达人”,到孟子的“仁者,人也”、“仁,人心也”、“夫仁,亦在乎熟之而已矣”之命题,已经基础性地勾勒出“仁”之关系性的定式与转向,也使整个儒家哲学的发展,随着“仁”到“熟仁”的展开,深刻地带上了如此特征:重现实走向重关系、重人生走向重道德、重伦理走向重秩序、重生成走向重知行、重境界走向重工夫。

凸显这个“走向”的次序性,这里,姑且以孔子“熟仁”之精神作下面提纲挈领之叙述,以铺开这“走向”的趋势:

孔子言:“未能事人,焉能事鬼?”“未知生,焉知死?”[19]这是孔子再明显不过的对于重现实、重人生、重现实人生的研判;而现实的又是“关系”中的,它就是通过“礼”来表示和约束,这叫“约之以礼”:“人而不仁如礼何?”[20]“不能以礼让为国,如礼何?”[21]这里的“礼”,乃为孔子心目中的伦理纲常,更是维系人与国家、人与社会、人与生活世界的“秩序”保障;“民兴于仁”[22],“后进于礼乐,君子也。”[23]人民只有习惯于“仁”,天下才能兴旺于“仁”,君子只有“后天”不断地历练于“礼乐”,才能生成出成熟的君子呀!这“习惯”、这“历练”,是心身之统一,是知行之统一,是在“熟仁”中的统一;“君子成人之美”[24],“善人之道”[25],“仁之方也已”[26]。需要达到的“成人”与“善人”,即在“仁熟”境界里的,如何到达之,即在“熟仁”工夫里的。

说得更实在、更具体些,这般特征正是与这般“熟仁”到“仁熟”,是紧密地联结着。由于“仁”,孔子发现了人;由于“熟仁”,孔子发现了人文的世界和价值的世界,现实的世界就是如此这般的世界。而儒家哲学意义上的形而上的努力,可以通过“仁”的人文性和价值性,获得“熟仁”与“仁熟”!

其三,孔子始终以这样的“仁”作优于“德”字的思考。正如对“志于道,据于德,依于仁,游于艺”的朱熹之释里,看到这个事实,即孔子对“德”的关注,是切入于“仁”是“德”的实现为鹄的,所以,在《论语》,孔子对于“仁”的关注度、解释度,远大于对待“德”字。综观《论语》,“仁”字出现109次,而“德”字出现只有36处,其中,孔子所言之“德”,除了“据于德”外,尚有25处。《论语》中,只有“问仁”处,没有“问德”处(即便《颜渊》所记:子张问“崇德辨惑”;樊迟问“崇德修慝辨惑”,也算不上专属“问德”之句型)。这25处“德”字,除了“中庸之为德”和“主忠信,徙义”,其余孔子均没有作细节性说明。“德”字似乎成了个价值判断。至于什么是谓“德”,间接的回答可以找得到,但直以答之的规定,却悉据甚薄。即便朱熹注释,也有如此之感。这25处“德”字,结合朱熹《四书章句集注》之解,不妨印证如下:

《为政》:“为政以德,譬如北辰,居其所而众星共之。”——《集注》释谓:“德之为言得也,得与心而不失也。”

《为政》:“导之以德,齐之以礼。”——《集注》释谓:“德礼则所以出治之本,而德又礼之本也。”

《里仁》:“君子怀德,小人怀土。”——《集注》释谓:“怀德,谓存其固有之善。”

《里仁》:“德不孤,必有邻。”——《集注》释谓:“德不孤立,必以类应。”

《雍也》:“中庸之为德也,其至矣乎!民鲜久矣。”——《集注》释谓:“中者,无过无不及之名也。庸,平常也。至,极也。鲜,少也。言民少此德,今已久矣。”

《述而》:“德之不修也,学之不讲也,闻义不能从也,不善不能改也,是吾忧也。”——《集注》释谓:“伊氏曰:‘德必修而后成,学必讲而后明,见善能徙,改过不吝,此四者日新之要也。苟未能之,圣人犹忧,况学者乎?’”(注:

朱熹却没有己注。下面也有此类注释法,不一一特指。)

《述而》:"天生德于予,桓魋其如予何?"——《集注》释谓:"魋欲害孔子,孔子言天既赋我以如是之德,则桓魋其奈我何?"

《泰伯》:"泰伯,其可谓至德也已矣。"——《集注》释谓:"至德,谓德之至极,无以复加者也。"

《泰伯》:"周之德,其可谓至德也已矣。"——《集注》释谓:"范氏曰:'文王之德,足以代商。天与之,人归之,乃不取而服事焉,所以为至德也。'"(注:"至德"与上句意相同)

《子罕》:"吾未见好德如好色者也。"——《集注》释谓:"谢氏曰:'好好色,恶恶臭,诚也。好德如好色,斯诚好德矣,然民鲜能之。'"

《先进》:"德行:颜渊,闵子骞,冉伯牛,仲弓。"——《集注》释谓:"弟子因孔子之言……而并目其所长,分为四科。孔子教人,各因其材,于此可见。"

《颜渊》:"主忠信,徙义,崇德也。"——《集注》释谓:"主忠信,则本立;徙义,则日新。"

《颜渊》:"君子之德风,小人之德草。草上之风,必偃。"——《集注》释谓:"为政者,民所视效,何以杀为?欲善则民善矣。"

《颜渊》:"先事后得,非崇德与?"——《集注》释谓:"先事后得,犹言先难后获也。为所当为而不计其功,则德日积而不自知矣。"

《子路》:"子曰:'南人有言曰:"人而无恒,不可以作巫医。"善夫!'不恒其德,或承之羞。'子曰:'不占而已矣。'"——《集注》释谓:"南人,南国之人。恒,常久也。巫,所以交鬼神。医,所以寄死生。故虽贱役,而犹不可以无常,孔子称其言而善之。此《易·恒卦》九三爻辞。承,进也。复加'子曰',以别《易》文也,其义未详。"

《宪问》:"有德者必有言,有言者不必有德。"——《集注》释谓:"有德者,和顺积中,英华发外。能言者,或便佞口给而已。"

《宪问》:"君子哉若人!尚德哉若人!"——《集注》释谓:"(南宫适之意盖)以禹、稷比孔子也。故孔子不答。然适之言如此,可谓君子之人,而有尚德之心矣，不可以不与。故俟其出而赞美之（是赞美孔子的话）。”

《宪问》：“骥不称其力，称其德也。”——《集注》释谓：“骥，善马之名；德，谓调良也。”

《宪问》：“或曰：‘以德报怨，何如？’子曰：‘何以报德？以直报怨，以德报德。’”——《集注》释谓：“德，谓恩惠也。言于其所怨，既以德报之矣；则人之有德于我者，又将何以报之乎？于其所怨者，爱憎取舍，一以至公而无私，所谓直也。于其所德者，则必以德报之，不可忘也。”

《卫灵公》：“由，知德者鲜矣。”——《集注》释谓：“德，谓义理之得于己者。非己有之，不能知其意味之实也。”

《卫灵公》：“已矣乎！吾未见好德如好色者也。”——《集注》释谓：“叹其终不得而见矣。”

《卫灵公》：“巧言乱德。小不忍则乱大谋。”——《集注》释谓：“巧言，变乱是非，听之使人丧其所守。”

《季氏》：“夫如是，故远人不服，则修文德以来之。”——《集注》释谓：“内治修，然后远人服。有不服，则修德以来之，亦不当勤兵于远。”

《阳货》：“乡原，德之贼也。”——《集注》释谓：“乡者，鄙俗之意。原，与愿同。乡原，乡人之愿者也。盖其同流合汙以媚于世，故在乡人之中，独以愿称。夫子以其似德非德，而反乱乎德，故以为德之贼而深恶之。”

《阳货》：“道听而涂说，德之弃。”——《集注》释谓：“虽闻善言，不为己有，是自弃其德也。”

所引25处孔子之言，加之朱熹注释，似乎未有感觉，这些是孔子对于“德”字的所谓“定义”，相较而言，全不如对于“仁”字的多维度之定义。当然，不是说找不出孔子对“德”的具体规定。即如《阳货》中的“能行五者”（恭、宽、信、敏、惠）、“六言六蔽”（好仁、好知、好信、好直、好勇、好刚）等，只不过这里想要证实的，无非就是在孔子那里，“德”与“仁”的优势性问题。尽管孔子之“德”字，还留有较浓厚的上古之遗风、《诗》《书》之痕迹。同样，如果综合地看待《论语》中孔子在“德”字上的关切以及以“仁”显“德”的执著和洞察,还是隐约可见孔子“德”字之用心和细腻。[27]在相当程度里,也可纳入于其“熟仁”的系列里;如果放置于“从人、二”之关系里去看待这个“德”、这个“仁”,这个以“仁”显“德”,孔子开启的“熟仁”路径、路数,或许更使这儒家之“德”、乃至中国文化意义之“德”,显得丰富多彩、深刻又具体了。

3. 分量与掂量

从由“德”向“仁”的转升到从《说文・人部》之“仁”说开的理由,必会注意到儒家“熟仁”中的“分量”。“德”到“仁”、“仁”到“熟仁”,一切的过程不断趋向于向“重人”、“重社会”转变。而且,伴随着“熟仁”,使儒家哲学不断演绎、嬗变、进化,从而发生、发展出了“熟仁”与儒家哲学的基本问题以及由此决定、产生的基本精神的不可分割的内在联结。由这一在儒家体系中占有着不同寻常的“分量”,势必之,在这样的所谓“内在联结”里,“仁”又不断地获得了某种“世俗化”。就是这个所谓的“‘熟仁’经历了世俗化”的问题,才最终使得儒学除了“一统天下”之外,又直接或间接地使得孔子、孟子开启的“仁”与“熟仁”,成为中国人、中国文化的经典“符号”。这就是整个儒家“熟仁”中的急需“掂量”处。

言简意赅地说,一方面,儒家哲学的基本问题,可以看作是:以“仁”为基础的,以“人”为指向的,针对个体与群体、个人与社会的关系问题,并由此衍生出成己与成人、修身与事功的两对矛盾。儒家哲学试图通过“熟仁”与“仁熟”来有效处理这个基本的关系问题及其带来的两对矛盾,最终实现儒家的崇高意志和神圣理想。所以,在这个蓝图和景致里,儒家之“仁”,当包括儒家之理想,就不再是个所谓的“乌托邦”。儒家的理想,修身齐家治国平天下,就是通过永无止境的“熟仁”来实现。由孔子开始确立的“德”与“仁”之关系,可以被印证的事实是:“德”性的普天光照是通过人性中的“仁”性去实现。“熟仁”,乃是实现儒家“以德服人”、“以德治国”的必经之路。

另一方面,儒家的基本精神——由儒家哲学的基本问题决定和衍生的,可以由以下诸“重”所契合:重现实、重关系、重人生、重道德、重伦理、重秩序、重生成、重知行、重工夫、重境界。如果更严格地从学界都比较一致公允的儒家哲学属于伦理实践型哲学的意义中来看待这些所谓的"重"，必须要掂量出儒家（基于人在自然中居于优势地位的）重视和谐问题、入世主义、追求整体价值取向、讲究内圣外王、追求形上学境界。在此基础上，儒家结出的"果实"诸如成人思想、道义至上、经世致用等，均在"熟仁"的环节里获得特殊的过程和价值。并且，在"仁之熟"的一般意义里去寻求实现儒家的基本精神。这幅图景就是：

"熟仁"，做人要求熟、做官要求熟、做事要求熟、做学问要求熟，此"熟"，已经成为一种特定的方法论。"熟仁"，儒家的学说，是理论的，更是实践的学问。"熟仁"，从孔子的开启到孟子的提炼，具生出生存与审美的价值统一。"熟仁"，最突显的是儒家的理论和实践的结合性质。其"熟仁"逻辑，演绎出的，恰是构筑起一幅"熟仁"的实践图景。

这里，需要预先给出结论性申辩的是：我们将在更高的层次上，掂量出儒家"熟仁"之辨的方向、途径、目标、理念以及在儒家思想中的地位和作为，在"做人—做官—做事—做学问"的四位一体架构里，最集中地展示了儒家"熟仁"之精华，并且有独到的优点、有独特的精蕴。中国历史上，凡有所成就之人，皆与"熟仁"结下渊源，而且在"熟仁"诸方面，似乎都有一番别致意味的体验和深究。总结这些人物的"熟仁"观念，对于梳理出儒家"熟仁"的历史和实践，就可以有所预期而有真实性可言了！

诚然，必须把"熟仁"放置于儒家的基本问题与基本精神中去考量。它似乎统贯了中国上下两千多年的一部封建史。其实，说得再近些，迈入现代化以来的中国，仍然深受其影响。自孔子开启的儒家，便一开始关注的，就是以血缘宗法等级社会中的人为出发点，针对个体与群体、个人与社会的关系问题，力求娴熟地处理性情与礼教、修身与事功的矛盾，从而去塑造出立德、立功、立言的"三不朽"之圣人。由此，也决定了儒家的基本精神必须是渊源在重伦理道德、重入世有为、重现实秩序。这一切的过程，似乎在儒家设计的"熟仁"与"仁熟"的轨迹里，获得最优化的结合，那个中国人所谓的"工夫说"

与“境界说”,在此中有效地合二为一了。由此,也就间接地规划出“仁”之世俗化的必然趋势和特定走向。

二、“仁”之世俗化问题

儒家“熟仁”,指归在使带有精英品位的“仁”走向平民化、大众化或谓一种普世化的过程。细细咀嚼到这一来龙去脉的端倪之处,首先就会应验出的基本血脉是:“熟仁”源于何处、又归于何方的这一“仁”之世俗化的本质。

1.“一体二面”之性质

在中国人的思想传统里,唯儒家对“仁”问题情有独钟,提供了极为丰富的“仁”论,自孔子开启儒家“仁”之话题以来,吸引了无数思想家殚精竭虑、思深忧远、穷竭挖掘“仁”之精髓、“仁”之实现。于是,渐渐生成了儒家的“熟仁”与“仁熟”的“一体二面”。

所谓“熟仁”,是指如何把握“仁”、做到“仁”、实现“仁”,去“熟”之,就必成题中之意了;所谓“仁熟”,是指依“仁之方”而把握住了、做到了、实现了这个“仁”,能够娴熟地达到做人做官做事的“仁”之最高境地。也就是说,“熟仁”,意在凸显其对于“仁”的如何获得与践履,具有方式、途径、手段诸取向;“仁熟”,意在凸显其至仁于熟的最高目标、最高境界,即经过“熟仁”而止的“仁熟”。所以,在儒家,特异“精义熟仁”与“义精仁熟”之说法,可能就蕴涵了此中之别。

这就构成了“世俗化”问题的方向性思考。重要的是,儒家切中的主题,重心是放在“熟仁”,为什么?因为“仁熟”是因“熟仁”而来,而且说到“仁熟”,那一定已是蕴涵了“熟仁”的历练,凸显“熟仁”之价值,就自不当言了。本研究切入“熟仁”主题,试图阐述出儒家“熟仁”在“仁”之世俗化体系中的努力,是对孔子以来儒家“仁”的思想至今非常重要的一类建树。

这类建树是通过一系列的“熟仁”节次而致以完善。“熟仁”与“仁熟”,构筑了工夫说与境界说之统一;仅以朱熹对“熟”之分类的表述,即所谓的

“仁熟”、“生熟”、“习熟”、“渐熟”、“教熟”、“自熟”、“活熟”、“益熟”、“纯熟”、“精熟”、“透熟”、“烂熟”、“处熟”、“成熟”、“泥熟”等话语，就足以触发“熟仁”之“熟”的方法论（“工夫”说与“境界”说之统一的）神韵，更成为使“仁之熟”转之以世俗化、普世化、平民化进程中一座标志性的里程碑。当然，不以“熟”字出现且浸透着“熟仁”之精髓的范畴，诸如儒家、乃至中国人习以为常的说法有“学”、“习”、“思”、“识”、“知”、“行”、“立”、“养”、“敬”、“大”、“化”、“精”、“神”、“悔”、“恒”、“备”、“中正”、“主静”、“规矩”、“道义”、“克己复礼”等话语，皆有着深层次的“熟仁”之血脉流畅。走向“世俗化”，无非经历于此。

2.“世俗化”体系之逻辑

“熟仁”，乃为儒家的原创性思想。“仁”，到了孔子那里，获得了重大发展。而“熟仁”，无疑成为这一进程中的里程碑。正是孔子开启了“熟仁”的方向，到孟子的高度概括和考辨，完成了一个“圆圈”。“熟仁”到了宋明理学，经历了从二程到朱熹，从陆象山到王阳明，从张载到王船山，极大地推进了孔、孟的“熟仁”集义，其实，这些所谓的“推进”，均在一个个更新更高的层面，进行了充分的阐发和提炼，形成了若干个“圆圈”。再经过明清二代儒家“实学”意义上的洞察和推行，使儒家“熟仁”获得了行动哲学的深刻内涵。至此，儒家“熟仁”达到了理论体系和实践应用互为彰显、交相辉映的完整形态。

“熟仁”，这一中国文化里的真实话题，从其成立之始就充满着对“仁”之“世俗化”的倾向，凡事凡物，皆有“熟”字上的细考细究，才可透个底。其实，早于孔子之前，“仁”需“熟”之，已经有述。譬如，前已提到的早于孔子的《尔雅》已有“如切如磋，道学也；如琢如磨，自修也”，就蕴涵了“熟仁”腔调。故孔子也会有“‘尔雅’以观于古，足以辨言矣”之感慨。[28] 但令很多研究孔子的学者忽略的是，孔子意在阐述的是“熟仁”，是承继渊源，更有廓清开拔之胸襟。后儒皆为孔子所动忱，开始漫长的“熟仁”之旅：既有理论的建树，又有实践的推行。至今,“熟仁”仍在中国人的心目中环绕不已又挥之不去——尤其是那个“仁”、那个“熟”!

实际的逻辑,就反映在这样的事实里:

其一,“熟仁”,做人要求熟、做官要求熟、做学问要求熟。此“熟”,已经成为一种特定的方法论。其实,在儒家那里,做人、做官、做学问,本身就是一回事。做人是做官的基础,做学问是为了更好地做人,所以儒家“熟仁”之用心,归根结底,就是放在做人方面,可谓成人之道。但是,儒家的论证,又显得相当宽泛,是立体型和多向性的结合,即通过论证做官和做学问之“熟”,进一步深化儒家“熟仁”思想的做人重心。

其二,“熟仁”,儒家的学说,是理论的,更是实践的学问。孔子的最初定位,已经凸显了“熟仁”之实践功能。这也就是“做事要求熟”的旨归。“仁”是做人的原则、治国的方略、学问的大纲,而“熟仁”,恰恰就是把这样的原则、方略、大纲坚定地贯彻于行动之中,不断的锻炼和造化自身,以适应社会,合理解决与他人、与社会的关系。理论是为实践服务的,做人是要实现社会目的。因此,儒家不是理论来理论去,空洞抽象的对待“熟仁”问题。此中,也彰显出儒家“入世”精神的画面。

其三,“熟仁”,从孔子的开启到孟子的提炼,理论上为做人之道奠定了特定方向,具有生存论与真、善、美的价值统一。这就为儒、道两家在这方面的融合,埋下了“伏笔”,也为后儒的“熟仁”发挥,提供了极为丰富的“源地”。原始返终,儒家“熟仁”思想经过了特定方向上的价值性考验,在言行事迹、辞章命题、书籍文献里,不乏在孔孟之“源地”里开花结果,使“熟仁”在做人、做官、做事、做学问诸方面,获得了值得称道的“成就”。因此,翻开一部儒家思想集或人物集,“熟仁”,是最具生命力的理论、是最具感召力的行动、是最具引导力和与之匹配的风向标。

“仁”是儒家的最高理想,“熟仁”是实现“仁”的必经通道。通过“熟仁”,发现儒家的理论与实践具有的结合特质。这一点,正是“熟仁”之优越性,也可称为儒家思想里的“奇葩”。我们发现,儒家思想最具代表性的人物,都在一定程度上论述过“熟仁”问题,而且儒家一系列问题在不同程度上与“熟仁”有关联。展开儒家“熟仁”逻辑,演绎和诠释出的“仁学”之用,与做人、做官、做事、做学问天然“凑泊”,构筑出一幅生动的“熟仁”实践图景。

儒家“熟仁”之逻辑,是极为细腻和精致,掂量出儒家“熟仁”之辨的理念、方向、目标、途径、功能、作为,可以整体性地领略又具体性地把握儒家“熟仁”之道的宏观性和微观性。再往深层次看,儒家思想中凡牵涉到做人、做官、做事、做学问等问题,无一不与“熟仁”结下渊源。更宽泛地说,中外历史上凡有所成就之人,似乎都会沉浸一番对于“熟仁”特有的感情和深意。当然,即便不至于“熟”所留下的遗憾,也算是一份对于“熟仁”之渴望吧。这也表明人世之不易,包括人生之艰辛、学问之艰深、仕途之艰难、江山之艰守,盖与“熟仁”须结缘。所以,总结这样的思想、展示这样的人物、提炼这样的观念、弘扬这样的精神,对于梳理出儒家“熟仁”思想的历史和实践,同样可以有所期待而有真实性、现实性可言了!

3. 线索与脉络

研究纵贯儒家中的“熟仁”词汇与思想,本书采撷了自孔子以来近千年的儒家言行之跡,发现如下“熟仁”之重要命题、辞章、人物、事实。

甲:从孔孟“熟仁”之发端,中经董、韩、王追求“熟仁”之效率,使“熟仁”到了宋明理学获得了极大的申辩与张扬,途经二程、张载、朱熹、象山、献章、阳明、船山,儒家“熟仁”有了自身特有的内涵和逻辑,哲学史上的“圆圈”似是积淀。[29]

其一,孔子。孔子开启了儒家“熟仁”观。其原创性话语勾勒出“熟仁”之定向。三句名言集孔子“熟仁”之智慧:“君子无终食之间违仁,造次必于是,颠沛必于是”;“博学而笃志,切问而近思,仁在其中矣”;“吾十有五而志于学,三十而立,四十而不惑,五十而知天命,六十而耳顺,七十而从心所欲不逾矩”。后儒之阐发,盖立足于此。

其二,孟子。孟子集孔子“熟仁”之精髓,提炼出“熟仁”之命题:“夫仁,亦在乎熟之而已矣”。其“熟仁”之展开,孟子以生存论为切入点,并以其特有的哲学风格充分地展示、展开孔子“熟仁”观的内涵,更重要的是,又以其特有的话语体系精湛地引领出儒家“熟仁”的理论架构,以致在宋明理学那里获得了充分的认肯和积极的张扬。孟子勾勒“美德在熟中”、“身心在熟中”、“善端在熟中”的“三位一体”,构成孟子“熟仁”之“德慧术”。

其三,孔、孟集义。连接孔子之义的是:“仁”之活学活用的问题;连接孟子之义的是:从“仁”到“仁政”与“熟仁”。所集之义,要在孔子开启的“熟仁”之用,经孟子之“仁政”与“熟仁”之牵挂,规划了儒家“熟仁”在“做人”、“做官”上的内生内接,更重要的是,一为“熟仁”之“熟”,注定成为儒家“工夫说”之精髓;二为孔子确认的“熟仁”理性与孟子总括的“熟仁”定义,成为“仁”之世俗化、普世化、平民化的“灯塔”和“落地”。从孔子到孟子,儒家“熟仁”的第一个“圆圈”,正式诞生。

其四,董、韩、王。董仲舒、韩愈、王安石,从不同层次里试图获得儒家“熟仁”的效率。该效率性已经不仅仅留驻于“内圣”,而且要体验出“外王”。董子向汉武帝提出“罢黜百家,独尊儒术”,以一“儒术”,涵盖“熟仁”之门;韩愈立意抗拒佛学之统,张扬孔孟之道,逐倡儒家“道统”以提高正在被佛学侵袭而渐渐退居次席的儒家文化,而这个“道统”的实质朱熹概之为“十六字心传”,就是“熟仁”之心传;王安石立志“总把新桃换旧符”,并以追究“精”字之于“熟仁”之用上去作形上学论证,这是介甫对于儒家“熟仁”研判的特殊亮点和出彩之处。但是变法改革最后归于失败,有人却疑其为这与他追“精”不求“熟”似有瓜葛。当然,这纯属一个仁者见仁、智者见智的问题了。

其五,二程。“熟仁”,到了宋明理学,有了最充实的承续和发展。二程十分认真地做了具有原创性的“贵熟”论开发:“熟仁”之“贵”,就在“存养得熟”、“信与熟”、“心熟”、“纯熟”、“极熟”、“主静(敬)”之“贵熟”,行动上又十分贴切于做人与做官上的“熟仁”考究,使“熟仁”在“工夫”说上有所提挈:“若要熟,也须从这里过。”后来,朱熹把二程“贵熟”论纳入于己,并在有所改善的时间和空间中去发展出儒家“熟仁”的一般方法论意义。

其六，张载。张载是在一个全新的路径里阐述“熟仁”。“以《周易》为宗，以《中庸》为体，以孔孟为法”，作为其叙述之脉络；以“太虚即气”为哲学背景，提出“气—心—化”结构，作为其阐述之通道。其创新之处，就在于张子的“太虚即气”，构成了其“熟仁”思想的来龙去脉，“大而化之，在熟（仁）也”，是集张子“熟仁”恰从“太虚即气”中来。张子“熟仁”观极具特色，后经王船山的承接和阐发，得到了极为可取的张扬和发展。

其七，朱熹。朱熹对儒家“熟仁”的最大贡献是提炼和提升“熟仁”具有一般方法论意义。据此角度说，朱熹完成了儒家“熟仁”思想发展的一个“圆圈”。尽管这一“圆圈”直接是连接着北宋五子、尤其是二程和张载。朱熹丰富了“熟仁”在人生与事功上的考量，依其广博之学术学理积淀和集孔孟以来之观点荟萃，提炼了别具匠心的“熟仁”理性（原初的是源于孔子），并对其作了一般意义的方法论洞察。更重要的是，朱熹结合自家体会，细腻地剥解和透视“熟仁”之道，使得其一般方法论价值不至于落得不切实际。

其八，王船山。船山“仁之熟”辨，是基于孔孟、中经张载、汲取二程、朱熹、陆王心学，而有所集成。气本论、成人观、“研几”说，可以演绎出船山“熟仁”特殊逻辑。总的来看，大抵是这个向度：从横向而言，具象性地总括已有的儒家“熟仁”成果；从纵向而言，哲学性地深化了儒家“熟仁”之用的本体根据。当然，王船山之所以能够集儒家先辈“熟仁”之大成，完成一个“圆圈”，直接地，是承接张载之由。

其九，心学考究。程朱理学的“熟仁”观，触发了心学路数的思考，基于“心学”立场展开了“熟仁”之辨。陆象山奔着与朱熹不同路径，直接从“心”上做“熟仁”文章，其所“破”所“立”，又经白沙和甘泉，到了王阳明，发展出“熟仁”之于“致良知”的“熟仁”话语，其与“意志”考量的直接挂钩，形成了他的特色。由此，形成了心学意义上的“熟仁”又一“圆圈”。

其十，陈献章。当然，追究象山到阳明，途中必须考究陈献章（白沙）之起步性地位。白沙敢于跳出程朱理学、乃至象山之“囿”，从“心熟”之“功”上去筹划“熟仁”之于“仁熟”是如何地在“心之熟”中获得连接，当湛若水（甘泉先生)经验地提出心之“随处体认天理”,那么,到了白沙那里,从“仁之熟”到“心之熟”的感触和内化,是白沙给“心学”带来的“熟仁”春风,或许使象山、乃至阳明,不觉逊色些许。但是,引起注意的是,没有提及陈白沙一字的王阳明,似乎更多的是与陆象山挂钩。这里,给予白沙作了所谓“起步”之地位的研判,或许,理论的发展,就不是显得非要“按部就班”、太去讲究“程序”化的模板格式。

其十一,陆象山。堪称“仁熟功熙”的陆象山,是需要追究其何以被“加冕”这个“仁熟功熙”之名的。按象山弟子、门人、好友等的描观,这“仁熟功熙”恰与“熟仁”之“所立”甚有渊源。象山善“破”,但是,破中有“立”。“熟仁”所“立”,可以是象山的精深、精妙、精细之处。点破在“先立乎其大”、“天下归仁”、“‘熟仁’之瑜”,以“立”一套自以为得天独厚的“心”之“熟仁”体系,以与朱熹分高低。把“熟仁”还原为“熟心”,即谓象山“熟仁”的激情之点,是其“破”中所“立”的制高点、价值点。

其十二,王阳明。在继续陆象山“仁熟功熙”的意念集合里,对于孔孟以来的“熟仁”,王阳明的志向,颇有计较和打量。这一“圆圈”是这样的:从“格物”转到“格心”,促使阳明转入于“熟仁”之“心”考量,聚焦在“意志”这一原点,其杠杆力度把住在“致良知”。一切的“熟仁”,就在这“原点”中的“杠杆”上“吃力”。这“吃力”的工夫,王阳明贴切喻为“志与熟”中的“工夫纯熟”问题——“致良知”:“致良知”之“无间断”的化“熟仁”为意志的历练,学、问、思、行,皆是“道义吃紧”中的“一件事”。阳明建构的“圆圈”,颇具分量和掂量。

乙:儒家“熟仁”,是行动中的理论,可以称之为“熟仁”之用。这是一批儒者极力论证的希冀,更是一批儒者身体力行的事实,如颜回、颜元、吕坤、李栗谷、洪应明、曾国藩等。于此,就牵引出儒家“熟仁”需要突破的“外围之墙”和始终有个大方向。

其十三,颜回。颜子之熟的话题,是“熟仁”之用的环节。孔子不断回应颜子问“仁”,蕴涵了颜子希冀“熟仁”的事实。孔子说颜子“其心三月不违仁",形成了颜子"熟仁"与否的"学案"。颜子是否达到了孔子般的"至熟"还是"未至熟"?同时,也就形成了儒家"熟仁"话语里,颜子究竟属于"至熟"抑或"未至熟"二派,这一话题涵盖了几乎所有愿意讨论"熟仁"的儒者,不管身处何地何位何时,不管是大儒还是小儒,也成为儒家"熟仁"之"用"里的永久性话题。考量这一话题的成果,最能凸显其理论性和实践性的双重价值,也使儒家"熟仁"刻著着无与伦比的特殊品位。

其十四,颜元。倡导"行动"哲学的颜元,从更高更新的角度去拉开"熟仁"作为"行动"的逻辑,系列性的把"熟仁",看高一线。"工夫自熟中出"始终连接着"行与熟仁"的取舍。这也为"熟仁"之于"实学"打开了理论突破路径。对此,颜元的贡献确实功不可没。

其十五,吕坤。这是实学性质的案例。吕坤研究"熟仁",意在凸显"坚志熟仁有妙道"的这个"道"。就是"治道"。这"道"之妙,就妙在"自德性中走来"、"自通达中走来",在坚持孔孟之道的方向上,往上追溯到儒家的做人之道、做官之道、做学问之道,去融化那个"坚志熟仁有妙道"。吕坤的努力,给人最深刻的印象,似乎是对儒家"熟仁"上的"超拔":"熟仁",连接到了"经世致用"。

其十六,李栗谷。韩国实学家、朱子学者。同样在"实学"路径里,李栗谷使"熟仁"走入韩国,彰显了儒家"熟仁"体系的治道效应。李栗谷"熟仁"之具观,有名的"十论"与"三题",盖出于"实学"立场,使程朱的"熟仁",获得了某种鲜有活力,也使《周易》一路里的"熟仁"观念鲜活了起来。李栗谷的"熟仁"论,很别致,很新颖,俱为印证了"熟仁"无国界。

其十七,曾国藩。儒家"熟仁"的集散地。此"集",意味的是儒家"熟仁"智慧的荟萃之地;此"散",意味的是可以发散儒家"熟仁"价值的多维之地。这是理论与实践的果实。就连曾氏本人总结而成的"熟仁"之道,也由其本人的历练而经得起检验。

其十八,洪应明。洪应明作《菜根谭》,是集儒、道、禅的综合作品。但是,其中运转的"熟"之所想所墨,深邃地应验了儒家"熟仁"之道的特定品味和特殊魅力。从《菜根谭》的"熟"之话语里,深刻地表明了"熟仁"之"熟",乃是中国人生活世界中的普遍化索求之一,也是超越诸家文化中的共通性溯源之一。读《菜根谭》之余感,是"熟仁"在殊途同归上的契合。同时,也可从儒家之外的更多作品里获得对这一"熟"的世俗化验证。

其十九,突破"外围之墙"。儒家"熟仁",聚焦于"做人——做官——做事——做学问"的架构,凸显的"外围"问题包括:"仁"之活学活用、人禽之辨、大人与君子、行动与研几、仕途与熟仁、儒家的"自由主义"、等级社会中"熟仁"之用的评估、从"儒"发端的中国知识分子的心路历程、道义与效率问题等。这些需要较劲的问题,无疑成为儒家"熟仁"之"外围",突破这类"外围"之"墙",即可看清儒家"熟仁"之究、之用的历史和现实。

其二十,"熟仁"始终有个大方向。儒家"熟仁"的终极境遇是如何完善理论与实践的统一,在如何求得"性情与礼教、修身与事功"的和谐路程里,找到"熟仁"与"仁熟"的统一,从而去朝向一个"走出心魔"的路途中使己、使人、使社会更趋于成熟而纯熟!

丙:儒家"熟仁"理性。这是儒家"熟仁"之理论、之实践在面向"世俗化"、"普世化"、"平民化"的标杆和尺度;走出"心魔",也为儒家"熟仁"理性之光的终极境遇。

其二十一,"楔子"与"跋"。这甲、乙、丙三份及其囊括之尽,毋庸置疑地构成了儒家"熟仁"之于"仁熟"的原点与开拔的来龙去脉。

三、人禽之辨

来自于儒家"熟仁"的显明底据,是牵连着一个"人禽之辨"。这是中国人非常引以为豪的主题,因为这个主题经久不衰,而且唯有儒家检讨的最为彻底和犀利。

1. 人禽之辨不等于人与动物之辨

人与动物之辨,辨出的是理性之光:人优于动物之处就在于人有理性。

而人与禽兽之辨里，辨出的是理性和德性之光：人不是禽兽是因为人拥有理性和德性。

在中国文化里，关于人与动物之辨里，所谓“动物”，是基于自然性理解的，基本态度可以张载《正蒙·动物篇》为例：“动物本诸天，以呼吸为聚散之渐；植物本诸地，以阴阳升降为聚散之渐。物之初生，气日至而滋息；物生既盈，气日反而游散。”[30]而对于人禽之辨，情况就有很大不同了。

综观中国文化，充满着对于人禽之辨的关切，人禽之辨又往往优先于人与动物之辨的思考。而且此辨中所弘扬的，往往是德性分量重于理性分量。究其原委，可能就来自于孟子的设定：“人之所以异于禽兽者几希，庶民去之，君子存之。舜明于庶物，察于人伦，由仁义行，非行仁义也。”[31]这个“几希”，到底作何解？意义重大。朱熹在《孟子集注》里释为“少”。在《朱子语类》里，作“这些子”解释，基本到位。意思是说，人与禽兽相异的地方就只在这里、只是这些，或谓仅此而已。按《朱子语类》解：“人物之所同者，理也；所不同者，心也。人心虚灵，无所不明；禽兽便昏了，只有一两路子明。人之虚灵皆推得去，禽兽便推不去。人若以私欲蔽了这个虚灵，便是禽兽。人与禽兽只争这些子，所以谓之‘几希’。”[32]这是朱熹讲的，也符合孟子的意思。孟子是说，人和禽兽的差异，仅仅就在这里、就在这些，就是人心中的仁，禽兽只有“一两路子明”，而人能够一路走得全明，因为人能够按此仁心推去，如果人丢弃了它，就与禽兽归类了；如果人保存了它，就与君子归类了。这个道理，便是“熟仁”的来头。孟子举舜之道，暗喻此理。根植于人心内的仁义，是多么的执着于舜的言行举止：舜明白事物的道理，体察人伦关系，他基于仁义之心自觉办事，不是勉强实行仁义。看来舜是极大的“熟仁”了。这里的关键就是“由仁义行，非行仁义”。这可能就是孟子道明的“几希”所在。

对这段话的更多理解，一般基于的是朱熹的解释。《四书章句集注·孟子集注·离娄下篇》如此释谓：“几希，少也。庶，众也。人物之生，同得天地之理以为性，同得天地之气以为形；其不同者，独人于其闻得形气之正，而能有以全其性，为少异耳。虽曰少异，然人物之所以分，实在于此。众人不知此而去之,则名虽为人,而实无以异于禽兽。君子知此而存之,是以战兢惕厉,而卒能有以全其所受之理也。物,事物也。明,则有以识其理也。人伦,说见前篇(见朱熹解释《孟子·滕文公下》的那段引他人之语的结论:“天之所生,地之所养,惟人为大。人之所以为大者,以其有人伦也。仲子避兄离母,无亲戚君臣上下,是无人伦也。岂有无人伦而可以为廉哉?”)察,则有以尽其理之详也。物理固非度外,而人伦尤切于身,故其知之有详略之异。在舜则皆生而知之也。由仁义行,非行仁义,则仁义已根于心,而所行皆从此出。非以仁义为美,而后勉强行之,所谓安而行之也。此则圣人之事,不待存之,而无不存矣。”

对这段话颇有释义。朱熹说“仁义已根于心”,是人与禽兽之最根本差别所在。此为其一。其二,君子是名实相副,此“实”在全其性、识其理、气之正,普通人不具这般道德知识,是有人之名而不具其实,舜一类的“君子”知道它,又能保存和培育它。其三,行仁义是出于自觉,这是道义使然,它不是表面上的行仁义,更不是为了行仁义而行仁义,“名”可能的,就是虚荣心地求美,失去了仁义本身的内在“美”,即“实”的问题。所以,归纳地看,朱熹发挥孟子“几希”的蕴涵,是揭示了人拥有了德性和理性,与禽兽加以严格的区别。基于孟子或加上朱熹的看法,由此完全可以断定:“熟仁”就是人脱离禽兽的“康庄大道”。

2. *人禽之辨的超越*

现在,可以超越一下孟子和朱熹的理路,径直地发挥这一人禽之辨的背后话语,究竟讲清了“熟仁”的什么理?

孟子此处用的“禽兽”,真实的意图是什么?不言而喻,禽兽是相对于人伦而言,但是,孟子看高一层的是“工夫”,人与禽兽不仅是生命系列里的对立物,而且也是行动中的对立物,因为禽兽没有仁义礼智,没有礼乐文化,没有人伦,做不到像人一样按仁义礼智行动,这只有在人伦系列里做得到,圣人做得到,君子能够保存它,普通的人是难以理解,而且更难保存它。这是一种行动的工夫。颜元从行动哲学方向定位孟子此段话:"人之异禽兽,尽人知之。其所以异禽兽者是何物事,君子之'存之'者是何工夫,人不尽知也。若出宋儒口,一派禅宗矣。而孟子历叙舜、禹、汤、文、武、周公,则即在明伦、察物、恶酒、好善,以至兼三、施四也。"[33]这是反对宋儒(主要以朱熹为代表)、禅宗的一席解释,颜元认为,人与禽兽的根本区别,就在于一种行动,是什么样的行动?是"明伦、察物、恶酒、好善",君子,或者兼备三个方面,或者实施四个方面。这四个方面,即属于德性的,又属于理性的,朱熹定位其在日用人伦的意义里,颜元凸显其行动的工夫里。其实,从"熟仁"就是一种工夫、一种人禽之分的工夫里说,颜元与朱熹仍有不谋而合之处。

或许再引用一段《朱子语类》,就更可以看得清。有人问朱熹:"庶民去之,君子存之。如何是存之?"朱熹回答:"存,是存所以异于禽兽者。"那是仁义礼智。又有问:"以所见?"朱熹说"不离日用之间。""何谓日用之间?"朱熹答:"凡周旋运用。"[34]所以,朱熹的结论是:"人所以异(于禽兽)者,以其有仁义礼智。"更有人能够"周旋运用"仁义礼智于日用之间,这才是人是万物之灵的最好证据,也才是最具优势的"熟仁"之工夫,其中足以提炼出的,就是这一人禽之辨的超越所在:儒家"熟仁"理性的存在,予以确证为"人是天地万物之灵"。

3. 超越的意义指归

一部儒家文献《礼记》,似乎以"礼"盖之,细究其实,就是针对做人、做官、做事方面的"熟",已经在努力地使儒家之"仁",通过对"礼"的层次结构、内外效应的分析,世俗化、普世化、平民化的取向,已十分凸显。通过"礼",《礼记》的作者们看高一线,指向了超越之层。这是一种"德盛仁熟"、何等的做人境界了。在《中庸》,言辞凿凿,挑明到位:

"唯天下至诚,为能尽其性,能尽其性,则能尽人之性;能尽人之性,则能尽物之性;能尽物之性,则可以赞天地之化育;可以赞天地之化育,则可以与天地参矣。"

《中庸》的这段话,常被引用,蕴意无穷,意义深远,与“穷神知化”、“精义入神”具有同等程度、同量级别的想象力。一旦把这样的想象力指向现实的人世间、现实的人生场景,那就是“熟仁”、“仁熟”,就是一个字,“熟”:

> “诚者自成也,而道自道也。诚者物之终始,不诚无物。是故君子诚之为贵。诚者非自成己而已也,所以成物也。成己,仁也;成物,知也。性之德也,合外内之道也,故时措之宜也。”

“性之德也,合外内之道也”,这就指明了何以“至熟”的工夫所在了。心、性、天、道、德、己、物,成一“内外”系列,成己与成物,就在“合外内之道”里,获得“成熟”(即“熟仁”即“仁熟”)的“时措之宜”了。这“时措之宜”,恐怕也包括这“礼”在其中也!

四、需要较劲的问题

既然儒家“熟仁”是镌刻着使“仁”朝着普世化的努力方向,那就势必带有其本身无法回避又极为特殊而需要较劲的问题。当然,鉴于儒家“熟仁”之来龙去脉的特定指归,这里,还是切入“做人—做官—做事—做学问”之架构,勾勒出意蕴深刻且深远的“较劲”问题,来进一步拓宽儒家之“仁”在“世俗化”或谓“普世化”中的“熟”之过程。

其实,这较劲的问题,可以归结为以下大类:

○做人

○做官

○做事

○做学问

○“仁”之活学活用

○“仁”到“仁政”与“熟仁”

○“熟”本身

○“熟仁”之效率

○牵引出的问题

○儒家“熟仁”理性

○终极指归

儒家“熟仁”，归根结底，首先应为成人之道的学问。凡做官做事做学问，先得从做人开始，做人是这一切的基础。所谓读书不为科举，人、官不二，人正则事正，皆为这般道理。这一切理中之理，就是由那个“仁”来判据的，而“熟仁”就是那个“人性”的培育与扩张。如业已分析过的《孟子·离娄下》的这段名言：“人之所以异于禽兽者几希，庶民去之，君子存之。舜明于庶物，察于人伦，由仁义行，非行仁义也。”人和禽兽存在不同之处，非常微妙。普通人丢弃了它，君子保存了它。那么这具体是什么呢？孟子指出，这是根于人心内的仁义：舜明白事物的道理，体察人伦关系，他基于仁义之心自觉办事，不是勉强地实行仁义。朱熹就是这样解释的：“由仁义行，非行仁义，则仁义已根于心，而所行皆从此出。非以仁义为美，而后勉强行之，所谓安而行之也。”[35]“安”，就是心安理得、就是自觉自愿。这里的关键，出在“由仁义行，非行仁义”这八个字里。也可谓孟子道明“几希”之妙所在。

现在，可以超越一下孟子和朱熹的看法，既然儒家的真实态度是做人至上论，一切皆以“做人之道”为左右，那么，这里的分析，以切入“做人”为标的物，囿于的是：做人、做官、做事、做学问，这是足以能化复杂为简约的最大公约数，来展开预演性质的分析和一些至关重要的结论。

1. 较劲“禽兽”

通过“人禽之辨”，得出的较劲性结论是“人贵为天下之灵”。人为万物之灵，天下最宝贵的是人，因为人拥有德性和理性，因为人定能胜天，这些几近成为儒家坚定的信念和信条，应该成为贯穿于人生的座右铭。这样来看儒家“熟仁”的来龙去脉，还是不入误区的条理。这里，再以荀子为例，补孟子与朱熹的讨论。

其实，于孟子稍后的荀子，虽然在主要的“人性”观上与孟子截然相反，但是,在人禽之辨里,只要是儒家,在此,肯定有着共同价值取向。《荀子·王制》:"水火有气而无生,草木有生而无知,禽兽有知而无义;人有气、有生、有知,亦且有义,故最为天下贵也。力不若牛,走不若马,而牛马为用,何也?曰:'人能群,彼不能群也'。人何以能群?曰:'分'。分何以能行?曰:'以义故'。义以分则和,和则一,一则多力,多力则强,强则胜物,故宫室可得而居也。故序四时,裁万物,兼利天下,无它故焉,得之分义也。"《礼记·曲礼》曰:"禽兽无礼,故父子聚麀。"此禽兽有知无义之说也。按荀子"分义"之说,人能"明分使群",是由于"义"之所用。(唐)杨倞释"义"为"裁断",此中含有理性的意义;"以有分义,故能治天下",人又何以能"分义",是在于"熟仁"智慧。荀子说:"以礼分施,均遍而不偏。"[36]禽兽间无礼分施,故有"致乱而恶","心如虎狼,行如禽兽"[37],"辨莫大于分,分莫大于礼"[38],所谓"隆礼重法",是控制欲望"恣意妄为"、"行如禽兽"之"分义",此中含有德性的意义。总之,理性与德性,这就是人优于动物、异于禽兽的可贵之处。荀子的观点,也经得起《礼记》中的检验,表明人禽之辨的推断,在儒家是有一以贯之的道义支撑。《郊特性》:"无别无义,禽兽之道也。"《曲礼》:"今人而无礼,虽能言,不亦禽兽之心乎?夫唯禽兽无礼,故父子聚麀。是故圣人作,为礼以教人,使人以有礼,知自别于禽兽。"为什么"规矩"说、"不逾矩"始终成为儒家"熟仁"特殊之功,是可以想象和显明了。

2. 较劲"君子"

在儒家、甚或在儒家各类文献的笔墨里,"君子"究竟作何等性质的研判?成人之道,具体表现为成君之道,如何"成君",几乎占了儒家理论的"半壁江山",同时,牵引出的"小人",也成为"君子"的对立面,儒家意义中的"君子"与"小人"之辨,通过"熟仁"的实践,获得了特定意义、特定取向的伦理规定。成人之道,就是一种特定的成君之道、成圣之道,儒家十分青睐成人之道的研究,整个儒家思想家差不多都以这种研究为自家的"根据地",同时也不断展开每个儒者的成人理论之风貌,与此相应的,就有各家"熟仁"的期待之愿景。这就是儒家的特色。当然,儒家的“君子”之辨,是连接着“君子儒”和“小人儒”的划分,中国知识分子的心路历程,来自于这样的较劲经历。

3. 较劲“成人”

儒家希冀“熟仁”的结果,是“成人”问题。所谓“成人之道”,一般是指理想人格是如何培养、如何形成的问题。关于“成人”,孔子有一段“成人”之辨的精彩表白,记在《论语·宪问》:

> 子路问成人。曰:“若臧武仲之智,公绰之不欲,卞庄子之勇,冉求之艺,文之以礼乐,亦可以为成人矣。”曰:“今之成人者何必然,见利思义,见危授命,久要不忘平生之言,亦可以为成人矣。”

学生子路问老师孔子:“怎样才算是完美的人才?怎样能够成为完美的人才?”孔子回答:“智慧如鲁国大夫臧武仲,清心寡欲如鲁国大夫孟公绰,勇敢如鲁国勇士卞庄子,多才多艺如他的学生冉求,再用礼乐来教养他,也可以成为全人的。”又说:“现在的全人不必如此了,看见利益能想到道义,面对危险肯牺牲生命,长久处于穷困却信守平生的诺言,也可以成为全人的。”

这里,孔子还仅仅把“成人”限定在“全人”、“完人”,但在孔子的言语里,也涉及一般意义上的“成人”问题:一是“完美的人才”,二是如何形成的问题(那句“文之以礼乐”,是最明显不过了)。而且,从孔子的语义里,似乎对于“成人”的要求是在不断的放宽或变得现实,但是,那如何培育、如何形成的要求,却没有“退化”。所以,中国文化中的“工夫”说,之所以能够生生不息,无疑与其有着特殊考量有关。朱熹解释的确有这番意境。朱熹说:“成人,犹言全人。……言兼此四子之长,则知足以穷理,廉足以养心,勇足以力行,艺足以泛应,而又节之以礼,和之以乐,使德成於内,而文见乎外。则材全德备,浑然不见一善成名之迹;中正和乐,粹然无复偏倚驳杂之蔽,而其为人也,亦成矣。”[39]朱熹认为,“成人”,是兼四子(臧武仲、孟公绰、卞庄子、冉求)之长(知足、廉足、勇足、艺足),但是,不仅仅如此,还应加之于用“礼乐”培养和熏陶,使其德生德长,“材全德备”,德才兼备,文武双全,粹然“成人”。这一特定之工夫,朱熹相应于“穷理”、“养心”、“力行”、“泛应”,去相得益彰于孔子所言“文之以礼乐”,这里,蕴涵了一层儒家“熟仁”之机巧。朱熹又引程子所言,继续说明这个道理:“知之明,信之笃,行之果,天下之达德也。若孔子所谓成人,亦不出此三者。武仲,知也;公绰,仁也;卞庄子,勇也;冉求,艺也。须是合此四人之能,文之以礼乐,亦可以为成人矣。”[40]“仁”、“知”、“勇”,三位一体,可谓“圣人”,而“知”、“信”、“行”,乃为“圣人”之德,成为“圣人”,就是不断地践履这些德性,所以,朱熹十分赞赏地引孟子说的“惟圣人然后可以践形”,因为圣人们已是“至熟”了。更重要的是,要把“熟仁”积淀为一种“工夫”说。

所以,所谓“成人”,在孔子的原汁原味中,可以分作二层次看,一是全人,叫“材全德备”,就是孔子理想中的兼四子之“长”;二是培养、形成的方法,这是孔子最看重的地方,在这样的“成人”语境里,“熟仁”的环境诞生了。

当然,留驻在“熟仁”的路数里,提出需要较劲的再多问题,完全可以在“做人”入手处获得某种贴切照观。

4. 较劲“做官”

做官,在儒家,也称为“仕途”。儒家的理论和实践,说到底的关切,就是做人与做官的“不二”,做人是做官的前提,做官是做人的实现。做人要求“熟仁”,做官也求个“熟仁”。中国历史上,凡有成就、有作为的官吏,无不娴熟于“仁”的活学活用,使“熟仁”,浸透于为官之道。有一份历代官箴,不管是官方确认的,还是民间流传的,都表达了对做官之熟的希冀:对“仁”的活用,要求瓜熟蒂落、水到渠成。儒家一向以“仕而优则学,学而优则仕”为仕途标的。这是孔子为他的弟子将来有朝一日出仕做官而细心设计的“官德”刻意。做官是有原则的,孔子虽然不居显赫官位,也没有仕途的充分经历,但是,他的《论语》,在相当意义上说,就是一部生动的官德教育书。有人赞誉“半部《论语》治天下”,说明自孔子始,就始终环绕着“官德”的良苦用心,一直影响到了后儒们的仕途阐发。关键是,包括孔子在内以及那些阐发,最集中于什么？是“熟仁”，是“仁”的活学活用，是无可厚非的对“仁政”的彻底实现。这里，极要探究出这个“熟仁”在仕途中的儒家刻意。

5. 较劲“做事”

儒家的“熟仁”，是来自于生活、又高于生活的一种提炼。孔子说他自己十五岁开始立志，三十岁立业，四十岁不会迷惑，五十岁知天命，六十岁耳顺，七十岁不逾矩，从而就到达了“烂熟”境地了。从十五岁到七十岁，六十余个春秋，孔子唯一感慨至深的，就是经历至“熟”。集中到一点，也就是他力求到做事之“熟”。做人和做官，归结起来，就是如何做事。做事要“熟”，这已经把“熟仁”转变为“熟”的一般方法论意义。孔子是做事于熟的高手，孟子讲孔子在仕途问题上优于柳下惠、伊尹、伯夷，就是娴熟于治事：“治则进，乱则退，伯夷也”；“治亦进，乱亦进，伊尹也”；“可以仕则仕，可以止则止，可以久则久，可以速则速，孔子也”。[41] 伊尹和伯夷，没有很恰当的把握治、乱节奏，而孔子是“可以仕则仕，可以止则止，可以久则久，可以速则速”，这就是治道上的娴熟。扩而充之，凡一切做事，也要娴熟，曾国藩总结其一生，千言万语，概为一句：“凡人贵从吃苦中来”，做人做官做学问，也就是一切的做事，求个“熟”，盖莫如此。更何况，“熟仁”本身，也是“吃苦”中来的。这是名副其实的身心锻炼。

6. 较劲“行动”

“熟仁”，细化地来说，是一种行动之学。这一“行动之学”，差不多成为了儒家诸多流派在阐发各自“熟仁”思想里的共同阵地。在儒家，有不同的“流派”，有先秦之儒，有汉唐之儒，有宋明之儒，有清代之儒；有孔子、孟子等一流的原始之儒，有韩婴等一流的经学之儒，有二程、朱熹等一流的理学之儒，有陆象山、王阳明等一流的心学之儒，有顾炎武、黄宗羲、王船山等一流的启蒙之儒，有颜元、李塨等一流的躬行之儒，有吕坤、李栗谷等一流的实学之儒，有曾国藩等一流的名臣之儒，对于“熟仁”的理论透视和实践体验，都承认对于“仁”的行动的理论，譬如，诸家看好的对于“仁”的活学活用，我们可以概之为娴熟于“仁”的经世致用。诸儒清晰的逻辑是:对于“习仁”之熟的问题,是必须在行动中加以实现。于此,就势必产生了这批儒者对于“行动”(儒家喜用的是这个“习”字!)的重视。这一“行动”,是集心身于一体的行动。“熟”,就是人在身体和心灵的集一里渐渐不断的行动,从而去摸索、去体悟、去锻炼、去提升,从而去获得仁、去内化仁、去实现仁。做人上、做官上、做学问上,都是去消化这个“仁”,这种不同级别、不同等级的“消化”,就是不同程度的“行动”,成就了各自的“事业”。所以,“熟仁”,就是要扣得住这个“行动”。

7. 较劲“熟”本身

这是一个化“熟仁”为方法的问题,也就是中国人向来引以为豪的“工夫”说。“熟仁”之“熟”,本身成为儒家富有特色的“工夫”说一种。在这个话语体系里,朱熹作了最富成果的哲学之辨,似乎形成一个“圆圈”。后来,经过阳明、船山、颜元、曾国藩等的阐发,对这个“熟”又作了更新视角、更高层次的发挥和系统性论证,使“熟”毋庸置疑地成为中国文化中的“传统”。诸家对“熟”的考辨,集中到熟与不熟、熟之程度、如何熟之、孔子之熟、颜子之熟等问题,无不维系着儒家对于“熟仁”之“熟”的牵挂。甚至那个“熟”中之“几”因素被儒家看高看重又看深。较劲“几”因素,在儒家的“熟仁”里,毋庸置疑地获得了诸家“熟”观中的基础性因子。略带点评的说些,孟子的“几希”,朱熹以“少也”解释之,只是一个量上的说法,还得从“微妙”、“端倪”中说开,也就是要从动态上考量。其实,这“几希”,可以分开来看,“希”为少,但“几”才是最有意蕴的。孟子在其洋洋洒洒的文字里,没有说过一《易》字,但他有“善用易”之美誉。[42]关于“几”的这个动态之义,可能出于《周易·系辞下》:“子曰:‘知几其神乎!君子上交不谄,下交不渎,其知几乎?几者,动之微,吉之先见者也。君子见几而作,不俟终日。’”“几者,动之微”,是说,“几”,乃是人物运动变化的开始、端绪、动因。儒家所谓的“研几”之学,就是专门指意于此的,熟仁,内在蕴涵的,就是“几”,是成人之“几”,也是做人、做官、做学问之动因。人要获得成人,就是要至于“熟仁”的境地和境界。

8. 较劲“熟仁”之效率

这是一个“熟仁”之用的问题。儒家的“熟仁”，从理论和实践上看，是以效用而连接的，所以，是有效率的。从理论上来说，自孔子开始的这一理论，经过孟子，构成了一个“圆圈”；再由理学开始的所谓“造孟”运动，更掀起了一场“熟仁”理论的进展，经过哲学上的不同方向，从二程到朱熹，形成一个“圆圈”；从张载到王船山，形成另一个“圆圈”；到了心学考究，又形成一个“圆圈”；甚至到了“二颜”，即在颜回与颜元那里，儒家“熟仁”进行了“行动”上的确认和证实。甚至通过一篇《菜根谭》，看到了“熟仁”之“熟”的意义延伸里，同样底蕴着中国人关于“熟”之情结，所谓“百虑而一致，殊途而同归”。从实践上来说，“熟仁”的人物、事实，都提供了很好的效率答案。孔子讲“博学”、“笃志”、“切问”、“近思”，孟子讲“养气”、“集义”、“至诚”、“善用易”，二程讲“敬以直内”、“学要信与熟”、“德性锻炼”，朱熹讲“心精”、“透熟”、“读书之熟”、“操守之熟”，王阳明讲“志与熟”、“规矩说”、“学与熟”、“熟在致良知”，王船山讲“德滋而熟”、“大而化之”、“研几”、“仁之熟”，吕坤讲“义精仁熟”、“瓜熟蒂落”、“熟仁有妙道”，李栗谷讲“涵养纯熟”、“久久纯熟”、“积熟时习”，颜元讲“工夫自熟中出”、“行字著力”、“行熟”，曾国藩讲“先立规模后求精熟”、“有恒”、“有悔”、“由技入道”，等等，均是在实践中人走向成熟的有效的“熟仁”工夫。所以，可以这么说，如果说儒家有不少学说有空洞、不切实际之疑问，那么，在“熟仁”的学问里，恰是最有实际效率的理论，几乎儒家都坚持“熟仁”的思想，而且大部分人都自觉或不自觉在践行“熟仁”，你要做人，就要习熟，不断地做符合仁义的事；你要做官，就要习熟，不断地做符合官德的事；你要做学问，就要习熟，不断的坚持，去求道义，去求责任，去求学问，凡是成功的，都进行“熟仁”的锻炼。这样“熟仁”效率，恰恰就成为儒家思想中最富绩效的理论奇葩。更在孔、孟集义中的“仁”之活学活用和从“仁”到“仁政”与“熟仁”的环节里，这些节次之“纽”，皆与“熟仁”之用连接着。更延伸地看，这“熟仁”之效率，对外，需要较劲“等级社会”的秩序性与"熟仁"之关系;对内,需要较劲由"熟仁"牵引出的儒家"自由主义"问题之实质。

9. 较劲"等级社会"的秩序性与"熟仁"之关系

儒家具有重伦理、重现实、重秩序,并带有鼓吹和维持"等级社会"的理论特征。这也深刻和具体地影响到了儒家的"熟仁"观念。中国的封建社会,严格地说,就是一个森严林立的等级社会,就如"金字塔"构造,一人在上,万人居下。越往上,官位越高,人数越少;越往下,人数越多,身份就越来越普通化,最底层,就是人民百姓。这个最顶尖的人、唯一一个的人,就是君主、一个国家的最高统治者。儒家为这样的封建结构的社会理论,作了比较彻底的证明,但是,换来的成果也是极为可喜的,那就是董仲舒向汉武帝建议、武帝欣然接受的"罢黜百家,独尊儒术"。孔子没有料到由他创立的儒家最后竟成了统治中国封建社会的主流意识形态,但是,可以使儒家聊以自慰的是,孔子创立的"仁",后儒们没敢抛弃,而且往往是打着"仁"的旗帜来进行儒家学说的。所以,那个"熟仁",依然成为这个传统中的一以贯之的"永恒"主题,孔子一系列的"仁"与"民","仁"与"君","君子"与"小人","大臣"与"国君"的对话,均在等级社会的语境里,他要辨明的是,处于各个等级中的人,应该做什么,应该拥有何种德性和德行,都给予了"仁"的活学活用之关切。因此,用心极深极髓的孔子,在不触动不危及既已形成的等级社会中,寻找到人性发展的方面,就是通过"熟仁",去实现自我的价值。整个社会等级的和谐,皆来自于人的心身在"熟仁"中的交流和往来,从上到下,从君王到百官,从官吏到百姓,都在"仁"的共同感召下,去"熟仁"。王、官、士、农、工、商、兵,各自主好各自的"仁",去"熟仁",还会担心社会之混乱而无序吗?很清楚,孔子所追求的和谐的等级社会,实质上,他是把"等级"看作是和谐的要素,把"仁"看作是等级社会之所以和谐的核心力量,从而再把"熟仁"看作是每个等级中的人的活动的基本面加以确认和固定下来。这一套独特的又精致的"熟仁"样板,为后儒们从理论和实践中加以追求和寻迹。

怪不得，董子的"罢黜百家，独尊儒术"，程朱的"理学"，都被封建统治奉为治国之"臬"，是有很深刻的存在理由的。

10. 较劲儒家的"自由主义"

儒家有没有"自由主义"？有。那是怎么样的"自由主义"呢？置于"熟仁"之视野，又究竟作何是观？孔子从三个命题里开启了这个特定的儒家自由主义，即推己及人、己所不欲，勿施于人、立人达人。"推己及人"是统领，"己所不欲，勿施于人"和"立人达人"，是"推己及人"的实际展开。孔子说"仁者爱人"，推己及人，就是要把自己的"仁"心，向外一点一点、一层一层地去推，先爱自己有血缘关系的人，由近及远的仁爱父母、配偶、子女、兄弟姐妹，后推爱他人；只有在家先有爱和孝，后才会有忠诚于国家、效忠于国君。这一切，都来自于个人的"推己及人"，在这一层次里，个人是自由的，这是人心的自由，但是，我们要追问的是，这个"推己及人"，能够"推己"到多远？"及人"，能够涉及多远？这是一个"限度"，一个"自由"的限度。我们要彻底了解儒家"自由主义"，就必须展开这个所谓的"限度"研究。

从"熟仁"的角度看，这三句话，正是对"仁"的活用；实现之，也正是需要"熟仁"来提供的。儒家展开的"熟仁"锻炼，就是不断挖掘人心中的"资源"，从内走向外，去实现人心的"自由度"。也就如孔子达到的"烂熟"境地：是"自由"了！但它也是受制于一个特定的儒家愿意看到的"等级社会"的体系结构中的"熟仁"，所以，这样的"自由主义"是极需要作条件论分析的。

五、儒家"熟仁"理性

所有这些较劲的背后，归结起来，都要追溯到儒家"熟仁"理性问题。孔子开启并奠定了"熟仁"理性的存在。当然，经过后儒们的多元性质的诠释与论证，尤其是经过朱熹的努力，这一儒家"熟仁"理性才比较完整显明，鲜活地树立起来，并具有"灯塔"与"落地"之效果。对此，我们给予一个特别的称谓，叫儒家"熟仁"理性之光。正是由于儒家"熟仁"理性之光的照耀，才给予善良人们走出“心魔”提供了何以“至善”、何以“自由”的机制。

何谓“熟仁”理性？以理性主义、实践实用主义为原则，儒家坚信“熟仁”工夫底据着“熟仁”理性的照耀：把“仁在其中”积淀到“熟”的工夫中，把“实践(用)理性”内化为“仁”之活学活用，两个“把”字，就是“熟仁”理性的存在、照耀标识。

扼要梳理一下整部书中由这一“熟仁”理性的线索与脉络，以便在进一步的研读里获得逻辑上的清晰条理和心理上的平稳过渡。由孔子的三句“熟仁”名言，经过朱熹的诠释，儒家“熟仁”理性予以确立。从而，后儒们凭借于这一“熟仁”理性之光的照耀，沿袭着孔子开启的路径，一俟孟子做出了“夫仁，亦在乎熟之而已矣”的“熟仁”命题，再次展显“熟仁”的原点与扩展的奋进里，“熟仁”理性之光的照耀，就成为“灯塔”和“落地”。无限扩大到儒家各式各样的理论与实践，就产生了理论进程中的“圆圈”与实践历练中的“行动”逻辑。并且通过历代大儒与其在做人做官做学问的桩桩件件里，化为一道道风景线、一幕幕人生戏、一个个是非曲。甚至，在外围的无限扩展里，儒家“熟仁”理性之光，几乎获得了诸家的同比性证实，就如《周易》所论：“百虑而一致，殊途而同归”。对于“熟仁”这个中国人所特有的文化系统，对于中国人不断产生着层层无穷的智慧和发明，这与“熟”之理性、“熟”之情结、“熟”之境界，几乎难以割舍，真可谓是“须臾不离”也。

六、走出“心魔”的历练

更为重要的是，这些较劲的实质，构成了儒家“熟仁”的理论和实践的本质，是对人“心”的自由——一种走出“心魔”在心身上的集体性考验，在此称为“历练”。

什么是“心魔”？在儒家的眼光里，是有特殊意义的，是内心无缘无故的恐惧和憎恨，是心中不时产生游离于正道的偏好，是心里经常会产生的侥幸的心态，是心头会涌出莫名其妙的虚幻的名誉感，等等。这里，虽有心理层面的问题,但是,儒家总括性地确定为是"心术不正"。孔子描绘了诸如"心魔"现象以及走出"心魔"的一系列设计。这些特定的设计,孔子饶有兴趣,概之为一句经典,就是《论语·为政》里的三个字:思无邪。

原话是这样的,孔子说:"《诗》三百,一言以蔽之,曰'思无邪'。"《诗经》三百篇(今存三百零五篇),概括为一句话,就是"心地纯正"。朱熹言到此中,分辨出一个"善心"所"正":"凡《诗》之言,善者可以感发人之善心,恶者可以惩创人之逸志,其用归於使人得其情性之正而已。"[43]朱熹由衷感慨:"故夫子言《诗》三百篇,而惟此一言足以尽盖其义,其示人之意亦深切矣。"[44]孔子十分钟爱《诗经》,经常以《诗经》作为课本来教育他的弟子。《阳货》记载孔子要求他的弟子们好好学习《诗经》:"小子(即含其学生和弟子)何莫学夫《诗》?《诗》,可以兴,可以观,可以群,可以怨。迩之事父,远之事君。多识于鸟兽草木之名。"对《诗经》的重视,就可想而知了。所以,孔子从《诗经》中概括为"思无邪",是中国人研读《诗经》成果的里程碑,也是《诗经》获得永久魅力的话题之一。[45]

其实,中国哲学视野里的"心",意义较为多重复杂,基本的意思,可指作为物质器官的心脏,但更多的是指意于思想活动、意志力、精神状态。从哲学层次上去规范,就指向于一种最高的存在。所以,"心",也就获得了道德意义和本体意义。儒家有心性之学,佛学有佛心之学,道家有道心之学,研究"心",也就成为一门中国人源远流长的"学问"。走出"心魔",势必成为这门"学问"的主题。

儒家的"心"学,最基本的方向和格调,严格地说,恰是由孔子的"仁"确立的。心地之正,是朝向"仁"的;"思无邪",是展示"仁"的,二程总括"思无邪"为一"诚"字,足以表明"心"之道德价值和哲学意义。

所以,人的一切之"不正",皆源自"心术不正",行动就邪道频频。儒家要彻底归正人的"心术不正",作为这个哲学的使命,孔子设计了"熟仁"、并从开发到确立"熟仁"理性之源头。在相当的意义上,这"思无邪"之"思",不就是一种"熟仁"理性之光吗?

在这样的背景里,后儒们接受了孔子检讨"熟仁"的理论起点和实践基础,并在此基础上展开了充分的承续性阐述和创新性阐发,但围绕的核心主题,就是使心地纯正,就是实现"仁":做人要"熟仁",做官要"熟仁",做事要"熟仁",做学问要"熟仁",走出心地不正的"心魔"效应,最实际最有效的方法,就是"德盛仁熟",就是"精义熟仁"。这在儒家看来,是克服和战胜人性弱点中最有力的"武装"。

但是,继续要阐明的是,儒家"熟仁",不仅仅留驻于是个"心"内的活动,而且是"心"外的行动,"熟仁"便是这二者的统一。如果说,在所谓"中国化"的思想历史进程里,有中国共产党开创的理论联系实际是最为成功的话,那么,除这以外的理论,或许就属于儒家"熟仁"之理论、之实践的内在连接了。因为,这个"熟",就是不断的来自于人之所习所行,而这个"仁",就是孔子为儒家设计好了的最神圣的精神实质,正是通过这个习和行,把这个"仁"内化为心地的内在,且又在实际生活中不断的显示和弘扬出来,这样,就可以渐渐臻于成熟了。这一有关"熟仁"之"世俗化"、"普世化"、"平民化"的过程,虽以"熟仁"冠之,却是一种体系:是以做人做官做事做学问为追求的最高目标、标准的体系——其本身就是一种考验:肉体和灵魂的考验,物质和精神的考验,正道和邪道的考验,彻底地说,就是"心"的考验——通过人的不断努力的习和行,学到和掌握到了这个"仁",心地纯正,那个"善心"、那个"性情之正"、那个"思无邪",甚或那个"熟仁"理性之光的照耀,就绝对不是一张空头支票了。

儒家"熟仁"的来龙去脉,基本如此。

注释:

[1]《大戴礼记·小辨》。

[2]即便近代人物谭嗣同(1865—1898)在《仁学》借用物理学上的"以太"概念解释"仁",并从"仁以通为第一义"之法则,去"冲决网罗",提倡变化日新,冲破一切"不仁"、"不通"之封建礼教和封建专制导致的黑暗局面,可是,谭嗣同又坚决认定,这"仁",乃是"天地万物之源"、"以通为第一义",这里,不仅蕴涵了儒家之"仁"的基本情怀,还在这个"通"字上,

积淀着儒家"熟仁"之"通"的情结。其实,谭嗣同"有心杀敌,无力归天"之气概及其慷慨就义之精神,更是一份儒家"杀身成仁"之画卷!

[3]《论语·述而》。

[4]至于还有三处,《太甲下》:"怀于有仁";《泰誓中》:"不如仁人";《金滕》:"予仁若考",均是在"德"上看高一线的。

[5]参见陈子展:《诗经直解》,第306页,复旦大学出版社1983年版。

[6][7]陈子展:《诗经直解》,第242页。

[8]如《毛诗序》云:"《叔于田》,刺庄公也。叔处于京,缮甲治兵,以出于田,国人说而归之。"欧阳修《诗本义》云:"诗人言大叔得众,国人爱之。"

[9]如《诗经直解》云:"《叔于田》,赞美猎人之歌。"(见《诗经直解》,第243页)。

[10]这段"历史",司马迁在《史记》里的相应记载,仅两处用了"仁"字。《五帝本纪》记尧帝是"其仁如天,其知如神。"在《夏本纪》记禹帝是"其德不违,其仁可亲。"说尧、禹之"仁",却没有对这个"仁"作定义,而对"德",司马迁是有着极其细化的描述;至于后面那个是"德"在"仁"先,与孔子提出的"据于德,依于仁"之路径,似是异曲同工之妙哉?至于"三皇五帝"之"德"的考辨,可参阅拙著《中国古代官德研究》之第八章"五帝传统中的德性联结"一节,第249—253页,上海古籍出版社2004年版。

[11]《二程集》,《河南程氏遗书》卷二,中华书局1981年版。

[12]刘泽华主编:《中国政治思想史》(先秦卷),浙江人民出版社1996年版,第12页。

[13]刘泽华主编:《中国政治思想史》(先秦卷),浙江人民出版社1996年版,第18页。

[14][15]朱熹:《四书章句集注·论语集注》卷四,中华书局1983年版。

[16]《中国政治思想史》(先秦卷)中有两段话似可印证:"关于'德'。甲骨文中有无'德'字,学界有二说:一说认为有'德'字,作形。金文在目下增加一个(心)字。另一说认为无'德'字。"又,"关于'仁'。甲骨、金文、《尚书·周书》中均没有'仁'字。仁的概念大约起于西周后期。"(见该书第12页、第86页)从《诗》、《书》已有的分析看,先有"德"字后有"仁"字,还是可信的。

[17]参见《中国政治思想史》(先秦卷),第88—89页。

[18]当然,还有刘先生没有概括进的"仁"字说法,也可作一推敲,即"仁"在"德"下之条目,或许被孔子及其后儒的"熟仁"观里,有所承继。如隐公六年:"亲仁善邻,国之宝也。"孔子也说:"泛爱众而亲仁"。(《论语·学而》)庄公二十二年:"酒以成礼,不继以淫,义也。以君成礼,弗纳于淫,仁也。"孔子也说:"君子博学于文,约之以礼,亦可以弗畔矣夫!"(《论语·

颜渊》)僖公八年:"能以国让,仁孰(熟)大焉。"孔子说过:"能以礼让为国乎,何有? 不能以礼让为国,如礼何?"(《论语·里仁》)僖公三十年:"因人之力而敝之,不仁。"孔子说过:"有能一日用其力于仁矣乎? 我未见力不足者也。"(《论语·里仁》)僖公三十三年:"出门如宾,承事如祭,仁之则也。"孔子说过:"出门如见大宾,使民如承大祭。己所不欲,勿施于人。"(《论语·颜渊》)注意:孔子这段话是回答仲弓问"仁"所说,其中"己所不欲,勿施于人"恰恰是孔子"熟仁"工夫的精彩之"方"。余者,不一一列举了。

[19][23][25]《论语·先进》。

[20]《论语·八佾》。

[21]《论语·里仁》。

[22]《论语·泰伯》。

[24]《论语·颜渊》。

[26]《论语·雍也》。

[27]即便在孟子,他所规定的"仁义礼智"的"四德"说,这"仁"之"德"的规定是:"恻隐之心,仁之端也。"(《孟子·公孙丑上》)"仁"为"四德"之首,而且那个"恻隐之心"所具有的吸引力,蕴涵了似乎无穷无尽的道德意义和人文情结,从而也使得这"四德"说本身,获得经久不衰之魅力。

[28]孔子与《尔雅》的关系是可信的。据考证,《尔雅》作者未署名,汉代传周公作,魏张揖《上广雅表》说:"今俗所传三篇〈尔雅〉,或言仲尼所增,或言子夏所益,或言叔孙通所补,或言沛郡梁所考。"有专家就指出,《尔雅》最初可能是晚周学官编集,后代学官再予增补。但肯定的是,孔子及其门人后学为教学需要,可能也曾有些增益。(见《尔雅》出版说明,新世纪万有文库,辽宁教育出版社 1997 年版)

[29]关于哲学史上的"圆圈",列宁在仔细研读了马克思的《资本论》、黑格尔的《逻辑学》、《哲学史讲演录》等和其他学者的大量著作中获得启示,于 1915 年写就的《谈谈辩证法问题》里作了提纲挈领式的精辟说明:"哲学上的'圆圈':[是否一定要以人物的年代先后为顺序呢? 不!]古代:从德谟克利特到柏拉图以及赫拉克利特的辩证法。文艺复兴时代:笛卡尔对伽桑狄(斯宾诺沙?)。近代:霍而巴赫——黑格尔(经过贝克莱、休谟、康德)。黑格尔——费尔巴哈——马克思。"(见《列宁选集》第二卷,第 559 页,人民出版社 1995 年版)所谓"哲学上的'圆圈'",指的是在哲学思想发展的"逻辑"进程里,先前的哲学概念、范畴被后来的概念、范畴所"扬弃"并增加更新内涵而获得进一步向前发展,同时又成为一个新的"逻辑"发展起点。这就构成了一个"圆圈"。哲学思想史,逻辑地看,就是一部认识史。列宁总

结出的“都把认识看作一串圆圈”，同样适合对中国哲学史的分析，儒家“熟仁”里的“圆圈”也带上列宁所述之“踪迹”。

[30]《张载集》，第19页，中华书局1978年版。

[31]《孟子·离娄下》。

[32][34]《朱子语类》卷五十七，岳麓书社1997年版。

[33]《颜元集·四书正误》卷六，中华书局1987年版。

[35]朱熹:《四书章句集注·孟子集注》卷八。

[36]《荀子·君道》。

[37]《荀子·修身》。

[38]《荀子·非相》。

[39][40]朱熹:《四书章句集注·论语集注》卷七。

[41]《孟子·公孙丑上》。

[42]北宋邵雍在《皇极经世书·观物外篇》说:“知《易》者不必引用讲解始为知《易》。孟子著书，未尝及《易》，其间《易》道存焉，但人见者鲜耳。人能用《易》，是为知《易》。如孟子，可谓善用《易》者也。”清人李光地在《周易折中》也充分肯定邵雍的这一见地。《周易折中·纲领三》指出:“邵子曰:知《易》者不必引用讲解，是为知《易》。孟子之言，未尝及《易》，其间《易》道存焉，但人见之者鲜耳。人能用《易》，是为知《易》。如孟子，可谓善用《易》者也。”有关更详细的分析，可参阅拙文《孟子“善用易”辨》，韩国大同哲学2005年12月;与“熟仁”的考察，可参阅拙著《儒家官德论》，下篇《熟仁与仕途》中的孟子部分，江西人民出版社2007年版。

[43][44]朱熹:《四书章句集注·论语集注》卷一。

[45]其实，即便孔子概之为的“思无邪”三字，也出自于《诗经》本身。《诗经·鲁颂·駉之什·駉》云:“思无邪，思马斯徂。”

第一章

话语与定向

儒家“熟仁”源远流长，孔子是其理论源头。孔子（前551—前479），名丘，字仲尼，春秋鲁昌平乡陬邑（今山东曲阜东南）人。享年七十三岁。漫长的人生经历和历练，使孔子多多少少被赋予了“熟仁”的“样板”。同样，以记载孔子言行事迹的《论语》，也多维度地打桩、夯实了儒家“熟仁”之铺底，并且，既深刻、又深远的引领和规划了儒家“熟仁”之格局。

一、孔子的话语深处

儒家至圣孔子，经常与其弟子饶有兴趣地谈论“仁”的问题，其中，孔子有目的地牵引出“熟仁”之方向性定位和具体性思考。

1. 三句名言

孔子虽没有提“熟仁”之名称，但《论语》里的三句名言却是儒家“熟仁”之渊源，并经后儒的发微，获得了足够的深度与广度。

第一句。《论语·里仁》：“富与贵，是人之所欲也，不以其道，得之不处也。贫与贱，是人之所恶，不以其道，得之不去。君子去仁，恶乎成名？君子无终食之间违仁，造次必于是，颠沛必于是。”

富贵，是人人向往的东西；贫贱，是人人厌恶的东西。但是君子看重的，恰恰是如何向往得到或厌恶丢弃的“道”是否正确。“不以其道”，就是一个

"仁"的问题。君子失去了"仁",不按"仁"来行动,还叫什么君子呢?君子要名实相副,需要他坚持"必于是仁",这是成君之道,具体来说,就是要坚持和做到"无终食之间违仁",这也就是所谓的"仁之熟"。孔子期望"无终食之间违仁",在于"苟志于仁矣,无恶矣。"[1]"苟志于仁",是"熟仁"的意志功夫。在这里,"无终食之间违仁",意味的就是一种"熟仁"之修炼、之到来。无论其处于何种状况和境地,所谓"造次必于是,颠沛必于是",就是坚持"仁",让人有个"熟仁"到来的考验和锻炼。

此段话中,何以见得孔子"熟仁"之精蕴?朱熹看出它的道理。在朱子看来,此段话应作两段看:"'富与贵,贫与贱',方是就至粗处说。后面'无终食之间违仁'与'造次,颠沛必于是',方说得来细密。然先不立得这个至粗底根脚,则后面许多细密工夫更无安顿处。"[2]这就是说,"熟仁"之进行,须有个先后安排,立前段为粗,打根基;立后段为细,精到工夫,"须是先说个粗,后面方到细处。若不是就粗处用工,便要恁地细密,也不得。须知节节有工夫,剥了一重又一重,去了一节又一节。"[3]这是一种渐渐而习熟的工夫。再者,朱熹看出"无终食之间违仁"中的"间"字深义,"熟仁",须从"间"字上看,这"间"字真意就在显示渐渐而习的"熟仁"之功夫。朱熹挑明:"既把得定,然后存养之功自此渐渐加密。"[4]于此朱子道出的是,于"君子无终食之间违仁"中的"著力"功夫,即是一种"熟仁"的"细密工夫"、"存养之功",它是始终于己、深刻不息的。朱子的此番发微,尤是对这"间"字上的"著力"发挥,注入了"熟仁"之于"君子无终食之间违仁"的特定理解。

这一点,王船山也阐释得清楚。船山体察出孔子"无恶"感悟之中潜藏着的"熟仁"辨识:"其无恶可必矣。由是而熟焉,则纯乎善而不见天下之有恶。"[5]船山从善恶之别里训得"由是而熟"的"定力"根据:"夫子曰:君子之所以为君子者,仁而已矣。仁者,此心之存焉者也。顾其或存或去之几,必审之于早;而一存不复去之效,必待之于熟。审之早者,为取为舍之分也;待之熟者,为存为养之功也。取舍之分,因于欲恶之情,则求仁之大辨,于此有定力焉。"[6]"求仁之大辨",此番"定力"功夫锁定在"君子无终食之间违仁,造次必于是,颠沛必于是。”无论处于何种颠沛流离的困境和艰险,是君子总是须臾片刻不丢失“仁”。这就是一种“定力”,是走向“渐至于熟”的“仁熟”境地。“用力”也无非于此。船山肯定:“用力者勉之于一日,而后相因以渐至于熟”。所谓“渐至于熟”,也属于衡量君子存养功夫的内涵:“君子之必如是也,然后存之养之,密而无间,以熟其仁,则性焉安焉于天理之中,欲恶之几,必无妄动,取舍之辨,不得迟回,君子之所以为君子,乃于斯焉成矣。”[7]船山挑明的“定力”、“用力”、“识几”、“存养”、“细密”的“熟仁”之功夫,表明在其中“仁”是一以贯之地存在着。

然而,试问孔子这般“熟仁”功夫又何以能显现、何以会实现其仁?由朱熹、王船山挑明的“熟仁”之功(“定力”、“用力”、“细密”、“存养”),可以在《论语·子张》那里得到某种渊源性解答。此段话勾勒出的某种“熟仁”导向,也当为孔子之教诲。

第二句。《论语·子张》:“博学而笃志,切问而近思,仁在其中矣。”

这句话为子夏所说,但也体现其老师孔子的“熟仁”思想。可以说,这句话是对孔子“君子无终食之间违仁”的继续挖掘。按子夏所言,彻始彻终的“仁在其中”,是博学、笃志、切问、近思的“习熟”锻炼。也就是说,博学、笃志、切问、近思,乃为“熟仁”的功夫。譬如,一种“好学”的习熟工夫,贯穿于“熟仁”之中,“好学者日新而不失”,这是对“仁”的“日新而不失”的习熟锻炼。子夏做过一种说明:“日知其所亡,月无忘其所能,可谓好学也。”[8]对此,船山领悟到其中蕴涵的“熟仁”之习:“其能月无忘也,非便习之已熟也,乃必能之志不懈于经月,不自谓已能而见无余味也。非好学而如是乎?”[9]熟仁而好学,恰是一种习“仁”而至“熟”的实践锻炼。这点亦如朱熹点明相致。朱子学生杨至之问朱子:“明道谓:‘学者须当思而得之,了此便是彻上彻下底道理’。莫便是先生所谓‘从事于此,则心不外驰,而所存自熟’之意?”朱熹回答:“然。于是四者(博学、笃志、切问、近思)中见得个仁底道理,便是彻上彻下道理也。”[10]在这里,朱熹道出的孔子“熟仁”观的精蕴所在就是:深入于这学、志、问、思之中的,应“见得个仁底道理”,使心中“所存自熟”,所熟,就在见于仁、习于仁,彻头彻尾,彻上彻下,自始至终。

那么,在孔子那里,这“博学”、“笃志”、“切问”、“近思”中何以能“见得个仁底道理”呢? 此番“熟仁”之习,又取向于孔子下面一段亲身经历的名言。

第三句。《论语·为政》:“吾十有五而志于学,三十而立,四十而不惑,五十而知天命,六十而耳顺,七十而从心所欲,不逾矩。”

孔子亲历“熟仁”有道,他从十五岁开始有志于学、问、思,至七十岁,才有“不逾矩”之熟来,这里借朱熹的解释看得此理:“三十而立之时,便是个铺模定了,不惑时便是见得理明也。知天命时,又知得理之所自出。耳顺时,见得理熟。从心所欲不逾矩时,又是烂熟也。”[11]孔子的“志于学”、“立”、“不惑”、“知天命”、“耳顺”、“不逾矩”,其内核是贯于“仁”的,整个进程就是习仁之熟的渐化。船山似乎接住了朱子在此的习熟解释,刻意挑明孔子自六十能“见得理熟”、七十能“烂熟”的心之根据:“至于六十……因反而循之,熟而尝之,至于七十,则理之在万物者,吾可以任吾心而任之矣。”[12]这是心之而熟,又是贯穿于十五志于学至七十不逾矩,并且船山着意于成熟品性的锻炼,“志于学”,既是人心的磨炼,又是成仁成性(德性)的“熟仁”过程。于此船山挑明:“十五之所志,早有一从心之矩在吾规量之中,此吾之始之也,有若是者。三十以后之所进,不舍所志之学,而不敢期从心之获,以渐通之,以渐成之,吾之中之也,有若是者。七十之从心不逾,尽协乎吾志之所求,博通于所学之大,知与行自信诸心,天与物不在乎外,吾之终有若是者。则诚(仁)哉,性之不可恃,而学乃以尽其性也。吾之学如是,凡与我共学者,其亦尚如是乎!”[13]在船山看来,人心尽性成熟,有个“志于学”于其中,如孔子自三十至七十,始终不丢失于“志于学”,因为在“志于学”的开始中,已内在积淀对于仁的往后追求的向度,更进一步看,成性成仁而成熟,是蕴涵在“志于学”的努力里;或者换种角度说,应当挖掘孔子“志于学”中开辟出的往后发展的“熟仁”一切。

2."熟仁"名言之提挈

此三句"熟仁"名言,是内在连接为一体的。"君子无终食之间违仁,造次必于是,颠沛必于是。"是讲"仁"为人的主心骨,彻头彻尾,彻始彻终,贯彻于人的一生,所以,人就得"须臾不离"于仁,不间断地习仁于熟。靠什么习仁于熟呢?靠"博学"、"笃志"、"切问"、"近思",仁就会在其中,这就是"熟仁"之道。长此以往,反复习来,就会到达"不逾矩"之"纯熟"、"烂熟"之境地,或谓"仁熟"矣。

需要指出,后儒"熟仁"观,极为看重这三句名言,并往往发挥,运用到极致,甚至从尽性成性上的阐发更使人眼前一亮:"三十器于礼,非强立之谓也。四十精义致用,时措而不疑。五十穷理尽性,至天之命;然不可自谓之至,故曰知。六十尽人物之性,聲入心通。七十与天同德,不思不勉,从容中道。常人之学,日益而不自知也。仲尼学行,习察异于他人,故自十五至于七十,化而(知)裁[之],其(德)进[德]之盛者与!"[14]这出自于张载之笔,张子认定,孔子到了"德盛仁熟",正是"七十而从心所欲不逾矩",源在于"与天同德",是"性与天道"交融所致也。而"性与天道"又恰恰是孔子讲得最少的部分。关于后儒的阐发,将在后面的叙述里不断会有所领悟有所体验。

3."熟仁"理性之开发到确立

这是孔子"熟仁"话语里,意义最深远、挈领最深邃、价值最宏达的成果。孔子这三句"名言",绝非随意信手拿来的"拼凑",而是"熟仁"理性的形成标志。其特定内涵和规范,由朱熹解释得最得体、最贴切。在《朱子语类》,朱熹是这样透析的:

在《里仁》"富与贵章",朱熹如此规范:其一,"熟仁"理性,是识得"终食不违仁"、"终食不离道"。这叫"造次、颠沛必于是":"又终食、造次、颠沛,一句密似一句,须至倾覆流离之际,亦不违仁也。"其二,"熟仁"理性,是工夫下得"着实",是下到"终食不违"处:"圣人之意,不独是教人于富贵贫贱处做工夫,须是到终食不违,颠沛造次都用工,方可。"其三,"熟仁"理性,是"存养得心在这里”的用力处，而不在其他处：“圣人这处，正是说筑底处，正是好著力处，却如此轻说过了！众人是这个心，圣人也只是这个心，存得心在这里，道理便在这里。从古圣贤，只是要理会这个物事，保养得这个在，那事不从这里做出！”其四，“熟仁”理性，是识得工夫的“安顿处”，这叫“先立个至粗底根脚”：“立得这个粗底根脚了，方可说上至细处去。若见利则趋，见便则夺，这粗上不曾立得定，更说个甚么！”其五，“熟仁”理性，是识得“间”字上的用功，这叫“无间断”。朱熹形象道来：“如孟子言‘善、利之间’，须从‘间’字上看。”就是一个“无间断”：“但学者初做时，固不能无间断。做来做起，做到彻处，自然纯熟，自然光明。”这“做到彻处”，就是由“有间断”做到“无间断”到来，才后有“自然纯熟”。

在《为政》“吾十有五而志于学章”，朱熹如此规范：其一，“熟仁”理性，是从“志”上开头，这叫“志于道”、“志于学”。朱熹极力申辩了这个“志”：“‘志’字最要紧，直须结裹在从心不逾矩上。然又须循乎圣人为学之序，方可。”“志”是“熟仁”之环节，是“为学之序”，更是“裹在从心不逾矩”里的契合，“志于学”、“志于道”，却是“志”之两个目标：“志是要求个道，犹是两件物事。到立时，便是脚下已踏著了也。”“立志”，乃为“熟仁”之根基。其二，“熟仁”理性，是对所识有不同程度之差异，也叫“见”与“知”之结合：“不惑，是随事物上见这道理合是如此；知天命，是知这道理所以然。”而“五十知天命”，是“熟仁”之于“仁熟”的拐点，所以，“熟仁”理性，就更加偏重于“知天命”问题：“凡事事物物上，须是见它本原一线来处，便是天命。”原来，孔子认定的“熟仁”理性，就是对人生事业之“源头”的把握：“十五志于学，三十守得定，四十见得精详无疑，五十知天命。天命是这许多柄子，天命是源头来处。”其三，“熟仁”理性，是“知”、“行”统一之性。这“十五有志到七十从心所欲不逾矩”，可分知、行二段看：“志学亦是要行，而以知为重；三十而立亦是本于知，而以行为重。志学是知之始，不惑与知天命、耳顺是知之至；‘三十而立’是行之始，‘从心所欲不逾矩’是行之至。如此分看。”但“分看”，还是有“合”的，朱熹称为：“志于学，是一面学，一面力行。至‘三十而立’，则行之效也。学与不惑、知天命、耳顺相似。立与从心不逾矩相似。”这就与王阳明讲的知即行、行即知的“知行合一”,有了不同之处。其四,“熟仁”理性,是“体之于身”的省察、反思活动,这就与一般意义上的“理性”具有重大的根本性差异,就是其“体之于身”的切己性、有用性“体认”:“每每如此省察,体之于身,庶几有益。且说如今学者,逐一便能检防省察,犹患所欲之越乎规矩也。今圣人但从心所欲,自不逾矩,是甚次第!……学者便当取吾之所以用功处,真切体认,庶几有益。”其五,“熟仁”理性,是贯入于“通达”、“精微”之“知”的能力。朱熹同意:“‘四十不惑’,是知之明;‘五十知天命’,是知极其精;‘六十耳顺’,是知之之至。”并对此评判:“不惑是事上知,知天命是理上知,耳顺是事理皆通,入耳无不顺。”差不多,以后诸儒的“熟仁”观,常常以“义精仁熟”、“通仁达义”来研判“仁熟”之境的到来,是不足为奇的事实。其六,“熟仁”理性,是“尽心、知性、知天”的“存养”,它有两个方向的积淀,一者谓“收拾得个本心”,一者谓“克己复礼”。朱熹发挥得彻底:“圣人千言万语,只是要人收拾得个本心,不要失了。日用间著力屏去私欲,扶持此心出来。”那句“屏去私欲,扶持此心出来”,恐怕是朱熹“刮得(孔子)自家心里许多道理出来”的真知灼见。“熟仁”理性这六处规定,朱熹大见其效:“此个道理,大则包括乾坤,提挈造化;细则入毫厘丝忽里去,无远不周,无微不到,但须是见得个周到底是何物。”是“熟仁”矣。看得出,评价是如此之高。

在《子张》“博学而笃志章”,朱熹如此规范:其一,“熟仁”理性,是“须先识仁”。有人引大程言“学者须先识仁”,问朱熹如何去做,是“识得仁,以敬养”,方才“仁在其中”,即“熟仁”?朱熹回答:“不如且就‘博学笃志,切问近思’做去。”二程讲的“识性”与“识仁”,朱熹且强调从“博学”、“笃志”、“切问”、“近思”上做去,就是“识性”、“识仁”,就是“熟仁”之“识”。其二,“熟仁”理性,是“心不放逸”,它恰恰来自于“博学而笃志,切问而近思”。朱熹说得是:“然人能‘博学而笃志,切问而近思’,则心不放逸,天理可存,故曰‘仁在其中’。”“若能如此,便是心在,已有七八分仁了。”其三,“熟仁”理性,是“推”字工夫的娴熟运作。朱熹充分肯定伊川说的“近思,只是以类推去”,指出这一“推”的理性特征:“此语道得好。不要跳越望远,亦不是纵横陡顿,只是就这里近傍那晓得处挨将去。如这一件事理会得透了,又因这件事推去做那一件事,知得亦是恁地。”朱熹举走台阶为例:“如升阶,升第一级了,便因这一级进到第二级,又因第三级进到四级。只管恁地挨将去,只管见易,不见其难,前面远处只管会近。若第一级便要跳到第三级,举步阔了便费力,只管见难,只管见远。”那个“只管挨将去,次第都能理会得”,才是“推”字工夫的纯熟了。其四,“熟仁”理性,是在“心”里的归宿处:“惟笃志,又切问近思,便有归宿处,这心便不泛滥走作,只在这坎窠里不放了,仁便在其中。横渠云:‘读书以维持此心。一时放下,则一时德性有懈。’”其五,“熟仁”理性,是结合“规模”与“工夫”的专注:“博学是都要理会过,近思是注心著力处。博学是个大规模,近思是渐进工夫。”于此五处,朱熹的结论是:“于是四者中见得个‘仁底’道理,便是彻上彻下道理。”用程明道的话,就是“所存自熟”的“熟仁”见效了。

由于孔子确立了“熟仁”理性的开发,至此,儒家“熟仁”的发展,就有了基础性根基和方向性指标,从孟子后,大儒们的阐发,却是受到了这“熟仁”理性之光的照耀。

二、孔子“熟仁”定向之性质

孔子,一向不愿意空谈“仁”的问题,而是更愿把“仁”放之于“道”、“德”、“艺”同等层次,也就是加以具体化,凸显其“熟仁”的实践性价值。《述而》记孔子这个说法:“志于道,据于德,依于仁,游于艺。”意思是说,成人的方法和要求是,志向在“道”,根据在“德”,依靠在“仁”,并在“六艺”(礼、乐、射、御、书、数)中涵养自己,日益形成“熟仁”的志向和行为。把握孔子“熟仁”之定向,首先要看出孔子对“熟仁”的理解里,蕴涵了丰富和强烈的实践关切。这是孔子开启了“熟仁”方向的两个特定维度,即习仁于熟和仁性生长。

1. 习仁于熟

综观《论语》,有十余次专论“仁”。但有一事须提出,《子罕》记有:“子罕言利,与命,与仁。”这段话要准确理解。朱熹的解释,颇为妥切:“罕言者,不是不言,又不可多言,特罕言之耳。”[15] 在朱子看来,孔子不是不言利、言命、言仁,而是言之有方术。以“言仁”来说,朱熹以为,“罕言仁者,恐人轻易看了,不知切己上做工夫。”[16] 于此观之,孔子看待“仁”,强调的是习仁,即“切己上做工夫”的“熟仁”过程。也就是说,孔子把握“仁”,更注重“仁”之“习”的实践价值,所以朱熹才有“仁在学者力行”的说法。[17]“习仁”是孔子的观点,朱熹只不过发挥出了这个意思。孔子确实为“熟仁”契入了这个“习仁”的实践品味:

《雍也》:“仁者先难而后获,可谓仁矣。”“何事于仁,必也圣乎,尧舜其犹病诸!夫仁者,己欲立而立人,己欲达而达人。能近取譬,可谓仁之方也已。”

《述而》:“志于道,据于德,依于仁,游于艺”;“仁,远乎哉?我欲仁,斯仁至矣。”

《泰伯》:“人而不仁,疾之已甚,乱也。”

《颜渊》:“克己复礼为仁。一日克己复礼,天下归仁焉。为仁由己,而由人乎哉?”“仁者其言也讱也。”

《宪问》:“管仲之力也。如其仁,如其仁。”

应该看到,孔子对“仁”的原则设定,赋予其强烈的主体性行为取舍。依据“仁”打桩的行为,是“仁在其中”的主体性自觉,这就叫“依于仁”。孔子强调这一点,用意就在铺开“习仁”里面的实践境界,“熟仁”,就是经历于此的习仁于熟的自觉展开。理由是:“熟仁”,就是要做个实践中人,打桩个底据在心身,就是“道”“德”“仁”“艺”的结合。

第一,打桩个“仁”在心身里面。桩个“仁”之底据在心身,化为“道”、化为“德”、化为“艺”,言行处事、进退出处,皆由“仁”引之归之。这就是“习仁于熟”的进出来回：仁不在远处，就在我之心身。孔子感慨：“仁，远乎哉？我欲仁，斯仁至矣。”“人而不仁”，犹如身体有病，行为有乱。所以仁，乃我之主心骨，它不远，就在我心里，我可以随叫随到，“我欲仁，斯仁至”，不就是“仁熟之致”（张载语）了吗？这就是“习仁”、“习仁于熟”的道理所在。

第二，仁在其中，可谓是“为仁由己”。孔子引古诗“唐棣”强调仁在由己（自身）的努力而不在外面：“‘唐棣之华，偏其反而。岂不尔思，室是远而。’子曰：‘未之思也。夫何远之有哉？’”[18]唐棣，一种植物；“唐棣之华，偏其反而”，含有“捉摸不定”的意思。孔子借唐棣之喻，想要表达的是，真的想到仁、做到仁，仁还会远吗？此段文义似与孔子“仁，远乎哉”有相同旨趣。杨伯峻先生对“唐棣之华，偏其反而”的释义与此颇有相通。杨氏释谓：“‘夫何远之有’可能是‘仁远乎哉？我欲仁，斯仁至矣’的意思。或者当时有人引此诗（这是‘逸诗’，不在今《诗经》中），意在证明道（即仁——引者注）之远而不可捉摸，孔子则说，你不曾努力罢了，其实是一呼即至的。”[19]仁，是一呼即来的，只看他本身是否努力所至。孔子赞扬管仲“如其仁”的实践努力，似乎也在指证这样一种观点，即“仁至”在实际生活中是可以做得到的，习仁不在于能说会道、能言善辩，而在于力行；圣人事事有仁至而来，全是按“仁之方”来左右自身言行，而且是时时刻刻，须臾不离身的。

第三，实践仁道的体用。何谓“仁之方”？在孔子看来，实践仁道的方法，首先自己要站得住，同时使别人也站得住；自己要事事行得通，同时使别人也事事行得通。再者，能设身处地一步步行“仁在其中”的“仁术”，那就是实践仁道的最好方法了。

据朱熹、王船山释义，孔子“仁之方”中包含的“熟仁”蕴意，有体有用的发微，即熟仁就是体用一致。按船山训义：“知仁之体，识仁之用，无终食之间可违也。”[20]熟仁，取“无终食之间违仁”，就在“仁之为体固然也”，以之为“体”，则有“己欲立而立人，己欲达而达人”之“用”。按朱熹释义，一者谓仁之本体，“圣人所以提起‘夫仁者己欲立而立人，己欲达而达人’，正指仁之本体。盖己欲立，则思处置他人也立；己欲达，则思处置他人也达。放开眼目，推广心胸,此是甚气象!如此,安得不谓仁之本体!”[21]二者谓有此仁之体则有此仁之用。所谓“强恕而行”,“能近取譬”,则是“仁之方”,而此“方”恰是仁之体用,可见于熟。朱熹强调:“己欲立而立人,己欲达而达人。仁也;能近取譬,恕也。”[22]在朱熹看来,仁有等分,有圣人之仁,有贤人之仁,贤是“仁如酒好”,圣是“仁如酒熟”[23]。当然是“圣”优于“贤”、“熟”优于“好”。孔子赞赏管仲“仁之功”,也赞扬颜渊“三月不违仁”,然而管仲和颜渊均为贤仁而未达到圣仁,或许也是“欠熟”、“未达一间者而已”。以颜渊为例,朱熹注释性地引证的观点是:“此颜子于圣人未达一间者也。若圣人则浑然无间断矣。”[24]曾国藩也点到此位:“即颜渊未达一间,亦只是欠熟耳。”[25]这些“差距”,还是在行动上找到的,所谓“间”字功夫,就是这样的“欠熟”。有关颜渊之熟的问题,我们将在后面还会有专门检讨。

2. 仁性生长

这是一个连接“仁之本”的话题:蕴涵在“熟”里的源头、桩子、根子,即是“仁”之本体;习仁于熟,内蕴的是德性生长。因此,孔子“仁之本”的微言大义是:“熟仁”里面生长出来的“德性”,本根上就是鲜活的仁性生长。孔子说“仁之本”,就是说:仁是根本、仁是根本之体、仁是根本性的存在。换句话说,仁性生长,也即表现为德性生长。前者为体,后者为用,本根上看,就是个体用不二。那么,如何从“德性”上进入这个“仁性”之用、进入这个“习仁于熟”?也就是那个以“仁”是“德”的问题。孔子抓到了核心、关键,就是往深里掘、往根里扒、往本上寻,也就是说,孔子要求人们事事上求熟,就是熟到仁上,方才罢休。孔子十分强调人性之学的问题,所谓“博学而笃志,切问而近思”,就是“学”的过程。所以,“习仁于熟”,离不开这个“学”。而这样的“学”,归根结底,就是去发现和把握“仁之本”,从而造化德性生长。

这里,孔子的逻辑是:“熟仁”于学,学在务本(“仁之本”),“本”的规定就是“仁性”生长、德性积淀。这是孔子对“仁之本”的独特见识。将其融入于“熟仁”里思考,就有更高情趣、就有特殊意境。《论语》首篇《学而》,记载弟子有子关于“仁之本”的观点，就足以照观出孔子“熟仁”于“学”的特质语义：“其为人也孝弟，而好犯上者，鲜矣。不好犯上而好作乱者，未之有也。君子务本，本立而道生。孝弟也者，其为仁之本与！”“仁之本”的要求，是“孝”德的承传。关于“君子务本”，朱熹肯定：“凡事专用力于根本。”至于“孝弟为仁之本”，朱熹断言：“这个仁，是爱底意思。行爱自孝弟始。”“亲亲、仁民、爱物，三者是为仁之事。”“孝弟固具于仁，以其先发，故是行仁之本。”[26]仁之本，是万事万物的发源处，所习所熟，就是要寻个根、始个头、源个发，于此，朱熹喻“仁”为树根：“如草木之有本根，方始枝叶繁茂”，“但有本根，则枝叶自然繁茂。不是要得枝叶繁茂，方始去培植本根。”[27]它本身就是一个自觉的过程。所谓“培植本根”，便是一番“为仁之本”的“生意”努力。即谓“习仁于熟”的由来。船山与朱熹似有同悟，揭示出“仁之本”在成熟之道中的真实根底：“为仁”是行仁、是生仁，他认同性地引用朱熹所注：“言君子凡事专用力于根本，根本既立，则其道自生。若上文所谓孝弟，乃是为人之本，学者务此，则仁道自此而生也。”[28]“学者务此”，船山当悟出“熟仁”之底蕴、之底据。孔子说“学而时习之”，是“学而又时时习之，则所学者熟”，这是“学之正，习之熟，说之深而不已”的“熟仁”之本根要求。[29]

王船山讲的“学之正”，是符合孔子“学”观的。《论语·雍也》记载孔子的语录：“君子博学于文，约之以礼，亦可以弗畔矣夫！”意思是说，君子学欲其博在“学于文”，守欲其要，在动必以礼，而守规矩，是以不背离（“畔”）道。这是“熟仁”于学的根据之一。习仁于熟，应来回于“合于道”，这是孔子对“博学于文”的别样看待，犹如船山解释此段文字言明：“夫子曰：君子之为学，以求合于道也。……文皆载道之文……礼皆修道之事，于其切于身者，尤体道之实也。”[30]联系仁之实践境地的“仁不远乎哉”，船山阐发“道”也有如此境地：“月尽其身心之力，依乎道之所著，而道岂远乎哉！”[31]熟仁，是有身心之“道”为底据的。这里，已经展开了“熟仁”为什么在孔子那里具有“道”、“德”、“仁”、“艺”结合的仁性生长的实践意义。

3. 礼、颜子之学

所谓“习仁于熟”与“仁性生长”,连接起来,当属于这个“熟仁于学”的问题。儒家“熟仁”思想里,对于“学”是非常看好的,颜子之熟,二程称赞其“好学”,“学以至圣人之道也”,并著《颜子所好何学论》,加以特殊赞誉。在“熟仁”的通道里,颜子之好学,究竟如是看?《颜渊》篇的一段对话,颇为敏感:

孔子对颜子“问仁”回答是“克己复礼为仁。一日克己复礼,天下归仁焉。为仁由己,而由人乎哉?”颜子又问如何做到“克己复礼为仁”?孔子回答是“非礼勿视,非礼勿听,非礼勿言,非礼勿动。”颜子听后非常感慨:“回虽不敏,请事斯语矣。”以后定当按此去做。这是颜子之熟。

按孔子所说,“熟仁”,就是要做到“克己复礼”,这是人可以做到的,这叫“为仁由己”;孔子的要求是:“非礼勿视,非礼勿听,非礼勿言,非礼勿动。”这是“熟仁”的状态。颜子似乎还没有进入这个状态。这里的问题,并不追究颜子是熟仁还是未至于熟仁,而在于孔子凸显了“礼”的重要性:“熟仁”于学,也在意个学礼。这是孔子对颜子的期待和教诲。船山立意的“学之正”,是“博学于文,约之以礼”的双管齐下。视听言动必有礼,才是“熟仁”之道。

对于这段孔、颜对话,究其与“熟仁”之牵挂,按《朱子语类》,窃意有四:第一,仁是全体,礼分各种,但全体的仁,随处可见,正是以礼显示仁之全体性状。如朱熹肯定:“若论全体(指“仁之全体”),是处可见。……若于此(礼——引者加注)理会得透彻,亦见得全体。”[32]所以,孔子就有那“四勿”规范。这个说法,后来,诸“熟仁”说里,都有个“规矩”说在其中,可能与此有渊源。第二,礼规划了克己工夫,要得到仁,就得克己复礼,“熟仁”就得到理会。朱熹说得是:“克己工夫,其初如何便得会自然?也须著禁制始得。到养得熟后,便私意自渐渐消磨去矣。”[33]这“禁制”,便是礼的东西,熟养此“禁制”,私意消去,“仁熟”就之致了。“熟仁”于学,当也在熟仁于学礼。第三,克己复礼,当在消磨私意,出于公心。即“熟仁”,是无私心私利的结果,又是尽得公道的结局。这是从颜子之熟里看到的“仁术”。朱熹回答“公便是仁否”问题时，说的坦然：“非公便是仁，尽得公道所以为仁耳。求仁处，圣人说了，‘克己复礼为仁’，须是克尽己私，以复乎礼，方是公；公，所以能仁。”[34]就是说，绝不能让“私心私意”干扰“熟仁”，这当然需要礼的帮助。第四，孔子期待的是“行动”的价值。“四勿”是行动、“克己”是行动、“熟仁”是行动、“天下归仁”是行动，其“用力”处，就在这些带引号中的内容。而且这样的“用力”不是短暂一时，而是长久至往。朱熹认为，这只有孔子才做到了，似乎颜子仍需努力之中：“颜子亦只是‘有不善未尝不知，知之未尝复行’。除是夫子‘七十而从心所欲不逾矩’，方可说此。”[35]

关于“礼”，在“熟仁”方面，孔子有着二个特定期待，一是“梦见周公”，二是“义精仁熟”。

其一，关于“梦见周公”。阐述的重心放在“与周公契合处”。在孔子看来，“人而不仁如礼何？”[36]人不熟习仁，还能指望其有礼吗？即便“礼”，也要学个熟。朱熹在解释“礼之本”时，反复强调：“（礼），只是习得来熟”；“习熟于礼文，行得皆无窒碍”；并举农家种田：“治田者须是经犁经耙，治得窒碍，方可言熟也。”[37]“礼”，就好比治田者的“经犁经耙”，经好了，才能种好田，这就是“熟礼”了。所以，礼，是行动的根据；礼至于熟，是行动的自由，孔子就这样评价道：“恭而无礼则劳，慎而无礼则葸，勇而无礼则乱，直而无礼则绞。”[38]所谓“劳”、“葸”、“乱”、“绞”，皆因欠熟于礼文所致。

问题是，孔子想望的“礼”，是周礼：“周监于二代，郁郁乎文哉！吾从周。”[39]朱熹释为：“周公制成周一代之典，乃视夏商之礼而损益之。故三代之礼，其实则一，但至周而文为大备，故孔子美其文而从之。夫子得志，大概从周处多。”[40]所以，孔子以梦见周公为“得志”，以行以周礼为“仁熟”，张载似乎描观到这个点上：“从心莫如梦。梦见周公，志也；不见周公，不踰矩也。”[41]只有到了从心所欲、从容中道之际，即便不梦见周公，只要行动上与“周公契合”，也会是“不踰矩”，这是“纯熟”之状态了。孔子说过：“甚矣吾衰也！久矣吾不复梦见周公也。”[42]朱熹这样解释：“圣人曷尝无梦，但梦得定耳。须看它与周公契合处如何，不然，又不见别梦一个人也。圣人之心，自有个勤恳恻怛不能自已处,自有个脱然无所系累处。"[43]梦见不梦见并不重要,重要的是"与周公契合处",也就是与"周礼"契合处、与"礼"契合处,"契合"了,乃心有所定、行有所定,"不逾矩",就是"契合处",就是"仁熟"。这也是孔子的希冀,一份勤勉、一份忧患,担心达不到"契合处"。所以朱熹还有"勤恳恻怛"、"脱然无所系累"之感慨。

其二,关于"义精仁熟"。阐发的重心是《诗》、礼、乐的三位一体。孔子说:"兴于《诗》,立于礼,成于乐。"[44]学"诗"可以激发人的德性生长,学"礼"可以使人立足社会,学"乐"可以使人成长起来。孔子所谓"乐"的内容本质上都与"礼"相联结,所以有"礼乐"说法。此段话,可分作两段看,却都是指向"熟仁"。按朱熹释,第一段,"兴于《诗》,便是个小底;立于礼,成于乐,便是个大底。兴于《诗》,初间只是因他感发兴起得来,到成处,却是自然后恁地。"[45]"小底"是由生到熟的基础,"大底"是成熟了,这叫"自然后恁地"了。这"大底"是"礼乐"的作为。这里,不是简单的次序问题,而是看其绩效,即"义精仁熟"的绩效。朱熹指出,这三句话"非是初学有许多次第,乃是到后来方能如此;不是说用工夫次第,乃是得效次第如此";"到得'成于乐',是甚次第,几与理为一";"'兴于《诗》',是初感发这些善端起来,到'成于乐',是刮来刮去,凡有毫发不善,都荡涤得尽了,这是甚气象!"[46]所谓"几与理为一"、"荡涤得尽了",皆为"义精仁熟"的注脚,皆属"仁熟之致"的到来。而"立于礼",皆在其中:"如礼,古人这身都只在礼之中,都不由得自家,今既无之,只得硬做些规矩,自恁地收拾。"[47]也就是说,"礼"是贯穿在其中的,也不由得人要不要。儒家"熟仁"思想里,"规矩说"极为发达,就与"礼"关系甚切。第二段,与"志于道,据于德,依于仁,游于艺"相为表里,终成"义精仁熟"。朱熹说得甚是:"'兴、立、成',是言其成;'志、据、依、游',是言其用功处。"[48]其中关键处,还在于"礼乐"所成所熟。礼为乐之内容,所以"乐虽作于彼,而听者自然竦动感发,故能义精仁熟,而和顺道德。"[49]无怪乎,朱熹非常认同"乐则存养其善心,使义精仁熟,自和顺于道德"的说法,而这一切的解释,都源自孔子的真实想法。

其实，在孔子的“仁”体系里，蕴涵着“礼”的形式，也就是说，仁是内容，礼是其形式，仁礼关系，可谓是“纳礼入仁”，因此，“熟仁于学”，当也含“熟仁”于学礼。后儒对此问题是有重大发展的。至少在张载那里，作了相当深刻的分析。这在张载一节里会详细检讨。至于颜子之学与颜子之熟的更多话题，将在后面的章节里专门论述。

三、《诗经》照观

透过“兴于《诗》，立于礼，成于乐”，可以窥探到孔子的深意，尤其是那个“兴于《诗》”，通过《诗》，能够激发出人之善端、人之仁性，也是“熟仁”之肇始、之开端。《诗经》无疑提供了这个“熟仁”之“几”的早期版本。《诗经》，不仅是讲“诗”的，也讲“人”的，“游于艺”的问题，无非廓清这“诗—人”结构中的奥妙之处。孔子对此的切入和界域，是发现了《诗经》中的“熟仁”之“几”。

孔子十分注重《诗经》，一向认真对待《诗经》，并要求其弟子读《诗》、想《诗》、谈《诗》，并在读、想、谈中去思《诗》中之“仁”。《诗经》“可以兴，可以观，可以群，可以怨，迩之事父，远之事君，多识于鸟兽草木之名。”[50]在孔子的心目中，《诗经》是极具做人做官做事之道理。这个道理可深可浅，就是“思无邪”。朱熹领悟彻底，概之以“熟仁”旁通：“若是常人言，只道一个‘思无邪’便了。便略了那‘《诗》三百’。圣人须是从《诗》三百逐一篇理会了，然后理会‘思无邪’，此所谓下学而上达也。今人止务上达，自要免得下学。如说道‘洒埽应对进退’便有天道，都不去做那‘洒埽应对进退’之事。到得洒埽，则不安于洒埽；进退，则不安于进退；应对，则不安于应对。那里面曲折去处，都鹘突无理会了。这个须是去做，到得熟了，自然贯通。到这里方是一贯。”[51]按朱熹之解，“到得熟了”，实乃深入《诗经》，言行都有《诗》可循；三百篇只是一个“思无邪”，即“只是要正人心”[52]。“正人心”，就是达到对“仁”的“自然贯通”，即如二程说的至“诚”了。

1.《诗经》中的“熟仁”条目

先来罗列一下孔子提及的《诗经》里可以成为“熟仁”的条目,截取直言与《诗经》而来的,有“如切如磋,如琢如磨”;“乐而不淫,哀而不伤”;“执礼”。最终条目却是“思无邪”。

孔子饶有兴趣的那句“兴于《诗》,立于礼,成于乐。”[53]朱熹释得其中“熟仁”观:“兴于《诗》”,是“故学者之初,所以兴起其好善恶恶之心而不能自已者,必于此而得之”;“立于礼”,是“故学者之中,所以能卓然自立而不为事物之所摇夺者,必于此而得之”;“成于乐”,是“故学者之终,所以至於义精仁熟而自和顺于道德者,必于此而得之。是学之成也。”[54]这里讲到的“之初”、“之中”、“之终”,与孔子讲的十五有志于学而至七十的从心所欲不逾矩,有相同旨趣。船山认定,此番“熟仁”之功夫,起始于《诗》之兴而成于仁:“始以兴,继以立,终以成……即以至善端其始教,极致于圣功将熟之候,而《雅》《颂》之所,威仪之则,尤穷理尽性之所不离。”[55]“善端”、“穷理尽性”,盖之与“仁”而“不离”,“熟仁”即谓“圣功”。这是朱熹、船山从大的方面说的。

细则如何?前面,业已提出“兴于《诗》”中“义精仁熟”之旨趣,眼下应该注意的是,孔子对于《诗经》中有关“义精仁熟”方面的捕捉和挖掘——不管是直接的或是间接的条目。这是十分有利于孔子内心世界里所追寻的“熟仁”之特殊意境的展显。

在《论语》,多有记载孔子对《诗经》在这方面的倾注:

《学而》:“子贡曰:‘《诗》云:“如切如磋,如琢如磨。”其斯之谓与?’子曰:‘赐也!始可与言《诗》已矣,告诸往而知来者也。’”

《为政》:“《诗》三百,一言以蔽之,曰:‘思无邪’。”

《八佾》:“子曰:‘绘事后素。’曰:‘礼后乎?’子曰:‘起予者商也,始可与言《诗》已矣’。”“子曰:‘《关雎》,乐而不淫,哀而不伤’。”(《关雎》为《诗经·周南》的一篇)

《述而》:“子所雅言,《诗》、《书》、执礼,皆雅言也。”

《泰伯》:“子曰:‘师挚之始,《关雎》之乱,洋洋乎盈耳哉!’”

《子罕》:“子曰:‘吾自卫反于鲁,然后乐正,《雅》《颂》各得其所。’”

《子路》:“子曰:‘诵《诗》三百,授之以政,不达。使于四方,不能专对。虽多,亦奚以为哉?’”

《阳货》:“子曰:‘小子何莫学夫《诗》?《诗》可以兴,可以观,可以群,可以怨,迩之事父,远之事君,多识于鸟兽草木之名。’子谓伯鱼曰:‘女为《周南》、《邵南》矣乎?人而不为《周南》、《邵南》,其犹正墙面而立也与!’”(《周南》、《邵南》为《诗经·国风》篇目)

所列并不是为了某种凑合,而是蕴涵了孔子的特意,即在《诗经》中的“熟仁”观念。有以下可提及:

○有“如切如磋,如琢如磨”。《尔雅》释“如切如磋”为“道学也”,释“如琢如磨”为“自修也”。“如切如磋,如琢如磨”,内含许多“义精仁熟”的功夫。《诗经·卫风·淇澳》:“有匪君子,如切如磋,如琢如磨。”这个文雅有德性的君子,好像牛骨、象牙经过了切磋,好像美玉宝石经过了琢磨。透过“道学”与“自修”,此段文字里的“熟仁”之境,船山辨识到了,并与孔子“熟仁”观相贴切。船山说:“言治骨角者既切之而复磋之,治玉石者既琢之而复磨之,治之已精而益求其精也。”[56]切之复磋、琢之复磨、精益求精,盖为“义精仁熟”之功,有了这般能力、到了这般地步、入了这般熟境,孔子认为就“可以与你讨论《诗经》了”。而这个“道学”与“自修”,不仅为《诗经》中的为学之道,而且因其有了“义精仁熟”之功,恰被孔子看好为成君之道。船山获得如此之辨:“《诗》云‘如切如磋’,言乎学道之精也;‘如琢如磨’,言乎去私之密也。必其如是既切而复磋,择理之精也;既琢而复磨,治欲之密也;则纯乎理之存于中……而无非道乎?则无谄无骄者,以其自守之志操而从事于学修,以期进乎中和之德,其《诗》之所以言君子自治之功之谓与!”[57]在船山看来,孔子能尽《淇澳》之义,是其涵盖了“涵泳”与“通”的尽熟之蕴,就是“合于道”的“义精仁熟”,其用词尽在此义中,如“学道之精”、“去私之密”、“择理之精”、“治欲之密”、“纯乎理”、“进乎中”,此便是“君子自治之功”,而且它不以贫富穷达而左右:“切磋琢磨之功,非为贫富言也,而涵泳有得焉,则夫人之学必于此,天下之道尽于此矣。推而广之,于处贫富而尽其道,引而伸之于学修而知其通,以此言《诗》,三百篇皆身心之要矣。”[58] 因为,这“义精仁熟”,也归属在心身意志的历练中。

○有“乐而不淫,哀而不伤”。这是娴熟的中庸之道。中国人有很多诸如此类的说法:

泰而不骄

乐而不淫

忧而不困

直而不据

哀而不伤

曲而不屈

威而不猛

欲而不贪

透过这些例句,能够领会出的娴熟之意,有一层达于中和的至美境界。其实,在中国汉字体系里,这样的“不句式”几乎成了一种固定且常见的文字表达结构。其中的智慧,恰恰属于“中庸之道”。在此,“熟仁”获得了生存论意义中的审美情趣,这一点,在孟子“熟仁”那里有了极大提升。

○有“执礼”。孔子常抱“礼乐”之并举,那个“兴于《诗》,立于礼,成于乐”,已经说明了这个问题。其实,所谓“执礼”,非一般讲个“礼”,而是“礼乐”并举之“执”。朱熹解释“执礼”说:“言‘执礼’,则乐在其中。”这与“熟仁”有何关系呢?有。朱熹继续说道:“只这《诗》《书》,大而天道之精微,细而人事之曲折,无不在其中;礼则节文法度。圣人教人,亦只是许多事”;“则于‘《诗》、《书》、执礼’上,自见得性与天道”;“《诗》、《书》,只是口说得底,惟礼要当执守,故孔子常说教人执礼。”[59] 言下之意,《诗》、《书》,含许多“仁义道德”之理之礼,其“精微”、“曲折”,是“执礼”所需,即成为“熟仁”之道,所以,“执礼”之于“熟仁”,是孔子“教人执礼”的原委,就是把《诗》《书》之理,通过“执礼”娴熟获得,并在行为上以求得“仁熟之致”。“执礼”之“乐”,就在这个上。

〇最终条目:“思无邪”。思要纯真、朴实,但思学并进,这是“熟仁”之道。“思无邪”,是孔子对《诗经》三百篇之概要,这在“楔子”已有阐述,这里只着重在那个“思”上作些文章。此外,也可从成人推广至做官做事做学问上去。

学而有思,思而有学。孔子提倡“熟仁”于学,离不开一个“思”字。所谓“学而不思则罔,思而不学则殆”[60],也得益于《诗经》。以学思并进来讲“思无邪”,就有辩证法的精神了。前引那段朱熹对“思无邪”的解释,皆画龙点睛般地着墨于“熟仁”在于修身养性、在于“道”上的功夫。朱熹点到,“今人”有缺乏习仁之熟的坚韧和彻底,对大事小事、进退应对均无理会,是缺乏把握其中所潜藏的天道生意,即有个仁在贯穿,只有“须是去做”,到得熟了,便自然贯通其中的天道生意,《诗经》三百首,恰在教人思仁、习仁,它贯穿了获得“熟仁”的通达,《诗经》教得常人应如是对待自己的心身言行,君子也罢,官员也罢,凡人也罢!

孔子要求弟子们好好学习《诗经》,也正是希冀他们能够领悟到《诗经》具有的特殊的习仁之熟境,在成人、在成事、在成仕诸方面。孔子经常向弟子们灌输不学好《诗经》则难以成人、而学了《诗经》更要思量《诗经》之理,因为《诗经》“可以兴”、“可以观”、“可以用”。船山站在孔子立场,发挥出了孔子这般潜心于“仁”的习熟境地:“学之识之,而物且不能辨也,则何莫学夫《诗》乎?……《诗》之泳游以体情,可以兴矣;褒刺以立义,可以观矣;出其情以相示,可以群矣。”[61]这里,道明的还是孔子对于《诗经》的至用性感悟:“吾学焉,而知《诗》之用广也;小子(弟子)学焉,当亦知其用之广矣。”[62]

《诗经》里的“熟仁”观念,是孔子“述”出来的。儒家推崇《诗经》,就是因其与“仁”联系密切,并且无处不有其理。后儒们也效法孔子之“述”的做法,或许还加进了“作”的成分,即“述”而有“作”,微言大义,阐发义理。当然,后儒中,集《诗经》专注于“熟仁”之发微的,须提及汉人韩婴的《韩诗外传》、朱熹读《诗经》之悟、唐甄《潜书》之发,都有一个明显特征,就是对《诗经》中的“熟仁”观念,在基于孔子儒学的精神实质里,作了特定发微,既丰富了孔子的“熟仁”思想,又撩开了一层“兴于《诗》”之于“熟仁”在做人做官做事方面转向的“帘子”。

2.《韩诗外传》之照观

《韩诗外传》系“孔门传《诗》的正宗”[63],又是汉儒韩婴“推诗人之意,而作《内》《外》传数万言”[64],据此可信,《韩诗外传》是属于儒家作品,又是属于汉人阐发义理的“今文”作品,所以,《韩诗外传》的发微,基于儒家的方面,还是有根据的。入于孔子“熟仁于学”的路径里,韩婴藉《诗经》阐发出一个极为重要的观点:“熟仁”是在内的“治心”而无须外求。《韩诗外传·卷一》说:“德义畅乎中,而无外求也。信哉,贤者之不以天下为名利者也!《诗》曰:‘不忮不求,何用不臧!’”《韩诗外传·卷二》说:“原天命,治心术,理好恶,适情性,而治道毕矣……四者不求于外,不假于人,反诸己而存矣。夫人者说人者也。形而为仁义,动而为法则。《诗》曰:‘伐柯伐柯,其则不远。’”求仁习仁,《韩诗外传》似乎找到由心向外的扩张力,认为在《诗经》甚有此意的渊源。有三个层次颇有哲学品位:

其一,《韩诗外传》发挥孔子的“学”观,并结合《诗经》点评道:“孔子曰:君子有三忧:弗知,可无忧与?知而不学,可无忧与?学而不行,可无忧与?《诗》曰:‘未见君子,忧心惙惙。’”[65]成君之道,有心之习仁而求熟,崇尚存学、行、知的结合,这是君子的品性;有学知行为一,是“不去仁”,而它在“素行”。《韩诗外传·卷一》继续理喻:“就仁去不仁。”是存乎心身的“素行”,有“谓之素行。故中心存善,而日亲之。故独居而乐,德充而形。《诗》曰:‘何其处也?必有与也。何其久也?必有以也。’”“其处”、“其久”在于不去仁,心身(“素行”)于仁有熟,故能“独居而乐”、“德充而形”。

其二,同样,仁分层次,有“圣仁”、“智仁”、“德仁”、“磏仁”,而这“四仁”

均各有熟境之辨，习此四仁又各有其价值。《韩诗外传·卷一》有辨："仁道有四，磏为下。有圣仁者，有智仁者，有德仁者，有磏仁者。上知天，能用其时；下知地，能用其财：中知人，能安乐之：是圣仁者也。上亦知天，能用其时；下知地，能用其财；中知人，能使人肆之：是智仁者也。宽而容众，百姓信之；道所以至，弗辱以时：是德仁者也。廉洁直方；疾乱不治，恶邪不匡；虽居乡里，若坐涂炭，命入朝廷，如赴汤火；非其民不使，非其食弗赏；疾乱世而轻死，弗顾弟兄；以法度之，比于不详（祥）：是磏仁者也……《诗》云：'亦已焉哉！天实为之，谓之何哉！'磏仁虽下，然圣人不废者，匡民隐括，有在是中者也。"按屈守元笺疏："唐本眉批云：'磏与廉同。'周（霁原）云：'磏，古廉字。'赵（亿孙）云：'磏盖苦节过中，以自厉为仁者。'"[66] 此段引《诗经·邶国·邶门》一篇，韩婴借喻发挥：仁有圣、智、德、磏四种等级，但不管怎样，贯于其中的仁却是"素行"的品格，是"切磋而不舍"。《韩诗外传·卷二》指出："父子之亲，男女之别，切磋而不舍也。《诗》曰：'如切如磋，如琢如磨。'"精义熟仁，是一种锲而不舍的努力；有圣仁有智仁有德仁有磏仁，盖也属"切磋而不舍"。

其三，于此归结到的，仍是知行加学治的统一。韩婴感慨："玉不琢不成器，人不学不成行。家有千金之玉，不知治，犹之贫也。"[67] 这也视其为君子修身立命之道："夫士欲立身行道，无顾难易，然后能行之。欲行义白名，无顾利害，然后能行之。《诗》曰：'彼己之子，硕大且笃。'非良笃修身行之君子，其孰能与之哉！"[68] 这里仍以《诗经》肯定"硕大且笃"，表达出老实勤恳地修身习仁义，才是最大的行道有余。韩婴读《诗经》，叹喟个：熟，乃观于其中：

> 《韩诗外传·卷三》："故学然后知不足，教然后知不究。不足故自坏而勉；不穷故尽师而熟。由此观之，则教学相长也。子夏问《诗》，学一以知二。孔子曰：'起予者商也，始可与言《诗》已矣。'孔子贤乎英傑，而圣德备。弟子被光景而德彰。《诗》曰：'日就月将'。"

这里，韩婴借孔子言《诗》而发微其义来转述"熟"的感悟。"不穷故尽师而熟"命题，意味的是，学道而师道，重任而在肩："凡学之道，严师为难。师严然后道尊。道尊然后民知敬学。故太学之礼,虽诏于天子无北面,尊师尚道也。故不言而信,不怒而威,师之谓也。《诗》曰:‘日就月将,学有缉熙于光明。’”[69]这里,《韩诗外传》从“尽师而熟”的师道而熟观,透视出熟仁于学道之中:是以熟仁,务为学道而师道,也为君子之德。《韩诗外传》引孟子“仁,人心也”提出“故学问之道无他”,只在习仁于人心,如《诗经·小雅·隰桑》的“中心藏之,何日忘之”,称其谓“求其放心而已”,并说明“习(仁)使然也。夫习之于人,微而著,深而固,是畅于筋骨,贞于胶漆,是以君子务为学也。《诗》曰:‘既见君子,德音孔胶。’”[70]习仁于心,日夜继之,不以忘之,如《诗》言“日就月将”,则有习仁于学道于师道之中,这就是一种“熟仁”的践履。值得指出,韩婴这一“尽师而熟”命题,后被唐朝文人韩愈承继与发挥。

3. 朱熹读《诗》之照观

《诗经》中所潜沉的“精义熟仁”之观,朱熹看得有一别致,即在熟读《诗》中找“玩味”,并在“玩味”的情绪里,识得《诗经》中的“精义熟仁”之意。在《朱子语类·论读诗》,朱熹说得多是:

“今欲观《诗》,不若且置《小序》及旧说,只将元诗虚心熟读,徐徐玩味。”

“再三熟看(《诗》),亦须辨得出来。”

“须先去了《小序》,只将本文熟读玩味。”

“读《诗》之法,只是熟读涵味,自然和气从胸中流出,其妙处不可得而言。不待安排措置,务自立说,只恁平读者,意思自足。须是打叠得这心光荡荡地,不立一个字,只管虚心读他,少间推来推去,自然推出那个道理……此是读《诗》之要法。看来书只是要读,读得熟时,道理自见,切忌先自布置立说。”

所谓“读得熟时,道理自见”,意味的是,待《诗经》读到熟时,方是见得其中之理,这是熟中自有道理见。朱熹在回答“诵《诗》,每篇诵得几遍”问题时,有个评论:“只觉得熟便止。须是熟读了,文义都晓得了。涵泳读取百来遍,方见得那好处,那好处方出,方见得精怪。见公每日说得来干燥,元来不曾熟读。若读到精熟时,意思自说不得。如人下种子,既下得种了,须是讨水去灌溉他,讨粪去培拥他,与他耘锄,方是下工夫养他处。今却只下得个种子了便休,都无耘治培养工夫。"[71]"耘治培养工夫",实是一种"熟仁"工夫。于此,朱熹道出一种读《诗》之法,也在"熟仁"中探得其义。朱熹说出:"读《诗》全在讽咏得熟,则六义将自分明。"[72]这是朱子的看法,也是孔子的原本观点,其"仁熟"之侠义,透过朱熹一席"玩味"辨识,亦可领略到孔子"熟仁"观念的心灵深处。

其实,再扩张地看,朱熹的读《诗》方法,实际是一般的读书方法,去寻究其熟、寻究其"义精仁熟"的统领。不妨摘录《读书法》里的体悟,可探骊得珠:

读书之法,先要熟读。须是正看背看,左看右看。看得是了,未可便说道是,更须反覆玩味。

少看熟读,反覆体验,不必想像计获。只此三事,守之有常。

大凡看文字,少看熟读。

书宜少看,要极熟。

如会读得二百字,只读得一百字,却于百字中猛施工夫,理会子细,读诵教熟。

读书不可贪多,且要精熟。

方看得熟,直须看得古人意思出,方好。

读书不贵多,只贵熟尔。

看一段,须反覆看来看去,要十分烂熟。

大凡读书,须是熟读。熟读了,自精熟;精熟后,理自见得。

泛观博取,不若熟读而精思。

大抵观书先须熟读,使其言皆若出于吾之口;继以精思,使其意皆若出于吾之心,然后可以有得尔。

熟读精思,既晓得后,又须疑不止如此,庶几有进。

若读得熟,而又思得精,自然心与理一。

是知书只贵熟读,别无方法。

读书只是且恁地虚心就上面熟读,久之自有所得,亦自有疑处。

今却有《集注》了,且可傍本看教心熟。

字字句句、字里行间,无不透彻“熟仁于学”、“学思并进”、“义精仁熟”的工夫之纯。所以,孔子要“兴于《诗》”,朱熹要“熟读而精思”,达到“心与理一”,并以“工夫”概之,这或许都是对《诗经》而来又超越吧!

4. 唐甄《潜书》之照观

唐甄系清儒,著《潜书》,似见得《诗经》蕴含“熟仁”之广用。这在他那个时代也属难能可贵。现摘录若干:

《五经篇》:“于《诗》观美恶。”

《得师篇》:“由学致也。成王嗣位于冲年,周公无日不以君臣父子长幼之道训于王,其戒惩之言,具于《诗》《书》,成王闻之熟矣。”

《食难篇》:“学《诗》《书》,明《春秋》,而身合乎古人之义,人皆称为君子,可谓贤矣。”

《善施篇》:“《诗》云:‘心之忧矣,之子无服’,交友之道也。”

《良功篇》:“《诗》曰:‘绥万邦,屡丰年’,是能尽性也。”

《有为篇》:“《诗》曰:‘我有旨蓄,亦以御冬。’言有待也,君子爱身之谓也。”

《潜书》此番《诗经》之感悟,着墨于君子之道,引《诗经》发微其习仁大义,是十分形象且具体,“仁”总是化在具体行动之中,成君成性成人于其中,于《诗经》中别生一番“熟仁”之境界:“于《诗》观美恶”,“戒惩之言,具于《诗》《书》”,“学《诗》《书》,明《春秋》,而身合乎古人之义”;习仁之言行,在《诗经》里即有照观,也可得“仁熟”之境地,借此联系孔子从十五有余至七十的“不逾矩”,《诗经》确乎在内容上有多层次实质性蕴涵,看《潜书》的继续发微:

《知行篇》:“凡求道者,患在道之无从;既知所从矣,患在身之不至。《诗》曰:‘溯洄从之,道阻且长;溯游从之,宛在水中央。’溯而上之而道阻焉,不知所在也;溯而下之而宛在矣,知所在而未能即也。夫不惮身劳而上下往反,其求道可谓勤矣。”

《思愤篇》:“求道不与器界同,用力不与手足同。求道在我,绵力在心,弱则斯弱矣,强则斯强矣。《诗》云:‘绵蛮黄鸟,止于丘隅。岂敢惮行,畏不能趋。’周道坦坦,夫何所畏;吾志必往,谁能沮之。”

《用贤篇》:“《诗》曰:‘国虽靡止,或圣,或否;民虽靡朊,或哲,或谋,或肃,或艾。’此五者,人之恒德。”

《敬修篇》:“《诗》曰:‘战战兢兢,如临深渊,如临薄冰。’非徒慎也,将以求涉济也。吾闻之,习心太约者,不可以致远。”

所引这几段《诗经》,《潜书》在此凸显的主旨,还是源自孔子的“熟仁”之道,即勤勉于“博学、笃志、切问、近思”,求道在我,用力于勤;吾志必往,人之恒德;如临深渊、如临薄冰,习心精细求熟,慎思而致远。这是求道习心的正直,更是习仁求熟的远大。义精仁熟,亦于其中的锻炼。《敬修篇》那句“习心太约者,不可以致远”,就很能获得此中发微。《诗经》里虽未有“义精仁熟”四字出现,但蕴生于其中的“义理”经过相关的阐释而得到某种“熟”义发微,却是孔子以来的《诗经》情结。至清人唐甄还不绝于耳,如《潜书·去名篇》仍有圈点:“与终身勤修老而不遇者,具劳逸得失何如哉!《诗》云:‘不稼不穑,胡取禾三百廛兮?不狩不猎,胡瞻尔庭有县貆兮?’不耕得谷,不猎得兽,好名者之捷得如是。此后生之所奔走,正直之人或不免改行者也。”这里《潜书》引《诗经·魏风·伐檀》四句,意在指明,“终身勤修”是得名至要,得仁也离不开此理;不辛勤耕耘就没有收获(“不稼不穑”),不播种怎么能得到谷粮呢?又怎么称得上是“正直之人”所为呢?对此,《诗经》也倡个“恒德”于其中。还须提及,《诗经》对“思”,赋予了一种对于“熟仁”的忧患与保持,《小旻》说的“战战兢兢,如临深渊,如临薄冰”,蕴含了强烈的对于“仁”的关切,既慎思又忧患的双重情结,在《潜书》看来,获得丰收、做个正直之人,应是保持在“熟仁”的行动中,这种慎思和忧患,无疑成为其中的应有氛围。这是对孔子心声的真实传达。

选择《诗经》的照观,是有道理的。其意在突显,它能够充分和多向性地掂量出孔子的“熟仁”观念及其后儒们发微的具体性和深刻性,至少在成人之道和为官之德方面。也就是说,《诗经》在儒家思想文献中的地位,具有儒家立场的严格性和开启性。就如《孔子家语·问玉》记载孔子一言:“其为人温柔敦厚而不愚,则深于《诗》者矣”,此“深”不正是之于“熟”吗?孔子青睐《诗经》,不是没有道理的。郭店出土的楚简还有《孔子论诗》。从以往的研究来看,《诗经》中的“仁”思想和“熟仁”规则,还是极需阐述、阐发而出的,包括孔子乃至后儒们,都在不同程度上做着这样的工作,因为《诗经》里有着太多、太深、太精的“仁”之观念、“熟仁”之精神,这是儒家钟情于《诗经》的重要原委吧。况且也是孔子开了个头。

孔子的“熟仁”思想,是奠基性的、方向性的。其理论原创型的开拓性质,孔子势必借鉴“六经”(《诗》、《书》、《礼》、《乐》、《易》、《春秋》)来阐述他自己的思想,孔子希冀其“仁”,要得到弘扬,但孔子更注重掌握这个“仁”,并能够娴熟地运用这个“仁”,并最终实现“仁熟之致”的到来。孔子看到了《诗经》中有其想要弘扬的“仁”之深义,而且《诗经》里又融化着孔子的“熟仁”之理。其实,再往更广阔的边界看,其余五经,在孔子的精神世界里,同样透露出“熟仁”之辉映。孔子言“《书》云:‘孝乎惟孝,友于兄弟。’施于有政,是亦为政也,奚其为为政也?”[73]“孝”为仁,“孝乎惟孝,友于兄弟”,皆为“熟仁”方面,“施于有政”,皆为“熟仁”之用。孔子说“五十以学《易》,可以无大过矣。”[74]努力学习《易经》,可以不犯错误,即为“熟仁”所致。孔子“删春秋”,述而不作,但“述”《春秋》之义;礼乐则并举,“熟仁”在其中。但相较而言,从《论语》里去看,孔子对待《诗经》,用心在“熟仁”里的思考最多最深,所以,包括孔子及其后儒们,从《诗经》里挖掘得也非常具体且深邃。

四、继续的鲜活话题

朱熹评价，孔子的“仁”，“是个全体”，但是，把握和运用“仁”，却是个个具体而为的，有做人做官做事等，而且每一具体里浸透着“熟仁”之道。所以，孔子才说个“仁之方”。透过孔子“熟仁”的三句名言、“熟仁”定向中的“习仁于熟”和“仁性生长”、礼与颜子之学中的“梦见周公”和“义精仁熟”，以及《诗经》中的后儒发微，孔子实质上是在深刻且具体地向外向里在扩张“仁”的全体性和具体性，但重心放在仁的“具体性”上，即孔子之“仁”的活学活用。也就在这个“仁”的活学活用里，“熟仁”就显得“活灵活现”了。这也称得上既是孔子“熟仁”观中的扩张力，也是后儒阐发“熟仁”的原动力之一。

所以，说孔子“熟仁”观乃是整个儒家“熟仁”思想的开启和揭櫫，到此为止的分析和阐述，还远未结束。必须再加个仁之“活学活用”，才是孔子“熟仁”之完整路径。

在展开这个问题之前，必须澄清一个氛围性问题，就是：“仁”的活学活用，是筹划于做人做官做学问之具体性联结。综观儒家的“熟仁”，有个三位一体的理论和实践的设计，那就是“做人—做官—做学问”。把三个方面连接起来，表明在儒家的哲学视野里，做人、做官、做学问，本身就是一件做事（在这个意义上，本书有时也称为“做人—做官—做事—做学问”的四位一体）。因此，“熟仁”，就不是一个简单的单向性事实，做人是做官的基础，做官是做人的实现，做学问恰恰沟通了做人与做官的内在连接。做人做官做学问，都要求“熟”，一个关键之处，就是把“熟仁”贯穿到其中。“仁”不是抽象空洞的无物，“熟仁”，按孔子的期待，就是对“仁”的活学活用。并在不断历练中使做人做官做学问，渐渐成熟。孔子给出了这个方向和基调。

结论就是，对于孔、孟“熟仁”集义的研判里，凸显（甲）以孔子“熟仁”为进路，以张扬由孔子开启的所谓“‘仁’之活学活用”这一鲜活话题，以及后儒们追随于此的富有想象力的阐发;(乙)以孔、孟“熟仁”为进路,以彰显从“仁”到“仁政”与“熟仁”的鲜活连接;和(丙)孔子“仁”之活学活用里的“熟仁”理性之光,是由朱熹挖掘出来的,并且在不断得到弘扬与光大。

注释:

[1]《论语·里仁》。

[2][3][4]《朱子语类》卷二十六。

[5][6]王船山:《四书训义》卷八,岳麓书社1990年版。

[7]王船山:《四书训义》卷八。

[8]《论语·子张》。

[9]王船山:《四书训义》卷二十三。

[10]《朱子语类》卷四十九。

[11]《朱子语类》卷二十三。

[12][13]王船山:《四书训义》卷六。

[14]《张载集》,第40页。

[15][16][17]《朱子语类》卷三十六。

[18]《论语·子罕》。

[19]杨伯峻:《论语译注》,第96页,中华书局1980年出版。

[20]王船山:《四书训义》卷十。

[21][22][23]《朱子语类》三十三。

[24]朱熹:《四书章句集注·论语集注》卷三。

[25]《曾国藩全集·日记(一)》,第376页,岳麓书社1987年版。

[26][27]《朱子语类》卷二十。

[28][29]王船山:《四书训义》卷五。

[30][31]王船山:《四书训义》卷十。

[32][33][34][35]《朱子语类》卷四十一。

[36]《论语·八佾》。

[37]《朱子语类》卷二十五。

[38]《论语·泰伯》。

[39]《论语·八佾》。

[40]《朱子语类》卷二十五。

[41]《张载集》,第332页。

[42]《论语·述而》。

[43]《朱子语类》卷三十四。

[44]《论语·泰伯》。

[45][46][47][48][49]《朱子语类》卷三十五。

[50]《论语·阳货》。

[51][52]《朱子语类》卷二十三。

[53]《论语·泰伯》。

[54]朱熹:《四书章句集注·论语集注》卷四。

[55]王船山:《四书训义》卷十二。

[56][57][58]王船山:《四书训义》卷五。

[59]《朱子语类》卷三十四。

[60]《论语·为政》。

[61][62]王船山:《四书训义》卷二十一。

[63]屈守元:《韩诗外传笺疏·前言》,巴蜀书社1996年版。

[64]班固:《汉书·儒林传·韩婴》。

[65]韩婴:《韩诗外传》卷一。

[66]屈守元:《韩诗外传笺疏》,第85页。

[67][68]韩婴:《韩诗外传》卷二。

[69]韩婴:《韩诗外传》卷三。

[70]韩婴:《韩诗外传》卷四。

[71][72]《朱子语类·诗一·论读诗》。

[73]《论语·为政》。

[74]《论语·述而》。

第二章

“仁”之活学活用

仁是一个全体,但又是一个具体,借用当代国学大师杜维明的表述:“仁是由一切价值来充实的价值,所有其他价值如智、礼、义、信甚至忠、孝都可以充实仁的内容。”[1] 所谓“仁”的“活学活用”,是一个对于“仁”的具体性,抽象掉了这些具体性,那个全体之仁,则为一无物的空壳、无实的空洞。这个全体之仁,就是在无数个具体之仁里获得充实和完整。无数个具体之“仁”构成了“熟仁”诸环节之链条,最终实现了那个全体之“仁”,即“仁熟之致”的到来。

一、这个人物,还是孔子

关于“仁”的活学活用,儒家是很有特色的。“熟仁”,就是善于对“仁”的活学活用。所以,“熟仁”鲜活地展显了这个理论特质。儒家里面,代表性的人物,可谓比比皆是。当然,如要寻找到仁之活学活用的开嶂祖,此人不但提供行动上的榜样,而且通过其言行会引导出基础性的原则和方法,会形成后儒们阐发的话题理据或路径标识。这个人物,还是孔子。

1.“熟仁”指标

仁之活学活用,乃为“熟仁”之行动指标。作为理论家、教育家,又兼实践家于一身的孔子,非常能够把理论运用于实践。孔子不仅首倡了“仁”的道德哲学，而且作为行动的标的，又行之有效地实践了“仁”。这是生动的活学活用。这在孔子与其弟子们的对话里展现得比比皆是。在此选择若干，也作为富有经典意蕴的“熟仁”标识。

(1)活用“孝悌”。《学而》：“孝弟也者，其为仁之本与！”孝顺父母，敬爱兄长，这是仁的根本，更是做人的根本。程子说：“仁是性也，孝弟是用也。”[2]熟仁，就是要习、行于仁，具体讲就是要实行孝悌。

(2)亲近“仁”。《学而》：“弟子入则孝，出则弟，谨而信，泛爱众，而亲仁。”亲近仁的人，在家孝顺父母，在外敬爱兄长，谨慎而守信用，关爱大众而亲近有仁性的人。这就是“熟仁”了。所谓“巧言令色，鲜矣仁”，就是说，花言巧语的人，就远离了“仁”。在《公冶长》，孔子借其弟子雍，具体说了这个理。有人说“雍也仁而不佞”，雍有仁德却没有口才。孔子反问：“不知其仁，焉用佞？”雍未必算得上仁，但何必要有口才呢？或者说，雍也可谓是缺乏“熟仁”之用。

(3)讲究礼乐。《八佾》：“人而不仁，如礼何？人而不仁，如乐何？”做人而不做个有仁心的人，又怎么能够按礼乐行动呢？这句话也可反过来看，讲究礼乐，就是做个仁人的基础。孔子一再强调礼乐，并且讲究礼乐对于成仁的重要性。

当然，从《里仁》篇里又可发现孔子的成功之处，就在于将“仁”的活学活用恰如其分地解析为“熟仁”的环节。

(4)选择“仁”住处。《里仁》：“里仁为美。择不处仁，焉得知？”跟有仁德的人住在一起才好。如果你选择住处不与仁德之人住在一起，又怎么能算是明智的。“熟仁”的地方，就在“处仁”，只有“处仁”才能有不断地“熟仁”。“择仁”也成为与人为善的道德标准，《里仁》接着“择不处仁”又引孔子话：“不仁者不可以久处约，不可以长处乐。仁者安仁，知者利仁。”不仁的人，因“失其本心”，所以就很难能够长久地处于穷困和安乐之中；而有仁的人，能够安心地实行仁，有智的人，能够认识到仁所带来的利益。由此看出，所谓选择“仁”处，并能长久地住于是“处”，这就叫“造次必于是，颠沛必于是”。与此"处"相安,于"熟仁"有益也！这里,孔子也算是个"环境论"者。

(5)有能一日用其力于仁。《里仁》:"我未见好仁者、恶不仁者。好仁者,无以尚之;恶不仁者,其为仁矣,不使不仁者加乎其身。有能一日用其力于仁矣乎？我未见力不足者。盖有之矣,我未之见也。"孔子爱好实行仁德之人,厌恶不行仁义之人。行仁义之人,为无比高尚,厌恶不仁,不使不仁的东西加在自己的身上。在这方面,只有力量没有用足,而绝没有力量不够的问题。对于"仁"的活学活用,在孔子那里,一是要用足力量去实行"仁",二是"无终食之间违仁",时时刻刻用力去学、用仁,片刻不违仁,这就是彻底的"熟仁"了。这就引出下面这个命题:

(6)君子无终食之间违仁。《里仁》:"君子去仁,恶乎成名？君子无终食之间违仁,造次必于是,颠沛必于是。"君子抛弃了仁德,怎样去成就他的名声呢？一辈子不违背"仁",在仓促匆忙的时候,在颠沛流离的时刻,君子一定和"仁"同在,用力于"仁",活学活用"仁",也就是那个彻底又始终的"熟仁"了。

在更多的场合,孔子提出了许多属于"熟仁"环节中的活用问题,以提醒他的学生和执政者。在叙述这部分内容时,必须再次提示一下,先前介绍孔子"熟仁"的三句名言,与这里的叙述有着不可分割的内在联系。也就是说,这三句话,孔子不是孤立看待他们的,在其他的场合,孔子又作了实践性的注脚,读来深有感慨,涵泳无尽。

2. 实践性"注脚"

所谓实践性"注脚",意在接住上述"熟仁"指标,横向地标识出行动中的"仁",是对三句"熟仁"名言的扩张。知行统一,就在这个"仁"上用足了工夫。这个"注脚"生动地昭示出:学仁、思仁、习仁,盖为"熟仁"的分寸里。

《学而》:"学而时习之,不亦说乎?"

学习仁,而且反复练习仁,不也是件愉快的事吗？——学仁又习仁,是件愉快的事,因为这是"熟仁"呀！朱熹也如此看个透,他解释此段是:"既学而又时时习之，则所学者熟，而中心喜悦，其进自不能已矣。"[3]就是这个意思了吧。

《学而》："就有道而正焉，可谓好学也已。"

接近有道义有仁义的人来匡正自己，这也是学习呀！——这已经不仅仅是学习书本上关于"仁"的道理了。实践这个"道"、活用这个"仁"，这是"好学"，也是"熟仁"。朱熹引尹焞的话说："君子之学，能是四者，可谓笃志力行者矣。"[4]所谓"笃志力行"，不就是孔子那三段"熟仁"之话语的精髓吗？

《为政》："学而不思则罔，思而不学则殆。"

学习仁而不思考如何去实现仁、做些仁的事，就得不到仁的精髓；思考仁而不去学习如何使用仁，同样得不到仁的精义。——学仁而思仁，关键要义在一个"行"字，这是解决"罔"、"殆"的最好办法。这才是"熟仁"能够显现的真实行动。"罔"与"殆"，实为"心魔"之患，靠学仁、思仁、用仁、熟仁来化解和消除，故朱熹特意如此解释："不求诸心，故昏而无得。不习其事，故危而不安。""昏而无得"，心里、脑里昏昏沉沉，装不得点滴"仁"，不是"心魔"又会是什么？接着朱熹又引程子曰："博学、审问、慎思、明辨、笃行五者，废其一，非学也。"[5]此"五者"，盖为孔子首倡的"熟仁"之工夫，是解决"罔"、"殆"之药石。

《公冶长》："敏而好学，不耻下问。"

聪慧而且好学，又不以谦虚下问为羞耻。——勤学好问，乃为上等人品。朱熹言此："凡人性敏者多不好学，位高者多耻下问。……盖亦人所难也。"[6]"难"在何处？"难"在不以聪明为聪明，勤奋好学，又每每不耻下问，"熟仁"，就是由此过来的。

《述而》："子曰：'德之不修，学之不讲，闻义不能徙，不善不能改，是吾忧也。'"

孔子说："不修养德性和德行，不讲习学问，懂得了仁义道德却不去实行，有了缺点不去改正，这些就是我所忧的呀！"——孔子是很有忧患意识的。所谓"人无远虑而必有近忧"，最能表达孔子的这个态度。但是，"忧"什么?忧患的是学仁不够、习仁不够、用仁不够,实质就是点到了忧"熟仁"不够。这里的四个排比句,包含了学习、思考、行动的统一,正是反映了孔子对于"熟仁"的忧虑和关切。也在此篇,孔子说他教给学生的内容是"文、行、忠、信",文化、实践、忠诚、信誉,这四者,与上述四句相辅相成、又相得益彰,更充实了"熟仁"的丰富内涵。

《子罕》:"子曰:'可与共学,未可与适道;可与适道,未可与立;可与立,未可与权。'"

孔子说:"可以与其一起学习,但未必可以与其一起同奔大道;可以与其一起同奔大道,未必可以与其一起安身、立命和处世;可以与其一起安身、立命和处世,未必可以与其一起灵活处理各种特殊问题。"——人可以分个等级,相应的,也就有了各自的处理。三个"未可",似乎道出了这层意思:最切合实际的完美之处,是学、思、行的结合,单一的取向,可能就是如孔子说的"未可"了。也看得出,"学"、"立"、"权",都在"道"上出来,"熟仁"就是这样的方向了。

《宪问》:"古之学者为己,今之学者为人也。"

古代人学习,是为了自己的学问道德;时下的人求学,是为了给别人看的。——程子解释谓:"古之学者为己,其终至于成物。今之学者为人,其终至于丧己。"[7]"为己"的求学,是完善和发展自己的心身;"为人"的求学,是做求学的表面文章,最终是知识越多,反而失落了自己的心身,用今天的话来说,是失去了人心的精神家园。这里,孔子预示了"熟仁"的一个大方向,那就是学用"仁",目的和取向,是先"修身",而后"成人"与"成物",是求内圣而外王。只有为己之学,才能静得下心来,不会有欺世盗名之学。孔子概述的这一"古、今之学"辨,在后儒里,是有极大阐发的。如对"熟仁"有切肤之深体验的理学名臣曾国藩,对"为人之学"深恶痛绝,他揭露了种种现象:"自文固陋之情,巧言令色,种种丛集,皆从好名心发出,盖此中根株深矣。"[8]"今早,名心大动,忽思构一巨篇以震炫举世之耳目,盗贼心术,可丑!"[9]曾国藩揭示了"为人之学"的最要害处是:"既不能从身心上切实致力",[10]所以,曾国藩看出,“为人之学”,不管学到什么程度,结果是难以把握得住“仁”的,他在批点杜诗时,不由发出如此感慨:“至湖广馆,批点杜诗半卷。凡读书有为己为人之分。为人者,纵有心得,亦已的然日亡。予于杜诗,不无一隙之见,而批点之时,自省良有为人之念,虽欲蕴蓄而有味,得乎?”[11]言下之意,就是得不到“仁”矣。如果不能从身心上“行动”,即谓“切实致力”,学到的内容只会日日遗失,更没有什么“熟仁”可言了。这一点,我们会在曾国藩的“熟仁”思想里再作充分的论述。预先地下个判断:曾氏的“熟仁”思想可作以往儒家“熟仁”观的“集散地”,真算得上是儒家“熟仁”思想体系里的“探骊得珠”。

发挥一下,作为一个古、今意义上的为学之辨,“为己”抑或“为人”,该命题动辄就会弥漫浓厚的当下意义或现时代感觉,现在的人学习,要进入到“熟仁”境界,先得在“为己”层次里去追求学问道德,彻底铲除“欺世盗名”之学,破此“盗贼心术”这一“心魔”。很遗憾,儒家提倡的“为己之学”,“今人”失落已久了。读书仅仅为了做官,读书仅仅为了名声,读书仅仅为了赚钱,那就脱离了读书求学的真实目的,离开“仁”、离开“熟仁”,就越来越远了!对此,朱熹讲得太一针见血了:这是读书的工夫,却用错了地方!

作为一个“古”、“今”意义上的命题,接住“实践性注脚”的检讨,继续发现蕴涵在孔子“熟仁”思想里的道德辩证法。

3.“仁术”之讲究

“仁术”之讲究,可以概之谓“道德辩证术”。所谓“术者,道之神妙”(王船山语),就涵尽了这样的情趣。仁的活学活用之于“熟仁”,依然涵盖了孔子的“仁术”高超。张载说到过孔子的这类“仁术”:“十诗之作,信知不济事,然不敢决道不济事。若孔子于石门,是知其不可而为之,然且为之者何也?仁术也。”[12]意思是指,孔子在践行“仁”的时候,能够把握得住为与不可为、事与不可事之分寸,是娴熟地运用“仁”之技术,朱熹认可称其为得“时”性。张载此段“石门”之事,来自《论语·宪问》:“子路宿于石门。晨门曰:‘奚自?'子路曰:'自孔氏。'曰:'是知其不可而为之者与?'"朱熹同意这个解释:"晨门知世之不可而不为,故以是讥孔子。然不知圣人之视天下,无不可为之时也。"[13]孔子贯彻"仁",是以"时"而运转,是"熟仁"的状态。有时令常人难以理解和把握,也情有可原。

据此,扩展地看,有关"仁"的一切思与行,在孔子的言行之间,深蕴着这个"道德辩证术"。思与行的对象是"仁",在"仁"上的问题,可以三思而后行;不在"仁"上的,就没有必要了。如果显得失魂落魄、犹豫不决,那就不属于"学仁"、"思仁"、"习仁",就更不在"用仁"的范围;如果仅仅是出于私心私利去"思"去"行",那就更值得去怀疑这样的"思"和"行",是违背"仁"的了。这也表明,孔子对"仁"的坚定和执著。

有一次,当孔子听到"季文子三思而后行",孔子说了"再,斯可矣。"[14]季文子每次做事都要考虑三次。孔子听到后说,考虑二次,这就可以了。关于季文子的"三思而后行",按照朱熹的解释,可以看出其中的"道德辩证术"。朱熹这样总括的:"季文子,鲁大夫,名行父。每事必三思而后行,若使晋而求遭丧之礼以行,亦其一事也。程子曰:'为恶之人,未尝知有思,有思则为善矣。然至于再则已审,三则私意起而反惑矣,故夫子讥之。'愚按:季文子虑事如此,可谓详审,而宜无过举矣。而宣公篡立,文子乃不能讨,反为之使齐而纳赂焉,岂非程子所谓私意起而反惑之验与?是以君子务穷理而贵果断,不徒多思之为尚。"[15]第一,季文子每件事都三思而行,有"详审"之举,但每次做事都如此,未免显得缺乏"果断"。第二,如果出于自己的私心杂念,为图一己的私利私意而三思,这样的三思、多思,就不足取了,反而会迷惑。第三,"三思",可以是个形容多思、认真思考的形象比喻,做事以前,先要很好地考虑一下该不该做、怎么样做等,一要"穷理"即研究之,二要"果断"即适时而做,这是对"思"与"行"的辩证法思考。孔子讲季文子"二思"即可,意思指的是季文子在面对齐宣公篡位,应该当机立断,果断"讨贼",根本无须"三思"即过多思考,这在孔子看来,挞伐篡位一类破坏、违背仁德礼义的事,按照"仁"的标准,理应旗帜鲜明,坚决反对。再细究一下,如果"仁熟"了，那肯定就不会有不果断之举了。所以，对于"三思而后行"，如果定位"仁"为做事之"圆心"或"基点"，可为或不可为、可事或不可事，此思此行，乃可方寸于心，一目了然。所以，须在"熟仁"上下工夫呀！

有关"仁术"这类问题，孔子铺开了解决问题的方向。他的一系列富有启发性的论述，不仅开导了他的学生，而且引领了后儒的思考话语权。继续往下看：

> 《卫灵公》："子曰：'吾尝终日不食，终夜不寝，以思，无益，不如学也。'"

孔子说："我尝试过整天不吃饭，整夜不睡觉，用来思考，却无所长进，还不如去学习。"——思而不学，无益于"思"，思而要学，就是增进了"行"的砝码。"熟仁"，就是蕴涵学、思、行的统一和整体。这里，务必要适当地评价孔子对"行"的特殊理解，即"行"里面蕴涵着的道德性解释。

> 《卫灵公》："子张问行。子曰：'言忠信，行笃敬，虽蛮貊之邦行矣；言不忠信，行不笃敬，虽州里行乎哉？立，则见其参于前也；在舆，则见其倚于衡也。夫然后行。'子张书诸绅。"

子张问行事如何通达（即如何达到娴熟于"仁"的行为）？孔子回答："说话忠实守信，做事笃厚恭敬，即便到了落后野蛮的地方，也行得通。说话不诚实不算数，做事不认真不踏实，即便到了文明先进的地方，也会行不通。不论是站着还是坐着，就如看见忠、信、笃、敬在你面前，只有这样，才能行事通达。"听罢，子张把这些话写在了衣服的饰带上。——所谓"忠信笃敬"，就是"仁"的内容；所谓"见其参于前也"、"见其倚于衡也"，就是"熟仁"的环节。做到言、行一致，也就是思、行一致，而这"一致"的内容就是一个广义的"仁"。具体地说，行为的道德内涵，孔子灌注了"礼"的成分。《泰伯》："子曰：'恭而无礼则劳，慎而无礼则葸，勇而无礼则乱，直而无礼则绞。'"看来，"熟仁"是有轨迹可寻，那就是按"仁礼"索骥。这就表明，在孔子看来，"熟仁"是有难度的。

孔子的弟子们对于老夫子的一片良苦用心，还是颇有领悟的。子夏在不

同场合就多次传递老夫子的这些用心,也可谓是"熟仁"的教诲,《子张》记:

"日知其所亡,月无忘其所能,可谓好学也已矣。"

每天学习自己没有的知识,每月不忘自己已经掌握的知识,可以说是好学了。——这叫"好学者日新而不失","日新",就是天天学习,日日思考,这是孔子喜欢听到的"熟仁"声音,也算是他的弟子对老师一番心意的心领神会了。

"博学而笃志,切问而近思,仁在其中矣。"

广泛地学习,长久地恒定志向,多询问并思考切近身边问题,然后由近推远,推己及人,仁也就在其中了。——这段话再熟悉不过了,是孔子"熟仁"的至理名言。

"君子学以致其道。"

君子在学习中获得道。——好学也,博学也,目的就是如何获得"道"、获得"仁",并使之内化为自己的心道,成就为君子呀!

"仕而优则学,学而优则仕。"

做官还有余力,就得学;学习还有余力,就得做官。——仕途与学习,相互离不开。学习的是做官的道理,做官也好,学习也罢,围绕的就是"仁","熟仁",沟通了仕学两济。

子夏,也算得上是孔子的得意门生,他的这番言论,也算得上是孔子的心思,往往,孔子对他的许多弟子,教诲的用心,倾注于"熟仁"的途径和方法,使弟子们获得了做人做官的某种难以天生所就的能力。其实,仅从子夏的上述四句话,就已经足够地意识到了孔子留给弟子们的"熟仁"思考:学、思、行,三者之间的"道德辩证术",是如何地围绕"仁"之于"行"的:"熟仁"之"术"。

孔子的理论,就是一个"仁"字。"熟仁",就是孔老夫子的整个思想体系的精髓所在,也是老夫子亲身实践的结晶。所以。"仁"的活学活用,其"活"之精髓,是被孔子激活的"仁术",孔子称其为是"一以贯之"的东西。《论语》里有两段话表达了孔子"仁术"之心声,在《卫灵公》:

“子曰：‘赐也，女以予为多学而识之者与？’对曰：‘然。非与？’曰：‘非也。予一以贯之。’”

“子贡问曰：‘有一言而可以终身行之者乎？’子曰：‘其“恕”乎！己所不欲，勿施于人。’”

赐，是孔子弟子，姓端木，名赐，字子贡。孔子对子贡说：“你以为我是广泛地学习并识记一切的吗？”子贡说：“对呀，难道不是这样吗？”孔子说：“不是的，我是用一个最基本的主张贯彻始终的。”——乃是“仁”。

子贡向孔子求教：“是否有一句可以终身奉行的话？”孔子回答：“可能是‘恕’吧！自己不想要的，就不要强加给别人。”——也是“仁”矣。

孔子思想的核心确立了，就是“仁”，而实现“仁”，成为孔子“仁术”之讲究的实践取向，理论是为实践服务的，“熟仁”，恰恰就成为孔子理论与实践相结合的“归宿”。对于“仁”的活学活用，精髓的是，孔子找到了三者——“仁”、“仁术”、“熟仁”——的结合点：“仁之方”。

二、仁之方

孔子有个企图，即对于“仁”的具体把握，并使之活学活用，可以使其上升为“规律”的层次，孔子概之为：“仁之方”。

1. 环节

《雍也》：“夫仁者，己欲立而立人，己欲达而达人。能近取譬，可谓仁之方也已。”仁人的做法是：自己要成功，同时也使他人成功；自己可以行得通，也使他人行得通，就从自己的身边选择范例做起，这就是最有效的实践仁的方法了。换言之，也是“熟仁”的具体做法。在这思路里，孔子不时例证“仁之方”，意在凸显“仁”的活学活用，恰恰是“熟仁”的步步环节，可谓是活到家了。孔子美其为“依于仁”。[16] 如提倡“先难而后获”。《雍也》：“问仁，子曰：‘仁者先难而后获，可谓仁矣。’”何以算“仁”？孔子说：“率先艰苦奋斗，最后有所收获。这就是‘仁’了。”所谓“先难而后获”，不也正是“仁”的活学活用、"熟仁"的环节吗?

所谓"仁之方",孔子要突出的,是"仁"就在自己身边的思想,即"熟仁",就是自己随手可得的行动,是"能近取譬"的身边效应,《述而》这样记道:"子曰:'仁,远乎哉?我欲仁,斯仁至矣。'"仁,离我们不会远吧,我想为"仁",它就来了。熟仁,还会可期而不可待吗?孔子为他的弟子做了榜样。《述而》:"子曰:'若圣与仁,则吾岂敢?抑为之不厌,诲人不倦,则可谓云尔已矣。'公西华曰:'正唯弟子不能学也。'"对于"圣与仁"孔子说他不敢当,他做的只是追求其不会厌倦,教诲别人不感疲倦,如此罢了。他的弟子公西华感叹:"这正是我们学不到的"。这是孔子的谦虚,也是"熟仁"的历练。所以,孔子讲"仁",最忌讳的是空谈,反对不着边际的空谈"性"、"命"、"仁"一类,又不付之于行动。《子罕》讲的"子罕言利与命与仁",也可作这一层次的理解。其实,孔子的"仁之方",最实际的意义,就是对"仁"的行动,就是对"仁"的活学活用。"熟仁",孔子也是这样的设计和筹划,所以就显得十分贴切。

因此,作为"熟仁"之环节,孔子确立的"仁之方",对象是其弟子,弟子们如果能够心领神会,那就算没有白说;如果将目光再放远一点的话,那就不仅仅是对弟子而言,还有更广阔所指。因为其中之理,容纳了孔子的"熟仁"之经验。

2. 自家体验

在身边,就是把握住了"为仁"的主动性,这叫"为仁由己"。《颜渊》:"子曰:'克己复礼为仁。一日克己复礼,天下归仁焉。为仁由己,而由人乎哉?'"实行"仁",全凭自己,不凭别人。"熟仁",当也靠自己的努力。这就是"仁之方"的规律性事实。他的弟子一连串的"问仁",孔子都是从自家体验上说"仁"的,也就是其"熟仁"的经历。《颜渊》记:

> 仲弓问仁。子曰:"出门如见大宾,使民如承大祭。己所不欲,勿施于人。在邦无怨,在家无怨。"

仲弓问"仁"。孔子说:"出门办事就好比接待贵宾,治理百姓就好比举行大祭。自己不愿意的,也不要强加于别人;为官做事没有怨恨,退职在家也没有怨恨。”——一切皆出自个人的具体的行仁,也是“用仁”的实效。

司马牛问仁。子曰:“仁者其言也讱。”曰:“其言也讱,斯谓之仁已乎?”子曰:“为之难,言之得无讱乎?”

司马牛问“仁”。孔子说:“说话谦虚谨慎”,“做事很难,言语能够不谦谨吗?”——言语里面,蕴涵了“熟仁”之方。

樊迟问仁。子曰:“爱人。”

樊迟问“仁”。孔子说:“爱护众人。”——做人、做官,爱人是最根本的所在。“熟仁”,就是学会爱护众人。

曾子曰:“君子以文会友,以友辅仁。”

孔子的学生曾子说:“君子靠文章学问来会聚朋友,靠朋友来辅助培育自己的仁德。”——曾子把学问置于其中,看得出,在儒家“熟仁”的视野里,已经在做人—做官—做学问的连接中,构筑了一条底线。有关“问仁”,在《论语》的其他篇章也有检讨,基本上仍然是把“仁”看作是具体的德行,这是“用”的层次。

《子路》:“樊迟问仁。子曰:‘居处恭,执事敬,与人忠。虽之夷狄,不可弃也。’”

樊迟问仁。孔子说:“做人要谦恭庄敬,做事要严肃认真,做官要忠心耿耿。即便到野蛮、未开化的地方去,也不能抛弃这几种品德。”——这都是包含于“熟仁”之中的活用结局。

《宪问》:“(宪问仁):‘克、伐、怨、欲不行焉,可以为仁矣?’子曰:‘可以为难矣,仁则吾不知也。’”

一个人不好胜、不自矜、不怨恨、不贪婪,算得上是“为仁”了吧?孔子说:“可以算难能可贵,但说到仁,我则不能肯定。”——孔子区分了“为仁”与“为难”,“为仁”高于“为难”,不断的“为难”就是走向“为仁”的表现,“熟仁”,正是“为难”走向“为仁”的过程。由此看出,孔子非常看重“仁”的高度和难度,所以才有“仁术”到“熟仁”的奔向。

《卫灵公》:"子贡问为仁,子曰:'工欲善其事,必先利其器。居是邦也,事其大夫之贤者,友其士之仁者。'"

子贡问如何培育仁、实现仁?孔子形象地比喻道:"工匠要做好他的工作,须先要把他的工具弄得锋利。居住在一个国家里,就要敬奉治理国家的贤人,结交士人中的仁义之士。"——"熟仁",需要这样的"为仁",以此培育仁、实现仁。

《阳货》:"子张问仁于孔子。孔子曰:'能行五者于天下,为仁矣。'请问之。曰:'恭、宽、信、敏、惠。恭则不侮,宽则得众,信则人任焉,敏则有功,惠则足以使人。'"

子张向孔子问仁。孔子说:"能够实行五种德性,就是仁了。哪五种德性?恭敬、宽厚、诚信、勤敏、慈惠。恭敬,就不会招致侮辱;宽厚,就会得到众人拥护;诚信,就会得到任用;勤敏,就会有功效;慈惠,就能够使唤人。"——"熟仁",就是这些德性的历练,是成熟的环节,更是对"仁"的活学活用。

3."体用不二"之性质

"仁之方",具有"体用不二"的性质。孔子有其"体用"观,但孔子不如理学家、道学家那样,常常把"体用"及其"不二"挂在嘴上,而是在"仁之方"中使"仁"获得了"体用不二"的实质,这个逻辑是:通过"仁"为体,"熟"为用,通过"仁"的"活学活用",使其"体用不二"展示的淋漓尽致。孔子的弟子们非常感慨的,或许就是对于孔子在"仁"的即体即用上,会感叹是他们赶不上老师的理由。从弟子们的叙述里可以统观其实:

《子张》:"子游曰:'子夏之门人小子,当洒扫、应对、进退,则可矣。抑末也,本之则无。如之何?'子夏闻之,曰:'噫!言游过矣!君子之道,孰先传焉?孰后倦焉?譬诸草木,区以别矣。君子之道,焉可诬也?有始有卒者,其惟圣人乎!'"

子游说:"子夏的学生,从事清洁打扫、接待客人、按礼节制,那是可以的。但这些只是小节末事,道的根本却没有。这怎么行得通呢?"子夏听之便说:

“哎！子游说错了。君子的道术，哪些知识技能先传授，哪些后研习实行，就如草木植物，需要区别加以分类。君子的道术，怎么可以随便批评呢？有始有终的，只有圣人才能做得到！”——这个“圣人”，恐怕也包括孔子吧。

子游认为，子夏的学生只是在“洒扫、应对、进退”等“末”上用功，“本”上的东西没有把握和体现出来，子夏不同意他的看法，认为先学和后学，从“小学”到“大学”是有所区分的，就如植物的分类一样。但是，不从“小学”怎么能够进入“大学”呢？还有重要的是，在子夏的言意里，这些“洒扫、应对、进退”等，即是“仁”（他称之为“君子之道”）的“体用”表现，“随处可以体认‘仁’”，所以，不要小看这些“洒扫、应对、进退”之类的“末”事，“道”之“本”，“仁”之“实”，就在里面。就是说，“洒扫、应对、进退”等，看其本质，也归“仁之方”的显示，孔子往往就是不厌其烦地在“末”事上刻苦用力的。因为若要熟，就须从“小”到“大”、从“生”到“熟”。这一点，宋儒还是看了个透的。朱熹说了这个理：“言君子之道，非以其末为先而传之，非以其本为后而倦教。但学者所至，自有浅深，如草木之有大小，其类固有别矣。若不量其浅深，不问其生熟，而概以高且远者强而语之，则是诬之而已。君子之道，岂可如此？若夫始终本末一以贯之，则惟圣人为然，岂可责之门人小子乎？”[17]言下之意是，若要由浅入深，从生到熟，是要经过学、习而至。但是，本和末，并非是先学“末”后学“本”，实质上是“始终本末一以贯之”的，这就是“仁”，“无终食之间违仁”的“仁”，它贯穿在我们的日常生活，小事到大事，小学到大学，始终本末，一以贯之。“仁”，在此就是体用不二了。朱熹又引二程所说，加以旁注：“程子曰：‘君子教人有序，先传以小者近者，而后教以大者远者。非先传以近小，而后不教以远大也。’又曰：‘洒扫、应对，便是形而上者，理无大小故也。故君子只在慎独。’又曰：‘圣人之道，更无精粗。从洒扫、应对，与精义入神贯通只一理。虽洒扫、应对，只看所以然如何。’又曰：‘凡物有本末，不可分本末为两段事。洒扫、应对是其然，必有所以然。’又曰：‘自洒扫、应对上，便可到圣人事。’”[18]也就是说，学习的内容有先有后，从浅到深，从生到熟，但都是一步步“仁”的实现，即谓“熟仁”。这就是“洒扫、应对，便是形而上者,理无大小故也”的道理。“虽洒扫、应对,只看所以然”,就是看到和找到“洒扫、应对”里面的“所以然”,是什么呢?不是“仁”又会是什么呢?本末和始终,就是一个“仁”字统领,“熟仁”,要求的就是“一以贯之”,所谓“不可分本末为两段事”,又验证了孔子“无终食之间违仁”的“熟仁”确定性。“自洒扫、应对上,便可到圣人事”,所以,儒家在“熟仁”的进路里,是充满着辩证法精神。这是孔子的发明。后儒们、特别在宋明理学那里,超度发挥的“体用不二”,总是会情不自禁地追忆到孔子的“仁”上,不是没有道理的。

4. 子贡的辩护

对于孔子的发明,弟子们还是有心领神会之处。应该注意到,当弟子们听到贬低孔子不同声音时,往往为维护他们的共同的老师而作出各种辩护,但就是难以达到他们的老师的“仁熟”之境地。子贡连续的几次辩护很能说明这个问题。

《子张》:“叔孙武叔语大夫于朝,曰:‘子贡贤于仲尼。’子服景伯以告子贡。子贡曰:‘譬之宫墙,赐之墙也及肩,窥见室家之好。夫子之墙数仞,不得其门而入,不见宗庙之美,百官之富。得其门者或寡矣。夫子之云,不亦宜乎!’”

鲁国大夫叔孙武叔在朝廷对大夫们说:“子贡比他老师孔子(仲尼)要强些。”鲁国大夫子服景伯把这个话告诉了子贡。子贡听后说:“用房屋的围墙可作个比较:我的围墙只到肩膀那么高,谁都可以探窥到里面的房屋样子的美丽之处。老师的围墙却有几丈高,找不到走入里面的大门,看不到其中宗庙的美丽之处和房舍的富丽。能够找到入门之处的人是很少的。刚才武叔讲的话,不也是自然的吗?”——这是比喻的说法。意在说明,子贡难以入孔子之道。孔子之道高远,故子贡自叹:“不得其门而入”。但是,孔子之道的“高远”性质,不是不得入,而是经过不断努力可以入的,就是要对孔子思想有很好的把握和理解,这些是能够“入”之必备条件。朱熹向他的学生道明了此理。他的学生问朱熹:“‘夫子之墙数仞,不得其门而入’,夫子之道高远，故不得其门而入也。”朱熹一半同意一半纠正地说：“不然。颜子得入，故能‘仰之弥高，钻之弥坚’，至于在前在后，如有所立，卓尔。曾子得入，故能言‘夫子之道忠恕’。子贡得入，故能言‘性与天道不可得闻，文章可得而闻’。他人自不能入耳，非高远也。七十子之徒，几人入得？”又举例说道：“且孔子之教众人，与教颜子何异？颜子自入得，众人自入不得，多少分明！”[19]孔子的弟子们，学习到孔子“仁”般的地步，是有差别的，有些“熟”，有些不“熟”，颜子优于子贡，颜子之“熟仁”，在孔子眼里，也是优于子贡的，尽管颜子也未达孔子般的娴熟。

当然，很明显，子贡是为他的老师进行了辩护，因为在弟子们的心目中，孔子之道，也许有那么一层别人永远不可能学习得到的。但子贡还是蛮有信心的，子贡持有这样的看法。

《子张》：“卫公孙朝问于子贡曰：‘仲尼焉学？’子贡曰：‘文、武之道，未坠于地，在人。贤者识其大者，不贤者识其小者，莫不有文、武之道焉。夫子焉不学？而亦何常师之有？’”

卫国的公孙朝问于子贡：“孔子的学问之道究竟是怎么样的？”子贡描绘了一番孔子特有的学问之道，说“周文王、周武王的大道，至今没有失传而继续散在人间，贤能的人能把握得住‘道’的大处，不贤能的人只能认识到‘道’的末枝和小节。天底下没有不存在文王、武王的大道。我的老师何处不能学？又为什么要有固定的老师呢？”——孔子从小事从大事里面，都可以学习到周文王、武王的道理，“熟仁”，从大事里可以学习到，从小事里可以学习到，也即如“洒扫、应对”一类，只要能学习到“道”，就是他的老师了。所以，在子贡看来，这是他的老师的特殊之处，别人很难学得到孔子的这般学问之精髓的。

所以，子贡非常反感有人诋毁孔子，往往以为孔子辩护为己任。作为孔子的弟子，子贡有这个责任和义务。但是，透过这种辩护，发现总有这种感慨，即孔子还是难以达到的，更是难以诋毁的。《子张》又记了这段子贡的辩护：

“叔孙武叔毁仲尼。子贡曰:‘无以为也,仲尼不可毁也。他人之贤者,丘陵也,犹可逾也。仲尼,日月也,无得而逾焉。人虽欲自绝,其何伤于日月乎?多见其不知量也!’”

鲁国大夫叔孙武叔诋毁孔子,子贡反驳道:“不要这样毁谤呀!仲尼(即孔子)是毁谤不了的。别人的贤能,犹如山丘,还可以超越,仲尼,犹如太阳和月亮,没有谁能超越。有人想自绝于太阳和月亮,可那无损于太阳和月亮,恰是他不知道如何衡量了。”——孔子在学生的心目中,是难以被他人超越的,因为孔子是太阳和月亮,世上只有一个太阳,一个月亮,有人要诋毁太阳和月亮,那是自不量力,如朱熹所言:“谓不自知其分量”。[20]那是什么东西使孔子无与伦比呢?是他的“仁”。具体地说,就是《卫灵公》里子贡向孔子讨教到的“一言而可以终身行之者”的“恕”——“己所不欲,勿施于人”——的“仁”原则;就是学生子夏在孔子那里学到的“仁以为己任”。朱熹说孔子之“仁”是弟子们倾力而为的,“仁者,人心之全德,而必欲以身体而力行之”,[21]弟子们对于老师的“仁”,是钟情不已,或许又是难以完全把握到的,所以,包括他最得意、最满意的弟子颜渊,其“熟仁”也未最终达到孔子般的“熟仁”。

但是,话得说回来,孔子的弟子们经常在王公达贵们面前引以为豪的内在的原动力,就是这个“仁”,就是这个“仁”的活学活用,就是这个“仁术”,而由这个原动力所产生的捍卫孔子的名誉和声望的勇气,可能是那些王公达贵们难以理解到的真实原委之一吧?

其实,还有一段子贡为孔子的表白,很有些总括性味道。也在《子张》篇,是殿末段:

“陈子禽谓子贡曰:‘子为恭也,仲尼岂贤于子乎?’子贡曰:‘君子一言以为知,一言以为不知,言不可不慎也,夫子之不可及也,犹天之不可阶而升也。夫子之得邦家者,所谓立之斯立,道之斯行,绥之斯来,动之斯和。其生也荣,其死也哀。如之何其可及也!’”

陈子禽对子贡说:“您是谦虚恭让吧,难道孔子真比您强吗?”子贡说:“君子说一句话,可以表现为有知,也可以表现为无知。所以,君子说话,务须谨慎呀。我们赶不上仲尼老人家，就好比不可能沿着阶梯爬上蓝天。如果各邦国重用老人家且委以重任，那么，就会如人们说的那样：他教养百姓，百姓就能立足社会；他引导百姓，百姓就会按道行动；他安抚百姓，百姓就会四面八方来投靠；他鼓舞百姓，百姓就会齐心协力。他老人家，生被人敬尊，死被人哀痛。我怎么能够赶得上呢？”——从“夫子之不可及也”的说明来看，子贡叹谓他赶不上孔子的理由，实质就是孔子所达到的“熟仁”之境地，是多么地令人向往而又多么的遥不可及，这是出神入化的境地了。也如程子所描述的：“此圣人之神化，上下与天地同流者也。”[22]但是，可以追问一下，究竟是什么使孔子能够达到“圣人之神化”的这般境地？答案就是一个：孔子的“熟仁”所致。朱熹挑明得彻底：“根基深厚，德盛仁熟，便能如此，便是‘所过者化’。”[23]所谓“所过者化”，就是“神化”之“化”，就是“熟仁”之化。子贡赶不上他的老师，看来并不是一个“谦虚恭让”的问题吧。

从子贡的那段殿后辩护来看，实质已经蕴涵了一个更为可以张扬的事实，就是孔子已经内在地把这个“仁之方”，活用于做人和做官当中了。如果再联系其“学问之道”，那么，孔子开启出的“熟仁”之“体用不二”，是需要完美地处理这个“四位一体”：“做人—做官—做事—做学问”，其中的“根基深厚”之处，就是这个“德盛仁熟”。也就是说，仅在这个“熟仁”里，通过“仁之方”，沟通了这三个破折号。

三、做人—做官—做事—做学问

对于“仁”的活学活用，孔子始终将其放置于“熟仁”的环境里，内含了做人、做官、做事、做学问的系统思考。作为一种方法，孔子提炼出的“仁之方”，所基于的正是从自己的“身边”做起，德性和德行，归乎的，仍然是对“仁”（即体）之用，并在此“用”中找到了“熟仁”的方向和规律，蕴涵的实质性内容告诉了：“熟仁”，就是“做人—做官—做事—做学问”四位一体的基本期待。孔子的所有论述，为这个理论奠定了基础性事实。后儒对于“熟仁”

的理论建树,都渊源于这样的特殊期待。这既属于儒家“熟仁”之智慧,又属于孔子“熟仁”的张扬之处。

在展开这个分析之前,值得再次引申“为己”抑或“为人”之辨:“古之学者为己,今之学者为人”。朱熹认定为己与为人,是工夫上的差别,读来体悟颇深。朱子讲解此段,先作个总括:“君子之学既无所差,则工夫日进,日见高明,便一日高似一日也。”后细说工夫:“此两段(指二程说的“为己,欲得之于己也;为人,欲见知于人也。”和“古之学者为己,其终至于成物;今之学者为人,其终至于丧己。”)意思自别,前段是低底为人,后段是好底为人。前为人,只是欲见知于人而已。后为人,却是真个要为人。然不曾先去自家身己上做得工夫,非唯是为那人不得,末后和己也丧了!”[24]言下之意,“为人”可分底层次高层次,问题的症结却是“为己”的工夫不能忘记,即读书学习,是要在“自家身己上做得工夫”,那“为人”才有立足之处。不然的话,则未能“成己”和“成物”,最终连“自家身己”都会丧失。所以,为己,就是要先给“自家身己”来个“正心修身”,用“仁”造化“自家身己”,再去做“为人”之事,即齐家治国平天下之“外王”事,即做人、做官、做学问之事。从根底上看,朱熹那个“先去自家身己上做得工夫”,就是孔子言意未尽的“熟仁”之“术”、之“道”。现在,来追究一下这个“熟仁”路径里“四位一体”问题解决的孔子情结。

1. 追究子张的“不至于谷”

《泰伯》有一段话,读来颇有感触:

“子曰:‘三年学,不至于谷,不易得也。’”

孔子说:“(子张)读书三年,但没有立志去做官,这是不容易做得到的。”——“至”,朱熹认为,可以解释为“志”;“谷”,古代以谷物作俸禄,故有“官禄”之意。为学之久,而不愿求禄(“谷”),不愿做官,这样的人,在孔子的弟子中,还属少见的。仅仅从这段话里,还很难辨出孔子到底是满意还是不满意子张的做法。按照孔子出仕的基本立场:天下有道则仕、无道则把志向暂时隐蔽起来，如果子张“三年有学”而“不至于谷”，此时天下处于有道状态，子张不仕，是不符合孔子对于“士”的评价意愿的。但是子张没有做到的，恐怕还是需要“熟仁”的历练吧。子张有欠“熟仁”的火候，弟子之间还是看得清楚的。“子游曰：‘吾友张也，为难能也。然而未仁。’”[25]子游评价子张说：“子张是我的好友，他是难能可贵的了，但是，还没有达到仁的境界。”所谓“未仁”，就是尚未达到“仁之熟”的境地，故会有“三年有学而不至于谷”的情况。“曾子曰：‘堂堂乎张也，难与并为仁矣。’”[26]曾子评价子张说：“子张容貌堂堂，但很难与他一起进入仁的境界。”为什么是如此呢？朱熹作了一些阐释，有些说服力。朱熹这样评论：“子张行过高，而少诚实恻怛之意。”子张做事，行为时往往趾高气扬，然而缺了些诚实敬畏之意气。“堂堂，容貌之盛。言其务外自高，不可辅而为仁，亦不能有以辅人之仁也。”子张“务外自高”，而务内不够，那还是一个“熟仁”不够。朱熹引此话作证：“子张外有余而内不足，故门人皆不与其为仁。子曰：‘刚、毅、木、讷近仁。’宁外不足而内有余，庶可以为仁矣。”[27]内功不足，这是做人的极大缺憾，子张弱于内功而“未仁”，出外做官恐怕还是不行的。由此推断，孔子说子张“不至于谷”，可能是孔子看到了子张身上还需要更多的“熟仁”历练，还缺火候，不宜出仕。就其本身而言，或许子张意识到了自身仍有不足之处，故有“不至于谷”的倾向。子张还算自知之明的。但不管是何种理解，都在于子张是“熟仁”不够，外有余而内不足，故还不适宜出仕。由此，令我们想起子张那段向孔子求教于“行”，孔子给他灌输的“言忠信，行笃敬”的忠告，希冀的还是子张通过“熟仁”而使心身得到内外一致，即做人与做官保持内在连接。朱熹如是看待：“子张意在得行于外，故夫子反于身而言之，犹答干禄问达之意也。”[28]所谓那个“犹答干禄问达之意”，指的是孔子回答子张如何做官的问题：

《为政》：“子张学干禄。子曰：‘多闻阙疑，慎言其余，则寡尤；多见阙殆，慎行其余，则寡悔。言寡尤，行寡悔，禄在其中矣。’”

子张向孔子讨教学习求取官职俸禄的方法。孔子告诉他：“多听，有疑问，可以暂时保留，谨慎地说出其余的部分，就会减少错误；多看，有疑惑，可以暂时保留,谨慎地实行其余的部分,就会减少不当之处。说话减少错误,行动减少不当之处,官职俸禄就在里面了。"——多闻、多见,慎言、慎行,首先是做人的,然后才是做官的。孔子给他的教诲,是先把人做好,然后去考虑做官吧。孔子对于子张的用意,是很清楚的。子张做人尚有待在"熟仁"方面的提高呀!

朱熹挖掘了这层意思。如果联系子张"不至于谷",朱熹这里的解释,对于理解子张的问题,是颇有说服力的:"'子张学干禄。'禄固人之所欲,但要去干,却不得。子张恁地时,已不是正底心了。夫子却掉开答他,不教他如何地干,也不教他莫干,但言'禄在其中'。凡言在其中者,皆是求此而得彼之义。如'耕也,馁在其中'之类,皆是君子求其在己而已。然而德行既修,名声既显,则人自然来求,禄不待干而自得。如'未有仁而遗其亲,未有义而后其君',这岂是要计较他不遗不后后,方为仁义。但是,为仁义时,便自恁地。这虽是不曾说利,然使天下人皆不遗不后,利孰大焉!大抵计功之心,也是害事。所谓'仁者先难而后获',才有计功之心,便都不济事。"[29]孔子教导子张"禄在其中",是开导他搞清楚做人做官的先后问题。先是做人方面的"德行既修,名声既显",先破"功利"之心,才有做官之正道。如果在做人方面不纯洁,内心充杂着"计功之心",做人不纯,那做官就更不要谈纯洁了。问题就是要在"为仁义",求仁义,而熟仁义,最后获得了最大的"利"。所以,子张需要在"熟仁"方面的努力和提高呀!看来,出仕做官,在儒家那里,是先要走过一段做人的考验,这考验的中心,依然是把握"仁"、活学"仁"、活用"仁",就是"熟仁"的历练。子张缺了这一环,出外做官,是极需补上的。

其实,孔子是十分愿意看到弟子们步入仕途的,所以,对端木赐进入"商界",很不以为然,但不管怎样,做官也好,经商也罢,坚守"仁"、实践"仁",是他们的根本。"仁"是有效率的,唯有"仁能守之",才能出仕、才能经商。更可以推断,这"熟仁",对于做人、做官、做事,仍具有不可动摇的"效率"。

2. 追究出发点之向度

孔子是这样划定的:"仁"是出发点(圆点、基点、始点),"效率"是"仁"

之出发的向度,而"熟仁"就是由出发点至向度中的"张力"。其"效率"何谓?是"仁熟之致"的到来。其"张力"何谓?是"熟仁"之用力的展开。更具体地说,可以把此"效率"锁定于做人做官做事做学问的四位一体里。

从子张的出仕个案来看,孔子的观念是:出仕是有原则的,行动的合理性是基于"好学于仁"的"熟仁"上,培育内在的道德品质,从而有外在的德行,这是符合儒家"内圣外王"的基本取向。这就是说,先做好人,后做好官。也是这个子张,他向老师求教"仁",孔子教他要行五种德性:"恭、宽、信、敏、惠"。这些做到了,做官就可以了。孔子关注其弟子十分到位,针对有些弟子将要步入仕途的考验,孔子注意到了弟子们需要外在行动的内在基础性的支撑,孔子给了个"仁之方",似乎子张缺乏此个支撑力。孔子希冀的是弟子们"好学于仁",克服诸多于做人做官做事做学问的无为之"蔽",这就是"熟仁"的向度。《阳货》里,有一段孔子所言"六言六蔽",读来颇有此感:

> "好仁不好学,其蔽也愚;好知不好学,其蔽也荡;好信不好学,其蔽也贼;好直不好学,其蔽也绞;好勇不好学,其蔽也乱;好刚不好学,其蔽也狂。"

不好学,哪怕爱仁,也易被人愚弄;不好学,哪怕爱智慧,也易放荡无根基;不好学,哪怕爱诚实,也易被人伤害;不好学,哪怕爱直率,也易被人难以接受;不好学,哪怕爱勇敢,也易被人随意指责;不好学,哪怕爱刚强,也易被人曲解。——通过"好学",而救其"蔽",学什么?毫无疑问,在孔子那里,就是学"仁","以仁为己任",不学仁,就不能称为是合格之人了。

这里,孔子一连用了六个"好学",是很有用意的,挑明的道理,不仅仅是学习的本身,更重要的,还是要集中反映在做人做官做事做学问之方方面面上,都需要"好学于仁"。而且,我们清楚知道,在孔子"学"的条目里,"仁"是第一条目。应该看到,在孔子的"熟仁"环节里,"学"是居于第一位的,他的"十五有志于学"到"七十而从心所欲不逾矩"、"博学而笃志"到"切问而近思",盖由"学"出发,由此获得了对"仁"的"烂熟"。所以,这个意义非常的"学",首先是属于"熟仁"的。其实,一般理解的"学习",内容是多方面的,而孔子之“学”,或者儒家之定义的“学”,内容是特定的,根本的,就是做人和做官的道理,这个道理,都蕴涵于孔子的“仁”当中了。即使到了与孔子相距两千年后的大儒谭嗣同,还以一篇《仁学》作为其做人做官的大学问。即可想而知,孔子之“仁”的影响力了。

同样,“好学”,是自身的努力。所以,在此,孔子又挑开了“好学”的难度。从仕之原则上看,孔子说:“不患无位,患所以立。”[30]君子不担心没有官位,而是要担心没有担任官位的能力。这能力,指的就是自身的努力,是德性和德行上的。这如程子挑明:“君子求其在己者而已矣”,[31]“在己”,就是强调自身的“所以立”,立德性、立德行。这个“所以立”,皆离不开“好学”环节,而首先就是从学仁开始。“好学”为做人做官做事做学问的“道术”。朱熹从“位”上考究出这个君子之道:“君子,以位言之。道,谓居其位而修己治人之术。发己自尽为忠,循物无违谓信。”[32]“忠”和“信”,是人心内发之德,又是“修己治人之术”,君子在“位”上,是必须讲究的,它首先从“修己”之“学”开始,后达到“治人”目的。这是儒家之“道术”,是孔子开启的“好学”内容,是儒家“仁”之活学活用到“熟仁”的向度。

3. 引领了“道”之学问

几乎成为儒家百般用心的“四位一体”问题,可以概乎为所谓儒家之“道”的学问所在。有做人之道、有做官之道、有做事之道、有做学问之道。所以,在儒家,“道”始终没有成为一个纯而又纯的极度抽象之命题。道家之道与儒家之道,或谓老子之道与孔子之道,实质上就有这个差异。基于儒家之道或孔子之道来说,要追究到这个“道”里面去,把握“道”之来龙去脉,“熟仁”就是“道”之使命。至于孔子之“道”的学说,在“熟仁”话语体系里的具体性论证,我们将在后面还会作更为细致的分析。

正本清源地看,孔子不仅开启了“熟仁”在“好学”中的通道,而且引领出了做人做官做事做学问的大方向,一是“道”之学问,重心在以把握“仁”为基本目标;二是“道”之学问之术,重点在以做人做官做事做学问为实际对象。

所以,中国人有名的所谓“道、器之辩”、“名、实之辩”,辩到最终,就是相副,就是不分家。就此观之,儒家向有文以载道的传统,学问,就是去发现和把握文字中的“道”,这个“道”,是儒家之“道”,“仁”是这个“道”的实质,而“熟仁”就是这个“道”的使命所在。在《里仁》,孔子一口气讲出了“苟志于仁”,“士志于道”,“朝闻道,夕死可矣”,“吾道一以贯之”,看得出,“仁”、“道”一体,“熟仁”,就是“吾道一以贯之”的活动。

这个意义上的“熟仁”,构成了儒家特殊的学问之道。儒家虽有“小学”和“大学”之分,但是,这两门“学”,都以实现做人做官做事做学问为实质内容。所以,这里一再出现的“道”,决非仅仅是一个文字而已,而是内容与形式的包含。朱熹在《大学章句序》讲得贴切:“人生八岁,则自王公以下,至于庶人之子弟,皆入小学,而教之以洒扫、应对、进退之节,礼乐、射御、书数之文;及其十有五年,则自天子之元子、众子,以至公、卿、大夫、元士之适子,与凡民之俊秀,皆入大学,而教之以穷理、正心、修己、治人之道。此又学校之教、大小之节所以分也。”[33]在中国古代社会,八岁入小学,主要学习“洒扫、应对、进退之节,礼乐、射御、书数之文”;十五岁入大学,主要学习“穷理、正心、修己、治人之道”。这里,不由再次想到《子张》中的这段表白:“子游曰:‘子夏之门人小子,当洒扫、应对、进退,则可矣。’”正如前面对这段话分析的,“洒扫、应对、进退”中,也是个“仁”;更何况“穷理、正心、修己、治人”,里面就更加是“仁”了。读“小学”也好,读“大学”也罢,无非求“仁”的全体,就是个“熟仁”之“道”。在儒家的文献,甚至包括整个中国古代文献作品,文、史、哲不分家,因为贯于其中的“道”是一致的。所以,“道”之学问,就是把握和体悟这个“道”,从而去实现做人和做官。这就是儒家视野中的“道”之学问。用孔子的精神去诠释这个“道”,那就是“熟仁”的进程了。所谓“仕而优则学,学而优则仕”,可以是这个理论的一面特殊“镜子”。有关这个方面的诸种案例,在将要分析的诸家“熟仁”观里,可以看得够清楚了的。

关于“仁”的活学活用,是孔子的发明和创造,也构成了儒家“熟仁”的一杆标尺,从孟子把孔子之“仁”推扩为“仁政”、董仲舒试图有意识地让孔子之

"仁"实行某种全面转折、韩愈力图将孔子之"仁"通过"道统"而保持其主流地位、至王安石把孔子之"仁"推广到变法的实际工具、再至宋明理学那里孔子之"仁"经过"熟仁"之大检讨及其走出来的一批具有"实学"精神的思想家涵盖了从孟子以来的"仁政"实践,这一切的理由,归根结底,是"仁"的活学活用,其中可分的仅仅是"熟仁"程度不同罢了。或许,正因其"熟仁"程度不同,也就会引申出"仁"的活学活用之不同效率。同样,"熟仁"在深入于做人做官做事做学问之中,"仁"的活学活用也使个中人物、事情、为官、学问,显示了极为个性的张扬,当然,这是后话了。

"仁"之活学活用,是孔子"世俗化"努力的重要环节。就"仁"的规范性质,孔子说过,"仁者爱人"、"己所不欲,勿施于人"、"立人达人"、"克己复礼"、"仁之方"、"忠恕"等,所含的实质性意义就是希冀达到"熟仁"运作。"仁者爱人",先爱与自身有血缘关系的,再推己及人,这样的"爱",才叫"仁者爱人"。朱熹形象喻谓:"仁是根,爱是苗。"[34]有此"根",则有此"苗"。这就是"仁"的学问,这就是所谓的"道"。这"道"、这"仁",到了孔子"熟仁"路数里,那"形而下"意义似乎不时不刻地更进入到普通人的生活圈子里了。

在此提一句"口号",叫"仁必欲熟,义必欲精",[35]这是孔子的期盼,也是儒家的气派。当朱熹为此句"口号"做了"如何而能熟"、"如何而能精"的试问后,固然孔子"仁"之活学活用及更连接着那三句名言,似乎孔子在"仁必欲熟,义必欲精"的"如何而能"里,已经奠定了基石。

结论就是:儒家"熟仁",真实地渊源于孔子,可是,孔子本人并没有想到后来会有那么多的"儒"、那么多的人去继承去阐发去践履这个"熟仁"的生动学问。其实,儒家的理论,从一开始就属于与现实生活、人伦日用关系密切的实践型学说,这恰恰是由孔子建立起来的。统观"熟仁",孔子也为其"预设"某种特定方向,往后儒家有关"熟仁"的一切展开,都是以孔子思想为基础。尽管如此,无论何种"预设"与"展开",首先就得看出其中有挖掘、拓宽和发展。不然的话,"熟仁"就不会流淌在中国人鲜活的生活世界里。"熟仁”之生生不息，即来源于孔子“仁”之活学活用，又在这棵大树上生长出一朵朵会结果实的“花”。河流淌、果实花，孟子的贡献可谓“名副其实”了。

注释：

[1]参见《卓越领导国学讲堂》(骆建彬主编)，第109页，北京大学出版社2008年版。

[2][3][4][5]朱熹:《四书章句集注·论语集注》卷一。

[6]朱熹:《四书章句集注·论语集注》卷三。

[7]朱熹:《四书章句集注·论语集注》卷七。

[8]《曾国藩全集·日记》，第126页。

[9]《曾国藩全集·日记》，第127页。

[10]《曾国藩全集·日记》，第141页。

[11]《曾国藩全集·日记》，第159页。

[12]《张载集》，第315页。

[13]朱熹:《四书章句集注·论语集注》卷七。

[14]《论语·公冶长》。

[15]朱熹:《四书章句集注·论语集注》卷三。

[16]《论语·述而》。

[17][18]朱熹:《四书章句集注·论语集注》卷十。

[19]《朱子语类》卷四十九。

[20]朱熹:《四书章句集注·论语集注》卷十。

[21]朱熹:《四书章句集注·论语集注》卷四。

[22]朱熹:《四书章句集注·论语集注》卷十。

[23]《朱子语类》卷四十九。

[24]《朱子语类》卷四十四。

[25][26]《论语·子张》。

[27]朱熹:《四书章句集注·论语集注》卷十。

[28]朱熹:《四书章句集注·论语集注》卷八。

[29]《朱子语类》卷二十四。

[30]《论语·里仁》。

[31]朱熹:《四书章句集注·论语集注》卷二。

[32]朱熹:《四书章句集注·大学章句》。

[33]朱熹:《四书章句集注·大学章句序》。

[34]《朱子语类》卷二十五。

[35]《朱子语类》卷一百二。

第三章

“熟仁”命题与语境

定义性质的“熟仁”命题是这样的:“夫仁,亦在乎熟之而已矣”。这是儒家文献迄今为止最为经典的“熟仁”概括,它来自于儒家亚圣孟子。

孟子(前372—前289),名轲,字子舆,鲁国邹(今山东邹县)人。其思想深受孔子及孔子之孙子思的影响。孟子在基于孔子的“熟仁”观念,为儒家“熟仁”作了“夫仁,所在乎熟之而已矣”这个重要概括和理论证明,极大地深化了儒家“熟仁”思想的深刻内涵:道德的内涵和政治的内涵、哲学的内涵和文化的内涵。更为重要的是,孟子对孔子以来的“熟仁”观念作了极高的理论开拔和实践定位,极大地丰富了孔子开启的“熟仁”方向,并且经过孟子,待到后儒们的不断阐发,孔、孟的“熟仁”观念里蕴涵的“熟”义,转化为方法论,体现了更为巨大的价值。而它首先着眼在方法论的普遍意义的转变之中,这是孟子的贡献。在宋明理学那里,尤其得到了张扬。这也是基于孟子的概括而来。

孟子对于“熟仁”的考辨,其生存论语境,很见特色。围绕这个“仁”,推广和运用于实际生活,“仁政”二字被孟子叫得震天响,开口一个“道”、闭口一个“道”,就是推行“仁政”的理由。在孟子那里,“仁政”决非仅仅是关乎政治的,而是涉及《孟子》七篇的世界。[1]“熟仁”就是在这样的氛围里,最终获得生存论的话语权确立。如果说孔子的“熟仁”是奠定了方向,那么孟子的

“熟仁”是沿着这个方向的生存论扩张，即给孔子划定的路径里打下了“仁政”桩子，是儒家“熟仁”经过了孟子以后所获得的又一张新面孔。就在这意义里，从孔子到孟子，儒家“熟仁”，完成了第一个“圆圈”。

一、孟子的考义

孟子，作为儒家之第一人，在孔子的基础上成功的概括出了“熟仁”命题。这是对“孟子的考义”分析的逻辑起点。

1.“熟仁”命题诞生：“夫仁，亦在乎熟之而已矣”

这一命题，出自《孟子·告子上》。孟子是以八个虚词衬托出二个实词的重量，以生活事实比喻和深化出足以引发无限想象力的“熟仁”二字的考义：

> 五谷者，种之美者也。苟为不熟，不如荑稗。夫仁，亦在乎熟之而已矣。

古代中原地区称黍、稷、麦、菽(豆)、麻为“五谷”，“荑稗”，即稊稗，长在农田里的杂草，结出的米粒很小，可食。此段意思是说：五谷是庄稼中的好品种，如果不熟，虽是好品种，还不如“荑稗”。所以，仁，关键是使它成熟啊。

必须看出的是，“夫仁，亦在乎熟之而已矣”这命题，总共由十个单字组成，除了“仁”和“熟”二个实字，其余八个字均是虚词，有趣的是，孟子用了八个虚字去加强这个实词，是多么的耐人寻味呀！

综观《孟子》一书，“熟仁”一词仅出现这一次。但是透过《孟子》的字里行间，一个中心的主题似乎就是“熟仁”的证明。它若隐若现地生发在每篇文章里。这是特殊的“亮点”，它闪烁出儒家孟子哲理的魅力。在经过后儒们的阐发，“熟仁”更加意味深长。那么，孟子的“熟仁”概括究竟意味着什么？为什么后儒会对这个“概括”如此衷情？这里，急需从孟子的“证明”逻辑里去发掘孟子这个“话语”中的深刻之处了。

2. 美在“熟”中

生，乃是要“熟仁”；熟，乃是人生之美。孟子此段“熟仁”话语，透露出生存论关切：人性之美、人生之美，在"熟仁"之中；而"熟"就是个"集义所生"的问题。这个生存论问题，孟子实质上契入了这样一个"美在熟中"与"集义所生"的意义考量；并且，在这样的氛围里，孟子极力研究"大而化之"与"若要熟，也须从这里过"的连接问题，使孔子以来的儒家"熟仁"观念，获得了特殊的生存论意义。孟子寻迹到了"美"与"熟"的关系。

这不是无中生有或牵强附会地往孟子头上"理"出一套"美学"腔调，孟子没有"美学"专论，但是，孟子用了最朴实的语言讲出了"熟仁"观念中的生存之美。

第一个，美、熟之间，何者为优？朱熹释其谓："荑稗，草之似谷者，其实亦可食，然不能如五谷之美也。但五谷不熟，则反不如荑稗之熟；犹为仁而不熟，则反不如为他道之有成。是以为仁必贵乎熟，而不可徒恃其种之美，又不可以仁之难熟，而甘为他道之有成也。尹氏曰：'日新而不已则熟。'"[2] 朱熹的解释想要说明的是，"美"、"熟"之间，"熟"优于"美"。荑稗不如五谷之美，但是五谷不熟，反不如荑稗之熟。为仁求熟不图美，不熟而徒恃其美，反不如求他道有成。仁，在乎熟；熟仁，需要在日新不已的努力之中，才能有人性之美和人生之美。王船山的解释似乎又把这种关切引入于"德性生成"的哲学视阈。

王船山依据朱熹注释谓："荑稗，草之似谷者，其实亦可食，然不能如五谷之美也。但五谷不熟，则反不如荑稗之熟；犹为仁而不熟，则反不如他道之有成。是以为仁必贵乎熟，而不可徒恃其种之美；又不可以仁之难熟，而甘为他道之有成也。尹氏曰：'日新而不已则熟。'"[3] 这里船山用词与朱熹相差无几，只是船山在阐发孟子"仁亦在乎熟之而已"时，定其为"入德之事"。船山训其义得："孟子曰：学者入德之事，求仁而已矣。"[4] 从而把美、熟之间锁定在"入德之事"，走向成熟是德性的成熟，是求仁以至于"熟仁"的德性生成。这样的生成就是德性的美、熟仁的美，更是一种人生的美。

第二个，美在熟中，方向何在？二程解释"苟为不熟，不如荑稗"，解读出了孟子"熟仁"思想在"生"意义上的内在联结："'乐则生，生则乌可已也。'

须是熟方能如此。‘苟为不熟,不如稊稗’。‘是集义所生,非义袭而取之也。’须集义,这上头莫非义也。”[5]二程引出孟子在“生”意义里的“熟仁”观念:“熟仁”是积聚道义而获得的生存。安乐的生活,如何获得?二程挑明了这个通道:“须是熟方能如此”。“熟仁”是关乎“生”的问题。“乐则生”,应是“集义所生”,这是“熟仁”的方向。一切须从“集义”上挑得明白和彻底。

这里,二程领悟到了孟子“乐则生,生则乌可已也”的“熟仁”境界,以“熟仁”走向的“乐则生”,二程品味到了孟子“熟仁”之于生存的特定意义。的确,孟子本人就有这种思绪和态度,《离娄上》:“孟子曰:‘仁之实,事亲是也;义之实,从兄是也。智之实,知斯二者弗去是也。礼之实,节文斯二者是也。乐之实,乐斯二者,乐则生矣。生则恶(乌)可已也。’”仁义是内容,智和礼是调节仁义的形式。在孟子看来,安乐的生活,根据在拥有和实践仁义,所谓“智”,无非是知晓仁义;所谓“礼”,无非是滋润、调节仁义,仁义礼智,构成“乐则生”的实质。要达到这样的“乐则生”,孟子设计了“熟仁”的通道,即归乎在“集义所生”。确实如此,这是人性之美、人生之美而走向成熟的必经通道。

第三个,美在其中,结局如何?孔子说“里仁为美”,这是选择与“仁”同在同处的生存之道。这样的人生是美好的,这是生活中的美。孟子概之谓“充实之谓美”。[6]人生需要“仁”来充实自己的生命和生活,朱熹解释“充实之谓美”,意在指明“充实之谓美”的生存结局:“充实之谓美:力行其善,至于充满而积实,则美在其中而无待于外矣。充实而有光辉之谓大:和顺积中,而英华发外,美在其中,而畅于四支,发于事业,则德业至盛而不可加矣。”[7]“美在其中”,这是“力行其善”的结局,也是“熟仁”的结局,因为“充实”的内容正是人的心身里所日益获得“仁”的扩大和发光。人生之“美在其中”,必同步的“熟仁”也在其中。这就是往后要说的孟子“大而化之”的“熟仁”命题。

3.“熟”在“集义所生”到“不动心”

其一,“熟”在“集义所生”。孔子讲“仁”,孟子把“仁”化开讲“义”,并从

"义"上展开"熟仁"命题,深化了孔子的观念,又找到了人生之美的生存底据。如果说"熟仁"是方法论问题,则孟子提供了一条特定的生存之美的人生通道,即他努力证明的"集义所生"。

孟子是如何证明"集义所生"?孟子从"善养浩然之气"说开。《公孙丑上》有一段话专论"浩然之气",说得很精彩:"其为气也,至大至刚,以直养而无害,则塞于天地之间。其为气也,配义与道;无是,馁矣。是集义所生者,非义袭而取之也。行有不慊于心,则馁矣。我故曰告子未尝知义,以其外之也。必有事焉而勿正,心勿忘,勿助长也。"孟子的仁义,是内在连接的一体。所以孟子坚决反对告子割裂仁义的"仁内义外"说,"熟仁"就是熟仁义,仁的内在性自然生成道义的外在性,仁是体,义是用,决不分离为二物。所以在孟子的"养其刚大"里,赋予了"熟仁"在"集义所生"中的实质性规定,即熟仁,既是内的又是外的,既是体的又是用的,既是知的又是行的,在此过程里实现了成熟。

"熟仁",来自于"集义所生";而"生",是"生"在"养其刚大";而"善养浩然之气",就是指养好"至大至刚"之气,期间透露出孟子对于"熟仁"活动的主体性环节设计,即"不动心"境地。

其二,"熟仁",可以熟在那个"不动心"。所谓"不动心",船山训释谓:"无恐惧疑惑也。"[8]为什么会没有"恐惧疑惑"?是因"配义与道"内在于己的性质,"配义与道",是"不动心"的根据,是养气之实质,也是"熟仁"之内容。做到"配义与道",就是以仁义礼智为内容进行"熟仁"的主体历练。因为这些内容本身就是内在于己的。孟子指明:"仁义礼智,非由外铄我也,我固有之也","仁义忠信,乐善不倦"。[9]由此就规定了:"养吾浩然之气",决非是空洞的抽象;使"仁"成熟起来,决非是捉摸不定的游戏,它是每个人可以成熟把握自身的实在理由。亦如朱熹道个明白透彻:"养气,则有以配夫道义,而于天下之事无所惧,此其所以当大任而不动心也。"[10]

那么,"不动心"究竟如何彰显出内外一致的"熟仁"?"不动心",孟子有,告子也有。告子的"不动心",在孟子看来,是由于"告子未尝知义,以其外之也。”[11]是分离仁和义,仁内义外,道义分离,为获得仁,依赖外在的义,并且先从心外去求得义,再转向内,这是“义袭而取”,属于侥幸所得,最终就会产生“不安”和“恐惧”。所以在告子那里,是永远不可能获得仁的,更无从谈起“熟仁”的问题了。而孟子的“不动心”,是仁义具于心内,“熟仁”是在心内的活动。孟子用了“志气”关系表明“熟仁”是离不开这个“心”。“熟仁”乃“集义而生”,“集义”乃“志气”的辩证运动,而“志气”乃为心之用,即心为体、志气为用。有人问孟子:“夫子之不动心与告子之不动心”有何区别?孟子说:“告子曰:‘不得于言,勿求于心;不得于心,勿求于气。’不得于心,勿求于气,可;不得于言,勿求于心,不可。夫志,气之帅也;气,体之充也。夫志至焉,气次焉。故曰:‘持其志,无暴其气’。……志一则动气,气一则动志也。今夫蹶者趋者,是气也,而反动其心。”[12]心上无得而不去求气,可以;但是不去求心,就不可以了。坚定的意志和决心,来自于志气的辩证运动,这种作用的性质恰恰是由“心”上开始的,船山释其谓“体之用”:“志者心之用”,而“气为之(心)用”。[13]可见,孟子的“不动心”,与告子的“不动心”,恰恰在这里有了根本的区别,孟子的“不动心”是沟通与进入“熟仁”的内在环节,而告子的“不动心”,结果只会是“生”不会“熟”的。

所以,从“集义所生”到“不动心”,就是这样的“熟仁”追求:志与气、仁与义、义与道,互相统一,就是至诚;志气互动、配义与道,是集义而生,是至诚的最高境界,是“熟仁”的特定状态;这是“继善成性”的结果,也是浩然之气的善养,更是尽心知性而知天的实现。

二、“大而化之”问题

儒家“熟仁”思想里,有个理论源头,就是来自孟子的“大而化之”。后儒极为看重“大而化之”蕴含和积淀的“熟仁”激活力。

1. 话题由来

这要从孟子“善用易”说开。孟子有“善用易”之美誉。北宋邵雍在《皇极经世书·观物外篇》说:"知《易》者不必引用讲解始为知《易》。孟子著书,未尝及《易》,其间《易》道存焉,但人见者鲜耳。人能用《易》,是为知《易》。如孟子,可谓善用《易》者也。"清人李光地在《周易折中》也充分肯定邵雍的这一见地。《周易折中·纲领三》指出:"邵子曰:知《易》者不必引用讲解,是为知《易》。孟子之言,未尝及《易》,其间《易》道存焉,但人见之者鲜耳。人能用《易》,是为知《易》。如孟子,可谓善用《易》者也。"孟子说"熟仁",出现也只一次,但是其中不时有"用易"来写照"熟仁"之精蕴。其中就有个"大而化之"的沟通。张载对于这个问题颇有研究心得。

张载读到《周易·系辞下》一段"精义入神,以致用也;利用安身,以崇德也;穷神知化,德之盛也"时,感悟到孟子在其"大而化之"的思想里所实际拥有的"熟仁"话语,与《系辞下》这段话的异曲同工之妙用。张载以其气化论释其谓:"气有阴阳,推行有渐为化,合一不测为神。其在人也,智义利用,则神化之事备矣。德盛者,穷神则智不足道,知化则义不足云。天之化也运诸气,人之化也顺夫时;非化非时,则化之名何有?化之实何施?《中庸》曰:'至诚为能化',《孟子》曰:'大而化之',皆以其德合阴阳,与天地同流而无不通也。"[14]张载又申辩:"凡人应物无节,则往往自失,故要在利用安身,(益)[盖]以养德也。若夫穷神知化则是德之盛,故云'未之或知'。盖大则犹可勉而至,大而化则必[在]熟,化即达也。"[15]

孟子的"大而化之",出自于《孟子·尽心下》。有人问孟子"何谓善?何谓信?"孟子回答:"可欲之谓善,有诸己之谓信,充实之谓美,充实而有光辉之谓大,大而化之之谓圣,圣而不可知之之谓神。"善、信是德性所为,"天下之理,其善者必可欲,其恶者必可恶",为人应取"可欲而不可恶",这可称为"善人";而有此善则可谓"信人"(可以信赖的人)。在孟子看来,"善"、"信"是美德,人应"充实之",内心"充实而有光辉",即达到"大而化之"的盛德境界。其实,这就是一种"熟仁"境地,它就是"大而化之"的过程。孟子说"大而化之",是以气上说的,而善用《易》,则是从理上讲的。张载点破此中之义:"在《易》则是至理,在孟子则是气。"[16]但是孟子是如何从中辨明出一个

“熟仁”道理呢？看一下张载发微：

> 大可为也，大而化不可为也，在熟而已。
>
> 《易》谓“穷神知化”，乃德盛仁熟之致，非智力能强也。
>
> 大而化则必[在]熟，化即达也。
>
> 精义入神……犹是成熟者。

以上均采自张载对《周易·系辞下》那段“精义入神”、“穷神知化”、“大而化之”的释义，张子意在挑明的是：孟子的“大而化之”就是其“熟仁”的意念写照。更有意义的是，张子还在“精义入神”的思路中深化孟子“大而化之之谓圣”的“熟仁”精蕴。张子指出：“精义入神，利用安身，此大人之事。大人之事则在思勉力行，可以[推]而至之，未之或知以上事，是圣人(德)盛[德]自致，非思勉可得。犹大而化之，大则人为可勉也，化则待利用安身以崇德，然后德盛仁熟，自然而致也，故曰‘穷神知化，德之盛也。’”

在此值得提及的是，张子在阐释孟子“大而化之”与《周易》“精义入神”相为彰显的同时，他发挥了孟子的“德慧”见识，即“熟仁”中需要“德慧”参于其中，也即应以一系列德性、德行作为“熟仁”的环节，孟子冠之于叫“德慧”；朱熹称其为“朴实工夫”。如张子看到“精义入神”中的一种德慧术，他指出：“知几其神，精义入神，皆豫之至也。豫者见事于未萌，豫即神也。”(“豫”，即事先认识到；“几”，即动因、契机。“豫”、“知几”即为德慧术。)“‘精义入神’，事豫吾内，求利吾外也；‘利用安身’，素利吾外，致养吾内也。穷神知化乃养成自然，非思勉之能强，故崇德而外，君子未或致知也。‘精义入神’，(养)[豫]之至也。”[17]“‘精义入神’，豫而已。学者求圣人之学以备所行之事，今日先撰次来日所行必要作事。如此，若事在一月前，则自一月前栽培(安)排，则至是时有备。”[18](“备”，准备、防备；心备、事备。)“义有精粗，穷理则至于精义，若(精义)尽性则[即]是入神，盖(为)[惟]一故神。”[19](“尽性”，扩充善端，尽心知性而知天。)“通天下为一物(在已)[而已]，惟是要精义入神。”[20](“通”，化天道为人道，与天人合一。)所谓“豫”、“知几”、“备”、“尽性”、“通”，均可看作孟子的“德慧术”，也是“熟仁”的内在环节；并且再连接前面的至诚、志气、集义，这一系列的"熟仁"环节，在他的"善用易"里获得了人生之美的实践性升华。至于更多有关张载"熟仁"的精彩之处，后面会作更加专注的分析。

2."熟仁"之级

"熟仁"之级，盖为孟子之初衷，这在其"大而化之"里是早有设计的。孟子的"大而化之"，原是孟子评价其弟子乐正子时说的，记录在《尽心下》，原文是这样的：

> 浩生不害问曰："乐正子何人也？"
>
> 孟子曰："善人也，信人也。"
>
> "何谓善？何谓信？"
>
> 曰："可欲之谓善，有诸己之谓信，充实之谓美，充实而有光辉之谓大，大而化之之谓圣，圣而不可知之之谓神。乐正子，二之中，四之下也。"

齐国人浩生不害问孟子，乐正子这个人怎么样？孟子回答说，是个"可善之人"、"可信之人"。浩生不害请孟子解释一下这里"善"和"信"的意思。孟子说了："无恶之欲是为'善'，'善'存在于己身是为'信'；'信'充实起来就叫'美'；不仅'充实'，而且生发出'光辉'，叫做'大'；既能'光辉'又能融化贯通，就叫'圣'；'圣'到了不可测度的境地，便是'神'。乐正子具备了'善'和'信'两个品德，但处于'美'、'大'、'圣'、'神'四种品德之下。"这个翻译不免带有些"直译"味道，但是大致地可以看清孟子评价乐正子的思路和内涵。这里，需要引出的是，这段评价与孟子的"熟仁"究竟有何重要联结？细究之，即谓"熟仁"之级。这或许是孟子的一个初衷。

这里，需引进朱熹对这段话的解释，以便透视那个"熟仁"之级。朱子在《四书章句集注》里是这样注释的："可欲之谓善：天下之理，其善者必可欲，其恶者必可恶，其为人也，可欲而不可恶，则可谓善人矣。有诸己之谓信：凡所谓善，皆实有之，如恶恶臭，如好好色，是则可谓信人矣。张子曰：'志仁无恶之谓善,诚善于身之谓信。’充实之谓美:力行其善,至于充满而积实,则美在其中而无待于外矣。充实而有光辉之谓大:和顺积中,而英华发外,美在其中,而畅于四支,发于事业,则德业至盛而不可加矣。大而化之之谓圣:大而能化,使其大者泯然无复可见之迹,则不思不勉、从容中道,而非人力之所能为矣。张子曰:‘大可为也,化不可为也,在熟之而已矣。’圣而不可知之之谓神:程子曰:‘圣不可知,谓圣之至妙,人所不能测。非圣人之上,又有一等圣人也。’乐正子,二之中,四之下也:盖在善、信之间,观其从于子敖,则其有诸己者或未实也。张子曰:‘颜渊、乐正子皆知好仁矣。乐正子志仁无恶而不致于学,所以但为善人信人而已;颜子好学不倦,合仁与智,具体圣人,独未至圣人之止耳。’”[21]据此,可以有以下三个孟子“初衷”之发挥:

其一,孟子勾画了“熟仁”的六个等级,即“善”、“信”、“美”、“大”、“圣”、“神”。此六个等级,是以“仁”为内容的“熟仁”之不同展开,即如朱熹讲透这段的例子:“如仁,我本有这仁,却不曾知得,却去旋讨个仁来注解了,方晓得这是仁,方坚执之而不失。”[22]也如张载比较乐、颜二段挑明的,是“志仁”、“好仁”的开始和升华。乐正子“志仁”,处在善、信之间,但力行不够,即意“熟仁”不够,难上一个等级;颜子“志仁”、“好仁”,又“好学”,在“熟仁”上领先乐正子,故有“具体圣人”之称。所以,朱熹在给其弟子讲课时解释,找到乐正子这个症结所在,即难上“美”级,就是“力行”不够:“充实之谓美,是就行上说,事事都行得尽,充满积实,美在其中,而无待于外。”[23]

其二,孟子勾勒了德性连贯的性质,即连接了“仁”上的贯通性。通过“熟仁”贯通起来。可以确定的是,在孟子看来,“善”、“信”、“美”、“大”、“圣”、“神”这六类德性,皆是“熟仁”之境地,存在的只是“仁熟”之程度不同罢了。通过“志仁”、“可欲”、“诸己”、“充实”、“光辉”、“化之”等一系列“熟仁”之环节,走向“仁熟之致”,即从善、信、美到大、圣、神的阶段。朱熹讲解从“善”到“神”一段,似乎悟出了“仁”上的贯通性、道德的连贯性:“善,浑全底好人,无可恶之恶,有可喜可欲之善。‘有诸已之谓信’,真个有此善。若不有诸己,则若存若亡,不可谓之信。自此而下,虽一节深如一节,却易理会。

充实，谓积累。光辉，谓发见于外。化，则化其大之之迹，圣而不可知处便是神也。”[24]其实，从孟子“性善”论基调出发，一切的仁性、德性皆可由此生、由此长，通过“性善”而联结一体，“熟仁”，就是“性善”的来龙去脉。

其三，孟子定位了工夫说。“善”、“信”、“美”、“大”、“圣”、“神”，是六等人，“一个是自然，一个是做工夫积习而致。”[25]什么意思呢？按孟子本意，在“圣而不可知之之谓神”的境地，是“自然”，而在前的，皆可人力而为，工夫所致。朱子如此解释：“又问：‘至“大而化之”，皆是指人否？’（朱子）曰：‘皆是。’又问：‘只自善推去否？’（朱子）曰：‘固是。然须是有个善，方推得。譬如合一药，须先有真药材，然后和合罗碾得来成药。若是药材不真，虽百般罗碾，毕竟不是。’”[26]朱熹讲得很贴切，至“大而化之”，盖人力可为，因为人有“善性”本质，所以就有“熟仁”之为，那个“推得”，就是“熟仁”之功。即如船山训义所得：“学者学圣之功远大无穷，而致之有本。其无穷也，故虽圣人而不辍其精义入神之功；其有本也，故极作圣之至，但因乎人心之各得，即为天理之自然。人心之各得者善也，其不然则恶也。审于善不善之分，而无穷之功即从此而率由之耳。故孟子因乐正子而推言之。”[27]在船山的术语里，“精义入神”，就是“仁熟”之境地；“精义入神之功”，乃是“熟仁”之功，一点不假，孟子因乐正子，推得“熟仁”之工夫，故“其既也，习之已熟，而成乎其性，则无粗之非精，而无外之非内。”[28]皆为成人之“熟”了。

在此难以穷尽的是，孟子所有的陈述及其梳理，似乎都在注释孔子的“熟仁”理性，厚实了儒家“熟仁”理性的土壤。往后的分析也给予了进一步确认。

三、“若要熟，也须从这里过”

“若要熟，也须从这里过”，这是二程从孔孟那里学来的经验，尤其是对孟子精神的直接扩充。二程是这样阐述的：“自‘舜发于畎亩之中’，至‘孙叔敖举于海’，若要熟，也须从这里过。”[29]此段话出自《孟子·告子下》：孟子曰:“舜发于畎亩之中,傅说举于版筑之间,胶鬲举于鱼盐之中,管夷吾举于士,孙叔敖举于海,百里奚举于市。故天将降大任于是人也,必先苦其心志,劳其筋骨,饿其体肤,空乏其身,行拂乱其所为,所以动心忍性,曾益其所不能。人恒过,然后能改。困于心,衡于虑,而后作。征于色,发于声,而后喻。入则无法家拂士,出则无敌国外患者,国恒亡。然后知生于忧患,而死于安乐也。”这句话的核心是集中于意志历练,是一系列“熟仁”之功的历练。当二程概括出“若要熟,也须从这里过”,也指意于此。这在二程章节里会作详细展述。现在,需要认定两个“从这里过”,即孟子十分关注的“熟仁”考量,一是功夫在“术”上的规定,一是功夫在“学”上的细究。

1.“熟仁”功夫之规定:“术”要正

儒家“熟仁”思想之所以能够源远流长,得益于孔孟的“熟仁”观念。在承传的意义里,孟子还是接住了孔子的“熟仁”话语,即“术”要正。如程子感慨的“若要熟,也须从这里过”,就是人生若要“熟”,必须要经历“熟仁”之功,就是那个“术正”问题。孟子是这样看的:“故术不可不慎也。孔子曰:‘里仁为美。择不处仁,焉得智?’夫仁,天之尊爵也,人之安宅也。莫之御而不仁,是不智也。不仁、不智,无礼、无义,人役也。人役而耻为役,由弓人而耻为弓,矢人而耻为矢也。如耻之,莫如为仁。仁者如射,射者正己而后发;发而不中,不怨胜己者,反求诸己而已矣。”[30]

“术不可不慎”,就是关切个“术正”。从“仁”上讲,“术正”,就要“熟仁”,“熟仁”,则须“术正”,这是“仁”问题的两个方面。所引此段,孟子无非就是这个理。朱熹从“仁”是个“全体”点拨,如此释得:“里有仁厚之俗者,犹以为美。人择所以自处而不于仁,安得为智乎?此孔子之言也。仁、义、礼、智,皆天所与之良贵。而仁者天地生物之心,得之最先,而兼统四者,所谓元者善之长也,故曰尊爵。在人则为本心全体之德,有天理自然之安,无人欲陷溺之危。人当常在其中,而不可须臾离者也,故曰安宅。此又孟子释孔子之意,以为仁道之大如此,而自不为之,岂非不智之甚乎?以不仁故不智,不智故不知礼义之所在。此亦因人愧耻之心,而引之使志于仁也。不言智、礼、义者,仁该全体。能为仁,则三者在其中矣。为仁由己,而由人乎哉?"[31]

细化一下朱熹之解,围绕"仁术"之正,朱熹大致点拨出了孟子想要说清的"熟仁"之"术正":其一,"里仁为美"说。处于"仁",是仁术之正,具有人生之美学价值,"里仁为美",盖为孔子之言,孟子发挥其"术"上掂量,是孟子"熟仁"考辨的成果。其二,"安宅"说。"熟仁",首要的是"仁"根植于人心之中,如孔子做到的"无终食之间违仁","造次必于是,颠沛必于是","性善说"似乎换了仁是"不可须臾离者"的说法,仁在心内"安宅",就是这个"术"正、"熟仁"之正。其三,"仁该全体"。"仁"统贯义、礼、智,有仁则有义有礼有智,儒家"熟仁"之功,包括"博学"、"笃志"、"切问"、"近思"、"不逾矩"、"至诚"、"志气"、"集义"、"知几"、"尽性"、"求通"等,盖为获得全体之仁的正当之"术"。就拿"习"字来说,"习熟"就是习仁,习仁就是不断获得的"熟仁",原来就是一个"仁"。

其实,儒家之"术"是为"仁"所规定所指向的。"熟仁",绝对要先"熟"在这个"术"上,因为这是个最紧要的下手处。手段与目的的统一,在孟子那里,可以表述为一个"义之路辨"问题。孟子很用心于这个命题。有不少原话说得直白:

《尽心上》:"居恶在?仁是也。路恶在?义是也。居仁由义,大人之事备矣。"

《告子上》:"仁,人心也;义,人路也。舍其路而弗由,放其心而不知求,哀哉!"

《万章下》:"夫义,路也;礼,门也。惟君子能由是路出入是门也。"

《离娄上》:"仁,人之安宅也;义,人之正路也。旷安宅而弗居,舍正路而不由,哀哉!"

很显然,孟子是不同意"仁内义外"说法。仁义是统一的,要进入仁,门是礼,路是义。内容与方式、目的与手段、志向与途径,是本质地一致。有时,方法要更显得更具有正当性、合理性和正义性。实际上,孟子通过其"义之路辨”，把儒家的道义论立场犀利地加以匡正，使儒家“熟仁”之“术”、之正的问题无情地纳入于道义论，顿时调高了“熟仁”通道的道义起点。这一点，是孟子开拔孔子“熟仁”的入口之处。

2.“熟仁”功夫之细究：“规矩说”、“自得说”、“德慧说”

开拔归开拔、调高归调高，当指意于“熟仁”功夫来细究问题时，孟子是非常得益于孔子“熟仁”观的。

对于孔子，孟子是心领神会的。其实，有关孟子所有的“熟仁”之道，都蕴涵了“学”与“习”的锻炼与努力。在孟子那里，所谓“人之所不学而能者，其良能也；所不虑而知者，其良知也。”[32]不是说人不要学，而是强调人先天具有学习的能力和学习的内容，熟仁要靠人的自我努力，“万物皆备于我”；“反身而诚，乐莫大焉”，就是“渐渐浸灌到纯熟处，其间义理却自然出。”[33]孟子把这样的学习锻炼，概括到“心”上来讲：“学问之道无他，求其放心而已矣。”[34]孟子肯定：“仁，人心也。”[35]求仁和熟仁，就在于收拾人心中的努力。孟子引孔子“操则存，舍则亡；出入无时，莫知其乡”将其亦归为“惟心之谓与”的熟仁历练，如朱熹所说：“‘操则存，舍则亡’，只是人能持此心则心在，若舍之便如去失了。求放心，不是别有一物在外，旋去收拾回来。只是此心频要省察，才觉不在，便收之尔。”“人心‘操则存，舍则亡’，须是常存得，‘造次必于是，颠沛必于是’，不可有一息间断。”[36]所谓“持此心”、“求放心”、“旋去收拾”、“此心频要省察”、“常存得”、“不可有一息间断”，无非在诠释出孔孟相一致的“熟仁”观念，即一种特有的“学问之道”，对此朱熹颇具感慨：“从那里捉起！惟是平时常操得存，自然熟了。”[37]

孟子“熟仁”之功，如果特意于“学”与“习”上的工夫，是很有特色的。一者有得于孔子，如孔子称其“十有五而志于学”，孟子扩其为“士何事？孟子曰：尚志。”[38]使“志于学”到“尚志”，成为“士”阶层的普遍原则；如孟子称“孔子岂不欲中道哉？”[39]“中道”由习熟而来，学不到“中道”、做不到“中道”，就不会有孔子一般的“熟仁”之能力，这就叫“中道而立，能者从之。”[40]

“从之”就是学习模仿、就是习习而熟。这里，孟子领悟到了孔子的“中道”，乃为“熟仁”之能力、习熟之结局。二者有所扩展，细细品味，有三类工夫值得称道：

其一，“规矩说”。学什么？熟仁，就是学到规矩的形成。孟子紧接着“夫仁，亦在乎熟之而已矣”后，随即道出一段学以规矩的话，或许其中也蕴涵了某种内在联系。《孟子·告子上》说：“孟子曰：羿之教人射，必志于彀；学者亦必志于彀。大匠诲人必以规矩，学者亦必以规矩。”在孟子看来，大凡做人做事，必有规矩，然后能成。学到规矩，就是一种熟，是习熟的锻炼。羿，古代熟于射箭的英雄。羿教人射箭，一定要求拉满弓，这才能学到射箭之熟，这是射箭的规矩，学习的人，一定要按拉满弓进入规矩，才能娴熟射箭。娴熟有名的工匠，就是按规矩做工而有熟的，他也是遵循规矩去教导人，学徒也要按规矩向工匠学习，学到的就是师傅做事的规矩。掌握了规矩、遵循规矩，做事就会渐渐有熟，做人就会渐渐向圣人靠拢。孟子说：“规矩，方员之至也；圣人，人伦之至也。”[41]规矩是方圆之极，圣人是人伦之极，“盖规矩便尽得方圆，圣人便尽得人伦”[42]朱熹讲的两个“便尽得”，就是一种“熟”的工夫，是做人做事的成熟和成圣。《离娄上》一段讲得透彻：“圣人既竭目力焉，继之以规矩准绳，以为方员平直，不可胜用也。”“规矩”之于“熟仁”，就是成圣的方法。孟子把“规矩”与“圣人”相提并论，或许也有此中情怀的考量。又放眼出“规矩”不仅仅止于“礼”的多维视阈。

其二，“自得说”。学问求到熟，就是属于自得了。孟子感慨：“君子深造之以道，欲其自得之也。自得之，则居之安；居之安，则资之深；资之深，则取之左右逢其原。故君子欲其自得之也。”[43]自得有熟的状态，朱熹如是解说：“是事事皆要得合道理。‘取之左右逢其原’，到得熟了，自然日用之间只见许多道理在眼前。”[44]“自得”，是“深造以道”的结果，也是从不熟到熟过来的；而人一旦达到“自得”境地，眼前的事，都有熟之“解得”，包括做人做官做事做学问；内心安稳、从容中道，只在一个熟、只在一个熟与不熟之间。朱熹以孟子此段话教诲其门人，要他们牢记“熟仁”道理：“天下无不可说底道理。

如为人谋而忠,朋友交而信,传而习,亦都是眼前底事,皆可说。只有一个熟处说不得。除了熟之外,无不可说者。未熟时,顿放这里又不稳帖,拈放那边又不是。然终不成住了,也须从这里更著力始得。到那熟处,顿放这边也是,顿放那边也是,七颠八倒无不是,所谓'居之安,则资之深,资之深,则左右逢其原'。譬如梨柿,生时酸涩吃不得,到熟后,自是一般甘美。相去大远,只在熟与不熟之间。"[45]朱熹说,天下的道理都可讲,唯独"熟"的道理最难讲、最难学到。不熟时,做人不安稳、做事不踏实、做官不到位、朋友也交不好,就是一个不和睦不和谐不自得。只有到了"熟"时,自有成熟之得、之美的境地。得与不得、美与不美,也就在"熟"与"不熟"之间。

其三,"德慧说"。出自于《孟子·尽心上》的"人之有德慧术知者"一句,朱熹释谓:"德慧纯粹,术知聪明。须有朴实工夫,方磨得出。"[46]孟子所讲的熟仁之道,归结起来,就是"朴实工夫",凭借这样的工夫,就能"方磨得出",就能做得到"若要熟,也须从这里过"。这是德性的智慧,也是知行意义中的意志考验。朱熹深刻道明此中之理:"问:'若要熟,也须从这里过。'人必须从贫困艰苦中做来,方坚牢。曰:若不从这里过,也不识所以坚牢者,正缘不曾亲历了,不识。似一条路,须每日从上面往来,行得熟了,方认得许多险阻去处。若素不曾行,忽然一旦撞行将去,少间定堕坑落堑去也!"[47]服从"若要熟,也须从这里过",人将亲历的一切"贫困艰苦",都会在"熟仁"的进程里有了正确的认识、正确的行动。做不到这些,人就会随时随地地退步、颠倒、堕落。如此的"德慧术",作为熟之工夫,也是体现了"自得"精蕴,它是贯穿和渗透在人生方方面面的熟之中。朱熹感悟特深:"做文章合当如此,亦只是熟,便如此。恰如自家们讲究义理到熟处,悟得为人父,确然是止于慈;为人子,确然是止于孝。老苏文豪杰,只是熟。"[48]"只是熟",就是德性的智慧,就是"德慧"之术的娴熟运作。盖为人人"须从这里过"。

四、"德慧"之术

业已说明的是"术"之正。其实,孟子的"熟仁"观念,展显的高超智慧,就有这个“德慧”之术，一系列的“德慧”之术，与“熟仁”在“善用易”中的沟通，无疑成为孟子“熟仁”思想在方法论转向中的实质性环节。

孟子的“德慧术”，本来是讲“达”的。《孟子·尽心上》：“人之有德慧术知者，恒存乎疢疾。独孤臣孽子，其操心也危，其虑患也深，故达。”朱熹却转译出“须有朴实工夫，方磨得出”至“达”的一番“熟仁”工夫的所以然。的确，在孟子的“德慧术”里，所谓的“至诚”、“志气”、“不动心”、“集义所生”、“大而化之”和“善养浩然之气”，蕴涵的恰是走过“熟”来的德性工夫之考验。这是方法论的意义。下面仅举至诚、志气、集义来深化这里的观点。

1. 至诚

顾炎武读罢《孟子》，感慨孟子“诚者，天之道”，并以《周易·无妄卦》诠释：“‘诚者，天之道也’。故天下雷行，物与《无妄》，而先王以茂对时，育万物。”[49]《孟子·离娄上》：“诚者，天之道也；思诚者，人之道也。至诚而不动者，未之有也；不诚未有能动者也。”孟子以主体性立场积极张扬“诚”具有万物生化的意义：“万物皆备于我矣，反身而诚，乐莫大焉。强恕而行，求仁莫近焉。”[50]“熟仁”是始终如一的至诚，通向“尽其心者，知其性矣；知其性，则知天矣”[51]的“天人合一”通道是“性善”与“继善”的统一体。顾炎武解释《周易》中的“继之者善也，成之者性也”有如是感悟：“‘维天之命，于穆不已’，继之者善也；‘天下雷行，物与《无妄》’，成之者性也。是故‘天有四时，春秋冬夏，风雨霜露，无非教也；地载神气，神气风霆，风霆流行，庶物露生，无非教也’。‘天地絪缊，万物化醇。’善之为言犹醇也。曰：何以谓之善也？曰：诚者，天之道也。岂非善乎！”[52]

“熟仁”而“至诚”，“至诚”而“《无妄》”，所以，无妄而不妄动。所谓“天下雷行，物与《无妄》”，出自于《周易·无妄卦·大象》：“天下雷行，物与无妄；先王以茂对时育万物。”意思指在成物成人之道：天下雷声震行，象征万物敬畏都不妄为，先王据此用天雷般的强盛威势来配合天时、养育万物。至诚，不仅是王者的内圣外王的一致，而且又是正其性命、体其天道的一致。程颐在《周易程氏传》点破其意:“对时,谓顺合天时。天道生万物,各正其性命而不妄;王者体天之道,养育人民,以致昆虫草木,使各得其宜,乃对时育物之道也。”[53] 所谓“各正其性命而不妄”,“王者体天之道,养育人民”,实指在“至诚”;如何“至诚”而不妄动?就是“顺合天时”,像先王凭借“至诚”来感召天下。这正是《无妄·大象》的表白。亦如王船山释《无妄·大象》说得如是:“雷之应候发声,与时相对,兴起万物而长养之,必然不爽。天之与物以诚者,莫此盛焉。先王应民物之气机,诚动于中,而功即加于物,不必如后世《月令》之书,附会拟似。自然与人物之情理,相应不差,而勃然甚盛,无俟风雨有迹而神行焉,其道则取诸此。”[54]

“诚动于中”,“熟仁”贯乎于“至诚”。从《周易》“继善成性”看孟子“至诚”,两者共鸣于阴阳交流、天人相通。所谓“继善成性”,见于《周易·系辞上》:“一阴一阳之谓道,继之者善也,成之者性也。”天道是由一阴一阳两气构成,“亘古今,统天人,摄人物,皆受成于此。其在人也,则自此而善,自此而性矣。夫一阴一阳,《易》之全体大用也。”[55]“一阴一阳”是天道,“继善成性”是人道,天道内化为人道,继善成性凝聚成为“至诚”,成为“熟仁”的扩充。王船山似乎看出孟子在此对“《易》之全体大用”的精到之处:“孟子曰:‘人无有不善’,就其继者而言也。‘成之’,谓形已成,而凝于其中也。……人各有性,而一阴一阳之道,妙合而凝焉。”[56]“妙合而凝”,内蕴天道转化为人道的“继善成性”及其“至诚”的自觉,以构成“熟仁”的不断扩充。孟子言性善,四善端扩充,是“继善成性”的根本内容,又是“诚者天之道也,思诚者人之道也”自然又自觉的沟通。而这一天人通畅,孟子又融入“志气”、“集义”来表达这一自然又自觉的特征。但是这里孟子似乎在用《周易》语言来转述或表达他自己要想证明的“熟仁”观。

2. 志气和集义

至诚在集义,集义在志气。孟子肯定“至诚”,始终联结住对“义”的首肯。如《离娄下》:“大人者,言不必信,行不必果,惟义所在。”孟子还有“配义与道”的说法。

孟子有“集义所生”的命题。《孟子·公孙丑上》：“其为气也，至大至刚，以直养而无害，则塞于天地之间。其为气也，配义与道，无是，馁也。是集义所生者，非义袭而取之也。”孟子“集义所生”，是孟子善用《易·大壮卦》的极好论证。王船山释《大壮卦·大象》一段“雷在天上，大壮；君子以非礼弗履”时指出：“地以上皆天也，故有雷在天上之象。雷本阳气之动，亲乎天，非但震物。君子之壮，壮于己，非壮于人也。积自强之道而不馁者，唯礼而已，孟子谓之集义。礼者，义之显于事物者也。道义充而节文具，浩然之气自塞乎两间，如雷上于天，阴不能遏。若助长以凌人，其壮必槁，非《大壮》也。”[57]

在孟子看来，熟仁，是浩然之气的积聚，它属于一种“积自强之道”的集义行动。这种集“义”行动在《周易》称为“大壮”。《大壮卦》下乾上震，象征“大为强盛”。马振彪《周易学说》引刘沅曰：“不用壮而弥壮，此《大壮》之义”，又进一步推论：“匹夫之勇，不得谓‘大壮’；自反而缩，理直气壮，乃所以为正也。天地有正气，可贯古今；君子有正气，可配道义。”《大壮·大象》：“雷在天上，大壮；君子以非礼弗履。”孔颖达《周易正义》释其谓：“震雷，为威动；乾天，主刚健。雷在天上，是刚以动，所以为‘大壮’。”又说：“盛极之时，好生骄溢。故于大壮，诫以‘非礼勿履’也。”按项安世《周易玩辞》：“君子所以养其刚大者，亦曰‘非礼勿履’而已。”由《大壮》生发的“君子有正气，可配道义”、“君子所以养其刚大者”，在孟子那里，就是“善养吾浩然之气”。孟子未说《易·大壮》一词，可是孟子用《大壮》其理甚显。再往下看：

所谓“养其刚大者”，指养“刚气”，既是内心养气的积累，又是集义而不动心的过程。这“不动心”有三点须指明。第一，养气，以仁义礼智和配义与道为具体内容。《孟子·告子上》：“仁义礼智，非由外铄我也，我固有之也”，“仁义忠信，乐善不倦”；《孟子·公孙丑上》：“其为气也，至大至刚，以直养而无害，则塞于天地之间。其为气也，配义与道”。因此，孟子说的“养吾浩然之气”，决非空洞的抽象。第二，养气在心内。孟子不同意告子主张志气与“心”的割裂，认为告子向心外求志气统一而不在心内，故告子有“持其志而暴其气”的割裂。孟子主张志与气统一在心、性、道上。《孟子·公孙丑上》有一段专门反驳告子的孟子“志气”辩证:“夫志,气之帅也;气,体之充也。夫志至焉,气次焉。故曰:‘持其志,无暴其气’。……志一则动气,气一则动志也。今夫蹶者趋者,是气也,而反动其心。”告子“不动心”,是由于“告子未尝知义,以其外之也。”也就是说,告子专在心外去寻找志气的一致,这是义与道的分离。第三,志气义道相统一。志气互动、配义与道,是集义而生,是至诚的最高境界,是“熟仁”状态,其恰恰是“继善成性”的结果,是浩然之气的善养,是尽心知性而知天的实现。这里,似乎孟子的论证在《周易·大壮》里获得相映,甚或显得更有某种气魄和理想化。实际上也意味着,孟子的“熟仁”思想与《周易》相互沟通。

孟子在孔子“熟仁”观的基础上,概括了“熟仁”之命题,不仅是理论贡献,大大推进了儒家“熟仁”的开发及其演绎而成的中国人的“熟”文化,更重要的是,孟子把“熟仁”从生存论的向度扩展为一种普遍化语境,使“熟仁”向方法论意义转化:一切皆由“熟”来。“熟仁”、“熟”,乃是成万事万物之道。后儒的阐发大都有如此定位,至少经历了宋明理学,“熟仁”的阐发已经十分明显、十分深刻又进一步具体化了。

五、“造孟运动”,“熟仁”到了宋明理学

孟子名列儒家之亚圣,已成不争事实。其实,孟子的地位,在儒家里面,还是颇有争议的。出现的那个“造孟运动”,就是这种争议的反映。

孟子的历史地位,有两个方向性指归。一个是政治地位,即他的政治道德理想,在中国政治舞台上始终存在着承上启下的开拔;一个是学术地位,即他的学术思想,在儒学中获得了“亚圣”的桂冠。这两个地位本身具有统一性,而这两个方向性指归,都或多或少地与“熟仁”发生内在连接。即“熟仁”思想随着“孟学”的历史演进而得到了深化。实际上,也是针对孔子开启的“熟仁”,从两个方向做特定展开。

1. 精神实质

在宋代以前,《孟子》还列在子部。地位不能与孔子相匹配,还不如颜渊。直到南宋,陈振孙的《直斋书录解题》,将《孟子》列为经部,与《论语》并举。《孟子》学术地位的提升,展开了一场起自于韩愈"道统说"的"造孟运动"。这场"造孟运动"有两个精神实质:

第一,继承和扩大儒家强大的政治道德影响力,这就是儒家一以贯之的"道"。孟子"以道鸣",乃述唐尧、虞舜、三代之仁德,宋代最早提出儒家圣人之道传承的古文家柳开,在《答臧丙第一书》中指出:"道有次序,故孟轲氏出而佐之,辞而辟之,圣人之道复存焉。"这一基本理念,在孙复、石介、王安石、二程、朱熹、阳明、张载、船山等哲学家里,有比较一致的立场。当然,也必须指出,在孟子兴起的同时,也存在一股疑孟、非孟、反孟的思潮。除了荀子的《非十二子》、王充的《论衡·刺孟》,其余大都是宋以后的作品,如司马光的《疑孟》、苏轼的《论语说》、李觏的《常语》、陈次公的《述常语》、刘敞的《明舜》、张俞的《论韩愈称孟子功不在禹下》等,但是,它没有改变尊孟的历史潮流,直至南宋余允文的《尊孟辨》,对这一疑孟、非孟、反孟的质疑和批判作了总检讨。更重要的是,疑孟、非孟和反孟,但并没有怀疑、反对儒家的"道统"存在,难怪反理学先驱吕坤要说:"宁为道统家奴婢,不为旁流家宗子。"[58]

第二,一个历史跨越的"造孟运动",就是为了提高儒学的"战斗力",因为发生在这个历史时期中的"造孟运动",一是为了抵抗来自异端邪道,如佛老对儒家思想的挑战;二是坚持和传播儒家思想,坚持道义论。孔、孟开启的"熟仁"观念,是指归在"道"上的"熟"。这是儒家一以贯之的传统。所以,自孔、孟以来的"熟仁"观念,也在这一"造孟运动"中成为"主题",来蕴涵儒家精心培育和滋润的做人做官做事做学问之"四位一体"的"道术"、"仁术"。在张载、在二程、在朱熹、在象山、在阳明、在船山、在吕坤、在栗谷、在曾国藩,如果再往前追溯,包含董仲舒、韩愈、王安石等一批大儒,似乎都在为实现这样的孟学振兴而努力:促成儒学发展的重大转折,外王事功与内圣修养的相互协调,克服儒家"经世致用"在理论上的局限性(从王安石"熙宁变法"的失败已经隐约发现儒家经世致用理论的缺陷,虽然这一失败没有影响孟子的地位提升);而且,随着社会的长期动荡和"恶"人"恶"事的不断出现,这一切,都意味着当时的一批儒家,极需要认真思考"熟仁",因此,自孔、孟以来的"熟仁",就提上了应有地位。他们有的从现实出发,有的直接从孔、孟那里阐发,使"熟仁",一方面提升其方法论意义,另一方面从理论上更使之完善。

其实,在宋明理学家那里,对孟子是极为崇拜的,究其原委,必然于"夫仁,亦在乎熟之而已矣"的情有独钟。凝聚或缠绕于他们心头的,总是留下关于孔、孟以来的"熟仁"思索和探微,希冀对于儒家之"仁"的普世化和世俗化。当陆象山发自内心的"因读《孟子》而自得之于心也"的命题,也几乎涵盖了这批人的共同心声。即便在自诩"不喜孟子"的李觏,也不反对孟子"熟仁"思想,或许称得上某种挥之不去的特殊情怀?

2. 李觏之案例:"熟仁"到了宋明理学的特殊性

尽管一路走来对孟子的"质疑"甚至"批判"从未间断,可喜的是,孟子的理论,后继有人。自韩愈提出至孟子而终的儒家"道统"到确立《孟子》为经部一席和以后作为官方科举考试的必读教材,《孟子》获得了地位骤升的效应。到了宋明理学,《孟子》一书中的思想获得了极大的推崇和推广。更值得注意的是,业已提到的这批宋明理学家,几乎都十分着墨于"熟仁"话题,并对此的叙述和阐发,在基于孔、孟的方向里,做了十分细致精湛的分析,使儒家"熟仁"思想通过宋明理学家们的发微,获得了哲学思想发展史上的"圆圈"式提升,也接近于完成了理论突破和创新。

至于说到非孟、疑孟、反孟,要追问的是,他们究竟是针对孟子的什么思想做出其非、其疑、其反的?综观这批人反对孟子的态度,主要的理由是:孟子推翻了君臣大义、孟子蔑视周天子、孟子主张暴君放罚论等。很显然,他们反对的是孟子的政治观点,其实质是反感于孟子的"民贵君轻"说。而至于孔孟以来的"熟仁"思想,却不在非孟、疑孟、反孟的框架里。就拿属于这一派的李觏来说。

李觏(1009—1059),字泰伯,号盱江,亦称直讲先生,北宋思想家,被誉为"宋代儒宗"。历史上,李觏有"不喜孟子也"的"美称"。是的,李觏确有"不喜孟子"之特色。但这类"不喜"的成分却集中于上述的理由内。据宋人余允文《〈尊孟辨〉补》所摘李觏《常语》里引十六问,每每之问,盖聚焦于对孟子政治观的质疑和反对,李觏之答,态度鲜明,其开宗明义的一段,引领的方向,大致就一目了然:

"孔子之道君君臣臣也,孟子之道人皆可以为君也。天下无王霸,言伪而辩者不杀,诸子得以行其意,孙、吴之智,苏、张之诈,孟子之仁义,其原不同,其所以乱天下,一也。"[59]

其锋芒直指所谓乱天下之君臣之义,这是李觏反对孟子的核心所在。以后的十五问,大致就是这个方向,而"熟仁"呢?就根本没有涉及。为这个话题,有人就提出,李觏"不喜《孟子》,特偶然偏见,与欧阳修不喜《系辞》同,可以置而不论。"[60]但这里,还是"置而论"一下,在此提出李觏"喜孟子"的一面。

确实,历史上对李觏"不喜孟子"是有"争议"的。大政治家范仲淹在向朝廷举荐李觏时,赞其是"以著书立言有孟轲、扬雄之风",并"召为太学博士"。[61]更值得看这篇《附杨升菴李泰伯不喜孟子》短文,对李觏"不喜孟子"作了事实上的批驳:

"小说家载李泰伯不喜孟子事,非也。泰伯未尝不喜孟子也。何以知之?曰:考其集知之。《内治》论引仁政必自经界始。《明堂制》引明堂王者之堂。《刑禁》论引瞽叟杀人,舜窃负而逃。《富国策》引杨氏为我,墨氏兼爱。《潜书》引万取千焉,千取百焉。《广潜书》引男女居家,人之大伦。《省欲》论引文王以民力为台为沼,而民欢乐之。《本仁》论引以至仁伐不仁。《延平集序》以子思、孟轲并称。《送严介序》称章子得罪于父,出妻屏子,而孟子礼貌之。《常语》引孟子俭于百里之制,又详说之。由是言之,泰伯盖深于孟子者也。古诗《示儿》云:'退当事奇伟,夙驾追雄轲(指扬雄和孟轲)',则尊之亦至矣。今之浅学,舍经史子集而勦小说,以为无根之游谈,故详辨之。"[62]

这里所引泰伯"喜孟子"之事,几乎涵盖了李觏文论的重要篇目。实事求是地说,李觏"不喜孟子",关乎的是孟子的君臣之义;"喜孟子",关乎的是孟子的精神世界,其中还是牵连出李觏对于"熟仁"的关切。只不过答案与孟子略显差异。李觏说:"孔子七十,所欲不逾矩,非无欲也。"[63]这是迄今为止儒家对于孔子"从心所欲不逾矩"之"仁熟之致"的最具差异性的答案。这也证明,李觏对于从孔孟而来的"熟仁"思想,是有其自家体悟,他"不喜孟子",但绝没有"不喜"这"熟仁"之观念,只不过答案具有自家性质。当然,李觏之观点,在整个宋明理学的"熟仁"背景里,不是主流形态,或许也成不了主流意识,因为濂洛之学、关闽之学、洙泗之学、陆王之学,乃是占据主流态势。李觏的地位也如后儒评价:"上总孔、孟之学,下开濂、洛、关、闽之传",是起到了"启其绪"的作用:"先生先于周、程、张、朱数十年,尝与范希文诸先辈上下论议,畅发乎尧、舜以来相传之旨,于是理学大明,儒风蔚起,识者谓濂、闽、关、洛之学,皆先生有以启其绪焉。"[64]此为其一。

其二,综观李觏文集,其着意之处,大都聚焦于实用之学。也即重心放在经世治邦的"实学"一面。从其文集的篇目里,就可窥得:《礼论》《内治》《国用》《军卫》《刑禁》《官人》《教道》《富国》《强兵》《安民》等,就占了李觏一生文集之三分之二。所以,在泰伯那里,重点是那个"仁政"的推广和实现。这是他和他那个时代的氛围。再加上大政治家范仲淹的鼓励和举荐,是为李觏的儒家政治蓝图所吸引。所以,范与李,大有不谋而合之旨趣。在这样的政治抱负的愿景里,李觏的关切之倾向、之偏重,就可想而知了。

指出这两点,意在说明的是,儒家之"熟仁",到了宋明理学,最富有理论成果的考量,当在濂、洛、关、闽、陆、王等的考量里,即便儒家里面尝有疑孟、非孟、反孟的声音,但在涉及"熟仁"的话语时,却是有着共通的价值旨趣。看李觏的文集,还是看得出这种旨趣所在。

李觏对于孔、孟以来的"熟仁"观,还是心领神会的。除了上面提到的

"孔子七十,所欲不逾矩,非无欲也"的观点,李觏还经常进入"熟仁"话语体系里的思路情结,尽管他没有使用孟子的"熟仁"词汇。对此,可以举证多项实例,深化一下这里的观点。

李觏使用的"熟"字频率不算高,但这个"熟"字里蕴意涵泳且深沉:

"予幼而好古,诵味经籍,窥测教意,然卒未能语其纲条。至于今兹年二十四,思之熟矣。"[65]

"然恐计府少暇,重以烦暑,未逮熟观之,谨先以所著《潜书》十五篇,《野记》二篇,《礼论》七篇,尘秽几上,试加一览,可粗见其存心。"[66]

"自时而后,积十余年,游目于书肆,则熟执事之文采。"[67]

"凡所教诲,皆我心思虑之熟者。"[68]

有思考人生之"熟"、有著书立说之"熟"、有执事文采之"熟"、有心思教诲之"熟",在治理处政方面,李觏自勉要"熟刑名之学",求得"此在高明熟虑之也"的行政绩效;即便在诗歌里,也时时展露此种"熟"之心声:"前世多循吏,乘闲更熟看。"[69]"远民利害闻应熟,早晚嘉谋沃舜聪。"[70]所有这些"熟",归乎的,全在儒家"熟仁"的情结里。更值得指出,李觏此情结,维系得更多的是治国情怀,清儒王谦为李觏文集作序,讲得分明:"先生少以道自任,尝愤斯文失坠,屏弃举子业,日夜讲求孔子之道,以上溯六经本旨,又熟晰当世大务,凡天人运会,古今治乱得失之繇,无不发之于文。"[71]翻开李觏文集,细细加以读研,不由感触其中蕴含的"熟"之底劲。

再引两段李觏自白,从中可悟其一生"熟仁"之历练,而且是在孔孟"熟仁"轨迹里的特殊情结。在《上孙寺丞书》云:"觏,邑外草莱之民也,落魄不肖。生年二十三,身不被一命之宠,家不藏担石之谷。鸡鸣而起,诵孔子、孟轲群圣人之言,纂成文章,以康国济民为意。余力读孙吴书,学耕战法,以备朝廷犬马驱指。"[72]在《上苏祠部书》云:"觏,南城贱民。自以家世儒素,生长好学,由六七岁时,调声韵,习字书,勉勉不忘,逮于今兹,年二十七矣。"[73]从六七岁至二十七岁,这二十余年的勉勉而习,不就是孔、孟过来的"熟仁"之道吗?"鸡鸣而起,诵孔子、孟轲群圣人之言",不与孟子有情结吗?

透过李觏的特殊案例,想要证实这个理,即"熟仁",乃为儒家之源远流长的共同财富。虽然曾经出现过疑孟、非孟、反孟的声音,"仁"与"熟仁",却是一如既往的,"熟仁"理性,却是永放光芒的。所以,"仁"的经久不衰,使得"熟仁"也经久不衰,也使得儒家经久不衰!

至此,必须提到这个事实,即追究到孟子"熟仁"的来龙去脉,仅仅至于此地,是远远不够的。因为,除了业已分析的理由,还必须追究到孟子的"仁政"之于"熟仁"问题。离开孟子的"仁政"而愿景于其"熟仁",总是一种欠缺和遗憾,尤其对于儒家"熟仁"之来龙去脉的梳理与解剖,就更有必要了。

注释:

[1]赵岐《孟子题解》云:孟子"于是退而论集所与高第弟子公孙丑、万章之徒难疑答问,又自撰其法度之言,著书七篇,二百六十一章,三万四千六百八十五字,包罗天地,揆叙万类,仁义道德,性命祸福,粲然靡所不载。"

[2]朱熹:《四书章句集注·孟子集注》卷十一。特注:"尹氏",指北宋理学家尹焞(1061—1132),字彦明,赐号和靖,师从程颐,著有《论语解》。

[3][4]王船山:《四书训义》卷三十五。

[5]《二程集·河南程氏遗书》卷二。

[6]《孟子·尽心下》。

[7]朱熹:《四书章句集注·孟子集注》卷十四。

[8]王船山:《读四书大全说》卷八,岳麓书社1991年版。

[9]《孟子·告子上》。

[10]朱熹:《四书章句集注·孟子集注》卷三。

[11][12]《孟子·公孙丑上》。

[13]王船山:《读四书大全说》卷八。

[14][15]《张载集·横渠易说·系辞下》。

[16]《张载集·横渠易说·佚文》。

[17][18][19][20]《张载集·横渠易说·系辞下》。

[21]朱熹:《四书章句集注·孟子集注》卷十四。
[22][23][24][25][26]《朱子语类》卷六十一。
[27][28]王船山:《四书训义》卷三十八。
[29]《二程集·河南程氏遗书》卷三。
[30]《孟子·公孙丑上》。
[31]朱熹:《四书章句集注·孟子集注》卷三。
[32]《孟子·尽心上》。
[33]《朱子语类》卷六十。
[34][35]《孟子·告子上》。
[36][37]《朱子语类》卷五十九。
[38]《孟子·尽心上》。
[39]《孟子·尽心下》。
[40]《孟子·尽心上》。
[41]《孟子·离娄上》。
[42]《朱子语类》卷五十六。
[43]《孟子·离娄下》。
[44]《朱子语类》卷五十七。
[45]《朱子语类·训门人五》卷一百一十七。
[46]《朱子语类》卷六十。
[47]《朱子语类》卷五十九。
[48]《朱子语类·训门人五》卷一百一十七。
[49]顾炎武:《日知录》卷六。
[50][51]《孟子·尽心上》。
[52]顾炎武:《日知录》卷一。
[53]《二程集·周易程氏传》卷二。
[54]王船山:《周易大象解》,见《船山全书》(一)。
[55]王船山:《周易内传》卷五上,见《船山全书》(一)。
[56]王船山:《周易内传》卷五上,见《船山全书》(一)。
[57]王船山:《周易内传》卷三上,见《船山全书》(一)。
[58]《呻吟语·谈道》。

[59]《李觏集》,第512页,中华书局1981年版。

[60]《李觏集》,第538页。

[61]《李觏集》,第528页。

[62]《李觏集》,第519页。

[63]《李觏集》,第326页。

[64]《李觏集》,第524页。

[65]《李觏集》,第5页。

[66]《李觏集》,第286页。

[67]《李觏集》,第287页。

[68]《李觏集》,第325页。

[69]《李觏集》,第424页。

[70]《李觏集》,第459页。

[71]《李觏集》,第533页。

[72]《李觏集》,第296页。

[73]《李觏集》,第297页。

第四章

“仁”到“仁政”与“熟仁”

透观孟子语境，大致看出孟子“熟仁”在儒家“熟仁”体系中的应有地位和独特意义。如果说，儒家“熟仁”经过孔、孟，实现了第一个“圆圈”，那么，就必须阐明这个“仁”之“世俗化”的过程中，孟子所作出的特殊贡献。孟子接过孔子之“仁”到推广“仁政”，是孟子“熟仁”里最核心之要义，也是这一“世俗化”中最基础环节。

一、“仁”到“仁政”

“仁”到“仁政”，是孟子“王道”之标识。这里，接过孔子之“仁”的孟子，最先着落于“仁政”之中。也就是说，孟子继承和发展孔子的“仁”，首先就在“仁政”里；而考究孟子的“仁政”，又首先体现在其“王道”里。

1. 关于“王道”

所谓“王道”，是儒家的政治理想，与“霸道”相对，主张以仁义道德治理天下。司马迁评价：“是以孔子明王道”。[1]的确，尽管早于孔子之前，已经有“王道”之说，如《尚书·洪范》：“无偏无党，王道荡荡。”但是，与“仁”直接挂接的“王道”，则起于孔子：“子曰：‘如有王者，必世而后仁。’”[2]“王者”，按朱熹解释，是“谓圣人受命而兴也”。[3]实质指的是能实行王道的人物，即儒家理想的圣王。孔子说：“假若有王者兴起，一定需要三十年才能使仁政大行。”[4]

孟子延续孔子之“仁”,尽力宣扬和推行“王道”。通过对“王道”的论证,去昭示出“仁政”的价值所在。这一论证的逻辑,至少在《梁惠王》业已雏形,其实质也属于“熟仁”之轨迹。

其一,“王道之始”的合理性:“得民心为本”。“仁者爱人”,在孟子那里,可以衍生出“仁者爱民”的“民本”关切。在《梁惠王》,孟子向梁惠王直言“王道之始”的正义性(手段、方式)和合理性(目的、内容)。在《梁惠王上》,孟子指出:

> “王如知此,则无望民之多于邻国也。不违农时,谷不可胜食也;数罟不入洿池,鱼鳖不可胜食也;斧斤以时入山林,材木不可胜用也。谷与鱼鳖不可胜食,材木不可胜用,是使民养生丧死无憾也。养生丧死无憾,王道之始也。五亩之宅,树之以桑,五十者可以衣帛矣;鸡豚狗彘之畜,无失其时,七十者可以食肉矣;百亩之田,勿夺其时,数口之家可以无饥矣;谨庠序之教,申之以孝悌之义,颁白者不负戴于道路矣。七十者衣帛食肉,黎民不饥不寒,然而不王者,未之有也。”

朱熹解释这个“王道之始”谓:“王道以得民心为本,故以此为王道之始。”[5]根本上看,“得民心”,是“王道之始”。孟子描绘的“得民心”,以“养生丧死无憾”来规定,这是对“仁者爱人”的具体化和现实化。那么,怎么样去“得民心”呢?这就是孟子设计的“仁政”原则和举措。原则是“民本”,举措是“制民之产”。

“民本”:“民为贵,社稷次之,君为轻。”[6]

“制民之产”:“无恒产而有恒心者,惟士为能;若民则无恒产,因无恒心。苟无恒心,放辟邪侈,无不为己。及陷于罪,然后从而刑之,是罔民也。焉有仁人在位,罔民而可为也?是故明君制民之产,必使仰足以事父母,俯足以畜妻子,乐岁终身饱,凶年免于死亡;然后驱而之善,故民之从之也轻。今也制民之产,仰不足以事父母,俯不足以畜妻子,乐岁终身苦,凶年不免于死亡。此惟救死而恐不赡,奚暇治礼义哉?王欲行之,则盍反其本矣:五亩之宅,树之以桑，五十者可以衣帛矣；鸡豚狗彘之畜，无失其时，七十者可以食肉矣；百亩之田，勿夺其时，八口之家可以无饥矣；谨庠序之教，申之以孝悌之义，颁白者不负戴于道路矣。老者衣帛食肉，黎民不饥不寒，然而不王者，未之有也。”[7]

这段“制民之产”原话，与“王道之始”原话几乎如出一辙。“制民之产”，简单地说，就是给人民土地、衣食、教育。从“民本”到“制民之产”，实质是“得民心”到“得天下”的同质过程，更是契合在“王道之始”的合理性上。对此，孟子一语中的：“桀纣之失天下也，失其民也。失其民者，失其心也。得天下有道，得其民，斯得天下矣。得其民有道，得其心，斯得民矣。得其心有道，所欲与之聚之，所恶勿施尔也。民之归仁也，犹水之就下，兽之走圹也。故为渊驱鱼者，獭也；为丛驱爵者，鹯也；为汤武驱民者，桀与纣也。今天下之君有好仁者，则诸侯为之驱矣。虽欲无王，不可得已。今之欲王者，犹七年之病，求三年之艾也。苟为不畜，终身不得。苟不志于仁，终身忧辱，以陷于死亡。《诗》云：‘其何能淑，载胥及溺。’此之谓也。”[8]所谓“民之归仁”、“好仁”、“志于仁”，均指意在“仁政”之内容，“熟仁”，就是立足于这“王道之始”，去化解开“仁”的现实性和真实性。

其二，“王道之始”的正义性：“王道本乎人情”。依据朱熹的“得民心为本”，其正义性，即实现、获得“王道之始”的路径和方式，从“熟仁”的方向看，更有深刻的“人情”之处。王船山似乎把握和贴切了这个主题。在船山的训义、诠释里，此“正义性”立足于“人情”发出：“王道本乎人情。”王船山如此训出“王道”之义：“王道本乎人情。人情者，君子与小人同有之情也。小人未尝不愿其君之得情，而君子不恤民之失其情，则情先睽绝于上，而遂令天下之情皆违。夫上不恤下，亦将以自快其情也，而当众怨民离之后，使有人心者念之，必怵然而不安。王者之与民同情，亦唯早计此安不安之心而善成之耳。故孟子以之言乐，乐者，人情欣畅之极致也，可以得人情焉，即可以知王道焉。”[9]这段“训义”，显然是针对“王与民同忧乐”而发。意思很清楚，“王道之始”要发于人民之情，所谓“王者之与民同情”，或谓“与民同忧乐”，是要给出对人民之“情”的承诺与满足。孟子之“仁政”,不就是对人民之“情”给予满足与承诺的理想设计吗?是不是要入于“仁”之“熟”方能致以完善吗?其实,这一设计的路径,在孟子那里,无非就是个“善端”扩充,是个“仁之端”的扩充。船山了如此意:“孟子既深达乎人情天理合一之原,而知王道之可即见端以推广。”[10]这“人情天理合一之原”,可以是“王道”之正义性的现实根据了。那么,此“原”,以孟子“诸侯之宝”为出处:

《孟子·尽心下》:“诸侯之宝三:土地、人民、政事。”

船山对《梁惠王》中的“王道之始”,作了如下训义,比较符合孟子的“诸侯之宝三”,并且以“术”的层次,细节性的描绘了满足、承诺人民之“情”在入于“熟仁”的考量,真可谓是船山之慧识:“人君爱养斯民之道有三:一曰制恒产,二曰裕民力,三曰修荒政。修荒政之术,以发仓廪、节食用为先,然而一时之权耳。若民力已裕,则民自有余而无待上之赈救。至于制恒产,而因使有恒心,则民力已裕之后,方可徐定其规画。规画定则王业成。人顺于下,天佑于上,绥万邦而屡丰年,效必有至者。故王政(王道)以裕民为先务,而在政散民离之后,则不得已而用救荒之策,以解一时之困而徐图之。彼庸主者,救荒之政不修,而况其进此者乎?乃君子犹必举其全以教之,王政(王道)无难行,决于反本之一念而已。”[11]实现“王道”无难行,只看“三宝”何落实。哪个在先、哪个在后,讲究的不是一个“仁”之“熟”吗?如果说“王政(王道)无难行,决于反本之一念”,可以定位在“仁之端”上,那么,这“王道”之正义性的逻辑,也是在孟子“熟仁”之路径里了。

2.“仁政”与“王道”

孟子有甚多的“仁政”话语,其中不乏“王道”之情结。透观出的是,孟子对于“仁政”的价值研判,内在地连接着道义之“利”和“德政”情结,使孟子的“熟仁”和“熟仁”理性,切入于现实之中。

《梁惠王上》:“地方百里而可以王。王如施仁政于民,省刑罚,薄税敛,深耕易耨。壮者以暇日修其孝悌忠信,入以事其父兄,出以事其长上，可使制梃以挞秦楚之坚甲利兵矣。彼夺其民时，使不得耕耨以养其父母，父母冻饿，兄弟妻子离散。彼陷溺其民，王往而征之，夫谁与王敌？故曰：'仁者无敌。'王请勿疑！"

"仁政"乃道义之行。实施"仁政"，是出入于"民"，"熟仁"，就是要熟计于人民之事的出入。这是"王者"之则，道义之举，这是"仁者无敌"的保障。对此，孟子讲出"仁政"的价值研判，是在"义利之辩"的逻辑里，发现"仁政"之结局，具有道义之"利"的存在价值。"王何必曰利"是指个人的私利，而道义之"利"，才是真正的、根本的、长久的"利"。这样的"利"，于己、于家、于国、于天下都有利。孟子的一系列论辩，几近出入于此：

《梁惠王上》："今王发政施仁，使天下仕者皆欲立于王之朝，耕者皆欲耕于王之野，商贾皆欲藏于王之市，行旅皆欲出于王之涂，天下之欲疾其君者，皆欲赴愬于王。其若是，孰能御之？"

《梁惠王下》："君行仁政，斯民亲其上、死其长矣。"

《公孙丑上》："行仁政而王，莫之能御也。"

《公孙丑上》："当今之时，万乘之国行仁政，民之悦之，犹解倒悬也。"

"仁政"乃王道之义、道义之利，归根结底，它坚定地属于儒家"德政"的基础和基石。但是，令孟子遗憾的是，当时的战国列强，往往以霸道取天下，实行、实现"仁政"是极为艰难之事。尽管如此，孟子的义无反顾，展显为对道义、对"仁政"、对王道、对德政的执着和坚定。所谓"春秋无义战"，就是缺乏道义、无计"仁政"的战争，虽可取胜，但非心悦诚服地能够把这样的"胜利"内化为统治人民的心悦诚服。只有靠"仁政"、"道义"之类的"行王道"，才是决定性的、根本性的、整体性的"胜利"。《公孙丑上》记录孟子的那段"霸道"、"王道"之辨，很能说明："以力假仁者霸，霸必有大国。以德行仁者王，王不待大：汤以七十里，文王以百里。以力服人者，非心服也，力不赡也。以德服人者，中心悦而诚服也，如七十子之服孔子也。《诗》云：'自西自东，自南自北，无思不服。'此之谓也。"

所以,从"仁政"到"王道",揭示出孟子对于"熟仁"的期待,蕴涵了强烈的"德政"情结,也给孟子的"仁政",树立了孔子以来由"德"向"仁"转升的政治道德的风向标。

二、"仁政"与"熟仁"

从孟子对"仁政"的考辨中,会发现孟子"熟仁"的深度与广度。这"仁政",本质上就是其"王道"的核心要件、基本内容。同时在孟子的"仁政"里,始终贯穿着对于"熟仁"的认知与运作。

细究其实,有三处是紧密地连接着"仁亦在乎熟之而已"的价值研判,即"仁政"里有"熟仁"、"仁术"、"仁之安宅"。

1."仁政"里有"熟仁"

"仁政"里有"熟仁",是孟子"王道"精神的实质性流露。其实,"仁政"在孔子那里已具雏形。《论语·子路》记孔子云:"如有王者,必世而后仁"。《孟子·公孙丑下》记孟子说:"五百年必有王者兴,其间必有名世者。由周而来,七百有余岁矣。以其数则过矣;以其时考之,则可矣。夫天未欲平治天下也;如欲平治天下,当今之世,舍我其谁也?吾何为不豫哉?"一脉相承。孔子"仁政"里,似已在"熟仁"里有某种处心积虑。如二程对"如有王者,必世而后仁"的解释:"三年有成,谓法度纪纲有成而化行也。渐民以仁,摩民以义,使之浃于肌肤,沦于骨髓,而礼乐可兴,所谓仁也。此非积久,何以能致?"[12]一世等于三十年。用"法度纲纪"可以"三年有成",用"仁政"可以三十年之久,使"仁"能够"浃于肌肤,沦于骨髓",此等"仁"之"积久",非"熟仁"而莫属。

至于到了极力宣扬"仁政"的孟子,更进一步把个"仁政"置于"熟仁"上暗示、触发、考究。这里仅以"仁政"语录研判,结合诸家阐释,点到为止。

○"夫仁政,必自经界始"。《孟子·滕文公上》:"孟子曰:'子之君将行仁政,选择而使子,子必勉之!夫仁政,必自经界始。经界不正,井地不钧,谷禄不平,是故暴君汙吏必慢其经界。经界既正,分田制禄可坐而定也。'"滕文公派臣下毕战,向孟子问井田制。孟子讲了"仁政必自经界始"一番道理:滕文公想要施行仁政,那好啊!行仁政,一定要从划分、确定田界开始。田界不正确,井田(的面积)就不均匀,作为俸禄的田租收入就不公平。所以,暴君污吏必定要搞乱正确的田界。田界正确了,那么分配田地,制定俸禄标准,就可"不劳而定"了。其中"熟仁"智慧,按朱熹解释,是得意在这"仁政"之"始"上的洞察:"此欲行仁政者之所以必从此始,而暴君汙吏则必欲慢而废之也。有以正之,则分田制禄,可不劳而定矣。"[13]这犹如"王道之始"的准确定位,与"熟"相比肩。

○"发政施仁,必先斯四者"。《孟子·梁惠王下》:"老而无妻曰鳏。老而无夫曰寡。老而无子曰独。幼而无父曰孤。此四者,天下之穷民而无告者。文王发政施仁,必先斯四者。"孟子告诉齐宣王"仁政"道理,举了文王之治,是如何地首先关照爱护鳏、寡、独、孤四类"天下之穷民","周文王实现仁政,必定最先关爱这四类人了。"朱熹如此释来:"先王养民之政,导其妻子,使之养其老而恤其幼。不幸而有鳏寡孤独之人,无父母妻子之养,则尤宜怜恤,故必以为先也。"[14]"必以为先",不也属于"熟仁"之"熟"的认知分寸吗?

○"王如施仁政于民"。《孟子·梁惠王上》:"王如施仁政于民,省刑罚,薄税敛,深耕易耨。壮者以暇日修其孝悌忠信,入以事其父兄,出以事其长上,可使制梃以挞秦楚之坚甲利兵矣。"在孟子看来,即便纵横百里地的小国,实行仁政也可使天下归服。当然,这"仁政"之"大目"要搞清,就是要"熟"于政,朱熹释得明白:"省刑罚,薄税敛,此二者仁政之大目也。易,治也。耨,耘也。尽己之谓忠,以实之谓信。君行仁政,则民得尽力于农亩,而又有暇日以修礼义,是以尊君亲上而乐于效死也。"[15]"君行仁政",不仅带来物质、精神两方面利益,而且是得力于抓住"仁政之大目"的效率。不究其"仁"之"熟",无有此境地。

这里,尽管是点评性的研判,但是所作出的推论,还是儒家"熟仁"来龙去脉中的环节,基于孟子“熟仁”之逻辑,这些推得出的结论,还是具有相当的可信度。当然,藉之于孟子的“仁术”,不仅可以应验如此的推断与研判,而且应该是其“仁政”与“熟仁”里的应有指向。

2.“仁术”问题:“术不在仁之外,而仁正全于术之中。”(王船山语)

孟子指点在“仁术”,是其可以信赖且又说得通的认知度。“仁”,作为“术”上讲,就成为“工夫”。这个“仁术”的出处,来自于《梁惠王上》,孟子与齐宣王的一段颇为津津乐道的关于“仁政”之于“王道”的对话。

王曰:“德何如则可以王矣?”

孟子曰:“保民而王,莫之能御也。”

王曰:“若寡人者,可以保民乎哉?”

孟子曰:“可。”

王曰:“何由知吾可也?”

孟子曰:“臣闻之胡龁曰:王坐于堂上,有牵牛而过堂下者,王见之,曰:‘牛何之?’对曰:‘将以衅钟。’王曰:‘舍之!吾不忍其觳觫,若无罪而就死地。’对曰:‘然则废衅钟与?’曰:‘何可废也?以羊易之!’不识有诸?”

曰:“有之。”

孟子曰:“是心足以王矣。百姓皆以王为爱也,臣固知王之不忍也。”

王曰:“然。诚有百姓者。齐国虽褊小,吾何爱一牛?即不忍其觳觫,若无罪而就死地,故以羊易之也。”

孟子曰:“王无异于百姓之以王为爱也。以小易大,彼恶知之?王若隐其无罪而就死地,则牛羊何择焉?”

王笑曰:“是诚何心哉?我非爱其财而易之以羊也。宜乎百姓之谓我爱也。”

孟子曰:“无伤也,是乃仁术也,见牛未见羊也。君子之于禽兽也,见其生，不忍见其死；闻其声，不忍食其肉。是以君子远庖厨也。"

齐宣王要求孟子谈谈"王道"，怎样能够实现"王道"的问题，孟子说的理由可以归结为：一是"保民而王"，保护安抚人民，就能实现王道；二是"不忍之心"，要有不忍人之心（"善端"），就能实现不忍人之政（"仁政"）；三是"仁术"，既有"不忍之心"，又有"推仁之心"。上述对话的结论，孟子向宣王进言："言举斯心加诸彼而已。故推恩足以保四海，不推恩无以保妻子。古之人所以大过人者无他焉，善推其所为而已矣。"[16]"善推其所为"，就是"推恩"之心、"推仁"之心。那个"推己及人"，在孟子那里，有了"仁术"之圈义。其实，孟子向齐宣王的陈述，蕴涵了对宣王"以羊易牛"这假仁假义的批判。如果可怜牛毫无罪过却被杀掉用来祭祀，那么换头羊又有什么区别呢？况且，古人推"仁义"，是把仁爱之心，推广到人民和动物，而王呢，仅仅使得动物禽兽们沾光，而非推到人民百姓身上，这绝对称不上是"王道"、是"仁政"、是"仁术"啊！即便那个"远庖厨"（不忍心听见牛、羊被杀的可怜之声），也只能是形式上的"不忍"呀。

于此，就进一步引申出孟子"仁术"的心理基础、运作根据以及"术"之环节意义。《公孙丑上》的二段文字似乎有踪迹可寻：

"人皆有不忍人之心。先王有不忍人之心，斯有不忍人之政矣。以不忍人之心，行不忍人之政，治天下可运之掌上。所以谓人皆有不忍人之心者。今人乍见孺子将入于井，皆有怵惕恻隐之心——非所以内交于孺子之父母也，非所以要誉于乡党朋友也，非恶其声而然也。由是观之，无恻隐之心，非人也；无羞恶之心，非人也；无辞让之心，非人也；无是非之心，非人也。恻隐之心，仁之端也；羞恶之心，义之端也；辞让之心，礼之端也；是非之心，智之端也。人之有是四端也，犹其有四体也。有是四端而自谓不能者，自贼者也；谓其君不能者，贼其君者也。凡有四端于我者，知皆扩而充之矣。若火之始然，泉之始达。苟能充之，足以保四海；苟不充之，不足以事父母。"

人性中的"善端"，无疑是"仁术"之原，是"不忍之心"到"不忍之政"的根据所在。一切之“推”,皆由此而生而来。

再者,把“仁术”视为“熟仁”,关键性的作为,是孟子看重了“术”的环节。孟子这样说过“术”:

> “矢人岂不仁于函人哉?矢人惟恐不伤人,函人惟恐伤人。巫匠亦然。故术不可不慎也。孔子曰:‘里仁为美。择不处仁,焉得智?’夫仁,天之尊爵也,人之安宅也。莫之御而不仁,是不智也。不仁、不智,无礼、无义,人役也。人役而耻为役,由弓人而耻为弓,矢人而耻为矢也。如耻之,莫如为仁。仁者如射,射者正己而后发;发而不中,不怨胜己者,反求诸己而已矣。”

孟子认为,人类有天生的美德,包括仁义礼智,其中“仁”居首位,这叫“天之尊爵”,故此“术”,就是实现“王道”、“仁政”之关键环节,“熟仁”,就如“仁者如射”,百发百中,关键就得“反求诸己”,故孟子才会感慨:“术不可不慎也”!这才是孟子此段的真谛呀。

3.“仁之安宅”:“义之路辨”问题

“仁术”,虽出自于宣王之“远庖厨”,但是,在《孟子》“仁政”的字里行间,不时展露出“熟仁”细节,也可看作孟子“仁术”的某种意念发挥。在这个分析的节骨眼上,孟子跳出个“仁之安宅”,为“仁政”里有“熟仁”与“仁术”的结合,找到契合点,也为孔子之“无终食之间违仁”运用到“仁政”上,找到最佳的弥合之点。

对于孟子“夫仁,天之尊爵也,人之安宅也”一段,按朱熹的解释,颇值得玩味:“仁、义、礼、智,皆天所与之良贵。而仁者天地生物之心,得之最先,而兼统四者,所谓元者善之长也,故曰尊爵。在人则为本心全体之德,有天理自然之安,无人欲陷溺之危。人当常在其中,而不可须臾离者也,故曰安宅。”[17]“安宅”,就是“不可须臾离者”的地方,这叫“尊爵”,这个名字就叫“仁”;“仁”乃义、礼、智之先,所以就有“熟仁”之先的理由,无“熟仁”就无从把握好“义”、“礼”、“智”的践履;孟子又说过:“仁,人心也;义,人路也。舍其路而弗由,放其心而不知求,哀哉!"[18]由此得出,"仁之安宅",在孟子"熟仁"路数里,具有"人心"、"人路"之诉求。"仁政"与"熟仁",一定要在这里做文章。这就叫正道之"熟"。

就"人心"来看,孟子的诉求是:"仁之安宅",是"人心"中的"安宅",心不乱,或谓"不动心",就是对"仁"的"须臾不离",或谓孔子称道的"无终食之间违仁"。于是就有了孟子所谓的"求放心"。孟子自许:"我四十不动心",[19]朱熹找到孔、孟各自"熟"上的共通性:"孔子四十而不惑,亦不动心之谓。"[20]对于实行"仁政"而言,追求"仁之安宅",应该成为君王之心的"熟仁"使然,在此立场上,朱熹发挥说:"四十强仕,君子道明德立之时",也就是要求"若得位而行道"、"任大责重如此"的"仁之安宅",就是"不动心"的状态。[21]由此看出,孟子点明:"君子所以异于人者,以其存心也,君子以仁存心,以礼存心。"[22]不是没有针对性的。

再就"人路"来看,这是个"义之路辨"问题。[23]简单地说,就是"居仁由义",人人应当遵循正确的道路去实现"仁"的使命,这是道义的指归。这里,孟子以"义"指路,是走向"仁"之安宅的必由之路。

《离娄上》:"仁,人之安宅也;义,人之正路也。旷安宅而弗居,舍正路而不由,哀哉!"

《万章下》:"夫义,路也;礼,门也。惟君子能由是路出入是门也。"

《尽心上》:"居恶在?仁是也;路恶在?义是也。居仁由义,大人之事备矣。"

《尽心下》:"仁也者,人也。合而言之,道也。"

孟子多以"路"训"义","仁"是"安宅","礼"是入"仁"之"门",走在"人之正路"上,就可义无反顾地获得"熟仁"而"仁熟"。所谓"熟仁",就得先要熟在这路径里,通道不清,误入迷途,南辕北辙,最终与"仁"只会相去甚远。"无终食之间违仁",首先就得在"人之正路"上一路走将去。这是孟子"人路"里的最大考量。一切的"苟且"、"诡迂"、"穿逾"、"钻穴"之"道",或谓一类"雕虫小技"之"术",决非行"大丈夫"之道,而皆为歪门邪道。"熟仁",就得走“人之正路”,即正义之路、道义之路,手段与目的,必须在“道义”里获得坚定的一致。所以,图业之道、霸王之道、统一之道,在孟子看来,就必须高举“仁政”的旗帜、走在“王道”的路径里,这叫“仁霸天下”、“仁覆天下”的事业。也可称为正道之“熟”的事业。

所以,“仁政”里有“熟仁”,通过孟子的“仁术”到“仁之安宅”的“王道”举证,使得“仁政”与“熟仁”发生了“道义”上的逻辑性联结,十分细致与厚实地丰富了由孟子开启的、聚集于道义人格上的“熟仁”志向与“熟仁”理性之完美结合。

三、“熟仁”里,流淌着孟子的人格血脉

“仁”,是孟子的理想;“熟仁”,是孟子的追求;“仁政”,是孟子实现“仁”、推广“熟仁”的标的物。三者的连贯一体,铸就了孟子鲜有的人格血脉。透过“熟仁”的分析,其中流淌着的孟子血液,归乎在这个“仁”字上,下面的孟子“原话”,的确成为人们看得见、摸得着、实实在在、又原汁原味的孟子的人格血脉。

1.“仁”之判断:“道二,仁与不仁”

孟子有“志于仁”、“志于道”的价值判断,两者的合而为一,是孟子从“道”上的划定,只有非此即彼的选择:“道二,仁与不仁。”

> 《孟子·离娄上》:“规矩,方员之至也;圣人,人伦之至也。欲为君,尽君道;欲为臣,尽臣道。二者皆法尧舜而已矣。不以舜之所以事尧事君,不敬其君者也;不以尧之所以治民治民,贼其民者也。孔子曰:‘道二:仁与不仁而已矣。’暴其民甚,则身弑国亡;不甚,则身危国削。名之曰‘幽’、‘厉’,虽孝子慈孙,百世不能改也。《诗》云:‘殷鉴不远,在夏后之世。’此之谓也。”

这“道二,仁与不仁”,也着眼于“仁政”而判定,尧舜之治,是“仁政”之举,所以,能善后;幽厉之治,是不行“仁政”之举,所以,不能善后。所以,这

个世道、治道和人道，只以"仁与不仁"之划定，"二端之外，更无他道"。[24]孟子就是这么考量的。《孟子》中的两句话可称铁证：

《公孙丑上》："仁则荣，不仁则辱。"

《离娄上》："三代之得天下也以仁，其失天下也以不仁。"

实行"仁"，则为光荣；不实行"仁"，则为羞耻。得天下或失天下，皆以"仁"与"不仁"为分界。但是，孟子坚信，只有"仁"才能胜"不仁"，孟子形象比喻："仁之胜不仁也，犹水胜火。今之为仁者，犹以一杯水救一车薪之火也；不熄，则谓之水不胜火，此又与于不仁之甚者也，亦终必亡而已矣。"[25]其实，在孟子的心目中，梁惠王实在是个龌龊之人，其卑鄙下贱，足称"不仁"："不仁哉梁惠王也！仁者以其所爱，及其所不爱；不仁者以其所不爱，及其所爱。"[26]公孙丑要求孟子说得具体些、入微些、事实些，孟子以"仁政"指向，数落梁惠王之"不仁"："梁惠王以土地之故，糜烂其民而战之，大败，将复之，恐不能胜，故驱其所爱子弟以殉之，是之谓以其所不爱，及其所爱也。"[27]"仁者爱人"，又要推己及人，可梁惠王推爱至错了。朱熹解释："亲亲而仁民，仁民而爱物，所谓以其所爱及其所不爱也。"[28]意思是说，由亲爱自己的亲属，扩展到仁爱所有的人，再扩展到爱惜万物。可梁惠王哪知晓这其中的"熟仁"之理，对此，孟子揭穿梁惠王的"不仁"是"仁者把他所喜爱的恩德扩充到其不爱的对象上，不仁者却把他所不爱者的祸害扩充到其所爱者的身上。"譬如，为了争夺土地，梁惠王驱使他不仁爱的人民去作战，结果败了，又驱使他所亲爱的子弟去死战，这样的君王是丝毫没有"仁爱"之心、"仁政"之举。这样的"不仁"，这样的倒向扩充，是缺乏"熟仁"里的"推己及人"呀！像梁惠王这样的"不仁"，能推得出"仁政"，那才怪呢。

2."仁"之志向："仁义天下"

孟子的志向，是坚定的"仁义天下"。翻开《孟子》，历历在目的，就是两个字："仁义"。

左一个"仁"，右一个"义"，是环绕于孟子对话的总纲。也体现出儒家

"熟仁",在孟子那里,获得了需要经过"仁义天下"的政治道德检验。基于《梁惠王上》的孟子"王何必曰利?亦有仁义而已矣"一句的开宗明义,整个的"仁"之志向,通过"居仁由义",几近成为孟子的政治抱负和道德理念。

> 《孟子·告子下》:"先生以利说秦楚之王,秦楚之王悦于利,以罢三军之师,是三军之士乐罢而悦于利也。为人臣者怀利以事其君,为人子者怀利以事其父,为人弟者怀利以事其兄,是君臣、父子、兄弟终去仁义,怀利以相接,然而不亡者,未之有也。先生以仁义说秦楚之王,秦楚之王悦于仁义,而罢三军之师,是三军之士乐罢而悦于仁义也。为人臣者怀仁义以事其君,为人子者怀仁义以事其父,为人弟者怀仁义以事其兄,是君臣、父子、兄弟去利,怀仁义以相接也,然而不王者,未之有也。何必曰利?"

一次,宋国学者宋牼想去见楚王和秦王,劝说他们罢兵修战。孟子跟他讲了一番"仁义天下"道理。在孟子看来,宋先生不应该用"利"去劝说,秦王楚王及其官兵因为有"利"而乐于罢兵,停止战争,就如同做臣下的以利害关系侍奉君主,做儿子的以利害关系侍奉父亲,做弟弟的以利害关系侍奉哥哥,必然使君臣之间、父子之间、兄弟之间完全丧失仁义,家、国之亡,就不可避免了。反之,若以"仁义"劝说,秦王楚王及其官兵因"仁义"而乐于罢兵,停止军事行动,就如同做臣下的以"仁义"侍奉君主,做儿子的以"仁义"侍奉父亲,做弟弟的以"仁义"侍奉哥哥,不然使君臣之间、父子之间,兄弟之间完全去掉利害关系,心怀仁义而相互对待,使天下归服,就指日可待了。宋先生何必要去说这"利"呢?

遗憾的是,孟子"仁义天下"之志向,在"以力假仁者霸"的战国时代,愿意听从者甚少,但孟子秉持志向、坚持理想,对儒家"熟仁"之坚持,还是不因"霸道"横行而有所动摇有所折扣。王船山十分同情地肯定:"夫孟子以仁义正天下,终于不遇,而断然必以此为尚。盖天下无舍本徇末之道术,君子居正以为人心世道之防,诚有所不能枉者也。"[29] 只有"熟仁"之"道术",才是得本舍末之"正"。宋牼以"利"出发,只能是"舍本徇末"之"术"了。在此,是对孟子"居仁由义"的再次印证。

3."仁"之追求:"仁覆天下"

"仁义天下",说到底,就是要达到"仁覆天下",这是儒家"熟仁"的来龙去脉,作为孟子"仁政"的政治抱负,极富政治道德感召力的"仁覆天下",坚定地成为孟子对"仁"之追求的使命之一。仔细推敲下面这段话,"仁覆天下"里,似乎含有着"熟仁"之于"仁熟"的理性机智。

《孟子·离娄上》:"徒善不足以为政,徒法不能以自行。《诗》云:'不愆不忘,率由旧章。'遵先王之法而过者,未之有也。圣人既竭目力焉,继之以规矩准绳,以为方员平直,不可胜用也。既竭耳力焉,继之以六律正五音,不可胜用也。既竭心思焉,继之以不忍人之政,而仁覆天下矣。故曰:为高必因丘陵,为下必因川泽。为政不因先王之道,可谓智乎?"

光有善心,但缺乏有效办法,是不足以处理好政事;光有办法,但缺乏善心,("仁政")也实行不起来。这里,蕴涵着孟子"熟仁"原则的坚定发挥。质言之,有三项:其一是"规矩"说:"不以规矩,不能成方员";[30]"规矩,方员之至也。圣人,人伦之至也。"[31]把成圣与规矩连接起来,相提并论,是有用意的。其二是"法先王"说:"事君无义,进退无礼,言则非先王之道者,犹沓沓也。"[32]事奉君主不讲道义,应对进退不讲礼义,言行诋毁先王圣人的规矩,政事就得杂乱不堪。其三是"以不忍人之心"来推行"仁政":"行仁政而王"、"王欲行仁政"、"尧舜之道,不以仁政,不能平治天下。"因为,不行"仁政",则无以得天下,也离禽兽不远了。

这里,孟子提出个"智",并辅助以"仁",即"仁且智"。孟子以先王、周公、孔子为榜样,提出"仁且智"的人格,也作为"仁覆天下"的原点。对此,孟子十分同意子贡所言:"学不厌,智也;教不倦,仁也。仁且智,夫子既圣矣。"[33]孟子自许:"我亦欲正人心,息邪说,距诐行,放淫辞,以承三圣者"[34],即大禹、周公、孔子。加上了这个"智","仁"、"仁义"、"仁政",乃至

"熟仁",就是"仁覆天下"的"完整"和"具备"。由此看到,孟子对于"仁"之追求的深刻性和具体性的连接,或许更是孟子人格的某种经典写照。

4."仁"之理想:"仁者无敌"

孟子希冀的"仁"之理想,是"仁者无敌"。"仁霸天下"、"仁覆天下",都是这个理想的翻版,"仁政",就是实现"仁者无敌"的最有力保障。孟子对梁惠王曰:

"地方百里而可以王。王如施仁政于民,省刑罚,薄税敛,深耕易耨。壮者以暇日修其孝悌忠信,入以事其父兄,出以事其长上,可使制梃以挞秦楚之坚甲利兵矣。彼夺其民时,使不得耕耨以养其父母,父母冻饿,兄弟妻子离散。彼陷溺其民,王往而征之,夫谁与王敌?故曰:'仁者无敌。'王请勿疑!"

这段经典,已经被反复引用和引证,"施仁政于民",有谁能够与这样的"王者"相匹敌呢?"仁者无敌"之原点,是维系住"民",民本、民心、民意,契合了"民为贵、社稷次之、君为轻",又是"道"上的端正,王船山总括这段的评价是:"仁道在迩,为之而已矣!"[35]所谓"道"之端正,就是"仁义天下"的必由之路,也是"居仁由义",只要君王敢于、善于这一路往来,就能无敌于天下。同样,这是需要从"仁政"里去追究"熟仁"的来龙去脉。或许"仁政"中的"熟仁"已经到如此境界了:"仁言不如仁声之入人深也,善政不如善教之得民也。善政,民畏之;善教,民爱之。善政得民财,善教得民心。"[36]这几个"善"字,似乎在比较中显示出"仁声"胜于"仁言"、得民心胜于得民财、善教(民爱之)优势于善政(民畏之)。这才是真正的"仁者无敌"!

5."仁"之实现:"舍我其谁"

"当今之世,舍我其谁"!孟子太有时代感了,又似乎显得傲骨霸气了些。但是,孟子确有这样的雄厚底气。

《孟子·公孙丑下》:"五百年必有王者兴,其间必有名世者。由周而来,七百有余岁矣。以其数,则过矣;以其时考之,则可矣。夫天未欲平治天下也;如欲平治天下,当今之世,舍我其谁也?吾何为不豫哉?"

孟子有很强烈的"天下"意识:"不仁而得国者,有之矣;不仁而得天下,未之有也。"[37]那个"仁者无敌",孟子也说为"无敌于天下"。这个"天下"意识,即是维系"民"之意识的"仁者无敌"之底气,按朱熹所释:"言不仁之人,骋其私智,可以盗千乘之国,而不可以得丘民之心。"[38]又是孟子个人的品味使然。孟子自许其所长是"我知言,我善养吾浩然之气。"[39]那个"仁义天下"、"仁覆天下",时势已非属孟子不可,因为,时下如不仁之人梁惠王当道,实现"天下"归"仁",还有什么指望呢。"五百年必有王者兴",孟子来了;一个主张行"大丈夫"之道、"四十不动心"、"为民父母"、"必以其道"、"承先王之道"的孟子来了;一个"仁"字当头、当"仁"不让、"仁义且智"的孟子来了!

四、"熟仁"笔下的"仕"定向

"熟仁"精髓的又一面镜子,被孟子擦亮了。给其个标识,是"熟仁"与"仕途"的关系。《滕文公下》的一段对白,印证出孟子"熟仁"笔下的"仕"观。

周霄问曰:"古之君子仕乎?"

孟子曰:"仕。《传》曰:'孔子三月无君,则皇皇如也。出疆必载质。'公明仪曰:'古之人三月无君,则吊。'"

"三月无君则吊,不以急乎?"

曰:"士之失位也,犹诸侯之失国家也,《礼》曰:'诸侯耕助,以供粢盛;夫人蚕缫,以为衣服。牺牲不成,粢盛不洁,衣服不备,不敢以祭。惟士无田,则亦不祭。'牲杀、器皿、衣服不备,不敢以祭,则不敢以宴,亦不足吊乎?"

"出疆必载质,何也?"

曰:"士之仕也,犹农夫之耕也;农夫岂为出疆舍其耒耜哉?"

曰:“晋国亦仕国也,未尝闻仕如此其急。仕如此其急也,君子之难仕,何也?”

曰:“丈夫生而愿为之有室,女子生而愿为之有家。父母之心,人皆有之。不待父母之命、媒妁之言,钻穴隙相窥,逾墙相从,则父母国人皆贱之。古之人未尝不欲仕也,又恶不由其道。不由其道而往者,与钻穴隙之类也。”

细究其中之理,是希望能够对孟子“熟仁”笔下的“仕”观要义,有重要彰显,甚至经得起儒家官德的检验。这个问题后面会有专门检讨。这里暂且勾勒,以示启迪。

1. 出仕,以正义之道而行

此段“仕”观,孟子心目中的核心标的,就在末句“古之人未尝不欲仕也,又恶不由其道。不由其道而往者,与钻穴隙之类也。”这是孟子“仕”观的基本定向。研判“必以其道”,意义就在这里。魏国人周霄问孟子:“古代的君子出仕做官吗?”孟子非常肯定:“做官”,并举孔子出仕为例,讲出了一番做官的正义之道:“古之君子也愿意做官,但讨厌的是不以正道求之。不以正道求之,就好比‘钻穴隙之类’的旁门左道行为。”当然,求得这番正义之道,也非说来就来、说到就到,说有就有、说行就行。

值得提示的是,儒家对于出仕之由,孟子的论证是最富道义论色彩,有点接近于德国哲学家康德“道德法则”的绝对义务论。孟子左一个“必以其道”、右一个“惟义所在”,对君子来说,做官不做官,一切以“道义”左右,就像康德所言“道德法则,是人类所应遵循的一种命令,它无条件地存在着,发号施令,统帅着人类。”[40]我们的一切行动不仅是贯穿理性的,更是德性的,也就是“道义”的。这是出仕、就仕的大是大非,是毋庸置疑的大问题、大前提、大标准。[41]在孟子看来,一切归乎的“仁政”和“仕”,皆在“必以其道”、“惟义所在”的道义之内,获得最终意义上的评判,是对还是错,是是还是非,是正义还是非正义,是道义还是不道义。动机论、意志论、目的论,是多么的显著和强烈。

2. 孔子之仕的"熟仁"品味

孔子之"仕",常被儒家引证为"出仕"、"就仕"的经典。不管其中是否存在"圆滑"之嫌,至少在孟子看来,孔子之仕,既有出仕之由,又有娴熟之处。总是可以用作仕途中的"德慧术"。那么,孔子之"仕",究竟存在哪些十分称道的"熟仁"品味呢?读这段《万章下》,似乎心领神会:

> "孔子之去齐,接淅而行。去鲁,曰:'迟迟吾行也'。去父母国之道也。可以速而速,可以久而久,可以处而处,可以仕而仕,孔子也。"

孔子去齐,是"接淅而行";去鲁,是"迟迟吾行",孟子赞其为"可以速而速,可以久而久,可以处而处,可以仕而仕",这"可以"之中,有何种玄机、巧妙或谓智慧?无非就是"研几之精"而来的"行",是"熟仁"之"极功"罢了。王船山精致地训出其义:"孟子愿学孔子,而言其所以学之由,以示作圣之极功也,曰:'学圣之功,知行尽之矣。乃行者,行其所知也,知之尽而后行之至,知之全而后行之不偏。故极其所得于天之力,可以自成其德量;而时至事起,因应之妙,则研几入神之大用,必本乎圣学之深。'"[42]所谓"研几入神之大用,必本乎圣学之深",内含"熟仁"之用、之深;至于孔子"可以仕而仕",王船山依然在"研几入神"里寻得"必以其道"意义里,孔子出仕中的那份"熟仁"之用:"凡孔子之去就,理之所当然,事之所不得不然,情之所固然,义之所必然,皆有其可者焉。可以速去,而无容濡滞也,因之而速矣;可以久居,而无事急迫也,因之而久矣;道未可行,而处不为忘世也,因之而处矣;世有可用,而仕不为屈道也,因之而仕矣。见几之速,前此无一成之心,后此无已甚之悔;因物而应,行一心之所独是,合天下之所不违。未尝不清也,而无绝物之迹;未尝不任也,而无从物之嫌;未尝不和也,而无悦物之念。此旷千世而妙用其权衡者,惟孔子而已矣。"[43]从"见几之速"下至"惟孔子而已矣",王船山拉出的一系列"未尝",近乎于在传达着孔子出仕中的娴熟与精熟。正由于此,才有这样一段评价:"(孔子)合乎从心不逾之矩,于土而皆安,于我而皆真,于天而皆合”，[44]所谓“合乎从心不逾之矩，于土而皆安，于我而皆真，于天而皆合”，即是“熟仁”而至于“仁熟”的具体描观了。

3.“经”与“权”

孟子的“仕”观，始终维系着孔子情结。一段“所就三、所去三”，似乎对于孔子之仕的心领神会，聚集于“经”与“权”的考量，透露出孔、孟“熟仁”之智慧。

> 《告子下》：陈子曰：“古之君子何如则仕？”孟子曰：“所就三，所去三。迎之致敬以有礼，言将行其言也，则就之；礼貌未衰，言弗行也，则去之。其次，虽未行其言也，迎之致敬以有礼，则就之；礼貌衰，则去之。其下，朝不食，夕不食，饥饿不能出门户。君闻之，曰：‘吾大者不能行其道，又不能从其言也。使饥饿于我土地，吾耻之。’周之，亦可受也，免死而已矣。”

孟子弟子陈臻问：“古时的君子如何去做官的？”孟子回答：“所就三，所去三”，即做官的有三种情形，不做官的有三种情形。第一种是君主对其有礼貌肯听言的，可“就”，否则便“去”；第二种是虽不听言，但有礼貌也可“就”，礼衰则“去”；第三种是不听言又不算礼遇，但为周济而不死，免于忍饥挨饿，也可“就”，言下之意，若无助于“免死”，则“去”。这里，第二种、第三种“就”，只是暂就、将就、屈就、俯就，不是真正的“就”。只有第一种“就”，才是孟子心目中的“就”，是具有君臣之平等的“就”。于此，“仕”也分为三等：“孔子有见行可之仕，有际可之仕，有公养之仕。于季桓子，见行可之仕也；于卫灵公，际可之仕也；于卫孝公，公养之仕也。”[45]也就是说，孔子做官，有时因其看到可以推行“道”而做官，如仕于鲁国的季桓子；有时因其君主对他的礼遇而做官，如仕于卫灵公；有时因其国君养贤而做官，如仕于卫孝公。[46]

这里，所谓“所就三”、“所去三”和“行可之仕”、“际可之仕”、“公养之仕”的论证，孟子都想在孔子之仕里引入“经”、“权”考量：即便做官有“权”之权宜，但此中之“经”，却是变之不变。质言之，“经”是更重要的，“权”是可从的,但"权"也在"经"之中的。在古代词义里,"经"是相对于"纲","权"是相对于"变"。"经"指的是经常的、根本的、一般的原则、纲常,"权",指的是对纲常原则的灵活运用,即在不偏离"正义之道"而获得通权达变。孟子的分析是很有道理的。

以第三种"就"来说,孟子并不反对仅仅为了生活而就仕。以孔子为例,孟子说道:"仕非为贫也,而有时乎为贫。娶妻非为养也,而有时乎为养。为贫者,辞尊居卑,辞富居贫。辞尊居卑,辞富居贫,恶乎宜乎?抱关击柝。孔子尝为委吏矣,曰:'会计当而已矣。'尝为乘田矣,曰:'牛羊茁壮长而已矣。'位卑而言高,罪也;立乎人之本朝而道不行,耻也。"[47]在孟子看来,为了生存而就仕,此时此际应当"辞尊居卑,辞富居贫",宁愿做"抱关击柝"的小吏,也不立于朝。但这时仍要尽职、按道义行事,失"身"乃为小事,失"道"乃为大事。仕本为行道,但亦有家贫亲老,或道与时违,可是,善仕不为道,已非出仕之正。孔子为"委吏"、"乘田",均属于第三种"就",但即便如此,孔子也不改"圣志"。王船山就这样评价过:"出处者,君子之大节也。初念之所期,而终身以之。可进可退,可荣可辱,而必欲伸其筮仕之本志,夫乃可以无愧。若量其志之未可行,则自有可以免耻之一塗,早酌之于其始进焉。今之仕者何未之思也。"[48]此段训义,读来似有"圣志不改"的千斤分量。在孟子看来,凡出仕,需要经得起"经"、"权"考量。无论是何种"就",皆以"道义"、"正义之道"左右,"就者,道也;去者,义也。"[49]

王船山的训义,其实,也正是对孟子出仕的真实解读。《公孙丑下》记道:"孟子去齐,居休。公孙丑问曰:'仕而不受禄,古之道乎?'曰:'非也。於崇,吾得见王,退而有去志;不欲变,故不受也。继而有师命,不可以请,久於齐,非我志也。'"孟子向齐王"退而有去志;不欲变",所以,不受齐王给点俸禄。孟子是在"道"上的考量。这样的"退而有去志",已经属于有"道"则"就",无"道"则"去",那已经在第一种"就"上的志向了。当王船山指意在孟子所谓"出仕"之"可进可退,可荣可辱"为"本志"时,孟子"仁政"中的"熟仁"品味、"道二,仁与不仁"的"熟仁"坚定,通过孟子"仕"观中对孔子情结,

作为渊源之一,顺理成章,又情有可原;作为发挥之极,甚或有些许超越。[50]如果细细品味孟子这段话,会有这种联想的:

《孟子·公孙丑上》:“仁则荣,不仁则辱。今恶辱而居不仁,是犹恶湿而居下也。如恶之,莫如贵德而尊士。贤者在位,能者在职,国家闲暇。及是时,明其政刑,虽大国,必畏之矣。《诗》云:‘迨天之未阴雨,彻彼桑土,绸缪牖户。今此下民,或敢侮予?’孔子曰:‘为此诗者,其知道乎!能治其国家,谁敢侮之?’今国家闲暇,及是时,般乐怠敖,是自求祸也。祸福无不自己求之者。《诗》云:‘永言配命。自求多福。’《太甲》曰:‘天作孽,犹可违;自作孽,不可活。’此之谓也。”

“仁则荣,不仁则辱”,孔子所言,《诗》《书》警示,孟子气概,对于天下出仕之徒,不也蕴含了极为纯熟的经验教训吗?

在行将结束对孟子“熟仁”的分析时,有个必须提出的看法,就是经过孔、孟而建立起来的“熟仁”,或谓第一个“圆圈”转向第二个“圆圈”的必经之路里,究竟发生了什么样的流变或衍生?一个可以预先交代的结论是:

“熟仁”在交接于宋明理学之路里,有个“中转站”,即谓儒家思想,遭到了不同的待遇。也就形成了不同的压力。从历史与学术的角度去观察,这个“中转站”是由三个人物构成的:汉代的董仲舒、唐朝的韩愈、北宋的王安石。

董、韩、王,跨时代地共同构成了实现孔子之“仁”、孟子之“仁政”的使命。当经历了孔孟洗礼过的“熟仁”,在中转于宋明理学途中,预先地在董、韩、王那里,再次获得第二次“洗礼”,但在董、韩、王的“洗礼”里,主要是实现这个“仁”,他们试图在实践上去提炼一把“熟仁”之道,董氏的“罢黜百家,独尊儒术”、韩氏的“明道”与“鸣不平”、王氏的“熙宁新法”,都是属于这样的实践。有的成功了,有的成效不怎么样,可能还跟一个“熟仁”之“熟”有关。在经过董、韩、王的实践,为宋明理学检讨“熟仁”,提供了有的放矢之案,或许更有说服力和效率。往后的分析会看得清楚。

注释:

[1]司马迁:《史记·十二诸侯年表》。

[2]《论语·子路》。

[3]朱熹:《四书章句集注·论语集注》卷七。

[4]杨伯峻译,见《论语译注》,第137页,中华书局1980年版。

[5]朱熹:《四书章句集注·孟子集注》卷一。

[6]《孟子·尽心下》。

[7]《孟子·梁惠王上》。

[8]《孟子·离娄上》。

[9][10]王船山:《四书训义》卷二十六。

[11]王船山:《四书训义》卷二十五。

[12]朱熹:《四书章句集注·论语集注》卷七。

[13]朱熹:《四书章句集注·孟子集注》卷五。

[14]朱熹:《四书章句集注·孟子集注》卷二。

[15]朱熹:《四书章句集注·孟子集注》卷一。

[16]《孟子·梁惠王上》。

[17]朱熹:《四书章句集注·孟子集注》卷三。

[18]《孟子·告子上》。

[19]《孟子·公孙丑上》。

[20][21]朱熹:《四书章句集注·孟子集注》卷三。

[22]《孟子·离娄下》。

[23]有关"义之路辨"的专论,可参阅拙著《中国人的独特智慧——"持盈"话语》,上海古籍出版社2003年版,第27—30页。

[24]朱熹:《四书章句集注·孟子集注》卷七。

[25]《孟子·告子上》。

[26][27]《孟子·尽心下》。

[28]朱熹:《四书章句集注·孟子集注》卷十四。

[29]王船山:《四书训义》卷三十六。

[30][31][32]《孟子·离娄上》。

[33]《孟子·公孙丑上》。

[34]《孟子·滕文公下》。

[35]王船山:《四书训义》卷二十五。

[36]《孟子·尽心上》。

[37]《孟子·尽心下》。

[38]朱熹:《四书章句集注·孟子集注》卷十四。

[39]《孟子·公孙丑上》。

[40]康德:《实践理性批判》,见《康德文集》,第163页,改革出版社1997年版。

[41]有关这个问题深入的集中检讨,可参阅拙著《儒家官德论》中的第二章:道义论、义务论、规范论、德性论。江西人民出版社2007年版。

[42][43][44]王船山:《四书训义》卷三十四。

[45]《孟子·万章下》。

[46]看一下《论语》里的相关对话,似乎会有所感悟。处于第一种"就"的平等对话,如《雍也》:"季康子问:'仲由可使从政也与?'子曰:'由也果,于从政乎何有?'曰:'赐也可使从政也与?'曰:'赐也达,于从政乎何有?'曰:'求也可使从政也与?'曰:'求也艺,于从政乎何有?'"《为政》:"季康子问:'使民敬、忠以劝,如之何?'子曰:'临之以庄,则敬;孝慈,则忠;举善而教不能,则劝。'"《先进》:"季康子问:'弟子孰为好学?'孔子对曰:'有颜回者好学,不幸短命死矣,今也则亡。'"《颜渊》:"季康子问政于孔子。孔子对曰:'政者,正也。子帅以正,孰敢不正?'"又:"季康子患盗,问于孔子。孔子对曰:'苟子之不欲,虽赏之不窃。'"又:"季康子问政于孔子曰:'如杀无道,以就有道,何如?'孔子对曰:'子为政,焉用杀?子欲善而民善矣。君子之德风,小人之德草,草上之风,必偃。'"孔子与季康子几乎什么都谈,而且双方彼此平静和平等。从字里行间,似乎隐约感到季康子对孔子的某种心悦诚服。处于第二种"就"对话,如《卫灵公》:"卫灵公问陈于孔子。孔子对曰:'俎豆之事,则尝闻之矣;军旅之事,未之学也。'明日遂行。"卫灵公向孔子讨教军队陈列之法,孔子说,他只听到礼仪的事情,军队的事情,从来没过。第二天就离开卫国。

[47]《孟子·万章下》。

[48]王船山:《四书训义》卷三十四。

[49]王船山:《四书训义》卷三十六。

[50]这个"超越"的说法,或许蕴含了孟子"出仕"之道较之于孔子之"仕"更具理想或谓

"不切实际",难以被时下称霸者中意采纳,这就有了所谓"敬而远之"、"束之高阁"的境遇。也可反过来验证鲁迅所言"王道"的实际性质:"在中国的王道,看去虽然好像是和霸道对立的东西,其实却是兄弟,这之前和之后,一定要有霸道跑来的。"(鲁迅:《且介亭杂文·关于中国的两三件事》)。

第五章

继续"熟仁"走的路:来自董、韩、王三子的诉求

让"熟仁",继续走它自己的路,是继孔、孟"熟仁"思想而来的呼声。在后儒的笔墨里,随处可见此种诉求心声。其实质,就是彰显和具体实现儒家的价值理想。其中最具代表性的三个具有跨时代性的主题式人物:董仲舒、韩愈、王安石。在回应这个彰显与实现的过程里,三贤试图将"熟仁"运转于现实之间,其诉求之精,通过某种现实的压力与用力,极大地推进了孔、孟以来"熟仁"价值的普世化和世俗化。这样的诉求,又极大地激活了宋明理学对于"熟仁"的研判、研思和研究。

这个诉求,与三子各处所面临的"压力"有关,所以各自的"用力",就有偏重。至少,这种压力,具有文化与政治上的具体性和危机性。看得更严重些,不妨说这种压力带有全面性,也不为过。

汉代的董仲舒,已有如是标的:"若夫大纲、人伦、道理、政治、教化、习俗、文义尽如故,亦何改哉?"[1]途中经过韩愈到王安石,情况就更加复杂了。至北宋而止,儒家至少经历二次困境,第一次是孔、孟的学说在春秋战国受到冷落,致使孔、孟两位最后选择了收徒讲学或者著书立说。这是政治上的冷落,这个冷落直至汉武帝才发生根本改变;第二次是儒家文化受到外来佛教文化的侵袭和排挤,至唐朝达到高峰,儒学不得不退居次席。这是文化上的冷落,这个冷落直至宋明理学的强大才使儒学一跃成为官方哲学。政治上和文化

上的压力，可能还包括随之而来的心理压力，所造成的情形，本质上是对儒家的冷落，是对儒家“仁”思想的冲击。没有了“仁”的核心取向，“熟仁”就随之没有意义。所以，在董生、在韩愈、在王氏，都形成了各自的政治或文化或政治与文化的诉求。在其中，也就蕴涵了各自“熟仁”方面的同中之异。虽然在董、韩、王那里，几乎找不出对于“熟仁”很具学究气的专题性的论述，但是这三位大儒，都在“熟仁”之“用”的层面里去获得价值理性向工具理性的转置或应用，也使其获得某种“仁”之世俗化的转向。这一所“用”之力，还是值得肯定的。当然，细细品味三氏的“用力”，还是各有特色。

一、董仲舒

董仲舒（前179—前104），河北广川人。董仲舒，其“精”也。一个“精”字，就活灵活现地勾勒出董氏之“熟”的面貌。此“精”字出在《史记》、《汉书》的董仲舒传里。司马迁《史记·儒林列传·董仲舒》记：“董仲舒，广川人也。以治《春秋》，孝景时为博士。下帷讲诵，弟子传以久次相受业，或莫见其面，盖三年董仲舒不观于舍园，其精如此。”班固《汉书·董仲舒传》也转记此段，认同其“精”之文。探微董仲舒之“精”，确乎涵泳“熟仁”之底气。从其“压力”到“用力”，可窥其一斑。

1. 董氏之压力

最大的压力来自于董仲舒急需面对的一种全面性转折。徐复观先生在评价身处汉代的董仲舒在儒家思想中的地位时指出了这个压力：“六艺中，《春秋》为孔子所作，自孟子起，已承认对孔子思想的把握，实居于重要地位。但董仲舒出，由其公羊春秋学对《春秋》的解释，发生了一大转折，影响到西汉其他经学在解释上的转折，乃至影响到先秦儒家思想在发展中全面的转折，在思想史上的意义极为重大。而此一转折，与董氏天的哲学系统是密切相关的。”[2]我们需要对这个评价作点解释。按徐氏的观点：

首先，董氏是以《公羊传》为基础，开展了今文经学的工作，去努力阐发

《春秋》中的孔子之道,那么,还抒发不抒发孟子之道呢?其次,这一转折的全面性,是董氏在今文经学上的极大成功,董氏不仅不会仅仅满足于"解释",而且更重要的是确立先秦以来的儒家思想获得最终的话语权,那么,关于"儒术"的实际运转是不是董氏的关心之切?再次,这一转折,其哲学基础是董氏的"天道"观,那么,董氏的"人道"观又能如是观吗?这里的三个问号可以看作是对徐氏观点的深化,这直接关系到对董氏之压力的直面照观,而且已经预示了董氏在这个"转折"点上的深刻性和具体性。

这个压力,来自于这个转折。而透过这一转折性的梳理,发现董仲舒的回答,是极为机智和巧妙的。潜在的使孔孟以来的"熟仁"观,获得了更新型的特殊背景,即是对"仁"的实际运转并祈求其最大效率。这是董仲舒在完成其转折性之中的"用力"之处。

2. 董氏之用力

研究董仲舒最令人信服的材料,以《天人三策》和《春秋繁露》为著。据此考辨董仲舒之用力,在三个方面凸显董氏的"熟仁"之巧:其一,儒学上,提出"罢黜百家,独尊儒术",使儒家成为唯一一家而独占意识形态之主导,也在"术"的层次上提升"熟仁"之巧。其二,词汇上,巧妙运转"熟仁"之道,提出"精"、"美"、"养",并附之于"数"、"和"、"中"、"察"等,形成董氏的"熟仁"之巧。其三,效率上,试图让儒学获得最具实际效率的"道",并使其在特定的历史潮流里去应验"熟仁"之巧。"熟仁"到"熟天"到"熟人"再到"熟天人"。

○关于"天人三策":"术"问题。所谓"熟仁"之巧,是从"术"上讲的,指的是董仲舒在"仁"的实际运转里,具有显著的针对性和实用性,徐复观称其为董氏的"具体性"。徐说:"形成他政治伦理中心的'仁'的观念,不是泛泛地说好听的话,而是在上面这种具体问题上提出的。"[3]这问题当包括在"天人三策"里。董氏"天人三策"的愿景,对于"仁"的关切,是非常具有时效性和具体性的。这从汉武帝设置的"问题"就一目了然,"三策"的核心问题是

这样的(这"三策"见于《汉书·董仲舒传》分别记载的"武帝制曰"里):

"一策":"夫五百年之间,守文之君,出涂之士,欲则先王之法以戴翼其世者甚众,然犹不能反,日以仆灭,至后王而后止,岂其所持操或誖缪而失其统与?"

"二策":"夫帝王之道,岂不同条共贯与?何逸劳之殊也?"

"三策":"条贯靡竟,统纪未终,意朕之不明与?听若眩与?夫三王之教所祖不同,而皆有失,或谓久而不易者道也,意岂异哉?"

汉武帝想要的是一个"统"字,这是很有针对性的。所以,董仲舒就适时提出那个著名的"罢黜百家,独尊儒术"。董是这样说的:"《春秋》大一统者,天地之常经,古今之通谊也。今师异道,人异论,百家殊方,指意不同,是以上亡以持一统;法制数变,下不知所守。臣愚以为诸不在六艺之科孔子之术者,皆绝其道,勿使并进。邪辟之说灭息,然后统纪可一而法度可明,民知所从矣。"[4]

靠什么来"统"?靠儒家思想,更具体地说,靠孔子之"术"。那么,孔子之术究竟何指呢?无非是那个"仁"之"术"。所以,我们要特别留心董仲舒出发的愿景,应是"术"层面上的"统"。"罢黜百家,独尊儒术"这八个字可能是后人概括而来,如《汉书·武帝纪·赞》云:"孝武初立,卓然罢黜百家,表章《六经》。"而董仲舒直面陈述的则是"孔子之术"。孔子之术,除了"仁",还会是什么"术"?用"仁"来统一天下,包括思想层面、政治制度、文化传统,皆以孔子之术——"仁"——来运作统领,这可以藉之为"仁术"。由"术"的层面出发,就有"熟"的归宿;由"仁术"而"熟仁",则是一个问题的两个方面。所以,这其中潜伏着对于"熟仁"之"术"的希冀,对于董仲舒来讲,是他要追求的;对于汉武帝来讲,也是君王要追求的。这里,董仲舒借喻似的提出了"熟仁"之"术"的诉求。

一旦从"术"上出发,问题就显然归结得更为具体了。《天人三策》里董仲舒的愿景,在《春秋繁露》里得到了具体陈述。

○关于《春秋繁露》:"具体性"问题。据清人苏舆(字厚庵)精心考辨

《春秋繁露》,得出重要结论:“余少好读董生书,初得凌氏(即凌曙)注本,惜其称引繁博,义蕴未究。已而闻有为董氏学者,绎其义例,颇复诧异。乃尽屏诸说,潜心玩索,如是有日,始粗明其旨趣焉。《繁露》非完书也。而其说《春秋》者,又不过十之五六。然而,五比偶类,览绪屠赘,尚可以多连博贯,是在其人之深思慎述。”[5]言下之意,《春秋繁露》说《春秋》只是书中一半(“不过十之五六”),另一半却是董生讲自己的话了。而且,是董仲舒“深思慎述”的部分,或许叫“微言大义”。这个评价,可信度较高。

“具体性”问题,实质是生存论话题。也就是说,这个“具体性”,其实是人之生存的细节。若放之生存论图景里考察,董仲舒也是在某个方面发挥了孟子“熟仁”之生存论情结。其实,扩展一下苏舆的评论,并结合这里要分析的问题,应该关注的是董仲舒在《春秋繁露》里讲出了哪些“熟仁”之“巧”、之“术”?这“具体性”连接又在哪里?概言之,有以下醒目的逻辑,即“熟仁”词汇上的机智,是应运于生存论上的某种展开。董仲舒没有使用“熟仁”或“仁熟”词汇,但董生之“精”处,恰在于从自然的具体之“熟”里引发出一系列有关生存论的“熟”之话语。儒家“熟仁”之生存论关切,在董仲舒那里,获得了另一种语境下的另一番愿景。这或许就是董仲舒“其精如此”的奥秘之所在。

汉代人相信迷信,喜设坛祭祀,喜阴阳五行。所以,董仲舒也囿于如此情结。有一点很有意思,即董仲舒在夹杂着上述情结的汉人思维里,从最基础的自然现象出发,去论证、阐发出其“熟仁”之套路。在《阴阳义》,董生举例说“熟”:“天地之常,一阴一阳。阳者天之德也,阴者天之刑也。迹阴阳终岁之行,以观天之所亲而任。成天之功,犹谓之空,空者之实也。故清溧之于岁也,若酸醎之于味也,仅有而已矣。圣人之治,亦从而然。天之少阴用于功。”这里,还是基于“用”的层面、“治”的层面而发。而且,董仲舒以阴阳自然现象的“清溧”来表述“熟”问题,并且转向现实问题的解决。按苏舆之解,“非熏也,不能有育,非溧也,不能有熟。”又:“秋以熟物,故曰功。”[6]并从这个“熟”里引申出“精”,《暖燠常多》开宗明义:“天之道,出阳为暖以生之,出阴为清以成之。是故非薰也不能有育，非溧也不能有熟，岁之精也。知心而不省薰与溧孰多者，用之必与天戾。”以不熟之物、之道去“用”之，实为不“精”，则为“天戾”。《五行五事》也云：“于时阳气为贼，故王者辅以官牧之事，然后万物成熟。”这是一个在“神秘化”的语境里去讲一个平常之理，这是董仲舒之“吊诡”。

“五谷之熟”。董生是从一个简单的命题即“五谷之熟”讲开的。董仲舒看出其中之内蕴，是“五谷之熟”能够带来的“美”、“精”之“养”。所以，董仲舒是细节性地看问题，解决问题。在《止雨》篇，董生强调：“天生五谷以养人，今淫雨太多，五谷不和。”“五谷不和”，则五谷不熟。五谷不熟，则难以为祭。在此，董仲舒以四时五行说，讲出“熟”之道理，并牵引出“美”、“精”之“养”的关系，如《祭义》中所言：“敦实，稻也。冬之所毕熟也……毕熟故曰蒸，蒸言众也。奉四时所受于天者而上之，为上祭，贵天赐，且尊宗庙也。”从“五谷之熟”引向“贵天赐”，董仲舒想要说的并没有结束，而是要完成这样的更具体性的逻辑，即引申出“美”、“精”、“养”等生存论关切。在《循天之道》，董仲舒以“熟”殿后：

“循天之道，以养其身，谓之道也。天有两和以成二中，岁立其中，用之无穷。是北方之中用合阴，而物始动于下，南方之中用合阳，而养始美于上。其动于下者，不得东方之和不能生，中春是也。其养于上者，不得西方之和不能成，中秋是也。然则天地之美恶，在两和之处，二中之所来归而遂其为也。”

“成于和，生必和也；始于中，止必中也。中者，天地之所终始也；而和者，天地之所生成也。夫德莫大于和，而道莫正于中。中者，天地之美达理也。”

“天气先盛牡而后施精，故其精固；地气盛牝而后化，故其化良。”

“中者天之用也，和者天之功也。举天地之道，而美与和，是故物生，皆贵气而迎养之。孟子曰：‘我善养吾浩然之气者也。’”

“处其身所以常自渐于天地之道，其道同类，一气之辨也。”

“不与阴阳俱往来,谓之不时;恣其欲而不顾天数,谓之天并。君子治身,不敢违天。”

“故仁人之所以多寿者,外无贪而内清净,心和平而不失中正,取天地之美以养其身,是其且多且治。”

“天悯州华之间,故生宿麦,中岁而熟之。君子察物之异,以求天意,大可见矣。”

这里,董仲舒不是简单地在谈论一个“养生”问题,而是透过“养生”在谈通过“五谷之熟”的“循天之道”,而获得生存的有效途径,董仲舒看出其“道”之奥秘,乃是从求“美”到求“精”而至于“熟”。他指出:“四时不同气,气各有所宜,宜之所在,其物代美。视代美而代养之,同时美者杂食之,是皆其所宜也。”[7]人生之美,是“天地之行美也”的“缩本”,当然可以归结到“气”上讲,就是“养气”,养气之精,而后有“化”,就有“物生”、“人生”,更进一步看,“养气”至于“中和”,就是最美的境地了。就像被圣人最看好的五谷中的宿麦至熟一样。董仲舒从“循天之道”,意在讲到人生之熟,最后归结到应求天人之熟。这一“熟天”到“熟人”再到“熟天人”之结构,是董仲舒试图以“五谷之熟”而发微精致的良苦用心。

从“五谷之熟”讲开的“熟仁”之道,是董仲舒“熟仁观”在具体意义里的极大优点。因为依据这个“熟”,抓住了中国人以农业为生的生活特征,抓住了汉代人以祭祀为传统的心理特征。更可被常人认识到粗浅和深奥的“熟仁”的具体性所在。在《四祭》,董子讲得贴切和生动:“古者岁四祭。四祭者,因四时之所生孰(即熟),而祭其先祖父母也。(天启本‘孰’作‘熟’)故春曰祠,夏曰礿,秋曰尝,冬曰蒸。(春曰祠着,物微,故祠名之。夏曰禴者,麦熟,进之。秋曰尝者,新谷熟,尝之。冬曰蒸者,蒸之为言众也。冬之物成者众。)此言不失其时,以奉祭先祖也。过时不祭,则失为人子之道也。祠者,以正月始食韭也,礿者,以四月食麦也,(麦始熟可汋,故曰礿。)尝者,以七月尝黍稷也,蒸者,以十月进初稻也。此天之经也,地之义也。孝子孝妇,缘天之时,因地之利。地之菜茹瓜果,艺之稻麦黍稷,菜生谷熟,永思吉日,供具祭物,斋戒沐浴,洁清致敬,祀其先祖父母。"再体现不过了,祭祀背景后面的"熟仁"之旨,即以五谷之熟的祭祀之用,内涵着丰富的道德情怀和伦理张力。

其实,透观《春秋繁露》,董仲舒的"熟仁"之义,还是有着特定的话语套路,这里,不妨按《春秋繁露》索骥,提供其大端。并且,以示董生的"熟仁"之义,乃为儒家"熟仁"系列里的血脉。

○讲礼与志:

"信重于地,礼尊于身。"(《楚庄王》)

"必本其事而原其志。志邪者不待成。"(《精华》)

"缘此以论礼,礼之所重者在其志。志敬而节具,则君子予之知礼。"(《玉杯》)

○讲礼与乐:

"礼乐纯其美"(《玉杯》)

○讲规矩:

"是故虽有巧手,弗修规矩,不能正方员。虽有察耳,不吹六律,不能定五音。虽有知心,不览先王,不能平天下。然则先王之遗道,亦天下之规矩六律已。"(《楚庄王》)

○讲化:

"造而勿趋,稽而勿苦,省其所为,而成其所湛,故力不劳而身大成。此之谓圣化,吾取之。"(《玉杯》)(此段话会使读者朦胧感觉一种"熟"之状态)

○讲通:

"通生死之志,遂人道之极者也。"(《玉杯》)

"贯通其理","尚安知通哉"。(《正贯》)

"而欲以上通五帝,下极三王,以通百王之道,而随天之终始。"(《符瑞》)

○讲精心达思:

“辞不能及,皆在于指(指,即孟子之所谓义——苏舆解),非精心达思者,其孰能知之。”(《竹林》)

○讲修德:

“民修德而美好”(《王道》)

○讲美:

“以纯其美”(《盟会要》)

“仁之美者在于天”(《王道通三》)

“德滋美”(《郊事对》)

○讲贵微重始:

“故圣人能系心于微而致之著也。”“孔子以此效之,吾所以贵微重始是也。”(《二端》)

○讲精

“是亦始于麤粗,终于精微。”(《俞序》)

○讲积精:

“天积众精以自刚,圣人积众贤以自强。”“故天道务盛其精,圣人务众其贤。盛其精而壹其阳,众其贤而同其心。”(《立元神》)

“治身者以积精为宝”,“故治身者务执虚静以致精。”(《通国身》)

○讲积久之功:

“累日积久,何功不成。”(《立元神》)

○讲辨大:

“治天下之端,在审辨大。”(《深察名号》)

○讲中和:

“中者,天地之美达理也。”“而美于和,是故物生。”(《循天之道》)

○讲合:

“凡物必有合”(《基义》)

○讲识几:

“昭然独见存亡之机(几)”(《五行相生》)

"其几通于天地矣"(《深察名号》)

这些"礼"、"志"、"乐"、"规矩"、"化"、"通"、"美"、"精"、"养"、"修德"、"贵微"、"积久"、"辨大"、"中和"、"合"、"识几"等,均为儒家"熟仁"里的腔调,只多不少;也在孔、孟以后的"熟仁"里有所建树。即便在儒家之外,也有相似廓清,那个"通"里,潜伏着中国人多多少少的"熟"性。当然,在董仲舒使用这些词汇的含义里,确是加进了他自己的套路。

譬如,孟子讲"大而化之",宋儒冠之以"在熟而已",并要探其中之"几"。董仲舒提出要"辨大":"治天下之端,在审辨大。辨大之端,在深察名号。名者,大理之首章也。录其首章之意,以窥其中之事,则是非可知,逆顺自著,其几通于天地矣。"[8]其心之用处,"辨大",希冀的还是一层"大而化之":"宜厚其忠信,敦其礼义,使善大于匹夫之义,足以化也。"[9]与孔孟、与宋儒,不同的语言,意境极为相似。当然,更需的是从董生之"仁"去理会这个套路。

董仲舒之"仁",是有他独特之理解的。因而使其"熟仁",也走出自己的套路。董仲舒检讨"仁",主要集中在《仁义法》和《必仁且智》两篇。当然,有个"仁"之基调,在《竹林》拉开:"推恩者远之而大,为仁者自然而美。"这个"自然而美"无疑撩开了董仲舒"熟仁"之特色,又贴近孔子的仁、礼关系:"礼者,庶于仁、文,质而成体者也。今使人相食,大失其仁,安著其礼?"按《释名》:"庶,犹摭也。"摭合之意。按苏舆解,礼让文质,实皆以仁为体者也。仁者,礼之本,犹亨、利、贞之需元。[10]关于"仁",董子从"人、我"两层次为"仁义"定性:"《春秋》之所治,人与我也。所以治人与我者,仁与义也。以仁安人,以义正我。"[11]从"治"上讲,这是"术"上的定义。苏舆说:"是古释仁为爱人,无异说也。惟义训我,则董剏说。"[12]"惟义训我",虽为董生之创,但不免有仁内义外之嫌,或与告子观点接近,这里,是不是脱离了孔孟的"熟仁"观了?孔子说"仁者爱人",董子与此相切,说:"何谓仁?仁者憯怛爱人";[13]关键是,董子之"义",究竟应作如何解?以及提出"义"之动机究竟是什么?董子说:"何可谓义?义者,谓宜在我者。宜在我者,而后可以称义。故言义者,合我与宜,以为一言。"[14]按苏舆之案:"《中庸》:'义者,宜也。'义有制事之宜,有治身之宜。孟子以仁为亲亲,义为敬长、急君、从兄。(董则并归于仁。)又云:‘非其有而取之,非义。’此制事之宜也。”又:“然朱子注《孟子》云:‘义者,心之制,事之宜。’似兼用二义。其实治心得宜,而后可以制事,理未尝不通也。董专言其本。”[15]从此“案”里可推得,将董子的“义”作“宜”字解,主要是一种治心治事的我之合宜、适宜的行事的方式、途径。只不过,董子的特意成就,似乎专注“义”在“我与宜”之中的作为,是关乎“治”我之心、我之事的“宜”,并通过“义”去实现那个“仁者爱人”的“仁”。所以,董子讲“义”,是为其“仁”之“宜”,这就是董子提出“惟义训我”的真正目的。这就没有离开孔孟的“熟仁”,而是在“孔子之术”的基础上提出了与孟子保持某种适当距离的董子“熟仁”之术。

“仁”确定好了,就要给予“熟”上的境地,董仲舒在《必仁且智》有这个描观,很有此类味道:“其志平,其气和,其欲节,其事易,其行道,故能平易和理而无争也。如此者谓之仁。”当然,董仲舒在《对胶西王越大夫不得为仁》中甚至提出过比较“极端”的“仁”观,即“仁人者正其道不谋其利,修其理不急其功,致无为而习俗大化,可谓仁圣矣。”仁人之熟,是达于圣人之熟的地方,就是“正其道不谋其利,修其理不急其功”。这句话很有名。对于这句话,董生用功之处,显然胶着于“仁术”,着眼于做人、做官、做事、做学问。其中的先后之序,似乎使董生之“仁义”,有了效率之辨的可能,诚如朱熹几次引此语,大致概括如此:“朱子《易本义》释《复》之六四引此二语。又《语类》问正其义者:‘凡处此一事,但当处置使合宜,而不可谋利,有占便宜之心。明其道,则处此事便合义,是乃所以为明其道,而不可有计后日功效之心。正义不谋利,在处事之先。明道不计功,在处事之后。如此看可否?曰:恁地说也得。他本是合掌说,看来也须微有先后之序。’”[16]这里,把先后之序升个档次,便可划入“熟仁”之道。

当然,其“熟仁”也有神秘的表述,如讲“数”、“大数”、“天数”,“熟仁”变作“熟数”:“与天数俱终始也”,[17]这与“君子无终食之间违仁,造次必于是,颠沛必于是”有某种共通旨趣;“备天数以参事”,[18]“人之形体化天数而成,人之血气化天志而仁",[19]盖也从"天"上出源:"仁之美者在于天。天,仁也。"[20]"仁,天心,故次以天心。爱人之大者,莫大于思患而豫防之。"[21]"思患而豫防"乃为"熟仁"之道,但非要从"天"而出,被他称为"此自然致力之术也"。[22]多么好听的一个词汇!

有三点需特意说明:

一是董仲舒的"五谷之熟",令我们想起孟子"五谷之熟"的"熟仁"命题:"五谷者,种之美者也。苟为不熟,不如荑稗。夫仁,亦在乎熟之而已矣。"其实,董仲舒并不十分热衷于孟子思想,但是,孟子"熟仁"之精蕴,董生还是颇有领悟的。引用孟子的"我善养吾浩然之气",来进一步彰显"五谷之熟"牵引出的"美"或"精"、"中"或"和",在此,还是与李觏不相上下。

二是胡适说过,汉代是一个"骗子"的时代,这"骗子",可以理解是对谶纬迷信的着魔。董仲舒生活在这个充满迷信的时代,所以,受制于这个氛围,他要展开的理论势必刻上"迷信"的话语,"熟仁"也不离于此,甚至"仁"也带着"迷信"的叙述,他要被当时的人接受,就不得不使用这样的话语。

三是从《天人三策》到"具体性"连接,董仲舒盖从"术"的层面去筹划某种"熟仁"之导向,如董生标识为:"纯仁淳粹,而有知之贵也,择于身者尽为德音,发于事者尽为润泽。积美阳芬香,以通之天。"[23]于已、于身、于事、积阳、积美、通于天。这乃是对"熟仁"之特殊的环节、过程、境地之描述,被董子理解为"自然致力之术也"。这与其强调的"孔子之术"、"儒术"之层面相为致趣。

需要指出,董仲舒与孟子的关系。学术界似有定论,说董子对孟子并不感兴趣。并常以董子的"性可善"说去回应孟子的"性善"说。这有道理。问题是董子并没有全部排斥孟子的学说。更为关键的是,董子的"熟仁"观念里,是基于其"性可善"上生发而成,人"可谓有善质,而不可谓善。"[24]正因其有"善质",通过一定的方式、途径、渠道,就可引发、激活"善质",向善发展。由此,一切的"熟仁"之道,就会应运而生。在此,董子有孟子的轨迹。至于与孟子的理论渊源,不是没有,而是比较多向的。这可以从董仲舒的文献里寻其印迹。这里就不一一跟踪了。

董仲舒依据《公羊传》,向汉武帝进言《天人三策》,提倡“罢黜百家,独尊儒术”。这是倡导思想、政治与文化上的大一统。并在《春秋繁露》里提出了一系列“熟仁”之“术”,从而为比较妥善地处理汉代的政治思想和一系列社会问题,奠定了某种价值取向。在儒家“熟仁”体系里,董仲舒的贡献是:董仲舒显然建构了以“孔子之术”出发的“熟仁”之“术”:“仁”——大一统;“儒术”——具体性;“熟仁”——“熟天”到“熟人”再到“熟天人”。董仲舒的“熟仁”观是依据其书文而阐发出来的,董子本人并不如宋明理学家有此专论。所以,到此为止的有关董子本人对于“熟仁”的研判,均在宋明理学那里获得褒贬或扬弃。

二、韩愈

韩愈(768—824),字退之,河南河阳(今河南孟县)人,祖籍昌黎,故亦称韩昌黎。韩愈生活在一个佛学占据主流、儒家退居次席的时代,身为儒者的他,内心的焦虑与激愤,是可想而知的。但是,韩愈的使命正如其《原道》所说,是“明先王之道以道之”。可以说,儒家的“熟仁”,到了韩愈那里,已经需要从两个方向上展开,一个是“仁”上的继续弘扬,为“熟仁”继续鸣锣开道、提供一以贯之的基础性存在的合法理由,这就是其著名的“道统说”,另一个是“熟仁”之细节上的衔接,为“熟仁”的继续开拔提供新的理解和陈述,这就构成了韩愈自家的体悟和特色。从思想史角度言之,对于宋明理学检讨的“熟仁”,韩愈无疑是起到了承上启下不可替代的角色。

1. 韩愈之压力:从“原”到“明”的工作

那个时候,韩愈之压力,主要聚焦于儒家之“道”上。“修辞以明道”、“成人以明道”、“成文以明道”,几乎成为韩愈的终极使命。说得更贴切些,就是对儒家之“仁”的继续弘扬,以“原”佛、老流传甚广甚久之“道”的虚妄性。韩愈在《原道》里说的正是:“斯吾所谓道也,非向所谓老与佛之道也。”“原”,有探明、寻源、考究、拨乱反正之意。寻韩愈之“原”，所谓“道”，乃儒、道、佛共同使用的术语，但含义不尽相同。道、佛亦言“道”，是排斥仁义，鄙视仁义，与儒家根本对立的。佛教有“佛统”，儒家有“道统”，韩愈试图建立这个“道统”去对抗那个“佛统”，很有魄力和智慧。这一“明道”之压力，就是韩愈形成的独特的从“原”到“明”的工作路线。程伊川说过，“须是于原字上用工夫”，[26]韩愈印证了这个理。

从“原”到“明”的工作，体现在韩愈的一批“原文”里。这批“原文”包括韩愈在各阶段写的《原道》《原性》《原毁》《原人》《原鬼》。这一系列“原文”，就是明确儒家当下之立场，细细品味，此番工作里，蕴含了韩愈给“熟仁”的铺路心思。

○《原道》之“明”的工作，就是揭示儒家之“道统”。《原道》云：“尧以是传之舜，舜以是传之禹，禹以是传之汤，汤以是传之文、武、周公，文、武、周公传之孔子，孔子传之孟轲。轲之死，不得其传焉。”这就是著名的“道统”说。而这个“道”既是连接“仁义”的，《原道》云：“博爱之谓仁，行而宜之之谓义，由是而之焉之谓道”；又是维系社会生活的方方面面，它具有实践价值，《原道》这样说道：“其文《诗》、《书》、《易》、《春秋》，其法礼、乐、刑、政，其民士、农、工、贾，其位君臣、父子、师友、宾主、昆弟、夫妇，其服麻丝，其居宫室，其食粟米、果蔬、鱼肉，其为道易明，而其为教易行也。”后来，朱熹把韩愈之“道统”归结为十六字：“人心惟危，道心惟微，惟精惟一，允执厥中。”[27]后来，这十六字就成为儒家“熟仁”思想的精彩“卧底”。整个《原道》，阐明的正是儒家之“道”的平正通达性，所以谓“至道”，所以谓“熟仁”之道。

○《原性》之“明”的工作，就是揭示其“性三品”异于、优于佛、老之说。《原性》殿后之语破题：“今之言者杂佛、老而言也。杂佛、老而言也者，奚言而不异？”韩愈不认同佛、老的“人性”说，依据的观点仍然是儒家的“人性”说，但韩愈更多的是步入于孔子的“人性”观路径。宋人樊汝霖评价道：“孟子言人性善，荀子言恶，扬子言善恶混，公乃作《原性》，取三者而折之以孔子之言。其说有上、中、下之殊，于是说者纷然。”[28]此说有理。其实，孔子对于

“人性”讲得不多,最有名的是《论语·阳货》里那句“性相近也,习相远也。惟上智与下愚不移。”韩愈恰恰是在孔子的这个“人性”观的路径里,提出了著名的“性三品”说。这里有没有与“熟仁”牵挂呢?

在儒家,有“人性”思想,就有“熟仁”的期待,这是儒家“人性”论中的主流标识。韩愈之“人性”思想,也不例外。那么,《原性》里究竟存在着何种“熟仁”之期待?《原性》大致地可分为三个自然段,第一段澄清“性三品”、“情三品”以及“性”与“情”之关系;第二段举例说明性的善、恶之变化;第三段结论,即性之可变化的条件。先看一下开宗明义的那一段:

“性也者,与生俱生也;情也者,接于物而生也。性之品有三,而其所以为性者五;情之品有三,而其所以为情者七。曰:何也?曰:性之品有上中下三:上焉者,善焉而已矣;中焉者,可导而上下也;下焉者,恶焉而已矣。其所以为性者五:曰仁曰礼曰信曰义曰智。上焉者之于五也,主于一而行于四;中焉者之于五也,一不少有焉则少反焉,其于四也混;下焉者之于五也,反于一而悖于四。性之于情,视其品。情之品有上中下三,其所以为情者七:曰喜曰怒曰哀曰惧曰爱曰恶曰欲。上焉者之于七也,动而处其中;中焉者之于七也,有所甚有所亡,然而求合其中者也;下焉者之于七也,亡与甚,直情而行者也。情之于性,视其品。”

被堪称为“当时之人性学说的最高水平”[29]的此段“性三品”说,其蕴含的“熟仁”之期待,大致地看,有此层意思值得探究:上品之性是“善”的,下品之性是“恶”的,中品之性是“善、恶混”的,是可以向上、向下变化的(“导”)。这个推断来自于《原性》第二段:“孟子之言性曰:人之性善;荀子之言性曰:人之性恶;扬子之言性曰:人之性,善恶混。”其实,这个推断成立与否并非是决定性的,关键的是这个“导”字:“夫始善而进恶,与始恶而进善,与始也混而今也善恶,皆举其中而遗其上下者也,得其一而失其二者也。”中品之性是很关键的,需要引导其向“善”,而不能视其导向“恶”。如何“导”?韩愈提出的看法是“熟仁”的扩张:

一方面是主“仁”,即“上焉者之于五也,主于一而行于四”,“一”谓

"仁","主于一"则谓"主于仁";主于"仁"而行于"礼"、"信"、"义"、"智",人性则善,行动则义,这就在"熟仁"的通道里了;而"中焉者之于五也,一不少有焉则少反焉,其于四也混",中品之性者,"仁"不能缺少,如果少了"仁",其余四者皆"混",人性就会趋于"恶"、行动就会趋于"乱",所以,"熟仁"就是理所当然的法则;至于"下焉者之于五也,反于一而悖于四",不主"仁"又悖于"礼"、"信"、"义"、"智",就是"恶"的了,不仅是人性上的,而且是行动上的,所以,就必须要求得"熟仁"了。

另一方面是导"情"。就"性"与"情"的对应关系看,"情"虽然是"接于物而生",但其性质是随"性"的,"性善则情善,情善则性善。"[30]人性之善,"情"上也须导向"善"。所谓"动而处其中",就是随"性"之"善"而来的结果,"上焉者"能够合情合理、分寸得当地把握处置其"情";所谓"有所甚有所亡,然而求合其中者也","甚,过也;亡,不及也。"[31]"中焉者",对于七情的处置,存在着要么"过头"、要么"不及"的两极变化,所以,"中品之情",就是使"情"不至于"所甚"或"所亡","求合其中者也",可能就有"导情至善"的意思;至于"亡与甚,直情而行者",一味地奔情而去,不加控制,性之恶,情也随之恶。既然情善随于性善,那么,人性之善的导向就内在地规定了人情之善,而这一切的发生,是不是导出了"熟仁"的铺路呢?

其实,在《原性》里面,留驻于"熟仁"之于"导"的关切,韩愈强调了某种"熟仁"之期待,尽管这里没有出现一个"熟"字:

"后稷之生也,其母无灾,其始匍匐也,则岐岐然,嶷嶷然;文王之在母也,母不忧,既生也,傅不勤,既学也,师不烦:人之性果恶乎?尧之朱、舜之均、文王之管、蔡,习非不善也,而卒为奸;瞽叟之舜、鲧之禹,习非不恶也,而卒为圣:人之性善恶果混乎?"

其间的为善、为圣,皆在于"习"、在于"学"、在于"师"。所以,避开这些例子的真实性,韩愈想要说得很清楚,就是人性变善、人性变恶,离不开"习善"或"习恶",这就是"熟仁"与否的考量。

"曰:然则性之上下者其终不可移乎?曰:上之性,就学而愈明;下之性,畏威而寡罪:是故上者可教而下者可制也,其品则孔子谓不移也。”

其“学”也、“教”也、“制”也,均为儒家“熟仁”里的方寸。

读到这里,一个“移”与“不移”的矛盾似乎显现。有专家指出,《原性》在此的观点,是有矛盾的。这个矛盾就在《原性》的开头一句“性也者,与生俱生也”与第一段“中焉者,可导而上下也”和最后一段“是故上者可教而下者可制也”。既然人性是“与生俱生”而来,是天性,那么,还能“导”吗?既然“性之上下者其终不可移”,那么,怎能“就学而愈明”,又怎能“可教”、“可制”呢?一个似不成熟的答案,可以解释为:从“性”与“情”的关系看,“与生俱生”的是“性”,是天性,是人皆有之的性,所以叫“人性”;而“情”也是人之皆有的,但情之发,是“接于物而生”,所以,从形上学意义里看,性高于、优于情。这里,有学者肯定,由此,韩愈基本地奠定了性的本体论存在的形上学意义,撩开了宋明理学性本体论的序幕。本文比较倾向于这个研判。至于那句“不移”,是对孔子“性相近也,习相远也。惟上智与下愚不移”的折中性发挥。也就是说,前半句,韩愈作了“性三品”诠释;后半句,作了“其品则孔子谓不移也”的注解,即韩愈讲的两个对应句:“性之于情,视其品”与“情之于性,视其品”。在“品”的意义里,性与情的关系,维系住了上中下的地位,上智与下愚,皆由此性与此情为内涵,是“不移”的。这是韩愈对孔子“不移”之理解,是从性情上的理解。当然,有的学者认为,孔子讲的是“才智”的高下,不是在性情里的问题。尽管有这里的矛盾,但是,平心而论,它不可能推翻韩愈对于“熟仁”的期待,因为,那个“导”字、那个“主仁”,就足以证明韩愈在《原性》里的“熟仁”观,是透过人性里的铺路。中国哲学里讲的“天性转化为人性”、“人性转化为天性”,在韩愈的哲学情怀里,依然可见。所以,韩愈的那个“熟仁”之期待,既深刻又具体。

○《原毁》之“明”的工作,就是对发扬儒家“成人”之道的希冀。推究“毁”之于“成人”的破坏性根源,即在“怠”与“忌”。恐怕这是扫清“熟仁”路上的两大障碍。《原毁》开宗明义,提倡向圣人“不怠”、“不忌”看齐。

“古之君子,其责己也重以周,其待人也轻以约。重以周,故不怠;轻以约,故人乐为善。闻古之人有舜者,其为人也,仁义人也;求其所以为舜者,责于己曰:'彼,人也,予,人也;彼能是,而我乃不能是!'早夜以思,去其不如舜者,就其如舜者。闻古之人有周公者,其为人也,多才与艺人也;求其所以为周公者,责于己曰:'彼,人也,予,人也;彼能是,而我乃不能是!'早夜以思,去其不如周公者,就其如周公者。舜,大圣人也,后世无及焉;周公,大圣人也,后世无及焉;是人也,乃曰:'不如舜,不如周公,吾之病也。'是不亦责于身者重以周乎!其于人也,曰:'彼人也,能有是,是足为良人矣;能善是,是足为艺人矣。'取其一不责其二,即其新不究其旧,恐恐然惟惧其人之不得为善之利。一善易修也,一艺易能也,其于人也,乃曰:'能有是,是亦足矣。'曰:'能善是,是亦足矣。'不亦待于人者轻以约乎!"

"责己重以周",叫"不怠";"待人轻以约",叫"不忌"。在韩愈看来,"怠"的结果是自己不能进德修业,"忌"的结果是害怕别人进德修业。所以,韩愈要以破"怠"、"忌"为主,并用自身经历作例证,剖析"怠"、"忌"的心理原因和社会根源。认识到,此"怠"此"忌",于做人做官做事做学问,百害而无一利。韩愈的结论是:

"虽然,为是者,有本有原,怠与忌之谓也。怠者不能修,而忌者畏人修。吾常试之矣,尝试语于众曰:'某良士,某良士。'其应者,必其人之与也;不然,则其所疏远不与同其利者也;不然,则其畏也。不若是,强者必怒于言,懦者必怒于色矣。又尝语于众曰:'某非良士,某非良士。'其不应者,必其人之与也;不然,则其所疏远不与同其利者也;不然,则其畏也。不若是,强者必说于言,懦者必说于色矣。是故事修而谤兴,德高而毁来。呜呼!士之处此世,而望名誉之光,道德之行,难已!将有作于上者,得吾说而存之,其国家可几而理欤!"

韩愈以小见大,引发的概括是:人们处在这样的环境,希望名誉光大,道德弘扬,实在太难了!那些"怠者不能修,而忌者畏人修"是无助于人的发展、国家的发展的。

细细品味《原毁》，深切地感悟到韩愈写作的意图以及希冀改变这种风气的愿望。本篇里的"仁义人也"和"道德之行"，几乎涵盖了儒家"熟仁"之道的理由。儒家提倡的"熟仁"，不也就是达到这样的结局吗？不也就是落实到这样的通道里吗？那么，"熟仁"就是相当重要的事实了。

至于《原鬼》，离这里的主题还甚有距离，所以暂且不论。至于《原人》，会在"韩愈之用力"里再展述评。

还须指出，在从"原"到"明"的工作里，韩愈的内心深处，潜藏着一个"鸣不平"之压力，《送孟东野序》充分展露了韩愈"鸣不平"的精神实质，即凸显"善鸣"于"精"。

韩愈挑明，"大凡物不得其平则鸣"。物不平则鸣，人不平也则鸣。韩愈视其为一种自然现象。《送孟东野序》开宗明义："大凡物不得其平则鸣。草木之无声，风挠之鸣；水之无声，风荡之鸣。其跃也，或激之；其趋也，或梗之；其沸也，或炙之。金石之无声，或击之鸣。人之于言也亦然！"人、物不平则鸣，乃为人、物之共性。

既然如此，但要"善鸣"。"物之善鸣者"，是"择其善鸣者而假之鸣"，所以，人之鸣也得"善鸣"，但"善鸣"在哪里呢？韩愈认定，"善鸣"在"精"："其于人也亦然。人声之精者为言，文辞之于言，又其精也，犹择其善鸣者而假之鸣。"如何"善鸣"于"精"，那只能以"熟"来论之了。对此，韩愈能够以史为鉴，列举各类"善鸣"之道，以证实"善鸣"于"精"的历史诉求：

"其在唐、虞，咎陶、禹其善鸣者也，而假以鸣。夔弗能以文辞鸣，又自假于《韶》以鸣。夏之时，五子以其歌鸣。伊尹鸣殷，周公鸣周，凡载于《诗》、《书》六艺，皆鸣之善者也。周之衰，孔子之徒鸣之，其声大而远。传曰：'天将以夫子为木铎。'其弗信矣乎！其末也，庄周以其荒唐之辞鸣。楚，大国也，其亡也以屈原鸣。臧孙辰、孟轲、荀卿，以道鸣者也。杨朱、墨翟、管夷吾、晏婴、老聃、申不害、韩非、眘(慎)到、田骈、邹衍、尸佼、孙武、张仪、苏秦之属，皆以其术鸣。秦之兴，李斯鸣之。汉之时，司马迁、相如、扬雄，最其善鸣者也。其下魏、晋氏，鸣者不及于古，然亦未尝绝也；就其善者，其声清以浮，其节数以急，其辞淫以哀，其志弛以肆，其为言也，乱杂而无章。将天丑其德莫之顾邪？何为乎不鸣其善鸣者也。”

体会得出，韩愈这里的比较，有的以其文辞而鸣、有的以其术鸣、有的以其道鸣，但皆归在“善鸣”于“精”的评价里，至于“其下魏、晋氏”始，就缺乏“善鸣”于“精”了。所谓“其声清以浮，其节数以急，其辞淫以哀，其志弛以肆，其为言也，乱杂而无章”，盖为如此描观。问题是，韩愈取舍的“善鸣”于“精”，应当在儒家的传统里，“四书”、“五经”、周孔之道、孟轲之说，是韩愈最看好的“善鸣”之“精”：它们是最好的文辞里载着最好的儒道。由此看来，韩愈的“善鸣”于“精”，是继以“道统”的传统，“善鸣”于“精”与儒家之“道统”，是息息相关了。

当然，“善鸣”于“精”，并非是简单的文辞问题，更为重要的是，韩愈点在“善鸣”要“鸣”出“国家之盛邪？”韩愈送孟东野尉溧阳时，确希冀于此。韩愈以唐代之况，讲出了此番心情：“唐之有天下，陈子昂、苏源明、元结、李白、杜甫、李觀，皆以其所能鸣。其存而在下者，孟郊东野，始以其诗鸣，其高出魏、晋，不懈而及于古，其他浸淫乎汉氏矣。从吾游者，李翱、张籍其尤也。三子者之鸣，信善矣，抑不知天将和其声，而使鸣国家之盛邪？”言下之意，孟东野还逊次于陈、苏、元、三李、杜、张等，可能就在“以其诗鸣”上的不如，所以，韩愈希望孟氏能够实现“以其诗鸣”出“国家之盛邪？”那个“鸣”出“国家之盛邪”，就是“善鸣”之“精”，也属“精熟”之道了。

2. 韩愈之用力：“熟仁”之于“师”

先得把握的是，韩愈论“熟仁”，有个基本取舍，就是彰显问题，提供路标，入于通道。也就是说，韩愈在注重“熟仁”之细节的同时，更朝向一个“仁”之开拔的高度，这是因为，韩愈是在佛、老盛行的年代里，可能儒家的文化气息在当时处于“渐行渐远”、“若离若现”的态势中。那么，是什么构成了韩愈“熟仁”的基本命题或谓制高点呢？本文研究的答案是“师”，即“熟仁”

之于"师"。由此想到,由汉人韩婴提出的"尽师而熟"命题,时过六百余年后,在韩愈那里获得了进一步的承续、开拓和发挥。

韩愈的作品,可分为两大块,一块是"诗",一块是"文"。韩愈之"熟仁"思想,是浸透于其中了。在《芍药歌》,韩愈感慨:"温馨熟美鲜香起,似笑无言习君子。""熟美"与"习君子"相连接,看得出韩愈的"熟仁",仍维系于孔孟以来的"熟仁"价值观。其"诗"中的"熟仁"观,是比较诗意化的蕴含,而其"文"中的"熟仁"阐发,则显得有些理论化了。

必须指出,韩愈的"熟仁观",主旨在成人与成文的完美结合里,并围绕这个题材,展开叙述。其"诗"其"文",有的就是这里的用心,这是韩愈的特色。其实,韩愈对于"熟仁"之境地,是有特殊期待的,正如其《送高闲上人序》里描绘的:"苟可以寓其巧智,使机应于心,不挫于气,则神完而守固,虽外物至,不胶于心。尧、舜、禹、汤治天下,养叔治射,庖丁治牛,师旷治音声,扁鹊治病,僚之于丸,秋之于弈,伯伦之于酒,乐之终身不厌,奚暇外慕?"在此,韩愈所举"尧、舜、禹、汤治天下,养叔治射,庖丁治牛,师旷治音声,扁鹊治病,僚之于丸,秋之于弈,伯伦之于酒",皆言巧智与机心孕育绝技,也皆谓有娴熟之得来的精妙之局[32],尤其是那个"庖丁治牛",犹为娴熟之标的。也皆是"熟仁"之道的应对。当然,再细细品味这里的内涵,韩愈的"熟仁"之境,也注视于做人做官做事做学问,属于儒家的一以贯之的传统。

当然,有关这一切的"熟仁"期待,在韩愈那里,归结的情结是"师",即从"师"中而来的"熟仁"。那篇著名的《师说》经久不衰,可能与此有关。韩愈极为用心的"熟仁"之期待,都基于"师"的情结里。现在,就来展示这篇《师说》,以展示其"熟仁"之道。

○《师说》[全文]

古之学者必有师。师者,所以传道受(指"授")业解惑也。人非生而知之者,孰能无惑?惑而不从师,其为惑也终不解矣。生乎吾前,其闻道也,固先乎吾,吾从而师之;生乎吾后,其闻道也,亦先乎吾,吾从而师之。吾师道也,夫庸知其年之先后生于吾乎?是故无贵无贱,无长无少,道之所存,师之所存也。

嗟乎!师道之不传也久矣,欲人之无惑也难矣!古之圣人,其出人也远矣,犹且从师而问焉。今之众人,其下圣人也亦远矣,而耻学于师。是故圣益圣,愚益愚。圣人之所以为圣,愚人之所以为愚,其皆出于此乎?爱其子,择师而教之;于其身也,则耻师焉,惑矣。彼童子之师,授之书而习其句读者,非吾所谓传其道解其惑者也。句读之不知,惑之不解,或师焉,或不焉,小学而大遗,吾未见其明也。巫医乐师百工之人,不耻相师。士大夫之族,曰师曰弟子云者,则群聚而笑之。问之,则曰:‘彼与彼年相若也,道相似也,位卑则足羞,官盛则近谀。’呜呼!师道之不复,可知矣。巫医乐师百工之人,君子不齿,今其智乃反不能及,其可怪也欤?

圣人无常师。孔子师郯子、苌弘、师襄、老聃,郯子之徒,其贤不及孔子。孔子曰:‘三人行,则必有我师。’是故弟子不必不如师,师不必贤于弟子。闻道有先后,术业有专攻,如是而已。

李氏子蟠,年十七,好古文,六艺经传皆通习之,不拘于时,学于余。余嘉其能行古道,作《师说》以贻之。

《师说》,乃是儒家之经典,更为儒家“熟仁”之教科书。因为,讲“熟”,必讲“师”。这是儒家的传统。在儒家看来,“熟仁”,离不开“师”之所为。孔子的“博学而笃志,切问而近思”,不就涵盖了“师”之问题?求“熟”,就得求学,求学就得求师,韩愈是点到要害了。

在此一字不漏地袭录《师说》,其用意就在借此展露儒家“师道”观里的“熟仁”期待,被韩愈揭橥。共有三处:

一是,论从师之必要与原则。因为有“道”,所以有“师”;因为“闻道有先后”、“术业有专攻”,所以有“师”之;因为人非“生而知之”,所以有“师”之;因为有“传道受(指“授”)业解惑”,所以有“师”之。即便是圣人,也会从“师”之。这是“师道”存在的理由呀。二是,责时人耻于从师之陋习。耻于从师、从师又不能显示“师道”、又对学于师者加以讥笑嘲讽,乃时下脱落“师道”之风,即便“士大夫”之流,也不如“不耻相师”的“巫医乐师百工之人”,可悲呀!三是,“熟仁”之特定期待。“熟”离不开“学”与“教”,而“学”与“教”,恰恰属于“师”的问题,韩愈夸奖李氏子蟠“年十七,好古文,六艺经传皆通习之,不拘于时,学于余”,似乎暗示了这层关系,所谓“皆通习之”,就是一种“熟”的境地。所以,归纳地说,通过《师说》,韩愈在儒家“熟仁”的路径里,提高了对于“师”的充分肯定,又转过来确定了“学”至于“熟”的重要性。

在此,须提及稍《师说》(贞元十八年)后作的《进学解》(元和八年)。韩愈专作《进学解》,通过一个“勤”字,提炼出“业精于勤”的“熟仁”之道,对“学”至于“熟”作了充分展露,并结合亲身体验,诲之于诸生“先生之业可谓勤矣”。不妨摘录若干警句,以示其实:

“业精于勤,荒于嬉;行成于思,毁于随。”

“诸生业患不能精。”

“先生口不绝吟于六艺之文,手不停披于百家之编。记事者必提其要,纂言者必钩其玄,贪多务得,细大不捐。焚膏油以继晷,恒兀兀以穷年。先生之业可谓勤矣。”(这是对“业精于勤”的一种“熟”之描述)

“先生之于文,可谓闳其中而肆其外矣。少始知学,勇于敢为,长通于方,左右具宜。先生之于为人,可谓成矣。”

“精于勤”,是“熟仁”之道;而“熟仁”之境界,就是获得“成文”和“成人”。韩愈提倡的“古文运动”,追求“文以载道”,恰恰就是“成文”和“成人”的结合,做到了,就是一种“仁熟”之境地。韩愈是在极力追慕这样的“仁熟”之地。在《答尉迟生书》,对于“成文”和“成人”的完美结合,韩愈给予了极大的倾注,也成为韩愈评价人之尺度:

“愈白尉迟生足下:夫所谓文者,必有诸其中,是故君子慎其实。实之美恶,其发也不揜。本深而末茂,形大而声宏,行峻而言厉,心醇而气和;昭晰者无疑,优游者有余,体不备不可以为成人,辞不足不可以为成文。愈之所闻者如是,有问于愈者亦以是对。”

在此篇的字里行间,体会出韩愈对于“成人”与“成文”是多么关切,用来形容“体备”、“辞足”的话语,又显得多么的“至熟”内涵。评价尉迟氏,韩愈的标尺就是如此精到。教书育人,就得有这类功效。这里,再读一篇《答吕翌山人书》,似乎看得更细些:“以吾子始自山出,有朴茂之美意,恐未砻磨以世事。又自周后文弊,百子为书,各自名家,乱圣人之宗,后生习传,杂而不贯,故设问以观吾子。其已成熟乎,将以为友也。其未成熟乎,将以讲去其非而趋是耳。”“山人”,既有标的出于何处之人,又隐含一层“高人”、“完人”之意。高步瀛在《唐宋文举要》(甲编卷二)考辨云:“山人之称,盖盛于唐。《新唐书·武后纪》曰:‘延载元年七月癸未,嵩岳山人武什方为正谏大夫,同凤阁鸾台平章事。’《李泌传》曰:‘著白者山人。’厥后水南山人、水北山人、少室山人之号纷纷矣。吕翌山人特未知何许人耳。”此段言韩愈所以造就“山人”之意,窃以为是取“完人”之意。韩愈在此突出的是如何至于“成熟”。虽“有朴茂之美意,恐未砻磨以世事”,恐怕就是“熟仁”不够(即所谓“恐未砻磨”),所以就难以“成熟”。“成熟”者,可以为“友”;未“成熟”者,就得“去其非”而“趋”于“习熟”以“世事”,这是韩愈期待“有朴茂之美意”者在不断的“砻磨”里“成熟”。

韩愈对“师”有着极其重要的认识,在《原道》里,把“师友”纳入与“君臣”、“父子”后之等级,就不言而喻了。在此,又助于《进学解》和《答尉迟生书》之辨,一者意在加强与《师说》之联结,一者意在表明其与“熟仁”究竟是个重要关节。

“师”之工作,是“传道受(指“授”)业解惑”,更是“熟仁”的基础性工作。孔子、孟子立意的“熟仁”之道,其实都蕴含了不可或缺的“师”之工作。然而,在孔、孟两位的“熟仁”观里,对于“师”的重要性,有认识、有叙述。那个著名的“伯乐”与“千里马”之喻,已经充分地蕴含了韩愈对于“师”之重要性认识,但像提高至韩愈《师说》的程度,就是韩愈的特殊贡献了。这里,须提及三篇文献,全为韩愈“熟仁”之于“师”的铺路。

其一,《原人》篇。“师”之于“仁”,需要建立在对“仁”的哲学性质的把握,才能一以贯之地传承下去。也就是说,“熟仁”里,蕴涵了一个使命,就得把“仁”,作为一种知识,必须发扬光大,传授下去,韩愈认定,这是“人”的使命,“儒”的使命,更是“师”的使命。于此,儒家的“师道”就应运而生。“熟仁”之于“师”,也就属于“师道”的规定。哲学性质地把握“人”(即“仁”),就进入到了韩愈的视野。

○《原人》[全文]

形于上者谓之天,形于下者谓之地,命于其两间者谓之人。形于上,日月星辰,皆天也;形于下,草木山川,皆地也;命于其两间,夷狄禽兽,皆人也。曰:然则吾谓禽兽人,可乎?曰:非也。指山而问焉,曰:‘山乎?’曰:山,可也。山有草木禽兽,皆举之矣。指山之一草而问焉,曰:山乎?曰:山则不可。故天道乱而日月星辰不得其行,地道乱而草木山川不得其平,人道乱而夷狄禽兽不得其情。天者,日月星辰之主也;地者,草木山川之主也;人者,夷狄禽兽之主也。主而暴之,不得其为主之道矣。是故圣人一视而同仁,笃近而举远。

《原人》,亦可作《原仁》,朱熹云:“‘人’或作‘仁’。”[33]据此可释,韩愈《原人》,就是要“原”出人之于“仁”为人之存在的根据。其中最重要的命题是“夷狄禽兽,皆人也”?韩愈的回答是:“然则吾谓禽兽人,可乎?曰:非也。”韩愈是不同意禽兽与人等量齐观,为什么?“貌则人,其心则禽兽,又恶可谓之人邪?”[34]禽兽无“仁”,人则为“仁”,故“仁”乃为人异于禽兽之根本。韩愈试图获得对“仁”的这种张扬,为“熟仁”厘清“熟”之意义,目的是鞭打出人之所为的根据。从“异”之角度看,人是优于禽兽,在于人是“夷狄禽兽之主”,人能够控制性情,乃高于“夷狄禽兽”之上,然而,一旦人失去对于性情的控制(“暴”),没有“仁义”之性,则与“夷狄禽兽”相差无几了。故圣人一概以“仁”对待天底下的一切,由近及远,这就叫“圣人一视而同仁,笃近而举远”。对于“原人”之举,韩愈的意图是须“原”出个“仁”之举,有如“尊师重傅,亲贤远佞,非礼勿践,非义勿行”等生活世界的方方面面,为做人做官做学问,确立一个“规矩”。“熟仁”,就是在这样的“规矩”里,即在“仁”里找到做事之“熟”。这就远离“夷狄禽兽”之别了。韩愈在《原毁》里定义“仁义,人也",以彻底了清、还原人之底据。就此而看,"原人"之于"原仁",以"仁"释"人",要追究出("原")人之"仁"来,是韩愈《原人》之真谛。

其二,《省试颜子不贰过论》。"师"之于"仁",有好学之质,颜子之精神,可供之为"师"。有关颜回属于"至熟"还是"未至熟",是儒家"熟仁"中的必须话题,几乎所有的儒者都会涉足并研判,只要他们谈到颜子。[35]韩愈也不例外。更具实际意义的是,韩愈借颜子之"不贰过",谈出了他自家的"熟仁"之道,即指点在颜回的精神上,也为"师"之榜样。

此篇是韩愈在贞元九年应试博学宏辞试所论,试题为:"论曰:登孔氏之门者众矣。三千之徒,四科之目,孰非由圣人之道为君子之儒者乎?其于过行过言,亦云鲜矣,而夫子举不贰过,惟颜氏之子,其何故哉?请试论之。"看韩愈的试论。

○《省试颜子不贰过论》[全文]

夫圣人抱诚明之正性,根中庸之至德,苟发诸中、形诸外者,不由思虑,莫匪规矩,不善之心无自入焉,可择之行无自加焉,故惟圣人无过。所谓过者,非谓发于形,彰于言,人皆谓之过而后为过也。生于其心则为过矣,故颜子之过此类也。不贰者,盖能止之于始萌,绝之于未形,不贰之于言行也。《中庸》曰:'自诚明,谓之性;自明诚,谓之教。'自诚明者,不勉而中,不思而得,从容中道,圣人也,无过者也;自明诚者,择善而固执之者也,不勉则不中,不思则不得,不贰过者也。故夫子之言曰:'回之为人也,择乎中庸,得一善,则拳拳服膺而不失之矣。'又曰:'颜氏之子其殆庶几乎?'言犹未至也。而孟子亦云'颜子具圣人之体而微'者,皆谓不能无生于其心,而亦不暴之于外。考之于圣人之道,差为过耳。

颜子自惟其若是也,于是居陋巷以致其诚,饮一瓢以求其志,不以富贵妨其道,不以隐约易其心。确乎不拔,浩然自守,知高坚之可尚,忘钻仰之为劳,任重道远,竟莫之致。是以夫子叹其'不幸短命,今也则亡',谓其不能与己并立于至圣之域,观教化之大行也。不然,夫行发于身加于人,言发乎迩见乎远。苟不慎也,败辱随之,而后思欲不贰过,其于圣人之道不亦远乎？而夫子尚肯谓之‘其殆庶几’？孟子尚复谓之‘具体而微’者哉？则颜子之不贰过，尽在是矣。谨论。

在这篇不到六百字的试论里，没有出现一个“熟”字，但透过其字里行间，显示出韩愈的基本态度，就是肯定颜子虽与“至圣”仍有距离，但其不断的“至圣”之“熟”的努力，是极为可嘉、令人钦佩的。

此二段，前段讲出圣人之“熟”的最高境地，乃为“圣人无过”，后段讲出颜子之“熟”的可敬之处，乃为“具体而微”之圣人。

先就前段论之。在此段里，重要的是，韩愈仍留驻于儒家“熟仁”的路径里提炼出：圣人无过，皆为“至熟”的设想。换句话说，就是揭示了“圣人之域”的要素，“圣人无过”的“至熟”境地。对此，韩愈是借了《中庸》说出了此理。而颜回恰恰“未至也”。因为颜子毕竟还有一“过”。这就是“差距”。所以韩愈感慨：“考之于圣人之道，差为过耳”。

后段则充分肯定颜子的后天努力，彰显出颜子之“熟”的环节。虽谓“不贰过”，但更重要的是颜子的精神。二程说这是颜子之好学，而韩愈却以“精神”上把握，向比二程，似先占一高度性的解释。颜子是具体圣人，则正在于其行动中的考量，是一种儒家唤之为“确乎不拔”、“任重道远”的精神。韩愈在《闵已赋》，感叹今人不如颜子，也正在于精神和努力上的差距：“余悲不及古之人兮，伊时势而则然。独闵闵其曷已兮，凭文章以自宣。昔颜氏之庶几兮，在隐约而平宽。固哲人之细事兮，夫子乃嗟叹其贤。恶饮食乎陋巷兮，亦足以颐神而保年。有至圣而为之依归兮，又何不自得于艰难。”这就是韩愈笔下的颜子，其“自得于艰难”的精神，对于时下“不及”之“悲”，是多么耐人寻味！

其实，韩愈对“颜氏不贰过”的解释，在后人那里，是有些许分歧的。也就是说，韩愈释“不贰过”，与传统说法有异。《论语·雍也》何晏注：“不贰过者，有不善未尝复行。”邢昺《疏》云：“人皆有过惮改。颜回有不善未尝不知，知之未尝复行，不贰过也。”孔颖达《疏》云：“圣人知几。颜子亚圣，未能知几，但殆近庶慕而已。若知几之人本无不善，以颜子未能知几，故有不善。不近于几之人,既有不善不能自知于恶。此颜子以其近几,若有不善未尝不自知也。知之未尝复行者,以颜子通几,既知不善之事,见过则改,未尝复更行之。但颜子于几理闇昧,故有不善之事于形器显着,乃自觉悟,所有不善未尝复行。"

何、邢、孔此说,皆实本《周易·系辞下》所云"子曰:'颜氏之子其殆庶几乎?有不善未尝不知,知之未尝复行也。'"和《论语·雍也》所云"有颜回者好学,不迁怒,不贰过,不幸短命死矣,今也则亡,未闻好学者也。"也皆以有过失于前,而后不再重犯为"不贰"。而且,孔《疏》之论,更着重于颜子"不熟"之原因分析,认为是"未能知几"。故韩愈此论,颇有微词。清人王元启就这样评道:"过虽心生,亦有心所未及,偶失之于言行者。失于言行者其过浅,根于心者其过深。颜子之过,无论发于言、彰于形、生于心,一过之后,终身不再,故曰'不贰'。今但以不发于言、不彰于行为能止之于始萌,绝之于未形,则如薙草者,但能折其牙萌,不能除其根本。韩于他论皆不诡于圣人,独此一节有意求深,反致遗深而得浅。"[36]其实,王氏之论,也有可商榷之处。韩愈所论,更注重在颜子"自得于艰难"的精神上,其实,那就是言、行、心的统一。"至熟",大概就是如此践履吧。韩愈夸奖颜子,恐怕也在此处愿做文章。

在"熟仁"问题上,韩愈侧重于"行"难。在韩愈看来,"熟仁",乃是行动中的"艰难",对"行",韩愈有很深刻的认识,"读来一遍,不如亲口颜色,随问而对之易了。"[37]这里,不妨发挥一下其"艰难"之处。韩愈作过《行难》,虽为举贤之作,依据的则是"言之非难,行之为难。故以名篇。"表明"行"之难度。具而论之,有几个凸显点:

一是求"悔"。韩愈著过《五箴》,有一箴是专论"行"之于"悔"的问题,也意在凸显行动之艰难。题名即谓"行箴"。《五箴·行箴》云:"行与义乖,言与法违,后虽无害,汝可以悔。行也无邪,言也无颇,死而不死,汝悔而何?宜悔而休,汝恶曷瘳?宜休且悔,汝善安在?悔不可追,悔不可为,思而斯得,汝则弗思。"大意是,言、行不当,追悔莫及;有悔的心思,就能阻止言、行不当。儒家讲"熟"中有悔,[38]韩愈颇有心领神会之处。

二是求"通"。韩愈著过《通解》,虽为"通才"之辨,但其中不乏"熟仁"之理。透过《通解》,提炼其精辟,可圈可点处在:第一,求"通"在求教求师:"且五常之教,与天地皆生。然而天下之人,不得其师,终不能自知而行之矣。"第二,求"通"在"通于道义",这是"熟仁"之归宿,韩愈作了儒家意义里的"通"之古今之比较:"且古圣人言通者,盖百行众艺备于身而行之者也;今恒人之言通者,盖百行众艺阙于身而求合者也。是则古之言通者,通于道义;今之言通者,通于私曲,其亦异矣!"第三,求"通"在勤于力行:"夫古人之进修,或几乎圣人。今之人行不出乎中人,而耻乎力一行为独行,且曰:'我通同如圣人。'彼其欺心邪?"讲"通",韩愈秉守的哲学信念仍是儒家的"圣人之德与天地通"[39]盖"熟仁"之最高境地也。

三是求"精"。《送孟东野序》里的"善鸣"于"精",是给"熟仁"的铺路;《进学解》里的"业精于勤",是给"熟仁"的注脚。而《明水赋》却给"精"提供了哲学底据。《明水赋》开宗明义:"古者圣人之制祭祀也,必主忠敬,崇吉蠲。不贵其丰,乃或荐之以水;不可以黩,斯用致之于天。其事信美,其义惟玄。月实水精,故求其本也;明为君德,因取以名焉。于是命烜氏候清夜,或将祀圆丘于玄冬,或将祭方泽于朱夏。持鑑而精气旁射,照月而阴灵潜下。视而不见,谓合道于希夷;挹之则盈,方同功于造化。"意思是,水,具有特殊之道德蕴意,韩愈"荐之以水"的理由,就是水拥有的"精";持之"精",则谓"合道"之处;有其"合道"之"精",则有"造化"之举。所谓"明君之德",实乃效法"水精"。所以,"熟仁",也得如"水精"之"明"一般,"方同功于造化"。这是韩愈之"精"处。

"悔"、"通"、"精",是韩愈"熟仁"之于"业精于勤"的深化,更是之于"行动"中的"艰难"之处。"熟仁"全在"勉哉耘其业,以待岁晚收。"[40]只有辛勤耕耘,才有成熟之粮、之业。这就是"艰难"的地方。可以说,韩愈毕生都在寻求化艰难为易之行,也即这个"熟仁"症结。韩愈真是道出自己为"师"的所以然,《原道》里的那句总括性的话"其为道易明,而其为教易行也",真实地流露出韩愈的此番心切,即为"教"易行的"师"之道也。

其三,《答侯生问〈论语〉书》。“师”之于“仁”,求得“熟仁”之“大而化之”。“师”之使命有二重,既是为己之熟,又是为人之熟,皆在主体之备,“则足以信后生辈耳。”归结在一个字上,就是“诚”。“师”之出于“诚”,使命才不妄,也使“熟仁”有了切实的根底。

○《答侯生问〈论语〉书》[全文]

愈白。侯生足下,所示《论语》问甚善。圣人践形之说,孟子详于其书,当终始究之。若‘万物皆备于我,反身而诚’是也。苟有伪焉,则万物不备矣。践形之道无他,诚是也。足下谓贤者不能践形,非也。贤者非不能践形,能而不备耳。形言其备也,所谓具体而微是也。‘充实之谓美,充实而有光辉之谓大。’充实则具体,未大则微。故或去圣一间,或得其一体,皆践形而未备者。唯反身而诚,则能践形之备者耳。愈昔注解其书,而不敢过求其意,取圣人之旨而合之,则足以信后生辈耳。此说甚为稳当,切更思之。愈白。

“践形”,实乃是个身体力行的问题。《孟子·尽心上》:“形色,天性也,惟圣人然后可以践形。”赵岐注:“形,谓君子体貌尊严也。践,履居之也。圣人内外文明,然后能以正道履居此美形。”“正道”在“诚”。韩愈以此为答题之重。

此篇小文,浓缩了儒家“熟仁”思想之精蕴。尤其体现了孟子“熟仁”之精神。有一处尤为精到,即是“践行之道无他,诚是也。”“熟仁”,就是对“仁”的身体力行,韩愈指意于孟子的“反身而诚”上,己备才有物备。这“己备”,就是“诚”的充实。对此,韩愈有两个着眼点,一是“圣人践形之说”,是言行至诚的整体性确认。“或去圣一间,或得其一体”,皆谓“未熟”;二是“践形之道”,是“具体而微”,这是“诚”的“履居”,也是“熟仁”之状态,“充实之谓美,充实而有光辉之谓大”,在“熟”而已,说到底,这是“诚”的充实、光辉而至于“大而化之”。在此,韩愈凸显一“诚”字,来涵泳孟子的“万物皆备于我,反身而诚”与“充实之谓美,充实而有光辉之谓大”的内在联结,是韩愈“熟仁”之观的特殊智慧。

也可作另一思忖:问《论语》,韩愈特意取孟子“充实之谓美,充实而有光辉之谓大”这一被宋儒极为看重的“熟仁”观印证,是儒家“熟仁”观的共通旨趣吧?

结论就是,韩愈的“熟仁”观,集中于“成人”与“成文”上,最大的凸显,是“师”。在韩愈看来,“道统”之于“师”、“导性”之于“师”;“成人”之于“师”、“成文”之于“师”;从“原”到“明”之于“师”、引领社会之于“师”,“师”之无孔不入、作用非凡。更切题地看,“熟仁”之于“师”,这是韩愈自孔子“师”观以来,《韩诗外传》“尽师而熟”命题上的重大发展。韩愈以其非常优秀超人的文学艺术来表达“熟仁”哲理,真正实现了他希冀的“文以载道”。

当然,也必须指出,当时韩愈还面临一个重大使命,就是做个为儒家辟佛老的急先锋,完成儒家从“原”到“明”的所谓“拨乱反正”。所以,韩愈就不像宋儒对“熟仁”有专门的论述研究。尽管如此,韩愈的“熟仁”观,也并不逊色,正是处于“拨乱反正”中的叙述,反衬托出韩愈颇具特色的一面。尤其是那个重“师道”之于“熟仁”的价值取向,已经把“师道”注入进了儒家“熟仁”理性,并成为其中的基本元素;包括那篇著名的《师说》,至今天来看,依然可以称为经久不衰的中国人的“师道”所具有的伟大意义。令人汗颜的,只是我们对“师道”之尊的“每况愈下”。

三、王安石

王安石(1021—1086),字介甫,号半山,抚州临川人(今江西抚州),北宋大政治家和思想家。神宗熙宁二年参知政事,后任宰相官职,曾推行新法,史称“熙宁新政”、“熙丰新法”,这就是王安石变法。变法受挫,熙宁七年、九年二度罢相,可想而知,其新政、新法所遭遇到的抵制和实施的难度。二程评价王安石变法失败,一个重要原因,就是介甫不“熟”,可能还是蛮切中要害。尽管这是一个仁者见仁、智者见智的问题。关于这一评价,会在二程的“熟仁”章节里,有专门涉及。

王安石，亦可为一“精”字概括。其后学陈九川为《王临川文集》作后叙，讲得深刻且具体，开宗明义的一句话，挑得彻底明了：“夫公之相业，明道象山之论，公矣精矣。”[41] 其“精”何以见得？此乃“熟仁”上见得，其压力和用力上，使这个具体化了。

经过汉唐，历史进入到北宋，儒家思想在纷繁复杂的佛教和道教的“夹击”下，逐渐恢复“元气”，逐渐获得正统地位所需要的“输氧”，王安石站在一个新的历史制高点，试图以儒家思想为指导进行一场变法运动，这对于儒家“熟仁”思想的运作，具有无可争辩的现实性统观。

1. 王氏之压力

这压力，须联结王安石“两新”而论，一新是政治上的，叫“熙宁新政”，另一新是改造经学，叫“荆公新学”。而后者最终是为其变法（“新政”）服务的。

王安石的一生，功过是非，与其变法新政息息相关。希冀“新政”之实现，可是眼下之风气，从上到下、从官方到民间，令介甫深感压力。在《上时政疏》，王安石一针见血：“方今朝廷之位，未可谓能得贤才，政事所施，未可谓能合法度。官乱于上，民贫于下，风俗日以薄，才力日以困穷，而陛下高居深拱，未尝有询考讲求之意。”要匡正社会，推行新政，最大限度地化解其压力，王安石的用力之处，就成为题中之题。也就构成了其“熟仁”的特定视阈。

具体来讲，有一种“熟仁”的渴望，统领于其改变之压力中，激活王安石力主新政。这可以从那个著名的《上仁宗皇帝言事书》里，大致找到这个逻辑。

其一，按儒家方略，希冀先王之政，更具体地说，是希冀孟子“仁政”之实现。王安石坦诚相告：“今朝廷法严令具，无所不有，而臣以谓无法度者，何哉？方今之法度，多不合乎先王之政故也。孟子曰：‘有仁心仁闻，而泽不加于百姓者，为政不法于先王之道故也。’以孟子之说，观方今之失，正在于此而已。”孟子之“仁政”，是推扩孔子之“仁”，是孟子“熟仁”的重要领域之一。“孟子之言不为过”，所以，介甫极力推行孟子的“仁心仁闻”，希冀的是其“仁政”的实现。这对王安石来说,仍然是一个“熟仁”的考验。不是吗?

其二,要至于“新政”之“熟”。王安石力主的是:“臣又观朝廷异时欲有所施为变革,其始计利害未尝熟也,顾一有流俗侥幸之人不悦而非之,则遂止而不敢为。”王安石看到了朝廷周围大有反对“新政”之流,所以极力向仁宗皇帝要“熟”于变革之利害,要“创法立制”、“不畏艰难”,而那些“一有流俗侥幸不悦之言,则遂止而不敢为者,惑也。”“惑也”,就是不“熟”这“新政”的“创立法制”和“先王之政”的性质。对“新政”的考验,“人言不足畏”,就是这个“熟”理。即便遭遇司马光等人的反对,王安石还是认定了这个“不畏”之“熟”理。

其三,“精”字脱颖而出。求“熟”在于“精”。透过各种反对“新政”阻力之背后,要力排非议和阻力,王安石试图以“精”字去“虑之以谋,计之以数,为之以渐,而又勉之以成,断之以果”地实现“新政”,“则其为甚易也”。“为甚易”,取决于“精熟”之“精”上。对此,有两个点上,是介甫考虑之重。一是王安石希冀“先王之政”、“仁政”为其“新政”鸣锣开道,其实质是“移其精神”:“夫古之人,以朝夕专其业于天下国家之事,而犹才有能有不能,今乃移其精神”,为“新政”所用。二是王安石力主的“熙宁新政”,是涉及比较全面的“变法”,为了凸显其效率与特色(至少与范仲淹主导的“庆历新政”之相异),介甫极力用心于“精熟”之“精”上,并从哲学上论证“熟仁”之功,即谓“莫先于精”。所以,由“精”字开道,王安石找到变法的切入口:“大明法度”、“众建贤才”、“治财理财”,“此三者,先王之法所先急也”,也为“精熟”之“精”:“盖夫天下至大器也,非大明法度,不足以维持,非众建贤才,不足以保守。”[42]“自古治世,未尝以不足为天下之公患也。患在治财无其道耳……诚能理财以其道,而通其变”,是“熟”耳,是“精”耳!

2. 王氏之用力:“精”字考量

王安石的“熙宁新政”,也被他称为是孟子“仁政”的继续与扩大。其用力之处,是放在“仁”之“精”上。一个“精”字,“熟仁”在介甫那里,获得了特殊之处,即是为其"新政"上之考量。

在先,需得晾晒王安石绰绰有余的"熟仁"之切,是其鲜活心得,读来颇有意境。对于各尽心,处事处,介甫不时以"熟"字照会,搜索《王安石全集》,以下点评,颇具此番照会所在:

"臣又观朝廷异时欲有所施为变革,其始计利害未尝熟也。"(《上仁宗皇帝言事书》)

"本末先后小大详略之方已熟于圣心。"(《论馆职札子一》)

"臣或熟闻而未识,或熟识而未敢任。"(《论馆职札子二》)

"既又熟计论道之官,固非所宜。"(《答手诏留居京师札子》)

"若夫施政之后先,生财之本末,盖尝深思而熟讲,殚见而洽闻。"(《翰林学士除三司使制》)

"然则舍鲧而熟使哉"(《鲧说》)

"熟贤牧之爱民"(《上邵学士书》)

"尔其精思熟考,自勉以古之良史。"(《范镇加修撰》)

"还江南,始熟而慕焉友之,又作文粗道其行。"(《答段缝书》)

"知导引事稍熟,希为人慎疾自爱,幸甚。"(《与郭祥正太博书》)

"顾非与足下久相从而熟讲之,不足以尽也耳。"(《答李资深书》)

"所谓火革者何?革生以为熟,革柔以为刚,革刚以为柔,此之谓革。"(《洪范传》)

"有人于此,羞善行之不修,恶善名之不立,尽力乎善,以充其羞恶之性,则其为贤也熟御哉?"(《杨孟》)

"顺而巽,其进也熟御焉。"(《卦名解》)

"苟非其人,熟与于此。"(《除平章事监修国史谢表》)

这里所说的"熟"字,是颇有用意的,可分两个层次,一个层次是着眼于"熟"之对象,即"熟于圣心"、"熟贤"、"熟闻"、"熟识"、"熟计"、"熟使"、"熟讲"、"熟考"、"熟御";另一层次是着眼于"熟"之程度,即"稍熟"、"始熟"、"生熟"、"尝熟"。这些都连接着介甫对于"精"字的"熟仁"考量。这是王安

石“熟仁”观上的最大亮点和极高亮度。其实,透过王安石文集,每每字里行间,虽不用“熟”字,依然是“熟仁”之倾述:

“辄留玩读,研究义味也”(《再答吕吉甫书》)

“涵儒盛德”(《再上龚舍人书》)

“若了其语意,则虽不著二边而著中边,此亦是著。”(《答蒋颖叔书》)

“得其中而行之”(《上蒋侍郎书》)

“纯德至行”(《上宋相公书》)

“未见有切瑳琢磨如古之朋友”(《与不莘老书》)

“不能以须臾忘也”(《上富相公书》)

“不敢须臾忽也”(《答王景山书》)

“执事之用心,持久而力行”(《上张太博书二》)

“圣人之说,博大而闳深,要当不遗余力以求之”(《答陈柅书》)

“在力行之而已”(《与孟逸秘校手书》)

“则煦煦然仁而有余于仁矣”(《送陈升之序》)

拿这些话语与孔、孟“熟仁”之道相咀嚼,真是有异曲同工之妙也。那句“则煦煦然仁而有余于仁矣”,更是“熟仁”之切切。当然,王安石的“熟仁”特色,要在一个“精”字。细究一下这“精”字,有以下特色,须梳理到位:

其一,哲学上的论证。王安石追求“至精”、“至神”,是渊源于儒家圣人系列的扩张,又用心于弘毅孔孟之道。在《原性》,王安石“原”到圣人之“精”:“伏羲作易,而后世圣人之言也,非天下之至精至神,其孰能与于此?孔子作春秋,则游、夏不能措一辞。盖伏羲之智,非至精至神不能与,惟孔子之智,虽游、夏不可强而能也。”从“熟”上考虑,伏羲之“智”,乃出于“至精至神”,故为“智”之“熟”;孔子之“智”,也出自“至精至神”,非为子游、子夏所能到达,这是孔子之“熟”。

对于“精”,王安石给予了哲学上(“五行”)的论证。颇有新意。在《洪范传》,王安石指证:“天一生水,其于物为精,精者,一之所生也。地二生火,其于物为神，神者，有精而后从之者也。天三生木，其于物为魂，魂，从神者也。地生四金，其于物为魄，魄者，有魂而后从之者也。天五生土，其于物为意。精、神、魂、魄具而后有意。自天一至于天五，五行之生数也。”精为物之最高形态，神、魂、魄、意皆在其后；掌握“精”，就是要“熟”之“天一”，即熟道，这叫“由于道、听于道”；更为形而上的是，王安石从中归纳出“生数”，熟道，具体的就是熟到五行之“生数”，这是“志”的确认：“志致一之谓精，唯天下之至精为能合天下之至神。精与神一而不离，则变化之所为在我而已。是故能道万物而无所由，命万物而无所听也。”[43]这一“志”上的确认，令人想起孔孟以来的“熟仁”思想里“志”之重要地位。王安石“志”在一“精”，确是分量很重。所以，对于“志”的异乎寻常的关注，王安石并不逊色，他向皇上奏折，坦诚发誓：“匹夫之志，有近于义”，又以“匹夫不可夺志”，[44]来表达变法的决心。足可见一番。

需要注意“则变化之所为在我而已”这句话。“熟仁”，在王安石“精”之路径里，确实存在这个志在一“精”的制高点，这可能与其推行新政有关。这句话里的“化”与“我”，点拨出志在一“精”的“熟”，有内外之应。外之“变化”，内之“在我”，志在一“精”，属于内之“在我”的掌控之中；其“变化”之道，就是“在我”的实现。所以，“熟仁”之于介甫的新政，也就是维系内之“在我”的制高点上，这就叫“德在我也”；[45]志一之“精”，基础性地确立了“熟仁”的圆心。这是王安石对于孔孟“志”之于“熟仁”的新拓之处。在孔子和孟子那里，“志”之主要确立于三个基本立场，一是志于道、志于仁，一是志于“学”，一是这个“志”，是由我作主的。王安石也取向于此，“（安石）曰有志乎道可也”；[46]又如他坚持“仁义塞其中，泽于面，浃于背，谋于四体而出于言，唯志仁义者察而识之耳。”[47]也并不怀疑“志于学”的重要性，不是不要学，而是基于新政之目的，其“志”之取向就必须看高一线。介甫说得明白：“皆前世致精好学圣人者之所建也，后世之人守其成法，而安能知其始焉？”[48]这就意味着，孔孟“熟仁”之路径，其通道取向之确定，是可以由我掌控的，是由初到高、由浅到深、由粗到精的过程，而王安石立足的基点，是莫先乎于志之于"精",所谓"莫先于精",盖出自于介甫"熟仁"之功。在这个制高点上,王安石那个"在我"、那个"志乎道"、"志仁义"、那个"习必于仁义",才有更大的绩效。至于这个"变化"里究竟包含了何种意义之"熟",后面还有具体说明。

其二,"精"字之用。提炼的"精"字,实为"熟仁"之用。王安石非常用心于此,不断提出"精熟"之用的问题,如何实现求精之熟?他说了这个比较:"故古之人言道者,莫先于天地;言天地者,莫先乎身;言身者,莫先乎性;言性者,莫先乎精。精者,天之所以高,地之所以厚,圣人所以配之。故御,人莫不尽能,而造父独得之,非车马不同,造父精之也。射,人莫不尽能,而羿独得之,非弓矢之不同,羿精之也。今之人与古之人,一也,然而用之则二也。"[49]"用之则二",讲出了这个理。同样的车马、同样的弓矢,能熟用或不熟用,全在一"精"字所下的"用"之功夫而已。

当然,再细化一下王安石的"精"字之用,还是颇有价值的,一来可丰富儒家"熟仁"之道,二来可照观出王安石"熟仁"之细节。对此,王安石匠心于下:

有一连串带"精"字的实际对象和实践意义,读来颇觉新鲜,仿佛置身于其中,那个"莫先乎精",竟会带来各尽心思之无限:

"精思熟考"

"储精晦思"

"句为精新"

"精义入神"

"绍明精义"

"精心祈向"

"豪迈精绝"

"精敏强果"

"又常精出"

"宽通精明"

"忠精无疵"

"垂精宠答"

"精诚式孚"

"精神文明"

"义精仁熟"、"精熟",乃为儒家"熟仁"之常识,这似乎成为一贯例。王安石也有沿袭。在《答韩求仁书》,王安石看出此见:"其言约而明,肆而深,要当精思而孰(熟)讲之尔。"更为重要的链接,是介甫从"精"字里引向"通",使"熟"更富有立体感:"大哉,圣人独见之理,传心之言乎,储精晦思而通神明!"[50]

"精"与"通"相连,是儒家"熟仁"之"熟"的关键。待王安石变法之间,不时警惕"每患于难通"之忧患,所以,介甫希冀"精"也。然而,要透过王安石的"精"字,就必须加注在"通"字上,方能量到其"精"字的内在尺度。王安石是从三个方向上铺开"通"义的。

一者,"义精仁熟"之认知角度,精义则在求其通。王安石一再申辩:"合于事而通于义者也";[51]"博读群经,而能通知其义。"[52]"通知其义",要在"思":"睿则思无所不通"。[53]有"思",则有"通",所以,"思"乃人之"聪":"聪不明而无以通天下之志",[54]而"通天下之志,在穷理",[55]就是"精义入神"的处境,就是"精义熟仁"的境地。至于说到非常晦涩的《河图洛书》,也得求其通,在《河图洛书义》,介甫从"道"上精义:"孔子曰:'河出图,洛出书,圣人则之。'图必出于河而洛不谓之图,书必出于洛而河不谓之书者,我知之矣,图以示天道,书以示人道故也。盖通于天者河,而图者以象言也。"这一求"通",在对《河图洛书》之"义"的考辨里,还是蛮有特色的。

二者,"精熟"之行动角度,求通则在易于行。王安石以周易九卦之理,求出"困"之道在于"通":"夫惟深于此九者而能果以行之者,则其通也宜,而其困也有以处之,惟其学之之素也。"[56]"学之之素",就要学到个"精义",方使行动有"宜","故辨义行权,然后能以穷通。"[57]介甫解"九卦",意在求"自通"之道,为行动寻其出"困"之通:"故君子之学至乎井巽而大备,而后足以自通乎困之时。孔子曰:'作易者其有忧患乎?'谓其言之足以自通乎困之时也。"[58]对此,介甫求"自通",也为其变法上作权衡:"吾之行有时而不可通矣,是必度其变而时有损益而后可。"[59]所以,王安石坚信"变通以趋时"、"其通也宜"之出"困"之道,使其新政能够畅通无阻。

三者,"通"乃"精熟"之境地、之境界。"通"于什么?如何求得"通"?这是王安石用心之处。对此,介甫是有憧憬的。一系列"通",足以让人对介甫之"熟仁"回味无穷:

"心通道德之意,躬率仁义之行"(《刘敞转官制》)

"睿其思,心无所不通"(《洪范传》)

"以御治乱,必先通乎此"(通乎"以察存亡")(《洪范传》)

"通当世之务"(《谢知制诰启》)

"上通乎道德,下止乎礼义"(《诗义序》)

"其通性命之分"(《答陈梠书》)

"学际天人之端,识通治乱之本"(《贺运使学士转官启》)

"通古今,习礼法"(《取材》)

"读书取大旨通而已"(《吴处士墓志铭》)

"学足以通大方"(《节度使加宣徽制》)

"通",既是途径又是境界,为做人、做官、做事、做学问的方式。所以,"通"是客观法则,毋容半点造作或牵强附会,"亦不敢辄有意于求通"[60],即便"养生",也系"通"而作:"古之养生、治疾者,必先通乎此,不通乎此,而能已人之疾者,盖寡矣。"[61]所以,在王安石那里,由"精"字引向的"通",有客观之理,其底据顺理成章。

其三,"大而化之"问题。由"通",牵引出"化",也就是说,一切的"通",来自于一切的"化"。孟子"大而化之"问题,在王安石这里继续在发酵。

关于王安石"大而化之"的论述,集中在《三圣人》《大人论》《夫子贤于尧舜》这三篇文章里。但都起自于对孟子"'大而化之'在'熟'也"(张载语)的发微。虽然三篇皆维系于"圣人"而作,但仔细考辨,发觉介甫的用心,皆与“熟仁”关切。朝这个方面解读，能够解读出圣人之熟的特征，还是有价值的。

○在《三圣人》开宗明义：“孟子曰：‘可欲之谓善，有诸己之谓信，充实之谓美，充实而有光辉之谓大，大而化之之谓圣。’圣之为名，道之极、德之至也。非礼勿动，非礼勿言，非礼勿视，非礼勿听，此大贤者之事也。贤者之事如此，则可谓备矣，而犹未足以钻圣人之坚，仰圣人之高，以圣人观之，犹太山之于岗陵，河海之于陂泽，然则圣人之事可知其大矣。《易》曰‘与天地合其德，与日月合其明，与鬼神合其吉凶’，此盖圣人之事也。德苟不足以合于天地，明苟不足以合于日月，吉凶苟不足以合于鬼神，则非所谓圣人矣。”由此来看，圣人之事与贤人之事是有差等的，所以，圣人之“熟”与贤人之“熟”也有差等。“大而化之”是圣人之事、之“熟”，所谓“与天地合其德，与日月合其明，与鬼神合其吉凶”，乃为圣人之“熟”的状态。贤人是“非礼勿动，非礼勿言，非礼勿视，非礼勿听”，这是贤人之“熟”的状态。由此想到孔子之“熟”与颜子之“熟”的差等。

○在《大人论》开宗明义：“孟子曰：‘充实而有光辉之谓大，大而化之之谓圣，圣而不可知之之谓神。’夫此三者皆圣人之名，而所以称之之不同者，所指异也。由其道而言谓之神，由其德而言谓之圣，由其事业而谓之大人。古之圣人，其道未尝不入于神，而其所称止乎圣人者，以其道存乎虚无寂寞不可见之间。苟存乎人，则所谓德也。是以人之道虽神，而不得以神自名，名乎其德而已。夫神虽至矣，不圣则不显，圣虽显矣，不大则不形，故曰此三者皆圣人之名，而所以称之之不同者，所指异也。”由此可知，其所“异”，也只是“名”上的差异，“实”上看，皆指谓在“大而化之”所到达的“熟仁”之状态：在圣人，其“道”则称为“神”，在大人，其“道”则称为“德”，儒家有“德盛仁熟”、“义精仁熟”、“精义入神”，皆为一体之状也。但是，王安石借此，想要说明的是，“大人”之于的“大而化之”，是从“事业”上定位的，是“事业”上的“德盛仁熟”，看得出，介甫对“新法”、对“新政”的“充实”之信心。

○在《夫子贤于尧舜》开宗明义：“孟子曰：‘可欲之谓善，有诸己之谓信，充实之谓美,充实而有光辉之谓大,大而化之之谓圣,圣而不可知之谓神。’圣之为称,德之极;神之为名,道之至。故凡古之所谓圣人者,于道德无所不尽也。于道德无所不尽,则若明之于日月,尊之于上帝,莫之或加矣。《易》曰‘大人者与天地合其德,与日月合其明,与四时合其序,与鬼神合其吉凶。’此之谓也。由此观之,则自传记以来,凡所谓圣人者,宜无以相尚,而其所知宜同。宰我曰:‘以予观于夫子,贤于尧舜远矣。’而世之解者必曰:‘是为门人之私言,而非天下公共之论也。’而孟子亦曰:‘生民以来,未有如夫子。’是岂亦门人之私言而非天下公共之论哉?为是言者,盖亦未之思也。”这是王安石有条件认肯宰我、孟子说“夫子贤于尧舜”的判断。但从“德盛仁熟”角度观之,尧舜也罢,孔子也罢,在介甫的心里,都达到了如同《易》所述“大人者与天地合其德,与日月合其明,与四时合其序,与鬼神合其吉凶”之境地,这是“熟仁”的最高境界。至于孔子贤于尧舜在何处?王安石在此文的后续分析,主要点在“时”上,孟子说孔子是“集大成者”,就是孔子之贤的条件都具备了,而这些条件却是尧舜所没有的。也盖为变法提供某种依据,介甫说的如是:“至孔子之时,天下之变备矣”;“孟子曰‘孔子集大成者’,盖言集诸圣人之事,而大成万世之法耳。此其所以贤于尧舜也。”[62]这里,还是更多的张扬了孔子之“熟”。

王安石三引孟子“大而化之”,意在引申出“精”字延伸下的“熟仁”之状态,也在此中获得对于“熟仁”之道的进一步提炼。那个“备”,由“通”即“备”的“熟仁”之道,在介甫那里,捕捉了正着。

其四,“备”字。王安石非常钟情于“备”字。在《进洪范传表》,向皇上奏章,似有“得备论”之思的感慨:“臣尝以芜废腐余之学,得备论思劝讲之官,擢预大政,又弥寒暑,勋绩不效,俯仰甚惭。”在“备”上讲“熟”,介甫要在提倡“备”、“熟”相济。王安石考证的“通”,与“备”相接:“夫学如此其至,德如此其备,则宜乎其通也。”[63]有“备”则“通”、能“熟”,备、熟相济,由备能熟、由熟至备,如《进说》描绘:“磨砻镌切,沉浸灌养,行完而才备”;备什么?备“德”,备“精”字所需。在《易泛论》,王安石对“备”字有个解释,颇费思量:

"备，去不来也。""来"何谓?《易泛论》解之："来，之已也；来，之内也。渝，变其德也。"可"来"的是发自于"内"，这"内"便是"德"，所以，"备"，就是内之备，是德之化的实然（"去不来"）结局。备"德"是内在之实然，而备"精"字所需，就是内外结合之备。这就叫"能备"："而使天下之道寖明寖备者也"。[64]内之备，可叫"心之备"；外之备，可叫"物之备"，此二备，介甫概之为"行天下之道"。具而论之，有"备凶"说。《洪范传》言："人之有五事，一极备凶，一极无亦凶。""备凶"，盖出自于"精"。王安石发挥《尚书·洪范》之精神，说："'一极备凶，一极无凶'，何也？雨极备则为常雨，旸极备则为常旸，风极备则为常风，燠极无（备）则为常寒，寒极无（备）则为常燠，此饥馑疾之所繇作也，故曰凶。"这是对自然灾异的"备"，熟来此备，精于此备，则无常害。有"精备"说。《茶商十二说》言："既仰巨商，必先多备。"打压巨商，靠物之多备，又要靠心之精备："凡货利己则精心，精心则货善，货善则易售。"需要"精备"而来，才能规范商业之道。由此看出，"备"，在王安石的"熟仁"之道里，决非一个简单的字，而是具有特殊取向的，如《夔》论所说："此皆治人之所先急者，备矣，则可以治末之时也。"无怪乎，介甫真是煞费苦心于"备"字沟通于"精熟"、"德盛仁熟"呀！

其五，《致一论》中的论证。联系上述分析，再结合《致一论》，可以彻底领略到的是这样的结论，即王安石以"精"论"熟"，是其"熟仁"思想之特色；更何况，其论"精"，还深蕴哲学意境，这是介甫"熟仁"思想里的可贵之处。他写的《致一论》，可谓是这一独到标识。

《致一论》，全文不足一千字，就是在这样一篇精悍文论里，其"熟仁"之精华，透过一"精"字，王安石在形而上意义里，从对"道"（"致一"）的追求里，为"至精至神"、为"莫先精义"的"熟仁"通道打下桩子。细究其实，有下述哲理：

第一，精"致一"之理，乃为入神之处，这是至圣的境地。《致一论》开宗明义："万物莫不有至理焉，能精其理则圣人也。精其理之道，在乎致其一而已。致其一，则天下之物可以不思而得也。《易》曰'一致而百虑'，言百虑之归乎一也。苟能致一以精天下之理,则可以入神矣。既入于神,则道之至也。夫如是,则无思无为寂然不动之时也。虽然,天下之事固有可思可为者,则岂可以不通其故哉?此圣人之所以又贵乎能致用者也。”精于致一之理,则是“入神”之处,这是到达“至熟”的状态。就如圣人般境地了。这里,王安石引申出“通其故”、“致用”的“精”字法则,使其获得内在连接。

第二,“精”字下的致用之道,也是“熟仁”在其中。《致一论》继续说开:“致用之效,始见乎安身。盖天下之物,莫亲乎吾之身,能利其用以安吾之身,则无所往而不济也。无所往而不济,则德其有不崇哉?故《易》曰‘精义入神以致用,利用安身以崇德’,此道之序也。孔子既已语道之序矣,患乎学者之未明也,于是又取于爻以喻焉。非其所困而困,非其所据而据,不耻不仁,不畏不义,以小善为无益,以小恶为无伤,凡此皆非所以安身、崇德也。苟欲安其身,崇其德,莫若藏器于身,待时而后动也。故君子举是两端以明夫安身、崇德之道,盖身之安不安,德之崇不崇,莫不由此两端而已。身既安,德既崇,则可以致用于天下之时也。致用于天下者,莫善乎治不忘乱,安不忘危;莫不善乎德薄而位尊,智小而谋大。孔子之举此两端,又以明夫致用之道也,盖用有利不利者,亦莫不由此两端而已。”靠什么安身立命,是“精义入神”之物,那就是“熟仁”罢了。安身和崇德,是“精以入神以致用”的绩效,经过“精义入神”,获得“身既安”、“德既崇”,方能“致用于天下”,这对有志于历练“新政”的王安石来讲,“熟仁”,就是要熟到个“精义入神以致用,利用安身以崇德”的境地。至于《周易》此段话,后儒多以“熟仁”阐发(可见张载一章),介甫似有心领神会之处。

第三,做到了“精”于“致一”,才能有具体的“熟仁”之道。《致一论》具而论之:“夫身安德而又能致用于天下,则其副业可谓备也。副业备而神有未穷者,则又当学以穷神焉。能穷神,则知微知彰,知柔知刚。夫于微彰刚柔之际皆有以知之,则道何以复加哉?圣人知道,至于是而已也。且以颜子之贤而未足以及之,则岂非道之至乎?圣人之学至于此,则其视天下之理皆致乎一矣。天下之理皆致乎一,则莫能以惑其心也。故孔子取损之辞以明致一之道曰：‘三人行则损一人，一人行则得其友也。’夫危以动，惧以语者，岂有它哉，不能致一以精天下之理故也。故孔子举益之辞以戒曰：‘立心勿恒，凶。’勿恒者，盖不一也。”一方面，王安石相信，“熟仁”是有道的，这里，介甫提出的“备”、“知”、“恒”、“学”、“损”、“益”等，皆为“精”字之功，也皆为“熟仁”之道，所谓“知微知彰”，“知柔知刚”、“穷神知化”，就是经过“精”字的历练而获得的“熟仁”之状态。另一方面，王安石认定，“致一”，是天下之理，一理不得有二理解，但须“精”于“致一”，颜子未至于孔子之圣（“且以颜子之贤而未足以及之”），道理就只能是一个，这里的意思已接近于颜子未熟论一派（详见颜子一章）。所以，要“精”于“天下之理”，扩展地说，就是“精”于把握“熟仁”之道，才能穷尽天下之理，才能到达孔子般“至熟”的境地。

所以，《致一论》得出如此结论：“呜呼，语道之序，则先精义而后崇德，及喻人以修之之道，则先崇德而后精义，盖道之序则自精而至粗，学之之道则自粗而至精，此不易之理也。夫不能精天下之义，则不能入神矣；不能入神，则天下之义亦不可得而精也。犹之人身之于崇德也，身不安则不能崇德矣；不能崇德，则身岂能安乎？凡此宜若一，而必两言之者，语其序而已也。”王安石取向于“道之序”，立足在精于“致一”的制高点上，再加之于“学”的“自粗而至精”的过程，就能达到“精义熟仁”、“德盛仁熟”的境界。当王安石用了“精义入神”这四个词，似乎已相当大地蕴含了这样的境界。整篇《致一论》，王安石想要说的“精”字哲理，除了其“新政”上的谋划（归服于一个君皇，它既是天下之理，又是致一的人格化）外，使其上升到一种形而上的根据（介甫称之为“道之序”），才是其重中之重。只有这样，这个“精”，才是最具分量、最具贴切、最具要义的制高点。

由《致一论》出发，很容易得出皇权至上、中央集权的理论归宿，这是中国封建社会的必然结局，王安石试图借助一个皇帝的权力和声音来推行落实其“新政”，这篇文章的用意就十分明显了。这只是文章的一面，而另一面可能是由著入微的，即由《致一论》出发，会看出王安石对于“精”之于“熟仁”的考量，很别具匠心。也可探窥出介甫努力追求“两新”的希冀所在。通过这样的研判,其“精”之于“熟”,大致予以确认。

还须指出,王安石常以“精”字为评价标准,在其书信、杂文、墓志铭里,经常看到如此圈点:“诗已传闻两篇,余皆所未见。豪迈精绝。”[65]“一切如梦,不须深以概怀,但精心祈向。”[66]“启封缓读,心目开涤,词简而精,义深而明。”[67]“攻乎其为良,汰乎其为精。”[68]“为高选非精明强直不能称其任也。”[69]“端良足以有守,精敏足以有谋。”[70]当介甫以“精”为取舍君子之标尺,就更加有新义了:“君子之所不至者三:不失色于人,不失口于人,不失足于人。不失色者,容貌精也;不失口者,语默精也;不失足者,行止精也。”[71]所以,成君之道、作文之道、做官之道、甚或变法之道,皆须在“精”上下工夫。这就叫“难则奈何?亦精之而已矣。”[72]这里,儒家的成熟之道,在介甫的“精”字里,获得了极为有效的涵泳,其用力且意蕴深长。

质言之,董、韩、王三子的“熟仁”诉求,虽然蕴涵了对于思想生存、制度生存、文化生存、生命生存之一系列的生存论关切,但基本的取向,依然留驻于“用”的层面,或许,留驻于三子诉求中积淀的“熟仁”理性之法则,相当的与此关切。诚如董仲舒以“用仁”指意为“法”,即为佐证。在《十指》篇,董子似一语中的:

“统此而举之,仁往而义来。德泽广大,衍溢于四海,阴阳和调,万物靡不得其理矣。说《春秋》者凡用是矣,此其法也。”

尽管这是借《春秋》而说出的,可是,当董仲舒以一“法”字来归纳,似出自于“用”的普遍性意义。依次而言,韩愈之“道统”、王安石之变法,其恪守的原则及其继续的话题,与董子不时具有一脉相承之气息,就是在“熟仁”之“用”上。其实,这与后面指谓的“行动”中的逻辑,也未尝不是一种先导。[73]

结论就是:经过孔、孟的开拔与升华,儒家“熟仁”之精神,通过一批儒者的努力,尤其是在有着远见卓识的儒家“士大夫”那里,试图将“熟仁”贯彻到实际的生活世界里,经历了文化与政治上的洗礼,急切需要扩张,直接地,由宋明理学、也由"实学"接了过来，并有了长足的进步。

注释：

[1]董仲舒：《春秋繁露·楚庄王》，见苏舆：《春秋繁露义证》，中华书局1992年版。

[2]徐复观：《两汉思想史》第二卷，第182页，华东师范大学出版社2001年版。

[3]徐复观：《两汉思想史》，第二卷，第187页。

[4]班固：《汉书·董仲舒传》。

[5]苏舆：《春秋繁露义证·自序》，第1页。

[6]苏舆：《春秋繁露义证》，第341页。

[7]董仲舒：《春秋繁露·循天之道》。

[8]董仲舒：《春秋繁露·深察名号》。

[9]董仲舒：《春秋繁露·深察名号》。

[10]苏舆：《春秋繁露义证》，第55页。

[11]董仲舒：《春秋繁露·仁义法》。

[12]苏舆：《春秋繁露义证》，第249页。

[13]董仲舒：《春秋繁露·必仁且智》。

[14]董仲舒：《春秋繁露·仁义法》。

[15]苏舆：《春秋繁露义证》，第253页。

[16]苏舆：《春秋繁露义证》，第268页。

[17]董仲舒：《春秋繁露·玉杯》。

[18]董仲舒：《春秋繁露·官制象天》。

[19]董仲舒：《春秋繁露·为人者天》。

[20]董仲舒：《春秋繁露·王道通》。

[21]董仲舒：《春秋繁露·俞序》。

[22]董仲舒：《春秋繁露·保位权》。

[23]董仲舒：《春秋繁露·执贽》。

[24]董仲舒：《春秋繁露·深察名号》。

[26]《二程集》，《河南程氏遗书》卷十八。

[27]朱熹：《四书章句集注·中庸章句序》。

[28]《韩愈全集校注》(屈守元、常思春主编),第2688页,四川大学出版社1996年版。

[29]《中国儒学》(刘宗贤、谢祥皓编),第475页,四川人民出版社1993年版。

[30]《韩愈全集校注》,第2690页。

[31]《韩愈全集校注》,第2690页。

[32]韩愈此中所例,见自于《史记·周本纪》、《庄子·养生主》、《国语·晋语八》、《史记·扁鹊仓公列传》、《庄子·徐无鬼》、《孟子·告子上》、《晋书·刘伶传》。其中所记,皆以娴熟之术、之道而由之,如《史记·周本纪》描述:"楚有养由基者,善射者也。夫柳叶百步而射之,百发而百中之。左右观者数千人,皆曰善射。"

[33]《韩愈全集校注》,第2699页;《唐文粹》也作"仁",卷四十三。

[34]《韩愈全集·杂说四首》。

[35]有关颜子"熟仁"与否的话题,在第十三章"颜子话题"里,会作详细考辨。

[36]《韩愈全集校注》,第1164页。

[37]《韩愈全集校注》,第3036页。

[38]可参见"曾国藩章节"中的具体分析。

[39]《韩愈全集·贺雨表》。

[40]《韩愈全集·送刘师服》。

[41]《〈王临川文集〉后序》,见《王安石全集》,吉林人民出版社1996年版。

[42]王安石:《上时政疏》。

[43]王安石:《洪范传》。

[44]王安石:《奏折·辞集贤校理状四》。

[45]王安石:《君子斋记》。

[46]王安石:《与杨蟠推官书》。

[47]王安石:《答杨忱书》。

[48][49][50]王安石:《礼乐论》。

[51]王安石:《策问十道》。

[52]王安石:《国子监直讲商傅光禄寺丞制》。

[53][54][55]王安石:《洪范传》。

[56][57][58][59]王安石:《九卦论》。

[60]王安石:《答孙元规大资书》。

[61]王安石:《洪范传》。

[62]王安石:《夫子贤于尧舜》。

[63]王安石:《九卦论》。

[64]王安石:《夫子贤于尧舜》。

[65]王安石:《与郭祥正太博书》。

[66]王安石:《与沈道原书》。

[67]王安石:《上邵学士书》。

[68]王安石:《谢景回墓志铭》。

[69]王安石:《知杂王綽吏部郎中直龙图阁知徐州制》。

[70]王安石:《右正言知制诰知越州沈遘起居舍人制》。

[71]王安石:《礼乐论》。

[72]王安石:《送陈升之序》。

[73]有关"熟仁"之行动逻辑,可参阅本书后卷中的相关分析。

第六章

承续与展开:二程品位

宋儒,不是一般的"儒",而是具有开拓精神的儒者,一连串的人物,无不刻铸着自孔、孟以来的儒家精神,通过这批"学者"的理论阐发,儒家的"熟仁"观,获得了极为重要的承继和重大的发展。我们的叙述将从二程开始。

一、"贵熟"掀开了二程"熟仁"之品味

北宋二程,程颢(1032—1085)和程颐(1033—1107),兄弟俩人,大程谓明道,小程谓伊川,属于儒家理学派人物,史称"洛学"。综观二程理学思想的精湛和淅沥,就体现了其哲学思想的娴熟之处。或许正因为如此,在二程的理学历程中,对"熟仁"的检讨就十分认真,也很有特色。二程的展开,对后儒继续深化孔、孟儒家意义中的"熟仁",的确有着某种象征,一者承继孔、孟观点,二者有所创意,并经过朱熹的吸收和改进,成为儒家"熟仁"里的一朵"奇葩",一个"圆圈"。

1. "贵熟"

二程"熟仁"所论,集中在孔、孟的方向上,依其"贵熟"[1]之权衡,蕴涵了对于"熟仁"化之为"熟"的无限品味。诸如此类说法,也足以使我们回味无穷:

"存养得熟。"

"存养熟后,泰然行将去。"

"亦须待佗心熟,便自然别。"

"须是熟方能如此。"

"学要信与熟。"

"涵养纯熟。"

"养之即熟。"

"习见之熟。"

"习熟见闻。"

"久则自然接熟。"

"作用极熟,又能谨细行。"

这些有关"熟"的说法,说到底,是来自于"熟仁"的延伸和扩充。这不仅仅是语义上的简单用词,更重要的是反映出,对于"熟仁"之辨,凝聚着二程在孔、孟方向上的切肤体悟和贴切把握。深刻领悟其底蕴,所谓做人、做官、做事在"熟仁"之道上的应用、考验和锻炼,不仅凝聚的是行动和结局的统一,而且经过二程的精细论证,获得了在儒家"熟仁"系列里的特殊地位和应有作为。

二程"贵熟"之命题是这样的:"清明在躬,志气如神。贵熟。(一作久且熟。)"[2]"清明在躬",是行动的意义;"志气如神",是行动的结局,其立意在"躬"。"躬",乃持久之行动,"久且熟",乃此结局。所以,二程的"熟仁"思想体系里,是烙刻着这两个系列之"熟"。在其"理"的哲学思维框架里,"熟理"沿袭着"熟仁"而发,其行动是内在与外在的结合,最终的结局,则是在"义精仁熟"方向里的"诚"。

这里,二程之"行动",是有特殊意义的。"贵熟",是贵在行动之"熟",二程以下述研判来推断:

○找到"下手处":"道之浩浩,何处下手?惟立诚才有可居之处,有可居之处则可以修业也。"[3]儒家讲"进德修业","进德",是"下手处",乃为"熟仁"之头部。

○跟进的是“立”:“根本须是先培壅,然后可立趋向也。趋向既正,(一作立),所造有浅深,则由勉与不勉也。”[4]“立趋向”,乃立人生大规模,趋向立正后,就须勤勉“培壅”,方至于熟。

○接着是“进”:“人少长须激昂自进,中年已后,自至成德者事,(一作渐至德成。)方可自安。”[5]这里,比较符合孔子“十五有志”到“七十而从心所欲不逾矩”的“熟仁”境地,但二程一个“进”字,勾勒了由此及彼的通道。

○具体的是“体道”:“克己复礼之谓道”,“则若不克己复礼,何以体道?道在己,不是与己各为一物,可跳身而入者也。克己复礼,非道而何?”[6]行动上的“克己复礼”,是“道”的体会,“道在己”,道不与己相分离,这就是“体道”发生的根据。也就是说,“克己复礼”,就是“体道”的“在己”。更广义地看,一切的行动,包括“立”、“进”、“进德修业”,均以“道在己”衡量取舍。伊川先生一句话,似乎勾勒已尽:“有求为圣人之志,然后可与共学,学而善思,然后可与适道,思而有所得,则可与立,立而化之,则可与权。”[7]对此串起来衡量,“熟仁”之行动,是在一个“大而化之”的层层“节次”里,获得某种结局。

所以,回到那“躬”字上,“躬”,就是行动的持续性和程度性,“熟仁”,一切言在其中:“‘不有躬,无攸利。’不立己,后虽向好事,犹为化物,不得以天下万物扰己,己立后,自能了当得天下万物。”[8]没有行动的持续性和程度性,对己则没有可观的利益所在。立己后可化物向好,可了当得天下物理。这“了当得”的保证物,就是如上的“道在己”。这是“立”上之“躬”。“进”呢? 也在此“熟”中:“存养熟后,泰然行将去,便有进。”[9]能够“泰然行将去”的,是在“存养熟后”,就是“存养”于“道在己”的“熟”,这样的话,“体道”就始终贯穿于行动之中了。

在二程的很多言语里,浸透着“贵熟”底蕴。有时用“熟”字一览无余:“张横渠著《正蒙》时,处处置笔砚,得意即书。伯淳(程颢)云:‘子厚却如此不熟。’”[10]“与贤士大夫处久熟则生爱敬,此所以养成圣德,为宗社生灵之福。”[11]“‘要学,须是二十年工夫。’明道闻说甚熟。”[12]有时没有一“熟”字,却字里行间、话语神态显露着:“伯淳常谈《诗》,并不下一字训诂,有时只转却一两字,点掇地念过,便教人省悟。"[13]"伊川先生在经筵,每进讲,必博引广喻以晓悟人主。讲退,范尧夫(范仲淹之子,曾任北宋宰相)曰:'先生怎生记得许多?'先生曰:'只为不记,故有许多。若还记,却无许多也。'"[14]当然,还有很多,就不累举了。此类例子的精神实质,就是"熟仁"之精神显现,后来在朱熹等那里获得了再度伸张。

在进入对二程"熟仁"思想的全面、深刻分析之前,先来廓清几个特具二程品味的"贵熟"之"贵",从而来细化这里的观点。

其一,"操守"之熟。"操守"之熟,也在无时无刻之中。"籲问:'每常遇事,即能知操存之意,无事时,如何存养得熟?'"二程回答:"古之人,耳之于乐,目之于礼,左右起居,盘盂几杖,有铭有戒,动息皆有所养。今皆废此,独有理义之养心耳。但存此涵养意,久则自熟矣。敬以直内是涵养意。言不庄不敬,则鄙诈之心生矣;貌不庄不敬,则怠慢之心生矣。"[15]"如何存养得熟"? 有事无事、每时每刻,即以"敬以直内"为"操存",这就是"熟仁"的表现。这一段,二程的发挥,指意在以下之理:靠什么"存养"呢? 不仅靠"理义",以"理义之养心",还得"耳之于乐,目之于礼",并使之贯穿在生活的方方面面,这就叫"动息皆有所养",从"敬以直内"来讲,就是"敬须和乐",这样,"久则自熟"。如此,做人的方寸与境界就会高人一等,更重要的是,言貌的"不莊不敬"以及"鄙诈之心"、"怠慢之心"就无从而生。所以,人的"敬以直内",须在无时无刻之中的"操守"里,"久则自熟"。

其二,"诚"中含"熟仁"。"诚"中含有"熟仁"义,这是二程的发见。二程说:"诚者合内外之道,不诚无物。"[16]内心之"诚",化作外在之"物",其中就有个"熟"之要求,二程指意在"诚"之"所养",二程如此道来:"射中鹄,舞中节,御中度,皆诚也。古人教人以射御象勺,所养之意如此。"[17]有"诚"者,能够"中鹄"、"中节"、"中度",皆为"中理",是"熟仁"的显明,所以,养诚,就要养到这程度,才是至诚所致。这与儒家"中庸"之道极为吻合,至诚中含"熟仁",乃为二程对于"至诚"的独到见识。也使"诚"有所着落,不至空乏,更不至"心"上空乏:"此诚是也,然唯恕上合著心。"[18]

“诚”中含“志”,“熟”在“志”上。二程秉于孔孟之“志”观,感慨“诚”中含“志”,为孔子“十五有志”与孟子“善养浩然之气”作为“熟仁”的通道,找到一个更高升的“笃志力行”之台阶。这里,有两个理由似乎属于二程的“专利”,其一是“志已坚定”引入“敬”,其二是“志道恳切”引向“观仁”(“体仁”)。

先看“志已坚定”。二程藉《孟子·公孙丑上》的“志”为“气帅”、“志一则动气,气一则动志”阐发出“志已坚定”而入“敬”的关联:“若成德者,志已坚定,则气不能动志。”[19]“成德”,乃为“熟仁”之状态,维系于“志已坚定”,此状态,是“气不能动志”,也就是孟子的“不动心”。若要达到“志已坚定”,系于“养气”。养什么气?养的是孟子所言的“浩然之气”。二程直言不讳:“浩然之气,天地之正气。大则无所不在,刚则无所屈,以直道顺理而养,则充塞于天地之间。‘配义与道’,气皆主于义而无不在道,一置私意则馁矣。‘是集义所生’,事事有理而在义也,非自外袭而取之也。”[20]“浩然之气”,是“配义与道”的积淀,人要“成德”,就是“集义所生”,所以“事事有理”,就是“主养”此气,而主要养此气,就必须入“敬”:“‘必有事’者,主养气而言,故必主于敬。”[21]

这样,二程一下子拉近了“敬”之于“诚”的契合。“敬”是至诚所致。体现在做事上,就得至诚而“敬”,二程例出生活之事,以小见大,说:“敬则只是敬,敬字上更添不得。譬之敬父矣,又岂须得道更将敬兄助之?又如今端坐附火,是敬于向火矣,又岂须道更将敬于水以助之?犹之有人曾到东京,又曾到西京,又曾到长安,若一处上心来,则他处不容参然在心,心里著两件物不得。”[22]这就好比做事,敬父,就得专心致志;往东京,也得专心致至,不要脚往东京、心向西京、又慕长安。“心里著两件物”,乃为不敬,乃为不诚;换句话说,就是“主养气”不够,就是“气”为“志帅”了。破坏了“志已坚定”,是受到了“私意”侵袭,即“坏了天理”。所以,在这个意义里,二程找到了“诚”、“敬”相致的根据,为“志已坚定”而入“敬”确立根基,那就是“天理”:“如天理底意思,诚只是诚此者也,敬只是敬此者也,非是别有一个诚,更有一个敬也。"[23]所以,从"诚"到"敬"、从"养气"到"志已坚定",最终落实到"天理"上,这是"熟仁"到达"天理"的精致通道:就是那个"诚",还是往长安的那个比喻,二程道个细腻:"尝喻以心知天,犹居京师往长安,但知出西门便可到长安。此犹是言作两处。若要诚实,只在京师,便是到长安,更不可别求长安。只心便是天,尽之便知性,知性便知天,当处便认取,更不可外求。"[24]"敬"之于"诚",全是出于内心,知性知天,就是"志已坚定"之所求。

再看"志道恳切"。二程提炼个"志道恳切",娓娓道来:"志道恳切,固是诚意;若迫切不中理,则反为不诚。盖实理中自有缓急,不容如是之迫,观天地之化乃可知。"[25]所谓"志道恳切",乃是"诚意"所致,任何做事,须"中理",这是"熟",也是"诚",不熟之至,乃为急迫不从容,是不至于诚的表现,也与天地之化的法则相悖。对此,二程引申出这个"熟仁"之蕴,就是"观天地之化乃可知"的"观仁"事实。

何谓"观仁"?二程辨明:"仁者,以天地万物为一体,莫非己也。认得为己,何所不至?若不有诸己,自不与己相干。如手足不仁,气已不贯,皆不属己。故'博施济众',乃圣之功用。仁至难言,故止曰'己欲立而立人,己欲达而达人,能近取譬,可谓仁之方也已。'欲令如是观仁,可以得仁之体。"[26]"观仁"的实质,就是"体仁",就是"熟仁",所谓那个"仁之方",就是公认的儒家"熟仁"之道,做到了"仁之方",就是做人的别样境地,也如二程指意的"得仁之体",便是如此:"《订顽》一篇,意极完备,乃仁之体也。学者其体此意,令有诸己,其地位已高。到此地位,自别有见处。"[27]《订顽》乃张载《西铭》,此篇讲的是儒家万物一体之思想,归乎其一的,则是"仁","体仁"、"观仁",就是娴熟地把握、运作这个"仁",进入到这个层次,人之心身就与物一体,这就是"仁熟德盛"之别样境地了。但是,如何进入,却是个大学问,二程给予了一种"化"的"观仁"事实。所谓"观天地之化",本质上是人与天地之"化",但这是通过"熟仁"的"化",这就是"体仁"的结局。在此,二程看出三个指意,第一个指意在"诸己"之向,探问的是"仁义的栽培"是"与己相干":"学者识得仁体,实有诸己,只要义理栽培。"[28]另一个指意在"体"上的至诚辨识:"言体天地之化,已剩一体字,只此便是天地之化,不可对此个别有天地。"[29]这个"天地之化",就只与"仁"相干,"体仁"("观仁"),无非于此。再一个指意是"切己":"切脉最可体仁。"[30]这个"切脉",就是与己相干的切己体悟。由此想到的是,二程"敬以直内"之于"至诚"的"志道恳切",通过这个"体仁"之"化"与切己之悟而连接一体。看来,"观仁"之"观",非简单一个字,从"体仁"的视角看,是有特殊情结的。如二程说的:"周茂叔窗前草不除去,问之,云:'与自家意思一般。'子厚观驴鸣,亦谓如此。"[31]周氏观草不剪,张氏观驴任性之鸣,体会的却是仁慈的一面:"观鸡雏。此可观仁。"[32]所以,"观天地生物气象。周茂叔看。"[33]就绝非是个简单的"观"了。朱熹也直截了当:"观,便是仁事在那里。"[34]究其渊源,出自于孔子的"观过斯知仁"之"观",其基本精神一致。

还须提及,二程的"志"上有辩证法。二程重"志",认为子夏是"笃志力行",但是,也指出所"志"的正确性和分寸性。二程坦言:"若志在富贵,则得志便骄纵,失志则便放旷与悲愁而已。"[35]又感慨"夺志"、"丧志"之苦楚:"子弟凡百玩好皆夺志。至于书札,于儒者事最近,然一向好著,亦自丧志。如王、虞、颜、柳辈,诚为好人则有之。曾见有善书者知道否?平生精力一用于此,非惟徒废时日,于道便有妨处,足知丧志也。"[36]学王、虞、颜、柳之书法,若与"道"有妨碍处,也算是"徒废时日",是玩物丧志、夺志。

其三,规矩说。儒家"熟仁"思想里,"规矩"说极为丰富。儒家之礼,则是"熟仁"的内源头。实质来看,此"礼",广义地就化为了"规矩"。这要归功于孔子的这句话:"从心所欲而不逾矩"。因此,这样的"规矩"说,在儒家诸种"熟仁"思想里,始终处于上风之势。二程也不例外。通过二程的相关论述,似乎有所此悟:"子厚以礼教学者,最善,使学者先有所据守。"[37]二程夸奖张载(字子厚)的教学法,是先"以礼教学",让其"有所据守",至后渐达"从心所欲而不逾矩"。所以此"礼",可作"规矩"说。又:"斟酌去取古今,恐未易言,须尺度权衡在胸中无疑,乃可处之无差。"[38]以"尺度权衡在胸中",则"可处之无差",就不会出差,此"尺度",乃为"规矩"说。当然,在二程那里,“礼”之于“规矩”说,是最显精致、最显价值的“礼之用”,也在做人的彻底性:“只是论得规矩准绳,巧则在人。”[39]明道以颜子为例说:“博学于文,而不约之以礼,必至于汗漫。所谓约之以礼者,能守礼而由于规矩者也。……颜渊曰:‘博我以文,约我以礼,欲罢不能。’是已知之而进不止者也。”[40]“约之以礼”,行动就似出于规矩,而不会龌龊玷污,即不“至于汗漫”。孔子教诲颜渊,以礼相约,所以,颜子的一举一动、一言一行,盖以“克己复礼”相许,所以,“欲学圣人,且须学颜子。”[41]理由何在?就是“约之以礼”。孔子的弟子,扬言“士不可以不弘毅,任重而道远”,明道恰到好处地以“规矩”注释:“‘弘’,宽广也。‘毅’,奋然也。弘而不毅,则无规矩;毅而不弘,则隘陋。”[42]实现“道”的使命,无规矩则无可能。奋然有为,是规矩的使然。这里,把礼深化到了实现“志”的层面,赋予“规矩”特殊价值。

二程“规矩”说的特殊价值,置于“熟仁”节次的细究里,颇有味道和趣意,也可探窥出二程“熟仁”的匠心之处。

第一,在评价颜子层面。在二程那里,孔子是“至熟”、是“大德”,颜子是“未至熟”、是“小德”。此评价基于的恰是“不逾矩”作出:“‘不逾闲’者,不逾矩也。‘小德’,出入于法度之中。大德如孔子。小德如颜子,有一不善,是亦出入也。”[43]孔子是“从心所欲”而“不逾矩”,颜子未能如此,仍尚有“不善”。孔子是“大德”,是“从心所欲”的“不勉而中”,“不思而得”,“无适而不为中”;颜子是“小德”,还是无时无刻处于“法度之中”,仍出入于善与不善之中。

第二,在评价学至圣人层面。圣人之所以为圣,源自于达到了“不逾矩”,或谓是心中之“敬”的“内圆”,叫“主于一”:“有人旁边作事,已不见,而只闻人说善言者,为敬其心也,故视而不见,听而不闻,主于一也。主于内则外不入,敬便心虚故也。必有事焉,不忘,不要施之重,便不好。敬其心,乃至不接视听,此学者之事也。始学,岂可不自此去?至圣人,则自是‘从心所欲不逾矩’。”[44]此“一”,从大的方面来说,是“诚”、“道”、“仁”、“义”、“礼”、“理”等,从小的方面来说,就是人们行动中的“规矩”、“标准”、“规范”等。

“主于一”,乃为“敬其心”之内容,人们的内心里要不忘“主于一”,学习要善始善终。久久习见,则进入“从心所欲不逾矩”之圣人境地,这就是“至熟”了。

第三,在评价自我层面。二程自我醒悟,感到“熟仁”之状态,是出入于“规矩”之中,是“守本分”,即如二程概之为“分”的意义。《传闻杂记》记二程与其好友一段经历,似有本义:“先生曰:‘悟则句句皆是这个道理,道理已明后,无不是此事也。如孔子谓‘六十而耳顺’,闻无不通,然后可至不逾矩也。’明道作洛河竹木务时,过一寺门,墙上有人题‘要不闷,守本分’。时田明之随行,明道每过,必曰好语。一日明之问之,明道曰:‘只被人不守本分也。’后先生闻此语,复问伊川。伊川曰:‘只为人不能尽分。’先生谓宽曰:‘看伊川此语,岂不是悟则句句是?凡一言一句便推到极处,看尽分字是大小气象。’又谓宽曰:‘才说尽分,便不消说闷也。’”[45]孔子六十至七十岁后,做得到“闻无不通”到“不逾矩”,全仗着“守本分”,这是“规矩”的尺寸大小;而二程把一言一行“推到极处”,也是“看尽分字”的“熟仁”气象里,懂得句句之理、事事之则,每每游刃于“规矩”之中,就可获得自我把握、自我觉悟的“熟仁”状态。

以上的叙述还只是一个起步性研判,往后的分析更加会凸显二程“熟仁”在儒家“熟仁”体系中的精湛性、精致性和贡献程度。

2. 沿孔、孟方向,挖掘底蕴,留驻根底

关于“熟仁”二字的考义,已见于《孟子·告子上》之“熟仁”命题。同样,二程据此的挖掘,就是根基于此。

二程引孟子“苟为不熟,不如荑稗”来进一步扩充这个“熟仁”:“‘乐则生,生则乌可已也。’须是熟方能如此。‘苟为不熟,不如稊稗’。‘是集义所生,非义袭而取之也。’须集义,这上头莫非义也。”[46]孟子以道义扩展仁之底据:“熟仁”就是积聚道义而获得生存,安乐的生活,此种生存的权利如何获得?二程打开的通道,就是“须是熟方能如此”,不熟还不如“荑稗”。孟子说

"仁亦在乎熟",二程扩充其实,从生存意义里去留驻"熟仁"底据:"熟仁"是关乎"生"的问题。"乐则生",是熟在"集义所生","熟仁"理性被勾画出来了,这是"熟仁"的大方向。一切须从"集义所生"上识得"熟仁","熟仁"理性方能明白彻底。从生存论语境里去发掘孔、孟的"熟仁"深意,恐怕二程已经赋予了某种特定旨趣。

品味一下,二程引孟子"乐则生,生则乌可已也"一句,也看得如是。此句出自《孟子·离娄上》:"孟子曰:'仁之实,事亲是也;义之实,从兄是也。智之实,知斯二者弗去是也。礼之实,节文斯二者是也。乐之实,乐斯二者,乐则生矣。生则恶可已也。'"安乐的生活,根据在拥有和实践仁义,所谓"智",无非是知道仁义;所谓"礼",也无非是调节和滋润仁义,这就是"乐"的内容,"乐则生"的实质。要达到这个"乐则生",二程给予"须是熟方能如此"的界限。更为可取的是,二程以孟子的"集义所生"给予了一种走向成熟的通道。

孟子的仁与义,是内在连接的一体。孟子坚决反对告子说"仁内义外",驳斥其割裂仁与义。在孟子看来,仁是出自于内心的恻隐之心,义是出自于内心的羞恶之心,都是源于人心内在的生发。而事实上,孟子经常把仁和义连接表达,"熟仁"也势必纳入义。二程界定"集义"为走向"须是熟方能如此"的生命之道,真可谓是把握孟子"熟仁"命题及其精神境界。既然仁是出于内心所致,二程就把"熟仁"切入于"心熟"之中,的确是有其根据了。

在哲学思想史的进程里,以二程和朱熹为代表的程朱理学,是"理"的哲学体系。而孔孟,是讲"仁"的哲学家。从中有没有内线脉络?有。二程以"体仁是心"和"理与心一"作了周转变通,即打通了从"仁"至"理"的沟通。先看"体仁是心"。二程藉孔子所"仁"发挥:"'刚毅木讷',质之近乎仁也;'力行',学之近乎仁也。若夫至仁,则天地为一身,而天地之间,品物万形为四肢百体。夫人岂有视四肢百体而不爱者哉?圣人,仁之至也,独能体是心而已,曷尝支离多端而求之自外乎?故'能近取譬'者,仲尼所以示子贡以为仁之方也。"[47]"仁之方",是"熟仁"之"方","质之近乎仁",是内在之方;

"学之近乎仁",是外在之方,其盖出自于"心",所谓"仁之至也,独能体是心而已",就是"体仁是心"的结局。而此"心"与"理"又如何?二程作了如此交代,叫"理与心一":"理与心一,而人不能会之为一。"[48]这就为"心熟"之道提供了"理"的内涵。这里,二程藉孟子所"悦"发挥"义理之悦我心"为"玩理以养心",使人知晓两者"会之为一"的根据。这两个沟通,丰富了儒家"熟仁"思想的内涵,也提供了理解"熟仁"的一个"理学"平台。对此,二程是有所贡献的。

更具儒家重视教化的路径,二程凸显孔子之熟的价值取向,寻迹于孔子"熟仁"三段名言,提炼的精蕴是"熟仁"须以"诚"字功夫契合:如二程的概括:"学要在敬也、诚也,中间便有个仁,'博学而笃志,切问而近思,仁在其中矣'之意。人之学不进,只是不勇。"[49]那段"十五有志"到"七十从心所欲不逾矩",二程确立为教人之术、教人之序,此底蕴已经不仅仅是揭示孔子之熟,更是化此为方法、为具体、为日常。也即化孔子之熟为教人之熟。二程这样说的:"'十有五而志于学,三十而立,四十而不惑',明善之彻矣。圣人不言诚之一节者,言不惑则自诚矣。'五十而知天命',思而知之也。'六十而耳顺',耳者在人之最末者也。至耳而顺,则是不思而得也。然犹滞于迹焉,至于'七十从心所欲不逾矩',则圣人之道终矣。此教之序也。"[50]教人,也得教个"志于学"的规模,是教人之始;也得教到"七十从心所欲不逾矩",穷究那个"圣人之道",是教人之终。圣人之熟,是如此走来,教人之序,也得如此顺着。这里,二程的高明之处,是以"诚"来连接从十五到七十,途中经过三十、四十、五十、六十,至于彻底的"熟仁",是"自诚"的结局了。这里,有两个亮点,极须挑明,一方面二程以"诚",打通了孔子之熟的开始至终。这在儒家"熟仁"思想里颇具新颖价值。另一方面二程以"序",拉开孔子之熟的通道,除了那个"教之序",还有"德之序"、"学之序",真可谓是融合了孔子"仁、知、勇"三位一体的理想人格的成熟之道,把孔子的"熟仁"观结晶成一体了:"'仁者不忧,知者不惑,勇者不惧',德之序也。'知者不惑,仁者不忧,勇者不惧',学之序也。知以知之,仁以守之,勇以行之。"[51]"熟仁",就是这

“三序”的统一,理想人格也就会在其中了。

其实,二程十分遂心于孔子“熟仁”的三句名言,每每释之于此,就感到有所体悟与挖掘。《陈氏本拾遗》记二程语录:“孔子,生而知之者也,自十五以下,事皆学而知之者,所以教人也。三十有所立,四十能不惑,五十知天命而未至命,六十闻一以知百,耳顺心通也。凡人闻一言则滞于一言,一事则滞于一事,不能贯通。耳顺者,闻言则喻,无所不通。七十从心,然后至于命。”[52]这里,二程做出了两个极为重要的“挖掘”,一是新颖地解释了孔子“生而知之”是十五以下,只不过是小孩子般的比别人聪颖罢了,并没有如后人解释为“生而知之”是贯穿一生的不学而就、而能的天才,而十五以后,孔子就融入于“熟仁”的历练中了;二是提炼了“熟仁”中的“通”之境地,“六十耳顺”,皆能“举一反三”、“闻一知百”,达到了“耳顺心通”之境地,再跨入七十,就进入“从心所欲不逾矩”的“至熟”境界了。

还有,在《入关语录》,伊川言:“孔子自十五至七十,进德直有许多节次。圣人未必然,然亦是为学者立下一法,盈科而后进,须是成章乃达。”[53]孔子有“学而知之”进而“熟之”的“节次”,这叫“进德”所难,“进德”如登山观澜,“登山难为言,以言圣人之道大。观澜必照,因又言其道之无穷。澜,水之动处,苟非源之无穷,则无以为澜;非日月之明无穷,则无以容光必照。其下又言其笃实而有光辉也。成章者,笃实而有光辉也。今以瓦砾积之,虽如山嶽,亦无由有光辉。若使积珠玉,小积则有小光辉,大积则有大光辉。”这里的语境,令我们想起孟子“充实而有光辉之谓大,大而化之之谓圣”的“仁熟”境地,可是,二程以“小积”而“大积”,使“进德”成为“熟仁”之源(“澜”),造化出“成章乃大”便是“大而化之”之“熟”到来。这个“积”,伊川又给予了“生”的意义,正是这个“积”,才带来了“生”的理由:“浩然之气,所养各有渐,所以至于充塞天地,必积而后至。行不慊于心,止是防患之术,须是集义乃能生。”[54]“进德”乃“集义所生”的行动,远优于“防患之术”,更在于“集义乃能生”。所以,“集义”也是“积义”,并在“道”的意义里重塑“生死”源头。具而论之:

一在体用观上,“生”之源头在“配义与道”(孟子语)。伊川指证:“‘配义与道’,即是体用。道是体,义是用,配者合也。气仅是有形体,故言合。气者是积义所生者,却言配义,如以金为器,既成则目为金器可也。”[55]伊川以“以金为器”比喻出“以道为义”之连接,“金器”可用,道义可生。这样,二程给予了“熟仁”之行动的价值指标,是“配义与道”,“积义”(“集义”)是“道”之用,此“生”的价值与“道”紧密维系着。那么“死”呢?维系“死”的情结,不依然是“道”吗?

二在闻道观上,“死”之源头在“朝闻道,夕死可矣”(孔子语)。二程十分钟情于孔子“朝闻道,夕死可矣”的生死境界。多处所言,盖已表露二程在“道”上的情结,而深入这一情结的内心深处,滋润了哪个“熟仁”良种?这是二程的挖掘。细细道来,这个“良种”乃是“诚”:

“皆实理也,人知而信者为难。孔子曰:‘朝闻道,夕死可矣。’死生亦大矣,非诚知道,则岂以夕死为可乎?”[56]

此“诚”可以具体化在“熟仁”中,二程情结又显得多么活泼且有想象力:

——“中礼”、“行法”、“不逾矩”,乃为“德盛仁熟”之境地,做到了,就是“朝闻道夕死可矣”的最高旨意:

“‘动容周旋中礼’者,盛德之至,‘君子行法以俟命’,‘朝闻道夕死’之意也。”[57]

——“志”,安其所安,就是安于“朝闻道夕死可矣”之志,须臾不能离开此“志”,可谓“熟仁”之历练:

“人苟有‘朝闻道夕死可矣’之志,则不肯一日安其所不安也。何止一日?须臾不能。”“‘朝闻道夕死可矣’,岂能安其所未安?”[58]

——“学”,不如学到“朝闻道夕死可矣”的所以然,学如不及,唯恐失去的就是留驻于“朝闻道夕死可矣”的根底:

“博弈小数,不专心致志,犹不可得,况学道而悠悠,安可得也?仲尼言:‘吾尝终日不食,终夜不寝,以思,无益,不如学也。’又曰:‘朝闻道,夕死可矣。’不知圣人有甚事来,迫切了底死地如此。文意不难会,须是求其所以如此何故,始得。"[59]

——"只赌一个仁",由"朝闻道夕死可矣"生发出来的生死境界:

"问:'"有杀身以成仁,无求生以害仁。"窃谓苟所利者大,一身何足惜也?'曰:'但看生与仁孰重。夫子曰:"朝闻道,夕死可矣。"人莫重于生,至于捨得死,道须大段好如生也。'曰:'既死矣,敢问好处何?'曰:'圣人只赌一个是。'"[60](此"是",即"道"即"仁",《陈氏本拾遗》:"'朝闻道,夕死可矣',死得是也。"[61])

记得《刘元承手编》记载伊川的这个发问,即"'朝闻道,夕死可矣。'不知圣人有甚事来,迫切了底死地如此。文意不难会,须是求其所以如此何故"?就是要追究出圣人之熟何以需要以"死"来了却"生"的所以然?"只赌一个仁",无疑成为这个"追究"之底,如果是对孔孟"熟仁"的挖掘,那么一切有关所有之"化"的寻跡,归根结底,就是"良种"依然留驻于这个"诚"。所以在二程那里,"朝闻道夕死可矣",已不仅仅属于人生境界问题,更属于"熟仁"的所以然问题,"'闻道',知所以为人也。'夕死可矣',是不虚生也。"[62]这是一个极大的挖掘和发现,是二程的贡献。

二、"心熟"

接着"贵熟"之命题,具体地说,究竟这"熟"落实到何处才是"清明在躬,志气如神。"是养心之"熟":"涵养著乐处,养心便到清明高远。"[63]

1. 创意

这个"心熟",是有创意的。二程置"心熟"于"熟仁"之中,得益于孔子的"熟仁"体悟。孔子最经典地陈述出"熟仁"的三段著名表白,以及奠定了往后儒家检讨"熟仁"的来龙去脉。

二程似乎也在这个"来龙去脉"的意义里对此三段话作了一番"心熟"辨识。伊川指出:"仁义忠信不离乎心,造次必于是,颠沛必于是",并以孟子言论证得孔子七十而不逾矩之心熟锻炼,即在"大而化之"中的"不勉而中"、心熟而来:"孟子曰:'充实而有光辉之谓大,大而化之之谓圣,圣而不可知之谓神。……所谓化之者,入于神而自然,不思而得,不勉而中之谓也。孔子曰:'七十而从心所欲不逾矩'是也。'"[64]"熟仁"无非就是进入一种"心"之自然而然的"神化"境界。业已指出,孔子的"熟仁"体悟,引发二程切入"心熟"之辨。这里,二程在孔、孟的字里行间里,索隐到了由孔、孟以来的习仁之熟的境界和到达于此的方法、途径。二程总结孔子十五志于学到七十不逾矩的心路历程,并以"明善"、"至诚"、"思知"勾勒出孔子"熟仁"的环节。尽管其中含有二程自己的理解。二程指出:"'十有五而志于学,三十而立,四十而不惑',明善之彻矣。圣人不言诚之一节者,言不惑则自诚矣。'五十而知天命',思而知之也。'六十而耳顺',耳者在人之最末者也。至耳而顺,则是不思而得也。然犹滞于迹焉,至于'七十从心所欲不逾矩',则圣人之道终矣。此教之序也。"[65]"此教之序",是教人学得孔子一步一步走向"熟仁"的成熟环节。它是"心熟"的历程,不过二程悟得此中之理还是很有扩张力的。

"《诗》云:'上天之载,无声无臭。仪刑文王,万邦作孚。'上天又无声臭之可闻,只看文王便万邦取信也。又曰:'维天之命,于穆不已。'盖曰天之所以为天也。'文王之德之纯',盖曰文王之所以为文也。然则文王之德,直是似天。'昊天曰明,及尔出王;昊天曰旦,及尔游衍',只为常是这个道理。此个(理)亦须待佗心熟,便自然别。"[66]

二程是在赞美"文王之德之纯",而到达这个"纯",却是"心熟"所致;识得这个"纯",也是"心熟"所致。这就是"便自然别"的至熟状态。

2."养心至熟"的追问

在此特别需要扩展的是,二程追寻出儒家"熟仁"观念中的基本问题:如何存养得熟?并切入于"心熟"里,追究为"养心至熟"。这里有三个层面值得剖析:

其一,"心熟",此"心"的指向是与天地一体。程颐指出:"不当以体会为非心,以体会为非心,故有心小性大之说。圣人之神,与天(地)为一,安得有二？至于不勉而中，不思而得，莫不在此。此心即与天地无异，不可小了佗，不可将心滞在知识上，故反以心为小。”[67]孟子有尽心知性而知天的逻辑，心、性、天，具有内在统一性。小程发挥得体，心大性大天也大，所谓“圣人之神”，就是“心性”与“天”成为一体之“神”，这就是“熟仁”的状态：“不勉而中”、“不思而得”。体会“天”，是心与天地的统一，尽性知天，也就是尽心的结局。“心小性大”，是把“心”滞于知识层面，而忽略了心与天地一体的内涵所致。这是不熟的表现。对此，养得如此“心熟”，就是朝向“仁者与天地一体”的“熟仁”之最高境地。二程对“心”的一个解释，足以与此相配：“心，欲穷四方上下所至，且以无穷，置却则得。若要真得，须是体合。”[68]换句话说，若要真熟，心须与天地“体合”。

其二，“心熟”，此“心”的内涵是“理”（“天理”）。二程指出：“心所感通者，只是理也。知天下事有即有，无即无，无古今前后。至如梦寐皆无形，只是有此理。若言涉于形声之类，则是气也。物生则气聚，死则散而归尽。有声则须是口，既触则须是身。其质既坏，又安得有此？乃知无此理，便不可信。”[69]按此说，把握事事物物之生死，可以通过五官；把握事事物物之生死之理，则是“心”，而且，必须信得，天下有理，才有心之存在的必要。与心沟通的，则是理。在这里，“熟仁”就化作“熟理”问题。伊川举孔子之熟：“孔子知是理，故其志不欲为一王之法，欲为百王之通法，如语颜渊为邦是也，其法度又一寓之《春秋》。”[70]孔子知道治理天下之理，欲推行其“仁”理想，建立“百王之通法”，其法度体现在其著的《春秋》里。“知是理”，才有“熟仁”之熟，“欲为百王之通法”，《春秋》就是这样一部“熟仁”之书。再回到“心熟”里，二程需要的逻辑是以“义理悦心”、“玩理以养心”：“有恐惧心，亦是烛理不明，亦是气不足。须知‘义理之悦我心，犹刍豢之悦我口’，玩理以养心如此。盖人有小称意事，犹喜悦，有沦肌浃骨如春和意思，何况义理？然穷理亦当知用心缓急，但苦劳而不知悦处，岂能养心？”[71]义理是养心的内容，以义理养心，就如人要像品食物一般而乐于接受“穷理”，这是非苦劳而是喜悦于心的养心之道，也是生生不息的人生之道，“心必喜，既喜，则如种下种子。”[72]“熟仁”,就是留下种子的“心熟”之耕耘罢了。

其三,“心熟”,此“心”的“作主”地位决定了其作为。二程指出:“人心作主不定,正如一个翻车,流转动摇,无须臾停,所感万端。又如悬镜空中,无物不入其中,有甚定形?不学则却都不察,及有所学,便觉察得是为害。著一个意思,则与人成就得个甚好见识?心若不做一个主,怎生奈何?”[73]为何要“心熟”?是心之地位所决定。人心做主不定,就如一辆翻车,流转动摇,不成定形,又装不进任何东西,人还可成就、成熟否?所以,养心至熟就甚为必须。那么如何“人心作主”呢?二程有所设计,若以“心熟”之创意归类,二程指归在与“道”的契合里,深勘定了“造次颠沛必于是”的“熟仁”通道:“以心为主”,则“于道为有助”。二程的“人心作主”法,在“熟仁”的用力处,可细嚼品味出“敬守此心”之深意:

“学者须敬守此心,不可急迫,当栽培深厚,涵泳于其间,然后可以自得。但急迫求之,只是私己,终不足于达道。”[74]

在“栽培深厚”、“涵泳于其间”而至于“达道”的字里行间,是能够嚼得出儒家“熟仁”之品味。所谓“达道”,非是到达此道,而是心与道的“须臾不离”。这被程颢特称为“收放心”。有人借道家“三住”说征询程颢的看法,大程讲了这段“收放心”:“持国曰:‘道家有三住,心住则气住,气住则神住,此所谓存三守一。’伯淳先生曰:‘此三者,人终食之顷未有不离者,其要只在收放心。’”[75]“心住”、“气住”、“神住”,在道家那里,是“存三守一”,根本的是守在“道”上;在大程看来,“存三守一”,是很难时刻坚守的,关键在“收放心”,也即在“心住”上下工夫,这里,程颢以“收放心”给道家的“三住”说作了很好的注释,更加涵泳了“人心作主”与“造次颠沛必于是”的内在契合。如果说“怒惊皆是主心不定”,那么“不迁怒”才是符合“道”的。[76]这是二程从另一侧面对孔子“造次颠沛必于是”、颜子“不迁怒”的深化。

值得指出的是,二程的“心熟”之道,即是对“心”的特定期待。期望心之熟,因为“心具天德”,只有善“养”之,方可达到“德盛仁熟”之最高境界。二程钟情于此:“心具天德,心有不尽处,便是天德处未能尽,何缘知性知天?尽己心,则能尽人尽物,与天地参赞化育。赞则直养之而已。"[77]这些话十分耳熟能详,来自于孟子的尽心知性知天,尽已心,则能尽人理物理,"与天地参,赞化育",就是所谓的"天德",就是"德盛仁熟"之境地,"直养之",则是"养心"至熟,就是养出"心具天德"的全部而已。这一观点实质是"仁与万物一体"的显露。而这一特定期待,二程又以"敬义夹持"充分展开:"敬义夹持,直上达天德自此。"[78]所谓"敬义夹持",就是二程对《周易》"敬以直内,义以方外"在"心熟"之道上的意蕴深缠。或许,也是对"天理"的一种照观:"天理,茂对时,育万物。"[79]"心所感通者,只是理也。"[80]

三、旨趣在"自熟"

宋明理学对于孔、孟以来的"熟仁"观念,一个最重要的成就,是化"熟仁"为方法论,即在成人成事成万物之中,离不开"熟"。二程获得了什么样的"成就"?又是如何去证明的呢?二程说过,"天理"二字是靠"自家"体贴出来的。所以,"自熟",成为二程考量的重心,也是极为自然与必然的事情了。

1. 何谓"自熟"

有人问:"每常遇事,即能知操存之意,无事时,如何存养得熟?"二程回答:"古之人,耳之于乐,目之于礼,左右起居,盘盂几杖,有铭有戒,动息皆有所养。今皆废此,独有理义之养心耳。但存此涵养意,久则自熟矣。敬以直内是涵养意。言不庄不敬,则鄙诈之心生矣;貌不庄不敬,则怠慢之心生矣。"[81]此段话,前也已引,这里再次引证,用意就在这个"自熟"的说法。

二程回答,心熟于仁,是经过涵养得来的,经久此涵养就会产生"自熟"。以理义之养心,是涵养的内容;敬以直内是涵养的功夫。在二程的"自熟"心境里,"理义"成为"仁"的具体化,因而"熟仁"化作以理义养心;但更重要的是,二程以"敬以直内"作为涵养的自熟功夫,确为孔孟以来儒家"熟仁"观念里的标志性见识。

“敬以直内”出自于《周易·坤卦》:“直其正也,方其义也。君子敬以直内,义以方外,敬义立而德不孤。直方大,不习无不利,则不疑其所行也。”二程对“直方大”作了特定的解释,认为“熟仁”为德性之用,是“大而化之”的入神而渐渐自然,这就是“直方大”,存养在“不习无不利”的习熟之中。《周易·坤卦》:“六二,直、方、大,不习无不利。”二程释谓如此:“以直方大三者形容其德用,……直方大,孟子所谓至大至刚以直也。”[82]而至大至刚,就是“习仁”的工夫。对此,二程对“敬以直内”作过多种说明,大都围绕“习仁”而熟的发挥。明道言:“仁者,人此者也。‘敬以直内,义以方外’,仁也。若以敬直内,则便不直矣。行仁义岂有直乎?‘必有事焉而勿正’则直也。夫能‘敬以直内,义以方外’,则与物同矣。故曰:‘敬义立而德不孤。’”[83]明道认为,只能讲“敬以直内”,不能讲“以敬直内”,因为后者是离开了仁的内在自觉,偏离了“敬义”的正道方向,只在外表上做文章,结果是无有德无有义所立所生。这是不与物合的偏离。这使我们联想到孟子“由仁义行而非行仁义”的“敬义”执着(“直”)中的仁自觉。二程说得如是:“敬以直内,义以方外,仁也。不可曰以敬直内,以义方外。谓之敬义者,犹曰行仁义云耳,何直之有?”[84]没有“直内”,就没有“方外”,“由仁义行”就是“直内”与“方外”的一致,这就是仁之敬一之熟。对“敬”的如此理解,二程回答“或问敬”说得准确:“主一之谓敬。”“一”即谓“仁”,“仁则一,不仁则二。”有人问“何以能见一而主之?”二程以“心熟”辨之:“齐庄整敕,其心存焉;涵养纯熟,其理著矣。”[85]

二程坚信“涵养纯熟”。并以“敬”置于纯熟锻炼来规范“涵养”内容。“敬只是涵养一事。”[86]这是对“敬以直内”意义的深化。二程说明:“敬,所以涵养也。集义,所谓必有事也。不知集义,是为无事也。”又,“(义者)中理见乎事,敬在心。义以方外,然后中理矣。”[87]涵养需要敬,而且“敬”会带来涵养纯熟。在有事中锻炼纯熟,二程把孔、孟以来的仁以“义理”界定,给予“敬以直内”有个确定内容的锻炼,这正是二程所谓“心熟”中的“敬义”锻炼。有人问二程:“义与敬,何以异?”二程回答:“敬,所以持守也。有是有非,顺理而行者,义也。”[88]也就是说,敬义而行,内外一致,“敬以直内,义以方外,合内外之道也。”[89]这是“涵养纯熟”的成熟之道。我们注意到,二程也以涵养释“敬”与“集义”的一致,敬与义无所割离。它包容在一个涵养之中。二程指出:“敬以涵养也,集义然后为有事也。知敬而不知集义,不几于兀然无所为者乎?”[90]涵养之于熟,二程看出的“著力”之处,也即如何“养之既熟,泰然而行之。”[91]对于这个问题,二程指意在学上。有人问:“夫子之教,必使学者涵养而后有所得。如何其涵养也?”二程答道:“莫如敬。”[92]“敬”,恰是以学得义理精熟为至要,如二程一语中谛:“义有至精,理有至奥,能自得之,可谓善学矣。”[93]也就意味着,“自熟”以“敬以直内”为方法论旨趣,指意的就是“善学”之道。二程证明的一个理是:“善学”,那么,“学”中何以见得有“熟”处呢?二程很好地深化了这个“自熟”的主体性内在结构问题。其用心当然要放在了“学要信与熟”的考量上。

2. 三处追究

其实,还有三处的良苦用心,是二程“自熟”观上的思路:从“学原于思”到“自化”再到“无终食之间违仁”。

一是追究个“学原于思”。“学原于思”,[94]但“思”要“熟”,思之不熟,会损之于学:“泛乎其思,不若约之可守也。思则来,舍则去,思之不熟也。”[95]不加以“学”的“思”,叫“泛思”,即谓肤浅之思,如此之“思”不会获得“约之可守”的内容,如学到“礼”,如寻得个“化”。所以“自熟”,乃是要在“学原于思”上,寻究个“深思熟虑”,思到“理”处、熟到“仁”处,才是“自熟”到来。就连孔子那个“仁在其中”的“自熟”到来,二程也切入“学原于思”的考量里:“‘博学而笃志,切问而近思’,何以言‘仁在其中矣’?学者要思得之,了此,便是彻上彻下之道。”[96]这个“学”,就非一般之“学”,而是积聚“仁在其中”的“近思”,其重要性就在那个“彻上彻下之道”的“了此”,那就是“自熟”了。

二是追究个“自化”问题。“自熟”得益于“自化”。有气化才有自化,才至于自熟。二程藉自然现象之化点出自化。二程所谓的“体天地之化”,这

“天地之化”,培育的是自然的成熟:“羊头山老子说一稃二米秬黍,则是天地气和,十分丰熟。”[97]这令我们想起孟子的“荑稗之熟”话语。“天地气和”,乃是“气化”、“自化”的结局。这里,二程是从自然的“气化”引申至“自化”来说开的:“既是气化,到合化时自化。有气化生之后而种生者。”[98]有“气化”而“自化”,种子才会深根开花结果(“十分丰熟”)而“自化”乃是“自熟”到来。

更深入地看,“自化”有两个须经过的环节,一是在“规矩”里的“自化”,一是“大而化之”的到来。以此断定的“教人之术”是这样的:“教人之术,若童牛之牿,当其未能触时,已先制之,善之大者。其次,则豮豕之牙。豕之有牙,既已难制,以百方制之,终不能使之改,惟豮其势,则性自调伏,虽有牙亦不能为害。如有不率教之人,却须置其槚楚,别以道格其心,则不须槚楚,将自化矣。”[99]意思是说,教人的方法,是给其先设立规矩(如“童牛之牿”),让其在规矩里按其本性“调伏”,获得“自化”效率。这“规矩”,可看作是“礼”、是“义”、是“道”、是“仁”,这是走向“熟仁”的“自化”之路。“豮豕之牙”的比喻,意在强化“自化”效率:“‘豮豕之牙,吉。’不去其牙而豮其势,则自善矣。治民者不止其争而教之让之,类是也。”[100]再者,“自化”的结局是“大而化之”。这是“自熟”的到来。也是圣人之熟的到来。这是孟子“大而化之”以及由张载诠释出“大而化则必[在]熟”的条理脉络。程伊川指出:“孟子曰:‘充实而有光辉之谓大。’圣人岂不为天民天吏?如文王、伊尹是也。‘大而化之之谓神,圣而不可知之之谓神。’非是圣人上别有一等神人,但圣人有不可知处便是神也。化与变化之化同。若到圣人,更无差等也。”[101]“若到圣人,更无差等”,就是“大而化之”的“自熟”到来。

三是追究个“无终食之间违仁”在与“道”的“须臾不离”。怎么看呢?二程表白:“须是无终食之间违仁,即道日益明矣。”[102]“道日益明”,即是在“无终食之间违仁”的实现,这又回味出“造次颠沛必于是”的端绪,“自熟”,在这里,显得信心满满,它靠什么来支持?“无终食之间违仁”,显然是“自熟”的结局。二程挖掘出孔孟之底蕴:靠道义左右:“‘配义与道’,浩气已成,合道与义。道,本也;义,用也。"[103]立足于"道义",其所作所为,恐怕与"道"会八九不离十,因为这受"义"之所"用",如此,则"'广居','正位','大道',所居者广,所位者正,所道者大,天下至中至大之所。"[104]这类观点,加强了儒家"熟仁"思想的道义扩张的边际力度,又加深了二程在儒家"熟仁"路径里对"敬以直内,义以方外"的逻辑关照,使"自熟"获得到来的内外根据。

结论就是,"自熟"观上的"熟仁"思路,二程给出了"敬以直内,义以方外"的探寻路径,从"学原于思"、"自化"、"无终食之间违仁"三者的聚合中,去破解与诚、与信、与熟的内在联系,下面这个命题,也可谓是一条特殊破解之路,去进一步揭开"自熟"的内在根据。

四、学要信与熟

"学要信与熟",是二程"熟"论的重要命题。同时看出,二程论"学",一个重要的特点,就是连接着对"信"、对"熟"的思考,所以明道会说:"学要信与熟。"[105]所以伊川会说:"学贵信,信在诚。"[106]

1."学—信—熟"

"学—信—熟"三者连贯一体,在儒家"熟仁"体系里,是别具风格的命题,深入展开这一连接,有三点值得说明:

其一,学与涵养,涵养纯熟,要在学,学什么?第一,"学在诚知诚养。"[107]学以知诚,诚为熟仁:知诚涵养,即谓"养之(诚)既熟"。第二,"学至涵养"而"清明高远"。什么是"清明高远"?是心。二程看得如是,心熟之辨:"涵养著乐处,养心便到清明高远。"[108]而清明高远,恰在心之熟来。所以二程不无感慨:"清明在躬,志气如神,贵熟。"[109]第三,"涵养著乐处",也在"学至涵养其所得","得"什么?"得"精义入神之熟。也即熟在于得到"义精仁熟"之境界。这也属"清明高远"之境地。二程说得是理:"学至涵养其所得而至于乐,则清明高远矣。""学而不自得,则至老而益衰。"并且二程又归之于学有涵养与敬以直内对于"义精仁熟"的内在必然性。二程说得明确:“学之而不养,养之而不存,是空言也。”[110]并视其圣人之道晓谕精义入神之熟就在一种敬以直内的通贯:“圣人之道,更无精粗,从灑扫应对至精义入神,通贯只一理。虽灑扫应对,只看所以然者如何。切要之道,无如‘敬以直内’。”[111]无论大事小事粗事细事,盖之于“精义入神”之“熟”来对待,则可学有自得而至于“熟”。这是儒家见习而“熟”的学习观在二程中的提炼。

其二,学与自得而通。二程感慨:“学莫贵乎自得。”[112]“自得”什么?自得义理而涵养以至于通。有人问:“学,何如而谓之有得?”二程回答:“其必默识心通乎!笃诚明理而涵养之者。”[113]“熟仁”也在通。二程看出此中奥妙:“学贵于通。”[114]“通”什么?通于义理、精于道,也就是“熟仁”之习。如二程说得是:“通莫如理”,“必诚而后精”;有人问:“何以会而通之?”二程回答:“求一物而通万殊”,这里需要积习而久之通:“夫亦积习既久,则脱然自有该贯。所以然者,万物一理故也。”熟仁无非就是精通义理,即谓“进学莫先乎致知,养心莫大乎理义。”[115]而这一切皆与自得有关:“义之精者,须是自求得之,如此则善求义也。”[116]自得即为见习之熟,久之可谓涵养深远。二程说得是理:“习见之熟也,习闻之久也,涵泳其教化深且远也。”[117]

其三,学与主“一”而熟。“一”何谓?是仁。二程确定:“仁则一,不仁则二。”确立“一”则仁,意义重大,“一不敬,则私欲万端生焉。害仁,此为大。”二程一再申辩:“一德立而百善从之”;把“一”提升至诚的地位:“自性言之为诚,自理言之为道,其实一也。”[118]学所在:“君子之学贵一,一则明,明则有功。”是心之明、心之敬:“主心者,主敬也;主敬者,主一也。不一,则二三矣。”[119]这是“熟仁”的工夫。有哲理的是,二程给以“一”作了万物一体的仁之根据:“仁者以天地万物一体,莫非我也。知其皆我,何所不尽!不能有诸己,则其与天地万物,岂特相去千万而已哉?”这是备于张载《西铭》“仁者万物一体”的哲学思路。[120]二程看出“主一”中有个“不一则二三”之辨。二程引进这个问题,还是为了确立主一而熟的信心。二程多有辩证:“一而二、二而一”,总是归于仁;“一二而合为三,三见则一二亡矣。离三而为一二,一二见而三亡矣。方为一二而求三,既已成三,又求一二,是不知理。”二程坚信

“万物一理”又“万物一体”，“本末，一道”又“己与理一”；“一”即谓仁，也即谓“道”和“理”，此“一”内在含二含三，二或三，就是这个“一”；二程比喻贴切：“求之有三，知之则一。行之有三，成功则一。”[121]“中庸天理也。不极天理之高明，不足以道乎中庸。中庸乃高明之极耳，非二致也。”中庸乃“一”，是天理也！“非二致也”，正是“熟仁”的一种“敬”：“主一之谓敬”，但如何敬一？二程道明一个“熟”：“何以能见一而主之？子（指二程）曰：‘齐庄整敕，其心存焉；涵养纯熟，其理著矣。’”[122]“自熟”的方法论，在这里获得了十分具体的人生辩证法。

2. 人生哲理之深化

细细品味这一特殊之人生辩证法，围绕“熟仁”之方向、之规模，顺其理路，有三处可以继续深化。

一处是，学个圣人“心要在腔子里”。这是接着心之“涵泳”说开的。“学至涵养”，是学在心底的涵养。时时刻刻把心放在“腔子里”，学个圣人样：“尧、舜知他几千年，其心至今在。心要在腔子里。”[123]学会“腔子里”看心，就是看到心的活跃处、内涵处、紧张处，这样，心之涵养才有底据可说。所以，二程会有如此“心要在腔子里”的不同关切：“人心常要活，则周流无穷”、“立心，便达得天德”、“心有所存，眸子先发见”、“心具天德”、“尽己心则能尽人尽物”、“存心则上帝临女”[124]，至于说到那个涵养之“底据”，径直而论，就是“理与心一”，心底里满是“理”。人生的追求，就在那个“理”上的心之涵养，由此，“心要在腔子里”，真可谓满足了二程的理学“腔子”。

二处是，学个圣人“精一”之得、之通。这是接着学在自得于“通”上的贯彻而说开的。其在“熟仁”里讲，就是求得“精一”之道的“精熟”。讲这个理，二程扩充了《中庸》“十六字”：“‘人心’，私欲也；‘道心’，正心也。‘危’，言不安，‘微’言精微。惟其如此，所以要精一。‘惟精惟一’者，专要精一之也。精之一之，始能‘允执厥中’。中是极至处。或云：介甫说以一守，以中行，只为要事事分作两处。”[125]讲“通”，是求得“惟精惟一”，最后达到“允执厥中”

的中道之行,"中是极至处",乃是"熟仁"至极境地。王安石其"精",也在乎于此,只是介甫要"事事分作两处",可能还未尽"通"之"熟"。

三处是,学个圣人"体仁与万物一体"之"德盛仁熟"。这是接着"仁则一"而说开的。其最终落实到的,是在"诚"上,"学要信与熟",信乃诚,学圣人,学到"德盛仁熟",就在这个"信"上连接,化作一个公式,就是"学—信—熟",意味着,诚信,是学之基础,是熟之根据,"体仁"也罢,"熟仁"也罢,打下的桩子,就是诚信的夯实。在二程看来,熟仁与万物一体,与心作主,把捉的就是这个"诚",而且是从上到下、彻头彻尾、自始至终的"把捉":"守善在诚"、"意诚自定则心正"、"然同归于诚"。[126]最终落实的尽处,是诚与道一体:"以至诚持之,皆可以尽其道。"[127]所以,"体仁与万物一体"之于"德盛仁熟",二程以"诚"与"道"的一体性,去完成了"仁则一"的精致的理学设计。

加个"信",即"诚"与上述之沟通,这是"学要信与熟"在一个"诚"字上的大结局。二程不乏此语:"诚者天之道,敬者人事之本。敬则诚。""至诚可以赞天地之化育,则可以与天地参。赞者,参赞之义,'先天而天弗违,后天而奉天时'之谓也,非谓赞助。只有一个诚,何助之有?"[128]"至诚贯天地,人尚有不化,岂有立伪教而人可化乎?"[129]天地人之"化",贯穿其中的,就是这个"诚"了。一句"以诚包心",可以涵泳了。更有一段表白,融合了"学思"、"诚信"、"行动"、"质美"、"自化"、"体一"与"熟仁"的契合,读来颇具回味:"学只要鞭辟近里,著己而已,故'切问而近思',则'仁在其中矣'。'言忠信,行笃敬,虽蛮貊之邦行矣。言不忠信,行不笃敬,虽州里行乎哉!立则见其参于前也,在舆则见其倚于衡也,夫然后行。'只此是学质美者,明得尽,查滓便浑化,却与天地同体。其次惟庄敬持养,及其至则一也。"[130]由此看出,二程心底里的"熟仁",来自于孔孟,又显得多么的浑厚!

还需要指证的是,二程论"学",一方面是连接"信"与"熟",另一方面是扩充地展开"信"与"熟"的"节次"。在《论学篇》,若干带有"贵"字的语录极为著名:

"君子之学贵一,一则明,明则有功。"

“学贵于通。执一而不通,将不胜其疑矣。”

“学不贵博,贵于正而已,正则博。”

“学莫贵乎自得,非在人也。”

“学贵乎成,既成矣,将以行之也。”

贵于“一”、“通”、“正”、“自得”、“成”,在二程的心目中,盖谓“熟仁”之细节、环节,也谓“节次”;“学者当务实”、“学必激昂自进”、“学必穷理”、“学必先知仁”、“敬为学之大要”,虽未使用“贵”字,但“当”字、“必”字、“大要”,也在指证“务实”、“自进”、“穷理”、“知仁”、“敬”在“熟仁”中的不可或缺性。质言之,“学至涵养其所得而至于乐,则清明高远矣。”似乎又接洽了“贵熟”、“自熟”、“心熟”中来了。

五、接着孟子的“这里过”

二程最先提出“若要熟,也须从这里过”的问题。“敬以直内,义以方外”也好,“涵养纯熟,义精仁熟”也好,二程瞄准的恰是走过“熟”来的德性考验。可以说,这是对“学”在此中的特殊状态的理解。在《遗书》,二程引证孟子一段话,道出此中实情:

自“舜发于畎亩之中”,至“孙叔敖举于海”,若要熟,也须从这里过。[131]

此段话出自《孟子·告子下》:孟子曰:“舜发于畎亩之中,傅说举于版筑之间,胶鬲举于鱼盐之中,管夷吾举于士,孙叔敖举于海,百里奚举于市。故天将降大任于是人也,必先苦其心志,劳其筋骨,饿其体肤,空乏其身,行拂乱其所为,所以动心忍性,曾益其所不能。人恒过,然后能改。困于心,衡于虑,而后作。征于色,发于声,而后喻。入则无法家拂士,出则无敌国外患者,国恒亡。然后知生于忧患,而死于安乐也。”此段话要分两段看。前半段孟子举出舜、傅说、胶鬲、管夷吾、孙叔敖、百里奚,被提拔的经历;后半段说明诸圣贤得以举任的原因,在此孟子挑明的正是对“熟仁”之辨的一种德性锻炼意义中的特定理解和规定,与熟分不开,表现为“苦其心志,劳其筋骨,饿其体肤”等一类“动心忍性”的意志和德性的锻炼,实质上就是一种“熟仁”的锻炼,孟子概之于“恒”,“困于心,衡于虑”而后有振兴之举,恒之于德性考验和意志锻炼,个人来讲可以“生于忧患,死于安乐”;国家来讲可以无敌于天下。这是“熟仁”的永恒价值。

孟子认为言,若要“熟”,须从这种锻炼中来。孟子说过,他的哲学有两个优点:一是知言,二是善养浩然之气。而后者恰恰是孟子“动心忍性”的真实内容写照,这里二程依孟子所说切入的关键性思考来增加“若要熟,也须从这里过”的内容铺垫。

1. 德性锻炼

德性锻炼来自于善养浩然之气,因为养浩然之气正是培养意志坚定、充实义理德性的身心“直道”之环节。二程如是说道:“浩然之气,天地之正气,大则无所不在,刚则无所屈,以直道顺理而养,则充塞于天地之间。‘配义与道’,气皆主于义而无不在道,一置私意则馁矣。‘是集义所生’,事事有理而在义也,非自外袭而取之也。”[132]直养“浩然之气”,就有“配义与道”,这是主于“集义所生”,它完全靠人的自我努力所致。这就是一种习熟的努力。此熟在志与气的互动之中,二程发挥了孟子的“志一则动气,气一则动志”来继续阐明这种观点,二程指出:“一动气则动志,一动志则动气,为养气者而言也。若成德者,志已坚定,则气不能动志。”[133]“气不能动志”,已成熟也。对此二程夸奖子夏是“笃志力行者也”;说曾子是“明理守约者也”。[134]这也是力行于“博学、笃实、切问、近思”之“熟仁”功夫的结果。这也是从“恒”的意义中对“若要熟也须从这里过”的特定理解。

实际上,若要熟,要从意志的锻炼和德性的成熟而过来,二程以“主一”、“敬以直内”的“习”之而来与浩然之气加以沟通:“主一无适,敬以直内,便有浩然之气。浩然须要实识得他刚大直,不习无不利。”[135]坚持习熟而来,就是一种恒性锻炼。二程提倡的最莫过于体现在“君子无终食之间违仁”的

“恒”之特殊状态。以上列举的圣贤们在“造次颠沛”的不同环境里始终处于“必于是”,即必于是仁、必于是道的持之以恒。并且坚定地把“道”视其为是自身“善”的存在前提,也是自身与“道”合一存在的确认。二程认定,熟仁是“‘君子无终食之间违仁’,得善弗失也。‘道不可须臾离,可离非道’,言道也。‘造次颠沛必于是’,言守道也。”[136]因“熟仁”而“得善”就在于“无终食之间违仁”,因“熟仁”而“守道”就在于“造次颠沛必于是”。二程的发挥就在于说明“熟仁”与“得道”的不可分离:“须是无终食之间违仁,即道日益明矣。”[137]

必须指明,二程“接着从孟子那里过”来的结晶体,就是一个“敬”字。有人问:“心术最难,如何执持?”伊川回答:“敬”。[138]一个字,干脆利落。朱熹有个评价,点到关键:“‘敬’字,前辈都轻说过了,唯程子看得重。”又:“程先生所以有功于后学者,最是‘敬’之一字有力。”[139]如何“有力”?是敬于“仁”、“道”,所以此“敬”绝非虚空着落,盖谓“无终食之间违仁”,“造次、颠沛必于是”,“敬”实也穿透孔子十五至七十的“熟仁”历练,二程不断对此作注脚作旁证。如伊川的这个说明性发挥:“子曰:‘吾十有五而志于学。’圣人言己亦由学而至,所以勉进后人也。立,自立于斯道也。不惑,则无所疑矣。知天命,穷理尽性也。耳顺,所闻皆通也。从心,则不勉而中矣。”[140]敬于“道”、敬于“仁”,贯穿于孔子一生:此“志”、此“立”、此“不惑”、此“知天命”、此“耳顺”、此“从心”,皆是留驻“道”上和“仁”上的。“入道以敬为本”,这就是“敬”之根蒂,这就是“敬”之实在,这就是“至诚”的落实。这些都是“自家敬以直内、义以方外之实事。道之浩浩,何处下手?惟立诚才有可居之处,有可居之处则可以修业也。”[141]其实,在二程那里,“诚”与“敬”互为一体,“诚则无不敬,未至于诚,则敬然后诚。”[142]“诚”是“敬”所由,“敬”是“诚”所发。至诚,统领一生,是人生大追求、大方向、大目标;敬,统贯一生,是人生节次里(十五有“志”、三十而“立”、四十“不惑”、五十“知天命”、六十“耳顺”、七十“从心”)对“仁”的着实把握。一句话,“敬”,就如“熟仁”的“基因”。这是二程接住孟子“这里过”的纯真浩气。

2.“问敬”

现在,再放大一下这个“基因”,探究二程的“敬”在“熟仁”里的存活力究竟为哪般?《粹言》里的阐发很有逻辑:从“主一之谓敬”到“涵养纯熟”,再落实到“敬其心”上对“诚”、“道”、“仁”的“主一而敬”,充分实现了“敬”在“熟仁”里犹如体内“基因”之活力。

> “或问敬。子曰:‘主一之谓敬。’‘何谓一?’子曰:‘无适之谓一。’‘何以能见一而主之?’子曰:‘齐庄整敕,其心存焉,涵养纯熟,其理著矣。’”[143]

此段话大致涵盖了上述的逻辑。何谓“一”?“一”就是“诚”、就是“道”、就是“仁”。有人问“何谓诚,何谓道乎?”二程回答:“自性言之为诚,自理言之为道,其实一也。”[144] 再加个二程认定的“仁则一,不仁则二。”[145] 似乎是内圆的逻辑了。这里的关键,是“敬一”里达到的“涵养纯熟”。“熟仁”是敬之涵养的“纯熟”。涵养“莫如敬”,“敬则无间断,文王之纯(熟)如此。”有人问:“夫子之教,必使学者涵养而后有所得。如何其涵养也?”二程回答:“莫如敬。”[146] 所谓“敬之涵养”,即以孟子“集义所生”、与《周易》“敬以直内,义以方外”为内容的心性积淀:“敬以涵养也,集义然后为有事也。”[147]“敬之涵养”,绝非仅仅是“心性”上的“内圆”,“敬,所以涵养也。集义,所谓必有事也。……中理见乎事,敬在心。义以方外,然后中理矣。”[148] 同样指意在“熟仁”的外在行动(“为有事”)的逻辑:“敬以直内,义以方外,仁也。不可曰以敬直内,以义方外。谓之敬义者,犹曰行仁义云耳,何直之有?所谓直也者,必有事而勿正心是也。敬以直内,义以方外,与物同矣,故曰敬义立而德不孤,推而放诸四海而准。”[149] 结论就是,“敬,所以持守也。”[150]

从“敬之涵养”的逻辑里,二程明确了在做人、做官、做事诸方面的“熟”之绩效。《粹言》集中了这类叙述:“见之既明,养之既熟,泰然而行之,其进曷禦焉?”“养之(指诚、道、仁)既熟”,谁能阻止其进步呀。“教人者,养其善心,则恶自消;治民者,导以敬逊,则争自止。”“养其善心”、“导之敬逊”,极益于做人和做官呀。“入德必自敬始,故容貌必恭也,言语必谨也。虽然,优游涵泳而养之可也,拘迫则不能入矣。”“敬之涵养”,是对“诚”、“道”、“仁”的敬畏,“养之”方可,“拘迫”不行,成人之大德,或谓成人之熟,就能由此而来。“无好学之志,则虽圣人复出,亦无益矣。然圣人在上而民多善者,习见之熟也,习闻之久也,涵泳其教化深且远也。”治理家、国、民,需要“习见之熟”(即习见于礼、义、道、仁等的“好学之志”),涵养这类教化,则不会“无益矣”。“敬之涵养”,包括“养生”、“养形”、“养德”、“养人”、“养道”,而这一切,皆可归结于“养心”:“凡人于事,有少自快,则其喜怿之意犹浃洽于心而发见于外,况学而见理者乎?虽然,至于穷理而切切焉不得其所可悦者,则亦何以养心也。”可见,二程希冀的“心熟”,通过“浃洽于心而发见于外”,就不会是个“屡空”了。再个结论就是,当二程说:“敬则无间断,文王之纯如此。”[151] 指意的,无非是说,文王之纯熟,离不开无间断之“敬”的功夫。“敬为学之大要”,若要说这样的“熟仁”之绩效真实地内源于孟子的“这里过”,一点也不为过。

六、“熟仁”在仕上的用意

二程的“熟仁”,很显然有一种出仕用心。做人要求熟仁,做官上也有如此追求。据考,二程均有做官的经历。程颢,官至京兆府鄠县、江宁府上元县主簿,泽州晋城令,监察御史里行等。程颐,官历汝州团练推官、西京国子监教授、崇政殿说书等。这些做官的经历可能令他俩更能体会出儒家“熟仁”的仕价值。在《二程集》,收集了一批二程为政书疏,读后不免感觉,“熟仁”不是一种空洞的说教,二程是在政治道德里,运用其“熟”。围绕这些文字,我们看到“熟仁”在仕上的用意。二程着意刻画出的深义,是不言“熟仁”二字而有“熟”之讲究。

1. 仕上的刻意

二程看到,仕途上须讲个“熟”字。在这批书疏里,二程多有重申。元祐元年,《上太皇太后书》,面对出仕与否、将仕何为,伊川强调:“不三五次,便当习熟。若不如此渐致,待其自然,是辅导官都不为力,将安用之?”[152]言下之意,小事要求渐渐而习,何况像出仕一类的大事,就更要三思而行,仕途中要有熟之功夫,渐渐用力而为,就有自然而然。官员不努力不用功会有这样的成绩吗?元祐二年四月,《又上太皇太后书》,伊川强调领导者须有“熟”之品性:“人主圣明,习熟见闻”。[153]在《晋城县令题名记》,明道对地方官吏之于“熟仁”作了实践性要求:“今之为吏三岁,而代者固已迟之矣。使皆知礼义者,能自始至,即皇皇然图所施设,亦教令未熟,民情未孚,而吏书已至矣。”[154]地方官吏,事关地方风化之要,礼义教令自己要熟知,也要让天下人熟知,才会有好的民风和民情。这是“熟仁”化为官德的一种努力、风气和方法,所以仕途中要紧紧地连接住“熟仁”。

二程看到,“熟仁”,就是仕途中张扬和显示儒家的道义论。二程带有坚定而纯真的儒家出仕观,因为它有个孔、孟“道义”在其中。二程坚信:“尚以何义,复齿仕列?”[155]没有道义的支持,就决不为仕。当然这是以天经地义的儒家道义为标准。这就叫“儒者进退,当如是乎?”即“去就之义当然”[156],这是最典型的儒家出仕观,义务论的又是道义论的。我们注意到,伊川从元祐二年十一月至元祐九年春的好几篇“状”里,几乎都在讲一个儒者进退去就的问题,其中贯穿着这个道义论基调。在元祐三年春的《第三状》,他坦陈:“道合则从,不合则去,儒者进退之大节。黜陟失当,则乱所由生;进退忘义,则道所由发。”[157]《乞致仕第一状》:“自古为臣陈力,不能则致其仕,礼也。”[158]致仕,古代称为退休制度。去就之“义”,盖以道义左右,也属义务应当。“熟仁”,就是要达到道义境界。为官出仕也莫不如此。

2.“治道”上的刻意

二程看到,为政之道里讲“熟仁”,也是在发展一种“若要熟,也须从这里过”的治道精神。如果说“熟仁”具有一种良好的方法论价值,那么,将其运用在从政上,就得把握和拥有一种为政的先后程式和境界。在《论王霸札子》,明道说得如是:“夫事有大小,有先后。察其小,忽其大,先其所后,后其所先,皆不可以适治。”[159]能够把握得好,就是一种政治的娴熟、治道的本领。对此,二程发现一个“治道”系列:“故治天下者,必先立其志”,[160]“既立求治之志,又思责任之道,则以求贤为先。”[161]“熟仁”有先后、本末、大小之辨,治道也如此。先抓什么后抓什么、先做什么后做什么,都属于一个“熟仁”的进程,只不过这里是在讲治道。可能出于二程的为官经历,这里的娴熟,二程体会颇深。治平二年,伊川在《为家君应诏上英宗皇帝书》[162]中这样说:

“今言当世之务者,必曰所先者:宽赋役也,劝农桑也,实仓廪也,备灾害也,修武备也,明教化也。此诚要务,然犹未知其本也。臣以为所尤先者有三焉,请为陛下陈之。一曰立志,二曰责任,三曰求贤。”

“三者之中,复以立志为本,君志立而天下治矣。所谓立志者,至诚一心,以道自任,以圣人之训为可必信,先王之治为可必行,不狃滞于近规,不迁惑于众口,必期致天下如三代之世,此之谓也。夫以一夫之身,立志不笃,则不能自修,况天下之大,非体乾刚健,其能治乎?”

“故臣愿陛下以立志为先,如臣前所陈,法先王之治,稽经典之训,笃信而力行之,救天下深沉固结之弊,为生民长久治安之计,勿以变旧为难,勿以众口为惑,则三代之治可望于今日也。”

这些话语中虽有反对王安石变法之嫌,但是话语之中,不时流露出儒家“熟仁”的腔调和道义论的期待:“立志为先”、“笃信而力行”、“以道自任”、“立志不笃则不能自修”、“法先王之治”,无一不含有这方面的情怀和思绪。在伊川的《上仁宗皇帝书》里,对治国的左一个“道”、右一个“义”的不断重申和强调,就是希冀统治者和当官的要有责任、要有品德、要有道义在身,就是要一身正气,“惟王道之本,仁也”,[163]这哪里来?靠自身努力,靠“熟仁”的修炼,如伊川说的“道必充于己,而后施以及人;是故道非大成,不苟于用。然亦有不私其身,应时而作者也。出处无常,惟义所在。”[164]这里的话语深处,已经是在重申孟子“仁政”、儒家“王道”思想了。

其实,二程均有从政经历,而且还有比较好的政绩和口碑。以程颢为例,曾官历京兆府鄠县、江宁府上元县主簿,泽州晋城令,监察御史里行等。在此期间所著的一系列"表疏"(《上殿札子》、《请修学校尊师儒取士札子》、《论王霸札子》、《论十事札子——师傅、六官、经界、乡党、贡士、兵役、民食、四民、山泽、分数》、《论养贤札子》、《乞留张载状》、《谏新法疏》、《再上疏》、《辞京西提刑奏状》、《谢澶州签判表》)和"书记"(《答横渠张子厚先生书》、《晋城县令题名记》、《南庙试佚道使民赋》、《南庙试九叙惟歌论》、《南庙试策五道》)等文献里,浸透着对儒家治理天下的娴熟运转,至少是对"仁政"、"王道"充满了"熟仁"之期待,诚如《南庙试策五道》之"第五道"的结论一概而就:"夫王者之仁,其道可见矣,复请以前代已然之迹而明之。孟子曰:'小国七年,大国五年,可为政于天下',此圣人之效也。"至于程颢在此期间点点滴滴之为政细节,这里就不一一累述了。

至此,再提出一个观点,二程敢于向最高统治者——皇帝本人直陈这样的"熟仁"期待。伊川就如此胆大直言:"伏以皇帝陛下春秋之富……在涵养薰陶而已";"皇帝习读之暇,游息之间……不独渐磨道义,至于人情物态,稼穑艰难,积久自然通达。比之常在深宫之中,为益岂不甚大?"[165]其中那些述语,如"涵养薰陶"、"渐磨道义"、"积久自然通达",充满了"熟仁"的儒家式"腔调",而且敢言出"比之常在深宫之中,为益岂不甚大"的提醒,展示出二程对"熟仁"的信心:"仁必欲熟,义必欲精"。

这"仁必欲熟,义必欲精",虽出自二程门人萧子庄,但也充分转达了二程之意。这一点,被朱熹看透。这里,印证朱熹此段,以作为整章的结语。《朱子语类·萧子庄》:

"又如第二书言:'士之所志,舍仁义而何为哉?惟仁必欲熟,义必欲精。仁熟,则造次颠沛有所不违;义精,则利用安身而德崇矣。'此数句说得尽好。但仁固欲熟,义固欲精,也须道如何而能精,如何而能熟。却只随他在后面说,不知前面毕竟是如何。又如举孟子'不动心'、'养气'之说,皆是泛说。惟其如此,故人亦谓伊川也只恁地,所以豪杰之士皆傲睨不服。又曰:据公所见,若有人问自家'仁必欲熟,义必欲精'两句,如何地答?这便是格物致知。道夫曰:莫是克去己私以明天理,则仁自然熟,义自然精?曰:此正程先生所谓'涵养必以敬,进学在致知'之意也。"

从这里也透露出,在儒家,那些大儒的弟子们,依然是在继续"熟仁"的话题,薪火不断,得到继承和光大!当然,这里的继承和光大,要数朱熹最具"贡献"了。

在对二程"熟仁"分析行将结束之际,提及二程所言"天理二字却是自家体贴出来"的,即一切源自于"心身"上做工夫,这工夫,就是"熟仁"。这是二程对孔、孟以来"熟仁"的重大推进。但是,这一点,在儒家内部,还是有争议的。清儒颜元就指出"伊川偷佛说":"佛学只是无存养工夫,唐六祖始教人存养工夫。学者只是说,不曾就身上做工夫,伊川方教人就身上做工夫,所以说伊川偷佛说为己使";"伊川参某僧后有得,遂反之,偷其说来做己使,是为洛学。"[166]这个评价,是有点过分了。汲取佛学思想,几乎为宋明理学家的学究常态,用一个"偷"字,显然是用错地方了。

总而言之,二程给儒家"熟仁"理性注入了很多活力,这就是二程的品位。并且由二程"贵熟"中开拓出来的"熟仁"之品味,经过朱熹的路径,确实得到了相当重要的积累和意义升华,再加之朱熹的改善和强化,使得这样的积累和升华,开辟出了一个鲜活之经纬、之天地。由于朱熹的提炼、提升、拓展,[167]从二程到朱熹,"熟仁"笃正地经历了继孔、孟以后的一个重要又特殊的"圆圈"。当然,后面的分析,还会不断提及到二程的"熟仁",甚或还有个案检讨。

注释:

[1]《二程集》,《河南程氏遗书》卷六,中华书局1981年版。

[2]《二程集》,《河南程氏遗书》卷六。

[3]《二程集》,《河南程氏遗书》卷一。

[4][5]《二程集》,《河南程氏遗书》卷六。

[6]《二程集》,《河南程氏遗书》卷一。

[7]《二程集》,《河南程氏遗书》卷二十五。

[8][9]《二程集》,《河南程氏遗书》卷六。

[10]《二程集》,《河南程氏外书》卷十二。

[11]《二程集》,《河南程氏文集》卷六。

[12][13][14]《二程集》,《河南程氏外书》卷十二。

[15][16][17][18][19][20][21]《二程集》,《河南程氏遗书》卷一。

[22][23][24][25][26][27][28][29]《二程集》,《河南程氏遗书》卷二。

[30][31][32]《二程集》,《河南程氏遗书》卷三。

[33]《二程集》,《河南程氏遗书》卷六。

[34]《朱子语类》卷二十六。

[35][36]《二程集》,《河南程氏遗书》卷一。

[37][38]《二程集》,《河南程氏遗书》卷二。

[39]《二程集》,《河南程氏遗书》卷七。

[40]《二程集》,《河南程氏外书》卷六。

[41]《二程集》,《河南程氏遗书》卷二。

[42]《二程集》,《河南程氏外书》卷二。

[43]《二程集》,《河南程氏外书》卷三。

[44]《二程集》,《河南程氏遗书》卷十五。

[45]《二程集》,《河南程氏外书》卷十二。

[46]《二程集》,《河南程氏遗书》卷二。

[47]《二程集》,《河南程氏遗书》卷四。

[48]《二程集》,《河南程氏遗书》卷五。

[49]《二程集》,《河南程氏遗书》卷十四。

[50]《二程集》,《河南程氏遗书》卷九。

[51]《二程集》,《河南程氏遗书》卷十一。

[52]《二程集》,《河南程氏外书》卷三。

[53][54][55]《二程集》,《河南程氏遗书》卷十五。

[56][57]《二程集》,《河南程氏遗书》卷十一。

[58]《二程集》,《河南程氏遗书》卷十五。

[59]《二程集》,《河南程氏遗书》卷十八。

[60]《二程集》,《河南程氏遗书》卷二十三。

[61]《二程集》,《河南程氏外书》卷三。

[62]《二程集》,《河南程氏外书》卷二。

[63]《二程集》,《河南程氏遗书》卷六。

[64]《二程集》,《河南程氏文集》卷八。

[65]《二程集》,《河南程氏遗书》卷九。

[66][67]《二程集》,《河南程氏遗书》卷二。

[68]《二程集》,《河南程氏遗书》卷三。

[69]《二程集》,《河南程氏遗书》卷二。

[70][71][72]《二程集》,《河南程氏遗书》卷三。

[73][74]《二程集》,《河南程氏遗书》卷二。

[75]《二程集》,《河南程氏遗书》卷一。

[76]《二程集》,《河南程氏遗书》卷六。

[77][78]《二程集》,《河南程氏遗书》卷五。

[79]《二程集》,《河南程氏遗书》卷六。

[80]《二程集》,《河南程氏遗书》卷二。

[81]《二程集》,《河南程氏遗书》卷一。

[82]《二程集》,《周易程氏传》卷一。

[83]《二程集》,《河南程氏遗书》卷十一。

[84][85]《二程集》,《河南程氏粹言》卷一。

[86]《二程集》,《河南程氏遗书》卷十八。

[87][88]《二程集》,《河南程氏粹言》卷一。

[89]《二程集》,《河南程氏遗书》卷十一。

[90][91][92][93]《二程集》,《河南程氏粹言》卷一。

[94][95]《二程集》,《河南程氏遗书》卷六。

[96]《二程集》,《河南程氏遗书》卷十四。

[97]《二程集》,《河南程氏遗书》卷六。

[98]《二程集》,《河南程氏遗书》卷十八。

[99]《二程集》,《河南程氏遗书》卷二。

[100]《二程集》,《河南程氏遗书》卷十一。

[101]《二程集》,《河南程氏遗书》卷十八。

[102]《二程集》,《河南程氏遗书》卷七。

[103][104]《二程集》,《河南程氏遗书》卷八。

[105]《二程集》,《河南程氏遗书》卷十一。

[106]《二程集》,《河南程氏遗书》卷二十五。

[107]《二程集》,《河南程氏遗书》卷十一。

[108][109]《二程集》,《河南程氏遗书》卷六。

[110]《二程集》,《河南程氏粹言》卷一。

[111]《二程集》,《河南程氏遗书》卷十五。

[112][113][114]《二程集》,《河南程氏粹言》卷一。

[115]《二程集》,《河南程氏粹言》卷一。

[116]《二程集》,《河南程氏遗书》卷六。

[117][118][119][120]《二程集》,《河南程氏粹言》卷一。

[121]《二程集》,《河南程氏经说》卷八。

[122]《二程集》,《河南程氏粹言》卷一。

[123]《二程集》,《河南程氏遗书》卷七。

[124]以上说法,均见《河南程氏遗书》卷五。

[125]《二程集》,《河南程氏遗书》卷十九。

[126]以上说法,均见《河南程氏遗书》卷六。

[127]《二程集》,《河南程氏遗书》卷三。

[128]以上说法,均见《河南程氏遗书》卷十一。

[129]《二程集》,《河南程氏遗书》卷十三。

[130]《二程集》,《河南程氏遗书》卷十一。

[131]《二程集》,《河南程氏遗书》卷三。

[132][133][134]《二程集》,《河南程氏遗书》卷一。

[135]《二程集》,《河南程氏遗书》卷十五。

[136]《二程集》,《河南程氏经说》卷六。

[137]《二程集》,《河南程氏遗书》卷七。

[138]《二程集》,《河南程氏遗书》卷二十二。

[139]《朱子语类》卷十二。

[140]《二程集》,《河南程氏经说》卷六。

[141]《二程集》,《河南程氏遗书》卷一。

[142][143][144][145][146][147][148][149][150][151]《二程集》,《河南程氏粹言》卷一。

[152][153]《二程集》,《河南程氏文集》卷六。

[154]《二程集》,《河南程氏文集》卷二。

[155][156][157][158]《二程集》,《河南程氏文集》卷六。

[159][160]《二程集》,《河南程氏文集》卷一。

[161][162][163][164]《二程集》,《河南程氏文集》卷五。

[165]《二程集》,《河南程氏文集》卷六。

[166]《颜元集·朱子语类评》,中华书局1987年版。

[167]朱熹是相当敬佩程子的,也常以"熟仁"话语称谓他们,如说小程:"唯伊川《经解》之言,是晚年仁熟,方看得如此分晓,说出得如此分明。两句所以分仁恕,只是生熟、难易之间。"(《朱子语类》,卷二十八)

第七章

转折性进展:张载“熟仁”之究

由《孟子·告子上》勾勒的“夫仁,亦在乎熟之而已矣”这一儒家“仁之熟”观,到了北宋思想家张载那里,获得了巨大的转折性进展。

张载(1020—1078),字子厚,陕西凤翔县横渠镇人,世称横渠先生,其学史称“关学”。张载的“熟仁”思想,是从三个层次展开的,别具匠心又别开生面。朱轼《张子全书序》载:“史称横渠以《易》为宗,以《中庸》为体,以孔孟为法。”[1] 诚然,张载的“熟仁”思想,几乎依此三条线立体展示,又加进了张载自家的心得体悟,由此赋予了其“熟仁”思想之特色。所以,本章据此三个主线充分地把张载的“熟仁”阐发已尽,依此也充分地展示出儒家“熟仁”思想中的别致一路。

在整个地叙述横渠先生的“熟仁”思想之前,先引证数段张载“熟”论,以凸显其“熟仁”之亮点。

“要在乎仁熟而已。”

“言在熟极有意。”

“习熟缠绕。”

“大纲惯熟。”

“存之熟后。”

“盖用心未熟,客虑多而常心少。”

"大而化则必在熟。"

"德盛仁熟。"

以上所引,正是张子据《易》、《中庸》、孔孟而来的"熟仁"语录(仅仅是其"熟仁"里的若干语录),其中点点滴滴的体悟和理会,都沉积着张载的"熟仁"用心。同时,分析和阐述张子的"熟仁"观,也会带来儒家"熟仁"思想的"副产品",即梳理出《周易》和《中庸》里的"熟仁"之特殊意境。鉴于明末清初大儒王船山最推崇张子学术,并对横渠先生的作品努力加以注释的成果,可以作为充分阐发张载思想的第一手材料。当然,这也绝不会低估张子的哲学地位和其"熟仁"思想的精彩程度。

一、以《易》为宗

张载十分钟情于《周易》,常以《易经》立心思、立人极,其著名的《乾称篇》以《周易》乾坤开宗明义:"乾称父,坤称母;予兹藐焉,乃混然中处。故天地之塞,吾其体;天地之帅,吾其性。民吾同胞,物吾与也。"[2] 后来程颐将此段文字概为《西铭》起首,足见张子对《周易》的特殊情结。

张子有《横渠易说》,是其学研《周易》的结晶,其中不乏"熟仁"心得。其实,《周易》并没有专门"熟仁"二字出现,但《周易》却孕育着深刻的"熟仁"之则,张子细腻把握,深得要领,由是而发。在此有二处,被张子阐发得尽善尽美。一是德盛仁熟,一是研几之学(即熟中有"几"的问题)。

1."德盛仁熟"

张子读《周易·乾文言》,感触"德盛仁熟":"故于此爻却说:'大人者与天地合其德,与日月合其明,与四时合其序,与鬼神合其吉凶',如此则是全与天地一体,然不过是大人之事,惟是心化也。故尝谓大可为也,大而化不可为也,在熟而已。盖大人之事,修而可至,化则不可加功,加功则是助长也,要在乎仁熟而已。然而至于大以上自是住不得,言在熟极有意。"[3] 所谓"大人"之德,就是与天地、与日月、与四时、与鬼神相"合",这是大人之德的最高境界,也是“仁熟”的完美境地。它是靠什么实现的呢?张子提出了“心化”,即“大而化之”问题。这四个“合”,不靠人为助长,而是靠“心化”在熟。所谓“心化”就是“大而化之”的实现或谓“达也”:“大而化则必才‘熟’,化即达也。”[4]“达”于什么境地呢?张子认定《周易》的“精义入神”和“穷神知化”,就是“心化”之目标,达于这两个目标,就是“仁敦化”而至于“德盛仁熟”了。

为此,张子肯定,“心化”,一者使“精义入神”,就是“仁敦化”(一种“仁熟”的特定说法):“‘精义入神’,事豫吾内,求利吾外也;‘利用安身’,素利吾外,致养吾内也。穷神知化,乃养成自然,非思勉之能强,故崇德而外,君子未或致知也。‘精义入神’,[养]豫之至也。义以反经为本,经正则精,仁以敦化为深,化行则显。义入神,动一静也。仁敦化,静一动也。仁敦化则无体,义入神则无方。”[5]“无体”“无方”,这就是“合内外之道”,是“仁熟”的境地。二者使“穷神知化”,就是“德盛仁熟”:“精义入神,利用安身,此大人之事。大人之事则在思勉力行,可以[扩]推而至之;未之或知以上事,是圣人盛[德]自致,非思勉可得。犹大而化之,大则人为可勉也,化则待利用安身以崇德,然后德盛仁熟,自然而致也,故曰‘穷神知化,德之盛也。’自是别隔为一节。”[6]看得出,张子这里所要讲的,走入“仁敦化”至于“德盛仁熟”,需要一种“合内外之道”的工夫历练,这也被称为了“大人之事”。“大人”,虽次于“圣人”,但靠“思勉力行”可以而就,凡人皆可以为“大人”,也可以为“圣人”,要件是:此人必须经历此“心化”。

至此,业已发现张子的“熟仁”环节,即“心化”与“大而化之”的内在连接。“心化”到底要做哪些工夫?这里,张子的考量,是极富哲学品味的。一方面,张子确认此“化”是“范围天地之化而不过”,即不越过自然变化之道(“命”),融入于“天地”之中,克服认识上、实践上的非分之想、非礼之举,成就人性与天道的交互作用,才能不断接近并达至于孔子般的“从心所欲不逾矩”之“仁熟”境地。张子如此阐发了《系辞》的“范围天地之化而不过”:“穷理尽性,然后至于命,尽人物之性,然后耳顺,与天地参,无意、必、固、我,然后范围天地之化,从心不逾矩。”[7]这里,令我们勾起孔子五十知天命、六十耳顺、七十从心所欲不逾矩的“纯熟”、“烂熟”之语境。但是,透过张子的语意,似乎又多了一层这般“仁熟”之程序,即先怎么做、后怎么做,这就是“心化”要实现的:“穷理”、“尽性”、“知命”、“耳顺”、“无意”、“无必”、“无固”、“无我”、“从心所欲”、“不逾矩”。另一方面,这些“心化”,是人们“思勉力行”可为的。但也有不可为的,就是不可“强出头”,求的是“水到渠成”般至熟到来,所以,“心化”到达“大而化之”的地步,就是这般的“水到渠成”,即“在熟而已”:“大可为也,大而化不可为也,在熟而已。《易》谓‘穷神知化’,乃德盛仁熟之致,非智力能强也。”[8]“非智力能强”,显露出张子“心化”中有一层“按自然规律办事”的唯物辩证法的朴素思想,即“心”在“气”中所“化”,这是张子对儒家“熟仁”思想的重大发展。所以,张子揭示这个问题,是有其哲学根据的。这就是他的“太虚即气”。

张子依据《周易》“一阴一阳之谓道”和“精义入神”、“穷神知化”的原理,提升“太虚即气”的哲学内涵。他在《正蒙·神化篇》开宗明义:“神,天德,化,天道。德,其体,道,其用,一于气而已。”[9]又给予了“气—人心—化”的结构性说明:“气有阴阳,推行有渐为化,合一不测为神。其在人也,[智]义利[用],则神化之事备矣。德盛者穷神则[智]不足道,知化则义不足云。天之化也运诸气,人之化也顺夫时,非气非时,则化之名何有?化之实何施?《中庸》曰‘至诚为能化’,《孟子》曰‘大而化之’,皆以其德合阴阳,与天地同流而无不通也。”[10]气有阴阳,天的运动变化是由阴阳两气交互作用而成,人及人心之变化是顺服阴阳两气的运动变化,所以,人心是这样的出自于“诚”,“心化”就这样的至于“大而化之”,“德合阴阳”、“与天地同流”,那不尽是“仁熟”了吗?张子概之为“通”。这样看,张子的“心化”,就区别了佛禅之“心化”,乃至与后来的陆氏、王氏之心学路径里的“熟仁”,也有了结构性差异。

“熟”乃“通”。这是儒家“熟仁”思想里的哲学亮点。而在张子那里,“通”乃是集“精义入神”、“穷神知化”之于“德盛仁熟”的最高境地。这又是张子的亮点。

其实,综观《周易》多有论及的"通",张子更是以"仁熟"去细腻体悟,获得其真髓。《周易》讲的"通",在《系辞上》一段最著名:

"是以君子将有为也,将有行也,问焉而以言,其受命也如响,无有远近幽深,遂知来物,非天下之至精,其孰能与于此!参伍以变,错综其数,通其变,遂成天地之文,极其数,遂定天下之象,非天下之至变,其孰能与于此!《易》无思也,无为也,寂然不动,感而遂通天下之故,非天下之至神,其孰能与于此!夫《易》,圣人之所以极深而研几也。唯深也,故能通天下之志,唯几也,故能成天下之务,唯神也,故不疾而速,不行而至。"

需要指出,张子解释这段话,其立意路径是:以"精义入神"、"穷神知化"为背景,并"通"达于一阴一阳之道的变化中,获得"德盛仁熟"之"通"的境地。

首先,要"通其变"。人能"德自通变,能通其变,则圆神无滞。"[11]这是"德盛仁熟"之致。化,即变化。张子据《易》释"化":"'变则化',由粗入精也;'化而裁之谓之变',以著显微也。"[12]这种"由粗入精"、"以著显微"的过程,就是一种"精义入神",张子释"无有远近幽深,遂知来物,非天下之至精,其孰能与于此"说:"(此)言《易》之为书也。至精者,谓圣人穷理极尽精微处,《中庸》所谓至矣。"[13]"穷理极尽精微处",乃是要把握"通其变"之内在原因,《易》称其为"故"。其次,要"通天下之故"。"上天之载,有感必通。"[14]是什么"有感必通"呢?是阴阳两气之交互作用:"一物两体,气也;一故神,两故化。"[15]"天大无外,其为感者氤氲二端而已";"造化所成,无一物相肖者,以是知万物虽多,其实一物;无无阴阳者,以是知天地变化,二端而已。"[16]天在上,地在下,而人在其中,人与天地之感通,一在养气至清,"凡气清则通,昏则壅,清极则神。"[17]二在常存德性与德行,"'神而明之,存乎其人',不知上天之载,当存文王。'默而成之,存乎德行',学者常存德性,则自然默成而信矣。"[18]所以,有"故"则有"志"。再次,要"通天下之志"。这专在人上说的,"通天下之志",就是人要至"诚"。宋明理学如此重视"诚",张载也不例外。感通,就是不息,"何以致不息? 成性则不息。诚,成也,诚为能成性也,[如]仁人孝子所以成[其]身。"[19]有"诚"则"道义从此出"。[20]重要的是,张子从"性与天道"上展开"至诚"的合理性,这一点与二程拉开了一定距离,并引申出"礼"在"熟仁"中的应有地位。张子一再申辩:"人必礼以立,失礼则孰为道?""知礼以成性,性乃存,然后道义从此出。""至于成性,则不勉而中,不思而得,从容中道矣,(《易》)故曰:'成性存存,道义之门。'"[21]所谓"不勉而中,不思而得,从容中道",乃为"仁熟"之境地。那个"从容中道",即谓"时中",而知礼到时中,正是"通天下之志"的旨趣。按《系辞上》"圣人有以见天下之动,而观其会通,以行其典礼",此"会通"之处,就是发现"礼"与"时中"的"熟仁"相通,张子释其为:"大人见之,则为非礼非义,不时中也。君子要多识前言往行以畜其德,以其看前言往行熟,则自能比物丑类,亦能见得时中。"[22]"熟仁"在人的言行之中,非礼勿言,非义勿行,言行时中,一以贯之,诚(成性)"化"在其中,"乃德盛仁熟之致",是可期了。这就是《易》之"极深"的道理:"唯深也,故能通天下之志"。

张子在政治上是很有志向的,提出过"凡变法须是通"的政治口号。[23]所以,张子对于"通",是非常投入潜心钻研的。

总括其述,核心路径是:从"通其变"到"通之故"再到"通之志",打通了"至熟"渠道,《周易》之髓的道理,张子阐发出其中的"仁熟"品位,是对儒家"熟仁"思想的发展。这里,关键之处,是张子拉近了《周易》与人生的贴切,从"通天下之志"到"成天下之物","熟仁"的使命恰恰定位在后者。这样,渊源于《周易》"唯几也,故能成天下之务"的"研几"之学,就应运而生。"熟仁",就得去研习那个"几"。

2. 研"几"之学

儒家"熟仁",始终有个"研几"之学。研究"几"、把握"几",乃是走入"熟仁"之要塞、之门户、之通道。颜子被称为欠熟,也就在"研几"不足,就差那么一步而"欠熟"。所以,儒家"熟仁"里,极为牵挂这个"研几"之学。那么何谓“几”呢？认识和把握到了“几”对于“熟仁”又有何种意义呢？《周易·系辞下》言：“子曰：‘知几其神乎。君子上交不谄，下交不渎。其知几乎！几者，动之微，吉之先见者也。君子见几而作，不俟终日。’”“几”，乃为事物变化发展之端倪、动因、初始。君子要认识和把握这个“几”，才能有所动作，所以要“见几而作”，“夫《易》，圣人之所以极深而研几也。唯深也，故能通天下之志，唯几也，故能成天下之务”。可想而知，这“几”因素，《周易》是十分重视的了。

“熟仁”，就得熟“几”。对于“几”，张子确有如是观。现在，我们可以搜索以下张子的“几”规定，并从中发现“见几”、“知几”因素的特殊价值，都与“熟仁”相关：

> “见几则义明，动而不括则用利，屈伸顺理则身安而德滋。穷神知化，与天为一，岂有我所能勉哉？”[24]

“见几”，具有主体性价值，有利于义明、身安、德滋，“穷神知化”之“仁熟”状态，做到“与天为一”，也在这“见几”之功。

> “见易则神其几矣。‘知几其神’，由经正以贯之，则宁用终日，断可识矣。几者象见而未形也，形则涉乎明，不待神而后知也。‘吉之先见’云者，顺性命则所[见]皆吉也。”[25]

“知几”，具有先见性价值，能够未形而形、见微知著，行动的一以贯之，须待“涉乎明”、“顺性命”，取决于“知几其神”之功效。所谓“吉之先见”，就是“仁熟”的初始和发端。

> “易简理得则知几，知几然后经可正。天下达道五，其生民之大经乎！”[26]

“知几”，具有治道价值。《周易》教给的道理简单明了，就是在“知几”，知“几”后，才有“经”正，治理天下之大经，也先在这个“知几”呀。治国治民，也有个“熟仁”要求，“知几”，更为重要，因为社会治道无不充满复杂与危机，其动因之“几”，就显为重中之重，难啊，这个“熟仁”！

> “‘君子无所争’，知几于屈伸之感而已。”[27]

"知几",具有排险性价值。"大丈夫"屈伸之道,乃是娴熟之道,事物之运动变化,有屈有伸,能见之于"几",就能运转于屈伸之间,也就能预知险情、克复险阻,这是"熟仁"的历练,在此张载称其为"一以贯天下"。张子正是这样看待《易》之"几"理的:"易简然后能知险阻,易简理得然后一以贯天下之道。易简故能悦诸心,知险阻故能研诸虑,知几为能以屈为伸。""无不容然后尽屈伸之道,至虚则无所不伸矣。"[28]从"一以贯之"到"无所不伸",是一种"仁熟"了,而它来自于"知几",排除险阻的能力和能量,从底下的"知几"开始,逐渐往上化之,能屈能伸,此乃"君子无所争"矣。

"开物于几先,故曰'知来',明忧患而弭其故,故曰'藏往'。"[29]

"几先",具有预见性价值。这段话出自张子解释《周易·系辞上》说的"神以知来,知以藏往"。张子并作了"仁"上规定:"非神不能显诸仁非知不知藏诸用"。[30]"几先",即谓先见此"几",乃预知开物成务之来往,即如何来、如何去,也才能提供人们对于开物成务的忧患意识。这就是"入神"之处、之化。进入如此境地,就展显"熟仁"之妙用,即"知来""藏往",获得变化之"通",就可以走得远:"开物于几先,故曰知来;明患而弭其故,故曰藏往。极数知来,前知也,前知其变,有道术以通之,君子所以措于民者远矣。"[31]故《易》言"惟几也故能成天下之务",是有其至深至熟之理的。

"'不终日贞吉',言疾正则吉也。仲尼以六二以阴居阴,独无累于四,故其介如石,虽体柔顺,以其在中而静,何俟终日,必知几而正矣。"[32]

"知几",具有正道性价值。"不终日贞吉",来自于《周易·豫·六二》"介于石,不终日,贞吉。"《系辞下》阐释为:"君子见几而作,不俟终日。"而张子说"仲尼以六二以阴居阴",是借用《易》爻位之理,发挥出《系辞下》此段真谛,是意在点拨出"知几"可以居于正位、中正、正道之要害。依《周易》之"当位"解,初与四相应,二五相应,三六相应,如是阴阳相应,则最完美;初、三、五为阳爻位,二、四、六为阴爻位,阳爻居阳位、阴爻居阴位,则"当位",是中正,是正道。孔子"知几"而作,始终居于"当位"之优,"熟仁"个透(朱熹语),体正、身正、心正。这“中正”、这“当位”,按《周易》卦位原理,属于“五”位可居,“天数五,地数五”,所以要“通其数为五”,[33]则能把握熟生之“几”、通变之“事”。实质上,张子想要表达的是,此“介”有“几”意义,人们要常见“豫之六二”,“常易故知险,常简故知阻,(君子见)[豫之六二]常不动,故能得动之微。”[34]“‘忧悔吝者存乎介’,欲观《易》象之小疵,宜存志静,知所动之几微也。”[35]这里,不仅回到了上面“知几”的“排险”价值的语境中了,又染指于“敦厚虚静”之“熟仁”之(心)化的问题了。

> “人道之用,尽于接人而已,谄渎召祸,理势必然,故君子俯仰之际,直而好义,知几莫大焉。”[36]

“知几”,具有治人价值。表现为成君之道,张子直言,“明君子之见几”,方有“直而好义”,又不“谄渎召祸”,能够恰到好处,把握分寸,这就显为一种“熟仁”,所以,“知几”,上乘的,乃是尽“人道之用”呀!

或许已经发现,在张载那里,“几”因素具有浓厚的人文价值,故称其为“人道之用”。其实,我们还是发现,张载的“研几”之学,并没有去刻意追求其形上学意义,而是充满着对于做人做官做事的特定希冀。也就是说,在张子看来,正因为“知几”与“熟仁”紧密相连,所以“几”因素具有相当的人道之用和人文价值。张子之“几”观,虽渊源于《周易》,但也有看高之一线。这里,仅举与“熟仁”非常贴切之心得,来进一步拓展张子心目中的“几”因素在“熟仁”观上的特殊运用。

如立志问题:“志大则才大、事业大,故曰‘可大’,又曰‘富有’;志久则气久、德性久,故曰‘可久’,又曰‘日新’。”[37]孔子说“十五有志”,这是人之成熟的起点,张子看出其中“志大”、“志久”在人之生生不息中的特殊作用,也是人生之“几”。

因此,张子对“志”,是颇为钟情的。他常有各类“志”观点评:“志于仁则得仁,志于义则得义,惟其敏而已。”[38]“志常继则罕譬而喻,言易入则微而藏。”[39]“志者,教之大伦而言也。”[40]“能通天下之志者为能感人心。”[41]“志正深远,不务硁硁信其小者。”[42]“观人之志,群而思无邪,怨而止礼义。”[43]

“志小气轻,志小则易足。”[44]“道者无穷,志之而已。”[45]

其实,“志”与“熟仁”之内在联结,是儒家“熟仁”观的运转态势,自孔子“十五立志”而至于“习熟”以来向被密切关注,张子也是如此看待。他特以此说“学”:“如孔子十五而志于学是学也。”为什么这样的“学”才叫“是学”呢?因为它是在“仁”上做功夫,叫“志于仁”、“志于道”,因为它是渐进而熟的,所以叫“待岁月至始得”:“欲速不达,亦须待岁月至始得。”[46]

细嚼张子之“志”,能体悟其相当品味。张子对“志”,有特定标的,看出其中之“几”,无疑内涵“熟仁”之期待:“人若志趣不远,心不在焉,虽学无成。人惰于进道,无自得达,自非成德君子必勉勉,至从心所欲不逾矩方可放下,德薄者终学不成也。”[47]“人若志趣不远”,难以“至从心所欲不逾矩”的“仁熟”境地。

“熟仁”当在“志学”,其“几”则在“志仁”与“志道”。张子断续地在论证这个理。“可欲之谓善,志仁则无恶也。诚善于心之谓信,充内形外之谓美,塞乎天地之谓大,大能成性之谓圣,天地同流、阴阳不测之谓神。”[48]人之“善”、“美”、“信”、“大”、“圣”、“神”,盖出自“志仁”。又,“志道则进據者不止矣,依仁则小者可游而不失和矣。”[49]“志道”者“依仁”而“游”(涵泳),则绰绰有余。而“志学然后可与适道,强礼然后可与立,不惑然后可与权。博文以集义,集义以正经,正经然后一以贯天下之道。”[50]“志学”可“适道”,才有“强礼”与“立”、才有“不惑”与“权”、才有“集义”与“正经”,最终实现“一以贯天下之道”。至于“博文”,也在“志”中:“博闻继承,是志也。”[51]

做到了“志仁”而“志道”,祈求的正是成己之“大”。“体物体身,道之本也,身而体道,其为人也大矣。”[52]这样的“志大”,就是“心大”:“大其心则能体天下之物,物有未体,则心为有外。”[53]这里透露出张子所理解的“志”与“大”的关系,即“大”在“志”中的内化。“大而化之,能不勉而大也,……在熟而已”;[54]“以我视物则我大,以道体物我则道大。故君子之大也大于道,大于我者容不免狂而已。”[55]“志大”的根据在哪里?就在仁道上:“仁道至大,但随人所取如何。”[56]“志于道者,能自出义理,则是成器。”[57]一句话,有志于仁道,一以贯之地勤勉而执着,至熟就能期待和到达:“其始且须道体用分别以执守,至熟后只一也。”[58]所谓“至熟后只一也”,就是一个“仁道”呀!

再如入德之始问题:“‘观其几者,善之几也,恶不可谓之几。’如曰‘几者动之微,吉之先见,’亦止言吉而。且如孝弟仁之本亦可以言几,造端乎夫妇亦可以言几,亲亲而尊贤亦可以为几,就亲亲尊贤而求之又有几焉。又如言不诚其身,不悦于亲,亦是几处。苟要入德,必始于知几”。[59]恶有恶之几,叫“恶几”;善有善之几,叫“善几”。周敦颐有“善几”、“恶几”之分,而张子更关注于“善几”,它是积德之几,是吉利之几,所以,只能先见善之几,仁之本,就是“善”之“几”,凡人要“孝弟”、要“夫妇”、要“亲其”,就得“熟仁”上下手。这就叫“入德之始”。故张子如此贴切于“善几”:“君子[既知]其几,则随有所处,不可过也,岂俟终日?‘几者动之微,吉之先见者也。’夫几则吉凶皆见,[特]言吉者,不作则已,作则所求向[乎]吉。”[60]当然,人若“不诚其身,不悦于亲”,也盖出于“恶几”,但人更应朝向“善几”的知见和把握。其实,张子比较侧重于“善几”研究,也努力使之具体化。如说:“知礼成性,然后道义从此出。”[61]“始学者亦要静以入德,至成德亦只是静。”[62]“进德修业,欲成性也。”[63]“知礼”、“主静”、“进德修业”,就是具体的“善几”,是常人可捕捉、可执事的。

再如把握“几”问题:“学必知几造微。‘知微之显,知风之自,知远之近,可以入德。’由微则遂能知其显;由末即至于本,皆知微知彰知柔知刚之道也。”[64]“几”是动因,是肇始,是端倪,是人事物事发展趋势的规定,所以,人们必须见微知著、由本知末,把握事情发生、发展的来龙去脉。对此,张子提出了认知把握“几”的四种特殊能力:知微、知彰、知柔、知刚。而这一切的认知途径,都作为德性历练的主体之因,张子给予了一个名称,叫“德性之知”(以区别于“闻见之知”),它既是成性成德成圣之“善几”,也是人化之因:“已德性充实,人自化矣,正己而物正也。”[65]因此,这“四知”之“几”的特殊功能,很显然具有张子描述的那样:“‘不见而章’,已诚而明也;‘不动而变’,神而化也;‘无为而成’,为物不贰也。”真可谓是“德盛仁熟”之至矣。

至此,周敦颐在《通书·圣》说的“诚、神、几,曰圣人”,却在张子的具证里,获得了切己意义。

二、以《中庸》为体

张载言“仁熟之致”,有两个显著指标:即“德盛仁熟”与“道义由此生”。张子“以《中庸》为体”,从根本上论证了这两个指标的形上学问题,即通过和“性与天道”与“至诚”的内在连接,作了本体论意义上的“仁熟”之最高境地的诠释,并且借助《中庸》,而得以充分化了。这是张子“仁熟”理想的最高境界,在学理上的激情张扬。

1. 关于“性与天道”

“乃所愿,则学孔子也。”[66]张子仰慕孔子之熟,称其经典之作,仍是那段“十五有志”而“七十不逾矩”之名言。孔子从“十五有志、三十而立、四十不惑、五十知天命、六十耳顺到七十而从心所欲不逾矩”之“纯熟”走来,向被儒家器重。张子也不例外,但更新颖的是,张子把孔子这段总结人生之“熟仁”走过来的经历,从“性与天道”之视角,给予了重要拓展。张子如此阐发:“三十器于礼,非强立之谓也。四十精义致用,时措而不疑。五十穷理尽性,至天之命;然不可自谓之至,故曰知。六十尽人物之性,声入心通。七十与天同德,不思不勉,从容中道。常人之学,日益而不自知也。仲尼学行,习察异于他人,故自十五至于七十,化而裁[之],其进[德]之盛者与!”[67]孔子“自十五至于七十”,是“德盛仁熟”的历练,其实,就是“性与天道”的交流沟通而渐渐成熟。

“性与天道”连接使用,在儒家文献里,最早见于《论语·公冶长》:“子贡曰:‘夫子之文章,可得而闻也;夫子之言性与天道,不可得而闻也。’”一般的解释,往往是认为,孔子很少讲评“性与天道”一类话题,其学生们也很少听到。但张子这个解释,却颇有异趣:“子贡曰:‘夫子之文章,可得而闻也;夫子之言性与天道,不可得而闻也。’子贡曾闻夫子言性与天道,但子贡自不晓,故曰‘不可得而闻也’。若夫子之文章则子贡自晓。圣人语动皆示人以道,但人不求耳。”[68]言下之意,是孔子讲了这个“性与天道”问题,只不过子贡没有拿住、没有理解夫子所言而已,即谓“不可得而闻”、“子贡自不晓”。在张子看来,孔子,乃至圣人所言所行,“皆示人以道”,只是人们不去主动仔细求之罢了。或许,所谓那个“熟仁”,也就是要去求之的必然逻辑。

确实,透观《论语》,孔子直言“性与天道”,确乎鲜见,但是,不能仅仅从字眼上去死板扣住。张子似乎就是这么看的,并努力寻迹其微言大义:“孔孟所谓天,彼所谓道。”[69]“性即天也。”[70]不仅如此,张子还增添自家体悟,竭尽阐发出孔孟所言、《中庸》所言。《张子语录》里有段话,真可谓集《周易》、孔孟与《中庸》,又融入自家体悟的“天道”、“性命”问题。

张子这样说道:“阴阳者,天之气也。亦可谓道。刚柔缓速,人之气也。亦可谓性。生成覆[帱],天之道也。亦可谓理。仁义理智,人之道也。亦可谓性。损益盈虚,天之理也。亦可谓道。寿夭贵贱,人之理也。亦可谓命。天授于人则为命。亦可谓性。人受于天则为性。亦可谓命。形得之备,不必尽然。气得之偏,不必尽然。道得之同,理得之异。亦可互见。此非学造至约不能区别,故互相发明,贵不碌碌也。”[71]这令我们想起《中庸》开头的几句:“天命之谓性,率性之谓道,修道之谓教。”但是,张子此段确有其自家体悟。这里的若干“亦”句,都是张子的特意诠释。更为贴切的是,张子的太虚即气的观点被融入进了这个诠释,使“性与天道”问题间接地获得了形而上意义提升,即在气中讲。

“性与天道”一词,张子多有直述:

“气之聚散于太虚,犹冰凝释于水,知太虚即气,则无无。故圣人语性与天道之极,尽于参伍之神变易而已。”[72]

“万物形色,神之糟粕,性与天道云者,易而已矣。”[73]

“所谓诚明者,性与天道不见乎小大之别也。”[74]

“言形则卜如响,以是知蔽固之私心,不能默然以达于性与天道。”[75]

“易乃是性与天道,其字日月为易,易之义包天道变化。”[76]

“大亦圣之任,虽非清和一体之偏,犹未忘于勉而大爾,若圣人,则性与天道无所勉焉。”[77]

“义命合一存乎理,仁智合一存乎圣,动静合一存乎神,阴阳合一存乎道,性与天道合一存乎诚。”[78]

这些颇具特征的“性与天道”观,是张子哲学特色的反映。归集起来,与“熟仁”之联结,有三处亮点,值得追寻:

第一,“性与天道”,是在气中的变易,所以,解释“性与天道”,张子确认,性即天,性即气,气即天道;因此,性与天道之变易,就是气之变易,“(气)聚亦吾体,(气)散亦吾体,知死之不亡者,可与言性矣。”[79]所以,性乃气也。气有变易,性也就有化。再者,气即天,气之变易,就是天道。“性与天道”决不是静止不动的,而是动态中的结构,其渊源于气之变易也。所谓“尽于参伍之神变易”、“易乃是性与天道”,就是这个结论:“易而已矣”。当然,张子能够透过“气”之变易中的“性与天道”,看出两者有相互作用之“易”的性质,所谓“气与志,天与人,有交胜之理。”[80]何况“性与天道”,也必如此。

第二,“性与天道”,是凡人有所作为的响地,人性与天道的沟通,人则必须无私心杂念去对待,即做到如孔子说的“子绝四”:毋意、毋必、毋固、毋我去对待;更何况,这两者的相互变化,同时是消除私心杂念、绝弃意、必、固、我的沟通过程。儒家“熟仁”里面,很讲究此中德性之知的效率。成熟之道,表现为成人之道,而后者就表现为成性(德性)之道。圣人能够“无所勉”,即自然而然、熟而至熟,凡人则是勤勉不已,但也能做得到。当张子言“性即天道”时,圣人与凡人之性已经在与“天道”的沟通里结合为一体了:“有无一,内外合,此人心之所自来也。若圣人则不专以闻见为心,故能不专以闻见为用。无所不感者虚也,感即合也,咸也。以万物本一,故一能合异;以其能合异,故谓之感;若非有异则无合。天性,乾坤、阴阳也,二端故有感;本一故能合。天地生万物,所受虽不同,皆无须臾之不感,所谓性即天道也。”[81]张子区分“闻见之知”与“德性之知”,与“天道”沟通是“德性之知”的锻炼,是获得"二端有感"、"本一能合"的认知能力,使"天道"进入人性里面,圣人获得的是"天德",凡人造化的是"德性",二者都是"德盛仁熟"之境地。在这一境地里,"性即天道"了。

第三,"性与天道",是"至诚"的结合点。对于"性与天道",张子申辩的是"合",人靠什么去"合"? 靠"存乎诚"。这里有两个定向,是张子的辨识,其一是在人性与天道的实际沟通中,人性会生长出"至诚"品格,因为"天道"之"诚"进入于人性里面,张子谓之:"自明诚";其二是天道即是人性,天道即诚,人性至诚,张子谓之"自诚明"。这两个定向是印证了《中庸》说的"诚者,天之道也;诚之者,人之道也。"孟子也有如是说:"是故诚者,天之道也;思诚者,人之道也。"[82]实际上,张子的用意十分明显,就是重申了儒、道两家,或谓中国人由来已久的朴素信念:天道人道一个道,只不过张子需要厘清儒家"至诚"在"性与天道"之"合"中的特殊性和深刻性。

基于"性与天道"中的"成性"观,是张子"熟仁"思想的精彩之处。质言之,张子观点如下:"成性"之内容,是仁义礼智之道;"成性"之形式,是天人之化的结果;"成性"之结局,是成人之熟。张子说得如是:"神不可致思,存焉可也;化不可助长,顺焉可也。存虚明,久至德,顺变化,达时中,仁之至,义之尽也。知微知著,不舍而继其善,然后可以成[人]性矣。"[83]一句话,之内容、之形式、之结果,都属于"仁熟之致"的界域。在诸种"善几"里("立志"、"主静"、"知礼"、"进德修业"),"成性"之规模,已经大致确立,"仁熟"则可希冀了。

其实,张子的"性与天道"观,后来得到清初思想家王船山的极大阐发和褒扬,并作出了极为成功的哲学研究,把张子的哲学思想开拔出了一个更为开阔的制高点,即便"熟仁",也在这样的叙述里获得了相当可观的哲学高度。我们将在王船山的有关阐述里再做深入检讨。

2. 关于"至诚"

张子据《中庸》,考"熟仁"与"性与天道"之连接,阐发出与"至诚"的相切,是有张子哲学之魅力。对于"诚",张子有些很经典的话,恰恰体现出在这个问题上有些"独辟蹊径"的思考。本文暂且归纳为:在"太虚即气"路径里的特定思考。有三处值得提炼:

其一,在"太虚即气"的路径里,张子阐发了《中庸》的"诚者,天之道也;诚之者,人之道也",颇具新意。张子说:"诚者,虚中求出实。"[84]诚,来自于"太虚",这是"诚"之客观基础,人的至诚,是靠"养气"中求得。这就是"思诚"的基础:"太虚者自然之道,行之要在思,故又曰'思诚'。"[85]自然之诚与人为之诚,实质乃是一个诚,即在"太虚即气"里的相互转化,"人生固有天道。人之事在行,不行则无诚,不诚则无物,故须行实事。"[86]张子引申出"人生固有天道",也意在表明,"熟仁"是在"至诚"里获得"性与天道"相互转化的一种过程,它构筑了一个人生的道路,并且是有天道之根据的,即"太虚即气",它是一个现实的世界,是一个做实事的地方,更是一个靠得住的现实,诚也好,思诚也罢,一切的行动皆出于此,这就是"至诚"了。在这里,张子给儒家的"至诚"观,划出了一片"唯物主义"的地域,这与其他理学家所给予的"至诚"界定,有着极为重要之差异,也给儒家之"熟仁",确立了一个新导向。

其二,在"德盛仁熟"的路径里,张子阐发了《中庸》的"唯天下至诚为能化",颇具别致。承接"太虚即气",张子说:"气有阴阳,推行有渐为化,合一不测为神。其在人也,智义利用,则神化之事备矣。德盛者,穷神则智不足道,知化则义不足云。天之化也运诸气,人之化也顺夫时,非化非时,则化之名何有?化之实何施?《中庸》曰'至诚为能化',《孟子》曰'大而化之',皆以其德合阴阳,与天地同流而无不通也。"[87]又回到了张子"气—心—化"之结构、"大而化之"之"仁熟之致"的问题,此"化"之"几",确以《中庸》所说"唯天下至诚为能化",这"至诚"的运转标的,就是在气为天之道,在人则化之,张子概之为"运诸气"、"顺夫时",而"化"之名副其实的,就是"德合阴阳"、"与天地同流",所以"至诚",就能"神化",就能"无不通",就能积淀"德盛仁熟"。那么,如何能实现"至诚"标的呢?这就引来儒家的"尽性"问题。

其三,在"至诚"的路径里,张子阐发了《中庸》的"尽性之道"。《中庸》

讲“尽性之道”，还是依“至诚”而发：“唯天下至诚，为能尽其性；能尽其性，则能尽人之性；能尽人之性，则能尽物之性；能尽物之性，则可以赞天地之化育；可以赞天地之化育，则可以与天地参矣。”这活生生的不就是一幅“德盛仁熟”之最高境地了吗？那么，该如何“尽性”呢？张子扣住了《中庸》所辨的“自诚明”和“自明诚”。《中庸》说：“自诚明，谓之性。自明诚，谓之教。诚则明矣，明则诚矣。”圣人因其诚实而明白事理，这是出于天性。常人因其明白事理而使己诚实，这是出于教化。诚实则明理，明理则诚实。张子发挥此段到“熟仁”上，取舍于“志于学”：“须知自诚明与[自]明诚者有异。自诚明者，先尽性以至于穷理也，谓先自其性理会来，以至穷理；自明诚者，先穷理以至于尽性也，谓先从学问理会，以推达于天性也。”[88]前者路径是圣人之道，后者路径是常人之道，张子以孔子为例继续深化此中道理：“某自是以仲尼为学而知者，某今亦窃希于明诚，所以勉勉安于不退。孔子称颜渊曰：‘惜乎吾见其进也，未见其止也。’苟惟未止，则可以窃冀一成就。自明诚者须是要穷理，穷理即是学也，所观所求皆学也。……如孔子十五而志于学是学也。”[89]举孔子之例，张子意在表明，孔子，当也包括其最贤弟子颜渊，皆为“自明诚者”，靠的是后天努力学习而至于“尽性”而“仁熟”的，圣人可以“自诚明”，因其本性就是“至诚”的；而普通人则必须“自明诚”，先穷理而尽性。实质上，张子通过这样的叙述，又从一个新的角度证明了“熟仁”，既是圣人可及，也是凡人可及。只不过，凡人更需不断“穷理”而“尽性”。像孔子那样的“志于学”，不就是找到了“熟仁”的一个起始点了吗？这个逻辑就是：志于学，去穷理，至诚性。所以“尽性”，就是造化“德性”，就是“成性”；也就是“自明诚”，也就是“至诚”所在。一切皆出自于“志于学”，“苟志于学则可以胜其气与习，此所以褊不害于明也。”[90]在此，张子仍然据于“太虚即气”路径展开。

其实，张子对于“至诚”的期待，即与《中庸》关切相致。《中庸》言“诚”，张子以此为体又活用，也显然彰显“德盛仁熟”。归纳看，有三处聚焦：

其一，正己物正。可圈之处是，张子把“正己物正”纳入了儒家“熟仁”路径里加以取舍。《中庸》说:“诚者自成也,而道自道也。诚者物之终始,不诚无物。是故君子诚之为贵。诚者非自成己而已也。所以成物也。成己,仁也;成物,知也。性之德也,合外内之道也,故时措之宜也。”所谓“诚”者,即是成己又成物,也是德性之成(“成德”、“成性”),《中庸》概之为“合外内之道”,化其于“熟仁”,也是“大人”之“合外内之道”的结局,在此,张子的提炼是“大人正己而物正”。[91]“熟仁”,是己之达于“仁熟”之境界,这叫“正己”或“成己”;又是物之达于“仁熟”之状态,这叫“物正”或“成物”,正物在外,正己属内,“熟仁”,就是符合“合外内之道”了。当然,“大人正己而正物”,内含了先正己后正物的逻辑,对此,张子又融入了“熟仁”之“化”说,强化了“大而化之”:“己德性充实,人自化矣,正己而物正也。”[92]先正己后物正,是“熟仁”的要求,不然,没有可能走向“仁熟之致”,张子作了比喻,“是以大人正己而物正,须待自己者皆是著见,于人物自然而正。以诚而明者,既实而行之明也,明则民斯信矣。己未正而正人,便是有意、我、固、必。鉴己与物皆见,则自然心弘而公平。”[93]张子强调先正己,与人接物处可以去掉私心私己,公正对待己物,这是见得“诚”之“明”,也是“应物”之道:“人欲得正己而物正,大抵道义虽不可缓,又不欲急迫,在人固须求之有渐,于己亦然。盖精思洁虑,以求大功,则其心隘,惟是得心弘放得如天地易简,易简然后能应物皆平正。博学于文者,只要得习坎心亨,盖人经历险阻艰难,然后其心亨通。捷文者皆是小德应物,不学则无由知之,故《中庸》之欲前定,将所如应物也。”[94]仍是藉《中庸》而发,阐述出“正己”之道,有“心弘”如天地之正(“易简”),有“博学”如“习坎心亨”,《中庸》讲的道理,就是如此的“正己正物”:“博学之,审问之,慎思之,明辨之,笃行之”,不也会走向“仁熟”吗?

其二,“至诚无息”。精彩之处是,张子把“至诚无息”赋予了一个“化”字、一个“渐”字,使其融入于“仁熟之致”,拓宽了一个新视阈。《中庸》说:“故至诚无息。不息则久,久则征。”张子在《乾称篇》,意犹未尽地藉《周易》发挥“至诚无息”:“至诚,天性也;不息,天命也。人能至诚则性尽而神可穷矣,不息则命行而化可知矣。学未至知化,非真得也。”[95]又回到了这个

"化"字上,"不息"则"化","天性"本来属于圣人之列,可是,常人不息,由"天命"向"天性"去"化",这是天下学人应知之理。"不息"之理,则是"化",也是"渐"。张子说"渐",首先从"太虚即气"上讲,实质是认定其有自然性质:"气有阴阳,推行有渐为化,合一不测为神。"[96]再从尽性上讲,认定其有认知意义:"穷理亦当有渐,见物多,穷理多,如此可尽物之性。"[97]也从立志上看,认定其有成人意义:"鸿为水鸟,渐进之始,出至于干。鸿鹄之志非小子所量。"[98]此段话是张子解释《周易·渐·初六》文字,所谓"鸿鹄之志"乃大人之志,是"大而化之"的起始,也就是"熟仁"的开始,或谓"几"因。藉"鸿鹄之志"的渐渐之化,"熟仁"则渐渐而经历。其实,"熟仁"就是聚集上述之道所渐渐化之的过程。而这一切,就是"至诚"的生命之所在,所以,张子又称其为"久"。

其三,"从容中道"而来。亮点之处是:张子把"从容中道"视为"道义从此出"问题,且关乎了儒家"熟仁"的基本立场。《中庸》说:"诚者不勉而中,不思而得,从容中道,圣人也。诚之者,择善而固执之者也。"还是透露个圣人与凡人的共通性:圣人能够"从容中道",是"至熟",这是"至诚";凡人需要使己诚实,执着至善之道,并且坚守如常,用孔子的话说,就是"无终食之间违仁,造次必于是,颠沛必于是",这是能够到达"至熟"的。"中道",意思有两个细微差异,一个是如《周易》中的"二"、"五"之位,是居于"中位",即为"中道";另一个是"中"为动词,即正是中在"道"上。"从容"有"至熟"之义,"从容中道"即含"至熟"于"仁"的意蕴。当然,须指出的是,《中庸》此段的"从容中道",即含这二层意思,而张子阐发的,却主旨于"道义从此出",即后一层意义。因为,张子把这个问题始终与"至诚"和"性与天道"连接起来,意在"成性"理论上去凸显儒家"熟仁"的价值取向,即"熟仁"之来龙去脉,是由道义来规划、来支撑的。而这个"道义"性质,张子划归为儒家之"礼"。张子一再辨清这个理:"故知礼成性而道义出","知礼成性,则道义自此出","知礼成性,然后道义从此出"。这里,张子仍藉《周易》去论证《中庸》这个理,更据此阐述出他自己的理。《周易·系辞上》说的"成性存存,道义之门",张子以

《中庸》的“至诚无息”去诠释:“何以致不息?成性则不息。诚,成也。诚为能成性也。……‘成性存存,道义之门’,知礼以成性,性乃成,然后道义从此出。……道之善也,至于成性,则不勉而中,不思而得,从容中道矣,[故]曰‘成性存存,道义之门’。”[99]张子不间断地去论证“从容中道”及其“道义由此出”的价值取向,是对儒家“熟仁”思想的阵地廓清。其实,在儒家,“成性”,意味的就是“仁熟之致”的习来。张子坚持了这个基本取向,但更有进取的表达是,正是“至诚”把“从容中道”与“道义从此出”连接一体,这就给“熟仁”规划了自始至终又坚定不移的一块基石、一个方向。所以张子极力肯定“中道”价值:“学者中道而立,则有(熟)[仁]以弘之。”[100]是矣!

宋明理学家非常钟情于“诚”说,张子也不例外,但有与众不同之说。所以,其“熟仁”观,也相应撩开了诸种新意。

质言之,张子透过“性与天道”和“至诚”说的内在联结,并以此说解、证实孔子“十五有志”到“七十从心所欲不逾矩”的“仁熟之致”,与《中庸》甚是连接,无怪乎,张子动情地说过:“观《中庸》义二十年,每观每有义,已长得一格。”[101]这或许也是张子本人对《中庸》把握到“义精仁熟”的一种生动写照吧。

3. 关于《诚明篇》

研究张子“以《中庸》为体”而切入“至诚”与“性与天道”问题,必须提及其《正蒙》中的《诚明篇》。“正蒙”虽是对《周易》“蒙卦”的正义阐发,但是,透过《诚明篇》的字里行间,其实也是对《中庸》“至诚”观的意义弘扬。如果聚焦于“熟仁”主题,确有微言大义。言简意赅,归乎仍在:指证“熟仁”通路,是“自明诚,由穷理而尽性也;自诚明,由尽性而穷理也。”[102]其逻辑如下:连接“性与天道”的是“至诚”,“至诚”而发的是“通极于道”,此“道”乃为“太虚即气”,而性“通乎气”又“通乎理”,所以,从“熟仁”到“仁熟”,就有“自明诚”而“自诚明”。这其中包含、包容的一切“熟仁”之道,恰是难以穷尽张子“熟仁”思想的地方,真有言意未尽又回味无穷之感触。当然,关于这些回味与感触,我们将在王船山的章节里会有继续的切入。

三、以孔孟为法

张子扬言,要“以孔孟为法”,意在弘扬孔孟之道,实现儒家使命:“为天地立志,为生民立道,为去圣继绝学,为万世开太平。”[103]这一宏伟志向也体现了张子志于天下万物的“熟仁”志趣:“天体物不遗,犹仁体事无不在也。‘礼仪三百,威仪三千’,无一物而非仁也。”[104]因为天底下“无一物而非仁”,所以,天底下之人要有志于“熟仁”,达于“仁熟之致”,造化出体物和体事,是无不在“熟仁”之中。

张子十分敬仰孔孟,曾言:“学者信书,且须信《论语》《孟子》。”[105]但也努力追寻“多求新意”,去开创孔孟一片“新意”。就“熟仁”而言,张子以“太虚即气”的哲学理念去重新塑造孟子的“夫仁,亦在乎熟之而已矣”的“熟仁”命题。这是极有创新意识的“熟仁”志趣,这在二程乃至后来的朱熹、陆王心学里是根本看不到的。

张子如此陈述:

> “敦笃虚静者仁之本,不轻妄则是敦厚也,无所系阂昏塞则是虚静也。此难以顿悟苟知之,须久于道实体之,方知其味。‘夫仁,亦在乎熟之而已’。(《孟子》说)”[106]

1. 太虚即气

重要的是,张子对此作了“仁”的具体规定。他有一连串关于“虚”与“仁”的特殊表述,以“仁”释“虚”,以“虚”说“仁”,互为规定。《张子语录·中》就有多种规定:

> “虚者,仁之原。”
>
> “敦厚虚静,仁之本。”
>
> “虚则生仁。”

何谓“虚”?就是“气”。太虚充满着气,气聚成物,气散无物,故太虚则是实。所以,仁,必来自于“虚”,存在于“虚”,“天地以虚为德,至善者虚也。虚者天地之祖,天地从虚中来。”[107]所以,做人成圣也得从“虚”中出:“天地之道无非以至虚为实,人须于虚中求出实。圣人虚之至,故择善自精。心之不能虚,由有物榛碍。金铁有时而腐,山岳有时而摧,凡有形之物即易坏,惟太虚无动摇,故为至实。”[108]张子坚信,“人须于虚中求出实”,而“熟仁”,乃须心上做实功夫:“盖用心未熟(于仁),客虑多而常心少也,习俗之心未去而实心未全也。有时如失者,只为心生,若熟后自不然。心不可劳,当存其大者,存之熟后,小者可略。”[109]“实心未全”,是心有所失,被物榛碍,心不在“虚”上,“已是实之于外”,这是“用心未熟”的缘故,只有“虚心然后能尽心”,然后能“至熟”。结论就是:“敦厚虚静”,才是“仁熟”之本。

既然张子肯定“太虚即气”和“用心于熟”,这里就有个“存之熟后”即从何处“熟仁”下手问题。“实心”功夫往哪上做?张子依孟子“善养浩然之气”之精神,去琢磨、修炼那个“义精仁熟”,从“太虚即气”,张子自然主张“养气集义”说:“道理须从[义]理生,集义又须是博文,博文则利用。又集义则自是经典,已除去了多少掛意,精其义直至于入神,义则一种是义,只是尤精。虽曰义,然有一意、必、固、我便是系碍,动辄不可。须是无倚,百种病痛除尽,下头有一不犯手势自然道理,如此是快活,方真是义也。孟子所谓‘必有事焉’,谓下头必有此道理,但起一意、必、固、我便是助长也。浩然之气本来是集义所生,故下头却说义。气须是集义以生,义不集如何得生?‘行有不慊于心则馁矣’。义集须是博文,博文则用利,用利即身安,到身安处却要得资养此得精义者。脱然在物我之外,无意、必、固、我,是精义也。然立则道义从何而生?洒扫应对是诚心所为,亦是义理所当为也。”[110]“精义入神”,就是要滋养“浩然之气”,而这一“资养”的过程就是“熟仁”的过程,不得有拔苗助长之心之行,做到像孔子一样的没有“凭空臆测”、“绝对肯定”、“固执偏见”、“唯我独是”的四个毛病。[111]养气乃有集义所生,因此,养气也就成为“熟仁”的特殊规定,张子见得孟子精髓,是极为认真的。而太虚即气之于“用心于熟”,却是张子独发。

求得精义入神,是“仁熟”的结局;敦厚虚静,是“仁熟”之本。由虚入静,是造化“仁熟”之功。于是,张子在“虚”下看“静”:“静者善之本,虚者静之本。静犹对动,虚则至一。”[112]在“本”的视野下,张子确切地识辨出学者走向成熟或谓“仁熟”的必由之路:“学者先须立本”,即先须立个“太虚即气”在其中。于是方有“敦厚虚静”之“熟仁”、“无所系阂昏塞”之“明静”和“义精”。张子以孔子为榜样说开:“仲尼一以贯之,盖只着一义理都贯却。学者但养心识明静,自然可见,死生存亡皆知所从来,胸中莹然无疑。”[113]“明静”来自于“虚”,求得到“义精”,却有了“义理都贯却”的“熟心”做法:“大率玩心未熟,可求之平易”;[114]“心既虚则公平,公平则是非较然易见,当为不当为之事自知。”[115]“正心之始,当以己心为严师,凡所动作则知所惧。如此一二年间,守得牢固则自然心正矣。”[116]所谓“平易”、“公平”、“心正”,皆为克服“私心”而“熟心”于仁之理,求得其精,本身又是“熟仁”之理。张子概之为“至熟后只一也”。[117]所以,“熟心”,张子无不用尽其心,教诲天下学者:“心且宁守之,其发明却是末事,只常体义理,不须思更无足疑。天下有事,其何思何虑?……处得安且久,自然文章出,解义明。宁者,无事也,只要行其所无事。”[118]“常体义理”、“处得安且久”,“义精仁熟”还会远吗?

2.“大而化之”则“通”

张子期待的是“大而化之”之“熟”,是普通人可以达得到的“仁熟”。所以,在张子看来,大人与圣人,其实没有天然的隔离或屏障,从大人向圣人的过渡,凡人是可以有所作为的,张子似乎更愿意接受凡人的那个“大而化之”问题。这样的话,在张子那里,“德盛仁熟”绝非是个专属于“圣人”抑或“大人”的专利,它们也同样属于凡人的,只要“心化”足够。这里,张子有个超凡脱俗的观点,就是“变化气质”。

“熟仁”,还得从气上讲,张子“太虚即气”,已经为他的“熟仁”观进入了一个全新的视阈。“性通乎气”,“气无内外”,这是“能通天下之志之理”。张子经过这个路径,去充分论证了“变化气质”与“仁熟之致”的内在连接,也为凡人至熟提供了极为“便利”的通道。

人皆有气质。气质变化,乃是“成熟”之道、“熟仁”之门。这是儒家的基本立场,张子在《气质》篇里,凸显儒家之精神,又有所发展。

《气质》一文,主题是“变化气质”,篇幅不长,但颇有新意。与“气—人心—化”之结构、与“熟仁”—“心化”之旨趣相一致,可以概括出以下三个“新识”。

第一,居仁由义。《气质》开宗明义:“变化气质。孟子曰:‘居移气,养移体’,况居天下之广居者乎!居仁由义,自然心和而体正。更要約时,但拂去旧日所为,使动作皆中礼,则气质自然全好。《礼》曰:‘心广体胖’,心既弘大则自然舒[泰]而乐也。若心但能弘大,不谨敬则不立;若但能谨敬而心不弘大,则入于隘,须宽而敬。大抵有诸中者必形诸外,故君子心和则气和,心正则气正。”[119]张子发挥孟子所说,“居住的位置可以改变人的气质,滋养可以变化人的体质”,更何况居住在天下最宽广住地(指仁)的人呢?所以,“居仁由义”才能有良好气质之生化,也才能立足于天下。气质是心身正气积累所致,“熟仁”是其积累之所为,所以,居仁由义,就是对心和气和、心正气正的积淀,就是变化气质。君子须得谨敬而立,“居仁由义”能够促使在不断保持心正而体正中的变化气质,使其成为“动作皆中礼”、“心但能弘大又舒坦”的立足点;更重要的是,它能使人成为“大而化之”的“大人”,如孟子所言:“居仁由义,大人之事备矣。”[120]张载是很有儒家志向的人,但也认定自己是天底下的凡人,无论是居于何种位置,只要“居仁由义”,不就会“心正体正”、“心和气正”了吗?“大人”之气质、“圣人”之气质,不就是可以培育的吗?所以,人就要心正体正之“熟仁”呀!

第二,立得此心用得熟。《气质》尽情阐发“心化”之于“熟仁”在变化气质上的“纽结”。《气质》这样说开:“天本无心,及其生成万物,则须归功于天,曰:此天地之仁也。仁人则须索做,始则须勉勉,终则复自然。人须[常]存此心,及用得熟却恐忘了。若事有汩没,则此心旋失,失而复求之则才得如旧耳。若能常存而不失,则就上日进。立得此心方是学不错,然后要学此心之约到无去处也。”[121]“熟仁”,只有开始,似乎没有结束,对于天地(即自然)来说,它“生成万物”之仁,是自然而然,这就叫“天本无心”。而人呢?人须常存此仁之心,始终保持“勉勉”之进取,日日有上进,使“此心之约”做大、做远、做深,也即“用得熟”,这就叫“无去处也”。这样看来,那个“始”,对于“用得熟”就显得十分重要和关键了。儒家讲“仁熟之致”,先有个始于“立志”的说法,方有“仁熟之致”熟来。这是孔子开启的“熟仁”由来。张子心领神会,《气质》接着那个“无去处”说开:“孔子、文王、尧、舜,皆则是在此立志,此中道也,更勿疑圣人于此上别有心。”[122]“在此立志”,就是要常存此仁之心,即谓“始则须勉勉”。“用得熟”呢?“用得熟”,道义也始终由此出。这就是“德盛仁熟”之境地了。由此,张子扣住了这个“常存此仁心”之“纽结”:“如是心不能存,德虚牢固,操则存,捨则亡,道义无由得生。如地之安静不动,然后可以载物,生长以出万物;若今学者之心出入无时,记得时存,记不得时即休,如此则道义从何而生!”[123]学者本以“道义”为生,心存或心不存,就是心生或心死的问题,心息了、心死了,纵然有个身躯,也是一个僵尸而已,根本就没有“道义由此生”、更不要谈“变化气质”这个问题了。《气质》说得如是:“学者有息时,一如木偶人,牵搐则动,舍之则息,一日而万生万死。学者有息时,亦与死无异,是心死也,身虽生,身亦物也。天下之物多矣,学者本以道为生,道息则死也,终是伪物,当以木偶人为譬以自戒。”[124]对于“德盛仁熟”,张子有个指标,就是“道义由此出”,这里,可谓张子系住又同时解开了这个“熟仁”之“纽扣”,也使“熟仁”脉络自通了。

第三,修持内外。张子顺孟子“养气说”和“求放心”,从内一路,讲养清气,虚中求实,是立心之道;从外一路,讲尽义得礼,是立事之道,张子称其为“合外内之道”。而“熟仁”,就是在“合外内之道”里进进出出。就在这路里,张子把儒家的“内圣外王”趋于更具体的标识。《气质》揭示“立心之道”意义:“欲事立须是心立,心不钦则怠惰,事无由立,况圣人诚立,故事无不立也。道义之功甚大,又极是尊贵之事。”所谓“道义之功”,就是“道义由此生”之功,也就是归之于“熟仁”的功效,变化气质也就在其中了。既然心已立,接下来应是“资养”。《气质》阐述:“求养之道,心只求是而已。盖心弘则是,不弘则不是。心大则百物皆通,心小则百物皆病。”“心”如何个“大”法?《气质》指出个“平旷”之通道:“道要平旷中求其是,虚中求出实,而又[博]之以文,则弥坚转诚。”所谓“平旷之道”,就是内心无私心杂念,获得敦厚虚静之仁化,弥坚转诚,仁熟之致,《气质》看出此处:“心之要只是欲平旷,熟后无心如天,简易不已。”对此,“人能不疑,便是德进,盖已于大本处不惑,虽未加工,思虑必常在此,积久自觉渐变。”此“心化”已立,对于气质变化,人是可以渐渐而为的。这是从“内”的一路讲,从“外”的一路呢?因为“熟仁”是个内外双向的运转。张子须以辨清,按《气质》最终落实于内外“修持”,即虚心得礼。若即外,则要博学、得义循礼:“立本既正,然后修持。修持之道,既须虚心,又须得礼。内外发明,此合内外之道也。”又,“惟博学然后有可得以参较琢磨,学博则转密察,鑚之弥坚,于实处转[笃]实,转诚转信。故只是要博学,学愈博则义愈精微,舜好问,好察邇言,皆所以尽精微也。舜与仲尼心则同,至于密察处料得未如孔子。”还是孔子“熟仁”之情结。

上述《气质》之三处,得以一个深刻印象,就是人之气质变化,乃由“熟仁”过来,内外修持,心气互正,精义得礼,这些都依据于孔孟之道。但是,张子也有其自身的扩展,最鲜明之处,乃是其“太虚即气”路径里的“变化气质”之于“仁熟之致”的特殊语境。张子如是道谛:“为学大益,在自[求]变化气质,不而[皆为人之弊],卒无所发明,不得见圣人之奥。故学者先须变化气质,变化气质与虚心相表里。”“变化气质”与“虚心”,两者互为彰显、互为表里,即在“太虚即气”路径里的充分实现。这是张子“熟仁”,既来自于孔孟之道,又有自家开拔之所在。更重要的是,变化气质,是人人皆可为之的事业,此种功夫,乃为“简易不已”,在此个意义上,张子说的“圣人之奥”,是可见可学的,圣人之能,也是凡人之能:“‘人一能之,己百之,人十能之,己千之。’曰能者,是今日不能而能之,若以圣人之能而为不能,则狂者矣,终身而莫能得也。”况且,圣人与凡人有同心使然:“能通天下之志者为能感人心,圣人同乎人而无我,故和平天下,莫盛于感人心。”一句话,合内外之道,是最重要的

“熟仁”之端、变化气质之道:“合内外,平物我,自见道之大端。”是矣。看来,“仁”之“世俗化”问题,在张载的“熟仁”里,确实有了新意。

有道是:“发张子之蕴以发孔孟之蕴”,[125]这句来自于张子后学袁应泰的归纳,真是一语中的!

四、袁应泰之序:句句应验于“熟仁”

自诩张子后学的袁应泰,在作《张子全书序》(万历戊午本)里,似有对张子的盖棺定论,其句句应验于张子的“熟仁”思想,颇为精准。借此不妨摘要如下,并加个小标题,以示“熟仁”,也作为本文的精度提炼。

其一,“熟仁”在于先“立志”。“如曰:‘孙其志于仁则得仁,孙其志于义则得义’;‘志大则才大事业大,志久则气久德性久’;‘发意便要至圣人犹不得,况便自谓不能,人若志趣不远,虽学无成’,欲学者之立志也。”[126]

其二,“熟仁”在于立足“道义”而“寡欲”。“曰:‘天下之富贵,在外者皆有穷已,惟道义则无爵而贵,取之无穷’;‘学者舍礼义,则饱食终日,无所猷为,与下民一致’;‘仁之难成久矣,人人失其所好,盖人人有利欲之心,与学正相背驰,故学者要寡欲’;‘当生则生,当死则死,今日万钟,明日弃之,今日富贵,明日饥饿亦不恤,惟义所在’,欲学者之寡欲也。”[127]

其三,“熟仁”在于求“立本”。“曰:‘学者中道而立,则有位以弘之,无中道而弘,则穷大而失其居,失其居则无地以崇其德’;‘大中至正之极,文必能致其用,约必能感其通’;‘博文以集义,集义以正经,正经然后一以贯天下之道’,欲学者之立本也。”[128]

其四,“熟仁”在于“识道体”。“曰:‘由太虚有天之名,由气化有道之名,合虚与气有性之名,合性与知觉有心之名’;‘太和所谓道’;‘至当之谓德’;‘推行有渐为化,合一不测为神’;‘气有无形、客形,性有无感、客感’,欲学者之识道体也。”[129]

其五,“熟仁”在于“变化气质”。“曰:‘德不胜气,性命于气,德胜其气,性命于德’；‘天本参和不偏，养其气，反之本而不偏，则性尽’；‘气与志，天与人，有交胜之理，必学至于如天则成性，成性则气无由胜’，欲学者之变气质也。”[130]

其六，“熟仁”在于“崇礼”。“曰：‘仁体事无不在，礼仪三百，威仪三千，无一物而非仁也’；‘礼之原在心，礼所以持性，凡未成性，须礼以持之，能守礼已不畔道矣，礼即天地之德，圣人之成法，进人之速，无如礼学’，欲学者之崇礼也。”[131]

其七，“熟仁”在于“主敬”而“主静”。“曰：‘敬斯有立，有立斯有为，不诚不庄，不可谓之尽性穷理’；‘静者善之本，虚者静之本，学者静以入德，至成德亦只是静’，欲学者之主敬而主静也。”[132]

其八，“熟仁”在于“密涵养”。“曰：‘和乐道之端，和则可大，乐则可久’；‘有无一，内外合，此人心之所自来也’；‘精义入神，事豫吾内以利吾外，利用安身，素利吾外以养吾内’；‘言有教，动有法，昼有为，宵有得，息有养，瞬有存’，欲学者之密涵养也。”[133]

其九，“熟仁”在于“心浸熟”、“默体认”。“曰：‘大其心则能体天下之物，物有未体则心为有外，世人之心止于闻见之狭，圣人尽性，不以见闻牿其心，其视天下，无一物非我’；‘天[大]无外，故有外之心不足以合天心，见闻之知乃物交而知，非德性所知，德性所知不萌于见闻’；‘心苟不忘，则虽接人事即是实行，莫非道也，心若忘之，则终身由之只是俗事，学者存意之不忘，庶游心浸熟，有一日脱然如大寐之得醒’，欲学者之默体认也。”[134]

其十，“熟仁”在于“常省察”。“曰：‘未知立心，恶思多之致疑，既知所立，恶讲治之不精’；‘阳明胜则德性用，阴浊胜则物欲行’；‘纤恶必除，善斯成性矣，察恶未尽，虽善必粗矣’；欲学者之常省察也。”[135]

其十一，“熟仁”在于“克己”。“曰：‘人私意以求是未必是，虚心以求是方为是，责己者当知天下国家无皆非之理，人之耻于就问，便谓我胜于人，只是病在不知求是为心。故学者当无我’；‘无我而后大，大成性而后圣’，欲学者之克己也。”[136]

以上所“曰”,均为张子语录。如果把这“十一曰”连通贯穿,则是一幅“仁熟之致”的画面。从“立志”到“寡欲”,从“立本”到“识道”,从“变化气质”到“崇礼”,从“主静”到“涵养”,从“心浸熟”到“默体认”,从“常省察”到“克己”,哪个不是属于“熟仁”的环节?如果再加之以“太虚即气”,就称得上是儒家“熟仁”的新颖之作。看来,袁氏所引这“十一曰”,真可谓集张子之圭臬。

如果更进一步归纳以上所有之述,似乎儒家“熟仁”理性经过张载的完整性的“仁熟之致”建构,足以经得起朱熹在确认孔子“熟仁”理性时的检验。后来,经过王船山的承继和证实,同样印证了张载“熟仁”理性正是对孔子“熟仁”理性的捍卫和张扬。只不过,经过朱熹的确认,更得以完整性的语言和语境,获得成熟表达。

确实,张子是一位颇具创新意识的理学家,其诗《芭蕉》一连用了七个“新”字,即可懂得张子进取之心:“芭蕉心尽展新枝,新卷新心暗已随。愿学新心养新德,旋随新叶起新知。”由此观之,其“熟仁”思想,正如其所说,要“多开新意”,事实也如此,在“太虚即气”的路径里,开出了儒家别致的“仁熟之致”,这理论在儒家“熟仁”里,是别开生面的。后来,在王船山的继承与发展中,又获得了更新之境。

结论就是,张子在“太虚即气”的哲学路径里,开辟出儒家“熟仁”观的特殊路径,并且“以《易》为宗,以《中庸》为体,以孔孟为法”,展开了“仁熟之致”的多维考量,其理论极富切己感、立体观和求新观。如吕柟称张子之学:“至论仁孝、神化、政教、礼乐,盖自孔孟后未有能如是切者也。”船山更是看高一线:“呜呼!张子之学,上承孔孟之志,下救来兹之失,如皎日丽天,无幽不烛,圣人复起,未有能易焉者也。”但是,张子自喻“出异归同禹与颜”,外王如追求大禹治水般娴熟之致,内圣如从颜子之熟不断走入孔子之熟,诚如张子自勉:“人亦以为熟,己亦熟之。”确认的是,张子“熟仁”论,正是其“仁熟之致”的真实且生动的写照,后来,在王船山的“仁之熟”里,张载“熟仁”,连同其深刻的哲学氛围，获得了很好的继承、弘扬和发展。[137] 从张载到王船山，也形成了儒家“熟仁”中的一个重要又特殊的“圆圈”。

注释：

[1]《张载集》，第396页，中华书局1978年版。

[2]《张载集》，第62页。

[3]《张载集》，第77页。

[4][5]《张载集》，第216页。

[6]《张载集》，第217页。

[7]《张载集》，第186页。

[8]《张载集》，第218页。

[9]《张载集》，第15页。

[10]《张载集》，第16页。

[11]《张载集》，第31页。

[12]《张载集》，第16页。

[13]《张载集》，第199页。

[14]《张载集》，第14页。

[15][16]《张载集》，第10页。

[17]《张载集》，第9页。

[18]《张载集》，第15页。

[19][20][21]《张载集》，第192页。

[22]《张载集》，第193页。

[23]《张载集》，第212页。

[24]《张载集》，第17页。

[25]《张载集》，第18页。

[26]《张载集》，第34页。

[27][28]《张载集》，第36页。

[29][30]《张载集》，第202页。

[31]《张载集》，第49页。

[32]《张载集》,第 53 页。
[33]《张载集》,第 195 页。
[34]《张载集》,第 222 页。
[35]《张载集》,第 54 页。
[36]《张载集》,第 221 页。
[37]《张载集》,第 35 页。
[38]《张载集》,第 30 页。
[39]《张载集》,第 31 页。
[40]《张载集》,第 32 页。
[41]《张载集》,第 34 页。
[42]《张载集》,第 44 页。
[43]《张载集》,第 55 页。
[44]《张载集》,第 287 页。
[45]《张载集》,第 323 页。
[46]《张载集》,第 331 页。
[47]《张载集》,第 273 页。
[48]《张载集》,第 27 页。
[49][50]《张载集》,第 29 页。
[51]《张载集》,第 331 页。
[52]《张载集》,第 25 页。
[53]《张载集》,第 24 页。
[54]《张载集》,第 17 页。
[55]《张载集》,第 26 页。
[56]《张载集》,第 287 页。
[57]《张载集》,第 274 页。
[58]《张载集》,第 280 页。
[59][60]《张载集》,第 222 页。
[61]《张载集》,第 191 页。
[62]《张载集》,第 284 页。
[63]《张载集》,第 78 页。

[64]《张载集》,第 223 页。

[65]《张载集》,第 312 页。

[66]《张载集》,第 324 页。

[67]《张载集》,第 40 页。

[68]《张载集》,第 307 页。

[69]《张载集》,第 64 页。

[70]《张载集》,第 311 页。

[71]《张载集》,第 324 页。

[72]《张载集》,第 8 页。

[73]《张载集》,第 10 页。

[74]《张载集》,第 20 页。

[75]《张载集》,第 45 页。

[76]《张载集》,第 206 页。

[77]《张载集》,第 28 页。

[78]《张载集》,第 20 页。

[79]《张载集》,第 7 页。

[80]《张载集》,第 10 页。

[81]《张载集》,第 63 页。

[82]《孟子·离娄上》。

[83]《张载集》,第 188 页。

[84]《张载集》,第 324 页。

[85][86]《张载集》,第 325 页。

[87]《张载集》,第 219 页。

[88][89][90]《张载集》,第 330 页。

[91]《张载集》,第 310 页。

[92]《张载集》,第 312 页。

[93][94]《张载集》,第 285 页。

[95]《张载集》,第 63 页。

[96]《张载集》,第 16 页。

[97]《张载集》,第 312 页。

[98]《张载集》,第159页。

[99]《张载集》,第192页。

[100]《张载集》,第27页。

[101]《张载集》,第277页。

[102]《张载集》,第21页。

[103]《张载集》,第320页。

[104]《张载集》。第13页。

[105]《张载集》,第277页。

[106]《张载集》,第377页。

[107]《张载集》,第326页。

[108]《张载集》,第325页。

[109]《张载集》,第284页。

[110]《张载集》,第286页。

[111]孔子说:“子绝四——毋意、毋必、毋固、毋我。”(《论语·子罕》)。

[112]《张载集》,第325页。

[113]《张载集》,第279页。

[114]《张载集》,第324页。

[115][116][117]《张载集》,第280页。

[118]《张载集》,第283页。

[119]《张载集》,第265页。

[120]《孟子·尽心上》。

[121]《张载集》,第266页。

[122][123][124]《张载集》,第267页。

[125]《张载集》,第392页。

[126]《张载集》,第389页。

[127][128][129][130][131][132][133][134]《张载集》,第390页。

[135][136]《张载集》,第391页。

[137]应该看出,张载“熟仁”思想,在王船山那里,是获得了足够称道的发展,是一个当之无愧、受之无疑的“圆圈”。

当代学术文丛

儒家“熟仁”新探（中卷）

Rujia “Shuren” Xintan (zhongjuan)

杨建祥/著

江西人民出版社
全国百佳出版社

第八章

朱熹“熟仁”集成

由孔、孟开启的儒家“熟仁”观念，经过了汉唐的董、韩二子和宋代的王安石、张载、二程的诠释和阐发，使这一“熟仁”思想渐有所成，至朱熹那里，作了富有特色的继承发展。在相当程度上，儒家“熟仁”思想在朱熹那里完成了一个特定“圆圈”。

朱熹（1130—1200），字元晦，号晦庵，别称紫阳，徽州婺源（今属江西）人，其学史称“闽学”。朱熹生活在南宋时期，自孔孟以来的儒家思想及其这些已经提及到的人物，如董子、韩愈、王安石、二程、张载等，都成为朱熹思想的渊源之一，其“熟仁”思想，当也属于其中。

所以，细究这一“圆圈”，朱熹的贡献是在集前人优秀之基础，囊括在一个以方法论为“圆心”之基点，以“工夫”说深入展开和建构儒家“熟仁”之体系，从而凸现出这一“熟仁”思想的普世化情结。也就是说，方法论之一般意义上的考量乃为朱子“熟仁”思想之“圆圈”说的实质内涵。

一、“熟”字语录一百三十条

以“工夫”说开，朱熹是化“熟仁”为“工夫”，突出“熟”字价值，并使“熟”运转于做人做官和做事，其方法论价值是再透彻不过了。为了不落虚空能够着实见地的证实，在此根据“凡先生平生所与学者谈经论事之语”的《朱子语类》里,收辑朱熹“熟”字语录一百三十条,先可预览“熟仁”之于“工夫”说之特色。

[卷六]

1.“‘仁’字如人酿酒,酒方微发时,带些温气,便是仁;到发得极热时,便是礼;到得熟时,便是义;到得成酒后,却只与水一般,便是智。”

2.“熟底是仁,生底是恕;自然底是仁,勉强底是恕;无计较、无睹当底是仁,有计较、有睹当底是恕。”

3.“‘义’字如一横剑相似,凡事物到前,便两分去。‘君子以义为质’,‘义以为上’,‘义不食也’,‘义弗乘也’,‘精义入神,以致用也’:是此义十分精熟,用便见也。”

[卷七]

4.“古人于小学存养已熟,根基已深厚,到大学,只就上面点化出些精彩。”

[卷八]

5.“今语学问,正如煮物相似,须热猛或先煮,方用微火慢煮。若一向只用微火,何由得熟?”

6.“学者须是熟。熟时,一唤便在目前;不熟时,须著旋思索。到思索得来,意思已不如初了。”

7.“圣人与理为一,是恰好。其他以心处这理,却是未熟,要将此心处理。”

8.“看得道理熟后,只除了这道理是真实法外,见世间万事,颠倒迷妄,耽嗜恋著,无一不是戏剧,真不堪著眼也。”

[卷九]

9.“因说一朋友有书来,见人说他说得不是,却来说我只是践履未至,涵养未熟,我而今且未须考究,且理会涵养。”

10.“所谓穷理,大底也穷,小底也穷,少间都成一个物事。所谓持守者,人不能不牵于物欲，才觉得，便收将来。久之，自然成熟，非谓截然今日为始也。”

11.“居敬是个收敛执持底道理，穷理是个推寻究竟底道理。只此二者，便是相妨。若是熟时，则自不相碍矣。”

12.“持敬以静为主。此意须要于不做工夫时频频体察，久而自熟。”

13.“若心下有些子不安稳，便不做。到得更有一项心下习熟底事。”

14.“人见得义理熟时，自然好。”

15.“心熟后，自然有见理处。熟则心精微。”

［卷十］

16.“心精，便会熟。”

17.“读书之法，先要熟读。须是正看背看，左看右看。看得是了，未可便说道是，更须反覆玩味。”

18.“少看熟读，反覆体验，不必想像计获。只此三事，守之有常。”

19.“大凡看文字，少看熟读，一也；不要钻研立说，但要反覆体验，二也；埋头理会，不要求效，三也。三者，学者当守此。”

20.“书宜少看，要极熟。”

21.“读书，小作课程，大施功力。如会读得二百字，只读得一百字。却于百字中猛施工夫，理会子细，读诵教熟。如此，不会记性人自记得，无识性人亦理会得。”

22.“读书不可贪多，且要精熟。如今日看得一板，且看半板，将那精力来看更看前半板，两边如此，方看得熟。直须看得古人意思出，方好。”

23.“读书，只看一个册子，每日只读一段，方始是自家底。若看此又看彼，虽从眼边过得一遍，终是不熟。”

24.“读书不贵多，只贵熟尔。”

25.“读书，且就那一段本文意上看，不必又生枝节。看一段，须反覆看来看去，要十分烂熟，方见意味，方快活，令人都不爱去看别段，始得。”

26.“大凡读书,须是熟读。熟读了,自精熟;精熟后,理自见得。”

27.“因说‘进德居业’‘进’字、‘居’字曰:今看文字未熟,所以鹘突,都只见成一片黑淬淬地。”

28.“泛观博取,不若熟读而精思。”

29.“大抵观书先须熟读,使其言皆若出于吾之口;继以精思,使其意皆若出于吾之心,然后可以有得尔。然熟读精思既晓得后,又须疑不止如此,庶几有进。”

30.“书须熟读。所谓书,只是一般。然读十遍时,与读一遍时终别;读百遍时,与读十遍又自不同也。”

31.“今学者本文尚且未熟,如何会有益!”

32.“举《荀子》四句云:‘诵数以贯之,思索以通之,为其人以处之,除其害以持养之。’《荀子》此说亦好。‘诵数’云者,想是古人诵书亦记遍数。‘贯’字训熟,如‘习惯如自然’;又训‘通’,诵得熟,方能通晓。若诵不熟,亦无可得思索。”

33.“若是读不熟,都没这般滋味。而今未说读得注,且只熟读正经,行住坐卧,心常在此,自然晓得。”

34.“若读得熟,而又思得精,自然心与理一,永远不忘。”

35.“是知书只贵熟读,别无方法。”

[卷十一]

36.“须是玩味反覆,到得熟后,方始会活,方始会动,方有得受用处。”

37.“须要熟看熟思,久久之间,自然见个道理四停八当,而所谓统要者自在其中矣。”

38.“文字不可硬说,但当习熟,渐渐分明。”

39.“读书只是且恁地虚心就上面熟读,久之自有所得,亦自有疑处。盖熟读后,自有窒碍,不通处是自然有疑,方好较量。”

40.“今却有《集注》了,且可傍本看教心熟。少间或有说不通处,自见得疑，只是今未可先去疑者。"

41."学者只是要熟，工夫纯一而已。读时熟，看时熟，玩味时熟。"

42."须熟读之，便得其味。"

43."大凡人读书，且当虚心一意，将正文熟读，不可便立见解。看正文了，却著深思熟读，便如己说，如此方是。"

44."须是将本文熟读，字字咀嚼教有味。若有理会不得处，深思之；又不得，然后却将注解看，方有意味。"

45."学者观书，先须读得正文，记得注解，成诵精熟。注中训释文意、事物、名义、发明经指，相穿纽处，一一认得，如自己做出来底一般，方能玩味反覆，向上有透处。"

46."凡人读书，若穷得到道理透处，心中也替他快活，若有疑处，须是参诸家解熟看。看得有差互时，此一段终是不稳在心头，不要放过。"

47."史且如此看读去，待知首尾稍熟后，却下手理会。读书皆然。"

48."读一件书，须心心念念只在这书上，令彻头彻尾，读教精熟，这说是如何，那说是如何，这说同处是如何，不同处是如何，安有不长进！"

［卷十二］

49."只是频频提起，久之自熟。"

50."学者之于善恶，亦要于两夹界处拦截分晓，勿使纤恶间绝善端。动静日用，时加体察，持养久之，自然成熟。"

51."心存时少，亡时多。存养得熟后，临事省察不费力。"

52."只是他便与敬为一。自家须用持著，稍缓则忘了，所以常要惺惺地。久之成熟，可知道'从心所欲，不逾矩'。"

53."熟味'整齐严肃'、'严威俨恪'、'动容貌，整思虑'、'正衣冠，尊瞻视'此等数语，而实加工焉。"

54."只是习得熟，熟则自久。"

55."'操则存，舍则亡'，只在操舍两字之间。要之，只消一个'操'字。

到紧要处,全不清许多文字言语。若此意成熟,虽‘操’字亦不须用。”

56.“若熟后,敬便有义,义便有敬。”

57.“譬如人居家熟了,便是出外,到家便安。如茫茫在外,不曾下工夫,便要收敛向里面,也无个著落处。”(注:“居家熟了”,是形容“敬”之工夫的到位。)

58.“静便定,熟便透。”

[卷十三]

59.“这一边道理熟,那一边俗见之类自破。”

[卷十四]

60.“若信得及,脚踏实地,如此做去,良心自然不放,践履自然纯熟。非但读书一事也。”

61.“《大学》是个大坯模。《大学》譬如买田契,《论语》如田亩阔狭去处,逐段子耕将去。或曰:亦在乎熟之而已。”

62.“今且须熟究《大学》作间架,却以他书填补去。”

63.“《大学》一字不胡乱下,亦是古人见得这道理熟。”

64.“看《大学》,固是著逐句看去,也须先统读传文教熟,方好从头仔细看。”

65.“只是初间读得,似不与自家相关,后来看熟,见许多说话须著如此做,不如此做自不得。”

66.“只是更要熟读,熟时,滋味自别。且如吃果子,生时将来吃,也是吃这果子;熟时将来吃,也是吃这果子,只是滋味别。”

67.“只要熟,不要贪多。”

68.“学者且去熟读《大学》正文了,又子细看《章句》。”

69.“而今且去熟看那解,看得细字分晓了,便晓得大字,便与道理相近。”

70.“如人行路,今日行得这一条路,则此一条路便知得熟了,便有定了。"

71."待将来熟时,便自见得。"

[卷十五]

72."须是格物精熟,方到此。"

[卷十六]

73."正如金,已是真金了,只是锻炼得微不熟,微有些渣滓去不尽,颜色或白、或青、或黄,便不是十分精金矣。"

74."譬如果子烂熟后,皮核自脱落离去,不用人去咬得了。如公之说,这里面一重不曾透彻在。只是认得个容著,硬遏捺将去,不知得源头工夫在。"

75."这个物事,只是看得熟,自然有条理。"

[卷十八]

76."久而思得熟。"

77."只就近处行到熟处,见得自高。"

78."'下学上达',即这个便是道理,别更那有道理。只是这个熟处,自见精微。"

79."'尧舜之道,孝弟而已矣。'亦只是就近处做得熟,便是尧舜。"

80."圣人与庸凡之分,只是个熟与不熟。"

81."著力处大段在这里,更熟看,要见血脉相贯穿。"

82."说得来局蹙,不恁地宽舒,如将绳索絣在这里一般,也只看道理未熟。"

83."天下事无他,只是个熟与不熟。"

[卷十九]

84."某《论语集注》已改,公读令《大学》十分熟了,却取去看。"

85."《论语》易晓,《孟子》有难晓处。《语》《孟》《中庸》《大学》是熟饭,看其它经,是打禾为饭。"

86."《孟子》要熟读,《论语》却费思索。《孟子》熟读易见,盖缘是它有许多答问发扬。”

87.“《孟子》成大段,首尾通贯,熟读文义自见,不可逐一句一字上理会也。”

88.“须是子细玩味,以身体之,见前后晦明生熟不同,方是切实。”

89.“今人读书伤快,须是熟方得。”

90.“须从头看,无精无粗,无浅无深,且都玩味得熟,道理自然出。”

91.“读《孟子》,非惟看它义理,熟读之,便晓作文之法。”

92.“《孟子》之书,明白亲切,无甚可疑者。只要日日熟读,须教它在吾肚中先千百转,便自然纯熟。”

93.“《集注》且须熟读,记得。”

94.“如看得透,存养熟,可谓甚生气质。”

95.“只把这个熟看,自然晓得,莫枉费心去外面思量。”

96.“大概如此,只是要熟,须是日日认过。”

97.“读新底了,反转看旧底,教十分熟后,自别有意思。”

98.“只《尽心篇》语简了,便难理会。且如‘养气’一章,被它说长了,极分晓,只是人不熟读。”

99.“熟读。如今且只得挨将去。”

100.“凡看文字,端坐熟读,久久于正文边自有细字注解迸出来,方是自家见得亲切。”

101.“圣人言语只熟读玩味,道理自不难见。”

102.“别无方法,但虚心熟读而审择之耳。”

103.“读书,且须熟读玩味,不必立说,且理会古人说教通透。如《语孟集义》中所载诸先生语,须是熟读,一一记放心下,时时将来玩味,久久自然理会得。”

104.“此心便熟,数篇之后,迎刃而解矣。”

105.“学者解《论语》,多是硬说。须习熟,然后有个入头处。”

［卷二十］

106."今读《论语》,且熟读《学而》一篇,若明得一篇,其馀自然易晓。"

107."书也只是熟读,常记在心头,便得。"

108."既熟,则不烦恼,覆背得,此便是说也。书字亦然。"

109."皆说习熟之意。"

110."思得惯熟了,却行无不当者。"

111."所以欲诸公将文字熟读,方始经心,方始谓之习。"

112."若锻炼未能得十分如此成熟,心里固有时被它动。"

113."见得渐渐分晓,行得渐渐熟,便说。"

114."学只是要一个习,习到熟后,自然喜说不能自已。今人学所以便住了,只是不曾习熟,不见得好。"

115."心是把捉人底,人如何去把捉得他！只是以义理养之,久而自熟。"

116."大抵看圣贤语言,不须作课程。但平心定气熟看,将来自有得处。"

117."且前辈讲求非不熟,初学须是自处于无能,遵禀他前辈说话,渐见实处。"

118."人臣之事君当熟谏。"

119."看熟了,真攧扑不破！"

［卷二十一］

120."曾子三省,只是他这些未熟。如今人记书,熟底非全不记,但未熟底比似这个较用著心力照管。"

121."但圣人熟,学者生。圣人自胸中流出,学者须著勉强。"

［卷二十三］

122."所谓'得'者,谓其行之熟,而心安于此也。"

123."这个须是去做,到得熟了,自然贯通。"

124.“所闻皆是道理,无一事不是,可见其义精仁熟如此。”

125.“到六十时,是见得那道理烂熟后,不待思量,过耳便晓。”

126.“立,便是从心不逾矩底根子;从心不逾矩,便是立底事,只是到这里熟,却是个大底立。”

127.“到四十不惑,已自有耳顺,从心不逾矩意思,但久而益熟。”

128.“但须自觉有生熟之分。”

129.“到得此时,是于道理烂熟了。闻人言语,更不用思量得,才闻言便晓,只是道理烂熟耳。”

130.“耳顺时,见得理熟;从心所欲不逾矩时,又是烂熟也。”

这里,几乎囊括了朱熹“熟”字“工夫”的基础性氛围。即“看来百事只在熟”。朱熹的“熟”字,已不仅仅是个汉字而已,更重要的是其内在包蕴的意义了。

二、“夫仁,亦在乎熟之而已矣”之“工夫”说诠释

朱熹频频出现对孟子“夫仁,亦在乎熟之而已矣”的诠释。究其意味,在《四书章句集注·孟子集注》,更多的是语义上的注释;在《朱子语类》,更倾注于意义上的诠释。后一种诠释,可以盖之谓“工夫”说。鉴于《朱子语类》多以对话形式、朱子讲课、学生所记、彼此切磋、互动探讨,所以,《语类》中的朱熹所言,似乎更生动形象、更贴近于生活场景。即便对于“熟仁”之解,较之于《集注》,或许也带来意义探寻的方便和理解上的便利。

在《朱子语类》,甚有多处可得朱子对孟子此段“熟仁”之解,但有四段可谓精到和精致。细究其意,朱熹对此作的“工夫”说诠释,用意十分显著和清晰。这里,不妨摘录如下,观得贴切:

1. 一段在《朱子语类·孟子·告子上·五谷种之美者章》,朱熹提炼出的是“出冶工夫却在人”

朱子云:

“一日，举《孟子》‘五谷者，种之美者也，苟为不熟，不如稊稗’，诲诸生曰：‘和尚问话，只是一言两句。稊，稗之熟者也。儒者明经，若通彻了，不用费辞，亦一言两句义理便明白。否则却是“五谷不熟，不如稊稗”。’”〈谟〉

“‘苟为不熟，不如稊稗。’‘君子之志于道也，不成章不达。’如今学者要紧也成得一个坯模定了，出冶工夫却在人。只是成得一个坯模了，到做出冶工夫，却最难，正是天理人欲相胜之地。自家这里胜得一分，他那个便退一分；自家这里退一分，他那个便进一分，如汉楚相持于成皋荥阳间，只争这些子。”〈贺孙〉

两位弟子记录下来的这段朱子语类，是朱子对孟子“五谷者，种之美者也；苟为不熟，不如稊稗。夫仁，亦在乎熟之而已矣”的诠释，其“工夫”说被朱熹诠释为是做人“到做出冶工夫”，即“成得一个坯模定了，出冶工夫却在人”，然而，此种“工夫”却最难，是难在进退于天理人欲之间的“工夫”。这“工夫”，需要在“熟仁”上下工夫，所以，所谓的“出冶工夫”，就是指意于一种人之出入于“熟仁”的历练而至于成熟的“工夫”。无疑，这是具有普遍意义的“工夫”。

在《朱子语类·论语·雍也》，朱熹直接以“工夫”论之：“盖谓工夫到此，则非我所能用其力，而自然不能已。如车已推而势自去，如船已发而缆自行。若不能辨内外宾主，不能循循不已，则有时而间断矣。孟子所谓‘夫仁，亦在乎熟之而已矣’，此语说得尽了。”下面一段更觉在“工夫”上着落。

2. 另一段在《朱子语类·训门人一》，朱熹以凡人做人、做官、做事、做学问，不怕问倒、就怕不熟，去寻觅个“只是要熟仁”的功夫，来印证孟子命题

朱子云：

“只是要熟。孟子曰：‘仁，亦在乎熟之而已。’熟，则一唤在面前，不熟时，才被人问著，便须旋去寻讨，迨寻讨得来时，意思已不如初矣。”

至于"熟",能够"一唤在面前",能够应对自如,能够得心应手,能够熟能生巧。不"熟","才被人问倒",所谓"临时抱佛脚",也只会无济于事。做一切事,皆是如此。孟子"仁,亦在乎熟之而已",就是要达到对"仁"的"不厌其熟"。即便对这个孟子命题,朱熹也诚恳说出:"此不厌熟,熟后更看,方始滋味出。"这就是那个"工夫"所致了。

3. 另一段在《朱子语类·性理三·仁义礼智等名义》,朱熹把这个"工夫"细究化,为其找到"方有下手立脚处"

朱子云:

"此孔门之学所以必以求仁为先。盖此是万理之原,万事之本。且要先识认得,先存养得,方有下手立脚处耳。

夫仁,亦在乎熟之而已矣!〈文蔚〉

耳之德聪,目之德明,心之德仁,且将这意去思量体认。

○将爱之理在自家心上自体认思量,便见得仁。

○仁是个温和柔软底物事。老子说:'柔弱者,生之徒;坚强者,死之徒。'见得自是。看石头上如何种物事出!'蔼乎若春阳之温,泛乎若醴酒之醇。'此是形容仁底意思。

○当来得于天者只是个仁,所以为心之全体。却自仁中分四界子:一界子上是仁之仁,一界子是仁之义,一界子是仁之礼,一界子是仁之智。一个物事,四脚撑在里面,唯仁兼统之。心里只有此四物,万物万事皆自此出。

○天之春夏秋冬最分晓:春生,夏长,秋收,冬藏。虽分四时,然生意未尝不贯;纵雪霜之惨,亦是生意。

○以'生'字说仁,生自是上一节事。当来天地生我底意,我而今须要自体认得。

○试自看一个物坚硬如顽石,成甚物事!此便是不仁。

○试自看温和柔软时如何,此所以'孝悌为仁之本'。若如顽石,更下种不得。俗说'硬心肠',可以见。硬心肠,如何可以与他说话!

〇恻隐、羞恶、辞逊、是非，都是两意：恻是初头子，隐是痛；羞是羞己之恶，恶是恶人之恶；辞在我，逊在彼；是、非自分明。

〇才仁，便生出礼，所以仁配春，礼配夏；义是裁制，到得智便了，所以配秋，配冬。

〇既认得仁如此分明，到得做工夫，须是'克己复礼'；'出门如见大宾，使民如承大祭；己所不欲，勿施于人'，方是做工夫处。"〈泳〉

这里，带有〇的条目，皆为"方有下手立脚处"之"工夫"。表面看是十个条目，其实皆为"熟仁"之"工夫"的细化。其中，对于"熟仁"的"思量体认"，涵养了对之"工夫"的出入所在。

此"工夫"之出，是对于"仁"的涵养。这里所谓的"仁是个温和柔软底物事"、"当来得于天者只是个仁"、"以'生'字说仁"、"才仁，便生出礼"，蕴涵了朱熹的"识仁"观。由"识仁"观引向、契合于"熟仁"，出来的就是其"工夫"，当朱熹点拨在"唯仁兼统之"而"万物万事皆自此出"、"既认得仁如此分明，到得做工夫"，实也在这层意思里。

此"工夫"之入，是对于"熟仁"的涵养。这里所谓的"'克己复礼'；'出门如见大宾，使民如承大祭；己所不欲，勿施于人'"，既是"做工夫处"，也是"熟仁"之境。纵观之"入"的背景，却是朱熹的独慧，就是其建立在对于"仁"之生生不息的立场里，而且此番的"'生'字说仁"，也是人之心的约定，即"仁"为"心之全体"，"熟仁"之"工夫"，其入之路径，当在"生"上、"心"上切入，实也在这层意思里。

这两个"实也在这层意思里"，绝非是虚构结论。再以那个带〇的"既认得仁如此分明，到得做工夫，须是'克己复礼'；'出门如见大宾，使民如承大祭；己所不欲，勿施于人'，方是做工夫处"说开些，以至于会"熟仁"吗？朱熹在另一处给了肯定答复："颜渊问仁，则曰：'非礼勿视，非礼勿听，非礼勿言，非礼勿动。'仲弓问仁，则曰：'出门如见大宾，使民如承大祭。己所不欲，勿施于人。'……但学者初做时，固不能无间断。做来做去，做到彻处，自然纯熟，自然光明。……一刻便有一刻工夫，一时便有一时工夫，一日便有一日工夫。”[1]从“自然纯熟”到每刻、每时、每日之“工夫”,正是“熟仁”的“下手处”、“工夫处”,看高一线,这是人之生存之道呀!

追究这个“熟仁”之生存之道,发现它不仅是“仁”之生,也是“物事”和“人事”之生,而且是“工夫”之生。在此,有三处立足点可供清晰扫描,来方便“熟仁”之“工夫”说的问题。

其一,“熟仁”有生存之道。这是基于“为仁”到“求仁”到“熟仁”的“把定”。朱熹认定,人之生存的始发处,在求仁;人之生存的归宿处,在熟仁。朱熹从这两头论之。“求仁”意义之何谓?朱熹提出:“孔孟只教人求仁。求仁只是‘主敬’、‘求放心’,若能如此,道理便在这里。”[2]是生存的道理“便在这里”。因为“若是存得仁”,皆可事事“做著”:“学者须是求仁。所谓求仁者,不放此心。圣人亦只教人求仁。盖仁义礼智四者,仁足以包之。若是存得仁,自然头头做著,不用逐事安排。”[3]“仁足以包之”,是人生始发处之底据;“自然头头做著,不用逐事安排”,是“求仁”到“熟仁”的结果,或谓是人生归宿处之结局。由此看来,“熟仁”之于人之生存的意义就显著在何以从“求仁”到“为仁”了。朱熹大段地发挥了孔子之“仁”的活学活用:“如‘我欲仁,斯仁至’;我欲不仁,斯失去仁矣。‘回也三月不违仁’,言不违仁,是心有时乎违仁也。‘出入无时,莫知其乡。’存养主一,使之不失去,乃善。”[4]对于“仁”,要“存养主一,使之不失去”,这是人生之善,也是“熟仁”之果。

其实,在朱熹把定的“熟仁”的生存之道里,蕴含了这样的价值许可,即人生的运转,实质上是“仁”之运转的显示。“仁”,统贯人生;“熟仁”,统引人生。其中,“仁”所具的“一以贯之”,即如朱熹犹言“一心应万事”。[5]有人问:“义者仁之质?”朱熹把这个问题扩展的解释了:“义有裁制割断意,是把定处,便发出许多仁来。如非礼勿视听言动,便是把定处;‘一日克己复礼,天下归仁’,便是(仁的——引者加)流行处。”[6]当然,宋明理学有个最高境界,即存天理、灭人欲,也在朱熹的这个“把定”里:“做到私欲净尽,天理流行,便是仁。”[7]在此,蕴含的,则是朱熹内心世界里“熟仁”之于人生的最高价值,希冀通过“为仁”,也得“把定”。在此,切入朱熹阐释“五谷不熟,不如稊稗”

的进退于天理人欲之间的"工夫",意义上可以相得益彰。

其二,"仁"之生,故有"物事"之生、"人事"之生,这可归结在"心"上的"工夫"。朱熹多有指意,"所以名之曰'仁',见得都是生意。"[8]"'仁'字恐只是生意",此"生意",一有生生不息之意:"如春之生物,夏是生物之盛,秋是生意渐渐收敛,冬是生意收藏。"[9]形象的表明,"仁"是春之意,万物之生的开始,到夏、秋、冬,皆是"仁"播种生长的结果。二有生发之意:"'仁'字恐只是生意,故其发而为恻隐,为羞恶,为辞逊,为是非。"[10]这两者的"生意",朱熹归之在"心"上:"发明'心'字,曰:一言以蔽之,曰'生'而已。'天地之大德曰生',人受天地之气而生,故此心必仁,仁则生矣。"[11]所以,"熟仁"、"仁"之生,也在"心熟"一路。可以想见,朱熹也十分注重这"心"之"工夫",以下端蒙所记(见《朱子语类》卷五),可见朱熹一番"此心便熟"、"心是做工夫处"的良苦用心。朱子曰:

"'心统性情',故言心之体用,尝跨过两头未发、已发处说。仁之得名,只专在未发上,恻隐便是已发,却是相对言之。"〈端蒙〉

"心者,主乎性而行乎情,故'喜怒哀乐未发则谓之中,发而皆中节则谓之和',心是做工夫处。"〈端蒙〉

"心之全体湛然虚明,万理具足,无一毫私欲之间;其流行该遍,贯乎动静,而妙用又无不在焉,故以其未发而全体者言之,则性也;以其已发而妙用者言之,则情也。然'心统性情',只就浑沦一物之中,指其已发、未发而为言尔;非是性是一个地头,心是一个地头,情又是一个地头,如此悬隔也。"〈端蒙〉

朱熹认定"心之全体湛然虚明,万理具足",似与二程"性即理"以及"理"之内容即是"仁"相致起来,"心、性、理,拈著一个,则都(以仁——引者加)贯穿","理无心,则无著处",[12]但是,这里需要发挥的是,在朱熹的"心熟"工夫里,"情"的问题被明显的凸现了。"心统性情",就势必涵盖"心熟"于仁中,处置那个"性"、驾驭那个"情"。从儒家"熟仁"走过的路径里,孔子"性"讲得少,孟子纳"情"入"性"、由"性"代"情",董仲舒立意在"性三品",韩愈则有“性三品”和“情三品”,但“情”是从属于“性”的,这叫“情之于性视其品”,张载论“性”强于论“情”,二程论“理”优于论“情”,而朱熹则总括为“心统性情”。其实,张载也已提出“心统性情者也”命题,[13]只是到了朱熹才有理论阐述。“心熟”于仁,或谓心之于“熟仁”,朱熹在体用上给“心统性情”讲得精致:“仁义礼智,性也,体也;恻隐羞恶辞逊是非,情也,用也。统性情该体用者,心也。”[14]这里,就把孟子纳“情”入“性”的“四端”之“心”,给予“情”的定位性确认,从而丰富了儒家“熟仁”在“工夫”上的精确指向性,即驾驭“情”的娴熟。当朱熹对此又夹进了那个儒家传统的“未发”、“已发”,使“心熟”趋入更宽阔、更活跃的“工夫”地带。

其三,“工夫”之生。朱熹认定,此“工夫”所生,首先是“为仁”而去:“孔子便说为仁,是要做工夫去为仁。”[15]那么,是什么样的“工夫”呢?按朱熹理解,孔子的弟子,所追问追究的,盖在“熟仁”之“工夫”上。不懂得在“仁”上下工夫,就何必言“熟仁”。朱熹如此道来:“孔门弟子所问,都只是问做工夫。若是仁之体段意思,也各各自理会得了。今却是这个未曾理会得,如何说要做工夫!且如程先生云:‘偏言则一事,专言则包四者。’上云:‘四德之元,犹五常之仁。’恰似有一个小小底仁,有一个大大底仁。‘偏言则一事’,是小小底仁,只做得仁之一事;‘专言则包四者’,是大大底仁,又是包得礼义智底。若如此说,是有两样仁,不知仁只是一个,虽是偏言,那许多道理也都在里面;虽是专言,那许多道理也都在里面。”[16]在朱熹看来,“仁只是一个”,做得事事物物,那许多道理都在“仁”里面,深思熟虑这个“仁”,格物穷理这个“仁”,身体力行这个“仁”,才见得纯粹的“熟仁”之“工夫”,因此,有此“仁”界,则有“熟仁”之“心”界、之“眼”界、之“行”界,更广泛地不从“偏”和“专”上看,就叫“工夫”界。其实,孔子对其弟子的考察,细致在各自“工夫”上的差异,如子路、曾子、子贡等为“心粗”、唯颜子“心细”。朱熹的评价还是客观的:“颜子聪明,事事了了。子贡聪明,工夫粗,故有阙处。曾子鲁(迟钝),却肯逐一用工捱去。”[17]所以,在“为仁”到“求仁”而“熟仁”里,孔子最得意于颜回,是不无道理的。那个“克己复礼”和“己所不欲,勿施于人"，皆于颜回之熟里得到应验。当然，孔子教诲其弟子们的，就时常点拨在"熟仁"之"工夫"上。这里，细细品味朱熹此段教诲，可体会出朱子敏感地把捉到孔子的这个"点拨"："学者当知孔门所指求仁之方，日用之间，以敬为主。不论感与未感，平日常是如此涵养，则善端之发，自然明著。少有间断，而察识存养，扩而充之，皆不难乎为力矣。造次颠沛，无时不习。此心之全体皆贯乎动静语默之间，而无一息之间断，其所谓仁乎！"[18]不管出自于"敬"之工夫，还是"无时不习"，朱熹皆认定为"求仁"、"熟仁"之"工夫"："敬则仁在其中矣"、"无一息之间断"于"习熟习仁"中矣！

4. 再一段在《朱子语类·训门人六》，朱熹作了总括性命题："贵乎熟者"

朱熹善于结合自家心得，转述出"贵熟"之公理。朱子云：

> "此无他，只是熟。今日也拈弄，明日也拈弄，久久自熟。也如百工技艺做得精者，亦是熟后便精。孟子曰：'夫仁，亦在乎熟之而已。'所以贵乎熟者，只是要得此心与义理相亲。苟义理与自家相近，则非理之事，自然相远。思虑多走作，亦只是不熟，熟后自无。"

这里，朱熹认定的"贵熟"之公理，以"工夫"说为指向，有两个标的：一是"久久自熟"、"熟后便精"；二是"与义理相亲"、"与自家相近"。前者概之为"熟仁"来自于行动的公理性，而且要"无间断"、"无所不用尽其力"于"行仁"、"求仁"、"熟仁"里，这叫"久久自熟"；并且通过"熟仁"产生了"仁"的普世化价值向具体化价值转移，或谓"仁"的精英化向平民化转移，"也如百工技艺做得精"，也得自以"久久自熟"，这叫"熟后便精"。这个标的，后来在曾国藩的"熟仁"里，获得了深刻且具体的"实证性"。后者概之为"熟仁"来自于"心熟的"公理性，而且要"心与义理相亲"、"义理与自家相近"的"心熟"路径，如此则"非理之事，自然相远"。这一公理性蕴涵的是，"仁"在"心统性情"里获得了"仁，性也"和"仁义礼智根于心"，"性上见得心"的相同逻辑，"心熟"，就是渊源于孔、孟的"熟仁"；再贴近一层"义理与自家相近"，朱熹是彻底地发挥了宋明理学这一路里的"自家"说，包括未发、已发、体验、体悟、主一、持静等与己相切的“工夫”,并且以朱熹提倡的“致知”、“格物”、“穷理”、“诚意”、“正心”、“修身”、“齐家”、“治国”、“平天下”的路径里,使“自家”说给“心熟”说带来更切实意义。

“仁”的鲜活性之于“熟仁”之“工夫”的鲜活性。总括地看,对于朱熹“熟仁”观的上述剖析,看出朱子的用心,是在“仁”上的“熟”之工夫,并给予“仁”的鲜活性描述与希冀:“仁”因其具有的鲜活性,所以“熟仁”本身就具有鲜活性,就得丰富多彩性,其“工夫”说,在朱熹那里,也显得极为显著的鲜活性。在《朱子语类·性理三·仁义礼智等名义》,记朱熹一段关于“仁”的鲜活性描述,读来会对“仁”浮想联翩:

“仁。

○鸡雏初生可怜意与之同。

○意思鲜嫩。

○天理著见,一段意思可爱,发出即皆是。

○切脉同体。

○孟子便说个样子。今不消理会样子,只如颜子学取。

○孔子教人仁,只要自寻得了后自知,非言可喻。

○只是天理,当其私欲解剥,天理自是完备。只从生意上说仁。

○其全体固是仁,所谓专言之也。又从而分,则亦有仁义分言之仁。今不可于名言上理会,只是自到便有知得。

○上蔡所谓‘饮食知味’也。”〈方〉

这段话里有话。有三层“熟仁”之鲜活性的语境:一是“仁”如“鸡雏初生”,渐渐长大,由“嫩”到“老”、由“生”到“熟”,所以就有“只从生意上说仁”的“活”意。二是“熟仁”的内涵是知得天理,解剥私欲,待到“天理著见”,“发出”的皆与“未发”的“同体”,就是这个“天理”、这个“仁义”、这个“仁”。三是总括性的,“仁”的鲜活性通过“切脉同体”而实际的感受到,这“熟仁”不落虚空而实在的就在人们的日常生活里,上蔡一句“饮食知味”为殿后,做了这个结局。(“上蔡”,指北宋学者谢良佐,寿春上蔡人。学者称上蔡先生。

系二程门下高足。)

必须指出,这个话语境,底蕴的还是“工夫”之把握:“仁”,“孟子便说个样子”,就是“夫仁,亦在乎熟之而已矣”的“样子”;“今不消理会样子”,或许只有“颜子之熟”,而难以进入孔子之熟。还是这个“工夫”不纯。“孔子教人仁”,是“可言而喻”,“今不可于名言上理会”,而是在行动上的“自到便有知得”,还得有“自家体验”,就如“上蔡所谓‘饮食知味’也”。

由此推得,朱子“熟仁”之“工夫”说,一者不落俗套,二来颇具鲜活又笃实可靠。朱熹反对空洞无物、悬空不实的说“仁”,“仁”的鲜活性(也谓“仁”之“活学活用”)被忽略不计,在所引上述“仁”之后,朱熹随即批评:“湖南学者说仁,旧来都是深空说出一片。”[19]“深空说出一片”,就会无的放矢、不切实际。

结论就是,通过“熟仁”之“工夫”诠释,朱熹实现了儒家“仁”的世俗化过程的重大使命。粗略地说,儒家之“仁”,无疑具有“普世化”权重,通过“熟”字,引导出“仁”之世俗化权重。这一世俗化过程是起源于孔子“仁”之“活学活用”,到了朱熹的工夫论提升,实质上是再次证实孔子所确立的“熟仁”理性。朱熹的推进,至关重要的,应该是确认,这个“工夫”本身,就是“熟仁”理性的规定。这是朱熹的贡献。接下来,就进入到这一层次分析,去透视、洞察朱熹的这一特殊内核。

三、“工夫”说:“熟仁”理性再洞察

“熟仁”与“工夫”,这两个彼此紧密联结的主题,无疑成为朱熹所确认的“熟仁”理性架构。“仁”与“工夫”,彼此契合,就化为“熟仁”,在此,“熟仁”理性则应运而生。一部《朱子语类》,似乎就在这一架构里的鲜活论证。现在,就以这部《语类》为基础(结合《四书章句集注》),去化开这一“架构”,去寻迹于朱熹要论证、要确认的“熟仁”理性。放眼于“熟仁”与“工夫”,这“熟仁”理性的条目和节次,的确是经得起朱熹的证实了。

1."熟底是仁"

儒家"熟仁"思想,渊源于孔子,至孟子作了"熟仁"之概括。朱熹从读《论语》《孟子》中深有体验,涵咏了自家"熟仁"之心得:"孟子曰:'夫仁,亦在乎熟之而已。'所以贵乎熟者,只是要得此心与义理相亲。苟义理与自家相近,则非理之事,自然相远。"[20]

对于孔子"仁"之"活学活用"的精髓,朱熹是多么的心领神会;对于孟子的"熟仁"之命题,又是多么的眷恋倾慕。但深究一下,朱熹发现了"熟底是仁"的应用价值在人生之美上的契入。

对于孟子"五谷者,种之美者也;苟为不熟,不如荑稗。夫仁,亦在乎熟之而已矣"这段经典,朱熹相当倾心不已。朱子的解释,成就了"熟底是仁"的人生价值,即人生之"美"、人性之"美",源自"熟"、"熟仁"呀!

朱熹是这样解释的:"荑稗,草之似穀者,其实亦可食,然不能如五穀之美也。但五穀不熟,则反不如荑稗之熟;犹为仁而不熟,则反不如为他道之有成。是以为仁必贵乎熟,而不可徒恃其种之美,又不可以仁之难熟,而甘为他道之有成也。尹氏曰:'日新而不已则熟。'"[21]朱熹的解释想要说明的是,美、熟之间,熟优于美。荑稗不如五穀之美,但是五穀不熟,反不如荑稗之熟。为仁求熟不图美,不熟而徒恃其美,反不如求他道有成。仁,在乎熟;熟仁,也在日新不已的努力之中,才生成人性之美、人生之美。这一解释后来王船山也基本用之。

朱熹对孟子此段"熟仁",感悟特深,常以之教诲弟子他人:"孟子曰:'仁在乎熟',吾友更详思之。"[22]"孟子所谓'夫仁,亦在乎熟之而已矣',此语说得尽了。"[23]"此孔门之学所以必以求仁为先。盖此是万理之原,万事之本,且要先识认得,先存养得,方有下手立脚处耳。夫仁,亦在乎熟之而已矣!"[24]更在理的是,"熟底是仁",朱熹试图将其转向为做人做官做事的"下手处"。"仁"的普世性和精英性通过"熟仁"而获得了日常化和平民化的转向。故朱熹非常认真地向求学者提示:"某常说道,天下事无他,只是个熟与不熟。”[25]也就是说，朱熹要通过这个“转向”，使“熟仁”贯穿在人们的行动之中，从而获得一般性意义，那显然是方法论层次上的突破了。

对此，从孟子那里“转释”出的“熟底是仁”，在朱熹的“转向”里，具有更扩充的价值旨趣。

其一，生、熟之间的紧张，在“恕”之用的“工夫”里。关于“熟底是仁”，朱熹的原话是这样的：“熟底是仁，生底是恕；自然底是仁，勉强底是恕；无计较、无睹当底是仁，有计较、有睹当底是恕。”[26]“恕”是“仁”之用，就是一种“工夫”。提出“熟底是仁，生底是恕”，朱熹在意的是由生到熟的转化中，如何实现“熟仁”，这里牵出的还是“工夫”注入：即体即用、体用一原。仁为体，恕为用；仁是根本，恕是枝叶；恕为仁出，由“恕”到“仁”，其实只争的，则是勉强底向自然底的转化。也即“恕”之“工夫”究竟做了那般？朱熹点拨到位。

朱熹看出圣人之恕与凡庸之恕的不同，就在这里的恕之“工夫”：“圣人之恕与学者异者，只争自然与勉强。圣人却是自然扩充得去，不费力。学者须要勉强扩充，其至则一也。”[27]“自然扩充”是圣人之恕，不费力，自然而然，不勉而中，是“熟底是仁”的境界；“勉强扩充”是凡庸之恕，要费力，勉强而为，是“生底是恕”的境地。但两者绝没有不可逾越之沟，凡庸之恕可向圣人之恕的转化，因为即体即用的关系，所有能够“其至则一也”，即可到达“熟底是仁”之境地。朱熹从“仁”上说开：“仁有两般：有作为底，有自然底。看来人之生便自然如此，不待作为。”[28]圣人有“自然底”，凡庸有“作为底”，凡人之生皆可从“作为底”走向“自然底”，只是凭借那工夫了，“若不下工夫，如何会了得！”“就此理会得透，自可超凡入圣！”[29]

那么“恕”是什么？朱熹为何将“生底是恕”与“熟底是仁”并列而举？“恕”之工夫又表现为何？朱熹说明：“恕之得名，只是推己。”又作描绘：“如此也比自家推将去。仁之与恕，只争些子。自然底是仁，比而推之便是恕。”[30]这就是以孔子思想为基础的“熟仁”之工夫：“推己及人”、“己所不欲，勿施于人”和“己欲立而立人，己欲达而达人”这三者的连贯一体。通过“熟底是仁”和“生底是恕”的体用工夫，被朱熹发挥得丝丝入扣又恰到好处：

“‘己所不欲,勿施于人’,便是推己之心做到那物上,贤者之忠恕也。这事便是难。”“以己,是自然流出,如孔子‘老者安之,朋友信之,少者怀之’。推己,便有折转意,如‘己欲立而立人,己欲达而达人’。”“亦只推己以及物。推得去,则物我贯通,自有个生生无穷底意思,便有‘天地变化,草木蕃’气象。天地只是这样道理。若推不去,物我隔绝,欲利于己,不利于人;欲己之富,欲人之贫;欲己之寿,欲人之夭。似这气象,全然闭塞隔绝了,便似‘天地闭,贤人隐’。”[31]这里的语境,已经是在“德盛仁熟”上的旨意了。可想而知,“恕”之工夫在“熟仁”上的价值所在:“学者但能尽己以推之于人,推之既熟,久之自能见圣人不待推之意(即自然底)。”[32]显然,如何“推己”、“推之既熟”,恰成为“恕”之工夫在“熟底是仁”上的原始一点了。

其二,由生到熟,贯穿一个习“熟仁”之功。“熟底是仁”,底蕴的就是“熟仁”之习。这里,朱熹还是连接着孔、孟而发,但有创见。“熟仁”之习,还得从孔、孟说开。

孟子“熟仁”是对孔子“熟仁”精华之凝聚。朱熹看出孔子有感其“熟仁”有道,即孔子从十五有志至七十的“不逾矩”,历经博学笃志切问近思的“熟仁”之习,“无终食之间违仁”,“造次、颠沛必于是”的一路走来,获得“从心所欲不逾矩”之熟来。朱熹点明:“三十而立之时,便是个铺模定了,不惑时便是见得理明也。知天命时,又知得理之所自出。耳顺时,见得理熟。从心所欲不逾矩时,又是烂熟也。”[33]

孔、孟的“熟仁”观念,依“工夫”说而论,其旨归在“习仁”的历练和造化:“熟”抑或是“不熟”。朱熹敏感于此:“圣人与庸凡之分,只是个熟与不熟。”[34]但朱熹的旨趣似乎专注在“熟仁”之习的“工夫”价值,“熟底是仁”,最能显底的,是微微里、缝隙里切入、生长“熟仁”之习的工夫。如朱熹发现“无终食之间违仁”中的“间”字深义,联想到“熟仁”,须从“间”字上看,这“间”字真意就在显示渐渐而习的熟仁之功。朱子评论“夔孙录此下云:然必先‘无终食违仁’,然后‘造次、颠沛必于是’。”又,“如孟子言‘善、利之间’,须从‘间’字上看。但孟子之言勇决,孔子之言详缓,学者须就这上著力。"[35]何谓这"间"字上"著力"？朱子挑明："既把得定，然后存养之功自此渐渐加密。"[36]于此朱子牵引出"君子无终食之间违仁"中的"著力"功夫，即是"熟仁"的"细密工夫"、"存养之功"，它是始终于己、时刻不息、须臾不离的习熟。朱熹在此注入了"熟仁"之于"君子无终食之间违仁"的特定理解，一种"著力"的"间"字功夫，它是贯穿于"熟仁"之中的。这是朱熹对于"熟仁"之习的特有的"工夫"之洞察。

其三，"熟底是仁"，是过程，是状态，是境界。在孔、孟那里，"仁"是一个全体；在朱熹那里，"仁足以包之"。这就规定了"熟底是仁"的以下特征：

第一，是过程。既然"熟底是仁"的整体性，就同时规定了此"习"的各节次、各环节，皆属于整体（"仁"）的部分，这就是过程（"熟仁"）里的活动。有人问"求仁"？朱熹回答："看来'仁'字只是个浑沦底道理。如《大学》致知、格物，所以求仁也；《中庸》博学、审问、慎思、明辨、力行，亦所以求仁也。"又有人问"要人体认得这仁是甚物事"？朱熹回答："而今别把仁做一物事认，也不得；衮说鹘突了，亦不得。"[37]言中之义，这"仁"是个全体（"浑沦底道理"）、是个整体（"足以包之"），所以，就不得体认"仁"为一具体"物事"。"仁"展开来，就是义、礼、智，"'仁'字如人酿酒，酒方微发时，带些温气，便是仁；到发得极热时，便是礼；到得熟时，便是义；到得成酒后，却只与水一般，便是智。"[38]所以，"求仁"的方法，也就与"仁"整体性、过程性相致，致知、格物，博学、审问、慎思、明辨、力行，皆为"熟仁"之习的节次和环节，它要求"工夫"，而这就是"工夫"！后来遭到王阳明奚落为"繁琐"，可能有所曲解。

第二，是状态。既然"熟仁"之习的各节次、各环节皆为整体（"仁"）的部分，那么能够把捉的工夫，就必须留驻于如孟子讲的"不放心"。即"心"在各部分里守得住"仁"，并能"一以贯之"，"一心应万事"。此种状态，就是所谓的"涵养存之"、"精神照管"、"不可随物流去"、"不着私欲"。这是每每进入"万物一体为仁"、"理一分殊"之特殊状态。如此则能把握住自我。有人问朱熹怎么看"存得此心，便是仁"？朱熹认肯，但提示出这个"心"之状态，并要求"常唤醒此心便是"："且要存得此心，不为私欲所胜，遇事每每著精神照管,不可随物流去,须要紧紧守著。若常存得此心,应事接物,虽不中不远。思虑纷扰于中,都是不能存此心。此心不存,合视处也不知视,合听处也不知听。”[39]所谓“熟仁”上讲的“克己复礼”和“非礼勿视,非礼勿听,非礼勿言,非礼勿动”,就始终处于此心常存之状态。

第三,是境界。既然“熟底是仁”是过程和状态的结合,两者的完美点就是境界了。或许这是“心熟”之境地。这一境地是“无不仁”,是“仁”体“义”用的端正,一切的视、听、言、动,皆在“所当”之中,也就是“德盛仁熟”之境地。更重要的是,朱熹以“义之路辨”来廓清“工夫”之于“熟底是仁”境界的正当性、合理性、本原性。朱子非常同意“存得此心,即便是仁”的说法:“此句甚好。”但又以孟子“仁,人心也;义,人路也”挑开此种境地是融会于彻底的行动当中的:“盖仁是此心之德,才存得此心,即无不仁。如说‘克己复礼’,亦只是要得私欲去后,此心常存耳,未说到行处也。才说合于心者行之,便侵过义人路底界分矣。然义之所以能行,却是仁之用处。学者须是此心常存,方能审度事理,而行其所当行也。此孔门之学所以必以求仁为先。盖此是万理之原,万事之本。”[40]锁定在“熟仁”之习的话,它是“义”的,而“义”则是“仁”之用,走在正路上去行动,朝向“仁”之境地,沿途所发生的相关节次或环节,则必由“仁义”规定。所以,由“仁”之整体性和自足性包容的这一境界,是“无不仁”、“无私欲”、“所当行”、“仁之用”的境地确认,那么“德盛仁熟”,也会生长在其中了。

2.“熟仁”理性之于人生考量

朱熹善于将孔孟以来的“熟仁”、“熟仁”理性从“工夫”说上提升,本质上就是对人生的积极思考。这一思考的实际状态,是置“熟仁”理性于世俗生活、人伦日用里的展开,方可显得“熟仁”与“工夫”的契合,获得真善美的人生境地。也可以发现,这“熟仁”理性之光的照耀。朱熹深刻指出:“天下无不可说底道理。如为人谋而忠,朋友交而信,传而习,亦都是眼前底事,皆可说。只有一个熟处说不得。除了熟之外,无不可说者。未熟时,顿放这里又不稳帖，拈放那边又不是。然终不成住了，也须从这里更著力始得。到那熟处，顿放这边也是，顿放那边也是，七颠八倒无不是，所谓'居之安，则资之深，资之深，则左右逢其原'。譬如梨柿，生时酸涩吃不得，到熟后，自是一般甘美。相去大远，只在熟与不熟之间。"[41]朱熹说，天下的道理都可讲，唯独"熟"的道理最难讲、最难学到。"不熟"时，做人不安稳、做事不踏实、做官不到位、朋友也交不好，就是一个不和睦不和谐不自得。"理会得熟时，道理便在上面。"[42]只有到了熟时，自有成熟之得、之美的境地。得与不得、美与不美，也就在熟与不熟之间。朱熹扩展了"熟与不熟之间"的人生思考，对此可以总结出朱熹以下"熟仁"理性之深邃：心精的考验和须从艰苦中走来。

其一，"心精便熟"。儒家强调"义精仁熟"，朱熹认为，"义精仁熟"在"心精"之中，而"心精"是从读书研究"义理"之熟中获得，所以朱熹发现"义精仁熟"是这样的"心精"结局："只专心去玩味义理，便会心精，心精，便会熟。"[43]如何"心精"？"心精"即谓"心融"，有"心融"就有见得道理和力行道理之熟。朱熹十分同情这个感慨："'心融'，恐是功深力到处，见得道理熟了，故言入于心，随即融化，更无渣滓。故其发见于日用之间，从容和顺，所以能发明圣人之道，非生将道理体贴力行之也。"[44]"心精"，才有熟，是把道理化为心身的营养，滋润体肤，融化行为，这就是"心融"。朱熹对"融"字感慨颇深："说个'融'字最好，如消融相似。融，如雪在阳中。若不融，一句在肚里，如何发得出来。如人吃物事，若不消，只生在肚里，如何能滋益体肤。须是融化，渣滓便下去，精英便充于体肤，故能肥润。如孔子告曾子'一贯'之语，他人闻之，只是个'一贯'，曾子闻之，便能融化，故发'忠恕而已'出来。"[45]这个"一贯"的道理，乃是"熟仁"离不开这种"心精"之于"心融"的"一贯"，即对"义理"的一贯"玩味"。朱熹用了耕田形象比喻："譬如耕田，须是下了种子，便去耘锄灌溉，然后到那熟处。而今只想象那熟处，却不曾下得种子，如何会熟？如'一以贯之'，是圣人论到极处了。"[46]"论到极处了"，就是对"义理"熟透了，如下种耕田，一以贯之的"耘锄灌溉"。"到得熟了，自然贯通。"[47]朱熹对"贯"字确实以"熟"字解："'贯'字训熟，如'习惯如自然’;又训‘通’,诵得熟,方能通晓。若诵不熟,亦无可得思索。”[48]这些解释,与朱熹强调“格物致知”有内在联系。

关于“心精便熟”,朱熹有辩证法理解。心精有熟,有熟就会更精,精与熟,相反相成,相互促进。也即如朱熹常有“熟则精”、“精则熟”的互为说法。这里的证明,朱熹从读书上梳得有厘。朱子一再申辩:“大凡读书,须是熟读。熟读了,自精熟;精熟后,理自见得。”[49]“心熟后,自然有见理处。熟则心精微。”[50]“心精”乃熟理,这是读书“工夫”所致,“工夫熟时,义理自然通贯,不用问人。”[51]朱熹也悟得由熟到做人做事之精:“这处便是悟。做文章合当如此,亦只是熟,便如此。恰如自家们讲究义理到熟处,悟得为人父,确然是止于慈;为人子,确然是止于孝。老苏文豪杰,只是熟。”[52]这就是“精义熟仁”了。不精不熟,便无所多得,“若研穷不熟,得些义理,以为是亦得,以为非亦得。须是见得‘差之毫厘,谬以千里’方可。”[53]读书求精,精来自于熟;读书要熟,有熟就会精,只是熟到心精处,就是见得理了。朱熹不断谈此中之理:“读书无甚巧妙,只是熟读。”[54]“只缘一个不熟,少间无一件事理会得精。”[55]“待穷来穷去,熟后自解到那分数足处。虽未能从容,只是熟后便自会,只是熟,只是熟。”[56]连用二个“熟”,可想朱熹一番良苦用心。虽为学之道,但也是精熟并用:“于今为学之道,更无他法,但能熟读精思,久久自有见处。”[57]“自有见处”,就是获得仁义、就是见得道理,这就是用心去浸熟、去精熟,达到“精义熟仁”之境地,朱熹引张载“心浸熟”悟得“熟仁”此理:“只常将上来思量(指“进教之意,然仁道至大,而道夫所见,只以存心为要,恐于此当更有恢广功夫”),自能有见。横渠云:‘盖欲学者存意之不忘,庶游心浸熟,有一日脱然如大寐之得醒耳。’”[58]“醒耳”,恐怕就是“精义熟仁”的进程了。

其二,“若要熟,也须从这里过”。这句话出自程明道读《孟子》的感悟:“自‘舜发于畎亩之中’,至‘孙叔敖举于海’,若要熟,也须从这里过。”[59]朱熹感慨:“明道曰:‘自“舜发于畎亩之中”云云,若要熟,也须从这里过。’只是要事事经历过。”[60]有人向朱熹请教:“若要熟,也须从这里过。人须从贫困艰苦中做来,方坚牢。"朱熹回答:"若不从这里过,也不识所以坚牢中,正缘不曾亲历了,不识。似一条路,须每日从上面往来,行得熟了,方认得许多险阻去处。若素不曾行,忽然一旦撞行将去,少间定堕坑落堑去也!"[61] 朱熹对孟子这段话,悟出明道"若要熟,也须从这里过",究竟意味的是什么?

我们在二程的"熟仁"思想里已经分析了这段经典。此段话孟子挑明的正是对"熟仁"之辨的一种德性锻炼意义中的特定理解和特殊规定,与"熟"分不开,表现为"苦其心志,劳其筋骨,饿其体肤"等一类"动心忍性"的意志和德性的锻炼,实质是"熟仁"历练,孟子概之于"恒","困于心,衡于虑"而后有振兴之举,恒之于德性考验和意志锻炼,个人来讲可以"生于忧患,死于安乐";国家来讲可以无敌于天下。这是"熟仁"的永恒价值。

朱熹对此段话的理解,也集中于孟子精髓、二程发挥,朱熹认定:在"从贫困艰苦中做来"的习熟坚定,这是一种意志的锻炼,也是一种德性的考验。"熟仁",朱熹认为,这是靠不断的"习之而熟"得来:"习之而熟,能无悦乎?"[62]"习熟",是人难得的德性和德行。这里,朱熹对孔子的"学而时习之",从"熟仁"上有了拓宽。孔子讲"博学笃志切问近思"的熟仁功夫,朱熹嵌入"笃行",讲"博学、慎思、审问、明辨、笃行,皆学效之事也。"[63] 这个"学效"就是习熟,"如学字一般,从小儿便自晓得,后来只习教熟。"[64]"习是行未熟,须在此习行之也。"[65]"熟仁",对于德性考验和意志锻炼究竟有何功用?朱熹认定,学到的就是这个"习熟":"见得渐渐分晓,行得渐渐熟,便说。""学只是要一个习,习到熟后,自然喜说不能自已。今人学所以便住了,只是不曾习熟,不见得好。"[66]"所以便住了",就是在"习熟"上,努力不够,恒心不足,用力不久,用力久后就自然会有熟。无怪乎,弟子一言概之朱熹解"学而时习之":"皆说习熟之意,先生然之。"[67]

当然,"熟仁"靠人之不断"习熟",熟仁的过程就是习熟的过程,这也很艰难,它要靠人心的把捉,即对义理的获得、把持和护养。说到底就是一个"习熟"有"久"的问题,朱熹说到点上:"心是把捉人底,人如何去把捉得他!只是以义理养之,久而自熟。"[68] 这里也为"心精便熟"作了"旁通"。熟仁,须从习熟过。朱熹把这样的用心艰难经历,从层次上给出了持之以恒的步骤和环节,说明"习熟",有规则有章法,一步一步向前,朱熹以"耕耘"、"种树"形象喻之:"譬如耕田,须是下了种子,便去耘锄灌溉,然后到那熟处。"[69]如收谷:"如谷九分熟,一分未熟,若割断,亦死了。到十分熟,方割来,这生意又藏在里面。"[70]意思是说,"如何会到成实?如谷有两分未熟,只成七八分谷,仁义礼智都只是个生意。"[71]"熟仁"是一个认识与实践的反复过程,从生到熟,熟后又有生,生而又有熟,其中经历了何等的艰难和磨炼,生而熟、习而熟,循环反复,无穷发展,成人成事,概莫如此。

这样的比喻朱熹很感兴趣,用得颇多,读来对"熟仁"之感悟也颇贴切:"梅蕊初生为元,开花为亨,结子为利,成熟为贞。物生为元,长为亨,成而未全为利,成熟为贞。"[72]"贞"是最好的结果。这是用了《周易》中的"元亨利贞",形象比喻一步步的成熟,成熟是最完美和最充实的,"如一粒之谷,外面有个壳以裹之。方其发一萌芽之始,是物之元也;及其抽枝长叶,只是物之亨;到得生实欲熟未熟之际,此便是利;及其既实而坚,此便是贞矣。"[73]达到"成熟为贞",是要付出极大辛勤劳作:"如一粒菜子,中间含许多生意,亦须是培壅浇灌,方得成(熟)。"[74]"今人之于物,苟施种植之功,至于日至之时,则自然成熟。"[75]这是对孟子"集义"工夫的发挥:"若是集义,便过用些力亦不妨,却如何不著力得?苗固不可偃,若灌溉耘治,岂可不尽力?"[76]只能努力所得。又:"譬如甑蒸饭,气从下面滚到上面,又滚下,只管在里面滚,便蒸得熟。"[77]"只管在里面滚",就是"从艰苦中做来"的用力历练,一个"滚"字,蕴意深刻,"如车子一般,初间著力推得行了,后来只是滚将去。"[78]"滚将去",就是熟来熟去了。

其三,熟、美之间。儒家是以人生为圆点引向社会价值层次。总括孔、孟以来的"熟仁"思想,这个核心的理念是基本被看好的,即美由熟出,熟能生美,人生之熟生成了人生之美,同样,由人生之熟、之美也生成社会之熟、之美。朱熹以其"熟仁"之人生考量,引申出的这个"由熟生美"的社会性意义,通过"熟与和谐"、"熟与义理"、"熟与透",来扩充其"工夫"说的这一世俗化、普世化、平民化的实践取向。

第一,"熟与和谐"。和谐有熟,熟会带来人的和谐、社会和谐。朱熹同意这样的说法:"其初须持敬。持之久则渐熟,熟处便和。"[79]有熟便有和谐。这个"和",就是孔子讲的"礼之用,和为贵"的"和"。儒家断定的"礼":象征的是一种制度、一种规则、一种原则,面向的是调整人与人之间、人与社会之间的和谐,也包括个人本身的内外和谐。朱熹解释此"和",具有"熟处便和"的多向取舍。朱熹对《学而》的"礼之用,和为贵"做了如此说明:"礼中自有和。须是知得当如此,则行之自然和。到和处方为美。"熟礼会带来知行和谐,因为礼中有和,熟礼就能够知道"和"的道理与采取和谐的行动,这些都源自熟于仁礼。"自然和"、"方为美",就是"熟仁"的最佳状态。朱熹举了若干例子生动说明熟生和谐的这种情景,如有人问朱熹"'君子所贵乎道者三',若未至此,如何用工?"朱熹描述了这个情景:"只是就容貌辞色之间用工,更无别法。但上面临时可做,下面临时做不得,须是熟后能如此。初间未熟时,虽是动容貌,到熟后自然远暴慢;虽是正颜色,到熟后自然近信;虽是出辞气,到熟后自然远鄙倍。"[80]待人接物,诚信沟通,"容貌辞色",练个熟仁和熟礼,就能与人亲近。朱熹弟子心领神会:"辞是言语,气是声音,出是从这里出去,三者是我身上事要得如此。"[81]方能得个熟生和谐。又如,义精仁熟,要和谐于道德。朱熹从"乐有五声十二律"的和顺和谐,有"义精仁熟,而自和顺于道德"的感慨。有人问朱熹"《注》言'乐有五声十二律'云云,'以至于义精仁熟,而自和顺于道德',不知声音节奏之末,如何便能使'义精仁熟,和顺于道德'?"朱熹感悟其中是乐律和谐:"所以听之自能'义精仁熟,和顺于道德'。乐于歌舞,不是各自为节奏。"[82]节奏与节奏在歌舞里是互相和谐的,有了"和谐"就有协调的乐律和节奏,就有了道德意义,而这样的"和谐"是基于"和顺"的乐律中产生的,更有意义的是,朱熹看出了此中的"道德"意蕴:"如人唱曲好底,凡有闻者,人人皆道好。乐虽作于彼,而听者自然竦动感发,故能义精仁熟,而和顺道德。"[83]朱熹的叙述无非要强调,"义精仁熟",自和谐于道德而来,又推进了和谐的健康发展,这样的"义精仁熟",是有感染力的。

值得指出的是,朱熹对于“熟”与和谐的思量,融进了“久”的思考,“熟”生和谐,“持之久则渐熟,熟处便和”,和谐来之不易,其中无疑有个“久”的心智力行的锻炼和考验。关于“久”,朱熹更多地从“熟”性上考量,所谓“久之自然成熟”[84]、“久而自熟”[85]、“久而益熟”[86]、“久之自熟”[87]、“持养久之,自然成熟”[88]、“久久精熟”“久之成熟”[89]、“久之曰熟读”[90]、“只是习得熟,熟则自久”[91]、“盖学之既久,自然纯熟”[92]、“且须熟读正文,久当自悟”[93]、“久久自当纯熟,充达向上去”[94]、“既沸之后,方用慢火养之,久之须自熟”[95]。熟离不开久,就是持之以恒,就是见得圣人,就是成人之熟。如朱熹强调:“久而思得熟,只见理而不见事”[96];“须要熟看熟思,久久之间,自然见个道理四停八当,而所谓统要者自在其中矣。”[97]更有意思的是,朱熹界定“久”,符合了儒家和谐能力思想的原则,即如孔子称为的“推己及人”,朱熹说出这个意思:“然学者但能尽己以推之于人,推之既熟,久之自能见圣人不待推之意。”[98]儒家和谐的道理就是朱熹称谓的“义理”,故和谐的建立也靠“以义理养之,久而自熟。”[99]“这处熟,性、天道自可晓。”[100]社会和谐在性与天道的相互交往中渐渐习熟“义理”里形成。

第二,“熟与义理”。“熟”在见义理,把握仁义礼智,需要“熟”的工夫。朱熹看得真切:“仁义礼智只趯著脚指头便是。这四个字若看得熟,于世间道理,沛然若江河而下,莫之能御矣。”[101]仁义礼智,也在不断的“熟仁”中展开和获得,朱熹作了“熟仁”的如此比喻:“‘仁’字如人酿酒:酒方微发时,带些温气,便是仁;到发得极热时,便是礼;到得熟时,便是义;到得成酒后,却只与水一般,便是智。”[102]只有“熟”,才能见得把握仁义礼智的道理。朱熹一贯有如此信念:“心熟后,自然有见理处”[103]、“精熟后,理自见得”[104]、“文字不可硬说,但当习熟,渐渐分明”[105]、“须熟读之,便得其味”[106]、“若熟后,敬便有义”[107]、“后来看熟,见许多说话须著如此做”[108]、“而今且去熟看那解,看得细字分晓了,便晓得大字,便与道理相近”[109]、“要先理会个知止,待将来熟时,便自见得”[110]、“若是见得道理熟,自然有所分别”[111]、“理会得熟时,道理便在上面"[112]、"看得道理熟,见世间事才是苟且底"[113]、"到得熟了,自然日用之间只见许多道理在眼前"[114],就有助于人们日常的行动了。

那么朱熹是如何强调"熟仁"有助于"行"呢?朱熹发现了"熟仁"对于"行"所带来"浃洽"的别致境地:"到得常常做得熟,自然浃洽通快,周流不息,油然而生,不能自已。"[115]是"熟仁"把握了"义理"而引领出"常常做得熟,自然浃洽通快"的行动新境地,它叫"熟便透"[116],朱熹是这样描述的:"学者须是熟。熟时,一唤便在目前;不熟时,须著旋思索。"[117]"这一边道理熟,那一边俗见之类自破。"[118]"到得熟后,方始会活,方始会动,方有得受用处。"[119]"若是熟时,则自不相碍矣。"[120]"人见得义理熟时,自然好。"[121]"看得道理熟后,只除了这道理是真实法外,见世间万事,颠倒迷妄,耽嗜恋著,无一不是戏剧,真不堪著眼也。"[122]这真是达到了由"熟"带来的一番知行新境地,它是和谐的,又是通透的。

第三,熟与透。"工夫熟时,义理自然通贯,不用问人。"[123]这就是"熟便透"。有熟则有透,所谓"熟便透",就是自然贯通、见得精微、涵泳浃洽、研得极底,朱熹常以庄子"庖丁解牛"喻个"透熟"之理。朱熹一再申辩:"圣人与庸凡之分,只是个熟与不熟。庖丁解牛,莫不中节。"[124]朱熹作了些解释:"如庖丁解牛,他只寻罅隙处,游刃以往,而众理自解,芒刃亦不纯。"[125]"庄子说'庖丁手之所触,肩之所倚,足之所履,膝之所踦,砉然响然,奏刀騞然,莫不中音',正是此意。"[126]"正是此意",就是到熟了,就是"通":"如庖丁解牛,固是'奏刀騞然,莫不中节';若至那难处,便著些气力,方得通。"[127]"必于其中却得个通底道理。谓如庖丁解牛,于族处却'批大却,导大窾',此是于其筋骨丛聚之所,得其可通之理。"[128]朱熹读到《庄子·养生篇》,感慨:"因论'庖丁解牛'一段,至'恢恢乎其有馀刃',曰:理之得名以此。目中所见无全牛,熟。"[129]有意义的是,朱熹把"庖丁解牛"与孔子"不逾矩"之熟境,作了互解,揭示出儒、道两家在"熟"上是有沟通之处:"所谓德盛仁熟,'从心所欲,不逾矩',庄子所谓'人貌而天'。盖形骸虽是人,其实是一块天理,又焉得而不乐!"[130]这样解得的"熟便透",不仅仅表明朱熹尚有融会百家之气魄,更重要的是,给出了这“熟仁”,乃是一种高超的“工夫”,“熟仁”理性,就是进入这个工夫、这个至熟境地的必由之路。

由熟生美,由人生之熟、之美转生出同等性质的社会意义,朱熹的期待是,这个“熟便透”,就是义理的“熟便透”;通过这样的“熟便透”,就是人与社会、人生与社会性的“和谐”。这或许成为朱熹寄予“熟仁”理性之于“工夫”说在人生考量里的最厚实的一份希冀。朱熹但愿天下人,不管是统治者还是被统治者、精英还是平民,皆要从这里开出一片心熟之境。如果说宋明理学是带有强烈的封建阶级意识并为其服务,那么,朱熹从这里所提供的统治路数,则更觉精致和现实。

四、“工夫”说创意

这个问题,是上述之理的继续和意义延伸。朱熹极力肯定:“工夫自熟中出”。[131]“工夫熟时,义理自然通贯。”[132]此中的“熟仁”理性,可谓获得了极大的想象力和伸展力,这里。姑且给其个说法,叫“创意”。但是,这需要做进一步的论证。

1. 出彩佐证

透观《朱子语类》,朱熹对于“工夫”说本身,给予了悉心呵护和细心照观,借此谆谆教诲天下同仁,可见其一片良苦用心。其中的那份“出彩”,经过细嚼慢咽,会引起对这份“创意”的感悟。

其一,*原话出彩*。朱熹使用“工夫”二字的频率很高,而且使用起来会给人提升很多想象力,因而很出彩。要细细研判朱熹“工夫”说得出彩之处,就得先看到这一“原话”部分。当然,有关朱熹“工夫”的原话,是充满在整个朱子文献里,这里,以两处寻迹“原话出彩”。因其具有的一般方法论意义来折射出朱熹“熟仁”之“工夫”说,从而探骊得珠。

第一处,以朱熹教导其弟子的《学》里,引述其“工夫”原话为聚焦处。

“学者做工夫,莫说道是要待一个顿段大项目工夫后方做得,即今逐些零碎积累将去。才等待大项目后方做，即今便蹉过了。”

“学者做工夫，当忘寝食做一上，使得些入处，自后方滋味接续。浮浮沉沉，半上落下，不济得事。”

“今读书紧要，是要看圣人教人做工夫处是如何。”

“为学勿责无人为自家剖析出来，须是自家去里面讲究做工夫。要自见得。”

“小立课程，大作工夫。”

“工夫要趱，期限要宽。”

“自早至暮，无非是做工夫时节。”

“遇富贵，就富贵上做工夫；遇贫贱，就贫贱上做工夫。”

“为学极要求把篙处著力。到工夫要断绝处，又更增工夫，著力不放令倒，方是向进处。”

“只是实去做工夫。议论多，转闹了。”

“人之资质有偏，则有缝罅。做工夫处，盖就偏处做将去。”

“学者工夫，唯在居敬、穷理二事。”

“人须做工夫，方有疑。”

“这个物事密，分毫间便相争。如不曾下工夫，一时去旋揣摸他，只是疏阔。真个下工夫见得底人，说出来自是胶粘。”

“学者工夫，且去剪截那浮泛底思虑。”

以上所引，足知出于朱熹之口的“工夫”，水准很高，太有儒家的原汁原味了，读来倍觉鲜活新颖。

出自于《学》篇里的这些“工夫”原话，虽在“学”上说“工夫”，但在儒家，“熟仁”讲究的“工夫”还是钟情于“学”的，从孔子“十五有志”开拔出的“学”精神，至颜子之学经由伊川《颜子所好何学论》的阐述，似乎这个“钟情”里闪烁的就是“熟仁”在“学”里的通路，这叫“学者做工夫”。朱熹认为，“圣人教人做工夫”，是学者所学之“紧要”，学者就是要学到这个“工夫”，才有“熟仁”之果。至于在整个《朱子语类》里的“工夫”原话，就更多、更实、更可观、更出彩，这里就不一一累举了。

第二处，直以“仁”字相关的《性理三·仁义礼智等名义》和《论语·里仁》的说解这两篇里，寻迹到“熟仁”之“工夫”的尺度、权重和指标。

先看《性理三·仁义礼智等名义》：

“既认得仁如此分明，到得做工夫，须是‘克己复礼’；‘出门如见大宾，使民如承大祭；己所不欲，勿施于人’，方是做工夫处。”

“圣贤说话，有说自然道理处，如‘仁，人心’是也；有说做工夫处，如‘克己复礼’是也。”

“仁是本有之理，公是克己工夫极至处。”

“孔门弟子所问，都只是问做工夫。若是仁之体段意思，也各各自理会得了。”

“活泼泼地，便是仁。”

再看《论语·里仁》的说解：

“仁是最切身底道理。志于仁，大段是亲切做工夫底。”

“只是未必到无终食不违底意思。不处，不去，乃是立脚处好了，细密工夫方下得。”

“圣人之意，不独是教人于富贵贫贱处做工夫，须是到终食不违，颠沛造次都用工，方可。”

“须知节节有工夫，剥了一重又一重，去了一节又一节。”

“《里仁》前面所说，都是且教人涵养，别须更有下工夫处。”

“但学者稍肯低心平实处下工夫，那病痛亦不难见。”

以上所引，到底是透彻了源自于孔子的“熟仁”之“工夫”，从对《性理三·仁义礼智等名义》的阐发里，朱熹切中要害的是，指明这个“工夫”的至极之处；从对《里仁》的挖掘里，朱熹频频一语中的：“孔子言仁处，皆是用力处”；“一部《论语》何尝只说知仁！便须有下手处。”“工夫只是这个。”[133] 指明了“熟仁”的至极之处。这两个方向里的“至极”，颇具规模地勾勒出了“熟仁”之于“工夫”中足以被人们掌握的尺度、权重和指标。这些出彩之处，后面会有更细致检讨。

其二,启迪出彩。儒家最得意之处,是教化天下的本事,也就是教天下人读圣贤之书,“书中自有黄金屋,书中自有颜如玉”,靠读书做人、做事和做官,几近成为中国人的朴素信仰和基本信念,所以,儒者们总是在何以“读书”、如何“操守”上频频亮相,并集各自智慧和己见体验,提供心得,出尽启迪。朱熹贡献甚为突出。有下面二处足以见得。

第一处,读书中的“熟”论。这里有朱熹论“熟”最集意的精蕴。其所作的《读书法》,整篇几乎贯穿一个“熟”字,除了文中已经引用过的“熟”语录外,这里强调在读书上的“熟”论,“书须熟读”,颇具一般意义。除了在那本笔者冠之为的《手册》里,可见许多,这里仅摘要些许,尽观出彩之启迪:

“读书之法,先要熟读。须是正看背看,左看右看。看得是了,未可便说道是,更须反覆玩味。”

“少看熟读,反覆体验,不必想像计获。只此三事,守之有常。”

“大凡看文字,少看熟读。”

“书宜少看,要极熟。”

“如会读得二百字,只读得一百字,却于百字中猛施工夫,理会子细,读诵教熟。”

“读书不可贪多,且要精熟。”

“方看得熟,直须看得古人意思出,方好。”

“读书不贵多,只贵熟尔。”

“看一段,须反覆看来看去,要十分烂熟。”

“大凡读书,须是熟读。熟读了,自精熟;精熟后,理自见得。”

“泛观博取,不若熟读而精思。”

“大抵观书先须熟读,使其言皆若出于吾之口;继以精思,使其意皆若出于吾之心,然后可以有得尔。”

“熟读精思,既晓得后,又须疑不止如此,庶几有进。”

“若读得熟,而又思得精,自然心与理一。”

“是知书只贵熟读,别无方法。”

“读书只是且恁地虚心就上面熟读,久之自有所得,亦自有疑处。”

“今却有《集注》了,且可傍本看教心熟。”

“学者只是要熟,工夫纯一而已。读时熟,看时熟,玩味时熟。”

“须熟读之,便得其味。”

“大凡人读书,且当虚心一意,将正文熟读,不可便立见解。看正文了,却著深思熟读,便如己说,如此方是。”

“须是将本文熟读,字字咀嚼教有味。”

“学者观熟,先须读得正文,记得注解,成诵精熟。”

“若有疑处,须是参诸家熟看。”

“史且如此看读去,待知首尾稍熟后,却下手理会。”

“读一件书,须心心念念只在这书上,令彻头彻尾,读教精熟。”

读书要“熟”,既是标准,又是方法;只有熟,才能彻底把握书中一切;只有熟读书,才有“玩味”、才生“疑处”、才能“精思”。若“不熟”,则书读了,也无益。朱熹对“不熟”、“未熟”作了不利后果的描述,也在《读书法》示以反省:“若看此又看彼,虽从眼边过得一遍,终是不熟。”“今学者本文尚且未熟,如何会有益!”“若是读不熟,都没这般滋味。”就是这种意思。以上的熟论,虽指于读书,但也有普遍的方法论意义上的创意。

一则例子,读来颇觉朱熹“熟读”之法的妙趣横生,是其自家体悟。《朱子语类·训门人三》,弟子记载朱子训洪庆,恪录云:“后得谢显道《论语》,甚喜,乃熟读。先将朱笔抹出语意好处;又熟读得趣,觉见朱抹处太烦,再用墨抹出;又熟读得趣,别用青笔抹出;又熟读得其要领,乃用黄笔抹出。至此,自见所得处甚约,只是一两句上。却日夜就此一两句上用意玩味,胸中自是洒落。”不断的“熟读得趣”,使志向学问犹如“芝麻开花节节高”。

第二处,操守中的“熟”论。这里有朱熹“熟仁”思想在成人之道里的新义积淀。朱熹所言的《持守》和《训门人》,都在陈述和阐明“熟仁”的做人做官做事之理。《持守》讲做人之心、德性、精神等一类操守的坚持和积累,熟在此中，意义非凡：

“只是频频提起，久之自熟。”

“动静日用，时加体察，持养久之，自然成熟。”

“心存时少，亡时多。存养得熟后，临事省察不费力。”

“久之成熟，可知道‘从心所欲，不逾矩’。”

“若熟后，敬便有义，义便有敬。”

“若此意成熟，虽‘操’字亦不须用。”（言下之意，到达“熟”境地，就自觉了，也勿须提个“操”字来勉强。）

“静便定，熟便透。”

《训门人》共有九篇，是记载朱熹教学经历的一部言行录。其中有不少关于“熟”的精辟言论，这里我们也不妨作两段看，即操守的和熟读的，并作些转载和点评：

“今须先正路头，明辨为己为人之别，直见得透，却旋旋下工夫（即熟）；则思虑自通，这是自明，践履自正。积日累月，渐渐熟，渐渐自然。”

“只专心去玩味义理，便会心精。心精，便会熟。”

“不求自熟（心熟），如此济得甚事！”

“有些说话，且留在胸次烹治锻炼，教这道理成熟。”

“只是熟后便自会从容（心精）。”

“须是日夜惩戒之（德性锻炼）以至于熟，久当自去。”

“使此心常与理相入，久后自熟，方见得力处。”

“圣人漉得那天理似泥样熟。”

“这个（指心）亦只是认教熟，熟了便不如此。”

“只是不熟，不曾玩味入心。”

“思量一件道理，直是思量得彻底透熟，无一毫不尽！”

“心路只在这上走，久久自然晓得透熟。”

朱熹这里一路走来的“熟”论，是希冀看到的“操守”在“熟仁”中的生成。朱熹说得具体，如“熟于孝，则知逆恶之不可为。”[134]有人问朱熹“治心、修身之要”是什么？朱熹以一个“熟”字回答到位：“只是如今且说个‘熟’字。这‘熟’字如何便得到这地位？到得熟地位，自有忽然不可知处。不是被你硬要得，直是不知不觉得如此。”[135]在治心、修身方面达到至熟境地，一切才有自觉自愿的心地熟来，绝对不是被迫所致、牵强附会。因此“治心、修身之要”，只是平时操存“熟仁”，“惟是平时常操得存，自然熟了”，将这个去穷理，自是分明做人做官做学问的道理。[136]

当然，《训门人》也有不少关于熟读工夫的精辟陈述，与《读书法》相为彰显，这叫“再三咏一‘熟’字”：

“且将正文熟诵，自然意义生。”

“公看文字，亦且就分明注解依傍看教熟。”

“书亦不可不读，须将经传本文熟复。”

“但能熟读精思，久久自有见处。”

“今日问个，明日复将来温寻，子细熟看。”

“若熟看，待浃洽，则悦矣。”

“都是将三代以前文字熟读后，故能如此。”(历史观)

“观《诗》之法，且虚心熟读寻绎之，不要被旧说粘定，看得不活。”(创新)

“今不若且置《小序》于后，熟读正文。”(次序)

“须是本句透熟，方可推。若本句不透熟，不惟推便错，于未推时已错了。”(恰到好处)

“亦在乎熟耳。如小儿读书遍数多，自记得，此熟之验也。”(实践检验)

“若研穷不熟，得些义理，以为是亦得，以为非亦得。须是见得‘差之毫厘，谬以千里’方可。”(熟有利于真知获得)

“如史书要见事变之血脉，不可不熟。”

“只是熟，故说；到说时，自不肯休了。而今人所以恁地作辍者，只是未熟。”(知行不合一)

"此道理无出圣人之言,但当熟读深思。且如人看生文字与熟文字,自是两般。既熟时,他人说底便是我底。"(有熟才能化解和消融书中道理)

"读书无甚巧妙,只是熟读。"

"将本文熟读平看,今日看不出,明日又看。看来看去,道理自出。"

"读书须是成诵,方精熟。"

"无他,只要熟看熟读而已,别无方法也。"

"读书正要精熟,而言不用精熟。"(在熟里,书、言有别)

造就理想人格的成人之道,朱熹肯定其离不开读书,而读书之"熟",就是成人之道,做人,不在于言,更在于行,行动有礼有德,需要读书栽培,对成人就更加重要了。所以,朱熹由此重复着儒家的"读书的目的在做人"的价值取向。

其三,提法出彩。这里还值得提供,朱熹有意从辩证性角度去描绘"熟"。所谓倡"贵熟",更对"熟"之可贵之处进行某种具有辩证思维性的提法,使得这类提法本身充满了想象和神韵,这叫"提法出彩":

"仁熟":"德盛仁熟"[137],"义精仁熟"[138],"仁如酒好,圣如酒熟。"[139]"仁熟",实乃至圣境界:"圣人常有慊然不足之意,众人虽见他是仁之至熟,义之至精,它只管自见得有欠阙处。"[140]达于"仁熟",乃为成圣之路标和方向。

"生熟":生与熟,乃为一对矛盾。但须自觉有生熟之分:"熟底是仁,生底是恕;自然底是仁,勉强底是恕;无计较、无睹当底是仁,有计较、有睹当底是恕。"[141]熟是仁,是自然,是无计较(无私心)无睹当(阻力);生是恕,是勉强,是有计较有睹当,需要由生到熟的"习熟"进行。

"习熟":"自然习熟,此心不至于放。"[142]不断在学、问、思、辨上习熟,心就不会分散丢失。"习之而熟,能无悦乎?"[143]这就有渐渐而熟的开始和积累。

"渐熟":"积日累月,渐渐熟,渐渐自然。若见不透,路头错了,则读书虽多,为文日工,终做事不得。”[144]“渐渐熟”,是方法,更是“路头”大方向的问题,做人做事盖莫如此。有“渐渐熟”,才有“自然成熟”、才能“教熟”、“自熟”和“活熟”。

“教熟”:“须就这上看教熟,见得天理人欲分明。”[145]教育他人之熟,就在辨个天理人欲、明个做人道理。

“自熟”:“久而自熟”[146],是自然而熟,是自己而熟,这是一种靠自身渐渐习熟的工夫,如煎药,是自熟的过程:“今初求,须猛勇作力,如煎药,初用猛火;既沸之后,方用慢火养之,久之须自熟也。”[147]

“活熟”:“某人来说书,大概只是捏合来说,都不详密活熟。此病乃是心上病,盖心不专静纯一,故思虑不精明。要须养得此心令虚明专静,使道理从里面流出。”[148]“活熟”,就是专在心上的“虚明”、“专静”、“纯一”,即一心只在书里道理滚来滚去,随时随地排除私心杂念,使道理从心里流出。这样的“活熟”就是“益熟”。

“益熟”:“十五志于学,此学自是彻始彻终。到四十不惑,已自有耳顺、从心不逾矩意思,但久而益熟。”[149]“熟仁”是过程,不断积累,日日有益于熟。其“益熟”成果当也包括读书做人的方方面面,更重要的是,它使“熟仁”进入了一种“纯熟”、“精熟”、“透熟”、“烂熟”、“处熟”、“成熟”、“泥熟”之特定境地。

“纯熟”:“不若日用间只就事上子细思量体认……道理自然纯熟,仁亦可见。”[150]“如‘克己复礼’,致谨于视听言动之间,久久自当纯熟。”[151]“日用间义理纯熟后,不被那人欲来苦楚,自恁地快活。”[152]读书做人,纯熟于礼,自然快活。就如“渐渐浸灌到纯熟处,其间义理却自然出。”[153]“到纯熟处,便是仁”[154],到纯熟处,做人就有仁的品位了。

“精熟”:“先生道理精熟,容易说出来,须至极。”[155]“精熟”是至极之境界,是水到渠成的时候了。

“透熟”:“须是本句透熟,方可推。若本句不透熟,不惟推便错,于未推时已错了。”[156]“透熟”,是里里外外的通,是原原本本的通,是来龙去脉的通,做到了"透熟",就可以进行和保证逻辑推理。

"烂熟":"到得此时,是于道理烂熟了,闻人言语,更不用思量得,才闻言便晓,只是道理烂熟耳。"[157]"耳顺时,见得理熟;从心所欲不逾矩时,又是烂熟也。"[158]"烂熟",就是一切都和顺道理、和顺道德又自然而然:"是见得那道理烂熟后,不待思量,过耳便晓。"[159]

"处熟":"持之久则渐熟,熟处便和。"[160]处在熟中,就进入和顺、和谐的状态,就能随时随地随处按道德行事,这叫"熟处便和顺于道德",使道德成为成熟的技能了。

"成熟":"年老成熟。"[161]成熟与年龄与经验有内在联系,也与外在因素有关系:"这见圣人教人,内外夹持起来,恁地积累成熟,便会无些子渗漏。"[162]

"泥熟":"圣人漉得那天理似泥样熟。"[163]"泥样熟"是"圣人熟":"圣人熟,学者生。圣人自胸中流出,学者须著勉强。"[164]这是生与熟矛盾解决的归宿,使人之"熟仁"进入了完美神圣的最高境界了!

这十五对"熟",有内在联结:"仁熟"是成人之方向、成圣之路头。要走进这个路头和方向,首先碰到"生熟"这对矛盾,要解决这对矛盾,靠的是不断的"习熟",于是就会带来"渐熟"、"教熟"、"自熟",这些就叫"活熟";由"活熟"就会产生"益熟",它包括"纯熟"、"精熟"、"成熟"、"透熟"、"烂熟"、"处熟",而"泥熟"乃为"熟仁"之圣人境地了。因此,我们的结论是:这些"熟"前面的形容词,并非朱熹的"文字游戏",而是蕴涵着丰富又深刻的"熟"之哲理。总之,"熟仁",不仅是读书中有,而且是操守中有,就如朱熹所言:"道学不明,元来不是上面欠却工夫,乃是下面元无根脚,若信得及,脚踏实地,如此做去,良心自然不放,践履自然成熟。非但读书一事也。"[165]"熟仁"和"熟",在朱熹的视野里,已经获得了一般的哲学高层次、高境界意义了。这是朱熹"熟仁"理性之于"工夫"里,极富魅力的创意。

2."工夫"之条目

其实,对于朱熹这类"工夫"之条目,作一适当甄别和排序,还是很有必要的。一来需要梳理出这“工夫”的条目系列，寻迹到“立脚耳”、“下手处”的所以然；二来可以总括出这“熟仁”理性得以催生的所以然，入微于孔子的“熟仁”理性、孟子的“熟仁”命题；三来基本识别出这“工夫”的特殊价值，推理出朱熹对儒家“熟仁”在工夫说上的独到之处。

其一，条目之甄别。这是内容上的规定。“熟仁”之“工夫”，在朱熹那里，是有具体设计和精致安排的。当然，朱子本人并没专门刻意而为之，这是从其文献里获得的体会而汇聚的。再者，作为“师”的角色，而且是很敬业的“师”，朱熹势必给其学生灌入大量靠得住的治学、为人、做事的方法，所以，《朱子语类》里的学生所记，仍然是这里阐述的主要依据。但是，综观朱熹言论，追究到“熟仁”之“功夫”，其条目可以“无限”，但寻迹于彻底的“工夫”之根，则需要对“无限”之条目加以“有限”之甄别，“居敬”、“穷理”、“推及”三事尤为恰当。仅以这“三事”，足以包容“无限”之延伸和扩充，又足以融汇于孔、孟以来“熟仁”之于“工夫”的涉足和开拔。

甲、“居敬”、“穷理”二事。朱熹认定，“熟仁”之“工夫”，唯在“居敬”、“穷理”二事上先下苦功，方能至于“熟”：“学者工夫，唯在居敬、穷理二事。此二事互相发。能穷理，则居敬工夫日益进；能居敬，则穷理工夫日益密。譬如人之两足，左足行，则右足止；右足行，则左足止。又如一物悬空中，右抑则左昂，左抑则右昂，其实只是一事。”[166]“居敬”与“穷理”，具有辩证关系，在“熟仁”里需要同步进行，随着“工夫”不断深化，这二事则会初由相碍到熟后则无妨：“初做工夫时，欲做此一事，又碍彼一事，便没理会处。只如居敬、穷理两事便相碍。居敬是个收敛执持底道理，穷理是个推寻究竟底道理。只此二者，便是相妨。若是熟时，则自不相碍矣。”[167]

宋明理学家皆以“主敬”说为哲学境界，朱熹承续二程，也不例外。但朱熹却有特别之处。“敬”字工夫“乃圣门第一义”，究竟如何了得？朱熹从“熟仁”上频频示意。

找到“立脚处”：“大凡学者须先理会‘敬’字，敬是立脚去处。程子谓：‘涵养须用敬，进学则在致知。’此语最妙。”[168]但“妙”在哪里？朱熹心高一筹,并以"习"、"义"、"静"、"克己"、"收拾自家精神"等旁证注释,意味深长。所谓由"敬"入"习":"'习矣不察',人多错看此一语","习是用功夫处,察是知识处。今人多于'察'字用功,反轻了'习'字";"故夫子教人,只说习";"而'察'字最轻,'习'字最重也。"[169]所以,在说解《学而》章"学而时习之,不亦说乎"句时,朱熹从"熟"上作了生动的解读:"学只是要一个习,习到熟处,自然喜说不能自已。"[170]所谓由"敬"入"义":"敬有死敬,有活敬。若只守著主一之敬,遇事不济之以义,辨其是非,则不活。若熟后,敬便有义,义便有敬。"这叫"敬义夹持,循环无端,则内外透彻。"[171]"内外透彻",便是"熟后","敬以直内,义以方外",在此获得新意蕴。所谓由"敬"入"静":"静便定,熟便透。"[172]"心要精一(此"精"乃有"熟"义——引者注)。方静时,须湛然在此,不得困顿,如镜样明,遇事时方好。心要收拾得紧。"[173]所谓由"敬"入"收拾":"敬,莫把做一件事看,只是收拾自家精神,专一在此。"[174]"专一在此",就是"克己"。所谓由"敬"入"克己":"敬是涵养操持不走作,克己,则和根打并了,教他尽净。""敬只是养底功夫,克己是去病。"[175]"去病",也在"寡欲"、"去私欲";"专一在此",也在"至诚"里:"才意诚,则自然无此病。"[176]当然,一切的"无此病",皆由"敬"生出,而把握此"敬"的,最终归结在"心":"敬,只是此心自做主宰处。""人能存得敬,则吾心湛然,天理粲然,无一分著力处,亦无一分不著力处。"[177]那是自然纯熟的境地了。有弟子问:"敬何以用工?"朱熹借用孔子"熟仁"之名言,回答贴切:"'博学、审问、慎思、明辨、力行',皆求之之道也。须是敬。"[178]

关于"敬",就"工夫"论上的特色来看,或者延伸至"穷理"问题上,还有两点需特别指出:

一点是"居敬"乃是一整体,"敬"之工夫,也是一整体性发挥,一方面"不可以次序做工夫"论之:"诚、敬、寡欲,不可以次序做工夫";另一方面"敬"乃以"内外夹持之功"论之:"须是俱到,无所不用其极。"朱熹一段话衬托于此:"诚、敬、寡欲,不可以次序做工夫。数者虽则未尝不串,然其实各是一件事。不成道敬则欲自寡,却全不去做寡欲底功夫,则是废了克己之功也。但恐一旦发作,又却无理会。譬如平日慎起居,节饮食,养得如此了,固是无病。但一日意外病作,岂可不服药。敬只是养底功夫,克己是去病。须是俱到,无所不用其极。”[179]意思是说,尽管“诚”、“敬”、“寡欲”、“克己”等,皆各为一件事,“用”之,各有各的作用,各个不能少,但各自不倚次序先做后做。当然“居敬”还是属于底据的:“敬,则万理具在”;“敬则德聚,不敬则都散了。”[180]这里,体现了德性的整体性思想在儒家“熟仁”里的特殊效应。一言以蔽之,由“敬”之功夫开拓下的“工夫”,则需要“贯通”,当朱熹定义在“贯通处只是敬”,根本与“熟仁处便是敬”通假了。两个命题不谋而合。

另一点是人心里的“敬畏”感,朱熹坦言:“敬,只是一个‘畏’字。”[181]因为“敬则天理常明,自然人欲惩窒消治。”[182]“天理”乃“敬”之本根,“人欲”乃“敬”之所治,“内无妄思,外无妄动”,“随事专一”,“不敢放纵”,说到底,就是对“天理”、对“仁义”、对“熟仁”的敬畏:“敬非是块然兀坐,耳无所闻,目无所见,心无所思,而后谓之敬。只是有所畏谨,不敢放纵。如此则身心收敛,如有所畏。常常如此,气象自别。存得此心,乃可以为学。”[183]在朱熹看来,对“天理”的“敬畏”,乃是人心中的道德感情,是“熟仁”之方寸,是“工夫”之尺度,是“居敬”之权重,也是为学之标准。似乎这里与康德的“先验道德法则”有相齿之切。由此延伸,足以见得“穷理”的“熟仁”意义了。

朱熹的“穷理”观,凝聚了朱子之学的精髓。如果切入到这里的思路,来挑出“穷理”的深蕴之处,朱熹实质上却在“穷”究“熟仁”之理。透过一段生动意向性地染指于“十五志学”、“三十而立”、“四十而不惑”之于“七十从心所欲不逾矩”的发挥里,朱熹仍然留驻在“工夫”说上去关注、去透析那“熟仁”之理。这段话是这样的:“学者工夫只求一个是(“是”即“理”——引者注)。天下之理,不过是与非两端而已。从其是则为善,徇其非则为恶。事亲须是孝,不然,则非事亲之道;事君须是忠,不然,则非事君之道。凡事皆用审个是非,择其是而行之。圣人教人,谆谆不已,只是发明此理。‘十五志学’,所志只在此;‘三十而立’,所立只在此;‘四十而不惑’,又不是别有一般道理,只是见得明,行得到。为贤为圣,皆只在此。”[184]求“是”,就是求“理”,就是穷究"天下之理",判断是非、事亲事君,皆有"天下之理",圣人发明此理,凡人须穷究此理。朱熹举孔子"十五有志"的"熟仁"历练晓之以理:十五所志、三十所立、四十所不惑,皆"只在此",即只在"穷理"上下工夫,然后"见得明,行得到","这方寸之间全是天理",就是"熟仁"之到来。"为贤为圣"之工夫,皆"只在此"。这"穷理",仍以"熟仁"之于"工夫"上为取向、为标识。

再细化这般"工夫"里的"穷理"之取向,还有三个层次为其提供"力行"标识。这里,似乎已在相当程度上超越"穷理"仅为一知识论命题了。层次一,"穷理",方可为人生确立行动界限:"必先教取舍之际界限分明,然后可做工夫。"[185]这是"穷理"的效验。"熟仁"先要"穷理","穷理"后确立"取舍之际界限分明",再去做工夫,可谓是"熟仁"的向导。所谓"有志于学",也就是从人生开始,就得志向于"穷理"之"学"和"习"。层次二,"穷理",乃为人生立志的大规模,更是"熟仁"之"工夫"的大舞台:"志不立,不曾做工夫尔";"若志立,则无处无工夫,而何贫贱患难与夫夷狄之间哉!"[186]这是"穷理"的方向。立志于穷究"天下之理",是人生"志于道"、"志于仁"的坚定志向,是走向"熟仁"的善始善终,也是"工夫"本身!层次三,"穷理",内在有个紧要下手处:"到物格、知至,则表里精粗无不尽。"[187]这是"穷理"的品质。格物、致知,乃是"穷理"的紧要下手处,朱熹称其为"细下工夫"处,通过这样的"细下工夫",就能获得"义精仁熟",所以,"穷理",就在于获得至熟的"精"。儒家的由粗入精的"精熟"之道,这里极其显著。朱熹由此评价:"理固自有表里精粗,人见得亦自有高低浅深。有人只理会得下面许多,都不见得上面一截,这唤做知得表,知得粗。又有人合下便看得大体,都不就中间细下工夫,这唤做知得里,知得精。二者都是偏,故《大学》必欲格物、致知。到物格、知至,则表里精粗无不尽。"[188]"二者都是偏",就是不著落在"细下工夫"上,故无有获得"穷理"之"精熟"矣。至此,也足以见得,"穷理"与"居敬",在"理"上的互为彰显。

乙、"推及"一事。在儒家,"熟仁"毕竟是个具体的"行",所以,朱熹在考量时,特意引进和发挥孔子的"推己及人",使整个"工夫"说又厚重了许多。

值得肯定,朱熹几乎是将"推"认定为是儒家放之四海的标准。有意思的是,自孟子说开的"大而化之"问题,一概为"熟仁"之标的、之命题。朱熹则举重若轻,仅以"工夫"上吃重。有人问,"大而化之"是"只自善推去否"?朱熹肯定:"固是。"并且还讲了一通如何"推"之的功夫:"然须是有个善,方推得。"[189]朱熹对"大而化之"朝向"推"之工夫的高度,是对前人理解的提升或超越。所以,朱子同意这样的看法,有人说:"伊川曰:'大而化之',只是理与己一。其未化者,如人操尺度量物,用之尚不免有差。至于化,则己便是尺度,尺度便是己。横渠云:'大能成性谓之圣。'近又闻先生云:'化其大之迹谓圣。'窃尝玩味三者之言,恐是一意,不知是否?"朱熹答道:"然。"[190]虽为"一意",但朱熹以"推"上作"工夫"理解,还是较于伊川、张载更独特。

其实,总括孔子的"熟仁"之"方",可以是:"推己及人"。所谓的"近取诸身"、"忠恕之道"、"己所不欲,勿施于人"和"己欲立而立人,己欲达而达人",均以"推己及人"来实现的。所以,孔子的"熟仁"之"工夫",最集中于如何"推"得上。"推"得合情合理、不偏不倚、恰到好处,可谓是"熟仁"的最高境地了。朱熹看出孔子的心思,对其弟子极力讲解孔子所思所虑,一个"推"字,则被朱熹引领出该地一片气象。

首先,孔子这些原话,朱熹都是从"推"字去看待的。对《里仁》篇的解读中,朱熹如此点评:"如'己所不欲,勿施于人',便是推己之心,做到那物上";"推己,便有转折意,如'己欲立而立人,己欲达而达人'。""以己,是自然;推己,是著力。'己欲立而立人,己欲达而达人',是以己及人也。'近取诸身',譬之他人,自家欲立,知得人亦欲立,方去扶持他使立;自家欲达,知得人亦欲达,方去扶持他使达,是推己及人也。"如"忠恕":"忠者,尽己之心,无少伪妄。以其必于此而本焉,故曰'道之体'。恕者,推己及物,各得所欲。以其必由是而之焉,故曰'道之用'。"[191]

其次,朱熹的"推",是专以"熟仁"之"工夫"上注入。自孔子启示的"推",到了宋明理学家那里,是很有触发和感受的,在张载、二程、象山那里,都可见到。但朱熹有个特殊之处,即朱熹看出,"推"之功夫,是"心"的工夫,而且,"推"本身,就有个"熟"的问题,这叫"推之既熟";圣人则不待"推",凡人则必须"推",因为"圣人浑然天理,则不待推,自然从此中流出也。'尽'字与'推'字,圣人尽不用得。若学者则须推。"[192]圣人为何"不待推",是因其"浑然天理",故能"自然从此中流出",这就是"精义熟仁"之境地了。这里,朱熹就下了这个"埋伏",即推己及人,是"仁"的表现;如果能像圣人般"自然流出",就可至于"熟仁"了。所以,"推"的合理性、正当性和娴熟性的根据,被朱熹挑明出了。

再次,朱熹从"推"之效率里追问:"自由"观,推多远?就"推"之本身言,这个"工夫"的作为究竟能"推"多远?从某种意义来说,这个发生于孔子的"推己及人",是中国人特有的"自由"观。如果说中国文化里有"自由"观念,这个"推"就是非常经典、非常民族性的中国人的"自由主义"传统。但"推",是发生在人的内心世界里的"自由"活动,这里的问题是,这个"心"之"推",能推多远?朱熹作了很乐观的回答:"只管充扩将去,则万物只管各得其分。只就'己所不欲,勿施于人'上面扩充将去,若充之于一家,则一家得其所;充之于一国,则一国得其所。无施而不得其所,便是'天地变化,草木蕃'。若充扩不去,则这里出门便行不得,便窒塞了,如何更施诸人!"[193]这就是说,人心只需将"己所不欲,勿施于人"扩充出去,就可以使物事人事"各得其所",仅就这个扩充点来看,其"推"之无限;若不以此而"推",则无计可施,寸步难行。

这里,朱熹挑明了可"推"至远的两个根据,也决定了此"推"的效率:一在所推之起始点须在"己所不欲,勿施于人"上,可谓"工夫"说上的精致到位;一在将心比心地向外"推",必须与物事人事关切:"推不去底人,只要理会自己,不管别人;别人底事,便说不关我事。今如此人,便为州为县,亦只理会自己,百姓尽不管他,直是推不去。"[194]追究这个"推"的效率,朱熹的深邃之处,已经过滤出"推"之政治道德价值,从而揭示出儒家"熟仁"之"工夫"在"推"层次里的新向度,颇具新意。这点在后面还会有更深入的检讨。

其二,"工夫"之排序:特殊的先后之辨。这是程序上的规定,更是行动合理性和正当性的设计。对此,朱熹用足了心思去权衡、去考量,如此深思熟虑的看法,在诸家里,真可谓独到。

“熟仁”,说到底,就是个“行”的问题,所以,儒家非常注重“力行”,其原因是可以想的。虽然,这里有“心”行和“身”行的两者关系。客观地说,在这里,朱熹还是属于心身结合论者。至于一定要追究朱熹此中的先后立场,看来意义不大。因为,这里所讲的“工夫”之排序,是这样的意思:前大段工夫,后细节工夫;前为粗处,后为精处;先立脚跟处,后求安顿处;先求规模,后求精熟。姑且给其一个哲学说法,就是先后之辨。

朱熹在讲解《里仁》时,给弟子们一个“熟仁”的方向性指导,即“只见得好仁路上熟”,这个“好仁路上熟”,究竟指在何路?朱熹便在《里仁》篇里挖掘细密,因其“统体便都只是那个仁”,所以朱熹底气十足。在《里仁》,朱熹强化孔子的“无终食之间违仁”到“造次必于是,颠沛必于是”的“熟仁”期待;在《为政》,朱熹以孔子“十五有志”到“七十而从心所欲不逾矩”的“熟仁”历程,作了“好仁路上熟”的实证注释,理论与实践,似乎有了完满结合,极大地增加了朱熹的这份底气。

尽管在本书本章里已经反复引用剖析孔子的三段“熟仁”名言,这里,仅以摘录比照而已。同时,也可再次获得某种消化性回味。先看《里仁》中孔子名言:“富与贵,是人之所欲也;不以其道得之,不处也。贫与贱,是人之所恶也。不以其道得之,不去也。君子去仁,恶乎成名?君子无终食之间违仁,造次必于是,颠沛必于是。”朱熹的发挥沉淀在“工夫”说上,即大段工夫立脚处,由粗到细求精熟。看一下这点评:

“不处、不去,乃是立脚处好了,细密工夫方下得。若上面无立脚处了,其他可见。圣人之意,不独是教人于富贵贫贱处做工夫,须是到终食不违,颠沛造次都用工,方可。”

“须是先说个粗,后面方到细处。若不是就粗处用工,便要恁地细密,也不得。须知节节有工夫,剥了一重又一重,去了一节又一节。”

“‘富与贵,贫与贱’,方是就至粗处说。后面‘无终食之间违仁’,与

'造次、颠沛必于是',方说得来细密。然先不立得这个至粗底根脚,则后面许多细密工夫更无安顿处,人更无可得说。"

"富贵贫贱,不处不去,此一节,且说个粗底,方是个君子皮壳,里面更多有事在。然先会做这事,方始能不去其仁。既把得定,然后存养之功自此渐渐加密。"

这四处点评,就是那个先后之辨。朱熹看出的,还是这个"工夫"的一般,并且是生活中的一般,朱熹认定其为工夫"大规模"、人生"大地盘":"为学须先立得个大腔当了,却旋去里面修治壁落教绵密。今人多是未曾知得个大规模,先去修治得一间半房,所以不济事。"又:"识得道理原头,便是地盘。如人要起屋,须是先筑教基址坚牢,上面方可架屋。若自无好基址,空自今日买得多少木去起屋,少间只起在别人地上,自家身已自没顿放处。"[195]朱熹在此举的例子,就更有生活味了。

再看《为政》里孔子名言:"吾十有五而志于学,三十而立,四十而不惑,五十而知天命,六十而耳顺,七十而从心所欲不逾矩。"对此句,朱熹情有独钟,占了很大篇幅给弟子们作了发挥性讲解,细究其中之理,还是从"工夫"上挑明孔子一路走来的"熟仁"经历,也是印证了《里仁》中的观点。朱熹点明的是:十五至四十,是大段工夫,由粗到精;五十、六十后,则"义精仁熟"。朱熹挑明之要害,则为此句中的:"若做工夫未到那贯通处,如何得圣人次第。"[196]看一下带有"熟"字的点评:

"志学时,便是知了,只是个小底知;不惑,知天命,耳顺,却是个大底知。立,便是从心不逾矩底根子;从心不逾矩,便是立底事,只是到这里熟,却是个大底立。"

"十五志于学,此学自是彻始彻终。到四十不惑,已自有耳顺、从心不逾矩意思,但久而益熟。年止七十,若更加数十岁,也只是这个('熟')。"

"穷理只自十五至四十不惑时,已自不大段要穷了。'三十而立',便是个铺模定了;不惑时便是见得理明也。知天命时,又知得理之所自出;耳顺时,见得理熟;'从心所欲不逾矩'时,又是烂熟也。"

第一段"只是到这里熟"、第二段"久而益熟"、第三段"见得理熟"、"烂熟",都是来自于"志"、"立"、"不惑"、"知天命"的所为,皆是"工夫"所为。如果把第三段的"理"改为"仁",那么这里的"熟仁"路径在"工夫"层次里被描述得多么精辟和到位。这一点在本文的其他章节里已有充分细致的论述了。

朱熹说过,有些不以次序做工夫,是指意在德性的整体性上,而这里的"工夫"之排序,是专在先后之辨,即先大段工夫立脚处,后由粗到细求精熟。可以说,这是朱熹"工夫"说的精致与细腻,值得分辨。

3."工夫"说创意之点

综合以上"工夫"说,亮点之处,归结起来就是:"只是要熟,工夫纯一而已。"[197]"熟仁",就是"工夫纯一"的结局。在此,就不难理会朱子心底里的憧憬:"工夫熟时,义理自然通贯"的"纯一"。所谓"工夫纯一",乃为朱熹"工夫"说的创意积聚。下面,言简意赅作五处点评:

其一,"只是工夫难"。"熟仁"之"工夫",须要天理人欲之间见分晓。一切"熟仁"之条目的展开和落实,或谓"下手处"、"立脚处",就是"先在此的文章",朱子一言概为"只是工夫难"。朱熹坦言:"这个事,说只消两日说了,只是工夫难。"[198]容易说完,"工夫"却是一言难尽、更是一行难就的事。朱熹引《尚书》曰:"'知之非艰,行之惟艰。'工夫全在行上。"[199]在朱熹看来,"只是工夫难",难就难在人们的"熟仁"之"行"(或谓"习熟"),是要见在天理人欲上的进与退。这是一件"头等底大事",更是"熟仁"里的"头等"之"工夫",被朱熹称为"看得此最是一件大工夫"。[200]

应该注意到,当朱熹解释孟子"夫仁,亦在乎熟之而已矣"命题时,已经重重敲响这一鼓:"到做出冶工夫,却最难,正是天理人欲相胜之地。自家这里胜得一分,他那个便退一分;自家这里退一分,他那个便进一分"。很一致的是,在讲了"只是工夫难"后,朱熹用了很大篇幅大讲特讲天理人欲之进退的"行",并以此设定为"熟仁"之"工夫"的前沿,表现在"难"上的理由。朱熹如此认定:"天理人欲,无硬定底界,此是两界分上功夫。这边功夫多,那边不到占过来。若这边功夫少,那边必侵过来。""只此一心,但看天理私欲之消长如何尔……见得圣贤说底与今日此心无异,便是工夫。"[201]这两段话如出一辙,即把"天理人欲"之进退视为"工夫"场地,而且娴熟进退于其间的"功夫",是颇有难度的。

举个"克己复礼"的例子,来晓之以理。朱熹认为,"凡一事便有两端,是底即天理之公,非底乃人欲之私,须事事与剖判极处,即克治扩充功夫随事著见。"[202]但要做到,却是有难度。在朱熹看来,"惟无私,然后仁","熟仁"是"无私"的结局,"无私"是"熟仁"的前提,这都离不开进退于天理人欲之相胜的"把捉"。在"熟仁"意义里,朱熹对此"把捉",提出的设计是:"惟无私欲而后仁始见"、"公是克己工夫极至处"、"公而无私便是仁"。为什么自孔子开始,儒家"熟仁"里特别张扬颜回"克己复礼"呢?朱熹看出端倪:"欲真个见得仁底模样,须是从'克己复礼'做工夫去。"[203]"克己复礼"便是"公","公而无私便是仁",就个人来看,"克尽己私之后,只就自身上看,便见得仁也。"[204]先要见得"克尽己私"而后"仁",这对凡人是个极大的考验。"'克己复礼',亦只是要得私欲去后,此心常存","仁"方可通过"自身"的"做工夫"而至于"熟仁"。为什么朱熹一而再、再而三地强调"须从'克己复礼'做工夫去",不是其易,而是其难。因为是难以坚持、难以抗衡私欲:"做到私欲净尽,天理流行,便是仁。"[205]那绝对是个"德盛仁熟"之妙境了。这会轻而易举地到来吗?由此也证得,朱子所谓"天理人欲"之"相胜",是天理胜过人欲之私("私欲")而非一切的人欲,故朱子有"饮食者,天理也"的价值判断,而这又增加了这一"工夫"的难度。

其二,提倡"著实"的工夫。当然,工夫难,却难不倒朱熹的设计。朱熹看重的"持守",是"著实"的工夫。"学者工夫,但患不得其要。"那么"要"在何处?朱熹指出:"学者常谈,多说持守未得其要,不知持守甚底。说扩充,说体验,说涵养,皆是拣好底言语做个说话,必有实得力处方可。所谓要于本领上理会者,盖缘如此。”[206]“必有实得力处方可”,这是“本领”,这是“难处”,不是图个好听话就算是“工夫”。

可以举出“著实自做工夫”的若干细化条目,很有意思:

“切己”。有人问:“为学如何做工夫?”朱熹回答:“不过是切己,便的当。”[207]所谓“切己”,就是与己关切,与自家切合,与体察存养。这是“著实”工夫的核心链接。朱熹善于形象描绘:“先做切己工夫。喻之以物,且须先做了本子。本子既成,便只就这本子上理会。不然,只是悬空说《易》。”[208]这个“切己”,已是“著实”之功了。

“自家”。这是与“切己”的链接。朱熹感触颇深:“入道之门,是将自家身己入那道理中去,渐渐相亲,久之与己为一。而今人道理在这里,自家身在外面,全不曾相干涉!”[209]学道理,须“将自家身己入那道理中去”,才是“熟仁”之“工夫”;不与自家相切己,道理就始终在外,与己无关了。朱熹强调“久之与己为一”,就是“浑然天理”,就是“与天地万物为一体是仁”的“相亲”和“体验”。

“存养”。这是与“切己”、“自家”的链接。朱熹不无感叹:“此须自去体察存养,看得此最是一件大工夫。”[210]涵养之存,不是一种简单的涵养身心,而是著实在做工夫里,朱熹称其为“存养的工夫”。说得透彻底,就是涵养存在于“熟仁”之条目里。可以表达为,有“居敬”之养、有“穷理”之养、有“克己”之养、有“推己”之养等,就是表明,“存养”是不落虚空的,而是实实在在的“存养”。朱熹对伊川的一个“补充”性修正,意在揭示这个“存养”里的“著实”。

朱熹指出:“致知、敬、克己,此三事,以一家譬之:敬是守门户之人,克己则是拒盗,致知却是去推察自家与外来底事。伊川言:‘涵养须用敬,进学则在致知。’不言克己。盖敬胜百邪,便自有克,如诚则便不消言闲邪之意。犹善守门户,则与拒盗便是一等事,不消更言别有拒盗底。若以涵养对克己言之,则各作一事亦可。涵养,则譬如将息;克己,则譬如服药去病。盖将息不到,然后服药。将息则自无病,何消服药。能纯于敬,则自无邪僻,何用克己。

若有邪僻,只是敬心不纯,只可责敬。故敬则无己可克,乃敬之效。若初学,则须是功夫都到,无所不用其极。”[211]意思是说,伊川讲“敬”和“致知”,也须在涵养之中,朱熹则更加以为,克己也在涵养之中,待涵养成熟,致知、敬、克己,都会各得其所,甚有效率。所以,初学者,就应在三个里面下“涵养”之功,这是实实在在的“著实”,“功夫都到,无所不用其极”,乃是“至熟”的金科玉律呀!

“扩充”。这是与“推”、与“存养”的链接。朱熹强调:“心是做工夫处”。“推”,是将心比心,由心之内向外推,这叫“扩充”;而这一“扩充”之有效性取决于心之“存养”程度。心性儒学,十分钟情于孟子“善端”扩充,朱子也不例外。孟子的“求放心”被朱子化为“熟仁”之细处工夫,那就得在“心”上去落实这个“著实”。因此,朱熹同样面对了“心熟”问题。

朱熹的“著实”工夫,内外结合,注重在“向平实处下工夫”,不搞“花架子”一套,这叫“用工之实”,且让人“入于坦易明白之域”。朱熹评判“工夫”,非常维系于此:“学者议论工夫,当因其人而示以用工之实,不必费辞。使人知所适从,以入于坦易明白之域,可也。若泛为端绪,使人迫切而自求之,适恐资学者之病。”[212]“切己”、“自家”、“存养”、“扩充”,皆为“用工之实”的执著,看得出其实效。而这“著实”工夫,放在“实得力处”,朱熹瞄准的是“心熟”之功。

其三,这是“此心上工夫”:“心熟”。朱熹瞄准的“心熟”之功,是“此心上工夫”的具象。譬如,朱熹讲在细处的工夫,或谓“下手处”,先是在心上的“把捉”。“心熟后,自然有见理处。”[213]朱熹挑明:“工夫只是这个。若能于此涵养,是甚次第!今看世上万法万事,都只是这一个心。”[214]朱熹在“若真个要求仁,岂患力不足”之于“心”的意义里,作了极为生动的说明:“心在这手上,手便暖;在这脚上,脚便暖。”[215]“心熟”,乃最是“用力处”呀!因此,朱熹坦承:“学者吃紧是要理会这一个心”,在心上做工夫,“即精粗表里,融会贯通,而无一理之不尽矣。”[216]这不是一个“心熟”吗?

自孟子讲起那个“求放心”,儒家对于“心”,对于把散失了的、迷茫了的、蒙昧了的“心”收回来的追究和考问,层出不穷。朱熹出彩之处,恰恰以“求放心”为“此心上工夫”的“著力处”,并断言:“持养久之(指心),自然成熟”。重要的是,朱熹引经据典,来验证这一个“心熟”之工夫的要领。对此,朱熹直击三处:

一处“大要工夫只在唤醒上”。朱熹有心之“唤醒”说:“人惟有一心是主,要常常唤醒。”[217]而且“学者工夫只在唤醒上”,“能唤醒,则自不昏昧;不昏昧,则自不放纵。”[218]“唤醒”,就是“存养”,就是“收敛”:“心只是一个心,非是以一个心治一个心。所谓存,所谓收,只是唤醒。”[219]再归结到“熟”里,则是“心熟”本然:“只是频频提起(‘唤醒’),久之自熟。”[220]

二处“细心用工收敛”。朱熹有“收拾此心”、“收敛此心”说:“且要收拾此心,令有个顿放处。”“收得此心在这里截然,这便是‘喜怒哀乐未发之中’。”[221]这都是从“工夫”上讲的,此“工夫”做熟,不仅是“心”之“用工收敛”,而且是“熟仁”到来之境地。一旦“放心”,无有“义精仁熟”之到来,甚至在天理人欲进退之间,会迷失方向。朱熹如此描述:“若收敛都在义理上安顿,无许多胡思乱想,则久久自于物欲上轻,于义理上重。须是教义理心重于物欲,如秤令有低昂,即见得义理自端的,自有欲罢不能之意,其于物欲,自无暇及之矣。”又:“收得此心在这里截然,这便是‘喜怒哀乐未发之中’,便是浑然天理。事物之来,随其是非,便自见得分晓:是底,便是天理;非底,便是逆天理。”[222]在朱熹看来,“收拾”、“收敛”,是在求个“心”里的安顿处,“义理”则是这个“安顿”之窝;收得住这个心之“安顿”,就是“心熟”,结果便是“浑然天理”的境地了。“穷理”的话题,一同在心之“收拾”和“收敛”当中,获得一路子走下去:“只是收放心,把持在这里,便须有个真心发见,从此便去穷理。”[223]“熟底是仁”,也在此印证。

三处“此心主宰得定”。朱熹分辨,“此心主宰得定”,就是对“工夫”的主宰,这被称为“真心发见”的“真工夫”。儒、释都讲“求放心”,但有根本之异。朱熹讲的儒家之工夫,是定位在“吾辈却要得此心主宰得定,方赖此做事业,所以不同也。”“做事业”,是需要“真工夫”锤炼打造,对此,朱熹提炼儒家经典中的“工夫”,并以“心”之契合,提升了“心熟”工夫的经典含金量。朱子从《中庸》切入,辨明如下:“如《中庸》说‘天命之谓性’,即此心也;‘率性之谓道’,亦此心也;‘修道之谓教’,亦此心也;以至于‘致中和’、‘赞化育’,亦只此心也。致知,即心知也;格物,即心格也;克己,即心克也。非礼勿视听言动,勿与不勿,只争毫发地尔。所以明道说:‘圣贤千言万语,只是欲人将已放之心收拾入身来,自能寻向上去。’今且须就心上做得主定,方验得圣贤之言有归著,自然有契。如《中庸》所谓‘尊德性’、‘致广大’、‘极高明’,盖此心本自如此广大,但为物欲隔塞,故其广大有亏;本自高明,但为物欲系累,故于高明有蔽。若能常自省察警觉,则高明广大者常自若,非有所增损之也。其‘道问学’、‘尽精微’、‘道中庸’等工夫,皆自此做,尽有商量也。若此心上工夫,则不待商量赌当,即今见得如此,则更无闲时。行时,坐时,读书时,应事接物时,皆有著力处。”[224]这里对《中庸》的两段把握,皆在“此心上工夫”着眼,前大段概之为“亦此心也”,后大段概之为“心上工夫”,为儒家“熟仁”里的“心熟”工夫(与佛释之异)提供依据。看来《中庸》所谓的“尊德性”、“致广大”、“极高明”、“道问学”、“尽精微”、“道中庸”,皆是“心上工夫”,在“行时,坐时,读书时,应事接物时,皆有著力处”,这是“此心主宰得定”,更是“心熟”的历练,它很实在,就在日用之间,就在“做事业”里,一点也不落空。

结论就是:“求放心”,便要“存心之法”。朱熹再三申辩:“存得此心,便是要在这里常常照管。若不照管,存养要做甚么用!”“存心不在纸上写底,且体认自家心是何物。”“心存时少,亡时多,存养得熟后,临事省察不费力。”[225]“存心之法”,朱熹落实的,最终还是与“心熟”牵挂、与“熟仁”牵挂:“‘仁在其中’,盖此便是‘求放心’也。”[226]这是一种特殊的精神状态:“使精神常在这里”。

其四,“只求工夫到”。朱熹的“存心之法”,说到底,还是求个“工夫到”:“工夫到,义理精,方晓然。”[227]说“只求工夫到”,只是因这“工夫”的价值而言。朱熹指认其价值,正是在“日用之间”。朱熹坦承:“学者实下工夫,须是日日为之,就事亲、从兄、接物、处事、理会取。其有未能,益加勉行。如此之久,则日化而不自知,遂只如常事做将去。”[228]“工夫”只在日用之间、日常生活里,“事亲、从兄、接物、处事、理会”,无非就是“工夫”所到处,这叫“须于日用间”,“如此之久,则日化而不自知,遂只如常事做将去”,那不是“熟仁”之状态了吗?

在日用之间,“只求工夫到”,朱熹切入在两个问题的明辨上:天理人欲之辨和义利之辨,因为这两辨,皆为人们生活中的优先考量、优势需要。有人问:“饮食之间,孰为天理,孰为人欲?”朱熹答道:“饮食者,天理也;要求美味,人欲也。”[229]除了这里可以解释出人之本性外,如何在饮食与美味之间保持协调,“天理人欲,几微之间”。这不是“工夫”吗?再者,“事无大小,皆有义利。”[230]有人还问:“义利之分,临事如何辨?”朱熹点在“工夫”上:“此须是工夫到,义理精,方晓然。”[231]这两个分辨,紧密联结,贯穿在人们的生活日用之间。在此期间,极需“工夫”甄别,朱熹教诲:“而今须要天理人欲,义利公私,分别得明白,将自家日用底与他勘验,须渐渐有见处。”[232]在此,“切已”、“自家”、“存养”、“克己”、“居敬”、“穷理”、“扩充”、“推及”等工夫,就显得十分自然,其运用就不会仅仅停留在纸上所写,更是生活中能够“把捉”得住的“工夫”。

在日用之间,“只求工夫到”,朱熹似乎定位有方:一个是“下手处”不在遥远,就在身边:“我欲仁,斯仁至;我欲不仁,斯失其仁矣。”[233]“克己复礼,天下归仁”,朱熹藉孔子“仁之方”,为“熟仁”之“下手处”,这是身边的“工夫”,在人们的日用之间,而无须不着边际。说工夫难,其实也不难。只是要找准路子。再一个是“即体即用”。“仁”是体用不二,为体为用,其“用”就是“下手处”,朱熹批评一种风气:“说体说用,却不去下工夫。”[234]只会“说体说用”,却不在“用”上“下工夫”,只停留在“说”的层面,无济于事。

其五,“只是要熟,工夫纯一而已”。“只是要熟,工夫纯一而已”,是朱熹的“熟仁”期待。“工夫纯一”,朱熹举读书如此描绘,是“读时熟,看时熟,玩味时熟。”[235]就是一种连贯一体的“工夫”倾注,譬如,是“行时,坐时,读书时,应事接物时,皆有著力处”;是“就事亲、从兄、接物、处事、理会取”;“非礼勿视听言动";"博学、笃志、切问、近思";"有志、立业、不惑、知天命、耳顺、不逾矩",皆为"工夫纯一"之印证,当然,此"熟",指归在"仁"上的:"仁所以包三者,盖义礼智皆是流动底物,所以皆从仁上渐渐推出。"就是一个"无间断":"做来做去,做到彻处,自然纯熟,自然光明。"从"纯一"到"纯熟",坚守的是"仁",就如孔子描绘的"无终食之间违仁,造次必于是,颠沛必于是"。对此,朱熹概括为:"天下事无他,只是个熟与不熟。"[236]那可以进入的,绝对是个"工夫"之"纯熟"的境界了。

以上所述,是对"熟仁"理性之于"工夫"的再次证实。朱熹想要肯定的,恰恰就是这"工夫"。如果"工夫"不以"熟仁"为正业,而是以"熟仁"为"举业"之功,也遭朱熹鞭挞:"专一做举业工夫,不待不得后枉了气力,便使能竭力去做,又得到状元时,亦自输却这边工夫了。人于此事,从来只是强勉,不能舍命去做,正似今人强勉来学义理。然某平生穷理,惟不敢自以为是。"[237]不要输在"工夫"上。读书不为科举,"工夫"积淀于"熟仁",那"熟仁"理性之光的照耀,盖于做人—做官—做事—做学问,不就成为朱熹的使命了吗?

五、"熟仁"与"仕途"

对于朱熹"熟仁"之研判,是以上"四做"为指归,这来不得半点虚伪和骄横。只因朱熹因时因地讲得分散,涵盖面又广,这里,仅以朱熹在"仕"问题里,看出"熟仁"意义的原委。对此,虽然这是一个渊源于孔、孟的传统,但是,朱熹在此的超拔,也值得我们敬佩地的分析一下。

说到这一"超拔",依然是"工夫"说的积淀。其实在"官"论上,朱熹并无突破性建树,然而在为官之道上,朱熹能够善于使"熟仁"理性之于"工夫"上融合,以儒家"道义"论为原点,由此规划出"熟仁"在仕途中的必然性。儒家"熟仁"的特殊价值,经过朱熹的这个亮点,看得更透彻些了。朱熹撰《治道》和《论官》,里面的观点似乎很经得起这里的评判。

1. 先辨个“工夫”:天理人欲的“大分界”

还是先回到朱熹对孟子“五谷种之美者章”的“熟仁”解释,尽管本章节已数次提及和引用此段片语,但是对于这个“大分界”,甚感清晰:

> 一日,举《孟子》“五谷者,种之美者也,苟为不熟,不如稊稗”诲诸生曰:“和尚问话,只是一言两句。稊,稗之熟者也。儒者明经,若通彻了,不用费辞,亦一言两句义理便明白。否则却是‘五谷不熟,不如稊稗’。”
>
> “苟为不熟,不如稊稗。”“君子之志于道也,不成章不达。”如今学者要紧也成得一个坯模定了,出冶工夫却在人。只是成得一个坯模了,到做出冶工夫,却最难,正是天理人欲相胜之地。自家这里胜得一分,他那个便退一分;自家这里退一分,他那个便进一分,如汉楚相持于成皋荥阳间,只争这些子。[238]

这段话再明确不过了,朱熹在阐明孟子“苟为不熟,不如稊稗”时,以“天理人欲”为“出冶工夫”的内容,锁定于成君之道,这叫“一个坯模”;也作为“出冶工夫”的实质性规定,儒家透彻的“熟仁”之“工夫”,既在做人,也在做官。“存天理,灭人欲”,乃为“学者”之功:“学者须是革尽人欲,复尽天理,方始是学。”[239]凡做人和做官,皆称“学者”之事,做人、做官之“学”,就先得在此“两界分上功夫”:“天理人欲,无硬定底界,此是两界分上功夫”,这边功夫多,那边功夫就少,所以“人只有个天理人欲,此胜则彼退,彼胜则此退,无中立不进退之理。凡人不进便退也。”[240]朱熹试图将其概括为一般之原则,即做人做官做事,一概进退于此,无中立可言。这就是功夫所在。做人和做官,必须先在这里进一步、胜一步,“下手处”、“立脚处”,就在此地。朱熹以“工夫”说告诫做人做官的“初学”者:“彼进得一步,则此退一步;此进一步,则彼退一步。初学则要牢札定脚与他捱,捱得一毫去,则逐旋捱将去。此心莫退,终须有胜时。”[241]在朱熹看来,这个道理很显然明白,“一言两句”也可明了,关键也在“工夫”上,就是在“自家”的体认省察,天理胜人欲之私,还是人欲之私胜天理,全仗着“自家”的“熟仁”即“出冶工夫”,去一步一步胜人欲之私。说到底,做人做官,就是经得住此"进"此"胜",而"熟仁",恰是这个考验、这个锻炼、这个出冶,"天理"是"仁"的道理,"熟仁"就是熟天理,就是用天理去胜人欲之私,胜了人欲之私,就是"熟仁"到"自家"了。

宋儒论"天理、人欲",总牵涉出"义利公私"。天理、义、公,可以画等号;人欲、利、私,也可等号连接。从"出仕"意义里,儒家坚持道义论立场。也就是说,"熟仁"价值无疑"牢札"在"仕途"始终。朱熹接住那个"大分界",给天理、义、公让出一条道来,作为做人做官的立场取舍,似乎"求放心"中被灌输了"道义"取舍。朱熹"工夫"说上的点拨,须分三处看:

一处是"不进则退"。朱熹反复申辩:"而今须要天理人欲,义利公私,方别得明白。""而今只是分别人欲与天理,此长,彼必短;此短,彼必长。""有天理自然之安,无人欲陷溺之危。""天理人欲,几微之间。"[242]"天理人欲常相对",所以才有"不进则退"艰难处。二处是"人欲来去"。朱熹辨明人欲的所来所去,给"天理"胜过"人欲"找出路:"有个天理,便有个人欲。盖缘这个天理须有个安顿处,才安顿得不恰好,便有人欲出来。""天理人欲分数有多少。天理本多,人欲便也是天理里面做出来。虽是人欲,人欲中自有天理。""人生都是天理,人欲却是后来没巴鼻生底。"[243]胜过"人欲",是"天理"的本分,这里面的"工夫"(胜过"人欲")还得在"天理"上下工夫。这是"出路"所在。三处是"义之路辨"。此辨,出于孟子"仁,人之安宅也;义,人之正路也"的研判。《孟子·告子上》:"孟子曰:仁,人心也;义,人路也。舍其路而弗由,放其心而不知求,哀哉!"不走正道是偏离了人心之"仁",是到不了人心安宅之处的。这是"道义"所归。所以,朱熹以"志士不忘在沟壑",看出"道义重"的价值取向,人之"工夫"出,在"心安处便是义"的逻辑。所以,印证了"'求放心'中被灌输了'道义'取舍"的点拨。

看得出,朱熹对"天理人欲"之辨,充满期待,做官也罢,做人也罢,其"长进",盖无所逃于此间:"大抵人能于天理人欲界分上立得脚住,则尽长进在。"[244]真正"立得脚住"的,在这个问题上,最具优势的,无疑是道义论!

2.《论官》与《论治道》

“熟仁”,可以定位于成人之道,但朱熹没有到此为止,对其在仕途上仍然有所用心。朱熹撰《论官》与《论治道》,阐释出的为官之德,是在“熟仁”上的要求,便是应该如何地经受道义论。

《论官》一文,约一万字,分二段,前段多讲历代官制,后段讲出为官之德,最后增加了一段为官之“熟”的议论,散发在“道义论”、“熟仁”、“官德”的三者结合里。此议论引以为证:

“为守令,第一是民事为重,其次则便是军政,今人都不理会。”

“官无大小,凡事只是一个公。若公时,做得来也精采。便若小官,人也望风畏服。若不公,便是宰相,做来做去,也只得个没下梢。”

“今之仕宦不能尽心尽职者,是无那‘先其事而后其食’底心。”

“若以私恩一向废法,又如何当官!”

当官应以道义为责任,爱民、秉公、尽职,是当官之法、居官之德。“熟仁”方面的用心,朱熹以小见大,他举例说道:“如看道理,辨是非,也须是自高一著,方判决得别人说话。如堂上之人,方能看堂下之人。若身在堂下,如何看见子细!又如今两人厮炒,自家要去决断他,须是自家高得他。若与他相似,也断他不得,况又不如他。李虽不与熟,尝于其见先人时望见之,先人称其人有才略。因云:今做官人,几时个个是闒冗人?多是要立作向上。那个不说道先著驭吏?少间无有不拱手听命于吏者,这只是自家不见得道理,事来都区处不下。吏人弄得惯熟,却见得高于他,只得委任之。又云:如围棋一般,两人初著,那个不要胜?谁肯去就死地自做活计?这只是见不高,无奈何。”[245] 这是一个特殊的叙事比较说明,官吏判案,秉公办事,也须惯熟,“吏人弄得惯熟”,就如下围棋见得熟、见得高,做官也如此。所谓“自家这里胜得一分”,就是“吏人弄得惯熟”的进一步。朱熹也许在努力将“熟仁”的成人之道转运于做官之道上,让儒家“道义”论去经历一层“熟仁”的洗练,便可熟察“治道”。

所以在《论治道》,依然如此设想。大致地,朱熹从"道义"论去规划做官之事,恰与《论官》互为彰显。可细究三处得其实的是,朱熹依然倾注的,仍是"工夫":

一处是抓住"大根本"。

"天下事自有个大根本处,每事又各自有个紧要处。"

"天下事有大根本,有小根本,正君心是大本。其余万事各有一根本,如理财以养民为本,治兵以择将为本。"

抓"根本",从"本"上入手,既是道义所归,又是"熟仁"之"功"。朱熹使这两者有机结合,很会用心。这是儒家"治道"观的化作,是"工夫"的化作。

二处是贴近"熟"理。

"天下事,须是人主晓得通透了,自要去做,方得。如一事八分是人主要做,只有一二分是为宰相了做,亦做不得。"

"若晓事底人,历练多,事才至面前,他都晓得依那事分寸而施以应之,人自然畏服。"

贴近"熟"理,是君臣处事的分寸。"人主晓得通透"、"历练多"、"依那事分寸而施以应之",既是做官处事的"熟",又是君臣相挨无妨的"熟"。这是"熟仁"在"治道"观上的细腻,是"工夫"的细腻。

三处是求个无私欲之"公心"。

"只看合下心不是私,即转为天下之大公。"

"民虽众,毕竟只是一个心,甚易感也。"

此"大公"之心,是民意之心,是"将一切私底欲尽屏去"之心,天下本"道义",推得下去的,就是"天下之大公",这样的"公心"是举,在治道上,所用之人是"天下之贤";所立简易之法是"与民由之",这些,全出于"公心"所为。这是"道义"的天平,是"治道"观上的"熟仁"扩充(还记得孟子的"仁政"和"善端之心"吗?),是"工夫"的扩充。

仅仅挑出三点还不足以勾勒《论治道》的精义,但与此关切的,却是其"工夫"说。通观《论治道》,朱熹的用心,正在此。《论治道》里一句十斤八两的话,似乎概括殆尽:“治道必本于正心、修身,实见得恁地,然后从这里做出。”[246]这是“本领”的指归:“虽是合如此,只是无自家身己做本领,便不得。”[247]这句话的确牵引出朱熹“熟仁”之“工夫”里“自家”的切己之功,要得作本领。所谓“治道”之本,接近朱熹之实,是“工夫”的一般和具体,一般之理,已经阐述不已;具体之理,若隐若现,可在此篇,朱熹具而论之,颇为得当:“今日之事,若向上寻求,须用孟子方法;其次则孔明之治蜀,曹操之屯田许下也。”[248]已经是“本领”的具体入微了。

3.“仕的”与“本领”:一个“推”的逻辑

其实,从《论官》与《论治道》两篇里,已初显朱熹为“仕的”所谋划的“本领”,在此的深化,仍然定位于“熟仁”之于“工夫”的路径里,其“仕的”,便是放在如何做个好官。对此,朱熹依然沿着孔、孟开启的“内圣外王”路径,从“工夫”说规划的,通过“推”,使“内圣外王”获得了某种实践理路。就是说,做官意义里的“推己及人”,正是“熟仁”之“工夫”的实践价值,这在朱熹的引证和印证里,会获得极为深刻的印象。

其一,“推及”先“正己”,做官标的,必须搞清。朱熹反对“今人却是自家先自不正当了,阿附权势,讨得些官职富贵去做了”,这怎能做得了好官?这个“推己”问题,集中在“己正”,被朱熹隐喻为一种“本领”,就是“熟仁”之“工夫”:“这便是自家本领不正。古人便先自本领上正了,却从此推出去。如‘己欲立’,也不是阿附得立,到得立人处,便也不要由阿附而立;‘己欲达’,也不是邪枉得达,到得达人处,便也不要由邪枉而达。”这符合儒家《大学》里的“内圣外王”,也是“熟仁”里的节次“工夫”。一个“推”得去的理由,是“正己”,不阿附、不邪枉,所谓“己欲立”、“己欲达”,皆以“正己”为条件。但对于做官来讲,另一个理由是那个“达人”之处,更显得“推”之效率:放在何处?“推得去”抑或“推不去”,朱熹确立的标识,是放在了“民”上。朱子告诫那些州、县之官:“推不去底人,只要理会自己,不管别人;别人底事,便说不关我事,今如此人,便为州为县,亦只理会自己,百姓尽不管他,直是推不去。”

能与民相切的，则"推得去"；"推不去"，是"百姓尽不管他"，这样的"推"，百姓的事却"不关我事"，有何用？"推"之本领、"熟仁"之功、做官之道，盖要懂得此理。

其二，做个好官，在"熟仁"的整体性中下工夫，这是"推己及人"的精致之处。朱熹说得在理："人在官，固当理会官事。然做得官好，只是使人道是一好官人。须讲学立大本，则有源流。若只要人道是好官人，今日做得一件，明日又做一件，却穷了。"这个"立"，是专对做官而言。人在官，不在于追求天天做件好事，而是有个"熟仁"之整体性要求。做个好官，须"立大本"，须从源流上截清、本根上培植的"工夫"。这叫"纲举目张"，这叫"支流归大海"，整体之活了。

这究竟是怎样的"工夫"？从"义之路辨"里可以廓清："广居、正位、大道"。这六字，原本是孟子为君臣所立"大丈夫"之标的，朱熹引证而发微为"人生三事"，至真至诚的做官之道，不禁油然而生："广居是不狭隘，以天下为一家，中国为一人，何广如之！正位、大道，只是不僻曲。正位就处身上说，大道就处事上说。"又："居者，心之所存；广居，无私意也……立者，身之所处。正位者，当为此官，则为此官；当在此，则在此。行者，事之所由。大道者，非偏旁之径，荆棘之场。人生只是此三事。""人生只是此三事"，扩而充之，无非就是做人、做事和做官，皆要"广居"、"正位"、"大道"，不可废一，"居者，心之所存"、"立者，身之所处"、"行者，事之所由"，内外一致，心、身、行，三者统一。归结到做官上，也得高级到如此。所谓"熟仁"之"工夫"，也累积在这"三事"当中。

这里，蕴涵了"熟仁"的整体性，到"德性"的整体性之联结。朱熹似乎在这"三事"里把握到了这个整体性情结："'居天下之广居，立天下之正位，行天下之大道'，唯集义、养气，方到此地位。'富贵不能淫，贫贱不能移，威武不能屈'，以浩然之气对著他，便能如此。'彼以其富，我以吾仁。彼以其爵，我以吾义。''在彼者，皆我之所不为也；在我者，皆古之制也。吾何畏彼哉！'"这里，朱熹综观性地印证孟子的言语，也显示出"大丈夫"是集"广居"、

“正位”、“大道”、“集义”、“养气”、“仁义”于一身的,是一“德性”整体性结构。做官的,就应施以“大丈夫”之道,是一个整体性施展之道,这才够得上名副其实的“大丈夫”。

其三,“推”之逻辑,就是“熟仁”工夫之逻辑。这里,朱熹看出的重点,正是“熟仁”之“工夫”是否纯正、纯熟之底气。朱熹同意,“居广居”、“立正位”、“行大道”,正是“善养浩然之气”之内涵,也正是“熟仁”之下“工夫”处:“浩然之气须是养,有下工夫处。‘居广居’以下,是既有浩然之气,方能如此。”这里,似乎可以回归到孟子“熟仁”之考辨的精神里去了。这里,把之所以“推”和能够“推”的根据和方式作了“内圣外王”的逻辑性展开,在儒家道义论的立场里,扩展了“推己及人”在做官之道中的分寸和尺度。总之,朱熹非常推崇《孟子》,可能也与此有关。这在本书的孟子章节里,已经叙述有嘉,这里就不再累述了。

综上所述,朱熹的“熟仁”思想,是整部书里花的笔墨最多的,一者为其集大成者,一者是其“工夫”说。指归的是,朱熹对于“熟仁”之转化为“熟”的方法论思考,是充满了对“熟仁”、对“熟”的深切期待,一种对“仁”的普世化、世俗化的内驱力,注定了朱熹要去作大量的研究。这不仅是作为学者的使命,也是身负“志于道”、“志于仁”的使命。况且,对于这样的使命,朱熹也迫切地希望从“熟”上提升,“虽未能从容,只是熟后便自会,只是熟,只是熟。”两个“只是熟”,其心情,是足以窥得知晓了。

于是,一个境界就诞生了:“也只一般,只有个生熟。圣贤是已熟底学者,学者是未熟底圣贤。”凡人与圣人,“只有个生熟”上见分晓;圣贤与学者,原本同出一系,“人人皆可以为尧舜”,这一儒家的坚定信念,在“熟仁”的历练里,是完全可以实现的。由此看出,朱熹的“熟仁”证明,始终基于一种“世俗化”、“普世化”、“平民化”的方向向前进发。可见其重要且精要!

结论就是:朱熹“熟仁”思想,完成一个“圆圈”,终究是集大成者。仅从宋明清儒学的历程看,王船山连接着张载、王阳明连接着陆象山、朱熹连接着二程,但学术思想的源流,也不会显得刻板和呆滞,其中活跃得很,就如绵延不断的水流之通向，也可能会流淌得很活，是无边无际的很活。犹如活水一样的朱熹思想，横向上连接着濂学、关学、洛学等，纵向上连接着更加远了，可以追溯到洙、泗之学的流淌里。总之，接住孔、孟之源头，连接着诸家学派，朱熹完成了儒家学术思想中的传承，最终建立了相当成熟的"理学"形态，而就其富有特色的"熟仁"理性之于"工夫"说来看，则促使儒家"熟仁"走向更完善的成熟，其对后来之儒，不管是大儒还是小儒，意义同样非同一般。尽管王船山直接来自于张载、王阳明直接来自于陆象山，但这二个"圆圈"同样是离不开朱熹的思考点、绕不开朱熹已经有的贡献点。

朱熹感慨孔子"发愤忘食，乐以忘忧，不知老之将至云尔"，赞叹谓："是甚么样精神！甚么样骨力！"[249]

呜呼！这是孔子的精神、骨力，也为朱子的精神、骨力！

注释：

[1]《朱子语类》卷二十七。

[2][3]《朱子语类》卷六。

[4]《朱子语类》卷五。

[5]《朱子语类》卷二十七。

[6][7][8][9][10]《朱子语类》卷六。

[11][12]《朱子语类》卷五。

[13]见《朱子语类》卷五。

[14]《朱子文集·答方宾王》。

[15]《朱子语类》卷五。

[16]《朱子语类》卷六。

[17]《朱子语类》卷二十七。

[18]《朱子语类》卷十二。

[19]《朱子语类》卷六。

[20]《朱子语类·训门人六》卷一百一十八。

[21]朱熹《四书章句集注·孟子集注·告子上》。

[22]《朱子语类·训门人六》卷一百一十八。

[23]《朱子语类》卷三十一。

[24][26]《朱子语类·性理·仁义礼智等名义》卷六。

[25]《朱子语类》卷十八。

[27]《朱子语类》卷二十七。

[28]《朱子语类》卷六。

[29]《朱子语类》卷八。

[30][31][32]《朱子语类》卷二十七。

[33]《朱子语类》卷二十三。

[34]《朱子语类》卷十八。

[35][36]《朱子语类》卷二十六。

[37][38][39][40]《朱子语类》卷六。

[41][42]《朱子语类·训门人五》卷一百一十七。

[43]《朱子语类·训门人三》卷一百一十五。

[44][45]《朱子语类》卷二十四。

[46]《朱子语类·训门人五》卷一百一十七。

[47]《朱子语类》卷二十三。

[48]《朱子语类》卷十。

[49][50]《朱子语类·论知行》卷九。

[51]《朱子语类·训门人八》卷一百二十。

[52]《朱子语类·训门人五》卷一百一十七。

[53]《朱子语类·训门人六》卷一百一十八。

[54]《朱子语类·训门人八》卷一百二十。

[55]《朱子语类·训门人八》卷一百二十一。

[56]《朱子语类·训门人八》卷一百二十。

[57][58]《朱子语类·训门人三》卷一百一十五。

[59]《二程集》,《河南程氏遗书》卷三。

[60][61]《朱子语类》卷五十九。

[62]《朱子语类·训门人六》卷一百一十八。

[63]《朱子语类》卷二十。

[64]《朱子语类·训门人八》卷一百二十。

[65][66][67][68]《朱子语类》卷二十。

[69]《朱子语类·训门人五》卷一百一十七。

[70][71]《朱子语类·程子之书一》卷九十五。

[72][73]《朱子语类·易·乾上》卷六十八。

[74]《朱子语类·训门人八》卷一百二十。

[75][76]《朱子语类》卷五十二。

[77]《朱子语类》卷五十三。

[78]《朱子语类》卷三十一。

[79]《朱子语类》卷二十二。

[80][81][82][83]《朱子语类》卷三十五。

[84][85]《朱子语类》卷九。

[86][87][88][89]《朱子语类》卷十二。

[90]《朱子语类》卷十九。

[91]《朱子语类》卷十二。

[92]《朱子语类》卷一百三十九。

[93]《朱子语类》卷六十七。

[94]《朱子语类》卷三十一。

[95]《朱子语类》卷五十九。

[96]《朱子语类》卷十八。

[97]《朱子语类》卷十一。

[98]《朱子语类》卷二十七。

[99]《朱子语类》卷二十。

[100]《朱子语类》卷二十八。

[101]《朱子语类·训门人九》卷一百二十一。

[102]《朱子语类·性理·仁义礼智等名义》卷六。

[103]《朱子语类》卷九。

[104]《朱子语类》卷十。

[105][106]《朱子语类》卷十一。

[107]《朱子语类》卷十二。

[108][109][110]《朱子语类》卷十四。

[111]《朱子语类》卷五十六。

[112]《朱子语类》卷一百一十七。

[113]《朱子语类》卷五十六。

[114]《朱子语类·训门人五》卷五十七。

[115]《朱子语类》卷五十六。

[116]《朱子语类》卷十二。

[117]《朱子语类》卷八。

[118]《朱子语类》卷十三。

[119][120]《朱子语类》卷十一。

[121]《朱子语类》卷九。

[122]《朱子语类》卷八。

[123]《朱子语类·训门人八》卷一百二十。

[124]《朱子语类》卷十八。

[125]《朱子语类》卷二十。

[126]《朱子语类》卷五十七。

[127]《朱子语类》卷六十七。

[128]《朱子语类》卷七十五。

[129]《朱子语类》卷一百二十五。

[130]《朱子语类》卷三十一。

[131]《朱子语类·训门人二》卷一百一十四。

[132]《朱子语类》卷一百二十。

[133]《朱子语类》卷二十六。

[134]《朱子语类》卷三十四。

[135]《朱子语类·训门人八》卷一百二十。

[136]《朱子语类》卷五十九。

[137]《朱子语类》卷三十一。

[138]《朱子语类》卷二十三。

[139]《朱子语类》卷三十三。

[140]《朱子语类》卷三十四。

[141]《朱子语类·性理三·仁义礼智等名义》卷六。

[142]《朱子语类》卷五十九。

[143]《朱子语类·训门人六》卷一百一十八。

[144]《朱子语类·训门人二》卷一百一十四。

[145]《朱子语类》卷五十九。

[146]《朱子语类》卷二十。

[147]《朱子语类》卷五十九。

[148]《朱子语类·训门人八》卷一百二十。

[149]《朱子语类》卷二十三。

[150]《朱子语类》卷四十一。

[151][152]《朱子语类》卷三十一。

[153][154]《朱子语类》卷六十。

[155]《朱子语类》卷五。

[156]《朱子语类·训门人五》卷一百一十七。

[157][158][159]《朱子语类》卷二十三。

[160]《朱子语类》卷二十二。

[161]《朱子语类》卷四十一。

[162]《朱子语类》卷四十六。

[163]《朱子语类·训门人七》卷一百一十九。

[164]《朱子语类》卷二十一。

[165]《朱子语类》卷十四。

[166][167]《朱子语类》卷九。

[168][169][171][172][173][174][175][176][177][178][179][180][181][182][183]《朱子语类》卷十二。

[170]《朱子语类》卷二十。

[184]《朱子语类》卷十三。

[185]《朱子语类》卷十三。

[186]《朱子语类》卷十三。

[187][188]《朱子语类》卷十六。

[189][190]《朱子语类》卷六十一。

[191][192][193][194]《朱子语类》卷二十七。

[195]《朱子语类》卷八。

[196]《朱子语类》卷二十三。

[197]《朱子语类》卷十一。

[198][199]《朱子语类》卷十三。

[200][201][202]《朱子语类》卷十三。

[203][204][205]《朱子语类》卷六。

[206][207]《朱子语类》卷八。

[208]《朱子语类》卷十三。

[209]《朱子语类》卷二十。

[210]《朱子语类》卷十三。

[211]《朱子语类》卷九。

[212]《朱子语类》卷八。

[213]《朱子语类》卷九。

[214][215]《朱子语类》卷二十六。

[216]《朱子语类》卷九。

[217][218][219][220][221][222][223][224][225]《朱子语类》卷十二。

[226]《朱子语类》卷十一。

[227][228][229][230][231][232]《朱子语类》卷十三。

[233]《朱子语类》卷五。

[234]《朱子语类》卷二十七。

[235]《朱子语类》卷十一。

[236]《朱子语类》卷十八。

[237]《朱子语类》卷十三。

[238]《朱子语类》卷五十九。

[239][240][241][242][243][244]《朱子语类》卷十三。

[245]《朱子语类》卷一百一十二。

[246][247][248]《朱子语类》卷一百八。

[249]《朱子语类》卷三十四。

第九章

双“别”之实:王船山“仁之熟”辨

王夫之(1619—1692),字而农,号姜斋,别号一壶道人,湖南衡阳人,汉族。晚年居衡阳之石船山,世称“船山先生”。明末清初杰出的思想家、哲学家。

儒家哲学发展至明末清初,开始对宋明理学进行比较多的“反思”。有关“熟仁”的问题,同样得到了新的思考。王船山做了这样的坚定努力。船山的着墨之处,引来了新的“熟仁”之辨的宽度和厚度,其最显著的理论成果是完成了儒家“仁之熟”、直接地从张载而来的“圆圈”。细究其理论,具有别开生面、别样精致的双“别”之性质。

一、船山的新意:对孔、孟“熟仁”观念的发微

作为明清之际的一代大儒,王船山锁定的“熟仁”观念,定位在孔、孟的方向里,又有所拓宽和超拔,虽然“熟仁”始终成为应有之题,但是其理论别致又有所创新。船山基于孔、孟的“熟仁”观念,始终联结着“天人合一”的哲学思考,展开了“仁之熟”辨和“义精仁熟”的底据挖掘,融入了“性与天道”意义中的德性存在辨识,赋予了“熟仁”之于德性生成锻炼的成人之道;同时,船山也在此中赋予了极有内涵的做人做官做事做学问诸考量。这些分析,极大地丰富和充实了儒家“仁之熟”,这不仅在生活道德层面上,更重要的是在

哲学层面上,给予了最根本性的哲学思辨。也可看出,船山在“熟仁”的思考里,对做人和做官,也是很有用心的。当然,在船山的哲学思想里,张载哲学中“熟仁”的道理,对船山“熟仁”的着墨之处,影响力仍然可见。

儒家论“熟”,核心是“熟仁”。《孟子·告子上》那段“熟仁”经典,船山有了比较创新的解释。船山引用了朱熹的注释:“荑稗,草之似谷者,其实亦可食,然不能如五谷之美也。但五谷不熟,则反不如荑稗之熟;犹为仁而不熟,则反不如他道之有成。是以为仁必贵乎熟,而不可徒恃其种之美;又不可以仁之难熟,而甘为他道之有成也。尹氏曰:‘日新而不已则熟。’”[1]但重要的是,船山解读出孟子话语里的“熟仁”之特定意蕴,即在美、熟之间的“求仁”。美、熟之间,是美在熟中,有熟则有美;光有美而无熟,则是“徒恃其种之美”,这叫“难熟”,是不利于“求仁”的。求仁要日新不已,仁就会从“熟”中来。故船山充分认肯儒学宗师尹焞说的“日新而不已则熟”来阐发孟子“仁亦在乎熟之而已”的“熟仁”命题,训其义得:“孟子曰:学者入德之事,求仁而已矣。”[2]孟子讲“入德之事”在“求仁”,是锁定于君子之学,这是对成人之道的真实性把握。然而更为重要和别致的是,孟子提炼出的“熟仁”命题,是思忖于美、熟之间的酝酿而形成的。对此,船山沿着孟子的思路,经过美、熟之间,去展开德性锻炼的检讨。船山得出的哲学性质的基本看法是:由美向熟的变化中的“求仁”,正是一种“仁”性的生成锻炼。

为了加深理解船山“仁之熟”观念中的创新意蕴,这里有必要来梳理一下他对孔子关于“熟仁”的三段著名语录的解释,其中有很值得回味的儒家真义。

1. 船山训释《论语·里仁》那段

船山训释《里仁》的“君子去仁,恶乎成名?君子无终食之间违仁,造次必于是,颠沛必于是。”在船山看来,君子名实相副,有“必于是”仁的君子之道,这就如孔子期望的:“无终食之间违仁”,在于“苟志于仁矣,无恶也。”船山体察出孔子“无恶”感悟之中潜藏着的“熟仁”辨识:“其无恶可必矣。由是而熟焉,则纯乎善而不见天下之有恶。”[3]从善恶之别里,船山训得“由是而熟”的“定力”根据:“夫子曰:君子之所以为君子者,仁而已矣。仁者,此心之存焉者也。顾其或存或去之几,必审之于早;而一存不复去之效,必待之于熟。审之早者,为取为舍之分也;待之熟者,为存为养之功也。取舍之分,因于欲恶之情,则求仁之大辨,于此有定力焉。”[4]“求仁之大辨”,此番“定力”功夫锁定在“君子无终食之间违仁,造次必于是,颠沛必于是。”无论处于何种颠沛流离的困境和艰险,是君子总能须臾片刻不丢失“仁”,与“仁”同在。这就是一种“定力”,是走向“渐至于熟”的“仁熟”境地。“用力”也无非于此。船山肯定:“用力者勉之于一日,而后相因以渐至于熟”。所谓“渐至于熟”,也属于衡量君子存养功夫的内涵:“君子之必如是也,然后存之养之,密而无间,以熟其仁,则性焉安焉于天理之中,欲恶之几,必无妄动,取舍之辨,不得迟回,君子之所以为君子,乃于斯焉成矣。故学者勿轻言存养也。”[5]“勿轻言存养”,关键在尽早发现“熟其仁”中的“几”因素。所谓“几”,微妙动始。按《周易·系辞下》:“几者动之微”,“几”象征势之所趋的动因或契机。识得“欲恶之几”,恰是君子成善的内在“存养”,此“几”也恰为心之存仁而涵养之熟,展开来看,就是“存之养之,密而无间,以熟其仁”的功夫,对于这番“熟仁”之存养,船山指出:“君子始终于仁之全功,其可忽诸?”[6]意思是说:识得“以熟其仁”之“几”,是绝不可疏忽和遗忘的。尤其对成君之道而言,更是如此。

2. 船山训释《论语·子张》那段

船山训释《子张》的“博学而笃志,切问而近思,仁在其中矣。”在船山看来,这些所谓的“定力”、“用力”、“识几”、“存养”、“细密”,实际就是“熟仁”的功夫,蕴含于其中,仁是一以贯之的存在着。所引的这段话,也是子夏对孔子“君子无终食之间违仁”的发掘。按子夏所言,彻始彻终的“仁在其中”,是博学、笃志、切问、近思的习熟锻炼。譬如,一种“好学”的习熟工夫,贯穿于“熟仁”之中。船山强调“好学者日新而不失”,其实就是对“仁”的“日新而不失”,也就是对仁的习熟锻炼。子夏做过这种说明:“日知其所亡,月无忘其所能,可谓好学也。”[7]对此,船山却领悟到其中蕴涵的“熟仁”之习:“其能月无忘也,非便习之已熟也,乃必能之志不懈于经月,不自谓已能而见无余味也。非好学而如是乎?”[8]“熟仁”而好学,恰是一种“习仁”而“至熟”的实践性锻炼。

3. 船山训释《论语·为政》那段

船山训释《为政》的“吾十有五而志于学,三十而立,四十而不惑,五十而知天命,六十而耳顺,七十而从心所欲不逾矩。”船山意识到,在孔子那里,“博学”、“笃实”、“切问”、“近思”的此番“熟仁”之习,就是“见得个仁底道理”。孔子亲历熟仁之道,他从十五岁开始有志于学、问、思、行,至七十岁,才有“不逾矩”之熟来,就是从不熟到熟、从生熟到烂熟的过程。孔子的“志于学”、“立”、“不惑”、“知天命”、“耳顺”、“不逾矩”,其内核是贯于“仁”的,整个进程就是习仁之熟的渐化。船山似乎要刻意揭示出孔子自六十能“见得理熟”、七十能“烂熟”的心之根据:“至于六十……因反而循之,熟而尝之,至于七十,则理之在万物者,吾可以任吾心而任之矣。”[9]这是心之而熟,又是贯穿于十五志于学至七十不逾矩,并且船山着意于成熟品性的锻炼,“志于学”,既是人心的磨炼,又是始终的成仁成性(德性)的“熟仁”过程。于此船山挑明:“十五之所志,早有一从心之矩在吾规量之中,此吾之始之也,有若是者。三十以后之所进,不舍所志之学,而不敢期从心之获,以渐通之,以渐成之,吾之中之也,有若是者。七十之从心不逾,尽协乎吾志之所求,博通于所学之大,知与行自信诸心,天与物不在乎外,吾之终有若是者。则诚(仁)哉,性之不可恃,而学乃以尽其性也。吾之学如是,凡与我共学者,其亦尚如是乎!”[10]在船山看来,人心尽性成熟,有个“志于学”于其中,如孔子自三十至七十,始终不丢失“志于学”,因为在“志于学”的开始中,已内在积淀对于“仁”的往后追求的向度,更进一步看,成性成仁而成熟,是蕴涵在“志于学”的努力里;或者换种角度说,应当挖掘孔子“志于学”中开辟出的往后发展的

“熟仁”一切。在阳明的心学里，这一点似乎发掘得很地道。

二、“仁之熟”辨：“仁”性的生长

发微孔孟的“熟仁”观，是船山的第一步。接下来更重要的是，船山由此阐发出他本人的“仁之熟”观念。在此先需廓清的是：船山的“仁之熟”辨，是在性与天道之体用不二的思考中去界域并展开“仁”性成熟的“熟仁”之道。他是如此清楚地挑明：“身者道之用，性者道之体。合气质攻取之性，一为道用，则以道体身而身成。大其心以尽性，熟而安焉，则性成。”[11]“熟仁”之道，熟道即熟仁，仁道一体，道用身性成，仁熟、心身安，归乎“仁之熟”。船山就是从这样的“身者道之用”、“性者道之体”，“身成”、“性成”来展开德性生长的特殊的内在根据，所以说它是有创意的。这在船山之前的“熟仁”检讨里，还不多见到。

“熟”之何谓？船山在《张子正蒙注·神化》如此规定：

“归之于仁之熟。”

“存神以知几，德滋而熟，所用皆神。”

“以涵泳义理而熟之，不使间断，心得恒存而久矣。”

这三段话，均是船山读张载《正蒙·神化》时引发的“熟仁”思考。船山对张载倍加仰慕，其中可能与张子坚定秉承孔孟渊源与别致阐发孔孟思想有关。船山充分肯定张子《神化篇》的“备言神化，而归其存神敦化之本于义，上达无穷而下学有实。张子之学所以异（各本作“别”）于异端而为学者之所宜守，盖与孟子相发明焉。”[12]所谓“上达无穷而下学有实”、“与孟子相发明”似乎形象地在揭示这层渊源。而且张子《神化篇》一个中心主题就是以“神化”的哲理来阐述一个孔子、孟子以来讨论的“仁之熟”问题，船山悟得准确。张子所谓的“神化”，就是一个“熟”的问题。神化即大化，《神化篇》断言：“大可为也，大而化不可为也，在熟而已。《易》谓‘穷神知化’，乃德盛仁熟之致，非智力能强也。”船山展开的“熟仁”之辨，集中在以下几点：

1. 上达下学,莫妙于熟

上达无穷,关键在下学有实。何谓“实”? 即谓熟。这是学者之功,犹如孔子终食之间不违仁的“易简之功”。船山看到,时时刻刻始终不离开仁,这就是行熟仁之功:“归之于仁之熟,乃示学者易简之功,学圣之奥也。择善固执,熟之始功,终身不违则熟矣。”[13]这是圣人境界,但普通人也是可以达到的,就是看他是否心有熟仁之功夫的锻炼:“一其心于道而渐积以自然,则资深居安而顺乎时,故学莫妙于熟,人之所以皆可为尧舜也。”[14]因为圣人无非也是靠其自身不间断的努力所致。船山列举孔子来说明:“仁熟而神无不存,则与时偕行,万物自正其性命;故凤鸟不至,河不出图,而孔子之道自参天地,赞化育,不待取必于天也。”[15]也就是圣人是“熟之则圣,圣熟而神矣,非果有不可知者为幻异也。”[16]至熟境地有实学支持,决非“幻异”而已。张子对孔子三十而立至七十不逾矩讲了一段精辟话似乎于此照观,也从另一向度勾画孔子“熟仁”之“易简之功”:“三十器于礼,非强立之谓也。四十精义致用,时措而不疑。五十穷理尽性,至天之命,然不可自谓之至,故曰知。六十尽人物之性,声入心通。七十与天同德,不思不勉,从容中道。”船山一语中的:“穷理尽性之熟也。”[17]至于七十而从容中道,那更是熟中有熟了。

2. 德滋而熟,熟仁知“几”

习仁之熟,要在知“几”,也是德性的积累。船山看出达于至熟境地的实学,似是一种“德之滋”的神化,就在于把握这种“神化”之“几”。船山强调:“存神以知几,德滋而熟,所用皆神,化物而不为物化,此作圣希天之实学也。几者,动之微;微者必著,故闻见之习俗一入于中以成乎私意,则欲利用安身而不可得,况望其德之滋乎!”[18]消灭私意,首先在于消灭私意之萌芽,其安身立命之处,正在于贯彻一个“熟仁”功夫,去洞察私意之萌芽,以增进德性生长,这一切的发生就是要求“熟仁”在于知“几”。在船山看来,“熟仁”就是一种德滋的功夫,此功夫就在于见几,也是学圣之始功。船山注释张子“屈伸顺理则身安而德滋”一句说:“滋,渐长而盛也。义明而推行之无所挠止,或屈或伸，无非理矣。时有否泰而身安，恒一于义，而心日广、德日润矣。此言学圣之始功在于见几；盖几者，形未著，物欲未杂，思虑未飞，乃天德之良所发见，唯神能见之，不倚于闻见也。”[19]“泰而身安，恒一于义”，就是德之所滋，在于发现“几”因素，它靠“不倚于闻见”的“天德之良所发见”，这“天德之良”实属“德性之知”。应该看到，船山的“德性之知”与二程朱熹的“吾之所固有”、[20]“本自有之”[21]的“德性之知”有别。船山讲“德性之知”，是承张子“德性之知”而发。张子的“德性之知”，也着意在“德盛仁熟”基础上所获得的关于“神化”的认识。张子指出：“德性所知，不萌于见闻。”[22]德性之知不依赖于感官，亦“非思虑聪明可求”，而是“德盛仁熟”、“养盛自致”的知识，即“穷神知化，乃养盛自致，非思勉之能强。”[23]同理，“穷神知化，乃德盛仁熟之致，非智力能强也。”[24]同样在船山那里，对“穷神知化”解释，抓住的仍是：“存神以知几，德滋而熟”。在这种讨论里，船山把识知“神化之几”视为“德性之知”内在规定的致知目标，并且把握住“德性之知”有与天道相通的自喻能力：“德性之知，循理而反其原，廓然于天地万物大始之理，乃吾所得于天而即所得以自喻者也。”[25]由是观之，这“德性之知”的不断“自喻”，一是显示天道以“精义熟仁”为“穷神知化”的德性滋润，二是识得德性与天下相通而起用者，即能把握神化之“几”、“熟仁”之源。因而德性之知的“自喻”能力，张子与船山均以“天德良能”称谓，并赋予其熟之自知。船山如此辨识：“天德良能，太和之气健顺，动止时行而为理之所自出也，熟则自知之。”[26]

3. 熟则不勉，大而化之

船山注释张子“大而化之能不勉而大也”一句说：“熟则不勉”。“熟则不勉”之于“大而化之”，其价值取向究竟何在呢？船山挑明有三：一谓“熟则不勉”有至圣。船山肯定“大之熟”境界：“德盛仁熟，不求备物而万物备焉，与时偕行，成乎性而无待推扩，斯圣矣。圣者，大之熟也。”[27]这般的“大而化之”，“化”在熟仁至圣的德性自然，在成就德性的大而化之里，去经历“熟仁”

的历程,走向至圣的理想和境界。二谓“熟则不勉”有至神。船山肯定“熟则神”境界:“自大人而上,熟之则圣,圣熟而神矣……不杂乎人而一于天也。”[28]“熟仁”至圣,才有圣熟而至神;这“至神”,意味人与天合一,它是大而化之的神化境界,其间的“仁之熟”却是一以贯之的朝向“与天合一”的至神至熟。三谓“熟则不勉”有至安。船山肯定“熟而安焉则性成”境界:“成性者,成乎所性之善,性焉安焉之圣也。”[29]性天之旨的相互授受,在性与天道的交互作用中的成身和成性,贯乎“熟仁”之中,“安”也就在其中了。更进一步看,至圣、至神、至安,贵在熟而不勉的至恒之中。船山说的“以涵泳义理而熟之,不使间断,心得恒存而久矣”表明,只有熟仁义理不间断,习熟有恒,才能“外利内养,身心率循乎义,逮其熟也,物不能迁,形不能累,唯神与理合而与天为一矣。”[30]只有心中恒存“熟仁义理,身性践履(仁之熟)”,经由成性成身,那么,德性就存在于我们的心身与天的永恒合一之中了。由是观之,熟则不免产生的大而化之,在至圣、至神、至安的大化目标中,就在一个“熟”字里涵盖彻底。当船山读到张子“大能成性之谓圣”一句时,就概之以“熟”与之:“大则无以加矣,熟之而不待扩充,全其性之所能,而安之以成乎固然,不待思勉矣。神者,圣之大用也……圣与神则其熟而驯致者也。”[31]这已经把“仁之熟”看做是“大而化之”的成身成性之底据了。对此,船山释张子“大达于天,则成性成身矣”一句时,盖之于尧、舜、孔子一路走来的“熟仁”之道,说得如是透彻:“大而化之,仁熟而无土不安,合于天德之无不覆,圣矣。无所遇而不安于性,以成身也。故舜之饭糗茹草,与为天子一也;孔子之困厄,与尧舜一也。通乎屈伸而安身利用,下学而上达矣。”[32]这似乎也是对“上达下学,莫妙于熟”的着实写照。做人与做官,在“仁之熟”的底据里,船山继续作重要的哲学考量。

三、两个“熟仁”的底据之考辨

船山“仁之熟”辨中,蕴涵了“身性践履”,是积淀在“神”、“化”、“安”、

“圣”的成熟境界里，船山的确充满着儒家“熟仁”的向往和期盼，也勾画出了这个“仁之熟”辨中，所蕴涵着的底据存在，即“义精仁熟”之命题。船山一再申辩：“圣人之用心，至于义精仁熟。”[33]“圣人义精仁熟，熟而入化之妙矣。”[34]这“义精仁熟”，在“大而化之”中彰显出“仁之熟”的真实走向，即成性而成圣。船山对此的证明是比较多向度的展开，充分且有根有据。

1.“义精仁熟”之底据

船山藉《周易》解释张子“《乾》之九五曰‘飞龙在天，利见大人’，乃大人造位天德，成性跻圣者尔”一句说：“以《乾》道保合太和，历危疑而时乎中，大人义精仁熟而至乎圣，此孔子耳顺、从心之候也。”[35]《乾》之九五位是最好的中位，是天德之位，是圣人之位，象征的是“义精仁熟”，犹如孔子“六十耳顺”、“七十不逾矩”之“熟仁”境界。用孟子的话来说，就是孔子的“时中”和“从容中道”的写照。当然，船山在这里的重点把握是“成性跻圣”问题，张子说：“圣人用中之极，不勉而中；有大之极，不为其大。”船山认为，这正是“仁熟”的自觉、“义精”的锻炼。它表现的恰是一种德性的成熟。船山解释了张子这段话，说得如是：“仁熟则不待勉，义精则下学上达，不显其大，历乎危疑而成性，九五之德也。”[36]至于张子说的“九五，大人化矣，天德位矣，成性圣矣”，船山找到了“仁熟”这个内在联结，即表现为是德熟：“居德熟而危疑不易其心，及其至也，物自顺之而圣德成矣。”[37]

透过“义精仁熟”的内在联结，船山认为，“熟仁”是“义精”的前提和基础，“义精”是“熟仁”的结局和当然。船山明确指出：“仁熟则义自正矣。”[38]“义精”是对理和礼的学习与把握，它需要靠“熟仁”之习。船山识得清晰：“神化之理，散为万殊而为文，丽于事物而为礼，故圣人教人，使之熟习之而知其所由生；乃所以成乎文与礼者，人心不自已之几，神之所流行也。圣人存神，随时而处中，其所用以感天下者，以大本行乎达道……得其时中而人且不知，亦可以想（各本作“思”）圣人义精仁熟、熟而入化之妙矣。”[39]熟之“妙”在何处？“妙”在“熟于天理”，求得个“穷理尽性之熟也”。这就达到了“圣人教人使之熟习”的一种“义精仁熟”的特殊境界,即接近于实现孟子的理想:人皆可以为尧舜。船山发现了儒家熟仁观念里所形成的成性理论中却锁定于性与天道合一的这一基本价值取向。船山如是说:“(圣人)教者,所以裁成而矫其偏。若学者之自养,则惟尽其才于仁义中正,以求其熟而扩充之,非待有所矫而后可正。故教能止恶,而诚明不倚于教,人皆可以为尧舜,人皆可以合于天也。”[40]

似乎船山又从儒家,尤其被张子本体化了的“诚”意识里寻迹“义精仁熟”的主体性确认。“熟于天理”、“穷理尽性之熟”,此“穷理尽性”,张子确定为“性天德”,船山发挥为“与天同德,则天之化理在我矣。”[41]船山一下子把“穷理尽性”拉回到“我”之主体性结构内,又认定这个“我”是“天之化理”的集聚和凝结。张子又把“天”的运行之道归结为一个具有生生不息的气化论意义中的“诚”。张子如是说:“天所以长久不已之道,乃所谓诚。”船山释谓:“气化有序而亘古不息,唯其实有此理也。”所以张子肯定:“故君子诚之为贵。”对此船山以“熟仁”来发挥:“实知之,实行之,终身之慕,终食之无违,信之笃也。有不诚,则乍勇于为而必息矣;至诚则自不容已。而欲致其诚者,惟在于操存而勿使间断,已百已千,勉强之熟而自无不诚矣。”[42]至诚之道,在于不间断的知仁行仁,做到终食之间无须臾违仁,一百次一千次万万次的知仁行仁,虽有勉强之熟,但也是“熟仁”的生生不息,而未熟则便有私心杂念产生,船山此说透彻:“欲罢不能而未熟,私意或间之也;行而不息,则成矣。”[43]这就是人心中的至诚之道。至诚而不妄,所谓“怠于精义,必成乎妄也。”是矣!

“熟仁”成为精义的前提和基础,同样,船山对“义精”走入“仁熟”之中的“自正”精蕴,从“熟仁”的方向作了颇有水准的挖掘。这一系列申辩似乎都集中到了这个方向的开拓:“学圣者见几精义以不违于仁”[44],义精在识得个见“几”,它是“熟仁”之动因;“精者研几精求,必求止于至善,惟精而后能一。”[45]义精在“研几精求”,可至于成善而能与天合一;“君子欲穷神而不索之于虚,欲知化而不亿测其变,惟一于精义而已,义精而德崇……求精于义,则即此以达天德。”[46]义精在知晓个穷神变化，以至于达到对天德的始终把握；“义精而入神，则所动而施行者皆中存之天德”[47]，义精在进入一种与天合一的“神化”境地；“择之精，执之固，熟则至矣。”[48]义精在“择者，择道心于人心之中。”[49]这是熟仁的旨趣；《张子正蒙注·至当》再有发挥：“义精而诚立，因时必发而皆当。”义精在确立好至诚之道，从而行为的得当就会出自熟仁之习；“圣功唯在精义，义精则入神。”[50]义精在展开成圣的功夫而达到至熟的神化境地；“趋时，因时择中，日乾夕惕也；尽利，精义而行，则物无不利也……精义以时中，则自寝食言笑以至生死祸福之交，皆与天道相为陟降。”[51]义精在如居《乾》九五“以中”天德之位，趋时而不失正中，尽利而不失正道，生活中的小事大事处理，皆与天道相一致，这也且为仁熟了；“必于人伦庶物，研几，精义，力行以推致其极，驯至于穷神知化，则天下之理得，而成位乎其中矣。”[52]这段话似是对上述“义精”多向度开拓的高度把握，即“义精仁熟”，贯穿在人伦庶物的大事小事里，“研几”入于穷神知化而识得天下之理，成身成性在于性与天道合一的锻炼（“力行”），而这一切就是一个“存诚精义”、“精义入神”、“仁熟则义自正”的相辅相成。

2.“体用不二”之底据

对船山“义精仁熟”底据之考辨，引发出船山“熟仁”观念中蕴涵的实践“仁道”的体用问题，这“仁”之“道”，又构成了“熟仁”又一个底据。孔子的“熟仁”观念里有个“仁之方”的“习仁”实践辨识。孔子说：“夫仁者，己欲立而立人，己欲达而达人。能近取譬，可谓仁之方也已。”[53]所谓“仁之方”，在孔子看来，就是实践仁道的根本方法，首先自己要站得住，同时使别人也站得住；自己要事事行得通，同时使别人也事事行得通。能设身处地地一步步行仁术，那就是实践仁道的最好方法或途径了。船山释义出的是孔子“仁之方”里包含着“仁之熟”，是体用一致的。按船山训义：“知仁之体，识仁之用，无终食之间可违也。”[54]“熟仁”取“无终食之间可违”，就在“仁之为体固然也”，[55]以仁之为“体”，则有“己欲立而立人，己欲达而达人”之用。《论语·

里仁》议论过,仁在实践中的用力问题,看到习仁之熟全在由身于己的用力之中:“子曰:‘我未见好仁者,恶不仁者。好仁者,无以尚之。恶不仁者,其为仁矣,不使不仁者加乎其身。有能一日用其力于仁矣乎?我未见力不足者也’。”船山依难、易之见识得朱熹此理的注释:“然或有人果能一旦奋然用力于仁,则我又未见其力有不足者。盖为仁在己,欲之则是,而志之所至,气必至焉。故仁虽难能,而至之亦易也。”并得出的结论是:“用力者勉之于一日,而后相因义渐至于熟。”[56]熟仁,说到底就是一个奋然用力(“力足”)的问题,没有“力不足”,只有愿不愿“力足”。船山此段训义,似乎也证得《雍也》中指谓“仁者先难而后获”的至用境界。

更深入地看,“熟仁”的体用不二,内蕴一个“体道之实”,即熟仁,是有“道”之底据的。《论语·学而》言:“君子务本,本立而道生。孝弟也者,其为仁之本与!”船山同意朱熹的释义:“言君子凡事专用力于根本,根本既立,则其道自生。若上文所谓孝弟,乃是为仁之本,学者务此,则仁道自此而生也。”[57]仁即为根本,因为仁是体;仁是用,因为凡事须专用力于仁。学者务此体用,仁道就会自此而生。但从朱熹的释义里,船山悟出“学者务此”之底蕴、之底据,乃为“学而又时时习之,则所学者熟”,这是“学之正,习之熟,说之深而不已”[58]的“熟仁”之本根要求,是仁道自此而生的内在活力。这里,船山所规定的“学之正”和“习之熟”,强调的正是“熟仁”于学的底据所在。《论语·雍也》记孔子说:“君子博学于文,约之以礼,亦可以弗畔矣夫!”意思是说,君子学欲其博,实欲其要,动必以礼,而守规矩,是决不背离(“畔”)道的。“熟仁”之习,缘由在“合于道”,这是船山对孔子“博学于文”的别样看待,犹如船山阐释孔子此段话而言明:“君子之为学,以求合于道也……文皆载道之文……礼皆修道之事,于其切于身者,尤体道之实也。”[59]孔子感慨:“仁不远乎哉!”船山阐发的“道”也有如此境地:“月尽其身心之力,依乎道之所著,而道岂远乎哉!”[60]仁也好,道也好,都在人的身边,就在人的心里,只看人习之熟不熟。质言之:“义精仁熟”,成身成性,是以“道”为真实底据。

船山从“义精仁熟”到“道”的底据里,究竟把握了什么?或者说,船山整个的论“熟”，真实意图究竟置于何处？结论就是：船山“仁之熟”辨，其理论向度、实践取向和终极关切，是达到天人合一中的人生之美，而这种人生之美展显为德性的价值。透过船山“仁之熟”到“义精仁熟”之辨识，这“仁”即“道”，即体即用，即天道即人道。一方面，“义精仁熟，熟而入化”，在“性与天道”（天人合一的一种具体转化）的交互作用中，在成身成性的熟仁运化中，构筑了我们始终不违仁，始终怀有敬仁为人们生存的德性自觉，并在不间断地用力于习仁之熟的德性锻炼中，造就我们的至善人格，走向和进入与天人合一的至神、至化、至安、至圣的成熟境界。另一方面，由“义精仁熟，大而化之”的内圣进取到向外的不间断努力中，由小到大、由浅入深、由始到终的“无违仁”，使精义入神、习仁之熟内化为一种成身成性的内在活力，那么我们，不管是圣人还是普通人，都会在指向的人生路标里成为船山所期待和守望的那种“日生日成”的“仁熟”之人格。而这一切的成熟都基于船山指向的德性（“仁”性）存在开始：“生而存者，德存于我。”[61]“我者德之主”[62]。每个“德之主”，无论是小我还是大我，成人之道，为官之道，一概由此走来。至于这个话题的终极性境向，还会在“性与天道”的章节里做出进一步勾勒。

四、哲学底据的再挖掘：“熟仁”之于“研几”，本体论回答

儒家的“熟仁”，始终蕴涵着对于“研几”的主体性活动。实际上，做人和做官，就是要不断识得事物运动变化里的契机，才有“熟仁”之所为，它本身就构成“熟仁”的一部分。船山在这方面是有哲学贡献的，也可能超过了宋明理学的任何一位大家。这里，我们将从船山哲学的体系里，去考量他的“研几”理论。

“研几”是船山哲学的重要内容。“研几”之学拓宽出船山哲学的特殊品格。在熟仁的理论里，船山哲学是极富魅力的，而它恰恰连接着船山的“研几”之学。考量船山的“研几”理论，从儒家哲学立场来看，它既来自于传统，又超拔于传统。“研几”之学，也奠定了船山哲学优秀的特定向度：在做人、

在做事、在做官、在仕途中,它的魅力之所在。

中国有“研几”之学的传统。这一传统最早由《周易·系辞上》作过概述:“夫《易》,圣人之所以极深而研几也。唯深也,故能通天下之志;唯几也,故能成天下之务。”基于《周易》“研几”观念,船山展开了其富有哲学品味的“研几之学”。

1. 从《周易》来的“研几”之学

船山谙熟《周易》,努力把握和运用《周易》的“研几”之理,成为船山“研几”的渊源特色。在《周易·系辞》,有二段有关“研几”的原版,船山对此着意刻画、着力阐发,也颇得《周易》之要领。这二段话如下:

《系辞上》:“《易》无思也,无为也,寂然不动,感而遂通天下之故。非天下之至神,其孰能与于此。夫《易》,圣人之所以极深而研几也。唯深也,故能通天下之志。唯几也,故能成天下之务。唯神也,故不疾而速,不行而至。”

《系辞下》:“子曰:‘知几其神乎!君子上交不谄,下交不渎,其知几乎!几者,动之微,吉之先见者也。君子见几而作,不俟终日。’”

大易之道,开始显得无思虑,无作为,它寂静不动,但是在绵绵不动里包含了运动的起因和行进,成为天下通达的原因。唯有大易之道能够达到这样的至神状态,除此以外,其他的恐怕都难以达到如此境地。由于大易之道的存在,圣人就要深研和探索大易之道之所以存在、变化、发展的来龙去脉,这就是“几”的道理。只有深刻地研究“几”的道理,才能通达天下变化的原因;只有把握了“几”的道理,所以能成就天下一切事务;研究了“几”、把握了“几”,就获得了神化的性质,办事做事,就会自然而然、水到渠成。

孔子感慨:“了解和把握‘几’,是有其神化之效的!君子向上交往不会卑躬屈膝,向下交往不会失职渎职,这是把握到了‘几’的道理。何谓‘几’?‘几’,是事物运动变化的端倪、萌芽、开始,吉的出现。君子见‘几’而行动,不待终日。”

作为正宗的大儒,船山从多个方面展开和发挥了《周易》和孔子的观点。其中彰显了船山“熟仁”思想里所拥有的特殊的哲学品味。

2. 船山“研几”的人生量度

船山致力于“研几”,意图何在?船山对“研几”作过多种解释,是极为重要和先进的:

《周易外传》:“《书》曰‘所其无逸’,研几之谓也。夫乃以大通而集成矣。”

“遭变事而知权,以研几也,而固已早合于神矣。”

《张子正蒙注·中正》:“研几,则审乎是非之微,知动静之因微成著而见天下之心。”

“君子精义研几而化其成心,所以为作圣之实功也。”

《张子正蒙注·可状》:“精者研几精求,必求止于至善,惟精而后能一。”

仅以此几段,就大致看出船山论“研几”,主要是从人生论上说的,并通过三个向度展开陈述,即求通、作圣、至善:

其一,“通于几”。船山对于“通于几”的深刻理解,涵盖了船山哲学底蕴。他对《周易·系辞上》的“夫《易》,圣人之所以极深而研几也”一句释谓:“‘深’者精之藏;‘几’者变之微也。极而至之,研而察之者,神也。圣人之神合乎天地,而无深不至、无几不察矣。故于《易》著之,以待天下之感,而予之以通。”[63]这里,反映出船山哲学在“研几”“而予之以通”里蕴涵了三个层次的哲学思考。

第一个思考是“变之微”。深入研究、彻底把握隐藏在物体动静里面的微妙端倪之处。在船山看来,由太和之气形成的物体,是体用一体之物,其静为体,其动为用,这是气本论上讲体用一体,其“几”就是极为深至的研究所要把握的精义。并且认为,人生成功,就少不了把握这个“几”,船山看到了这个意思:“唯研其几,而知体用相因之际,同异互成,其微难见,而静有其体,动必有其用,则庶务合而归诸道,无不可成也。"[64]

第二个思考是"神也"。"研几",达到极深而研察,这是圣人之"神"处。这里的"神",是一种形象的比喻,意思是说,获得了对于"几"的真正把握,可谓就是达到"圣人之神"的境界了。在船山的哲学里,圣人并不是不可及的,而是通过性与天道的"日生日成"而渐渐造就的。但是必须指明的是,所谓对于"几"的真正把握,此"真正"的意思也乃是"神"处所指,就是把握到"研几"的成人之道上,人在把握"几"的过程里达到"天人合一"的神圣状态。

第三个思考是"待天下之感"。天下万物有内在统一性质,有共通之理,但是这一切的统一性和共通性是可以被人们认识和把握的,这其间首先要研究"几",因为在"几"里显隐着天下统一变通之理,所以"几"也非普通之几,船山指出:"以知大始而作成物,故无深非其深,无几非其几,以速于应而妙万物。"此"几"乃成就万事万物的重要开始,以最快的速度适应事物的变化,就要深入"研几",这意味的是,这样的"几",就必须要深入研究;没有这样需要深入研究的"几",也就没有天下的"几"。因此,"几"乃维系住天下万事万物的变化所然和所以然,研究这样的"几",就是接近了圣学:"此圣学极深研几,谨微以全天德事。"[65]

因此,结论就是:所谓"通于几",就是要在天下的万事万物变化里去感悟和掌握"几",并顺着这个"几"去认识和把握变化中的"一"或谓"常"。对此船山点明:"通者,化虽变而吉凶相倚,喜怒相因,得失相互,可会通于一也。"而真正能够把握到"几",就是实现了"天人合一"的理想状态,这是"通"的最高境界。在这个状态里,人的一切情感思索都会达到"见几而决",这可以说是达到了做人的最高尚最神圣的境界了。这不是什么神秘莫测的状态,而是一般的普通人都可以获得的,问题就是要有"通于几"的作圣之功。这就使"通于几"具有认识论和伦理学的双重意义。

其二,"作圣之实功"。在中国哲学里,本体论与认识论具有一致性,而认识论根本上又具有伦理学意义。因此,一切有关本体论和认识论的讨论,目的就是在成人之道上。船山也抱着如此哲学底蕴来挖掘"几"义:"学圣之始，功在于见几；盖几者，形未著，物欲未杂，思虑未分，乃天德之良所发见。”又说：“存神以知几，德滋而熟，所用皆神，化物而不为物化，此作圣希天之实学也。几者，动之微，微者必著，故闻见之习俗一入于中以成乎私意，则欲利用安身而不可得，况望其德之滋乎！”[66]“几”能够被天德良知所把握，知“几”能够促使德性成熟。这就是一种“作圣之功在于见几”的成人之工夫。这里有三个深度可以继续看出船山成人之道在“知几”层面上的哲学品格。

第一个哲学品格是“尽性于至隐”。所谓“知几”，在这里就是人心要深入研究事物、人情变化的明显处和隐蔽处，于此，人就能获得日日不断进升的环境和动力。这就是“圣功”所在。船山以“不忘困勉之心”来加以证明：“义日精，仁日熟，则从心不逾，困之所得者深矣。然则处常而无所困者，将如之何？境虽通而一事一物之感，一情一意之发，严持其心，临深履薄而不使驰驱，以研几于极深而尽性于至隐，则安利之境，不忘困勉之心，圣功在是。”[67]所谓“研几于极深”，要求义精仁熟，这就需要在困境中严把此心，去获得显隐的深奥之“几”。这一“圣功”，在船山的哲学里就表现为“日生日成”的成人之道，而船山的哲学正是要显示和研究这样的“日生日成”的环境和动力。

第二个哲学品格是“知几而正”。“正”，就是做人的端正，它离不开对“几”的正确把握。这是从物欲动静上说的。船山解释张载“知几而正”时指出：“小人之诱君子，声色货利之引耳目，急与之争，必将不胜，惟静以处之，则其不足与为缘之几自见，故曰‘无欲故静’，静则欲止不行，而所当为之义以静极而动，沛然勇为而无非正矣。”[68]“声色货利”一类物欲，是人之需要，所以无可厚非，但是一味追求，急与去争，则为“不正”，所以在这一层次上就要有“静以处之”的冷静态度。另外，从动的角度看，物欲之生，必有几微，这样的“几微”就必须对之明察秋毫，要明辨物欲的积极性和消极性，并以静制动，用道义去克服物欲的消极面，也用道义去扶正物欲的积极面。这就是一种“圣功”，船山的哲学就是要彰显这种正确的物欲道义观。这样的哲学是超拔于程朱理学的“存天理、灭人欲”和佛、老的“无欲论”，因而可以被更多的普通人接受。这里关键的问题是正确把握和引导物欲之“几”的性质。

第三个哲学品格是"德性之成"。船山的成人之道,说到底,就是落实到人的德性之成上。船山看出:成就德性,要把握"成性"之几。性有善恶方面,故"几"也有"善几"和"恶几",船山说得如是:"得失争于善恶之几",[69]正确的做法是:要成就善几,走向德性。船山有如此评价:"性无不善,有纤芥之恶,则性即为蔽,故德之已盛,犹加察于几微。"[70]善性随时会受到"纤芥之恶"的蒙蔽,所以在德性生成的进程中,要时时刻刻明辨洞察恶的蒙蔽之几,只有这样,才能成就德性。这也是一种"圣功",它是成德的开始,就如船山一再申辩:这是"圣功之始基,即天德之极致,下学上达,一于此也。"[71]这又是"作圣之功,其入德之门审矣。"[72]船山哲学整体上就是立于这样的成性之说、成德之论、成人之道,是一个极富独特品味的哲学体系。船山的"性与天道"互动说正是这样的一种卓越的理论。这一理论的关键之处就是认识和把握到成德之几,促使德性的生成。

因此,结论就是:所谓"作圣之实功",是经过"知几"的认识活动,把握到了"善几"并使之成为德性生成的内在动因。但是,德性生成是艰难和持久的,它要依靠人的不断努力,"研几"是深刻而又精细的"尽性而于致隐"的主体性活动,要有通达天下之几的广度和深度,就需要这样的"大"而"深"之"研几",船山发挥《系辞上》那段"极深而研几"深刻指出:"天下非特有几也,析大而详之,则几矣。""图乎大而已几,有所以至,而人莫测其即此而至,斯天下之至神者矣。是故至深者天下也,至几者天下也。莫深于天下之志,莫几于天下之务也,故足以相因而底于成与通也。"[73]天下的"几",是要靠人努力进行"大而详"的探研才能把握的,要成就天下事业之志,要通达天下变化之道,就要有"至几"、"深几"、"通几"、"研几"之"实功",这是"熟仁"的努力,更细化地看,这是"知几"的努力,这是"成与通"的路径,船山挑明:"求其通,则深矣";"溯所成,则几也";而"存其志,尽其务,其不敢不忍于天下者,以是为极深而研几也"。[74]这"成与通",也含成(德)性成人之中。

其三,"止于至善"。手段为目的服务。研几精求,目的是达到善,就是成为一个有德性的人。所谓"通于几"和"作圣之实功",无非就是达到学圣成圣之境地。船山一再挑明这样的观点:“学圣者见几精义以不违于仁”;[75]“是圣狂分于歧路,人禽判于几希”;[76]“颜子之所欲几及而未逮也”,[77]故“(颜子)未造圣人之极致”。[78]所谓“不违仁”,就是善始善终地与道、与仁在一起,也就是达到至熟至圣的“见几精义”之境地,颜子未达“圣人之极致”,也与未达“研几”之熟有关;有理性的“圣人”与没理性的“狂人”,岔路口就在有无“研几”上;人与禽兽之优劣也判定在这种细微的“几”上。由“几”上看出,船山由此讲到的“止于至善”,有二层特别意义:一是“研几”出于至善的目的,是为了成人;一是“研几”陪伴人的生生死死,人生,有好的开始,也要有好的结局,这就是与“研几”的善始善终。因此,具体分析这里的问题,有三个方面成为船山哲学在“研几”中的精到之处,即“精义”、“诚几”、“熟几”此三说。

第一,“精义”说。船山有不少“精义”或“义精”之论,但多从“研几”层面而发。如说:“义精,则有以处凶惧而无不正矣。趋时者,与时行而不息,宵昼瞬息,皆有研几徙义之功也。”[79]“辨其几,则已取义矣;而义必精而后尽理之极致,故进此而研之以充类至尽。”[80]“不失其时者,顺天下之大经,合于时之中道,研几速而徙义精,一于正也。”[81]甚至船山还借此运用于政治道德层面来进一步指明精几之义的重要性:“此屈伸相感之几也。故尧有不肖之子,舜有不顺之亲,文王有不仁之君,周公有不轨之兄,孔子有不道之世,皆惟其时而精其义,归于大正。”[82]“研几”要“精义”,是船山看到了事物变化的复杂性和多变性,而且人事万物会向善恶好坏两个方向转化,更重要的是,船山看到了“几”变化会产生的外在现实性:“几,动而应以所精之义,复于外也。”[83]同样,“研几”获得了其“精义”,也会转向成功的外部事实。“几”的这些重要性质,船山从行为正当性上加以“止”字确认:“行而不爽其止之正,止而不塞其行之几,则当所必止。”[84]这就为“研几”的“精义”说,提供了“止于至善”的理由。因为成人之道,说到底,还是行动上的哲学理论。

第二,“诚几”说。船山连接“精义”,引入“诚几”说:“义精而诚立”,[85]“诚立而几明”。[86]行动上的哲学理论并不是单向的理论,研几是结合“精义”、“诚几”的互动,并且是性与天道、天道与人道、主体与客体的相互结合,也就是内与外的相互结合。这里的“诚”,船山就是从这种内外结合去规定的:“合内外者,化之神也,诚之几也。”[87]这就为“诚几”找到了主客观基础。船山很欣赏张载的“性与天道合一存乎诚”,并给予这种性质的解释:“诚者,神之实体,气之实用,在天为道,命于人为性,知其合之谓明,体其合之谓诚。”[88]与船山的“太虚之和气必动之几”连接起来看这个解释,“诚几”就没有任何的神秘主义色彩。“诚”是主体客体相互作用的状态,而这一状态的进程里存在事物发展的“几”,人们在这一状态下进行的“研几”活动,就包含了两个重要规定:一是必须始终保持自身与外在的相互结合,做到了这个秩序,就是“诚”了;进入到了这个“诚”之状态,“研几”本身就成为成人之道,就成为德性生成的内在因素。二是“几”有客观性,它存在于事物当中,是气之运动的“用”,人要按照气之运动的规律去“研几”,在这个意义里,“诚几”实现了主观与客观的统一。这就达到了“研几”的“止于至善”。这是船山哲学的唯物主义性质上嵌入了辩证法原则去阐释德性生成的成人之道,很具独特性,它远远高于在“诚”问题上比较多地倾向于唯心主义和神秘主义的宋明理学。

第三,“熟几”说。船山肯定:“义精仁熟”。[89]精义诚几,关键要“熟几”。儒家有“熟仁”之“几”说,船山纳“几”入于“熟仁”之中,看出“熟几”之于“熟仁”的重要性质。船山多有如此申辩:“知几,德滋而熟”,“熟之(几)则圣,圣熟而神”,而“此言学圣之始功在于见几”。[90]在儒家那里,“熟仁”主要从成人之道上说开。“熟仁”既是至圣境界,也是圣人指标。在儒家圣人系列里,孔子是圣人,其弟子颜渊是“复圣”,但与孔子之圣,还是有些许距离,即未达孔子般圣人境界,问题就在于颜子有欠“熟仁”之“几”的把握。有人就这样评论过:“颜渊未达(圣人)一间,亦只是欠熟耳。”(曾国藩语)细究其委,原来是:“‘研几’工夫最要紧,颜子之有不善,未尝不知是研几(至熟)也。”[91]孔子始终不违仁,而颜子是“三月不违仁”,两者的确有着熟与不熟之异,异在何处?异在“研几”的熟与不熟。如孔子事事能“止”而正中,而“颜氏求龙德正中而未见其止"(张载语),船山评道,这是"颜子之所欲几及而未逮也"。[92]颜子有圣人之体,却少了圣人之极致的地方,船山赞同张子说"颜子好学不倦,合仁与智,具体圣人,独未至圣人之止尔。",并作了这样的解释,来阐明颜子欠"研几"之熟的原委:"颜子之好学,不迁怒,不贰过,养其心以求化于迹,则既志于仁,抑能通物理之变而周知之,具圣人之体矣。未极乎高明广大至善之境,以贞万物于一原,故未造圣人之极致。"船山讲到点子上了:颜子未至圣人之止就在于欠"研几"之熟也。张载、王船山和曾国藩会有如此相同的此番感慨,一定是有道理的。这个道理就是共鸣于颜子"研几"之熟不够也!当然,儒家这是以圣人的境地和标准来衡量颜子,这虽然是一种成圣的境界,但也确乎是一种成人之道,"熟几"之于"熟仁",对于圣人、对于普通人,在成人之道上,同样具有一般意义。

因此,结论就是:"止于至善"成为"研几"之目的,使船山对"研几"的分析,在成人之道上加以廓清,给予善恶上分辨:"善恶分趣之几",[93]目标是在"精义"、"诚几"和"熟仁"中,去锁定学以至善的"研几"之道:"学以穷理而成身,察理于横逆之中,则义精而仁弘,求己以必尽之善,则诚至而化行,乃圣学之极致。"[94]"研几",是为了使己成善的,又是学会与仁善始善终。在这里,实际的哲学意蕴是:船山精致地规划了儒家学圣之道与成人之道在"研几"中的内在连接。这一连接,可以从船山"研几"的"为己"和"为人"之辨里,去找到其更新颖的看法。

3."研几"的为己与为人

船山看出:研几,有为己与为人之分。他指出:"极深而研几,有为己、为人之辨焉。深者,不闻不见之实也。几者,隐微之独也。极之而无间,研之而审,则道尽于己而忠信立。忠信立,则志通而务成,为己之效也。求天下之深而极之,迎天下之几而研之,敝敝以为人而丧己,逮其下流,欲无为权谋术数之渊薮,不可得也。"[95]在船山看来,有为己的"研几",它是立志于成人之道,立足于"道尽于己"的努力,由此获得德性的生成("忠信立")和事业的成功("志通而务成")。相反,有为人的"研几",为"研几"而"研几",为迎合他人的喜爱而"研几",甚至为了"权术"而"研几",这是丧失了自我独立价值和德性主体价值,这样的"研几"不是出于造化自己德性,而是虚伪、做作、媚俗、下流的"研几",不是成善而是成恶的"研几",不是坚持而是丧失了个人存在的独立性和主体性。从"研几"中得出这样的结论,表明船山的哲学是极富启蒙精神的,是蕴涵了本体论、认识论、伦理学、政治论内在联结的哲学,他把"研几"定位于人生论上,并且通过"研几"的"为己"性质使他自己的哲学成为在中国哲学历史中最富积极性成果的成人之道。

结合整篇中船山的"研几"观点,再提炼出船山"研几"之学中的"为己"程序,以扩展业已给出的分析和结论。"为己",就是要从"研几"里首先发现"几"的本体意义,即太和(气)动静之几,"天地大用之几也",[96]它是运动变化的端始,蕴涵了物事人事变化的好坏、方向和途径;其次,接着基于此,要认识到"几"具有道德意义,即"决之于几微,善恶得失判为两涂";[97]对于人事方面,要发现人善心中的"几"因素,就是恻隐之心:"初几之动,恻隐之心",[98]有了恻隐之心,就有了向善发展的"几",即萌芽和开始;再次,两者合之来论,就是一切发展,物事的和人事的,都离不开这种"几"因,"为天心始见之几"、"而特在初几之贞一尔"、"几之所必动也"。[99]"为己"的"研几",就是这样三步曲、三环节、三层次,经过这样的"研几"程序,船山展开了其具有丰富内涵的"研几"之学,为儒家的成人之道开出了新颖的理论纬度和实践向度,也从而使得船山哲学既来自于传统,又高拔于传统,尤其是经历了他的"研几"之学的扩张和证明。因为其中有个哲学的本体论证明,即他是从气本论上说"几"的。

船山有气本论的哲学性格,船山从气上为"几"找到基础。这一点受张载的影响,但船山也有深刻处。在船山看来,"几"因存"诚",恰在"气"。也就是说,船山哲学的气本论倾向,通过"研几",更加深化了这种气本哲学的具体性和深刻性。船山解释《系辞上》这段话,紧紧抓住"天下之至神"在于"诚"之"几",其中是由于"气"的内在关系。船山释谓:"天下之至神,诚之至也。健而诚乎健,顺而诚乎顺,絪缊而太和,裕于至足之原,精粗、本末、常变皆备于易简之中,故相感者触之"。"相感者"乃"几",有"几"则有"诚"。是由于"气"的存在。这里船山用"絪缊而太和"道明"诚乎健""诚乎顺",是出于气的动静变化。"几"乃气之动静变化的微妙之处,而"诚"就是去把握这"几"的动静开端。船山引周敦颐的"诚几神"说道:"谓诚则几,诚之几则神也。"这里船山与周子在"几"观上具有哲学信念上的细微差别是,周敦颐说"诚几神",归结于主静,而船山归结于动静本体的相互变化之中。周敦颐《通书·圣》言:"寂然不动者,诚也。感而遂通者,神也。动而未形,有无之间者,几也。诚精故明,神应故妙,几微故幽。诚、神、几曰圣人。"《通书·思》又言:"无思,本也;思通,用也;几动于此,诚动于彼,无思而无不通,为圣人。"这里把"寂然不动"和"无思"作为"诚"的本质和内容,以此为基础提出了"主静"学说,在《通书》专门论"诚几"的《诚几德》周子指出:"诚无为,几善恶。德,爱曰仁,宜曰义,理曰礼,通曰智,守曰信。性焉安焉之谓圣,复焉执焉之谓贤,发微不可见、充周不可穷之谓神。"诚是诸德之本,诚发而中节,即为五常。在周子看来,诚是一切道德行为的根源,所以此"诚",乃与《太极图说》的"五性感动而善恶分"及"圣人定之以中正仁义"、"主静立人极"的宇宙本体论相一致。它也与《周易》思想相结合。通过诚、神、几的证明,周子作出了"主静"的道德修养,如《通书·圣学》说:"圣可学乎？曰:可。曰:有要乎？曰:有。请问焉,曰:一为要。一者,无欲也。无欲则静虚动直。静虚则明,明则通;动直则公,公则溥。明通公溥,庶矣乎!"说一下船山与周子在这里的"细微"差别。周子也是从《周易》发挥而来的观点,《通书·诚上》言:"诚者,圣人之本。'大哉乾元,万物资始',诚之源也。'乾道变化,各正性命',诚斯立焉。纯粹至善者也。故曰:'一阴一阳之谓道,继之者善也,成之者性也。'元亨,诚之通;利贞,诚之复。大哉《易》也,性命之源乎!"在周子看来,"诚"乃圣人之根本,以《易传》万物由始的"乾元"作为"诚"的本源,此"诚"即天道、人道的合一,纯粹至善的本性,道德性命的根源。黄宗羲说得一语中的:"周子之学,以诚为本,从寂然不动处握诚之本,故曰主静立极。”[100]同样出自《周易》,船山观点的长处,就在于气本上说,而周子在“无极而太极”上说,因此船山的“几”说比周子的更加具有运动的客观性质和辩证性质,周子从中得出“主静”,而船山得出动静中的“诚”、“几”、“神”。

从气上说“几”,前引船山“絪缊而太和”,就是“气”的一种说法,“絪缊太和,合于一气”,[101]而“几”即从气上来看的,船山这样形容“天下之物”是“太和所屈伸之化,既有形而又各成其阴阳刚柔之体,故一而异。惟其本一,故能合;惟其异,故必相须以成而有合。然则感而合者,所以化物之异而适于太和者也;非合人伦庶物之异而统于无异,则仁义不行。资天下之有以用吾之虚,《咸》之彖辞曰:‘观其所感而天地万物之情见矣。’见其情乃得其理,则尽性以合天者,必利用此几而不容灭矣。”[102]张载说“二端故有感”,气有阴阳二端,船山释其谓:“健顺刚柔,相须以济,必感于物以生其用,而二端本太和,感之斯合矣。”有感则有合,感起于几,都是气上说的。《周易》的《咸》卦,主旨是阴阳二气相互感应,如张载说:“感即合也,咸也。”对此船山感悟:“至虚之中,阴阳之撰具焉,絪缊不息,必无止机。故一物去而一物生,一事已而一事兴,一念息而一念起,以生生无穷,而尽天下之理,皆太虚之和气必动之几也。”[103]“几”乃属于“气几”也。

船山对张载《张子正蒙·太和》极为重视,称其为“道之所自出,物之所自生,性之所自受,而作圣之功,下学之事,必达于此。”此段话可分二截看,从“道”到“性”,是从“气几”角度说的,这里,船山似乎已经挑明了认识到“气几”的重要价值;从“作圣”到“下学”,是从“人道”角度说的,它更有意义的是,船山把“气几”(天道层次)转化成“作圣”、“下学”(人道价值),实际上就是船山实现了把天道转化为人道,船山相信:“道一也,在天则为天道,在人则有人道。”[104]所以,船山并不是就“气几”而论“几”,其实质在于解释“几”的人道方面的重要性。看一下船山在《张子正蒙注·太和》中的强调:“皆阴阳和合之气所必有之几,而成乎情之固然,犹人之有性也。”阴阳二气相合运动,必有几微,而人之性情相合运动,也必有几因,“此言天地人物消长死生自然之数,皆太和必有之几。”从天道到人道,从天性到人性,就是一个从“气几”到“人几”的互动，船山点得极是，便在成人之道上：“气化者，一阴一阳，动静之几，品汇之节具焉。秉太虚和气健顺相涵之实，而合五行之秀以成乎人之秉夷，此人之所以有性也。”此“性”为德性，是成人之道之性，“则惟天有道，以道成性，性发知道”，“道”于何处？道在认识和把握“几”上，这叫“道于几”。这是船山对于“几”之哲学把握的高明之处。虽然，在宋明理学的一批哲学家那里，对于“几”，都比较重视，也有的放在成人之道上。但是，船山能从“气本论”上讲“几”，从“几”讲到人生哲学，为其成人、当官说，找到“熟仁”的主客观基础，不至于使“熟仁”与“研几”脱离，两者的交互作用，深化了儒家的“仁之熟”，也为儒家做人做官做事做学问的理论，提供了深厚的哲学基础。因此，船山的这个“研几”哲学考量，是很有独特见识的。

五、三路并进

船山“仁之熟”辨，按三路并进，即张载一路，《周易》一路，孔孟一路。其中所阐发的旨意，聚集于别开生面与别致新境的方向，现在可作一归纳：

1. 张载一路

以《张子正蒙注》为底据。

船山十分推崇张载，自许“熟读张子《正蒙》而有得于心焉，或知其旨。”[105]综合以上分析，这里做个避免重复的概要叙述，以梳理船山与张载的渊源。气本论到体用不二、研“几”到“大而化之”、性与天道到成性成圣，差不多涵盖了船山取自于张载的思想和路径。一本《张子正蒙注》，几乎涵融了船山“仁之熟”的来龙去脉，其中，很大程度上不就是张载“仁之熟”话题的继续与延伸吗？再细化地说，基于船山“仁之熟”思路的德性生长观，到上达下学、莫妙于熟，到德滋而熟、“熟仁”知“几”，到熟则不勉、大而化之，到两个“熟仁”之底据（及其再挖掘），到“作圣之实功”的奠定，既是船山“熟仁”之品位，又是张子“熟仁”之彰显。这句“熟读张子《正蒙》而有得于心焉”之感慨，经过上述的分析和梳理，皆足以给出了如此观照。想来，是可以接受船山的这一路理论深化。

但是,问题的关键是,船山之理论深化,延伸并扩展了张子的“仁之熟”,才是更有价值更有意义的话题。这些内容,通过上述评析,此处不再赘言。

2.《周易》一路

以《周易》内外传、《大象解》为底据。

船山的“仁之熟”,极大地在弘扬《周易》中获得“二别”之血脉、之骨架。这里,透过船山的《周易》内外传、《大象解》,完全可以掌握其脉络。

其实,船山对《周易》的精髓,堪称吃得准、吃得透。“一部《周易》”的提法,即可心领神会:“一部《周易》,许多变易处,只在时位上分别,到正中、正当以亨吉而无咎,则同也。”[106]“情之不能不任罪者,可以为罪之谓也。一部《周易》,都是此理。”[107]这种以“一部《周易》”之全称判断,显示出船山对《周易》的驾轻就熟。

现在言归正传,船山《周易》一路中的“二别”取向,旨趣放在“天人合一”、“性与天道”的哲学路径里,获得“仁之熟”之新境。具体论之,可以归之于三:以乾坤统其全到天下归仁、有仁之体到仁之用、研几到精义熟仁。

其一,以乾坤统其全到天下归仁。船山指出:“乾坤统其全,卦爻尽其变,其体与天地合也。”一部《周易》,由乾坤统领,立天地人三极而合。如此,则天下归仁。这是“易简”之理,船山由此发挥《系辞上》所言“乾以易知,坤以简能”的“易简”之道:“天道之纯为之也。在人则心纯而理一,天下归其仁,万方效其顺,安于其教而德不谖,劝于其善而道以广,皆此至健不息,至顺无违之德为之也。”[108]所谓“至健”、“至顺”,就是乾坤之仁德。“德盛仁熟”,是“天下归仁”的最高境界,在此获得人道张扬。应该发现,船山在解释“大哉乾元,万物资始,乃统天”,以“仁”解“乾”,使“仁”获得万物之始(“乾之元”)的性质。船山阐释谓:“在天谓之元,在人谓之仁……其实一也。故曰元即仁也,天人之谓也。”又以“乾之元”说“仁之显”:“唯以乾为元而不杂以阴柔,行乎其所不容已,恻然一动之心,强行而不息,与天通理,则仁于此显焉。故曰元即仁者，言乾之元也，健行以始之谓也。故唯乾之元为至大也。”[109]“至大”，乃“仁熟”矣。当然，有了“乾”也少不了“坤”，应含“德盛”性质。船山解得“至哉坤元，万物资生，乃顺承天”谓：“坤之‘元’所以与乾同也。‘至’者，德极厚而尽其理之谓。乃其所以成‘至哉’之美者，唯纯乎柔，顺天所始而即生之无违也。”[110]船山以“德”解“坤”，乾坤共建，万物共生，走向“德盛仁熟”，此乃“天下归仁”也。这是《周易》之“用”。

更有意味的是，船山借助这样的观点去梳理孔子“十五而志于学”到“七十而从心所欲不逾矩”，来表示“德盛仁熟”。当然，船山想要表达的，还是坚持对“一部《周易》”之“用”的信念。船山指出，“释、墨，不知用‘乾’者也”，“庄、列，不知用‘坤’者也”，并且扩而充之：“推此而言，乾坤失用，则咎吝及之，况他象乎！子曰：‘加我数年，卒以学《易》，可以无大过’，知所用之谓也。‘耳顺’则各知所适，‘不逾矩’则于我皆安其止，而后可以远过。故《易》者圣学之大用，非极深研几以通志成务，其孰能与哉？纯而纯用之，杂而杂用之，隆而隆用之，污而污用之。天地有此象，则有此道，君子以此道而应此理，各体其宜，而后同归一致，非执一而废百，斯圣学所以善用天德也。”[111]这个“天德”，已含“德盛仁熟”之势，所谓“耳顺”、“不逾矩”，皆在这势中，所以“乾坤之用”，显为的是，以“熟仁”之功（“纯而纯用之”）的“纯熟”来“各体其宜”，其结果不正是“耳顺”、“不逾矩”之“纯熟”的到来？那是“德盛仁熟”、那是“天下归仁”之境地的到来，也是《周易》中的天人一道之实现！

其二，有仁之体到仁之用。船山的体用观，得益于《周易》。更为重要的是，“仁之熟”，是“体仁用仁”的结晶。这叫“仁无不体”、“仁无不用”。值得说明的是，船山讲到这点子上，仍然是将儒家之“仁”，通过“熟仁”、通过“仁体仁用”，依然使其体现在日用之间的“普世化”之中。船山指出：“凡言‘体’，皆函一‘用’字在。体可见，用不可见。”但“必有体而后有用”。[112]这个“仁体仁用”，船山以“体真则用不妄”加以辨析。

所谓这个“体”，意义有二，一指存在之本体，这本体又是个全体；一指生发、活动之根源。所谓这个“体真”，指的就是一个真实的本体和活动。这里,折射出船山的用心,即要使这甚觉抽象的“未发”在其生生不息之“用”里,这“仁”获得某种具体化、普世化,生动且有用。譬如以孟子“赤子之心”证实:“仰孟子曰‘大人者不失其赤子之心’,与此异者何也?孟子所谓赤子之心,知爱知敬之心也,然必曰‘苟不充之,不足以保妻子’。不失者其体也,充者其用也。无用之体,则痿痹不仁之体而已。”[113]人有一颗知爱知敬的“赤子之心”,这是“体”;向外扩充去爱去敬,这是“用”;若不去“用”,这“体”,就失之为真。其实,这“赤子之心”,就是人之“善端”,讲“仁之熟”,若无个“仁之体”,这“熟仁”,就成为个悬空之物。而一切之“用”,就是这个“仁之体”的用,否则就是虚妄。那个“己欲立而立人,己欲达而达人”,实乃“以极体仁之大用”,也极为证实“体真则用不妄”之所由。[114]

船山不同意二程“仁通上下”说法,而主张“仁”只有“熟与不熟”之分,并以此确定“仁之体用”的尺度:

“仁是近己着里之德,就中更无上下,但微有熟、不熟之分,体之熟则用之便。”[115]

“盖仁之用有大小,仁之体无大小。体熟则用大,体未熟则用小,而体终不小。体小,直不谓之仁矣。”[116]

“仁之体”有熟与未熟之分,“仁之用”有大小之别,而后者依赖前者之“熟”的程度。那么如何做到“体熟则用大”呢?船山看出之由是:体立、体已极乎天地万物。船山不由感慨:“夫子所言者,用不必大,而体已极乎天地万物,更何博与众之云乎?”[117]这也是《周易》乾坤二卦之理想:立天地人之极的再显。

再拉回至《周易》之象,船山给“体”确立“位”上的可实证性:“《易》之阴阳六位,有体者也。”[118]这是阴阳二爻上下变化的“安居”之处,称为“位”,也叫“安土敦乎仁”之处。在《周易》的诠释学里,“安土敦乎仁”,被解释成“仁之熟”的状态。(可参见李光地《周易折中》,第850页;也可参读本书有关陈献章的部分内容。)船山从“位”上解开这“安土敦乎仁”的特定含义,不觉使其“仁体仁用”新境所生有悟:“天地普爱万物,而德施无穷,随阴阳之所附丽，皆著其生成。而《易》无择于六位之贵贱险易，皆因时以奠居，奖其静而抑其躁，则无土不有天理之必尽，而健顺之化皆行焉，是体天地广大之生以诏人而利物也。盖人之妨其爱而病物者，唯越位以生意欲，则自私而不恤物之利害。故《易》所重者在位，以示无土之不可安，不待施惠，而于物无伤，仁自敦矣。此仁者之学于《易》而合天之道也。朱子曰：‘天地之道，知仁而已。’”[119]船山引朱熹的话，从这二位大家之观点吻合看来，这样的解释还是有着相当的普遍性和认可度。若是从更世俗的立场来看，如果说在什么“位”做什么“事”，不就是“熟仁”的表征吗？《周易》的“各正性命”不就是“仁熟”之境吗？试问，《周易》之体、之用是空虚了吗？道理是不乏其中的。这也再次证实了“一部《周易》，许多变易处，只在时位上分别”的船山《易》观。

其三，研几到精义熟仁。应该发现，船山对“一部《周易》”的发微，牵挂之由，是“几”之于“熟仁”。多数细语节次，无不印证：

“以学者之治身心言之，仁之复也，物欲之感皆顺乎理，而余习存于几微，不易消除，非义精仁熟，仍留未去，故程子有‘见猎心喜’之说。”[120]

“故研几精义，谨小慎微，改过迁善，君子自修之实功，俱于彖、象、爻著之。”[121]

“故必熟尝乎变化之途，而审其或行或止之几，以得夫必不可行之至理，而后其止也历万变而不迁。”[122]

三段所引，归集一处，就是从“研几”到“义精仁熟”，是互为的必经环节。第一段，是讲《复》卦之“上六，迷复，凶，有灾眚。”人生能化凶趋吉，就必须研究、把握其中之“几”，而这个“研几”，不到“义精仁熟”，就难以成就。船山意究其为“仁之复”，贴切《复》卦义。第二段，是讲《系辞上》有关彖、象、爻辞中出现“吉、凶、悔、吝”之判断里发微的“人事”。什么叫“研几精义”？船山依卦之理、之用作一解释，颇具意蕴：“故以研几精义者，仰合于伏羲之卦得其理，而以垂为天下后世致用崇德之法。”[123]有此“研几精义”，所谓“为天下后世致用崇德之法”就获得了“熟仁”之用。第三段,是讲《艮》卦之“上九,敦艮,吉。”船山认定,“凡止之道,能终于止者,必其当止而可终不行者也,然而难矣。”其吉、其难,找到趋吉、化难之几,就得“熟”究变化之几、“熟”审行止之几,这里,当包括“从研几到义精仁熟”之环节、之通达。

更有甚者,可以激发其“几”、“通”、“义精仁熟”的内在“感应”或谓沟通,船山索求在这个“感”字上,由《咸》卦彖辞里融会、感应出“从心所欲不逾矩”之“仁熟”来。这段话可以应验为证:“夫受物之感而应之,与感物而欲通者,必由其中,必顺其则,必动以渐。而《咸》之无心,一动而即应,此浅人情伪相感之情,君子之所弗取也。然而天地有偶然之施生,圣人有泛应之功化,道大而无忧,则几甫动而无择于时位,故阴阳一相接而万物怒生,无所待也。圣人触物而应,仁义沛然,若决江河,深求之者固感之以深,浅求之者即感以浅,从其所欲,终不逾矩,天下乃以不疑圣人之难从,而和平旋效,则在天地圣人无心以感而自正。《咸》之为道,固神化之极致也。”[124]言中之意是,从“几”到“通”到“不逾矩”,一要通过感物而来,这叫“触物而应”;二要通过“精义熟仁”之工夫,去一贯到底的,无非是“仁义沛然”不断“感应”或“交流”,最终是“义精仁熟”的到来。所谓“天地圣人无心以感而自正。《咸》之为道,固神化之极致也”的感叹,无非就是这“义精仁熟”的描述。由此观之,船山一再申辩的“熟求”、“熟几”、“审几”、“研几”,全巢穴于“精义”之“通”里:“但使精于其义,合于其时,则与天地养物之理通。”[125]那个“通”,不就是儒家“仁之熟”了吗? 或者更扩大地讲,不就是中国人“天人合一”的最高境界了吗?

总之,专门列出《周易》一路去细化船山的“仁之熟”,无非是想增加其厚度和力度。如果再照应前面的叙述,就不难看清,这里讲到的三个方面,即以乾坤统其全到天下归仁、有仁之体到仁之用、研几到精义熟仁,正是这种厚度加力度的铺开。其实,儒家的“仁之熟”,《周易》本身就是其主要且重要的资源。通过船山的分析,也间接地将其挖掘了一番,提供了一个可信的蓝本。似乎也弥补了《周易》“仁之熟”专题研究的缺憾。

3. 孔、孟一路

以《读四书大全说》为底据。

似乎这里的话题,显得与前面有重叠、重复之嫌,可是在此的分析,是依据《读四书大全说》,竭尽王船山之阐发。并在与前面的详述、评价的比对里,可以再次细化船山"仁之熟"的"二别"之实。

《读四书大全说》,本质上属于"阐发义理"式的作品。在相当程度上,船山的作品,最大的亮点就是尽其义理,真有"恣意尽情"之感触。其"训义"、"外传"、"解"、"说"一类,盖是寻迹可见。所以船山的分析,仍取向于孔子、孟子的"熟仁"基调与格局,通过《读四书大全说》,去应验、阐发、挖掘船山心底之声,去梳理出船山"二别"之所以然,也去补前已所述之缺憾。

其一,对孔子"十五而志于学"到"七十而从心所欲不逾矩"给予"知行"定位。《论语·为政》记载孔子的这段"熟仁"名言,尚未从"知行"观上提炼阐发,船山却极尽此番新意,分为知与行,并且强调"已臻至处"。船山指出:"以'志学'为知,'立'为行;'不惑'、'知命'、'耳顺'为知,'从欲不逾矩'为行。"[126] 把孔子一生之六个阶段,分为"知行"问题,这里就规划出知在行前,知引导行,最终实现行动中的"仁熟"境地。说明在"熟仁"过程里,知与行贯穿于其中,显为走向"熟仁"的知行价值("功")。

首先,从"志于学"到"立"。船山是这样看的:"'十五而志于学'是何等志,何等学,乃但以属知……'三十而立'又是何等为立!到者地位,所知所行,皆已臻至处,又岂只守著前所知者,埋头行去耶?"[127] 意思是说,"志学"与"立",其"所知所行",是"熟仁"之知、之行,只有这"所知所行"达到"已臻至处",才是一番"圣功",即"熟仁"之功。那么,如何鉴定这个"已臻至处"为"圣功"呢?船山揭示:"只此十五年,是夫子一大段圣功在。'志于学'者,博文、约礼之谓也。圣人于此,不容与学者有异……博合于约,而文皆其心得;约合于博,而礼显于文章,行既定而知益审矣。"[128] 从"志学"到"立"的十五年间,孔子教导在"行"上是"博我以文,约我以礼,欲罢不能。"颜子之熟,恐怕就出于此处。这个“所行”的成熟,反鉴识这个“所知”的益处。鉴于此,船山不怎么同意“知行并进”观点,但是,从各自在“熟仁”之功上考量,如果放之于六个阶段而言,是知在前行在后,就是个“先后之序”;如果放之于整个“熟仁”过程而言,这“知行”缺一不可,“知行并进”还是有其道理了。对此,船山有了这个说法:“盖云知行者,致知、力行之谓也。唯其为致知、力行,故功可得而分。功可得而分,则可立先后之序。可立先后之序,而先后又互相为成,则繇知而知所行,繇行而行则知之,亦可云并进而有功。”[129]这里,展露出船山从“志于学”到“立”中的“所知所行”之价值观,成为“仁之熟”中的新意所在。

其次,从“不惑”、“知命”、“耳顺”、到“不逾矩”。前三者为“知”,后者为“行”,达至于统一,则为“诚明”之状态。船山是这样看的:“然‘不惑’则纯乎理而无间,‘知天命’则理无不穷而性无不尽,‘耳顺’则闻言无违逆,而于土皆安,‘从欲不逾矩’则于我皆真而知化不贰。故‘不惑’、‘耳顺’,皆顺乎彼之词,而‘知命’、‘从欲’,皆达乎此之意。要以所行者听乎知,而其知也愈广大愈精微,则行之合辙者,愈高明愈博厚矣。”[130]意思是说,从“不惑”、“知命”到“耳顺”,是“知”上的“熟”,“不逾矩”是“行”上的“熟”,这二者之“熟”,又来自于这“知”这“行”的互动,其体现为一种“诚明一”之状态。“知”是“明”、“行”是“诚”,到达“诚明一”,就是“以‘志学’为知,‘立’为行;‘不惑’、‘知命’、‘耳顺’为知,‘从欲不逾矩’为行”的统一,显为的则是“德盛仁熟”了。船山如此描观:“故以迹言之,则至于‘不惑’以上,而知之事为多。以实求之,则‘立’者诚之复,而‘不惑’以上(疑为“下”——引者加),诚之通也。复已极乎知行之至,而通唯穷神知化以为德之盛,非待有所加于行,以至乎昔之所不能至者。若夫‘从心所欲,不逾矩’,固未尝不于德业有可征者。要亦‘耳顺’以还,明诚合而无间,明者一诚,更不可云诚中所生之明矣。”[131]这就表明,“诚明”之状态,是“知行”进至于“德盛仁熟”之状态,在这六个阶段里的所知所行,即是仁体仁用之“一”。从“学”上讲,有所知所行;在“德”上讲,却是诚明合一。这些正是“德盛仁熟”的节次,其中最大的考验,是以心消解欲的对立。所谓"从心所欲,不逾矩",船山似乎以这样的状态达观:"而心之与欲,亦无分界,则体用合,诚明一。"[132]

再次,指归在"从心所欲,不逾矩"的心欲消解,船山指意出一个现实的"真"之"我"的存在。船山从"耳顺"说到"不逾矩",如此道来:"然耳目者,固顺而无逆者也,非有蔽,而蔽之者欲也。践耳之形,尽耳之性,而闻皆顺心,能用受蔽之官,而未能用夫蔽耳目之欲也。'从心所欲,不逾矩',则蔽耳目者亦从之而即于顺矣。耳虽在我,而顺者天下之言;欲丽于物,而发之自己。故愚以'耳顺'为于土皆安,'从欲不逾'为于我皆真也。"[133]这就是说,"耳顺"为"知",但会蔽之于"耳目之欲",所以孔子言"耳顺",不仅仅指在好话坏话都能听得见,更在于能够消解耳目之欲的"蔽",是"仁熟"之为,这叫"尽耳之性",是从"大体"而役"小体",也叫"大而化之"的"耳顺"。船山以孟子所言为证:"愚按孟子曰'耳目之官不思而蔽于物',从大而小不能夺者为大人。圣人则大而化之矣。"[134]"不思而中"是"耳顺"之境,是消解"耳目之欲"的"仁熟"境地,"心之思"("大体"),是役"耳目之欲"("小体")那就是"所知"而为;至于"从心所欲,不逾矩",那叫"不勉而得"(朱熹语),这是"所行"而为,心欲消解之"行",堪称为"德盛仁熟"之"行"的最高境地了。其实,在朱熹那里,"不惑"、"知命"、"耳顺"、"不逾矩",皆属于"仁熟"之节次、之境地,只不过有个向上递进的问题,对此,船山作了个细腻变通,即以"土皆安"定义"耳顺",从而勾画出"安土敦乎仁"在"耳顺"阶段中的特殊规定,深化了孔子的"耳顺"之"熟仁"与《周易》"安土敦乎仁"的连接,这是高于朱熹之处。

总之,统观这六个阶段,即"志学"、"立"、"不惑"、"知命"、"耳顺"、"不逾矩",船山以"知"、"行"所论,既与朱熹、阳明有所别,又接上前辈大儒之精髓,对孔子那段"仁之熟"之切己境地的阐释,堪称一帜。

其二,对"仁"之境界的开拓。这是船山对《论语·里仁》的挖掘。归纳起来,有三处之多,在各种儒家的释义里,非同寻常。

第一,"安仁"和"利仁",是"成德后境界",又是"工夫"说的一种,内涵的却是“成德”之“熟”的境界。首先,船山从“工夫”说上规定“利仁”不能是出于功利之心(“计功之心”),否则便是“假仁”。针对此“问”,船山说开:“做工夫且须利仁,为此问者,定是不曾做工夫底。如要去‘利仁’,则已不利矣。若云见仁之利而不仁之不利,此正是谋利计功之心,五伯之假仁是已。”[135]这就是说,“仁”不是“利”之工具,“仁”是境界;同样,行“仁”、实践“仁”,决不能仅仅出于“利用”、“利益”上权衡,此正谓“假仁”。这里,船山作了个重要分辨,即“利”字有“境界”与“获利”之别。船山强调:“‘安仁’、‘利仁’,总是成德后境界。利字如《易》‘利有攸往’之利,一路顺利,无有阻难,原不可作‘获利’字说。”[136]“‘利有攸往’之利”,是境界之利,是成德之后的境地,乃是仁之“熟”;“获利”之利,却是“谋利计功之心”,乃是仁之“生”。当然,凡一切做人做事,都是由生到熟的,但仅出自于“利”去见仁、行仁,则是“违仁”。这样的解得,并不意味的是“仁”就不能讲实效或功效,只不过这“效”字是这样来说的:“仁固有得于理,亦可有得于效。抑不特效之得不得,不可预期;即理之得不得,亦不可早生歆羡。颜子说‘虽欲从之,末繇也已’,具此心期,方能勾‘不改其乐’。若刻画著理中所必得之功,立地要做仁人,到蹭蹬处,却大是一场懡㦬,而‘不可以久处约,长处乐’,正在此矣。”[137]讲“利仁”之效,只能在“立地要做仁人”上考验而得其效,是理(价值理性)、是利(工具理性)的统一,才是真的“效”。就如颜子“不改其乐”的“做仁人”之效。或许这也是一种“利仁”之“利”。不在此心上做工夫,便是一场“懡㦬”之戏,做人就缺乏“久处约”、“长处乐”的立足之地,即“安仁”之境、“仁熟”之地。看来,“仁熟”,才是最大、最终、最根本的“利”。所以,船山感慨:“足知‘利’字上用工夫不得。唯知者见得分明,一径做去,自然无不利耳。唯尔,所以云味之无穷,而所守者不易也。工夫自在仁者知者上一层。如所云‘克復’、‘敬恕’、‘先难后获’,都是安仁的本领,‘务民之义’,便是利仁的本领。”[138]只有在“境界”上做“仁”的工夫,才是真正的本领。“安仁”和“利仁”,也得在此中考量。至于“安仁”,船山认可《周易》中“安土敦乎仁”的“仁之熟”,常以“土皆安”表称,也是十分贴切了儒家“仁之熟”的精神刻画。

第二,"无终食之间违仁",乃升至"存仁"之熟的境界,并且这境界是化作工夫的。船山分二段节次说开。先是,这"存仁"化作"天理"克服"人欲"之境,这是有别于"他境"的"熟仁"之势。船山评价是"到得'君子无终食之间违仁',则他境界自别:赫然天理相为合一,视听言动,出门使民,不但防人欲之见侵,虽人欲不侵,而亦唯恐天理之不现前矣。"[139]所谓"视听言动",皆以"天理相为合一",人须入于此境("境当前"),才"依住"于"天理",恐怕这就是"熟仁"之势的到来,船山形象描述:"境当前,则因事见理;境未当前,天理便不相依住。"[140]后是,这境界是化作"熟仁"工夫去用上的。船山如此细化:"所以一意在富贵贫贱上用工夫,只挣扎得者段境界,便是他极致,而于天理自然之则,全未搭著涯际。"[141]"涯际",即边缘。意思是说,"极致"的工夫,是在"存仁"("不去仁")上努力到达"熟仁"境界,视听言动、造次颠沛,全在"天理"之中的("不逾矩"):"违仁者,不在富贵、贫贱,而在终食之积与造次、颠沛之顷。"[142]船山概之谓心之"存养"的工夫。为此特意地,船山点拨出了"存养"在"事境"与"心境"中的"熟仁"历练,那个"唯存养之既密"的工夫,会产生心、事二"境"之"熟"定:"事境分明,入目不乱,亦可谓之审。心境泰定,顺物无逆,亦可谓之安。"[143]那个"审"、那个"安",皆属"仁熟"之势。再细究一下,那个"去仁"之"去",是相对于"存"的;那个"违仁"之"违",是相对于"依"的。"熟仁",最终落在"存仁"、"依仁"上的工夫历练。这"工夫",是需要花大力气的真实之功、圣学之功。这是儒家"熟仁"工夫之精、之纯的底气所在。这工夫绝非儒家之外所谓的"水墨工夫"可比拟。释家也讲工夫,但与此不可相比。船山断然前陈:"释氏棋力、酒量,只到此处,便为绝顶。繇此无所损害于物,而其所谓'七菩提'、'八圣道'等,亦只在者上面做些水墨工夫。圣学则不然。虽以奉当然之理压住欲恶、按捺不发者为未至,却不恃欲恶之情轻,走那高明透脱一路。到底只奉此当然之理以为依,而但繇浅向深,繇偏向全,繇生向熟,繇有事之择执向无事之精一上做去;则心纯乎理,而择夫富贵贫贱者,精义入神,应乎富贵贫贱者,敦仁守土。繇此大用以显,便是天秩天叙。所以说‘一日克己复礼,天下归仁。’非但无损于物而以虚愿往来也。”[144]这个“水墨工夫”,即谓表面功夫或谓不着边际的秀花功夫。在船山看来,这个“水墨工夫”,仅属于释氏“虚愿”表露,虽“无所损害于物”,但无实际之效。反之,在儒家的“熟仁”工夫里,既“无所损害于物”,又“执向无事之精一上做去”,结局是“心纯乎理”、“精义入神”、“敦仁守土”,也是“存仁”之“大用以显”,更是“繇浅向深,繇偏向全,繇生向熟”的历练过程。这里带引号的话,差不多,流露的恰恰是“仁之熟”在“存仁”里的意境吧。至于那个“无终食之间违仁”的“工夫”,也不繇此境而定矣。

第三,“用力于仁”,只在“唯其熟也”,是“由生到熟”上的“熟仁”锻炼,所以这“工夫”,又是“生熟”之间的考验。船山揭示了“生熟”之矛盾,更重要的是,找到了“熟仁”这个“由生到熟”的“用力”之所在。一者放在“存仁”的“存养之熟”上。此番“熟”,由“依仁”之境而成为“全功”所在。船山刻画的正是:“只此方是依仁之全功。不可谓终食无违为‘可勉而至’,造次颠沛必‘存养之熟而后不失’也。”[145]这“存养之熟”,是“事境”与“心境”的统一,其中之“养”,决不可“失”此“境”而“熟”而至。这是“用力于仁”的“全功”之所以然。“由生到熟”,不也在这“全功”里吗?当然,这“全功”是个“不违仁而于仁无违地位”之境地,而“中间有多少精义入神之用在”。[146]这就找到了“用力于仁”的境界所繇:“在入手工夫”处而转来的“由生到熟”。船山指出了这点:“乃即一日之用力,虽暂而未久,生而未熟,然亦必其一日之中”的功夫是“生”,久之则“熟”了。[147]其实,《里仁》那段“有能一日用其力于仁矣乎!我未见力不足者。”按船山评价,已经注定在“生熟”上考量:“前一节是大纲说,兼生熟、久暂在内。后言一日,则摘下功未久而习未熟者为言。实则因好恶而后用力,终身、一日,自然、勉强,其致一也。”[148]“其致一也”,感慨的是,前后都在讲清楚同一个“生熟”之间的“功夫”所在。一者放在落实到一件一件事上的“熟仁”追求,最终获得一个全体性的“仁熟”,从而到达“天人合一”似的“大结局”:“精义熟仁”到“德盛仁熟”。船山写真“忠恕”的“一以贯之”问题:“其言‘生熟’亦好。熟非不待推,只所推者无别已耳。”那么,怎么样“一以贯之”的“推”呢？“一事作两件下工夫，唯其生也。合下做一件做，唯其熟也。下学上达，天人合一，熟而已矣。”[149]一件一件事做下的工夫，是“唯其熟”的真锻炼，又是“工夫”与“境界”上“一以贯之”的锻炼，生与熟，就在此中转化了。做人做官做事做学问，能在此中之“推”里，获得“精义熟仁”到“德盛仁熟”的圆满。这里，船山很好地解决了儒家“生熟”问题，极大地扩展了“熟仁”之于“工夫”与“境界”的连接。

其三，对“仁术”的关切，扩展到“义精仁熟”里，是“仁之熟”在儒家“工夫”说上的一大定论。其实，在儒家“仁之熟”的分析里，“术”上的分寸如果定位在“熟仁”上，那么，有关“术”的学术意义，就会变得十分精致和有效。这不仅在颜子之“熟”那里会获得某种特定解释，更重要的是，在整个儒家的“熟仁”之道里，真正地解放了这个仅仅具有工具或技术层面的“术”。对此，船山是有贡献的。《张子正蒙注·中正》那句“术者，道之神妙”，似乎已有或多或少的点拨。在读到《孟子·梁惠王》中的“远庖厨”，船山有条件地接受了朱熹《集注》里的定义：“预养是心，广为仁之术。”对此，船山认为“‘远庖厨’即是仁术。”[150]其实，那个“远庖厨”，就是孟子所言的“不忍之心”之“仁术”：“无伤也，是乃仁术也，见牛未见羊也。君子之于禽兽也，见其生，不忍见其死；闻其声，不忍食其肉。是以君子远庖厨也。”朱熹以为，这“不忍之心”是“心”之所养的结果，而在船山看来，这个说法是“已含胡生枝节”，是“徒滋枝蔓而已”。船山的看法是，“远庖厨”是礼制所然，此“熟仁”，就得娴熟于“礼”之规定或谓“范围”内，并且游刃于其中。“远庖厨是一定之术，以羊易羊是无穷之术”，而“无穷之术者，初不出于一定之范围。”[151]这“范围”就是“礼”之“矩范”，所以，船山看高一线的说：“盖远庖厨者，虽亦以预养为道，而即是为仁术之所自全，则亦古之君子义精仁熟所建立之矩范，以俾后之君子率而繇之以全其仁，而非姑以此养其心之不习于杀。”[152]其实“君子远庖厨”，也非那时仅出自于孟子之口。《礼记·玉藻》就有此说：“君子远庖厨，凡有血气之类弗身践也。”所以，说其为古之已有的“礼”制，还是有根据的，这里，船山最紧要之处，是将其纳入为“义精仁熟”之“矩范”，这“仁术”就非同一般了。再者,即便按朱熹“预养是心,广为仁之术”来讲,其中必有个“推”之进行,即“以不忍人之心,行不忍人之政”,恰恰这个“推”的合理性根据,就在“义精仁熟之矩范”里,“推”,其实就是“术”的运转,船山点破,“推之(‘仁’)者术也。善推者,尽其术而常变一致,难易一揆者也。”[153]在“礼”之所“推”,在“义精仁熟之矩范”里所“推”,其效率会优于仅仅在“预养是心”里所“推”的。结论就是,依孟子的“仁术”而来,朱熹“以心为术”,船山“以礼为术”,所“推”之“仁术”,船山的“工夫”说,从制度境地出发,会更具效率和效益。这是对“仁”之境界开拓的“仁政”朝向与“王道”的一致。“熟仁”,似乎进入到制度与效益这一更高层面的话题了。

六、“性与天道”上的境向

这是一个终结性的话语。接着“仁之全体大用”来看,“仁之熟”,化开来,就是所谓“仁之全体大用”,其实质也是“天人合一”的同一个向度。尽管其表现为有“不熟”到“熟”的基础,故有“天人合一,熟而已矣”的说法。

然而,出自于船山的“仁之熟”,包括“天人合一”、包括“仁之全体大用”,乃至包括对孔、颜之“熟”的揭秘,都终极性地蕴含了“性与天道”的回答。关于“性与天道”,船山的基本观点可以简评为:“在天为道,凝于人为性。”[154]必须辨明,这个“性与天道”,船山所依据的,与张载、《周易》、孔孟这三路的并进,有着内在连接,但更有所发。

似乎这段注释张载“性与天道云者,易而已矣”的话可以显示这三路的并进:“神之有其理,在天为道,凝于人为性。易,变易也。阴阳摩荡,八卦兴,六十四象成,各有时位错综,而阴阳刚柔仁义之体立,皆神之变易也。互相易而万物各成其形色,变易之妙,建顺五常之用为之,故圣人存神以尽性而合天。”[155]至于那句“熟读张子《正蒙》而有得于心焉”,也是接住“天命之性,圣人显道而神德行,莫之为而为之”这一儒家“性与天道”的终极使命而感慨所发。人性与天道的交互作用,实质是天人合一的具体转化,也是成身成性的成熟运化。这个交互作用,可以通过眼耳鼻舌身这五官与外在世界交互作用而沟通,可以通过心之作用再与人之五官和外在交互作用而沟通,从而达到天道人道、天性人性的交互转化。若再追问至极,即这“交互作用”究竟以何种形式、何种内容出现?船山的答案意蕴深长,却两个字概况原委:“习熟”。“习”,接近一个实践概念,“熟”,就是“仁之熟”;“习熟”,就蕴涵了实践“仁”的历练成熟在其中。

结论就是,“性与天道”,在船山那里,从“仁之熟”的境向看,通过“习熟”给身心带来的实践性质的交互作用,使其获得了在“仁之熟”中特有的人生之美——是仁之实践所给予的!这是船山的境地,或许这一点连朱子都难以超越,也或许是儒家“仁之熟”里最富光彩夺目之“境域”。同样,在一种更加别致性立场里,给予了儒家“熟仁”理性之光更高亮度!

从张载到船山,直接开启了儒家“熟仁”的另一个“圆圈”,相较于从二程到朱熹的“圆圈”,还是有多重特色,这里,似乎已经超越了某种历史年代的必要。因为实际上,在船山之前,儒学还经历了以陆象山、王阳明为代表的心学。可是,这样的超越,并不会遮掩住心学意义中的“熟仁”,对这一心学考究,同样发现,儒家“熟仁”,在这些人物里,也进行了一个“圆圈”。这个分析,需要关注的是集心学之成的、并在“熟仁”上有突出之成就的人物是:陆象山、陈献章、王阳明。

注释:

[1][2]王船山:《四书训义》卷三十五,岳麓书社1990年版。

[3][4][5][6]王船山:《四书训义》卷八。

[7]《论语·子张》。

[8]王船山:《四书训义》卷二十三。

[9][10]王船山:《四书训义》卷六。

[11]王船山:《张子正蒙注·中正》,岳麓书社1992年版。

[12][13][14][15][16]王船山:《张子正蒙注·神化》。

[17]王船山:《张子正蒙注·三十篇》。

[18][19]王船山:《张子正蒙注·神化》。

[20]《二程集》,《河南程氏遗书》卷二十五。

[21]《朱子语类》卷四十。

[22]《张载集·正蒙·大心》。

[23][24]《张载集·正蒙·神化》。

[25]《张子正蒙注·大心》。

[26][27][28]王船山:《张子正蒙注·神化》。

[29]王船山:《张子正蒙注·神化》。

[30]王船山:《张子正蒙注·神化》。

[31]王船山:《张子正蒙注·中正》。

[32]王船山:《张子正蒙注·至当》。

[33]王船山:《尚书引义·益稷》,中华书局1962年版。

[34]王船山:《张子正蒙注·中正》。

[35][36][37]王船山:《张子正蒙注·大易》。

[38]王船山:《张子正蒙注·至当》。

[39]王船山:《张子正蒙注·中正》。

[40][41][42]王船山:《张子正蒙注·诚明》。

[43]王船山:《张子正蒙注·中正》。

[44]《张载集·正蒙·神化》。

[45]王船山:《张子正蒙注·可状》。

[46][47]王船山:《张子正蒙注·神化》。

[48][49]王船山:《张子正蒙注·中正》。

[50][51]王船山:《张子正蒙注·大易》。

[52]王船山:《张子正蒙注·可状》。

[53]《论语·雍也》。

[54][55]王船山:《四书训义》卷十。

[56]王船山:《四书训义》卷八。

[57]朱熹:《四书章句集注·论语集注》卷一。

[58]王船山:《四书训义》卷五。
[59]王船山:《四书训义》卷十。
[60]王船山:《四书训义》卷十。
[61]王船山:《周易外传·系辞下》,岳麓书社 1988 年版。
[62]王船山:《诗广传·大雅》。
[63]王船山:《周易内传》,第 555 页,岳麓书社 1988 年版。
[64]王船山:《周易内传》,第 556 页。
[65]王船山:《读四书大全说》卷六,第 766 页,岳麓书社 1991 年版。
[66]王船山:《张子正蒙注·神化》。
[67]王船山:《张子正蒙注·三十篇》。
[68][69]王船山:《张子正蒙注·大易》。
[70]王船山:《张子正蒙注·诚明》。
[71][72]王船山:《张子正蒙注·中正》。
[73][74]王船山:《周易外传·系辞上》。
[75][76]王船山:《张子正蒙注·神化》。
[77]王船山:《张子正蒙注·大易》。
[78]王船山:《张子正蒙注·中正》。
[79][80][81][82]王船山:《张子正蒙注·至当》。
[83]王船山:《张子正蒙注·大易》。
[84]王船山:《周易内传》,第 419 页。
[85]王船山:《张子正蒙注·至当》。
[86]王船山:《张子正蒙注·三十篇》。
[87]王船山:《张子正蒙注·大心》。
[88]王船山:《张子正蒙注·诚明》。
[89]王船山:《张子正蒙注·中正》。
[90]王船山:《张子正蒙注·神化》。
[91]《曾国藩全集·日记》,第 113 页,岳麓书社 1987 年版。
[92]王船山:《张子正蒙注·大易》。
[93]王船山:《张子正蒙注·至当》。
[94]王船山:《张子正蒙注·中正》。

[95]王船山:《思问录内篇》,第417页,岳麓书社1992年版。

[96]王船山:《周易内传》,第411页。

[97]王船山:《张子正蒙注·诚明》。

[98][99]王船山:《周易内传》,第226页。

[100]《濂溪学案》,转引自谢祥皓、刘宗贤《中国儒学》,第522页,四川人民出版社1993年版。

[101]王船山:《张子正蒙注·参两》。

[102][103][104]王船山:《张子正蒙注·可状》。

[105]王船山:《读四书大全说》卷七,第872页。

[106]王船山:《读四书大全说》卷九,第1046页。

[107]王船山:《读四书大全说》卷十,第1072页。

[108]王船山:《周易内传》,第511页。

[109]王船山:《周易内传》,第51页。

[110]王船山:《周易内传》,第76页。

[111]王船山:《周易大象解·乾》,第697页。

[112]王船山:《读四书大全说》卷五,第734页。

[113]王船山:《周易内传》,第203页。

[114]王船山:《读四书大全说》卷五,第693页。

[115][116][117]王船山:《读四书大全说》卷五,第694页。

[118]王船山:《周易内传》,第523页。

[119]王船山:《周易内传》,第522页。

[120]王船山:《周易内传》,第234页。

[121]王船山:《周易内传》,第517页。

[122]王船山:《周易内传》,第424页。

[123]王船山:《周易内传》,第602页。

[124]王船山:《周易内传》,第277页。

[125]王船山:《周易内传》,第249页。

[126][127][128][129]王船山:《读四书大全说》卷四,第597页。

[130][131]王船山:《读四书大全说》卷四,第598页。

[132]王船山:《读四书大全说》卷四,第599页。

[133][134]王船山:《读四书大全说》卷四,第600页。

[135][136][137][138]王船山:《读四书大全说》卷四,第624页。

[139][140][141][142][143]王船山:《读四书大全说》卷四,第627页。

[144]王船山:《读四书大全说》卷四,第628页。

[145]王船山:《读四书大全说》卷四,第629页。

[146]王船山:《读四书大全说》卷四,第630页。

[147]王船山:《读四书大全说》卷四,第632页。

[148]王船山:《读四书大全说》卷四,第633页。

[149]王船山:《读四书大全说》卷四,第642页。

[150][151]王船山:《读四书大全说》卷八,第902页。

[152]王船山:《读四书大全说》卷八,第903页。

[153]王船山:《读四书大全说》卷八,第904页。

[154]王船山:《张子正蒙注·太和》。

[155]王船山:《张子正蒙注·太和》。

第十章

陆象山“熟仁”里的新动向

与朱熹同时代的陆象山，开出了儒家“熟仁”之新动向、新导向，这是后来“心学”一路走过来的基石，这是很有意义的现象。

陆九渊(1139—1193)，字子静，自号存斋，江西抚州金溪人，曾结庐贵溪象山讲学，故称象山先生。

作为“心学”大师的陆象山，其“熟仁”观，基本是从“心”上开拔的。“熟仁”，就是尽仁、就是熟心。陆氏的“熟仁”观，在继承孔、孟“熟仁”思想的基础上，自成一体系，也对王阳明的“熟仁”思想的产生和发展具有重大影响。

但是需要指出的是，象山论“熟”的格调，在儒家“熟仁”思想的体系里，最有特色之处有二：一是其批判精神，即象山是在社会缺乏“熟仁”之风貌、气质之时，站出来倡导属于儒家“熟仁”的新风气、新气派、新气象，即心学路径的“熟仁”转折。二是引导“熟仁”在心学意义里的风向标及其内容格局，这是儒家“熟仁”中极为可贵的动向和导向。

象山去世后，同仁包逊，作一祭文，用16个字言简意赅地概括出了象山“熟仁”之结晶：

> “先立其大，须臾不离。日累月积，仁熟功熙。”[1]

这是对象山身体力行于“熟仁”所达到“仁熟”的境地之总括。“先立其大”，指的是先立乎其“心”；“须臾不离”与“日累月积”，讲的是“熟仁”工夫

(即谓在这"心"上的工夫)是如何纯熟;"仁熟功熙",突出了经过前面二步的"熟仁"之功所达到的"仁熟"境界,这是人品的象征、人格的完美。这一评价,具有盖棺定论的味道,很经得起检验。如果要细究这"功熙"所指,恐怕就在那个"心"了。象山使"熟仁"化在"心"之工夫里讲个熟透,即"熟仁",就是熟心。非常简便又实效,一下子,也使二程、张载、朱熹以来的"熟仁"观,似乎发生了某种"革命"性变化,故借此称为"新动向"。

"仁熟"之"功熙",聚集于"心",这是象山"熟仁"里的最大特色。在做深入考量之前,先摘录些象山的"熟"观,以激活对于象山"仁熟功熙"的想象空间,其中不乏来自于孔、孟的承传和自家的冷暖。可以细细道来:

"习熟足以自安"

"日就规矩准绳,日以纯熟,亦为难得。"

"要须于一事精熟,得其要领。"

"此数语不可不熟味。"

"不妨熟味,读得文字熟底。"

"有不合处,不可强合,须精思熟考。"

"以习熟便安之。"

"吾人相与扶持于熟烂之余,何敢以戏论参之。"

"可精观熟读。"

"贵精熟。"

以上的说法,已经在做人、做官、做学问诸方面,点明于"熟"之重要性。"习熟"使所做得以"自安";游刃于"规矩",不断努力,获得"纯熟";对做事的"精熟",能获得事物要领;读书写字要至于"熟";于事不能牵强附会,只能是"精思熟考",到达"熟处"。象山深有感触:对于万事万物,他相信的是立足和坚持于"熟烂之余",而决不敢怠慢"熟仁"。这里,所谓"贵精熟",不难发现,象山实际上已经充分地运用"熟仁"的功用,并得益于化"熟仁"为一种方法论的确认。

其实,以上所说之"熟",终究是心之"熟"的结果。至于说到"心"之工夫的纯熟问题,那必须在孔、孟“熟仁”中领会和把握。并且,象山的“熟仁”路数,首先是从破心之蒙蔽开始的。这也算得上象山“熟仁”之“新”矣。

一、至熟,在“尽仁”

先来心领神会一下作为激情大师、心学大师的象山富有哲学情趣地抒发了“至熟,在‘尽仁’”这一儒家“熟仁”式命题。孔子有“从心所欲不逾矩”的“熟”之最高境界,朱熹称其为“烂熟”。象山以“尽仁”两字说尽。象山言之凿凿:“仁,人心也,从心所欲不逾矩,此圣人之尽仁。”[2] 此一说法,一下子就把孔、孟“熟仁”与“心学”连接起来了。陆象山,就是那么的有智慧。

“尽仁”,就是彻底的仁,就是从头到脚的仁,就是身心连成一片的仁,这是从人之本根上向外讲开的仁。象山以为政之道来说开,振振有词:“为政在人,取人以身,修身以道,修道以仁。仁,人心也。人者,政之本也,身者,人之本也,心者,身之本也。不造其本而从事其末,末不可得而治矣。”[3] 人连接着身,身连接着道,道连接着仁,仁是最终的归宿。而仁,就是人之心,此“心”即本根,尽仁,就是尽仁心之本,而人之心,乃是仁心,统贯一切,其生发的最高境界,就是到了孔子般的“烂熟”之境地。

象山是一位充满激情的大儒,激情的雄辩、激情的坦诚、激情的讲授,无一不显露象山的优秀品质。同样,一份仁心之激情、一种是非之洞察、一个腔子里的紧张,使得他对天下之善的滑坡所激起的忧虑,深深地萦绕于心头。象山洞察到了问题的来龙去脉,是根源于天下未“尽仁”,天下“熟仁”几乎是“鲜有人”呀!象山怎么办?他看准了问题,找到了答案,即是人之心出了大毛病。

1.“破”字当头

其实,令象山感到遗憾的是,对于这般由“仁心”所统领的“熟”之境界的向往和希冀,并没有在生活世界里成为现实。人心受到了蒙蔽,“尽仁”就半途而废了。为此,象山“破”字当头,撩开“蔽”之真相,指出蒙蔽,破解蒙蔽,复其本源，期待"尽仁"而"熟"。对此，象山勇敢地提出五破：

一破"科举"之蔽。为了科举，而蔽于识仁。象山对儒家之"仁"有着无限的钟情与执着，儒家原创之"仁"，就在《论语》中，因此，象山谆谆教诲弟子和学生，学《论语》，读《论语》，至于"仁"处，不可不思乎！可是，象山深感失望的是，时下的学风却有失于此，读"仁"而蔽于"仁"，那实在不够"尽仁"了。象山如此评道："然而犹皆不足以与于仁，则今日之学者宜皆绝意于仁，不当复有所拟议矣。今世读书者未有不先《论语》，自童子而已诵习之矣。不识学者每读至言仁处，果可置而不思乎？"[4]象山深切地感觉到了"尽仁"不足的浮夸现象，"圣人固言仁矣，天下之言仁者，每不类圣人之言仁。圣人固言义矣，天下之言义者，每不类圣人之言义。圣人之言，知道之言也，天下之言，不知道之言也。知道之言，无所陷溺，不知道之言，斯陷溺矣。"[5]在象山看来，圣人讲仁义，今人也在讲仁义，可是今人讲的"仁义"却不属于圣人之"仁义"了。圣人能够知道，今人却不能知道，天下之"陷溺"就不可避免了。问题出在哪里？象山似一语中的："今世又以科举取士，苟其题之言仁者，又将累累而言之，其为诬欺，无乃已甚乎？诸生方将从事于圣人之学，近世言仁者亦众，而持罕言之说以排言仁者亦众，故愿与诸生论之。"[6]出于科举之利欲，言仁却迎合科举之题意，似有曲解，反而成为诬欺天下之言，这是掩盖不了的利欲熏心，虚伪成章，篡改仁义，今人之言仁，已与圣人之言仁，相去甚远呀！象山愿在"言仁"与"排言仁"之间与其弟子论究个是非，以廓清"尽仁"之"陷溺"，振救天下之时弊。也就是说，搞不清儒家之仁，"熟仁"就会迷失方向、无的放矢、走入歧途，至多只能算是玩弄一些雕虫小技而已。

二破"蒙心"之蔽。为了声色富贵，而蔽于良心善性。象山一语道破时下此风的根源所在，便是无"熟仁"之始、之先、之本。象山看个时下透："人要有大志，常人汩没于声色富贵间，良心善性都蒙蔽了。今人如何便解有志，须先有智识始得。"[7]先立乎其大志，就是"熟仁"的开始；此"大志"，就是那个良心、那个善性的本真和纯粹。"我治其大而不治其小，一正则百正。恰如坐得不是，我不责他坐得不是，便是心不在道。"[8]是"心不在道"，使其不正，是心被蒙蔽了,使其立也不是、坐也不是,真叫"坐得不是"、"立得不安"。那么,究竟是什么会使人如此坐立不安和蒙蔽人之正心呢?象山一言刺破:是"声色富贵",是利欲熏心。症结所在,似乎急需解蔽那个心灵之始、之先的问题,象山急切警语:"凡欲为学,当先识义利公私之辨。"[9]"为学"之于"熟仁",就像身体之于心灵,关系极为紧密,"当先识义利公私之辨"为"为学"之首要,恰恰这个"当先",是极关乎"熟仁"的方向和原则。这一始、这一先,实乃是象山得以攻破蒙心之蔽的"针砭"、"药石"。可以窥得,这里发露的先后之辨,无疑属于心学路径:"学者问:'荆门之政何先?'对曰:'必也正人心乎。'"[10]那个"对曰"者,就是陆象山。

三破"迷路"之蔽。为了投其所懒,而蔽于正道正宅。象山洞察到时下的求学风气,有如此之蔽:"学者大率有四样:一、虽知学路,而恣情纵欲,不肯为;一、畏其事大且难而不为;一、求而不得其路;一、未知路而自谓能知。"[11]知学路而不肯为,畏难而不愿为,寻求而找不到正路,不知道路而自以为是。这问题是"迷了路",是怕走"正道",是心住进了"邪宅"。一方面,是累心迷心,失去了本心。心不在正道上、人不住正宅里,所以迷路了。象山发挥孟子"义之路辨",说得深刻:"此吾之本心也,所谓安宅、正路者,此也;所谓广居、正位、大道者,此也。"[12]另一方面,是用力不够,工夫不到家,缺乏自正底气:"乃若未工未似,未足以自信,未足以自安,则舍其邪而归于正,犹易为力也。"[13]说到底。这个"迷路",就是迷心:心不在正道、正位、正宅。这是今人心之未知正路使然也。

四破"独仁"之蔽。为了天下归仁,不能蔽于一人独仁。因此,尽仁,是尽己之仁,更是尽天下之仁。象山读《论语·里仁》,由衷感叹孔子"里仁为美":"仁,人心也。为仁由己,而由人乎哉?我欲仁,斯仁至矣。仁也者,固人之所自为者也。然吾之独仁,不若与人焉而共进乎仁。与一二人焉而共进乎仁,孰若与众人而共进乎仁。与众人焉共进乎仁,则其浸灌薰陶之厚,规切磨砺之益,吾知其与独为之者大不侔矣。故一人之仁,不若一家之仁之为美;一家之仁,不若邻焉皆仁之为美;其邻之仁,不若里焉皆仁之为美也。'里仁为美',夫子之言,岂一人之言哉?"[14]"里仁为美"出自《论语·里仁》,孔子说:"里仁为美。择不处仁,焉得知?"居住在有仁义的地方,才是美好的。选择住处,不找有仁义的地方,就不为聪明之举。在象山的解读里,悟到的是,破"独仁"之蔽的方法,恰恰就是"熟仁"的方式,象山描绘为:"浸灌薰陶之厚,规切磨砺之益"。象山解得此蔽的逻辑是:不独仁、己仁,而且要与他人共进仁,才是"尽仁"之选择;从一人到一家、从一家到一邻、从一邻到一里,(古代五家为一邻,五邻为一里)"尽仁"要的是"由近及远"、"由小到大"、"由少到多";也就是说,扩大仁,"尽仁"的行动就是行之于"熟仁",这"浸灌薰陶之厚,规切磨砺之益",不就是"熟仁"的方式吗?所以由"独仁"而遍及为"皆仁",关键就在于"共进乎仁"的"熟仁"方式,是不是成为普天下的方式(一种"仁"之普世化情结,会油然而生!)。今人常以"独仁"而自居而自为,更有自以为是的学风、作风,实乃"熟仁"之欠缺呀。这一点,足以研判为是象山破"独仁"之精蕴,是因其普世化情结。

五破"胜心"之蔽。心之长进之理,就在破"胜心"之蔽。何谓"胜心"?象山这样评判:"如何要长进?若当为者有时而不能为,不当为者有时乎为之,这个却是不长进。不恁地理会,泛然求长进,不过欲以己先人,此是胜心。"[15]"胜心",缺的是一个"敬"字,是"以己先人",为者而不为,不为者而为之,这就叫"泛然求长进",如此,人反而无长进,这个问题,就是"欠熟",是"熟仁"不足。克服"胜心",勿忘勿助,乃需要一个"敬"字:"乃所谓勿忘,乃所谓敬",[16]这是"涵泳"工夫,那个"以己先人",便是不足。象山列举:"学者不长进,只是好己胜。出一言,做一事,便道全是,岂有此理?古人惟贵知过则改,见善则迁。今各自执己是,被人点破,便愕然,所以不如古人。"[17]所以,象山常以此评价时下风气或其弟子同仁:"因提公昨晚所论事,只是胜心。风平浪静时,都不如此。"[18]"又多是胜心所持,必欲己说之伸,不能公平求是,与之反覆,只成争辩,此又不可与论。"[19]"今世人浅之为声色臭味,进之为富贵利达,又进之为文章技艺。又有一般人都不理会,却谈学问。吾总以一言断之曰:胜心。"[20]这"胜心",既是时下之通病,又是人心之通病,破

其蔽,乃在于“熟仁”之心的长进呀。

2. 撩开“破蔽”之真相

以上五“蔽”,归结起来,就是心之蒙蔽,必须除掉:“人心不能无蒙蔽,蒙蔽之未撤,则日以陷溺。”[21]问题就严重了,所以人要“贵于知其所蔽”,[22]必须“解蔽”。以上五“破”之蔽,实也勾勒出象山的“解蔽”观,但与荀子“解蔽”相较,象山说其有个特殊差异,就是“主人”设定:“予举《荀子·解蔽》:‘远为蔽,近为蔽,轻为蔽,重为蔽’之类,说好。先生曰:‘是好,只是他无主人。有主人时,近亦不蔽,远亦不蔽,轻重皆然。’”[23]人之“蔽”的产生,在荀子那里,指的是认知没有客观性和全面性,所以有此蔽;而在象山那里,是由于缺乏主心之确立、涵泳,“存养是主人,检敛是奴仆。”[24]“存养”即谓立心养心,只有“先复其心”,人才有“解蔽”之可能,象山的心学立场,在此颠覆了荀子具有唯物主义立场的认知观。但是,也应该如实看到,象山对于荀子的“解蔽”观,还是有所肯定的,在一定场合,还为其作了些许辩护:“近日举及《荀子·解蔽篇》,说得人之蔽处好。梭山(陆九韶,字子美,号梭山,系象山长兄—引者加注)兄云:‘后世之人,病正在此,都被荀子、庄子辈坏了。’(象山)答云:‘今世人之通病恐不在此。大概人之通病,在于居茅茨则慕栋宇,衣敝衣则慕华好,食麄粝则慕甘肥,此乃是世人之通病。’”[25]但是,基于儒家“熟仁”的基本精神,其“解蔽”,无论是荀子还是陆象山,都是走向“熟仁”的通道,这叫“殊途而同归”,只不过象山更多地诉求于“先立乎其大”的心学路径罢了。

通过象山之“破”,看出其“熟仁”路数是非常有特色的。几乎走了与二程、张载、朱熹、乃至后来的船山等不同之路,就是象山的这个“破”。通过这些“破”,找到“熟仁”之遗失,是如孟子所讲的,是人的那颗善良之心“散失”了,要立马收拾,这就叫“求放心”。象山从这样的社会批判的行动里,去获得“尽仁”的秘密和原动力,那就是“熟心”。

二、尽仁，在熟心

破时下之蔽，象山是有所“立”的。就是立在“尽仁，在熟心”这个真“涵泳”。尽天下之仁，又揭秘了这个真“工夫”。象山看透的是“专就心上说”，“熟仁”在“熟心”。所以，象山学着圣人的腔调说：“仁，人心也，从心所欲不逾矩，此圣人之尽仁。”[26]

现在，先来细细地品味一下象山在不同场合的“熟”字用词：

“习熟”

“纯熟”

“精熟”

“成熟”

“熟考”

“熟味”

“熟读”

“熟思”

前四组之“熟”，是“熟仁”之考究；后四组之“熟”，是“熟仁”之妙用。但这一切，归之于“心”的考究和运用。对于做人做官做事，象山一概以“心”去考量，并对“心”存有特定期待，即谓“具在人心”：“为善为公，心之正也。为恶为私，心之邪也……辛勤而为之者，此真为善为公，而出于其心之正者也。有是心者，岂得不翕然相应而助成之乎？”[27]“君之心，政之本，不可以有二……岐君之心，扰政之本，其害有不可胜言者，惜乎未之辨也。”[28]“心逸日休，心劳日拙，德伪之辨也。”[29]天地之理、天下之道，盖在人心之内，于其“大而化之”，就能成物成己而成圣：“道未有外乎其心者。自可欲之善至于大而化之之圣，圣而不可知之神，皆吾心也。心之所为，犹之能生之物得黄锺大吕之气，能养之至于必达，使瓦石有所不能压，重屋有所不能蔽。则自有诸己至于大而化之者，敬其本也”，[30]此“本”，就是这个“心”。象山对此“心”，有何等程度的期待!

但从“仁”上讲,此心即为“仁心”。“故仁义者,人之本心也。”[31]象山依孟子,左一个“仁心”、右一个“仁心”,并据仁心,划出辨别人禽的分界线:“仁,人心也,心之在人,是人之所以为人,而与禽兽草木异焉者也,可放而不求哉?”[32]求其放心,就是“熟仁”的过程。仁义道德,原来就在心里,是你散失了,蒙蔽了,“蔽于物欲而失其本心”、“蔽于意见而失其本心”,[33]眼下的工夫,就是通过“熟仁”,去不断地把此“心”找回来,所以才有精熟、习熟、纯熟、成熟之考究,所以才有仁之当先的各类妙熟之运用。

至于“熟仁”之考究、之妙用,象山的根本旨意就是在这个“心”上,这一点不假,一点不造作。譬如,解蔽,有讲心之剥落:“人心有病,须是剥落。剥落得一番,即一番清明,后随起来,又剥落,又清明,须是剥落得净尽方是。”[34]“剥落”有方,乃“熟仁”之道;破“胜心”,有讲平心着实:“天之所以予我者,至大、至刚、至直、至平、至公。如此私小做甚底人?须是放教此心,公平正直。无偏无党,王道荡荡;无党无偏,王道平平;无反无侧,王道正直。”[35]“公平正直”,乃成“大人”之“熟”;推行天下“尽仁”,有讲心之主宰、收拾精神:“收拾精神,自作主宰。万物皆备于我,有何欠缺?当恻隐时自然恻隐,当羞恶时自然羞恶,当宽裕温柔时自然宽裕温柔,当发强刚毅时自然发强刚毅。”[36]“收拾精神”,乃是心的“自作主宰”,这是“熟仁”的前提和根本出发点。所以,做人做官做事,一切皆出自于这个“本心”,就像种树,根基正,才有枝叶茂。人须呵护、浇灌、养育树之根、树之基。象山形象之比喻:“孟子曰:‘苟得其养,无物不长,苟失其养,无物不消。’今吾友既得其本心矣,继此能养之而无害,则谁得而御之?如木有根,苟有培浸而无伤戕,则枝叶当日益畅茂。”[37]

现在,暂且分两层次说,来消化上述之理。先分而细说“熟仁”之考究。

1.“习熟”

象山十分钟情于“习熟”:“习熟足以自安”。[38]不懈怠地练习、学习、历练“熟仁”,可以获得自我安慰、自我生长的根基。关键在这个“习”字上,象山要求“循习之久”,“寖以习熟便安之”,[39]而且,要志在习仁义:“然则君子之所以喻于义者,亦其所志所习之在是焉而已耳。”[40]这是成君之理、君子之道。做到这个“习”,说到底,就是去习那个“心”。因为,心才是天下人事之根本。所谓“习心”的方法是很多的,它就在人们的日用之间,象山以“学与思”为例,认为“为学”的过程就是“习心”的过程,象山引经据典,晓之以理、动之以情地与友切磋:“大抵为学,但当孜孜进德修业,使此心于日用间戕贼日少,光润日著,则圣贤垂训,向以为盘根错节未可遽解者,将涣然冰释,怡然理顺,有不加思而得之者矣。《书》曰:‘思曰睿,睿作圣。’孟子曰:‘思则得之。’学固不可以不思,然思之为道,贵切近而优游,切近则不失己,优游则不滞物。《易》曰:‘拟之而后言,议之而后动。’孟子曰:‘权然后知轻重,度然后知长短,物皆然,心为甚。’《记》曰:‘心诚求之,虽不中不远矣。’日用之间,何适而非思也。如是而思,安得不切近,安得不优游?”[41]那个“心为甚”、那句“心诚求之”,才是这篇谈话的归结点。其实,儒家对学思之于熟仁,是一以贯之的信念,这在孔子那里已经奠定了基础。总之,在象山那里,从“习熟”到“习仁”再到“习心”,就是一个从“习熟”到“熟心”再到“熟仁”的进化。

2.“纯熟”

象山希冀“熟仁”里的功夫,要纯熟,是追求“工夫纯一”之“熟”的状态。象山憧憬“日以纯熟”:“诚使心不狂妄,而身中规矩准绳,不亦善乎？纵未能如此,但狂妄日减,日就规矩准绳,日以纯熟,亦为难得。”[42]还是寻源在一个“熟心”上,这里有个工夫所以然,如果“工夫不甚纯一”,未免难以“纯熟”。象山看中那个“身中规矩准绳”,可以使己“日以纯熟”的功效,很有见地。在象山的逻辑里,先立乎其大,就是有了规矩,以致成为规模,不断习之,就会“日以纯熟”。这就是象山的“工夫纯一”。无怪乎,象山会如此频频道来:“只要事成,却是先定规模”;[43]“故定趋向,立规模,不待悠久,此则所谓可立至者”;“惟其趋向既定,规模既立,徐图渐治,磨以岁月,乃可望其丕变,此则所谓当驯致之者。”[44]象山感慨:识其规模,乃可识其人定向:“虽未可责以古人之学,而观其规模先定,则与泛泛浪为者殊也”;所以“不识规模果有先定如古人者乎?”[45]有了规矩,就有了规模,就有了定向,就有了工夫纯一的指归。当然,说到底,这是心上的来龙去脉。但是,象山认定的“规模”,是有道德方寸的,心上要正,才有规模之正。象山如此道来:“学者规模,多系其闻见。孩提之童,未有传习,岂能有是规模?是故所习不可不谨。处乎其中而能自拔者,非豪杰不能。劫于事势而为之趋向者,多不得其正,亦理之常也。”[46]孩提时代无现成规模,只有后天习之而来,这就要求“熟仁”之心的把握,那样,“纯熟”就会由此而来。所以,象山才有“须是放教规模广大”[47]的志趣和旨意。

3.“精熟”

象山“熟仁”里,刻着求“精”之趣。而且,他要求个“精粗之辨”[48],他说的“贵精熟”,意在达到“精微”、“精细”、“精别”、“精思”、“精专”、“精读”、“精识”、“精义”、“精纯”之境地。重要的是,象山视“精熟”乃为“凡事皆然”的方法论。他如此道来:“但是贵精熟。知与不知,元无加损于此理。”[49]“精读书,著精采警语处,凡事皆然。”[50]“精熟”有什么好处呢?象山一一道来:

“精细”:“‘如切如磋者,道学也;如琢如磨者,自修也。’骨象脆,切磋之工精细;玉石坚,琢磨之工麄大。学问贵细密,自修贵勇猛。”[51]“人莫先于自知,不在大纲上,须是细腻求。”[52]

“精微”:“开辟反复,自谓究竟精微,然试探其实。”[53]

“精识”:“精识如此,吾道之幸!”[54]

“精专”:“今人欠个精专不得。”[55]

“精别”:“三子之智,盖其英爽足以有所精别,异乎陈子禽叔孙武叔之流耳。”[56]

“精思”:“有不合处,不可强合,须精思熟考,写来辩之乃善。”[57]“亦恐于本指未相应,更愿精思之。”[58]

"精读":"精读文义分明事节易晓者,优游讽泳,使之接洽,与日用相协,非但空言虚说,则向来疑惑处,自当涣然冰释矣。"[59]

"精密":"每以条理精密,济登平易。"[60]

"精义":"然至当归一,精义无二,'至于心独无所同然乎?'"[61]

"精纯":"然其本末偏重,实未一贯。故言根原处虽若精纯,终篇读之,却觉浑乱,无统临运率之势。"[62]

以上"精熟"之论,象山诉求的,是去追求那个"明理义精",去追寻孟子那个"四端"之本心。但这一追求、这一追寻,锁定的目标,依然在"熟心",心之本真与本然,还是不是在你我心头执着。

4."成熟"

象山说过自然现象的"成熟"观:"旬日更得一雨,旱田十分成熟矣。陂池皆有蓄水,纵有秋旱,晚稻亦有可救,不至如去年也。"[63]种田种稻如此,做人呢?"更得一雨"、"皆有蓄水",确含做人的成熟内涵,即如德性培育、涵养悠久、积蓄而涌、灌溉熏陶、日趋成熟。令象山最叹为观止的,正是孔子"十有五而志于学"到"七十而从心所欲不逾矩"的成熟之路。如博学、审问、明辨、慎思、笃行等成熟之道,象山概之以"此须是有志方可","孔子曰:'吾十有五而志于学',是这个志。"[64]"故自志学而至从心,常言之志所期也。"[65]象山一路走来的成熟,是经典的"熟仁",而这其中涵盖了象山的一片"熟心"、一股"仁熟功熙"。我们可以截取其《年谱》经历,看出象山成熟的大概:

先生十三岁。因宇宙字义,笃志圣学。与李侍郎及權郡书,皆云:"十三志古人之学。"先生自三四岁时,思天地何所穷际不得,至于不食。

先生十四岁。吾于践履未能纯一,然才自警策,便与天地相似。

先生十六岁。做得工夫实,则所说即实事,所指人病皆实病。

先生二十四岁。家兄一日问曰:"吾弟(指象山——引者加注)今在何处做工夫?"某答曰:"在人情、事势、物理上做工夫。"

先生三十四岁。至策,文意俱高。令收拾精神,涵养德性,根本既正,不患不能作文(做事做官。)

先生三十七岁。欲先发明人之本心,而后使之博览。

先生四十三岁。如云:“今人只读书便是利,如取解后,又要得官,得官后,又要改官。自少至老,自顶至踵,无非为利。”(可见,象山在学与仕上的成熟。)

先生四十六岁。吾有医国“四物汤”:任贤、使能、赏功、罚罪。

先生四十七岁。因读《孟子》而自得之于心也。

先生四十九岁。先生顾诸生曰:“谁能代答?”须臾呈稿者数人。先生嘆曰:“将纸来。”一笔写就。(熟了!)

先生五十岁。先生从容讲道,歌咏愉愉,有终焉之意。

先生五十四岁。七日丙午。先生疾。十一日庚戌,祷雪。郡僚问疾,因言冬暖盍祈雪,乃命倪巨川济甫画《乾卦》揭之黄堂,设香花。翌早,往迎蒙泉,取水归安奉,而风云遽兴。辛亥日,雪骤降。先是十一月,语女兄曰:“先教授兄有志天下,竟不得施以殁。”女兄尽然。又语家人曰:“吾将死矣。”或曰:“安得此不祥语?骨肉将奈何?”先生曰:“亦自然。”又告僚属曰:“某将告终。”先生素有血疾,居旬日大作。越三日,疾良已,接见僚属,与论政理如平时。宴息静室,命洒扫焚香,家事亦不挂齿。雪降,命具浴。浴罢,尽易新衣,幅巾端坐。家人进药,却之。自是不复言。十四日癸丑日中,先生卒。(象山生死之间,对死亡只讲一个“亦自然”,安然谢世,成熟至极。)

归纳象山“仁熟功熙”之来龙去脉,就是厘清了个先后之辨(“先立其大”),再是工夫所致(“须臾不离”和“日积月累”)。“熟仁”,就是见得那工夫、用足那工夫:“为仁由己”,“有能一日用其力于仁,我未见力不足者。圣人岂欺后世?”[66]是矣!

再姑且分而细说“熟仁”之妙用。

5.“熟考”

象山断定:“须精思熟考”,方有“辩之乃善”。此“熟考”,象山定义在

“求血脉”，而“血脉只在仁义上”。[67]具体说来，是“理会”、“磨砺”、“穷究”个“义精仁熟”为主旨、为规模、为方向的一类行为。在评价历史人物的是非功过，象山如此“熟考”到“仁义”上：“或问贾谊、陆贽言论如何？曰：‘贾谊是就事上说仁义，陆贽是就仁义上说事。’”[68]也会“熟考”到“穷理”上：“或问‘介甫比商鞅何如？’先生云：‘商鞅是脚踏实地，他亦不问王霸，只要事成，却是先定规模。介甫慕尧舜三代之名，不曾踏得实处，故所成就者，王不成，罢不就。本原皆因不能格物，模索形似，便以为尧舜三代如此而已。所以学者先要穷理。’”[69]在评价时下学风如何是非的问题，象山如此“熟考”到“道义”上：“此只有两路：利欲，道义。不之此，则之彼。”[70]“若果有志，且须分别势利道义两途。”[71]“学者不自着实理会(利欲、道义两途)，只管看人口头言语，所以不能进。且如做一文字，须是反复穷究去，不得又换思量，皆要穷到穷处，项项分明。他日或问人，或听人言，或观一物，自有触长底道理。”[72]在象山那里，“熟考”之于“仁熟”，意义非凡。

6.“熟读”

儒家“熟”论，向以为学之道著称。象山也不例外。他称为“可精观熟读”，“熟读。读得文字熟底，虽少亦胜卤莽而多者。”[73]书不在多。而要精读几本，“读得文字熟底”，乃为真读。“熟读”，也为象山独特的读书之法，“熟读”，可把握精髓、汲取营养、辨得良莠、体脉自活。“熟读”，就是“优游涵泳”：“问作文法，先生云：‘读汉、史、韩、柳、欧、苏、尹师鲁、李淇水文不误。后生惟读书一路，所谓读书，须当明物理，揣事情，论事势。且如读史，须看他所以成，所以败，所以是，所以非处。优游涵泳，久自得力。若如此读得三五卷，胜看三万卷。’”[74]所谓“优游涵泳，久自得力”，就是“熟读”之妙用。象山看出孔子开启的“熟仁”之“博学、审问、慎思、明辨、笃行”的内在连接，是“博学在先，力行在后。”[75]读书而熟读，意义是重大的。并且，象山之业是承继了儒家“文以载道”传统，希冀在字里行间里，读出个仁义道义，“熟仁”就是需要在这里“磨砺”。他举读《诗经》中的《大雅》和《小雅》，可见一斑：

"《诗·大雅》多是言道,《小雅》多是言事。《大雅》虽是言小事,亦主于道;《小雅》虽是言大事,亦主于事。此所以为《大雅》、《小雅》之辨。"[76]还是纠集在那个"道"上,这是"熟读"之后方能体悟得出的。

7."熟味"

在象山看来,"熟读"里,会徐徐地产生"熟味"的涵养和浸泳。"读书之法,须是平平淡淡去看,仔细玩味,不可草草。所谓优而柔之,厌而饫之,自然有涣然冰释,怡然理顺底道理。"[77]所谓"优而柔之,厌而饫之",就是进入"熟味"状态。对此,象山细致刻画:"所谓优而柔之,使自求之,厌而饫之,使自趋之,若江海之寖,膏泽之润,涣然冰释,怡然理顺,然后为得也。"[78]"熟味"是有丰富内涵的,象山常以"古人"来洗刷"今人"之弊端,今人要从"熟味"中"熟"出古人之仁义道德,又能"味"出古人之道义精纯。象山有了这个比较:"古人不求名声,不较胜负,不恃才智,不矜功能,通身纯是道义。"[79]"通身纯是道义",这是古之圣贤的精神内在,它绝非简单能够直观把握得到的,而是要靠"穷究磨炼"、"沉涵熟复"、"习熟经久"、"细细理会",才能彻底体悟、了然于心。所以,象山经常向其同仁弟子指出"熟味"之事实根据、现实理由。因为现实上和事实上确乎存在着"浅深、精粗、偏全、纯驳",这就需要"味"出个仁的"立场"和道的"方法"。象山的所言所行,盖与此有关,那个"尽仁"而"熟心","仁熟"而"心熟"的内在连接,都印迹于此。

8."熟思"

"熟味"连接着"熟思"。"欲沉涵熟复而切已致思,欲平淡玩味而冰释理顺,此则与徒乾没于训诂章句之末者大异。"[80]"熟思",需要加入自己体会,做到"切已致思",又需要沉浸涵泳,反复致熟,这叫"沉涵熟复"。这"熟思",则优于缺乏切己理会且枯燥乏味的"训诂章句"一类。更重要的是,象山看出"熟思"带来的实际功效。如审思事物、明辨是非之效:"过、不及,有两种人。胸中无他,只一味懈怠沉埋底人,一向昏俗去,若起得他却好,只是难起,此属不及。若好妄作人,一切隔了,此校不好,此属过。人凝重阔大底好,轻薄小相底不好。”[81]明辨过与不及这两类人，需要“熟思”，才能分得出“凝重阔大”、“轻薄小相”。又如，经过“熟思”，能够辨出时异下的孔、孟精神：“夫子以仁发明斯道，其言浑无罅缝。孟子十字打开，更无隐遁，盖时不同也。”[82]所以，学习的过程，就是“熟思”的过程，而且，“熟思”，则会极有助于人们的是非选择。象山接着“博学、审问、慎思、明辨”，阐明“思则在己”在这个方面的“熟思”功效：“方册所载，又有正伪、纯疵，若不能择，则是泛观。欲取决于师友，师友之言亦不一，又有是非、当否，若不能择，则是泛从。泛观泛从，何所至止？如彼作室，于道谋，是用不溃于成。欲取其一而从之，则又安知非私意偏说。子莫执中，孟子尚以为执一废百，岂为善学？”[83]这就是说，书籍之言、师友之言，需要“熟思”观之、择之，方显为“善学”。这叫“执中”之法。更有“论人之法”，也在“熟思”定义里，象山借用了十分贴切的比喻词，来理喻这个“熟思”：“铢铢而称之，至石必缪，寸寸而度之，至丈必差，石称丈量，径而寡失，此可为论人之法。”[84]多么精妙啊！

以上八类“熟”，分为两层次讲，其实就是一段义，只不过是为了叙述之需要，不得已分而说之。因为此“心”，就是人的一个仁心，理一、道一，心一，仁一也。这叫“至当归一，精一无二”。象山肯定，“圣人之道有用，无用便非圣人之道。”[85]孔孟之道有用，无用便非孔孟之道。因而，“熟仁”有用，无用也非“仁熟”之道。所以，象山竭尽全力去探研“仁熟功熙”。因为二者就是一个理。看得出，象山由“尽仁”到“熟仁”，是与孔、孟有直接的血脉。象山两句格言，净字切切：“仁自夫子发之”、[86]“莫作孟子以下学术”。[87]但是，由“尽仁”而“熟仁”到“熟心”，却是象山独家之路、独特之识，其“熟仁”之瑜，可见一番。

三、“熟仁”之瑜

象山的“熟仁”之辨，是基于孔、孟的“熟仁”之道，但亦别有一番意味，从中可见象山“熟仁”之探骊得珠的工夫，并从中发现儒家的“熟仁”之瑜。

1.“瑜”之一,“造次”、“颠沛”说

来自于《论语·里仁》的一段孔子“熟仁”名言,始终令人难忘:“君子无终食之间违仁,造次必于是,颠沛必于是。”对此,象山情有独钟地称其为“须臾不离道”,是君子之道,就是不可与仁有“须臾之离”的动机和倾向。[88]在儒家“熟仁”体系里,后儒对于孔子这段名言都给予了极大的“熟仁”关切,象山也不例外。并且,经过象山的阐发,儒家的“熟仁”观通过“造次”、“颠沛”说而获得特殊之“瑜”。

其一,无私欲无私利,方能“造次”、“颠沛”必于是。《与黄康年》文,象山写道:“此道充塞宇宙,天地顺此而动,故日月不过,而四时不忒;圣人顺此而动,故刑罚清而民服。古人所以造次必于是,颠沛必于是也。斯须不顺,是谓不敬。虽然,己私之累人,非大勇不能克。一日克己复礼,天下归仁焉,岂直推排而已哉?”[89]“造次”和“颠沛”,最终归于“仁”上,这就是“此道”。熟仁,无非于此。古人一以贯之的“道”,就是“天下归仁”的大善结局。它是无私累人的大勇之局。做得到“造次必于是,颠沛必于是”,就是古人心里没有私欲名利,敬仰天道,克己复礼,一言一行,乃至“熟仁”而已矣。

其二,一言一行,乃至熟仁,盖出乎“诚”。象山以“诚”拉近了与“熟仁”之连接,“造次颠沛必于是”,就必在这个“诚”字上。象山感慨:“(熟仁)至矣哉!诚之在天下也。一言之细,一行之微,固常人之所忽。然言出乎身,加乎民,行发乎迩,见乎远。言行,君子之所以动天地也。君子喘言蠕动皆足法,造次颠沛必于是。”[90]言行细微,“皆足法”,这是“诚”的专注与集中,“造次颠沛必于是”,就是至熟的境遇,而它归乎的就是“心在道上”,“若心在道时,颠沛必于是,造次必于是”[91],君子的言行细微处,尽显“皆足法”,此亦称为“规模”之中,即谓至诚而至熟。陆象山解“诚”之于“颠沛造次”,说得如是:“‘诚则明,明则诚’,此非有次第也,其理自如此。‘可欲之谓善’,‘知至而意诚’亦同。有志于道者,当造次必于是,颠沛必于是。凡动容周旋,应事接物,读书考古,或动或静,莫不在时。此理塞宇宙,所谓道外无事,事外无道。舍此而别有商量，别有趋向，别有规模，别有行迹，别有行业，别有事功，则与道不相干，则是异端，则是利欲为之陷溺，为之窠臼。”[92] 此中之理，也与上述其一之理互为照应了。

其三，“造次颠沛”，贯穿于日用日常，也为做人至熟的一种“生生不息”之磨炼。象山不无感慨：“但能造次必于是，颠沛必于是，勿忘勿助长，则不亦乐乎？”[93] 何谓“勿忘勿助长”？象山论成“熟”之事，即以“积善”、“积义”、“养气”等“不替不息”为“造次颠沛”之规定，讲得贴切：“使（复其本心）……主于内，造次必于是，颠沛必于是，无终食之间而违于是。此乃所谓有事焉，乃所谓勿忘，乃所谓敬。果能不替不息，乃是积善，乃是积义，乃是善养浩然之气，真能如此，则不愧古人。”[94] 这就意味着，“勿忘勿助长”，就是要历练磨炼，心之熟仁，乃是“积善”、“积义”、“善养浩然之气”的“不替不息”，不由得“造次颠沛”之一点点背离。这便是做人做事的大学问之根源：“此便是学问根源也。若能无懈怠，暗室屋漏亦如此，造次必于是，颠沛必于是，何患不成。”[95] 这里，似乎见得一个活生生的孟子“熟仁”之考辨了。

“造次颠沛”问题，关乎的乃是儒家思想体系中的“修身”。陆象山定义如此：“君子无终食之间违仁，造次必于是，颠沛必于是，所以修其身者素矣。”[96] 当然，在此基础上，象山还作了心学上的描绘，就是给予“复其本心”的特定路径，即在“造次颠沛”里坚守这个“熟仁”的通道。象山视其为儒家一以贯之的心路历程。他如此教导其学生：“‘万物皆备于我矣，反身而诚，乐莫大焉。’此吾之本心也，所谓安宅、正路者，此也；所谓广居、正位、大道者，此也。古人自得之，故有其实。”而“复其本心”乃是“居安宅，由正路，立正位，行大道”之根源，也是那个“必于是”的根据：“复其本心，使此一阳为主于内，造次必于是，颠沛必于是，无终食之间而违于是。”[97] 由此看来，象山之“熟仁”，即源自于孟子一路，又有象山自己的心学开拔。

2. “瑜”之二，“规矩”说

其实那个“皆足法”，就蕴涵了某种“规矩”说。需要指出，儒家的“熟仁”

思想里,是离不开“规矩”说的。不立规矩,无以成方圆。熟,就是从规矩到方圆的过程。如曾国藩说的“先立规模,后求精熟”,似乎也立意在此。象山探寻“规矩”之于“熟仁”,归结起来,有三个层次,意义精到。

其一,“随身规矩”说。陆象山常以“随身规矩”教导学生。“后生随身规矩不可失”。[98]这“规矩”是什么?象山如此亲切道来:“随身规矩,是后生切要。莫看先生长者,他老练,但只他人看,你莫看,他人笑,你莫笑。所谓非礼勿视,非礼勿听。”[99]所谓“非礼勿视,非礼勿听”,便是规矩;“规矩”有何作用?象山言简意赅:“规矩严整,为助不少。”[100]有了“规矩”,又如何守之?象山细细道来:“守规矩,孜孜持守,规行矩步,不妄言语。”[101]其实,这道理离你很近,就在你身边、就在你内心。言行之间,视听之间,无须臾片刻之离。这就叫“简易”之道:随身规矩,如此往来,必成方圆,必至于成熟。

其二,“守规矩”说。象山细细道来的“守规矩”说,由其学生悟出真谛。《象山语录》里记载了一则关于“守规矩”极为精彩而细腻的对白,读来如在目前:“临川一学者初见,问曰:‘每日如何观书?’学者曰:‘守规矩。’欢然问曰:‘如何守规矩?’学者曰:‘伊川《易传》,胡氏《春秋》,上蔡《论语》,范氏《唐鉴》。’忽呵之曰:‘陋说!’良久复问曰:‘何者为规?’又顷问曰:‘何者为矩?’学者但唯唯。次日复来,方对学者诵‘《乾》知太始,《坤》作成物,《乾》以易知,《坤》以简能’一章,毕,乃言曰:‘《乾·文言》云:“大哉乾元”,《坤·文言》云:“至哉坤元。”圣人赞《易》,却只是个“简易”字道了。’遍目学者曰:‘又却不是道难知也。’又曰:‘道在迩而求诸远,事在易而求诸难。’顾学者曰:‘这方唤作规矩,公昨日来道甚规矩。’”[102]弟子们领悟到了象山老师“守规矩”的言传身教。此篇接着记道:“一学者听言后,更七夜不寝。或问曰:‘如此莫是助长否?’答曰:‘非也。彼盖乍有所闻,一旦悼平昔之非,正与血气争寨作主。’又顾谓学者:‘天下之理但患不知其非,既知其非,便即不为君子以向晦入宴息也。’”[103]“随身规矩”乃是天下之理,“守规矩”,乃知是非之理,它可以使人渐渐入理、入长,非拔苗助长矣。

其三,“下工夫”说。“随身规矩”、“守规矩”,乃为“熟仁”之工夫。象山倾慕于此。孔子那段著名的“十有五而志于学”到“七十而从心所欲不逾矩”之“烂熟”境地，象山发挥为“下工夫”之处，有学生问：“吾十有五而志于学，三十而立，既有所立矣，缘何未到四十尚有惑在?”象山回答，切入一个“下工夫”：“志于学矣，不为富贵贫贱患难动心，不为异端邪说摇夺，是下工夫，至三十，然后能立。既立矣，然天下学术之异同，人心趋向之差别，其声讹相似，似是而非之处，到这里多少疑在？是又下工夫十年，然后能不惑矣。又下工夫十年，方浑然一片，故曰五十而知天命。”[104]那么，到了六十和七十，就是“耳顺”、就是“不逾矩”之熟状态。这一切，缘分于“规矩”之立。所以，在象山那里，这规矩，乃为“下工夫”之处，乃为至熟之地，“随身规矩”抑或“守规矩”，犹如“不离道”。象山看高一线：“自然常不离道，若至‘从心所欲不逾矩’之地矣。”[105]对此，象山称其为“易简工夫终久大”[106]就一点也不奇怪了。

3.“瑜”之三，“精熟”说

象山有倡“精熟”说：“古之君子，知固贵于博。然知尽天下事，只是此理。所以博览者，但是贵精熟。知与不知，元无加损于此理。若以不知为慊，便是鄙陋。以不知为歉，则以知为泰，今日之歉，乃他日之泰。”[107]“博览”与“精熟”，是一对矛盾，这是从“知”上来讲的。问题是，象山看出“精熟”之要义，提炼出“精”之为“熟”的方法。即“精”字上做工夫。

其一，精而纯一。象山道破未有“精熟”之境，似在“纯一”未达：“吾于践履未能纯一，然才自警策，便与天地相似。”[108]“纯一”即与天地相致相融之境地，这就是“精熟”之状态。象山把握：“只缘理明义精，所以于天地之间，一事一物，无不著察。”[109]但又如何做到“纯一”？象山得出个“大而化之”：“允其所见，推其所为，勿怠勿画，益著益察，日跻于纯一之地，是所望于君子……自有诸已至于大而化之。”[110]“大而化之”，是人与天地之间之“化”，是“自化”。象山以一“诚”字，一下子点出了“自化”的根基：“闲邪存其诚，诚之存诸已者也。德博而化，德之及乎物者也。”[111]那么，由“诚”至“德博而化”的“自化”，最终落实到“大而化之”的娴熟状态，就是对“仁”之运作的娴熟，就是到达了人与天地之间的“化”，象山以“至矣哉”、“大矣哉”的感慨，如此描绘：

“至矣哉！诚之在天下也。一言之细，一行之微，固常人之所忽。然言出乎身，加乎民，行发乎迩，见乎远。言行，君子之所以动天地也。君子喘言蠕动皆足法(皆足“仁”)，造次颠沛必于是。”[112]

“大矣哉！德之见于天下也。推吾所有，兼善天下，此固人之所甚欲。然有诸己而后求诸人，无诸己而后非诸人，所藏乎身不恕，而能喻诸人者，未之有也。故君子正身以正四方，修己以安百姓。且日丽必照物，云浓必雨苗，和顺积中，英华发外，极吾之善，斯足以善天下矣。然伐之害德，犹木之有蠹，苗之有螟。骄盈之气，一毫焉间之，则善随以丧，而害旋至矣，尚何有于德之博？故有焉而若无，实焉而若虚，功赞化育而不居，智协天地而若愚，消彼人欲而天焉与徒，谦冲不伐，而使骄盈之气无自而作，则凡不言而信，不怒而威者，乃所以为德也。兹不日不期而自化者乎？”[113]

尽管，这里的人与天地之间的“化”，已带有人格化倾向，但是，这“自化”的字里行间所透露和折射出的，不恰恰是对“仁”的娴熟之用吗？人的自身价值和尊严，表露的和刻画的，不也给出了非常丰富的想象空间吗？总之，以象山哲学的研判，精而纯一，就是心与天之合一：“然至当归一，精义无二，至于心独无所同然乎？”[114]读书学习，做事做人，也无非求得那般“纯一”：“博学、审问、慎思、明辨，始条理也。如金声而高下、隆杀、疾徐、疏数，自有许多节奏。到力行处，则无说矣，如玉振，然纯一而已。知至知终，皆必由学，然后能至之终之。所以孔子学不厌，发愤忘食。‘《易》与天地准’，‘至神无方而易无体’，皆是赞《易》之妙用如此。‘一阴一阳之谓道’，乃泛言天地万物皆具此阴阳也。‘继之者善也’，乃独归之于人。‘成之者性也’，又复归之于天，天命之谓性也。”[115]这是象山祈求的“精熟”之最高境界矣！

其二，求精之识。“精熟”乃维系于一个“精”字工夫。象山多有“精”之辨:“切磋之工精细”;[116]“今人欠个精专不得”;[117]“精读书,著精采警语处,凡事皆然”;[118]“亦将无以自解,精识如此,吾道之幸”;[119]“盖其英爽足以有所精别”;[120]“自家主宰常精健”;[121]“当其扞格支离,只得精求方略庶几或悟耳。”[122]“熟仁”乃有“精粗之辨”,[123]此番“精细”、“精专”、“精采”、“精识”、“精别”、“精健”、“精求”,乃为“精熟”之求,一概为粗,非精熟之量,熟仁,盖至于精熟,儒家有“义精仁熟”之说,是耶!

其三,“精”字工夫。此工夫,象山从“精熟”上考量,指意在“涵养”与“自化”。象山常以此教导学生。学生记载:“先生云:‘学者读书,先于易晓处沉涵熟复,切己致思,则他难晓者涣然冰释矣。若先看难晓处,终不能达。举一学者诗云:读书切戒在荒忙,涵泳工夫兴味长。未晓莫妨权放过,切身须要急思量。自家主宰常精健,逐外精神徒损伤。寄语同游二三子,莫将言语坏天常。’”[124]象山以读书之“熟”,讲出涵养与自化的道理,形象且生动。所谓“沉涵熟复”、“涵泳工夫”、“自家主宰”,且语义双关,“涵养”与“自化”,油然而生。并且,“涵养”以“自化”为归宿,“自化”以“涵养”为前提。其实,象山十分钟情于那个“自”字,美言为“‘自’字煞好”:“‘诚者自诚也,而道自道也。’‘君子以自昭明德。’‘人之有是四端,而自谓不能者,自贼者也。’暴谓‘自暴’。弃谓‘自弃’。侮谓‘自侮’。反谓‘自反’。得谓‘自得’。‘祸福无不自己求之者’。圣贤道一个,‘自’字煞好。”[125]所以,那个“自化”,象山会形象贴切地扩充为:“自得”、“自成”、“自道”、“自重”、“自立”、“自知”、“自省”等。尤其在一篇冗长题目的解试:《庸言之信庸行之谨闲邪存其诚善世而不伐德博而化》文里,象山着意于这个“化”字,解读出了“自化”的微言大义。希冀达到“不期化而自化”的境地。这是“熟仁”的最高境界了。如此看来,有了“涵养”与“自化”,那个“精”字,放在了“熟”的前面,真有了画龙点睛之效了。

质言之,以上三点,实质乃“精熟”一回事,象山一语中的:“惟精惟一,须要如此涵养。”[126]

四、“血脉”说

“熟仁”,在儒家那里,总有这一脉相承的源流。象山概之为“血脉”。并相信“血脉”说应该是极其感人的话语,象山如此体会:“吾与人言,多就血脉上感移他,故人之听之者易,非若法令者之为也。”[127]何谓“血脉”?象山作过解释,仍在“熟仁”上着墨:“血脉只在仁义上”。[128]象山常以“血脉”之于“熟仁”观,“须是血脉骨髓理会实处始得”,[129]即谓“着实工夫”处所得。譬如涵养之于血脉:“此尤当求血脉,只要理会‘我善养吾浩然之气’。”[130]譬如读书之于血脉:“读《孟子》须当理会他所以立言之意,血脉不明,沉溺章句何益?”[131]“理会”就是自家心熟之工夫:“每理会一事时,血脉骨髓都在自家手中。”[132]

其实,象山之“血脉”说,从儒家“熟仁”路径里看,维系于特定之内容和形式,构成其特色。

1. 象山之“血脉”说,令我们想起韩愈“道统”说

象山说:“此为尧、为舜、为禹汤、为文武血脉骨髓,仰见圣学。”[133]韩愈《原道》说:“尧以是传之舜,舜以是传之禹,禹以是传之汤,汤以是传之文、武、周公,文、武、周公传之孔子,孔子传之孟轲,轲之死不得其传焉。”后来朱熹将韩愈之“道统”归结为“十六字心传”,即“人心惟危,道心惟微。惟精惟一,允执厥中。”[134]后儒基本上接受了这“十六字心传”,当也包括陆象山,尽管对其精义阐释有所差异。从“道统”说到“血脉”说,无非证实的是,象山“熟仁”之“仁”,是儒家之精神、是圣人之学问、是儒家“熟仁”之一脉相承的传统。总之,“熟仁”乃为儒家一个根深蒂固的“血脉”。象山如是看。这是内容上的追究。

2. 象山之“血脉”说,其立意在“血脉自流通”上

仅从形式上去考量,即如象山意会出,此中走向“熟仁”之工夫:既从血脉中来,又在血脉中流,是活跃了血脉。说其立意在“血脉自流通”上,对此,

象山有两个立场，俱与破立有关，直入现实，不落虚妄，值得推究：

一是破不在血脉中流而恣意妄为，这叫无“实头处”。象山列举教读圣贤之书，一再道破：“圣贤教人，固句句实头……旨意自明白，血脉自流通。古人实头处，今人盖未必如此。”[135]今人不在这“血脉”里流淌、涵泳，故“不实头”，不“规矩”，不“复心”，故不“熟仁”；“圣贤教人，使之知有讲学，岂有一句不实头。今讲学之路未通，而以己意附会往训，立为成说，则恐反成心之蟊贼，道之榛棘，日复一日而不见其进，志与事乖，说与行违，首尾衡决，本末舛逆，未可归之禀赋，罪其懈怠也。”[136]“懈怠”者，绝无“熟仁”可言！

二是立在血脉中即在道中来来去去，这叫“须臾不离道”。象山“道”论，多是从“血脉”上引申，牵挂出“熟仁”之道：“道塞天地，人以自私之身与道不相入。人能退步自省，自然相入。唐虞三代教化行，习俗美，人无由自私得。后以裁成天地之道，辅相天地之宜，以左右民。今都相背了，说不得。”[137]“与道相入”，是无私之源，“熟仁”追求的境界，恰是此得。“资禀好底人阔大，不小家相，不造作，闲引惹他都不起不动，自然与道相近。资禀好底人，须见一面，自然识取，资禀与道相近。资禀不好底人，自与道相远，却去锻炼。”[138]“与道相近”，是资禀好的根据，“与道相远”，乃必须去锻炼，使之相近。所谓“相近”或“相远”，就是“熟仁”之深浅、之高低、之大小的结局。

以上一“破”一“立”，全在“血脉”与“道”上说的，旨意在做人上，就是透过一个“熟”。象山以“道”见“人”：“道大，人自小之；道公，人自私之；道广，人自狭之。”[139]“道”的伟大性反照出人的渺小性，“道”的公正性反照出人的自私性，“道”的广袤性反照出人的狭隘性。“熟仁”的过程就是化“道”的过程，象山称其为“大而化之”的“自化”，使己与“道”相近的过程。也就是不断克服自身缺点的过程，这叫“学能变化气质”。[140]“见道后，须见得前时小陋。君子所贵乎道者三，说得道字好，动容貌，出辞气，正颜色。其道如此，须是暴慢自远，鄙倍自远。”[141]“暴慢自远，鄙倍自远”，那就与道更近了。所以，“熟仁”，就是近“道”的过程，“要常践道，践道则精明。一不践道，便不精明，便失枝落节。”[142]常践道，乃至熟，“小心翼翼，心小而道大。大人者，与天地合其德,与日月合其明,与四时合其序,与鬼神合其吉凶。”[143] 这是“熟仁”的最高境界了,是孔子般“从心所欲不逾矩”之“纯熟”、“烂熟”境地了。

3. 象山之“血脉”说,究其内容与形式的统一,就归在“道”上的“至熟”观

这还是源自于孔子“熟”论中的三句名言。象山如此体会:“夫道一而已,相去千里,相后千岁者,犹若合符节,况其近者乎?然古人所以汲汲于师友,博学、审问、慎思、明辩(疑为“辨”)之者,深惧此道不明耳。于其大端大旨,知其邪正是非,形有相近而实有相远,则知精微之处亦犹是也。夫子十五而志学,则既得其端绪矣,然必三十而立,四十而不惑,五十而后曰知天命,及其老也,犹曰我学不厌。”[144] 形近而实远,乃形实不合;知精微之处,乃“熟仁”之量;博学、审问、慎思、明辨,乃为熟仁之途径;孔夫子十五至于七十的从心所欲,乃为熟仁之历炼,这就是“熟仁”之道,形式与内容是如此的“若合符节”,要窥得出其中的“大端大旨”,即一个“道”上的“至熟”,“人精神千种万般,夫道一而已”,[145] 这是“熟仁”之一大“血脉”矣。

五、本分事熟

从“熟仁”之瑜到“血脉”之说,象山似乎寻迹出“熟仁”之道上的活路。这条活路,是依据于心学路径中走来的聚集,是着眼于“在内的着实工夫”,即着实地成为做人、做官、做事的要害工夫。象山称之为“本分事熟”。

象山说过:“宇宙便是吾心,吾心即是宇宙”。又定义为:“宇宙内事,是己分内事。己分内事,是宇宙内事。”这是对“分内事”的大局把握,细化来看,还有个“本分事熟”的人之责任和使命。

1. 何谓“本分事熟”

象山如此道来:“本分事熟后,日用中事全不离。此后生只管令就本分事用工,犹自救不暇,难难。教他只就本分事,便就日用中事,又一切忘了本分事,难难。精神全要在内,不要在外,若在外,一生无是处。”[146] 所谓“精神

全要在内”，是符合陆象山“复其本心”之语境，这个“本分事熟”，就是这一语境中的“着实工夫”，也就是如上所述的一种人心中的“涵养”与“自化”，即心之精勤不懈的“熟”之到来，方可“日用中事”。象山细细道来：“精勤不懈，有涵泳玩索之处，此亦是平常本分事，岂可必将无事之说排之？如读书接事间，见有理会不得处，却加穷究理会，亦是本分事，亦岂可教他莫要穷究理会……方有就已向实工夫。涵养讲究，却是本分事。”[147] 所谓“涵养讲究”，是心里头的学问，管、做好它，就是“本分事熟”。

“熟仁”之于“本分事”，或谓“分内事”，这是需要“用功”、“用力”的。《与杨敬仲》里，象山说得如是：“此心之良，戕贼至于熟烂，视圣贤几与我异类。端的自省，谁实为之？改过迁善，固应无难，为仁由己，圣人不我欺也。直使存养至于无间，亦分内事耳。然懈怠纵驰，人之通患，旧习乘之，捷于影响。慢游是好，傲虐是作，游逸淫乐之戒，大禹伯益犹进于舜，盘盂几杖之铭，成汤犹赖之，夫子七十而从心；吾曹学者省察之功，其可已乎？”[148] 孔夫子七十而从心所欲之精熟，是得益于夫子不断用功用力呀！象山如此评道：“承谕未尝用力，而旧习释然，此真善用力者也。舜之孳孳，文王之翼翼；夫子言‘主忠信’又言‘仁能守之’，又言‘用其力于仁’，孟子言‘必有事焉’，又言‘勿忘’，又言‘存心养性以事天’，岂无所用其力哉？”[149]“用力于仁”，乃是“本分事”。“熟仁”或不“熟仁”，只差一个“用力”与否的“分内事”罢了。此为其一。

其二，“用力”，还得“善用力”。象山列举了舜、文王、孔夫子、孟子所言所行，意在表明，至于熟仁，还得需要“善用力”。值得指出，象山真是有其自身的“善用力”设计和筹划：用力于何处？用力于心！熟仁，乃在熟心上。象山得意于孔孟的“道一”说，尤其得意于孟子“良知”、“良能”和“善养浩然之气”说，提出心之“保养灌溉”说，以求得熟心之道：“古人教人，不过存心、养心、求放心。此心之良，人所固有，人惟不知保养而反戕贼放失之耳。苟知其如此，而防闲其戕贼放失之端，日夕保养灌溉，使之畅茂条达，如手足之捍头面，则岂有艰难支离之事？今曰向学，而又艰难支离，迟回不进，则是未知其心,未知其戕贼放失,未知所以保养灌溉。此乃为学之门,进德之地。”[150]也为“熟仁”之路。

2.“活路”可见

那么,象山“善用力”之路径,究竟如何设计和筹划?象山自有一套活路。细细析来,脉络可见:

第一步,先立乎其大。“先立乎其大者”,然后可“积善”、“集义”、“知德”、“进德”。象山顺此说开:“此天之所以予我者,非由外铄我也。思则得之,得此者也;先立乎其大者,立此者也;积善者,积此者也;集义者,集此者也;知德者,知此者也;进德者,进此者也。”[151]“此者”、“大者”,即为“心”矣,“耻非其耻,而耻心亡矣。”[152]而“积善”、“集义”、“知德”、“进德”,即为“熟仁”之得。所以,象山对于“立心”就有了无比重要的关切:“心不可汩一事,只自立心。人心本来无事,胡乱被事物牵将去。若是有精神,即时便出好。若一向去,便坏了。”[153]象山是非常着意于“先后之辨”的。有先才有后,有“先立乎其大者”,才有“仁熟”之到来,所以,象山左一个分先后,右一个辨先后,不是没有道理的:“孟子之言,乃知所先后之验。”[154]“知所先后,则是非邪正知所择矣。”[155]这个先后之辨,归结的仍然是这个“心”的首要地位:“孟子之尽心,尽此心也,故能知性知天。学者诚知所先后,则如木有根,如水有源,增加驯积,月异而岁不同,谁得而御之?”[156]这离“仁熟”还会远吗?

第二步,涵泳工夫。“先立乎其大者”后,就得有一番工夫涵养存之化之,使心本然和端正。象山以一个“动静”之“涵泳”,表达此意:“但所谓怠惰急迫两偏,此人之通患。若得平稳之地,不以动静而变。若动静不能如一,是未得平稳也。涵泳之久,驰扰暂杀,所谓饥者甘食,渴者甘饮,本心若未发明,终然无益。若自谓已得静中工夫,又别作动中工夫,恐只增扰扰耳。何适而非此心,心正则静亦正,动亦正;心不正则虽静亦不正矣。若动静异心,是有二心也。”[157]意思是说,此心只是一个正心,涵泳此心,有动有静,须得本心

(即心正)发明,不然,心不正,则动静皆为不正,所以本心发明,乃为做人做官做事的一块“平稳之地”,每每涵养灌溉之,就有获得每一份“熟仁”之积、之集、之知、之进。

第三步,日新之功。“涵泳工夫”,需要“日新之功”的不断努力(“用力”),方能“可久可大”(“至于熟”)。象山娓娓道来:“日新之功,有可以见教者否?易简之善,有亲有功,可久可大,苟不懈怠废放,固当日新其德,日遂和平之乐,无复艰屯之意。然怠之久,为积习所乘,觉其非而求复,力量未宏,则未免有艰屯之意。诚知求复,则屯不久而解矣。此理势之常,非助长者比也。频复所以虽厉而无咎,仁者所以先难而后获也。若于此别生疑惑,则不耘、助长之患,必居一于此矣。当和平之时,小心翼翼,继而不绝,日日新,又日新,则艰屯之意岂复论哉?顾恐力量未能至此耳。”[158]“熟仁”,就是讲究个“日新之功”。“力量未能至此”,所以是绝不可能到达于“日日新,又日新”至熟的。

第四步,收拾精神。象山注意到,人走了前面三步,“熟仁”还不会自然到来,此三步内,其中必须有个灵魂,去主宰这个“熟仁”的始终,才能彻底通达于“熟仁”的来龙去脉。这个“灵魂”、这个“主宰”就是人的内在精神:“人精神在外,至死也劳攘,须收拾作主宰。收得精神在内时,当恻隐即恻隐,当羞恶即羞恶。谁欺得你?谁瞒得你?”[159]所谓“收得精神在内时,当恻隐即恻隐,当羞恶即羞恶”,即已入于一种“熟仁”之境界。而这个“收得精神在内”,即谓他的心:“某观人不在言行上,不在功过上,直截是雕出心肝。”[160]“雕出心肝”,就是看其“收得精神在内”的彻头彻尾、彻始彻终,做到了没有。“熟仁”,与“收拾精神”,须臾而不离;“雕出心肝”,就是看其“熟仁”与否之标的。

第五步,雕出心肝。象山意在为“熟仁”寻其一个标的物。象山有感于孔子之熟,孔夫子是十五有志于学开始的,直到七十而从心所欲不逾矩之“烂熟”,一个头一个尾、一个始一个终,内在连接,缺一不可。当然,万事开头难,儒家讲究“仁者先难而后获”的“熟仁”去向,因此,这个“先立”就显得十分必要且重要,"雕出心肝",就是看其精神状态、就是看其头尾始终、就是看这个"熟仁"之先为那般,即真立意在,看个"心正"上。心术不正,一切徒劳。象山列举:"尧之知共工、丹朱,不是于形迹间见之,直是见他心术。"[161]从第一步的"先立乎其大者"到"复其本心",再到此步中的"雕出心肝",似乎象山完成了检验"熟仁"的一个小"圆圈"——雕出心肝,看那个"心"是不是立了、是不是正了,再看那"涵泳工夫"、"着实工夫"是不是作了"日新之功",再看那"收拾精神"是不是在内活动了——也就是说,象山在此实质上提出了能不能做到"熟仁"与否的检验标准,这在儒家的"熟仁"里,开了个先例,只是象山把这一标准归在精神活动("雕出心肝")罢了。

以上五步之"熟仁"工夫,均为象山"本分事熟"的内涵,被称为"活路",立足于此,"熟仁"就显得有着实工夫可涉足、可通行、可猎获。同时,说"本分事熟",为人之责任和使命,也为象山坚信的"天地之性人为贵",提供了有力佐证。

六、"仁熟功熙"在《年谱》中的照观

回过头来,再晾晒象山一路走来的"仁熟功熙",是有"熟仁"的言行事迹来印证的。从其《年谱》中的记录来看,的确会得到事实上的验证。这一点,已在本文"成熟"章节里稍有概略,这里,仅现成地摘录,不作点评,也为求得心领神会的默契吧。

"静重如成人。"

"常侍宣教公行,遇事物必致问。"

"庄敬自持,心不爱戏。"

"遇事逐物皆有省发。尝闻鼓声振动窗棂,亦豁然有觉。其进学每如此。"

"读书有觉。"

"因宇宙字义,笃志圣学。"

“吾于践履未能纯一，然才自警策，便与天地相似。”

“谁言曾点志，吾得与之偕。”

“然胸中与人异，未尝失了。”

“做得工夫实，则所说即实事，所指人病即实病。”

“毫发无遗恨，波澜独老成。”[162]

“吾弟(指象山)今在何处做工夫？”答曰：“在人情、事势、物理上做工夫。”

“可以谓之仁术，不可以谓之仁道。”

“至策，文意俱高。”

“幼学之志，在于为善而已。”

“先生所以诲人者，深切著明，大概是令人求放心。”

“说得来痛快，至有流涕者。”[163]

“心理悟融，出于自得者也。”

“诸生叩请，孳孳启谕，如家居教授，感发良多。”

“大抵子思以来教人之法，尊德性道问学两事，为用力之要。”

“人生天地间，为人自当尽人道。”

“吾有四物汤，即任贤、使能、赏功、罚罪。”

以上所记，有的出自象山之言，有的出自门人之口，但不管何种记载，皆反映象山“仁熟功熙”的汇聚。那个常被研究者“忽略不计”的所谓“四物汤”，似乎表示的是，象山的“熟仁”同样印迹于做人和做官。象山做官的经历不长，其一生的主要事迹，乃在教书育人。所以，《年谱》里记载的“教授”事迹，远远多于、详于“治迹”。综观《象山年谱》，跳入眼帘最多的，就是象山之“教授”，真可谓是“仁熟”之功的“样板”。有人这样评价其讲学，可以讲到人心一贯到底的大明，可以讲到别人“痛哭流涕”，也可讲到衣服上的汗“绞流一缸水”，这一点也不夸张。现摘录若干片段，作为结束之点缀。读罢，或许会令今日大把的“教书先生”汗颜。

“吾之与人言，多就血脉上感动他，故人之听之者易。”

“先生之讲学也,先欲复本心以为主宰,既得其本心,从此涵养,使日充月明。”

“随其人有所开发,或教以涵养,或晓以读书之方,未尝及闲话,亦未尝令看先儒语录。每讲说痛快。”

“先生从容讲道,歌詠愉愉,有终焉之意。”

“每讲说痛快”,这个“每”字,已经给我们做了最贴切、最有力、也算是最“痛快”的“仁熟功熙”的注解了。

呜呼,“通身纯是道义”者,[164]象山矣!

呜呼,“宇宙便是吾心,吾心即是宇宙”,“六经皆我注脚”者[165],象山气派矣!

本文结束之际,想要指出的是,陆象山的“熟仁”之辨,归乎的旨意,就以“心学”立场的“熟心”而之于“熟仁”,这一点,还是需要细心的体悟和照观。或许可以领悟到,孔子确立的“熟仁”理性,经过象山“心学”的滋润,可能又有新意义浸透了。同样,朱子哲学虽与象山哲学有“道问学”与“尊德性”之差异,但似乎,坚持儒家“熟仁”立场,二者基本一致,只不过“熟仁”路径、工夫之不同。有人说,“陆子静只要顿悟,更无工夫”,朱熹反唇相讥,说“子静固有病,而今人却不曾似他用功,如何便说得他!所谓‘五谷不熟,不如稊稗’,恐反为子静之笑也。”[166]反观朱熹之胸襟,豁达而坦荡。这里,朱熹包容了象山。

质言之,象山的“新动向”引领出的“新导向”,尚被颇具胆识者勇敢又智慧地有继有续了,亦有所损益。特别地,在陈献章那里、在王阳明那里,似乎走得很“活”。

注释:

[1]《陆九渊集·年谱》,第517页,中华书局1980年版。

[2]《陆九渊集》卷二十一,第264页。

[3]《陆九渊集》卷十九,第233页。
[4]《陆九渊集》卷二十四,第297页。
[5]《陆九渊集》卷二十二,第273页。
[6]《陆九渊集》卷二十四,第297页。
[7]《陆九渊集》卷三十五,第450页。
[8]《陆九渊集》卷三十五,第451页。
[9]《陆九渊集》卷三十五,第470页。
[10]《陆九渊集》卷三十四,第425页。
[11]《陆九渊集》卷三十五,第462页。
[12][13]《陆九渊集》卷一,第5页。
[14]《陆九渊集》卷三十二,第377页。
[15]《陆九渊集》卷三十五,第440页。
[16]《陆九渊集》卷一,第6页。
[17]《陆九渊集》卷三十五,第433页。
[18]《陆九渊集》卷三十五,第463页。
[19]《陆九渊集》卷二,第19页。
[20]《陆九渊集》卷三十四,第406页。
[21]《陆九渊集》卷一,第8页。
[22]《陆九渊集》卷二十一,第266页。
[23]《陆九渊集》卷三十五,第448页。
[24]《陆九渊集》卷三十五,第450页。
[25]《陆九渊集》卷三十四,第404页。
[26]《陆九渊集》卷二十一,第264页。
[27]《陆九渊集》卷二十,第249页。
[28]《陆九渊集》卷三十,第356页。
[29]《陆九渊集》卷一,第1页。
[30]《陆九渊集》卷十九,第228页。
[31]《陆九渊集》卷一,第9页。
[32]《陆九渊集》卷三十二,第373页。
[33]《陆九渊集》卷一,第9页。

[34]《陆九渊集》卷三十五,第458页。
[35]《陆九渊集》卷三十五,第441页。
[36]《陆九渊集》卷三十五,第455页。
[37]《陆九渊集》卷七,第92页。
[38]《陆九渊集》卷二,第27页。
[39]《陆九渊集》卷十,第130页。
[40]《陆九渊集》卷三十二,第377页。
[41]《陆九渊集》卷三,第34页。
[42]《陆九渊集》卷四,第49页。
[43]《陆九渊集》卷三十五,第442页。
[44]《陆九渊集》卷十八,223页。
[45]《陆九渊集》卷二十四,第293页。
[46]《陆九渊集》卷三十四,第412页。
[47]《陆九渊集》卷三十五,第439页。
[48]《陆九渊集》卷十五,第197页。
[49]《陆九渊集》卷三十五,第452页。
[50]《陆九渊集》卷三十五,第467页。
[51]《陆九渊集》卷三十四,第412页。
[52]《陆九渊集》卷三十五,第433页。
[53]《陆九渊集》卷三十五,第471页。
[54]《陆九渊集》卷一,第7页。
[55]《陆九渊集》卷三十四,第451页。
[56]《陆九渊集》卷一,第9页。
[57]《陆九渊集》卷六,第89页。
[58]《陆九渊集》卷十三,第179页。
[59]《陆九渊集》卷十一,第143页。
[60]《陆九渊集》卷二十八,第332页。
[61]《陆九渊集》卷十,第133页。
[62]《陆九渊集》卷十三,第179页。
[63]《陆九渊集》卷九,第120页。

[64]《陆九渊集》卷三十五,第438页。
[65]《陆九渊集·年谱》,第532页。
[66]《陆九渊集》卷四,第51页。
[67]《陆九渊集》卷三十五,第444页。
[68]《陆九渊集》卷三十四,第414页。
[69]《陆九渊集》卷三十五,第442页。
[70]《陆九渊集》卷三十五,第439页。
[71]《陆九渊集》卷三十五,第440页。
[72]《陆九渊集》卷三十五,第434页。
[73]《陆九渊集》卷六,第88页。
[74]《陆九渊集》卷三十五,第442页。
[75]《陆九渊集》卷三十五,第443页。
[76]《陆九渊集》卷三十四,第404页。
[77]《陆九渊集》卷三十五,第432页。
[78]《陆九渊集》卷三十五,第438页。
[79]《陆九渊集》卷十四,第184页。
[80]《陆九渊集·年谱》,第531页。
[81]《陆九渊集》卷三十五,第464页。
[82]《陆九渊集》卷三十四,第398页。
[83]《陆九渊集》卷三十四,第412页。
[84]《陆九渊集》卷三十四,第405页。
[85]《陆九渊集》卷三十四,第426页。
[86]《陆九渊集》卷三十五,第433页。
[87]《陆九渊集》卷二,第27页。
[88]《陆九渊集》卷三十二,第378页。
[89]《陆九渊集》卷十,第132页。
[90]《陆九渊集》卷二十九,第336页。
[91]《陆九渊集》卷三十五,第451页。
[92]《陆九渊集》卷三十五,第474页。
[93]《陆九渊集》卷十,第140页。

[94]《陆九渊集》卷一,第6页。

[95]《陆九渊集》卷三十五,第444页。

[96]《陆九渊集》卷二十三,第277页。

[97]《陆九渊集》卷一,第5—6页。

[98]《陆九渊集》卷三十五,第460页。

[99]《陆九渊集》卷三十五,第469页。

[100]《陆九渊集》卷三十五,第478页。

[101]《陆九渊集》卷三十五,第451页。

[102]《陆九渊集》卷三十四,第429页。

[103][104]《陆九渊集》卷三十四,第430页。

[105]《陆九渊集》卷四,第51页。

[106]《陆九渊集》卷二十五,第301页。

[107]《陆九渊集》卷三十五,第452页。

[108]《陆九渊集》卷三十四,第411页。

[109]《陆九渊集》卷三十五,第475页。

[110]《陆九渊集》卷一,第1页。

[111][112][113]《陆九渊集》卷二十九,第336页。

[114]《陆九渊集》卷十,第133页。

[115]《陆九渊集》卷三十五,第477页。

[116]《陆九渊集》卷三十四,第412页。

[117]《陆九渊集》卷三十五,第451页。

[118]《陆九渊集》卷三十五,第467页。

[119]《陆九渊集》卷一,第7页。

[120]《陆九渊集》卷一,第9页。

[121]《陆九渊集》卷三十四,第408页。

[122]《陆九渊集》卷一,第11页。

[123]《陆九渊集》卷十五,第197页。

[124]《陆九渊集》卷三十四,第407页。

[125]《陆九渊集》卷三十四,第427页。

[126]《陆九渊集》卷三十五,第455页。

[127]《陆九渊集》卷三十四,第401页。

[128]《陆九渊集》卷三十五,第444页。

[129][130][131]《陆九渊集》卷三十五,第445页。

[132]《陆九渊集》卷三十五,第459页。

[133]《陆九渊集》卷三十五,第447页。

[134]朱熹:《四书章句集注·中庸章句序》。

[135][136]《陆九渊集》卷七,第91页。

[137][138]《陆九渊集》卷三十五,第462页。

[139]《陆九渊集》卷三十五,第448页。

[140]《陆九渊集》卷三十五,第462页。

[141]《陆九渊集》卷三十五,第448页。

[142][143]《陆九渊集》卷三十五,第449页。

[144]《陆九渊集》卷十二,第156页。

[145]《陆九渊集》卷三十五,第451页。

[146]《陆九渊集》卷三十五,第468页。

[147]《陆九渊集》卷六,第84页。

[148][149]《陆九渊集》卷五,第65页。

[150]《陆九渊集》卷五,第64页。

[151]《陆九渊集》卷一,第1页。

[152]《陆九渊集》卷一,第2页。

[153]《陆九渊集》卷三十五,第456页。

[154]《陆九渊集》卷十九,第240页。

[155]《陆九渊集》卷二十,第245页。

[156]《陆九渊集》卷十九,第238页。

[157]《陆九渊集》卷四,第57页。

[158]《陆九渊集》卷五,第65页。

[159]《陆九渊集》卷三十五,第454页。

[160]《陆九渊集》卷三十五,第466页。

[161]《陆九渊集》卷三十五,第433页。

[162]这是考官王景文在批阅象山“精考《周礼》”后写就的应试文中的一句“批曰”,实

也在赞美象山之风格。(《陆九渊集》卷三十六,第485页)

[163]是象山说此段:"今人只读书便是利,如取解后,又要得官,得官后,又要改官。自少至老,自顶至踵,无非为利。"(《陆九渊集》卷三十六,第493页)

[164]《陆九渊集》卷十四,第184页。

[165]《陆九渊集》卷二十二,第273页。

[166]《朱子语类》卷一百二十四。

第十一章

“熟仁”在心学里的转折性考究:从陈献章起步

在心学路径里,经陆象山到陈献章,间隔二百多年,值得考究的是,心学里的“熟仁”出现了某种转折,但它起步于谁呢,王阳明抑或陈献章?自孔、孟开启的“熟仁”,经过汉宋二代哲学家的洗礼,至明代心学一派儒者,间接地或多或少地发生了积累性的转折。这个起始性人物,当属陈献章。

一、“起步”之由来

陈献章(1428—1500),字公甫,广东新会百沙里人,世称白沙先生。明代著名学者。在儒学体系里,陈白沙称得上“在宋明理学史上是一个承前启后、转变风气的重要人物。”[1]此评价同样见之于白沙的“熟仁”。在此,很有必要廓清并梳理出陈白沙“起步”之印迹。

1. 学术源流

一批门人好友之评价,可以印证:

卞崃:“究白沙子之心,以达于濂洛洙泗。”[2]

林裕阳:“益知先生之学淳乎一本于濂洛,而远接洙泗之绪。”[3]

何熊祥:“先生之学,由濂洛关闽以溯洙泗,不事著述,不立门户。其主静之教,不过原本周子。”[4]

卫金章:“然白沙之书具在,请平心读之。其为周程嫡裔,而非陆氏

(象山)流亚,灿然矣。”[5]

仅以此来看,白沙的学术源流,是上接孔、孟(洙、泗之学)、下达周敦颐(濂)、二程(洛)、张载(关)、朱熹(闽)。但是,又仿佛隐隐可显,与关学的张载,非源头提及;与心学的陆象山、与老庄、与佛禅,无有提及,难道这些后人的评价是可以全当没有遗漏吗?

此处需要厘清的是,白沙与张载、与象山、与老庄、与佛禅,是有渊源的。这一廓清,对于白沙“熟仁”理路的铺垫和深化,乃至于对于儒家“熟仁”在心学体系中的把握,绝对是有思想史意义,而且足以经得起哲学史考辨的。

〇与张载。据上述所引,似乎看到,白沙与张载的一种源头性连接并不明显,似乎缺乏“公认”度。其实,细读陈献章集,得出的印象是,白沙对张子情有独钟,深刻地表现在两个方面:一是张载对白沙的思想有着深远的影响,二是张载对白沙的为人作诗起了直接的示范作用。这两点从陈白沙提及张载之语,就足以见证:

“宋儒之大者,曰周、曰程、曰张(载)、曰朱,其言具存,其发之而为诗亦多矣。”[6]

“横渠先生语学者‘必期至于圣人而后已’,予于谢氏,岂敢谓秦无人。”[7]

“颜、曾、思、孟、周、程、张(载)、朱,其传于著述文字,学者之所蕴也,有为人之心乎?”[8]

“闻其论学,多举古人成法,由濂、洛、关(张载)、闽以上达洙泗。尊师道,勇担荷,不屈不挠,如立千仞之壁,该一代之人豪也。”[9]

“横渠以礼教人,盖亦由是而推之,教事事入途辙去,使有所据守耳。”[10]

“孟子见人便道性善,言必称尧舜,此以尧舜望人也。横渠见人便告以圣人之事,此以圣人望人也。”[11]

与孟子并举,可见陈白沙对张载的器重。再细细品味此段,更会感到张载的影响对白沙的人生经历和思想发展都不可磨灭。白沙多次引用张载之座右铭,即可晓谕:"其至也,与天地立心,与生民立命,与往圣继绝学,与万世开太平。"[12]"则至大至通,无方无体,故能为天地立心,为生民立极,为往圣继绝学,为万世开太平,所谓建诸天地而不悖,质诸鬼神而无疑,百世以俟圣人而不惑,此其分内也。"[13]即便做诗也深受张载影响,"乃作诗者属意于此,《订顽》、《砭愚》咸此焉。"[14]《订顽》、《砭愚》乃张载所作,后程颐将《订顽》改称《西铭》,将《砭愚》改称《东铭》。《东铭》主要讲道德实践功夫,《西铭》主要讲儒家万物一体的思想。白沙诗文里,融会了这般道理。至于张载的"气"思想,也在白沙的诗文里显露:"天地间一气而已,屈信相感,其变无穷。人自少而壮,自壮而老,其欢悲、得丧、出处、语默之变,亦若是而已,孰能久而不变哉?变之未形也,以为不变,既形也,而谓之变,非知变者也。夫变也者,日夜相代乎前,虽一息变也,况于冬夏乎?生于一息,成于冬夏者也。夫气上蒸为水,下注为潭。气,水之未变者也。一为云,一为潭,变之不一而成形也。其必有将然而未形者乎?默而识之,可与论《易》矣。"[15]以"气"之变化说自然现象,这与张载的"气"论,在用词上、在精神气质上,是势的吻合。

挑明白沙与张载的渊源,意图说明的是,白沙的"熟仁",是心学里带上了张子的痕迹,具有起步之底气。

〇与象山。白沙与象山是有渊源的,其门人后人多有让白沙与象山撇清之嫌,这点很值得商榷。白沙言"主静",就坦承与象山的牵挂:"性静者,可以为学。二程之得于周子也,朱子不言有象山也。此予之狂言也。"[16]更为主要的是,象山最显著的"宇宙"观:"吾心即是宇宙"思想融入白沙的"心学"里,被完整地发挥成"万化我出,而宇宙在我矣"[17]的命题,"宇宙内更有何事?"[18]除了"我",还会有谁的造化?何等气派!

如果从节次上看,象山"熟仁"里的大景观,如"心即宇宙"、"本分事熟"、"精熟工夫"等,在白沙那里,皆可寻迹为源头。尤其那个"先立乎其大",被白沙融入得完备。一时名士罗伦在《送白沙陈先生序》里[19],讲得白沙这个"大",何等贴切和深刻,着实是象山"先立乎其大"的注释,也可为孟子"大而化之"——作为儒家"仁"之"熟"的通论!——的旁注。罗氏如此评价:

“夫天生物也,人为贵;其与人也,心为大。以仁居之,以礼位之,以义道之,以知出之,以信成之,以配天地,以明日月,以行鬼神,以流河海,以奠山岳,以绥万邦,以蕃草木、育鸟兽;大行为伊、吕,穷居为孔、孟,不其大与?孔子曰:‘富与贵是人之所欲也,贫与贱是人之所恶也。’先生不欲富贵而乐贫贱,独何心哉?见其大而已矣。”——“心为大”,先立乎其大,就是先立心。“以仁居之”,处富贵乐贫贱,造次颠沛必于是,皆在“先立乎其大”上。

“尧舜禹天下大圣也,为天子,天下大贵也;有四海,天下大富也。孟子曰:‘人皆可以为尧舜。’荀子曰:‘途之人可以为禹。’为尧舜、为禹岂其为富贵哉?为其大而已矣。走而为大者麟,飞而为大者凤,介而为大者龟,鳞而为大者龙,人而为大者圣贤。飞走鳞介有为大者,以人而不为焉,不亦禽兽之耻乎?”——“大而化之”,乃是人之富贵的地方,更是人之成圣的充要条件。

“小人大之,君子大之,天下大之,后世大之,大自我也,然后可以为大也。先立乎其大者,然后小者不能夺也,然后亦可以为大也。”——凸显了这个“我”。一个推论是:“先立乎其大”是人之为人的根据;“大而化之”,是人之为圣贤的根据。两者皆为“熟仁”之节次。又出自于“我”上,才有“德盛仁熟”之境地,这叫“可以为大也”。

“可大者,独先生哉!”——白沙是“先立乎其大”的呀!白沙是“大而化之”的呀!白沙是“涵养其熟”的呀!

罗伦的叙述,结论在白沙的“先立乎其大者”,这与象山“先立乎其大者”定位在“心”上,本质是共通的。尽管白沙讲“先立乎其大者”及其蕴涵的“大而化之”,与象山在“仁”之“熟”的节次里,尚存差异。这是真正的起步之由。这在后面的分析里,会详细提及。

与老庄、禅佛。在宋明二代的文学作品里,几乎离不开儒、道、释“三教”合一之齐观。也就是说,要考量这些作品的思想内涵和艺术形态,内容和形式上都不同程度地有了三家合流。尤其是到了晚明时期,就更加明显和直观。《呻吟语》(吕坤)、《菜根谭》(洪应明)就是如此之文集。透过白沙文集,也有深切体悟。这一点,已有许多专家学者提出。问题是,聚焦于儒家的

"仁"之"熟",道、佛究竟有多少着墨?在白沙作品里,很清楚看得到三家合流,或者说,道、佛也是白沙"仁"之"熟"的渊源之一,一点也不为过——一个特例,与老庄的甚切,反映在白沙与陶渊明的诗意连接。由此,更能体会或检验出"殊途而同归"意义下中国文化的汇集所在。

也必须指出,与老庄、与佛禅有缘,但是,白沙在有关儒、道、佛"合一"的根本底线里,却是坚持儒家立场。这一点,湛若水看得清晰:"然谓之如虚空则非真虚空,盖释氏以寂灭无闻为虚空,吾儒则以随事顺应不滞于物为虚空,相似实不同也。释氏之乐在于灭,是以灭而灭生。若夫望月、饮酒、放歌,乐由此生,则先生之乐在于生,是以生而灭灭。乐灭者,窈冥昏默与物扞格,何有于生?乐生者,日用动静与时偕行,何有于灭?生者,人道也。灭者,鬼道也。噫,人鬼之判远矣。"[20]白沙之"乐",是"忧乐同生";释氏之"乐,"仅是"灭生"。白沙坚持儒家立场,也使其"仁"之"熟",在汲取他人思想的同时,更显出白沙之特色!

2. 心学切脉

其门人好友评价白沙之"心学",切脉极准:

黄淳:"先生之学,心学也。先生心学之所流注者,在诗文。善读者,可想见其天地胸襟、濂洛造诣。"[21]

杨起元:"其学以自然为宗,乃其静中妙悟,不由师传。"[22]

欧阳永裿:"有明一代大儒林立,而能直揭本体,不为功夫节目所拘,则自先生始。"[23]

黄淳的话,极具代表性。用白沙自己的话说,叫"心学法门"。湛若水称其为"纯粹精焉"之"心学"。[24]在《明儒学案·白沙学案案语》,黄宗羲明确指出,陈白沙之"心学"在整个"心学"中应有的承上启下之地位:"有明之学,至白沙始入精微。其吃紧工夫,全在涵养,喜怒未发而非空,万感交集而不动。至阳明而后大。"[25]白沙之"起步"之由,是"心学"的"吃紧工夫",在白沙那里,获得开端。

3.“毁誉参半”之廓清:“主静”问题

“主静”,乃白沙“熟仁”之造诣,可就在这里,毁誉参半。《四库全书总目·白沙集九卷提要》里,评价确凿:“史称献章之学,以静为主。其教学者,但令端坐澄心,于静中养出端倪,颇近于禅,至今毁誉参半。其诗文偶然有合,或高妙不可思议;偶然率意,或粗野不可向迩,至今毁誉亦参半。”这里,主要牵涉的是白沙之“静”。其实,其门人对于白沙之“静”,颇有追慕之意:

钟音:“为学主静而见大,深造而自得,与孟子之养大体,孔子之毋意必固我,盖有合也。是以不急急与著述而发挥于咏歌,舒啸往来,酬酢间者,皆能衷诸大道而具有天机。”[26]

然以下两个澄清,不可或缺。

一是白沙之“静”,不是佛禅之“静”:

陈世泽:“公(指白沙)之静虚,岂禅之静虚也哉?禅主寂灭,有静而无动者也。禅主了空,空虚而无实者也。若公静养端倪,是由静存而动察也;致虚立本,是由本虚而形实也。公谓为学必得所谓虚明静一者为之本。可知公之静,乃静一之静,非静寂之静,公之虚乃虚明之虚,非虚无之虚。释语与吾儒似同而异,毫厘霄壤。贵择之精,公尝言之矣。”[27]

二是白沙之“静”,不是宗陆(象山)之“静”:

陈世泽:“君以公为宗陆,亦未知静之所由来耳。本于《易》,见于《论语》,详于《大学》,而濂溪特拈出以说太极者,非始于陆也。不观公之言乎?‘此一静字,发源于濂溪,程门递相传受,延平充专提此教人。晦庵恐人差入禅去,故少说静,只说敬。学者须自量度何如,若不至为禅所诱,仍多静方有入处。’是公之主静,宗周程也,何尝言宗陆哉!”[28]

按其门人之一般看法,确实存在一股倾向,即尽量与心学大师陆象山“划清界限”,尤其在那“主静”上。陈世泽在《重刻白沙子全集后序》里就不提象山:“迨至宋儒,周‘诚’程‘敬’朱先‘致知’,其归虽一,而所入不同。公得力于主静,亦犹是耳。”[29]屈大均在白沙之于周敦颐和朱熹之“静”的比较里,亦是如此:“白沙则本于濂溪。濂溪主静而白沙致虚,其旨固不殊也。朱子不言静而言敬,盖患人流入于禅。然惟敬而后能静。敬也者,主静之要也。盖吾儒言静,与禅学辞同而意异。吾儒以无欲而静,故为诚为敬。禅以无事而静,故沦于寂灭而弃伦常。不可以不察也。”[30]“公既得力于主静,然则公之学,其陆氏宗派欤?”似乎就是要与象山与禅佛撇清。其实,是撇不清的,这点前面已有初涉。

白沙的“主静”,原于“敬”而来。这点不容忽略。按门人湛若水评价,讲得颇在理:“夫先生主静而此篇(指《和杨龟山此日不再得韵》)言敬者,盖先生之学,原于敬而得力于静。随动静施功,此主静之全功,无非心之敬处。世不察其源流,以禅相诋,且以朱陆异同相聚讼,过矣。先生尝曰:‘伊川见人静坐,便叹其善学。此静字发源濂溪,程门更相授受。晦翁恐人差入禅去,故少说静只说敬,学者须自量度何如,若不至为禅所诱,仍多静方有入处。’按此,则静与敬无二心,无二道,岂同寂灭哉?”[31]看清这点很重要,白沙“主静”工夫,依据的是儒家传承,据此,使白沙的“仁”之“熟”,也深深烙上了儒家的印记。这一“起步”的实质,就得以撩开白沙“主静”工夫为肇始。

总之,所谓“起步”,是在对濂、洛、关、闽,当也包括对象山对老庄禅佛的某种“消化”里的“起步”。陈献章勾勒出的“熟仁”景观里所蕴含的“心学”味道,就与这个“消化”分不开。只不过,这是体显在白沙之“心学”造诣与“熟仁”造诣里的“消化”,是奠基于看高一线的“消化”,是新刻度里的“消化”。

4.“起步”之由

这起步之由来,或者更宽泛地说,白沙具有心学轨迹里的起步性意义,是获得很多认肯的,如门人李九我云:“自白沙起,谓学必有本源。静而反观乎此心之体,得其自然而不假人力者,以为至乐具是。自是而天下学道者,寖知厌支离而求诸心,岂谓尽出白沙哉?要自白沙默启之。”[32]虽不是白沙发见“心之体”,可是“自白沙起,谓学必有本源。静而反观乎此心之体,得其自然而不假人力者,以为至乐具是”,却是白沙“熟仁”特征之透露。

同样,这“起步”之由,也必连接着“心学”里的“蹊跷”之处,即从陆象山到陈献章再到王阳明的“心学”轨迹里,就是王不提陈,陈不多提陆,这究竟何为？又应作何种考量？本述题里可否能寻迹得一套破解思路？

门人屈大均指出:“阳明之学,多繇甘泉(湛若水)启发,而阳明亦未尝数言甘泉之师为白沙,则又何也?”[33]黄宗羲在《明儒学案·白沙学案案语》也疑问:“两先生之学,最为相近,不知阳明后来从不说起,其故何也?”[34]黄宗羲没有给出答案。同样,这个“从不说起”,也影响到了阳明的“熟仁”阐发。对于“仁之熟”的考究、考辨、考量,阳明是接住象山来讲的,这是由于阳明的“仁之熟”,起始于“意志”上的考量,去量身订制所谓的“熟仁”工夫,这似乎给这个“蹊跷”提供了破题方式,或谓解题思路。而白沙更愿意在一体两面之性质里去量身订制“仁之熟”。所以,在一定意义上,阳明接着象山、白沙有所起步,各自给出的“仁之熟”,不免印记着各自的特色。但是,从阳明一路走来的“熟仁”,可以形成的“圆圈”,却是离不开从象山到白沙到甘泉的一路历程,尽管阳明不提白沙一字!

二、“心学”造诣

白沙之“心学”,有其独创之新。门人郭棐点到此处:“先生之学,以自然为宗,不离日用而见鸢飞鱼跃之机”,“谓先生而有志于隐,非也。谓先生而有流于禅,又非也。然则学先生者当何如？曰:戒慎恐惧,则可以语寡欲;致虚立本,则可以语忘己;勿忘勿助,则可以语自然。”[35]当然,门人当中,得其真传者要数湛若水。

1. 湛若水之评价

湛若水(1466—1560),明代心学大师,哲学家。字元明,号甘泉,广东增城人。与白沙、阳明甚有笃交。仅在《陈献章集》收录的湛若水为白沙先生写就的书序、碑铭等文章里,就足以见得与白沙的亲密关系,也见得白沙的心学造诣,当然,其中也包括了湛本人的心学情怀。在此观其评价,解读其理路,以深化白沙"熟仁"的特色和取向。

在《奠石斋先师文》,湛若水情深意长地追忆先生的"心学"造诣:

"呜乎,先生独得不传之奥以传后人,扩前圣之未发,起历代之沉沦。至无而动,至近而神。因圣学以明无欲之敬,举鸢飞以示本虚之仁。卓有见乎神化,初不离乎人伦;即一事一物之末,而悟无声无臭之根;于勿忘勿助之间,而见参前倚衡之全。握无为之机,而性成久大之业;启自然之学,而德有日新之源。无疑所行,行所无事,沛乎如行云流水,就之如和气阳春。至其所谓不可传者,终不可以言而陈。盖必有潜诸心,有践诸身,窥其奥而探其渊,夫然后信先生之所立不远而卓,所学不杂而纯也。"[36]

湛若水之评价,基本准确地把握了白沙"心学"造诣。在《粤秀山白沙书院记》[37],湛若水勾勒白沙先生"心学"之精,有二段颇深刻:

一者白沙"心学"之来龙去脉的追寻:"(白沙)先生之道即周、程之道,周、程之道即孟子之道,孟子之道即孔子之道,孔子之道即文、武、禹、汤之道,文、武、禹、汤之道即尧舜之道……道生于心。既曰:'人者天地之心',故上下四方之宇,古今往来之宙,同一天地,同一气也,同一心也。是故尧舜之心即禹、汤、文、武之心,禹、汤、文、武之心即孔子之心,孔子之心即孟子之心,孟子之心即周、程之心,周、程之心即白沙先生之心。"

一者白沙"心学"之精髓的描观:"曰:'敢问白沙先生之心之道,其有合于尧、舜、禹、汤、文、武、孔、孟、周、程之心之道者何居?'先生语水曰:'千古惟有孟子"勿助勿忘"不犯手段,是谓无在而无不在,以自然为宗者也,天地中正之矩也。世之执有者以为过泥,空者以为不及,岂足以知中正之心之道乎?夫心也者天地之心,道也者天地之理也。天地之理,非他,即吾心中正而纯粹精焉者也。是故曰中,曰极,曰一贯,曰仁义礼智,曰孔颜乐处,曰浑然与天地为一体。此天理也,尽之矣。'尧、舜、禹、汤、文、武之所谓惟精惟一,所谓无偏无党,即孔子之所谓经也。孔子之所谓经,即孟子之所谓勿助勿忘也。

孟子之所谓勿助勿忘,即周、程之所谓勿助勿忘之间,正当处而不假丝毫人力也。程子不假丝毫人力,即白沙先生之所谓自然也。皆所以体认夫天之理也,故至于自然焉。尧、舜、禹、汤、文、武、孔、孟、周、程之道尽之矣。扩先圣之道以觉夫后之人,为天地立心,为生民立命,为往圣继绝学,为万世开太平,其功岂不伟欤?后之人欲求尧、舜、禹、汤、文、武、孔、孟、周、程之学者,求之白沙先生可也。”

湛若水之评价,从白沙之“心学”造诣里,也着实衬托出白沙“仁”之“熟”的造诣。对这一造诣之精髓,在《白沙先生改葬墓碑铭》[38],湛若水又作了如此统观:

“惟道何间于动静,勿忘勿助何容力,惟仁与物同体,惟诚敬斯存,惟定性无内外,惟一无欲。”

“夫学至无而动,至近而神,藏而后发,形而斯存。知至无于至近,则何动而非神?故藏而后发,明其机矣;形而斯存,道在我矣。”

“夫动,已形者也;形,斯实矣。其未形者,虚而已矣。虚,其本也,至虚所以立本也。”

“夫斯理无内外,无终始,无一处不到,无一息不运。会此则天地我立,万化我出,而宇宙在我矣。得此欛柄,更有何事?”

“惟勿忘勿助,学其自然矣。”

“夫至无,无欲也。至近,近思也。神者,天之理也。宇宙,以语道之体也。乾乾,以语其功也,勿忘勿助,一也,中正也,自然之学也,皆原诸周、程至矣。惟夫子道本乎自然,故与百姓同其日用,与鬼神同其幽,与天地同其运,与万物同其流,会而通之,生生化化之妙,皆吾一体,充塞流行于无穷,有握其机而行其所无事焉耳矣。惟夫子学本乎中正。中正故自然,自然故有诚,有诚故动物。”

这其中,既不乏湛若水“心学”之悟,又更着实显露白沙“心学”之精蕴。统观白沙“心学”,湛若水准确地切脉在这样的规定里:“无欲”、“道在我矣”、“万化我出”、“致虚立本”、“勿忘勿助”、“学其自然”、“体认天理”,其归宿在

“仁与物同体”。所以,也就勾画出儒家“熟仁”在“心学”路径里的特定性,而且通过白沙,展显出来,深化了儒家“熟仁”的主流性和特殊性。本文先就郭棐的点拨,再聚焦于湛若水的评价,往后的叙述和分析,基本印证了郭氏点拨、甘泉评价。

2. “孟子工夫”:白沙“心学”造诣之运转

其实,郭、湛两人的点评,皆在点穴出白沙“工夫”之特征,借此,也给出对其“熟仁”之追究,其中,必与白沙的“工夫”牵涉进了。综观门人好友的追溯,徐徐撩开了白沙之“心”、白沙之“道”的本真:尧、舜、禹、汤、文、武、孔、孟、周、程、张、朱、陆之道、之心,皆为白沙之道、之心,甚也追慕至于老庄、佛禅的旨趣和境界。

白沙一路走来的“心学”历程,涵养了“熟仁”之于“仁熟”的一体两面,历练了“熟仁”工夫的砥砺和“仁熟”境地的陶冶。这一切的经历,可追溯到白沙心底的“孟子工夫”。

与宋明理学合流,白沙十分推崇孟子,如他所愿,其“心化”归根结底要与“孟子工夫”有缘。这里,急需要对孟子工夫作些许点评,以此贴切地尽量折射出白沙“心学”造诣和“熟仁”造诣的内在契合,当也会细化、消化周、程、张、朱、陆对白沙的多个影响力。即如白沙如此挑明:“终日乾乾,只是收拾此(理,或谓孟子之理——引者加注)而已。此理干涉至大,无内外,无终始,无一处不到,无一息不运。会此则天地我立,万化我出,而宇宙在我矣。得此霸柄入手,更有何事?往古来今,四方上下,都一齐穿纽,一齐收拾,随时随处,无不是这个充塞。色色信他本来,何用尔脚劳手攘?舞雩三三两两,正在勿忘勿助之间。曾点些儿活计,被孟子一口打并出来,便都是鸢飞鱼跃。若无孟子工夫,骤而语之,以曾点见趣,一似说梦。会得,虽尧舜事业,只如一点浮云过目,安事推乎?此理包罗上下,贯彻终始,滚作一片,都无分别,无尽藏故也。自兹已往,更有分殊处,合要理会。毫分缕析,义理尽无穷,工夫尽无穷。”[39]那个“勿忘勿助”,那个“曾点些儿活计”,全在那个“孟子工夫”。

白沙推崇“孟子工夫”,根据是“曾点些儿活计,被孟子一口打并出来”。此话何讲?关于“曾点些儿活计”,出自《论语·先进》“子路曾皙冉有公西华侍坐”章中孔子“吾与点也”的评价。朱熹发挥说:“曾点见得事事物物上皆是天理流行。良辰美景,与几个好朋友行乐。他看那几个说底功名事业,都不是了。他看见日用之间,莫非天理,在在处处,莫非可乐。”[40]发挥之余,朱熹挑出了曾点之不足:“曾点见处极高,只是工夫疏略。”[41]在与其弟子讲解时,朱熹反复强调曾点“只是工夫疏略”的弱处:“曾点见得大意,然里面工夫却疏略”;“曾点言志,当时夫子只是见他说几句索性话,令人快意,所以与之,其实细密工夫却多欠缺”;“他是太宽了,却是工夫欠细密”;“曾点虽是如此,于用工夫处欠细密”;“但他只见得个大浑沦底道理,至于精细节目,则未必知”;“曾点见识尽高,见得此理洞然,只是未曾下得工夫”。[42]举出“曾点些儿活计”,意在照观“孟子工夫”。

说到“孟子工夫”,有关对孟子“熟仁”工夫的考辨里,已经甚有细密分析。所以,在此所举朱熹对于曾点“工夫”之不足的评语,全是着意拔开白沙器重“孟子工夫”的理由,意在点拨出曾点在“熟仁”工夫上的欠缺。朱熹以曾点与漆雕开作比较,说明此意:“伊川说‘曾点漆雕开已见大意’”,但“曾点与漆雕开,只是争个生熟。曾点说得惊天动地,开较稳贴。”[43]“稳贴”,“看得来漆雕开为人却有规矩,不肯只恁地休(指“曾点言志”)”[44],这是工夫上的某种成熟;“说得惊天动地”,工夫上无细密节次,只是一个“生”。所以,白沙讲“曾点些儿活计,被孟子一口打并出来”,是由于没有“孟子工夫”的“见趣”,“只如一点浮云过目,安事推乎?”怎么能够圆满地做人做事呢?白沙言意中的“孟子工夫”,正是“吃紧为人处”。同样,朱熹似乎也有相类看法:“子思言‘鸢飞鱼跃’,与孟子言‘勿忘、勿助长’,此两处皆是吃紧为人处。”[45]就“尧舜事业”(可视为“仁之熟”的事业!)来说,“孟子工夫”更能行之有效的:“曾点为人高爽,日用之间,见得这天理流行之妙,故尧舜事业亦不过自此做将去,然有不同处:尧舜便是实有之,踏实做将去;曾点只是偶然绰见在。”[46]所谓“被孟子一口打并出来”,意味的是,孟子工夫,不仅具有“说得惊天动地"般的曾点气质,而且克服"于用工夫处欠细密"般的曾点之"生"。这里,白沙之见无疑溶解了朱熹之见!

三、归于"仁"之"熟"上的造诣

必须注意到,与孔、孟以来的"熟仁"表述有些许异样的是,这里给予白沙的是"仁"之"熟"。这正是白沙"熟仁"的精蕴异趣。

还须得重申,在白沙那里,"承前启后、转变风气",不仅在"熟仁"起步之由中,丈量出高度,而且一旦连接着其"心学"造诣,这个高度又会联想着白沙在"仁熟"之境的特殊期待。结局,可以演绎出的是这"仁"之"熟"上的造诣,正是"熟仁"之于"仁熟"的契合,也即那个所谓的"一体两面"。

1."涵养纯熟"

白沙有"涵养纯熟"之美誉。门人黄士俊在《重刻陈白沙先生集序》里有这个评价:"先生奋起南隅,翱翔上国;始谒临川,言归江门;求之博而舍其繁,求之静以复其体。林待用谓其立志甚专,向道甚勇,涵养其熟,独超造物牢笼之外,而寓言寄兴于风烟水月之间,有舞雩陋巷之风焉,盖实录也。"[47]黄借林氏之谓,印证白沙"涵养其熟",表明对白沙之"熟",在那个圈子里是有共鸣的。据黄氏这段点评,大致领略白沙的"涵养其熟",具有两个鲜明特色,一为"求之静以复其体",一为"独超造物牢笼之外",即可谓"主静"工夫彰显,前者指意在"熟仁";后者可谓"自然"之境,指意在"仁熟"。这是白沙"涵养其熟"的特色。

门人郭棐对白沙先生的"涵养其熟",作过"三步曲"之描观:"戒慎恐惧,则可以语寡欲;致虚立本,则可以语忘己;勿忘勿助,则可以语自然。"而这"三步曲"又涵养了白沙"心学"之纯朴:"先生之学,以自然为宗,不离日用而见鸢飞鱼跃之机。"这一描观,颇得白沙之要领。陈献章在《复张东白内翰》里,就细化过这个切己体验的"涵养其熟":

"义理须到融液处,操存须到洒落处。仆僻处海隅,相与丽泽者,某辈数人耳。抱愚守迷,无足以副内翰期待之重。然尝一思之,夫学有由积累而至者,有不由积累而至者;有可以言传者,有不可以言传者。夫道至无而动,至近而神,故藏而后发,形而斯存。大抵由积累而至者,可以言传也;不由积累而至者,不可以言传也。知者能知至无于至近,则无动而非神。藏而后发,明其几矣。形而斯存,道在我矣。是故善求道者求之易,不善求道者求之难。义理之融液,未易言也;操存之洒落,未易言也。夫动,已形者也,形斯实矣。其未形者,虚而已。虚其本也,致虚之所以立本也。戒慎恐惧,所以闲之而非以为害也。"[48]

此段表白,反映出白沙"涵养其熟"的水到渠成。先是追求个"融液处"、"洒落处",是言行一致里的"熟"。然后却是"三步曲"的"主静"工夫之勾勒。此段里,"道",即谓"自然",是"主静"工夫之"本"处;"致虚立本"、"戒慎恐惧",即谓"主静"工夫之"显";而这"道",就本根性地存在于这"主静"里,这叫"道在我矣"。所谓的"积累而至"、"藏而后发"、"动已形者",即为此番工夫所致,这叫"明其几矣"。

"三步曲"构成了陈白沙的"涵养其熟"。从"主静"工夫与"自然"境地的凑泊,本身就是内在的契合,是合二为一的,这是白沙"涵养其熟"的真实所在。由此全可照观出白沙的"熟仁"造诣。因此白沙的"涵养其熟",确实在"心学"里,是一种"起步",此番的"熟仁"造诣,确实在儒家"熟仁"体系里,具有"承前启后、转变风气"的某种廓清。

必须揭示,在"涵养其熟"的背景里,白沙对"仁"之"熟"的描观,差不多是沿着从"仁熟"走入"熟仁",这个曾经定位过的一体两面之性质,在白沙那里,获得了某种折转,先是从一个"道"的广泛性上,白沙称其为"以自然为宗"的立意处,去充分地涵盖"主静"工夫,即体即用,似乎更加犀利。在白沙之前,上接濂、洛、关、闽、陆,乃续洙、泗之学,更多的阐述,基本路径盖为从"熟仁"到"仁熟",而白沙似乎起了个超越,即从"仁熟"到"熟仁"。所以,"心学"特色,在此考究,弥足彰显、弥足珍贵。

2.“仁”之“涵养”

“涵养纯熟”,首先是对“仁”的“涵养”。在此意境里,溶化了白沙对“仁”之“熟”的期待。白沙在《安土敦乎仁论》,契合了“三步曲”,通融出“熟仁”而“安”的做人境界。原文基于《易》而发:

“《易·上系》曰:‘安土敦乎仁。’予曰:‘寓于此,乐于此,身于此,聚精会神于此,而不容惑忽,是谓之曰“君子安土敦乎仁也。”’比观《泰》之《序卦》曰:‘履而泰,然后安。’又曰:‘履得其所则舒泰,泰则安矣。’是泰而后可安也。夫泰,通也。泰然后安者,通于此,然后安于此也。然九二曰:‘包荒,用冯河。’是何方泰而忧念即兴也。九三曰:‘艰贞无咎。’则君子于是时愈益恐恐然如祸之至矣。是则君子之安于其所,岂直泰然而无所事哉?盖将兢兢业业,唯恐一息之或间,一念之或差,而不敢以自暇矣。有于予心符。或曰:‘君子不已劳乎?’应曰:‘《乾》之《象》曰:“天行健”,天之循环不息者,健而已。君子执虚如执盈,入虚如有人,未尝少懈者,刚而已。天岂劳哉?君子何为不暇乎?’”[49]

“安土敦乎仁”,清人李光地在《周易折中》列了诸家释义后点穿其为“仁之熟”:“知周万物,义之精也,然所知者济天下之道而不过,义合于仁也。旁行泛应,仁之熟也。”[50]白沙的阐释,切入得深,所谓“寓于此,乐于此,身于此,聚精会神于此”,就是对“熟仁”之“安”的“工夫”期待,仁义并举,内外一致,却是“仁熟”之境。所谓“履而泰,然后安”,是“熟仁”之道,关键在这“履”字上,践行(“履”)于“兢兢业业,唯恐一息之或间,一念之或差,而不敢以自暇”的忧患意识、“天行健”的自强不息精神、“执虚如执盈”的立心之处,“安土敦乎仁”,那是指日可待了。这里,“戒慎恐惧”、“致虚立本”、“自然为宗”的“三步曲”,在“熟仁”的语境、意义里,融会贯通,涵盖已尽,其对“仁”的“涵养其熟”,已入至于“通”的境界了。

其次,凡事须从“涵养中来”。关于“涵养纯熟”之“涵养”,白沙有过许多生动细致的切己描观,并且融入于做人做官做事做学问,得出了凡事“纯熟”,须从“涵养中来”。在《书漫笔后》,白沙感慨于此:“文章、功业、气节,果皆自吾涵养中来,三者皆实学也。惟大本不立,徒以三者自名,所务者小,所丧者大。虽有闻于世,亦其才之过人耳,其志不足称也。学者能辨乎此,使心常在内,到见理明后,自然成就得大。《论语》曰:‘朝闻道,夕死可矣。’孔子岂欺我哉?”[51]这三者中,有个至本至大的“仁”,须在“心”中立,“使心常在内”,就是“涵养中来”的过程,结局是“自然成就得大”,就是“涵养其熟”的到来,“文章、功业、气节”,就至大而成了。孔子的“道”、孔子的“仁”,是不会欺骗天下人的。“涵养其熟”,“熟仁”,是成就“文章、功业、气节”的所以然。“先立乎其大”,并“使心常在内”,这里,有陆象山的影子。

关于“涵养其熟”的想象力并未戛然而止,白沙继续从“心”上挖掘、体悟,从中窥见“三步曲”,再次融合在这个“复其见天地之心”。此中的逻辑,白沙很是潜心掂量。

第一,“复其见天地之心”。在《书自题大塘书屋诗后》,借诗文创作心得,白沙作了贴切描观:“颔联言为学当求诸心必得。所谓虚明静一者为之主,徐取古人紧要文字读之,庶能有所契合,不为影响依附,以陷于徇外自欺之弊,此心学法门也。颈联言大塘之景,以学之所得,《易》所谓复其见天地之心乎?此理洞如,然非涵养至极,胸次澄彻,则必不能有见于一动一静之间。”[52]从“涵养中来”,实从“复其见天地之心”走来;而“复其见天地之心”,又必须“涵养至极,胸此澄彻”,方能有所至。两者归之,不就是“涵养其熟”?

第二,“在人立志大小”。“复其见天地之心”,也在乎“人立志大小”。白沙感慨:“呜呼,人所得光阴能几,生不知爱惜,漫浪虚掷,卒之与物无异。造物所赋于人,岂徒具形骸,喘息天地间,与虫蚁并活而已耶?浮屠氏虽异学,亦必以到彼岸为标准。学者以圣人为师,其道何如?彼文章、功业、气节,世未尝乏人,在人立志大小。岁月固不待人也。”[53]人之生,以在“复见天地之心”为旨归,生命之长短,以“立志大小”为造化,人不徒具形骸,以“仁”为标准,不学浮屠“以到彼岸为标准”,所以,人之“立志”,就不是虚幻之事,“复见天地之心”、“仁为标准”、“以圣人为师”,“彼文章、功业、气节”,皆为“立志大小”之内容，“熟仁”工夫，或谓“涵养其熟”，当也在其中。

第三，“涵养之力，久当得之。”“见心”、“立志”，极需“久当”。这个“久”字，含义极深。除了一般意义上的“持之以恒”，以那个时不时被白沙提及的“累积”工夫来运转其“久”，也不会感到勉强。但白沙还更转义在“平日”里的涵养之力，以取向于人伦日用里的“随处体认”：“情性所发，正在平日致养，到醇细处，则发得又别。”[54]这与“随处体认天理”旨趣相投。不过，那终是“心”上的用力。“涵养之力，久当得之”，本来就作诗而论，白沙又转之于做人上，用心于此，又当小心：“夫士能立于一世，或以道德，或以文章，或以事功，各以其所长。其出处语默、进退去就不能皆同，亦不期于同也。执事安于所遇，不求其迹之似，其未慊于用者姑置之，以其能者用之而益小心焉。”[55]即便那“忍”字涵养，也在“久”字用功，湛若水在教解白沙的《忍字赞》，点破此处：“然必忍之之久，使愈坚厉。”[56]足见白沙之用心。而当白沙回顾其跟随吴聘君先生求学的经历，也只是这个“久”字，白沙坚定的“涵养其熟”，真令人难忘：“惟在静坐，久之，然后见吾此心之体隐然呈露，常若有物。日用间种种应酬，随吾所欲，如马之御衔勒也。”[57]从一个“见”字开始的“熟”境，正是来龙去脉于这个“久”字呀。

在白沙看来，对“仁”的“涵养其熟”，“人”须有个大目标左右，使其实实在在，不徒具虚名。儒家“立德”、“立功”、“立言”之“三不朽”，具化为“气节”、“功业”、“文章”上的“完人”，对其“涵养”，白沙用了个新词，叫“完养”，很是妥当和到位。

这样的“涵养其熟”，是“完人”必不可少的。白沙特以“涵养”加注于“气节”，并以此点评文人之交：“人无气节不可处患难，无涵养不可处患难。如唐柳宗元不足道；韩退之平日以道自尊，潮州之贬，便也撑持不住，如共太颠往来，皆是忧愁无聊，急急地寻得一人来共消遣，此是无涵养。若坡老便自不同，作《示虎儿诗》云：‘独倚桄榔树，闲挑荜拨根。谋生看拙否，送老此蛮村。’又云：‘日啖荔枝三百颗，不妨长作岭南人。’此皆是患难奈何不得气象，何其壮哉！若加之涵养，则所见当又别。”[58]在白沙看来，柳、韩、太颠，虽有气节，但缺那么点“涵养”，气节有余，处患难不足。惟苏东坡在《示虎儿诗》里的“气象”（“气节”）里领悟“涵养”之见，有“何其壮哉”之“处患难”地步！所以，白沙对“涵养其熟”，充满期待：“加以涵养之力，久当得之，未用催促也。”[59]这是人的自觉性正当：“人争一个觉，才觉便我大而物小，物尽而我无尽。”[60]

再次，希冀“仁化”意境。从人性“自然”化到“仁化”，白沙挑明的，应该是“天道”向“人道”的内化，以及“人道”向“天道”的“造化”。白沙用了个“性”字，凸显了“仁化”里道之“性”向人之“性”的内化，儒家“尽性、知性、知天”的“一体之实”，原本就在“仁化”中。白沙作《太极涵虚》：“混沌固有初，浑沦本无物。万化自流行，何处寻吾一？”湛若水教解：“太极浑沦本无一物，乃其全体处，《中庸》所谓大德敦化也。及天地间形色化生而后物象可见，此则全体之流行，分而为大用者，《中庸》所谓小德川流也。然用之万，莫不有体之一者在其中，随处可寻。能于万化之中，而知一体之实，可以语性矣。”[61]当这个“性”白沙以“我”字契合，“仁化”的“一体之实”，充实于“熟仁”的“三步曲”，这里的造诣，无疑积聚了白沙“仁”之“熟”的精华及其“心学”之魅力。

陈白沙“熟仁”造诣，是对儒家“仁化”土壤的灌溉和培植。其实，白沙提倡“以自然为宗”，内在地蕴含着对人性“自然”化的指意。这一“自然”化，就是白沙所言的“仁化”，这个“仁化”，正是白沙“仁之熟”的来龙去脉。白沙有段话，作了连接性描观：“圣人之学，惟求尽性。性即理也，尽性至命。理由化迁，化以理定。化不可言，守之在敬。有一其中，养吾德性。”[62]仅一个“化”字，涵盖了“仁化”从头到尾之内容：仁，人心也。性即理，理由化，守在敬，养德性，这一切皆在心熟之化。“天人一体”的“自然”化，囊括了“仁化”，又是“仁化”的实现。细量这个过程，就是“仁之熟”的“仁化”，那个“作圣之功”、“圣人之学”、“养吾德性”、“静养善端”、“寻见端绪”、“守之在敬”，可以渐渐撩开“涵养其熟”的层层幕帘，可以细细品味“三步曲”的层层节次。置于其中，这个“仁化”，着实于白沙的“涵养其熟”，意境深远，回味无穷。

3.“熟仁”与“仁熟”

“熟仁”与“仁熟”,构成了儒家“熟仁”的一体两面。可谓前者是工夫,后者是境地。然而按“本体即工夫”、“工夫即本体”(黄宗羲语)的精神气质,陈白沙在一个新的语境里,用了“仁术”一词,去涵养到这一精神气质上去。

白沙之“仁术”,其意义何指?儒家“熟仁”,非常强调“工夫”说,朱熹所见,已弥足珍贵。白沙对“工夫”的倾注,也弥为彰显。这个“术”字,工夫不一般。似乎是对孔、孟之“仁术”的复归与开发。其实,在中国文化的价值体系里,用“术”,或多或少带有工具层面的取向,甚至不宜与“道”并举,就如陆象山论述:“可以谓之仁术,不可以谓之仁道。”[63]而白沙,却对“术”字赋予某种新意蕴。陈白沙绝非忌讳在“心学”的最高层次上使用“术”字:“行圣人之道有二术,内之曰心,外之曰权。无其心,则权为挟私妄作矣;无其权,虽有其心,将安施哉?”[64]所以,外化不如内化,内化即是心化,即是心熟之化。白沙在论人作诗的旨趣里,左个“工夫”、右个“工夫”,读来颇具感悟:“诗不用则已,如用之,当下工夫理会。”[65]“用律极费工夫”、“体格尚欠工夫”、[66]“但恐工夫不能无间断耳”、“工夫则不离”。[67]其所谓“见几而作”、“用力之方”、“作圣之功”、“何处下手”、“按状之术”、“投规于矩”、“理会气象”、“实下功夫”等,但最终归结于“究其为心”、“攻心之疾”、“既研于心”的“心”之工夫。所谓“即心观妙”的旨趣,确乎在同步性地勾勒白沙“涵养其熟”之“巧妙”,显露的,不正是“熟仁”与“仁熟”之一体两面的独特性吗?

白沙对“熟仁”工夫的考量,是有经纬两度的权衡,是有超越象山的:即“仁术”向“仁道”的契合,一个“巧”字、一个“妙”字,使“治心之学”与“涵养其熟”在论人、做诗、为官里,恰到好处的融汇一体。二个命题:“即心观巧”和“即心观妙”,巧妙地使“熟仁”之于“仁熟”,经过“心学”路径获得了“起步”之原点。

其一,“即心观巧”。白沙撰《仁术》,着力描观的,就是这副图景:

“天道至无心。比其著于两间者,千怪万状,不复有可及。至巧矣,然皆一元之所为。圣道至无意。比其形于功业者，神妙莫测，不复有可加。亦至巧矣，然皆一心之所致。心乎，其此一元之所舍乎！

昔周公扶王室者也，桓、文亦扶王室也。然周公身致太平，延被后世；桓、文战争不息，祸藏于身者，桓、文用意，周公用心也。是则至拙莫如意，而至巧者莫逾于心矣。

孟氏学圣人也。齐王不忍见一牛之死，不有孟氏不知其巧也。盖齐王之心，即圣人之心，圣人知是心之不可害，故设礼以预养之，以为见其生而遂见其死，闻其声而遂食其肉，则害是心莫甚焉，故远庖厨也。夫庖厨之礼至重，不可废，此心之仁至大，不可戕。君子因是心，制是礼，则二者两全矣，巧莫过焉。齐王之心一发契乎礼，齐王非熟乎礼也，心之巧同也。

'圣人诛民害而迸之，四裔之民奚罪焉？'亦曰：'戮之则伤仁，存之遗害。'故圣人之仁有权焉，使之远寓魑魅，则害去而恶亦不得施矣。夫人情之欲在于生，圣人即与之生；人情之恶在于死，圣人不与之死，恶众人所恶也。圣人即迸除裔夷，恶难施也。圣人以投恶，圣人一举而迭中。圣人未尝巧也，此心之仁自巧也，而圣人用之。故天下有意于巧者，皆不得厕其间矣。周公一《金縢》，大发寤时主。以后世事观，至巧矣。周公岂有意耶？亦任心耳。"[68]

这里的"仁术"，简直就是"心之巧术"，就是"熟仁"之"术"。"仁术"二字，出自《孟子·梁惠王上》，是孟子向齐宣王讲述"王道"的精辟之句："无伤也，是乃仁术也。"白沙借用其语，专论《仁术》，并以一"巧"字应对，以在尽其"熟仁"工夫在"心术"上的"巧"。或许中国人讲的"熟能生巧"，在这里，似乎获得某种学理上的印证。

"巧"乃"熟"，"熟"乃"巧"，此"巧"又在"心"字上。这里蕴涵的，无非就是"熟仁"工夫。"天道至无心"、"圣道至无意"，皆有那至"巧"般至于"熟"。借此，白沙又话锋一转，切入到"心"的话题："心乎，其此一元之所舍乎！"这一切之"巧"，皆出乎于"心之仁至大"的工夫。这是"熟仁"是在"熟心”也。

白沙举例,周公用“心”治国,以“心之仁自巧”而“诛民害”、“远寓魑魅”,这是“熟仁”之“巧”,这是从“工夫”上来说的。齐桓、晋文之事,是用“意”治国,没有“心之仁至大”,才有战争不息、祸藏于身之“拙”。两者相较,“至拙莫如意”、“至巧者莫逾于心”,更准确地说,是至巧者莫违背于“心之仁至大”、“心之仁自巧”也。这是“心”、“意”治国上的较量,也在“熟仁”与否上的较量。说到周公,二句评语似乎佐证于此:“周公是一部活《周礼》”(吕坤语),而“一部《周礼》却是看得天理烂熟也”(朱熹语),周公娴熟于“心之仁自巧”,这个评语中彰显了。

孟子见到齐宣王,对其“不忍见一牛之死”,大加发挥,并大书特书“王道”之术,也给“仁术”留出空间。对此,白沙解读为是“心之巧同”,“仁术”,要熟“礼”,更要熟“仁”,就是“心”要至熟于“仁”上。这就称得上“巧”。借鉴孟子“仁术”语境,白沙想要阐发的,依然是不依不饶于“心之仁自巧”的“熟仁”工夫,可能周公恰是这个榜样。

白沙《仁术》所给出的“巧”,极富诗意和哲理,意蕴颇深。“仁术”转变为“王道”之术,儒家“用心”于此,固然提高了“王道”的难度,又加重了“仁术”的责任,却与“熟仁”契合,赋予了“心之巧术”的超越之境。看得更远些,“王道”中的“仁术”,那已经在以史为鉴的立场里,以照观到儒家“熟仁”在政治道德领域中的特殊价值。这里,情不自禁地会想到孟子的“仁政”与“熟仁”的关切。看来,白沙之“心学”,与佛禅“心学”的分道扬镳,可在此定位。

其二,“即心观妙”。白沙在《送张进士廷实还京序》,对张氏之学作了“即心观妙”的描观,这里可以撇开张氏之学,专去攫取“即心观妙”意境,情形就大可言喻了。白沙由此道来:“盖廷实之学,以自然为宗,以忘己为大,以无欲为至,即心观妙,以揆圣人之用。其观于天地,日月晦明山川流峙,四时所以运行,万物所以化生,无非在我之极,而思握其枢机,端其衔绥,行乎日用事物之中,以与之无穷。”[69]那“即心观妙”,以“自然为宗”、“忘己为大”、“无欲为至”,绝对是进入“仁熟”之境的描观。在这一境遇里,虽身处于“行乎日用事务之中”,却可以“运行”于“无穷”之“我”的能量,恰恰就可转化为是“我”的境遇,其中,宇宙中一切“枢机”或“衔绥”,如“天地”、“日月”、“山川”、“四时”、“万物”变化之“几”、之“妙”,皆在“我”之中的境遇,似乎达到了“德盛仁熟”的极致。

其实,白沙对“妙”,起自于作“诗”之“妙”:“昔之论诗者曰:‘诗有别材,非关书也;诗有别趣,非关理也。’又曰:‘如羚羊挂角,无迹可寻。’夫诗必如是,然后可以言妙。”[70]但在超越的诗意里,白沙依然有着足够的人文描观。总观其论述,倾注的还是“纠缠”于“仁”之“熟”的一体两面。白沙隐喻而发:“天道不言,四时行,百物生,焉往而非诗之妙用?会而通之,一真自如。故能枢机造化,开阖万象,不离乎人伦日用而见鸢飞鱼跃之机。若是者,可以辅相皇极,可以左右《六经》,而教无穷。”[71]这里的“仁熟”之境,非只在诗文里的“妙”,也在“人伦日用而见鸢飞鱼跃之机”,需要理会熟之(“会而通之”),需要“熟仁”工夫,获得天道化为人道之“机”。

不仅如此,白沙在“涵养其熟”的诗意里,也去展露这个被称为天道转化为人道而生成的“仁熟”其“妙”之境地。细细品味白沙对先师康斋的一生定论,对于“涵养其熟”与“妙”的所悟,是会连接着“熟仁”与“仁熟”的契合:“先生之教不躐等,由涵养以及致知,先据德而后依仁,下学上达,日新又新。启勿助勿忘之训,则有见于鸢鱼之飞跃;悟无声无臭之妙,则自得乎太极之浑沦。弟子在门墙者几人,尚未足以窥其阈域。彼丹青人物者,或未暇深考其故而徒摘其一二近似之迹描画之,又焉足以尽先生之神。”[72]这是白沙祭其先师康斋先生的一段墓文,有三层意思,第一层,赞其先师“涵养其熟”工夫,也可被视为“熟仁”工夫;第二层,描观其先师“仁熟”境地,其“妙”处跃然纸上;第三层,感叹弟子们尚未彻底把握先师之“神”,即“德盛仁熟”、“精义入神”之“妙”。

但其特色是,陈白沙希冀的“熟仁”工夫,是在动静里面去寻迹于“妙”。白沙写《书法》,饶有兴致:“予书每于动上求静,放而不放,留而不留,此吾所以妙乎动也。得志弗惊,厄而不忧,此吾所以保乎静也。法而不囿,肆而不流,拙而愈巧,刚而能柔。形立而势奔焉,意足而奇溢焉。以正吾心,以陶吾情,以调吾性,吾所以游于艺也。”[73]在儒家,“熟仁”有个指标,就是到达“止中”。这里的“妙乎动”,就是动静之中的张力,获得了“止中”,这里所谓的“放而不放,留而不留”、“得志弗惊,厄而不忧”、“法而不囿,肆而不流,拙而愈巧,刚而能柔”,皆为“止中”效应。无怪乎,白沙有如此感慨:“夫天下之理,至于中而止矣。中无定体,随时处宜,极吾心之安焉耳。”[74]“极吾心之安”,此“安”再延伸一下,与其所作《安土敦乎仁》,不又交感于“仁”之“熟”了吗?

说此“妙”又契合了“熟仁”工夫,一点也不为过,试问,靠什么来“动”,追究那“动”之“几”因,是动中含静;那“静”,白沙称为“无欲”、称为“至诚”。看来,那“妙乎动”,是契合“熟仁”之功了。白沙如此表白:“夫天下非诚不动,非才不治。诚之至者,其动也速;才之周者,其治也广。才与诚合,然后事可成也。孔子曰:‘如有用我者,春月而已可也,三年有成。’圣人过化存神之妙,不可一二窥测。”[75]“才与诚合,然后事可成”,这是“妙乎动”之“静”的结局。圣人已经给凡人做出榜样,如孔子。白沙求无欲而静,指归在学做圣人的成熟之道上。白沙如此比较:“孔子教人文、行、忠、信,后之学孔氏者则曰:‘一为要。’一者,无欲也。无欲则静虚而动直,然后圣可学而至矣。所谓‘自立门户者’,非此类欤?佛氏教人曰静坐,吾亦曰静坐;曰惺惺,吾亦曰惺惺;调息近于数息,定力有似禅定。所谓‘流于禅学者’,非此类欤?”[76]白沙主“静”,是无欲而“静”,是存天理而“动”,是息人欲而“静”,致虚立本,见得天理;无欲而静,见得自然;戒慎恐惧,见得圣可学。白沙剥离了“无欲”主静与佛氏“无事”主静的根本差异,即谋划在“有事”而“静”是开始,“无欲”而“静”是结局;也给其“三步曲”从动静之辩里,窥探出“即心观妙”理由中的“熟仁”之功。

其三,“观巧”与“观妙”,至于“仁熟”意境。透过白沙之“奇妙”语境,蕴意流涌的,便是那“仁”之“熟”境的生成、敞开、意会。拿“妙”字说,即可如此理会:“观古人用意深处,学他语脉往来呼应,浅深浮沉,轻重疾徐,当以神会得之,未可以言尽也。到得悟入时,随意一拈即在,其妙无涯。”[77]那种“当以神会得之”、“其妙无涯”的神来之笔、之韵,岂不“熟”境?

细嚼一下,白沙“奇”或“妙”字蕴涵的“熟”之意境,几乎随处可见:如白沙称“道不可状”,“此理之妙不容言,道至于可言则已涉乎粗迹矣”,[78]“粗”,即不细腻,即不熟。此理之“妙”,就妙在对“道”的把握,应“熟”上下工夫,不是“涉乎粗”的把握。书法是“放而不放,留而不留,此吾所以妙乎动也”,这是娴熟之状。作诗词,有“自得忘言之妙”的娴熟之遇:“看来诗真是难作,其间起复往来脉络、缓急浮沉当理会处一一要到,非但直说出本意而已。此亦诗之至难,前此未易语也。文字亦然。古文字好者,都不见安排之迹,一似信口说出,自然妙也。”[79]作诗甚难,就在于达到一种“往来脉络、缓急浮沉当理会处一一要到”和“都不见安排之迹”的至熟,这叫“自然妙也”。清人曾国藩说过:“妙来无过熟”,也与此契合相当。

白沙关于“熟”字之用,也会感到“至熟”价值:

“熟乎礼。”[80]

“熟察。”[81]

“执笔熟视。”[82]

“执事研之熟矣。”[83]

“居今之世,欲超然无累于心,无累于后,先生计之亦熟矣。”[84]

这些“熟”字的运计,已累积于做人、做官、做事和做学问中,虽不如朱熹“熟”字频繁出现,但白沙“熟”字之用,心计可量。门人赞白沙是“涵养其熟”,一点也不为过。

总之,“奇妙”之状态,是白沙“以自然为宗”的归宿,也是“仁熟”之境的到来。作诗如此,做人做官亦如此,也是白沙“奇妙”之真实意境的现实写真。当然,这样的“奇妙”之观,万变有其宗,乃是与“我”相涉!

四、与“我”相涉

求“道”、求“我”、求“心”到求“造化”,构成白沙“仁熟”之境地。正是每一次的"求",同时构成了细化的节次。由"熟仁"而至于"仁熟",期间所开拓出来的"我"之意境,在白沙"仁"之"熟"里,呈现别样景观。其归乎的,是由"道—我—心—造化"而至于的"与'我'相涉"。

在宋明理学,自周敦颐以来,似乎与哲学意义中的"宇宙观"颇多纠缠。问题就在于这个"宇宙观"或多或少与天下人事己物、道心体用切切相关。对此,陈白沙断撇不清。但白沙勾勒的宇宙结构,是"道—我—心—造化"之逻辑。"仁熟"境界,就在这样的宇宙结构里获得细节,即"仁"之造化("仁化")里展开的"熟仁"节次。白沙这里的分析,引申出的重要且坚定的逻辑是:求"道"、求"心",要在求"我";"熟仁"抑或"仁熟",是坚定的与"我"相涉!这一逻辑通过白沙所著《论前辈言铢视轩冕尘视金玉三则》,基本确立。《三则》连贯一体,充分展示了"与'我'相涉"的特定内涵。在此不妨摘录,梳理廓清。

1."道—我—心—造化"之"宇宙"观

从"宇宙"观到与"我"相互涉,在白沙哲学的层次里,是顺理成章的事。这从其三篇"则"里获得统观。

> [上则]:"道至大,天地亦至大,天地与道若可相侔矣。然以天地而视道,则道为天地之本;以道视天地,则天地者,太仓之一粟,沧海之一勺耳,曾足与道侔哉?天地之大不得与道侔,故至大者道而已,而君子得之。一身之微,其所得者,富贵、贫贱、死生、祸福,曾足以为君子所得乎?君子之所得者有如此,则天地之始,吾之始也,而吾之道无所增;天地之终,吾之终也,而吾之道无所损。天地之大,且不我逃,而我不增损,则举天地间物既归于我,而不足增损于我矣。天下之物尽在我而不足以增损我,故卒然遇之而不惊,无故失之而不介。"[85]

此《则》在讲"道",实质指意的是"我",重心凸显的是"我":"天下之物尽在我而不足以增损我";这"我"且具有"道"性:"故至大者道而已,而君子得之","得之"之"之",即谓"道";"道"无增损,得了"道"的"我",也不"增损”,白沙称之为“吾之道”。“我”装尽了“天地”,所以“我”之“心”,也叫“君子”之“心”。“君子一心,万理完具。”[86] 由“我”之“心”,去“通于万物”,化来的正是“与‘我’相涉”中的“仁”之“熟”。

2. 与“我”相涉

天下物事,皆与“我”相涉。“熟仁”抑或“仁熟”,在白沙看来,一切与“我”互为。此中展显的基调,恰恰印证出那个“道—我—心—造化”之“宇宙”观,似乎又更上一层嵌入于“我”的追求形而上之境地?

> [中则]:“天下事物,杂然前陈。事之非我所自出,物之非我所素有,卒然举而加诸我,不屑者视之,初若与我不相涉,则厌薄之心生矣。然事必有所不能已,物必有所不能无,来与吾前矣,得谓与我不相涉耶?夫子曰:‘不义而富且贵,于我如浮云。’谓薄不义也,非薄富贵也。孟子曰:‘舜视弃天下如敝屣。’亦谓重爱亲也,非为轻天下也。君子一心,万理完具。事物虽多,莫非在我。此身一到,精神具随,得吾得而得之矣,失吾得而失之耳。厌薄之心,何自而生哉……物,吾知其为物耳;事,吾知其为事耳;勉焉,举吾之身以从之。初若与我不相涉,比之医家谓之不仁。昔人之言曰:‘铢视轩冕,尘视金玉。’是心也,君子何自得之哉?然非其人,与语此反惑,惑则累之矣。或应曰:‘是非所谓君子之心也,君子之辨也。’曰:‘然。然无君子之心,徒有轻重之辨,非道也。’”[87]

天下事物表面来看,“杂然前陈”,似乎与我无涉,其实,只要以“仁义”去衡量,就有爱恨取舍的道义情感。“我”之意义就油然而生。这个“我”,实质是含了个“仁义”、“道义”之“大我”,就是“君子之心”,是“精神具随”之“我”。所以,在白沙的心目中,“天下事物”皆与这个“我”相涉(人禽之辨,似乎又获得了“我”之确认中的提升!),那仕途“轩冕”、那珍宝“金玉”,容不得与“仁义”、“道义”相抗争,皆如尘埃浮云,微不足道。“熟仁”,面对的就是这些实际的人生砥砺,盖谓“君子之心”的成熟造化。

“铢视轩冕,尘视金玉”,周敦颐《通书·富贵篇》已有描观:“君子以道充为贵,身安为富,故常泰无不足,而铢视轩冕,尘视金玉,其重无加焉尔。"这个"以道充为贵、身安为富,铢视轩冕,尘视金玉"的原则,也正是白沙揭示出的"我"中"熟仁"之气象。经过白沙的论辩,使周子之论升华到包容天地之精神力量:"天地之大,且不我逃,而我不增损,则举天地间物既归于我,而不足增损于我矣。天下之物尽在我而不足以增损我,故卒然遇之而不惊,无故失之而不介,舜、禹之有天下而不与,烈风雷雨而弗迷,尚何铢轩冕、尘金玉之足言哉?"[88]

前人云"铢视轩冕,尘视金玉",是初学者表露对浮云富豪的清高,真正的觉悟者原是在轩冕、金玉上的坚决"不动心":"人争一个觉,才觉便我大而物小,物尽而我无尽。夫无尽者,微尘六合,瞬息千古,生不知爱,死不知恶,尚奚暇铢轩冕而尘金玉耶?"[89]也即人只争一个道义:"不义而富且贵,于我如浮云。"

确实,在与"我"相涉里,白沙特指意在:一是求"道"、求"心",要在求"我";人得道,是谓"我";心得道,是谓"我"。"我"之分量,可称为"在我者一切任之";[90]二是求"造化"是"心化"、是"仁化"。"仁,人心也",化在"静养善端"里,是谓"心再化"。"致虚立本","本"乃"心化"之体,"化本不立,时措莫知",[91]哪有"熟仁"之"化"。白沙引《周易》说其"仁化",乃为儒家事业,也为自家之志:"《易》曰:'天地变化草木蕃',时也。随时屈信(伸),与道翱翔,固吾儒事也。吾志其行乎,猗欤休哉!"[92]追求和献身于儒学"仁"之"熟"("仁化")的"造化",白沙只会至死不渝地追求下去,而决不会止步于"猗欤休哉"。

3."我"之价值

深入地看,白沙倾注"仁"之世俗化的努力,是他发现了"仁化"中"我"之特有的价值实体:"仁"之"熟",即在"我"之中。通过"道"与"物"关系,白沙置"我"于"道通与物"的路径里,获得"我"之为"人"的价值,从而获得"仁"之"熟"的造化(工夫与境地)。

[下则]:"或曰:'道可状乎?'曰:'不可。此理之妙不容言,道至于可言则已涉乎粗迹矣。''何以知之?'曰:'以吾知之。吾或有得焉,心得而存之,口不可得而言之。比试言之,则已非吾所存矣。故凡有得而可言,皆不足以得言。'曰:'道不可以言状,亦可以物乎?'曰:'不可。物囿于形,道通于物,有目者不得见也。''何以言之?'曰:'天得之为天,地得之为地,人得之为人。状之以天则遗地,状之以地则遗人。物不足状也。'曰:'道终不可状欤?'曰:'有其方则可。举一隅而括其三隅,状道之方也。据一隅而反其三隅,按状之术也。然状道之方非难,按状之术实难。人有不知弹,告之曰:弹之形如弓,而以竹为弦。使其知弓则可按也。不知此道之大,告之曰:道大也,天小也,轩冕金玉又小。则能按而不惑者鲜矣。愚故曰:道不可状,为难其人也。'"[93]

这是对话式的描观。白沙想要表达的,有两个重要指向:其一,正是"熟仁"之"术"的难度指标。一个叫"状道之方",是"举一隅而括其三隅";另一个叫"按状之术",是"据一隅而反其三隅",二者相比,"状道之方非难,按状之术实难"。这个"实难"之由,白沙给出的理由是:"状道之方",是"涉乎粗";"按状之术",是"涉乎细",或谓"按而不惑"。其把握的是,"道"乃为天地人之根据,这叫"天得之为天,地得之为地,人得之为人";"道通于物",道不可言状,物也不可言状,但可以通过"物"性去体认"道",成为那个"我";道乃"大",天地人乃至轩冕金玉,与"道"比较,皆为"小"。结论就是,"熟仁"之"术",对于人来说,实为难事。其二,"仁"之世俗化在"道通于物"的"物"之层面。与"道"对应之"物",涵盖"天地人",有"物囿于形"之状。"道"就存在于其中,作为其底据。把握这个"道",就得从把握这个"物"中进行。白沙的"诗"与"文",几乎就是通过"物"性的描观,渐入于"道"。在"世俗化"的语境里,用了"仁",用了"自然",有了"仁"之"熟"。在论人做诗为官的行列里,完全可以通观出白沙的这个"世俗化"努力。

白沙得出的结论,还是注定在"心"之"化","心"化是"自然"化的范本,"自然"化是"心"化的秩序。白沙引《中庸》说开:"《中庸》曰:'致中和,天地位焉,万物育焉。'说者谓吾之心正,天地之心亦正,吾之气顺,天地之气亦顺。"[94]仅从这一点看,说白沙具有主观唯心主义色彩,并不为过。

在《与林时矩》,白沙作了细节性描观:"宇宙内更有何事,天自信天,地自信地,吾自信吾,自动自静,自阖自辟,自舒自卷;甲不问乙供,乙不待甲赐;牛自为牛,马自为马;感于此,应于彼,发乎迩,见乎远。故得之者,天地与顺,日月与明,鬼神与福,万民与诚,百世与名,而无一物奸于其间。乌乎,大哉!前辈云:'铢视轩冕,尘视金玉。'此盖略言之以讽始学者耳。人争一个觉,才觉便我大而物小,物尽而我无尽。夫无尽者,微尘六合,瞬息千古,生不知爱,死不知恶,尚奚暇铢轩冕而尘金玉耶?"[95]此段话已数次引证,其理一也。

这里,除了陆象山"宇宙"观的影子外,更寻迹到白沙"宇宙"观显现在"仁"之"熟"的创意里,那"三步曲"正是其中的最大创意。

五、"三步曲"

从"三步曲"到达的"主静"彰显,是陈白沙"熟仁"工夫之节次,因此,追究"三步曲"之别致创意,是充分把握白沙"仁"之"熟"的纯粹之地。

1."三步曲"之细化

白沙的心得,是可敬可畏的。其"三步曲",可谓是白沙坎坎坷坷之心路历程的真实写照。在总括其思想历程时,白沙道明了"三步曲"之源流,期间的一番"熟仁"砥砺,读之实可兴叹:"仆才不逮人,年二十七始发愤从吴聘君学。其于古圣贤垂训之书,盖无所不讲,然未知入处。比归白沙,杜门不出,专求所以用力之方。既无师友指引,惟日靠书册寻之,忘寝忘食,如是者亦累年,而卒未得焉。所谓未得,谓吾此心与此理未有凑泊吻合处也。于是舍彼之繁,求吾之约,惟在静坐,久之,然后见吾此心之体隐然呈露,常若有物。日用间种种应酬,随吾所欲,如马之御衔勒也。体认物理,稽诸圣训,各有头绪来历,如水之有源委也。于是涣然自信曰:'作圣之功,其在兹乎!'有学于仆者,辄教之静坐,盖以吾所经历粗有实效者告之,非务为高虚以误人也。"[96]

这里虽言在“静坐”工夫的涵养经历,实是其“三步曲”的心路历程。借此,白沙亮出“熟仁”工夫的一片景观。

直观地看,门人郭棐概况白沙“三步曲”是:“戒慎恐惧,则可以语寡欲;致虚立本,则可以语忘己;勿忘勿助,则可以语自然。”[97]按郭氏所论,这里再作扩展性分析,以凸显白沙“仁”之“熟”的别致和具化。

其一,戒慎恐惧。何以体现呢?郭棐说其为“语寡欲”。理学家善讲天理人欲之辨。白沙也讲天理胜出人欲,但白沙讲得比较“诗意”化。

白沙甚称:“执事以清才理剧郡,克勤克慎”、“国家图任方面,惟在当道者谨而择之”,[98]皆在政治上考量。“大抵吾人所学,正欲事事点检。”[99]即在做人上讨巧。而“戒慎恐惧”的显着之处,是对欲望之限制、对情绪之控制。而这些又归结在天理之于性情的有效把握。白沙在此的用心,颇有意味。一首《忍字赞》,着意在对“情欲”的控制:“七情之发,惟怒为遽。众逆之加,惟忍为是。绝情实难,处逆非易。当怒火炎,以忍水制。忍之又忍,愈忍愈励。过一百忍,为张公艺。不乱大谋,其乃有济。如其不忍,倾败立至。”[100]“怒”为“七情”所发,要加以控制;不加控制,万事无成。而“忍”,恰是控制之方。一“忍”字,益处皆是,“愈忍愈励”;不“忍”字,害处皆是,“倾败立至”。其实,在宋明理学。对“情欲”、对“天理”,似乎看得截然对立,但还是以控制“情欲”为实现“天理”为代价。白沙也在此中“缠绕”,着意在“性情”出于“天理”。白沙有“盖人情出于天理之不容已者,夫何嫌欤”[101]之感慨。但是,白沙也留给了“性情”的应有地位,即作诗中性情的特殊意义。在《次王半山韵诗跋》,白沙从“作诗当雅健第一,忌俗与弱”里理会出人之性情的趣味:“予尝爱看子美、后山等诗,盖喜其雅健也。若论道理,随人深浅,但须笔下发得精神,可一唱三叹,闻者便自鼓舞,方是到也。须将道理就自己性情上发出,不可作议论说去,离了诗之本体,便是宋头巾也。大概如此。”[102]“宋头巾”,可指迂腐的道学家、腐儒。用在诗文里,比喻不从人物之性情上作诗,也称为“宋头巾气习”。明唐顺之《答皇甫百泉郎中书》:“其于文也,大率所谓宋头巾气习,求一秦字汉语了不可得。”故白沙对于“性情”投入于作诗论诗,还是相当钟情的:“大抵论诗当论性情,论性情先论风韵,无风韵则无诗矣。”[103]从“性情”至“风韵”,诗之本体被白沙描观,尽管这个钟情可能比不上陶渊明、邵尧夫、陶望龄等,但白沙对“情”有某种程度的“放任”。可能,也增加了“熟仁”难度和“仁熟”旨趣。指出这点很重要,白沙究竟属于“主理”还是“主情”?按白沙“人情出于天理之不容已者”内涵的“不容已”来看,属于“主理”;性情的控制,就是“理”对“情”、对“欲”的控制。诗中的“一段精神”,也同样在做人里面彰显。

对此,可以理会出,“从“性情”至“风韵”,诗之本体由“风韵”引领“性情”,乃是白沙“诗之本体”的实质性规定,这与儒家“文以载道”、“言以载德”基本一致。“风韵”,乃为诗之感染人心的力量,引领“性情”的韵度。在白沙那里,“风韵”抒发出人的自然性情,故谓“七情之发,发而为诗”;[104]更有引导人的性情陶冶,故谓“欲学古人诗,先理会古人性情是如何,有此性情,方有此声口。”[105]所以白沙强调,“吾辈作诗,非只喜跌宕而已,跌宕中又要稳实,乃佳耳。”[106]这个“稳实”,就是心里对“人情出于天理所不容已者”的思量、敬畏和仰望。由此就不难理解,白沙对“性情”是有所拘检定,不管在诗里还是在现实生活中。可想而知,面对那个“情性”,“熟仁”恐怕难度不减。董子、韩愈之“性情”观,在白沙的“戒慎恐惧”里获得某种应变。后来王阳明又把“戒慎恐惧”概之为致“良知”,又深化了这种应变。

其二,致虚立本。何以体现呢?郭棐说其为“语忘己”。儒、道、佛,都与“忘己”有情结。白沙讲“忘己”,融入三家,又有自家情怀。

“致虚”,从道性到物形,是“道通于物”的结局;“立本”,从道性到心化,是“道—我—心—造化”的结局。归根结底,指归在“心”上,却是白沙“致虚立本”的真实意图。白沙指出:“本虚形乃实,立本贵自然。戒慎与恐惧,斯言未云偏。”[107]“致虚立本”,依然在“三步曲”的统观里。“本”是什么?是“心”。白沙以“心寓于形而为主”的“心”、“形”关系,并以“致虚立本”用在“养身”上,揭示这点:“心寓于形而为主,主失其主,反乱于气,亦疾病之所由起也。今人惟知形体之为害,而不知归罪其心,多矣。”[108]这是“心”上功夫,

"致虚立本",指归在"心",养心即养气,气为虚形,心为实体。养身只为此中某处,"主静"工夫,或许就在这"养心"上累积。此"立本"工夫足够,那个"立本贵自然",到来的"仁熟"之境,从心身上足见"涵养其熟"中的"凑泊",就在"立本"中:"高几千仞,未若立本于空中,与此山平。置足其颠,若履平地,四顾脱然,尤为奇绝。此其人内忘其心,外忘其形,其气浩然,物莫能干,神游八极,未足言也。"[109]"内忘其心,外忘其形,其气浩然,物莫能干,神游八极,未足言也",这是"仁熟"之境。

"致虚立本",即体即用,既是由虚形到本体,又生发由"仁"之"熟"的一体两面。白沙确是如此看待,但追究其真实目的,白沙锁定在"心"上,以"心"连"诚",希冀廓清的,是"致虚立本"那里头的"诚"。据此,就可给"致虚立本"找到"仁"之"熟"的基础,即一个"人道"的基础。白沙的《无后论》,间接地论证了一番:"君子一心足以开万世,小人百惑足以丧邦家。何者?心存与不存也。夫此心存则一,一则诚;不存则惑,惑则伪。所以开万事、丧邦家者不在多,诚伪之间而足耳。夫天地之大,万物之富,何以为之也?一诚所为也。盖有此诚,斯有此物;则有此物,必有此诚。则诚在人何所?具于一心耳。心之所有者此诚,而为天地者此诚也。天地之大,此诚且可为,而君子存之,则何万事之不足开哉!"[110]如果白沙的"主静"工夫最终切入于"诚",那么其无欲而静的工夫,可以通过"诚",在即体即用的"工夫"语境里,"致虚立本"就有了可靠的主心骨,"三步曲"更有了坚实的基础,也给"心化"提供了基础性元素。同样,白沙意义中的人禽之辨,立了这个"诚",大写的"我",就充满了底气;"熟仁",就充足了底气。

所以,别致精彩之处,"忘己"却要建立个"我",看似矛盾,却是"致虚立本"的莫大情怀。

其三,"以自然为宗"。何以体现呢?郭棐说其为"勿忘勿助"方可"语自然"。"以自然为宗",立意在效法"自然",并归聚为"主静"工夫。用白沙之《寒菊》,表露此中意:

"菊花正开时,严霜满中野。从来少人知,谁是陶潜者。碧玉岁将穷,端居酒堪把。南山对面时,不取亦不舍。”[111]

门人湛若水,教解此诗:“端居,谓恭己,静坐也。南山对面,即渊明所谓‘悠然见南山’。不取不舍,即勿忘勿助之意。必如是,则本体自然,而后南山可见也。南山对面喻见道,即颜子所谓‘如有所立卓尔也’。此诗虽咏寒菊而其指远矣。天下后世欲知先生之学者,当于不取不舍之间求之也。”[112]

作为陈白沙最得意弟子,湛若水的解释,对其老师思想的把握,还是相当心领神会的。此处解释,基本到位。那个“不取不舍”,即“勿忘勿助”,是“静坐”,是“以自然为宗”的“静坐”,一是显现“本体自然”,一是“颜子所谓‘如有所立卓尔也’”之“道”。

先看“本体自然”的显现问题。“以自然为宗”,立意在效法“自然”,显现“本体自然”性质。白沙以“善学者”是“以自然为宗”,以比较性的心态,拟人化地描观了这个“自然”特征:“人与天地同体,四时以行,百物以生,若滞在一处,安能为造化之主耶?古之善学者,常令此心在无物处,便运用得转耳。学者以自然为宗,不可不着意理会。”[113]也是湛若水,以白沙先生的“诗文”,讲得这“自然”颇具精彩到位:“白沙先生之诗文,其自然之发乎?自然之蕴,其淳和之心乎?其仁义忠信之心乎?夫忠信、仁义、淳和之心,是谓自然也。夫自然者,天之理也。理出于天然,故曰自然也。在勿忘勿助之间,胸中流出而沛乎,丝毫人力亦不存。故其诗曰:‘从前欲洗安排障,万古斯文看日星。’以言乎明照自然也。夫日月星辰之照耀,其孰安排是?其孰作为是?定山庄公赞之诗曰:‘喜把炷香焚展读,了无一字出安排。’以言其自然也。又曰:‘为经为训真谁识,非谢非陶莫浪猜。’盖实录也。夫先生诗文之自然,岂徒然哉?盖其自然之文言,生于自然之心胸;自然之心胸,生于自然之学术;自然之学术,在于勿忘勿助之间,如日月之照,如云之行,如水之流,如天葩之发,红者自红,白者自白,形者自形,色者自色,孰安排是,孰作为是,是谓自然。”[114]出于自然而然,孟子的“勿忘勿助”是如此,白沙的“诗文”是如此,“夫忠信、仁义、淳和之心”是如此,“仁”之“熟”问题,也是在“自然”之“化”里实现那“仁熟”之境。白沙的“涵养其熟”,就是“熟”在此中的“涵养”。

再看“所立卓尔”的“之道”问题。这个“道”,是叫“熟仁”之“道”。指意有二,一指道德追求的理想图景等价值理性,一指实现的道路、处事的方式、做人的原则等工具理性。白沙此段话,涵盖于此:

“古人处老有道,处病有道,处死有道。夫子曰:‘朝闻道,夕死可矣。’其处之之道乎!”[115]

孔子所言的“朝闻道,夕死可矣”之“道”,确是这“二道”并“一道”,颜子能够“有所立卓尔”,不也成就于“朝闻道,夕死可矣”的价值追寻吗?

但是,讲“以自然为宗”,白沙的优势,有一定的超越。“先生之学,以自然为宗,不离日用而见鸢飞鱼跃之机”,正是其“超越”之处。讲白沙的“仁”之“熟”,极需要在此点拨,方见得“超越”或“创意”。

据以“不离日用之间”为取向,白沙使“以自然为宗”具体落实到日用事物里,去激活鲜活的现实生活(白沙称之为“气象”)。譬如论诗做诗,皆要求得“自然”:“大抵辞气终欠自然”。[116]求得自然、平易、沉着、稳实、平和的“气象”去作诗:“吾辈作诗,非只喜跌宕而已。跌宕中又要稳实,乃佳耳。”[117]“但发扬微过,更放平易沉着乃佳耳。”[118]论人做事就更觉细嚼:“圣贤处事无所偏任,惟亲义何如,随而应之,无往不中。吾人学不到古人处,每有一事来,斟酌不安,便多差却。随其气质,刚者偏于刚,柔者偏于柔,每事要高人一着,做来毕竟未是。盖缘不是义理发源来,只要高去,故差。”[119]“圣贤处事无所偏任,惟亲义何如,随而应之,无往不中”,即出于“以自然为宗”而不差;“每事要高人一着”,恐怕“不是义理发源来”的行为,这个“发源”处,来自于“自然”。故由“以自然为宗”转切成的“气象”,白沙深有感触:“学者先须理会气象,气象好时,百事自当。此言最可玩味。言语动静便是理会气象地头,变急为缓,变激烈为和平,则有大功,亦远祸之道也,非但气象好而已。”[120]有了“以自然为宗”的好气象,还得化在“日用之间”,使“言语动静便是理会气象地头”,所谓“百事自当”、“则有大功”、“远祸之道”,皆是缘于“以自然为宗”。

由此看出,白沙不把“以自然为宗”讲得云里雾里,不着边际,而是脚踏实地,贴近日用之间,显得平实沉稳,把"仁"之"熟"落实到现实的生活世界里("人伦日用"、"随处体认"),使"仁"获得其永恒的("久")生命力。致使"三步曲"有了很扎实的基础和有效的指归。

2."主静"工夫之特色

旨趣于"仁"之"熟","以自然为宗",开出的,是一片"仁熟"境界;而白沙的"主静"之功,又不失为是极具特色的"熟仁"工夫。作为人生修养之功,白沙汲取周子、继之二程、承载朱陆(尽管朱熹自许不言"静"而言"敬"),但置其于"仁"之"熟"上,无疑开拔了许多。白沙自许:"此一静字,自濂溪先生主静发源,后来程门诸公递相传授"。至白沙那里,开拔之特色,若是所见。

究其渊源,陈献章表白:

"同于古人否欤?恶乎同乎?同其心不同其迹可也,同其归不同其入可也。入者,门也;归者,其本也。周(敦颐)'诚'而(二)程'敬',考亭(朱熹)先致知,先儒恒言也。三者之学,于圣人之道孰为迩,孰知之无远迩欤?周子《太极图说》:'圣人定之以中正仁义而主静。问者曰:圣可学欤?曰:可。孰为要?曰:一为要。一者,无欲也。'《遗书》云:'不专一,则不能直遂;不翕聚,则不能发散。见静坐而叹其善学曰:性静者,可以为学。'二程之得于周子也,朱子不言有象山也。"[121]

在白沙看来,先儒在学以成人的"归旨"上,无疑有着一致性,这叫"同其心"、"同其归";但在"入门"途径上,是不尽相同的。考量其间差异,才是白沙想要做的事。周子的"诚"、二程的"敬"、朱子的"致知",皆为"入者"之途径,就是"工夫"之异的考量。然而对此,白沙皆有所益损。这里,就展露出白沙"主静"工夫的创意开拔。

白沙的"主静"语境,是其"三步曲"的环绕。个中的最大创意,可以归述为:以其"三步曲",是以提高"主静"工夫的境界层次,开拔出"仁"之"熟"的心学之境。在象山那里,这一境界层次,可能不尽其观。白沙有段归入"静坐"的求学经历,似乎作了旁证:

“所谓未得,谓吾此心与此理未有凑泊吻合处也。于是舍彼之繁,求吾之约,惟在静坐,久之,然后见吾此心之体隐然呈露,常若有物。日用间种种应酬,随吾所欲,如马之御衔勒也。体认物理,稽诸圣训,各有头绪来历,如水之有源委也。于是涣然自信曰:‘作圣之功,其在兹乎!’有学于仆者,辄教之静坐,盖以吾所经历粗有实效者告之,非务为高虚以误人也。”[122]

这里,契合的紧要处是“自得”,是“舍彼之繁,求吾之约”,“然后见吾此心之体隐然呈露”,“自得”,就是“求之吾心”;“吾此心与此理”达到“有凑泊吻合处”,即有“仁熟”之境地,这叫“作圣之功”。这一切,皆与“静坐”是渊源。有以下品味,值得细究:

其一,“无欲”、“有事”而“主静”。其实,白沙之“静坐”,决非是“无事”而“静坐”,依儒家之精粹,是“有事”而“主静”、“主静”而“无欲”。在此,建构了儒家“仁”之“熟”境的道义性质:通过“有事”而“主静”,又通过“主静”到达“无欲”之境。白沙概之为“静坐端倪”:“静坐寻见端绪,却说上良知良能一节,使之自信,以去驳杂支离之病。”[123]内心先得“自信”,方有“自得”;复见“良知良能”之心,方是“以去驳杂支离之病”。可见,这个“端绪”,则是“有事”、“无欲”生发之“几”。

必须澄清的是,这里的“无欲”之“欲”,是指与天理对应的私欲、私心杂念、驳杂支离之病。对此,白沙追究“闻道”价值、反求“吾心”之初、穷研“心化”之机、净化破除“累于外哉”的“无欲”涵养:“只宜静坐……此心元初本无一物,何处交涉得一个放不下来?假令自古来有圣贤,未有书籍,便无如今放不下。如此,亦书籍累心耶,心累书籍也?夫人所以学者,欲闻道也。苟欲闻道也,求之书籍而道存焉,则求之书籍可也;求之书籍而弗得,反而求之吾心而道存焉,则求之吾心可也。恶累于外哉!”[124]书有益于“闻道”,则书籍无累于心;若书无益于“闻道”,则书籍累心。反之,就得“求之吾心”而“闻道”、而“道存”,这里,给出了学者究竟“为己”抑或“为人”?“为己”则是“无累”而“学”;“为人”则是“有累”而“学”,是目的不纯的“学”。陆王心学“书读了多难道甚有好处”之发问，白沙似有契合、似有理会之处。当然，如果“静坐”在“欲闻道”，那就属于“无欲”而“有事”的积极的“主静”工夫了。佛禅擅长“无事”而“主静”，这种消极的“主静”，非“主静”之本质，在此，白沙留住了这个区别之底线。也可以想见，朱熹专用“敬”字取代“静”字，是有一定道理的。

总之，在白沙的“工夫”处境里，“静坐”是去掉“驳杂支离之病”之方法，其目的是“寻见端绪”，找到契合此心此理的“凑泊吻合处”；又是“无欲”而“有事”的“静坐”，“此心元初本无一物”，所以，此“静坐”，开始和结束，皆切入于“无欲”而“有事”而往来。置于白沙的“涵养其熟”，这里“静坐端绪”又多了一份“养”之土壤：“为学须从静中坐养出个端倪来，方有商量处。”[125]同理可得，聚集于“三步曲”的“主静”工夫，也立足在这个“此心元初本无一物”的纯自然状态，“为学当求诸心，必得所谓虚明静一者为之主”，方就是“以自然为宗”之境地。

其二，“静养端倪”。说得再开阔些，在白沙的悉数论证里，始终据“以自然为宗”之取向，穿梭于“仁”之“熟”里，几乎整个地缠绕着白沙的“主静”工夫。心之本体是“虚明静一”，而“静坐”，恰欲得到本体；“静坐”以“寻见端绪”、“静养端倪”为“熟仁”之功，而“见端绪”、“养端倪”、“求善端”，无非是进入那个“与‘我’相涉”之“我”的“自得”境界，无非是进入“仁”之“熟”的境地，无非是到达此心此理凑泊、道通于物、内外合一、无有大小、不舍一物、一以贯之的“自得”又“自然”的境界，无非是连接着“三步曲”的节次罢了。这段话颇具此情此景的想象力：

“夫养善端于静坐，而求义理于书册，则书册有时而可废，善端不可不涵养也。其理一耳……诗、文章、末习、著述等路头，一齐塞断，一齐扫去，毋令半点芥蒂于我胸中，夫然后善端可养，静可能也。终始一意，不厌不倦，优游厌饫，勿助勿忘，气象将日进，造诣将日深。所谓‘至近而神’，‘百姓日用而不知’者，始自此迸出体面来也。到此境界，愈闻则愈大，愈定则愈明，愈逸则愈得，愈易则愈长。存存默默，不离顷刻，亦不着一物,亦不舍一物,无有内外,无有大小,无有隐显,无有精粗,一以贯之矣。此之谓自得。”[126]

是的,由“静养善端”而来的工夫,白沙称为“孟子工夫”。这里,经白沙“主静”工夫的提炼和张扬,它生动且形象地供读者体会和领悟孟子“善端”的境界了。况且,透过此文的字里行间,“熟”义生发,“到此境界”,读来心领神会,那个“自得”气象不正是“到此”熟来的境界吗:“自得者不累于外物,不累于耳目,不累于造次颠沛,鸢飞鱼跃,其机在我,知此者谓之善学,不知此者虽学无益也。”[127]

其三,“知几”、“研几”、“见几而作”。更进一步的考量就会发现,白沙“主静”,是静中含动;讲“无欲而静”,也体现为“静而有欲”(那“欲闻道”便是)的“有事”而“静”。白沙“静养端倪”,可以指归在“求善端”之“几”。“知几”、“研几”、“见几而行”,这个最早由《周易·系辞》里记载的圣人之言,是儒家“熟仁”里的特殊智能。白沙言:“但须观今日事体所关轻重大小,酌以浅深之宜,随时屈信,与道消息。若居东微服,皆顺应自然,无有凝滞。孔子曰:‘知几,其神乎!’今以众人有滞之心,欲窥圣人至神之用,恐其不似也。”[128]所谓“知几,其神乎”,是“熟仁”之心、之效。白沙对“几”的描观,是动静之“几”、是轻重浅深之“几”、是“随时屈信,与道消息”之“几”,“见几而行”,就是“顺应自然,无有凝滞”之“熟”。白沙之“几”在“熟仁”上的意义,是连接“心”与“仁”两个概念的。

白沙讲“见几”而行而作,首先是切合心的“见几”,不“见几”,心则乱;心不乱,事则成。白沙以作诗发挥《周易》之“几”的秘诀:“拙诗云:‘百年将满日,心乱不成诗。’《易》曰:‘见几而作,不俟终日。’”[129]作诗如此,做人更如此,白沙转切入于对运转人生之“几”的把握:“默而观之,一生生之机(几),运之无穷,无我无人无古今,塞乎天地之间,夷狄禽兽草木昆虫一体,惟吾命之沛乎盛哉。程子谓‘切脉可以体仁’。仁,人心也。充是心也,足以保四海;不能充之,不足以保妻子。可不思乎?”[130]这是不是“熟仁”之“几”的贴切证明了吗?白沙此论,还是离不开“以自然为宗”的价值取向。在此不由想到《送张进士廷实还京序》里白沙说的“思握其枢机,端其衔绥,行乎日用事物之中,以与之无穷”,真可谓是相得益彰的“仁”之“熟”境。说得再开些,白沙的“静坐端绪”,也是要从“静坐”里“养”出个“端绪”,即“熟仁”之“几”的到来。

3. 不离“日用之间”

与“几”中,白沙是在悄然“不离乎人伦日用而见鸢飞鱼跃之机(几)”里点拨那“以自然为宗”的“熟仁”工夫。最显著的就是那个“随处体认天理”。白沙认定:“日用间随处体认天理,着此一鞭,何患不到古人佳处也。”[131]“日用间随处体认天理”,白沙认定其为“熟仁”工夫,只此工夫上努力鞭策,即可更上一楼。更重要的是,此“心”、此“理”、或谓此“仁”,皆在人人身边、皆在日常生活之中、皆在人们的体认当中,用不到很远地方去寻找,这里,似乎嵌入了孔子“仁”的“活学活用”,“熟仁”,还会远吗?还会不着边际吗?还会使不尽力吗?但是,白沙之意境,似乎比孔子更“远”了些许:“接人接物,不可拣择殊甚,贤愚善恶,一切要包他。到得物我两忘,浑然天地气象,方始是成就处。”[132]到达这“成就处”,不是“仁熟”之处了吗?

需要看出,“着此一鞭”,鞭策的是“求之在我”之努力,激励的是“熟仁”锤炼之“久”,到达的是“仁熟”之“极”:“知广大高明不离乎日用,求之在我,毋泥见闻,优游厌饫,久之然后可及也。”[133]“自此更加锻炼,令首尾莹洁,到极难处正须着力一跃,莫容易放过,又当有悟入时。勉之,勉之。”[134]从“着此一鞭”到“着力一跃”,实乃一大转关、一大飞跃,也类似从“熟仁”到“仁熟”的跨越。更紧要的是,连接这一跨越的轨迹,恰是“日用间随处体认天理”的“积累”,白沙称之为“积累工夫”。它“莫容易放过”,是“极难处”见分晓的“有悟入时”,对此白沙连用二个“勉之”鼓励,着实照亮白沙之用心良苦。

细究不离“日用之间”为“熟仁”工夫,有三处“节次”,颇为白沙反复玩味,即随处体认、投规入矩、与“道”同在。

其一,随处体认。“随处体认天理”,这个“随处”,意味的是在“人伦日用间”的学问,这叫“平易沉著”中“又要稳实”的“着实”之功,这是个“熟仁”工夫。白沙以“执事”之“熟”晓之以理:“执事光明磊落,优游而敦大,规模气象,迥异常流,使勤于听讼矣,而又不遗其本焉。此仆所以乘风而知慕,览币而弗辞,其心盖又有激于此也。若夫君子进为君,退为亲,进退可否之机,执事研之熟矣。”[135] 所谓“执事”之“事”,就是日常之事,有生活中的七件事,有官场中的听讼事,有学者中的文字事,而这一切“事”,皆需来个“执事研之熟”的状态。于此,凡一切做人做官做事做学问之“执事”,就有个“规模气象”。这里,就引申出“执事”之“研之熟”与“随处体认天理”的学问。白沙是有考究的。白沙说“行乎日用事物之中,以与之无穷”,在这“无穷”中去追寻那个“本”,由此,那个“三步曲”,似乎正是其最高的指归。

其二,投规入矩。儒家“熟仁”工夫里,一个立脚处,乃是“规矩”说。白沙从作文写诗书字里去寻迹“投规入矩”之于“熟仁”的“霸柄”之处。与好友门人的书信里,常有此种情结:“高作每见跌荡可喜,但不知置之古人文字中能入得他规矩否?”[136] 投入“规矩”,渐渐习熟,运转自如,诗文必见起色,会“造诣深后自然”。白沙藉文说人,引申出规矩在“成文”、“成人”中的特有取向和引导价值,并进而摸索到“以自然为宗”的会意:“自古未有不专心致志而得者,更望完养心气,臻极和平,勿为豪放所夺。造诣深后自然如良金美玉,略无暇颣可指摘。若恣意横为,词气间便一切飞沙走石,无老成典雅,规矩荡然,识者笑之。”[137]“规矩荡然”,是规矩全失;“无老成典雅”,是没有成熟之美,这就是“规矩荡然”的结局呀。规矩出美:“但得稍入规矩乃佳耳。”[138]

其三,与“道”同在。这里,有两个基本指向,与“道通于物”之“道”同在,与“吾之道”之“道”(即原则、术、规矩一类)同在。以白沙之言,即有足够之见:“余闻士不耻贱贫,虽富贵而弗骄,则不失义,不离道;入于患得患失,碌碌为鄙夫。”[139]“不失义,不离道”,做人做官做事做学问,儒家“道义”论的立场一贯到底。“礼无所不统,有不可须臾离者,克己复礼是也。"[140]"礼"出自于"道","克己复礼"乃是"不可须臾离者",意义则是与"道"同在。"有不遗其本焉"[141]此"本",是"致虚立本"之"本",是"立本贵自然"之"本",就是"道"、就是"心",心于"道"同在,是"心化"之底据,是"仁"之"熟"的根本。"此理包罗上下,贯彻终始,滚作一片。"[142]此"理",也出自于"道","贯彻终始,滚作一片",即与"道"同在的价值默许。"贤者力行己志,惟恐一事不底于道,其能合于亲者几何?"[143]"不底于道",不抵达"道"的根深处,"志于道"还能令谁信赖?"不底于道",也成为白沙"戒慎恐惧"的理由之一。

不离"人伦日用之间",就是"不失义"、"不离道"。与"道"同在,似乎蕴涵了不离"日用之间"的价值取向。以《论前辈言铢视轩冕尘视金玉三则》中的理论评估,白沙"不底于道"的哲学层次,就更加具有儒家本体论取向。再者,与"道"同在的价值默许,蕴涵了白沙的"人道"关切,也就是说,与"道"同在,应对出的"人道",依然是白沙"仁"之"熟"中的希冀。结论就是:"若能进退以道,甚佳。"[144]

需要强调的是,上述"主静"工夫之理由,还缘于对"敬"字的敬畏。不然,白沙之"静",就缺乏儒家之根基了。其实,白沙是在"敬"字里讲"静"的,这就叫"原于敬而得力于静"(湛若水语)。在《和杨龟山此日不再得韵》一文,白沙对儒家之"敬"的敬畏之心,表露无遗:"吾道有宗主,千秋朱紫阳。说敬不离口,示我入德方。义利分两途,析之极毫芒。圣学信匪难,要在用心臧。善端日培养,庶免物欲戕。"[145]湛若水教解谓:"古人先得我心者,朱紫阳之说敬乎!盖敬者圣人之心,法圣德莫大于敬,则入德莫要于主敬。主敬以剖义利,则圣可学可见。圣学匪难,要在心臧而已。心者敬之主宰,万善所由发端者也。能反心以养其善端,勿为戕贼,方为道德之膏腴。"[146]紫阳,即谓朱熹。白沙汲取朱子之"敬",认定这般的含"敬"之"静",足以产生"那知颠沛中,此志竟莫强"的"熟仁"坚定;并且往"心学"上拉近,"心字应上,用心臧最是圣学要紧处,圣人千言万语只要教人收拾此心。操此枢纽,则万化由此出。"[147]说明白沙的"熟仁"工夫,在儒家的"仁"之"熟"里的传承中有着

“起步”性发端。

六、应对了“人道”

“熟仁”,应有“人道”根据。“以自然为宗”,“自然”为朴素之“道”,可谓“天道”;“以自然为宗”,为“人道”所为。在此,白沙的用心,似乎是为孔子“无终食之间违仁”寻迹到“道”之标尺,又希冀发现通贯“人性”中的“道”存在——所谓“须臾不离”问题。同样,随之而来的“人禽之辨”,到了白沙这里,似乎又不得不被激活。

1. 人、禽两域

白沙撰《禽兽说》,划出人、禽两域,生发了儒家“人禽之辨”在心学意义中的延伸和具象:

> “人具七尺之躯,除了此心此理,便无可贵,浑是一包脓血裹一大块骨头。饥能食,渴能饮,能着衣服,能行淫欲。贫贱而思富贵,富贵而贪权势,忿而争,忧而悲,穷则滥,乐则淫。凡百所为,一信气血,老死而后已,则命之曰‘禽兽’可也。”[148]

白沙划出的人、禽两域,是以“此心此理”为根据。人若不据“此心此理”,则只是“一包脓血裹一大块骨头”而已。白沙在天理人欲之间划出对立:“人欲日肆,天理日消,其不陷于禽兽者几希矣。”[149]又在主体性上确认人之价值:“呜呼,人所得光阴能几,生不知爱惜,漫浪虚掷,卒之与物无异。造物所赋于人,岂徒具形骸,喘息天地间,与虫蚁并活而已耶?浮屠氏虽异学,亦必以到彼岸为标准。学者以圣人为师,其道何如?彼文章、功业、气节,世未尝乏人,在人立志大小。”[150]“在人立志”于“文章、功业、气节”,就能弱化“岂徒具形骸”,爱惜生命、以圣人为师、在人立志,皆为真实的“人之域”,是现实的人的根据;那种“岂徒具形骸,喘息天地间,与虫蚁并活而已耶?浮屠氏虽异学,亦必以到彼岸为标准”的所谓“人之域”,则是虚幻的彼岸世界,与人之真实性皆可谓“差之毫厘,谬之千里。”

白沙判定"人、禽两域",依据的是儒家"德性"、"理性"之标准,"此心此理",就如孟子讲的"由仁义行",这两域,表面上看是截然不同之域,实质却是勾画出坚定的人道:人得道谓"我",我得道谓"心","此心此理",是坚决地属于"人"之"道"。即便在一个很不起眼的"大头虾",白沙也会感悟出"人道"魅力。一篇《大头虾说》,描绘得入木三分:"大头虾,甘美不足,丰乎外,馁乎中,如人之不务实者然","大头虾之患,在于轻财而忘分",所以,人不可学"大头虾",人之一生,以"务实"为要,"孔子所谓'难乎有恒'者是也"。据此,白沙的结论是:"夫人之生,阴阳具焉。阳有余而阴不足,有余生骄,不足生吝。受气之始,偏则为害。有生之后,习气乘之,骄益骄,吝益吝。骄固可罪,吝亦可鄙,骄与吝一也。不骄不吝,庶矣乎!"[151]白沙以"大头虾"之喻,竭尽阐发出"人道"之理由,即人之一生,从"受气之始"到"习气乘之",以"务实"为要,以"难乎有恒"为一段精神,不骄不吝,则人生便有价值。不然,则与动物禽兽何异?更何从说起"仁"之"熟"矣。

2. 应对了"人道"

人优于、高于禽兽,是儒家坚定不移的立场。对此,儒家有着严格的论证,孟子的"由仁义行"是这种证明的最早出处,其影响深远。白沙推崇孟子,是有理由的,以善扬"孟子工夫"为己任,以孔、孟之"道义"为左右。如白沙誓言:"言不离乎道,行不迷乎穷,出处、语默、去就之权,操而用之,必概乎义。苟如是,荣辱之至自外者,斯任之而已。"[152]形象鲜明的志于"道"、志于"义"的"大丈夫",跃然纸上。白沙立下"大丈夫欲行其道于当时"之志,[153]坚定了"熟仁"的儒者使命。

在此,白沙关注的"熟仁"之道,即视为应对的"人道"。白沙研判,要使"仁"之"熟"通畅起来、走得通,希冀去实现那应对的"熟仁"之道("人道"),"在人宜自尽"的价值所在,就在此中的"仁化"。所谓"仁化",是"仁"的展开与实现,这正是"熟仁"工夫的具象,白沙称为"人道"中的"一段精神"、"学问之功"。

自孔子开启了“学”、“思”观,维系住的是“人道”的应有价值。“熟仁”工夫的价值所在,是可以作为人之为人的根据之一,而恰恰,此学此思,是孔子意念中的“熟仁”之道。“仁”,可以通过“学”与“思”,获得具象。三句名言,已经蕴涵了这类观点。所以,“熟仁”之道,切入“学问之功”,也是自然之事。更应该看到,“学问之功”,会随着“仁化”需要,便愈来愈精湛和精致。这里展开一下,这一“学问之功”之于“熟仁之功”,还是存在些许佐证与触发。

其一,此“学”是向着“熟仁”工夫。如白沙挑明:“可取《大学》、《西铭》熟读。求古人为学次第规模,实下功夫去做。”[154]白沙联结其“熟仁”精蕴,以诗意文字勾勒此“学”所向:“心地要宽平,识见要超卓,规模要阔远,践履要笃实。能是四者,可以言学矣。”[155]这是“熟仁”工夫的节次。当白沙说出:“士大夫出处去就分明已占了好田地,更能向学,求向上一着,不枉费浮生岁月,岂不抵掌为之三叹乎!”[156]那“学”的价值已不仅仅锁定在“学”,更锁定在“向学,求向上一着”,是“工夫”上,是“人道”上,更是向着“熟仁”上。这一系列的“锁定”,无疑是“仁化”的节次。

其二,此“学”是向着“道”的。白沙表白“学能以此自检”的“熟仁”工夫,意在取向于“道”。“工夫当自益,但须由其道耳。由其道而往,无远不至也。”[157]这个向着“道”的过程,白沙颇有考量。从“无欲”而“有事”的“主静”工夫出发,白沙严格地发挥出此“学”向着“道”的工夫背景。第一个是“克去有我之私”。接着“工夫当自益,但须由其道”,白沙挑明:“大抵虚己极难,若能克去有我之私,当一日万里,其它往来疎数不计也。”[158]第二个是“志于道”。学者为士,而“士必志道,然后足以语此。”[159]“在人立志大小”,一切聚焦于“道”上的作为。第三个是“圣人之道”。具而论之,此“道”为“圣人之道”,或谓是志向于“成圣之道”,白沙一语中的:“夫士何学?学以变化气习,求至乎圣人而后已也。求至乎圣人而后已也,而奚陋自待哉?孟子曰:‘人皆可以为尧舜。’”[160]

其三,此“学”是向着“以自然为宗”。白沙有切肤之谈:“凡百且置之勿论,只平生问学一事,极索理会,不可悠悠。人一身与天地参立,岂可不知自贵重,日与逐逐者伍耶?某奉别后更无他,惟一味守此,益信古人所谓自得者非虚语。”[161]白沙平生极用心于“学”,如何获得“学”之成功?首先使已“与天地参立”,这是自身“贵重”之处,与天地为伍,学此中道理,并内化为已之行动规矩(“惟一味守此”),“熟仁”之“学”,所获得的,便称为“自得”,提升真学问。对此,白沙才会如此感慨:“古人所谓自得者非虚语”。从心上讲,白沙认定是“古之善学者,常令此心在无物处,便运用得转耳。”[162]一句话就是:“学者以自然为宗,不可不着意理会。”[163]即便那个“志”,也必须以此为标的:“至诚斯合于天人,素志何疑于梦卜。”[164]这“素志”,就指归在“合于天人”。

其实,关于“学”,作为特定的工夫,白沙始终给予“熟仁”定向。那个“思、畏之间”,似乎融尽了白沙心思。

“学”与“思”,相辅相成,互为一体。这是儒家的基本态度。重要的是,白沙从“思、畏之间”去考量这个“向着”。白沙直接切入“人欲日消,天理日明”、“人欲日炽,天理日晦”作了断:“二者之机,间不容发,在乎思不思、畏不畏之间耳。”[165]“思”什么?“畏”什么?与“仁”、与“仁”之“熟”,甚是密切。细细打量这些对“思”、“畏”的规定,能够有所理会:

●思“仁”:“程子谓‘切脉可以体仁’。仁,人心也。充是心也,足以保四海;不能充之,不足以保妻子。可不思乎?”[166]

●思“道”:“其为之有道乎,得其道则交助,失其道则交病,愿吾子之终思之也。”[167]

●思“心”:“仲尼、颜子之乐,此心也;周子、程子,此心也;吾子亦此心也。得其心,乐不远矣。愿吾子之终思之也。”[168]

敬畏则“忧”:

●忧“道”:“鬼道显,人道晦,古今有识所忧也。”[169]

●忧“心”:“盖将兢兢业业,唯恐一息之或间,一念之或差,而不敢以自暇矣。有于予心符。”[170]

集中于“仁”、“道”、“心”的“思、畏之间”,折射出白沙的内心世界里,涌动着对于“形而上”问题的价值追问。“仁,人心也”与“道—我—心—造化”的内在一体,给出了“熟仁”定向,形成了对于“道—我—心—造化”的敬畏之心、思虑之心。指向的正是,通过“思、畏之间”的张力,白沙之“心”,紧紧地维系住了“人道”的可作可为。这一情结,白沙称之为“思无邪”,勉励自我要“法天之行以自强不息也”。[171]所谓“在人宜自尽”的“学问之功”,被晒落得鲜活犀利。

更有指归,白沙的“学”,会产生置于“三步曲”里的特殊价值。在一首五言古诗里,白沙有心而发:“学患不用心,用心滋牵缠。本虚形乃实,立本贵自然。戒慎与恐惧,斯言未言偏。后儒不省事,差失毫厘间。”[172]“学”不用心于“三步曲”上,会“差失毫厘”。或许,“仁”之“熟”,也会“差失毫厘”。白沙就是这么看待这个非同一般的“学问之功”。总之,此中所述,都带上了“熟仁”之意,或谓皆是在“学”上尽其勉,隐喻出“熟仁”之功。这“学”的境界层次坚定的属于“人道”。其中,一种“熟仁”期待化为对人的自觉性期待,白沙以“学贵知疑”,使其油然而生:“前辈谓‘学贵知疑’,小疑则小进,大疑则大进,疑者,觉悟之机也。一番觉悟,一番长进。”并概括出一个“学”以“至熟”的普遍法则:“凡学皆然,不止学诗即此,便是科级,学者须循次而进,渐到至处耳。”[173]这个“至处耳”,即是“至熟处”,白沙只争一个“觉”、只争一个“疑”,“渐到至处耳”,应对出的“人道”,是白沙之“学”的精湛之处。

3. 人性“自然”化

其实,在白沙应对出的“人道”里,被浓浓地罩上一层“自然”化取向。可以指谓人性的“自然”化,白沙感言的“终身在我陶冶之中”的情趣,依然而然的沉浸在“以自然为宗”的价值取向。有趣的是,借助于这样的取向,一种饶有旨趣的“熟仁”之一体两面的背景,用“真”、“乐”、“醉”、“化”、“术”,巧妙地被描观了。

其一,求“真”。白沙依“诗”而论:“只看程明道、邵康节诗,真天生温厚和乐,一种好性情也。”[174]白沙喜程、邵之诗,是因其重性情风韵和自然而然。“真天生温厚和乐”,就在取得与“自然”契合的“真情趣”:内涵的真实之“趣”,则是“熟”之境地。亦如晚明袁宏道论诗文所看重的“趣”:“世人所难得者唯趣。趣如山上之色,水中之味,花中之光,女中之态,虽善说者不能下一语,唯会心者知……夫趣,得之自然者深,得之学问者浅。”[175]恰恰以此描观出白沙诗中由“真情”而发的“趣”,“熟”便是其中很难得的、精致的体验了。

其二,求“醉”。白沙依“《易》”而论:“醉以溷俗,醒以行独。醒易于醉,醉非深于《易》者不能也。汉郭林宗、晋陶渊明、宋邵尧夫,善醉矣夫!”[176]郭、陶、邵之诗文,盖取《周易》“合于天人”之“自然”状态,即天地万物一体之“自然”态势,其深意化于诗中,就如白沙描绘:“大抵诗贵平易,洞达自然,含蓄不露,不以用意装缀,藏形伏影,如世间一种商度隐语,使人不可模索为工。”[177]还是指点在“以自然为宗”的巢穴里。作诗做人,以醒以醉,皆在《易》之“自然”语境里,从而获得“真”境界。再若以“熟仁”指点《易》,那句来自于《易·系辞》的“安土敦乎仁”,或许还是“醒”、“醉”的安身立命之地呢。

其三,求“乐”。白沙依“学”而论:“此学以自然为宗者也。承谕近日来颇有凑泊处,譬之适千里者,起脚本差,将来必有至处。自然之乐,乃真乐也。宇宙间复有何事?”[178]所谓“凑泊处”,既言在人性与自然的和谐处,也言在“仁”之“熟”处。求其“乐”,才是“真乐”处。除此以外,宇宙间还有什么事更比得上此“乐”而乐呢?“熟仁”,就得在此“凑泊处”下工夫。从“心”上来说,就是“心化”之功,这叫“得其心,乐不远矣”。无怪乎,白沙着《寻乐斋记》,以示寻迹“孔颜之乐”为“乐”:“寻仲尼、颜子乐处。”[179]真实追求的是“仁熟”之境,此境地与白沙之“静坐”工夫,息息相戚:“不知其所谓乐,寻常间自觉惟坐为乐耳。”[180]达到与心与自然的“凑泊处”,这是“真乐”了:“仲尼、颜子之乐,此心也;周子、程子之心也;吾子亦此心也。得其心,乐不远矣。"[181]

其四,求"化"。白沙依"化"而论:"人与天地同体,四时以行,百物以生,若滞在一处,安能为造化之主耶?古之善学者,常令此心在无物处,便运用得转耳。学者以自然为宗,有不可不着意理会。"[182]所谓"造化之主",乃是"人与天地同体","熟仁",就是要"常令此心在无物处,便运用得转耳",这就是"以自然为宗"之"化"。而人性便求得这个"造化",那个"见几而动"、"无有凝滞",也是其生动写照。而这一切之"化"的背后,就是一个巨大的"仁化"。白沙所言的"仁化之多"、"造化之仁",决非是个普通词汇,是有相当"仁熟"意境的:"远托造化之仁,内外各安,拳拳恋德之私,想亦无日不在左右也。"[183]

其五,求"术"。白沙是"爱其术而思"。此"术",可谓是"反求之吾心以观其会"[184]学到的真谛,最终指归在这个"心"的工夫。白沙以"学"论之:"学焉而不得其术,其识昏以谬,其志弱以小,其气乏馁,其行怠肆,其文落莫而不章。"[185]学不到文章之术,作起文来,便会"识昏"、"志弱"、"气乏"、"行怠",就会文落不章。其实,做人不得其术,也会人不如人。作文之术与做人之术,有异曲同工之妙用。讲究不讲究"术",白沙视其为"工夫"精不精,也含此中之理:"请教以心驭气之术,"一般而言,"术"为"道"之下层,具有工具性价值取向,而在白沙那里,"道"具天地一体之"本","术"为日用接事之"用",与"日用间随处体认天理"相契合,也在"以自然为宗"里的契合。这是白沙"熟仁"观中的"术"观之特色。

综合来看,白沙追求的,是"人生贵识真,勿作孟浪死。"[186]所谓"贵识真",即"知道也"。[187]这个"道",涵盖了白沙的心学历程,也为白沙一生追求之乐。正如湛若水解释得那样:"以喻人为富贵利达所蔽,则不见此道之大,至于本体,复明其真境,可乐如此。"[188]其实,这里的意境,仿佛回归于陶渊明的"仙境"了。业已指出,白沙的"仁熟"境界,与陶渊明甚有渊源。白沙的《和陶十二首》,基本思想是对陶渊明《归园田居》中所描绘的"世外桃源"境地的回归。而白沙屡屡出现"秋熟"、"酒熟",恐怕并不指意于农作物或酒本身吧?"酒熟唤我尝"引出"所乐在知止,百年安可忘";[189]湛若水问得好:"其所乐岂在酒哉?"是"酒熟"之美境,才是!"今年秋又熟"引出"醉即拍手歌,东西卧林莽。"[190]湛若水连接白沙上述之"求",说得形象迭出:"惟秋熟作社恐酒不足,酒足而醉则歌笑以卧草野之间耳。"[191]一幅画卷式的"真"、"乐"、"醉",在"熟"境里的活泼泼,无比生动且形象。白沙追求的是"熟"中之境,自得"本心之乐",这是"真"之"乐"。也是白沙"仁熟"之境所要追至的人生之真实写照呀!

求"真"、求"乐"、求"醉",是"熟"之巧妙之境地,若再往上寻迹,则是一个与"道"一体的存在。白沙《天人之际》,搭到此处脉络:"天人一理通,感应良可畏。"[192]天道人道,只是一个道。随处体认天理,根据就在"人之此心此性与天地万物浑然同体者也"。[193]这是求"化"、求"术"的最具深沉的理由了。总之,一切的"真"、"乐"、"醉"、"化"、"术"之求,在白沙那里,都有个"自然"的旨趣,且都归之于"仁"之"熟"里了!

在结束对白沙"仁"之"熟"的分析时——当然,在后面"颜子之熟"的分析里,还是继续会延伸这里的分析——再做若干提示,以进入后面的顺理成章的考察,由此获得某种内在联结。

其一,这个由陈献章的"起步",到了阳明那里,在恢复陆象山的传统里,结合湛若水对阳明哲学的影响,阳明极娴熟地消化了由这一"起步"带来的"心学"风气,融入于阳明的"心学"体系,使儒家"熟仁"获得了更新的景观。

其二,对陈献章的考究,连接着白沙的"熟仁",想到的不仅仅是王阳明,还有《菜根谭》。阳明提到象山、提到湛若水,却只字不提陈献章,如果说由湛若水提及白沙而引申出从象山到白沙到湛若水再到阳明这一条线索,似乎也可以,现行的教材和长期的研究,遂已基本定势,但"熟仁"里的路径,或许会有"旁生"之蹊跷,很值得玩味。

其三,由白沙"主静"工夫的特殊性和深刻性所连接出来的"熟仁"话语,可以引向其中国文化里的一个共通性事实。譬如,通过"敬"、"静"、"净"三字,可以摸索出儒、佛异中之同或同中之异。敬,是儒家之言;净,是佛家之言;静,乃儒、佛之间,但意义甚异,儒家乃主静无欲,佛家乃主静无事。所以,儒家主静,向敬;佛家主静,向净。陈献章是主静至敬,《菜根谭》主静向净。后者更融合佛家色彩了。但在"熟"上,在颇觉各异的旨趣里,却深蕴着"道"上的相通性。这叫"殊途而同归"。

同样,再加上这个评语也不为过,即儒家"熟仁"理性之光,通过陈白沙的特殊的起步性发端,获得了可以引导人生的"灯塔"。当然,此中之境,亟须人们的努力与追求。这是一桩具有相当难度之事,所以,当王阳明接着陆象山的话语去串通他自家的"熟仁"工夫——"致良知"——可能"简易"的工夫,更愿被王阳明去琢磨、去发现、去接受!

注释:

[1]《陈献章集·点校说明》,第1页,中华书局1987年版。

[2]《陈献章集》,第894页。

[3]《陈献章集》,第900页。

[4]《陈献章集》,第901页。

[5]《陈献章集》,第920页。

[6]《陈献章集》,第5页。

[7]《陈献章集》,第34页。

[8]《陈献章集》,第39页。

[9]《陈献章集》,第70页。

[10]《陈献章集》,第144页。

[11]《陈献章集》,第191页。

[12]《陈献章集》,第33页。

[13]《陈献章集》,第139页。

[14]《陈献章集》,第146页。

[15]《陈献章集》,第41页。

[16]《陈献章集》,第65页。

[17]《陈献章集》,第 217 页。

[18]《陈献章集》,第 242 页。

[19]《陈献章集》,第 923 页。

[20]《陈献章集》,第 753 页。

[21][22]《陈献章集》,第 903 页。

[23]《陈献章集》,第 911 页。

[24]《陈献章集》,第 942 页。

[25]《陈献章集》,第 867 页。

[26]《陈献章集》,第 910 页。

[27]《陈献章集》,第 914 页。

[28][29]《陈献章集》,第 915 页。

[30]《陈献章集》,第 921 页。

[31]《陈献章集》,第 702 页。

[32]《陈献章集》,第 921 页。

[33]《陈献章集》,第 922 页。

[34]《陈献章集》,第 867 页。

[35]《陈献章集》,第 920 页。

[36]《陈献章集》,第 931 页。

[37]《陈献章集》,第 941 页。

[38]《陈献章集》,第 884 页。

[39]《陈献章集》,第 217 页。

[40][41][42][43][44][45][46]《朱子语类》卷四十。

[47]《陈献章集》,第 906 页。

[48]《陈献章集》,第 131 页。

[49]《陈献章集》,第 56 页。

[50]李光地:《周易折中》,第 850 页。

[51]《陈献章集》,第 66 页。

[52]《陈献章集》,第 68 页。

[53]《陈献章集》,第 80 页。

[54]《陈献章集》,第 173 页。

[55]《陈献章集》,第 154 页。

[56]《陈献章集》,第 709 页。

[57]《陈献章集》,第 145 页。

[58]《陈献章集》,第 134 页。

[59]《陈献章集》,第 167 页。

[60]《陈献章集》,第 243 页。

[61]《陈献章集》,第 792 页。

[62]《陈献章集》,第 278 页。

[63]《陆九渊集》卷三十五,第 486 页。

[64]《陈献章集》,第 40 页。

[65]《陈献章集》,第 167 页。

[66]《陈献章集》,第 75 页。

[67]《陈献章集》,第 970 页。

[68]《陈献章集》,第 57 页。

[69]《陈献章集》,第 12 页。

[70]《陈献章集》,第 66 页。

[71]《陈献章集》,第 11 页。

[72]《陈献章集》,第 107 页。

[73]《陈献章集》,第 80 页。

[74]《陈献章集》,第 125 页。

[75]《陈献章集》,第 128 页。

[76]《陈献章集》,第 147 页。

[77]《陈献章集》,第 167 页。

[78]《陈献章集》,第 56 页。

[79]《陈献章集》,第 163 页。

[80]《陈献章集》,第 58 页。

[81]《陈献章集》,第 97 页。

[82]《陈献章集》,第 979 页。

[83]《陈献章集》,第 203 页。

[84]《陈献章集》,第 121 页。

[85]《陈献章集》,第 54 页。

[86][87][88]《陈献章集》,第 55 页。

[89][90]《陈献章集》,第 243 页。

[91]《陈献章集》,第 49 页。

[92]《陈献章集》,第 71 页。

[93]《陈献章集》,第 56 页。

[94]《陈献章集》,第 36 页。

[95]《陈献章集》,第 242 页。

[96]《陈献章集》,第 145 页。

[97]《陈献章集》,第 920 页。

[98]《陈献章集》,第 197 页。

[99]《陈献章集》,第 240 页。

[100]《陈献章集》,第 81 页。

[101]《陈献章集》,第 43 页。

[102]《陈献章集》,第 72 页。

[103]《陈献章集》,第 203 页。

[104]《陈献章集》,第 11 页。

[105]《陈献章集》,第 74 页。

[106]《陈献章集》,第 186 页。

[107]《陈献章集》,第 279 页。

[108]《陈献章集》,第 237 页。

[109]《陈献章集》,第 190 页。

[110]《陈献章集》,第 57 页。

[111]《陈献章集》,第 775 页。

[112]《陈献章集》,第 776 页。

[113]《陈献章集》,第 192 页。

[114]《陈献章集》,第 896 页。

[115]《陈献章集》,第 232 页。

[116]《陈献章集》,第 173 页。

[117]《陈献章集》,第 186 页。

[118]《陈献章集》,第177页。

[119]《陈献章集》,第157页。

[120]《陈献章集》,第159页。

[121]《陈献章集》,第65页。

[122]《陈献章集》,第145页。

[123]《陈献章集》,第972页。

[124]《陈献章集》,第974页。

[125]《陈献章集》,第133页。

[126]《陈献章集》,第975页。

[127]陈献章:《赠彭惠安别言》,见《中国儒学》第682页。

[128]《陈献章集》,第175页。

[129]《陈献章集》,第171页。

[130]《陈献章集》,第27页。

[131]《陈献章集》,第193页。

[132]《陈献章集》,第135页。

[133]《陈献章集》,第203页。

[134]《陈献章集》,第182页。

[135]《陈献章集》,第203页。

[136]《陈献章集》,第168页。

[137]《陈献章集》,第170页。

[138]《陈献章集》,第163页。

[139]《陈献章集》,第98页。

[140]《陈献章集》,第144页。

[141]《陈献章集》,第203页。

[142]《陈献章集》,第217页。

[143]《陈献章集》,第243页。

[144]《陈献章集》,第158页。

[145][146]《陈献章集》,第701页。

[147]《陈献章集》,第702页。

[148]《陈献章集》,第61页。

[149]《陈献章集》,第 77 页。

[150]《陈献章集》,第 80 页。

[151]《陈献章集》,第 61 页。

[152][153]《陈献章集》,第 149 页。

[154]《陈献章集》,第 134 页。

[155][156]《陈献章集》,第 135 页。

[157][158]《陈献章集》,第 162 页。

[159]《陈献章集》,第 9 页。

[160]《陈献章集》,第 28 页。

[161]《陈献章集》,第 229 页。

[162][163]《陈献章集》,第 192 页。

[164]《陈献章集》,第 272 页。

[165]《陈献章集》,第 7 页。

[166]《陈献章集》,第 28 页。

[167][168]《陈献章集》,第 48 页。

[169]《陈献章集》,第 36 页。

[170]《陈献章集》,第 57 页。

[171]《陈献章集》,第 725 页。

[172]《陈献章集》,第 279 页。

[173]《陈献章集》,第 165 页。

[174]《陈献章集》,第 74 页。

[175]袁宏道:《叙陈正甫会心集》卷一。

[176][177]《陈献章集》,第 74 页。

[178]《陈献章集》,第 192 页。

[179][180][181]《陈献章集》,第 47 页。

[182]《陈献章集》,第 192 页。

[183]《陈献章集》,第 258 页。

[184]《陈献章集》,第 220 页。

[185]《陈献章集》,第 138 页。

[186][187]《陈献章集》,第 726 页。

[188]《陈献章集》,第729页。

[189]《陈献章集》,第729页。

[190][191]《陈献章集》,第738页。

[192]《陈献章集》,第730页。

[193]《陈献章集》,第744页。

第十二章

王阳明意志考量中的“熟仁”走势

在经过了象山、白沙，当然也包括甘泉先生，“心学”路数里的儒家“熟仁”，到了明代大儒王阳明那里，取得了突破性进展。极为精致的阐述，使儒家“熟仁”有了新的经纬之度，并形成了比较宏达的理论，在一定程度、一定意义上，完成了“熟仁”在“心学”体系里的“圆圈”。

王守仁(1472—1529)，字伯安，号阳明子，世称阳明先生，故又称王阳明，浙江余姚人。作为明代最著名的哲学家，王阳明在“熟仁”之体系中取得诸多进展。所谓这个“圆圈”的特殊之处，就在于阳明从意志的考量里提升了儒家的“熟仁”走势。儒家“熟仁”的这个“圆圈”，陆、陈、湛均有贡献，但究其最终实现，那最大之功劳无疑在阳明。

对于这个“圆圈”的分析，本文的思路可能与前述略显差异。这里，先进行阳明“熟”论之“通解”，然后对其渊源、地位加以评注，再解读其内涵和意义，以示“圆圈”的结构性和实在性。

一、阳明“熟”论之通解

这里的“通解”，有两层意思，一是先来梳理一下阳明“熟”字细节，并对此作节次性通解和统观，以便在后面的叙述里首先获得阳明“熟仁”的宏观背景。二是再从“熟”字里，锁定阳明心学，实有透析；发现阳明精神，实有展露。也意味着,透观阳明“熟”字细节,作一通解,便可领略阳明“熟仁”在儒家中的新定位、新格调、新精神。

值得注意的是,对《王阳明全集》中的“熟”字或谓“熟”论进行搜索,发现有三十多条“熟”字语录,集中了阳明的“熟仁”智慧,是十分有用、可靠的基本素材,更是通解阳明“熟仁”的分析基础。这里,将掀开这些语录,作一通解,并寻迹阳明“熟仁”的心路历程及其精要体会。

1.“熟”之五辨

阳明的“心”语之“熟”,决非索然无味的“熟”字游戏。统观之,有以下五辨,要在取精:

其一,有“贵熟”之辨:“贵精熟”;[1]“熟思”;[2]“熟念”;[3]“素熟”;[4]“熟议”;[5]“熟闻”;[6]“贯熟”;[7]“熟虑”;[8]“幸熟味”;[9]“精之熟之”[10]。

其二,有“工夫纯熟”之辨:“到纯熟”;[11]“工夫有未成熟”;[12]“无间断到得纯熟”;[13]“到得工夫熟后,自将释然”;[14]“功夫熟后,渣滓去得尽时,本体亦明尽了”;[15]“亦只是提醒工夫未能纯熟”;[16]“工夫未熟,而欲速助长之为病耳”[17]。

其三,有“久久习熟”之辨:“巧习熟”;[18]“久久成熟”;[19]“久则体貌习熟”;[20]“久熟于人人之耳目”;[21]“用力习熟”;[22]“其为习熟既足以自信”[23]。

其四,有“心学”路径之“熟”辨:“义理自熟”;[24]“使之熟于道”;[25]“熟察于平日”;[26]“熟训练以用长”;[27]“精思熟究而力行”[28]。

其五,有自家体悟之“熟”辨:“志到熟处”;[29]“却是致良知之功尚未纯熟”;[30]“用力习熟,然后居山(意味习熟应找到源头)”[31]。

所有这些“熟”字语录,积聚了阳明“熟仁”的良久心得。这其中,既融化了前人的积淀,更展现出阳明自家的开拔。

2.“熟”论之五命题

可贵的是,历经孔、孟乃至濂、洛、关、闽、陆、陈之后,“熟仁”到了阳明,

其自家开拔已足有经纬之度,从而极大地推进了儒家"熟仁"发展,这是很了不起的心学发展。有"熟"论之五命题,如下:

命题甲、"志到熟处"

命题乙、"工夫纯熟"

命题丙、"贵精熟"

命题丁、"熟于道"

命题戊、"找到源头"

○"志到熟处":"善念存时,即是天理。此念即善,更思何善?此念非恶,更去何恶?此念如树之根芽,立志者长立此善念而已。'从心所欲,不逾矩',只是志到熟处。"[32]

——这里,令人想起孔子那个"吾十有五而志于学"至"七十而从心所欲不逾矩"的"仁之熟"历程。可是,阳明发挥在"志到熟处","志"较"天理"更进一步,形成"善念"的元素,更是"熟仁"的基础;"熟处"之"处",是"熟"在"致良知"里,在此,阳明"熟仁"的一个等式在"志到熟处"里即刻形成:"天理"="善念"="良知"。质言之,"志到熟处",就是"致良知"的工夫纯熟。于此,方能进入"从心所欲不逾矩"之"烂熟"境地。从"致良知"上找"熟仁"之源头,可谓是阳明"熟仁"的最大特色。

○"致良知工夫纯熟":"得书见近来所学之骤进,喜慰不可言。谛视数过,其间虽亦有一二未莹彻处,却是致良知之功尚未纯熟。到纯熟时,自无此矣。譬之驱车,既已由于康庄大道之中,或时横斜迂曲者,乃马性未调,衔勒不齐之故,然已只在康庄大道中,决不赚入傍蹊曲径矣。"[33]

——"所学之骤进"与否,根源在"致良知之功"的"纯熟"与否,到"纯熟时",身心之学、文字之学,必是"骤进'之时。而入"致良知之功",阳明譬之为"只在康庄大道中",一路走到底,则决不会受骗上当,更不会误入歧途。"致良知",就是人生进入了"康庄大道之中",但是,能否走完这条"康庄大道",就看他"致良知之功"能否达到"纯熟"之境地。这里,又一个等式建立起来:“致良知”=“康庄大道”=“工夫纯熟”。质言之,“致良知之功”乃是人之“正路”,行驶在这“康庄大道中”,就是“熟仁”工夫之锻炼,其愈走愈宽广,也就是此种工夫的愈来愈“纯熟”。这是阳明倡导“贵精熟”的主要渊源。

〇“贵精熟”:“凡授书不在徒多,但贵精熟。量其资禀,能二百字者,止可授以一百字。常使精神力量有余,则无厌苦之患,而有自得之美。讽诵之际,务令专心一志,口诵心惟,字字句句紬绎反复,抑扬其音节,宽虚其心意。久则义礼浃洽,聪明日开矣。”[34]

——“贵精熟”,此处虽是针对“授书”而言,但具有普遍意义。阳明给出“精熟”之“贵”的理由有三:一是“贵”在获得“自得之美”。“精熟”具有美学价值,这与孟子“五谷者,种之美者也。苟为不熟,不如荑稗”具有相同旨趣。二是“贵”在“久”字上的历练,“精熟”需要“久”之耐力,表现在心身中“无厌苦之患”、“务令专心一志”、“紬绎反复”等的连贯和持久。三是“贵”在“精熟”之结局,是“义礼浃洽,聪明日开”的“完人”和“工夫纯熟”的“完美”。这样,再一个等式由此确立:“贵精熟”=“纯熟工夫”=“浃洽”。质言之,“贵精熟”,不但表现了阳明立意的真实性,还是透露出其“意志”论的心学苦衷:“常使精神力量有余”、“务令专心一志”、“宽虚其心意”,从而给这一命题下的“自得之美”与“久”字画了个足够亮的“心学”符号,更重要的是打通了“贵精熟”与“志到熟处”、“致良知工夫纯熟”的沟通渠道。这就规划了阳明“熟于道”的双重旨趣。

〇“熟于道”:“只‘志道’一句,便含下面数句功夫,自住不得。譬如做此屋,志于道是念念要去择地鸠财,经营成个区宅。据德却是经画已成,有可据矣。依仁却是常常住在区宅内,更不离去。游艺却是加些画采,美此区宅。艺者,义也,理之所宜者也,如诵诗读书弹琴习射之类,皆所以调习此心,使之熟于道也。苟不志道而游艺,却如无状小子;不先去置造区宅,只管要去买画挂做门面,不知将挂在何处?”[35]

——“熟于道”,是“志于道”、“据于德”、“依于仁”、“游于艺”的综合指向,又是“熟仁”工夫的纯熟所在。这里,按次序而言,“志于道”是个大规模,就好比是个大屋框架，“据于德”、“依于仁”、“游于艺”，皆为充实美化整个房屋的内部细节，这些“装潢”无非是“志于道”上的细化，是由这“道”上的统领而所以然。所谓“熟于道”，即便“调习此心”的再多“游艺”，依然是留驻“志于道”上的涵养和造化。按“下面数句功夫”而言，“志道”、“据德”、“依仁”，具有同等性质的“理”层次，“游艺”却以“理之所宜者”的“义”层次。这样，就引申出一个具有跨度的等式：“熟于道”＝“志到熟处”＝“仁之熟”。质言之，“熟于道”，此“道”，既有“工夫纯熟”的方法论旨趣，又有“天理”、“良知”、“道德”、“仁”之价值理性旨趣，通过其“致良知”工夫而一贯到底、一通到底。这“源头”被阳明找到了。

〇“找到源头”：“‘用力习熟，然后居山’之说，昔人尝有此，然亦须得其源。吾辈通患，正如池面浮萍，随开随蔽。未论江海，但在活水，浮萍即不能蔽。何者？活水有源，池水无源；有源者由己，无源者从物。故凡不息者有源，作辍者皆无源故耳。”[36]

——“用力习熟”，要“找到源头”。儒家“仁之熟”，是活泼泼的一腔热血、一潭活水。“用力习熟”，又不致“习熟”用错地方，走错方向，浪费精力，其实，那个下手处，即在“找到源头”上，阳明拨开迷雾，使其清晰可见：“有源者由己，无源者从物”。“由己”不“由物”，阳明从“心学”立场仿佛有着很多类似“存天理，灭人欲”的心性设计，但归根到底是置身于那个“立志”之“心”。在“用力习熟”的方向里，就是那个“良知”之“心”，就是那个“致良知”的工夫纯熟。这样，具有“体用一原”的最终等式便就成了：“仁之熟”＝“用力习熟”＝“致良知”。质言之，“找到源头”，阳明的“仁之熟”，“用力习熟”在“贵精熟”、“熟于道”、“志到熟处”，一切尽在“致良知”的工夫纯熟里。这是自朱熹以来儒家“仁之熟”（指意在“熟仁”之“工夫”说）的又一里程碑。

统观上述“熟”论之五命题，可以通解出阳明“仁之熟”的旨趣与造诣，是在“熟仁”之“工夫”上的一本“传习录”。

3.“只在良知上用工”

这是经典的“熟仁”工夫说。阳明有“致良知工夫纯熟”的说法，对“工夫”的通解，阳明是很乐于干这个事的。“熟仁”，当也不例外。

其实，“熟仁”之于“仁熟”的一体两面，在阳明那里，似乎对“熟仁”工夫给予了更多的关注，这可能跟朱熹有关。因为阳明正是从朱熹“格物”说的七日体验里，产生了成熟的标志。一本《传习录》，自始至终、里里外外，全在说这个“何等紧切着实的(致良知)工夫”。[37] 阳明颠覆了朱熹之“格物”，来了个底朝天，叫“格心”，而“格心”就是“格良知”，就是要“致良知”。这里，说得直白点，“致良知”，实乃阳明称之为“大头脑工夫”，就是“熟仁”之工夫，“凡人为学，终身只为这一事”。[38] 这本《传习录》，从“工夫”说起始，到“工夫”说结束。在此，可给个有效提示：《传习录》首段以“先生于《大学》‘格物’诸说”为开句，结束段以“致知格物”为末题，据此，去琢磨阳明对“工夫”说的倾注，或许会有特别的收获。

这里，再来“通解”一番与“致良知工夫纯熟”主题相一致的阳明语录，也作为“熟仁”工夫说的有力佐证。质言之，其主旨切在“工夫纯熟”上。

○“只要无间断到得纯熟”：“工夫大略亦只是如此用，只要无间断到得纯熟后，意思又自不同矣。大抵吾人为学，紧要大头脑，只是立志，所谓困忘之病，亦只是志欠真切。今好色之人未尝病于困忘，只是一真切耳。自家痛痒，自家须会知得，自家须会搔摩得。既自知得痛痒，自家须不能不搔摩得。佛家谓之方便法门，须是自家调停斟酌，他人总难与力，亦更无别法可设也。”[39]

——这是阳明在《启问道通书》对“日用工夫只是立志”问题所答。圈出“工夫纯熟”之三要点：一是须以“无间断”的“大头脑”工夫，只在“立志”上，悄然旁注于“志到熟处”。二是这“无间断”，表现在“立志”上，是获得“志”之“真切”的“纯熟”根据。三是这“无间断到得纯熟”之工夫，须是出于“自家”性质，“自家痛痒”、“自家知得”、“自家调停斟酌”，而不由“他人”摆布。这“自家”，就是“致良知之功”。这里，很有意思的是，阳明举佛教上的“方便法门”(即“自家”观)来晓之以理，融会贯通这“工夫纯熟”，颇具胸襟。

○“到得工夫熟后，自将释然矣”：“致良知之功尚未了彻，适足以为勿忘勿助之累而已矣。若此者，皆是就文义上解释牵附，以求混融凑泊，而不曾就自己实工夫上体验，是以论之愈精，而去之愈远。文蔚之论，其于大本达道既已沛然无疑，至于致知穷理及忘助等说，时亦有搀和兼搭处，却是区区所谓康庄大道之中，或时横斜迂曲者。到得工夫熟后，自将释然矣。”[40]

——这是阳明在《答聂文蔚》对其弟子文蔚“致良知之功”所论的答复。圈出“到得工夫熟后”的三个要点：一是“致良知工夫纯熟”，不能是“就文义上解释牵附”，其“混融凑泊”，也实属似“熟”而“生”，应该是“自己实工夫上体验”获得，才能真正至于“纯融凑泊”之“纯熟”。二是不在“致良知”的“工夫熟后”，就不在正道(“康庄大道”)上走，只会一路走到漆黑，“或时横斜迂曲”，归入不进仁义之道，这是“道”上出了偏离。三是“致良知”的“工夫熟后”，便有种“仁熟”之境，会达到“康庄大道”上的“纯融凑泊”，所谓“自将释然”，就是身心上的“康庄大道”。这是“致良知”工夫纯熟之结局。

○“功夫熟后，渣滓去得尽时，本体亦明尽了”：“我这里接人原有此二种。利根之人直从本源上悟入。人心本体原是明莹无滞的，原是个未发之中。利根之人一悟本体，即是功夫，人已内外，一齐俱透了。其次不免有习心在，本体受蔽，故且教在意念上实落为善去恶。功夫熟后，渣滓去得尽时，本体亦明尽了。”[41]

——这是对“用力习熟，找到源头”的继续说明。圈出“功夫熟后”的“仁熟”结局，是“渣滓去得尽时，本体亦明尽了”。阳明作了“利根之人”的重点突破：一是人心之源头、之根本，乃是“未发之中”的“人心本体”，就是这“利根之人”之“根”。二是复明“本体”之功在于“工夫纯熟”，就是要在“本源”上切入，直悟本体，“本体受蔽，故且教在意念上实落为善去恶”，使其恢复“原是明莹无滞的”本体状态。这就是“功夫”所在。三是这“利根之人”的“工夫纯熟”，不是着落在一个虚空、不着边际的“本体”，而是指归在一个实实在在的“良知”本体，阳明揭橥：“人有习心，不教他在良知上实用为善去恶功夫，只去悬空想个本体，一切事为俱不着实，不过养成一个虚寂。”[42]说到底,这就是“致良知”的工夫。人人须得在“利根之人”上去寻究个“功夫熟后”的“仁熟”境地。

○“亦只是提醒工夫未能纯熟”:“来书‘提醒良知’之说,甚善甚善!所云‘困勉之功’,亦只是提醒工夫未能纯熟,须加人一己百之力,然后能无间断,非是提醒之外,别有一段困勉之事也。”[43]

——这是阳明在《与王公弼》对“提醒良知”说法的答复,圈出“提醒(良知)工夫未能纯熟”的原委及其重点突破:一是“提醒良知”乃是一段“困勉之事”、一桩“困勉之功”,需要投入“一己百之力,然后能无间断”,这不熟,就不能到达“纯熟”状态。二是“提醒良知”乃是一个“无间断”过程,需要经得住时间考验,追求“工夫纯熟”,然欲速则不达,阳明点到搭脉处:“皆工夫未熟,而欲速助长之为病耳。”[44]三是“提醒工夫未能纯熟”,难就难在“困勉”之中,这是意志的考验、知行的锻炼、良知的履历,使良知常惺惺,不昏昏,常“明莹无滞”,不“蒙蔽瑕疵”,这是“困勉”之中的“致良知”,需要“提醒良知”的工夫能纯熟。

阳明感慨,“只在良知上用工”,从“熟仁”到“仁熟”,全是在“工夫纯熟”上下苦功,“工夫极费力”,是因“见得良知两字”才如此呀!“熟仁”工夫、“致良知”工夫,无疑成为阳明“仁之熟”的主流意识,是顺理成章的事。

4.“贵精熟”

包含了方法论意义上的巧用、精用、活用。阳明论“熟”,内容极为广泛,已经渗透在日常生活的方方面面;形式非常活泼,尤其对“熟”的巧用、精用、活用,是孔子以来“仁”之活学活用的具体且生动之展示。使“贵精熟”在阳明的字里行间读来很具活力,也使上述之“五辨”、“五命题”、“工夫纯熟”,也在此中获得认知,这里,再通解一番,也不妨对其“贵精熟”具有方法论价值了。鉴于简精之标准,这里只作点拨之语,需要细述的部分后面将会涉及。

○“熟思”:“故曰‘物格而后知至’……故曰‘知至而后意诚’。此区区诚意、致知、格物之说盖如此。吾子更熟思之,将亦无可疑者矣。”[45]

——这是阳明在名篇《答顾东桥书》回答弟子东桥“格致诚正”之说的一个“熟思”考量。对程朱一派所倡导的“格物”、“致知”、“诚意”、“正心”等概念的异同作思量、作考辨,需要“熟思之”。

〇“习(礼)熟,德性坚定”:“凡习礼,须要澄心肃虑,审其仪节,度其容止;毋忽而惰,毋沮而怍,毋径而野;从容而不失之迂缓,修谨而不失之拘局。久则体貌习熟,德性坚定矣。”[46]

——这是《教约》一段。有习礼之熟,乃助于人之心(内)身(外)的成长,外则“体貌习熟”,内则“德性坚定”。所谓“从容而不失之迂缓,修谨而不失之拘局”,便是“习(礼)熟”之结局。

〇“熟察于平日”:“边关之要害,虏情之虚实,事势之缓急,无不深谙熟察于平日;则一旦有急,所以遥度而往莅之者,不虑无其人矣。”[47]

——这是阳明向皇上奏疏《陈言边务疏》的一段,为解决“边陲之患”和“痛革弊源”而发。国内外大事,一要细察,二要熟察,三要在平日之中去细察、熟察。这里,可贵之处,就是看重“熟察于平日”,从日用之间、平日之间,求细、求精、求熟。阳明也概之为“素熟”:“彼又素熟于边事,加之以积惯之余,其与不习地利、志图保守者,功宜相远矣。”[48]看来,这“素熟”的绩效还是很大的。

〇“功巧习熟”:“今后该道官务思抚处绥柔之长策,如驾舟之舵,御马之辔,操持有要,而运动由已;若舍舵与辔而广求驾御之术,虽极功巧习熟,终亦不免倾跌之虞。”[49]

——这是阳明《批岭西道抚处盗贼呈》一文,要求地方官员“功巧习熟”时,须得巧妙用力,这叫“操持有要”,驾舟之“舵”、御马之“辔”,皆为之“要”、之“长策”,“舍舵与辔而广求驾御之术”,虽“巧习熟”但“巧”而无“妙”,“终亦不免倾跌之虞”。若“巧习熟”而有“妙”,而获得真正的“巧妙”之“熟”,那此“巧”,阳明点出精髓:“巧力实非两事。巧亦只在用力处,力而不巧,亦是徒力。”并举例:“三子譬如射,一能步箭,一能马箭,一能远箭;他射得到,俱谓之力,中处俱可谓之巧。但步不能马,马不能远,各有所长,便是才力分限有不同处。"再由此例发挥出孔子的"巧力之熟":"孔子则三者皆长。然孔子之和,只得到柳下惠而极;清,只得到伯夷而极;任,只得到伊尹而极。何曾加得些子?若谓三子力有余而巧不足,则其力反过孔子了。"结论就是:"巧力只是发明圣知之义,若识得圣知本体是何物,便自然了。"[50]孔子的娴熟之处,是集柳、伯、伊之"中和",三子是"力有余而巧不足",孔子则是"巧有余而力不足",但孔子能"巧力",达于"中处俱可谓之巧"的"仁熟"之境。这就印证了孟子"巧力圣智"之说。这里,也可看作是陈白沙"巧妙"之"熟"说的"再版"了。

〇"幸熟味":"近于古本序中改数语,颇发此意,然见者往往亦不能察。今寄一纸,幸熟味!此是孔门正法眼藏,从前儒者多不曾悟到,故其说卒入于支离。"[51]

——这是阳明《寄薛尚谦》一段。"幸熟味",是"熟"显为一种"知情意"的奔放,就是要"熟味"出儒家的真情、真知、真觉。否则,便是对儒家整体性、全体性把握的"残缺"或"支离",就没有"熟味"。对此,阳明发现,这"幸熟味",正是"熟味"在"良知"的真感受。阳明感到薛氏说他自己"自咎罪疾,只缘轻傲二字累倒"颇是一种"幸熟味",并说出理由:"但知得轻傲处,便是良知;致此良知,除却轻傲,便是格物。致知二字,是千古圣学之秘。"似乎,这里又回到"真性自不息"中的"致良知工夫纯熟"那真知、真情、真意中去了。加了个"幸"字,一片真情,溢于言表:"为吾子言者,幸加熟念,其亲爱之情,自有不能已也。"[52]"幸熟味",无非于此。

〇"(知学)精之熟之":"忘与不忘之间不能以发,要在深思默识所指谓不忘者果何事耶,知此则知学矣。贤弟精之熟之,不使有毫釐之差,千里之谬,可也。"[53]

——这是阳明《寄闻人邦英邦正》一段,阳明勉励这俩人,要心不忘"立志坚定"于"圣人之学",而不能以"科举"之业而忘了"圣人之学"。对此,阳明提出这"不忘之学",应是"精之熟之",若以"科举"之业为"不忘之学",那就是"毫釐之差,千里之谬"了。看得出,对待人生之事业,是极需分清何者为是非,更是极需"精之熟之"呀!

〇"久久成熟":"人之心神只在有睹有闻上驰骛,不在不睹不闻上着实用功。盖不睹不闻是良知本体。戒慎恐惧是致良知的工夫。学者时时刻刻常睹其所不睹,常闻其所不闻,工夫方有个实落处。久久成熟后,则不须着力,不待防检,而真性自不息矣。岂以在外者之闻见为累哉!"[54]

——这是阳明"熟仁"工夫说的真经之一,"戒慎恐惧"乃是"久久成熟"的工夫"实落处",并且检验这个"实落处",就是人之"心神"要放置于那个"常睹其所不睹,常闻其所不闻"的"良知本体",这"戒慎恐惧"一直留住在"腔子里",并"用力习熟"、"惯熟"、"精熟"、"素熟"、"纯熟"等"久久成熟"的"巧力"即"致良知"之中,所获得的,便是那"真性自不息"的"仁熟"之境地了。

〇"义理自熟":"先儒所谓志道恳切,固是诚意;然急迫求之,则反为私己,不可不察也。日用间何莫非天理流行,但此心常存而不放,则义理自熟。孟子所谓'勿忘勿助,深造自得'者矣。"[55]

——这是阳明《答徐成之》里的一段,为成之所思"进学之功,微觉过苦"而发。提炼出"志道恳切"与"义理自熟"的辩证关系。一是"天理"尽在日用人伦之间,熟于天理,人心("良知")要"常存而不放",这就是"志道恳切"的理由;二是"义理自熟",凸显在"自"字上,是自己的熟、自然的熟、自通的熟,这就叫"勿忘勿助,深造自得",而其中一贯到底的,则是"志道恳切"得以存在的理由;三是"志道恳切"与"义理自熟",出入于"固是诚意"与"此心常存而不放"的内在连接,说到底,在阳明的逻辑里,无非就是这个"致良知"。所谓"义理自熟",绝不是个无厘头案。

〇"精思熟究":"今特略述所以立法之意,再行申告。言之所不能尽者,其各为我精思熟究而力行之,毋徒纸上空言搪塞,竟成挂壁之虚文,则庶乎其可矣!"[56]

——这是阳明《申谕十家牌法》中的一段。看得出,其字里行间透露出对“立法”的慎重和讲究,立了法,要执行,而力行法律的前提,是制定法律时的“精思熟究”,这是阳明“贵精熟”之“贵”上的点睛之笔。

阳明“贵精熟”之巧用、精用、活用,几乎贯穿于小、大事里,而只有经过了“熟”,才会有知行精准的尺度:“其时固已熟闻习见,心悦而诚服矣。”[57]孔子之“仁”的活学活用,在阳明那里,获得了某种通解性应验。

在此不妨做个提示性结论,作为阳明“熟”论之通解,其中出现的“原话”,已经成为阳明“熟仁”工夫说的基本来源,在后面的分析里,还会不断涉及,这里,仅在“通解”的意义里作粗略描观。

二、脉络与棱角

如果要从这个“通解”里继续深入到其内部,去做一番细化的“熟仁”节次工作,就得先梳理阳明“仁之熟”的脉络与棱角。脉络是其渊源和背景,棱角是其突破和看高。从这脉络与棱角里,看清的是阳明“仁之熟”的骨架和血肉。

1.脉络:血统、渊源、身影、其他

有以下方面足以梳理阳明之脉络:孔、孟血统、“心学”渊源、“理学”身影、或谓其他。下面作些简要说明。

其一,说孔、孟血统,那主要定格在与孔子、与孟子的渊源里。阳明“志熟于道”的基础,整个地取自孔子“十五有志”到“三十而立”:“夫立志亦不易矣。孔子,圣人也,犹曰:‘吾十有五而志于学,三十而立。’立者,志立也。虽至于‘不逾矩’,亦志之不逾矩也。志岂可易而视哉!夫志,气之帅也,人之命也,木之根也,水之源也。源不浚则流息,根不植则木枯,命不续则人死,志不立则气昏。是以君子之学,无时无处而不以立志为事。”[58]也可以说,无时无处而不以立志“为事”、“为熟”。阳明的一切论述,皆在孔子“十五有志”到“三十而立”再到“从心所欲不逾矩”的“熟仁”路径里,成为阳明展开其“志

熟于道"的背景和通道。阳明"致良知"工夫纯熟的基础,整个地来自于孟子的"良知"、"良能":"集义只是致良知。"[59] 阳明认为"孟子有集义养气之说",无非是说个"良知";阳明整个的"熟仁"工夫,无非是这个"致良知":"尔那一点良知,是尔自家底准则。"[60] 是做人做官做事做学问的底线。"熟仁"就在此中的"一点良知":"尔意念着处,他是便知是,非便知非,更瞒他一些不得。尔只不要欺他,实实落落依着他做去,善便存,恶便去。他这里何等稳当快乐。此便是格物的真诀,致知的实功。"[61] 阳明的一切论述,皆在"致良知"工夫里,获得成熟而已。总之,从孔、孟血统里来。

其二,说"心学"渊源,那主要定势在与象山、白沙、湛若水之间的渊源。与陆象山。透过阳明全集,象山被提及的次数应从质上去考量,而且汲取象山之精髓,阳明显然做得最贴切。阳明说"濂溪、明道之后,还是象山,只是粗些"。[62] 显然,那个"还是"之余,隐喻的是象山无可忽略,乃至无可摇撼的地位。与陈白沙。白沙"仁"之"熟"中的"戒慎恐惧"、"致虚立本"、"以自然为宗"即所谓"三步曲",阳明以其"致良知之功"的工夫论上一通到底:"戒慎恐惧是致良知的工夫"。[63] 在白沙那里,这"三步曲"是"主静"工夫的落实,有一个分三步走的程序性展开,从"熟仁"走向"仁熟","以自然为宗"却是其归宿;在阳明那里,这所谓的"三步曲",全纳入到一个全体性的"良知"中,通过一贯到底的"致良知",使"三步"变为"一步",最终的"熟仁"圆满,则是"从心所欲而不逾矩",对此,阳明发挥为"真洒落之功夫"。与湛若水。甘泉先生的"随处体认天理"是阳明"熟仁"里的龙珠,闪耀于阳明的"致良知"工夫里,使得这一工夫活泼泼的,富有灵气。对此,湛若水不无感慨,在《奠王阳明先生文》里,对于阳明心领神会于"体认天理",甘泉先生是引以为豪地这样写道:"我云圣学,'体认天理'。'天理'问何,曰廓然尔。兄时心领,不曰非是。言圣枝叶,老聃、释氏。予曰同枝,必一根柢。"[64] 尽管甘泉先生与阳明在"格物"上看法相左,一个以"随处体认天理"解释"格物",一个以"致良知"为"格物"方法,但这里的言中之意,却是流露出甘泉先生的"随处体认天理"成为与阳明"心学"的同一"根柢",而且都旨归于工夫说的积淀。这"体认天理"、"致良知",在老聃、释氏之学那里,却是远不能及的。

其三,说"理学"身影,那主要定位在王阳明所受二程、张载、朱熹之影响。其实,阳明的"心学",受二程、张载、朱熹的"理学"影响都很深。二程的"仁"思想、张载《西铭》中的"万物一体"思想,均对阳明有着深刻的指标性影响。至于朱熹,阳明正是通过对朱熹"格物"、"析心与理而为二"之弊端的深刻反思,导致了阳明的"格竹之醒"、"龙场之悟",最后返归到阳明"致良知"的精神世界里,铸就了阳明别开生面的"心学"。可以这么说,没有朱熹,也可能产生不了这个王阳明。同样,细究所说的程、张、朱之"理学"身影,聚焦之处,依然是那个"熟仁"工夫。程子的"识仁定性"、张子的"万物一体",乃至朱子的"格物"说,哪个不是"熟仁"上可以获得追究的"工夫"呢?如此追究,阳明即有那心领神会之处,"心即理"、"性即理"、"格心"、"知行合一"、"致良知",可能就是那种属于阳明自家所谓"青出于蓝而胜于蓝"之处了。

其四,说或谓其他,那是定格在对道、佛的智慧取舍,即定势在工夫说的解构上。生活在阳明的年代,几乎没有一位大儒不吸取道、佛而"独善其身"(指理论层面)。阳明自不例外。尽管如此,阳明在汲取道、佛的智慧方面,主要在工夫论上的定式。有人问:"释士亦务养心,然要之不可以治天下,何也?"阳明回答:"吾儒养心,未尝离却事物,只顺其天则自然,就是功夫。释氏却要尽绝事物,把心看作幻相,渐入虚寂去了。与世间若无些子交涉,所以不可治天下。"[65]这是在"治"的层面上划出释家"工夫"的虚弱之处,即弱于儒家的"工夫",一个在"尽绝事物"、"无些子交涉";一个是"不离事物"、"顺天而为",这都是在"工夫"上的对立。即便儒家讲得"主静",也与佛禅相去甚远。这点在陈白沙那里已经讲得足够多、足够细了。这一解构释家的"工夫",也归儒家的基本态势,阳明也不例外。不过,阳明在解构这种"工夫"说的同时,并做到了转置在"心学"里头,去寻迹于"熟仁"之势里,加重、添厚了儒家"熟仁"的某种"腔调"。可以说,阳明"熟仁"里,融会了佛禅的"心机",一点不为过。对于阳明认真对待释家的方法论旨趣,或许间接地展露出阳明的宽阔胸襟。应该说,这一解构和汲取,阳明做得还是别具匠心的。同样,对于道家,阳明的态度仍然与此相一致。

2. 棱角:开拔、从“志到熟处”到“致良知”工夫的纯熟

此处意义的“棱角”,真是阳明“熟仁”的开拔之源,也是他自家的开拔。这里的“开拔”,值得看高一线的分析有:

其一,说“夫仁,亦在乎熟之而已”的开拔。阳明的“仁之熟”,是按孔、孟之教诲,但更有自家的开拔。这开拔,用阳明的话来说,就叫“依自家良知所及”,“亦只是致良知工夫纯熟”而已。这是阳明依据“夫仁,亦在乎熟之而已”的发挥而至:

> “喻及‘日用讲求功夫,只是各依自家良知所及,自去其障,扩充以尽其本体,不可迁就气习以趋时好。’幸甚幸甚!果如是,方是致知格物,方是明善诚身。果如是,德安得而不日新!业安得而不富有!谓‘每日自检,未有终日浑成片段’者,亦只是致知工夫间断。夫仁,亦在乎熟之而已。”[66]

所以,说阳明有“自家的开拔”,从“志到熟处”到“致良知”工夫的纯熟,无疑成为这一开拔的线索和旨趣。

其二,说“找到源头,提醒良知”的开拔。儒家“仁之熟”,在阳明看来,是活泼泼的一腔热血、一潭活水。“用力习熟”,又不致“习熟”用错地方,走错方向,浪费精力。其实,那个下手处,即在“找到源头”。

阳明的“熟仁”,是沿着孔孟而来,更执着于孟子的“熟仁”气质,阳明领悟出孟子“找到源头”的方法论价值取向:“孟子说性直从源头上说来”。[67]有人问:“孟子从源头上说性,要人用功在源头上明彻,荀子从流弊说性,功夫只在末流上救正,便费力了。”阳明肯定回答:“然”。[68]

那么,“源头”究竟是什么呢?是“良知”之“心”。所以,围绕“熟仁”之功,是“要人用功在源头上明彻”的工夫,阳明了断在“致良知”上:“却是致良知之功尚未纯熟。到纯熟时,自无此矣。”[69]即“自无此流弊说”。

其实“找到源头”与“提醒良知”,原本就是一件事。内含的要素,集中起

来却是整体性的“仁”之“熟”,工夫与境界、“熟仁”与“仁熟”,在“良知”里“洒落”了。阳明给予一个很动人的名称,叫“洒落工夫”。这工夫里,其“心学”味道很浓,却也是“仁”之“熟”的圆满。这段话可以形象作证:“君子之所谓洒落者,非旷荡放逸,纵情肆意之谓也,乃其心体不累于欲,无入而不自得之谓耳。夫心之本体,即天理也。天理之昭明灵觉,所谓良知也。君子之戒慎恐惧,惟恐其昭明灵觉者或有所昏昧放逸,流于非僻邪妄而失其本体之正耳。戒慎恐惧之功无时或间,则天理常存,而其昭明灵觉之本体,无所亏蔽,无所牵扰,无所恐惧忧患,无所好乐忿懥,无所意必固我,无所歉馁愧怍。和融莹彻,充塞流行,动容周旋而中礼,从心所欲而不逾,斯乃所谓真洒落矣。是洒落生于天理之常存,天理常存生于戒慎恐惧之无间。”[70]这字里行间里,虽不时有种“神秘”之感,但“熟仁”在“良知”的源头里获得,一连串的“无所”相配于“从心所欲不逾”,这是“仁熟”的到来,也算是“良知”的“真洒落”了。

其三,说“志与工夫”的开拔。从“志到熟处”到“致良知”工夫的纯熟,构成了阳明“熟仁”在自家开拔上的成就。说得更彻底些,所谓“志与工夫”,是在“熟仁”上的凸显。前述的阳明“熟仁”之通解,仅以“志到熟处”、“工夫纯熟”、“贵精熟”、“熟于道”、“找到源头,提醒良知”这五个命题,就足以领会到阳明“熟仁”里的自家冷暖。这不是简单用一“特色”之语而可以打发便当的。

相较而言,朱熹“熟仁”之辨,虽用心于“工夫”说,可是,朱子的切入点,是由外(“格物”)向内;阳明切入点,是由内(“格心”)向外。都是“工夫”上做文章,只是路径不同,哪个简便明了?那才是阳明“只心一点拨了”,真可谓“四两拨千斤”。那个“志于熟处”、那个“致良知工夫纯熟”,尽是“心”字工夫的“一点拨”:致良知——“简便”、“简明”、“简易”——阳明“工夫”上的掂量,实质就是来龙去脉于“致良知”!

3.“三向”:考量维度

这里牵涉的“三向”问题是,阳明“熟仁”的定向、取向、方向。

其一,定向于“熟仁”之功在“致良知”,这是“工夫”上的追求。整个《传习录》,小道理、大道理,讲的就是这“致良知”:何以可能、何以现实?所谓“良知”乃本体,“致良知”之“致”,就是“用”上的“工夫”,叫“体之用”,即体即用,一个“致良知”,囊括应尽。这是阳明之鹄的。一句话,“熟仁”,就是切己的“致良知”工夫,这叫“务于切己处著实用力”。[71]其二,取向于“熟仁”工夫之纯熟,而入于“仁熟”之境。这恰是“纯熟”之势,即“万物一体之仁”在“良知”中的彻底实现或本体圆满,这取向,即在那个“致良知”的“致”上了。阳明的“熟仁”工夫之娴熟,就在这“致”上的纯熟。这“致”,蕴涵了阳明“熟仁”工夫说的始末踪迹。其三,方向于做人做官做学问,即做事的一切里。“万物一体之仁”的“熟”,就是让“良知”统领于日用人伦生活、贯穿于社会政治伦理、囊括于天地人物,成为一种精神纽带,并且通过“致”,即“熟仁”工夫,去实现《大学》的蓝图。所以,“工夫纯熟”,不管是否带上某种意义上的道德理想化色彩,对于“熟仁”工夫纯熟的那份紧张和关切,是经得起儒家“熟仁”检验的。

通过脉络与棱角的分析,大致廓清阳明“熟仁”的优势与长处。当然,还得辅之以局部上的细节展开,方可获得全局的清晰。对此,接下来的分析,便是将这些“通解”往鲜活的血肉里,去消化这些结论。

三、按孔、孟的教诲:承继的是孔、孟,开拔的是自家

阳明承继孔子、孟子的“熟仁”观,他对孟子那段经典:“五谷者,种之美者也。苟为不熟,不如荑稗。夫仁,亦在乎熟之而已矣。”作了极为心学化的诠释,其在《赠郭善甫归省序乙亥》中云:

“郭子自黄来学,逾年而告归,曰:‘庆闻夫子立志之说,亦既知所从事矣。今兹将远去,敢请一言以为夙夜勖。’阳明子曰:‘君子之于学也,犹农夫之于田也,既善其嘉种矣,又深耕易耨,去其蝥莠,时其灌溉,早作而夜思,皇皇惟嘉种之是忧也,而后可望于有秋。夫志犹种也,学问思辩

而笃行之,是耕耨灌溉以求于有秋也。志之弗端,是荑稗也。志端矣,而功之弗继,是五谷之弗熟,弗如荑稗也。吾尝见子之求嘉种矣,然犹惧其或荑稗也;见子之勤耕耨矣,然犹惧其荑稗之弗如也。夫农春种而秋成,时也。由志学而至于立,自春而徂夏也;由立而至于不惑,去夏而秋矣。已过其时,犹种之未定,不亦大可惧乎?过时之学,非人一己百,未之敢望,而犹或作辍焉,不亦大可哀乎?从吾游者众矣,虽开说之多,未有出于立志者。故吾于子之行,卒不能舍是而别有所说。子亦可以无疑于用力之方矣。'"[72]

1. 寻迹"熟仁"踪迹

此段对话是锁定于成人之道的"立志"而论的,并借用孟子"苟为不熟,不如荑稗",喻之以农耕灌溉,来详细说明立志在"熟仁"中的特殊意义。寻其"熟仁"之踪迹,有三点值得品味:

其一,立志于学,是求"熟"的过程,要灌溉不已。"志"如种子,立好了"志",就要培育它、耕耨它、灌溉它,让它发育、成长、开花、结果;这就如农夫耕耘,种子撒下去了,就要深耕易耨、时其灌溉、早作夜思,春夏秋冬,必有收获。对于做人来讲,立好了"志",靠"学问思辩行"去灌溉,才会有熟的果实。孔子言"博学而笃志,切问而近思",阳明加了个"行",更加凸显了他力主的知行合一,在"熟仁"价值取向中的实践动向,立志于学,在学、问、思、辩、行的过程里,走向成熟。

其二,要立好的"志",这叫"志端"。志向端正,犹如"嘉种",只要努力耕耘,定会有收获。志向不端正,即便努力耕耘,也只是"荑稗";同样,立了好的志向,但不努力耕耘,功夫也不到家,就不会有"志"之熟的发展,就如五谷不熟,那还不如"荑稗"可食了。

其三,"志"要立了好,又要不时耕耘,意志要坚定,不要惧怕,不要犹豫不决,更不要半途而废。成熟,首先立于志,这是成人之道的开始,再有坚持不懈的"用力",则就有"熟仁"的良好结局了。这就验证了孔子"十有五而志"到"七十而从心所欲不逾矩"的"熟仁"之理想起步的重要意义。

其实,"立志"之于"熟仁",是儒家一以贯之的传统,孔子那段有名的"吾十有五而志于学"是再明显不过的代表。阳明心学,也盖以"立志"为本,"熟仁"至圣,就是从这里开始。阳明著作"立志"箴,叙述了这样的心声:"志不立,天下无可成之事,虽百工技艺,未有不本于志者。"[73]要求"百工技艺"之熟,要求"天下可成"之事,无不本于立志,"故立志而圣,则圣矣;立志而贤,则贤矣。志不立,如无舵之舟,无衔之马,漂荡奔逸,终亦何所底乎?"[74]阳明对"立志"有很大期待,"今学者旷废隳惰,玩岁愒时,而百无所成,皆由于志之未立耳。"[75]立志,是人走向成熟的重要环节,立了志,就要贯之以努力,"持之不懈,即吾立志之说矣。"[76]这是"熟仁"的功夫。对此,阳明十分注重"勤学"的努力,所谓"习熟"功夫,就是"勤学"的"笃志力行"。这里,阳明把"立志"与"勤学"沟通起来,又相当地发挥了孔子的十五有志于学的传统,在一个"勤学"的新层次里展开了"博学、笃志、切问、近思"的"熟仁"考量,阳明在"立志"箴后,就设"勤学"箴,也是别有一番思量的。

2.《勤学》箴言

阳明著的《勤学》,中心之箴,乃言在立志与为学上:"已立志为君子,自当从事于学。凡学之不勤,必其志之尚未笃也。从吾游者,不以聪慧警捷为高,而以勤确谦抑为上……苟有谦默自持,无能自处,笃志力行,勤学好问,称人之善,而咎己之失,从人之长,而明己之短,忠信乐易,表里一致者,使其人资禀虽甚鲁钝,侪辈之中,有弗称慕之者乎?彼固以无能自处,而不求上人,人果遂以彼为无能,有弗敬尚之者乎?诸生观此,亦可以知所从事于学矣。"[77]立志为君子,就要"从事于学"。这是个"熟仁"的展开,"学"本身,乃是德性的锻炼。阳明在《勤学》箴讲出的就是这个道理,归结起来有两个方面:

一方面,志已立,"熟仁",要求的"学",是"德"上的力行,如"勤确谦抑"、"勤学好问"、"忠信乐易"、"表里一致",这样的锻炼,既是德性的又是德行的,它成为"勤学"内容,坚持不懈,就是走向"熟仁"。另一方面,走向"熟仁",应是人之本性上的实现,人心之本质的东西,乃是"志",志已立,实现志,就是人性上的"笃志力行",人之本性,无所谓"无能"或"有能"、"聪慧"或"鲁纯",只要"笃志力行",展开他的德性和德行,本性就能开出"熟仁"的果实,就是成为君子了。有关《勤学》篇,我们将在"学与熟"文段里再加以充分展开。

阳明借五谷熟与不熟、不如荑稗之喻,是要阐明他的心学本体,如他说"象五谷之艺地,种之即生,不假外求";[78] 从对孟子的"苟为不熟,不如荑稗"的发挥,阳明确立的"立志"说和"勤学"说,在"熟仁"的层次里认定此二说的重要性,可以说这些是阳明承继了孔、孟,更有他自家的体悟了。如阳明引了"夫仁,亦在乎熟之而已",悟得自家贴切:"喻及'日用讲求功夫,只是各依自家良知所及,自去其障,扩充以尽其本体,不可迁就气习以趋时好。'幸甚幸甚!果如是,方是致知格物,方是明善诚身。果如是,德安得而不日新!业安得而不富有!谓'每日自检,未有终日浑成片段'者,亦只是致知工夫间断。夫仁,亦在乎熟之而已。"[79] 这种"自家"体悟,蕴涵了阳明自己的创意。

关于自家体悟,阳明也是有源头的。他不由感慨前人习熟之"源":"'用力习熟,然后居山'之说,昔人尝有此,然亦须得其源。吾辈通患,正如池面浮萍,随开随蔽。未论江海,但在活水,浮萍即不能蔽。何者?活水有源,池水无源;有源者由己,无源者从物。故凡不息者有源,作辍者皆无源故耳。"[80] 一以贯之的"习熟",是活水,有生命力,可以成就自己;缺乏它,就是一潭死水,如浮萍,随波逐流,拿不住自己,最终只能一事无成。那么,阳明究竟要怎么样拿得住自己呢?这就是他有自家的体悟了。

四、志与熟:"工夫纯熟"的创意

阳明论"熟",着眼点离不开对"熟仁"工夫的研判,如说在"立志"上,也是在工夫上讲究:"日用工夫所得,工夫大略亦只是如此用,只要无间断到得纯熟后，意思又自不同矣。大抵吾人为学，紧要大头脑，只是立志，所谓困忘之病，亦只是志欠真切。”[81]归纳来说，有这样的创意，值得指出：

1. 寻根和种树的工夫

立志也好，勤学也罢，可贵之处是两者之间蕴涵了“熟”在“一贯”的工夫问题。阳明分析孔子说曾子三省正是他的用功缺乏了“一贯”，阳明指出：“学者果能忠恕上用功，岂不是一贯？一如树之根本，贯如树之枝叶，未种根何枝叶之可得？体用一源，体未立，用安从生。谓曾子于其用处盖已随事精察而力行之，但未知其体之一。”[82]立体即寻根，种树先得培其根、做人先得养其心，“工夫纯熟”，在这头上要做得扎实：“种树者必培其根，种德者必养其心。欲树之长，必于始生时删其繁枝；欲德之盛，必于始学时去夫外好。”就是要专一，一以贯之在根上、源头上，熟就是要这样的学到“有”的工夫，阳明紧接着说道：“我此论学是无中生有的工夫，诸公须要信得及只是立志。学者一念为善之志，如树之种，但勿助勿忘，只管培植将去，自然日夜滋长，生气日完，枝叶日茂。树初生时，便抽繁枝，亦须刊落，然后根干能大。初学时亦然。故立志贵专一。”[83]而这“有”的功夫，说到底就是见得本体的功夫，也就是本体显现的功夫，到了这“功夫熟后，渣滓去得尽时，本体亦明尽了。”[84]何谓“本体”？即是心。“熟仁”即是心上的功夫，阳明找到了“熟仁”的源头所在：“孔子气魄极大，凡帝王事业，无不一一理会，也只从那心上来。譬如大树，有多少枝叶，也只是根本上用得培养功夫，故自然能如此，非是从枝叶上用功做得根本也。学者学孔子，不在心上用功，汲汲然去学那气魄，却倒做了。”[85]做人做事要熟仁，就得顺根溯源一步一步去做，但绝不可倒过头去做，这就叫“本末倒置”。但是寻了源头找了根，还得进入由精入熟的习熟阶段。

2. 精熟法

阳明有“贵精熟”之感慨。阳明论“熟”，也契入一个“精”字，“精之熟之，不使有毫厘之差，千里之谬可也。”[86]先精后熟，由精入熟，故阳明对

“精”颇有感悟,但此种感悟是从“熟”层次钻研的,被称为“精一之学”。[87]关于“精”,看出阳明精到之处:

第一,“精一”说。阳明极力提倡“学贵精”和“学贵专”,[88]那么“精”、“专”于什么?精于道、专于道,道为一。这就叫“专一”、“精一”。阳明有这样的精、专辨证:“是故专于道,斯谓之专;精于道,斯谓之精。专于弈而不专于道,其专溺也;精于文词而不精于道,其精僻也。夫道广矣大矣,文词技能于是乎出。而以文词技能为者,去道远矣。是故非专则不能以精,非精则不能以明,非明则不能以诚。故曰‘惟精惟一’。精,精也;专,一也。”[89]不精、专于道,就是偏离正道(“精僻”),离道会愈来愈远。其实“熟仁”,就是专、精于对道的把握,阳明说得如是:“使之熟于道也”,[90]当然,“精一”也好,“专一”也罢,最后还是落实到主体性的“明精”、“至诚”的“熟仁”活动里。阳明称其为“致知”功夫:“我辈致知,只是各随分限所及。今日良知见在如此,只随今日所知扩充到底;明日良知又有开悟,便从明日所知扩充到底。如此方是精一功夫。”[91]这是“精熟”的根本方法。也叫“学贵正”。

第二,“精义”说。阳明的“精义”,有二层落实处,一是内容上对“义理”的精熟。阳明提及孟子一处:“日用间何莫非天理流行,但此心常存而不放,则义理自熟。孟子所谓‘勿忘勿助,深造自得’者矣。”[92]孟子“深造自得”了什么?他“自得”了孔子的“仁”,而且是浸透了“勿忘勿助”的“熟仁”功夫,依阳明来看,是把握“天理”的“熟”,达到了“精义”。二是方法上,对“义理”的“务于切己处着实用力”的精熟。阳明提及程明道一处:“明道云:‘才学便须知有着力处,既学便须知有着力处。’诸友宜于此处着力,方有进步,异时始有得力处也。‘学要鞭辟近里着己’、‘君子之道闇然而日章’、‘为名与为利,虽清浊不同,然其利心则一’、‘谦受益’、‘不求异于人,而求同于理’,此数语宜书之壁间,常目在之。举业不患妨功,惟患夺志。只如前日所约,循循为之,亦自两无相碍。所谓知得洒扫应对,便是精义入神也。”[93]这二处是有代表性的。

第三,“精炼”说。熟仁,是日用工夫的“精炼”,何谓“精炼”?是心性上的锻炼，具体来说，是致良知的运用娴熟。阳明晓之以理：“不使动心忍性，以大其所就乎？譬之金之在冶，经烈焰，受钳锤，当此之时，为金者甚苦；然自他人视之，方喜金之益精炼，而惟恐火力锤煅之不至。既其出冶，金亦自喜其挫折煅炼之有成矣。”[94]出冶于火里“精炼”，是熟仁之锻炼，具体地，是致良知的锻炼。联系“精义”说，阳明说出了其中原委：“天理既是良知，千思万虑，只是要致良知。良知愈思愈精明，若不精思，漫然随事应去，良知便粗了。”[95]“精思”是“精炼”的表征，“粗”是“不熟”，煅炼“致良知”到“熟”，就是“细微”、就是“精思”，那就属于“精炼”了。这一“出冶”工夫，朱子也标榜，二者寓意相一致，即皆指“熟仁”历练。

第四，“精微”说。阳明的“精微”说，主要是说“义理”、“事理”上的精微：“念虑之精微即事理之精微”。[96]有此“精微”，乃为做人之“精熟”，他获得了道理，他克服了私欲，他的良知就通畅就开阔。阳明有如此感慨：“尽精微即所以致广大也，道中庸即所以极高明也。盖心之本体自是广大底，人不能尽精微，则便为私欲所蔽，有不胜其小者矣。故能细微曲折无所不尽，则私意不足以蔽之，自无许多障碍遮隔处，如何广大不致？”[97]对“义理”“事理”的精微，说到底，也是对良知的精微把握，“良知即是易”，“此道（良知）至简至易的，亦至精至微的”，所以，人要去熟透它；“此道本无穷尽，问难愈多，则精微愈显。”[98]道理愈明显，人就愈熟；人愈熟仁，仁的道理就更充实，人就更成熟。

第五，“无二”说。“精一”不分离，是良知体用上不二，阳明以“米纯然洁白”表喻“精一”之“熟”的功夫。有人问阳明：“‘惟精惟一’是如何用功？”[99]阳明回答：“惟一是惟精主意，惟精是惟一功夫，非惟精之外复有惟一也。精字从米，姑以米譬之：要得此米纯然洁白，便是惟一意；然非加舂簸筛拣惟精之工，则不能纯然洁白也。舂簸筛拣是惟精之功，然亦不过要此米到纯然洁白而已。博学、审问、慎思、明辨、笃行者，皆所以为惟精而求惟一也。他如博文者，即约礼之功；格物致知者，即诚意之功；道问学即尊德性之功；明善即诚身之功：无二说也。”[100]这里引用的“博学、审问、慎思、明辨、笃行”，实乃孔子提倡的一套“熟仁”功夫,它是集“诚意”和“诚身”于一体,又是“惟一”即“惟精”的一致,“纯然洁白”的米,就是这样的熟仁功夫(“舂簸筛拣”)所致。在此,阳明找到的是良知里的“体用”不二。

3.“志到熟处”

有人问,立志是不是常存一个“善”字,但为什么还要为善去恶?阳明认为,是志未到熟处,所以要不断为善去恶,如果到达孔子般“不逾矩”之“熟仁”,就彻底的一个“善”。阳明指出:“善念存时,即是天理。此念即善,更思何善?此念非恶,更去何恶?此念如树之根芽,立志者长立此善念而已。‘从心所欲,不逾矩’,只是志到熟处。”[101] 阳明主张“立志”,他的“四句教”就是要在善恶上搞个彻底:“无善无恶是心之体,有善有恶是意之动,知善知恶是良知,为善去恶是格物。”[102] 这里就是要明心本体,同时要为善去恶。立志,原初就是要设这个“良知”来明辨善恶是非。这里就是一个功夫之熟。阳明对于其弟子汝中和德洪解释的“四句教”作了评述,表达了这样的意思。他说:“人心本体原是明莹无滞的,原是个未发之中。利根之人一悟本体,即是功夫,人己内外,一齐俱透了。其次不免有习心在,本体受蔽,故且教在意念上实落为善去恶。功夫熟后,渣滓去得尽时,本体亦明尽了。”[103] 为善去恶,不断格之,展显的就是心之本体,而在阳明那里,格物,就是格心(“习心”)的事情,也就是“熟仁”的功夫,“熟仁”纯后,善之本体自昭明德。志到熟处,这里有个阳明所得的“无间断”。并且从“规矩”说到“道久”与“德久”,发现阳明的志与熟,的确在儒家“熟仁”观念里,底据着“工夫纯熟”的传承创意。

所谓“无间断”,是习心的问题,它重在“习”上。“习”到什么?习的是心,习到的是心之本体,做的就是“致良知”。阳明发挥孔子“学而时习之”,说:“时习者,求复此心之本体也。悦则本体渐复矣……来书云‘无间断’意思亦是。圣人亦只是至诚无息而已,其工夫只是时习。时习之要,只是谨独。谨独即是致良知。良知即是乐之本体。”[104] 这样的“无间断”,正是“熟仁”工夫的表现,阳明如此说明:“日用工夫所得,工夫大略亦只是如此用,只要无间断到得纯熟后，意思又自不同矣。大抵吾人为学紧要大头脑，只是立志。”[105]重要的是，阳明在这里通过“无间断”工夫，也绕住了“立志”与“熟仁”在致良知上，道明了“无间断”本质。阳明提醒，这是做人做官之道，它意味的正是人的不间断努力，对此他十分同意这样的说法：“来书‘提醒良知’之说，甚善甚善！所云‘困勉之功’，亦只是提醒工夫未能纯熟，须加人一己百之力，然后能无间断，非是提醒之外，别有一段困勉之事也。”[106]还是引出了一个“熟”字工夫。

4. 从“无间断”到“规矩”说和“久”论

“无间断”，其实在孔子的一生里，从十五有志到七十而不逾矩，就是一个“无间断”的过程，阳明也有如此理解，并且阳明突出立志在“不逾矩”的开始和积累，他认定：“至其极而矩之不逾，亦不过自此志之不已所积。而‘不逾’之上，亦必有学可进，圣人岂绝然与人异哉！”[107]圣人与凡人有着内在的沟通，就是看其志到熟处何种程度，孔子从普通人成为圣人，不就是这样走过来的吗？阳明找到了心上的学问，格心、修心、习心，圣人与凡人，都要成就这个“心”，他提高了心的本体地位，为成人之道铺垫了最高的哲学境地。阳明是这样表述的：“人者，天地万物之心也；心者，天地万物之主也。心即天，言心则天地万物皆举之矣，而又亲切简易。故不若言：‘人之为学，求尽乎心而已。’”[108]由心到学，阳明又体悟出学在心上，“熟仁”就是要这样走来。其中有个“规矩”和“久”论。

第一，关于“规矩”说。阳明的《传习录》有段“规矩”论的“熟思”之辨。他自称“吾子更熟思之”，但他是从良知上说开的：“夫良知之于节目时变，犹规矩尺度之于方圆长短也。节目时变之不可预定，犹方圆长短之不可胜穷也。故规矩诚立，则不可欺以方圆，而天下之方圆不可胜用矣；尺度诚陈，则不可欺以长短，而天下之长短不可胜用矣；良知诚致，则不可欺以节目时变，而天下之节目时变不可胜应矣。毫厘千里之谬，不于吾心良知一念之微而察之，亦将何所用其学乎？是不以规矩而欲定天下之方圆，不以尺度而欲尽天下之长短,吾见其乖张谬戾,日劳而无成也已。"[109]这里讲出了阳明对于良知具有特定的"规矩"之意义:成人成事,有个方圆长短,这就是"规矩",那么什么可以成为这个"规矩"?就是"良知"。怎么样做得到?这是人的主观努力,如诚立则规矩立,这就是良知。人事物事千变万化,但万变不离其宗的,就是良知。所以人人都应该持立这"规矩",人才能立于不败之地。然这乃是人要做出的"熟仁"锻炼。

阳明从三个方面分析这个"规矩"。第一,规矩不是一个抽象的空洞,而是有实质性内容。它是什么?是良知。并且认为这"良知"、这"规矩",是存乎人内的最高存在物。他说:"良知只是个是非之心,是非只是个好恶,只好恶就尽了是非,只是非就尽了万事万变。是非两字,是个大规矩,巧处则存乎其人。"[110]因而做人无非就是在"良知"上用心用力。有了良知,做人也就不空洞了,他有活灵活现的鲜活生命力。同时,也使自孔、孟以来的儒家熟仁观,有了鲜明的内容特色。第二,阳明赋予这"规矩",具有社会政治稳定意义,掌握规矩,乃为"大人"之学,意味的是,做人做官,都有个规矩在其中。当然,此规矩,就是良知。阳明发挥了《大学》政治道德的"亲民"、"明德"、"止于至善",指出:"故止至善之于明德亲民也,犹之规矩之于方圆也。尺度之于长短也,权衡之于轻重也。方圆而不止于规矩,爽其度矣;长短而不止于尺度,乖其制矣;轻重而不止于权衡,失其准矣;明德亲民而不止于至善,亡其则矣。夫是之谓大人之学。"[111]所以,良知是做人和做官的标准和准绳,有变化不可怕,可怕的是缺少规矩,能够变中求不变,这就是良知,而只能是良知。怎么样去把握它?"致良知"、"熟仁"一定是其中的环节。第三,对于规矩,要辩证地对待。阳明做了个比喻说明:"礼之于节文也,犹规矩之于方圆也。非方圆无以见规矩之所出,而不可遂以方圆为规矩。故执规矩以为方圆,则方圆不可胜用。舍规矩以为方圆,而遂以方圆为之规矩,则规矩之用息矣。故规矩者,无一定之方圆,而方圆者,有一定之规矩。此学礼之要,盛德者之所以动容周旋而中也。"[112]方圆是以规矩为核心,没有规矩就没有方圆;礼则规矩,学礼则为成人的规矩,在学到规矩里,做官就有保证了,做人就有娴熟从容中道了(“动容周旋而中”)。这里,阳明无非还在突显“良知”的大道理,还是为强调“熟仁”具有良知上的内在根据,也蕴涵了“规矩”之于成人的特殊意义。立志,志到熟处,无非要包含个“规矩”于其中。

其实,儒家对于“规矩”是很有辩证法检讨的。孔子的“中庸之道”,《大学》的“絜矩之道”,孟子的“学者亦必志于彀”和“学者亦必以规矩”,乃至曾国藩的“先立规模后求精熟”,都包含了这种精神。还必须指出,儒家讲的“规矩”,不能一概而论,重要的是,要在“规矩”里看到变化中的权衡,把规矩视为没有变化中的把握,那就缺乏辩证法思考了,可能这“规矩”本身就“死”了,孟子就形象地比喻为“执一”。所以,阳明有个值得称道的地方,就是对“规矩”不做“死”的理解,不做“执一”不变的思考。这有创意。阳明评价孟子的“执中无权犹执一”,说:“中只是天理,只是易,随时变易,如何执得?须是因时制宜,难预先定一个规矩在。如后世儒者要将道理一一说得无罅漏,立定个格式,此正是执一。”[113]发挥一下,规矩是活的,良知是活的,“熟仁”是活的,把“规矩”、“良知”、“熟仁”,看作是“执一”的无“权”(“权”即谓变化),那就成为愚笨的儒者了。

第二,关于“久”说。综观阳明树之喻、精熟说、志到熟处、规矩说,阳明用之已极,概之为一“久”字。久,是道久、德久,两者加起来,就是“进道之志”,[114]而培育出来的“志”,就是“熟仁”的锻炼。在阳明《五经臆说十三条》,似乎包含了这样的分析。

关于“道久”。在阳明看来,天道人道无非一个道,就是一个心道。阳明用个“贞”字说清:“观天地交感之理,圣人感人心之道,不过于一贞。”[115]阳明以《周易》的“恒”卦,释译出“道久”至“熟”的心学话语结构:道久——至诚——感——心道——立志——熟。

首先,天地之道有“久”的本性,因而有其“贞”。阳明指出:“《恒》,所以亨而无咎,而必利于贞者,非《恒》之外复有所谓贞也,久于其道而已。贞即长久之道也。天地之道,亦惟常久而不已耳,天地之道,无不贞也。”[116]所谓“贞”,《周易折中》解释为“贞,正而固也。人能至健,则事当大通。然必宜于正固。"[117]意思是说,人事物事的发展,有元亨利贞的性质,从人道这方面说,表现的是人的直道以行和坚韧不拔。阳明的自然观服从于他的心学,因此,他对天道的理解,其立脚点还是放在人道上,"观夫天地、日月、四时,圣人之所以能常久而不已者,不外乎一贞。"[118]原因就在于天地人之间有一"诚"的相感因,从而天道人道就沟通了,实际上就在心道了,阳明确认,圣人把握了:"天地感而万物化生,实理流行也。圣人感人心而天下和平,至诚发见也。皆所谓'贞'也。观天地交感之理,圣人感人心之道,不过于一贞。"[119]还是从"恒"出发,最终归结到立志与熟上:"君子体夫雷风为《恒》之象,则虽酬酢万变,妙用无方,而其所立,必有卓然而不可易之体,是乃体常尽变。"[120]君子有"其所立",是属于"志"的问题,这就叫"久则志亦渐立";[121]"乃体常尽变",是"熟仁"的过程和结局。这"五者"(至诚——感——心道——立志——熟)配合,就有了"道久"的人生态势。

关于"德久"。在阳明看来,"道久"的人生态势,就是做人的端正之"贞"。这是"道久"的效验。从道久——至诚——感——心道——立志——熟,阳明归纳出的是个做人(当也包括做官)的"德久"问题。心之道,阳明这里入于其心之德,十分简易和惬意地实现了"内化"。阳明还是基于《周易·晋·大象》阐发其义理:"'明出地上,《晋》,君子以自昭明德'。日之体本无不明也,故谓之大明。有时而不明者,入于地,则不明矣。心之德本无不明也,故谓之明德。有时而不明者,蔽于私也。去其私,无不明矣。"[122]天地之道本无不明,只是人心有私欲蒙蔽,才会见得天地不明,所以君子要靠"自昭明德"来实现"明出地上",怎么样"自昭明德"?靠自我努力,靠德性久久锻炼,阳明具而论之:"故当宽裕雍容,安处于正,则德久而自孚,诚积而自感,又何咎之有乎?盖初虽晋如,而终不失其吉者,以能独行其正也。"[123]"自孚"、"诚积"、"处于正"、"终不失其吉"、"独行其正",就是"自昭明德",就是"德久"的锻炼,也是"熟仁"的过程和结局。阳明将"上天之德"喻为"上帝之明",又喻为"圣人之德"和"君子之德",君子之"德久",是"上帝之明"的表达,而人们的"熟仁"锻炼,恰恰就似表现这样的德,阳明以"牟麦之熟"晓谕此理:"夫牟麦之茂盛,皆上帝之明赐也。牟麦渐熟,则行将受上帝之明赐矣。"[124]"上帝"在阳明那里,也具有一层与"天道"、"天德"相同之意义,这一"德久"与"道久"具有相融性。所谓"牟麦渐熟",在"上帝"、"天德"中找到人之"熟仁"的共"明"、同"明"所在,但是这一切,阳明最终挖掘出,志与熟,是在心中之"明"——致良知。

其实,"久"字,在阳明的"熟仁"氛围里,绝不是一个普通的文字。对于"久"的体悟,阳明颇在"道"与"德"上说的。如"久于其道","久于其义","久于其理","久于其德",做到了这"久",就是做人做官的标准到位了,也就是做人应尽了本分。具体来说,这就是一个致用的功夫问题。阳明将其理解为"用"上操心:如"久"上说"志":"'问立志'。先生曰:'只念念要存天理,即是立志。能不忘乎此,久则自然心中凝聚。'"[125]如"久"上说"德性":"久则体貌习熟,德性坚定矣。"[126]如"久"上说"精神"状态:"久则精神宣畅,心气和平矣";"久则义礼浃洽,聪明日开矣。"[127]如"久"上说为"功夫":"用功久,自有勇";[128]"我只是这致良知的主宰不息,久久自然有得力处。"[129]如"久"上说为君之道:"久熟于人人之耳目,则吾于君之行也。"[130]总之,最终的着眼点,还是落到了"熟"上:"工夫方有个实落处。久久成熟后,则不须着力,不待防检,而真性自不息矣。"[131]说到底,这里的"工夫",有立志,才有志到熟处,围绕之,阳明扩大了"学"在此中的意义。

五、学与熟:"只是一件事"

关于"学",阳明有很多体会。置于"熟"中论学,也是他的哲学特色。他曾夸奖陆原静"虽在忧苦中,其学问功夫所谓'颠沛必于是'者,不言可知矣。"[132]这使我们想起孔子在《里仁》那段著名的"熟仁"一句:"君子无终食之间违仁,造次必于是,颠沛必于是。"学问功夫,就是要学到这样一个"颠沛必于是"的熟仁。这是阳明规划的一种做人做学问的内容。儒家相信,"熟仁"是贯穿于"博学而笃志,切问而近思"之中的,阳明也这样来规划,但加了个“行”,他说:“夫学、问、思、辨、行,皆所以为学。”[133] 其实,这只是“一件事”。他指出:“学是学做这件事,问是问做这件事,思辩是思辩做这件事,则行亦便是学问思辩矣。”[134]

更重要的是,阳明是接住了“立志”来讲“学”的,有人问阳明,什么叫“为学”?阳明回答四字:“立志而已”;又问“立志”是什么?回答还是四个字:“为学而已”。[135] 这可能也是接着孔子十五“而志于学”至七十的“不逾矩”之熟。所以,其特点是,“志于学”,仍是放之于“熟”的视阈,更增添了“行”的一层。他在《教条示龙场诸生》,立“立志”、“勤学”、“改过”、“责善”的所谓“四事相规”,“勤学”是接住“立志”来说的。

《勤学》整篇言:“已立志为君子,自当从事于学。凡学之不勤,必其志之尚未笃也。从吾游者,不以聪慧警捷为高,而以勤确谦抑为上。诸生试观侪辈之中,苟有虚而为盈,无而为有,讳己之不能,忌人之有善,自矜自是,大言欺人者,使其人资禀虽甚超迈,侪辈之中,有弗疾恶之者乎?有弗鄙贱之者乎?彼固将以欺人,人果遂为所欺,有弗窃笑之者乎?苟有谦默自持,无能自处,笃志力行,勤学好问,称人之善,而咎己之失,从人之长,而明己之短,忠信乐易,表里一致者,使其人资禀虽甚鲁纯,侪辈之中,有弗称慕之者乎?彼固以无能自处,而不求上人,人果遂以彼为无能,有弗敬尚之者乎?诸生观此,亦可以知所从事于学矣。”[136] 以“勤”字讲“学”,已经蕴涵了“志”和“行”的问题,聪明和鲁纯,没有天然界限,只是看他勤与不勤,志之笃与不笃、行之力与不力,这不仅是一个学问的态度,而且是一个事业的成败关键。有能力的人不这样,就会变成无能;无能力的人这样做了,就会变成有能力。就是看其勤与不勤。这里,包含了二点:一点是学习的过程就是勤奋的过程,它表现为“志”的坚定和正确与否;一点是勤奋是贯穿于学、问、思、辨、行,这是一个“熟仁”的过程。而这两个过程,不分彼此,不分先后,这是君子之道,也是立志的实现。

这里讲的“熟仁”,在“学”的问题上,阳明有所道义论规划,从而使得儒家道义论获得了在“学与熟”中的具体性和深刻性。有如下三点值得廓清。

1.“学有三贵”

即“贵专”、“贵精”、“贵正”。阳明作了集中于“道义”的“三贵”廓清，他这样解释：首先要“学贵正”，就是走在正道上，有了正道的引导，就会产生相应的“精”和正确的“专”。对此，阳明具体论之：“学弈则谓之学，学文词则谓之学，学道则谓之学，然而其归远也。道，大路也，外是荆棘之蹊，鲜克达矣。是故专于道，斯谓之专；精于道，斯谓之精。专于弈而不专于道，其专溺也；精于文词而不精于道，其精僻也。夫道广矣大矣，文词技能于是乎出。而以文词技能为者，去道远矣。是故非专则不能以精；非精则不能以明；非明则不能以诚。故曰‘惟精惟一’。”[137]走在正道上，做文做艺，不能求在词、在弈，这是文词技能方面，我们要求在道上，弈、词，是进入道的方法，而非道本身。所以，贵正、贵专、贵精，集中在道上，就是个大道、大方向。学问，就是要搞懂这个“道”。所谓“熟仁”，此“仁”就是“道”，此“熟”，就是“正于道”、“专于道”、“精于道”，就是“惟精惟一”。

2.“学贵反求”

即返于道、返于良知。《传习录》说到此点：“只在良知上用工……此学贵反求”，[138]良知即谓心，“学贵反求”，也就是“学贵得之心”，[139]说到底，就是“志于道”。此中“熟仁”之义，阳明在此又借助孔子的“志道”、“据德”、“依仁”、“游艺”，发挥了“三贵”道义：“只‘志道’一句，便含下面数句功夫，自住不得。譬如做此屋，志于道是念念要去择地鸠财，经营成个区宅。据德却是经画已成，有可据矣。依仁却是常常住在区宅内，更不离去。游艺却是加些画采，美此区宅。艺者，义也，理之所宜者也，如诵诗读书弹琴习射之类，皆所以调习此心，使之熟于道也。”[140]义与道，义是服从于道的，道契于义，义进入道，本来就是道义不分家。阳明确认的，就是“致良知”之于“道义论”，体用上的不二性质。“良知”即谓“道”（体），“致”即谓“义”（用），心学所“学”，就是要学到这个精髓。

3.“学贵体用一致”

即学在道义，即体即用。“体”上功夫，就是学到发现良心、清澈良知的大境界,这就是"熟仁"了;"用"上的功夫,就是这样的走入"渠道",阳明概之为一种"为学根本在日用间"的功夫。其中有他自家体悟,如"下学上达":上达,求的是"良知"、把握的对象是"道";下学,就是日常所闻所见所言所行。上达即在下学里,无需分个上达下学为二个。这是针对朱熹而言。所以阳明有这个说法:"故凡可用功可告可语者皆下学,上达只在下学里。凡圣人所说,虽极精微,俱是下学。学者只从下学里用功,自然上达去,不必别寻个上达的工夫。"[141] 这是阳明"作圣之学"的最重要之处,他把朱熹理学的"上达"与"下学"人为地划分为二个的性质,作了有力的扫除。在小事、在随便处、在不经意之间,能够随时体认出天理、发现良知、进入道的境地。孔子说,仁不远,仁就在人的身边。阳明扩延了这样的深意。又如"知学涵养":"人须是知学,讲求亦只是涵养。不讲求只是涵养之志不切。""涵养",就是修身养性、涵养天理、去掉私欲,涵养的功夫,就是熟仁的锻炼,"然涵养本原而察于天理人欲之判,此是日用动静之间,不可顷刻间断底事。若于此处见得分明,自然不到得流入世俗功利权谋里去矣。"[142] 它也是在认真对付日常生活中的做人做官考验,是"日用功夫颇觉有力"和"渐涵自能入德"的证明。阳明在与友人弟子的交流里,经常感慨这样的思考,在《答黄直卿书》开宗明义:"为学直是先要立本"(立道、立良知在心头、在口腔);[143] 在《答何叔京》:"日用之间,观此流行之体,初无间断处,有下工夫处……幸于日用间察之,知此则知仁矣。"[144] 在《答吕子约》:"日用工夫……觉得此心操存舍亡,只在反掌之间。"[145] 在《答窦文卿》:"为学之要,只在着实操存,密切体认,自己身心上理会。"[146] 在《答林择之》:"日用之间,痛自敛饬,乃知敬字之功亲切要妙乃如此。"[147] 又:"与朋友说日用之间,常切点检气习偏处、意欲萌处,与平日所讲相似与不相似,就此痛着工夫,庶几有益。"[148] 在《答梁文叔》:"日用之间,不得存留一毫人欲之私在这里,此外更无别法。"[149] 在《答潘叔恭》:"学问根本在日用间,持敬集义工夫,直是要得念念省察。"[150] 在《答林充之》:"更当于日用之间为人之本者,深加省察,而去其有害于此者为佳。"[151]

所列这些回答,表明阳明对于日用之间的工夫,十分看重,而且也是阳明一以贯之的哲学思维。虽然其中没有一“熟”字，但是处处显示“熟仁”之功，在做人的“日用之间”，在小中见大，在浅中见深，在日常中见根本，“大”、“深”、“根本”，究竟是什么？就是良知、就是道义、就是致良知。当然，学问，说到底，是靠人的自我努力，“熟仁”也在日用之间可以着手操练，也是在日常生活里克服私欲、保持天理的实践自得。学习，无非于此，就是“贵乎自得”的锻炼。这里，阳明把儒家弘扬的道义论在更具体的日常生活层次里凸显出做人的普遍、客观义务，而且此道义、此义务是每个人心中具有的先验存在，它就是良知。要学到发现“良知”之“义”，发现的途径和方法，本身就蕴涵在良知里面的“头绪”。其实，它就是一件事，乃谓之曰：“致良知”。阳明如此描绘：“盖良知只是一个天理，自然明觉发见处，只是一个真诚恻怛，便是他本体。故致此良知之真诚恻怛，以事亲便是孝；致此良知之真诚恻怛，以从兄便是弟；致此良知之真诚恻怛，以事君便是忠：只是一个良知，一个真诚恻怛。”[152]这是阳明“学与熟”的高深之见。

六、志在“致良知”之“熟”

阳明“心学”与“道义”的廓清，并未到此为止。他又在这样的问题里，继续扩展出它的品位和意义。

志与熟，学与熟；熟有久，久在熟；求到一个根子上，就是熟在“良知”、久在“致良知”。阳明在论及为学工夫时，大致地作了这样的概论：“今且只如所论工夫着实做去，时时于良知上理会，久之自当豁然有见。”[153]《传习录》精髓是：“圣贤论学，无不可用之功，只是致良知三字，尤简易明白，有实下手处，更无走失。”[154]存在“工夫有未纯熟”，也只是在“致良知”上不通。[155]阳明悟出的是：“盖不睹不闻是良知本体，戒慎恐惧是致良知的工夫。学者时时刻刻常睹其所不睹，常闻其所不闻，工夫方有个实落处。久久成熟后，则不须着力，不待防检，而真性自不息矣。”[156]对此，阳明常以娴熟在“良知”上，来提醒和规劝门人弟子：“却是致良知之功尚未纯熟，到纯熟后，自无此矣。”[157]阳明把儒家的“熟仁”观,娴熟在“良知”上,从而别有一番儒家精髓的理喻,有三个方面比较突出,不妨专论如下:

1.“良知”是体是用

对此,阳明有个界定,叫“体用一原”。他是这样规定的:“体即良知之体,用即良知之用。”而“良知”人人皆有:“良知即是未发之中,即是廓然大公,寂然不动之本体,人人之所同具者也。但不能不昏蔽于物欲,故须学以去其昏蔽,然于良知之本体,初不能有加损于毫末也。知无不良,而中寂大公未能全者,是昏蔽之未尽去,而存之未纯耳。体即良知之体,用即良知之用。”[158]既然良知人人都有,但是为什么有些人会良知蒙蔽呢?良知本身不会有问题,有问题的只是人们有“昏蔽”,使良知掩盖。“熟仁”,就是要不断恢复良知本体,只要人们恢复、用功,就能显示良知,这就是阳明要求的“致良知”。所以要在“用”上多做工夫,这本来就是“良知”的体之用。

阳明这里有个发挥,认为这是“作圣之功”。首先阳明将其定义为“精一”,“精则精,精则明,精则一,精则神,精则诚;一则精,一则明,一则神,一则诚:原非有二事也。”[159]“然而作圣之功实亦不外是矣。”[160]因为“良知一也,以其妙用而言谓之神,以其流行而言谓之气,以其凝聚而言谓之精。”[161]“良知”不是抽象的,体现在具体的日常生活里,就是理,就是减少私欲,“必欲此心纯乎天理,而无一毫人欲之私,此作圣之功也。”[162]现实生活的礼乐名物,也是普通人遵守和实践的标准,阳明称为“道心”:“道心者,良知之谓也。君子之学,何尝离去事为而废论说?”[163]这个“作圣之功”,是普通人和圣人都必须经历的事实,“夫礼乐名物之类,果有关于作圣之功也,而圣人亦必待学而后能知焉,则是圣人亦不可以谓之生知矣!”[164]熟仁,是对所有人而言的,成人和成圣,就是一个良知的作为。这里,也就蕴涵了一个平等的事实观,即凡人和圣人,共同拥有良知。满街皆是圣人,无非就是来自于这共性的“良知”。也就意味着,大家都要自“熟仁”走来。因为“良知”在人那里,即是体又即是用。

然而，阳明看出，圣人与凡人虽然都有那个“良知”，但还是有些差别，所以凡人要做更多的熟仁，方可彻底清澈那个“良知”。他这样说道：“这良知人人皆有，圣人只是保全，无些障蔽，兢兢业业，亹亹翼翼，自然不息，便也是学，只是生的分数多，所以谓之生知安行。众人自孩提之童，莫不完具此知，只是障蔽多，然本体之知自难泯息，虽问学克治也只凭他；只是学的分数多，所以谓之学知利行。”[165]学与熟，似乎在“作圣之功”里，与儒家的道义，有某种连接。

2. 要在良知上真切体认

因为良知是体是用，所以阳明提倡：“就自己良知上真切体认”。[166]熟在良知，是对做人做官做事来讲的，因而做人和做官，应该一律看齐于“致良知”。作圣之功又化在这里讲了：“自己良知原与圣人一般，若体认得自己良知明白，即圣人气象不在圣人而在我矣。”[167]体认良知，也是凡人和圣人的共同之事：“在凡人为学，终身只为这一事，自少至老，自朝至暮，不论有事无事，只是做得这一件，所谓‘必有事焉’者也。若说宁不了事，不可不加培养，却是尚为两事也。必有事焉而勿忘勿助，事物之来，但尽吾心之良知以应之，所谓‘忠恕违道不远’矣。”[168]“尽吾心之良知以应之”，就是事事物物上体认道义、体认良知、就是致良知。

阳明说“义即是良知”，也把“义”说为“宜”，恰恰就是体用上讲良知、成为道义，这样的道义，是能够培育得出来的，所谓“本体即工夫，工夫即本体”，体用一致，就是那个“致良知”。说到在良知上的真切体认，既然包含了“熟仁”的动机，阳明要去寻迹人的心身中“培养本原”的道义内化力。他发现了孟子“养气集义”说的此中向度。

为此，阳明引入孟子“集义”说去张扬他的致良知，并以“集义只是致良知”来阐释儒家和《大学》的真义：“夫必有事焉，只是集义。集义只是致良知。说集义则一时未见头脑，说致良知即当下便有实地步可用工。故区区专说致良知，随时就事上致其良知，便是格物；着实去致良知，便是诚意；

着实致其良知,而无一毫意必固我,便是正心;着实致良知则自无忘之病,无一毫意必固我则自无助之病,故说格致诚正则不必更说个忘助。”[169]阳明也认为,孟子所谓“勿忘勿助,深造自得”,就是获得了“义理自熟”,它是一个“集义养气”的过程,“孟子集义养气之说,固大有功于后学。”[170]孟子的“集义养气”是孟子的熟仁环节,所谓阳明的“后学”之道,就是“熟仁”之道,“须要时时用致良知的功夫,方才活泼泼地,方才与他山川水一般。”[171]阳明从“活活泼泼”地“随时随地”致良知把儒家的道义论散落到人世间的方方面面,使道义化为了具体的行动,从而部分地实现了阳明“破山中贼易,破心中贼难”的理论困境。这是阳明“熟仁”最具实践性能量的道义论廓清。

3. 要在良知上“造诣至熟”

阳明吃透孔子“熟仁”之“仁”,并以自家的“良知”和“致良知”,获得了对于孔、孟之“仁”的至熟把握。他总结其生平讲学,无非于此:“吾平生讲学,只是‘致良知’三字。仁,人心也;良知之诚爱恻怛处,便是仁,无诚爱恻怛之心,亦无良知可致矣。”[172]孔子的“仁”,孟子的“恻隐之心”,《大学》的“格物、致知、诚意、正心”这一头,阳明以其自家体认的“良知”,涵盖精致,表里如一,真也是“活泼泼”的。他批评这样一种“造诣未熟”的态度或学风,就是未识得和把握“仁”:“到此已是识得仁体”,[173]阳明确认其此,就是一种“无间断”识得、把握“仁”的“熟”之功夫,对此,阳明一再强调和突出这样的“造诣之熟”:“则其工夫未始有一息之间,非必自其不睹不闻而存养也。吾兄且于动处加工,勿使间断。”[174]并且,也融儒家各论“熟仁”之精髓,挖掘共同精华:“承喻仁字之说,足见用力之深。(朱)熹意不欲如此坐谈,但直以孔子、程子所示求仁之方,择其一二切于吾身者,笃志而力行之,于动静语默间,勿令间断,则久久自当知味矣。”[175]

“造诣至熟”,是求得熟仁,称为“活泼泼”的,也是良知的“自得”,得什么?得“道”。怎么样得“道”?这就是对“仁”的“造诣至熟”的结果。所以,阳明转变一下视角，确认其为“道义”与“德性”的内修问题，正如他说的：“切磋于道义而砥砺乎德业”。[176] 而它最终要达到的境界，乃是天道人道的合一。这一切，都是借助于良知的实现而实现。

阳明说：“君之笃志若此，其进于道也，孰御乎？”[177] 如何“进于道”？阳明著《修道说》讲得清晰：“率性之谓道，诚者也；修道之谓教，诚之者也。故曰：‘自诚明，谓之性；自明诚，谓之教。’《中庸》为诚之者而作，修道之事也。道也者，性也，不可须臾离也。而过焉，不及焉，离也。是故君子有修道之功。”[178] 尽心知性乃知天，天道即良知，阳明感慨：“呜呼！天道之运，无一息之或停；吾心良知之运，亦无一息之或停。良知即天道。”[179] 人的良知是无处不在，无时不有，无一息不在运行之中，这样生生不息，还会不能达到“造诣至熟”吗？他在《自得斋说》竭尽发挥孟子“自得”说，阳明以技进乎道去落实“熟仁”的空间，他说：“孟子云：‘君子深造之以道，欲其自得之也。自得之则居之安，居之安则资之深，资之深则取之左右逢其原，故君子欲其自得之也。’夫率性之谓道，道，吾性也；性，吾生也。而何事于外求？世之学者，业辞章，习训诂，工技艺，探赜而索隐，弊精极力，勤苦终身，非无所谓深造之者。然亦辞章而已耳，训诂而已耳，技艺而已耳。非所以深造于道也，则亦外物而已耳，宁有所谓自得逢原者哉！古之君子，戒慎不睹，恐惧不闻，致其良知而不敢须臾或离者，斯所以深造乎是矣。是以大本立而达道行，天地以位，万物以育，于左右逢原乎何有？”[180] 这篇一气呵成的“自得”说，中心意思就是讲道优于技，“熟仁”就是技进于道，“技”的娴熟最终是为深造道服务的。朱熹对孟子这段话也很感兴趣，也颇有“熟仁”之感悟。但是，阳明与朱熹不同之处是，朱熹是从格物致知讲“进于道”，阳明是把握性与天道一致，在致良知的过程里使致知层次转向为“进于道”服务，有些“得言忘意”的情景，通过这里，实现了性与心与道与万物一体。这在阳明看来，“造诣至熟”，就是良知彻底发现，就是天人合一的大善局，就是一个“致良知”的“熟仁”理性，“熟仁”，就在此！

值得引起高度重视的是，阳明把“致良知”纳入儒家“熟仁”里面，或许是儒家“熟仁”理性的重要点击处。在廓清“熟仁”在“做人——做官——做学问”的意义中,不仅是那个“致良知”,还有一个儒家“道义”问题,也被阳明纳入其中,所谓阳明“熟仁”之境的别有一番,应当是与此联结的。儒家“熟仁”之中的政治道德意蕴,正好被阳明看了个透。放大阳明此处,与他亲历做官的实际有关系。

七、做人与做官:都在“熟仁—道义”上做文章

道义论上看出,阳明的“熟仁”观,有两个一致的用心,即做人和做官。说其做人用心,是以致良知达到做人完善结局;说其做官用心,是以致良知达到仕途开拔。而二者都以阳明“立志”说为基本出发点,也就是“意志”说。

阳明这里的观点,首先要厘清一点,就是:他是基于孔、孟儒家“道义”论立场来规划自家文章。他有个综观,讲得执着:“自古圣贤因时立教,虽若不同,其用功大指无或少异。《书》谓‘惟精惟一’,《易》谓‘敬以直内,义以方外’,孔子谓‘格致诚正,博文约礼’,曾子谓‘忠恕’,子思谓‘尊德性而道问学’,孟子谓‘集义养气,求其放心’,虽若人自为说,有不可强同者,而求其要领归宿,合若符契。何者?夫道一而已。”[181]“道一而已”,就是儒家的道义一直贯穿于古今,它源自于孔、孟一路。有《尚书》、《易经》、孔子、曾子、子思、孟子,虽为各家自说,但其基本精神却一以贯之,这就是儒家道义的真实传承了。尽管后儒有些“变样”、甚至“走调”,却是无碍于儒家道义的真谛和真传。阳明就认为他自己就在做这样的传承。

做人和做官,都在道义论上做文章。究其之实之要,阳明是有所发挥的。这个理论体系同样紧密地连接着这个“熟仁”之说,或者说,是其熟良知、致良知的应用和实现。综合地来分析一下,有这样的脉络和思路:

1. 源头上找到,立志说

在《示弟子立志说》,阳明开宗明义:“夫学,莫先于立志。志之不立,犹

不种其根而徒事培拥灌溉，劳苦无成矣。”[182]当然，立志也是不易事，熟仁，就是首先要立好志，孔子就是这样走过来的。阳明再次引孔子十五有志至七十不逾矩，来说明立志之于“熟仁”的意义：“夫立志亦不易矣。孔子，圣人也，犹曰：‘吾十有五而志于学，三十而立。’立者，志立也。虽至于‘不逾矩’，亦志之不逾矩也。志岂可易而视哉！夫志，气之帅也，人之命也，木之根也，水之源也。”[183]立志，有立好志，也有立坏志。阳明立志是放在立个致良知上，才见得个天理人欲之辨。“然后此志常立，神气精明，义理昭著。一有私欲，即便知觉，自然容住不得矣。”对做人来说，就能够见之于圣人胸怀和义理；对做官来说，就能够显之于清廉和职责。集中在人欲和天理的较量上，有此立志，就能够胜过一切之枉，如懈怠、贪婪、傲慢、浮躁、嫉妒，这是做人做官最忌讳的：“凡一毫私欲之萌，只责此志不立，即私欲便退；听一毫客气之动，只责此志不立，即客气便消除。或怠心生，责此志，即不怠；忽心生，责此志，即不忽；懆心生，责此志，即不懆；妬心生，责此志，即不妬；忿心生，责此志，即不忿；贪心生，责此志，即不贪；傲心生，责此志，即不傲；吝心生，责此志，即不吝。”[184]在天理人欲之间，一层良知的责任心和志向义务，是每个做人和做官都少不了的“志”。这就是源头上的正义和道义，立志于此，良知里实乃包含了这做人做官的一切大小道理。像孔子这般的“不逾矩”，就是“熟仁”的到来，它是源于立志的。

2. 做官的立志，与常人有不同，但立“大人”之志

何谓？阳明借《大学》说开：有人问阳明：“《大学》者，昔儒以为大人之学矣。敢问大人之学何以在于‘明明德’乎？”阳明回答：“大人者，以天地万物为一体者也。”而所谓“立”就是立这个“一体”：“明明德者，立其天地万物一体之体也。”当官的，要解决一个“亲民”的官民关系，对此，阳明接续而言：“亲民者，达其天地万物一体之用也。故明明德必在于亲民，而亲民乃所以明其明德也。”阳明揭示了《大学》的“内圣外王”在这里的特殊意境：“夫是之谓明明德于天下，是之谓家齐国治而天下平，是之谓尽性。”[185]那“尽性”又

何谓？是那"良知"为根本。《大学》的那段著名话讲的是三样：至善、明德、亲民，怎么样"尽性"见之？阳明这样说道："至善者、明德、亲民之极则也。天命之性，粹然至善，其灵昭不昧者，此其至善之发见，是乃明德之本体，而即所谓良知也。"[186]那么，"致良知"决非是空洞抽象，在现实生活里，就是官要对民体爱，因为官、民、人、君、万物，乃是一体之物。这使我们想起张载的"民吾同胞，物吾与也。"[187]阳明发挥的也无非于此，所不同的是，阳明是在良知的心头看出了"一体"的尽性所然。所以，阳明点破："致知之功，不外乎修齐治平之内"，于是，"只此修为，直造圣域"[188]，内圣外王，做官的立志方向，还是一个致良知。在这个基础上，《大学》的"物格而后知至，知至而后意诚，意诚而后心正，心正而后身修"的所谓"内圣外王"路径，从功夫上讲可以分个先后次序，而从体（即良知）上讲就无需分个先后次序了。万物一体，在良知中活泼泼地尽性显示，做官的立个良知本身就是致良知于万物一体了，贯彻在行动中，就会出于自觉去尽官德的义务了。阳明的期待，或许也是孔、孟以来儒家官德的整个期待！

3. 修身立德，立政治民

阳明从儒家道义论立场，提倡立志，但对官员来说，所立志，须有些特殊，也就是要高出于一般人的立志。（虽然一般人的立志也不会就比当官的低。）阳明这样评价过皇帝即位改元年的政治意义："改元年者，人君正心之始也。""改元年者，人君改过迁善，修身立德之始也；端本澄源，三纲五常之始也；立政治民，休戚安危之始也。"[189]这就是说，做官应该处处以正心为本。先立乎一个政治道德，立政立德，就是立个开始做成大事的始基，可以开个"端本澄源"的大方向。这也是一个良知的特殊功能。有了这样的大根基，就有利于仕的行为。如在《传习录》中，阳明对"仕"有过这样的洞见：其出而仕也，以良知之明，破其私欲功利之见。为此，阳明称其为这是一个"诚心实意之所在"、"良知之明，万古一日"的道义。[190]所以，阳明肯定，在道义论上的彻底规划，决不使仕途中出现偏离这个道义、这种方向。这在做人、更重要的在做官上，是绝对必需的。阳明自己的为官生涯，似乎也验证了这个道理。

做人做官，“熟仁”的道理似乎在阳明的道义论规划里，获得了某种积极的发展方向。综观以上分析和得出的结论，可以从阳明本人的仕途里，得到某些应验。对此，我们挑出几篇阳明任官后的“奏疏”（从弘治十二年到正德五年后），他本人也正是如此的对待他的仕途。其中有熟之体会、尽责之义务意识、道义论情怀。

《陈言边务疏》：“因使之得以周知道里之远近，边关之要害，虏情之虚实，事势之缓急，无不深谙熟察于平日。”“彼又素熟于边事，加之以积惯之余，其与不习地利，志图保守者，功宜相远矣。”“熟训练以用长。”——对于边关之事，要求熟；培养地方官吏和军人士兵，也要求熟。这是化“熟仁”为方法。还有诸如此类的说法：《批岭西道立营防守呈》：“巡行惯熟，远近不疑”；《批岭西道抚处盗贼呈》：“极功巧习熟”，都有这样的意义。

《乞便道省葬疏》：“此系国家大事，臣子之义不容舍之而去。”——这是尽其职责的义务意识，很强烈，虽然他效忠的是一个帝王统治时代。

《旱灾疏》：“雨旸时若，江西之民亦已废耕耘之业，事征战之苦。”——这是体现恤民之情的儒家爱民的政治道义。

《四乞省葬疏》：“夫人之大伦，内则父子，外则君臣，事君以忠，事父以孝，不忠不孝，为天小之大戮。”——这是坚持了在家为孝子、在外为忠臣的儒家基本政治价值观。

当然，必须指出，王阳明，毕竟是作为那个特定历史时代的政治家和思想家，他整个的世界观、人生观、价值观，是建立在为明王朝出生入死的立场上的，对于他的历史功绩和他的事业，我们要做历史和阶级的分析。尤其是他在对待农民起义时的立场，我们不能给予过多的积极评价。但是，阳明在“熟仁”的儒家思路里，开拔出他自家的哲学气象，包括他的致良知，是儒家官德理论体系的一朵亮丽“奇葩”，有着重要地位和作用。

最后还指出一点，整个有关阳明“熟仁”的分析，我们并没有专门细究阳明吸取和融化的佛学观点,尽管阳明“熟仁”里已经展显这样的“吸取和融化”。因为阳明对于佛教,是比较宽容的,他说:“今学者不必先排仙、佛,且当笃志为圣人之学。”[191]由于本文的分析是集中在儒家的“熟仁”及其牵挂出的道义论中的儒家官德,而且在这个问题上,阳明也是主要以儒家立场来论述相关问题。如果要继续展开阳明与佛学的关系,那就要在另外的文章里进行深入的讨论。

从象山到白沙、湛若水再到王阳明,儒家系列中代表心学体系里的“熟仁”,经过阳明的叙述,也从方法论上作了统归,形成了一个“圆圈”。这个“圆圈”,从理论和实践上来说,并不比从二程到朱熹之“圆圈”来得逊色。当然,还有从张载到王船山的一个“圆圈”。需要指出,这三个“圆圈”,最终的指向,定位在做人、做官、做事和做学问,即便归意在“熟仁”之功,那“工夫”说(作为方法论的意义)上的旨趣,依然还是各有千秋和特色。

更重要的是,经过以上三个“圆圈”的成熟和完善,关于“熟仁”的行动哲学,已经通过“圆圈”的建立,获得了相当的建树。问题是,随着儒家面临的现实问题及其面对儒家哲学的基本问题,“熟仁”已经不可能仅仅作为“象牙之塔”来供人自赏,“仁”,要在现实的世界开花结果。“熟仁”,就必然使得“仁”要开花结果。这里的开始,暂且可以视为“行动的哲学”。这里的标的是:做人、做官、做事、做学问。而这里的人物,是需要从“二颜”开始讲起的,即颜渊和颜元。

注释:

[1]《王阳明全集》,吴光等编校,第89页,上海古籍出版社1992年版。

[2]《王阳明全集》,第49页。

[3]《王阳明全集》,第984页。

[4]《王阳明全集》,第287页。

[5]《王阳明全集》,第290页。

[6]《王阳明全集》,第1012页。
[7]《王阳明全集》,第628页。
[8]《王阳明全集》,第613页。
[9]《王阳明全集》,第200页。
[10]《王阳明全集》,第169页。
[11]《王阳明全集》,第82页。
[12]《王阳明全集》,第60页。
[13]《王阳明全集》,第57页。
[14]《王阳明全集》,第84页。
[15]《王阳明全集》,第117页。
[16]《王阳明全集》,第215页。
[17]《王阳明全集》,第190页。
[18]《王阳明全集》,第629页。
[19]《王阳明全集》,第123页。
[20]《王阳明全集》,第89也。
[21]《王阳明全集》,第1046页。
[22]《王阳明全集》,第153页。
[23]《王阳明全集》,第206页。
[24]《王阳明全集》,第145页。
[25]《王阳明全集》,第100页。
[26]《王阳明全集》,第286页。
[27]《王阳明全集》,第290页。
[28]《王阳明全集》,第609页。
[29]《王阳明全集》,第19页。
[30]《王阳明全集》,第82页。
[31]《王阳明全集》,第153页。
[32]《王阳明全集》,第19页。
[33]《王阳明全集》,第82页。
[34]《王阳明全集》,第89页。
[35]《王阳明全集》,第100页。

[36]《王阳明全集》,第 153 页。

[37]《王阳明全集》,第 4 页。

[38]《王阳明全集》,第 59 页。

[39]《王阳明全集》,第 57 页。

[40]《王阳明全集》,第 84 页。

[41]《王阳明全集》,第 117 页。

[42]《王阳明全集》,第 118 页。

[43]《王阳明全集》,第 215 页。

[44]《王阳明全集》,第 190 页。

[45]《王阳明全集》,第 49 页。

[46]《王阳明全集》,第 89 页。

[47]《王阳明全集》,第 286 页。

[48]《王阳明全集》,第 287 页。

[49]《王阳明全集》,第 629 页。

[50]《王阳明全集》,第 110 页。

[51]《王阳明全集》,第 199 页。

[52]《王阳明全集》,第 984 页。

[53]《王阳明全集》,第 169 页。

[54]《王阳明全集》,第 122 页。

[55]《王阳明全集》,第 145 页。

[56]《王阳明全集》,第 609 页。

[57]《王阳明全集》,第 1012 页。

[58]《王阳明全集》,第 260 页。

[59]《王阳明全集》,第 83 页。

[60][61][62]《王阳明全集》,第 92 页。

[63]《王阳明全集》,第 123 页。

[64]《王阳明全集》,第 1519 页。

[65]《王阳明全集》,第 106 页。

[66]《王阳明全集》,第 185 页。

[67][68]《王阳明全集》,第 115 页。

[69]《王阳明全集》,第 82 页。
[70]《王阳明全集》,第 190 页。
[71]《王阳明全集》,第 144 页。
[72]《王阳明全集》,第 237—238 页。
[73][74][75]《王阳明全集》,第 974 页。
[76]《王阳明全集》,第 169 页。
[77]《王阳明全集》,第 975 页。
[78]《王阳明全集》,第 142 页。
[79]《王阳明全集》,第 185 页。
[80]《王阳明全集》,第 153 页。
[81]《王阳明全集》,第 57 页。
[82][83]《王阳明全集》,第 32 页。
[84]《王阳明全集》,第 117 页。
[85]《王阳明全集》,第 114 页。
[86]《王阳明全集》,第 169 页。
[87]《王阳明全集》,第 76 页。
[88][89]《王阳明全集》,第 228 页。
[90]《王阳明全集》,第 100 页。
[91]《王阳明全集》,第 96 页。
[92]《王阳明全集》,第 145 页。
[93]《王阳明全集》,第 144 页。
[94]《王阳明全集》,第 154 页。
[95]《王阳明全集》,第 110 页。
[96][97]《王阳明全集》,第 122 页。
[98]《王阳明全集》,第 124—125 页。
[99][100]《王阳明全集》,第 13 页。
[101]《王阳明全集》,第 19 页。
[102][103]《王阳明全集》,第 117 页。
[104]《王阳明全集》,第 194 页。
[105]《王阳明全集》,第 57 页。

[106]《王阳明全集》,第 215 页。
[107]《王阳明全集》,第 213 页。
[108]《王阳明全集》,第 214 页。
[109]《王阳明全集》,第 50 页。
[110]《王阳明全集》,第 111 页。
[111]《王阳明全集》,第 252 页。
[112]《王阳明全集》,第 244 页。
[113]《王阳明全集》,第 19 页。
[114]《王阳明全集》,第 1207 页。
[115][116]《王阳明全集》,第 978 页。
[117](清)李光地《周易折中》,第 40 页,巴蜀书社 1998 年出版。
[118]《王阳明全集》,第 979 页。
[119]《王阳明全集》,第 978 页。
[120]《王阳明全集》,第 979 页。
[121]《王阳明全集》,第 983 页。
[122][123]《王阳明全集》,第 980 页。
[124]《王阳明全集》,第 981 页。
[125]《王阳明全集》,第 11 页。
[126][127]《王阳明全集》,第 89 页。
[128]《王阳明全集》,第 94 页。
[129]《王阳明全集》,第 101 页。
[130]《王阳明全集》,第 1046 页。
[131]《王阳明全集》,第 123 页。
[132]《王阳明全集》,第 216 页。
[133]《王阳明全集》,第 45 页。
[134]《王阳明全集》,第 208 页。
[135]《王阳明全集》,第 276 页。
[136]《王阳明全集》,第 974 页。
[137]《王阳明全集》,第 228 页。
[138]《王阳明全集》,第 71 页。

[139]《王阳明全集》,第 76 页。

[140]《王阳明全集》,第 100 页。

[141]《王阳明全集》,第 13 页。

[142]《王阳明全集》,第 129 页。

[143]《王阳明全集》,第 128 页。

[144]《王阳明全集》,第 129 页。

[145]《王阳明全集》,第 132 页。

[146][147]《王阳明全集》,第 134 页。

[148][149]《王阳明全集》,第 135 页。

[150][151]《王阳明全集》,第 136 页。

[152]《王阳明全集》,第 84 页。

[153]《王阳明全集》,第 1206 页。

[154]《王阳明全集》,第 222 页。

[155]《王阳明全集》,第 60 页。

[156]《王阳明全集》,第 123 页。

[157]《王阳明全集》,第 82 页。

[158][159][160][161]《王阳明全集》,第 62 页。

[162]《王阳明全集》,第 66 页。

[163]《王阳明全集》,第 52 页。

[164]《王阳明全集》,第 53 页。

[165]《王阳明全集》,第 95 页。

[166][167][168]《王阳明全集》,第 59 页。

[169]《王阳明全集》,第 83 页。

[170]《王阳明全集》,第 84 页。

[171]《王阳明全集》,第 103 页。

[172]《王阳明全集》,第 990 页。

[173]《王阳明全集》,第 146 页。

[174]《王阳明全集》,第 147 页。

[175]《王阳明全集》,第 140 页。

[176][177]《王阳明全集》,第 264 页。

[178]《王阳明全集》,第265页。

[179]《王阳明全集》,第267页。

[180]《王阳明全集》,第265页。

[181]《王阳明全集》,第261页。

[182]《王阳明全集》,第259页。

[183][184]《王阳明全集》,第260页。

[185]《王阳明全集》,第968—969页。

[186]《王阳明全集》,第969页。

[187]《张载集·乾称篇》,第62页,中华书局1978年版。

[188]《王阳明全集》,第973页。

[189]《王阳明全集》,第977页。

[190]《王阳明全集》,第56页。

[191]《王阳明全集》,第18页。

第十三章

颜子话题:一个“熟仁”与否之考量

颜回,是一位性情中人。指意在“熟仁”里,又是一个行动中的人。一个颜回“熟仁”与否的考量,必然会牵引出颜子之熟的话题。颜子之熟,是儒家“熟仁”里绕不开的问题,它吸引了凡是愿意检讨“熟仁”的所有儒者。有多少儒者,就有多少个对颜回“熟仁”问题的研究。这一点也不夸张。

“熟仁”到了宋明理学,无论是从二程到朱熹、从张载到船山,又或者是陆王心学,几乎都与考究颜子之熟有关系。所以,颜子话题,也就自然而然地成为一个“熟仁”与否之考量。其实,颜子“熟仁”与否的问题,本质上是儒家“熟仁”话语中的应有之题。不但在董仲舒、韩愈、王安石,乃至宋明之后的儒家学者中,均有或多或少的检讨。

必须指出,儒家“熟仁”在行动哲学的逻辑里,颜子可以算是继孔子之后的标志性人物,他以实际行动不断“习仁于熟”(即“熟仁”),得到孔子的极大赞美。并且,颜子在追求“仁”的习熟中,有着不少冷暖自知的体验。同样,经过后儒们的潜心研判,留给了儒家“熟仁”话题许多想象空间。

颜回,春秋末鲁国人,字子渊,是孔子最得意的弟子,却英年早逝(按《孔子家语·七十二弟子解》,说是“年二十九而发白,三十一早死。”)颜子是孔子七十二弟子中最贤的一位。但在儒家的系列里,关于颜子,有这样一个问题,可以说一直围绕颜子地位的评价,即颜子究竟属于“至熟”或是“未熟”

论。通过这一问题的解答,也就诠释出儒家"熟仁"在行动哲学的逻辑里,所特有的深刻性和具象性。

一、出自孔子"三月不违仁"

这一考量源于孔子称颜子是"三月不违仁"。此语出自《论语·雍也》:"子曰:'回也,其心三月不违仁,其余则日月至焉而已矣。'"对这段话,解释不同,意义也别,儒家里面也有二种观点。

1. 一派以为,"三月不违仁",颜子有欠"熟仁"之嫌

之所以产生这一看法,是因为颜子未达到孔子那般"无终食之间违仁"的熟之境地。王船山认可了朱熹的这个解释,可能代表这类观点:"'三月',言其久。'仁'者,心之德。'心不违仁'者,无私欲而有其德也。'日月至焉'者,或日一至焉,或月一至焉,能造其域而不能久也。程子曰:'三月,天道小变之节,言其久也,过此则圣人矣。不违仁,只是无纤毫私欲。小(少)有私欲,便是不仁。'伊氏曰:'此颜子于圣人未达一间者也。若圣人则浑然无间断矣。'张子曰:'始学之要,当知"三月不违"与"日月至焉"内外宾主之辨,使心意勉勉循循而不能已,过此几非在我者。'"[1]可以说这段话基本代表了颜子未达于圣人般"熟仁"境地的观点。至于船山本人或朱熹的观点,则与程、张不尽相同。

二程指出,颜子的"三月不违仁"是:"'三月不违仁',三月言其久,天道小变之节,盖言颜子经天道之变,而为仁如此,其能久于仁也。"[2]"'三月不违仁',言其久;过此,则'从心所欲不逾矩',圣人也。圣人则浑然无间断,故不言三月。此孔子所以惜其未止也。"[3]

前一段二程夸奖颜子坚持"三月不违仁",是"经天地之变"的为仁之举,也算"久于仁",但属于"天道小变"之久,总是有些缺陷,故二程说明:"三月不违仁,言其久也,然非成德之事。"[4]后一段是指出颜子未达到孔子一般的至熟境地。颜子三月不违仁,未达到圣人之"无终食之间违仁",故"大德如

孔子,小德如颜子”[5]。二程分析,为何颜子是“小德”而未达到孔子之“大德”境地,原来也与三月之久而未能“无终食之间违仁”有关。二程指出:“颜子大率与圣人皆同,只这便有分别。若无,则便是圣人。曾子三省,只是紧约束,颜子便能三月之久。到这些地位,工夫尤难,直是峻绝,又大段着力不得。”[6]无论是“三省”还是“三月之久”,都算是着力不够,须是“无终食之间违仁”,方谓“熟仁”至臻。

要思考颜子此中究竟,服膺二程思想的曾国藩辨得清晰:“即颜渊未达一间,亦只是欠熟耳”。[7]“未达一间”,可能与着力不够有关。曾国藩十分同意程朱学派学者倭仁(艮峰)所言:“‘研几’工夫最要紧,颜子之有不善,未尝不知是研几(至熟)也。”[8]颜子“未达一间”,是“研几”着力不够,故未达到孔子之大德大圣。“几”谓事物运动变化之动因、端倪、萌芽。研究、发现、把握“几”,非至熟不可,也非一般常人所做到,这或许就是颜子与孔子之一丁点的差距。

张载的评论,意在说明颜子有志于学圣,但是颜子未达于圣人。张载力图找到其原委。张载说过:“颜子未至圣人,犹是心粗。”[9]也评价过“三月不违”的说法:“始学之要,当知‘三月不违’与‘日月至焉’内外宾主之辨,使心意勉勉循循而不能已,过此几非在我者。”[10]在这里,张载把“三月不违”与“日月至焉”定位在“内外宾主之辨”,意在强调人的内在的主观努力,熟仁,不仅是“三月不违”,而且是人把握自我的日日有进、月月有进的过程,这就需要“心意勉勉循循而不能已”的工夫,“心意勉勉循循”,是形象的说法,意在凸显“我”的努力:学习之初,就要找到关键,从内心里不断做工夫,由粗到细,由细到精,由精到熟,经过这样“勉勉循循”的努力,不仅是把握自我的过程,而且是由粗到细到精再到熟的主体成熟的经历,也是“熟仁”的心路历程。实际上,在张载看来,颜子未达“圣人”,但是他一直在努力使自己成为圣人,这叫“好仁”。尽管如此,颜子未至圣人,还是有原因的。他这样说道:“颜子之分,必是入神处又未能,精义处又未至,然颜子雅意则直要做圣人。学者须是学颜子,发意便要至圣人犹不得,况便自谓不能。”[11]颜子精神可嘉之处正在于:能知道自己不如圣人,能知道自己能力有限,但是还想向圣人目标看齐,心中有坚定的成圣志向。这就叫“志于学”、“志于道”。可是未达圣人,个中原因甚为复杂,但是少不了这个,即颜子工夫尚未到孔子般的“中道”之泥熟、烂熟的境地。张载这样评价道:“孔子称颜渊曰:‘惜乎吾见其进也,未见其止也。’”[12]“其进”在哪?“其止”在哪?“见其进”、“未见其止”又为哪般?张载指出:“颜子知当至而至焉,故见其进也;不极善则不处焉,故未见其止也。知必至者,如志于道,致广大,极高明,此则尽远大;所处则直是精约(“精约”在此有“熟”义),颜子方求而未得,故未见其止也。极善者,须以中道方谓极善,故大中谓之皇极,盖过则便非善,不及亦非善,此极善是颜子所求也。所以瞻之在前,忽焉在后,夫子高远处又要求,精约处又要至。”[13]这里就道出了一个颜子未达圣人的重要方面,就是颜子未把握住“中道”,所以颜子处事,会“瞻之在前,忽焉在后”,缺少了孔子圣人般的“熟仁”境地:“高远处又要求,精约处又要至”,这就是“中道”了。尽管如此,颜子还是在不断努力的,他要朝向这个目标发展,他要力求获得中道的至熟境地。但是颜子没有达到,甚为遗憾。还是一个“欠熟”!

2. 另一派认为,颜子接近于圣人之熟,或者说是完全可以至圣熟

朱熹属于这一派。朱熹坚信:“颜子底纯熟,可以到夫子。”[14]但是细细品味,朱熹更多的是侧重于颜子的“熟仁”之功,认为这些“工夫”使得颜子达到“可以到夫子”的“熟仁”境地。朱熹一再申辩:“颜子工夫是大段缜密”、[15]“颜子则就性分上做工夫,能不私其己。”、[16]“颜子不违仁,乃是已得之,故不违,便是‘克己复礼’底事。”[17]有人问朱熹,颜子习惯于“不迁怒,不贰过”而成就了他的纯熟。朱熹回答:“此是颜子好学之符验如此,却不是只学此二件事。颜子学处,专在非礼勿视听言动上。至此纯熟,乃能如此。”[18]

朱熹在这个问题里与二程的看法有所不同。二程说,颜子在熟之工夫上存在“未达一间”的“着力不够”,是由于颜子是“三月不违仁”之“久”,没有“浑然无间断”之“久”,朱熹不是这样看:“若以为颜子‘三月不违(仁)’,既

过三月则违之,何以为颜子?此吕氏之说为未安。杨氏亦此意。伊川、侯氏、伊氏之说,亦与吕氏、杨氏相类,特不显言之耳。故愚以三月特以其久,不必泥'三月'字。颜子视孔子为未至者,圣人则不思不勉,颜子则思勉也。"(程伊川与吕氏、杨氏、侯氏、伊氏均持有"既过三月则违之"的相同看法)[19]圣人之熟,是由于圣人是"不思不勉",它叫"从容中道",颜子是"思勉",它叫"勉而后中"。所以朱熹肯定这样的说法:"是圣人不思不勉,从容自中处。颜子必思而后得,勉而后中,所以未至其(圣人)地。"[20]颜子熟与圣人熟,确有程度之差,但是颜子的"思勉"、"着力"可以到达圣人熟地,"贤者若着力要不勉不思,便是思勉了";"今日勉之,明日勉之,勉而至于不勉;今日思之,明日思之,思而至于不思。自生而至熟";"颜子与圣人大抵争些子,只有些子不自在。圣人便'不勉而中,不思而得',这处如何大段着力得!才着力,又成思勉去也。只恁地养熟了。"[21]因为颜子是"思勉"故自有"纯熟",但是孔子"不勉而中"却进入"烂熟",朱熹似乎发现了这个问题:有人问"颜子不违与孔子耳顺相近乎?"朱熹说:"不违,是颜子与孔子说话都晓得;耳顺,是无所不通。"[22]在朱熹的解释里,孔子"六十耳顺"是"纯熟","七十从心所欲而不逾矩"是"烂熟",颜子达到了孔子的"纯熟",却未进入到"烂熟",但是只要颜子工夫无间断的"思勉"和"着力",就会达到圣人般的熟境。所以,朱熹与程颐、张载对"三月不违仁"的观点还是有些许不同。

至于王船山的观点,在这里也可有比较地发挥一下。对于"三月不违仁",船山比较接近朱熹的看法,船山说:"'三月不违仁',夫子亦且在颜子用功上说。"[23]这与朱熹见解相一致。又说:"程、张之说亦未得谛当。诸小注只向程、张说处寻径路,则愈求愈远。"[24]看来,在这个问题上,船山不怎么认同程伊川、张子厚的看法。但是如果将船山的"熟仁"思想置于其整个哲学体系中来估量,他的"熟仁"观最鲜明的特色是基于"性与天道"、"体用不二"交互作用来论证的,因而这与张载就有着很多联系了,可以说,在这一点上,船山的"熟仁"思想高于朱熹。如在一个"体用"观上对"熟仁"进行检讨,船山说:"盖仁之用有大小,仁之体无大小。体熟则用大,体未熟则用小","只颜子箪瓢陋巷中,即已有仁之体,则即有圣之用”,这就是“有熟、不熟之分,体之熟则用之便。”[25]颜子是值得夸奖的,哪怕仅仅有“三月不违仁”。所以,船山对颜子之熟,还是颇有赞美之词:“自颜子言,则不迁、不贰,是天理已熟。”[26]“以验颜子克己之功至密至熟、发见不差者而称之,非颜子不能以此为学”,而“颜子之乐,乃在道上做工夫。”[27]注重颜子在“熟仁”上的工夫之说,的确是朱熹与船山在论述“熟仁”的问题上可以沟通的地方。

二、颜子作为“复圣”的理由

综观以上二派诸家观点,笔者以为,在这二派的差异之中,还存在着一个基本的共通点,即孔子有孔子之“熟”,颜子有颜子之“熟”,但是这二者之“熟”毕竟仍有些许差距。

1.“复圣”而“述者之圣”

儒家有所谓的“五圣”之说,即孔子是“至圣”、孟子是“亚圣”、颜子是“复圣”,曾子是“宗圣”、子思是“述圣”。从“复圣”到“至圣”,还是有一段距离的,因而很显然,在这个五圣序列里,颜子是略次于孔子的圣人级别。究其原委,本文推断,理由有二:一方面是指颜子未达孔子般的“至圣”之“熟”,另一方面是指颜子的后天之学。

其实之于颜子,孔子的赞誉更多地聚集于颜子的德性与德行上。如《论语·先进》:“德行:颜渊。”孔子的学生各有所长,德行好的有颜子。《论语·雍也》:“子曰:‘贤哉回也!一箪食,一瓢饮,在陋巷,人不堪其忧,回也不改其乐。贤哉回也!’”这是孔子赞扬颜子的最著名的一段话:颜回多么贤德啊!一竹筐饭,一瓜瓢水,居住在小巷里,别人忍受不了这样穷困的忧愁,颜回却不改他自有的快乐。颜回多么贤德啊!诸如此类的话,在《论语》里是比较多见的。是孔子对其“熟仁”之显的表彰和鼓励。但是,需要指出的是,细细品味孔子所言,还是很有些特殊味道,除了那句“三月不违仁”以外,从其他的引释里亦不时透露出,颜子之“熟”,须向孔子之“熟”发展与升华之体悟。

颜回,不仅“德商”高人一筹,而且智商和情商,也相当出色。自然,对于颜子的智商和情商,孔子也是赞赏有加。一部已被专家学者考证具有相当可信度的、与《论语》互补的《孔子家语》,其中一篇叫《颜回》,记载了不少孔、颜对话,其中就有孔子这些评价。现摘录二段,就足以观之:

颜回曰:“臣闻之,鸟穷则啄,兽穷则攫,人穷则诈,马穷则佚。自古及今,未有穷其下而能无危者也。”公悦,遂以告孔子。孔子对日:“夫其所以为颜回者,此之类也,岂足多哉!”

——孔子夸奖颜回,“颜回能够讲出这个‘物极必反’的道理,就足以证明其智商何等高级呀!”

孔子使人问哭者,果曰:“父死家贫,卖子以葬,与之长诀。”子曰:“回也,善于识音矣!”

——孔子指使人去了解在外面哭泣的原因,以证明只借其哭声颜回就知道是亲人的生死离别,颜回识别得对不对?果然是如此。孔子就夸奖道:“颜回呀,是多么的善于识别声音呀!(即从哭声中就能辨别一种情感,颜回是多么的富有智商和情商呀!)”

其实,颜子作为“复圣”,主要是与其“德商”相牵挂、相契合。当然,更进一步看,颜子作为“复圣”而“述者之圣”的理由,还有两个特定指标。

其一,颜子既要“复”圣人之志,又要“述”孔子之言。

颜回曰:“固子之来辱也,宜有得于回焉。吾闻诸孔子曰:‘言人之恶,非所以美已;言人之枉,非所以正已。’故君子攻其恶,无攻人之恶。”

——颜回是在“述”孔子之言而更有所发微呀!

颜回谓子贡曰:“吾闻诸夫子,身不用礼而望礼于人,身不用德而望德于人,乱也。夫子之言,不可不思也。”

——颜回是在传授和应用孔子之言呀!

其二,颜子之熟,孔子的期待,是希冀颜子能够到达“德盛仁熟”之境地。

颜回问于孔子曰:“成人之行若何?”子曰:“达于情性之理,通于物类之变,知幽明之故,睹游气之原。若此可谓成人矣。既能成人,而又加之以仁义礼乐,成人之行也。若乃穷神知礼,德之盛也。”

——这里所谓的“既能成人,而又加之以仁义礼乐,成人之行也。若乃穷神知礼,德之盛”,不就是“精义熟仁”、“德盛仁熟”的特定语境了吗?孔子真希望颜子能如此!

质言之,说颜子为圣人,一点也不为过。孔、颜对话,皆为儒家“熟仁”事业中的标杆和尺度。

2.《论语》中的评价

《论语》里,孔子有太多的感情和智慧,是向颜子传递的,颜子当然也很领情。这里,暂且不顾及颜子的感受,只是就孔子对颜子的评价,表征出颜子之“熟”的话题氛围。

《论语·公冶长》:“颜渊、季路侍。子曰:‘盍各言尔志。’子路曰:‘愿车马,衣轻裘,与朋友共,敝之而无憾。’颜渊曰:‘愿无伐善,无施劳。’子路曰:‘愿闻子之志。’子曰:‘老者安之,朋友信之,少者怀之。’”孔子要求他的弟子颜渊和子路说说各自的志向,子路说他愿意把他的车马衣服供朋友一起使用,用坏了也不会遗憾。颜渊说他不愿意夸耀自己的好处,也不宣张自己的功劳。子路要想听听孔子的志向,孔子坦言:“让老年人安逸的生活、让朋友信任我、让年轻人懂得怀恩。”孔子没有正面去评价颜子与子路之“志”的优劣。只是就其自己的志向作了一番说明。值得注意的是,在“熟仁”方面,颜子与孔子还是有所差别的,颜子未达到“至圣”,这里似乎蕴涵一层颜子未达“至熟”于孔子般的“至仁”境界。如朱熹引二程对此段话的解释,颇有这样的意思:程子曰:“夫子安仁,颜渊不违仁,子路求仁。”又曰:“子路、颜渊、孔子之志,皆与物共者也,但有小大之差尔。”又曰:“子路勇于义者,观其志,岂可以势利拘之哉?亚于浴沂者也。颜子不自私己,故无伐善;知同于人,故无施劳。其志可谓大矣,然未免出于有意也。至于夫子,则如天地之化工,付与万物而己不劳焉,此圣人之所为也。”[28]程子所言,看出颜渊与孔子在“志”

上"小大"差别。颜子能够"不自私己",是出于"有意";孔子能够"如天地之化工,付与万物而己不劳",如果从"熟"上讲,孔子是"大熟"了,而颜子还是"小熟"。

《论语·雍也》:哀公问曰:"弟子孰为好学?"孔子对曰:"有颜回者好学,不迁怒,不贰过,不幸短命死矣。今也则亡,未闻好学者也。"鲁哀公问孔子,他的弟子中哪个最好学?孔子答道:是颜回,他不会迁怒于他人,不会犯相同的错误,遗憾的是他过早地离开了人间。孔子感慨地说:"现在再也找不到像颜回这样的好学者了"。颜渊只活了三十一岁[29],真可谓"英年早逝"。过早地去世,孔子感到十分惋惜。惋惜之余,是遗憾颜渊这个人不见了,更重要的遗憾是颜渊的"好学"德性少见了。这一"好学"德性在程子的叙述里,可以充分见得"不迁怒、不贰过"的"颜子克己之功"。朱熹《四书章句集注·论语·雍也篇》记载了程子这些话:"颜子之怒,在物不在己,故不迁。有不善,未尝不知,知之未尝复行,不贰过也。"又曰:"如颜子地位,岂有不善?所谓不善,只是微有差失。才差失便能知之,才知之便更不萌作。"[30]可以体会出,相较于孔子地位,颜子仍然是"微有差失",所以颜子要发奋"好学",力求至圣。其"不迁怒、不贰过",仍然达不到孔子般的"化",学孔子,颜子还只是留驻于"守"。程子这样论道:"(颜子)学以至乎圣人之道也。"习熟,是力行的过程,"故学者……然后力行以求至焉。若颜子之非礼勿视、听、言、动,不迁怒贰过者,则其好之笃而学之得其道也。然其未至于圣人者,守之也,非化之也。假之以年,则不日而化矣。今人乃谓圣本生知,非学可至,而所以为学者,不过记诵文辞之间,其亦异乎颜子之学矣。"[31]毫无疑问,"化"优于"守","化"是与物与己为一体,这是"至熟"功夫,孔子是如此了,而颜子乃是守住"与己"的,诚如曾国藩所说的,是"颜渊未达一间"之"欠熟耳"。[32]

《论语·述而》:子谓颜渊曰:"用之则行,舍之则藏,惟我与尔有是夫!"孔子对颜渊的夸奖:用我呢,就干起来;不用呢,就藏起来。只有我和你才能这样吧。[33]其中可以领悟出颜渊"几于圣人"的努力。朱熹同意并引证尹焞这样的解释:"用舍无与于己,行藏安于所遇,命不足道也。颜子几于圣人,故亦能之。”[34]所谓“几于”,就是差不多的意思。孔子是鼓励性的,而事实上,颜子与孔子仍有“几于”的距离。在孔子的心目中,“熟仁”,就是去熟透那个儒家的“道义”,达到“义精仁熟”之“至熟”。因而,这“道义”远远高于“命”,追求“熟仁”的,是不问“命”而只看“道义”的,颜子也是如此:“圣人更不问命,只看义如何。贫富贵贱,惟义所在,谓安于所遇也。如颜子之安于陋巷,它那曾计较命如何。”[35]用行舍藏,不仅仅是一个“熟仁”的“大节目”,而且还有一个“纤细缜密”处,颜子把握了前一个,后一个却是要向孔子学习之处了。也就是说,颜子之“熟”,要向孔子之“熟”发展和升华,还是有那特定项目或具体之处的。似乎朱熹看出了这点。在讲解“用之则行”章时,《朱子语类》记载了朱熹的此段对话:“叔器问:颜子与圣人同否?曰:大节目也同。如孟子说伯夷、伊尹、孔子‘得百里之地而君之,皆能以朝诸侯,有天下;行一不义,杀一不辜而得天下,皆不为也,是则同’。这便是大节目处皆同。若是这个不同时,便不唤做圣人了。只是纤细缜密论来,却有不同处。”[36]在朱熹看来,伯夷、伊尹、孔子,皆为圣人,这是从“大节目”上讲;如果从“熟”上讲,伯夷伊尹是“小熟”,而孔子就是“大熟”。按理推断,从“大节目处”看,孔子和颜子都是圣人,都是推行讲究“熟仁”的,但是,从“纤细缜密”处看来,孔子是“至熟”,颜子无疑是“几于”至熟的。

《论语·子罕》:颜渊喟然叹曰:“仰之弥高,钻之弥坚,瞻之在前,忽焉在后。夫子循循然善诱人,博我以文,约我以礼,欲罢不能。既竭吾才,如有所立卓尔,虽欲从之,末由也已。”颜渊学习孔子,一番感慨,他与老师的差距何在?颜子无比感叹道:“老师之道,越抬头看,越觉得高;越用力钻研,越觉得深;看看,似乎在前面,忽然又到后面去了。(虽然这样高深和不容易捉摸,可是)老师善于有步骤地诱导我们,用各种文献来丰富我的知识,又用一定的礼节来约束我的行为,使我想停止学习都不可能。我已经用尽我的才力,似乎能够独立地工作。要想再向前迈进一步,又不知怎样着手了。”[37]颜子一辈子在学圣人、在学他的老师孔子,但颜子很谦虚,总感到难以学到老师这般的至圣和娴熟。因为颜子深知“夫子之道,无穷尽、无方体,而叹之也。”[38]从

"欲罢不能"开始,颜子"自言其学之所至也。盖悦之深而力之尽,所见益亲,而又无所用其力也。"或许是颜子未达一间之熟。"到此地位,功夫犹难,直是峻绝,又大段着力不得","自可欲之谓善,充而至于大,力行之积也。大而化之,则非力行所及矣,此颜子所以未达一间也。"[39]这也正是颜子"三月不违仁"而又难以达到孔子般的"至熟"境地吧?朱熹引胡安国一大段话注释颜渊此段话,用意也在此上说理:"无上事而喟然叹,此颜子学既有得,故述其先难之故、后得之由,而归功于圣人也。高、坚、前、后,语道体也。仰、钻、瞻、忽,未领其要也。惟夫子循循善诱,先博我以文,使我知古今,达事变;然后约我以礼,使我尊所闻,行所知。如行者之赴家,食者之求饱,是以欲罢而不能,尽心尽力,不少休废。然后见夫子所立之卓然,虽欲从之,末由也已。是盖不怠所从,必欲至乎卓立之地也。抑斯叹也,其在请事斯语之后,三月不违之时乎?"[40]意思是,孔子能够"立之卓然",颜子是"不怠所从",但仅仅是"三月不违"还是不够的,要"尽心尽力","行所知",是走入"熟"的过程,颜子按照孔子的"循循善诱",一直努力于其中。无怪乎,孔子在《子罕》赞扬颜子:"语之而不惰者,其回也与!"在孔子看来,能够倾听他说话而始终不懈怠的,恐怕只有颜回一个人了!又:"子谓颜渊曰:'惜乎!吾见其进也,未见其止也。'"可惜啊!颜回死得太早了。他一直在不断努力前进,从来没有停止过。如果颜子活得足够长的话,是可以达到孔子般的至熟。这里,还是标的出颜子与孔子的些许差别。

其实,孔子对颜渊的评价是极高的。而且孔子一直是鼓励性的,尽管颜渊"未达一间",孔子却总是给予恰当鼓励性评价,表明孔子也十分希望他的弟子们能够不断进入于至熟的过程。在《论语·先进》,孔子说过:"回也,非助我者也,于吾言无所不说。"颜回不需要辅助孔子的,因为他对孔子的教导已是心领神会了。朱熹是这样看的:"颜子于圣人之言,默识心通,无所疑问。故夫子云然,其辞若有憾焉,其实乃深喜之。"更有意义的是,在孔子那里,已经察觉出颜子在某个特殊方面,已达于"熟仁"的至熟境地。至于全面或全部地造此"熟仁"境地,还需要努力。孔子有这样一段教诲颜子的话,使颜子获益匪浅,并发誓今后努力践行之。《论语·颜渊》:颜渊问仁。子曰:"克己复礼为仁。一日克己复礼,天下归仁焉。为仁由己,而由人乎哉?"颜渊曰:"请问其目。"子曰:"非礼勿视,非礼勿听,非礼勿言,非礼勿动。"颜渊曰:"回虽不敏,请事斯语矣。""熟仁",到底如何做?颜渊问孔子怎么去做到"仁"?孔子说:"克制自己,使自己的言行都合乎礼,这就是仁了。一天做到了,天下的人就会自动归顺于仁了。实行仁,不靠别人,全靠自己。"颜子又希望孔子说一下这实行仁的条目,孔子说:"不符合礼的现象不看,不符合礼的声音不听,不符合礼的话不说,不符合礼的事不做。"颜子自叹:"我颜回虽然愚钝,也要践行这些教诲。"孔子教给颜子如何"熟仁"之术,颜回始终如一地贯彻在他的一言一行中,孔子高兴地看到了他的弟子们对于他的"心领神会"以及不断努力。高兴之余,还是意在"熟仁"一路。

又如《中庸》记:"子曰:'回之为人也,择乎中庸,得一善,则拳拳服膺而弗失之矣。'"颜回的为人啊,能够选择并实行中庸之道,他获得了一种善道,就牢记心头,决不丢失,此是谓"守"。朱熹解释这句"则拳拳服膺而弗失之矣":"奉持而著之心胸之间,言能守也。颜子盖真知之,故能择能守如此,此行之所以无过不及,而道之所以明也。"[41]这使我们想到颜子那个"守",孔子是个"化"。所以孔子能够做到的,恐怕颜子未必能做到。《中庸》接着写道:"子曰:'天下国家可均也,爵禄可辞也,白刃可蹈也,中庸不可能也。'"可以公平治理天下国家,可以坚决辞去功利爵禄,可以英勇地赴汤蹈火,可是实行中庸就困难多了。因为,实行中庸,最大的困难,就是要求义精仁熟。朱熹解释了"可均"、"可辞"、"可蹈"问题,就引申出此理:"三者亦知仁勇之事,天下之至难也,然不必其合于中庸,则质之近似者皆能以力为之。若中庸,则虽不必皆如三者之难,然非义精仁熟,而无一毫人欲之私者,不能及也。三者难而易,中庸易而难,此民之所以鲜能也。"[42]在朱熹看来,"可均"、"可辞"、"可蹈",这是"知仁勇"的问题,而"中庸",却是个"义精仁熟"的问题。前者是"难而易",后者是"易而难"。王船山也训出此义:"吾尝取而衡之矣。以天下国家之大也,而经画其土地,分理其人民,使之均平而各得,盖亦难矣,而智者能审于分合之大数,则固可均也。若爵禄之至,学术以之利见,功业以之有成,乃顾辞之而不居,此又难矣,而仁者淡于欲而求心之安,则可辞也。至若白刃临前,生死无容再计,进退决于俄顷,乃必蹈之而不疑,此已难矣,而勇者志之决而气无所馁,则可蹈也。唯夫中庸者,不必有繁难之事,孤高之行,凶危之境,而就此日用当然之则,非灼见夫性天之藏,密审动静之几,以得夫大中至和之理,而修凝成熟以纯乎不息,则虽知周乎物,仁去乎私,勇伸乎义者,亦不可能也。而孰其能之哉?”[43]那肯定是孔子了。在儒家里面,真正称得上做到中庸的榜样,首推孔子了。对此,朱熹比较了孔、颜:“且如颜子瞻前忽后,亦是未到中庸处……又如(孔子)知命、耳顺,方是见得尽;从心所欲,方是行得尽。”[44]孔子五十而知天命,六十而耳顺,到了七十多岁,才获得了“从心所欲不逾矩”之“烂熟”,这或许就是孔子之“化”。颜子要学到孔子的“化”,真正做到中庸,那就要走入“义精仁熟”。在此,颜子还是需要努力的,即变“守”为“化”。因此,颜子之于孔子,一个“守”、一个“化”,颜子未达一间,是有一个“内因”所以然的。

再如《论语·卫灵公》:“颜渊问为邦。子曰:‘行夏之时,乘殷之辂,复周之冕,乐则《韶》舞。放郑声,远佞人。郑声淫,佞人殆。’”颜渊问孔子治国之道。孔子说:“实行夏人的历法,坐殷人的大车,戴周人的礼帽,演奏虞舜的《韶乐》和周武王的《武乐》。舍弃郑国乐曲的淫声,远离巧言谄媚的危险小人。”朱熹称颜渊是“王佐之才,故问治天下之道。”其实,在孔子的弟子里,问治天下之道的人很多,惟孔子告知此理,看来,孔子对于颜子就仕,还是别有期待的,尽管颜子始终没有获得仕途经历。朱熹引程子对这段话的评述:“问政多矣,惟颜渊告之以此。盖三代之制,皆因时损益,及其久也,不能无弊。周衰,圣人不作,故孔子斟酌先王之礼,立万世常行之道,发此以为之兆尔。由是求之,则余皆可考也。”[45]孔子告诉颜回的治国之道,无非就是三代之礼,但是,他要向颜子澄清的,还是一个习熟的锻炼,即政道上行的是“先王之礼”,只要从此开始锻炼,其他的治道皆可考也!颜子实际上缺乏的就是治道之熟,尽管他具有“王佐之才”的良好素质。

颜渊之后,孔子浩叹不已。《论语·先进》:颜渊死,子曰:“噫!天丧予,天丧予。”听到颜渊死了,孔子叹谓:是老天爷要我的命呀,是老天爷要我的命呀!并为之动情伤感:颜渊死,子哭之恸。从者曰:“子恸矣。”子曰:“有恸乎?非夫人之为恸而谁为(恸)?”[46]随从劝慰孔子不要太伤心。孔子说:不为颜渊这样的人伤心还能为什么样的人伤心呢?可见,颜渊在孔子的心目里,有着何等重要地位?原因是什么呢?就是颜子的德性和德行。所谓“德行:颜渊”,就是最好的评价。

当然,仍然需要指出本文的两个重要结论:

其一,尽管孔子高度评价颜渊,颜回毕竟是颜回,离孔子般“至圣”而“至熟”,还是有“未达一间”的距离,于此,就有一个属于颜子之“熟”的著名的后天之学。说颜子是“复圣”,或许道理就在这里。

其二,对于以上二派诸家观点之中的共通点,需要挑明的是,不管是颜子之“熟”还是孔子之“熟”,儒家倡导的“熟仁”之要,除了以上提及的一系列行动或言“功夫”之外,还必须据于人心深处的“无一毫私欲”之基础,否则即为空虚枉然了一场。朱熹在解释“三月不违仁”时精辟点到此处,我们引此段,也作为颜子话题的研究标识:

> “孟子所谓‘夫仁,亦在乎熟之而已矣’,此语说得尽了……‘三月不违仁’处……即是收拾此心之理。颜子‘三月不违仁’,岂直恁虚空湛然,常闭门合眼静坐,不应事,不接物,然后为不违仁也!颜子有事亦须应,须饮食,须接宾客,但只是无一毫私欲耳。”[47]

在此,藉颜子之熟,又增加了那个“无欲”而“有事”而“主静”的儒家“熟仁”工夫之特殊应验和广义观照了!

三、颜子之熟的“缠绕”:再续诸家之考辨

以上的出处由来,基本上厘清了颜子“熟仁”与否的来龙去脉。各派的观点几乎廓清无疑。现在,以宋明理学为背景,以元晦殿后、以介甫开言,再

续诸家之考辨，以深化颜子“熟仁”与否的特殊性和深刻性，同时在经纬之度里，获得对儒家“熟仁”在行动哲学逻辑中的延续性。[48]

分叙之前，先廓清一个观点，所有下面的陈述，“至熟”派抑或“未至熟”派，皆在颜子“工夫”上看出端倪——由此也可窥探出这里以朱熹殿后的用心。

1. 王安石：颜子之熟的一个精准度把握

颜子之熟的话题，是儒家“熟仁”中绕不开的话题。颜子之熟，离孔子之熟，尚有距离，对此，王安石有独到见解。其实，王安石也属颜子“未熟”论一派。但这一“未熟”论里涵括了一层颜子“未精”论。

在“尽仁之道”上，颜子次于孔子。王安石在《仁智》里评价道：“能尽仁之道，则圣人矣，然不曰仁而目之以圣者，言其化也。盖能尽仁道则能化矣，如不能化，吾未见其能尽仁道也。颜回，次孔子者也，而孔子称之曰‘三月不违仁’而已，然则能尽仁道者非若孔子者谁乎？”言下之意，只有孔子才能“尽其仁道”，真正做到“熟仁”，颜子也只是“三月不违仁”，关键的差别，是在于这个“化”，即孟子申辩的“大而化之”。孔子能“大而化之”，颜回似乎缺了一顶点，所以，颜子之于孔子，是“仰之弥高，钻之弥坚；瞻之在前，忽焉在后。”[49]离孔子还是有距离的。相较而言，颜子是“贤”，孔子是“圣”，“圣人知道，至于是而已矣。且以颜子之贤而未足以及之”，[50]即没有达到孔子般至熟的境地，这一贤一圣之差异，其实就在至“熟仁”上的差异。孔子能够“尽仁道”，颜子是不远仁道，这就是差距了：“圣人之言，莫大于颜渊之问，‘非礼勿视，非礼勿听，非礼勿言，非礼勿动’，则仁之道亦不远也。”[51]当然，要问颜子之“未熟”上，是缘在颜子之学，有“未精”一面。

评价颜子之熟，王安石依据的仍然是儒家路径。就是颜子之好学的问题。颜子之好学，王安石也十分推举，并且肯定，颜子之好学，正是走向孔子之圣、之“熟”的颜子特色。《礼乐论》里，王安石概括了颜子之学的与众不同之处：“孔子曰：‘有颜回者，好学，不迁怒，不贰过。’又曰：‘吾见其进，未见其止也。’夫颜子之所学者,非世人之所学。不迁怒者,求诸己;不贰过者,见不善之端而止之也。世之人所谓退,颜子之所谓进也;人之所谓益,颜子之所谓损也。《易》曰‘损,先难而后获。’颜子之谓也。”颜子之学的特色,就是不断走向“熟仁”的境地,使世人会肃然起敬。所以,孔子会“独称颜回为好学,问其余,则未为好学者”,道理大概就在此了。当然,王安石认定颜子之“熟”,还逊色于孔子之“熟”,是颜子之学还脱离不了一层“为己”性质,介甫比较了大禹治水与颜子独乐,指出了这点:“夫禹之于天下,九年之间三过其门,闻呱呱之泣而不一省其子,此亦可谓为人矣。颜回之于身,箪食瓢饮以独乐于陋巷之间,视天下之乱若无见者,此亦可谓为己矣。”[52]这就是颜子好学的“未精”之处罢了。如果是为人、为己的,才是最完美、最成熟的“精”,就像孔子这般。

还需指出,在王安石解读的“三月不违仁”里,颜子之“熟”,是来自于其好学不止,更重要的,是来自于孔子的不断提示和教诲,这就反衬出两者的差异。王安石称颜子为“具体圣人”,并且暗示出颜子之学的效率究竟如何。读这段评价,就可看出其中端倪:“颜子具圣人之体而微,所谓美人也。其于尊五美,屏四恶,非特教也。若夫郑声佞人,则由外铄我者也。虽若颜子者,不放而远之,则其于为邦也,不能无败。《书》曰:‘能哲而惠,何忧乎欢兜?何畏乎巧言令色孔壬。’由此观之,佞人者,尧、舜之所难,而况于颜子者乎?夫佞人之所以入人者,言而已。言之入人,不如声之深,则郑声之可畏,固又甚矣。孔子曰:‘如有所誉,其有所试矣。’谓颜子‘三月不违仁’者,盖有所试矣。虽然,颜子之行,非终于此,其后孔子告之以‘克己复礼’而请事斯语矣。夫能言动视听以礼,则盖已终身未尝违仁,非特三月而已也。”[53]言下之意,颜子是“具圣人之体而微”,是一直在向圣人学习的“美人”,孔子一直对颜子加以教导和点拨,使颜子恪守“不违仁”而“非特三月而已”。似乎这是“由外铄我者”,非“由内铄我者”,这就是颜子之“熟”的“特教”之处。另外,按介甫所说,颜子之“熟”,也难以在“为邦”中见其诸效,用之则“不能无败”。所以,颜子之“熟”,确有“未精”之处,也须以上升至孔子之熟,才能对己对人、齐家治国、正心修身,获得“终身未尝违仁”之“精熟”的绩效。或许,透过颜子之未“精熟”,王安石也在为其变法新政的推行,寻“精熟”之踪迹。

2. 二程:颜子之熟的考量之余的优势分析

应该说,二程是比较早地凸显了“颜子之熟”在儒家“熟仁”中的取向问题,即颜子与“三月不违仁”:这是渊源于孔子的评价。也就是说,有关儒家“熟仁”的节次问题,总要提及颜渊与其老师孔子之“熟”的比较,颜回是“三月不违仁”,孔子是“无终食之间违仁”。二程想当然地指出过,颜回有“颜子之学”,并加以赞扬。二程说道:“人之学,当以大人为标垛,然上面更有化尔。人当学颜子之学。”[54]在大人的上面有圣人,人们学习,无非以圣人贤者为榜样,因为在圣贤们的身上更有感化人的力量,颜子学圣人,学到不违仁,而这本身就是“颜子之学”的精华所在。但是颜子未达到孔子那般“无终食之间违仁”,似乎有欠“熟仁”之嫌。

二程是属于“未熟”论的一派。孔子对颜子“其心三月不违仁”的评价,二程的研判是,孔子是“至熟”,颜子是“次熟”:“颜子大率与圣人皆同,只这便有分别。若无,则便是圣人。曾子三省,只是紧约束,颜子便能三月之久。”[55]毋庸置疑,曾子也罢,颜子也罢,内心非常虔诚的装着仁义道德,但是“心存于仁”不等于“能至于仁”:“回三月不违仁,得善则服膺弗失也;其余则日月至焉,至谓心存于仁,非能至于仁也。”[56]所以是“欠熟”。

但是,这些分析性的结论,并不会抵消二程赞美颜子之学的特色及其分量。不展示出二程对于颜子之“熟”的优质研判,一定会削弱二程的分析考量、乃至包括颜子工夫的优势所在。这个答案,可以被解释成:颜子之“熟”,不是其“工夫”出了毛病,而是“工夫用力不著”,其实,所谓颜子工夫,对于凡人来讲,还是蛮难的。这就叫“工夫尤难,直是峻绝”。

伊川先生著《颜子所好何学论》,专门研究颜子之学,指出“圣人之门,其徒三千,独称颜子为好学。夫《诗》、《书》六艺,三千子非不习而通也。然则颜子所独好者,何学也?学以至圣人之道也。”学圣人之道乃为颜子之学,这是颜子始终如一的习仁之“熟”,这也是颜子向孔子学习的习仁之“熟”;颜子学圣人之道,常受到孔子赞许,伊川指明这一点,说颜子所好学:“故颜子所事,则曰‘非礼勿视,非礼勿听,非礼勿言,非礼勿动。’仲尼称之,则曰‘得一善,则拳拳服膺而弗失之矣’;又曰‘不迁怒,不贰过,有不善未尝不知,知之未尝复行也。’此其好之笃,学之之道也。”孔子为至熟,颜子为学于至熟,故有与圣人相去一息,伊川继续分析道:“视听言动皆礼矣,所异于圣人者,盖圣人则不思而得,不勉而中,从容中道,颜子则必思而后得,必勉而后中。故曰:颜子之与圣人,相去一息。”这是与孔子能“从容中道”之娴熟而点出颜子是学于至“熟”的勤奋努力,虽然是“勉而后中”,但是依然从中表现出颜子之习熟努力的一部分。圣人与常人之间没有不可逾越的差距,只要有“大而化之”的习熟锻炼,就可入于至圣境地。伊川引孔、孟之熟理,说出颜子未达于至熟境地,但也含有一层对颜回过早夭折而未至于至熟的惋惜。伊川指出:“孟子曰:‘充实而有光辉之谓大,大而化之之谓圣,圣而不可知之谓神。’颜子之德,可谓充实而有光辉矣,所未至者,守之也,非化之也。以其好学之心,假之以年,则不日而化矣。故仲尼曰:‘不幸短命死矣。’盖伤其不得至于圣人也。所谓化之者,入于神而自然,不思而得,不勉而中之谓也。孔子曰‘七十而从心所欲不逾矩’是也。”颜子是“三月不违仁”,时间有限,守之不足,总是一种欠缺;颜子是“守”,孔子是“化”(“大而化之”的“化”);孔子是“七十而从心所欲不逾矩”,是至熟的来到,此中必藏有“无终食之间违仁”的习熟的“大而化之”。在此种意义里,可以说孔子是至熟,而颜子是次熟了。这是伊川先生对颜子“三月不违仁”的别致理解。

另外,透过二程对孔、颜差异的一些比较,看得贴切,孔、颜何以有“至熟”与“次熟”之分:

“颜渊‘愿无伐善,无施劳’,此仁矣,然尚未免于有为,盖滞迹于此,不得不尔也。子曰:‘老者安之,朋友信之,少者怀之。’此圣人之事也。颜子,大贤之事也。”[57]

“颜子所言不及孔子。‘无伐善,无施劳’,是他颜子性分上事。孔子言‘安之，信之，怀之’，是天理上事。”[58]

当然，按伊川的期待，如果活得更长久的话，颜子也是会做得到至熟的，因为他是在不断的学习中。故二程有所谓“颜子之好学”的颜子之学，而这恰恰就是颜子可以成为圣人的最充实的主观条件。只是他过早地离开了人间。

结论就是：二程要讲出这个问题，似乎通过颜子，在“演绎”出二程心目中的“熟仁”期待，即“自熟”、“学要信与熟”、“从这里过”，努力挖掘出孔、孟“熟仁”发源地的一条主渠道，使儒家“熟仁”思想获得一种特定的流向。朱熹趟进了这条河流，但更有一种新的流向等待他了。

关于二程谈论颜子之“熟”的问题，还需要透彻地作些思考。因为儒家对于颜子及其“熟”的问题，是极为敏感和慎重的。二程的思考在儒家的系列里，是颇具匠心又引起共鸣或争议的。至二程，对于颜子之“熟”，的确在积累了前人研究的基础上，获得了颇为新颖的研究理路，而且观点也极为气魄和敞亮。

其一，颜子“未至熟”，并不影响颜子在儒家里的圣人地位。二程常以与孔、孟作比较，来彰显颜子之特色。

第一，离孔子只差“未达一间”：“颜子曰：‘仰之弥高，钻之弥坚’，则是深知道之无穷也；‘瞻之在前，忽焉在后’，他人见孔子甚远，颜子瞻之，只在前后，但只未在中间尔。若孔子，乃在其中焉，此未达一间者也。”[59]明道此言，是想说，他人见孔子甚远，而颜子总能看得见孔子，就是有所距离，哪怕只有一丁点距离，似乎难以逾越，问题就在“熟”上的些许距离。颜子有的，孔子皆有；孔子有的，颜子却未必有，“‘纯亦不已’，天德也；‘造次必于是，颠沛必于是’，‘三月不违仁’之气象也；又其次，则‘日月至焉’者矣。”[60]孔子囊括“日月至焉”到“天德”（实谓“德盛仁熟”、“七十从心所欲不逾矩”之状态），颜子囊括的是“日月至焉”到“三月不违仁”，这就是“未达一间”。在“熟仁”里，颜子属于“大”之“圣人”品格，孔子属于“大而化之”之“圣人”品格，对此，二程切入“孔子之志”、“孔子之化”的内在连接，作了透观。一方面以孔子之志与颜子之志的差异,作了精炼:“‘愿无伐善’,则不私矣;‘无施劳’,则仁矣。颜子之志,则可谓大而无以加矣。然以孔子之言观之,则颜子之言出于有心也。至于‘老者安之,朋友信之,少者怀之’,犹天地之化,付与万物,而己不劳焉,此圣人之所为也……圣人之化,亦犹是也。”而“孔子之志在于‘老者安之,朋友信之,少者怀之’,使万物莫不遂其性,曾点知之,故孔子喟然叹曰:‘吾与点也。’”[61]这里不是颜子,而是曾点。孔子之志开出“大而化之”,颜子之志结出“大”之结局,两者是有“熟”上的些许差异了。另一方面以孔子之“化”作了应验:“‘大而化之’,只是谓理与己一。其未化者,如人操尺度量物,用之尚不免有差,若至于化者,则己便是尺度,尺度便是己。颜子正在此,若化则便是仲尼也。‘在前’是不及,‘在后’是过之。此过不及甚微,惟颜子自知,他人不与。‘卓尔’是圣人立处,颜子见之,但未至尔。”[62]说明颜子“未达一间”之处,是离孔子之化的距离,这就是“但未至尔”的意思。所以,对于二程在孔、颜比较中的用语,即“虽颜子亦未达一间耳”、“颜子去圣人,只毫发之间”,就不难理解了。

第二,与孟子相较,颜子有甚多的自家优势特征:“孟子才高,学之无可依据。学者当学颜子,入圣人为近,有用力处。”[63]此“用力处”,就在于颜子的朴实处,而“孟子才高”,难以就范,“造道之言,如颜子言孔子,孟子言尧、舜。”[64]孟子为“亚圣”,所以学孟子难;颜子为“几近圣人”,所以学颜子易:“孟子之于道,若温淳渊懿,未有如颜子者,于圣人几矣,后世谓之亚圣,容有取焉。如‘盍各言尔志’,子路、颜子、孔子皆一意,但有小大之差,皆与物共者也。颜子不自私己,故无伐善;知同与人,故无施劳。若圣人,则如天地,如‘老者安之’之类。”[65]孟子一“大”而“未粹”,颜子一“小”而“完具”,其优势可显:“颜子合下完具只是小,要渐渐恢廓。孟子合下大,只是未粹,索学以充之。”[66]在这段里,既见各自长处,也见颜子的朴实之处:“仲尼,元气也;颜子,春生也;孟子,并秋杀尽见。仲尼,无所不包;颜子,示‘不违如愚’之学于后世,有自然之和气,不言而化者也;孟子,则露其才,盖亦时然而已。仲尼,天地也;颜子,和风庆云也;孟子,泰山岩岩之气象也。观其言,皆可以见之矣。仲尼无迹，颜子微有迹，孟子其迹著。”[67]所谓“无迹”、“微有迹”、“迹著”，蕴含了“熟仁”之程度；所谓“气象”之差异，展示了“熟仁”之规模，其间露显出孔、颜、孟在“熟仁”经历上的一份“恢廓”。这里，所谓“优势”，仅指意于自家特征，绝非优劣可言，只是特色之标。其实，此类比较性的标识，在二程那里，甚为可见：

“孔子尽是明快人，颜子尽恺弟，孟子尽雄辩。”[68]

“颜子不动声气，孟子则动声气矣。”[69]

“人须学颜子。有颜子之德，则孟子之事功自有。孟子者，禹、稷之事功也。”[70]

“颜、孟之于圣人，其知之深浅同，只是颜子尤温淳渊懿，于道得之更渊粹，近圣人气象。”[71]

“孟子却宽舒，只是中间有些英气，才有英气，便有圭角。英气甚害事。如颜子便浑厚不同。颜子去圣人，只毫发之间。孟子大贤，亚圣之次也。”[72]

如果有了颜子之德，又配孟子之气象，凡人则有圣人之事业矣。所以，颜、孟之间无所谓谁优谁劣，但是，如果一定要追究个到底学谁：学孟子还是学颜子？恐怕二程还是倾向于颜子之“学”的，伊川说了个着：“颜、孟虽无大优劣，观其立言，孟子终未及颜子。昔孙莘老尝问颜、孟优劣，答之曰：‘不必问，但看其立言如何？凡学者读其言便可以知其人，若不知其人，是不知言也。’”[73]当然，只可惜，颜回留给后人的文字太少了。

其二，颜子“三月不违仁”的背后，是无私欲。有人问伊川：“‘回也三月不违仁’，如何？”伊川答：“不违处，只是无纤毫私意（欲）。有少私意（欲），便是不仁。”[74]这里可以解读出二层意思，一是“不违仁”，这“仁”上的要求是“无纤毫私欲”；二是只有心地坦荡无纤毫私欲，才能做得到“不违仁”。这是符合了二程灌输的“至诚”旨趣。至于“无私欲”，在颜子那里，有个著名的处贫贱富贵之道，也是其“不违仁”的真实写照。明道指出：“颜子在陋巷，‘人不堪其忧，回也不改其乐’。箪瓢陋巷非可乐，盖自有其乐耳。‘其’字当玩味,自有深意。”[75]此深意就在“不违仁”。伊川也作旁注:“或问:‘颜子在陋巷而不改其乐,与贫贱而在陋巷者,何以异乎?’曰:‘贫贱而在陋巷者,处富贵则失乎本心。颜子在陋巷犹是,处富贵犹是。’”[76]言下之意,颜子对于“仁”的追求,无论其“在陋巷”、“处富贵”,皆以“造次必于是,颠沛必于是”而对待。“仁者在己,何忧之有?凡不在己,逐物在外,皆忧也。‘乐天知命故不忧’,此之谓也。若颜子箪瓢,在他人则忧,而颜子独乐者,仁而已。”[77]这正是“无私欲”的写照:“颜子箪瓢,非乐也,忘也。”[78]即忘掉“私欲”也。

其实,在二程那里,对于颜子的“无私欲”,是十分寄予厚望的。如此的颜子,是可以大有作为的:“颜子作得禹、稷、汤、武事功,若德则别论。”[79]伊川赞美颜子的“以能问于不能”,是“颜子能无我矣。”[80]“无我”即“无私欲”,可以成就事功,对此,伊川将颜子与禹之事功相提并论:“‘闻善言则拜’,禹所以为圣人也。‘以能问不能,以多问寡’,颜子所以为大贤也。”[81]颜子能够“无私欲”,达到“无我”境界,更可贵的是,颜子能够守得住,守得住的,其实就是守得住这个无我之心,守得住这个无我之心,就能朝向“不勉而中”的至熟境地,这才是颜子与众之异的所以然啊:“惟颜子择中庸而守之,此所以为颜子也。众人之不能期月守,闻见之知,非心知也。颜子服膺而弗失,心知而已,此所以与众人异。”[82]颜子“不失心”,不失“无私欲”之心,不失“不违仁”之心,是可以有所作为了,也是走向“熟仁”的“节次”了。

其三,颜子善学,是向孔子之“熟”的看齐,这恰是颜子之德、之“熟”的灵魂。“学者欲得正,必以颜子为准的。”[83]伊川一段话,说到点上:“颜渊叹孔子曰:‘仰之弥高,钻之弥坚,瞻之在前,忽焉在后,夫子循循然善诱人,博我以文,约我以礼,欲罢不能,既竭吾才,如有所立卓尔,虽欲从之,末由也已。’此颜子所以善学孔子而深知孔子者也。”[84]对此,识得颜子善学之优点,二程概括有三:一是“深知孔子”,就是学到孔子的“深邃”,“又问:‘颜子如何学孔子到此深邃?’(伊川)曰:‘颜子所以大过人者,只是得一善则拳拳服膺,与能屡空耳。’”[85]颜子之学,是“近于道”的实在之学,是有“善”之内容的行动,绝非“贫穷困乏”之学。二是颜子有个“欲学圣人”的“气象”。二程说,“圣人之德行,固不可得而名状。若颜子底一个气象,吾曹亦心知之,欲学圣人,且须学颜子。”[86]颜子不着私心,“不以贫窭动心而求富”(即“屡空”)去学习,是因其有“圣人之德行”的着实气象。三是称其“不违如愚”:“‘默而识之’,乃所谓学也,惟颜子能之。故孔子曰:‘吾与回言终日,不违如愚。’‘退而省其私’者,言颜子退而省其在己者,亦足以发此,故仲尼知其不愚,可谓善学者也。”[87]在孔子看来,颜回执着的“不违仁”,此“不违”虽有“愚”之一极,实际上却是颜子“善学”的品格,“‘仰之弥高’,见其高而未能至也。‘钻之弥坚’,测其坚而未能达也。此颜子知圣人之学而善形容者也。”[88]颜子是“大智若愚”呀!有一则描述栩栩如生:“孔子弟子少有会问者,只颜子能问,又却终日如愚。”[89]二程一再申辩:“学者要学得不错,须是学颜子。”[90]“只学颜子不贰过。”[91]也意在“不违仁”上的执著和若愚。此颜子之学的三大优点,是今人所缺的:“‘以能问不能,以多问寡’,颜子所以为大贤也。后之学者有一善而自足,哀哉!”[92]所以,颜子善学,也成为颜子之“乐”的积淀:“颜子之乐,非乐箪瓢陋巷也,不以贫窭累其心而改其所乐也,故夫子称其贤。”[93]颜子“不以贫窭累其心而改其所乐”,坚持在“乐于道”、“乐于仁”的方向里而“乐于学”,为此,得到了孔子的莫大夸奖和赞许呀!

这里,再想重申的是,在评价颜、孟之时,二程并没有在谁优谁劣上做取舍,而是贯穿了具有辩证的“识时”观,即孔、颜、孟,三者之“熟”,历史地看待:“学者全要识时。若不识时,不足以言学。颜子陋巷自乐,以有孔子在焉。若孟子之时,世既无人,安可不以道自任?”[94]孔子之熟、颜子之熟、孟子之熟,盖由历史条件所致。这一“识时”观,是二程的特色。同样,在追究颜子不幸短命所产生的历史悲哀里,通过这样的“识时”观,得出了极为乐观的儒家立场:“颜子短命之类,以一人言之,谓之不幸可也;以大目观之,天地之间无损益,无进退。譬如一家之事,有子五人焉,三人富贵而二人贫贱,以二人言之则不足,以父母一家言之则有余矣。若孔子之至德,又处盛位,则是化工之全尔。以孔、颜言之,于一人有所不足,以尧、舜、禹、汤、文、武、周公群圣人言之,则天地之间亦富有余也。”[95]走了颜子有孟子,走了孟子有后人。儒家事业,薪火不熄矣!

从《颜子所好何学论》到《四箴》的心路。二程得出的颜子未“至熟”论,并不影响二程对于颜子的追慕和神往。其实,对于颜子之学、之德,二程是情有独钟的。二程不以圣人自居,而恰以颜子之学为标的,“学者欲得正,必以颜子为准的”,几近成为二程的座右铭,伊川并著以《四箴》为嘉勉。可以说,与其说《四箴》为颜子而作,不如说是二程自我勉励的操守自律和希冀的“熟仁”作品。现在不妨摘录,略作提示。

《四箴》开宗明义:“颜渊问克己复礼之目,夫子曰:‘非礼勿视,非礼勿听,非礼勿言,非礼勿动。’四者身之用也,由乎中而应乎外,制于外所以养其中也。颜渊事斯语,所以进于圣人。后之学圣人者,宜服膺而勿失也。因箴以自警。”“克己复礼”乃是颜子之熟的操守,“服膺而勿失”,拳拳而自得,并贯通于平时的生活当中,从而一步一步地走近圣人。二程依此自警自勉于“视”、“听”、“言”、“动”。故有“四箴”。

《视箴》:“心兮本虚,应物无迹;操之有要,视为之则。蔽交于前,其中则迁;制之于外,以安其内。克己复礼,久而诚矣。”《听箴》:“人有秉彝,本乎天性。知诱物化,遂亡其正。卓彼先觉,知止有定。闲邪存诚,非礼勿听。”《言箴》:“人心之动,因言以宜。发禁躁妄,内斯静专。矧是枢机,兴戎出好。吉凶荣辱,惟其所召。伤易则诞,伤烦则支。己肆物忤,出悖来违。非法不道,钦哉训辞!”《动箴》:“哲人知几,诚之于思。志士励行,守之于为。顺理则裕,从欲为危。造次克念,战兢自持。习与性成,圣贤同归。”透过这些诗意化的语言,给出的印象是,由“诚”之统领,“视”、“听”、“言”、“动”盖以“礼”取舍,这就是符合了“道”和“理”,造次、颠沛必于是,最终达到“圣贤同归”,这就是“德盛仁熟”之境地。而此地已不再执着于颜子未至熟了。那个“哲人知几”也足以诱导出颜子之熟的“未达一间”,这在张载那里已经有了足够多的分析了。但不管怎样,《四箴》,或谓从《颜子所好何学论》到《四箴》,实也展露二程“熟仁”的心路历程呀!

3. 张载:颜子之熟的所谓“术正”缠绕

在儒家“熟仁”里,颜渊是一个必须要讲到的但又显得有些“争议”的人物。颜子究竟属于“至熟”还是“未至熟”,当属这类话题。也显得颇具“缠绕”。也就是说,只要涉足儒家“熟仁”话题,就得面对颜子之“熟”。但是,诸家涉足的侧重点不尽相同。

对于颜子之“熟”,张载的立场,基本属于“未至熟”派。但这一“未至熟”,细究起来,与二程确有些许差异,这是需要作一番考辨的。重要的是,这里的问题,不在于张子属于哪一派,而是张子提出了如何实现“熟仁”,具象地看,就是如何使颜子之“熟”走向孔子之“熟”。这才是张载之辨的关键所在,也是这里要特予指正和确认。

认定颜回属于“未至熟”,基本论据不出三个:一是孔子所言“其心三月不违仁”,二是颜子“研几”未达一间之熟,三是颜子过早去世(“三十一早死”)。这里的分析,基本依此向度,来展露张载作为“未至熟”派中的高级研判。

其一,颜子评价。其实,与介甫、二程相一致的旨趣,就是对颜子的敬仰和赞美,几乎都渊源于颜子作为“圣人”的道德素养和那份被孔子褒奖的情怀。同样,张子给予颜子的地位评价,其实就是来自于此的。这里,仅摘录张子《正蒙》十七篇所及颜子之评价,读罢似可心领神会。

〇颜子与“圣人”同格:

“颜子龙德而隐,故‘遁世不见知而不悔’,与圣者同。”[96]

“举天下无道,然后穷居独善,不见知而不悔,《中庸》所谓‘惟圣者能之’,仲尼所以独许颜回‘惟我与尔为有是’也。”[97]

〇颜子“熟仁”不倦:

“颜子好学不倦,合仁与智,具体圣人,独未至圣人之止尔。”[98]

“此颜子所以克己研几,必欲用其极也。未至圣而不已,故仲尼贤其进;未得中而不居,故惜夫未见其止也。”[99]

“为山平地,此仲尼所以惜颜回未至,盖与互乡(地名)之进也。”[100]

“颜子于天下,‘有不善未尝不知,知之未尝复行’,故怒于人者不使加乎其身,愧于己者不辄贰之于后也。”[101]

但在“同格”与“不倦”之间,张子伸张了对颜子的两个重要评价:一是颜子“术正”,一是颜子的未至于“仁熟之致”。这里,姑且称为命题。

命题Ⅰ:颜子“术正”。其实,张子赞许颜子,重点在颜子之进,称其为“术正”。张子有个比较,很能说明:“仲由乐善,故车马衣裘喜与贤者共敝;颜子乐进,故愿无伐善施劳;圣人乐天,故合内外而成其仁。”[102]颜子于“圣人乐天”似有些许距离。但颜子又十分进取好学,力争与圣人缩短距离:“龙德,圣修之极也,颜子之进,则欲一朝而至焉,可谓好学也已矣。”[103]颜子好学,向孔子看齐,但又显得难以真正达到:“颜氏求龙德正中而未见其正,故择中庸得一善则拳拳服膺,叹夫子之忽焉前后也。”[104]所谓“龙德正中”乃是至圣又至熟,是“仁熟之致”的最高境地,故张子释其为“九五,大人化矣,天德位矣,成性圣矣”。[105]“九五”,即是龙德。颜子之进,就是以“求龙德正中”为核心,并贯穿于颜子一生:“此颜子所以求龙德正中,乾乾进德,思虑其极,未敢以方体之常安吾止也。”[106]张子断定“颜子则术正”,至于颜子“至于圣”还是未“至于圣”,则另当别论:“君子之道,成身成性以为功者也,未至于圣,皆行未成之地耳。颜子之徒,隐而未见,行而未成,故曰‘吾闻其语矣,未见其人也。’‘龙德而隐’,圣修而未成者也,非如学者之未成。凡言龙,喻圣也,若颜子可以当之,虽伯夷之学犹不可言龙。龙即圣人之德,颜子则术正也。”[107]

命题Ⅱ:颜子未达“仁熟之致”。依此命题看,张子属于颜子“未至熟”派。理由呢?张子指证有三:

第一,颜子“心粗”,所以未能入孔子般“至熟”。张子说:“学不能推究事理,只是心粗。至如颜子未至于圣人处,犹是心粗。”[108]这个“未至于圣人处”,是就“仁熟之致”说的,因为“熟仁”,便求心细,这叫“精义入神”、“精义熟仁”(吕坤语)。颜子“心粗”,表现为:“颜子之分,必是入神处又未能,精义处又未至,然颜子雅意则直要做圣人。学者须是学颜子,发意便要至圣人犹不得,况便自谓不能。雅意则然,非宜见于议论。"[109]"颜子雅意",直要做圣人,精神可嘉,学者须学之;但颜子"至圣人犹不得",能够"自谓不能",乃非一般所识。此问题出在颜子"心粗"于"入神处又未能,精义处又未至",是由于颜子未能如孔子般娴熟运转于"中道"之"纯熟",张子如是评道:"颜子知当至而至焉,故见其进也;不极善则不处焉,故未见其止也。知必至者,如志于道,致广大,极高明,此则尽远大;所处则直是精约("精约"在此有"熟"义),颜子方求而未得,故未见其止也。极善者,须以中道方谓极善,故大中谓之皇极,盖过则便非善,不及亦非善,此极善是颜子所求也。所以瞻之在前,忽焉在后,夫子高远处又要求,精约处又要至。"[110]这里就道出了一个颜子未达于圣人之"熟"的重要方面,就是颜子未能把握住"中道",所以颜子处事,会"瞻之在前,忽之在后",缺少了孔子圣人般的"熟仁"境地:"高远处又要求,精约处又要至",这是"中道"了:"学者须得中道乃可守。"[111]尽管如此,颜子还是在不断努力的,他要朝向这个目标发展,他要力求获得中道的至熟境地。但是颜子没有达到,甚为遗憾。还是一个"心粗"、一个"欠熟"!

第二,颜子"三月不违"、"短命故欤"。孔子评价颜回是:"其心三月不违仁,其余则日月至焉而已矣。"[112]对此,张子有两处的解释颇居心思:

> "始学之要,当知'三月不违'与'日月至焉'内外宾主之辨,使心意勉勉循循而不能已,过此几非在我者。"[113]

> "颜子于仁三月不违,于过不贰,如有望而未至者,由不幸短命故欤!"[114]

张子的评论,意在说明颜子有志于圣人、向圣人不断学习的可嘉精神,但是颜子未达于圣人之熟。张子力图找到其原委。在这里,一者张子把"三月不违"与"日月至焉"定位在"内外宾主之辨",意在强调人的内在的主观努力,熟仁,不仅是"三月不违",而且是人把握自我的日日有进、月月有进的过程,这"工夫"不要到外面去找,即便到了外面,还得回到里面,因为外是宾,内是主。这就需要"心意勉勉循循而不能已"的工夫,"心意勉勉循循",是形象的说法,意在凸显"我"的努力:学习之初,就要找到关键,从内心里不断做工夫,由粗到细,由细到精,由精到熟,经过这样的“勉勉循循”努力,不仅是把握自我的过程,而且是由粗到细到精再到熟的主体成熟的经历,也是“仁熟之致”的心路历程。实际上,在张子看来,颜子未达“圣人”,但是他一直在努力使自己成为圣人,这叫“好仁”。一者是由于颜子过早地离开人间,如果人生之路再走得长点,恐怕颜子会十分出色的进入到像其老师那般的“泥熟”、“烂熟”(朱熹语)之境地了。所以张子会有“颜渊学仲尼,不幸短命”之惋惜。[115]其实,孔子对于颜子好学之进是深信不疑的,但同样惋惜于其早逝:“孔子对曰:‘有颜回者好学,不迁怒,不贰过,不幸短命死矣。今也则亡,未闻好学者也。’”[116]不然的话,颜子肯定会达到孔子般“熟仁”的。

第三,颜子“研几”着力不够。曾国藩有过这个评价,说颜子“未达一间,亦只是欠熟耳。”[117]所谓“未达一间”,指意于未达至圣人之熟,可能就与“研几”着力不够有关。曾国藩十分同意程朱学派学者倭仁(艮峰)所言:“‘研几’工夫最要紧,颜子之有不善,未尝不知是研几(至熟)也。”[118]颜子“未达一间”,是“研几”着力不够,故未达到孔子般“仁熟”之状态。这或许就是颜子与其老师之一丁点差距。当然,这里也可牵引出《周易·系辞下》孔子对颜子的评价:“颜氏之子,其殆庶几乎!有不善未尝不知,知之未尝复行也。”对这句话的解释,关键是“其殆庶几乎”。朱熹有个比较性的综述:“‘其殆庶几乎!’殆,是几乎之义。又曰:是近。又曰:殆是危殆者,是争些子底意思。又曰:或以‘几’字为因上文‘几’字而言。但《左传》与《孟子》‘庶几’两字,都只做‘近’字说。”[119]张子在这里,显然取“或以‘几’字为因上文‘几’字而言”,即“几者微之动”之“几”解的。是张子“知几”说的一种解释。在张子看来,颜子深知“几”因,知道自身尝有“不善”之处,知道了又会去改过,不会重复犯错误,这叫“不贰过”:“知不善未尝复行,不贰过也。盛德之士,然后知化,如颜子庶乎知化也。有不善未尝不知,已得善者,辨善与不善也。《易》(曰)‘有不善未尝不知’,颜子所谓有不善者,必只是以常意有迹处便为不善而知之,此知几也,于圣人则无之矣。知德为至当而不忘至之,可见(善)于微也。盖欲善不舍,则善虽微必知之。不诚于善者,恶能为有为无,虽终身由之不知其道,乌足与几乎!”[120]也就是说,颜子“研几”,能研“善几”,甚为“知化”而趋于“熟仁”。但是,此“研几”里,颜子“只是以常意有迹处”着手,在“辨善与不善”之间,那个“善几”与“恶几”,都是“知几”范围,而且需要的是“见微知著”,“恶几”可能是更隐蔽的了。而圣人则知“善几”、知“恶几”,在“有迹处”可知,也在“无迹处”可知,这就叫“于圣人则无之”。称颜子“心粗”,恐怕也在这里表现出来。颜子还需努力呀。其实,颜子是很努力的,张子极力肯定:“颜子心不违仁,故不善未尝不知,其致一也。”[121]只有“熟仁”(“心不违仁”),才有“不善未尝不知”;“孔子称颜子‘不善未尝不知,知之未尝复行’,其知不善,非独知己,凡天下不善皆知之,不善则固未尝复行也。又曰‘吾未见能见其过而内自讼’,亦是非独自见其过,乃见人之过而自讼。‘其殆庶几’,言庶几于知几。”[122]在孔子看来。颜子能“知几”,如果再能从己推广到普世性质,那就全面的“知几”了。看来,孔子对颜子好学之进的要求,在其七十二弟子里,可能是最高的了。

以上这些指证,其旨归,还是坚持颜子“术正”。颜子精神可嘉之处正在于:能知道自己不如圣人,能知道自己能力有限,但是还想向圣人目标看齐发展,心中有坚定的成圣志向。这就叫“志于学”、“志于道”。但与“仁熟之致”,仍有些许距离,所以孔子一再鼓励,独赞许颜子之进,其道理正在此。

其二,评价之余。在儒家思想体系里,颜子是向来被看好看高的,所以有七十二弟子中的最贤者之说。但是,颜子之“欠熟”(曾国藩语),并没有影响颜子在儒家系列里的应有地位。张子就是这样看的。我们发现,张子也很喜欢拿颜子与他人比较,并从中找到颜子的特色。不妨摘录若干,品味一番:

颜子与孟子:“颜子未成性,是为潜龙,亦未肯止于见龙,盖以其德其时则须当潜。颜子与孟子时异,颜子有孔子在,可以不显,孟子则处师道,亦是已老,故不得不显耳。”[123]

张子说颜子“心粗”,也说“孟子于圣人,犹是粗者。”[124]两位皆“粗”,皆不达至孔子般“仁熟之致”。但是,孟子有孟子特色,即谓“处师则显”,有张扬之质;颜子有颜子品味,即谓“处师不显”,有沉潜之质。那么,“颜、孟有无优劣同异？颜子用舍与圣人同,孟子辨伯夷、伊尹而愿学孔子,较其趋固无异矣。考孟子之言,其出处固已立于无过之地。颜子于仁三月不违,于过不贰,如有望而未至者,由不幸短命故欤!”[125]显然,在张子看来,孟子与颜子都向圣人看齐,这是“无异”处,但孟子比颜子稍优之处,是孟子在进退出处之间能“立于无过之地”,而颜子虽然“于过不贰”,但“有望而未止”,欠缺之处,还是颜子“不幸短命故欤”!

颜子与乐正子:“颜子乐正子皆到可欲之地,但一人向学紧,一人向学慢。”[126]乐正子“学慢”,颜子“学紧”,颜子师出孔子,乐正子师出孟子,两位都到了可以有所作为之时(“可欲之地”),但两者学风,迥然有别。这里作个臆测:如果既能“学紧”又能“学慢”,那不更完美了吗?那不更至于“纯熟”了吗?

颜子与禹、稷:“禹、稷、颜回易地皆然。颜固可以为禹、稷之事,颜子不伐善不施劳,是禹、稷之事也。颜子,勿用者也,颜子当禹、稷之世,禹、稷当颜子之世,处与不处,此则更观人临时志如何也。虽同时人,出处有不同,然当平时,贤者自显,夫子岂有弃颜子而不用?同室相邻之别,有责无责之异耳。孔、颜出处自异,当乱世德性未成,则人亦尚未信,苟出则妄动也,孔子其时德望,天下已信之矣。”[127]禹、稷,均为儒家圣贤之辈,大禹治水,疏导之法,娴熟而来。后稷农桑,“有相之道”,能熟之致。颜子好学,“不伐善不施劳”,可熟之致。在张子看来,“仁熟之致”,是因时、因地、因人而宜的。禹、稷、孔、颜,在“熟仁”上,皆有“共通”性,但今世,颜子为“勿用者”,是禹、稷、孔,皆为“天下信”,或许正是他们的“熟仁”之道,被天下人接受、认可,而颜子“尚未信”,张子猜测,可能出于“乱世”,可能出于天下“德性未成”。总之,像颜子之“熟”,在处于“乱世”之际或“德性未成”境遇下,要有所“用”者,还极需历练垂青。

颜子与二程:“学者不可谓少年,自缓便是四十五十。二程从十四岁时便锐然欲学圣人,今尽及四十未能及颜、闵之徒。小程可如颜子,然恐未如颜子之无我。”[128]颜子好学之进,“无我”之德,恐怕连二程都学习、把握不到呀！学习不仅仅在于年少，更重要的是领会得住“圣人”之髓。这是张子从颜子与二程的比较里，体悟出如何学至圣人的道理。颜子之学，是公认的。所以，说颜子为“复圣”，也为其中一理。

张子讲出颜子之比，一方面意在凸显颜子特色，另一方面，冀在折射颜子之“熟”与圣人（这里更多的是指孔子）之“熟”的某种距离，即“未达一间”的“欠熟”。但是，张子相信，只要颜子不断努力而日日用功不止，是完全可以做得到的。因为，颜子“术正”。

确实，张子非常钦佩颜子之“术正”，就是“正”在孔子之道上，其雅意有二：一是颜子好学之“进”。张子特别强调：“人之好强者，以其所知少也，所知多则不自强满。‘学然后知不足’。‘有若无，实若虚’，此颜子之所以进也。”[129]二是“颜子之心直欲求为圣人”[130]。尽管颜子与孔子般“仁熟之致”还有些许距离：“孔子‘三人行，必有我师焉’，此圣人取善。颜子亦在此术中，然犹着心以取益，比圣人差别，圣人则所见是益。”[131]颜子“直欲求为圣人”，但又是“比圣人差别”，或许就是对颜子未至圣人般“熟仁”的一种“隐喻”吧。

在儒家“熟仁”里，颜子之“熟”，虽没有达到孔子之“熟”的境地，但是，“至熟”派抑或“未至熟”派，有个基本态度，无疑存在着共通旨趣，即“未至熟”不可怕，怕的恰恰是“术”而不正，“术正”有为而有望，“术不正”有为而无望。所以，张子所论的颜子之“熟”，结论是极为积极进取的。

4. 王船山：*颜子之熟的哲学推断*

在孔孟一路里，船山挖掘了颜子之“熟”的问题。这其中的诠释与发挥又具体且深刻地丰富了儒家“熟仁”的内涵。其实，在业已分析的颜子之“熟”里，已经涉及了船山的基本立场和观点态度，尤其在张载的观点里，似乎有着较为接近的研判。下面提取《读四书大全说》中船山对颜子之“熟”的一个关键评断“是天理已熟”并稍作分析，再次充实船山的观点。

船山称颜子“是天理已熟”：“自为学者言，则怒与过是已私将炽时大段累处,吃是要紧,故即此正当用力。自颜子言,则不迁、不贰,是天理已熟,恰在己私用事时见他力量,则未过未怒时,其为学可知已。”[132]这就是说,颜子做得到不迁怒、不贰过,是其内心“天理已熟”所致。这“迁怒”、“贰过”,是内心私欲的流露和横行,而颜子恰恰在惩治“己私”里敢于、善于用力,终而达到“不迁、不贰,是天理已熟”。可以推得颜子的“不改其乐”,别人做不到,颜子做得到的理由来。

但是,颜子之熟,还是有其特征的。这特征,可以标识的却是这样的判断:“是天理已熟”,所以颜子之熟,则以“无我”、“无私”为基础,又总是倾注在“作圣之功”上。这段话,船山一语中的:

“圣人只是天理浑成,逢原取给,遇顺逆之两境,一破两分,皆以合符不爽,更无所谓己私者而克之。颜子则去一分私,显一分公,除彼己之辙迹,而显其和平。先儒谓孟子为有圭角,窃意颜子亦然。用力克去己私,即此便是英气。有英气,便有圭角矣。

要以有生之后,为天理之蔽者,唯此以己胜人之心为最烈。故颜子虽未入化,而作圣之功,莫有过焉。盖己私已净,但不堕教空去,则天理之发见,自不容已。如磨古镜,去一分垢,则显一分光,自有不能遏抑者矣。迨其垢尽光生,而不但作镜中之影,浑然于天理一致之中,则无阶可升,而为道义之门。此颜子所谓‘欲从末繇’者也。”[133]

依此特征,可以推断出,颜子之熟,是“天理已熟”,逊色于孔子之熟,那叫“天理浑成(浑熟)”,颜子“未熟”论,可能见得一端。但是,这个“未熟”论还得具体计较。理由如下:

颜子所言那个“欲从末繇”,恰恰以孔子之“熟”为标准。原话出自于《论语·子罕》:“颜渊喟然叹曰:‘仰之弥高,钻之弥坚,瞻之在前,忽焉在后。夫子循循然善诱人,博我以文,约我以礼,欲罢不能。既竭吾才,如有所立卓尔,虽欲从之,末由也已。’”颜子竭尽努力追赶他的老师(“虽欲从之”),却总感有段距离(“末繇也已”)。其中意味的是,颜子想追赶到孔子的“从心所欲不逾矩”之熟,却未必能够呀。

由此看出,颜子所言那个“弥高弥坚,忽焉在后”,恰恰以孔子之熟为不及。船山挑明:“缘夫子义精仁熟,从心所欲而不逾矩,故即一止一作、一言一动之间,皆自然合符;而其不可及者即为高,不能达者即为坚,不可执一以求者即为在前而在后。即如鄙夫之间,叩两端而竭,见齐衰者、冕衣裳者、瞽者而必作、必趋;感斯应,应斯善,善必至,至善必不息,不息而化:此所谓‘弥高弥坚,忽焉在后’者矣。”[134] 孔子能结局于“义精仁熟,从心所欲而不逾矩”的“无行不与”,而颜子恰恰“不可及”、“不可达”、“不可执一”,故才有那“弥高弥坚,忽焉在后”的“欠熟”。但是,指谓在此的颜子“欠熟”,并不指向颜子之熟的“术”,相反其“术”却是颜子之熟的可喜成果,也即那个“作圣之功”问题:“颜子亲承夫子‘无行不与’之教,较夫子生千圣之后而无常师者,其用功之易自倍,故专壹以学圣为己事,想来更不暇旁求。”[135] 颜子之学,是“专一以学圣为己事”的“作圣之功”,靠颜子之学,可以经久地获得事半功倍之绩效,这是颜子之术的成果。这也验证了张载“颜子术正”的价值判断。这一点,船山与张子的看法似同,即颜子之熟乃在“术”正,也与朱熹对颜子“熟仁”工夫的提携而沟通。

说颜子“天理已熟”,但其中有个与“欲”之抗争,而且颜子无时无刻挂在心头,所谓“克己复礼”,这“为仁”里时不时夹杂着“为难”之感。在此定义里,船山发现颜子尚有“欠熟”之嫌。

当然,说船山对颜子有“未至熟”之嫌,似有个判断可以佐证:“而不能纯熟净尽”。孔子说颜子能“克己复礼”,然这“克己”恰恰未能达到“仁之全体大用”之“纯熟净尽”的“仁熟”状态。《宪问》里记载,孔子回答“克、伐、怨、欲不行焉,可以为仁矣?”说道:“可以为难矣,仁则吾不知也。”好胜、自夸、怨恨、贪欲四种毛病可以不出现,是不是“为仁”(而熟仁)了吗?孔子说,不一定。但可说已经难能可贵了。这说明,“为难”与“为仁”是有距离的,但是,这距离可以沟通,颜子就是在这一沟通里不断努力着。孔子赞其为“克己复礼为仁”。因为“克、伐、怨、欲”,乃是“熟仁”之滞,须得对这四毛病“一刀两断”,以“克己复礼”而为之。所以,这“克己”,就包含了这“一刀两断,当下冰释”的努力,而这恰恰是处于“为难”入于“为仁”境地之衔接、之沟通。对此,船山的前后分析是可以互为连接的:“‘克、伐、怨、欲不行’,即是克己。即或当念未尝不动,而从事于非几将搆之际,以力用其遏抑,而不能纯熟净尽,则学者之始事,固无不然者。”[136]言下之意,这“学者之始事”,既是颜子之学的门道,又是未熟走向成熟的端倪(“几”)。同时,船山还以佛家“断尽根本烦恼”之力,形容这“克己”之“难”是“欲得一刀两断,当下冰释”,来说开这“为难”到“为仁”在“克己复礼”里的所知所行:“乃‘克、伐、怨、欲不行’,既即为克己,而子曰‘仁则吾不知’,此固大疑之归也。虽然,无容疑。子之言仁,曰‘克己复礼为仁’,初不徒言克己;抑曰‘能行五者于天下’,初不徒言不行不仁。以体言之,则有所复也,而乃以克所克;克所克矣,而尤必复所复。以用言之,则其所不当行者不行,尤必其所当行者行之也。”[137]有仁之体,必有其仁之用,但这里,船山显然是其由浅到深、由初级到高级的发展,那“纯熟净尽”就是在此中的展开。更进一步表明,这“克己复礼”从“为难”到“为仁”,显示的正是“未熟”向“至熟”的历练和进境,船山提炼的,叫“仁之全体大用”:“盖必使吾心之仁泛应曲当于天下而无所滞,天下事物之理秩然咸有天则于静存之中而无所缺,然后仁之全体大用以赅存焉。故存养与省察交修,而存养为主,行天理于人欲之内,而欲皆从理,然后仁德归焉。”[138]这“仁之全体大用”,就是“义精仁熟”、就是“德盛仁熟”的另类表述。在此,船山所言的“存养自熟”,用在颜子身上,装进的内涵,是“天理已熟”,那个与“天理”抗争的“人欲”里,又存在了天理,却是颜子之熟(“欲皆从理”)的核心取向,其心路历程,恐怕就在那个“为难”到“为仁”、“欲皆从理”的一路走来,即在“无欲”而“有事”的“熟仁”工夫里,坚定的一路走来!

5. 陆象山:颜子之熟的感怀

儒家“熟仁”里的一段颜回之“熟”的情结,象山依然是情意绵绵、意趣盎然。源自于孔子的颜回“其心三月不违仁”而产生了颜子“至熟”与“未至熟”的二派观点,象山也得去思忖和掂量。朱熹属于“至熟”派。象山与朱熹在哲学理念上的差异——鹅湖之争已经展显了这个差异问题。因而,反映在颜子之"熟"的问题上,象山与朱熹观点自然有别。眼下的问题是,可以不去计较于这个差异本身,而是要求关注到这个有别之趣,即象山对于颜子之"熟",是抱有某种特殊的感情和思怀,仍有着心学之牵挂。即便象山属于"欠熟"派,依然蕴藏着自家的深邃和切肤。

细究其真实的蕴藏,象山感慨的,是颜子之"熟"中的精神。见之工夫,是外在可显;而这工夫之内在,却是颜子之"心",是那个可以上升、提炼为"血脉"、"灵魂"、"心肝"的内容,即"精神"矣。

象山感慨:"'六十而耳顺',知见到矣,'七十而从心所欲不逾矩',践行到矣。颜子未见其止,乃未能臻此也。"[139]"臻此",就是没有实现、没有完成,颜子没有实现如孔子六十、七十那般的"纯熟",说颜子"未见其止",可能就包含了这个"欠熟"之感。象山有感于孔子之"纯熟":"孔子十五而志于学,是已知道时矣。虽有所知,未免乍出乍入,乍明乍晦,或警或纵,或作或輟。至三十而立,则无出入、明晦、警纵、作辍之分矣。然于事物之间未能灼然分明见得。至四十始不惑。不惑矣,未必能洞然融通乎天理矣,然未必纯熟。至六十而所知已到,七十而所行已到。"[140]那就是至熟、纯熟了。至熟和纯熟,孔子做得到,颜子则未必。

那么,颜子的问题出在哪里呢?在不同场合,象山常以颜子之优点和弱处,作为特殊话题,去引导和教育学生和他人,希冀着磨出至于孔子般至熟(或谓"纯熟")的必要性、可能性和特殊性。下面列举几处,作一辨析。

其实,象山对颜子之贤是颇为赞许的,称其为"贤人",并指出其"贤"之所在。象山如此评道:"颜子之贤,夫子所屡叹,气质之美,固绝人甚远。子贡非能知颜子者,然亦自知非俦偶。《论语》所载颜渊'喟然之叹',当在'问仁'之前;'为邦'之问,当在'问仁'之后;'请事斯语'之时,乃其知之始至,善之始明时也。以颜子之贤,虽其知之未至,善之未明,亦必不至有声色货利之累,忿狠纵肆之失,夫子答其'问仁',乃有'克己复礼'之说。所谓己私者,非必如常人所见之过恶而后为己私也。己之未克,虽自命以仁义道德,自期以可至圣贤之地者,皆其私也。颜子之所以异乎众人者,为其不安乎此,极钻仰之力,而不能自已,故卒能践‘克己复礼’之言,而知遂以至,善遂以明也。”[141]在象山看来,既然颜子是孔子弟子中最贤的一位,其“贤”对于孔子之言,足以能够心领神会,而对于其他人如子贡,就未必能够一目了然的。那么,颜子之贤,何以表现出来让人发现呢?象山举例颜子“问仁”一段,说颜子之贤可以说是这样的:即便有一时之未至未明,也不是出于自私,或受制于“声色货利之累,忿狠纵肆之失”,而是“不能自已”的问题,即知道自己的不足之处,并且努力加以改进,并且能够善始善终地践履“克己复礼”,这就是颜子优于子贡的地方,也是立于“异乎众人”、“绝人甚远”之地步。所以,象山概括出孔子中意于颜子的语录,适意提炼出颜子之“贤”:“三千(弟子——引者加)之中,(孔子——引者加)独荐颜渊为好学,而称之则曰‘终日不违如愚’,曰‘三月不违仁’,曰‘不改其乐’,曰‘不迁怒,不贰过’,不识亦有可得而知者乎?”[142]这就是颜子的人品好呀。

但是,象山首肯,孔子是“圣人”,颜子是“贤人”,圣、贤之别,这也是颜子之“熟”未达孔子之“熟”的缘故吧。由此,象山感慨于颜子“三月不违仁”:“贤如颜子犹未至于不思不勉,曰‘三月不违’,则犹有时而违也。曰‘有不善未尝不知,知之未尝复行’,则言其不远而复也。然则虽未至于不思不勉,而思勉之工益微矣。气禀益下,其工益劳,此圣人、贤人、众人之辨也。《语》曰:‘颜子三月不违仁,其余则日月至焉而已矣。’日月至,三月不违,与至诚无息则有间矣。若其所至、所不违、所无息者,岂容有二理哉?古人惟见得此理,故曰‘予何人也,舜何人也,有为者亦若是。’‘道也者,不可须臾离也,可离非道也。是故君子戒慎乎其所不睹,恐惧乎其所不闻。’学者必已闻道,然后知其不可须臾离,知其不可须臾离,然后能戒慎不睹,恐惧不闻。”[143]孔子为圣人,颜子为贤人,象山给出的理由是:孔子能够思勉知行,一贯到底,而且是益行益劳;孔子不是“三月不违仁”,而是日日月月“至诚无息”,期间无片刻违仁,此乃至熟、纯熟、精熟是也;颜子“三月不违”,其余则有时违也。须臾不离道,孔子做得到,恐怕颜子未必能如此。但是,颜子好学,他能够知道自身之不足，坚持学习孔子之道、之“熟”，这就是颜子之“熟”的努力呀。其实，在象山看来，至于“熟仁”的道理，只有一个理，绝无“二理”之分，就是看其功夫做到家没有。这也是“圣人”、“贤人”、“众人”之区别吧。

颜子好学，是其进入至熟的路径，孔子赞扬颜子之好学，定有此意义。象山作了孔、颜之如此比较：“圣如夫子，犹曰‘加我数年，五十以学《易》，可以无大过矣’。《论语》载夫子称颜子好学，《易大传》称其有不善，未尝不知，知之未尝复行。颜子有不善未尝不知，知之未尝复行，乃自其好学而能然。”[144]颜子是很好学的，也在于他善于发现自身不足，更在于能够迁善改过，“熟仁”，不也在这里滚爬，不得有丝毫迁就自己的不善之处，更不能拔苗助长。颜子正是这样走过来的。象山如此感慨：“人苟有志于学，自应随分有所长益，所可患者，有助长之病耳。虽古圣贤，尚不能无过，所贵能改耳。《易》称颜子之贤曰：‘有不善未尝不知，知之未尝复行也。’由是观之，则颜子亦不能无不善处。”[145]关键是颜子好学能改呀。好学能改不善之处，乃为颜子之贤。其熟仁，也须从这里过来。颜子所学的，不就是处孔子之圣呀，五十至知命之年，孔子还要学习《周易》呢！

象山的高明之处，在于揭示了颜子之“熟”中蕴含的一种特殊精神，它也跟“熟仁”有关。象山语录之：“颜子为人最有精神，然用力甚难。仲弓精神不及颜子，然用力却易。颜子当初仰高钻坚，瞻前忽后，博文约礼，遍求力索，既竭其才，方如有所立卓尔。逮至问仁之时，夫子语之，犹下克已二字，曰‘克己复礼为仁。’又发露其旨，曰‘一日克己复礼，天下归仁焉’。既又复告之曰‘为仁由己，而由人乎哉’？吾尝谓此三节，乃三鞭也。至于仲弓之为人，则或人尝谓‘雍也仁而不佞’。仁者静，不佞、无口才也。想其为人，冲静寡思，日用之间，自然合道。至其问仁，夫子但答以：‘出门如见大宾，使民如承大祭，已所不欲，勿施于人。’只此便是也。然颜子精神高，既磨礲得就，实则非仲弓所能及也。”[146]在七十二弟子中，要数颜子，真为孔夫子最得意也。

对于颜子之精神，象山如此感慨，是有道理的。其实，孔子跟弟子常常谈“仁”的话题，与谁谈得最多最投机最贴切呢？恐怕就是颜子了。并且“颜子问仁之后,夫子许多事业,皆分付颜子了。故曰‘用之则行,舍之则藏,惟我与尔有是。’颜子没,夫子哭之曰:‘天丧予。’盖夫子事业自是无传矣。”[147]在儒家,有一派观点认为,颜子死得太早了,不然凭借其优秀的品质和后天的用力,既能完成夫子未竟的事业,也能学习到孔子一般的至熟境地,这种说法是有理由的。象山概括出颜子之“熟”的本领:“学有本末,颜子闻夫子三转语,其纲既明,然后请问其目。夫子对以非礼勿视、勿听、勿言、勿动。颜子于此洞然无疑,故曰‘回虽不敏,请事斯语矣。’”[148]颜子对于夫子之语,心领神会,当也属颜回不敏之敏吧?象山说出“夫子所分付颜子事业”究竟为何,恐怕难以用一两句话,来概而全之的,但是,有一点是可以肯定的,就是孔子对颜子是寄予了很大的期望,希冀颜子出类拔萃,好学而不断进入“熟仁”之境地。其31岁早逝,孔子哭谓,是“天丧予”了,在感慨事业未竟的同时,也流露出一份“熟仁”未竟的终身遗憾呀!

据此,说象山属于颜子“未至熟”一派,还是有根据的。这不是象山在贬低颜子之“熟”,而是期待在颜子之“熟”的境遇里,更往精神层面的高处看,希冀达到孔子般的至熟境地,颜子是努力的,可以进一步推测,只要颜子能够活得长,至熟境地是一定能够到达的。这是其一。再者,颜子之“欠熟”,还关系到他的“研几”未达于一间的问题。象山虽然没有使用这个“研几”一词,但也有如此之意。象山列举:“颜子仰高钻坚之时,乃知枝叶之坚高者也,毕竟只是枝叶。学问于大本既正,而万微不可不察。”[149]颜子登高望远,大的方面抓得住,细微处于是有所欠缺,“研几”,乃是“熟”之中枢,运动之端,需要极细之察,乃能了事于心、熟能生巧。颜子似有如此欠缺。尽管象山认可颜子为“欠熟”论者,但是,象山讲出的颜子之“熟”,还是有着自家心得,也可谓着墨别致、探骊得珠。总之,颜子之“熟”中的精神财富,同样成为最重要的、最可观的、最着力的,也是最具分量的心学之财富!

6. 陈献章:自当“颜域”

其实,在儒家的“学”观里,颜回被称为“圣人之学”的榜样。白沙自不例

外。综观白沙对颜子的评价,确有周到之处。值得提出,白沙醒目于颜子之"域":

"由汉而来,儒者以言语称者几人?以政事称者几人?以文学称者几人?其间足以方驾乎古人而绝尘于当世者亦鲜矣,况德行乎?颜子超然有见于卓尔之地,所以遨游乎圣人之方,而玄同乎圣人之神者,非可揣摩而得也。故其言曰:'夫子步亦步,趋亦趋,夫子奔轶绝尘,而回则瞠乎其后。'微颜子,其孰能知之亲切如此?夫苟从事于斯,虽未即优入颜域,亦庶乎闵、冉之间,而由、求又有不屑为者矣。"[150]

"况德行乎",是此文赞扬颜渊的标识。从儒家"仁"之"熟"的语境看,白沙似乎倾向于颜子属于"至熟"。这个评价的根据是:"颜子超然有见于卓尔之地,所以遨游乎圣人之方,而玄同乎圣人之神者,非可揣摩而得也。故其言曰:'夫子步亦步,趋亦趋,夫子奔轶绝尘,而回则瞠乎其后。'微颜子,其孰能知之亲切如此?"可以这么提示,白沙勾勒的"颜域",或谓颜子之"熟"的"颜域",集中在颜子的"德行",是其"熟域"特征。下面的判断,白沙无改于此。

其一,"寻孔颜乐处"。所谓"寻孔颜乐处",乃是"德行"历练,即"乐"于此:"寻仲尼、颜子乐处,所乐何事……呜呼,果孰从而求之?仲尼饮水曲肱,颜子箪瓢陋巷,不改其乐。将求之曲肱饮水耶?求之陋巷耶?抑无事乎曲肱陋巷而有其乐耶?吾子其亦慎求之,毋惑于坐忘也……用而不用者,心也。"[151]白沙拓展"寻孔颜乐处"的地方,是指意在"坐忘",乃至"心化",是儒家"仁"之"熟"里,一以贯之的工夫,这样的"德行"修炼,也是孔子之熟、颜子之熟的"正果"。所谓"颜子箪瓢陋巷,不改其乐",正是在"熟仁"有"道"上等量齐观:"其为之有道乎,得其道则交助,失其道则交病,愿吾子之终思之也。"[152]

其二,"颜子其的乎"。所谓"颜子其的乎",是指颜子是"以进于圣人"的标的,是向圣人学习的榜样。白沙指出:"颜渊,处士也,何与斯理耶?居陋巷以致其诚,饮一瓢以求其志,不迁不贰,以进于圣人。用则行,舍则藏。……后之求圣人者,颜子其的乎!"[153]在白沙看来,颜子有着很多别人不具备的德行,“居陋巷以致其诚,饮一瓢以求其志,不迁不贰,以进于圣人。”连孔夫子赞叹颜子的“德行”可以“用则行,舍则藏。”当然,白沙在此强调的,依然是颜子“进于圣人”的标杆作用,即与之“求圣人者”的“德性”和“德行”。以“处士”称颜子,也在刻意描观颜子的“士”之“德”:“余闻士不耻贱贫,虽富贵而弗骄,则不失义,不离道;人于患得患失,碌碌为鄙夫。”[154]这确乎在“榜样”里,为颜子树立为“士”之标的。

其三,“颜子之无我”。此“无我”,指颜子是“无欲”。在儒家,颜子之“熟”的可贵难得之处,是其“无我”之“私欲”。这“无我”乃为颜子“熟仁”的背景状态。白沙所谓“苟未能如颜子之无我,未免是己而非人,则其失均矣。”[155]实是对颜子之“无我”的伸张。此段话出自于白沙作的《示学者帖》,似是给天下学者进言,需要实在检查自己、反省自我之不足,有没有私心杂念、有没有非分之欲,这个“我”非“与‘我’相涉”之“我”,而是“有我之私”的“我”。此理,可连接白沙的“三步曲”,受共同原则支配。经湛若水诠释,意义如此生辉。所谓“无我”,就是在静虚里立本,立本贵自然,“本立则未发而虚,已发而见实”,“无欲则静虚动直”,而“鸢飞鱼跃,妙理活泼泼地”的由“静虚动直”,使“本虚形乃实”,有了“万理具备”之虚实一体,那个“无我”,即“无欲”之“我”在“万理具备”之虚实一体的“翕聚”与“发散”里成熟为一“鸢飞鱼跃,妙理活泼泼地”之“心”。[156]由此看得,白沙说“颜子之无我”,是颜子之熟的理论特色,也是白沙自己的心声。

其四,“颜渊可师法”。颜渊的德行,是后人可以效法的。白沙在此范围,定义颜子之德:“颜渊、季路皆可师法。闻足下有少田业,勤耕而节用,可以不死,虽甘旨之奉不足,亦士之常分,揆于道义,无不安也。”[157]这里,凸显的是“揆于道义”的德性价值,田业可以少,只要勤耕节俭,则可生存;但遵循道义,则活得心安理得。“颜子箪瓢陋巷,不改其乐”、“居陋巷以致其诚,饮一瓢以求其志”,靠的就是“道义”支撑,这叫“士志于道”。颜子之熟,以进于圣人,其“揆于道义”,是“可师法”的依据所在。白沙自策要学得颜子之德。在《自策示诸生》,白沙信誓旦旦,发誓要以颜子为“世师”:“邈哉舜与颜,梦寐或见之。其人天下法,其言万世师。"所以,白沙以自策诸生"若复迟迟,是虚生虚死为可悲也。"[158]

其五,"颜渊称庶几"。天底下有几个能向颜渊那样的德行呢?白沙说得有余:"孔子万世师,天地共高厚。颜渊称庶几,好学古未有。我才虽卤莽,服膺亦云久。胡然弗自力,万化脱枢纽。"[159]把颜子与孔子作其次之比肩,可知白沙对颜子的倾慕。颜子次于孔子,或许颜子还难以进入孔子之熟,但是,颜子之熟的可贵之处,就在那个"好学古未有"。颜子好学,众儒所仰,但白沙点到"好学"之位,是什么呢?按湛若水对此段诗的理解,白沙点到的颜子之功,在"博约"("博学于文,约之以礼"),且使之引向"心"之门路,也使得颜子之"熟"增添了一道别致进路:"又思孔颜之学如此,而我以卤莽弗力,故服膺虽久,而恒失其万化之枢纽也。门枢、衣纽,皆为此心,如孔子之一贯,颜子之博约是也。"[160]若果再加以颜子被孔子赞赏有加的"克己复礼"和"非礼勿视"、"非礼勿听"、"非礼勿言"、"非礼勿动",纳"博约"而入于颜子之"熟",所谓"称庶几"的理由,就在这里。

这里,白沙没有专门谈及颜子的"熟仁"问题,但是,提及的"况德行乎",正是儒家"熟仁"里的首要选项,更是颜子之"熟"的价值追求。说白沙倾向于颜子"至熟"一派,道理就在于此。其实,白沙对颜子的地位,是非常肯定的,并以"至人、至言"去定性颜子的言行价值。颜子是圣人(复圣),是大儒,能至人、能至言。白沙指明:"夫道以天为至,言诣乎天曰至言,人诣乎天曰至人。必有至人,能立至言。尧、舜、周、孔至矣,下此其颜、孟大儒欤。"[161]毋庸置疑,颜子之"熟",是颜子之"域"的特定命题。还是颜子之"熟"中一以贯之的"精神"。对此阐发,白沙作了特定贡献。

7. 王阳明:"见圣道之全者惟颜子"

作为儒家"熟仁"话语里的颜子话题,阳明似乎不在"至熟"或是"未至熟"上作专题性聚焦,而是视颜子为圣人之学的标尺,"见圣道之全者惟颜子",并且以此为背景衬托出关键性的话语源头,就是阳明把颜子之"熟"的真谛给从“志”上揭秘,并给“圣道之全”融入了一层颜子之“志”的品格确认。也就是说,“熟仁”,颜子之“志”,是其中一环,是颜子之“熟”的特征之一,也是儒家“仁之熟”的品格特征。这是阳明“熟仁”境地里的特殊见识。

极需要指出,在“熟仁”语境里,阳明所阐释出来的颜子,虽不如二程、张载、朱熹、象山诸大儒来得专注和细腻,然而,有分寸地说,阳明笔墨下的颜子,极富“刚”性一面,无疑是深化了颜子在儒家圣人系列里的特殊品位。那么,阳明是如何对颜子之熟的揭秘呢?

其一,颜子是“见破后如此说”。有人问:“颜子没而圣学亡。此语不能无疑。”阳明回答:“见圣道之全者惟颜子。观喟然一叹,可见其谓‘夫子循循诱人,博我以文,约我以礼’,是见破后如此说。博文约礼,如何是善诱人?学者须思之。道之全体,圣人亦难以语人,须是学者自修自悟。颜子虽欲从之,末由也已,即文王望道未见意。望道未见,乃是真见。颜子没,而圣学之正派遂不尽传矣。”[162]按阳明之说,在颜子看来,孔夫子要求“博我以文,约我以礼”,是“循循诱人”的结果。因为“道之全体”,也难以语之,故以“循循诱人”而为之,学者也需“自修自悟”方能有所得。所谓“望道未见,乃是真见”,其蕴意乃与“循循诱人”相致。这里,阳明用了“颜子虽欲从之,末由也已”,是想说明,在“志于道”上,颜子绝没有中途而废,“博文约礼”、“自修自悟”,是“志于道”上的努力,虽然“道之全体”难以语之,但是,通过不断的“循循诱人”,那种“望道未见,乃是真见”会日积月累,这是颜子之学的真谛、也是圣道之学、圣学之正派,颜子之“熟”里,充满了这样的“见破后如此说”的志道情怀,不断蕴生着对“良知”的觉悟。

其二,颜子是“知身心意知物是一件”。阳明不同意朱熹析心、物为二的格物之法,并举颜子之行去强化其“志于道”上的无欲之蔽。在与湛若水(甘泉)等争论格致工夫有无先后说,阳明推出的理由是:“如何以前又有格致工夫?后又体验,觉得意之诚伪,必先知觉乃可,以颜子有不善未尝知之,知之未尝复行为证,豁然若无疑;却又多了格物功夫。又思来吾心之灵,何有不知意之善恶,只是物欲蔽了,须格去物欲,始能如颜子未尝不知耳。又自疑功夫颠倒，与诚意不成片段。”[163]在阳明看来，格物、致知、正心、诚意本来就不分彼此先后，实质就是一件事，全聚集于“心”之所格，一切就会至善去恶。阳明以“颜子有不善未尝知之，知之未尝复行”为证，凸显颜子内心中充满了“善意”，行动中体现了“诚意”，颜子之“熟”中的最具魅力之处被阳明揭示，是“吾心之灵”，是“无欲而蔽”，是“善始善终”的“仁之熟”。所谓的“知身心意知物是一件”，就是“知行合一”的范本，这个整体性的“一件事”全在颜子的“心之灵”里，成为颜子“志于道”之圭臬，其朝向的正是一个“致良知”的工夫上。

其三，颜子有“闻一知十，胸中了然”的“非助”之能力。有人问：“孔子曰：‘回也非助我者也。’是圣人果以相助望门弟子否？”阳明回答：“亦是实话。此道本无穷尽，问难愈多，则精微愈显。圣人之言，本自周遍，但有问难的人胸中窒碍，圣人被他一难，发挥得愈加精神，若颜子闻一知十，胸中了然，如何得问难？故圣人亦寂然不动，无所发挥，故曰非助。”[164]按阳明之说，颜子有圣人之志，是“非助”之士，可以全凭借自身智慧和努力，去发挥“道”之无穷话题，其不被问难所“窒碍”，恐怕内在的精神力量是无限的，可以超越“道之无穷”而走入一个“非助”境界，那是不是“仁熟”之境地了吗？孔子感慨的是，“颜子在某些问难上也无助于我呀！”阳明扩充了孔子的感慨，尽情发挥出来的是颜子也能够达到“非助”的自立自知自行。这“非助”里有“志于道”之所在，更是显为“仁之熟”的特殊状态了。看来，阳明的发挥，已经相当程度地超出了孔子“非助”的本来意义了，因为阳明发现了“非助”里是一个“致良知”工夫的娴熟。

分析到这个层次和程度，已经足以廓清的是，说“见圣道之全者惟颜子”，是阳明揭秘出的，依然是注定在这个“致良知”。对此，阳明有段话，似乎正是对上述三点的归纳，读来必有此联想：“昔者颜子之始学于夫子也，盖亦未知道之无方体形像也，而以为有方体形像也；未知道之无穷尽止极也，而以为有穷尽止极也；是犹后儒之见事事物物皆有定理者也，是以求之仰钻瞻忽之间，而莫得其所谓。及闻夫子博约之训，既竭吾才以求之，然后知天下之事虽千变万化，而皆不出于此心之一理；然后知殊途而同归，百虑而一致；然后知斯道之本无方体形像,而不可以方体形像求之也;本无穷尽止极,而不可以穷尽止极求之也。故曰:‘虽欲从之,末由也已。’盖颜子至是而始有真实之见矣。博文以约礼,格物以致其良知也,亦宁有二学乎哉?”[165] 这是“心学”意义中的颜子之解。这里,阳明概其为“颜子之学”的工夫,实乃“熟仁”的工夫,根本的,就是“致良知”。所谓“博文以约礼,格物以致其良知”,讲的就是“一件事”,格心 = 致良知。颜子是从这里走向圣人的,其之学,也乃为“圣人之学”。要检验颜子之志、之“熟”,皆在“格心 = 致良知”上做文章。颜子之熟,落实到这“志”上的刚性一面,通过这样的等式,阳明给出了画面。这是阳明对“见圣道之全者惟颜子”诠释的精要所在。

8. 朱熹:颜子之熟的“殿后”意味

以朱熹殿后,讲颜子之“熟”问题,是作者的良苦用心。这不仅在于朱熹是“至熟”派,而且朱熹是从“工夫”说上去充分肯定颜子至于“熟仁”之功。借助于前面朱熹“熟仁”之辨,在此仅以朱熹对于颜子之功的专论,来厘清颜子之功与颜子至熟的有机契合。

朱熹对颜子之“熟”的评析,是有着眼点的。细细品味,不觉情景触发,既有对“颜子之功”的超拔反思,又有对“颜子至熟”的心灵沟通。

其一,是颜子之功超乎其本身所辖。有人要求朱熹评价“颜子不违如愚”、“颜子深潜淳粹”、“颜子心融”,朱熹一语道破,是工夫纯熟所至。《朱子语类》记载:“问:‘不违如愚’章。‘心融’,恐是功深力到处,见得道理熟了,故言入于心,随即融化,更无渣滓。”朱熹一语概况:“固是功夫至到,亦是天资高,颜子自是邻于生知者也。”[166] 当然,“殿后”的意味,并不否认朱熹还是承认颜子之“圣”与孔子之“圣”的差距:“颜子去圣人不争多,止隔一膜,所谓‘于吾言无所不说’。其所以不及圣人者,只是须待圣人之言触其机,乃能通晓尔。圣人所至处,颜子都见得,只是未到。‘仰之弥高,钻之弥坚,瞻之在前,忽焉在后’。这便颜子不及圣人处。这便见得未达一间处。”[167] 但是,颜子“至熟”能够令朱熹神往的,恐怕就是其“功夫至到”上,而非“至圣”本身。

其二，说“颜子去圣人尤近”，是比较中的优势。朱熹顺着孔子思路，习惯于在与孔子弟子的比较分析里，去说出颜子至熟的理由，即在“熟仁”之功上的纯熟到来。有人问“颜曾之学”，朱熹分析：“颜子大段聪明，于圣人地位未达一间，只争些子耳。其于圣人之言无所不晓，所以圣人道：‘回也，非助我者，于吾言无所不说。’曾子迟钝，直是辛苦而后得之，故闻一贯之说，忽然猛省，谓这个物事，元来只是恁地。如人寻一个物事不见，终岁勤动，一旦忽然撞著，遂至惊骇。到颜子，只是平铺地便见，没恁地差异。”[168]曾子也算孔子高足，功夫之差异，处理物事结局也差异。其实，朱熹对待颜子的如此生动比较，总括的，就是张扬出颜子之功（“工夫”）的纯熟，是优于其他弟子：

“颜子聪明，事事了了。子贡聪明，工夫粗，故有阙（缺）处。”[169]

“颜子明睿所照，子贡推测而知。”[170]

“曾点与颜子见处不同：曾点只是见他精英底，却不见那粗底。颜子天资高，精粗本末一时见得透了，便知得道合恁地下学上达去。”[171]

“颜子如将百万之兵，操纵在我，拱揖指挥如意。仲弓且守本分。”[172]

“颜子是奋发而有为，冉子是谦退而持守。”[173]

有比较才有鉴别。孔子最佩服颜子至熟里的“克己复礼”。在与仲弓的比较里，朱熹讲出一段虎虎生气的颜子之功，是颜子至熟的贴切表达，不予挑明，还以为颜子仅是一位彬彬有礼的文弱书生、有德之君子而已：

“仲弓资质温粹，颜子资质刚明。‘克己复礼，天下归仁。为仁由己，而由人乎哉！’颜子之于仁，刚健果决，如天旋地转，雷动风行做将去！仲弓则敛藏严谨做将去。颜子如创业之君，仲弓如守成之君。颜子如汉高祖，仲弓如汉文帝。伊川曰：‘质美者明得尽，渣滓便浑化，却与天地同体。其次惟庄敬以持养。’颜子则是明得尽者也，仲弓则是庄敬以持养之者也，及其成功一也。潜夫曰：旧曾闻先生说：‘颜冉二子之于仁，譬如捉贼，颜子便赤手擒那贼出！仲弓则先去外面关防，然后方敢下手去捉他。’”[174]

把颜子之功，讲得太生动形象、太富于想象力了。这一切，几近是颜子“熟仁”之功的纯熟，也可谓是孔子弟子们“有阙处”的由来吧！

其三，说“尤见颜子践履之实处”，是“熟仁”理性之发现、之用足。朱熹“熟仁”之集成，就在于其“工夫”说的圆满。同时，也把握住了“熟仁”理性之积淀，是在于人心与“道”的“须臾不可离”的“着实工夫”。并且，“道”的形而上、形而下的契合与统一，现实的要求，就是“熟仁”必须是通过“日用人伦”在现实世界里获得普世化和世俗化。所以，在朱熹的洞察里，颜子之功、至熟，恰恰就是留驻于此的积淀和积累。朱熹这样评价了颜子“三月不违仁”：

“说道恁地，又不曾真个恁地，便是‘不诚无物’。说道为善，又不曾为得善；说道恶恶，又不曾不为恶，便是无此物。‘诚者物之终始，不诚无物’。如人做事，只至诚处，便有始有末；才间断处，以后便皆无物。‘忠信所以进德’，是有这骨子，然后能进德。如颜子‘三月不违仁’，只未违以前便有始末；才失照管处，便无物矣，又须到再接续处，方有终始。惟天地圣人未尝有一息间断。”[175]

这是一段讲“人道”的问题：“人道惟在忠信，不诚无物”。朱熹的回答，显然是切脉于“熟仁”理性的尺度，来讲开颜子“三月不违仁”之底蕴里的“熟仁”理性之光。这里，勾勒如下是：

第一，“道”的积淀。人之道，是来自于“须臾不离”之“道”。孔子说的“无终食之间违仁，造次必于是，颠沛必于是”，是颜子做事的原则。无间断，才有始有末，才善始善终。儒家“熟仁”里的“道”，是要接上“诚”来讲的。

第二，“诚”之意识。“道”是“善”、“诚”的存在物。“不诚”，就是“违仁”，就是不知有始有末、不能善始善终。朱熹向其弟子讲解“思无邪，诚也”，有二段皆指意于颜子之功(即“不违仁”)的到来：“‘思无邪’，表里皆诚也。若外为善，而所思有不善，则不诚矣。为善而不终，今日为之，而明日废忘，则不诚矣。中间微有些核子消化不破，则不诚矣。”又：“‘思无邪’，思至此自然无邪，功深力到处……《中庸》‘博学之，审问之，慎思之，明辨之，笃行之';《孟子》'博学而详说之,将以反说约也';颜子'博我以文,约我以礼',从上圣贤教人,未有不先自致知始。"[176]再加之孔子极力主张的"博学而笃志,切问而近思,仁在其中"的"至熟"之功力,那与"至诚"、与"仁"、与"道",就无从有违了。

第三,"着实工夫"。朱熹看出,颜子至熟之功的到来,是可以称为的"着实工夫"的到来。朱熹点到之处,三个方面似乎着有颜子之功的成就:省其私、在日用人伦、"工夫"是寻常上的"无穷"。颜子问"仁",孔子告诉其四个字:"克己复礼"。孔子说"克己复礼",便都是实。朱熹点评恰到好处:"颜子生平,只是受用'克己复礼'四个字。"[177]而以下几段处点评,恰恰勾勒颜子之功之于至熟的要害环节:

"克己复礼,间不容发。无私便是仁。"[178]

"不若日用间只就事上子细思量体认,那个是天理,那个是人欲。著力除去了私底,不要做。一味就理上去做,次第渐渐见得,道理自然纯熟,仁亦可见。"[179]

"此(指'克己复礼')是寻常工夫都做了,故又说出向上一层工夫,以见义理(指'仁')之无穷耳。"[180]

"颜子之志,不以己之长方人之短,不以己之能愧人之不能,是与物共(指'克己复礼'之效验)。"[181]

"孔颜之乐,大纲相似,难就此分浅深。唯是颜子止说'不改其乐',圣人却云'乐亦在其中'。'不改'字上(则是'克己复礼'使然)。"[182]

透过朱熹笔墨,发现颜子之功,被朱熹简要概括为颜子之学、颜子之志、颜子之乐,再加上前述过的颜子之勇,所造化的颜子之"熟",一点也不虚空、不无实。颜子至熟,正来自于对于这一"着实工夫"的具体落实。颜子凭借这一理性之光,照亮了他的地位,即在朱熹的心目中,颜子之功,恰恰就是其得以"至熟"的所以然,这就叫颜子"却好做工夫"。[183]这个"好"字,朱熹归结其为只是颜子"心之本体无不仁"。朱熹纠正了胡五峰的一段评价。朱熹弟子记道:"胡五峰云:'人有不仁,心无不仁。'先生(指朱熹)以为下句有病。

如颜子‘其心三月不违仁’,是心之仁也;至三月之外,未免少有私欲,心便不仁,岂可直以为心无不仁乎?端蒙(朱熹弟子)近以先生之意推之,莫是五峰不曾分别得体与发处言之否?”朱熹纠正说:“只为他说得不备。若云人有不仁,心无不仁;心有不仁,心之本体无不仁,则意方足耳。”[184]颜子,“至三月之外”、“至三月之内”,其心“无不仁”,只是归结其心之“本体”的那“工夫”,是几近于至熟的“无不仁”。在此,间接地纠正了二程的“未至熟”的看法,即所谓颜子“三月之外”的“熟仁”之欠。

儒家“熟仁”理性,经过朱熹对颜子“其心三月不违仁”的讲解和诠释,被有目的地解读出来了。对于“熟仁”理性的揭示和昭示,恐怕就是朱熹被“殿后”的道理之所在。

结论就是,颜子是一位行动中的人,对其“熟仁”的评价,虽然在儒家,有“未熟”与“至熟”的二派,但是,有一点是可以肯定的,即颜子的“熟仁”话题,其主旨无非是印证“熟仁”是在行动中的,“熟仁”之“熟”,是行动哲学的逻辑。遗憾的是,颜子没有给后人留下其亲笔写就的作品,至少在今天的儒家文献里,还没被发现。但是,时隔一千年后,明末清初的大儒、“实学”家颜元先生,在其宣扬“行动哲学”的著作里,却有了“行动”的论证。

在本章结束之际,必须提及“北宋五子”第一人:周敦颐。其《周子通书》对上述诸家是极具影响力的。或许,周子所论“颜子”一篇,对上述大家会有潜移默化之效验。所以,在此引述《通书·颜子》作为本章的尾语,一方面尤其凸显朱熹的“至熟”派观点在这里获得某种印证;另一方面用来反观孔子“熟仁”名言何以在周子那里获得传承和续咏,或者就叫作在同一个血脉里流淌!

“颜子一箪食,一瓢饮,在陋巷,人不堪其忧,而不改其乐。夫富贵,人所爱也,颜子不爱不求而乐乎贫者,独何心哉?天地间有至贵至富、可爱可求而异乎彼者,见其大而忘其小焉尔。见其大则心泰,心泰则无不足,无不足则富贵贫贱,处之一也;处之一则能化而齐,故颜子亚圣。”[185]

刘蕺山曰：“古人见道亲切，将盈天地间一切都化了，更说甚贫，故曰‘所过者化’。颜子却正好做工夫，岂以彼易此哉！此当境克己实落处。”黄百家谨案：“化而齐者，化富贵贫贱如一也。处之一以境言，化以心言。”[186]

颜子“所过者化”，是“熟仁”的工夫，朱熹看重的，就是颜子之熟的“工夫”，是执着维护颜子声誉的儒家血脉，不容丝毫曲解。当庄子说颜子工夫是“坐忘”，[187]朱熹回敬了一句：“庄周说颜子‘坐忘’，是他乱说。”[188]维护颜子的地位，是以儒家为标杆，不管是“未熟”派或是“至熟”派，这一标杆是唯一的。

当然，笔者很想在接下来的著作里，去对颜回作一专题研究，从中国文化的过去、现在和将来的大背景里去思考“颜子现象”，届时再来细究那个“乱说”的问题。[189]本文在此只能点到为止，不然游离于儒家“熟仁”的主题了。

注释：

[1]王船山：《四书训义》卷十。

[2]《二程集》，《河南程氏外书》卷七。

[3]《二程集》，《河南程氏外书》卷三。

[4]《二程集》，《河南程氏外书》卷六。

[5]《二程集》，《河南程氏外书》卷三。

[6]《二程集》，《河南程氏外书》卷五。

[7]《曾国藩全集·日记》，第376页。

[8]《曾国藩全集·日记》，第113页。

[9]见《朱子语类》卷十二。

[10]《张载集·近思录拾遗》，第377页。

[11]《张载集·张子语录下》，第332页。

[12]《张载集·张子语录下》，第330页。

[13]《张载集·张子语录下》，第332页。

[14][15][16][17]《朱子语类》卷二十九。

[18]《朱子语类》卷三十。

[19]《朱子语类》卷三十一。

[20][21][22]《朱子语类》卷三十六。

[23][24]王船山:《读四书大全说》卷五,第673页。

[25]王船山:《读四书大全说》卷五,第694页。

[26]王船山:《读四书大全说》卷五,第667页。

[27]王船山:《读四书大全说》卷五,第678页。

[28]朱熹:《四书章句集注·论语集注》卷三。

[29]见《孔子家语·七十二弟子解》:“颜回,鲁人,字子渊。少孔子三十岁,年二十九而发白,三十一早死。”又,朱熹《四书章句集注·雍也篇》:“短命者,颜子三十二而卒也。”

[30][31]朱熹:《四书章句集注·论语集注》卷三。

[32]《曾国藩全集·日记》,第376页。

[33]此段译文,见杨伯峻:《论语译注》,中华书局1980年出版,第68页。此“之”字代“我”字,贴切。朱熹也是如此释义:“圣人用我便行,舍我便藏,无不奈何底意思,何消更言命。”(《朱子语类》卷三十四)

[34]朱熹:《四书章句集注·论语集注》卷四。

[35][36]《朱子语类》卷三十四。

[37]杨伯峻:《论语译注》,第90页。

[38][39][40]朱熹:《四书章句集注·论语集注》卷五。

[41][42]朱熹:《四书章句集注·中庸章句》。

[43]王船山:《四书训义》卷二。

[44]《朱子语类》卷六十三。

[45]朱熹:《四书章句集注·论语集注》卷八。

[46]《论语·先进》。

[47]《朱子语类》卷三十一。

[48]在韩愈《省试颜子不贰过论》一文里,已经提出了韩愈从“颜子之熟”里推断的结论,即“熟仁”的行动是“难”。

[49]《论语·子罕》。

[50]王安石:《至一论》。

[51]王安石:《礼乐论》。

[52]王安石:《杨墨》。

[53]王安石:《答韩求仁书》。

[54]《二程集》,《河南程氏遗书》卷十二。

[55]《二程集》,《河南程氏外书》卷五。

[56]《二程集》,《河南程氏经说》卷六。

[57]《二程集》,《河南程氏遗书》卷九。

[58]《二程集》,《河南程氏遗书》卷六。

[59][60]《二程集》,《河南程氏遗书》卷十二。

[61]《二程集》,《河南程氏外书》卷三。

[62]《二程集》,《河南程氏遗书》卷十五。

[63][64][65]《二程集》,《河南程氏遗书》卷二。

[66]《二程集》,《河南程氏遗书》卷三。

[67][68]《二程集》,《河南程氏遗书》卷五。

[69][70]《二程集》,《河南程氏遗书》卷十一。

[71]《二程集》,《河南程氏遗书》卷十五。

[72]《二程集》,《河南程氏遗书》卷十八。

[73][74]《二程集》,《河南程氏遗书》卷二十二。

[75]《二程集》,《河南程氏遗书》卷十二。

[76]《二程集》,《河南程氏遗书》卷二十五。

[77]《二程集》,《河南程氏外书》卷一。

[78]《二程集》,《河南程氏遗书》卷六。

[79]《二程集》,《河南程氏遗书》卷五。

[80]《二程集》,《河南程氏经说》卷六。

[81]《二程集》,《河南程氏遗书》卷二十五。

[82]《二程集》,《河南程氏经说》卷八。

[83]《二程集》,《河南程氏粹言》卷一。

[84]《二程集》,《河南程氏遗书》卷二十五。

[85]《二程集》,《河南程氏遗书》卷二十二。

[86]《二程集》,《河南程氏遗书》卷二。

[87]《二程集》,《河南程氏遗书》卷九。

[88]《二程集》,《河南程氏遗书》卷六。

[89]《二程集》,《河南程氏遗书》卷七。

[90]《二程集》,《河南程氏遗书》卷三。

[91]《二程集》,《河南程氏遗书》卷七。

[92]《二程集》,《河南程氏遗书》卷二十五。

[93]《二程集》,《河南程氏经说》卷六。

[94]《二程集》,《河南程氏遗书》卷二。

[95]《二程集》,《河南程氏遗书》卷十一。

[96][97]《张载集》,第 43 页。

[98]《张载集》,第 26 页。

[99]《张载集》,第 27 页。

[100]《张载集》,第 30 页。此段话的背景,可能与《论语·述而》一段有牵挂:“互乡难与言,童子见,门人惑。子曰:‘与其进也,不与其退也,唯何甚?人洁己以进,与其洁也,不保其往也。’”按杨伯峻翻译:“互乡这地方的人难与交谈,一个童子得到孔子的接见,弟子们疑惑。孔子道:‘我们赞成他的进步,不赞成他的退步,何必做得太过?别人把自己弄得干干净净而来,便应当赞成他的干净,不要死记住他那过去。’”(《论语译注》,第 74 页)

[101]《张载集》,第 42 页。

[102][103]《张载集》,第 43 页。

[104]《张载集》,第 50 页。

[105]《张载集》,第 73 页。

[106]《张载集》,第 51 页。

[107]《张载集》,第 79 页。

[108]《张载集》,第 274 页。

[109][110]《张载集》,第 332 页。

[111]《张载集》,第 271 页。

[112]《论语·雍也》。

[113]《张载集》,第 377 页。

[114]《张载集》,第 309 页。

[115]《张载集》,第 270 页。

[116]《论语·雍也》。

[117]《曾国藩全集·日记》,第376页。

[118]《曾国藩全集·日记》,第113页。

[119]《朱子语类·易十二·系辞下》。

[120][121]《张载集》,第223页。

[122]《张载集》,第224页。

[123]《张载集》,第75页。

[124]《张载集》,第311页。

[125]《张载集》,第309页。

[126]《张载集》,第333页。

[127]《张载集》,第318页。

[128]《张载集》,第280页。

[129]《张载集》,第283页。

[130][131]《张载集》,第318页。

[132]王船山:《读四书大全说》卷五,第667页。

[133]王船山:《读四书大全说》卷五,第715页。

[134][135]王船山:《读四书大全说》卷五,第732页。

[136][137][138]王船山:《读四书大全说》卷六,第798页。

[139][140]《陆九渊集》卷三十五,第476页。

[141]《陆九渊集》卷一,第8页。

[142]《陆九渊集》卷二十四,第290页。

[143]《陆九渊集》卷十三,第171页。

[144]《陆九渊集》卷六,第76页。

[145]《陆九渊集》卷七,第93页。

[146][147][148]《陆九渊集》卷三十四,第397页。

[149]《陆九渊集》卷三十五,第478页。

[150]《陈献章集》,第29页。

[151]《陈献章集》,第47页。

[152]《陈献章集》,第48页。

[153]《陈献章集》,第26页。

[154]《陈献章集》,第 98 页。

[155]《陈献章集》,第 78 页。

[156]《陈献章集》,第 710 页。

[157]《陈献章集》,第 218 页。

[158]《陈献章集》,第 712 页。

[159]《陈献章集》,第 281 页。

[160]《陈献章集》,第 713 页。

[161]《陈献章集》,第 5 页。

[162]《王阳明全集》,第 24 页。

[163]《王阳明全集》,第 90 页。

[164]《王阳明全集》,第 125 页。

[165]《王阳明全集》,第 267 页。

[166][167]《朱子语类》卷二十四。

[168][169]《朱子语类》卷二十七。

[170]《朱子语类》卷二十八。

[171]《朱子语类》卷四十一。

[172][173][174]《朱子语类》卷四十二。

[175]《朱子语类》卷二十一。

[176]《朱子语类》卷二十三。

[177][178][179][180]《朱子语类》卷四十一。

[181]《朱子语类》卷二十九。

[182]《朱子语类》卷三十一。

[183]《朱子语类》卷二十九。

[184]《朱子语类》卷九十五。

[185]《周子通书》,第 38 页,上海古籍出版社 2000 年版。

[186]《周子通书》,第 39 页。

[187]《庄子·大宗师》。

[188]《朱子语类》卷四十五。

[189]如王安石说:“坐忘唯有一颜回”(《次韵耿天骘大风》),读来会品悟出何种心境:是庄子的?是介甫的?是朱熹的?还是颜子本人的?

第十四章

颜元的解读:看高一线的“熟仁”

儒家“熟仁”的行动逻辑,除了行动中的颜子之“熟”的必有话题,还必须导向性地去分析行动哲学的理论家——颜元的“熟仁”。作为主张“行动”哲学的颜李学派的哲学家,对儒家的“熟仁”,是有重大发展的。对于儒家“熟仁”看高一线,是颜元于行动哲学中的逻辑,对“熟仁”作了这层意义的考辨。如果说,颜子主要是“熟仁”行动中的个性逻辑,那么,颜元却是“熟仁”行动中的“实学”逻辑。无疑,在相当的程度里,后者的意义似乎是涵容了前者的“熟仁”进步!

颜元(1635—1704),字易直,又字浑然,号习斋,明末清初思想家、教育家。河北博野(河北安国县东北)人,颜李学派(李指的是颜元的学生李塨)的创始者,是明末清初的启蒙思想家。他提出的“习”(行动)之哲学,一方面是对宋明理学“务虚”不务实的反动,另一方面是对儒家“熟仁”的看高一线的提炼。在一定意义上,他确立了从孔、孟到宋明理学“熟仁”进程中一个特定的“里程碑”。从另个向度看,颜元自称为“习斋”,一个“习”字,足以点出颜元“熟仁”的一片天地。

一、看高一线的“熟仁”

颜元的“熟仁”,即便给予“看高一线”之评价,但基本出发点,依然是孔、孟的"腔调",继承了孔孟的传统。可是,历史到了颜元的时代,理论的与时俱进,同样考验着有视野、有智慧、有理论的人。

1."熟仁"新解

颜元解释《孟子·告子上》的"五谷者,种之美者也。苟为不熟,不如荑稗。夫仁,亦在乎熟之而已矣。"有人问:"如何是'为仁不熟,反不如他道之有成'?"颜元回答:"存心养性不到终食不违处,反不如技艺农桑专心致志者羁著此心,不驰于人欲。发政施仁不到仁覆天下处,反不如富强霸术,令行禁止者保大其国,不至于削亡。"[1]这就是说,"熟仁"之"熟",首要的,是重在"务实"上,专心致志的"习",不仅仅留驻于"存心养性",而且更要实践那"技艺农桑"一段国计民生,推行那"富强霸术令行禁止"一段"保大其国"。这就是真正的"习"、名副其实的"熟仁"之"习"。

颜元的"熟仁"观,说到底,也是源自于孔、孟的,但更重要的是,他确实高于宋儒的方面,是看到"熟仁"的"习仁之熟"的性质,也就是实践、实用或者说是实学的方面。颜元批判朱熹,指出:"开口只论文字,只讲读书,把圣人和事、修府、'三物'习行工夫,牙齿不挂。"[2]又:"朱子读解《四书》、《五经》,凡三事、六府、六德、六行、六艺,古圣人为治、为学、为教成法,那一件未见到?下手学教只是讲读,全不习三事、三物矣。可见读、讲之学全无用。"[3]朱熹讲"熟",的确从读书上讲得多,颜元不同意朱子的地方,是朱子只讲读书,不讲实事,读书见"熟",但不见此"熟"放在"习"上,解决实际问题。那"三事",即正德、利用、厚生;那"三物",即德(智、仁、圣、义、忠、和)、行(孝、友、睦、姻、任、恤)、艺(礼、乐、射、御、书、数)。"三事"、"三物",皆为"实学"之有用学问。同是出自儒家孔门,宋儒是有缺陷的,颜元说:"一日习数,思习功久旷便忘,况不习乎!宋代诸先生虽天资高,可不习而熟,可久旷而不忘,能保其门下天资皆若之乎!甚矣,孔门'时习'成法不可废也。"[4]孔子有"学而时习之"的说法,学习要多加练习,颜元从实践实用方面阐释:"是孔子习行经济谱,则学非他学,学尧、舜之三事,学周公之三物也,习之时习之,而天下乃可言有道矣。”[5]颜元分析“学”和“习”，作了一个细微差别：“颜渊‘请问其目’，学也；‘请事斯语’，则习矣。学而不习，徒学也。譬之学射而至于彀，则知所学矣；若夫承梃而目不瞬，贯虱而县不绝，由是而求尽其妙，非习不能也。”[6]光读书不习（实践）之，这“学”有啥用；而这“习”，是用心于“三事”和“三物”，“熟”也“熟”在此，如果不结合实际，这读书、这习，也都会一事无成。这个理解，就要高于朱熹一层了。所以，颜元同意有人这样评价宋儒朱熹一派：“宋儒挂一漏二，所行不熟”，[7]恐怕就是“不熟”在这“习”上。颜元不无感慨：“得者须履中蹈和，躬习实践，深造以六艺之道，乃自得之也？”[8]所谓“六艺之道”，乃谓实际生活之道，也包括三事、三物之习。这些陈述，表明颜元对于“习”的理解，已经锁定于实践生活层面，它在广度和深度上已经超出宋儒之道了。由此，也锁定了颜元“熟仁”观念的基本倾向。

2.“义精而仁熟”

儒家的“熟仁”观念，集中到一个重要层面，就是对“义精仁熟”的追求。这点上，颜元似乎与朱熹门人有相一致之处，但是，颜元站在“习”的哲学立场，还是看高一层的。颜元引朱熹得意门人北溪陈淳之说，来意会颜元与朱熹“义精仁熟”的不同之处：“北溪陈氏曰：‘先生道巍而德尊，义精而仁熟，立言平正温润，清巧的实云云。辞约而理尽，旨明而味深。而其心度澄朗，莹无渣滓，工夫缜密，浑无隙漏，尤可想见于辞气间。故孔、孟、周、程之道，至先生而益明。所谓主盟斯世，独先生一人而已！’”[9]对此，颜元这样评论道：“试观‘道巍德尊，义精仁熟’二语，虽孔子不是过，而下面实指处，却只是立言之‘辞约理尽，旨明味深’而已，言其‘心度澄朗’，‘工夫缜密’，亦不外于辞气想见之。盖朱子身分原是如此，黄、李、吴、陈诸公，亦但能于虚字间崇奖，不能于实际上增润。”[10]陈淳乃为朱熹重要弟子，深得朱子欣赏。朱子数语人言：“南来，吾道喜得陈淳。”[11]他 37 岁求学于朱熹，朱熹授之以“根源”二字，说陈“凡阅义理，必穷其原。”[12]陈淳思想恪守其师说，无有半步背离。故颜元点在陈淳与朱子相通之处，都是“不能于实际上增润”，朱熹讲“义精仁熟”，问题只是朱熹没有把“义精仁熟”用之于“实指处”,立言上“辞约理尽,旨明味深”,行动上无“增润”,就是“熟仁”不在实际处用功。义精而仁熟,在颜元的哲学视野里,应该用心于实际的事业里。这些更是“工夫缜密”的最贴切之意义。

3.“仁亦在夫熟而已”

颜元十分领会到孟子“熟仁”之命题的深刻含义,就是“习”,有一处的在“学与讲”。学要讲,就是习,才有“熟仁”。颜元引程氏后学上蔡谢良佐原话评论:“上蔡谢氏曰:‘学须是熟讲,学不讲,用尽工夫只是旧时人。“学之不讲,是吾忧也”。仁亦在夫熟而已。子云:‘学之不讲’,是博学矣,又当审问、慎思、明辨以讲之。若非已学,将执何者以讲乎?今徒讲而不学,误矣!颜子工夫,真百世规范,舍是更无入路,无住宅。’极是!”[13]学习,是“熟仁”的环节,“讲”,是“习”的一种,学而不习,还是生熟的。扩展地看,颜元很崇尚“习”,是有他自身的道理,所以他一再申辩:“学必宜习之理最透”,[14]“身实学之,身实习之,终身不懈”,[15]“习”意味的是“熟”的锻炼,这是时间上的工夫、思想上的深刻、务实上的考验,这叫“无不习熟”,他指出:“蓄久而思浑,资深而行熟,则贯精粗,合内外,群献之精蕴,百家之异指,毫分缕析,如示诸掌。”[16]当然,光讲而不学,也不可谓习熟,反而会误人子弟。其实,这里颜元强调的,还是注重实际的“熟仁”活动,包括学和习。“学而不习,徒学也”。[17]针对宋儒所造成的时弊,颜元严厉指出:“今之学者有三弊:溺于文辞,牵于训诂,惑于异端。苟无此三者,则必求归于圣人之道矣。可叹三弊误此乾坤!”[18]这里,可以不去“计较”这个“异端”之由,但是“溺于文辞,牵于训诂”,在颜元看来,却是不切合实际的“学”,是缺少了“习”的学,同样,躲避少了“学”的习,这样的“习”,也全然达不到圣人之道,与“熟仁”甚有距离。“学”与“习”,合二为一,是“熟仁”的“缩体”,博学、审问、慎思、明辨,辞约、理尽、旨明、味深,义精、习熟、学讲、行熟,尽是“熟仁”的节次,皆蕴涵了“仁亦在夫熟而已”的来龙去脉。可就在颜元看来,这一切,都要集中在“习”上,集中在实际的生活世界里,去进行"习熟"之行。这就是一番"工夫自熟中出"的问题。

二、工夫自熟中出

所谓"看高一线的'熟仁'",颜元需要更进一步指证的,则是一种"工夫"、一种"行动",是需要从"熟"中走来。这就叫"工夫自熟中出"。

1."直须要熟,工夫自熟中出"

儒者往往多愿谈论"读书"一类,又更愿去讨论读书的方法,那"熟",就必须是题中之意。我们在朱熹的"熟"论里已经看得够清晰了,颜元也不离儒家主题,这是"熟仁"的方法论运用和体现。颜元评论:"读书如炼丹,初时烈火煅煞,然后渐渐慢火养,又如煮物,初时烈火煮了,却须慢火养。读书初勤敏着力,子细穷究,后来却须缓缓温寻,反复玩味,道理自出。又不得贪多欲速,直须要熟,工夫自熟中出。"[19]这使我们想起朱熹的"慢火温"、"旺火煮",但是颜元与朱熹在讨论这个问题上,也是有所区别,颜元说:"朱子论学只是论读书,但他处多入'理会道理'、'穷理致知'等字面,不肯如此分明说。试看此处直言之如此十分精彩,十分有味,盖由其得力全在此也。夫读书乃学中之一事,何为全副精神用在简策乎!"[20]这个不同之处,还是集中在熟仁的看高一层里。朱熹的"理会道理"、"穷理致知",只是读书上的灵通,脱离实际的"理会"和"穷理",即便有这样的"熟仁",也是无济于事的;如果全力把"理会道理"、"穷理致知"运用于实际和实用("简策"),那就是"熟仁"的工夫,熟于"理会道理"、"穷理致知",更重要的是熟于实际和实用的锻炼,由此为工夫出。当然,熟仁,也要熟在义理上,这一点,颜元在开辟出"实学"的"熟仁"路径,同时又不偏离儒家方向,他评论:"学者只是不为己,故日间此心安顿在义理上时少,安顿在闲事上时多,于义理却生,于闲事却熟。"[21]儒家论读书,有为人与为己之辨。为己,是以儒家义理来修养身性,此也要"熟",这叫"心熟于义理";为人,是把心安顿在闲事上,读书给别人看,或是心只在书本上觅义理,此“熟”,却不是儒家真熟。正确的做法是:“就义理作用处制为六艺,使人日习熟之”,即在习熟“三事”、“三物”里去习熟义理。[22]习熟于此,才会有“工夫自熟中出”。颜元与朱熹,都讲“工夫自熟中出”,但二者路径有异,故寓意有别。

2.“习熟”

在《存学编》的《学辨二》,颜元十分肯定其友法乾王子的说法,一切,“无大无小,无不习熟,固也。”颜元在儒家“熟仁”轨迹里,开辟出特定的“习熟”问题,即习在六府(金木水火土谷)、三事、三物(即六德、六行、六艺),他赋予孔、孟“熟仁”以来的实践性质(即与如“仁”之活学活用,即与如“仁”到“仁政”与“熟仁”的契合)。颜元指出:“只因废失六艺,无以习熟义理,不由人不习熟闲事也。今若一复孔门之旧,不惟好色好货一切私欲无从参,博弈诗酒等自不为,即诵读、训诂、著述、文字等事亦自无暇。盖圣人知人不习义理便习闲事,所以就义理作用处制为六艺,使人日习熟之。若只在书本上觅义理,虽亦羁縻此心,不思别事,但放却书本,即无理会。若直静坐,劲使此心熟于义理,又是甚难,况亦依旧无用也。”[23]只是“在书本上觅义理”,“直静坐”,即便日日习熟,就如朱熹提倡的,也无济于事。颜元在《朱子语类评》里有大段大段对朱熹“熟”论的批评,也只是在这个意义中的批评,并不意味颜元是反对“熟”本身的。颜元强调的是,不能仅仅习熟于书本上的“义理”,习熟于四书五经,习熟于六艺,即“礼、乐、射、御、书、数”,更要习熟于此中的实际用途,如这“六艺”,乃为儒学的养国之道、教育之道,《周礼·地官司徒·保氏》:“保氏掌谏王恶,而养国子以道,乃教之六艺。”六艺,也乃为儒家学校教育的内容,培育成人的学问,也是读书的一种实际用途。“六艺非心性”,是矣。颜元无疑属于儒家,但是他与朱熹最大的区别是,颜元把读书与实际用途紧密结合,以实际用途作为读书的“把柄”,掌握读书的精髓,就是“习”,就是“行”,也就是不断的“习熟”和“行熟”。这也如颜元说的“其学却实”,[24]不断深入于此的,就是“精熟”[25]、“烂熟”[26]、“念熟”[27]、“心熟”[28]、“仁熟"[29]、"习熟",实际上,都应从属于"习"的过程,是行动中的进程,是面对实际、解决实际问题的"习熟",这一看高一线的"熟仁",是孔、孟以来"熟仁"思想的最重要的理论演进之一。

3."精"字至要

儒家的"义精仁熟",内在地包含了"精"字要义。"精"本身,也是一种功夫。在颜元的"工夫"里,自"熟"出,就是要达到一个"精"字,所谓"由粗入精"、"精之无间",颜元概括为"圣矣"的状态。那么,此"精"字,在颜元的"熟仁"话语里究竟有何意蕴?重要的是,颜元给予做人做事的特定指向。第一,体贴了身,是"精"字工夫之要,也是"熟仁"的要义。颜元深刻认识到这一"精"之奥妙:"日夜以此心照顾一身,所以养性也,九思、九容是也;日夜以此心贯通民物,所以事天也,三事、三物是也。精之无间,圣矣;勉之不忘,贤哉。"[30] 所谓"精之无间",意味的是,对"仁"的理解和运用,最令行为者关心的是,一要指向实事,即"三事"和"三物",直到"贯通民物";一要指向了身,即"照顾一身,所以养性",这二者,就是"精",是"圣"之境界;做到它,就是要不断"勉励",是"贤"之境地。做人做事,达到"圣贤"境地,也就是"熟仁"的境界,这已在"精之无间"里蕴涵了。第二,学儒到"精",指归于其"行"上,是做人做事的结合。此可概括为"通儒"。颜元不赞同朱熹、陆象山,后者玩"心"至虚;前者玩"理"至空,皆不实际。所以,这二位的"熟仁",有见于虚空。对此,颜元从其行动哲学的上述两个特定指向,道出"精"之对象,也就是指向于"熟仁"的实际性:"他不具论,即如朱(熹)、陆(象山)两先生,倘有一人守孔子下学之成法,而身习夫礼、乐、射、御、书、数以及兵农、钱谷、水火、工虞之属而精之。凡弟子从游者,则令某也学礼,某也学乐,某也兵农,某也水火,某也兼数艺,某也尤精几艺,则及门皆通儒,进退周旋无非性命也,声音度数无非涵养也,政事文学同归也,人己事物一致也,所谓下学而上达也,合内外之道也。"[31] 看起来,求"精",是理论与实际相结合的问题。朱熹或陆象山,理论还需要实践支持。"熟仁",就是要有这个讲究,凡事成功,皆是这个道理,“政事文学”、“人己事物”,概莫如此。兼数艺,要讲个“精”;就是求“熟”。这里,颜元试图从“精”上,为他的“熟仁”寻找到一种共同通道,就是颜元强调的“下学”与“上达”、“内在”与“外在”的统一,“熟仁”讲个“精”,就是一个不断的“行”,就是做人与做事的统一。对此,颜元称其为“通儒”。第三,求的是“精熟”之“精”。颜元常有“精熟之至”的感慨。具而论之,此“精”,是在“熟仁”上见彻底,也在做人做事上见分晓,如“精通变理,至于尽伦定制”,[32]治理家、国,要“精”于变化之理,按事物变化要求“尽伦定制”,这是一种“精熟之至”的“行动”。其次如,“熟仁”的一种工夫是“居敬”,做人要有这一工夫,颜元称其为“精妙”:“‘穷理居敬’四字……为穷理精妙……主一无适为居敬工夫,舒徐安重为居敬作用。”[33]又如,事有精粗,故寻事要从粗入精,“上下精粗皆尽力求全,是谓圣学之极致矣。”[34]“圣人”也有此“精”所为:“尧盖极精于历”,尧帝精熟于天文历算,以便更合时宜地播种和农桑,这“极精”、这“极致”,只是“熟仁”才能达得到。这就叫“精深微妙,多极其至。”[35]再如,善于“穷理”,要“始以熟读”、“索其精微”,[36]求得“精”,此谓做人做事、治民治君等发迹事业的统一法则:“及其理明义精,养深积盛,充而为德行,发而为事业云云。入而事君,则必思尧、舜其君,出以治民,则必以尧、舜其民。”[37]这一切“熟仁”之“精”,颜元结论就是:“精在我者也。”[38]要靠主体之“行”的发挥。特定的“工夫自熟中出”,就有了特定的方向和预期!

三、“行”与“熟仁”

颜元看高一线的“熟仁”,却又是紧密地连接着他的“行”思考。如果说颜元有所谓的“行动哲学”,那么,唯一可以有相当说服力的就是他对“行”与“熟仁”的考量,以及从中开发出来的特定的“实学”。

1.“只须在‘行’字着力”

儒家谈论到“熟仁”,往往以学习读书为标的,这一点,我们已在孔子和朱熹的“熟仁”讨论中看出原委。颜元始终在“习”字上用功。他从“读书”与“习”上的沟通，凸现一“行”字上的着力：“读书无他道，只须在‘行’字着力。如读‘学而时习’便要勉力时习，读‘其为人孝弟’便要勉力孝弟，如此而已。”[39]读了书，就要行，这一沟通，就是做到“时习”。颜元认定的“熟仁”，突显的价值核心，是“行”。走向“熟仁”，成事的一切，就在“行”上的功夫。即勤于践履，读了的书，才会产生效果：“人之为学，心中思想，口内谈论，尽有百千义理，不如身上行一理之为实也。”[40]“不如身上行一理之为实”，是“行”的话语。从“熟仁”的角度可以看出颜元在这个问题里的特殊见解是：第一，“人皆可以为尧、舜”。在做人做官方面，颜元突出“徐行”价值，对儒家成人思想作了“行”的特殊发见。颜元指出：“‘人皆可以为尧、舜’，人皆可以为五臣，举人之万有不同，皆统括矣。昔蠡有徐姓，痴而哑，甚慈其子，吾以为尧、舜之一端也。倘能充此，何不可为？盖痴人亦禀元、亨、利、贞之理，而成仁、义、礼、知之性，犹吾言尧、舜事业，不惟其臣各事其一，但作知县，不愧为唐、虞一邑；作吏胥，不愧为唐、虞一职，亦便是尧、舜事业也。只孟子善言学，徐行后长，便是尧、舜，如在父兄前和顺，不反口，便是尧、舜。今教痴人徐行漫语，彼岂不能？不能者，须是禽兽、木石、水草。”[41]儒家相信，人人皆可以成为像尧、舜般圣人，问题是要有一个很好的“熟仁”工夫，颜元提炼出了“行”，其实，“行”就是这个很有用的实实在在的工夫。“徐行”，在行动中使“熟仁”徐徐展开，是做人之道，也是做官之道，所谓“徐行后长，便是尧、舜”，颜元在这里，已经极大地提高了“行”与“熟仁”在成圣中的内在联系。第二，“立志躬行，何道不可能？”颜元的“熟仁”，就是重视“行”的哲学，他提出了事在人为，“立志躬行”，无事不成。也就是说，“行”，是可以成事的重要条件，而且是必须的主体性条件。他指出：“今人废学，只是将道理让于古人做，不知古人亦人耳，凡古人可行者，我亦可行。如一旦奋然自新，立志躬行，何道不可能也。”[42]“行”是人的主观能动性的高度发挥，古之人，包括圣人皆可以做得，今人有何做不得？但需要人的主体性两个条件，一是要有“自新”的觉悟，一是要有“立志”的精神。而这两点，恰恰就是儒家“熟仁”里的核心要义。孔子讲他十五岁就有立志于学的“自新”,以至于七十而“不逾矩”,就是到了“至熟”的境地了。颜元即从“行”之向度充分揭示了“立志躬行”为“熟仁”的主体性条件,极大地提高了“我”之哲学地位,即找到“行”的一个实实在在的行动主体:一个大写的“我”。第三,“圣人亦人”。拉近了凡人与圣人的距离,指向出圣人做得到“熟仁”,与凡人可以做到“熟仁”,没有不可逾越的鸿沟,只要有立志于“行”的工夫。颜元这样评价道:“圣人亦人也,其口鼻耳目与人同,惟能立志用功,则与人异耳。故圣人是肯做工夫庸人,庸人是不肯做工夫圣人。试观孔子是何等用功,今人孰肯如此做?”[43]“熟仁”,决不是圣人的专利,圣人不下“行”之工夫,照样变为庸人;庸人肯下十分的“行”,照样可以变为圣人。圣人与庸人之间,只差一步之距。就是这个“行”。所以,颜元十分肯定的“人皆可以为尧、舜”,通过这里的证明,似乎又找到了一个更坚定的立场,即“行”的话语权,即“立志于行”在道义上的肯定:“志气如刀,集义如磨刀;常磨则锋芒常锐,不磨则钝矣;一不义之事伤之,则刀摧折矣。”[44]孟子说“养气集义”,颜元以“磨刀”形象比喻,无非是想说明,“行”的意义,“常磨”,就是“熟仁”的锻炼,是人的“气”上锻炼,这就叫“养气”和“集义”。当颜元说“只孟子善言学”,就是“只”一个“行”字在其中。再追溯到孔子那里,或许就是一个“力行近乎仁”的问题了。说“熟仁”,也正是这样的努力。

2.“力行近乎仁”

“力行近乎仁”,是说人应该处于“仁”的行动之中。二层意思,融为一体:只要做事,就是“仁”了;只有行“仁”,才是“力行”的标的。颜元要道明的,就是这样一个方向的“心力”,即“心”之不断的“行”,就是接近于“仁”了。所谓“心力”,又开出两个方向,一个是内心要积极而不断地修炼“仁义”:“人心中具有仁义,位育,但得活理养之,则学成具全体大用,否则血肉腐朽而已矣。如鸡卵中具有羽肉冠距,但得煖气养之,则化成而飞鸣走食,否则青黄死水而已矣。”[45]这里开出的是活泼泼的内心活动,结果是德性生长。

另一个是"体力"于"实际"上做事，颜元指意在实际的体力从事中靠"心力"把握，往"天理"上靠，才是。颜元作了比喻以强调此理："吾用力农事，不遑食寝，邪妄之念，亦自不起。若用十分心力，时时往天理上做，则人欲何自生哉？信乎'力行近乎仁'也。"[46]做实事，如种田，用力要走入正道（"天理"），这就是"近乎仁"了。这就叫"仁无间隙，为仁之功亦无间隙"。[47]颜元又从三个向度上标识出"近乎仁"之"行"，这也构成了颜元"行动"哲学的又一特色。从他的"熟仁"方向考量，这样的标识是：

第一个标识是"不离道"。"往天理上做"，就是不得"须臾之离道"，这是"行动"的大方向，是"纲举目张"的问题。在这样的大前提下，颜元强调"无不习熟"，试与"不离道"沟通。此中，颜元勾勒出一个"时习"与"达道"的问题。"达道"，颜元还是抓住了"六府"、"三事"、"三物"，"时时习之"，就是达于这个"道"，从而使这个"道"获得了儒家意义中少有的丰富性、具体性和深刻性。颜元是这样说的："吾谓道之乱，道之亡，病根全在一'说'字。尧、舜之世，道不外'六府'、'三事'，学不外'和其事'，'修其府'。周、孔之宗，道不外'三物'、'四教'，孔之'文'即周之'艺'；行即周之'六行'；忠、信即总括周之'六德'也。此外无道，学即学此，习即习此，时习即时时习此也。'无行不与'，即与三千人同行乎此行义，'达道'即与四海之民同达乎此也。尧、舜、周、孔岂哑人哉，全不事乎说。至汉人以书说，晋人以口说，圣人之道，乱而亡矣。宋人书、口兼说，开坛虎座，动建书院，曰大明道法也；抑知实晦之尽乎？……用先生家塾名，曰'习斋'。"[48]只"说"不"行"，就是"离道"，这个"说"字就无意义，更没有"熟"了。这里，颜元比较了汉儒考据、魏晋清谈、宋儒以书、口兼"说"，可能还缺乏"习行"之实际，就是离开了务实的周、孔之道，所以，颜元以自家的"习斋"，道明习行于此"道"，这是"往天理上做"，要"无不习熟"。更重要的是，颜元把这样的"习熟"定位在"实事"上，认为，离开此"道"，就会"乱"，自尧、舜、周、孔以来的圣人之道（"仁"），我们要"习熟"之，就是"不离道"，在此，"熟仁"使"时习"与"达道"彻底沟通了。

第二个标识是为"颜子所好之学"正名，即"熟仁"上讲究其"真义"，就是在“熟仁”之“行”上。颜元读《论语·雍也》,感触“颜子之好学”颇深,并与“力行近乎仁”作了特定诠释,并以孔子之“七十子”相较而“熟”晓谕:“颜子所好之学,仆不敢言。但七十子于《诗》、《书》、六艺,皆习而通之。后之大儒全废六艺,只尚《诗》、《书》,其于《诗》、《书》又非如古之学且为者,只是读讲以悦口自欺,因以欺世盗名,而好说颜子所好之学。吾不知颜子之好学,即同七十子之习而通之者而涵养更精乎,抑外七十子习而通之者别有一种学而好之乎?”[49]所谓“后之大儒”,主要指的是一批空谈心性的儒者,他们常常以孔子最得意门生颜渊作喻,说“颜子所好之学”,似乎儒家必须是以“好学”为标的,与实际可以无甚相涉,只是以“读讲”来自欺欺人,以为在“学”、在“行”。而实际上,在颜元看来,颜渊之好学,他不敢“妄言”,但孔子门下七十弟子盖也“所好之学”,是“于《诗》、《书》、六艺,皆习而通之”,也是在习“熟”。习《诗》、《书》和六艺之“熟”,是学与行的统一。至于颜子本身,颜元还是相当夸奖颜渊,并与孔子有时相提并举之美:“夫子直许颜子‘其心三月不违仁’,正如自言‘从心不逾’,其相契之深,真如一人矣。故其卒也,哭曰:‘天丧予’!”[50]还是指意在“熟仁”之中,孔子有七十“从心不逾”之“烂熟”,颜渊有“其心三月不违仁”,虽然,颜子之熟“逊色”于孔子之“烂熟”,但在颜元看来,孔、颜在“熟仁”方面,却有着本质上可以沟通的性质。孔子视颜渊为其七十二个弟子中品德最优秀的一位,所以,当孔子听到颜子去世,孔子痛感,这是天要罚我呀!老天爷干脆也把我带走呀!所谓我们讲的颜元对“颜子所好之学”的正名,正是指意在两人“熟仁”方面的“相契之深,真如一人”,重要的恰恰就是,颜子有“习而通之”之“行”的锻炼,这一点可能被孔子看重和认肯的重要方面。

第三个标识是“总不如时习方能有得”。颜元重“习熟”,“行”之话语的权利,集中于“熟仁”上,就是一个“习”的经历,方有所得。但“得”什么?得到的是“习与性成”,落实到做人,颜元揭示的,仍是“熟仁”的“习”之价值。包括揭示出“行”中的主体性结构及其要素。颜元如此说道:“孔子开章第一句,道尽学宗。思过,读过,总不如学过。一学便住也终殆,不如习过。习三两次，终不与我为一，总不如时习方能有得。‘习与性成’，方是‘乾乾不息’。”[51]“思”、“读”、“学”和“习”，但“习”是最具过坎的性质。人的生命能够“生生不息”，来源于不断的“熟仁”之“习”，而且对于做人的价值来说，是“习于性成”问题，即人之德性的生成。对此，颜元一再突显这个价值问题，一个命题是“习于善”。“习善”要“久”，“久”而是“熟”，则有成人之志：“志乎正，不正不敢志焉，志之久，则所志无非正矣。习乎善，不善不敢习焉，习之久，则所习无非善矣。”[52]“志”、“正”、“久”、“善”，都是“习”之宾语，最终目标无非就是“成善”。具体地说“习”，有“习礼”，而且是全身心的“习礼”，颜元发挥孔子之说：“孔子所谓‘齐’，习礼于心也”；“孔子所谓‘明’，亦习礼于心也”。但是，仅仅“习礼于心”还是很不够的，更要“习于行”：“孔子所谓‘盛服’，习礼于身也；至‘目容端’，习礼于视也；‘口容止’，‘声容静’，习礼于言也，至于‘手容恭’，‘立容德’，习礼于持行也。”[53]这样的主体性质的描述，讲出的，无非就是“习礼”的意义。在成人的方面，更是如此。也是在这个方向上深化了“习礼”的“熟仁”定位。颜元又看到了“礼”对于成人方面的深刻性和具体性，因为“习礼”丰富了人之善性的“日日新”：“为人日行一善，三年可千善”；[54]“无非习礼于身矣。礼真斯须不可去者！《盘铭》云：‘苟日新’，振起自涤矣；日岂一日乎？而复云‘日日新’。”[55]是成人的“日日新”，“日日”，就是渐渐、频频，有没有“力行近乎仁”之“熟”？有：“须着力发示。既发，又须频频习熟，不是不费力的做。夫子曰：‘庸德之行，不敢不勉。’又言：‘得亲顺亲，莫谓我不能有此心，此心圣贤庸愚同有，将此心行出来，就是圣贤异人处。今人可怪，不敢言圣贤，并不敢言为圣贤；夫不自圣贤可也，若并不为圣为贤，成何人？’”[56]最后落脚的“巢穴”，就是成圣贤之道，它通过的渠道，正是这个可以促进“日日新”的“频频习熟”才是！

3.“行”与“熟仁”的开导：使儒学更朝向“实践实用主义”倾向发展

颜元从此中开出的方向，归乎的就是“行熟”，二个导向令儒家更加趋于“实践实用主义”化：一个是“实学”用心，另一个是做人（含做官和做事）。这里,我们借用了梁启超在《中国近三百年学术史》的一个说法,即"实践实用主义",也充分地规划了这一"导向"的本质。梁启超先生在评价颜习斋的学说时,道明的,似乎恰恰是这两个导向上的用意:"(颜元)极力提倡一个'习'字,名所居曰'习斋'。学者因称为习斋先生。他所谓'习',绝非温习书本之谓,乃是说凡学一件事都要用实地练习工夫。所以我叫他做'实践主义',他讲学问最重效率。董仲舒说'正其谊不谋其利,明其道不计其功'。他翻这个案,说要'正其谊以谋其利,明其道而计其功'。他用世之心极热,凡学问都要以有益于人生可施诸政治为主,所以我又叫他叫'实用主义'。"[57]梁启超的评价,是点在了"讲学问最重效率"、"人生可施诸政治"上,这一切就是"实践实用主义"的标的物。这里有三个实际之处,是颜元的特殊见解:

第一,"熟在实事",行之功夫就见得实、见得真。此"实事",就是义、利统一,道、功统一。这是较高层次上的哲学思考了。但是,颜元还是坚持了儒家的道义论原则,他的实践实用主义的典型思想,还是认定,道义在先,功利在后;获取功利,也是道义。儒家讲"立达",就是"道立"和"道达"。颜元扩展为做人做事做官的"道"之"立达",并以这"三做"为"道"之"立达"的整体性内容,涵盖面极广。他这样说"立达":"这立字便是'可与立'、'立于礼'、'患所以立'等立字。凡在下而立心、立身、立家、立业,在上而立政、立功、立位、立社稷、立国邑,皆是。我欲成立,谁不想成立?便推欲立之心去立人。这达字便是'在家必达'、'在邦必达'、'赐也达'、'不成章不达'、达道、达德、达尊等达字。我欲通达,谁不想通达?便推欲达之心去达人。这一欲字,把千古帝王、百代圣贤、愚夫愚妇心事都通同无隔。这立、达二字,把帝典王道千百事功、千百政务、圣人一贯、成己成物千百作用都统括无遗。"[58]"行",表现于"立"与"达",此"立、达"的内容就是"实学"的内容,有立心、立身、立家、立业、立政、立功、立位、立社稷、立国邑;又有在家必达、在邦必达、赐也达、不成章不达、达道、达德、达尊;就是正心、修身、齐家、治国、平天下;更确认的是,"立人"和"达人",此"立"此"达",实质就是"行"的话语,它概括了"帝典王道千百事功、千百政务、圣人一贯、成己成物",这些内容恰恰就是颜元“行”之哲学中的“实事”规定,“熟仁”之“行”,就在这些“实事”中,对此,颜元称其为是见得实、见得真的“圣人之功”,讲道、讲义,是放在此“利”、此“功”上的,实践的,又是实用的“行”。

第二,“行熟贯精粗、合内外”,儒家内部有百家之异,但在部分儒者中有通性,是“行”的价值效验。这些是什么?所谓的“通”性,又指的是什么?就是实践实用主义型的“经世之规”、“新民之学”。对此,颜元具有批判性质地引用鹤山魏氏先生之语来意绘这个“行熟”之“通”的奥妙:“资深而行熟,则贯精粗,合内外,群献之精蕴,百家之异指,毫分缕析,如示诸掌。张宣公、吕成公,同心协力以闲先圣之道,而仅及中身,论述靡定。惟先生巍然独存,中更学禁,自信益笃。盖自《易》《诗》《中庸》《大学》《论语》《孟子》,悉为之推明演绎,以至《三礼》《孝经》,下迨屈、韩之文,周、程、张、邵之书,司马氏之史,先正之言行,亦各为之论著。然后帝王经世之规,圣贤新民之学,灿然中兴!”[59]在颜元看来,魏氏所言,如果只停留在“书”、“言”层次,与实际事物毫不相关,就皆为“枉言”。但批判之余,颜元要伸张出“行熟”之“通”的儒家“实学”之旨趣。颜元认为,“行熟贯精粗、合内外”,这本身就是儒之各家的智慧,他举出的人物,基本是属于儒家的,张宣公、吕成公,均为儒家之仕者;《易》《诗》《中庸》《大学》《论语》《孟子》《三礼》《孝经》,均为儒家代表作品;屈原、韩愈之文,周敦颐、程颢和程颐、张载、邵雍之书,均为儒家思想文献,尤其北宋五子(周、二程、张、邵)在宋明理学家那里,占有十分重要地位;至于司马氏之史,乃为司马光之史著《资治通鉴》,实为儒家之经典。这些儒家思想作品的诠释,必须要有“通”之处,就是放在经世致用、解决国计民生的前提之下来考量,否则便无价值。颜元以“三事六府”于体用一致,并且在批评宋、明儒者,只讲心性不着实际时说:“又并宋、明儒之性未之闻,平日徒以章句目儒业,即粗闻仁民爱物作用,亦第视为后起事。不知尧、舜之精一执中,三事六府之体也,三事六府,精一执中之用也;周、孔之一以贯之,三物四教之体也,三物四教,一贯之用也;如树之根本枝干,通为一体。”[60]“三事六府”为体,“仁民爱物”为用,“通”,就是“通”于“三事六府”、“三物四教”的体用不二,就是它的即体即用的“实践实用主义”性质。这也为儒家各学派的共同观念,对此,颜元以“习熟”二字高度概括。这就是儒家的“熟仁”获得了实践和实用的双重性质。但是,在这个系列里,颜元排除了他所说的“宋、明儒”,这主要指的是程朱和陆王之“不务实业”的学说。他这样说道:“因悟周公之六德、六行、六艺,孔子之四教,正学也;静坐读书,乃程、朱、陆、王为禅学、俗学所浸淫,非正务也。”[61]这是因他们不务实际而说的。所以,结论就是:“凡六德、六行、六艺,一切明亲止至善者,俱步步踏实地去做。”[62]这是他彻底地从“习”字上说的了。

第三,“精在我者也”。实践的实用主义,颜元依循儒家思路,始终没有忽略主体性旨归。其实,颜元说要“步步踏实地去做”,就是要展显人之“精熟”的努力,同样在进行务正业中,使理论发挥出实践价值。需要什么样的支撑力?需要什么样的通道?颜元发见了,即要“行熟”,颜元看出的深刻之处,是求“精在我者也”,他指出了这个通道:“精在我者也,心诚,则得之矣。”[63]“心诚”,实乃一种“工夫自熟中出”。这说明,颜元论“熟”,仍然沿袭儒家路径,但又有着自家特色,即在实践层次里的“习熟”,在“我”之中的展开。尽管其中还留有一层陆、王心学之痕迹。首先,颜元极力张扬“我”的天地之存在:“思天地一我也,我一天地也;万物一我也,我一万物也。既分形而为我,为天地万物之灵,则我为有作用之天地万物,非是天地万物外别有一我也。时而乘气之高,我宜效灵于全体;时而乘气之卑,我亦运灵于近肢。分形灵之丰啬!乘气机之高卑,皆任乎此理之自然,此气之不得不然;不特我与万物不容强作于其间,亦非天地所能为也。”[64]儒家有“万物一体”的哲学信念,颜元强化了这样的信念,突显的价值是“行”、“习熟”、“熟仁”,正是有这样一个“我”作为一个实践性的主体。颜元又从具体事实里强化这一行动的主体——“我”的存在。如事有精微,具备“天地”之性质的“我”则是“到了极处”:“(天地)甚细微,甚平常,到的极处,却精察乎天地,甚精微,甚广大”,[65]“熟仁”,就在于此又出入于此。更重要的是,颜元把“我”之实践性质放之于一个更广阔的“行”——实践实用主义——的背景里去提炼和深化。他以孔子之“十五有志”到“七十而不逾矩”的“烂熟”为蓝本，讲出了一番“熟”之路数，其中成就了这个“我”：“吾儒之道，六岁教名、数，七岁教别，八岁教让，九岁教数日，十岁学书、计、幼仪，十三岁学乐、舞，十五岁入大学，凡六德、六行、六艺，一切明亲止至善者，俱步步踏实地去做。二十岁尚不许教人，到三四十岁，发挥其幼学者，进见之君民，退式乎风俗。今世全错了路径，少小无根本，粗者求之章句，精者求之静敬，到数年或数十年后，全不见古人充实大化之我觍，全体大用之我酬，再进无工程之可据。”[66]这是颜元对孔、孟之儒与佛之比较的结论，即讲明儒家之道的成人之“熟”，是从小做起，佛教只教人做空，程朱和陆王只空谈心性名利，于世都无实际之用，关键就是他们缺乏实际之“行”。这个“我”，在他们的哲学教义里，都被曲解了，佛教认其是“不作生理之佛、之僧，生时已背叛人纪，脱离人群，不可以为人矣。”[67]那就更谈不上有实际之行和之熟了！因为，只有承认人之生理性质，就必须有重实际之行的“我”，去进行“熟仁”，颜元概之为“尽人道”，此天地之“我”，就愈发显得入于此种“熟”之境地，颜元这样评估其量：“盖人之与天地并大者，尽人道也。尽人道者，方且参天地，赞化育，尽幽明上下而自我治之，又焉得舍生人之理而不尽，暇问鬼神乎！”[68]

可以这么发挥，这句话的上限，是“德盛仁熟”；这句话的下限，是对实现人欲的“尽人道”的肯定。它给“熟仁”，留下了一片可以作为的天地。颜元提倡“行动”，是“熟仁”之“习”，“六府”、“三事”、“三物”，就是行动之对象、“习熟”之内容。但是，必须指出，这绝不是意味着，坚持实际生活的指向性和国计民生的志向性，就无需儒家“熟仁”里的“内圣”一路，不是的，在颜元那里也不是。这里，确定的是，凡一切虚空之用、“空洞”之理，皆不在“熟仁”里面。对于“熟仁”本身，颜元与程朱陆王，还是存在着共通性。只要是“儒”、只要讲孔子之“仁”，势必之存在着相互沟通处，包括“熟仁”问题，只不过在实现“熟仁”的方式、渠道、方法、手段上存在着差别而已。

四、颜子话题再提起:行动中的颜子

颜子话题,是颜元“行动”哲学中的一个特殊案例,其“至熟”还是“未至熟”,对于颜元来讲,并不需要特别地予以确认和论证。仅按此来看,在检讨颜子之“熟”问题时,颜元与那些大儒,路数上却有不同,即颜元是在“行动”中考量颜子之“熟”。接下来,以颜元解读《论语》中对颜子的重要评价,作一破题式点评。

1. 破题“乃颜子三十二岁已去圣人止一间”

见得孔、颜之乐的,是“志学用功”的“行动”。止于“一间”,就在这个“行动”中。有人问:“夫子三十方守之固,四十方不惑,五十方知命云云。乃颜子三十二岁已去圣人止一间。设寿如颜子,将不得为圣人乎?”颜回三十二归天,英年早逝。但颜子此时已止在圣人之际,然而孔子三十方有所立(“方守之固”),如果孔子三十二终,那孔子就不称为圣人乎?颜元看法是:

> “夫子立时,圣人规模已定,但圣人精细,见的此方是立。不惑时,已自天命了彻了。圣心见的此方是不惑。自他人视之,吾子为生安之圣,一发齐到矣。而圣心则真觉十五至七十原有许多层次也,生来便志学,便用功,便终身用功无已时。此便是圣人纯一不已处,便是生知安行处。非不志学,不用功,乃是生安圣人也。圣人偏是终身志、终身学。”[69]

所谓“圣心则真觉十五至七十原有许多层次”,意味的是“熟仁”之于“行动”的理由,所以要“志学用功”;那个“生知安行处”,便是“义精仁熟”之处,到此境地,便是圣人之熟,那是经过“十五至七十原有许多层次”走来的,孔子和颜子,皆用心于“志学用功”之“行动”中,颜子三十也罢,孔子十五至七十也罢,重要的不在于人是生不生、活不活、在不在,是圣人不是圣人,正是“熟仁”之“行动”,是那个生生不息的活力,颜元看高一线的,就是孔、颜之精神:“志学用功”罢了。所以,孔子给予颜子的赞誉,就是出于这样的所谓“行动中的颜子”:永无止境的“熟仁”之“习”。

2. 破题"颜子所好之学"

对于"颜子所好之学"的精神,儒家给予始终如一的赞美。但是,颜元的赞美里,具有特殊的含义:

"颜子所好之学,仆不敢言。但七十子于《诗》、《书》、六艺,皆习而通之。后之大儒全废六艺,只尚《诗》、《书》,其于《诗》、《书》又非如古之学且为者,只是读讲以悦口自欺,因以欺世盗名,而好说颜子所好之学。吾不知颜子之好学,即同七十子之习而通之者而涵养更精乎,抑外七十子习而通之者别有一种学而好之乎?噫,从祀孔子庙庭者,非曰滥觞章句,则曰打诨禅宗,皆曰学颜子之所学。噫,孔子门下三千人中仅一颜子,又仅七十一人,何后世人人颜子而曾不见一七十子之学也!噫,生民世道乌得不莫之御而至于此也!"[70]

这段话,前面已经分析。这里,只是指出,被儒家看好的颜子之学,有的被时下滥用了。要看出的是,颜子之学,可能还要比孔子弟子更上一层楼。颜元评价颜子之学与孔子其它弟子"习而通之",他们学习"六艺",也学习《诗》、《书》,而又与颜子之学有些许差距。主要在"行动"上,颜子趋向更精、更细、更于切己有关。那个"涵养更精",似乎点意犹在。同样,今有一批学者("后之大儒"),虽有"颜子之学"之名,却根本无"颜子之学"之实,已"全废六艺","只是读讲以悦口自欺",大有"欺世盗名"之嫌疑。而颜子所好之学,"习而通之"这"六艺"、"诗"、《书》,但颜子是"涵养更精"、更是"熟"些,以身体力行,去学做孔子而至于圣人之熟。在此,颜元一连用了三个"噫",感慨的就是,颜子之学,只是在"行动"中的呀!至今差不多丢掉了。所以,"生民世道"的学问——当然就是"熟仁"的学问,可以通过颜子之学里,而不是在"后之大儒"的"悦口自欺"、不务实事里而获得呀!

3. 破题"想皆颜、曾乎"

这是能够称得上"颜、曾"之辈的评价标准。孔子教出的弟子,是带着夫子"务实"、"生民"之志,与宋儒之辈只在"性道"上务虚不务实,迥然有别。

在此,颜元潜在的批评了朱熹。

> “朱先生门下想皆颜、曾乎?即皆颜、曾,能必皆自幼便颜、曾乎?何开口辄言性道乎?又何读解至此全不悔过改图乎?其注解经书之功,不敌其废乱圣学之罪。读讲之弊,与晋人之清谈同讥,流而为浮文。诬世生民之祸,先生不得不分其责。‘夫子之文章’章”[71]

象“朱先生”只在“开口辄言性道乎”里,能有务实于“三事”、“三物”的实际“行动”中的弟子吗?孔子弟子如颜子、曾子等,多问“仁”、多问“礼”;颜子只问“仁”,不问“性道”;在《论语》,罕见孔子回答“性与天道”的文字,而其回答的“仁”与“礼”,即务实不虚,很有实际的针对性,又强调其“躬”的行动性质,恐怕孔子“仁”之活学活用,就是最好的答案。在颜子那里,在曾子那里,可能都做到了。颜元如此评价颜、曾:“颜、曾盛德在躬,道义充腹,若分其片言节行,亦足誉富贵者于千古,然而亦不可得也。虽然,求恺、崇之五七里帐不可必,求颜、曾之片言节行犹可勉也,亦为之而已矣。”[72]这个“躬”,是行动于“熟仁”;这个“腹”,是执着于“道义”。而且二者的经纬之度,则是颜、曾的标准。

遗憾的是,象颜、曾这样的人,现在已经很“不可得”了。时下啊,宋儒一统天下的“读讲之弊”,与魏晋玄学之“清谈同讥”、其文字“流而为浮文”,已经很难与孔子、颜子、曾子的所言所行相媲美了。这里,间接地流露出颜元承载着那股“忧国忧民忧天下”之儒家“士大夫”的情怀,是多么的具有时代性呀。

4. 破题“其心三月不违仁”

孔子评价过颜子,是“其心三月不违仁”,所以,就有了颜子“熟”与“欠熟”之分析。颜元似乎属于“熟”派。但其中观点与上述“至熟”派不尽相同。颜元说:

> “万世从无见人之心者。人之才、人之器、人之象貌俱可见,惟心不可见。夫子直许颜子‘其心三月不违仁’,正如自言‘从心不逾’,其相契

之深,真如一人矣。故其卒也,哭曰:‘天丧予’!‘子曰回也其心三月不违仁’章”[73]

颜元感慨“其相契之深,真如一人”,是看到了颜回“其心三月不违仁”与孔子“从心不逾”,相契着深刻的一致性。但是,这里的特殊地方,是在于颜元不去计较于颜子的“熟”与“未熟”,更不计较于“三月”之短,而是指证在孔子也罢、颜子也罢,其时时刻刻分分秒秒里,是以“纯熟”于“天理”之中,是“行动”中的逻辑。这才是“三月不违仁”的实质所在。颜元这样比喻:“七十子日至、月至身分,久不明于乾坤中矣。予尝体察其深浅,一日十二时,但有一刻一分不纯天理,便非日至矣。一月三十日三百六十时中,但有一刻一分不纯天理,便不得谓之月至矣。”[74]这“日至”、这“月至”、这“纯天理”,即是一种形象的说明,意思是说,颜子的行动,一直不停的留驻于“熟仁”里,一直不停地在行动中,一直不停地在务实中,这些“一直不停”,本质上就是符合“天理”的活动,或者更直截了当地说,这本身,就是“天理”。颜元对“天理”的解释,就是与宋儒之异,就在这里。用“行动”(“熟仁”之“习”)来说“天理”,可以成为颜元优势于宋儒之点缀。

5. 破题“孔、颜之乐”

儒家向有“孔、颜之乐”,而此“乐”,一旦具体落实到何处,那就难免有“仁者见仁,智者见智”了。[75]颜元作何种意义的解释呢?他指意在“博文约礼”,是孔、颜之乐处。颜元以为:

> “寻乐之方在博文约礼。后世博非其博,约非其约,而曰我之乐即孔颜之乐,我之寻即颜子之所以寻也。”[76]

那么,颜元是寻迹于何种意义上的“博文约礼”作为孔、颜之乐呢?在颜元的行动哲学的逻辑里,“博文约礼”,本身就是“熟仁”行动的样式。否则,“熟仁”便没有着落。颜元看出孔子教导颜回“夫子循循然章”的背景深意:“此章幸颜子自叙出博文约礼,将夫子之道、之教与颜子之学前后俱有着落矣。不然,入宋儒口笔,几何而不满纸禅宗也。”[77]关键是,这“文”、这“礼”,

颜元给予了“实学”意义的匡正。颜元这样解释:“既知颜子称圣人最切当。圣人教人惟此二事(指“博文”和“约礼”——引者加注),先生辈何不以兵农礼乐等文、冠婚丧祭等礼,自博自约,博人约人也?无他,文其文,礼其礼,非孔门之文礼;博其博,约其约,非孔门之博约焉耳。何以明之?观《注》(指朱熹《四书章句集注》——引者加注)‘高坚前后,语道体’‘无方体’之言,博文‘知古今’,约礼‘尊所闻’等,可知矣。”[78]后面所批,是针对朱熹而发。不以“兵农礼乐”为“文”,不以“冠婚丧祭”为“礼”,这“博文约礼”就没有实际价值,朱熹的解释,可能就停留于此。落实到行动,“此中工夫”能知几?可能就流于禅宗:“‘博文约礼’何道乎?而乃‘如立卓尔’也。见之不真,几何不为禅家镜花水月者借口也。”[79]所以,“此中工夫,只有志为学者自问、自证。”[80]颜回是做到了。这就成为他的“乐”。

总之,“孔、颜之乐”,“乐”在此中意义的“博文约礼”,即极富“实学”价值的“兵农礼乐等文、冠婚丧祭等礼”中。这是颜元解释“孔、颜之乐”的最大优越点,远胜过“宋儒”了:“孔子所谓‘在兹’,颜子所谓‘博我’者,是何物事?后世全误。”[81]“孔子曲肱疏水,颜渊箪瓢陋巷,当日不知作何心景,自谓今日或庶几矣。”[82]时下又有多少人能体会到、做得到孔、颜之乐呢?

6. 破题“颜子总是根子人”

颜子是行动中的人,而且日日在积累善行、累积实效。这就是颜子“根子”。有人改过,颜元举颜回“不贰过”做榜样:

> “吾学无他,只‘迁善、改过’四字。日日改迁,便是工夫;终身改迁,便是效验。世间只一颜子‘不贰过’,我辈不免频复。虽改了复犯亦无妨,只要常常振刷,真正去改。久之不免懈怠,但一觉察,便又整顿。不知古人如何,我是依此做来。”[83]

颜元说他“依此做来”,实际也是颜子做来的“样板”。颜子“不贰过”,不是说他不做第二次,而是说他不重复犯二次相同的错误。并且,颜子是在“迁善、改过”中去实现颜子这个“博我”。“不贰过”,是颜子特色;但“迁善、改过",更是颜子所学所习。真可谓是"学一次有一次见解,习一次有一次情趣,愈久愈入,愈入愈熟。"[84]对此,颜元有切肤评价:"不实下习工夫,不能咀此滋味。"[85]只要在"熟仁"行动中能够"愈久愈入,愈入愈熟"的人,就如颜回和颜元,才能咀嚼到此中冷暖"滋味"。

从颜元对颜子的破题,颜元发现,孔子七十二弟子,可能唯独颜子与众不同。归纳的话,就以这几段颜元原话作为这里的总结:

"七十子终身追随孔子,日学习而终见不足,只为一事不学,则一事不能;一理不习,则一理不熟。"[86]

"学求实得,要性情自慊,则心逸而日休;学求美名,便打点他人,则心劳而日拙。此关不透,虽自负读书穷理,用功数十年,其实谓之一步未进。"[87]

"吾心本体岂易见也哉!圣人之化,此化也;颜子之不违,不违此也。"[88]

"夫子正恐德立仁熟之后便视艺为粗迹"[89]

当颜元说到孔子是先有"德立仁熟",后有"游于艺"时,已经是弟子们(当包括颜子)应当殊途同归之处了。娴熟地去"游于艺",可能,颜子是做得最好的一个了。

结论就是,通过颜元对《四书》的"正误"和身临其境的《言行录》等作品里,去阐述出行动中的颜子,这似乎构成了颜元评价颜子工夫的基本格调。尽管颜元在哲学上有时也存在"心学"痕迹,但这并不妨碍对于颜元"熟仁"行动逻辑的评价。

综上所述,通过上述四节的考量,带上行动哲学逻辑特征的颜元"熟仁",有两个落脚点直白、显着:一是"熟仁"连接着实践、实用主义的指归,一是做人做官做事要落实到不断的"习仁"之"熟"。这就是真正的"行动"。颜元强调,孔、颜之事,皆为"实事":"尚行禹、益、孔、颜之实事。"[90]儒家之所以然的名实相副,也在此中。在"存人"的思考里,颜元一直有这样的感慨:"矢志成人者,亦惟入学、中举、会试、做官而已";[91]"于圣道之外哉!君子思之！何以谓名为儒而实不解圣道”。[92]这里的层次，已经蕴涵了颜元试图在他自己的“行动”哲学框架里去审量、取舍历史上和现实中的儒家！他，实际地引领出了儒家的一个新方向，即实践性实用主义的“行动”哲学。也引领出在我们的邻国日本、韩国等丰富的“实学”思潮。由此，同时给儒家“熟仁”理性增添了一份鲜活的现实生命力。这是颜元“熟仁”的精华，也是归之于儒家“熟仁”中的又一朵十分亮丽的“奇葩”。

从“二颜”的“熟仁”逻辑里，不仅观照的是“熟仁”行动哲学的逻辑，是实实在在的逻辑，所照亮之处，就在“实学”的学问里，“熟仁”成为“行动”哲学，而且锁定在“看高一线”的定位，颜元“熟仁”所牵引的实际成果，可以称为获得了比较可观的、有分量的进展。在吕坤的“自德性中走来”，(朝鲜李朝时代)李栗谷的“熟仁”无国界，曾国藩的“熟仁”集散地，恰恰提供了这个进展中的份份优质“答卷”。

注释：

[1]《颜元集·四书正误卷六》，中华书局 1987 年出版。

[2][3]《颜元集·朱子语类评》。

[4]《颜元集·言行录卷下》。

[5]《颜元集·四书正误卷三》。

[6]《颜元集·存学编卷四》。

[7]《颜元集·存学编卷三》。

[8]《颜元集·存学编卷四》。

[9][10]《颜元集·存学编卷三》。

[11][12]黄宗羲：《宋元学案·北溪学案》。

[13][14]《颜元集·存学编卷四》。

[15]《颜元集·存学编卷一》。

[16]《颜元集·存学编卷三》。

[17][18][19][20][21][22][23]《颜元集·存学编卷四》。

[24][25]《颜元集·存学编卷二》。

[26]《颜元集·存学编卷三》。

[27]《颜元集·存学编卷二》。

[28][29]《颜元集·存学编卷四》。

[30]《颜元集·言行录卷下》。

[31]《颜元集·存学编卷一》。

[32]《颜元集·存人编卷一》。

[33]《颜元集·存学编卷二》。

[34]《颜元集·存学编卷一》。

[35]《颜元集·存学编卷二》。

[36][37]《颜元集·存学编卷三》。

[38]《颜元集·与谈子立书》。

[39][40][41][42][43][44][45][46]《颜元集·言行录卷上》。

[47]《颜元集·言行录卷上》。

[48]《颜元集·朱子语类评》。

[49][50]《颜元集·四书正误卷三》。

[51][52][53][54][55][56]《颜元集·言行录卷下》。

[57]梁启超:《中国近三百年学术史》,第106页,中国书店1985年出版。

[58]《颜元集·四书正误卷三》。

[59]《颜元集·存学编卷三》。

[60]《颜元集·存人编卷二》。

[61]《颜习斋先生年谱》。

[62]《颜元集·存人编卷二》。

[63]《颜元集·与谈子立书》。

[64]《颜元集·言行录卷下》。

[65]《颜元集·四书正误卷二》。

[66][67][68]《颜元集·存人编卷二》。

[69][70][71]《颜元集·四书正误卷三》。

[72]《颜元集·言行录卷下》。

[73][74]《颜元集·四书正误卷三》。

[75]有一种相当成型的观点是,“颜子之乐”,原出自孔子夸奖颜子“贤哉回也！一箪食,一瓢饮,在陋巷。人不堪其忧,回也不改其乐。贤哉回也!”(《论语·雍也》)颜元也有此取向,是说“颜子箪瓢陋巷乐,不箪瓠陋巷亦乐,是何如乐,正宜理会。”(《颜元集·言行录卷上》)问题就在“正宜理会”上,流露出颜元还有更进一步的思考。又:“颜子箪瓢陋巷自甘,乐人也,禹、稷乐乎？颜子乐乎?”(《颜元集·言行录卷上》)二个问号,不似含着更进一步的思考余地吗?

[76][77][78][80]《颜元集·四书正误卷三》。

[79]《颜元集·四书正误卷四》。

[81]《颜元集·言行录卷下》。

[82]《颜元集·习斋记馀卷二》。

[83][84][85]《颜元集·言行录卷下》。

[86][87]《颜元集·言行录卷上》。

[88]《颜元集·习斋记馀卷三》。

[89]《颜元集·四书正误卷三》。

[90]《颜元集·习斋记馀卷一》。

[91][92]《颜元集·存人编卷二》。

当代学术文丛

儒家“熟仁”新探（下卷）

Rujia “Shuren” Xintan (xiajuan)

杨建祥/著

江西人民出版社
全国百佳出版社

图书在版编目(CIP)数据

儒家"熟仁"新探 ：全3册 / 杨建祥著.—南昌：江西人民出版社，2013.7
ISBN 978-7-210-06056-7

Ⅰ.①儒… Ⅱ.①杨… Ⅲ.①仁-研究 Ⅳ.①B222.05

中国版本图书馆CIP数据核字(2013)第172835号

书　　名：儒家"熟仁"新探(全3册)
作　　者：杨建祥 著
责任编辑：徐明德　章华荣　陈　茜
封面设计：同异文化传媒
出　　版：江西人民出版社
发　　行：各地新华书店
地　　址：江西省南昌市三经路47号附1号
编辑部电话：0791-86898965
发行部电话：0791-86898801
邮　　编：330006
网　　址：www.jxpph.com
E-mail：gjzx999@126.com
2013年7月第1版　2013年7月第1次印刷
开　　本：787毫米×1092毫米　1/16
印　　张：60
字　　数：1000千
ISBN 978-7-210-06056-7
赣版权登字—01—2013—384

总 定 价：98.00元
承 印 厂：江西茂源艺术印刷有限公司
赣人版图书凡属印刷、装订错误，请随时向承印厂调换

第十五章

自德性中走来:做人—做官—做学问

颜元的里程碑正是来自于对孔、孟以来“熟仁”发展的升华。“习”、“行动”;“仁”、“仁政”;“熟”、“熟仁”,恰恰涵盖了现实生活世界的人之三桩大事:做人—做官—做学问。这不仅是儒家“熟仁”从“圆圈”再到“圆圈”的事实经过,而且又是这些大儒的实践提炼。归纳为规律性的表述则是:“熟仁”,往往化作做人、做官、做事、做学问上的工夫。追求的恰恰是“做人—做官—做学问”这三位一体上的权衡或取舍。

必须揭示的是,随着时代变迁,“仁”在行动上的现实化,在经世致用的视野里,儒家“熟仁”就需要现实化地去成就和造化。反观颜子、颜元之实,或照观自孔、孟开启的“熟仁”发展,在稍前于颜元的实学家、明代大儒吕坤对于“熟仁”的证实,恰恰印证了本文的标题,就是“熟仁”化作“德性”,“德性”成为“熟仁”的结局。这是在“经世致用”思路里去看待这个“德性”与“熟仁”的内在连接——一切“自德性中来”的结局,恰恰又是在这“三位一体”里的实现,这同样以“熟仁”工夫在一个新命题——“自德性中走来”里的血脉流淌:“熟仁”,乃为德性积淀!

吕坤(1536—1618),明嘉靖、万历年间人,官至刑部左右侍郎。后辞官从事著述。有人这样评价他:“居家之日,与后进讲习,所著述,多出新意。”[1]在吕坤的众多著述里,最著名的是《呻吟语》。该书主要以儒家思想为立足点,思考人生,提升治道。其中的“熟仁”观,是他这个研究方向的基本考察点。这里,吕坤展开的“熟仁”命题,倾注在德性中走来的道义坚定。本文以《呻吟语·问学篇》一句:“自德性中来”为标题,再加个“走”字,意图就是如此。

一、成人上的考究:“坚志熟仁有妙道”

吕坤作为反理学的先驱,在处理“熟仁”问题上,有不同于程朱理学之处,但作为儒家的思想家,当也承传了孔、孟之道。吕坤是这样来思考“熟仁”问题的:“余讲学”只主、只发“孔门一个仁字”。

1. 渊源于孔、孟,又有所开拓

《谈道篇》言:“熟仁”的“圣门工夫有两途”,一是“克己复礼”,一是“先立乎其大者”。在此,儒家气息,何等显露。首先指出,吕坤对“熟仁”的辨识源自于孔、孟,也颇具人文气质。《呻吟语》多有申辩:《问学篇》:“‘熟、思、审、处’,此四字德业之首务。”《应务篇》:“困者熟思而得。”《品藻篇》:“节文习熟,闻见广洽之人。”《人情篇》:“学者熟思,自有滋味。”《圣贤篇》:“孔子庄严之气多,熟读经史自见。”这里讲到的“熟”,首先是作为方法论的思考,在思想、在读书、在生活、在做人、在做官,均有“熟”字回味。他在《治道篇》中引进“固已熟于畎亩之中,苟能用我者,执此以往耳”。对于儒家“熟于畎亩之中”的这一深刻洞察力,吕坤有专注的理解。作为信奉程朱理学的吕坤,写此段话的深切用意,是坚定的放在“用我者”上,也是在强调“熟仁”在德性坚定上的走来。

2. 德性坚定,坚志熟仁有妙道

吕坤的“用我者”,真实的意图仍然放在道义和德性上,作为任过职、当过官的儒家文人,他对官场并无太多感情,但是人一旦走进官场,仕宦生涯就要促使他经受德性考验。仕途上的真考验就是他如何去接受、履行职责,实现儒家正心诚意、修身齐家、治国平天下的道义。对此,吕坤发现:“坚志熟仁

之妙道”[2]。试问,这“熟仁”,究竟有什么样的“妙道”?吕坤从德性坚定上说开:

其一,“义精仁熟”。德性坚定,有个从“精义入神”到“恒之由来”的“义精仁熟”过程。吕坤形象地比喻为吃胡桃的过程。《问学篇》:“体认要尝出悦心真味,工夫更要进到百尺竿头……如这树上胡桃,连皮吞之,不可谓之不吃,不知此果须去厚肉皮,不则麻口;再去硬骨皮,不则损牙;再去瓤上粗皮,不则涩舌;再去薄皮内萌皮,不则欠细腻。如是而渍以蜜,煎以糖,始为尽美。今之工夫,皆囫囵吞胡桃者也。如此体认,始为精义入神;如此工夫,始为义精仁熟。”“义精仁熟”,是德性的成熟,是德性成熟中的坚定,是普通人走向君子、君子走向圣人的必由之路。这个过程也是一个由“精义入神”到“义精仁熟”的衔接,就在“精义”之“恒”处。《问学篇》这样说道:“上达无一顿底。一事有一事之上达,如洒扫应对,食息起居,皆有精义入神处。一步有一步上达,到有恒处达君子,到君子处达圣人,到汤、武圣人达尧、舜。”德性坚定来自“义精仁熟”,它是不断地进德修业所培养和陶冶而来。吕坤按孔子十五有志到七十不逾矩的“熟仁”过程,自设一个划分,很得孔子要领,并且有所发挥:“进德修业在少年,道明德立在中年,义精仁熟在晚年。若五十以前德性不能坚定,五十以后愈懒散,愈昏弱,再休说那中兴之力矣。”[3]这就是说,进德修业,要彻始彻终;德性坚定,要一生着力,决不松懈。关键是要把握这“义”,工夫就是这“两项”:愈“精义”,则愈“熟仁”,而这“精义”,实质上就是儒家“道义”的所有道理。

其二,“坚志熟仁有妙道”。“妙道”甚多。吕坤有这番议论:“其次莫如敬慎。夔夔斋栗,敬慎之至也,故瞽瞍亦允若。温和示人以可爱,消融父母之恶怒;敬慎示人以可矜,激发父母之悲怜。所谓积诚意以感动之者,养和至敬之谓也。盖格亲之功,惟和为妙、为深、为速、为难,非至性纯孝者不能。敬慎犹可勉强耳。而今人子以凉薄之色、惰慢之身、骄蹇之性,及犯父母之怒,既不肯挽回,又倨傲以甚之,此其人在孝弟之外,固不足论。即有平日温愉之子,当父母不悦而亦愠见,或生疑而迁怒者,或无意迁怒而不避嫌者,或不善避嫌,愈避而愈冒嫌者,积隙成衅,遂致不详,岂父母之不慈?此孤臣孽子之法戒,坚志熟仁之妙道也。”[4] 此妙道何在?在敬慎、在积诚、在养和、在纯孝,它贯彻的是德性的“坚志”,正是体现“义精仁熟”之“妙道”。在治道上,吕坤有所发挥,如敬慎,乃士君子从政担任之“当知”:“士君子当大事时,先人而任,当知‘慎果’。”[5] 如积诚,乃为治国之才:“盖才自诚出,才不出于诚算不得个才,诚了自然有才。今人不患无才,只是讨一诚字不得。”“积诚”,就是德性的锻炼,有此德,就是才的定义:“故惟有德者能用才。”[6] 此“才”有心术、学术、政术,然心术统领学术与政术,“总是心术诚了,别个再不差”[7]。心术也只是归在“义精仁熟”。这些“德性坚定”,是心术端正引导学术和政术的端正的过程,是看高一层的学术和政术,吕坤强调:“所以学者要德性坚定。到坚定时,随常变、穷达、生死只一般;即有难料理处,亦自无难。”[8]

其三,“至德之性,习熟而成”。吕坤当属大儒,也推崇儒者们检讨的习熟之辨。养成熟仁之德性坚定,需要有渐有恒到精义之处,这是一种习熟的涵养。吕坤以“烧炭成熟”之喻道明此理:“涵养一分不到,便有一分气质。譬之烧炭成熟,一分木未透,便是一分烟不止,须待灼透,要一点烟也不得。”[9] 涵养功夫受之于“常”,要有一以贯之的东西:“夫涵养工夫岂为涵养时用哉?故马蹶而后求辔,不如操持之有常;辐拆而后为轮,不如约束之有素。”[10] 这个“常”、这个“素”,在涵养工夫的意义中,就是“仁”、就是“道”、就是“德”。至德,由习熟所成。吕坤举文王“仁熟”之心积累,《圣贤篇》指出:“天命人心,一毫假借不得。商家根深蒂固,须要失天命人心到极处,周家积功累仁,须要收天命人心到极处,然后得失界限决绝洁净,无一毫粘带。如瓜熟自落,栗熟自坠,不待剥摘之力……此文王之所以为至德。”“瓜熟自落”、“栗熟自坠”,是对文王“仁熟”而“至德”的生动描绘。周文王乃为儒家圣人系列中的重要一员,更是极力推崇的治道榜样,他有娴熟的治道品德,是儒家推崇原因之一。即如此段结论:“用是见文王仁熟智精,所以为宣哲之圣也。”

二、治道上的考究:“自通达中走来”

吕坤在治道上的“熟仁”思考,是对理学空洞的一种简洁批判。故他要作《治道篇》来强化儒家“熟仁”的实际价值。这就突显了“经世致用”的价值取向。吕坤又是这样来思考“熟仁”:

1.“通”从“熟”中来。此“通”,乃熟于儒家之道

吕坤不是抽象空洞地对待“熟仁”,重要的是,他从反对“理学”脱离实际的立场上,也就是从实学的哲学角度,作了治道上的发挥和应用。但是,吕坤这里的阐述,基本面仍然属于孔、孟一路。吕坤崇尚圣贤之道,“熟仁”,无非就是要熟圣人之道、圣贤之道,它表现为“通”,吕坤这样说道:“孔子只是一个通,通外更无孔子。”[11]孔子是“熟仁”之楷模,其中的“通”,恰恰就是这个“熟仁”的表征。孔子能够通达,是他“熟仁”的通达,是他中道的从容,譬如在动静之间、刚柔之间、智愚之间,求个彼此之通。吕坤具体又形象地说开:“水之流行也,碍于刚,则求通于柔;智者之于事也,碍于此,则求通于彼。执碍以求通,则愚之甚也,徒劳而事不济。”[12]在“熟仁”上,吕坤定位于“通达”,有三点可以深入领会吕坤的用心。

第一,“志”上说的。吕坤崇尚立志,倡“贵志”说:“士君子碌碌一生,百事无成,只是无志。”这是自孔子以来儒家一以贯之的传统,他明确指出,“惟圣人为能通天下之志”[13],这是儒家对“圣人”的确认,也是从“通”上来讲“志”,是对“熟仁”的特定解说。以孔子为例,吕坤具体地展开了描叙:“是故学者贵有志,圣人取有志。狷者言尺行尺,见寸守寸,孔子以为次者,取其守之确,而恨其志之隘也。今人安于凡陋,恶彼激昂,一切以行不顾言沮之,又甚者,以言是行非谤之,不知圣人岂有一蹴可至之理?希圣人岂有一朝径顿之术?只有有志而废于半途,未有无志而能行跬步者。或曰:‘不言而躬行何如?’曰:‘此上智也。中人以下须要讲求博学、审问、明辩,与同志之人相砥砺奋发,皆所以讲求之也,安得不言?若行不顾言,则言如此而行如彼,口古

人而心衰世,岂得与狂者同日语哉?’”[14]孔子有“熟仁”的理论,又是践行“熟仁”的楷模。他不狂也不狷,内在的因素是他守常志,是娴熟于志的圣人。这里所谓的“不知圣人岂有一蹴可至之理”“圣人岂有一朝径顿之术”,不就是一种“熟仁”的期待?当然,“志”有正确与否,需要检验,《存心篇》称为“点检”:“志为第一,也要点检这心志是天理、是人欲”。这一思想,难能可贵。

第二,“道”上肯定。吕坤坚信:“故天地间惟道贵,天地间人惟得道者贵。”[15]所谓“通达”,就是对“道”的“通达”,就是规避“贼道”的“熟仁”,它是在道义上的娴熟展开。吕坤说了一大堆理由,竭力说明“贼道”是缺乏“熟仁”的恶果:“今之论人者,于辞受不论道义,只以辞为是,故辞宁矫廉,而避贪爱之嫌。于取与不论道义,只以与为是,故与宁伤惠,而避吝啬之嫌。于怨怒不论道义,只以忍为是,故礼虽当校,而避无量之嫌。义当明分,人皆病其谀而以倨傲矜陵为节概;礼当持体,人皆病其倨而以过礼足恭为盛德。惟俭是取者,不辩礼有当丰;惟默是贵者,不论事有当言。此皆察理不精,贵贤知而忘其过者也。噫!与不及者诚有间矣,其贼道均也。”[16]“贼道”,即害道、割裂道义就是“贼道”;吕坤以“道义”不能割裂、所贵于道的至熟方法,如“察理要精”、“贵贤知学”、“通达于礼”,得出“通达”于“道义”,才是真熟,也才是成君之道的结论。所谓“有通达”,就是“君子通达于礼检之中”,而“礼检之中”,就是在“道义”之中,“是以君子瞬存息养,无一刻不在道义上”[17],归根结底,就是在“道”之中。

第三,“仁”上的化开。“熟仁”,实际就是对“仁”的娴熟,“仁”是什么?孔子定下一个最基本的基调是“仁者爱人”。并以一系列“熟仁”方法来提高“仁者爱人”的实现高度。而归结起来,就是一种“德性”的历练。当孔子以“推己及人”、“己所不欲,勿施于人”、“立人而达人”为做人做事三条原则时,实际上就是把他的“仁”化了个开,在“熟”字上历练了个德性。吕坤得其意,心领神会,整篇《呻吟语》,凡是讲到孔子和孟子,吕坤每每总是仰其仗义、嚼其德滋、检其精蕴,从而达其通识。吕坤通过一系列方法检讨,用“德性”化开了孔、孟的“熟仁”。这里，吕坤还是集中在“德性”历练的检讨上：如《性命篇》言“德性以收敛沉着为第一”，但是，又加上“气”来说“德性”培养，也在《性命篇》里讲：“天地只是一个气，理在气之中，……降伏气质，扶持德性。”此理也深化了孟子的“养气”至熟。在此，吕坤又做了不少具体化工作，提出很切于孔子、孟子的“熟仁”工夫，如《存心篇》讲出“心”之工夫，又常与“德”字挂钩：“学者只事事留心，一毫不肯苟且，德业之进也，如流水矣。”“常使精神在心目间，便有主而不眩。”“工夫只在个定火……静属水，动属火……苏定者，水澄清而火熄也……惟君子善处火，故身安而德滋。”这就是“主静而慎动”，一个“静”字工夫，时刻不能离：“‘静’之一字，十二时离不了，一刻才离便乱了。”当然，吕坤看出的“静”字中，仍然是一个“通”字，“持一个自强不息之心通……只静了，千酬万应都在道理上，事事不错。”这是“德性”工夫的历练，也是“熟仁”的结局。所谓“静者生门，躁者死户”[18]。对此，吕坤已经提升到生死高度来讲这个问题了。

2. 治道上的考验和锻炼

治道，求在“通”、取在“熟”，吕坤借“熟仁”讲出“习熟”在治道上的重要性，“知大体”，就是“敦大节”、“权道义”，就是“熟仁”锻炼的进行时。吕坤说得细腻：“操进退用舍之权者，要知大体。若专以小知观人，则卓荦奇伟之士都在所遗。何者？敦大节者不为细谨，有远略者或无小才，肩巨任者或无捷识；而聪明材辩、敏给圆通之士，节文习熟，闻见广洽之人，类不能裨缓急之用。嗟夫！难言之矣。”[19]所谓“难言”之“难”，就是治道上需要“节文习熟”的不断考验和锻炼。仕途上有“进退”之考验、治道上有“用舍”之习炼，走过来走过去，就是一个“熟”字，成就它的，就是德性的生长。“急任要观变会通”，治道之德，无非来自于此！

吕坤点拨出的是：治道中有“熟仁”的问题，并且提出相应要求，他在《治道篇》中引此而发“熟”：“夫古之明体也，养适用之才，致君泽民之术，固已熟于畎亩之中，苟能用我者，执此以往耳。今之学校，可为流涕矣。”重要的一句

“固已熟于畎亩之中”,源自于《孟子·告子下》“舜发于畎亩之中”一段,意思是说,舜从田野中兴盛起来,是经历了“先苦其心志,劳其筋骨,饿其体肤,空乏其身,行拂乱其所为,所以动心忍性,曾益其所不能”。上天把重任降到舜的身上,因为在舜的治道里,他能够先苦恼他的思想,劳累他的筋骨,饥饿他的身体,穷困他的生活,扰乱他的行为,以此换取他内心的震撼,性情的坚韧,能力的增强。这个“换取”,就是“熟仁”的进程,至于舜所走过的经历,就更是属于“熟仁”的锻炼,无怪乎,二程对此的结论是:“若要熟,也须从这里过”。治道的人才,必须“熟”于此理中的锻炼,也即为吕坤“固已熟于畎亩之中”的整体内涵。对于当今“学校”不在意培育这样的“人才”,吕坤深感痛心。“熟仁”被时下一味乞求“八股”、“科举”的学校而淹没,吕坤述其为“流涕”!

值得指出,有关“治道”中的“熟仁”问题,吕坤终究在“道”上下工夫。虽然其中无有“熟”字,却极有“熟”字精神。在《治道篇》,吕坤多方面显示这一“熟仁”之“道”,并使之具体化。如说到“智”、“勇”,吕坤点在制胜之道上:“智在相机,勇在养气。相机者,务使鬼神不可知;养气者,务使身家不肯顾。此百胜之道也。”这是“熟仁”所能够带来的,而“相机”、“养气”恰恰就是“熟仁”之中的行为。孟子的“养气”至于“熟”,在此显得十分充分:“肩天下之任者,全要个气。”又,发挥挖掘“道”中“治”意义,吕坤以天、人、君之道说开“清平”的治道价值:“祸福不爽。曰天道之清平。”“刑赏不忒,曰君道之清平。”“褒贬不诬,曰人道之清平。”治道的公正,就是要保持像天道一样的“清平”,人道和君道,就是如此,实际上,真正要做到,是需要体验“熟仁”的,这就是学“熟”:“学者熟思,自有滋味。”[20]“熟思”所获得的“滋味”,是体悟到了“道”(“仁”)的特殊滋味。要获得这一特殊“滋味”,是需要花特别的工夫,就是“熟仁”中的德性坚定性。

至于如何做到,吕坤点拨出了一个方向,即此中之“道”,往往以“道义”为先锁定,化在实际的治道上,就是坚持一个在“先”的指导原则,“熟仁”,就是熟个道,就是熟在以道义为先的旨义当中。在《治道篇》,吕坤一再表明此理，以“第一”说开“道义”在先的道理：“为政之道，第一要德感诚孚，第二要令行禁止”；“第一要爱百姓……此居官第一戒也”；“为政以徇私弭谤违道干誉为第一耻……毕竟是直道而行”，并以一“先”字当要：“庙堂之上，以养正气为先……此万世帝王保天下之要道也”；“是故明君治天下，必先尽革靡文，而严诛淫巧”；“为政先以扶持世教为主”；“先天下之忧者，可以审矣”。诸如此类的说法，归结到一个点上，就是“道义”在先，做到了，就是“熟仁”的进程，也就是“熟仁”的一个点上，要求的正是：“印书先要个印板真，为陶先要个模子好”，娴熟地握有“道义”，先认得这个“道”，为政就有个“熟”的根据，也为“学者涵养气质第一要务也”。这也是吕坤作《治道篇》的重要原因之一。至于“第一”的说法，又极蕴“人道”旨趣。《存心篇》说得是：“宁耐是思事第一法，安详是处事第一法，谦退是保身第一法，涵容是处人第一法，置富贵、贫贱、死生、常变于度外，是养心第一法。”这里，尽涵于做人、做官、做学问的方方面面了。

三、“熟仁”的方法应用

这是“工夫”说的效验，几乎成为儒家“熟仁”的铁定程式。尽管如此，每家之重心，还是有所不同。往往新意就会在此生长。实践的吕坤，也是如此。

1. 化孔子之道

吕坤说：“孔子可与尧、舜较政治。”[21]这也表明，吕坤把孔子提高到至圣地位，有很多的政治意义。其中，也势必牵引出孔子“熟仁”的政治用心，即是一种方法论价值。细说开，有三个方面是吕坤由孔子“熟仁”而得来的人生方法论之要。

其一，化之为“精”。“义精仁熟”，孔子开辟了学问审思是由“精”入“熟”之道的问题，吕坤化之为“学”之门，贯穿在生活的方方面面：“故察言观色者，学之粗也；达情会意者，学之精也。”[22]“察言观色”，是现象的层次，属于“学之粗”，即“不精”，就是欠“熟”；“达情会意”，是本质的层次，属于“学之精",即入熟之处。事物不达"精"处,便不能深入于其本质之处,对此就不能很好地把握和处置。所以吕坤这样说道:"天下有两可之事,非义精者不能择。若到精处,毕竟止有一可耳。"[23]能够深入本质、能够充分把握、能够明确选择,这就是"义精仁熟"的效验了。这就叫"沉心精应者,始真知之"[24]。再者,"精义仁熟"之"精",就是能够察微入"几",把握到事物运动变化的端倪、起因。吕坤称之为"惟圣人能销祸于未形,弭患于既著。夫是之谓知微知彰。知微者不动声色,要在能察几"[25]。惟圣人能够做到的"知微知彰"和"察几",就是"义精仁熟"的榜样。孔子之道,就是这样的总结。

其二,化之为"定静"。孔子虽没有直言"静"字工夫,但是,《礼记·大学》中的一段话转述出孔子的意蕴:"知止而后有定,定而后能静,静而后能安,安而后能虑,虑而后能得。"这段话比较契合孔子说的"非礼勿视,非礼勿听,非礼勿言,非礼勿动"[26]。这是对颜子"问仁"的说明,"熟仁",就是要做到这"四勿",而这"四勿",恰恰就是一种特殊的"定静"的工夫,二程《听箴》释其出"知止有定"、"内斯静专",朱熹也十分赞同二程的这个说法:"程子之箴,发明亲切,学者尤宜深意。"[27]吕坤从一个"涵养"里发挥出"定静"中的"熟"意境:"吾辈所欠,只是涵养不纯不定。故言则矢口所发,不当事,不循物,不宜人;事则恣意所行,或太过,或不及,或悖理。若涵养得定,如熟视正鹄而后开弓,矢矢中的;细量分寸而后投针,处处中穴。此是真正体验实用工夫,总来只是个沉静。沉静了,发出来件件都是天则。"[28]从"涵养"到"熟视",事事处处"得定"又"中的",这是"熟仁"的"实用工夫"。在这里,所谓"不当事,不循物,不宜人"、"或太过,或不及,或悖理",实也蕴涵了对于孔子"四勿"的巧妙运用。当然,更有意义的是,吕坤把儒家的"定静"上升到一种特殊的境界,使"熟仁"成为更有特色的为人处世方法论:"定静中境界与六合一般大,里面空空寂寂,无一个事物,才问他索时,般般足、样样有。"[29]这就是到达了"熟"的境地了。所以,化之为"定静",可以说是吕坤对孔子"熟仁"的独特应用与发挥。无怪乎,吕坤对于"静"情有独钟:"天地间真滋味,惟静者能尝得出;天地间真机括,惟静者能看得透;天地间真情景,惟静者能题得破。”[30]当然，“定静”中的“般般足、样样有”，就高超于释道二家“主静”观了。

其三，化之为“融通”。孔子有通达之识，也是通达之贤，这一切都渊源于他的“熟仁”。吕坤对孔子的这番“融通”情有独钟。当吕坤说孔子“只是一个通”，或许是儒家思想家里面最富有意蕴的一个有关孔子的价值判断，完全是基于“熟仁”的态度而作出的研判。吕坤从中迸发出的确实别有一番意义。他这样说道：“凡酌量天下大事，全要个融通周密，忧深虑远……今之处天下事者，粗心浮气，浅见薄识，得其一方而固执以求胜。以此图久大之业，为治安之计，难矣。”[31]所谓“别有一番意义”，吕坤道出的，还是“处天下事”，“熟仁”之功上的“融通”，在这里，依然见得吕坤笔下的“坚志熟仁有妙道”，是很有工夫论的集义。贯穿在吕坤思想中的“熟仁”之道，就是这个“融通”，把孔子的“熟仁”精髓“融化”得淋漓尽致。更有意思的是，在吕坤的整个作品里，最有品味的就是这个“通”，“融”字在前，似乎就是吕坤“熟”字在先的一次具体化工作。

概括地说，这三点之“化”，吕坤总结为两个字：“化工”。这是透过孔子“熟仁”、孟子“养气”之“入神”而来的发挥，他描述了这个“化工”性质：“干天下大事非气不济。然气欲藏，不欲露；欲抑，不欲扬。掀天揭地事业不动声色，不惊耳目，做得停停妥妥，此为第一妙手，便是入神。譬之天地当春夏之时，发育万物，何等盛大流行之气！然视之不见，听之不闻，岂无风雨雷霆，亦只时发间出，不显匠作万物之迹，这才是化工。”[32]做人和做事，应化天工之“神”，巧得熟道，在“养气”上处活，“熟仁”，就是讲究个“第一妙手”，就是“精义入神”，做到熟门熟路，孔、孟之“精”、“通”、“神”，就成为“万物之迹”，不显而显，不神而神，这就是“熟仁”之“化工”了。

2. 方法的集义

吕坤在孔子开辟的“熟仁”路径里，提炼了不少“熟仁”的方法，并视其为“修身”、“问学”、“品藻”、“治道”之应用，因而它使“德性”更加具体化了。

对此,吕坤别致新意的提炼有:

其一,“涵养”。“熟仁”也“自涵养中来”。“熟仁”离不开“涵养”的工夫。吕坤把“熟仁”定位于“生”的问题,“喜怒时看涵养,患难时看力量”[33];又是“学问”深浅的考量,这些工夫,就是“涵养”。《品藻篇》言:“丧其平生者,此皆不自涵养中来。若圣贤学问,至死更无破绽。”所谓“涵养”,在吕坤的视野里,仍然是用儒家的视角去衡量,指的是“心细”的思想和学习,《品藻篇》解释为:“有涵养人心思极细,虽应仓卒而胸中依然暇豫,自无粗疏之病。心粗便是学不济处。”“熟仁”就是心细的活动,就是学问与心细的相济。做到了,就会达到“胸中依然暇豫”的至熟状态。究竟如何达至于此?吕坤撩开了一层“涵养”工夫的“气质”:“涵养一分不到,便有一分气质。譬之烧炭成熟,一分木未透,便是一分烟不止,须待灼透,要一点烟也不得。”[34]烧炭至熟,就是靠渐熟工夫;涵养一分,就是气质一分,人性成熟、德性成熟,就是涵养的一分一分渐至。这“涵养气质”,又连接着“省察”、“克治”,是一整体性结构。如《修身篇》:“涵养如培脆萌,省察如搜田蠹,克治如去盘根”;“涵养用勿忘勿助工夫,省察用无怠无荒工夫,克治用是绝是忽工夫。”由此,德性才能渐入至熟境地。

其二,“圆通”之道。“心”上讲“通”,就要追寻内心的“极细”(“胸中暇豫”)和外在的道义公正(“圆通”),吕坤这样说道:“心平气和而有强毅不可夺之力,秉公持正而有圆通不可拘之权,可以语人品矣。”[35]如果说“涵养”是内在的工夫,那么,“圆通”之道就是由内向外的所谓外在的工夫,更有意思的是,“圆通”就是对道义的“秉公持正”,就是“涵养”的向外实现。“能方能圆、能大能小,是圣人见识”[36],也是圣人之“通”。“方”“圆”对用、“大”“小”连说,也蕴含一种“内外无别有此通”的意境。这也是圣人之“乐”:“乐要知内外。圣贤之乐在心,故顺逆穷通随处皆泰”,[37]这就是一种“熟仁”的境界了。

其三,“熟”字当先。孔子开启了“熟仁”的学问思辨之道,吕坤设《问学篇》,开宗明义指出,“问学”有“审问明辨”之方,“道学大明”之处,就在于

"熟思审处","熟"字在先,又是"德业"居首之要务,《问学篇》如此道来:"'熟思审处',此四字德业之首务;'锐意极力',此四字德业之要务;'有渐无已',此四字德业之成务;'深忧过计',此四字德业之终务。"此十六个字,乃为"德业"之首要之务,而"熟"字又为十六字第一,说明成就"德业","熟"字,居先,地位重要。而且,"审处"、"极力"、"有渐"、"过计",无不是"熟"字工夫的一种进程。如说到"熟"之"渐",吕坤感慨:"天地万物只是个'渐',理气原是如此,虽欲不渐不得。"[38]"不渐不得",就是离不开"熟仁"工夫;"问学"之道,就是需要一个"熟"字当先。

其四,求个"圆满工夫"。"熟仁",是内在与外在、主体与客体的结合。孟子所说的"我善养吾浩然之气",就是内外一致的成果,就是他的"熟仁"意志锻炼。吕坤借此发挥为一种"圆满工夫",是最大的"学问":"塞乎天地之间,尽是浩然了。愚谓根荄须栽入九地之下,枝梢须插入九天之上,横拓须透过八荒之外,才是个圆满工夫,无量学问。"[39]"塞乎天地之间"的,是"浩然之气","熟仁",有一部分工夫,就是善养这个"气"。要看个透,这是"圆满工夫",做到了,就是"无量"的"学问"。吕坤点拨出的是"熟仁",必有"妙境"所在,故要有个"圆满工夫"来彻底求得这个"妙境"。这就是吕坤想要获得的"所贵知学"。诚如《问学篇》言之所事:"事事有实际,言言有妙境,物物有至理,人人有处法,所贵乎学者,学此而已……是故学者贵好学,尤贵知学。""好学"在"知学","知学"就在于"熟仁"的学问思辨、"善养吾浩然之气",这就是个"圆满工夫"的开始。

其五,"德性坚定"。"熟仁",就是培养出"德性坚定"的做人结局。吕坤讲孔子"七十而不逾矩"的"义精仁熟",就是提炼了这个"德性坚定",一生之"熟仁",更离不开自"德性坚定"的走来,生死不能变:"自德性中来,生死不变;自识见中来,则有时而变矣。故君子以识见养德性。德性坚定则可生可死。"[40]也就是"熟仁"的坚定。光凭"识见",一种类似于孟子说的需要靠"大体"管制的"小体",经常处于"不稳定"状态,因此,它也极需"德性"来管理,靠德性坚定来提供"识见"的稳定性,有了这样的"识见",去养护这个"德性"、去陪伴这个"德性坚定",这样走过来的进程,就是"熟仁"、就是"义精仁熟"的"圆满工夫"。至于"德性坚定"所达到的做人境地,就是给"熟仁"描绘出了做人的坚定方面,它连接着"涵养"、"知学"的"熟仁"环节,结局是"毕竟作何种人,所以学者要德性坚定。到坚定时,随常变、穷达、生死只一般;即有难料理处,亦自无难"[41]。这是在"熟仁"的境地了。

3. 不怕"不熟",就怕"不去熟"

吕坤常以自然现象来晓谕"熟仁"之理,这一点在儒家那里比较少见。在吕坤看来,自然现象也有一层"熟"之道理。他举例说得形象:"冰凌烧不熟,石砂蒸不粘。"[42]什么意思呢?吕坤又举一例讲得透彻:"不怕吹不熟,只愁断了火。火不断时,炼金煮砂可使为水作泥。而今冷灶清锅,却恁空忙作甚?"[43]炼金,是煮熟的工夫,只要"火"的工夫下得深、下到位,下到"火候",就可使水变泥。这里讲的"火不断",就是"熟"的工夫,只要"火不断",就有炼石为金的突破。人事也是这个理,也就是个"恒"的道理:"天道只是个恒。"实际上,他举出自然现象之熟,还是意在说人道的"熟":不怕"不熟",就怕"不去熟"。自然现象如此,人事就更是如此了!

4. "工夫"论之讲究

不怕"不熟",就怕"不去熟",还是有个"工夫"说的牵挂。在儒家,有个信念,就是"熟仁"是讲究工夫的。吕坤"熟仁"方法论意义,同样归结在他的工夫论之讲究上。整部《呻吟语》,直言"工夫"二字,就有15处之多。细化一下,有三处用心:

第一处,工夫有精粗之分、优劣之别,吕坤概之为"正门"和"旁门"。《问学篇》:"正门学脉切近精实,旁门学脉奇特玄远;正门工夫戒慎恐惧,旁门工夫旷大逍遥;正门宗指渐次,旁门宗指径顿;正门造诣俟其自然,旁门造诣矫揉造作。""熟仁",就是要走入正门、正道。在此,把孟子的"义之路辨",意蕴又扩大了些许。当然,如何识别之、如何去做,吕坤还是有所设计。其中,最有具贴切之意的,是他分了个"工夫"的"三然"之别,即有自然的,有当然的,有偶然的。吕坤认为,圣与凡人,中间自有一“妙处”,就是工夫之妙用。《谈道篇》言:“自然者,发之不可遏,禁之不能止。才说是当然,便没气力。然反之之圣,都在当然上做工夫,所以说勉然。勉然做到底,知之成功,虽一分数境界,到那难题试验处,终是微有不同。此难以形迹语也。”所谓“反之之圣”,语出《孟子·尽心下》:“尧舜,性者也;汤武,反之也。”意思是,尧舜是先天而生的圣人,汤武是后天修养的圣人。凡人要成为圣人,工夫之妙计在“当然”上。这就好比“自然”相当于“仁熟”之境地,“当然”,或谓“勉然”的工夫,就是走向“仁熟”的“熟仁”之环节。现实生活世界里,凡人皆是,走向圣人,“当然”的工夫就首先成为主要的了。不在“当然”的“熟仁”工夫里滚爬,就难以见得到成圣的“形迹”了。所以,吕坤才有“自然”、“当然”、“偶然”之工夫的差异,《应务篇》:“有当然,有自然,有偶然。君子尽其当然,听其自然,而不惑于偶然;小人泥于偶然,拂其自然,而弃其当然。噫!偶然不可得,并其当然者失之,可哀也。”“顺其自然”,是“仁熟”之境;“尽其当然”,是“熟仁”之道;“惑于偶然”,却是违背规律,丧失人道可为,是“熟仁”之哀矣。所以,吕坤才有避免“错用工夫”的警示。

第二处,即是最关键、最切要处,就是工夫的“入手处”。《问学篇》:“古之学者在心上做工夫,故发之外面者为盛德之符;今之学者在外面做工夫,故反之于心则为实德之病。”言下之意,是走所谓的“内圣外王”之路,方能开辟出“德盛仁熟”的景致。再具象地看,吕坤做了“下手处”的细化,以免找不到“正门”路径。《问学篇》:“强恕是最拙底学问,‘三近’人皆可行。下此无工夫矣。”这“三近”,就是《礼记·中庸》讲的“好学近乎知,力行近乎仁,知耻近乎勇”。还是儒家的“熟仁”腔调。“下手处”,吕坤也识出个“知几”要塞。这被称为“务头工夫”。《存心篇》:“此是务头工夫。此时克己更觉容易,点检更觉精明,所谓‘去恶在纤微,持善在根本’也。”那个“纤微”,在此就是个“善几”表达。“知几”,吕坤在《谈道篇》引入“熟仁”有“研几”问题,吕坤称其为“几深研极”。这个“知”、那个“识”,在吕坤那里,意义非同一般:“知的工夫千头万绪”为哪般,就在这里“识”之:“穷神知化”、“穷理尽性”、“探赜索隐”、“多闻多见”,皆在对准了“几深研极”的方向。即属于对“几”的既“知”又“识”中,对此,吕坤给予了一个“笃”字,使得这“千头万绪”变得“有条有理”,去寻迹那个“几”的学问,才是“熟仁”工夫的真下手处!

第三处,还有个“贵”字工夫须提及。在《呻吟语》显露吕坤倡个“贵”字经,此“贵”字,就贵在“熟仁”里的“稳实”,是这个“工夫”的稳实。这一连串的“贵”字工夫有:“贵精”、“贵豫”、“贵好学”、“贵知学”、“贵有择”、“贵择人”、“贵达时”、“贵审势”、“贵慎发”、“贵宜物”、“贵坚忍”、“贵有志”等。最终落脚点在“贵人道”上。就如《品藻篇》言:“故天地间惟道贵,天地间人惟得道者贵。”只有“得道者”,才能“熟仁”矣。那么,“贵”字工夫,就是精中之精了。《治道篇》:“一个字上做工夫”,精神实质,是矣!质言之,《应务篇》:“实处着脚,稳处下手。”《谈道篇》:“只在口吻上做工夫,如何要得长进?”“培树工夫当从土上做”。“工夫”,皆以“实学”盖帽。真儒或假儒,工夫到位即是一把尺度,《问学篇》的“工夫更要讲到百尺竿头,始为真儒”,就是吕坤的这个独特之理!

四、“圣贤”:超拔的余思

吕坤整个的“熟仁”方法集义,归根结底,既来自于孔、孟,又有所超拔,更有他自己的用心。《圣贤篇》讲在圣人系列而似乎意在吕坤自家的超拔。有三点需要指出:

1. 从气上讲“熟仁”,吕坤更取向于孔子“浑然之气”

吕坤作了比较:“浩然之气,孔子非无,但用的妙耳。孟子一生受用全是这两字。我尝云:‘孟子是浩然之气,孔子是浑然之气。浑然是浩然的归宿,浩然是浑然的作用。惜也!孟子未能到浑然耳。’”[44]孔子优于孟子之处,是孔子有浑然之气,而孟子的浩然之气在层次上低于浑然之气,所以,孔子的处“熟仁”之道,如果从气上讲,浑然可以处处执中道,而孟子缺乏的,正是孔子般的“从容中道”。

2. 从圣人系列讲“熟仁”，吕坤使“自德性中走来”接住源头

就是这样的标识：“熟仁”是双重性质的，可以归结为是圣人之德性、之德行。化开来，是德行；聚起来，是德性。“气”字上的连接，从熟读的古代经典里，可以照明。吕坤如此道来：“尧、舜、禹、文、周、孔，振古圣人，无一毫偏倚，然五行所钟，各有所厚，毕竟各人有各人气质。尧敦大之气多，舜精明之气多，禹收敛之气多，文王柔嘉之气多，周公文为之气多，孔子庄严之气多，熟读经史自见。若说天纵圣人，如太和元气流行，略不沾着一些四时之气，纯是德性用事，不落一毫气质，则六圣人须索一个气象，无毫发不同方是。”[45] 吕坤发见，六圣人气质上有不同，故圣人层次各见特色，而孔子聚集了“浑然之气”、“庄严之气”，就显得个性化。但是，六圣人在德性用事上是相同的。所谓“熟读经史自见”，不然也归咎于“熟”之工夫，恰恰就是“熟仁”使然！

3. 从孔子“烂熟”（“七十而不逾矩”）讲“熟仁”，吕坤用心这“从”字

“从心所欲”是“仁熟”，“不逾矩”是“熟仁”。掌控“从心所欲”之“从”字，圣人与凡人必然有异，但是，异中自然有同，则在“熟仁”处。吕坤看得穿透：“孔子七十而后从心，六十九岁未敢从也。众人一生只是从心，从心安得好？圣学战战兢兢，只是降伏一个从字，不曰戒慎恐惧，则曰忧勤惕励，防其从也……任意若不离道，圣贤性不与人殊，何苦若此？”[46] 儒家相信：人人皆可以为尧舜。吕坤却要寻迹那个“皆可以为”之根据。圣人孔子，不就是从一凡人成为圣人的榜样吗？那句“十五有志到七十从心所欲不逾矩”，不就是其一生走向“烂熟”的事实印证吗？总之“熟仁”，只会拉近凡人与圣人的距离，而不会反其道而行之。“气”上的差异，可能就在这里“消融”了。如果说“从心”，是被动的、单向的，那“戒慎恐惧”，就是这样的状态；如果说“防其从”，是主动的、双向的，那“忧勤惕励”，就是这样的状态。这些皆以“熟仁”而使其然又所以然。就拿孔子来说，夫子到了七十岁，“烂熟”始终与孔子见得、识得、不违的那个“道”息息相关。与道的“须臾不离”，圣贤与凡人，就相

同相通了。接住圣人的那个"从心所欲"、不离"道"、"不逾矩",也就同时进入到了那个"主动"状态,一下子的意识优势,转变为吕坤这批"实学"家在掌控人欲之间的德性状态,[47]即"熟仁"之于"仁熟",圣人如此,凡人成为圣人,也能指日可待。

4. 由"熟仁"理性之反思

这三个方面,就是一个"德"字的彻底用功。"自德性中来","熟仁",就是一个"妙道"。吕坤赋予了儒家"熟仁"在"做人—做官—做学问"中一种更新颖的含义。乃至后来在曾国藩的"熟仁"集散地里,使这样的"三位一体"更加融会于"熟仁"里了。并且,吕坤让"德性坚定",坚决地融合进"熟仁"理性之光,给予其"自德性中来"的权衡,坚定了儒家"熟仁"的立场和方法的一致性。以下这些表述,可以激起"熟仁"理性之光的照耀,使人思绪万千:

《问学篇》:"心术、学术、政术,此三者不可不辨也。心术要辨个诚伪,学术要辨个邪正,政术要辨个王伯。总是心术诚了,别个再不差。"

——"王伯",即王霸,谓王业与霸业。孟子的"仁政"与"王道",在此摸准的,是"术"上的"王道",即儒家"熟仁"理性之光的照耀,学术要"诚",学术要"正"、政术要"王",而这"三术",关键在"心术"之"诚"。那绝对就是"真"之境地,也即"熟仁"之境:

《修身篇》:"士君子只求四真:真心、真口、真耳、真眼。真心,无妄念;真口,无杂语;真耳,无邪闻;真眼,无错识。"

——这"四真",是"熟仁"了吗?孔子"熟仁"的那个"四十而不惑"、"五十而知天命"、"六十而耳顺"、"七十而从心所欲不逾矩",不即可与此匹配吗?由这"四真"产生的成熟结局,即这"四无"现象:"无妄念"、"无杂语"、"无邪闻"、"无错识",这一切似乎皆在颜子的"克己复礼"里,即做个好官、做个好人还会难吗?

《修身篇》:"做大官底是一样家数,做好人底是一样家数。"

——做人与做官,本身则为一样事。那个"一样家数",皆在"熟仁"里流淌滚动,"熟仁"理性之光的照耀,其本身又则是至大至公,那"三术"、"四真"、"四无",似乎是"一样家数"里的"利器",对做好人、做好官,同样适用。那做事呢?

《应务篇》:"当事有四要:际畔要果决,怕是绵;执持要坚耐,怕是脆;机括要深沉,怕是浅;应变要机警,怕是迟。"

——治事"四要",即"果决"、"坚耐"、"深沉"、"机警",难道不是"熟仁"理性之光的点位吗?孔子讲的"中道"与《周易》讲的"阳刚",难道不也巧妙地契合了吗?恐怕这都是"义精仁熟"理性在做事上的标尺。领头人物,不仅仅在孔子和颜子,也在"我"这一头。难道不是吗?

《圣贤篇》:"孔、颜穷居,不害其为仁覆天下,何则?仁覆天下之具在我,而仁覆天下之心未尝一日忘也。"

儒家是多么倾慕于这句"仁覆天下"的"熟仁"情怀。孔子和颜子,虽"穷居天下",但"志于仁"、"志于道"之乐,始终未有半步退缩。那个"仁覆天下之具在我"的"我",不仅仅是七情六欲之"我",更是"万物皆备于我"的"我",实质就是一个"熟仁"理性之"我";那个"仁覆天下之心未尝一日忘也"之"心",实质就是一个"熟仁"之于"仁熟"的永无止境的过程。

以上所有的分析和研判,在吕坤的笔墨下,皆是"自德性中来"的事实。此中的"熟仁",恰恰在儒家"熟仁"体系里,是相当别致精彩的"熟仁"照观。同样,仅仅借此,还难以大视野地扩充由"二颜"而来的"行动"逻辑的实证。"实学"意义里的"熟仁"话语,至少在一个"熟仁"无国界的路向里,获得更有实证力度的考辨。

注释:

[1]《明史》卷二二六。

[2]《呻吟语·伦理》,吴承学、李光摩校注,上海古籍出版社2000年版。

[3]《呻吟语·问学》。

[4]《呻吟语·伦理》。

[5][6]《呻吟语·应务》。

[7][8][9]《呻吟语·问学》。

[10]《呻吟语·应务》。

[11]《呻吟语·圣贤》。

[12][13]《呻吟语·应务》。

[14]《呻吟语·圣贤》。

[15][16]《呻吟语·品藻》。

[17][18]《呻吟语·存心》。

[19]《呻吟语·品藻》。

[20]《呻吟语·人情》。

[21]《呻吟语·品藻》。

[22][23]《呻吟语·应务》。

[24]《呻吟语·修身》。

[25]《呻吟语·治道》。

[26]《论语·颜渊》。

[27]朱熹:《四书章句集注·论语集注·颜渊篇》卷四十一。其实,从《呻吟语》看,对于颜子的话题甚为少见,但不能得出吕坤对于颜子的某种“忽略”。这里的注解出处,特意标出“颜渊篇”,意在引起吕坤同样是对颜子功夫的关注,只不过吕坤更愿意有“孔、颜”并举式的提法。对颜子倍加赞美:“孔门心传惟有颜子一人,曾子便属第二等。”(《呻吟语·品藻》)“颜渊透彻,曾子敦朴,子思缜细,孟子豪爽。”(《呻吟语·品藻》)所以,吕坤感慨“孔、颜穷居”,几乎颜子与孔子可以相差无几了。

[28][29][30]《呻吟语·存心》。

[31][32]《呻吟语·应务》。

[33][34]《呻吟语·问学》。

[35][36][37]《呻吟语·品藻》。

[38][39][40][41]《呻吟语·问学》。

[42][43]《呻吟语·广喻》。

[44][45][46]《呻吟语·圣贤》。

[47]这个“从心所欲不逾矩”的解释，或许影响了后来的戴震。戴东原以“自然”与“必然”解释孔子的“从心所欲不逾矩”，与吕坤是称得上契合的，体现了儒家“熟仁”里确实有一批人钟情于孔子的这个命题，试图去撩开儒家“熟仁”里的可深之处。有关戴震的相关分析，可参阅本书的《跋》。

第十六章

“熟仁”无国界

“熟仁”无国界。儒家的“熟仁”，已经不仅仅是华夏大地上的“独享”精品，而且远走外洋，在东亚等地，在日本、韩国等国广为传播。但是，这些广为传播的儒家思想，经过了该地儒家学者，尤其是一批“实学”代表，融化了孔、孟以来的“熟仁”观念，有的生根、开花、结果。这里，系印证一位韩国重要的儒家代表人物、重要实学思想家李栗谷在“熟仁”观上的精要，以及牵引出他的德治观上的《圣学辑要》。

一、李栗谷，使儒家“熟仁”在韩国，获得实学中的方向

韩国实学哲学家李栗谷，姓李名珥(1536—1584)，字叔献，号栗谷、石潭、愚斋，朝鲜半岛后世尊称其为李栗谷或栗谷先生。他是朝鲜半岛朱子学新学派即“主气论”学派的代表人物，也为朝鲜16世纪儒家朱子学最重要的代表人物之一。由来已久的韩国“实学”思潮，从朝鲜李王朝的英正时代开拔出来的经世致用之实学潮流，其理论建树无疑渊源于儒家。而其中栗谷的贡献是返本开源的。

1. 栗谷与“熟仁”在实学中的进路

指意在李栗谷为代表的韩国“实学”，按朝鲜实学思潮理解，是指朝鲜李王朝后期的英正时代(1705—1800)一批先进知识分子将学问方向从朱子学

性理论、礼论之烦琐、空谈之争论中拔出，而指向现实社会生活，开辟、导向经世致用、利用厚生等有利于国计民生的新学风。而生活在16世纪的李栗谷为这种实学的诞生与发展提供了实质性的、方向性的规定。如洪大容指出："东人著述中，以（李栗谷）《圣学辑要》为经世致用之学。"[1]其中，栗谷娴熟地运用了儒家"熟仁"为其治道观念寻根溯源，并赋予了实学方向。栗谷从儒家一再关注的"民本"政治道德问题入手，展开了一番实学性质的"熟仁"理论。

孔、孟关于"熟仁"的名言和概括，在栗谷的方向里，获得了特定的展开。栗谷完整摘录好几家之言，也足以见得他对孔、孟开辟的"熟仁"观有较为综合的意义阐发。《圣学辑要·敦笃》言："子曰：君子无终食之间违仁，造次必于是，颠沛必于是。朱子曰：终食者，一饭之顷，造次，急遽苟且之时，颠沛，倾覆流离之际，盖君子之不去乎仁如此，无时无处而不仁也。又曰：仁道至大，非全体而不息者，不足以当之，陈氏曰全体云者，非指仁之全体而言，乃所以全体之也。蔡氏曰全体，是天理浑然无一毫之杂，不息，是天理流行无一息之间。程子曰：知之，必好之，好之，必求之，求之必得之，古人此箇学，是终身事，果能颠沛造次，必于是，岂有不得道理。叶氏曰：不求速成，不容半途而废勉焉，孳孳死而后已，可也。孟子曰：五谷者，种之美者也，苟为不熟，不如荑稗。夫仁，亦在乎熟之而已矣。尹氏曰日新而不已则熟。"这就是一段"熟仁"之说的综合之括。

2. 有所发见

从孔子、孟子到二程、朱熹以及陈、蔡、叶、尹诸氏的言论来看，栗谷的发见，是集"熟仁"的精髓，他在《圣学辑要·修己下》从三个特殊点上作了精辟发微：

其一，"熟仁"乃圣人之德，是成圣的质地考量和境界追求，栗谷视其为特殊工夫。他这样说道："圣人之德，与天为一，神妙不测，虽似不可企及，诚能积累工夫，则未有不至者也，人患不为，不患不能，若尧舜周孔，则生知安行，固无渐进之功,自汤武以下,莫不学知利行,已有反之之功,下于此者,虽困知勉行,及其成功,则一也。人见明道,乐其浑然天成,而不知从事于煞用工夫,见晦庵,乐其海阔天空,而不知从事于铢累寸积,故不能遵其路,蹑其步,历其藩篱,入其阃奥,而徒取前训以资口耳,此所以规矩在目前,而善学者,不世出也,夫子曰圣人,吾不得而见之矣,得见君子者,斯可矣,夫圣人,天资之美,固有非常人所可企及者矣,若君子则不论天资之美恶,皆可学而及之矣,亦不可得见者,何哉?君子而进进不已,则岂不至于圣域乎,始自可欲之善,终至于参天地赞化育者,只在积知累行,以熟其仁而已。”

这段话颇长,大致讲出“熟其仁”在成圣之中的行动要求。第一,“则一也”。这是一个圣人可得的工夫问题。圣人可得,离不开“诚能积累工夫”,圣人也是人,圣人之德,与天为一,常人要获得这个“一”,究竟意味着什么?就是这个“熟仁”的工夫。成圣,不担心能力不够,而是担心力所能及但不肯去做,这一工夫,就是在渐渐行动的“熟仁”中展开,这叫“困知勉行”,是一番“德性坚定”的锻炼。所谓“则一也”,就是这个“熟其仁”的“一”。第二,“人见明道”。这是一个由“规矩”导入至熟的问题。圣人一路走过来的“道”,是常人需要辨识的正道(“明道”),沿其走入,更需要一个“规矩”的引导,“熟仁”就是要寻迹到这个“规矩”,栗谷举例说道,要有规矩在前,后才“铢累寸积”,见朱晦庵之道,要遵循其路,逐渐步入其“阃奥”,这就是“晦庵”的规矩。要“熟”,必须以见其规矩之道。第三,“至于圣域”。这是一个走向成熟的圣人之境的问题。栗谷描绘出孔夫子心目中的“圣域”境地是:“君子而进进不已,则岂不至于圣域乎,始自可欲之善,终至于参天地赞化育者,只在积知累行,以熟其仁而已”,所谓“熟其仁”,就是君子需要的“进进不已”,始于“欲善”而终于“参天地赞化育”,圣人的“天资之美”,可能就是在此中的一切“积知累行”,就是“熟仁”。这里,栗谷似乎已经在“美、熟”之间寻迹出儒家“熟其仁”的“阃奥”之处,以达到由熟至美的“仁”之境地。

其二,“熟仁”乃理政之道。自三皇五帝以来,一切的治道,铺开的正是为政之“熟仁”的道路,需要走的,就是这个正道。不然的话,治道就有失误。

栗谷接住圣贤，继续说道：“以熟其仁而已。圣贤指示大道明白平坦，而人鲜克由之。可胜叹哉，嗟乎匹夫之为学，尚以参天地赞化育为准的，况于帝王乎。古之帝王，不必生而自善也，如太甲颠覆典刑而至于克终允德，成王不察流言而至于毕协赏罚，后之帝王，皆知以二王之初为可戒，而考其所行，皆不及于二王者，何哉？不能逊志勉学之故也，大抵帝王之质，必与庸人不同，加之以聚精多而用物弘，故虽亡国之君，才器多有过人者，惟其用才于不当用，反为才所累，而崇高自尊，不畏拂士，宴安自娱，不思倚伏，颓堕自画，不能振起，日卑月污，小则身危国削，大则身死国亡，岂不大可惧哉，呜呼！万善备于性而不假外求，积功由于己而不资他力，济世仁民，亦在于我而莫之敢御，如是而不事乎学，以臻昭旷，乃事乎欲，以究污下，噫亦不思之甚也，伏愿殿下，反求乎己心，企慕乎先圣，上念皇天，祖宗付畀之责，下从臣邻众庶颙若之望，笃信圣学，诚实下手，循序而进，罔昼夜孜孜，必臻高明博厚之境，以尽修己之功，使斯世得见尧舜之君，使斯民得被尧舜之泽，万世幸甚。”

这段话也颇长，基本上讲出“熟仁”要化在为政之道里，先帝已是从政榜样，栗谷重心放在这样的道理上：第一，“为准的”。后人执政、从政，以先帝为榜样，这个“榜样”，如何是的？栗谷认为，这已经在圣贤的言行里给我们指明了，即谓“圣贤指示大道明白平坦”，“熟仁”，就是沿着这一“大道”前行，帝王指明的路，本身就是他们走过来的，我们的“学”，就是要学习这个路径。因为古之帝王，也不是生来就自善的，也有个“学”的过程，也就是说，圣人也讲究“熟仁”，也给我们指明了“熟仁”的通道，这是圣人的标的（“准的”）。第二，“反为才所累”。先帝之才，有德的保障、有法的保证。栗谷举商帝太甲、周帝成王二帝，“如太甲颠覆典刑而至于克终允德，成王不察流言而至于毕协赏罚”，致使治国治人，颇有“济世仁民”之功。后人之治，不能仅仅仰仗“才”，德胜才，也是儒家“熟仁”在治道上的“当用”之举。只有才，没有德，又没有法为基础，这才，就反累自身的“才”了，结果就是：“小则身危国削”、“大则身死国亡”。圣贤之“贤”，就是在“才”与“德”上的相兼，做到的，也就是“熟仁”的结局。第三，“不假外求”。先帝的治道，“熟仁”的工夫，是“不资他力”、“不假外求”的“在于我”,栗谷找到“在于我”的圣贤之道,也就是“熟其仁”的下手之处:“笃信圣学,诚实下手,循序而进,罔昼夜孜孜,必臻高明博厚之境,以尽修己之功”,这是典型的儒家“内圣外王”的表述。孔、孟以来的“熟仁”观念,主题性思考,就是主体的“熟仁”锻炼。在栗谷的思虑里,这一系列的“下手”,就是“熟仁”的内容,就是他讲的“熟其仁”。这二段颇为冗长的话,讲出的,正是栗谷“熟其仁而已”的深沉感慨,也是儒家治道上的深思熟虑。

其三,实学方向的测定。栗谷的“熟其仁”,归根结底,是放在“实学”上讲的。其意在伸张“实学”之功。栗谷强调:“有志于圣学者,宜熟复之”,娴熟于“圣学”,就是“实学”的一部分,“惟其实用其功,积习纯熟而已”,“涵养纯熟之效,从真实积累功用中来”,皆在“实学”里讲出做“实功”,也就是说,“实学”即有“实功”,“熟仁”,是离不开它的。这实学的方向测定,有三个方面是栗谷重点指出的。第一,走向“圣域”,做实学之事,求得“熟仁”之“学问之功”。栗谷指出的一条“熟仁”之路,就是通向“实学”的。栗谷在《圣学辑要·修己》讲出这点:“矫治不美之质,实下百千之功,终无退转之时,则大路在前,直指圣域,何患不至乎,夫人以眇然,一身参天地而并立,学问之功,至以位育为能事”。所谓“能事”,就是行“实学”之事,这是圣人的教导。“熟仁”,就是要行“实学”,而且在行“实学”之事中,进行“熟仁”的锻炼。第二,“实学”,乃为做官之方向,做官的实际之功效,就是看其行为。过去的帝王记录,栗谷认为,首要的选择,就是实学的考察,在《圣学辑要》的开篇《序》里,开宗明义地这样说道:“诚帝王入道之指南也,但卷帙太多,文辞汗漫,似纪事之书,非实学之体,信美而未能尽善焉。”“尽善”,就是实学的要求,“美”,不在文辞的洋溢,而是在实学的扩大,决定为官的方向,是考察其实学的进展,即便今人仔细考量先帝的政绩,也不能仅仅以书本记事的美为首要,更重要的是在善的方面,栗谷将其限定在实学的氛围里,这里,似乎再一次彰显了孟子“熟、美”之间的思域境地而转为一种“善、美”之间,即指意于实学方向的“熟仁”分辨了,这是对当官的主题性要求。第三,“熟仁”,就是务实而不务虚。实学的思维,引导出特定的"熟仁"方向,就是实以躬行的务实。栗谷在《圣学辑要·穷理》中强调:"务精性理,实之以躬行,不使经传为空言,国家幸甚。"这是最普通的"实学"用语了。可贵的是,栗谷把"熟仁"纳入了实学的轨道里,极大地丰富了自孔、孟以来的"熟仁"蕴意。这也是栗谷对于儒家"熟仁"的重大贡献之一。

二、"熟仁"观之一——细辨

栗谷对于"熟仁",颇有感慨,为政之道有"熟":"为政之效,至于仁被天下,泽流后世,圣人之能事,蔑以加矣,可谓高远而难于几及矣,虽然本之躬行,循序渐进,则如行者不退,必至于赴家,食者不辍,必至于饱腹,初非捕风捉影,不可求效之比也,第患人主,真以为高远而莫之为耳,圣王之政,布在方册,如规矩在手,可制方圆,初虽龃龉,后渐纯熟矣。"[2]为君之道有"熟":"君子而进进不已,则岂不至于圣域乎,始自可欲之善,终至于参天地赞化育者,只在积知累行,以熟其仁而已。"[3]也就是说,栗谷的"熟仁",有成人之道的,也有为政之道的。

出于儒家的关切,栗谷一再引证儒者的熟仁观,有孔子的、有孟子的、有程朱的、有张载的,但更多的是自己体悟感触的,《圣学辑要》多有转录与申辩:

"心不外驰而所存自熟,故曰仁在其中矣。"

"存养已熟,根基已自深厚。"

"学者所以至于义精仁熟而自和顺于道德者,必于此而得之。"

"惟其实用其功,积习纯熟而已。"

"盖用心未熟,客虑多而常心少也。"

"涵养愈熟,则省察愈精矣。"

"存养熟后,泰然行将去,便有进。"

"久之纯熟,自当见效。"

"有志于圣学者,宜熟复之。"

"积而熟,时习之功。"

"涵养纯熟之效,从真实积累功用中来,不是一旦牵强著力做得。"

"仁之熟者,日益熟,则向之所谓大者。"

"大,可为也;化,不可为也,在熟之而已矣。"

殿后的那二句:"仁之熟者,日益熟,则向之所谓大者。""大,可为也;化,不可为也,在熟之而已矣。"似乎已经难以区别出这是中国人还是韩国人讲的了。与朱熹的语境已经完全一致了。栗谷是朱子的后学,固然对朱熹是极为崇拜和敬仰。但在崇拜、敬仰之余,也有改造和发展,当也包括"熟仁"。这一点后面会有检讨。

总的来看,上述这些表述,归根结底,是在传达儒家的做人、做官、做事、做学问中的娴熟之道。从成人之道切入实学之道,李栗谷的"熟仁"视野和儒家胸襟,自有一方天地。现在,将一一细述栗谷"熟仁"里的这些经典之语的转录与申辩,以揭开这位实学思想家的儒家之道。

1."心不外驰而所存自熟,故曰仁在其中矣"

这是栗谷引朱熹发挥子夏"博学而笃志,切问而近思,仁在其中矣"所言的一段话。栗谷到底有怎么样的看法?孔子说"仁在其中",是在"博学而笃志,切问而近思"的"熟仁"路径里套出来的,"心不外驰",是儒家一直强调的"收放心"。"熟仁",还是指归在孔子言意中的"学、志、问、思",这实质上就是对"学"在"熟仁"中的充分肯定。"心不外驰",就是要做到心地"自熟","学",始终是重要一环。作为儒家人物,栗谷非常看重"学问思辨",问题是放在"熟仁"的背景里,栗谷发挥了孟子"收放心",意在指"涵养纯熟",养出德性,才是"熟"之果实。他如此道来:"收放心,为学问之基址,盖古人自能食能言,便有教,动罔或悖,思罔或逾,其所以养其良心,尊其德性者,无时无事而不然,故格物致知工夫,据此有所凑泊,今者自少无此工夫,径欲从事于穷理修身,则方寸昏扰,举止逾违,其所用功,若存若亡,决无有成之理,故先正教人静坐,且以九容持身,此是学者最初用力处也。"[4]"纯熟"的境地,就是"不逾矩",栗谷称其为"圣学根本",也是初学者用力的地方。用此"力",就是"熟仁"的工夫,在此,栗谷定位于"学问"上,找到用力的发端,而"学问"的第一步,就是"收放心"。心外驰,还做什么学问?还有什么至"熟"的工夫?更有什么"仁"会在自身中生长?"熟仁",首先属于人心内在的"良心"和"德性"。由此展开的,就是"涵养纯熟",所以,栗谷坚信:"存养已熟,根基已自深厚。"

2."存养已熟,根基已自深厚"

这是栗谷引朱熹比较"小学"到"大学"所言的一段:"古人于小学,存养已熟,根基已自深厚。到大学,只就上点化,出些精彩。"[5]所谓"小学",指的是文字、知识、技能的基础性教育;所谓"大学",指的是学习修身治国平天下的道理。"小学"是进入"大学"的基础,栗谷借此言,想要表达出的,恰恰是"存养已熟"的"根基"问题。栗谷实际要转述出的意思是:存养已熟,必须从自身的基础做起,但是,自身从何做起呢?这里,栗谷不在于专述"小学"和"大学"的关系,更在于借喻"小学"对于"大学"的基础性意义,来说明"自熟"的"根基"问题。对此,栗谷形象地以朱熹一段"收敛"描述来说出这个理。栗谷有"收敛"之道,其要义,就是"自然而静"的"至熟"状态,在《圣学辑要·收敛》一节,栗谷赞同朱熹评价延平先生的"收敛"之道,其"熟"是这样的:"朱子曰:李先生,终日危坐而神采精明,略无隤堕之气,古人云,终日无疾言遽色,他真个是如此。寻常人,去近处,必徐行,出远处,行必稍急,先生出近处也,如此,出远处亦只如此。寻常人叫人不至,则声必厉,先生叫之不至,声不加于前也,又如坐处壁间有字,须起头一看,若先生则不然,方其坐时,固不看也,若是欲看则必起就壁下视之,其不为事物所胜,大率若此。"这是一个形象比喻,朱熹点明的是"熟仁"工夫,栗谷看得清,是李先生"终日危坐而神采精明,略无隤堕之气",这是进入"涵养纯熟"的状态,所以,朱熹对于李先生的描述,栗谷的评价是:"延平先生,固是涵养纯熟致,然初学亦当以此为法。”“初学亦当以此为法”,实际意味的是什么?结果是,栗谷要寻迹到一个“根”的问题。“根”在何处?就在内心之德。栗谷认同的就是这个“心德”。他同意这样的说法:“涵养心德,根本深厚,然后立趋向而不差,乃能深造。”这就如朱熹讲的“前段是粗工夫,后段是精细工夫”,这就是“熟”的工夫。只要有“心德”之精,就能从粗到精,其间经历的,就是“涵养纯熟”的过程。通过这样的过程,一方面可以达到如李先生这般的“不动心”之“熟”境,另一方面可以使得“心德”不断进入“涵养纯熟”状态,锻炼和夯实“根基已自深厚”的桩子。对此,栗谷极力发扬朱熹所言,挖掘出“熟仁”之状态:“养,以培其本,资以问辨,以畅其趣,积功之久,一朝豁然贯通……处大事,定大业,若决江河,莫之能御矣。”[6]就是进入这一“熟仁”之特殊状态了!

3.“学者所以至于义精仁熟而自和顺于道德者,必于此而得之”

这是栗谷引朱熹如何使人走向“义精仁熟”的一段“乐音”评价:“朱子曰:乐有五声十二律,更唱迭和,以为歌舞,八音之节可以养人之性情,而荡涤其邪秽,消融其查(渣)滓,故学者之终,所以至于义精仁熟,而自和顺于道德者,必于此而得之。”[7]在儒家的“音乐”理论里,基本认为,“音乐”,一是天道之“声”的“模拟音”,愈是模拟愈是得真音,这就叫“和顺于道德者”;一是具有“修身养性”的特殊功能,而且愈是精通于音乐,就愈是有利于修身养性。这二者融汇一体,就是个“义精仁熟”的实现。栗谷发见,这是“学者”途径。“义精仁熟”,归根结底,就是使人性不断“成德”。栗谷引儒家文献《礼记·乐记》一段:“德者性之端也,乐者德之华也,金石丝竹,乐之器也,诗言其志也,歌咏其声也,舞动其容也,三者本于心,然后乐器从之,是故情深而文明,气盛而化神,和顺积中而英华发外,惟乐不可以为伪。”[8]此段话意在说明,音乐对于人之德性的成长所具有的作用。“诗”、“歌”、“舞”,“三者本于心”,心能为“诗”、为“歌”、为“舞”,就能陶冶心性,就能促使德性生长。如果再深入一层看,这个“音乐”,本身就连接着天道,是和顺于道德的“天音”,与之“和顺”,就是“义精仁熟”的地步,就是“熟仁”的境界了。所以,在儒家的教化理论中,"音乐"的礼教性质是十分显著的,栗谷看得清的地方,正是其治道:治人和治国,顺和不顺,就是看"礼乐"如何。栗谷引南宋真德秀所言,讲出他自己心里话:"真氏曰:自周衰,礼乐崩坏,然礼书犹有存者,制度文为尚可考寻,乐书则尽绝不存,后之为礼者,既不合先王之制,而乐尤甚焉,今世所用,大抵郑卫之音,杂以夷狄之声而已,适足以荡人心,坏风俗,何能有补乎,然礼乐之制虽亡,而礼乐之理,则在庄敬者礼之本也,和乐者,乐之本也。学者诚能以庄敬治其身,和乐养其心,则与礼乐之本得之矣,亦足以立身而成德也。"[9]治道的问题,也就是"熟仁"的问题,礼乐,就是"熟仁"的内容之一,"礼乐崩坏",是统治阶层丧失对礼乐教化的社会控制力。历史上的朝代更替,如"周衰",就是很好的例子。是缺乏"熟仁"矣!

4."惟其实用其功,积习纯熟而已"

这是一个"习"的问题。也是栗谷对孟子"人皆可以为尧舜"的成人之道在"实学"意义中的高度发挥。从实学立场来看,栗谷强调"积习纯熟"中的"行"之价值,栗谷感慨:"务精性理,实之以躬行,不使经传为空言,国家幸甚。"[10]这是"行"之治道价值。在《修己》篇的《诚实》章,栗谷更言之切切:"穷理既明,可以躬行,而必有实心,然后乃下实功,故诚实为躬行之本。"这是"行"之成人价值。总之,就是强调一个"行",但"行"在哪里?栗谷以实现"人皆可以为尧舜"为标的,充分展开习之"熟仁"的"实功",这是栗谷"积习纯熟"的理论方向,也是对"德性坚定"的生长性考量。栗谷这样说道:"孟子曰:人皆可以为尧舜,岂虚语哉?气清而质粹者,知行不勉,而能无以尚矣,气清而质驳者,能知而不能行,若勉于躬行,必诚必笃,则行可立而柔者强矣,质粹而气浊者,能行而不能知,若勉于问学,必诚必精,则知可达而愚者明矣,且世间众技,孰有生知者哉,试以习乐一事言之,人家童男稚女,初业琴瑟,运指发声,令人欲掩耳不听,用功不已,渐至成音,及其至也,或有清和圆转,妙不可言者,彼童男稚女岂性于乐者乎,惟其实用其功,积习纯熟而已,凡百伎艺莫不皆然,学问之能变化气质者,何异于此哉,呜呼!"[11]在栗谷看来,凡做人做事一概以“积习纯熟”所致。孟子云:塗之人,皆可以成为圣人,只要他坚持“熟仁”,知与行,就是“熟仁”的展开,这就好比音乐,“习乐”的用功不已,终会达到音乐有“妙不可言”之神秘状态。这就是另一番“熟”境了。于此,栗谷发挥出孟子“人皆可以为尧舜”的成人底蕴,就是“熟仁”的到来。要知此、要行此,做人、做官和做事,即“凡百伎艺莫不皆然”,只是这个字:“习”。栗谷十分赞同程朱的“格物积习”说:“虽颜子亦未至,此惟今日而格一物焉,明日又格一物焉,积习既多然后,脱然有贯通处耳。”[12]这或许从另一向读解读出了颜回“三月不违仁”所“欠熟”方面,而“积习”对于“熟”来讲,是何等重要!

5.“如规矩在手,可制方圆,初虽龃龉,后渐纯熟矣”

这是栗谷在《圣学辑要·为政功效》的一段感想。为政,有“仁”之运用的效果问题。栗谷称之为一种“熟仁”。而“仁”,就似规矩在手,按“仁”制度运转,治道就有娴熟之举。在这里,栗谷使儒家“熟仁”贯穿于为政之道里,突显“熟仁”的为政绩效,析来颇为细节:“为政之效,至于仁被天下,泽流后世,圣人之能事,蔑以加矣,可谓高远而难于几及矣,虽然本之躬行,循序渐进,则如行者不退,必至于赴家,食者不辍,必至于饱腹,初非捕风捉影,不可求效之比也,第患人主,真以为高远而莫之为耳,圣王之政,布在方册,如规矩在手,可制方圆,初虽龃龉,后渐纯熟矣。何患王政之不能行乎?”孔、孟开发出的“仁政”,在韩国的一批实学家那里,开出了更多的东西,运用其在治道上,是最明显的。而栗谷的重心,就是把这个“仁”和“仁政”,作为规矩,使执政者举之以行、量之以尺,并以“熟仁”规划为“本之躬行,循序渐进”,方有仁政之实学效率。所以,栗谷对“熟其仁”寄予厚望:“久之纯熟,自当见效。”[13]道理就在这个“久之纯熟”——久于运用此具规矩的锻炼和实践之中。对此,栗谷从一个主体进德修业的方面深化了这种“久之纯熟”的过程,他接着上述的话,融入了治道来详细描述这个过程:“修身,先于治国,只言其序,当然耳……治道可始也,自此以往,渐至于学日就,德日进,政日理,化日广，则修身治国，可以并臻，其极矣。"栗谷还细心于从先后、修身、学习等问题里探索"熟仁"的环节。这也是他极力提倡的"志于圣学"之"熟"。

6. "有志于圣学者，宜熟复之"

这是栗谷引他十分认同的南宋真德秀（世称西山先生）《西山政训》的"政训"："敬之为义，至是无复余蕴，有志于圣学者，宜熟复之。"[14]"久之纯熟"，取的就是这一价值。什么是"圣学"？按栗谷的"圣学"排列，是修己、正家、为政，是属于儒家"正心修身齐家治国平天下"所谓"大学"路径里的"内圣外王"，栗谷确认其为"实学"。修己是为政的前提，为政是修己的目的和归宿。他的实学，是包含修己和为政的统一。对于这样的"实学"，栗谷认为，是需要熟之又熟的"复之"行动，在"为政"的栏目里，栗谷设"用贤"、"取善"、"识时务"、"法先王"、"谨天戒"、"立纪纲"、"安民"、"明教"、"为政功效"，这些，是其实学的内容，而且环环相扣，需要对其复熟，就会有良好的为政功效。所以，他在《圣学辑要·序》中极力向统治阶层阐明："先正表章大学以立规模，圣贤千谟万训，皆不外此，此是领要之法。"要很好地学到用到，实学，不是摆摆样子的空谈，而是要解决国计民生的实际问题，不熟、不熟仁、不复熟，绝对达不到这个目的。也就是说，凡有志于实学者，宜复熟"圣贤千谟万训"，值得指出，栗谷寻找到一个"久之纯熟"的方法性设定，就是"先正表章大学以立规模"，这比较符合儒家"熟仁"思想中的"先立规模后求精熟"的套路。连接实功与涵养，栗谷发现二者有"熟"之效率的内在张力。

7. "涵养纯熟之效，从真实积累功用中来，不是一旦牵强著力做得"

这是栗谷引朱熹同意延平的"学者须常令胸中通透洒落"而说的："朱子曰：此说甚善，大抵此个地位，乃是见识分明，涵养纯熟之效，从真实积累功用中来，不是一旦牵强著力做得。"[15]所谓"从真实积累功用中来"，朱熹说其为"涵养纯熟之效"，二者的内在连接，栗谷阐述其为前者是后者的结果，也就是说，有效的涵养，就是一种"熟仁"工夫，所以，栗谷不厌其烦地经常引儒者"熟仁"观点，也可体会出他的一番用心："火熟物曰炖，故学之矣（朱熹语)”、“书不记,熟读可记(朱熹语)”、“熟读精思(朱熹语)”、“涵泳,是熟读深玩之谓(朱熹语)”、“学者盖深思而熟玩之哉(黄勉斋语)”、“熟味圣言(朱熹语)”、“何也,盖用心未熟(张载语)”、“涵养愈熟,则省察愈精(胡季随语)”、“纯养熟后(二程语)”、“积而熟(张南轩语)”等。这一连串的“熟仁”之功夫,虽是出于其他儒家学者之口,但在栗谷的心里,这些“熟”之方法,就是一种十分有效的“真实积累功用”,是“涵养纯熟”。而且这些“熟”,是自觉渐进的过程,而不是“牵强著力做得”,这是栗谷强调的最有意义的“至熟”用心。对于它朝向哪里发展?又如何发展?栗谷清楚看出其向“仁之熟”,又要“日益熟”的发展趋势。

8.“仁之熟者,日益熟,则向之所谓大者”

宋儒诸家很乐意品味“大而化之”这个命题,因为在这个命题里,有着儒家“熟仁”的彻底发挥。关于这个命题,源自于《孟子》:“大而化之之谓圣,圣而不可知之之谓神。”诸家有发挥,栗谷当然也不例外。他引诸家:“朱子曰:大而能化,使其大者泯然无复可见之迹,则不思不勉,从容中道而非人力之所能为矣。又曰:大而不化,则其大者,未能离乎方体形迹之间,必其德之盛者,日益盛,仁之熟者,日益熟,则向之所谓大者,方且春融冻解,混然无迹,而与天地合德,日月合明,四时合序,鬼神合吉凶矣,是则所谓圣人者也。程子曰:大而化之,只是理与己一,其未化者,如人操尺度量物,至于化,则己便是尺度。张子曰:大,可为也,化,不可为也,在熟之而已矣。”朱熹、二程、张载,对“大而化之”的阐释、结论,就是“化”之在“仁之熟者,日益熟”,从而走向“大”。这“大”,就是“大而化之之谓圣,圣而不可知之之神”的“圣域”、“神域”。诸家的阐述,有三点共通性:一是“大而化之”,是自然的过程,它表现为德性的生长;二是“日益熟”,是人力不断所为,渐渐进化的过程,它表现为人性的盛大;三是“仁之熟”,是“大而化之”的方向和通道,又是“大而化之”的前提和归宿。所有这些的发展,都取决和取向于“熟仁”的到来。这里,必须提出一点,即在“大而化之”的过程里,栗谷发现有个“熟仁”元素叫“精”。

栗谷同意胡季随说的“未发之前,只须涵养,才发处,便须用省察工夫,涵养愈熟,则省察愈精矣。”[16]“精”字与“熟”就在这里发微了。栗谷不断有此“精”字蕴意,走向“义精仁熟”之境地,他有引诸家之说,又有自己发义:“则于天下之物,皆有以究其义理精微之所极。”[17]“精”在何处?“精在道德性命之要”[18],需要“熟仁”加以“和顺”,因为“义理精微难见”[19],所以,栗谷发现,此“难”,难就难在儒家一直强调的“察几”问题,没有“熟仁”的工夫是难于做到“察几”的。栗谷解释颜子未达到孔子般的“熟仁”,有个原因,就是颜子“其殆庶几乎”,对此,栗谷赞同张南轩的说法,就是“知微”在“察几”,二者均要在“熟仁”上,张氏说为“此岂可使之熟也哉”。[20]所以,一切的“义精仁熟”,都是朝向“大而化之”。这样看来,“义精”是“仁熟”的题中之意。

栗谷的“熟仁”阐发,既沿着儒家轨迹,又有自家阐发。最终,还是落实到治道上,因为,这是他的实学思想的基本出发点。同样,也使儒家“熟仁”理性获得了可靠的坚实基础,即现实的生活世界。这样,“实学”与“熟仁”,落实到“治道”上,才有真实的理据。韩国社会的现代化发展,在相当程度上,与此有着紧密的联结。

三、“熟仁”治道的出发点:三个儒家命题

“熟仁”,说到底,在栗谷的心目中,旨趣不仅在德性的生长与锻炼,更重要的一个方面,就是治道上,他提出了三个命题:“民之父母”、“德位之辨”、“水火哲学”,使得这个“熟仁”深化了自孔、孟以来的深刻性和具体性。也就是说,栗谷绝不是抽象地谈论“熟仁”,而是在实际的事物里、在经世致用的关切中,去考量这个“熟仁”。在栗谷的实学关切中,一切有关经世致用和国计民生的,都成为“仁”上的要求、“熟”上的考验。正心诚意修身齐家治国平天下的内圣外王路径就与“熟仁”达到了一致性,也使“治”与“道”有了统一的方向。

“治道”,要求熟,就是要找到为政的熟门熟路,更要把孔子的“仁”尽化

在实际事物中。解决官与民、德与位应归结在“水火哲学”,这就是他的《圣学辑要》,也是他着手的“治道”之熟。

李栗谷著作《圣学辑要》,其中专设《为政》上下要论,共十章,分为《揔论为政》《用贤》《取善》《识时务》《法先王》《谨天戒》《立纪纲》《安民》《明教》《为政功效》诸十篇。透过《为政》,结合《圣学辑要》之精义,可以看出栗谷“为政”观念中的儒家立场之实学特色。三个命题是其“德治”精髓。一是“民之父母”,二是“德位之辨”,三是“水火哲学”。从中看出,栗谷“熟仁”观念在这三个命题里的娴熟之处。

1.“民之父母”

栗谷有“民之父母”的实学证明。“民之父母”为儒家政治道德的一贯立场。栗谷在《揔论为政》开宗明义,确立“民之父母”为“为政之根本”。栗谷引先儒《尚书》《大学》中的“民之父母”观念,总论为政之道。《尚书·泰誓》言:“惟天地,万物父母,惟人万物之灵,亶聪明,作元后,元后作民父母。”《大学》言:“《诗》曰:乐只君子,民之父母,民之所好,好之,民之所恶,恶之,此之谓民之父母。”对此栗谷阐释谓:“按天地,为万物之父母,元后,为斯民之父母,此言甚切矣。张子《西铭》,则以天地,为父母;大君,为宗子而其说,尤为详备。”[21]

栗谷对张载的《西铭》情有独钟。《西铭》是讲儒家天地人万物一体的道理,得出的结论则是“民,吾同胞,物,吾与也。”《西铭》起首曰:“乾称父,坤称母。予兹藐焉,乃浑然中处。故天地之塞,吾其体;天地之帅,吾其性。民,吾同胞,物,吾与也。”在《西铭》看来,“天地”为万物之本,人为天地所生,因此人与天地宇宙为一体,就如同子女与父母一体。同理可得,吾身充塞天地,吾性为天地活动之主导,因此人人皆是我的同胞兄弟,物与我同处天地间,皆为我同伴党羽,这就是“民,吾同胞,物,吾与也”之意。栗谷信奉天地人三者合一的儒家哲学,并且从中努力阐发出他要想证明的为政之道。栗谷是这样阐释《西铭》的:“按西铭,是学者,为仁功夫,非专指人君之事,而载于此章者,人君，父事天，母事地，以斯民，为兄弟，以万物为侪辈，以充仁心，然后，可尽其职，故此篇，于人君，为尤切，夫天地，生物而无所作为，民物，受命而不能自立，上代天工，下理万物，使天地，得其位，万物得其所者，其不在元后乎。”[22]

这里的重要之处是，栗谷以天地一体证明为民父母对于当官尽职的内在一致性。栗谷发挥《西铭》“万物一体”的仁之工夫，认为君子为政，应当以仁充心，视民与天地为万物一体。民心，是仁心生生不息的“工夫”。有此“工夫”，就会产生尽其职责的人君之事。也就是说，有此仁心，就有尽责意识，就有君子为政之道。关于人君之理及其为政之道，应当是：得其位，就要思其职，二者相得益彰，因为人民和万物所生所长，也需要人君恰到好处的引领。实质上，栗谷在此敏锐地把握住了儒家一以贯之的敬位意识，君子为政之道，极需一种敬位意识来找到自己在天地人物之中的准确定位。所谓“上代天工，下理万物，使天地，得其位”，讲的正是这种道理。

为民父母对于当官尽职的把握，是栗谷从程朱理学中拔出，以一种特有的实践理性，以儒家的立场使敬位意识向实学的民本意识转变，因为实学首先是指向民的。栗谷的证明也以此为基调：

*其一，为政之规模，君职就在父母斯民中建构起来。*栗谷发挥孔子“为政以德，譬如北辰，居其所，而众星共之。”栗谷引朱熹对此的解释：“朱子曰，政之为言，正也，所以正人之不正也；德之为言，得也，行道而有得于心也；北辰，北极，天之枢也，居其所，不动也；共，向也，言众星，四面旋绕而归向之也。为政以德则无为而天下。”[23]栗谷认为，为政以德，最紧要的是做到如孔子所教导的“政者正也”的作风。[24]更为重要的是，在“正己”的同时，若要做到“众星共之”，首先就必须知道，君职的根在何处？栗谷断定：“人君修德，是为政之根本，而先知君职在于父母斯民，然后建中建极，以为表准则其效，若众星拱之矣，舜禹孔子仲尼之说，是建中建极之要领，故具载焉，呜呼父母之于子，慈爱者众而人君之于民，行仁者寡，其不念天地付畀之责，甚矣。”[25]君职之根就在万民之中。

*其二，既在万民之中，便是尽职所在。*栗谷站在实学立场，以儒家德治精

神出发,从其实学辗转出“实德”的提倡。业已看到,栗谷从《西铭》的万物一体到君职于万民之中,为君王之政设立了一种前提或基础,即君王要开出“善政”,须以天地为本、仁心为本、民心为本,这本来就是实学精神之写照。有实学之心,即有实学之德。栗谷以经世治国的实学精神,强调“修实德”的意义:“大抵应天以实,不以文,诚以实心,修实德,则危可使安,乱可使治,亡可使存,何灾之不可弭乎,惟其外示恐惧之容,内无修省之实,故天怒,不可回,国势,不可救耳,人君当国家闲暇之时,当预修德政,深防患难,以为长治久安之计,况有灾变,以警发者乎,常人之情,忧现目前则稍能谨慎,患在虑外则类不知戒,是故当灾异之初作也,虽凡主,亦知惊动,及乎灾异屡作,不见朝夕之应,则玩而不惧,殊不知妖孽之应,或缓或速,速则祸小,缓则祸大,患难既作,亡象已著,然后虽欲革心修德,已无及矣,千古以来,覆辙相接,吁可悲哉,呜呼成汤自责而大雨千里,太戊从善而祥桑枯死,此以实心,修实德之效也。”[26]由此看到,栗谷对人民生活的实际状况十分关切,要求天下百官对待人民要尽职尽心,并将这些关切和要求转化为“实德”的多重含义,从而深化了实学的深度与广度。

其三,“民之父母”的实学之证明,是以民本的哲学信仰为衬托、为背景。栗谷有着深厚的民本信念,他一再申辩:“君依于国,国依于民,王者以民为天,民以食为天,民失所天则国失所依,此不易之理也。”[27]“王者之政,不过以父母斯民为心,纾民之力,厚民之产,使所天欲得以,保其本然之善心而已。”[28]“安民,所以自爱也。安民,所以自安也。夫所谓安民者,为之兴利除害,使乐其生之谓也。”[29]栗谷所检讨的“建中建极”、“尽其职”、“修实德”,似乎都嵌入于这种民本理念。民本,就是一切社会生活和政治实践的开始和继续,包括君王之政。“民之父母”的政治道德信念,坚定地成为栗谷实学的政治天平和道德准则。

2.“德位之辨”

栗谷有“德位之辨”的实学证明。儒家有德位之辨的传统。以德居位,是儒家最基本的思路。栗谷沿着这一思路,进行了实学立场的政治道德的论证。其论证特色是:作为秉承孔学的儒者,也作为朱子学的儒者,栗谷深刻领会出孔子的德位之辨,也高拔于朱子的德位之思。

栗谷站在孔子所圈定的德位之辨上,思考其实学价值取向,他尤其看重的是君臣之道,即君与臣各有德上的要求、位上的考验。栗谷的《圣学辑要·安民》从儒家先王的为政品性里为君臣百官作了一个敬职敬位的“天戒”概括:“纪纲既立,百僚奉职。”栗谷十分赞同程子反对“位未称德则君举之”的德位观,主张:“位各称其德,终身居之”,才会有“为政功效”,只有以德居位,执政者才能体悟到如朱子所言“其不以位为乐也”之境地。现在我们要追问一下,儒家“德位之辨”的“德”,究竟意味的是什么?栗谷又是如何走向一个新的立场和旨趣?

其实,儒家的德位之辨,渊源于孔子。孔子为此拟定了三个基调。

其一,《论语·里仁》:“子曰:‘不患无位,患所以立。’”孔子不担心没有官的职位,只担心没有做官的根基。“所以立”,即谓立身根基,就是德性和德行。朱熹释谓:“不患无位,患所以立,犹云不怕无官做,但怕有官不会做。若有致君泽民之具,达则行之,无位非所患也。”[30]“有官不会做”,是指缺乏做官应有的德性。朱子认为,只要具备好做官德性,如“有致君泽民之具”,就不怕没有官做。按孔子的基调和朱子的阐发,做好官,尽其职,关键是“所以立”。立德性、立德行,这正是儒家的一般立场。其二,《论语·泰伯》:“子曰:‘不在其位,不谋其政。’”孔子说,不处在某种职位,便不考虑其政务。言下之意,处在某种职位,就得考虑其政务。这段话突显的是为官尽职的权限问题和责任问题,也是对德与位的一种“旁通”。朱熹解释此段,挑明:“此各有分限。田野之人,不得谋朝廷之政。身在此间,只得守此。如县尉,岂可谋他主簿事!不守分限,便是犯他疆界。马(庄甫)曰:‘如县尉,可与他县中事否?’(朱子)曰:尉,佐官也。既以佐名官,有繁难,只得伴他谋,但不可侵他事权。”[31]位,象征一种权力,代表一种权限,意味一种职责。在位,就要尽到职责,不越权限但又用好权力。孔子称为“不逾矩”。其三,《论语·宪问》:

"曾子曰:'君子思不出其位。'"曾参说,君子所思考的范围,不超出自己的职位。曾子是孔子极为推崇的七十二弟子中的一位,孔子称赞他"能通孝道,故授之业"。除了《孝经》,据说揭示修身齐家治国平天下的儒家政治道德核心的经典著作《大学》也为曾子所作,因而曾子言论也在相当程度上反映出他的老师观点。孔子的"不在其位不谋其政"在《论语》中出现两次,一在《泰伯》,一在《宪问》,曾子这段话是紧接孔子这句话讲的,也可看做是对孔子这句名言的一种诠释。虽然只有七个字,但它道出一个"止"字的尽其职责("位")的官德效应。"思不出其位",意思是达到并留于此,也就是止于尽官之道,居位则思尽其职责。《大学》言"止"切入的正是官德的政治道德意义:"大学之道,在明德,在亲民,在止于至善。知止而后有定。""定"在做官做人,一盖尽以应当所为,这就叫"止"。就德与位而言,要以德思位、以位思职、以职思责。这三个基调,表达的都是对"位"的一种不敢懈怠的敬位意识,而且确定和把握"位"总是与"德"相互联结,即相应的"位"要有相应的职责,这样的德位意识,也代表了中国人的基本看法。

作为一代大儒,栗谷当然沿袭了孔子开启的德位观,但是栗谷在继承儒家德位之辨的基本价值取向的同时,更以实学的事业来丰富和拓展此"德"之范围。这叫实学之德。因此在栗谷的儒家实学关切里,君位必须要以实学之德来定位,凡是推动实学事业的君臣百官,这不仅是一种德性和德行的要求,也是一种位上的责任考验。

必须指出,栗谷推崇的实学路径,可以说是体现一种自上而下的"修实德",即为"从格君心,辟义路,塞利源为务"之实学,"以著修己治人之实迹,先观功效,后稽实迹",[32]本质上,这还是属于"圣人之治"和"内圣外王"的实学路径。然而栗谷认为要行实学之效,一方面表示为君臣之德,另一方面体现为君臣之位上的应尽职责。栗谷是如何证明的呢?一个具体的案例,就是栗谷看出"舍己从人"有德位相致的为政实效。业已指出,栗谷从《西铭》发挥出"尽其职",确定"人君"(当也包括臣),是以天地为"侪辈"、为"仁心",方能尽其君(臣)职责;不仅如此,秉承天地万物,君臣的德位相致,是体现于天地之中的相互所得。栗谷正是基于天地万物的规则和准则,为君臣之道找到德位相致的天道根据,并转化为人道准则,这一切最终也要落实到为政之道上。

3."水火哲学"

以秉承孔孟遗志为圭臬的栗谷,从"实学"向度给予了孔子"民之于仁"的水火哲学一种新的治道诠释。《论语·卫灵公》记载孔子此说:

"民之于仁也,甚于水火。水火,吾见蹈而死者矣,未见蹈仁而死者也。"

仁对于民来讲,是刻不容缓的。民依赖水火,但更离不开仁。仁对于百姓人民来说,既是内在的又是外在的。从内在来说,人民自身应具备"仁";从外在来说,统治者应承担给予人民实现仁政的应尽责任。两者同等重要,甚至在一定意义上,后者比前者更加突出和重要。孔子主张:给民以仁,犹如"水火"一样重要。如王夫之肯定朱熹的释其谓:"民之于水火,所赖以生,不可一日无;其于仁也,亦然。但水火外物,而仁在己。无水火,不过害人之身,而不仁则失其心。是仁有甚于水火,而尤不可以一日无者也。况水火或有时而杀人,仁则未尝杀人,亦何惮而不为哉?"[33]仁是内在于己的存在,水火不可无,无之则害身体;仁若无,则害身心,所以仁犹如"水火",社会不可有片刻的背离或丧失。这就是"仁有甚于水火"的哲学。至于民之于仁,王夫之基于"仁在己"、"仁有甚于水火"的理解,训"民之于仁"义:"夫子曰:君子存仁以全天德,而推行之于天下,移风易俗,以纳斯民于亲睦和逊之中,使各全其生理,惟知此为人之所托命而终无咎者也。民之于仁者,岂不甚哉!天以是生民,民以是自生。无私也,乃以善其私;无欲也,乃以养其欲。非是,则残忍之心生乎忮害,忮害之事成乎戕贼。惟情相喻,性相安,而后民得以立。以譬水火,殆犹甚乎!水火不可一日无,而仁不可斯须去;水火可求人而得,仁则自求而存,果甚矣哉!而世之习为功利之说者,日呴呴然以为仁而且以自损也。乃以譬水火,尤见其不然。水火之为利也,而害存焉,蹈水火而死者,吾见之矣。若夫仁而习之,由其道而教之,而有与死相近者乎?害不期远焉,尤可验其为生人之大益也。君子存之,庶民兴之,乌容不汲汲乎!"[34]在王氏的理解中,隐约可以看出"民之于仁",一则指谓天下君子庶民概以仁自生自存,二则指谓统治者应对人民百姓实行仁政,以养其身、养其心、养其性,治民之道两者不可偏废,只是以仁养身心较之于以欲养身心,困难得多,故以仁治民甚于以水火治民,才有孔子感慨"未见蹈仁而死者"的鼓励。

其实,孔子的"水火哲学",说到底,旨意的是治民之道。孔子言"仁者爱人"、"推己及人",但具体于民,其往往作为被役使的对象。所谓"使民以时"、"务民之义"、"则民服"、"则民兴于仁"、"民可使由之"、"可使足民"、"使民信之"、"善人教民"、"则民易使"等说法,均指谓的是如何治民之道的问题。并未提至一种民本意识的本体论高度。这一点恰在孟子那里实现。然而孔子的治民之道,其立足点既有"民德归厚"的多向扩展,又有上对下的治民感化。它反映出孔子内心深藏着一种时下少有的于民于德的职责意识。譬如,"使民以时",讲的是治民有方,即治理者要保证农民不违农时又让百姓学会勿敢怠荒。这是当官者需要见习"学而"的治民本领和应尽职责。"务民之义",讲的是治民以知,即要改变人民百姓的无知状态,需要在上者以仁义教导和感化他们,使他们懂得敬仁义而远鬼神,这是当官者必须实现的教化义务。"则民兴于仁",讲的是治民应以上风带引下风,在上有德成为在下的榜样。君子真诚践履亲亲善善,人民百姓必有仁爱之心。由上之德引导在下之德,正己才能正他人,这是儒家政治道德中一条绝对性的义务准则。所以这一切,无非是要给人民解决实际问题,包括物质文明和精神文明两部分的需要。

作为儒者的实学家,栗谷当然取向于此。他坦言陈述实政的为政方略:《摠论为政》:"富庶而教,为政之规模也","所谓修身者,即建中建极之谓也";《明教》:"食节,事时,民咸安其居,乐事劝功","先富后教,理势之当然";《为政功效》:"学日就,德日进,政日理,化日广,则修身治国","职此之由,夫躬行仁义者,天德也,教养生民者,王道也"。"天德"和"王道",就是一种必须要做到的"当务之急",就是给民以仁的"水火哲学",这就是实政之举。在这里,栗谷对政府方面提出了更多的要求,做不到这点,就是最严重的失职,未尽应有之责,就要受到指责,故栗谷会有"行仁者寡,其不念天地付畀之责,甚矣"的感慨。

但更重要的是,栗谷是朝实学方向继承和发挥了孔子的"水火哲学"。栗谷纳"修德"、"敬位"、"为政"于"父母斯民"之中,基于儒家立场,开辟了一个德与位、德与民、德与政相互连接的实学架构,理论上是个重要建树。可以看出,栗谷如此讲解"为政":"人君修德,是为政之根本,而先知君职在于父母斯民,然后建中",所谓"建中",乃为政之规模,就是实学的纲领,实际讲,就是于民"富庶而教",栗谷对于"为政",不无如此感慨:"建中建极,为政之根本也,富庶而教,为政之规模也。"[35] 这里,栗谷把孔子以来的"治民"观向实学转变,并以"德、位、民"三者一体给儒家的治民思想提供了一个更新的视阈和更宽泛的领域,来建构栗谷心目中的实学规模,这是一个新的儒家立场。

栗谷在《为政》的《安民》篇里比较集中地突显了这番理论,同样,有所张扬的立场也可以从本文业已检讨的分析里找到线索。现在我们再来细细品味一下《安民》篇中的立场,从而加深我们对于栗谷"为政—民本"思想的已有认识。《安民》大多引儒家经典来阐明栗谷自己的观点,现勾勒若干,来窥探其玉其珍:

《安民》开宗明义:"纪纲既立,百僚奉职,然后,治具乃张,泽被生民故次之以安民。"这里表达的是君民相须之道,君臣要有"泽民"、"生民"、"安民"的"纪纲",而百官要尽其职责,这是君臣之义务。栗谷这是从道义论上来看问题的。《安民》引《尚书·大禹谟》来表示德位相称中的敬位意识:"帝命禹曰,可爱非君,可畏非民,众非元后,何戴,后非众,罔与守邦,钦哉,慎乃有位,敬修其可,愿,四海困穷,天禄永终。"所谓"慎乃其位,敬修其可",内蕴一层敬位之关切。《安民》引张载之语,来表达为官须含"父母之心",去对待"四海之民"。《安民》引朱子"上,好仁,以爱其下则下,好义以忠其上,所以事必有终而府库之财,无悖出之患也"。所谓"府库之财",既是安民之本,又是公有的财产,更要尽量让人民拥有财富。这里,栗谷具有一种平等分配天下财富的公平思想,对此栗谷以其实学精神发挥道:"天子之富,藏于四海,诸侯之富,藏于百姓,有仓廪府库,为公共之物,不可有私贮也。"栗谷引孟子"无恒产而无恒心"、"明君制民之产"、"使民养生"、"不违农时",又引《周易》"天地交,泰后以,财成天地之道,辅相天地之宜,以左右民""地中有水,师,君子以容民畜众"。这些儒家观点,栗谷都作了与上述相关的意义阐发。

需要指出,这一系列引而有发的议论,也包括我们整篇文章的结论性分析,既表示出一般的治民之道,又展示出儒家政治道德实践中的民本倾向,更照观出栗谷赋予韩国实学的基础,即实学必须以国计民生为指向、为指归。这里所陈述的恰是孔、孟以来的"水火哲学",只是栗谷给予了为政意义中的"民——德——位"相连接的实学整体性思考,突显的思路是特定的,又是结构性的。更为韩国实学的进一步发展提供了多维向度、拓宽了多重渠道。可以肯定地说,韩国实学,既渊源于栗谷又发展于栗谷,更深刻地烙印着栗谷政治道德思想的这些特色。

四、儒家轨迹与《周易》一路

栗谷的"熟仁",始终与其实学紧密连接,以至不使儒家理论显得脱离实际,他顺应孔、孟以来的儒家传统,又在宋学中寻找到他需要彻底发挥的"熟仁"去运转其实学的理论和实践。更有意义的是,他在《周易》中又寻找到出于儒家又高于宋学的"熟仁"与实学的连接。

1. 光大孔、孟的智慧

业已证明,作为秉承孔、孟思想的儒者,也作为朱子学的儒者,栗谷深刻领会孔、孟开启的儒家政治道德——民之父母、德位之辨、水火哲学,其中发微和阐明的实学思想,也高拔于程朱之思。譬如,栗谷在其德位之辨里对"舍己从人"的证明,就可以充分表现出这一点。栗谷引《尚书·大禹谟》赞美先帝(尧、舜、禹)——值得注意,栗谷在《圣学辑要·为政》中还专设《法先王》篇——看出“舍己从人”带来的德位相致产生的为政绩效。这里讲的“舍己从人”,栗谷突显的仍是民本价值取向,“舍己从人”的实质就是“舍己从民”。栗谷引证说:“后克艰阙后,臣克艰阙臣,政乃乂,黎民敏德。帝曰:俞!允若兹,嘉言罔攸伏,野无遗贤,万邦咸宁。稽于众,舍己从人,不虐无告,不废困穷,惟帝时克。”栗谷看出,“舍己从人”,是君臣为政之“克艰之道”,它旨意在德位上的政治道德考验。栗谷于此发挥道:“臣按,人情,责之以所不能,则犹能勉从,若责之以所已能,则必忿然,尤其不相知也,夫克艰之道,要在嘉言罔伏,舍己从人,而舜之所以为圣为治者,实出于斯,今禹,非不知舜之已能,犹不敢以为有余,而申儆之,舜亦不以已能,为自足,而不敢当焉,此虞朝君臣,所以交尽其道而圣人之所以益圣也与。”虞舜帝与禹、与弃、与契、与皋陶、与伯夷、与夔,是同君臣“以交尽其道而圣人之所以益圣”的德位相一致的。

这里,也有《周易》强有力的支撑。法先王思路使得栗谷十分注重先王们重贤用贤的尚德风格,同时他也从德位上去思量君臣之道,突出在“就位”、“任职”、“德业”上的“用贤”之辨。但是栗谷仍注目于实学思路、注目于经世泽民的实践要求。栗谷引《周易》颐卦的彖辞“圣人养贤,以及万民”,推论君王为政之道在用贤上的德位要求:“然后使贤者就位,能者任职,或委付郡县或师表士儒,其德业尤贯,渐进以帅臣,职司之任,为辅弼,为公卿,无施之不称也。”[36]君称职、臣尽职,以保养之道权衡。如《周易·序卦》所说:“颐者,养也”。《周易·颐·辞》曰:“颐,贞吉,观颐,自求口实。”意思是说,颐,保养合乎正道就吉利,保养之道要依靠自我努力,又要注重在养德、养民上,这就叫“自养”。《周易·颐·彖》曰:“颐,贞吉,养正则吉也;观颐,观其所养也;自求口实,观其自养也。天地养万物,圣人养贤以及万民。颐之时大矣哉。”所谓“圣人养贤以及万民”,恰蕴涵德与位相称,更是对君位职责的儒家设定。栗谷站在儒家立场,以实学精神引导出君臣之道中的德位相称,而回归在“泽及万民”,这一立场源于孔子,又高拔于朱子理学,也奠定了后来韩国实学的理论基石。

2.《周易》立论

我们再从儒家文献《周易》中寻找他的治道支撑。譬如，在德位之辨中，栗谷十分赞同程子反对“位未称德则君举之”的德位观，主张：“位各称其德，终身居之”，才会有“为政功效”，只有以德居位，执政者才能体悟到如朱子“其不以位为乐也”之境地。现在我们要追问一下，栗谷是如何以实学立场走向一个新的德位旨趣呢？这又来自于《周易》的贡献。同时照观出《周易》中的“熟仁”一路。

栗谷以《周易》思想，从实学精神导向君臣之道中的德位相称，而回归在“泽及万民”，是有其理论特色的。

如君位之辨。栗谷以民为实学之本来界定君位之德，以确立其心目中的理想君子。栗谷看到了《周易》这里的精蕴。栗谷引《周易》并转述程子观点，实际是表达他自己的看法。栗谷在《为政》言：“《易》曰：上天下泽，履，君子以辨上下，定民志。(《履卦·象辞》)程子曰：上下之分，明然后民志有定，民志定，然后可以言治，民志不定，天下不可得而治也。古之时，公卿大夫而下，位各称其德，终身居之，得其分也，位未称德则君举而进之，士修其学，学至而君求之，皆非有预于己也。农工商贾，勤其事而所享，有限，故皆有定志而天下之心，可一后世，自庶士至于公卿，日志于尊荣，农工商贾日志于富侈，亿兆之心，交骛于利，天下纷然如之何其可一也。欲其不乱，难矣。此由上下无定志也，君子观《履》之象而分辨上下，使各当其分，以定民之心志也。”《履卦》之象意思说，君子辨清天地之道，厘清上下之位，才能位称其德，进而求之，安定民心，为民立志，履行君子之职责。在这层意义里，栗谷展示其实学意图，以“农工商贾”这些国计民生之实学条目，来界定君位“履”行职责之德，这是运用《周易·履卦》对君位之辨进行的诠释。

以德居位，是儒家一以贯之的“道统”。栗谷从法先王思路转向君位之辨的确认，就是要证明先王们是如何以德居位，成为儒家的“道统”，栗谷发现《周易》早有如是观。栗谷在《圣学辑要》专著《圣贤道统》一文中详细品味了这里的思想。有关儒家"道统",源于唐朝韩愈:"尧以是传之舜,舜以是传之禹,禹以是传之汤,汤以是传之文、武、周公,文、武、周公传之孔子,孔子传之孟轲,轲之死不得其传焉。"[37] 栗谷把这个"道统"延伸扩大了:"上古圣神,继天立极,道统攸始,书契以前,茫乎罔稽,八卦肇画,人文始宣,故谨依谟训,兼考史籍,略述于此,始于伏羲,终于朱子,以著修己治人之实迹,先观功效,后稽实迹,则可以不昧于所从矣。"[38] 这里栗谷讲出了很重要的两点,一是扩充儒家"道统"系列,韩愈把"道统"限定在尧舜至孟子,而栗谷扩至朱熹;二是考辨"道统"的实学底蕴,即"道统"中的人物有"修己治人之实迹",栗谷如此评论,乃基于德位之辨的考量,栗谷从《周易》里讲清这个道理:"道统,自伏羲至于周公,以圣人之德,居君师之位,修己治人,各极其至,古者包牺氏之王天下也,仰则观象于天,俯则观法于地,观鸟兽之文,与地之宜,近取诸身,远取诸物,于是始作八卦,以通神明之德,以类万物之情。包牺氏没,神农氏作,折木为耜,揉木为耒,耒耨之利,以教天下。神农氏没,黄帝尧舜氏作,通其变,使民不倦,神而化之,使民宜之,垂衣裳而天下治。"[39] 发挥"道统"的这段话取之于《周易·系辞下》,尽管字句上有些许改变,栗谷要想证明的还是强调先王们处"君师之位"有"圣人之德","修己治人",竭心尽力为民劳作,以德居位,在先王们的身上充分体现出来了。后人们要继承这一传统,尤其是君臣。栗谷引《周易·临卦·六五爻辞》:"知临,大君之宜,吉。"发挥出"五,居尊位而下应于二,刚中之臣,五是君位,二是臣位,五二为相应之爻,是能倚任于二",所以君臣德位相称,便有相应互动,就有先王之治。因此栗谷对于此段的评语:"此圣帝明王所以鼓舞天下""似乎卑下而实是大舜之所服行也",就是在努力彰显先王的德性和德行之所以成为"道统",就是由于他们以德居位。君臣们要向他们看齐!

必须指出,栗谷引《周易》的实质意图,还是要挑明君子之政的"熟仁"问题。因为所谓"德位之辨",实质上就是对君子之道的考验。君位之德,栗谷要在《周易》里找到这种考验的理论。经得起这样的考验,就是从"熟仁"中走来的。如栗谷在《圣学辑要·为政·安民》引了三段《周易》,意图仍在道明为政的"熟仁"价值。

其一,"易曰:天地节而四时成,节以制度,不伤财,不害民。"(《节卦·彖辞》)栗谷同意程伊川的解释,并摘录其要:"程子曰,推言节之道,天地有节故能成四时,无节则失序也,圣人立制度以为节,故能不伤财害民,人欲之无穷也,苟非节以制度则侈肆,至于伤财害民矣。"他也赞同朱熹解释:"国家财用,皆出于民,如有不节而用度,有阙,则横赋暴敛,必将有及于民者,虽有爱人之心而民不被其泽矣,是以将爱人者,必先节用此不易之理也。"节财为民,民有财,社会则有秩序,这是天地运行之道,为政者应有如此责任意识,才能泽及万民。程朱有如是观,栗谷也有如是观。

其二,"易曰:天地交,泰后以,财成天地之道,辅相天地之宜,以左右民。"(《泰卦·象辞》)栗谷引程伊川意在说明他的观点:"程子曰:天地交而阴阳和则万物茂遂,所以泰也,人君当体天地通泰之象而以财成天地之道,辅相天地之宜,以左右生民也,财成谓财制,成其施为之方也,辅相,使民用天时,因地利,辅助化育之功,成其丰美之利也。"依天地运行法则治国治民,因天地制宜而生民使民,这是人君的责任意识。程子如是观,栗谷也有如是观。

其三,"易曰:地中有水,师,君子以容民畜众。"(《师卦·象辞》)栗谷又引程朱通解:"程子曰:君子观地中有水之象,以容保其民,畜聚其众也。朱子曰:水不外于地,兵不外于民,故能养民则可以得众矣。"保民容民养民畜民,当是君子为政之德,这是观天道所得,务必如此。程朱如是观,栗谷也有如是观。

栗谷引此三段,意在突出坚持于民关切的政治道德责任。在《安民》篇中栗谷据《周易》天地之民专门对"民之父母"作如下实质性发挥:

第一,"王者之政,不过以父母斯民为心"。栗谷站在实学立场,认为君王执政的出发点就是为民,这是于国于君的根据。栗谷指明:"君依于国,国依于民,王者以民为天,民以食为天,民失所天则国失所依,此不易之理也,王者之政,不过以父母斯民为心,纾民之力,厚民之产,使所天有裕,得以保其本然之善心而已，人君不能行此政者，类锢于多欲而莫之自度，盖欲利于己，必害于人。"君王执政，不依为民而行，必害政害民，最终害己。第二，"深知厥职，在于父母斯民"。栗谷以职责相论，提高"民之父母"的官德要求。栗谷以历史典故生动挑明："古之圣王，深知厥职，在于父母斯民，故忧勤惕虑，不遑暇食，心心念念，惟在斯民，其惜民力，若肌肉之难割，其业民产，若调饥之求哺，其革弊瘼，若急病之服药，必跻斯民于至足至乐之域，然后乃慊于心。"做官的常以父母之心念民，惜民力，业民产，这是先王的为政之德，也是后人的为官之职。尽其职责，官员才有心满意足之乐（"慊于心"）。第三，"爱民，所以自爱也；安民，所以自安也"。栗谷在此挑明了一个官民先后，即做官先爱民才有民爱己、先安民才有民安己，怎样才能做到呢？官员为民应做生计实事。栗谷说得贴切："夫所谓安民者，为之兴利除害，使乐其生之谓也，若因陋守讹，荏苒姑息，一弊未革，一政不举而徒谆谆然朝号暮令曰我欲安民云尔，则是非诚心爱民也。"爱民，先做安民之事，这是为官诚心之先举，乃显天地之道、体《周易》之理。这样还是回归到《西铭》乾坤之境界中去了。

3. "熟仁"观的《周易》立论

以德居位，官员用心应放在"仁"上。熟仁，乃儒家特有概念，《孟子·告子上》中有此概括："夫仁，亦在乎熟之而已矣。"栗谷对于"熟仁"，颇有感慨，为政之道有"熟"："为政之效，至于仁被天下，泽流后世，圣人之能事，蔑以加矣，可谓高远而难于几及矣，虽然本之躬行，循序渐进，则如行者不退，必至于赴家，食者不辍，必至于饱腹，初非捕风捉影，不可求效之比也，第患人主，真以为高远而莫之为耳，圣王之政，布在方册，如规矩在手，可制方圆，初虽龃龉，后渐纯熟矣。"[40]为君之道有"熟"："君子而进进不已，则岂不至于圣域乎，始自可欲之善，终至于参天地赞化育者，只在积知累行，以熟其仁而已。"[41]

出于对儒家的关切，栗谷一再引证儒者的熟仁观，有孔子的、孟子的、程朱的、张载的，更有自己体悟感触的，这一点，我们已经有充分的展开，这里就不一一赘述了。问题是,栗谷的引述和表述,究竟与此有何实质性联系?

我们认为,这些表述,归根到底是在传达儒家的做人做官之道。集中到德位之辨就是:有德乃为君子居位的根据,这德,却是仁的内容,熟仁,是需要培育和锻炼出来,有“熟仁”之底据,君子才有位上的端正。这是成就君子之德的考验。栗谷从《周易》的环境里又展开了这样的思量。其中最著名的是栗谷相较于孔子的“熟仁”观,诠释了《周易·乾卦·象辞》的“天行健,君子以自强不息”。熟仁,乃自强不息的过程。栗谷看得深刻又精准。

栗谷引《周易》:“天行健,君子以自强不息。(乾卦象辞)君子,终日乾乾,夕惕若,厉,无咎。(乾卦九三爻辞)”自强不息、终日乾乾,是敬位在熟仁上的善始善终,一刻不离仁。对此栗谷指谓在《论语·里仁》中孔子一段“熟仁”名言:“君子无终食之间违仁,造次必于是,颠沛必于是。”君子无一时一刻背离仁,哪怕是在最艰难困苦、颠沛流离的时候,这就是“熟仁”;不熟仁,则不成为君子,“孟子曰,五谷者,种之美者也,苟为不熟,不如荑稗,夫仁,亦在乎熟之而已矣。尹氏曰日新而不已则熟”[42]。如五谷,华而不实,虽美,不熟,还不如“荑稗”(长在野草丛里的稗子,是稻田害草,但果实可食);君子之道,乃考验于熟仁的自强不息,惟熟仁则有美德生成而至熟。对此,栗谷在《周易》的轨迹里对熟仁的方法有重要的发挥,有三点值得指明:

第一,熟仁在于自强不息,需要由内向外的德性扩展。栗谷引《周易·坤卦文言》:“敬以直内,义以方外,敬义立而德不孤。”发挥程朱之说,这叫“存养熟后”,敬以直内,是毫无私心杂念;义以方外,是方方正正去做事,这是彻彻底底的自家工夫,就是熟仁的工夫,它是体(内)与用(外)的统一,栗谷肯定朱熹说的“敬以直内义以方外八个字,一生用之不穷”,并以体用一致注解谓:“敬体,义用,虽分内外,其实敬该夫义,直内之敬,敬以存心也,方外之义,敬以应事也。朱子敬斋箴,发明视切。”[43]乃如朱熹点明为“涵养纯熟”之功效。

第二,“涵养纯熟”之功效,栗谷概之为“诚笃”。诚笃就是自强不息。栗谷接胡宏评价《周易》“自强不息”一句,即“古之圣贤,未尝不以懈惰荒宁为惧,勤厉不息自强”指出：“君子之学，诚笃而已，任重道远，不进则退，若非诚笃，何能有成?”熟仁当也是诚笃的过程，栗谷觉此意味深长：“笃志以帅气，涵养以存诚”“学者，须是恒主于敬，顷刻不忘（仁）”“如是用功，日夕乾乾，不求速成，不生懈意，如未得力，或有闷郁无聊之时，则亦须抖擞精神，洗濯心地，使无一念，以来清和气象，久久纯熟。”[44]

第三，“久久纯熟”之诚笃，实乃修己之功效，但它是从知行上说的。所以栗谷又概之为“积知累行”上的“以熟其仁”，熟仁，就是知行上的“一时并进”。熟仁有通，通于什么？通于天下之志，这是为君之道呀！栗谷引《周易》感慨：“惟君子为能通天下之志（同人卦彖辞）”。栗谷对此段从知行角度有按：“用功之至，必有效验，故次之以功效，以尽知行兼备表里如一入乎圣域之状。”[45]熟仁之于“通”，就是达到这种“圣域之状”的境界。在栗谷看来，这是知行并进的结果。栗谷强调：“知行，虽分先后，其实一时并进，故或由知而达于行，或由行而达于知，言由里达表之效。”[46]这就是“涵养纯熟”，这就是“诚笃”，“学者，知行必须并进”[47]，这是通达的涵养，又是纯熟的习练，“惟其实用其功，积习纯熟而已。”[48]德性就是这样一步一步而来的。这就是做人做官做事的“自强不息”。

“熟仁”，说到底，旨趣在德性的生长与锻炼，但是以德居位，德是最首要和基本的条件，在栗谷的实学关切中，一切有关经世致用和国计民生的，都成为“德”上的要求、“位”上的考验，正心诚意修身齐家治国平天下的内圣外王路径就与“熟仁”达到了一致性，也使“德”与“位”有了统一的方向。

作为一代大儒，栗谷站在儒家立场，凭借对《周易》的洞察和立论，开启了韩国“实学”的理论，仅仅通过德位之辨，我们已经领略到了栗谷在这一进程中独特的理论贡献，而这一切离不开栗谷对于《周易》的情怀。如今回过头来仔细品味五百多年前栗谷从《周易》中发挥、发展出来的实学理论，对今天韩国社会的发展和思想界产生的影响力，[49]就足以表明《周易》蕴涵着丰富且深刻的思想，有着相当大的实践意义，也反观出“熟仁”在《周易》中的应有传统，[50]也对我国开展《周易》研究寻迹一种新的结合点具有启发意义。

不仅如此,引入《周易》,极大地扩展了由孔子确立的“熟仁”理性,在内容和形式上的鲜活性。

“熟仁”无国界。这里仅以韩国实学的李栗谷为例,希冀成为这一话题的佐证。凡是有儒家影响力的国度,几乎无一例外的存在“熟仁”取向,因为儒家精神,就是由孔子奠基的一个“仁”字得以传承和弘扬的。颜子、颜元、吕坤、栗谷的“熟仁”印证,已经是在“行动”中的提升,也再一次证实了儒家“熟仁”在“做人—做官—做学问”中的价值问题。当然,对于儒家“熟仁”在理论和实践上的分析,必须要明摆出的一位大儒,或许也可称为极为成功的“实学”家(洋务运动不是吗?),正是他提供了一块极为丰厚的“熟仁”集散地,这个人物,就是亲历“熟仁”并获得极为成功的理学名臣:曾国藩。

注释:

[1]见李甦平《中国·日本·朝鲜实学比较》,第206页,安徽人民出版社1995年版。

[2]李栗谷:《圣学辑要·为政》,《栗谷集》(Ⅱ),韩国庚寅文化社,首尔,1976年版。

[3]李栗谷:《圣学辑要·修己》。

[4]李栗谷:《圣学辑要·收敛》。

[5]李栗谷:《圣学辑要·穷理》。

[6]李栗谷:《圣学辑要·穷理》。

[7]李栗谷:《圣学辑要·穷理》。

[8]李栗谷:《圣学辑要·穷理》。

[9]李栗谷:《圣学辑要·穷理》。

[10]李栗谷:《圣学辑要·穷理》。

[11]李栗谷:《圣学辑要·修己·矫气质》。

[12]李栗谷:《圣学辑要·穷理》。

[13]李栗谷:《圣学辑要·正心》。

[14]李栗谷:《圣学辑要·正心》。

[15]李栗谷:《圣学辑要·修己功效》。

[16]李栗谷:《圣学辑要·正心》。
[17]李栗谷:《圣学辑要·穷理》。
[18]李栗谷:《圣学辑要·穷理》。
[19]李栗谷:《圣学辑要·穷理》。
[20]李栗谷:《圣学辑要·辅德》。
[21]李栗谷:《圣学辑要·为政》。
[22]李栗谷:《圣学辑要·为政》。
[23]李栗谷:《圣学辑要·为政》。
[24]李栗谷:《圣学辑要·为政》。
[25]李栗谷:《圣学辑要·为政》。
[26]李栗谷:《圣学辑要·为政》。
[27](韩)闵炳学:《韩国政治思想史》,第342页,韩国大经出版社2005年版。
[28](韩)闵炳学:《韩国政治思想史》,第342页,韩国大经出版社2005年版。
[29](韩)闵炳学:《韩国政治思想史》,第342页,韩国大经出版社2005年版。
[30]《朱子语类》卷二十六。
[31]《朱子语类》卷三十五。
[32]《圣学辑要·为政》。
[33]王船山:《四书训义》卷十九。
[34]王船山:《四书训义》卷十九。
[35]李栗谷:《圣学辑要·为政》。
[36]李栗谷:《圣学辑要·为政》。
[37]韩愈:《原道》。
[38]李栗谷:《圣学辑要·圣贤道统》。
[39]李栗谷:《圣学辑要·圣贤道统》。
[40]李栗谷:《圣学辑要·为政》。
[41]李栗谷:《圣学辑要·修己》。
[42]李栗谷:《圣学辑要·修己》。
[43]李栗谷:《圣学辑要·正心》。
[44]李栗谷:《圣学辑要·修己》。
[45]李栗谷:《圣学辑要·修己》。

[46]李栗谷:《圣学辑要·修己》。

[47]李栗谷:《圣学辑要·修己》。

[48]李栗谷:《圣学辑要·修己》。

[49]特殊地,可参阅韩国哲学会编的《韩国哲学史》,韩国东明社2002年版。

[50]有关《周易》中的"熟仁",本书虽没有专门设题论述,但融会在整部书中的浸透性分析,还是一目了然的。譬如,那个"研几"之学、那个"安土敦乎仁",以及在张载的《正蒙》、船山的《周易》内、外传、《张子正蒙注》以及李光地的《周易折中》,都充满着"熟仁"的洞察,也留下足够回味的"熟仁"文字!

第十七章

“熟仁”集散地:曾国藩案例

“集散地”是一个形象比喻,这里意在揭示的是,在中国历史上,由一介书生通过个人奋斗成为“宰相”级人物,他就是晚清理学名臣曾国藩。在他“浓缩”了“熟仁”的一生里,曾国藩通过其“力行”的言行,“集中”又“散射”出了儒家“熟仁”的亮丽和精彩。更给“熟仁”之行动逻辑,提供了一份极为有效的“答卷”。

曾国藩(1811—1872),初名子城,字伯涵,号涤生,谥文正,湖南湘乡人。曾国藩恰是从做人做事的秘诀里,发现了“熟仁”的一切。曾国藩的摸爬滚打,经历了“吃苦中来”,悟出了一套别具匠心的做人秘诀。他仅用两字,作了最富实践性的概括:求“熟”。说这是曾国藩的做人之秘诀,一点不为过。

一、“妙来无过熟”

“熟”,是中国文化一个极富意蕴的概念。特殊地看,这“熟”,尤其在儒家和道家的文化氛围里,具有一种走向持久性成人之道的实践价值。求“熟”,当然也是一门特殊的学问。作为采百家之长的一代大儒、理学名臣,曾国藩对于“熟”辨的探骊得珠,既渊源于儒家又出于道学。综观曾国藩一生做人,品位也好,风格也罢,都与求“熟”甚有关系。曾国藩对“熟”,颇有感触:

“妙来无过熟。”

“先立规模后求精熟。”

“仁亦在乎熟之而已矣。”

“若要熟,也须从这里过。”

曾国藩倡导“天下万事贵熟”[1],并坚信,凡天下的成人成事成万事,无不在成熟之中。曾国藩深有感慨:

人有恒言,曰“妙来无过熟”,又曰“熟能生巧”,又曰“成熟”,故知妙也、巧也、成也,皆从极熟之后得之者也。不特写字为然,凡天下庶事百技,皆先立定规模,后求精熟。即人之所以为圣人,亦系先立规模,后求精熟。即颜渊未达一间,亦只是欠熟耳。故曰:夫仁亦在乎熟之而已矣。[2]

这段话很值得回味。“妙来无过熟”、“熟能生巧”、“成熟”,是“皆从极熟之后得之者”,曾国藩讲出的做人秘诀,就是这个不断地求“熟”。有两个命题,拓宽了此番成熟境地:“先立规模后求精熟”和“仁亦在乎熟之而已矣”。

1.“先立规模后求精熟”

这里的“规模”,有格局、标准、间架、规矩、布势、目标、起点等意义,如曾国藩所言:习字有“间架”、万物有“界限”、文章有“布局”、生长有“始基”、人生有“素志”、成人有“规矩”,等等。一俟规模立定,就有了根本方向,就能纲举目张。曾国藩一再申辩:“规矩未定,故不能有所成”[3]“非气不举,非纲不济”[4]“宜从大处分清界限,不宜从小处剖晰微茫。”[5]曾国藩三十岁立志以“不靠做官发财以遗后人”为“终身大规模”,而这一“大规模”一直影响和支配着他,成为他的生活方式。实质上,以立志为人生大规模,乃是儒家立志观的主旨和精髓。曾国藩无疑是沿着这样的精神实质来思虑求“熟”的。亚圣孟子就说过:“羿之教人射,必志于彀,学者亦必志于彀;大匠诲人,必以规矩,学者亦必以规矩。”[6]所以“大匠不为拙工改废绳墨,羿不为拙射变其彀率。”[7]羿为传说中的射箭英雄,有一箭射九日的故事。孟子所言,是想告诉人们:羿教人射箭,弯弓要求达到功满的标准;大匠教学徒,引绳墨要求合乎规矩,如此才是成熟之正道起始。不仅如此,学习的人,也应以正道严于自律。规矩、标准、规模,是走正道的路径,立志,就是走正道的开始。而且,立志于道,又在习熟之中,惟此努力把自己培养成为“富贵不能淫,贫贱不能移,威武不能屈”的“大丈夫”。对此,曾国藩发挥至极,这样的“大丈夫”,无疑是成熟之中的主体性确认,他是这样说的:“凡将相无种,圣贤豪杰亦无种,只要人肯立志,都可以做得到的……立定志向(而致于熟),何事不可成?何人不可作?”[8]儒家“人皆可以为尧舜”的道德理想,在曾国藩那里,获得了成熟之中的现实性可为。

更深入地看,曾国藩的先规模后精熟,就是立定规模实现志向的过程,其中必须“下一熟字工夫”。这里有立与定、“习”与“熟”这两个方面的辩证结合。他举写字为例,说道:“知此事须于三十岁前写定规模。自三十岁以后只能下一熟字工夫,熟极则巧妙出焉。”[9]一方面,规模是立与定的统一。立规模,是主体意志的自觉行为;定规模,是习之工夫所致,即所谓的“写定规模”。就是说,规模立后,又要在习之过程中确定规模,化规模为自我意识(“心”)的内在结构,达到习之而熟的水准。另一方面,实现规模是日见其大的习熟自觉。习熟自觉,其可贵之处有两点,曾国藩点得极准:一是达到“自如种树畜养,日见其大而不觉耳。”[10]所谓“日见其大而不觉”,意味着习之而熟所达到的一种自觉又自然的熟之境地。二是把握到神灵机妙之势,如作诗求机,熟是“领其冲淡之趣、洒落之机”[11];而“略得其冲淡自然之趣,方悟文人技艺佳境有二:曰雄奇,曰淡远。作文然,作诗然,作字亦然。若能合雄奇于淡远之中,尤为可贵。”[12]如作字求圆熟“以发其机趣”,求的是:“点如珠,画如玉,体如鹰,势如龙,四者缺一不可。体者,一字之结构也;势者,数字数行之机势也。”[13]如作文求微妙之熟:“一摹书谱,乃知艺之精(熟),其致力全在微妙处。若人人共见、共闻之处,必无通微合莫之诣。”[14]可见,求到机熟、圆熟、微妙之熟,也在习熟之中。

2."仁亦在乎熟之而已矣"

儒家很讲究"熟仁"问题,诸子也很有研究。曾国藩也算其中一位。熟什么?熟"仁"。曾国藩继承儒家衣钵,发微"熟仁"之于成圣之道,拓宽了儒家"仁之熟"观的理论内涵。业已指出,熟仁("仁之熟")观念源于孔孟。对于已经阐明的《论语》中的三段话,曾国藩结合了自己的人生感悟,感触颇深。《里仁》讲的"富与贵,是人之所欲也。不以其道得之,不处也。贫与贱,是人之所恶也。不以其道得之,不去也。君子去仁,恶乎成名?君子无终食之间违仁,造次必于是,颠沛必于是。"此段话,可看做是曾国藩"先立规模后求精熟"的理论先导。曾国藩概括之曰:"虽造次颠沛,皆有孟夫子在前,须臾不离,或到死之日可以仰希万一。"[15]说明他沿着孔、孟之道而求"熟"的意志,是多么的坚定。对于《子张》讲的"博学而笃志,切问而近思,仁在其中矣",曾国藩基本同意朱熹的阐释,即熟仁是由始至终的"仁在其中",是博学、笃志、切问、近思的习"熟"交织。由是观之,曾国藩主个"熟"观,提倡"熟看"、"熟闻"、"熟读"、"熟计"、"熟知"、"熟审"、"熟商"、"熟思",全在个"进乎道"、"达在仁"、"千言万语,造次不离真,可谓有道(仁)之士"[16]。需要指出,在这两个层次中,"仁"还含个"道"义。其一,在"熟仁"的层次,曾国藩有个"道"、"仁"相涵观:"论立'达'字、'道'字、'仁义'等字,俱相合。"[17]达于"道"与"仁"。其二,在哲学层次里,存在本体论、认识论、伦理学相统一的价值取向。至于《为政》讲的"吾十有五而志于学,三十而立,四十而不惑,五十而知天命,六十而耳顺,七十而从心所欲,不逾矩",曾国藩更是发出与朱熹相似的感慨:"'从心所欲不逾矩'时,又是烂熟也"的至圣、至熟的境界。实际上,曾国藩主张的求"熟",也取向于此,其意境朝向至熟的圣境,成为圣人:"即颜渊未达一间,亦只是欠熟耳。"相较孔子和颜渊,孔子有"无终食之间违仁"之圣境、之仁熟,故成为圣人,而颜渊"未达一间",亦只是欠熟于"研几",故曾国藩十分赞同朱子学者倭仁(艮峰)所言:"'研几'工夫最要紧,颜子之有不善,未尝不知是研几(至熟)也。"[18]

二、"若要熟,也须从这里过"

曾国藩继承了孔、孟之道里的"熟仁"观,以"恒性"与"悔悟"二要素彻底发挥出"若要熟,也须从这里过"的"吃苦中来"。曾国藩是这样展开这一理论:依习熟之辨,发微"熟仁"的两个底蕴:一是恒性之展开,使"熟仁"达到"几而自然"的状态;二是悔悟之显示,使成人经历"几而成熟"的过程。他深言以道:

> "言圣人之道,亦由学问、阅历渐推渐广、渐习渐熟,以至于四达不悖……从古圣贤未有不由勉强以几自然,由阅历悔悟以几成熟者也。程子解《孟子》'苦劳饿乏,拂乱动忍'等语曰:'若要熟,也须从这里过。'"[19]

曾国藩贵"熟",他经常有尚"熟"警语:"书尚熟","书皆熟","温读熟书","火候之熟","机轴渐熟","涵咏古文之熟者","熟则响也","学成以三经、三史、三子、三集烂熟为要","见古人文笔有云属、波委、官止、神行之象,实从熟后生出。古人谓'文人妙来无过熟'者,此也。"等等。[20]真可谓俯拾即是。质言之,凡做人做官做学问,是见熟成熟的过程。概莫如此。

"熟"字考义,曾国藩见于《孟子》。《孟子·告子上》言:"五谷者,种之美者也,苟为不熟,不如荑稗。夫仁,亦在乎熟之而已矣。"关于这段话的解释,本书已有多处涉及。这里,曾国藩似乎转折在这样的连接中。所谓"荑稗",农田中的一种杂草,结出的米粒很小,也可食用。用孟子的话是说,五谷是庄稼中的好品种,如果没能成熟,反而不如荑稗。孟子由此极富想象力地发挥道:仁呀,最紧要的是需要以一种方法使其渐渐成熟啊!曾国藩采纳了这个释义。曾国藩读到《孟子》此处,感悟深切:"孟子曰:'五谷不熟,不如荑稗。'诚哉斯言也!"[21]诚在何处?曾国藩微言大义:"去其所谓扞格者,以蕲至于纯熟,则几矣。"[22]曾国藩研磨到了一个"成熟"奥妙处,就是求"纯熟"在"几"中。何谓"几"?"几",微妙动始的端倪,如《周易·系辞下》所言:

“几者动之微”,“几”象征势之所趋的契机。对于“几”在“纯熟”中的特定意义,曾国藩突显始终贯彻于其中的“有恒”义和“悔悟”义。

1. 关于有“恒”

曾国藩写过一篇《有恒箴》,自勉:“自吾识字,百历及兹。二十有八载,则无一知。曩者所忻,阅时而鄙。故者既抛,新者旋徙。德业之不常,日为物迁。尔之再食,曾未闻或愆。黍黍之增,久乃盈斗。天君司命,敢告马走。”[23]这里的关键句是“黍黍之增,久乃盈斗。天君司命,敢告马走”。前句表明,黍子日长日生,终日不断,可开花结果获得丰收;后句表明,天命不可畏,只要天天努力,行“君子自强不息”之命,就可排除困难勇往直前。这其中,有锲而不舍的习熟。所以,熟仁的展开,实践地看,正是不断的习熟:学问、阅历、志思、力行,就是熟中有恒的坚持,恒成为“几”因素,由此渐推渐广,渐习渐熟,一者处于“未有不由勉强以几自然”的不断习熟的有恒状态,使习熟有恒,最终就会获得熟仁自觉又自然的状态;一者在习熟之中要体验“劳苦饿乏,拂乱动忍”,坚忍不拔,把仁之法则果断而又审慎地贯彻到行动中去,即便百倍磨难也要锲而不舍,这就是“有恒之神”、“熟仁之真”、“圣贤之道”。说到底,这“有恒”,应该始终贯穿和融化于成熟之中,使其成为一种“熟仁”的内在要素、“成熟”的主体因素,也就是“几”的本体存在。

重要的是,在曾国藩那里,熟中有恒,始终能获得具体的人生价值:这“恒”,始终贯穿在成熟之中,是人走向成熟的主体因素。在“几”的意义中,曾国藩常以恒性作为熟中之“几”的存在。对此,他有两方面的考量:恒性是熟中的时间因素,如习勤、习专、习耐、习常、习久、习强;恒性是熟中的德性要素,如习谦、习廉、习劳、习俭、习明、习宽、习严、习敬、习恕、习诚、习静、习和、习润。无论何者,本质上都是恒性的精神,是成熟的锻炼和张扬;从哲学层面上看,曾国藩使恒性成为熟中之“几”,使这一理论提升至本体论的哲学高度。联系后面要讲到的道(体)技(用),就更可看清这一点。

2. 关于有“悔”

曾国藩写过一则《悔吝》笔记,说道:“人无贤愚,遇凶皆知自悔,悔则可免于灾戾。故曰:'震无咎者,存乎悔。'动心忍性,斯大任之基;侧身修行,乃中兴之本。自古成大业者,未有不自困心横虑、觉悟知非而来者也。吝则驯致于凶,悔则渐趋于吉。故大易之道,莫善于悔。"[24]曾国藩向以"悔字诀"著称,这"悔",有须臾不离心身言行的悔恨、反省,觉悟到自身有不当之处。细究曾国藩纳"悔悟"于"熟仁"之中,并称其为"由阅历悔悟以几成熟者",这"悔悟"有两点他看得彻底:

其一,"熟仁"有悔。这"悔"字当落在内圣一路。曾国藩秉承儒家"正心诚意修身齐家治国平天下"的"内圣外王"路径,对《周易》的"有悔"思想作了修身的诠释。曾国藩引《系辞上》说:"震无咎者,存乎悔。"《震》卦,震下震上。《象传》说:"洊雷震,君子以恐惧修身。"洊,再的意思;上下震是洊雷。因震而恐,因恐而修身,因修身而成圣,这其中就得益于"存乎悔"。所以在曾国藩看来,"动心忍性"、"侧身修行"、"困心横虑"、"觉悟知非",就是"悔则渐趋于吉"的内圣工夫,是成熟的必由之路。

其二,"成熟"有悔。这"悔"字当落在"几"意之中。曾国藩赞成朱熹在《周易本义》对《周易》"有悔如机(几)"的释义。曾国藩说:"朱子尝言:悔字如春,万物蕴蓄初发;吉字如夏,万物茂盛已极;吝字如秋,万物始落;凶字如冬,万物枯凋。又尝以元字配春,亨字配夏,利字配秋,贞字配冬。"[25]曾国藩取朱熹"悔"字,说"悔字如春,万物蕴蓄初发",故能"以悔字启春生之机"。[26]曾国藩认为,存一悔字,象征春意,充满生机,人就如临熟境,徐徐生发、自然而然,更能立、能达、能强、能进。曾国藩回味他"出山"后屡屡对悔字的深悟:"自问近年得力惟有一悔字诀……故自戊午至今九载,与四十岁以前迥不相同,大约以能立能达为体,以不怨不尤为用。立者,发奋自强,站得住也;达者,办事圆融,行得通也。吾九年以来,痛戒无恒之弊。看书写字,从未间断。选将练兵,亦常留心。此皆自强能立工夫。奏疏公牍,再三斟酌,无一过当之语,自夸之词。此皆圆融能达工夫……默存一悔字,无事不可挽回也。"[27]这里,已使我们领悟到了曾国藩对于熟境的运作体悟。质言之,这"悔悟",始终深藏和随即于熟仁之中,成为一种成熟之"几"。

"君子但知有悔耳。"[28]这是曾国藩成君之道中的基本理念,更是其熟仁观念中的根本底蕴。究其哲蕴,可以从道义论、义务论发微,因为"有悔",首先就是对某种道义原则的"有悔"。德国哲学家尼采对于"悔"的检讨就有相似的论述。"悔",是一种特殊的记忆,也是一种疼痛的回忆,在这样的"悔"中,尼采看到了人们对于义务、契约、责任等的起源。尼采指出:"人烙刻了某种东西,使之停留在记忆里,只有不断引起疼痛的东西才不会被忘记""在人们最原始的表示权利的方式中,恰恰是那些关于交换、契约、罪孽、权利、义务、协调等的萌芽意识""所有这一切都起源于那个本能,它揭示了疼痛是维持记忆力的最强有力的手段。"[29]马尔库塞在《爱欲与文明》一书中,对"回忆"作用的分析,以征服时间为理论导向,揭示出回忆中所包蕴的"悔"意,与文明的发展、道德的起源联系起来,也昭示其所体现的生存意义和德性价值。[30]根据这一观点,对于我们挑明曾国藩"君子有悔"之于"成熟",作一种义务论解释,还是有重要的启示意义。

"君子但知有悔耳",这"有悔",悔的是什么?悔仁。这"熟仁"之"仁",在天人合一的哲学定势里,一定含有这两个最本质的意义:(1)指谓天道天理、道义法则、道德法则;(2)要求化天道法则为人道法则、化天性为德性的双向过程。若从义务论立场来看这"有悔",则:对于"仁"的悔悟,人的内心世界,就会萌生一种敬其义务心的人格尊严;"熟仁"之悔,本质上昭示了人心中存有的天道法则,在其面前,人认识到、体悟到某种不可推卸的责任和义务,一种义务心(人道法则)油然而生,一旦有背离天道和人道,便自觉发生悔意。曾国藩对于君子有悔的"成熟"发微,内蕴的正是这种道义情怀的义务情感。曾国藩无时无刻不处在忧患封建道义的被"颠覆"当中,他的《讨粤匪檄》,以彻底维护封建纲常礼教为己任,他扬言:"举中国数千年礼义人伦、诗书典则,一旦扫地荡尽。此岂独我大清之变,乃开辟以来名教之奇变,我孔子、孟子之所痛哭于九原!"[31]这样的道义论体恤完全是出于他所代表的那个阶级利益,但是"剔除"这层体恤,更深的进入道义论层次,曾国藩看到的"由悔悟以几成熟",立意在儒家彻底的作圣之道。他看出的这点,理由无非于此:"若要熟,也须从这里过",也就是须臾离不开从有恒有悔、从封建道义那里过。

曾国藩似乎并不仅仅止于此。透过这层"剔除",我们要看出曾国藩还潜藏着一层更为深刻的用意,即"吃苦中来",包含了有"恒"、有"悔"的要素,但是,娴熟的奇妙之处,似乎要在"吃苦中来"里达到一种超越性,这就是由"技"入"道"。

三、"技也进乎道矣"

连接这个话题的,存在三个层次,即熟有心物与道技、志性、通性。曾国藩对于"熟"字的体悟,尤有哲学深意,他融儒、道两家智慧,发挥孟子和庄子的心物、道技之辨,从心物、道技的层次上,发微其志性、通性的成熟之义,梳理出了富有哲学味道的求"熟"辩证法。曾国藩深悟其意:

> "余谓机应于心,熟极之候也,《庄子·养生主》之说也。不挫于物,自慊之候也,《孟子》养气章之说也。不挫于物者,体也,道也,本也。机应于心者,用也,技也,末也。韩公之于文,技也进乎道矣。"[32]

1. 关于"机应于心"到"不挫于物"

这里曾国藩以两个命题标识熟道之境:一是"机应于心",二是"不挫于物"。所谓"机应于心",意指心中对"道"的体悟化作心道、用于日常,会不断达到"熟极之候",就如《庄子·养生主》描绘庖丁解牛般的至熟:"手之所触,肩之所倚,足之所履,膝之所踦,砉然响然,奏刀騞然,莫不中音,合于桑林之舞,乃中经首之会。"所谓"不挫于物",意指不要受制于物的限制而损伤自己,要配道与义和养足气,就如《孟子》说心要"配义与道"、"善养吾浩然之气",它是习熟的根据,也是处理和支配"行有不慊于心则馁矣"的问题。[33]关于这两个命题,曾国藩又以"体(道)用(技)不二"论之:得了道,用之以熟,是习也,技也,但这是心进乎于道(体)之用,所以叫"机应于心"。心配道与义之养气,是体也,道也,心不受物累而始终保持道义,所以叫"不挫于物"。

体道为本,用技为末,然根源者本是一个“体”,就是“道”。曾国藩极为欣赏韩愈散文,称赞其“自道作文之旨”,亦正是“技也进乎道矣”。

从“不挫于物”到“机应于心”,曾国藩实质探窥到了做人的志性和通性,即熟在有志性,熟中有通性。究其精蕴之处:

一方面,两个命题,本质上是同一个问题(熟)的两个方面(志、通)。曾国藩悟出“《孟子》养气章说”,有个重要的志性观,即“君子志于道”。孟子以“夫志,气之帅也;气,体之充也”、“志壹则动气,气壹则动志”来讲气、志之辨,从而生发出“志于道”中的人生的志性境界,即这是一种人心配义与道的过程,“机应于心”,寓意在心“志于道”中,养得浩然之气,使己内外相致,始终与道义同生同死;更进一步看,心“配义与道”,习性习道渐至于熟极之候,又恰是相致与“不挫于物”的心道显现。所以,“以几成熟”、“熟极之候”,同出入于“志于道”所一致。

另一方面,熟在“志于道”,要求有“通”的一面。曾国藩引用《庄子·养生主》,意在向“通”性而发,表明熟中必有通。“通”何谓又何为?熟境之中讲道技,“通”在“技进乎道”;也就是说,在熟中,道体和技用达到致一而归。所以庄子求“通”,是说“唯达者知通为一”,“用也者,通也;通也者,得(道)也。”[34]庄子描绘庖丁解牛的技术娴熟,其立意在“技进乎道矣”。庖丁奏刀,至熟,“以无厚入有间,恢恢乎其于游刃必有余地矣”,全在技近乎于天道。文惠君问庖丁为何有这般解牛至熟、得心应手、随机而缘督?庖丁审美般地答道:“臣之所好者道也,进乎技矣。始臣之解牛之时,所见无非全牛者;三年之后,未尝见全牛也;方今之时,臣以神遇而不以目视,官知止而神欲行。依乎天理,批大郤,导大窾,因其固然。”总之,这“技”全“依乎天理”而“以无厚入有间”,方有这般解牛之熟。在这里,一种因熟而来的审美意境和自由境地,在庖丁的一言一行中油然而生!

2. 关于“道艺一也”的“仁熟”境界

“熟仁”,通天道和人道,求得“道艺一也”的意美境界和自由境界。这叫

"仁熟"了。在这里,曾国藩似乎更倾注于庄子对庖丁解牛般至熟的"通"义诠释。庄子把这一"通"义,看做是"莫不中音,合于桑林之舞,乃中经首之会"。"中音",合于乐音,和谐音律;"桑林",商汤时的乐曲名。"合于桑林之舞",是喻庖丁解牛动作像跳桑林舞一样自然而熟;"经首",尧时咸池乐曲一章;"会",音节。在古人看来,音乐与天道相通,音律是天道运转的"模拟音",音乐音律得之于"天理自然通畅和乐"。[35]按庄子解得庖丁之熟而通的意美之境,曾国藩生发"道艺一也"[36]的感慨,并以"技进乎道"讲治人治文治兵,若要皆熟,也须"与音乐相通":"古者圣王修己治人之术,其精者(即熟也!)全存乎乐,而后世之独缺者,乃首在乐。余因古人治兵之道,作诗之法,皆与音乐相通"[37]"古文之道通于音律,用兵之道亦通于音律"[38],等等。

在曾国藩看来,音乐是通于天道的,音乐是进入天道的艺术,通于音律,即通于天道,是"技进乎道"的实现,从而在技道一体中融得天人相通,方铸成熟境。这一思想也使得中国人讲的天人相通有了沟通的渠道,而且是现实可行的渠道和通道,使天人合一不具刻着抽象和神秘的色彩。更具意蕴的是,在这天人相通的渠道里一路走来的成熟,经历了化天道为人道、化天性为德性的双重转化,便此求得通、求到熟,这成熟之美,外在的使成熟渐渐获得了得心应手又随机而得的通性境地,又内在的获得了不挫于物、心配道义的志性境地。通性境地具有审美意境,志性境地具有自由境界。其中一切与此相关的习熟之辨:"先立规模后求精熟"、"熟仁"、"恒性"、"悔悟"、"志性"、"通性",共同走向成熟之中。或许这是对曾国藩"熟"论精蕴的最富有成效的涵盖,更可以看出这一"熟"境意蕴给予中国文化渊源中的"熟"概念,具有某种新理念、新精神、新境界,也开启出一种使儒道(庄子)在熟境中引向种共同旨趣。在这里,无疑给曾国藩的做人之道增添了无与伦比的"通儒"色彩。曾国藩很喜爱《庄子》,这不是没有道理的!

求"熟",成为曾国藩做人的秘诀,也成为他做官、做学问的基础。当他把求"熟"与其极力推崇的"凡人贵从吃苦中来"连接至做人与做官与做学问的重要话头时,激起曾国藩的思考重心,既是体验做官之艰辛,又是刻画了从凡人到做官一路走来的“吃苦”影子——也在求“熟”之中!

四、“熟仁”之揭秘

求“熟”,贯穿在做人、做官和做学问之间。下面,以其经典的叙述和行动来统观“熟仁”的集与散,曾国藩概之为“力行”元素。

曾国藩常以“力行”自勉:“细思新民之事,实从此起。万化始于闺门,除刑于以外无政化,除用贤以外无经济,此之不谨,何以谓之力行!”[39]《日记》中的这段话,代表了曾国藩“力行”哲学的最基本的话语权。曾国藩的哲学,虽不如朱熹博大精深,但这个“力行”,别有特色,贯穿其一生的言行之中。并且成为其习“熟”的灵魂。

在一篇家书里,曾国藩对“力行”作了哲学性解释:

“诚意,力行之事也。”

“所谓诚意者,即其所知而力行之,是不欺也。知一句便行一句,此力行之事也。此二者并进,下学在此,上达亦在此。”[40]

接下来,详细地分析一下。

1.“知一句便行一句”

程朱理学最基本的观点是:知先行后。曾国藩认为,此话只说了一个过程,还有另一个过程必须加上去,即“所知而力行”,“知一句便行一句”,这是更重要的过程。光知没行,是不行的,这个“知”就称不上是“知”。只有知了去行,才是真的“知”。“诚意”,就是对“行”的不欺;知道了不行,就是缺乏“诚意”。说到底,知而行,就是对“知”的不欺、对“行”的不欺。所以,曾国藩经常提醒,读了书,自身不实践,不力行书中之理,就等于没读过书,就等于没知。他提示的逻辑是:有了书就要读,读了书就要行,有了行才叫真读书;天底下的知识要去研究,有了研究获得了知识就要行,有了行才叫真知识。同时,曾国藩还执意于“力行”的过程,叫“知一句便行一句”,做一件算一件,行一步算一步,这就是“力行”中的致用性质。这个理论的特色就在此。

从“下学与上达”的关系来看,曾国藩深化了“所知而力行”的锻炼层次。他这样认为,只要知行并进,做到力行,就能“下”学到人事、“上”通达天命。曾国藩引用孔子的“下学而上达”,发挥了他“力行”的哲学憧憬:“思孔子所谓‘下学上达’,达字中必自有一种洞彻无疑意味,即苏子瞻晚年意思深远,随处自得,亦必有脱离尘垢、卓然自立之趣。”[41]他回顾自己力行不足,没能达到这个境地:“吾困知勉行,久无所得,年已五十,胸襟意识,犹未免为庸俗之人,可愧也已。”[42]所谓“下学”,是反己自修、进德修业;所谓“上达”,是循序渐进、通达天命。二者有内在的沟通渠道,由“下学”到“上达”,关键是“力行”。曾国藩经常以“力行”精神解释这个“达”,“亦由学问、阅历渐推渐广,渐习渐熟,以至于四达不悖。”[43]也如他说的“卓然自立之趣”“立者足以自立也,达者四达不悖”“推而放诸四海而准,达之谓也”。[44]由“立”而“推”,就是一种“力行”。曾国藩宣扬意志论,与他提倡“力行”哲学是有关系的。这一点,在深刻地铺开了“吃苦中来”的同时,习“熟”锻炼成为其中的核心要素。

说曾国藩的“力行”哲学为他的“吃苦中来”铺开了特定道路,就是在“力行”的过程里,曾国藩发现了“勤、恒”二字在“熟”中的可靠性和有用性,即习熟,就是要有勤有恒。

“力行”哲学,蕴涵习“熟”的精神实质,就是曾国藩一向认真对待的勤、恒二字。力行,就是坚持“勤”。在儒家“尽性知命”的话语里,他以“勤”字释“尽性”:“农夫之服田力穑,勤者有秋,惰者歉收,性也。”尽性,无疑是“勤”,勤奋者有收获,如农民勤奋耕耘,就有秋收;懒惰者只能颗粒无获。曾国藩一向对“勤”字情有独钟。力行,就是“勤”字的作为;“勤”,就是一种“力行”。曾国藩提倡的这“勤”,对象宽泛,有干活要手勤,赶路要脚勤,做事要身勤,思考问题要心勤,想办法要脑勤,练习声音要口勤,观察事物要眼勤,善听意见要耳勤,写书作文要笔勤,办理公务要事事勤,治军要操练勤,理财要节用勤,人才要慎用勤等等,无不显示出曾国藩对“勤”字的深思熟虑。“大约勤字、诚字、公字、厚字,皆吾辈之根本,刻不可忘。”[45]“勤”字句首,地位重要,曾国藩在向友人回顾自咸丰八年再次出山以来,克服种种弊端,就在一个“勤”字上用功:“自八年夏间再出视师,痛改前此客气用事之弊,以一勤字自勖。”[46]贯穿在曾国藩一生的,几乎就是这一个“勤”字。这是他“力行”哲学的真实写照。更是连接着他的“收拾”之道而来的“吃苦中来”的真相之一。

同时,“力行”,既是勤字工夫,又是恒字实践。贯穿于“勤”的,就是一种有“恒”精神。也就是说,力行,是勤中见恒的过程。曾国藩常以“恒”字勉励自己和他人:“教诸弟有恒而已”,[47]吾辈以“有恒”二字为“彻始彻终工夫”。[48]力行,说到底,就是“有恒”的考验和锻炼。大事靠恒,小事靠恒;家事靠恒,国事靠恒;做官要恒,做人要恒,做学问要恒。曾国藩用了孔子的一句话,聊表自己对“有恒”的心愿:“人而无恒,不可以作巫医”,来讲出成以有恒、败以无恒的规律性:“余生平以无恒之故,百无一成。即写字一端,用力亦不少,而时进时退,时好之,时不好之,时慕欧、柳,时慕赵、董,趋向无定,作辍靡常。学古文则趋向略有所定,亦以不常作之故,卒无所成,每用悔叹。人而无恒,不可以作巫医。诚哉,是言也!”[49]再者,以上归纳的“勤”字对象无不需要“有恒”的精神支撑。勤是工夫,恒是意志,勤奋出于有恒,有恒支持勤奋,相辅相成,力行就自然成势了。也就是说,力行哲学,一定要显示在我们的实际生活里。

因为“力行”,不是一个纯粹意志里的活动,而是贯穿在人们日常生活中的,孔子说过,仁不远,仁就在每个人的身边,只要他想到,就能够去身体力行;曾国藩顺其思路发挥,力行,只要你想到,你愿意去做,就能做得到,因为它就在你的口到、身到、手到、眼到、心到中。所以,力行在日常生活里,会使你得到提升。细细品味,“力行”风格,小中见大,微中显著,浅中着深,这就是“熟”了。

2.“平实”上用功

结合曾国藩的“传奇”经历,由他本人总结出来的所谓人生法则,最贴切的形容,可谓是“平实”上见功夫、见功底。具体来说,有以下生活的历练:

第一,劳心劳力。所谓"劳心",即谓心常用,是指脑力活动。"心常用则活,不用则窒,如泉在地,不凿汲则不得甘醴;如玉在璞,不切磋则不成令器。"[50]心常用,心则活。这"用",就是多动脑子、多想办法、多出点子,这叫"劳心",有了这样的"劳心","心"也就愈来愈有生命力。他反复强调的"心常用则活"、"心常用则细"、"精神愈用则愈出"、"阳气愈提则愈盛"、"智慧愈用而愈明",这就是"力行",这就是"力行"带来的实际功效。所谓"劳力",即谓力常用,是指体力活动。"劳力者粗重之事",粗事、重事,即指衣、食、住、行一类生活事,需身体力行,自食其力。晚年的曾国藩,总结"习劳则神钦",教导家人常用劳力的好处:"凡人之情,莫不好逸而恶劳,无论贵贱智愚老少,皆贪于逸而惮于劳,古今之所同也。人一日所着之衣所进之食,与一日所行之事所用之力相称,则旁人韪之,鬼神许之,以为彼自食其力也。若农夫织妇终岁勤动,以成数石之粟数尺之布,而富贵之家终岁逸乐,不营一业,而食必珍羞,衣必锦绣,酣豢高眠,一呼百诺,此天下最不平之事,鬼神所不许也,其能久乎?"[51]自食其力的粗重之事,是做人少不了的,这也是"力行"之事。更看高一层的是,曾国藩认为,"力行",也会有利于"心常用":"操习技艺,磨炼筋骨,困知勉行,操心危虑,而后可以增智慧而长才识。"[52]实际上,"劳心劳力",就是"勤"、"恒"二字的身体力行工夫。

第二,"到"字经。"身到、心到、眼到、手到、口到。"[53]"力行"不是抽象空洞的大话,要在平实上用功,曾国藩设计出这"到"字经,为其"力行"哲学提供了实际用功的"下手处"。为了挽救封建朝廷和打造一支能与强大的太平军作战的军队,曾国藩一再勉励部下,要坚持"贵在有恒",做到"身勤"、"手勤"、"口勤"、"心勤"、"眼勤",也要求官兵身体力行这五个"到"。他细致入微地加以规范:

○身到者:"如作吏则亲验命盗案,亲查乡里;治军则亲巡营垒,亲冒矢石是也。"

○心到者:"凡事苦心剖析,大条理,小条理,始条理,终条理,先要擘得开,后要括得拢是也。"

〇眼到者:“着意看人,认真看公牍是也。”

〇手到者:“于人之短长,事之关键,随笔写记,以备遗忘是也。”

〇口到者:“于使人之事,警众之辞,既有公文,又不惮再三苦口叮咛是也。”

这些生动的描述,可以领会出曾国藩“力行”哲学的良苦用心。这五“到”,不仅成为他本人身体力行的圭臬,而且成为他考核干部、录用人才而量身制定的标准。他告诉部下和幕僚:“人才大抵约有两种:一种官气较多;一种乡气较多。官气多者好讲资格,好问样子,办事无惊世骇俗之象,语言无此妨彼碍之弊。其失也奄奄无气,凡遇一事,但凭书办家人之口说出,凭文书写出,不能身到、心到、口到、眼到,尤不能苦下身段去事上体察一番。乡气多者好逞才能,好出新样,行事则知己不如人,语言则顾前不顾后,其失也一事未成,物议先腾。两者之失,厥咎维均。人非大贤,亦断难出此两失之外。吾欲以‘劳苦忍辱’四字教人,故且戒官气而姑用乡气之人,必取遇事体察,身到、心到、口到、眼到者。”[54]辨别、使用人才,要身到、心到、眼到、口到;自身人才锻炼,要做的事,也离不开身到、心到、眼到、手到、口到的“力行”,这是对人又是对己的。

第三,“平实”上用功:“高明”解。力行要在平常、实际上用功:“识见高明者,特患践履不平实,高明则崇效天,平实则卑法地,因进之以脚踏实地,事事就平实上用功。”[55]曾国藩讲出“力行”于“平实上用功”的三个要求,第一是每事上平实用功,不敢懈怠。第二是因“地”本性,脚踏实地。第三是因“天”法则,识得平实之“明”。这三个要求,就是讲出“平实上用功”,先要认识天地法则、按照规律办事,才能做得到“平实上用功”。“高明”是第一要义。由“高明”走向“平实”,曾国藩阐述了“高明”与“平实”的辩证法:“大抵莅事以‘明’字为第一要义。‘明’有二:曰高明,曰精明。同一境而登山者独见其远,乘城者独觉其旷,此‘高明’之说也。同一物而臆度者不如权衡之审,目巧者不如尺度之确,此‘精明’之说也。凡高明者欲降心抑志以遽趋于平实,颇不易易。若能事事求精,轻重长短一丝不差,则渐实矣。能实,则渐平矣。"[56]"高明"优于"精明"，是因为"高明"者，站得高看得远，就能把握到规律；"精明"者，是臆度、目巧，把握不到规律。由"高明"就能"实"，能"实"就能"平"。这一"高明"与"平实"的辩证法，丰富了他的力行哲学。

其实，更为重要的是，上述"力行"的所有道理，应该突显的哲学品位，就是曾国藩要提炼出"凡人贵从吃苦中来"的来龙去脉。

3. "凡人贵从吃苦中来"

"力行"，既是身体力行，又是意志精神的表征。"力行"的背后，有一种精神力的支撑，曾国藩概之为"吃得起苦"。做人、做官、做学问，就是要力行，也就是要吃得起苦、耐得起苦。他不断提醒家人、好友、幕僚，要做好力行"从吃苦中来"的精神准备。并且这种"吃苦"，往往是从小事做起，又要自觉去做。他的姻侄欧阳定果在上海(当时也算得上全国的"花花城市")，在这个十里洋场的地方，曾国藩要求他不得染上"花花城市"的派头，越是在这种地方，越要"习勤耐苦"，曾国藩在同治元年十月十六日《致欧阳定果》的一封书信里就这样谆谆告诫他："在沪以习勤耐苦为主，不可外出游荡，不可懒散度日。或帮同点名看操，或自行读书写字，慎无一刻偷安。"这是需要一种特有的意志精神来支撑的。力行并不简单呀！对自己，曾国藩一向以此要求，别人读朱子学说，读出的是高深的理论，他读出的还有一层力行的"艰苦"之义，朱熹说"学有本原"，曾国藩看高一层："所论朱子之学，得之艰苦，则国藩生平之宗旨，治军之微，尚有如桴鼓之相应，自以秉质愚柔，舍困勉二字，别无入处。而不意阁尚论大贤，亦从艰苦二字，发其微也。"[57]曾国藩经常有"力学"、"困勉"、"困知勉行"、"脚踏实地"、"躬耐劳苦"、"习劳"、"工夫"、"躬行"、"专字"、"锻炼"、"历练"、"致用"等说法，表达的意思，就是"力行"，就是认定"力行"是需要付出努力甚至牺牲的"艰苦"之举。能够挺过这道坎的人，就是他心目中的"第一等人物"了！

由此看出，曾国藩不是抽象或空洞地去陈述"凡人贵从吃苦中来"，而是通过"习熟"去展示出这个"吃苦"的背景，而这两者又是相辅相成、相得益彰的。更需要指出的是,“吃苦中来”的应验,给予了儒家“熟仁”理性之光,增添了精神历练的要素。曾国藩本身之经历,就是这个“熟仁”理性之光的照耀“影集”罢了。

五、集散地

曾国藩“仁之熟”,也是他一生之写照。连接“凡人贵从吃苦中来”的“熟仁”之揭秘,更印证了曾国藩的事业,恰可被誉为是一块“熟仁”的集散地,从一介农夫到位高权重的“宰相”级人物,这一路走来的经历,其实就是“熟仁”的历练。透过其做人做事做官做学问,浓缩性地展示了这个历练的精神实质,以扩充曾国藩的“熟仁”之揭秘。

1. 做人

曾国藩的做人,有娴熟之妙。除了其弟子李鸿章夸奖为一部“挺经”,更有做人之“绝唱”。这“绝唱”之“绝”,就在于曾氏对其做人风格的“熟仁”之彻悟:数字人生和字诀工夫。其中所悟出的人生之“熟”,也非一般人所能及。

○数字人生。用数字感慨人生,勾勒身体力行,揭秘做人之熟。在《日记》和《家书》里,经常看到数字人生之概括:

“凡人一身,只有迁善改过四字可靠;凡人一家,只有修德读书四字可靠。此八字者,能尽一分,必有一分之庆;不尽一分,必有一分之殃。”[58]

“治心以广大二字为药,治身以不药二字为药。”[59]

“凡用兵最重气势二字”[60]

“古人用兵,最重变化不测四字。”[61]

“文宜专从简当二字着力,每日读书一时工夫亦不可少。”[62]

“虚心实力勤苦谨慎八字,尽其在我者而已。”[63]

“圈论‘勤、俭、志、谦、明、强’六字”[64]

“不必攻坚,专在稳慎二字上用心。”[65]

"门第太盛,余教儿女辈惟以勤俭谦三字为主。"[66]

"虚静二字,每日须玩味片晌,不足养德,亦足养身体也。"[67]

"吾家子侄,人人须以勤俭二字自勉,庶几长保盛美。"[68]

"故望尔等于少状时,即从有恒二字痛下工夫。"[69]

诸如此类的说法,并非仅仅是一种文字习惯,更重要的是展现出曾国藩做人之熟的特殊境地和别样品味。至于那个"三字经"和"八字经",就更有成人之熟了。

有"三字经"。在咸丰九年十一月初二日的日记里他这样记叙:"日来,每思吾身,能于十'三'字者用功,尚不失晚年进境。十'三'字者,谓三经、三史、三子、三集、三实、三忌、三薄、三知、三乐、三寡也。三经、三史、三子、三集、三实,余在京师,尝以匾其室。在江南,曾刻印章矣。三忌者,即谓天道忌巧,天道忌盈,天道忌贰也。三薄者,幸灾乐祸,一薄德也;逆命亿数,二薄德也;臆断皂白,三薄德也。三知者,《论语》末章,所谓'知命、知礼、知言'也。三乐者,即九月二十一日所记读书声出金石,一乐也;宏奖人才,诱人日进,二乐也;勤劳而后憩息,三乐也。三寡者,寡言养气,寡视养神,寡欲养精。十'三'字者,时时省察,其犹失之东隅,收之桑榆者乎?"

有"八字经"。在同治年间的两篇重要附记里,曾国藩作了高度浓缩的做人之熟的"八字经":"八本、八常、八德、八败、八国(修身、型家、尊贤、爱民、勤政、节用、毖祀、诘戎)、八源、八理、八文、八考、八书。"[70]

○"字诀工夫":"耐字诀"、"专字诀"、"悔字诀"、"硬字诀"、"恒字诀"、"暇字诀"、"涵泳诀"等。

其实,曾国藩对数字功夫和字诀工夫的青睐和投入,彰显的正是曾国藩对做人之熟的深刻梳理和总结,具有规律层次的普遍性意义,更体现出其自身的做人风格。

2. 做事

做人、做官、做学问,就是要治事。他的治事里有辩证法因素,完全得益

于“熟仁”之道。这里,化在具体的事宜讲,做事之熟,曾国藩似有总结,概之十一处,以示精要:

〇得人、治事二者并重。“细思为政之道,得人、治事二者并重。得人不外四事,曰广收、慎用、勤教、严绳。治事不外四端,曰经分、纶合、详思、约守。操斯八术以往,其无所失矣。”[71]做官要得人、要治事,二者并重,轻重缓急,需要分辨;所谓“八术”,是一张一弛、一进一退、一文一武,运用得当,会无所失。

〇办事看个透,既分内来又分外。“‘勤、俭、刚、明’四字皆求诸己之事;‘孝、信、谦、浑’四字皆施诸人之事。”[72]前四个字是对自己的分内事,后四个字是对他人之事:“孝以施于上”,是孝顺父母;“信以施于同列”,是与同事讲诚信;“谦以施于下”,对下级要谦虚;“浑则无往不宜”,是说与人忿争,不能完全责备他人;明辨是非,不能过分自信和武断。

〇治四事,求进境,日日有留心。身任两江总督后,曾国藩公务更忙,治事颇要讲究快慢节奏、找到切实下手处。对此,他为自己量身制定一套治事原则,即留心加进境:“大约吏事、军事、饷事、文事,每日须以精心果力,独造幽奥,直凑单微,以求进境。一日无进境,则日日渐退矣。以后每日留心吏事,须从勤见僚属、多问外事下手;留心军事,须从教训将领、屡阅操练下手;留心饷事,须从慎择卡员、比较入数下手;留心文事,须从恬吟声调、广徵古训下手。每日午前于吏事、军事加意;午后于饷事加意;灯后于文事加意。以一缕精心,运用于幽微之境,纵不日进,或可免于退乎?”[73]留意下手处,进入治事妙境,方有出神入化之效。

〇“机”字上用心:“事机”、“相机”、“审机”。“机”,是事物发生、发展的内在动因。曾国藩常有“事机”之称:“惟事机不顺,终日焦劳耳”[74]“不如意之事机”[75]“事机尚顺”[76]。把握事物发展态势,促使事物向好的方面发展,曾国藩提出“相机”、“审机”,颇有哲理。所谓“相”,就是审查、研究、辨明事物的态势和动因。一切做事,皆要“相机而进”。“相机”“审机”,实是知己知彼的“审力”工夫:“审机审势,犹在其后,第一先贵审力。审力者,知己知彼之切实工夫也。"[79]战争之熟、战略之熟、战术之熟,活兵之熟,盖在其中。

○有一种特殊的胸襟。刚柔吞吐:拂逆以磨砺,大处着眼、小处下手。曾国藩有着强烈的意志论倾向。治事中,表现出刚柔相济的意志。出山以来遇到的"掣肘"、"拂逆",曾国藩耿耿于怀,时过境迁,他回忆道:"细思古人办事,掣肘之处,拂逆之端,世世有之。人人不免恶其拂逆,而必欲顺从,设法以诛锄异己者,权臣之行径也;听其拂逆而动心忍性,委曲求全,且以无敌国外患而已为虑者,圣贤之用心也。吾正可借人之拂逆以磨砺我之德性,其庶几乎!"[80]这样的刚柔吞吐,是他治事的意志"法则"。具体治事上,刚柔吞吐,表现为大处着眼、小处下手,相得益彰。结论就是:"但当守一'勤'字,以终吾身而已。"[81]扩展地说开,但当守一"熟"字,也可为"以终吾身而已"。

○以小见大,把人放到了一个特定地位。凡治事,须有个对"人"的哲学理解:"静中,细思古今亿万年无有穷期,人生其间,数十寒暑仅须臾耳。大地数万里不可纪极,人于其中寝处游息,昼仅一室耳,夜仅一榻耳。古人书籍,近人著述,浩如烟海,人生目光之所能及者不过九牛之一毛耳。事变万端,美名百途,人生才力之所能办者,不过太仓之一粒耳。"[82]人是沧海一粟,生命之短暂,处一室之地,人就应该见得自身之短、之缺、之寡,治事方就有个分寸、境地、约守。摆正了自身的地位,行动起来就能适可而止。所谓"熟仁"之道,也在其中。所以,曾国藩有时事事小心谨慎、诚惶诚恐,不能简单用"内敛"或"圆滑"去说理的。

○"凡办事不必定讲考据"。"凡办事不必定讲考据"[83],第一,办事要讲实效:"余之所虑无实效者,谓此类也。"[84]第二,办事要从客观实际出发,打仗要依据军情和形势,选拔干部要别拘一格,写字要练出间架,义理要分出经济,决策要讲可行性,养生要因人而异等。这些,都包含了办事不必讲考据的唯物论因素。

○今日应办事,不应拖明日。"今日于应办之事,往往因循迁延,不克即日了毕,乃知'佚'字之病最难克去耳。"[85]办事,戒一"佚"字,这是行政无效率的病根。

○凡做大事者,须要"好汉打脱牙和血吞"。这是强调坚忍不拔的意志精神。曾国藩提倡的耐字诀、恒字诀、专字诀、硬字诀等,均是这种精神的象征。做人、做官、做学问,要有成就,就得这样去做。

○善于上升到方法论("术")讲人的作为:按客观规律治事。曾国藩很善于从方法论(他称之为"方术")层面讲治事:"细思处人处事之所以不当者,以其知之不明也。若巨细周知,表里洞澈,则处之自有方术矣。"[86]"方术"即为方法论。这一说法,已是进入规律层面说的话了。治事要按天时、按规律办事:"仰观天时,默察人事。"[87]做大事做小事一概如此:"古来大战争、大事业,人谋仅占十分之三,天意恒居十分之七"[88]"凡办大事,以识为主,以才为辅;凡成大事,人谋居半,天意居半。"[89]按"天"之规律("天意")办事,不能违背规律,曾国藩称之为不能"代天主张"。

○治事之"通"。在"熟仁"上用心,曾国藩求的是治事之"通",风格上集百家之长,有儒家之德,有黄老之刑,有申韩之法,有老庄之意,真可谓"以儒家为基本,又兼百家之长"。在实践中也颇有成效。随着治事的扩大和实际的需要,抓军事、抓吏事、抓人事、抓财事、处理复杂事务、做学问,他需要使自己成为治事上能够融通百家之长的高手,具有治事之"通"的本领。那就是"熟"。

说这样一段话,撩开其"熟"之高手:他善于从儒家内部挖掘资源:"静中细思孟子之'万物皆备',张子之'事天立命',王文成之'拔本塞源',鹿忠节之'认理提纲',《圣祖庭训》之'仁厚',张文端公家书之'和平',每日含咀吟咏,自有益于身心。"[90]其中有哲人名儒,有名仕将相,有帝王箴言,曾国藩每每加以"含咀吟咏",使之转化为治事之"通"。他又善于从儒家外部获得方法:"思古圣王制作之事,无论大小精粗,大抵皆本于平争、因势、善习、从俗、便民、救敝。非此六者,则不轻于制作也。吾曩者志事以老庄为体,禹墨为用。"[91]治理国家之事,融合老子、庄子、大禹、墨子诸学说,是矣。

3. 做官

曾国藩很有一套"官经",被他称为做官之道。其中,虽有某种"圆滑"之术,但更多的还是基于“熟仁”而立的做官准则。在此归纳为三大块:做官素志、识选用人才、范家之风。由此来看曾国藩做官之道中的“妙来无过熟”之官经。

〇做官“素志”:“总不靠做官发财以遗后人”

在翰林任京官,曾国藩就感悟做官不易:“凡办公事,须视如己事。将来为国为民,亦宜处处视如一家一身之图,方能亲切。”[92]做官治世,如治身、如治家,须有个“熟仁”在运转。他自己就这么过来的。立个“素志”左右一生:

“大凡做官的人,往往厚于妻子而薄于兄弟,私肥于一家而刻薄于亲戚族党。予自三十岁以来,即以做官发财为可耻,以官[宦]囊积金遗子孙为可羞可恨,故私心立誓,总不靠做官发财以遗后人。”[93]

再来细化地说一说:

其一,以做官发财为可耻。靠什么发财?曾国藩相信《大学》讲的“仁者以财发身,不仁者以身发财。”仁人使用财富去完善品德,不仁的人牺牲品德去发财致富。靠做官发财是不仁之道,他在京师期间,亲眼目睹到了不少贪污“巨案”,靠做官大发横财,结局可悲。所以他感慨:“虽贵为宰相,何足取哉?”[94]靠做官发财,会身败名裂,人财两空,乃不足取,也为可耻!

其二,以官[宦]囊积金遗子孙为可羞可恨。曾国藩似乎预示到,他以后可能会做官,也发了一番誓言:“将来若做外官,禄入较丰,自誓除廉俸之外,不取一钱。廉俸若日多,则周济亲戚族党者日广,断不蓄积银钱为儿子衣食之需。盖儿子若贤,则不靠宦囊,亦能自觅衣饭;儿子若不肖,则多积一钱,渠将多造一孽,后来淫佚作恶,必且大玷家声。故立定此志,决不肯以做官发财,决不肯留银钱与后人。若禄入较丰,除堂上甘旨之外,尽以周济亲戚族党之穷者。此我之素志也。”[95]这个素志,后来他本人是做到了,“我仕宦十余年,现在京寓所有惟书籍、衣服二者。衣服则当差者必不可少,书籍则我生平嗜好在此,是以二物略多。”[96]晚年的曾国藩,在给他儿子的信里已经暗示:真正可以留给子孙的珍宝,不是金银田地,不是皇上的赐物,而是曾氏家族绵绵流传的家教。[97]曾国藩的这个素志,也深刻地影响了曾氏家族。女儿曾纪芬回忆说,在她出嫁时,父亲“手谕嫁女奁资,不得逾二百金”[98]。曾国藩的幕僚欧阳兆熊记载了曾国藩任两江总督时,其夫人与长媳每夜纺织棉花,“以四两为率,二鼓后即歇”[99]的生动场景。

这两个方面,体现了曾国藩的“素志”立意:立做官“素志”,反映了做官之大方向;立做人“素志”,揭示了做人之大规模。在官场浮沉里,曾国藩发现,做人也好,做官也罢,要敢于“吃苦”,在“但求第一义”上走来,凡人在做官,更需要这样的艰苦锻炼,才能不断摸索到做官的娴熟之处。这里,又给“先立规模后求精熟”规划了一个新的意境。总之,立了“素志”,好比做人做官有了大规模、大方向,这叫“纲举目张”,也实践了他那个“先立规模后求精熟”的原则。

〇识选用人才:“引用一班能耐劳苦之正人”

曾国藩做官之熟,得益于其特有的识选用人才观。他向胡林翼说出真心话:“引用一班正人,培养几个好官,以为种子。”[100]识选用人才,惟他独是。细化说开,颇具个性化的有:

其一,挑“纯朴”者。“纯朴”,就是朴实、踏实、任劳任怨。“于纯朴中简择人才,庶可蒸蒸日上。”[101]

其二,选“无官气”者。“无官气”,就是做得到“身到、心到、口到、眼到”,即“苦下身段去事上体察”。“无官气,有条理。守此行之。”[102]

其三,看好“乡气”者。这个“乡气”是针对“官气”说的,指有血性、重实际、讲条理之气。“故且戒官气,而姑用乡气之人,必须遇事体察,身到、心到、眼到、口到者。”[103]

其四,选用一批“能耐劳苦”者。“能耐劳苦”,是勤于“劳身劳心”的“习熟”本领。“引用一班能耐劳苦之正人,日久自有大效。”[104]

其五,有效发挥“智囊团”作用。曾国藩能够娴熟地协调处理“善谋”与“善断”关系,善于发挥“智囊团”作用。这个“智囊团”,是曾国藩身边的幕僚。真可谓是人才优异:有政治的高参,有随军的军幕,有财政的管家,有章奏的文书,有学术的同仁,有洋务的专家,有名望的科学家等。帮助曾国藩打拼,出主意想办法,帮他决策。在其私人日记里,曾国藩记录了许多有关他与幕僚们的交流,从中发觉这些幕僚,有的是作为朋友,有的是作为咨议,有的是作为参谋,有的参与制定方针,有的还帮他看病,帮他打差作事,更多的是兼而有之。他们之间谈论的话题和办事,可以说是无话不谈,有事就做。这些幕僚比较多能,有点“多面手”味道。曾国藩常称这些幕僚为朋友,在日记里,常有“与诸友熟商大局”的说法。有效地发挥这些“多面手”的“善谋”作用。由此体悟出曾国藩人脉之成熟在做官之处。

〇范家之风:“决不做个败家子”

做官须得有好家风。一官之成败,维系着一家风气之正否。说曾国藩做官有道,也在这里贯彻了儒家“熟仁”之道转化为范家之风。其中,颇有名气的命题,是曾国藩的“决不做个败家子”。细究其实,曾国藩抓住的要害是:

其一,熟于研究败家之经,上升到规律层次。晚年的曾国藩总结出“居家四败”:“妇女奢淫者败,子弟骄怠者败,兄弟不和者败,侮师慢客者败。”[105]若奢侈豪华、骄奢淫逸、好吃懒做、兄弟不和睦、不尊敬师长、不亲近邻居,那么一家之败就为期不远了。“大约兴家之道,不外内外勤俭、兄弟和睦、子弟谦谨等事。败家则反是。”[106]所以,振兴家风,须得处处留意,对此,曾国藩提出如下家教观,颇得要领,真乃熟中之见:第一,安身立命、安家立业,最终立在何处?立在耕读。第二,虽居官位,但要常常作家中无官之想。第三,“八好(书、蔬、鱼、猪、考、早、扫、宝)六恼(地、命、医理、僧巫、祈祷、留客久住)”,完善家训,上升为“道”。第四,不走后门,不递“条子”,万事靠谦谨。第五,择交志趣远大、能提供益言,益心益身的良师益友。第六,范家有方,善作家训、善研家训、善荐家书。第七,重视家教,“六分本于天生,四分由于家教”。第八,力改陋习,端正家风。此八条,实乃做官之熟与治家之熟的互为“条款”。

其二,熟于养生乃为家教事,集养性、养生、养家为一体之道。究其“熟”之道,这里有门道。如下概况,实是展示曾国藩“熟仁”工夫在养生与养家中的历练,不觉品味出,养生乃为家教事,在曾国藩那里,有着特殊的精到之处。

第一,养生要养出顺其自然的底气。第二,养生练内功又要练外功,这叫练功有方。第三,养生与力学并进,则志强身不弱。第四,善于吸取又善于记住前辈有益的养生之道。第五,引“俭”为居家之德,为养生之道。第六,养生,既要按规律,又要发挥主观能动性。既要苦乐均在,又要自我作主。此六条,是养生之熟,用在养性与养家,既没有落入所谓“禁欲主义”巢穴,又显示养生的辩证法因素,才能“养得一段活泼泼生机”。

其三,熟于在继承传统家训基础上,提炼家训,以图范家成型。儒家的“熟仁”之道,当也落实到“范家”之中,希冀求个熟于“齐家”之风气。曾国藩的努力,在《家书》中,完全可以看出他的这番良苦用心:第一,“家规”胜于“官爵”。第二,“不坠家声”。第三,教育儿女要学点“贫家儿女”的自然生长之道。第四,“切不可有官家风味”。第五,家兴家败以“勤惰卜之”。第六,戒富家子弟作风。第七,要多做农家活,并从中培育德性活力。第八,家风不尚迷信,迷信会导致家败。第九,家风要请良师益友。第十,忧家贫,更忧家盛。此十条,虽为曾氏所定,当也有普遍性,更可见其中之精之熟。

4. 做学问

集曾国藩一生过来的“学问”经,就是“精熟”二字。这是其“熟仁”之运转、应用的绩效。其实他的一生,真可谓是活到老又学到老。在家乡私塾,在翰林学院,在兵戎相见,在居官高位的不同时期,曾国藩几乎离不开的东西有二:一是书。读书,是陪伴他一生的无价之宝。二是学问。做学问,是陪伴他一生的人生伴侣。这里,只求其“学问”经,便可观其之熟的话题分量。

其一,他这一生,读了多少书?曾国藩自己作过一个他自己的“图书”统计,他身边拥有的书籍,有祖上留下,有朋友赠送,有家人购买,有他自买等,这都是陪伴他一生的图书。这一“图书”目录,详细记载在他的《先大夫置祭费记》里,[107]现按曾国藩的排序,作一归类:

《皇朝经解》三十六套,三百六十册。

《廿二史》一部。

淳化本、汪刻前后《汉书》、《后汉书》各一部。(“此善本,不可多得者也。”)

宋板《庄子》一部。

《五礼通考》《读礼通考》二部,共十二函,百二十册。

《文献通考》一部,共八函,一百册。

德化万刻《五经》六函,四十册。

万刻《十三经古注》八函,八十四册。

万刻《文章轨范》一函,二册。

崇仁谢刻《通典》一部,四函,四十册。

《汉魏六朝百三家》一部,八函,八十册。

《方舆纪要》一部,八函,四十八册。

胡刻《通鉴》一部,八匣,百二十八册。

胡刻《文选》一部,一匣,二十四册。

《日知录》一部,十二册。

《三国志》一部,八册。

施注苏诗一部,八册。

《长恩书室丛书》一部,八册。

《四书》一部,六册。

《古文辞类纂》一部,十二册。

《十八家诗钞》一部,八册。

《汉书》一部,十册。

《庄子》一部,二册。

《南河编年纪要》一部,三册。

朱刻《说文》一部,三册。

朱子《纲目》一部,十二函,百二十册。

《皇朝经世文编》一部,八函,八十册。

王刻《十子全书》四函,三十册。

《史汉评林》二部,共四十册。

王白田《朱子年谱》一函,四册。

殿板《周易折中》十二册。

殿板《性理精义》五册。

《湖海诗传》《文传》二部,共十八册。

浙刻《东莱博义》一部。

《朱子全集》一部。

《十三经注疏》一部。

这些“图书”,是曾国藩细细读过的最原始版本。当然,他读过的书,还不仅仅如此。但更要知道,这些书有许多是精读过的。透过曾国藩的日记、家书、诗文、读书录、书信、奏稿等,完全可以体会出。由此得到曾国藩“学问”之熟的门道,还是很有事实根据和可信度的。

其二,“学问”经:留下了哪些启发后人的财富?曾国藩留给后人的学问之道,有着多方面的启示。虽有朱熹《读书录》之痕迹,当更有切己之体悟。用他的话来说,叫“学问门径”。先入准“门径”,后才有“大进”。归纳起来,有十条“门径”,足以让书生渐渐步入圣学殿堂,提供由生到熟之“通道”:第一,善于自立课程。第二,善求学问之根柢。第三,须“分”出“天”、“人”二域:学问(“进德修业”)乃属人为域,可以由人做主。第四,使“学问”能够身到、心到、手到、口到、眼到,须坚持生死之际写日记。第五,取向学术取笃于实践。第六,进行先德性后知识,先做好人后求其学问。第七,需要“分”与“合”,打通学问之通道。第八,以好师友夹持:不在学问大,而在严、在恒、在对路、在善于教书者。第九,可以通过的学问之捷径:“文人不可无手抄夹带小本”(这不是作弊抄袭,而是指记下可疑处、以分类手抄辞藻,此为做“学问”之“下手工夫”)。第十,应先立定规模后求精熟。此十条,是曾国藩亲自得来的“学问门径”,也是其读书之熟的另类“大纲”。

其三,“读书经”:有超凡的读书辩证法。曾国藩一生,与读书为“伍”,也可谓是读书的一生。他自信:“努力读书,决不怕没饭吃。”[108] 对于读书之道,曾国藩颇有心得,此等研究,总结出来的,恰恰就是一种读书的“辩证法”。有以下诸“经”使读书人获益:第一,读书“三有”说,即有志、有识、有恒。第二,读书应有选择的眼力。第三,可以按个性、性情去读书,在此不求千篇一律。第四,每日读书须善应精一、有恒、学思之法则。第五,“涵泳”二字须常为读书经。第六,读书可分个先与后。第七,读书要找善本读。第八,注重声调与天籁人籁的“凑泊”。第九,要留意“注疏之法”的有用性问题。第十,厚二总以书熟为主。第十一,随处可发奋读书。第十二,读书绝不为科名。此十二条,如曾国藩感慨:“盖真能读书者,良亦贵乎强有力也。”[109]读书,贵在“强有力”,就是“熟”之写照!

5.“人定亦可胜天”

曾国藩“熟仁”工夫之底据,恰是那坚守不二的“人定胜天”。曾国藩发誓要“述作窥韩愈,功名邺侯拟”[110],追求“三不朽”(“立德”、“立功”、“立言”),希冀立于不败之地。其一生之坎坎坷坷、风风雨雨、艰难困苦,那种“打脱牙和血吞”的精神,那种“凡事求精熟”的“力行”观念,不仅仅是意志问题,更蕴藏着对于“人定胜天”的哲学信念。

曾国藩早在道光年间,就有“人定胜天”的信念:“然人定亦可胜天,不可以适然者,委之于数,如知人之哲,友朋之投契,君臣之遇合,本有定分,然亦可以积诚而致之。故曰命也,有性焉,君子不谓命也。”[111]人有理由定可胜天,做得到胜天,不能归咎于“数”即命定,生活中常有“投契”、“遇合”一类事情,虽有一层“定分”,但也可以“积诚”而致。所谓“积诚”,就是主观能动性。曾国藩讲人定胜天,意在强调人的意志作用及其力量。“熟仁”之精神,本质上就是“人定胜天”的“翻版”。

当然,放到一个历史平台来看,曾国藩的“人定胜天”,与近代哲学的“人、器之辨”有缘:在人不在器。曾国藩主“人胜器”说:“然制胜之道,实在人而不在器。”[112]“器”是物,是外在的因素,是外因;“人”,是内因,是内在的因素,“在人不在器”是说:危急之处,最终靠自己。他如此道来:“凡危急之时,只有在己者靠得住,其在(他)人者,皆不可靠”[113]“危急之际,惟有专靠自己,不靠他人为老实主意”[114]“危急之际,莫靠他人,专靠自己,乃是稳着。”[115]说这些话,正当“天京合围”之际,为了抢头功,曾氏兄弟不断受到“外围”夹击,这时的曾国藩,愈发感到“在人不在器”的坚定性和重要性。他在道光年间讲的要做“第一等人物”,在这里有了实质性考验。所以,当历史从道光到咸丰再到同治,曾国藩这一路走来的经历,他为什么始终权衡、纠缠、有恒于“熟仁”历练,因为,在其心灵深处,“人定胜天”是多么的“积诚”而“积厚”呀!

6. 通儒

正因为其“熟”、其“熟仁”、其“熟仁”之工夫,曾国藩才被称为“通儒”。曾国藩的儿子曾纪泽在悼念其父的祭文里,客观地将其父评价为“通儒”:

> 德行政事,文学言语,列为四科,尼山所许。道出一源,末流多歧,汉儒宋学,矛盾相持。公汇其通,辨其精粗,各有专长,不主门户。义者人路,仁者人心,力行则至,安有幽深?慎独心安,主敬身强,笃守程朱,不弃陆王。读书之本,贵通训诂,远述孔郑,近逮怀祖。三代重礼,叔季佳兵,如何复古,以礼息争。家训所详,考乐论礼,图写钟簴,尊罍罕洗。博览周稽,涉猎黄老,清静为政,道出轩昊。潜心制器,般尔为俦,宫室帷帟,桡櫂戈矛。飞炮急枪,食药含子,火轮舟车,各究其理。书成一家,侧锋取锐,鸟迹虫篆,至于佐隶。真行章草,异体同势,春湍比豪,朝花喻丽。凡此精奇,盖犹末艺,不可及者,宏篇巨制。文追韩欧,上溯班扬,诗宗李杜,亦涉苏黄。简洁无伦,首太史公,闲适怡性,服膺放翁。戎政倥偬,劬学不舍,出入百家,熔为一冶。[116]

这段话比较准确和中肯地勾勒出了曾国藩的“通儒”性质。曾纪泽道明其父的“立言”所据及其学术渊源和思想归属要点有三:第一,孔子分列的德行、政事、文学、言语四门“学科”,是“道出一源”,后儒分歧支流,各持一端,曾国藩能够明辨精粗,融会贯通,不主门户,但能汲取其长,自成一体。第二,在儒家内部，曾国藩善于比较“汉儒宋学，矛盾相持”，他以孔孟儒学为基础，认为汉儒重考据轻义理，程朱重义理轻考据，各有偏颇；恪守程朱理学的至诚、主静，又善于吸纳陆王心学；在儒家外部，曾国藩善于博览百家，汲取所长，吸取黄老之道，并运用到治政方面。第三，在百家基础上，曾国藩能够自成一体。他把“力行”哲学贯彻到“德行政事”方面，既发展了孔子的“仁义”思想，又体验了程朱理学的“慎独”、“主敬”工夫。从而使“力行”成了他自成一家的哲学体系。他的诗文，是“文追韩欧，上溯班扬，诗宗李杜，亦涉苏黄”，集各大家所成；他的作字上，也是吸取百家而“书成一家”。曾纪泽的这些评价，比较真实地反映出曾国藩“百家未尝不相合”[117]的基本态度和一贯立场，为人们所公认。

当然，这“通儒”之“通”，还需从“熟仁”的精髓里扩展一番，以便在这一视角里去把握曾国藩“通儒”之于“熟仁”的“集散”：

其一，这“通儒”性质，与经世致用有内在联系。曾国藩笃信理学，由于要解决许多社会现实问题，他得屏除门户之见，兼收并蓄各种有用的知识、经验，并要有所更正、有所创立，“前代之袭误者可以自我更之，前世之所未者可以自我创之”[118]。他认为，作为镇守一方的官长，要考察和研究的事情少不了官制、盐政、漕务、钱法、冠礼、婚礼、丧礼、祀礼、兵制、兵法、刑律、地舆、河渠，他就必须学习百家之长。在解决实际问题的过程中，力图打通儒家内部与儒家外部的“隔阂”，为他所用，因为他看到了诸子百家对于治身治国的各自价值：“立身之道，以禹、墨之勤俭，兼老、庄之静虚，庶于修己治人之术两得之矣”[119]“游心能如老、庄之虚静，治身能如墨翟之勤俭，齐民能以管、商之严整，而又持之以不自是之心，偏者裁之，缺者补之，则诸子皆可师也，不可弃也。”[120]随着曾国藩的军事、政事的发展，曾国藩的“通儒”精神逐渐展现，在一定意义上讲，这是他“熟仁”思想中的一大优点。

其二，文学思想中的求“通”，与求“熟”比邻。“通儒”，要在一“通”字。而“通”，往往含有辩证法内涵。曾国藩的文学思想里也充满“通”。据考辨，曾国藩用功最多、用力最深的是古文（即辞章之学）。[121]他自称：“余生平好读

《史记》、《汉书》、《庄子》、韩文四书。"[122]他在回顾道光二十二、二十三、二十四、二十五、二十六等年间读的书,主要是《史记》、韩文、韩诗、杜诗、《古文辞类纂》、震川集、山谷集,也少见理学一类,在他《先大夫置祭费记》的图书目录,这类书也是居多的。但是,曾国藩在研读"古文"时,并没有放弃"理学",他的"通儒"精神,贯穿在他的研读古文中。曾国藩决心在古文方面自成一体。首先,曾国藩读这些史学和哲学名著,试图以这样的方法打通:不仅作为文学作品来读,而且要读出"文以载道"的东西,这叫"工夫在外":"为诗古文者,工夫全在诗文之外。"[123]也就是读到"道",就"通"了。其次,从气上找到研作古文之通的内在要素。"论古文之法,全在气字上用工夫。"[124]读古文用声气,写古文,用好阴阳二气,方能自成一体:"念古文之道,亦须有奇横之趣、自然之致,二者并进,乃为成体之文。"[125]再次,在声、气上与古文通,实质与天地通,"思古人文章,所以与天地不敝者,实赖气以昌之,声以永之。"[126]所谓"不敝",就是"通"的意思。古文规律,与天地规律相通,研读古文,曾国藩的确有"理学"之义,但更有超越之髓。全在一"通"字上见功夫。他以音乐与天道相通比喻:"古人治兵之道、作诗之法,皆与音乐相通",也皆与天道相通也!这一看法,在曾国藩"求熟"思想里,已经看到许多了。

其三,作字思想中的求"通",与"习熟"而"推"。对于"作字之道",曾国藩是颇费心思,也颇有心得,似有"合为一炉"之气魄。回顾"作字"努力,曾国藩不无感慨:"生平欲将柳诚悬、赵子昂两家合为一炉,亦为间架欠工夫,有志莫遂……能合柳、赵为一,此吾之素愿也。"[127]从"通"字上讲,曾国藩试图从各类经验推之于作字上,或从作字经验推之于其他。说这个"推"字工夫,颇见此理:"思孔子所谓'性相近,习相远'、'上智下愚不移'者,凡事皆然……以作字论,生而笔姿秀挺者,上智也;屡学而拙如姜芽者,下愚也。此外,则皆相近之姿,视乎教者何如。教者钟、王,则众习于钟、王矣;教者苏、米,则众习于苏、米矣。推而至于作文亦然,打仗亦然。"[128]因而孔子的经验之谈可推之于写字作文;"余字取势,本系左大右小,而不能一律,故恒无所成。推之作古文辞,亦自有体势,须篇篇一律,乃为成章。"[129]做人与作字,有互相可推之通：“思作书之道：寓沉雄于静穆之中，乃有深味……作古文、古诗亦然，做人之道亦然，治军亦然。”[130]作字与做人、治事、治军，可“推”可“通”。与“习熟”比邻，就是“推”之而求其“通”的结局。

六、一点评论

曾国藩在“熟仁”之领域里，开出的一片集散地，也是其人生经历的积淀。当他在人生登峰造极之际，一种“熟仁”之道的智慧、“熟仁”理性之光，或许救助了他，使其能够持盈保泰。这里，曾国藩的所作所为极为有力地折射出了他的“熟仁”之道的智慧术，转换为高超艺术，或许就是“熟仁”之方法论价值。所谓“集散地”，集而不散、散而有集，存在的就是这个“熟”之方法论洞察。这一洞察，也极为有力地丰富和提升了曾国藩起伏的一生。这里，只就一个政治上的成熟来作一点评论。

1. 熟谙历史，自概之道

“自概之道”，乃为曾国藩的毕生精髓，它就来自于对中国历史之“熟”。面对一路走来的权力和财富、地位和名誉，他清醒意识到，自己和家人已处于盈满之际，如何持盈保泰？历史教训和哲学道理都鲜活地提供了这种警示。他在一封家书里这样写道：

> “日中则昃，月盈则亏，吾家亦盈时矣。管子云：斗斛满则人概之，人满则天概之。余谓天之概无形，仍假手于人以概之。霍氏盈满，魏相概之，宣帝概之；诸葛恪盈满，孙峻概之，吴主概之。待他人之来概而后悔之，则已晚矣。吾家方丰盈之际，不待天之来概，人之来概，吾与诸弟当设法先自概之。”[131]

这篇作于同治元年五月的家书，正值曾国藩被补授两江总督兼放钦差大臣不久，为其官运亨通之际，曾氏家族也因镇压太平天国“有功”而处于丰盈之时，曾国藩自觉发出“自概之道”，颇见其深思熟虑。

“概”，是古代量米麦时刮平斗斛容器类的工具。《礼记·月令》说：“角斗甬,正权概”,“概”引申为刮平、削平之义。《管子·枢言》说:“釜鼓(一种如斗斛类的容器)满则人概之,人满则天概之。”意思是说,斗斛满了,人就用“概”去削平、刮掉一些,使之不溢满出来。这是“人概”。同理,人满了,天会来概,人也会来概。所以,在曾国藩看来,天概无形,人概可见;天概和人概,都是他概,而人应当努力做到“先自概”。

这里,曾国藩讲了三个理由。第一,察自然之理:“盖天下之理,满则招损,亢则有悔,日中则昃,月盈则亏,至当不易之理也。”[132]曾国藩深知盈满亏损、极盛入衰的自然法则。天道恶盈人道忌满。当人处于鼎盛之际,若想持盈保泰,就得居安思危,处盛思衰,保持“自概”的清醒认识和主动减损的道理。第二,以史为鉴:“天之概无形,仍假手于人以概之。”汉魏名臣霍光一家,吴国大将诸葛恪,都以权势太盛、奢傲太过而“悖逆天道”,分别为他人所“概”。霍氏兄弟被魏相、宣帝满门抄斩;诸葛恪被孙峻、吴主收掉兵权,势力被铲除。所以,历史上那些权势太盛、傲气太足、奢侈太过者,大都落了个“天概之”、“人概之”,问题恰在于这些人忘乎所以,缺乏自概。要以史为鉴,“当盛时预作衰时之想,自有深固之基矣。”[133]第三,当先自概之。在他看来,“概”,有自概和他概,先概和后概。要做到先概、自概,避免后概、他概,人心就应时时怀有先求“自概”的自主和自觉,“常存此心”,则为“载福之道”、“持盈之法”。这是对历史之“熟”化为政治人生之准则。赵匡胤“杯酒释兵权”的潜台词,曾国藩心领神会。在取得镇压太平天国“胜利”之后,曾国藩就主动要求其九弟曾国荃交出兵权,归籍故里。这一行为似乎指证了这种处世哲学。幕僚王闿运(壬秋)在曾氏家族大权在手、重兵在握之际,向曾国藩建议领兵直取清朝老巢时,曾国藩连书三字“狂”“狂”“狂”[134],这治政还不够娴熟或老到吗?说“‘熟仁’的智慧或许救助了他”,道理就在这里。

2. 与慈禧太后的对话,一种“熟”的见证

在曾国藩完成了镇压太平天国的使命后,清廷对他的“器重”中仍交织着一种类似于当初咸丰皇帝对他的猜忌情结。对于重兵在握,又身任两江总

督，握有地方行政大权的曾国藩，清廷不放心，怕尾大不掉，但又要用他。镇压捻军需要他，办洋务需要他，因为曾国藩已具举足轻重的地位。此时这一复杂心态可以从慈禧太后在京召见曾国藩的对话中有所表征。但从熟谙历史到政治上的成熟，使曾国藩在与慈禧的对话，既得体，又令太后放心，使权欲熏心又嫉妒猜疑之心极盛的慈禧太后都十分信任他，没有这种"熟"，能行吗？同治七年十二月十四日，慈禧太后召见曾国藩，曾国藩日记里是这样记载的：

（慈禧太后）问："勇都撤完了？"

（曾国藩）对："都撤完了。"

问："遣散几多勇？"

对："撤的二万人，留的尚三万。"

问："何处人多？"

对："安徽人多。湖南人也有些，不过数千。安徽人极多。"

问："撤得安静？"

对："安静"

……

问："直隶甚是空虚，汝须好好练兵。"

对："臣的才力怕办不好。"

十五日复召见。慈禧太后专问造轮船事：

问："汝造了几个轮船？"

对："造了一个，第二个现在方造未毕。"

问："有洋匠不？"

对："洋匠不过六七个，中国匠人甚多。"

问："洋匠是那国的？"

对："法国的，英国的也有。"

十六日复召见。慈禧太后专问撤部、吏治、练兵：

问："鲍超的旧部撤了不？"

对:“全撤了。本存八九千人,今年四月撤了五千人,九月间臣调直隶时恐怕滋事,又将此四千人全行撤了。皇上如要用鲍超,尚可再招得的。”

问:“汝几时到任?”

对:“臣离京多年,拟在京过年,朝贺元旦,正月再行到任。”

问:“直隶空虚,地方是要紧的,汝须好好练兵,吏治也极废弛,汝须认真整顿。”

对:“臣也知直隶要紧。臣要去时总是先讲练兵,吏治也该整顿。但是臣之精力现在不好,不能多说话,不能多见属员。这两年在江南见属员太少,臣心甚是抱愧。”

太后说:“汝实心实力去办”“有好将,尽管往那里调。”

对:“遵旨竭力去办,但恐怕办不好。”

太后说:“尽心竭力,没有办不好的。”[135]

后在同治八年正月十七日、同治九年九月二十六日和十月初一日,慈禧太后召见曾国藩,这三次谈话的主题,仍与撤部、练兵、治吏、剿捻有关。慈禧太后听了曾国藩的表态,裁湘勇这件事令她放了心。当慈禧太后讲了“尽心竭力,没有办不好的”,表明慈禧太后比较肯定曾国藩对大清帝国的忠诚。尽管在治国方面曾国藩并不十分看好这个“才地平常”的女人,但是,曾国藩最终选择了慈禧太后以及她交给他的职责和使命。这里仍然印着“‘熟仁’的智慧或许救助了他”的痕迹。

3. 一生的两次改名,标志着曾国藩将“精义熟仁”一路走到底的决心

曾国藩,原名子城。他曾有两次改名,一次是道光十一年、二十一岁之际,改名为“涤生”,另一次在道光十八年、二十八岁之际,改名为“国藩”。改名为“涤生”,他发誓要弃旧图新,立志成人;改名为“国藩”,他发誓要为国家效劳,立志成材(“国藩”乃是国家栋梁之意)。从“涤生”到“国藩”,其内在互动转折之精髓,便是“立志”与“图新”的意志精神和内在活力。其中,当然

交织着"熟仁"之"习"的意志锻炼。

○第一次改名叫"涤生"。快要三十岁的曾国藩,深情忆道其改名"涤生"的初衷:

"忆自辛卯年,改号涤生。涤者,取涤其旧染之污也;生者,取明袁了凡之言:'从前种种,譬如昨日死;从后种种,譬如今日生也。'改号至今九年,而不学如故,岂不可叹!余今年已三十,资禀顽钝,精神亏损,此后岂复能有所成?但求勤俭有恒,无纵逸欲,以丧先人元气。困知勉行,期有寸得,以无失词臣体面。日日自苦,不至佚而生淫。如种树然,斧斤纵寻之后,牛羊无从而牧之;如爇灯然,膏油欲尽之时,无使微风乘之。庶几稍稍培养精神,不至自速死。诚能日日用功有常,则可以保身体,可以自立,可以仰事俯蓄,可以惜福,不使祖宗积累自我一人享受而尽,可以无愧词臣,尚能以文章报国。谨记于此。"[136]

这段感想,讲出了改为"涤生"的原委,更道明了"涤生"的精神。改"涤生",是与他立志于读书且要读出个名堂有直接关联。辛卯那年,二十岁刚出头的曾国藩,几经努力,还是没有顺利通过院试,他痛下决心,立志荡涤旧污,洗心革面,再图新生,读书科举,光宗耀祖,报效社稷。经过两个春秋的寒心苦读,在他二十二岁时,终于通过院试,成为曾氏家族第一个"早获售"的"秀才"。他父亲四十二岁摘掉童生帽子,曾国藩比他早多了,所以父夸儿子是"早获售"。

"涤生",蕴涵的是一种特殊的意志之"熟"的精神历练:勤俭有恒,困知勉行,日日习苦,天天用功;保身、自立、俯蓄、惜福、报国等,这些被曾国藩描述的"涤生"精神,陪伴了他曲折的一生。这段"涤生"话语,蕴涵了后来曾国藩的思想理路、精神气质、力行品格的来龙去脉:这条"习熟"的脉络。

○第二次改名,从"涤生"到"国藩"。"国藩"的意思是"国家的栋梁"。在那段"涤生"话语里,已经发誓要"以文章报国"的胸襟。改"国藩",是在道光十八年,他年时二十八岁。这次改名,与其读书中举进士有直接关联。门人黎庶昌《曾国藩年谱·道光十八年》记曾国藩改此名的背景,有个点评:

“公(指曾国藩)少时器宇卓荦,不随流俗,既入词垣,遂毅然有效法前贤澄清天下之志。读书自为课程,编摩记注,分为五门:曰‘茶余偶谈’,曰‘过隙影’,曰‘馈贫粮’,曰‘诗文钞’,曰‘诗文草’。时有论述,不以示人。读书务内自崧,亦性然也。中式后,更名国藩。”“中式”是指曾国藩中举进士。曾国藩于是年四月,参加了由道光帝旻宁主持的殿试,中三甲第42名,赐同进士出身;几天后参加朝考,取一等第三名,考卷进呈道光帝,拔置第二名。五月初,被皇帝引见,旋改为翰林院庶吉士。这是他一生的最重要转折点,不仅是他京官生涯的开始,而且是他的前程与清朝政府的命运紧密联系在一起的开始,他已经意识到自己要为这个王朝肩负何种政治使命和社会责任。在这样的背景下,他把原名“子城”改为了“国藩”,意在重塑自我,重新做人,去尽力突显他的“涤生”价值。

其实,从黎庶昌的这段背景里,可以看出,曾国藩改名,是他个性的张扬,是他读书有志的象征,所以,也可看做是他的精神写照。这里面是有因果联系的。黎庶昌佐曾幕多年,对曾国藩颇有了解,他描绘时年的曾国藩:器宇轩昂,卓荦不凡,不随流俗,入翰林院,便奋然立志,以效法前贤和澄清天下为己任;他读书有计划,分编、摹、记、注,又分五门:“茶余偶谈”,“过隙影”,“馈贫粮”,“诗文钞”,“诗文草”。其中不时有精辟言论,却不肯向人表露。对自己的读书计划和要求甚为严格,这是他的天性使然。中了进士后,读书更加确认,志向更上一层,这其中流露出来的“精义熟仁”之志趣和意向,与他一路走来的经历,是相得益彰的。

○两次改名的实质:“精义熟仁”的原始返终。这两次改名,有个共同点,都是与立志和图新有关。说得再深入些,就是“熟仁”的展开。曾国藩一生的“滚爬”和“磨砺”,都没有脱离开立志有恒与自强求新的意志精神,其中的“精义熟仁”,是可想而知的事实。他说的“好汉打脱牙和血吞”和“徐图自强”为其生平的二“诀”,经典地突显了“涤生”到“国藩”的这个精神。他在回顾自己出山之后碰到的种种曲折和坎坷,总结出:“困心横虑,正是磨炼英雄玉汝于成……一味忍耐,徐图自强,因引谚曰‘好汉打脱牙和血吞’。此二语是余生平咬牙立志之诀。”[137]接着,他列举了翰林京官生涯以及与太平军打仗屡战屡败、屡败屡战的亲身体验,告诫弟昆,希以勉之:“余庚戌、辛亥间为京师权贵所唾骂,癸丑、甲寅为长沙所唾骂,乙卯、丙辰为江西所唾骂,以及岳州之败、靖江之败、湖口之败,盖打脱牙之时多矣,无一次不和血吞之。弟此次郭军之败、三县之失,亦颇有打脱门牙之象。来信每怪运气不好,便不似好汉声口。惟有一字不说,咬定牙根,徐图自强而已。”这里讲到的岳州之败、靖江之败、湖口之败,是曾国藩亲自统领水陆湘军与太平军展开厮杀,并受到太平军重创的三次战役,差不多要了曾国藩的命,二次跳河自杀,幸亏他的部下救之,才得以幸免。此次镇压捻军,曾国藩遭受了“郭军之败”“三县之失”,也遭到了“讥骂”“弹劾”,但其忍辱负重,咽下受人唾骂之气。他告诫他的九弟要学会“屡败屡战”,如他当初“好汉打脱牙和血吞”和“徐图自强”的决心,并以“涤生”精神开导他:“言路之弹劾一概不管。袁了凡所谓从前种种譬如昨日死,以后种种譬如今日生,另起炉灶,重开世界,安知此两番之大败,非天之磨炼英雄,使弟大有长进乎?”[138]曾国藩认定的“涤生”精神,希冀在他的家人心中也要生根开花,成为满清王朝的“国藩”,可见曾国藩的良苦用心。

剔除这层封建卫道士的情结,曾国藩的“涤生”精神,确乎成为他毕生之精髓;从“涤生”到“国藩”,成为贯穿他一生的脉络。从“涤生”到“国藩”,说得彻底和直白,就是他给自己规划出要成为封建士大夫的“完人”,又是符合儒家“圣人”指标性的人物,里面有一种精神,需要提倡的“三不朽”,就是要保持立于不败之地的本领,“自概之道”,也就是贯之于他一生的必备,这一切,都已经蕴涵在他从“涤生”到“国藩”的两次改名里了。他的“力行”哲学,引领了这个“航程”,是“精义熟仁”的原始返终。

从曾国藩“熟仁”集散地的分析中,不难发现,儒家“仁之熟”,到了近代的曾国藩身上,已经获得了理论与实践上的双向发展。或谓是同步性的双向发展,这不能不说是一个很大的进步。儒家“仁之熟”,通过曾国藩的运用与发挥,获得了某种现实的生命力。在中国文化的历史传承里,“仁”,通过“熟仁”,所获得普世化、世俗化、平民化的过程中,曾国藩,可谓真的是一个大飞跃;同样,在曾国藩坎坷经历、风雨历程中,其本身也保持了这一份儒家“熟仁”理性之光。这里的研判就是:曾国藩有着不可逾越的贡献——这个集散地,正是应验“仁之熟”的一块“试金石”,也足金矣![139]

当然,说曾国藩是“熟仁”的集散地,一点不为过。同样,还要再追究一层,里面包含了太多的“殊途同归”的“熟仁”旨趣,这已经在曾国藩的事迹里获得印证。但是,我们更要作专题性的检讨。接下来,我们选择了一本非常有趣的书来谈这个问题。书名叫做《菜根谭》。

注释:

[1]《曾国藩全集 · 日记》,第731页。

[2]《曾国藩全集 · 日记》,第376页。

[3]《曾国藩全集 · 日记》,第376页。

[4]《曾国藩全集 · 家书》,第978页。

[5]《曾国藩全集 · 家书》,第723页。

[6]《孟子 · 告子上》。

[7]《孟子 · 尽心上》。

[8]《曾国藩全集 · 家书》,第1067页。

[9]《曾国藩全集 · 日记》,第376页。

[10]《曾国藩全集 · 家书》,第820页。

[11]《曾国藩全集 · 日记》,第632页。

[12]《曾国藩全集 · 日记》,第632页。

[13]《曾国藩全集 · 日记》,第638页。

[14]《曾国藩全集 · 日记》,第631页。

[15]《曾国藩全集 · 日记》,第114页。

[16]《曾国藩全集 · 日记》,第575页。

[17]《曾国藩全集 · 日记》,第327页。

[18]《曾国藩全集·日记》,第 113 页。

[19]《曾国藩全集·日记》,第 387 页。

[20]这一系列表述,可参见《曾国藩全集·家书》,第 11、66、101、133、291 页;《日记》,第 397、522、542、809 页。

[21]《曾国藩全集·诗文》,第 156 页。

[22]《曾国藩全集·诗文》,第 156 页。

[23]《曾国藩全集·诗文》,第 147 页。

[24]《曾国藩全集·诗文》,第 360 页。

[25]《曾国藩全集·家书》,第 1329 页。

[26]《曾国藩全集·家书》,第 1329 页。

[27]《曾国藩全集·家书》,第 1317 页。

[28]《曾国藩全集·家书》,第 78 页。

[29]尼采著,周红译:《论道德的谱系》,三联书店 1992 年出版,第 41—50 页。

[30]参见马尔库塞著,黄勇、薛民译:《爱欲与文明》,上海译文出版社 1987 年版,第一章第 8—9 页、第十一章第 171—173 页。

[31]《曾国藩全集·诗文》,第 232 页。

[32]《曾国藩全集·日记》,第 542 页。

[33]《孟子·公孙丑上》。

[34]《庄子·养生主》。

[35]《曾国藩全集·日记》,第 152 页。

[36]《曾国藩全集·日记》,第 143 页。

[37]《曾国藩全集·日记》,第 689 页。

[38]《曾国藩全集·日记》,第 548 页。

[39]《曾国藩全集·日记》,第 130 页。

[40]《曾国藩全集·家书》,第 39—40 页。

[41]《曾国藩全集·日记》,第 444 页。

[42]《曾国藩全集·日记》,第 444 页。

[43]《曾国藩全集·日记》,第 387 页。

[44]《曾国藩全集·日记》,第 384 页。

[45]《曾国藩全集·书信》,第 1375 页。

[46]《曾国藩全集·书信》,第1618页。

[47]《曾国藩全集·家书》,第48页。

[48]《曾国藩全集·书信》,第985页。

[49]《曾国藩全集·日记》,第363页。

[50]《曾国藩全集·书信》,第1010页。

[51]《曾国藩全集·家书》,第1394—1395页。

[52]《曾国藩全集·家书》,第1394—1395页。

[53]《曾国藩全集·诗文》,第432页。

[54]《曾国藩全集·书信》,第1506页。

[55]《曾国藩全集·日记》,第331页。

[56]《曾国藩全集·书信》,第761页。

[57]《曾国藩全集·书信》,第1576页。

[58]《曾国藩全集·家书》,第217页。

[59]《曾国藩全集·家书》,第850页。

[60]《曾国藩全集·家书》,第867页。

[61]《曾国藩全集·家书》,第887页。

[62]《曾国藩全集·家书》,第985页。

[63]《曾国藩全集·家书》,第1094页。

[64]《曾国藩全集·日记》,第887页。

[65]《曾国藩全集·家书》,第1098页。

[66]《曾国藩全集·家书》,第1158页。

[67]《曾国藩全集·家书》,第774页。

[68]《曾国藩全集·家书》,第1166页。

[69]《曾国藩全集·家书》,第1205页。

[70]《曾国藩全集·日记》,第1078、1099页。

[71]《曾国藩全集·日记》,第740页。

[72]《曾国藩全集·日记》,第1011页。

[73]《曾国藩全集·日记》,第780页。

[74]《曾国藩全集·家书》,第966页。

[75]《曾国藩全集·家书》,第1110页。

[76]《曾国藩全集·家书》,第980页。

[79]《曾国藩全集·家书》,第878页。

[80]《曾国藩全集·日记》,第808页。

[81]《曾国藩全集·书信》,第1179页。

[82]《曾国藩全集·日记》,第739页。

[83]《曾国藩全集·家书》,第1229页。

[84]《曾国藩全集·家书》,第1019页。

[85]《曾国藩全集·日记》,第976页。

[86]《曾国藩全集·日记》,第855页。

[87]《曾国藩全集·家书》,第890页。

[88]《曾国藩全集·家书》,第1057页。

[89]《曾国藩全集·家书》,第1016页。

[90]《曾国藩全集·日记》,第1714页。

[91]《曾国藩全集·日记》,第1579页。

[92]《曾国藩全集·日记》,第152页。

[93]《曾国藩全集·家书》,第183页。

[94]《曾国藩全集·家书》,第154页。

[95]《曾国藩全集·家书》,第183页。

[96]《曾国藩全集·家书》,第184页。

[97]这份类似于曾国藩的"遗嘱",见曾国藩同治九年十一月初二日给纪泽、纪鸿的信。见《家书》第1393页。

[98]《崇德老人八十自订年谱》,同治五年。

[99]《水窗春呓·夫人俭朴》。

[100]《曾国藩全集·书信》,第1538页。

[101]《曾国藩全集·书信》,第1418页。

[102]《曾国藩全集·家书》,第556页。

[103]《曾国藩全集·书信》,第1507页。

[104]《曾国藩全集·家书》,第559页。

[105]《曾国藩全集·日记》,第1479页。

[106]《曾国藩全集·日记》,第1466页。

[107]见《曾国藩全集·诗文》,第357—358页。

[108]《曾国藩全集·家书》,第598页。

[109]《曾国藩全集·书信》,第27页。

[110]《曾国藩全集·诗文》,第4页。

[111]《曾国藩全集·日记》,第161页。

[112]《曾国藩全集·家书》,第868页。

[113]《曾国藩全集·家书》,第870页。

[114]《曾国藩全集·家书》,第880页。

[115]《曾国藩全集·家书》,第880页。

[116]《曾纪泽遗集》,第155—156页,岳麓书社1983年版。

[117]《曾国藩全集·日记》,第564页。

[118]《湘乡曾氏文献》,第6册,第3369—3370页。

[119]《曾国藩全集·日记》,第574页。

[120]《曾国藩全集·日记》,第652页。

[121]近人对曾国藩的古文评价颇高。如梁启超说他的文章"可以人文苑传";李慈铭称其为"近代之杰作";有的甚至说可以自成一派,叫湘乡派,可与桐城派媲美。其中虽有拔高之嫌,但也看出他的古文应该具有一定地位。

[122]《曾国藩全集·家书》,第331页。

[123]《曾国藩全集·日记》,第639页。

[124]《曾国藩全集·日记》,第682页。

[125]《曾国藩全集·日记》,第638页。

[126]《曾国藩全集·日记》,第698页。

[127]《曾国藩全集·家书》,第468页。

[128]《曾国藩全集·日记》,第422页。

[129]《曾国藩全集·日记》,第390页。

[130]《曾国藩全集·日记》,第595页。

[131]《曾国藩全集·家书》,第833页。

[132]《曾国藩全集·家书》,第135页。

[133]《曾国藩全集·家书》,第1264页。

[134]见唐浩明:《曾国藩·野焚》,第214—220页,湖南文艺出版社1991年版。

[135]可参阅《曾国藩全集·日记》,第1584—1604页。本文采用了王定安《曾国藩传》(重庆出版社1998年版)中的转述,第102—114页。

[136]《曾国藩全集·日记》,第42页。

[137]《曾国藩全集·家书》,第1309页。

[138]《曾国藩全集·家书》,第1328页。

[139]有关曾国藩人生智慧的更多方面,可参阅拙著《曾国藩的人生智慧》,江西人民出版社2011年版。

第十八章

从《菜根谭》看到的“殊途同归”

《菜根谭》的“熟仁”恳谈，是感性与理性、情趣与志趣的统一。它是儒、道、佛相辉映的一种特殊“恳谈”。其“熟”论当也不例外。

《菜根谭》系明人洪应明所著。洪应明，字自诚，号还初道人，生平事迹不详。其友人于孔兼在《菜根谭题词》中有一段评价，颇有意蕴：“谈以‘菜根’名，固自清苦历练中来，亦自栽培灌溉里得，其颠顿风波，备尝险阻，可想矣。”这里，蕴涵了什么样的人生感慨？其实，就是一种“熟”之锻炼的寻思和苦衷。

此处揭示《菜根谭》之“熟”，其观点固然重要，但真正的立意，却是要从《菜根谭》看到各学派殊途同归的问题。也就是说，儒家之“熟仁”，不仅属于儒家，而且是属于中国各学派的群体智慧。反映在《菜根谭》里的“熟”之话语，本身就是这样的显示；也展示在诸家的文献里，或多或少地有“熟”之话题在身边。

为此，这里的叙述和分析，先以《菜根谭》为中心，来展开《菜根谭》本身的“殊途同归”；然后以诸家作品（犹以道家）为中心来进行分析，来显露所谓“殊途同归”语境中的“熟”之话语；最后以一“备”字——作为“熟”之话题中的应具元素，来深化“熟”之话语中的诸家共通性。

在进入之前，预先廓清一个立论，即《菜根谭》论“熟”，比较倾向于“仁熟”之境的追求,故其中的“境界”说尤为显著,有关“境”的提法也显得相当特殊,如“苦乐无二境”、“能空境界”、“浓淡之境”、“无怀境界”等,更有趣意的是一一对应的提法,如“外境”与“内境”、“事境”与“心境”、“凡境”与“仙境”、“幻境”与“真境”、“妙境”与“圣境”、“万境”与“忘境”、“欲境”与“乐境”、“苦境”与“乐境”,等等。透过其中之“境”,发现有两个“本色”,一是集儒、道、佛,使各自“境界”说融合一体而上升为“工夫”,即一种别致的入于人生之“熟”境的求“熟”之工夫。也就是说,《菜根谭》论“熟”,遵循的是“境界”说转化为“工夫”说的路径,通过“熟”论,展现得淋漓尽致。二是虽集儒、道、佛,但精神品位和理论的制高点,还是属于儒家的志趣。似乎《菜根谭》,从陈献章那里获得不少灵感,如《概论》言:“白沙云:‘为人多病未足羞,一生无病是吾忧。’真确实论也。”儒家的“鸢飞鱼跃”,《菜根谭》以“熟”境套入,称为“妙”;“我仁”、“我义”,也以儒家“人定胜天”而立足。所以,在本文的氛围里,着墨的仍然是儒家“熟仁”的气质。当然,集儒、道、佛于一体来谈“熟”的本色,《菜根谭》的立意旨趣无疑就更高一级了。

一、《菜根谭》中的“熟”之话语:儒、道、佛三家之总括性“恳谈”

从主题来看,《菜根谭》讲的是人生哲学。但是,最需要说明的是,《菜根谭》,深受老庄道学、易学和禅宗的影响,是集儒、道、易、佛(主要是禅宗)的人生哲理。其中所论,无不体现和彰显诸家的教诲和宗旨。“熟”论,也具有这样的特色。所以,在我们的儒家“熟仁”思想的研究里,提出《菜根谭》“熟”之精蕴,一方面在儒家系列的轨迹里去挖掘《菜根谭》的“熟”论,另一方面,更可看到,“熟”,乃为中国文化的精神之一,是中国人的集体性精神之一。《菜根谭》也无时不有此种思考。当然,此中更应看出的是,儒家的“熟仁”思想通过《菜根谭》融和诸家的“恳谈”,进入到一种“善体道”、“真境界”、“精境地”、“圆机”之熟的锻炼。实际上,透过《菜根谭》的“熟”之话语,经历的过程仍然是企求人之德性的成熟,集中的还是成人的特殊之道。

《菜根谭》追求"善体道"的"真境界",它是德性的陶冶,是心入于"圆机"、圆融"圣境"的"天之几"。学者要达到这"圆融",磨炼身心是必由之路,其几近于一种"熟"境。于"道体为一",求"善体道"而进入"妙境",须是身心经从"熟"中锻炼而来。《菜根谭·修省》言:"学者动静殊操、喧寂异趣,还是锻炼未熟,心神混淆故耳。须是操存涵养,定云止水中有鸢飞鱼跃的景象,风狂雨骤处有波恬浪静的风光,才是处一化齐之妙。"这"熟境",一是走向"得道者一任天机"的"圆融",《菜根谭·概论》:"绳锯林断,水滴石穿,学道者须要努索;水到渠成,瓜熟蒂落,得道者一任天机。"二是以心之"操存涵养"、以身心交益"锻炼"的"圆融",《菜根谭·概论》:"横逆困穷,是锻炼豪杰的一副炉锤。能受其锻炼者,则身心交益;不受其锻炼者,则身心交损。""身心交益"的"锻炼",就是"熟"的锻炼。三是成个"百炼之金"的"圆融"。所谓"磨砺当如百炼之金,急就者非邃养",意味着"熟境",是恒志恒心的结局,不可来个急速急成。《菜根谭·概论》:"仁人心地宽舒,便福厚而庆长,事事成个宽舒气象;鄙夫念头迫促,便禄薄而泽短,事事成个迫促规模。"因而,在熟境中做人,可陶冶"分于道中"的极到好处,就是"德性陶熔"的成熟。"若不以德性陶熔之,终为血气之私,技能之末",只有入道为德、入技于道,才是真实的"德性陶熔",这就是"熟"的锻炼。一切的成人之道尽在其中。

现在,我们将以这样的"总括"为基调,充分地展开《菜根谭》中的"熟"之话语,主要的是要领会出这一"熟"的话语体系里是饱尽了儒、道、佛的情感和旨趣。这是《菜根谭》的"熟"论之特色。

1."锻炼未熟"到"瓜熟蒂落"

其一,"锻炼未熟"。《菜根谭》是怎样导出这个"锻炼未熟"的?又是怎样解决这个问题的?《菜根谭·修省》言:"学者动静殊操、喧寂异趣,还是锻炼未熟,心神混淆故耳。须是操存涵养,定云止水中有鸢飞鱼跃的景象,风狂雨骤处有波恬浪静的风光,才是处一化齐之妙。"

究竟是什么"锻炼未熟"?《菜根谭》定位于对"学者"的期待,是内心对"动静殊操、喧寂异趣"的把握。以此进入"处一化齐之妙"的境地。细而究之,有三个旨趣可以化为其语:

第一,"学者"问题。在《菜根谭》的篇章里,基本上是以"道"来定位"学"的。所谓"学者",即是"学道之人",又与"心"对应,使"学者"在"道"、"心"之间形成锻炼的纽带。而所谓"熟",就是"道"与"心"之间的锻炼。《概论》言:"学道之人,虽曰有心,心常在定,非同猿马之未宁;虽曰无心,心常在慧,非同株块之不动。""道"是什么?《概论》释谓:"道是一件公众的物事,当随人而接引;学是一个寻常的家饭,当随事而警惕。"原来"道"是一个十分平常的"物事",常人随处可接,也就是说,"道"就在我们的身边,随时随地即可寻到、思到、做到,是"随处体认得到的"存在。而"学"这个"道"呢?学这个"道",本身也是一件"寻常"事,只不过要时时"警惕"、处处留意、事事关心这个"道",因为"道"太普通太平常太随处,有时稍不留心就有违背处。"道"就在我们的日常生活里,我们的"心",就要随时捕捉到"道",是心随道,触到物事,就触及"道"。对此,《菜根谭》关注到了从"传心"到"会心"的过渡,就是"见道"而作,那是不是"熟"了?《概论》这样说道:"鸟语虫声,总是传心之诀;花英草色,无非见道之文。学者要天机清彻,胸次玲珑,触物皆有会心处。""皆有会心处",正是到达了"熟"的境地。学者的锻炼,要求的是"天机清彻,胸次玲珑",达到的恰是"心"与"道"的彻底沟通。在《菜根谭》,说出一个"道心",正是对"学者"的一种特殊期待,《概论》揭橥了此一"道心":"色欲火炽,而一念及病时,便兴似寒灰;名利饴甘,而一想到死地,便味如嚼蜡。故人常忧死虑病,亦可消幻业而长道心。"所谓"长道心",是"心"在"道"中生,"道"在"心"中住,一切名利都淡忘,学者非此无所为学。又有个特殊的方面,是"学道者"学到了"道心"的哪些内容?

第二,"学道者"把握"动静殊操、喧寂异趣"。这是"道"与"心"之间的锻炼。一是此锻炼,乃集中于"静"。但是,《菜根谭》之"静",有特色之处,是放在"道"与"心"沟通上点拨的"锻炼","静极"中含"动",是"心通"。《概论》说出一番道理:"喜寂厌喧者,往往避人以求静,不知意在无人,便成我相;心著于静,便是动根,如何到得人我一空,动静两忘的境界?"这是一段融合了佛学精义的道理。"我相",系佛教语,四相之一,意指把六道轮回的自体当做真实存在的东西。如《金刚经》言:"若菩萨有我相、人相、众生相、寿相者,即非菩萨。"真菩萨,是排除了事实界的"喜寂厌喧",以静制动,达到"人我一空,动静两忘"之"境地",便是"心"之"道",学者要在此用功。其实,《菜根谭》很倾慕于"静"的,这可能与其倾慕于道、禅有关,而且又与"心"沟通,《概论》言:"静极则心通,言志则体会,是以会通之人,心若悬鉴,口若结舌,形若槁木,气若霜雪。"意思说,静极则动,就是心通的开始,这样,人与人之间的交流就会心领神会;如果无此"心通",虽有言语交流,也只是心不在焉,或者是语无伦次,或者是形同虚设,或者是盛气凌人。此"静",究竟对于做人有何大好处?《概论》言之:"此身常放在闲处,荣辱得失谁能差遣我?此心常安在静中,是非利害谁能瞒昧我?"这就是"熟"了的锻炼结局。二是此"静"之锻炼,乃是集中于"心"之特殊状态,也为学者标的之一。《修省》言之:"心是一颗明珠,以物欲障蔽之,犹明珠而混以泥沙,其洗涤犹易;以情识衬贴之,犹明珠而饰以银黄,其涤除最难。故学者不患垢病,而患洁病之难治;不畏事障,而畏理障之难除。"意思是说,心原本是一明珠,无灰尘遮蔽之,但是,人欲横流,会湮没这个明珠之心,然这些"灰尘"洗涤较易,因为物欲如泥沙,可以彻底洗清;若一旦以"情识衬贴之",那情况就很不同了,因为"感情"和"想法"如果违背"道",则"心"就有病(可以说是一种心理病),洗涤它就难了。所以,"学者"不怕人欲之病,怕就怕在心理上出病,"情识"上出现了病理现象,那就麻烦了。这种"病","事障"(物欲之障)可以排除,"理障"(心理之障)就不易排除了。难以排除的原因,就是"心"违"道","道心"分离,这就是困难的原因。这样一来,"静"就无从着落了。这也破坏了"心通"之动。因此,三是此锻炼,归在底上,就是"心"与"道"的沟通。即"心"对"道"的锻炼。《菜根谭》以佛学"出世"为旨归,"心"是把握"出世"的,又是把握"现世"之"道"的,两者合一,就是"出世"与"现世"的合一。《修省》是这样表述的:“完得心上之本来,方可言了心;尽得世间之常道,才堪论出世。”心与道,出世与现世,合一在于此“心”是踏入了“常道”。“熟”的锻炼,就会开始和到来。但是,《菜根谭》又设计了一个重点,就是此“心”如何“锻炼”得当?如何“踏入常道”?这就是“操存涵养”的问题。

第三,“须是”养得“操存涵养”。《菜根谭》看到“锻炼未熟”,认为是“心”道不足,再具体地说,就是人的主体性锻炼不够。对此,《菜根谭》对于“学者”(这个“主体性”存在的一种特殊表达)寄予了“操存涵养”的期待:一是“收拾精神”。《概论》言:“学者要收拾精神并归一处,如修德而留意于事功名誉,必无实谊;读书而寄兴于吟咏风雅,定不深心。”“收拾精神”具体在“修德”和“读书”上,就是儒家一再强调的“进德修业”,并且“修德”,要专注于个体精神锻炼,而不能专注于“事功名誉”上,如果是专注于事功名誉的“修德”,可能收不到实际效果;“读书”,也是“收拾精神”的锻炼途径,然“读书”,应看做是锻炼身心、变化气质的方法,而不是专注于“吟咏风雅”,要入于己心的深处,去读书,陶冶“心道”,这是“熟”的锻炼,《概论》称之为“进德修道”的进程。二是“直觅本来”。“锻炼未熟”,实际上就是没有指向心中本来的东西,《概论》言:“人心有部真文章,都被残编断简封锢了;有部真鼓吹,都被妖歌艳舞湮没了。学者须扫除外物,直觅本来,才有个真受用。”“人心有部真文章”,“人心有部真鼓吹”,可惜的是被“外物”破坏了,“学者”要寻迹到心之本体,才有真正的“受用”。锻炼,就是要从这个方向努力。“直觅本来”,是儒家和佛门的“直指本心”,《菜根谭》的用心,似乎就是矫正“封锢”和“湮没”,就是对“锻炼未熟”的根本性纠正。三是“有段兢业的心思”。《概论》言:“学者有段兢业的心思,又要有段潇洒的趣味。若一味敛束清苦,是有秋杀无春生,何以发育万物?”要进入到“熟”,必须保持一腔“兢业的心思”,潇洒的情趣,加之于习苦的精神锻炼,就有万物之生发,意味着它如春天般的万物复苏。那么,“兢业的心思”究竟有什么表现呢?《菜根谭》列举贴切,以“春”意“思”,“好”字当头:《概论》说得如是:“春至时和,花尚铺一段好色,鸟且啭几句好音。士君子幸列头角,复遇温饱,不思立好言,行好事,虽是在世百年,恰似未生一日。"君子不思"立好言,行好事",生在世间,也算白活;常思做人之好言好事,就如春一般的"和润",活得快活;不断地"行好事",就是在"熟"之中了。总之,"兢业的心思",就是言行一致的"操存涵养"锻炼。此不熟,就无以成百事。

其二,"瓜熟蒂落"。《菜根谭》引导出"学者"到"学道者"的"熟"之境地。《概论》如此说来:"绳锯材断,水滴石穿,学道者须要努索;水到渠成,瓜熟蒂落,得道者一任天机。""瓜熟蒂落",来之不易。靠"水滴石穿",靠"学者"的"须要努索",这就是渐渐不断的努力,这就是"习熟",更有意思的是,《菜根谭》认为,"学道者"达到"瓜熟蒂落",是学到了"道","得道者一任天机",就是对"熟"之内容的"学"上描述。

第一,"任天机"。有按自然规律办事的意思。《菜根谭》化之于"熟"来讲,是"从实地著脚"、"虚处立基"去求"熟",这就有点按实事求是去做的意思,《修省》言及此理:"立业建功,事事要从实地著脚""讲道修德,念念要从虚处立基。"脚踏实地,即谓"实地著脚""虚处立基",即谓不从矫揉造作、计较功利、伪善不诚出发去规划人生,而要虚怀若谷地立足于发展自我,这有点老子"自然无为而无不为"的味道。只有获得了"任天机",才有"锻炼"之熟,发展至极,才会"瓜熟蒂落"。

第二,"鼓畅天机"。由修养"天机",化为人的内在气质,这是身心锻炼成熟的过程。《修省》点到此理:"身不宜忙,而忙于闲暇之时,亦可警惕惰气;心不可放,而放于收摄之后,亦可鼓畅天机。"经过这样的锻炼,内心克服"惰气",进入"鼓畅天机",这是"熟"的境地。这里的意境,《菜根谭》是想说明,所谓"鼓畅天机",就是进入一种"熟"的境地。一旦进到这样的"天机",人就有纯熟之景象,如《修省》描述:"穷理尽妙,钩深出重渊之鱼;进道忘劳,致远乘千里之马。"这"鱼"这"马",已是入此"天机",那么如何进入?是修身收心、是"穷理尽妙"、是"进道忘劳"的成熟,这是身心锻炼至熟的状态。

第三,"心虚实"。入"天机",心则虚实相互,实则物欲不入,虚则义理来居,这是成熟的状态。《修省》讲了这个"心虚实":"躯壳之我要看得破,则万有皆空,而其心常虚,虚则义理来居;心性之我要认得真,则万理皆备,而其心常实,实则物欲不入。”这里融入了道、佛、儒,心居义理,是内心不含物欲,这叫“虚”;内心又含万理充实,这叫“实”。此虚此实,物欲一盖入不进,佛学讲的空,应就是此虚,而不是什么都没有;道家心目中的“躯壳”和“心性”,《菜根谭》认定是居义理之躯壳、万理具备之心性,而不是虚幻之躯壳、道仙之心性;儒家的义理充实于躯壳和心性。物欲进不来,此是“实”,此是“瓜熟蒂落”的结局。

从“任天机”到“鼓畅天机”,最后落实到主体性的“心虚实”,《菜根谭》以“操存涵养”,落实到“瓜熟蒂落”,哲理上切入“圆机”,展开“天机”的成人的熟境。《应酬》言:“操存要有真宰,无真宰则遇事便倒,何以植顶天立地之砥柱?应用要有圆机,无圆机则触物有碍,何以成旋乾转坤之经纶?”所谓“真宰”,即谓真诚之心,宰,主宰,指心。所谓“圆机”,就是“心”与“道”的成熟沟通,即入“天机”之畅通,也就是心入道了。换句话说,就是达到了心道(“长道心”),即谓《菜根谭》希冀获得的“善体道”与“圆机”。

2.“善体道”到“圆机”

《菜根谭》发现了同样的问题,即“几”的意义。其实,“善体道”,就是一种德性的陶冶,是人文的扩充,所升华的是“熟”入于“圆机”,即入于“天之机”的圆融,它包含着极丰富的意蕴。

其一,“善体道”。《概论》言:“游鱼不知海,飞鸟不知空,凡民不知道。是以善体道者,身若鱼鸟,心若海空,庶乎近焉。”又是一个“鱼鸟”之喻,又以“心”喻宽阔的海空,这一点,是以“善体道”为出发点。《菜根谭》的“道”,究竟有何种哲理?它要抽象出的意义,不是仅仅停留在“形而上”的,更重要的是,《菜根谭》要突出的是“善体道”的践履精神。从“善体道”到“圆机”,那就绝不仅仅是一个纯粹的“哲学”问题了。看一下《菜根谭》的描述:

第一,从本体论看,“道”是存在的本体。《菜根谭》从“万物一体”上看出此中真义。

《概论》言:“天地同根,万物一体,是谓同仁。”所谓“同根”、“一体”,关键就在一“体道”。“同仁”,就是“善体道”了。用“仁”的性质去规划“体道”,从而把“天地”与“人物”彻底连接,更加突出“道”在本体论意义中的“仁”意。一股堂堂正正的儒家气息,油然而生。《概论》讲到这点:“不昧己心,不拂人情,不竭物力,三者可以为天地立心,为生民立命,为子孙造福。”“熟仁”来自于“体道”,使“仁”获得“道”的根据,上升了“熟仁”的特殊的最高境界。《菜根谭》提高了这样的层次:“视民为吾民,善善恶恶或不均;视民为吾心,慈善悲恶无不真。故曰天地同根,万物一体,是谓同仁。”把“民”上升到与“道”同等地位(“同仁”),“道”的本体性存在的这种意义,也提升了儒家“熟仁”极高意境的方向。

第二,从日常来看,“道”是种种的“常”。《概论》言:“天地中万物,人伦中万情,世界中万事,以俗眼观,纷纷各异,以道眼观,种种是常,何须分别,何须取舍!”“俗眼”观物,纷纷各异;“道眼”观物,万物一体,因为“道”是一个整体、一个永久、一个先在。道、物之间的对立,在日常生活中就转变为我、物之间的对立,《概论》点出“道”对于生活的“常”性:“以我转物者得,固不喜失亦不忧,大地尽属逍遥;以物役我者逆,固生憎顺亦生爱,一毫便生缠缚。”日常生活里的得与失,是“物役我者”的表征,是有得有失;而对于“道”来说,是无所谓得或失的,可以说都是“道”的存在意义。“我”的意义就在其中,因为,“我”就是一个“道”的存在。这个“我”,也是没有得或失的。“善体道”,是“我”的成熟。这里,庄子的“道物齐一”,以道观物,已经得到了在《菜根谭》里“道是种种常”的特殊展示。

第三,从安身立命来看,“道”是根本。《应酬》言:“从静中观物动,向闲处看人忙,才得超尘脱俗的趣味;遇忙处会偷闲,处闹中能取静,便是安身立命的工夫。”“道”是静动一体,“物”有动静,“道”有动有静,但又超越动静,是本体,所以人是不以“物”为本而存在,而是彻底以“道”为本体而生存。在忙与闲里,看个“道”的存在,不会被“物役”。安身立命的过程,就是在忙与闲中生活。有个“道”的安身立命,就能在尘世的生活里,站得更高,看得更远。但是,如何显示这个“道”呢?《修省》言:“忙处事为,常向闲中先检点,过举自稀;动时念想,预从静里密操持,非心自息。”“先检点”、“密操持”,是按“道”的行为,从静动中以道性来生活。“闲中不放过,忙中有受用;静中不落空,动中有受用;暗中不欺隐,明中有受用。”《概论》的这段话点破了“道”性生活的“奥秘”,“道”看不见又摸不着,却显示在人们的日常生活里,是在人的不知不觉中发挥着作用。“闲”、“忙”、“动”、“静”、“暗”、“明”,哪一步不是“道”在其中,更高级地看,这岂不是“动静两忘的境界”?

总之,“善体道”,就是不违“道”性的生活。《应酬》言:“讨了人事的便宜,必受天道的亏;贪了世味的滋益,必招性分的损。涉世者宜蕃择之,慎勿贪黄雀而坠深井,舍隋珠而弹飞禽也。”往往违背道的生活也是意想不到的,所以深入到“圆机”里,就是生活上的“闲熟”于“道”、于“仁”了。

其二,“圆机”。《概论》:“天之机缄不测,抑而伸、伸而抑,皆是播弄英雄、颠倒豪杰处。”“天之机”,乃为“几”因存在,英雄豪杰须在“几”上看个透,也就是由“知几”入于“天之机”的圆融之中,在这“圆融”里,天人是相通了。这就是一种“熟”了,是“妙境”走向“熟境”的天人之相融。归结起来,“圆机”,就是达到一种特殊的真境地。

那么,什么算“真境地”?还是达到“万物一体”:“以真境言,无论父母兄弟,即万物皆吾一体。人能看得破,认得真,才可以任天下之负担,亦可脱世间之缰锁。”但首先要心入之“真”,《概论》言:“人心一真,便霜可飞,城可陨,金石可镂。若伪妄之人,形骸徒具,真宰已亡,对人则面目可憎,独居则形影自愧。”“人心一真”,此“真”,就是人心之“诚”,这是做人的品格。更具意义的,就是《菜根谭》把“圆机”看做是人心之真、之诚的进入,在“道家”和“佛家”的语境里,融入了儒家的信念。因此,《菜根谭》探研出的“真境”别有一番意境,也可看出“圆机”中的“熟仁”意味:“人心有真境,非丝非竹而自恬愉,不烟不茗而自清芬。须念净境虚空,虑忘形释,才得以游衍其中。”这是“圆机”的特殊境界了。是来自于“善体道”的一种“回报”。至于进入“圆机”之境,这是“熟”了吗?《菜根谭》颇有些独特见地:

第一,分个“外境”与“内境”。入“圆机”,就是深入于“道”内,若要“熟”,原来就是入“内境”,把握到“真宰”之处。《概论》言:“见外境而迷者,继踵竞进,居怨府,蹈畏途,触祸机,懵然不知;见内境而悟者,拂衣独往,跻寿域,栖天真,养太和,悠然自得。”进入“内境”那一定优于“外境”了。入“内境”,是知“道”之真;只在“外境”,是知“道”之迷,无缘于“熟”了。

第二,把握未定。入“圆机”,就是更加养活“圆机”。《概论》言:“把握未定,宜绝迹尘嚣,使此心不见可欲而不乱,以澄吾静体;操持既坚,又当混迹风尘,使此心见可欲而亦不乱,以养吾圆机。”“圆机”是消解“可欲”,是把握“欲而不乱”,所谓“以养吾圆机”,就是做到“欲而不乱”。在这里,《菜根谭》理解了人欲的合理性,只是要求“可欲而不乱”,欲望是需要的,只是求个“不乱”。这是一个“把握未定”的东西。进入“圆机”,就是有了“把握”的尺度和方寸。这就是一种对欲望把握之“熟”。

第三,“直觅本来”。此为“圆机”的锻炼成熟,这是从心上讲的,就是人心寻迹到了“本来”,从而排除了“外物”的无谓干扰,成为一个真实的人。《概论》言:“作人无一点真恳的念头,便成个花子,事事皆虚;涉世无一段圆活的机趣,便是个木人,处处有碍。”所谓“直觅本来”,就是直寻觅到做人涉世之根本,也就是个心之本体,入于此,就是达到了“圆机”状态,这就叫“一段圆活的机趣”。获得了做人的最高境地,此时,一切的“外物”纷扰都会“湮灭”。这就是“熟”所达到的境界。

从“锻炼未熟”到“瓜熟蒂落”,从“善体道”到“圆机”,就是《菜根谭》希冀达到的“熟”之境界:从“真境地”到“真精妙”。做人的一切“迂回曲折”,都在此中“消融”。如《概论》言:“人生原是傀儡,只要把柄在手,一线不乱,卷舒自由,行止在我,一毫不受他人提掇,便超此场中矣。”人生的一切皆“自由”,或许就是“仁熟”了。《菜根谭》从儒、道、佛里,对“熟”的洞察,有了一种全新的视野和境界。

二、“熟”之话语之于“殊途同归”

中国古代文献,除了儒家作品,其他诸家作品虽没有直言专论“熟仁”问题,[1]但是,那个精辟的“熟”字里渗透出来的“熟”之境界,却是多么的淳朴和实在,有的甚至充满了诗情画意般的美妙和想象。这里,可以称为古人的“熟”之情结。

1. 古人“熟”之情结:从《庄子》到《陶渊明集》的情怀

“熟”之工夫,备受古人关注,也深刻地展现出中国人特有的“熟”之情结,这里,几个来自于不同哲学氛围中的说法,涵养了关于“熟”之的精神旨趣:

《庄子·天道》:“今吾观子,非圣人也,鼠壤有余蔬而弃妹,不仁也,生熟不尽于前。”

《韩非子·解老》:“事除其祸,则思虑熟;思虑熟,则得事理。”

《吕氏春秋·慎行》:“行不可不孰(熟)。不孰(熟),如赴深溪,虽悔无极。”

《陶渊明集·问来使》:“归去来山中,山中酒应熟。”

这些是直接带着个“熟”字的,更多的,是一种“熟”字语境的生发。其中,带有此种生意绵绵的用词里,鲜活的就是“熟”意绵绵。看以下两部具有道家风采的佳作:

○《庄子》:有细致的“熟”之描观,并被儒家“熟仁”视为有力佐证。《养生主》记载的“庖丁解牛”,在儒家“熟仁”里几近成为“熟”之的有力佐证。

“庖丁为文惠君解牛,手之所触,肩之所倚,足之所履,膝之所踦,砉然响然,奏刀騞然,莫不中音,合于桑林之舞,乃中经首之会。文惠君曰:‘譆,善哉!技盖至此乎?’庖丁释刀对曰:‘臣之所好者道也,进乎技矣。始臣之解牛之时,所见无非全牛者。三年之后,未尝见全牛也。方今之时,臣以神遇而不以目视,官知止而神欲行。依乎天理,批大郤,导大窾,因其固然。技经肯綮之未尝,而况大軱乎!良庖岁更刀,割也;族庖月更刀,折也。今臣之刀十九年矣,所解数千牛矣,而刀刃若新发于硎。彼节者有间,而刀刃者无厚。以无厚入有间,恢恢乎其于游刃必有余地矣,是以十九年而刀刃若新发于硎。虽然,每至于族,吾见其难为,怵然为戒,视为止,行为迟,动刀甚微,謋然已解,如土委地,提刀而立,为之四顾,为之踌躇满志,善刀而藏之。’文惠君曰:‘善哉!吾闻庖丁之言,得养生焉。’”

这一“庖丁解牛”里折射出来的“熟”之神韵,几乎点亮了儒家“熟仁”之旨趣。至少连大儒朱熹、王阳明、曾国藩那里,都是连接着这一“神韵”来讲开的。[2]

○《陶渊明集》:寻迹于“仁熟”志趣,化为道家之境。陶渊明(365—427),又名潜,字元亮,浔阳柴桑(今江西九江)人。陶渊明是晋宋之际的伟大诗人,被称为“隐逸诗人之宗”。陶渊明虽最终归返道家,但其一生还是充满了儒家之风骨。细察其诗文:

“辄依周孔往复之义,且为别后相思之资。”(《答庞参军》)

“先师有遗训,忧道不忧贫。”(《癸卯岁始春怀古田舍》)

“少年罕人事,游好在六经。”(《饮酒》)

“及时当勉励,岁月不待人。”(《杂诗》)

“有子不留金,何用身后置。”(《杂诗》)

“朝与仁义生,夕死复何求?”(《咏贫》)

这些诗句的字里行间,透露出陶渊明内心抱负的儒家志趣,而且是由来已久的志趣。即便归返道家,也成为陶公死生之眷恋。《劝农》:“舜既躬耕,禹亦稼穑。远若周典,八政始食。”儒家的“王道”与“仁政”,《尚书》里的“善政”规模,与此似乎联系得很紧密。颜元有这样的评价,很是说明:“吾尝称陶渊明诗‘汲汲鲁中叟,弥缝使其醇’,极得孔子救世苦心。”[3]这一评价,足以使陶公的儒家志向,彰显于世!

南宋曾紘书:“余尝评陶公诗,语造平淡,而寓意深远;外若枯槁,而中实敷腴，真诗人之冠冕也。”所谓其诗“寓意深远”、“中实敷腴”，是能够有所象征的，就是对“至熟”之境的追求和融化。当然，那是在自然旨趣里的“熟”之境界。由此看出，陶渊明的意境，可以被解读为是对儒家之“仁”和老庄之“道”的某种契合而已。在一定意义上，也折射出陶渊明对于儒、道两家之“熟”在旨趣、情趣上的共通性溯源。

最为贴切的直观，陶渊明诗中的“熟”观，是从“酒熟”的抒发中体现的。所以，契机性的分析，可以从《问来使》里获得抒发：

“尔从山中来，早晚发天目。我屋南窗下，今生几丛菊。蔷薇叶已抽，秋兰气当馥。归去来山中，山中酒应熟。”

这是一首思乡之作，通过问故乡来人来表达思念和关切家乡的真挚感情。据考证，此诗作于晋孝武帝太元九年(384)，这一年陶渊明任王蕴的镇军参军。在外游子，二十余载，情感之丰富、之成熟，通过“归去来山中，山中酒应熟”中的“酒熟”，意在表达此时此刻的他，还得如“酒熟”一般之“纯”。这就是以“酒熟”来拟人化，转射出陶渊明自己的“熟”。以后的陶诗里，对“酒”做了多元的拟人化，也流露出如此意境：

“清歌散(一作发)新声，绿(一作时)酒开芳颜。”(《诸人共游周家墓柏下》)

“故老赠余酒，乃言饮得仙。”(《连雨独饮》)

“漉我新熟酒，只鸡招近局。”(《归园田居》)

“春秫作美酒，酒熟吾自斟。”(《和郭主簿》)

又是一个“酒熟”！陶渊明可以自斟自酌，在“酒熟”中品味人生、体验人世。在陶渊明的诗集里，对“酒”、对“酒熟”，情有独钟。他作《述酒一首》、《止酒一首》、《饮酒二十首》，似可领略一番。《饮酒》中留下：“悠悠迷所留，酒中有深味。”那“深味”，是陶渊明对于“酒”中之“熟”的深味，指归在下面的诗情画意里，一种道、仁、心、德、通，全在“酒熟”里融化了，颜元所旨意的陶公诗里的那个“醇”，似乎天衣无缝地连接上了，这“熟”趣之境界，回味无穷：

“敢不斂衽,敬赞德美。”(《劝农》)

“于穆仁考,淡焉虚止。”(《命子》)

“好事君子,共取其心。”(《形影神》)

“即理愧通识,所保讵乃浅。”(《癸卯岁始春怀古田舍》)

“行行失故路,任道或能通。”(《饮酒》)

“颜生称为仁,荣公言有道。”(《饮酒》)

“落地为兄弟,何必骨肉亲!”(《杂诗》)

“丈夫志四海,我愿不知老。”(《杂诗》)

“古人惜寸阴,念此使人惧。”(《杂诗》)

“介焉安其业,所乐非穷通。”(《咏贫士》)

“谁云其人亡,久而道弥著。”(《咏二疏》)

通过此番此景,“熟仁”、“熟道”,似融化了,似“使其醇”了。《形赠影》云:“我无腾化术,必尔不复疑。”陶渊明有其自身特殊的“熟”化之术,至于“熟”之境地,陶渊明的真切描写,似可以《归鸟》一诗中的意境,来廓清陶公所谓“神辨自然以释之”的情怀:

“翼翼归鸟,晨去于林;远之八表,近憩云岑。和风弗洽,翻翮求心。顾俦相鸣,景庇清阴。翼翼归鸟,载翔载飞。虽不怀游,见林情依。遇云颉颃,相鸣而归。遐路诚悠,性爱无遗。翼翼归鸟,相林徘徊。岂思天路,欣及旧栖。虽无昔侣,众声每谐。日夕气清,悠然其怀。翼翼归鸟,戢羽寒条。游不旷林,宿则森标。晨风清兴,好音时交。矰缴奚施,卷已安劳!”

这“归鸟”,既是一种“熟”之深情抒发,又是陶渊明自己心灵的“熟”之心声,是多么的协调和契合呀。

最后,还想指出两点,还是跟“熟”之抒发有关。第一点,即陶渊明这一切之抒发,是基础于儒家的一般信念,就是“人是万物之灵”:“谓人最灵智,独复不知兹。”[4]当陶渊明把儒家的这个信念融入进道家的理想,其中生长出来的“熟”境,真是有超然之想象力的空间和时间!第二点,即陶渊明的一个“止”字，用在“酒熟”里——“止酒”最恰到好处地抒发，是充满了无比的“熟仁”之想象，这一点被南宋学者、理学家胡宏发现：“‘追和陶渊明，《归去来词》以见遂。’初知止之意。逍遥徜徉，高视宇内，遐观物表，自适其适者，凡十有三年。虽怀忿懥，不然和议，而亦不遭死徙之祸，可谓能见几而作者也。”[5]那个“见几而作”，不正是儒家“熟仁”里的常用语吗？现摘录陶渊明《止酒一首》，以透观这一“止”字，与“酒熟”所“止”，会有“见几而作”的“熟”之联想呀。也作为分析《陶渊明集》的结束。《止酒》如下：

“居止次城邑，逍遥自闲止。坐止高荫下，步止荜门里。好味止园葵，大欢止稚子。平生不止酒，止酒情无喜。暮止不安寝，晨止不能起。日日欲止之，营卫止不理。徒知止不乐，未信止利己。始觉止为善，今朝真止矣。从此一止去，将止扶桑涘。清颜止宿容，奚止千万祀。”

获得联想的是，对于通贯整篇的“止”字，在儒家，尤其在宋明理学，很是情有独钟。颜元《言行录》说道：“下手工夫全在‘知止’乎”？达到这个“止”字的旨趣，就是一种“义精仁熟”之境地了。

2.“通人”与“通义”：《淮南子》景观

依“熟仁”理性之光，来继续评估和研判儒家与道家意义中的“熟”意生发的想象力，一部《淮南子》，似乎完美无缺。儒、道二家以“通”释“熟”，有“熟乃通”、“通乃熟”的意境互动。而这个结论，在中国文化里，完全可以得到印证。以一“通”字表意出“熟”，不仅仅是儒家的“专利”，诸家也不逊色。被《史通》（唐代史学家刘知几著）称为一部“牢笼天地，博极古今”、采众家之长、集“通人”之义的《淮南子》，以一“通”字贯穿作品始终，此中熟义、熟境，与儒家“熟仁”理性之光，却有交相辉映之处，在此略作点评。

《淮南子》，以一“通”字，切意绵绵：

○《原道训》：

“通而不变，静之至也。”

“通于神明者，得其内者也。”

“通于天机。”

这个“通”,是切合“达于道”、“与道为一”来说的,几近于儒家“须臾不离”之“道”的说法;所谓“则内有以通于天机”[6],这“天机”,是指“道”之造化的奥秘,与《菜根谭》之“天机”,有不谋而合之趣味。

〇《俶真训》:

“通之于天地之情也。”

“通洞条达,恬漠无事,无所凝滞。”(有没有“仁熟”境遇之到来?)

“通其道者。”

这个“通”,是讲出“通”之情景,那个“通洞条达,恬漠无事,无所凝滞”,有没有“仁熟”境遇之到来的触发?

〇《览冥训》:

“精通于天。”

“是谓大通。”

“大通混冥。”

这个“通”,是谓“大通”,揭示的不正是与“道”之“须臾不离”的“至熟”、“纯熟”大结局?原话是:“纯温以沦,纯闷以终,若未始出其宗。是谓大通。”意思是说,纯熟、温顺地潜伏起来,无情无欲地与“道”善始善终,这就始终不会离开“道”的根本。这就叫“大通”。孔子所言“无终食之间违仁,造次必于是,颠沛必于是”,与此还会相去甚远吗?所谓“大通混冥”,扩展地讲,就是与“道”、与“仁”、与“混沌初分状态”相通达。

〇《精神训》:

“理则均,均则通,通则神。”

“夫天地运而相通,万物总而为一。”

“非通于外内,孰能无好憎?”

这个“通”,是赞美“至人”之“精神”状态的。读来颇具儒家“至圣”的“纯熟”之气质。“至人”的“精神”状态是:“夫至人倚不拔之柱,行不关之途,禀不竭之府,学不死之师,无往而不遂,无至而不通。”意思是说,“至人”

倚靠在不可拔摇的柱子上,行走在无所不通的道路上,从不会枯竭的府库那里获得财富,从不会衰老的老师那里获得知识,所到之处通达无比。真是一种“无至而不通”的“至熟”境地。

○《本经训》:

“通体于天地,同精于阴阳。”

“通治之至。”

“集于心,则其虑通。”

这个“通”,是集“治道”而发,“通治之至”,意味的是“治道之熟”,这段话可以被看做是其“佐证”:“故至人之治也,心与神处,形与性调,静而体德,动而理通,随自然之性,而缘不得已之化。”这是老子的“无为而治”,又有儒家之治的理由,其中,“治道”之熟,却在里面精细地蕴藏着。

○《主术训》:

“守而勿失,上通太一。太一之精,通于天道。”

“人有困穷,而理无不通。”

“孔墨博通。”

“公道通而私道塞。”

这个“通”,是从“术”上讲的,就是国君统治天下之道。就是熟于“天道”、熟于“理通”,所举“孔墨博通”,也包括孔子之熟、之通的间接承认。“太一”是“天”,“太一之精”,就是“天道”、“理通”之熟的理由。

○《缪称训》:

“文情理通,则凤麟极矣,言至德之怀远也。”

“通智得而不劳,其次劳而不病,其下病而不劳。”

这个“通”,是比较得来的,是对“通”的赞誉,“通智”比之于“其次”、“其下”是更具智慧性的“通”,因为在于“文情理通”,故能“至德”而“怀远”。这个“文情理通”,是有“熟”的味道了。

○《齐俗训》:

“孔子之明,以小知大,以近知远,通于论者也。”

"明乎生死之分,通乎侈俭之适者也。"

"夫禀道以通物者,无以相非也。"

"故通于道者如车轴。"

这个"通",是夸奖孔子之"明",实际就是孔子之熟的描观,"通于道者如车轴",真是"熟透"之境地。孔子的"志于道"、"不违仁"的"熟仁"景致,似乎在这几个"通"里,获得映照。[7]

○《道应训》:

"齐楚吴越,皆尝胜矣,然而卒取亡焉,不通乎持胜也。"

"若神明,四通并流,无所不极,上际于天,下蟠于地,化育万物。"

"此皆有所远通也。精神通于死生,则物孰能惑之?"

这个"通",是道出了所"通"之由,没有"通",事物会向不好的方向转化,"皆尝胜"也会势必"取亡",就是不熟悉"持胜"之道。近通、远通,就在"熟"之通性,所谓"神明",就来自于"四通并流",有"精神"之通、之熟,就能立于不败之地。

○《诠言训》:

"故通性之情者,不务性之所无以为;通命之情者,不忧命之所无奈何;通于道者,物莫不('不'为衍文)足滑其调(当为'和')。"

"原天命,治心术,理好憎,适情性,则治道通矣。"

"故通而弗矜。"

"人有穷而道无不通,与道争则凶。"

"道理通而人伪灭也。"

"通而不华,穷而不慑,荣而不显,隐而不穷。异而不见怪,容而与众同,无以名之,此之谓大通。"

这个"通",是对圣人的描述。出于此,《诠言训》可能是对"通"作最精细叙述的一篇。先是对"通"的定义作解释,然后再做进一步的意义引申,从中不难看出,"通"的理由和规范,指归在"通于道"上,熟道,似乎在圣人那里,则是不争的事实。否则,就根本没有"大通"(或"大熟")可言。

〇《说山训》：

“通于学者，若车轴转毂之中，不运于己，与之致千里，终而复始，转无穷之源。不通于学者，若迷惑。”

“圣人之同死生，通于分理；愚人之同死生，不知利害所在。”

“推与不推，若非而是，若是而非，孰能通其微？”

这个“通”，是从圣人与愚人的比较中，发现“通”是属于圣人的品质，圣人能够“至熟”于“与之致千里”、“转无穷之源”，是“通于学”；“不通于学”，就会迷失方向，就有迷惑，因而达不到这个“不惑”。所谓“通于分理”，是圣人在“同死生”里熟知生死之“分”的道理，就知道生死之间的利害所在；愚人就难以看清，这是对生死利害之知的不熟。问题就在这里：谁能“通其微”？“物之不通者，圣人不争也。”[8]不通则不熟，不熟则不通，那是可想而知的了。

〇《修务训》：

“知不能相通，才力不相一也。”

“通于物者不可惊以怪，喻于道者不可动以奇。”

这个“通”，是从心力上抒发出“通人”之正道。“才力”当在“心力”之中，而且“才力”这个表现，就是“不可惊于怪”、“不可动以奇”。通达、娴熟应对事物变化之人，不能以“怪异”之物、之术来衡量；熟知“道”、“几于道”的人，不能以“奇巧”的方式来迷惑。这“通于物”、“喻于道”的人，《淮南子》称为是“通人”。鉴于此，对于“熟”、对于“通”，《淮南子》还是有其自身的标准和视阈。

〇《泰族训》：

“天之与人，有以相通也。”

“其性非异也，通之与不通也。”

“明于天道，察于地理，通于人情。”

“心之塞也，莫知务通也，不明于类也。”

“非天下之通义也。”

这个“通”,是比喻与总括性质的。但吃透这里的总括,提出了“人道”之“通”的重要看法。天道与人道,是相通的。人性不异,只在通与不通之间,“明”与“察”,要求的是熟于天道;这“通”,是关乎“人道”的,但这又必须借助于人情中的“言”、“行”、“闻”表现出来,这叫“通于人情”。故此篇讲:“夫言者,所以通己于人也;闻者,所以通人于己也;喑者不言,聋者不闻,既喑且聋,人道不通。故有喑、聋之病者,虽破家求医,不顾其费。岂独形骸有喑、聋哉!心志亦有之。”那个“心志”不熟不通,与儒家真又契合了。所以,“心之塞”,就得寻找“务通”之“明”,这道理当在“人道”里了。即谓“凡学者能明于天下之分,通于治乱之本,澄心清意以存之,见其终始,可谓知略矣。”这就是“天下之通义”了。

很显然,这些《淮南子》之“通”,是带有《老子》之道的痕迹,而且这“通”,根本上看,是“达于道”的结局。在儒家“熟仁”里,“不违仁”、“不违道”,有非常一致的志趣在里面。《道应训》一段话,可以看做《淮南子》试图打开儒、道在“熟”上的共通旨趣,尽管这一打通会招来儒家反感:

> 颜回谓仲尼曰:“回益矣。”仲尼曰:“何谓也?”曰:“回忘礼乐矣。”仲尼曰:“可矣。犹未也。”异日复见,曰:“回益矣。”仲尼曰:“何谓也?”曰:“回忘仁义也。”仲尼曰:“可矣。犹未也。”异日复见,曰:“回坐忘矣。”仲尼遽然曰:“何谓坐忘?”颜回曰:“堕支体。黜聪明,离形去知,洞于化通,是谓坐忘。”仲尼曰:“洞则无善也,化则无常矣。而夫子荐贤,丘请从之后。”故老子曰:“载营魄抱一,能无离乎!专气至柔,能如婴儿乎!”

此段中的“坐忘”,渊于《庄子·大宗师》。说颜回“坐忘”,已为儒家诟病。但是看得出,《淮南子》还是愿意去沟通儒、道之间的精髓,至少在“通人”上、在“熟”上。这一点,还是需要肯定的。但还有三点需指出,对于《淮南子》给予“熟”之标准的发挥性研判,的确与儒家可以沟通,或许这正是其特色,反过来,也给儒家“熟仁”提供观照与借鉴。

第一点,《淮南子》对于“熟”,还显露为评断音乐律历之数和谐的标准:成熟了,就是和谐了。《天文训》言:“秋分蔈定,蔈定而禾熟。律之数十二,故十二蔈而当一粟，十二粟而当一寸。律以当辰，音以当日……故律历之数，天地之道也。”这点，在曾国藩的“熟仁”里，是似曾相识了。这“律历之数”，犹如“规矩”，又引向一个“妙”，《俶真训》言：“如工匠有规矩之数，此皆所得以至于妙。”这点，在陈白沙的“仁熟”里，又似曾相识了。

第二点，《淮南子》还提出“通人”，此中“熟”之境地的标准，可能与儒家存在些许别致。这“通人”，《修务训》如是“训”得：

“通人则不然。服剑者期于铦利，而不期于墨阳、莫邪；乘马者期于千里，而不期于骅骝、绿耳；鼓琴者期于鸣廉修营，而不期于滥胁、号钟；诵《诗》《书》者期于通道略物，而不期于《洪范》《商颂》。圣人见是非，若白黑之于目辨，清浊之于耳听。众人则不然……通士者，不必孔、墨之类。晓然意有所通于物，故作书以喻意，以为知者也。诚得清明之士，执玄鉴于心，照物明白，不为古今易意，摅书明指以示之，虽阖棺亦不恨矣。”

通达事理的人，则不会这样。佩带宝剑，只求其锋利，而不会只求墨阳、莫邪那样的名剑；骑马只求其日行千里，而不会只求骅骝、绿耳那样的名马；弹琴只求琴声雅正和谐，而不会只求滥胁、号钟那样的名琴；诵读《诗》《书》，只求其通晓事理、熟知道理，而不会只求《洪范》《商颂》这样的名著。圣人分辨是非，就像眼睛辨别黑白、耳朵分辨清浊那样的娴熟，凡人就不是这样。

通达之士，不一定就是孔子、墨子一类。只要能够熟知事理、通晓事物，也能著书立说，来启发人的智慧；果真能觅得神志清明之人，心中有着通达熟透的高明智慧，观照万物的明白无误，不为古今陈说改变自己的独立见解，并以著书立说的方式传播给人们，即便死去了，也不会有遗憾了。

可以看出，对于圣人之娴熟，《淮南子》是有自己的标准。那个“通人”、“通士”，不必就是孔子、墨子，其标准不必就是儒家、墨家的，也可以是道家的。所以在《淮南子》，“通人”和“通义”之“通”，与儒家“熟仁”之“熟”，在连接着“道”、“仁”之“几”里，存在着可以通达的地方。

第三点，作为总结性的《要略》，提出的“通”观，似乎也可给这里画上《淮南子》"通"论之句号:一种对"通"的期待,是在"熟"中的底蕴,却成为《淮南子》中经过"通"字提升的"熟"之语境。

"上考之天,下揆之地,中通诸理。"

"诚通其志,浩然可以大观矣。欲一言而寤,则尊天而保真;欲再言而通,则贱物而贵身。"

"通同异之理,观至德之统,知变化之纪,说符玄妙之中,通回造化之母也。"

"使人通回周备,不可动以物,不可惊以怪者也。"

"至精之通九天也,至微之沦于无形也,纯粹之入至清也,昭昭之通冥冥也。"

"明大圣之德,通维初之道。"

"使百官条通而辐辏,各务其业,人致其功,此主术之明也。"

"通古今之论,贯万物之理。"

"通行贯扃万物之窒塞者也。"

"故通而无为也。"

尤其是那篇殿后的《要略》,末段尾声,凝聚的恰恰是整篇的"通"论总括,细细咀嚼,也能有心领神会之处吧:

"今《易》之《乾》《坤》,足以穷道通意也,八卦可以识吉凶、知祸福矣,然而伏羲为之六十四变,周室增以六爻,所以原测淑清之道,而攟逐万物之祖也。夫五音之数不过宫商角徵羽,然而五弦之琴不可鼓也。必有细大驾和,而后可以成曲。今画龙首,观者不知其何兽也,具其形,则不疑矣。今谓之道则多,谓之物则少,谓之术则博,谓之事则浅,推之以论,则无可言者,所以为学者,固欲致之不言而已也。夫道论至深,故多为之辞,以抒其情;万物至众,故博为之说,以通其意。辞虽坛卷连漫,绞纷远缓,所以洮汰涤荡至意,使之无凝竭底滞,卷握而不散也。夫江河之腐胔,不可胜数,然祭者汲焉,大也。一杯酒白,蝇渍其中,匹夫弗尝者,小也。诚通乎二十篇之论,睹凡得要,以通九野,径十门,外天地,捭山川，其于逍遥一世之间，宰匠万物之形，亦优游矣。若然者，挟日月而不姚，润万物而不耗。曼兮洮兮，足以览矣！藐兮浩兮，旷旷兮，可以游矣！”

那句“诚通乎二十篇之论”，已经彻底挑明了一部《淮南子》可以提炼的精华，只是一个字，就叫“通”！以儒家之观，就叫“熟”！

或许，《周易》里的一个字，象征其“熟仁”的，差不多就是这个“通”字了。《易》中之理，实为“通”字的透彻。在此，再引用大儒朱熹两段释“通”的问答，可知儒、道相契合。这两段话记载在《朱子语类·易·上系下》里，是朱熹给他的学生上课的原话，读来颇觉亲切细腻。

第一段，以《庄子》“庖丁解牛”，解释儒家作品《周易·系辞》之“通”。朱熹说：“‘观会通以行其典礼。’会是众理聚处，虽觉得有许多难易窒碍，必于其中，却得个通底道理。谓如庖丁解牛，于族处却‘批大郤，导大窾’，此是于其筋骨丛聚之所，得其可通之理，故十九年而刃若新发于硎。且如事理间，若不于会处理会，却只见得一偏，便如何行得通？须是于会处都理会，其间却自有个通处，便如脉理相似。到得多处，自然通贯得，所以可‘行其典礼’。盖会而不通，便窒塞而不可行；通而不会，便不知许多曲直错杂处。”所谓“通”，只是一种娴熟之道。庖丁解牛中的“必于其中却得个通底道理”，说到底，就是一个“熟”！

再一段，以《易》之“变通”、“通”之意义，解释其“通”，以启发人伦日用之“熟”境。朱熹说：“处得恰好处便是通”，也谓是“熟”了；“处得好，便不穷。通便不穷，不通便穷”，也谓是“熟能生巧”了；“‘亢龙有悔’，是不通了；处得来无悔，便是通。变是就时、就事上说，通是就上面处得行处说，故曰‘通其变’。只要常教流通不穷”，也谓是富贵、穷达之变化，是在“仁”里、“道”里的相转相通。说到底，就是一个“熟”！

3. 至于实践类：从《管子》到兵家作品，再到《闲情偶寄》的触发

通过对儒、道两家的分析，大体摸准了中国人“熟”之话题的主要流变。

如果还需要看出“殊途同归”的场景之异,那主要是一词之中的意义场景。这里被称为“至于实践类”,就是在工具理性指导下的应用意义。鉴于中国人在这方面有着极为丰富的真迹可寻,如六艺之熟、做人之熟、做官之熟、做事之熟等,而且需要顾及到其中必须涵咏着儒家“熟仁”之气质,或蕴有儒家精神在其中。所以,这里仅以《管子》一书和兵家作品、文学作品为扼要,分析时只点到为止。

〇《管子》,是一“和”字。《五行》言“人与天调,然后天地之美生”,似乎定下了《管子》一书中的“熟”观基调,即“和”字最贴切。其实,《管子》一书的内容比较复杂,究竟属于哪一家,还是有分歧的。刘向《七略》列于法家,班固《汉书·艺文志》移为道家,分著于兵家,《隋书·经籍志》又归入法家。而且,也有不少人质疑《管子》一书非出自管仲一人。尽管如此,这并不妨碍我们的研判,倒是有利于这样的推断,即《管子》一书中的“和”字所表达的“熟”观,正是“殊途同归”的最好例子。这“和”字,细嚼之中,“熟”义、“熟”境,反而在“和”字里,获得别样生趣。这些“和”字及其意义表述,几乎涵盖了整部《管子》,当然也成为《管子》的主线。

〇《形势》:

“上失其位,则下逾其节。上下不和,令乃不行。”

“失天之度,虽满必涸;上下不和,虽安必危。”

〇《乘马》:

“地不平均和调,则政不可正也。”

〇《七法》:

“和民一众,不知法不可。”

〇《幼官》:

“五和时节,君服黄色,味甘味,听宫声,治和气,用五数。”

“通之以道……和之以乐。”

“畜之以道则民和,养之以德则民合,和合故能习。”

〇《幼官图》:

“会请命于天地,知气和,则生物从。”

“和好不基,贵贱无司,事变日至。”

○《五辅》:

“上下和同,而有礼义。”

“和协辑睦,以备冠戎……中正然后和调,和调乃能处安。”

“举错得则民和辑,民和辑则功名立矣。”

○《宙合》:

“夫五音不同声而能调……五味不同物而能和。”

“言苟有唱之,必有和之,和之不差,因以尽天地之道。”

○《法禁》:

“修上下之交,以和亲于民。”

○《小匡》:

“居处相乐,行作相和,哭泣相哀。”

○《君臣下》:

“圆者运,运者通,通则和。”

“通中央之人和。”

“君以利和,臣以节信,则上下无邪矣。”

○《白心》:

“和则能久。”(联想起五峰先生的“熟则久”!)

“济于舟者,和于水矣。”

○《四时》:

“阳为德,阴为刑,和为事。”

○《五行》

“通天下,遇者兼和。”

○《正第》:

“中和慎敬,能日新乎?”

○《内业》:

“勿烦勿乱,和乃自成。”

“和乃生,不和不生。察和之道,其精不见,其征不丑。”

“充摄之间,此谓和成。精之所舍,而知之所生。”

〇《度地》:

“天地和调,日有长久。”

那篇《内业》,更像是专论“和”的文章,存在着“熟”之工夫与“熟”之境地二者关系的考辨。其实,《管子》也有较为丰富的“通”论,“和”与“通”,二者的结合给出了《管子》特色的“熟”语境。《君臣下》言“圆者运,运者通,通则和”到《九守》言“诚畅乎天地,通于神明”,再到《轻重甲》言“若此则万物通,万物通则万物运”,接得上的线索,正是“和”——“通”——“熟”的逻辑结构,这里,只不过是被叙述出来了。

结论就是:“和”,即是“熟”之工夫,又是“熟”之境地。儒家“仁之熟”,通过《管子》的“和”字情结,产生了某种异趣。《霸言》感慨:“术乎,大德哉!”可以想象,《管子》的作者(们)是多么的在“和”字之“术”里,去寻迹于这“工夫”、这“境地”!

〇兵家作品。中国古代的兵家之说,极为发达,战胜对手、如何战争、地形选择、时间选择、阵势选择、兵器配备、资源管理、将领选择、官兵素质、战术运用、战略设计等,有的虽没有使用一“熟”字,却是求“熟”之极境的运用,也成为毋庸置疑的克敌法宝。我们仅以这些颇具世界性意义的中国兵书设计的“篇目”里,就可领略到这样的“熟”之风采。《孙子》三卷,卷上设“计篇”、“作战篇”、“谋攻篇”、“形篇”;卷中设“势篇”、“虚实篇”、“军争篇”、“九变篇”、“行军篇”;卷下设“地形篇”、“九地篇”、“火攻篇”、“用间篇”。《吴子》二卷,卷上设“图国”、“料敌”、“治兵”;卷下设“论将”、“应变”、“励士”。《尉缭子》五卷,卷一设“天官”、“兵谈”、“制谈”、“战威”;卷二设“攻权”、“守权”、“十二陵”、“武议”、“将理”;卷三设“原官”、“治本”、“战权”、“重刑令”、“伍制令”、“分塞令”;卷四设“束伍令”、“经卒令”、“勒卒令”、“将令”、“踵军令”;卷五设“兵教”、“兵令”。其中之“熟”,似乎一目了然。古代兵书之言“庙战”,可能就是这个“熟”之技巧。就如《淮南子·兵略训》的总括:“凡用兵者,必先自庙战。主孰贤,将孰能,民孰附,国孰治,蓄积孰多,士卒孰精,甲兵孰利,器备孰便,故运筹于庙堂之上,而决胜乎千里之外矣。”不就是一种战争之“熟”的心领神会吗?

〇《闲情偶寄》中的感想。由明人作的《菜根谭》就会想到一部明人作的《闲情偶寄》。因为,这个“殊途同归”问题,不仅仅是通过以上作品获得观照,而且这种“熟”的深度和广度,也在另一向度即自元明二代以来的戏剧理论、文学作品里,可以同样获得观照。

《闲情偶寄》,乃为明末清初文人李渔所作。细察李渔作品,发现他也是儒、道并蓄。李渔(1610—1680),戏曲作家,初名仙侣,后改今名,字谪凡,号笠翁,浙江兰溪人,人称“东方莎士比亚”,代表作有《闲情偶寄》《笠翁十种曲》。《闲情偶寄》的成熟之处,恰恰离不开李渔对生活场景及其生活本身“能精善用”的娴熟把握。具体论之,要点有三:

其一,“重机趣”。“机趣”乃为熟之“性”。自诩“求新”的李渔,在《闲情偶寄》中,分明也寄托着“求熟”。就以文章之熟的把握,李渔强调个“重机趣”。《闲情偶寄·词曲部》言:“‘机趣’二字,填词家必不可少。机者,传奇之精神;趣者,传奇之风致。少此二物,则如泥人土马,有生形而无生气。”文章中贯穿这“机趣”二字,既是作者应具有的娴熟之功,又是作品中的灵气、智慧,或者称为是文章“熟”性的标志。李渔借王阳明“致良知”的工夫(李渔在此称为“机趣”)喻之,接着上述“机趣”之义,李渔说得贴切:“如王阳明之讲道学,则得词中三昧矣。阳明登坛讲学,反复辨说‘良知’二字,一愚人讯之曰:‘请问“良知”这件东西,还是白的?还是黑的?’阳明曰:‘也不白,也不黑,只是一点带赤的,便是良知了。’照此法填词,则离合悲欢,嬉笑怒骂,无一语一字不带机趣而行矣。”没有“熟”之铺垫,即没有“机趣”之娴熟运用,否则便是生硬、差强、轻浮。这可以理解为“熟”性,只有在熟“性中带来”,才能写得出透露“机趣”之“美文”,“予又谓填词种子,要在性中带来,性中无此,做杀不佳。”况且,此“性”此“熟”,乃为做人做事的普遍法则:“‘性中带来’一语,事事皆然,不独填词一节,凡作诗文书画、饮酒斗棋与百工技艺之事,无一不具夙根,无一不本天授。强而后能者,毕竟是半路出家,止可冒斋饭吃,不能成佛作祖也。”“成佛做祖”,乃为形容“成熟”、“纯熟”而已矣。

其二,“重世俗”。《闲情偶寄》本身,就是娴熟美极的上佳之作。用李渔的话来说,就是“我本无心说笑话,谁知笑话逼人来”这一“奇”——自然而然的成熟之境。这一方面表明李渔的作品,能够熟谙读者的心理,非常贴切地形成了读者与作者的情境互动,更重要的是,李渔作品的这种成熟之境,绝非以“横空出世”而获得美名,而是有“世俗”根据的。正如有评论家指出的:“笠翁的剧作中的奇并不是从冷僻幽冥处得来,而是从寻常物事、布帛菽粟之间,去发现人人眼中皆有而笔下皆无的点铁成金之术。”[9]周作人先生的评价很实在:“读书人动不动就把人家当做少正卯,拍案大喝,煞是可笑,却不知其纤细讲人生日用处正是那书(指《闲情偶寄》——引者加注)的独特处。”[10]应该看到,李渔“重世俗”,贴近现实生活场景、生活事实,可能多少与其经历的人生坎坷、生计艰难有着不可忽略的关系吧。或许也从另一侧面验证了曾国藩所言,成熟须得“从吃苦中来”。尽管李渔晚年生活的凄凉和困厄,也给他带来了“送穷不去”的悔恨。

其三,有“儒、道、佛”之“合”。看得出,李渔不反佛,那句“不能成佛作祖也”的感慨,虽有“纯熟”之喻,但也表露李渔为之动情的理由,不可能是对“佛”的嘲笑或恶意。细察整部《闲情偶寄》纲目,在其“居室部”、“饮馔部”、“颐养部”里,均有不同程度的道家理趣,尤其是《颐养部》中的“行乐”与道家的“运气”之说;“贫贱行乐之法”中的“退一步法”与道家的“精神胜利法则”,真有异曲同工之妙也。吴梅村对李渔《论扬雄、陶潜出处》中李渔评价陶渊明“吾岂为五斗米折腰”之精神,作出赞誉:“笠翁不肯抹煞五斗,正是表扬靖节处,此称功颂德之良法也,操觚家不可不知。”[11]至于“儒”的方面,体现在一组“史论”性文章中,见其儒家风采。这里,仅就李渔护守孔子、颜子之地位,是世道里难以攀比,更难有超拔于孔子、颜子的。难以攀比、难有超越,主要是指孔、颜之精神是世道里鲜少的。在《论黄宪比颜子》,李渔评判:

“黄宪比颜子之言,吾终不敢深信,盖誉人必过其实,乃东汉之气习也。出口皆然,不独有私于黄宪。‘关西孔子杨伯起’,伯起可方孔子,则宪比颜回,又何足怪乎？若谓千古上下有两颜回,吾或信之;谓千古上下有两孔子,吾必不之信也。然则所谓比颜子者,亦得其似而已矣。”[12]看得出,在李渔心目中,孔子上下五千年,中国只出一个;颜子可追可学,但其精神,像黄宪这样的人,是难以“当居颜氏之科”的。评判黄宪之言论,李渔是接着朱熹的一段评论讲的:“朱晦庵曰:宪之言论风旨虽不尽见,然其气象温厚,圭角浑然,见者有感于心,亦其最高者乎。使得圣人作成之,当居颜氏之科矣。”[13]李渔不同意朱熹的看法,他引余澹心的评论:“余于古人中,最不服者黄叔度……若叔度有如此著述,不更辱颜子乎!”[14]对此,李渔也引王望如评,说朱熹的评判是“过情之誉,然正未免习俗移人耳。”[15]被称为有怀疑主义、历史批判、创新志趣的李渔,在儒家的氛围里,能够对当时作为“官方哲学”的朱熹提出不同观点,是难能可贵的。当然,这里所引李渔之评论,即便对朱熹有质疑,也并不是对儒家的“诋毁”,而是守护孔、颜地位,更不是否定朱熹地位,只是对“黄宪比颜子”而言,仅此而已。

在《论左雄限年之法》,李渔直面了孔子“四十而不惑”的“熟仁”问题。李渔非常留意“四十而不惑”之于“五十知天命”、“六十耳顺”、“七十从心所欲不逾矩”这一“熟仁”进程中的意义。对于“四十而不惑”,李渔作了一个“熟仁”之功的评论:“其引孔子‘四十不惑’为言,夫‘四十而不惑’,盖指造诣而言,未尝曰不惑之年,始可出而为仕也。”[16]这“造诣”,不就是指在“熟仁”之“熟”的造诣吗？“纯熟”是最好的“造诣”。如果可以把孔子“四十而不惑”曲解为“始可出而为仕”,那么,“俟知命、耳顺及从心所欲之时,然后举而用之,更为练达而无蔽乎”的“熟仁”之历练,还有意义吗？这似乎是对时下不正之仕风、学风的某种“鞭挞”或“廓清”。李渔的评论恢复了孔子这段话在儒家“熟仁”里的“正统”解释,虽是一篇历史短评,但此中意义却不是可有可无的。

李渔敬仰孔、颜,是敬畏其精神,是后人学习追慕之“楷模”。李渔对孔、颜,并举称为“关西孔子”、“汝南颜子”,[17]是儒家之锥!

〇一点余话。至于实践类的上述研判,的确是在为数不少的非儒家作品里,有关“熟”之语境还是可以从中获得细细品味的。也就是说,儒家之外的作品,这“熟”义、“熟”境,依然可以得到证实。如仅以一“字”张扬,《老子》贵“常”、《庄子》贵“化”、《墨子》贵“义”、《韩非子》贵“计”、《春秋谷梁传》贵“正”等;如果以儒家作品来权衡这一“德”字中的“熟”性,如在《诗经》、《尚书》、《逸周书》等,其义、其境,则是不言而喻了。至于佛家作品,有印度佛教、中国佛教,而且中国佛教里面又有诸教派,即便在中国大地盛行的禅宗,也分为“南能北秀”(南方有慧能,北方是神秀),但不管属于何家何派,都是“工夫”之论,朱熹看到,佛家之工夫、儒家之工夫,共通点就在“工夫”上见难处:“便见工夫。佛家所谓‘放下屠刀,立地成佛’,若有过能不贰,直是难。”[18]有“工夫”,就有“生与熟”的矛盾,就有“熟”与“不熟”的差距,“工夫”之差就有“熟”之不等。这一点,慧能大师一目了然:“汝自身心见,莫著外法相。元无四乘法,人心量四等,法有四乘:见闻读诵是小乘;悟法解义是中乘;依法修行是大乘。万法尽通,万行俱备,一切不离,但离法相,作无所得,是最上乘。最上乘是最上行义,不在口诤。汝须自修,莫问吾也。”[19]“小乘”、“中乘”、“大乘”、“最上乘”,乃是自身修炼工夫的不同层次,修炼的结局或谓境界也就不同,只有“最上乘”才是“万法尽通,万行俱备,一切不离,但离法相”的圆满之境,也接近于儒家“义精仁熟”之境地了。至于佛家之“熟”、禅宗之“熟”,那是要专立的课题,在此只能一笔带过了。至于实践类作品,这里还愿意顺便提及中国历史上颇有治家意义的“家训”,其中蕴含的“齐家”之熟与儒家“熟仁”息息相关,在更大的范围和意义里,这类“家训”皆为经过儒家“熟仁”洗礼的结晶。也就是说,这些“家训”一类的格言书籍,同样视“熟”为治家法宝。非常具有代表性的家训作品,如南北朝颜之推的《颜氏家训》,提倡治家也有个“精熟”考量。《颜氏家训·文章篇》接着“勤学”提出了“熟”之规范,深化了“勤学”力度:“学问有利钝,文章有巧拙。钝学累功,不妨精熟。”勤奋好学,不断用功,再笨的人也能达到精通熟练。在《颜氏家训·省事篇》，颜之推也在探索如何从“精熟”到“通熟”的过渡：“略得梗概，皆不通熟”，应该全面把握，“省其异端，当精妙也”。把握正道之理，娴熟运用，就有精熟和通熟。故而在《颜氏家训·归心篇》，颜之推还确有如此感慨：“幸熟思之！”

接下来，我们将引入一个“备”字，来继续展开“殊途同归”问题。《菜根谭》本身就集了诸家智慧，从而转生成融汇诸家的“熟仁”提炼。并从中折射出那个“殊途同归”的意义程式，即可以通过一个“字”的意义契合，去应验和印证出儒家“熟仁”的一般意义，也可反观到儒家“熟仁”的世俗化、普世化所积聚的能量，在中国文化的意义里、在中国社会的变迁里，应该获得的多元化的肯定和接受。

三、“备”字：“熟”之话语的一个通论

中国历史上，自然灾害频发，勤劳的中国人，就一直在与大大小小的自然灾害进行英勇而有智慧的抗争。拥有悠久历史的防灾救灾活动，也渐渐地成为治道的一部分。经过无数代人的实践，形成了一个“防灾”意识的精髓，这个字叫“备”。它是“熟”性的一部分。

1. 中国人关于“备”的智慧性语录

备，准备、防备、装备、具备。备，有物质的和精神的。“备”的价值考量，被古人一再申辩：

《左传》襄公十一年：“居安思危，思则有备，有备无患。”

《说苑·贵德》：“弗备难，难必至。”（不防备灾难，灾难必然到来。）

《管子·宙合》：“适善，备也，仙也。”（这似乎接近一命题。“适善”，做到“善”，靠“备”；有“备”，则能成“仙也”；从“备也”到“仙也”，更像一层“妙来无过熟”的境界了。）

《荀子·天论》：“养备而动时，则天不能病。”（生活资料准备充足，活动适时，自然界就无法使人生病。）

《商君书·定分》:“法令者,民之命也,为治之本也,所以备民也。”(备民,保护民众。)

《国语·周语下》:“可先而不备谓之怠。”

《吕氏春秋·察微》:“凡战必悉熟偏备,知彼知己,然后可也。”(偏备,全面准备。)

《盐铁论·险固》:“有备则制人,无备则制于人。”

《左传》隐公五年:“不备不虞,不可以师。”(不预备意外,就不能出师作战。)

《晋书·桓葬传附桓冲》:“预备不虞,军之善政。”

《管子·形势》:“且怀且威,则君道备矣。”(备,完备)

《韩非子·五蠹》:“事因于世,而备适于事。”(“备适于事”,“备”,要有很强的现实针对性。)

这是一个涵盖面较广的引述,包括专长于入世的儒家和法家的“备”论。有农桑之备、战事之备、民事之备、政事之备、君道之备,但有个共同点,就是贯彻了一种治道的精神,直接或间接地肯定“备”是一种居官之德。

2.“备”之治道性的两个基本立场

实质上,这个“备”,在古人的眼里,即万事俱备,是做人、做官、做事中的基本素质。但是细究一下,从“治道”原则看,“备”作为官德,有两个立场是应一以贯之地得到认可和坚持。

一个立场是:在外,备灾备荒备难,是为民而备。一篇很具代表性的官箴,出自元代的名臣张养浩,叫《牧民忠告》,专设《救荒·预备》,说得有理:“灾异之生,常出于人之所不意。诚素有备,虽甚灾,不足为忧也。今州郡多无委积;虽有之而在上者,封锢甚严,不测有虞,茫无所措手,此厥今牧民者之通患也。然今所谓祗应之钱者,山州僻县未尝有之,而使客往还,率无枵腹而过者,意必有以规画也。至于备荒之储,独未有及焉者,岂以治平之时,何遽有此,所以因仍岁月,幸满而去,不复为民远虑耶?尝闻近代为县者,教民种蔓菁,捣其根以为饼,大者三四斤,干而储之,后值凶年,蒸以食饥民,味甘且美,赖以全活者甚众。夫古人虑民之远如此,其肯苟且幸代,而不为民预备哉?”这里透露的是为民而虑、而备的居官之切。在中国这样一个自然灾害多发的国家,如何做到备灾备荒,是考察官员德政绩效的重要标准,尤其在一些僻远的地方和山区,这个问题显得更加突出和紧迫。官吏要做的事很多,有些也很棘手,不仅要备粮备灾,以防不测,而且要教民种植开耕,多想办法积粮备食,以度灾难。这叫“为民预备”,是虑民、安民、利民的具体实现,这就是现实的为官之德。这是张扬了儒家“以民为本”在“备”中的政治道德积淀。张养浩看到了当时官场的“通患”,是虑民不够、备荒无法,特意加深官员要有为民而备的思想指导,才是官员有所作为的前提之一,诚如他在《救荒·捕蝗》中指出的,捕蝗要有所备,不使蝗灾“大难于民”,“故凡居官,必先敢于负荷,而后可以有为”。“负荷”,就是承担责任,“为民预备”“不难于民”,这是道义使然,官员无从推卸和懈怠。这是居于为民的立场而讲“备”的。这一立场的“备”,可以称为“物之备”。还有一个叫“心之备”,就是下面要说的立场。

“必之备”:在内,心中树立备之心,常存此心而自戒,可立于不败之地。这实际上是对“备”之哲学问题的思考。明代官员大儒吕坤与其友讨论“备”在居官之用的问题时,阐述了一个“备之心”的命题,颇有见地:“余叹服曰:‘君不穷于用哉!’曰:‘我无以用为也。此第二着,偶备其万一耳。备之心,慎之心也。慎在备先,凡所以需吾备者,吾已先图,无赖于备。故自有备以来,吾无万一,故备常余而不用。’或曰:‘是无用备矣。’曰:‘无万一而犹备,此吾之所以为慎也。若恃备而不慎,则备也者,长吾之怠者也,久之,必穷于所备之外;恃慎而不备,是慎也者,限吾之用者也,久之,必穷于所慎之外。故宁备而不用,不可用而无备。’余叹服曰:‘此存心之至者也。《易》曰:藉之用茅,又何咎焉?其斯之谓与?’吾识之,以为疏忽者之戒。”[20]“慎”是备心之用,慎与备,彼此联结,人之穷困必处于“所慎之外”、“所备之外”,然而,“慎”毕竟还是“备心之用”,所以存备之心,乃为避难消灾的良方。吕坤在此强调的是:慎而有备,备心之用,这是“存心之至”的到来。就如《周易·系辞上》“藉之用茅,又何咎焉”所描绘的那样:铺上祭祀用的草垫应是趋于吉利、避免灾难之备,用之则是心诚之戒。居官穷达,无不与“备之心”有关,结论就是:备之心,乃是君子之道,也是为政之德,决不可懈怠和疏忽啊!

3.“备”之经典释义考量

其实,中国人对于“备”的考量,是由来已久的。再扩展一下诸子对“备”的释义,有儒家的、道家的、墨家的、兵家的、杂家的,考量出“备”之通识,从中领略中国人治道观念中独特的“熟”性智慧和见识。

○《荀子》

《荣辱》:“尧、禹者,非生而具者也,夫起于变故,成乎修,修之为,待尽而后备者也。”“待尽而后备者”,意思是说,像尧、舜、禹这样的圣人,不是天生为圣人的,而是对事物变化的把握,然后加以积极的修炼和作为,尽可以地去积极作为,才能具备圣人的品格,成为圣人。此“备”,很明显具有通过一定的作为而后积淀优秀的圣人品质,属于“备之心”的范畴。

《王制》:“圣王之用也,上察于天,下错于地,塞备天地之间,加施万物之上。”“塞备天地之间”,意思是说,君主要实现“王道”之治,内心首先要“备”于天地之间,也就是对“天”和“地”要有充分的了解和把握,然后才能因地制宜,实现“制天命而用之”。此“备”,具有认识和实践的双重意义。

《致士》:“川渊深而鱼鳖归之,山林茂而禽兽归之,刑政平而百姓归之,礼义备而君子归之。”“礼义备而君子归之”,意思是说,君子之所以为君子,其所“备”的东西,应是“礼义”。此“备”,已旨意于精神层次的准备。

《天论》:“圣人清其天君,正其天官,备其天养,顺其天政,养其天情,以全其天功。”“备其天养”,乃为圣人治国之道,也为治身之道,是得天道之精蕴、养天道之精髓,方能顺天而行,养天而动,成为名副其实的圣人。

《正论》:“圣人,备道全美者也,是县天下之权称也。”“道德纯备,智惠甚明,南面而听天下,生民之属莫不振动从服以化顺之。”“备道全美者”,是圣人的品格，是其治国平天下的权重；圣人“道德纯备”，是物质之备和精神之备的统一，是“生民之属”，于民有利；有了如此之“备”，天下就会出现“服以化顺”的和谐局面。

《礼论》：“凡礼，始乎棁，成乎文，终乎悦校。故至备，情文俱尽”“使本末终始莫不顺比纯备，足以为万世则，则是礼也”“终始具而孝子之事毕，圣人之道备矣。”“故至备”，是从结果上说的，只有备了礼，才有文以载道的内容；所谓“纯备”，是说备礼之功效，“足以为万世则”；做人方面也如此，孝之事毕，是备礼于始终，也为成圣之道的切合之处。

《君子》：“故仁者，仁此者也；义者，分此者也；节者，死生此者也；忠者，惇慎此者也；兼此而能之，备矣；备而不矜，一自善也，谓之圣。”备仁义节忠，是君子的品格；有了此“备”，就能自善不已，也谓之圣人了。“兼此而能之，备矣”，展现了“熟仁”的品格。

《赋》：“公正无私，见谓从横；志爱公利，重楼疏堂；无私罪人，憼革贰兵。道德纯备，谗口将将。”“道德纯备”，是见之于“公正无私”、“志爱公利”和“无私罪人”（公正地做人），一切的流言飞语皆可消失。此为君子治道之备。

这里的“备”字经，差不多均以治道而立意。但有个特点，就是倡导“备”，乃为圣王之政、明君之德、成圣之道。更重要的是，荀子似乎突显了“备”字的物质性和精神性的统一。讲“生民之属”，需要在物质上为民而备，讲“礼义备”，是精神上的做人而备。这里，荀子在加强“备”字的官德要义里，无疑又深化了儒家“防灾”意识的特定内涵，是儒家“仁政”观念中的一个“熟仁”取向的重要开拔。

○《孔子家语》

《儒行解》：“儒有居处齐难，其坐起恭敬，言必先信，行必中正，道涂不争险易之利，冬夏不争阴阳之和，爱其死以有待也，养其身以有为也。其备豫有如此者。儒有不宝金玉，而忠信以为宝；不祈土地，立义以为土地。”“其备预有如此者”，是说儒者要备忠信、备仁义，其意义不仅是修身养性，而且是儒家品格的标志，这是精神之备的考量。

《五仪解》:“备百善之美,必有处也。”“备百善之美”,意思是说,处理人事物事,需要尽其原则、掌握分寸、恰到好处。“善”的标准,就是具备伦理道德之美的质地。发挥一下就是:处人处事,是有原则的,就是要具备“百善之美”;同理可得,处难处灾,也需达到“备百善之美”的地步和状态。

《观思》:“子路为蒲宰,为水备,与民修沟渎……恐有水灾,故与民修沟洫以备之。”这里的两个“备”字,是物质之备,是防灾之备。但这里有更深的一层意义,是讲子路为官,与民备水灾,当官的与民共备灾,是大禹治水中与民关切的治道之精神张扬。这就不是一个简单的“为水备”的问题了。

《好生》:“能治国家之如此……公刘重之以仁,及至大王亶甫,敦以德让,其树根置本,备豫远矣。”“备豫远矣”,是讲“备”的功能,预备在先,可防灾远矣。这里赞美了公刘为民而备的德政绩效。公刘是周代先王历史上六位开国伟大人物(后稷、公刘、太王、王季、文王、武王)中的第二位人物。《诗经·大雅·公刘》赞美公刘有“备”而“厚于民”的德政举措:“笃公刘,匪居匪康。乃埸乃疆,乃积乃仓。乃裹糇粮,于橐于囊,思辑用光。弓矢斯张,干戈戚扬,爰方启行。”此段文字按《诗经直解》译为:老实忠厚的公刘,他不只是住下、他不只是安康。于是整理田界、划定封疆,于是积好谷物、备好粮食。于是包扎好干粮,放在小袋的橐、大袋的囊。人民这样团结,因而国家有光。弓箭准备这样的紧张,干戈斧钺同样准备着,于是并起开路就向前进![21]一种为民而备(备粮备荒备灾)的激情,油然而生!

《辨政》:“水溢泛诸国,伤害民人,唯齐有备不败。”这是针对防水灾讲“有备不败”,作者感到水灾给人们和国家带来的灾难,所以必须要做好水灾之备,这也是为政之德,可能所谓的“辨政”,就是要辨出这个治道观。

《子路初见》:“补其所不备。”再明显不过了,“备”的重要性,儒家是多么的重视和期待!

《五刑解》:“以庶人遽其事而不能充礼,故不责之以备礼也。”“备礼”,乃为做人、治人之道。普通人鲁莽行事,是少了礼的栽培,所以不要过多的责怪,只要促进他具备礼的内容就对了。儒家是相当看重精神的准备(“备礼”)。

《辨乐解》:“夫武之备戒之以久”。长久的军事之备也是防灾之举。

《曲礼子贡》:“体不备,谓之不成人。设之不当,犹不备也。”“备”乃为成人之道。身体不备修身养性之工夫,备礼就无望而助,成人就无从谈起。物质的和精神的设计不全不当,就是准备不妥,准备不妥,也就不是一个心身健全的人了。

《公西赤问》:“序其礼乐,备其百官,于是君子致其济济漆漆焉。”君主要想把国家治理得井然有序和蒸蒸日上,一要注重礼乐在维护社会等级次序中的重要性,二要设置百官制度并且把这样的礼乐贯穿和统领到百官当中。这里,强调的是备礼的精神性质和备百官的制度性质。可见,“备”义之多元性质。

《孔子家语》系儒家作品,所讲的“备忠信仁义”“备百善之美”“为水备”“备豫远”“备礼”“备其百官”,仍是维系住儒家“修身齐家治国平天下”的治道信念,更是“熟仁”的具体化。

其实,在儒家的作品里,对于“备”是颇为关注的,切入的治道意识,着意的就是为政之德的本领和能力,当也包括了防灾:

《尚书·说命中》:“惟事事,乃其有备,有备无患。”“有备无患”,防灾之备,事事有备,才能无患。

《礼记·祭统》:“福者,备也。备者,百顺之名也。无所不顺者,谓之备……唯贤者能备,能备然后能祭。是故贤者之祭也,致其诚信与其忠敬。”祭祀是中国古人崇拜敬仰祖先的道德传统,通过祭祀,既传递出诚信忠敬的道德信念,又为培养道德品质提供了一个特殊的渠道。备祭祀,也就积累为贤政的一桩特殊任务,治道理应包括祭祀之备,是获得“百顺”之效的重要手段。按名实相符衡量,有“百顺之名”,就得有“无所不顺”之“备”。似乎整篇《祭统》,是专论“备”的,其中提出的“备”字命题,就不下于十处。

《孟子·尽心上》:“居仁由义,大人之事备矣。”“万物皆备于我矣。”这里讲的“大人”,指的是政治家一类,此两段名言,是极为典型的精神之“备”的主体性考量,有仁义之备,才够得上称为"大人";有了这样的主体性承诺,就能够驾驭天下。这里,孟子讲"备于我",就是心里容纳得天下,是心里充满了仁义道德的"浩然之气",是"心之备"的经典语录。

因此需要指出一点,儒家对于"备"的考量,注重的是其德性、德行的辨识,备灾备荒,先要在心里有个"备",这就是"德"的内容,再来个"物之备",后者同样不可或缺。提炼上述三段话,内蕴的正是"备"中的一种主体性精神的张扬:"惟事事,有备无患";实质是与"致其诚信与其忠敬"的联结,做到了,就是"万物皆备于我"的实现。有这样的"内圣",就有行之有效的"外王",儒家是这么钟情于"心之备"的!

中国人"备"之考量,还不仅仅在儒家,让我们再来审视一下诸家对"备"之治道观的重视及其特色。

〇《吴子》

《武经七书·吴子·论将》卷下:"故将之所慎者五:一曰理,二曰备,三曰果,四曰戎,五曰约。理者,治众如治寡;备者,出门如见敌;果者,临敌不怀生;戎者,虽克如始战;约者,法令省而不烦。"吴子是兵家人物,用备于战事,特提炼出"备"之规范,颇有用心。"备者,出门如见敌",就是物之备、心之备,去战胜敌人。这里,吴子置"备"于以五慎之中刻画,其用意也在与治道沟通:五慎成二奇,慎于理、慎于备、慎于果、慎于戒、慎于约,则能成就奇谋奇功。将军领兵打仗要如此,当官从政也得如此,两者有相通之处。兵家之处,有老子味道,吴子之"备",也显道、儒合用之处。有备于战争之熟。

〇《吕氏春秋》

《具备》:"故凡立功名,虽贤,必有其具,然后可成。……先有其备,岂遽必哉。"《吕氏春秋》专设《具备》一文,可想其对"备"的重视程度。在《具备》里,作者以古代圣贤在处于困境条件下的有所作为,讲述了条件具备的重要性。文中以大量篇幅叙述了宓子贱治亶父的事迹,说明功成业守在于"先有其备"并怀有"至诚之心",才能求到精通熟,文章得出了一个由"备"到"诚"再到"精"与"通"的公式:"故诚有诚乃合于情,精有精乃通于天。"这即是

“备”—“诚”—“通”里的治道意义。《吕氏春秋》还有更多对于君主治国有备的“熟”性挖掘：

《先己》：“乐备君道，而百官已治矣，万民已利矣。”用礼乐装备君主，则有百官治和万民利。

《君守》：“有识则有不备矣，有事则有不恢矣。不备不恢，此官之所以疑，而邪之所从来也。”君主要具备把握事物之理的远见，才能驾驭好百官、抵挡住邪恶。

《察微》：“故凡战必悉熟偏备，知彼知己，然后可也。”偏，通“遍”。君主领兵打仗，要悉熟遍备天时地利人和。其实“备”，就是做得到“知彼知己”。

《骄恣》：“亡国之主，必自骄，必自智，必轻物。自骄则简士，自智则专独，轻物则无备。无备召祸。”君主之亡，是无戒骄、无重物之备，前者为心之备，后者为物之备，缺少这两备，祸就自生来。

显然可见，这里的“备”字，确乎出于治道立论，治百官、识事理、处战事、免灾祸，无一不从“备”中而来。出于“熟”性，“备”对于治国得失有何等重要作用。

〇《淮南子》

《精神训》：“不识天下之以我备其物与？且惟无我而物无不备者乎？”不知道天下是因为我才准备了万物还是没有我而万物能齐备呢？这与孟子“万物皆备于物”似有同感，是我备万物，靠什么备？靠精神之备。这里，恐怕是心之备的最好注脚了。

《主术训》：“先王之所以应时修备，富国利民，实旷来远者，其道备矣。非能目见而足行之也，欲利之也。欲利之也，不忘于心，则官自备矣。”先王治国治民，是按照季节修整完备，为国为民而备灾备荒，其治道就十分完备了。为了天下人民利益，时刻记在心头，百官就能装备有素，忠于职守，名副其实了。这段话防灾意识特强，明显旨意在心之备、物之备。而且，心之备，在一定程度上，还优先于物之备：“物之可备者，智者尽备之。”[22]

《缪称训》：“害生于弗备”。这是强调了“备”的重要性，灾害人祸来自于没有准备。

《人间训》:"人皆务于救患之备","知备远难"。人们必须做到的事,是防灾救灾的准备,有了准备,就可远离患祸。也更要懂得患难如何产生,此"备"更加重要。重申的仍然是"害生于弗备"的态度。

《氾论训》:"困其患,则造其备。"被患祸困扰,就要制造相应的防卫工具以备之。有时患祸也不全是坏事,正确对待之,反而能够激起防患治祸的本领和能力,这也是"备"。

《泰族训》:"夫物常见则识之,尝为则能之,故因其患则造其备";"圣王之设政施教也,必察其终始;其悬法立仪,必原其本末,不苟以一事备一物而已矣"。前句指的是因患造备思想,后句指的仍然是治道之备。

质言之,《淮南子》考究的"备"字,仍着墨于为政之道和为政之德,一种治道的关切,似乎悠悠而在。所以《诠言训》才有"豫备之哉"的"熟"性感慨!

〇《墨子》

《七患》:"故仓无备粟,不可以待凶饥。库无备兵,虽有义不能征无义。城郭不备全,不可以自守。心无备虑,不可以应卒。是若庆忌无去之心,不能轻出。夫桀无待汤之备,故放;纣无待武王之备,故杀。桀、纣贵为天子,富有天下,然而皆灭亡于百里之君者,何也?有富贵而不为备也。故备者国之重也。"这段话讲出了"备"之精髓,备,有防灾之备,又有执政之备;既有物质之备,又有精神之备。列举桀、纣荒于执政之备而灭亡之历史教训,得出"备者国之重"的重要命题,可谓睿智之见。在墨子看来,"备",是一国之重、一家一人之宝。国事政事人事,盖以"备"对待。桀、纣处政无道,失于"有备无患",无物之备、心之备,特别是"富贵而不为备",是患中之患,为保持强盛而有所"备",此乃备中之王呀!

《号令》:"安国之道,道任地始,地得其任则功成,地不得其任则劳而无功。人亦如此,备不先具者无以安主。"中国人有生态安全的理念追求,墨子反映出的是,把"备"字注入"安"(安全、安定、安抚)字考量,扩大了"备"字不仅仅是生态安全也是治国安邦的理念。墨子精通手工机械制造,经常和

“农与工肆之人”交流，又奔走于交战国之间宣传“兼爱”、“非攻”，把“备”的认识，运用于生活、战事、农耕、防灾等。在《墨子》专设“备”文多篇，有《备城门》《备高临》《备梯》《备水》《备突》《备穴》《备蛾傅》等。当然，墨子讲“备”，仍然有个治道的用意。如《备城门》说的：“此所以持也。且守者虽善，而君不用之，则犹若不可以守也。”这篇文章讲的大都属于墨子攻守池城的“法则”，但是透观出墨子对“备”的治道的关注及其实际应用的注重。也有一层“熟”性在其中。

〇《庄子》

《天地》：“以道观能，而天下之官治；以道泛观，而万物之应备。……故执德之谓纪，德成之谓立，循于道之谓备。”“备”是从“循于道”上说的，因而给“备”获得“治官”之效的根据。遵循“道”，就是“德”，有“备”就是有“德”的表现（“德备”），从根本上讲，就是来源于“道”。这里，就可引申出“备”的合理性标准。这是比较深义的“备”之哲学考量。但是，这种考量，庄子是想说给治理国家的“大人”听的，希望他们依“道”而来的“大备”来治理天下，否则就是不道义了。这个“道”是怎么样的，执政者也应怎么样应对。

《徐无鬼》：“夫大备矣，莫若天地，然奚求焉，而大备矣。知大备者，无求，无失，无弃，不以物易己也。反己而不穷，循古而不摩，大人之诚。”“知大备”，是治理之道，所谓“大人”，是指得道之人，有此“大备”者就叫“大人”了。这样的人，出于“道”之定向，是无所私欲之求、无所公正之失、无所人事之弃的“大人”之“备”，因为庄子看到了现实是私欲横流、公正失态、不干正事、防灾不力，这一切都是违背“道”的。其实，庄子不是一个绝对的出世主义者，只不过他因为无能为力，所以选择了“规避”、“逍遥”的人生态度。庄子最早提出“内圣外王”的时候，想必他不会没有一点“外王”的雄心吧？

《则阳》：“夫圣人未始有天，未始有人，未始有始，未始有物，与世偕行而不替，所行之备而不洫，其合之也，若之何？”“五官殊职，君不私，故国治；文武大人不赐，故德备。”这两段话也可算是上述两段的续义。几个“未始”之义，旨意于“道”的先在性，按“道”备事的先验根据，这就是“德备”了。“大人”治道,就是要有这个“备”。

《天下》:“古之人其备乎!配神明,醇天地,育万物,和天下,泽民百姓。”“判天地之美,析万物之理,察古人之全,寡能备于天地之美,称神明之容。是故内圣外王之道,暗而不明,郁而不发,天下之人,各为其所欲焉以自为方。”古代圣贤的“备”,内涵是“配神明,醇天地,育万物,和天下,泽民百姓”,这也就是“内圣外王”的道理。看得出,庄子对“备”的认识是从“天地之美”的高度加以筹划,具有本体论语境,这似乎在中国人的“备”之观念里是非常经典的。此中的“熟”性,就非常的高义。

总括一下庄子对“备”的治道视野,其逻辑是这样的:备,之于“官治”、之于“圣人”、之于“大人”,至关重要;“备”,系住于天地之道,与“道”相致而生成出“大备”,“大备”之美是天地之美的语境,成就了“内圣外王”。这一“大备”的治道理想尽管与社会现实差距甚远,但从“道”的立场来看,“备”之德性要求(“德备”)却是无可厚非的。其实,对于整治社会,庄子还是有他自己的治道理想。

○《逸周书》

《成开解》:“设备无盈。”有了各种准备就不会满溢。

《程典解》:“于安思危,于始思终,于迩思备,于远思近,于老思行,不备,无违严戒。”五个所“思”,引出的就是“备”:“不备,无违严戒。”没有准备,就会松懈散漫。

更要指出的是,《逸周书》充分认识到“备”有物质的和精神的,并从治道的德性上给予筹划。也显为“熟仁”一面。《大戒解》专设“九备”,专注于“心之备”考量:

“九备:一、忠正不荒美好,乃不作恶;(脱二、三两段)四、□说声色,忧乐盈匿;五、硕信伤辩,曰费□□;六、出观好怪,内乃淫巧;七、□□谋躁,内乃荒异;八、□□好威,民众日逃;九、富宠极足,是大极内,心其离。九备既明,我贵保之,应协以动,远尔同功。”

此段文字虽有短缺,但还能大致地看清和读懂这里蕴含的“心之备”刻意。《大戒解》讲“设九备,乃无乱谋”,要点仍然是有备无患的内心紧张。“心之备”如此,“物之备”也不可大意。《武纪解》着眼于“物之备”,强烈带有“守国之中”的治道刻意:

“凡有事,君民守社稷宗庙而先衰亡者,皆失礼也。大事不法弗可作,法而不时弗可行,时而失礼弗可长,得礼而无备弗可成。举物不备而欲□大功于天下者,未之有也。”

“国有三守:卑辞重币以服之,弱国之守也;修备以待战,敌国之守也;循山川之险而固之,僻国之守也。”

治民事、防灾事、修战事,物之“备”不可缺乏;有心之“备”,物之备也少不了,这叫“举物不备”者“未之有”天下也。

纵观以上检讨,已经看出中国人是多么的关注“备”的思考,有备无患和忧患意识,恐怕是“备”之思考的历史积淀而形成的中华民族精神中的防灾意识。在一定意义和相当程度上,中国人是把“备”,作为了一门特殊的学问来特殊看待的。而且,这种“特殊”性质的痕迹,就留驻在“熟”之话语体系中了。

最后,仅仅提个醒,诸家之说,包括那个“备”字,其实,都包含了儒家“熟仁”理性的细节,或谓是对中国人一以贯之的“熟”的某种细节化描述。[23]这样的升级提炼,说“殊途同归”,就可信多了。再若于“官德”与“官经”上强化这个提醒,就会更加接受和推崇儒家“熟仁”的经久不衰之结局!

注释:

[1]问题是,当儒家以“熟仁”之“熟”展开的话语体系,无非是连接着“仁”来说“熟”的。这才是儒家之“熟”的特殊性而已。

[2]在戴震那里,甚至以这则寓言来解释“天理”,以示不同意宋儒之“天理”,这是一个大胆的行为。戴震在《孟子字义疏证·理》(卷上)注释性地指出:“情得其平,是为好恶之节,是为依乎天理。《庄子》:庖丁为文惠君解牛,自言:‘依乎天理,批大郤,导大窾,因其固然。技经肯綮之未尝,而况大軱乎!’天理,即所谓‘彼节者有间,而刀刃者无厚。以无厚入有间’,适

如其天然之分理也。古人所谓天理,未有如后儒(指宋儒——引者加注)之所谓天理者矣。”(戴震:《孟子字义疏证》,第2页,中华书局1982年版)

[3]《颜元集·四书正误卷三》。

[4]《陶渊明集·形赠影》。

[5]《胡宏集·杂文》,中华书局1987年版。

[6]《淮南子·原道训》。

[7]公允地说,《淮南子》中的有些篇章,不仅仅或多或少的反映了儒家旨趣,而且还记载了不少孔子与老子的对话,甚至有些作品本身就属于儒家思想性质的,这已经获得专家的考证。台湾学者徐复观在《两汉思想史》研判《淮南子》一书的学术背景时,就指明此题:“且儒家思想,在《淮南子》一书中所占地位,深入地看,并不次于道家。除大量引用了《诗》、《易》之外,《礼》、《乐》、《春秋》皆为其征引所及,且多发挥《六经》的微言大义。”又:“当他们(指《淮南子》的作者们——引者加注)面对着现实世界时,便不知不觉地进入到儒家的分野。”(见《两汉思想史》,第二卷,第115、122页)

[8]《淮南子·人间训》。

[9]《李渔随笔》全集,第5页。

[10]《李渔随笔》全集,第7页。

[11]《李渔随笔》全集,第527页。

[12]《李渔随笔》全集,第504页。

[13]《李渔随笔》全集,第504页。

[14]《李渔随笔》全集,第504页。

[15]《李渔随笔》全集,第504页。

[16]《李渔随笔》全集,第505页。

[17]《李渔随笔》全集,第507页。

[18]《朱子语类》卷三十。

[19]《六祖坛经》敦煌新本,杨曾文校写,第53页,上海古籍出版社1993年版。

[20]吕坤:《呻吟语·存心》。

[21]见陈子展:《诗经直解》,第935—936页,复旦大学出版社1983年版。

[22]《淮南子·主术训》。

[23]或许《吕氏春秋·本味》讲的“熟而不烂”,已应验于对“熟”的辩证法思考了。《吕氏春秋》还专设《精通》、《具备》篇,表明“精”“通”“备”,在中国文化,确实极富意蕴。

第十九章

儒家为政之道中的“熟仁”追求

其实,按本书的设计安排,从本章直到末章,是属于儒家“熟仁”相对外围的探讨了。由内向外,却成为本书的基本思路。当然,由于叙述,不得不采取如此方式。而实际上,内外一致,可以由外向内再次深化主题。

“熟仁”的世俗化、普世化、平民化的性质,必须是直接面对世俗生活的展开。做人和做学问,对于主张积极“入世”的儒家传统,只有“做官”才算是真正现实的、实际的“入世”。[1]所谓“独善其身”、“学问只为花哨”是无济于国计民生,这反过来,也给出了做人做学问的某种筹划。可以这么说,这个意义中的“做官”,也实际成为儒家“熟仁”来龙去脉的重要环节。

儒家始终趋向于所谓“入世”问题,这或许就是“儒者”为“儒”的理由所在。这一说法比较符合儒学发展的真实情况:“所谓‘儒’,正是有知识、懂礼仪,并具有独立人格与高尚品格的知识分子,……(他们)把目光由原初的以知识与礼仪服务于社会,进一步扩展到济世治国,明确以政治与伦理方针干预社会现实,正是自孔子以来之‘儒家学派’的新特点。”[2]在这些儒者的身上,展示出最显著的时代特征就是“济世治国”的“入世”精神——“以政治与伦理方针干预社会现实”——在这样的背景下,究竟为他们提供什么样的“方针”成为他们“干预社会现实”的规则。这一点,孔子作了始发性规定,即为政之道与“熟仁”追求。孔子的这一规定,恰恰成为儒家“熟仁”行动逻辑的“问政”指南。

一、为政之道与“熟仁”

这里的话题,似乎是应验由孔、孟开启与建构的“熟仁”之话语定向,还印证了“仁”之“世俗化”的鲜活土壤:孔子的“仁”之活学活用到孟子的“仁政”与“熟仁”的再次关注。由此引申出的重要指南,可能就是对儒家“仕”文化的具象描述。

儒家“熟仁”中的为政之道,其意义究竟怎样?孔子的仕途,虽未称得上一帆风顺和辉煌无比,但他的言论却有着儒家仕观的奠基性作用。我们引孔子的话作为象征性的分析话语,意在说明这样的功用。这个道理很清楚,因为儒家的“熟仁”渊源于孔子,而且孔子的整个思想的基础性目标,就是教导他的学生如何娴熟地运用“仁”去踏上“仕途”。

1.“仁”、“政”对话

仕途,是做官的理论。对于仕途,孔子是比较关注的。说得直白一点,孔子关注仕途的核心,是其中的“仁”。孔子着意要解决“仁”与“为政”的问题,因为,他的许多学生将来要去从政的,作为老师,他有这样的义务和责任,把“仁与政”作为他的教育的内容,传授给这些将要入仕的弟子。

孔子是很有政治智慧的。当时的孔子,也是国君的“座上客”,与他们交流“为政之道”,在更多的场合中,他们是在请教孔子如何为政的问题。因此,在《论语》里,我们会看到向孔子“问政”的开头语。

其一,孔子评价的标准。在《公冶长》,记载孔子在“熟仁”的思考里,评价时下的政治人物算不算“仁”?这段话是这样的:“子张问曰:‘令尹子文三仕为令尹,无喜色;三已之,无愠色。旧令尹之政,必以告新令尹,何如?’子曰:‘忠矣。’曰:‘仁矣乎?’曰:‘未知。焉得仁?’崔子弑齐君,陈文子有马十乘,弃而违之,至于他邦,则曰:‘犹吾大夫崔子也。’违之。之一邦,则又曰:‘犹吾大夫崔子也。’违之。何如?子曰:‘清矣。’曰:‘仁矣乎?’曰:‘未知。

焉得仁?'"

令尹,是当时楚国最高行政长官,相当宰相。子文,为当时楚国著名政治家斗谷於菟。崔子,是当时齐国大夫崔杼,他杀了国君齐庄公。陈文子,是齐国大夫,名须无。子张问孔子:"楚国的令尹子文三次担任令尹,没有显示出高兴的样子;三次被罢免,也没显示出怨恨的样子。交接时一定把自己的政令全部告诉接替者。这个人怎么样?"孔子说:"可说是忠心于国家了。"子张又问:"算不算仁呢?"孔子说:"不知道。这怎么能算是'仁'呢?"子张又问:"崔杼杀了齐庄公后,齐国大夫陈文子舍弃十辆马车离开齐国,到了别的国家,说道:'这里的执政者与我们的崔大夫差不多',于是又到了别的国家,又说:'这里的执政者与我们的崔大夫差不多',于是又离开了。这个人怎么样?"孔子说:"清白"。子张问:"算不算仁呢?"孔子说:"不知道。这怎么能算是'仁'呢?"

这里,我们要追问一下,孔子评价的标准是什么?就是对"仁"的行动。不管是楚国的令尹子文还是齐国的陈文子,行动上都没有上升到孔子的"仁"之高度,即孔子要求的"熟仁"。孔子一向看重的是,政治上更要求娴熟于"仁",因为执政者是统管人民的,要求对自己对他人都要执行"仁",令尹子文的"无喜色"、"无愠色",陈文子的"三离他国",都在"消极"的层次里活动,离孔子的为政于仁甚有距离,可能都属于孔子释义中的"次熟"阶段,不是"烂熟"的层次。不到"烂熟",对于执政者总是一种"缺陷"。到达"烂熟",孔子设计了一系列"从政"规范,娴熟地运用,就是活用此"仁"了。

其二,"问政"。在《论语·尧曰》,记子张问孔子如何为政?孔子说:"欲仁而得仁,又焉贪?"自己需要仁就得到了仁,又何必贪欲无止?为此孔子提出:"尊五美,屏四恶,斯可以从政矣。"这就是有名的从政之德。同时,更应看做是"熟仁"的体现罢了。

所谓"五美"是:"惠而不费,劳而不怨,欲而不贪,泰而不骄,威而不猛。"意思是:五种从政之美的要求是,给人民利益而不会耗费财力,劳民而不会招来怨恨,有欲望却不贪,稳重自矜却不会显得骄傲,威严却不凶猛。此"五美”,可谓是“中庸”的把握,即是良好的“仁”之活用,这里,仍然是一个“仁”之于“民”的“熟仁”问题。

所谓“四恶”是:“不教而杀谓之虐,不戒视成谓之暴,慢令致期谓之贼,犹之与人也,出纳之吝谓之有司。”意思是:屏弃的四种恶政是:不加教化便杀戮,这叫虐政;不加申诫便要看到政绩,这叫暴政;开始时政令松弛,又突然限期完成,这叫贼政;惠施于民,却吝啬不出手,这叫小家子气。此“四恶”,完全是没有“仁”的从政了。更谈不上“熟仁”了。

“问政”标的,实属一场“仁”、“政”对话。通过这些对话,孔子的真实意图,就是要彰显出“仁”在实际中的应用价值。其实,对于“仁”在从政上的活用,就是“熟仁”的体现。透过孔子一系列关于“从政”的问答,我们可以领会到很多。除了《尧曰》那段著名的“仁”、“政”对话外,还有不少“问政”对话。

看一下《颜渊》中的记录:

“子贡问政。子曰:‘足食、足兵,民信之矣。’子贡曰:‘必不得已而去,于斯三者何先?’曰:‘去兵。’子贡曰:‘必不得已而去,于斯二者何先?’曰:‘去食。自古皆有死,民无信不立。’”

子贡询问政事。孔子说:“使粮食充足,使军备充足,百姓对政府就有信心了。”子贡又问:“如果迫不得已,三者中要去掉一项,应选择哪一项?”孔子说“去掉军备”。子贡再问:“如果在粮食与人民的信心中要去掉一项,应选择哪一项?”孔子说“去掉粮食。如果人民对政府缺乏信心,国家是难以维持的。”孔子揭示出为政之难处,“民信之”,要优于“足食”和“足兵”,一般的人是看不透、把握不住这一点的。所谓娴熟于“仁”,就是要有这样的洞察力。

“季康子问政于孔子。孔子对曰:‘政者,正也。子帅以正,孰敢不正?’”

季康子向孔子求教政事。孔子回答:“政就是端正。您自己带头端正,谁还敢不端正呢?”所谓“端正”,主要指德性和德行上的端正。根据是依“仁”而“政”,这叫“依于仁”,不加以“熟”之,能做得到吗?自己“熟”了“仁”,就可以起个好的带头作用。为政者更要做到。孔子有个形象比喻,这叫“德风”引“德草”。这段话也是孔子向季康子说的。

“季康子问政于孔子，曰：‘如杀无道，以就有道，何如？’孔子对曰：‘子为政，焉用杀？子欲善而民善矣。君子之德风，小人之德草。草尚之风，必偃。’”

季康子向孔子求教政事说：“如果杀了坏人来亲近好人，怎么样？”孔子答道：“您管理政事，为什么要用杀人的方法呢？您实施善行，人民也就会跟着您向善。君子的道德好比风，小人的道德好比草。草势必随风吹倒。”看得出，孔子提倡为政以行仁为上，不得已才用刑罚。君子带头行道德，民风才有道德可言。所以，孔子对执政者提出的要求，还是围绕在“仁”上的活用，就是一种“熟仁”的要求。

“子张问政。子曰：‘居之无倦，行之以忠。’”

子张问政事。孔子说：“在位不得懈怠，办事要讲忠厚心。”为政之德，都是“仁”之具体运用。君子为政，要讲“熟仁”，就首先体现在落实为政之德上。所以，孔子非常愿意谈论这些规范。再看一下《子路》中的一些表白：

“子路问政。子曰：‘先之，劳之。’请益，曰：‘无倦。’”

子路询问政事。孔子说：“自己先带头，然后又勤政于民事。”子路请求多讲一点。孔子说：“不要懈怠。”

“叶公问政。子曰：‘近者悦，远者来。’”

叶县的长官问政事。孔子说：“使境内的人高兴，使远方的人愿来。”

“子夏为莒父宰，问政。子曰：‘毋欲速，毋见小利。欲速则不达，见小利则大事不成。’”

子夏做了鲁国莒父的县令，询问政事。孔子说：“不图快，不追求小利。图快，反而达不到目的；追求小利，就办不成大事。”

上述三段话，孔子揭示的是从政的特定要求，内涵的道理仍然是一种对“仁”的活用，先后、近远、大小，把握这些从政上的辩证关系，同样要求有种娴熟于“仁”的本领。虽然这里没有出现“熟仁”两个字。

2. 仕途的希冀

所谓“仕途”,就是如何做官的问题,事实上,也构成了儒家对于“熟仁”的政治期待,希冀在仕途上从政者具有对“仁”的活学活用。从孔子开始,设计了“熟仁”的通道,走向和走入“熟仁”,其要求还是比较高的,非极大努力是不可能“熟仁”的。这是对执政者本身而言的。如果对于“仕途”来讲,坚持“熟仁”的引导和制约,使这一“仕途”获得正面支撑力。

其一,仕学相济。孔子对于“仕”的期待,基本面正如子夏讲的“仕而优则学,学而优则仕”,是仕学相济的问题。“学”什么?在孔子看来,学习“仁”,还能是什么?所谓“博学而笃志,切问而近思,仁在其中矣”,就是这个“熟仁”之“学”了。这是仕者的毕生追求。

朱熹对子夏的那段话有个解释,比较贴切:“优,有余力也。仕与学理同而事异,故当其事者,必先有以尽其事,而后可及其余。然仕而学,则所以资其仕者益深;学而仕,则所以验其学者益广。”[3]关于子夏的那段话,有两点需指明:第一点是,这段话的重心是“仕而学”,即是先对“仕”的要求,就仕则要学。朱熹认为,读此段,应着重在前半句,他说:“谓子夏此语,盖为仕而不问学者设尔。”[4]朱熹告诉他的学生,子夏这段话有特殊的针对性:“此为世族子弟而设。有少年而仕者,元不曾大,故学。”[5]当时,做了官就不愿学习,可能是一风气,朱熹举了某县尉请教一太守例子,强调了“仕而优则学”的重要性:“有一乡人作县尉,请教于太守沈公云:‘某欲修学,先读何书?’沈答云:‘公且去做了县尉,归家去款款读书。’此说乱道!居官岂无闲暇时可读书?且如轿中亦可看册子,但不可以读书而废居官之事耳。”[6]做官前要读书,做了官更要读,那位太守的话显然遭到了朱熹的强烈反感。当然,由此也反映了当时社会上存在着做了官就弃学的不良风气。第二点是,仕学相济,仕而学,学而仕,相辅相成。“学”与“仕”道理相同,但是,事情相异,儒家向来把“学”和“仕”分别当做一门“学问”来研究的,读书人不一定会去做官,如果立志于进入仕途,那就必须要学习,要读小学、读大学,要研究四书五经中的大道理，这样才有助于仕途；同理，做了官，就必须要学习，此时对待的“学习”，就要更上一层次。在这个“仕学相济”的过程里，势必就有那个“熟仁”在其中的道理。

必须指出，此时进入的“熟仁”，就是做官的道理，就是政治的学术，就是为政的实践。因此，这里的“熟仁”，已经不仅仅是写上一个“仁”字而已了。那是什么？是一个为官之通、政治之术的道德实践，“仁”已经获得了在这一为官实践之中的具体性和深刻性。娴熟于此，那就是一个“熟仁”的境地了。我们以明儒杨昱的《牧鉴》（卷一）中的语录来证实官箴中的这一做官道理：

孔子曰：“在下位不获乎上，民不可得而治矣。获乎上有道，不信乎朋友，不获乎上矣。信乎朋友，有道不顺乎亲，不信乎朋友矣，顺乎亲。有道反诸身，不诚不顺乎亲矣。诚身有道，不明乎善，不诚乎身矣。”

《说命》曰：“学于古训乃有获，事不师古以克，永世非说攸闻。”

《周官》曰：“学古入官，议事以制，乃不迷。又曰：不学墙面，莅事惟烦。”

子夏曰：“仕而优则学，学而优则仕。”

于定国为廷尉，乃迎师学《春秋》，备弟子礼。

柳仲郢三为大镇公，退必读书，手不释卷。

吴奎初为小吏，昼则治公事，夜辄读书不梦寐者二十余年。

李初平守郴，濂溪为郴令，初平知先生之贤，与之语叹曰：“吾欲读书，何如?”先生曰：“公老无及矣，某请为公言之。”于是日听先生语，二年果有得。

马伸在官，晨兴必整衣冠，端正坐《中庸》一过，然后出视事。

李方子为泉州观察推官，适真德秀来为郡，以师友礼之，郡政皆咨焉，暇则辩论经训，至夜分不倦。

朱子曰：“人在官固当理会官事，然做得好官，须是讲学立大本则有源流，若只要人道是好官人，今日做得一件，明日又做得一件却穷了。”

吕氏（本中）曰：“事有当死不死，其詬有甚于死者，后亦未必免死；

当去不去其祸,有甚于去者,后亦未必得安。世人至此,多惑乱失当,皆不知义命轻重之等也。此理非平居熟讲,临事必不能自立,不可不预思。古之委质事人者,其父兄日夜先以此教之矣,中材以下,岂一朝一夕所能至哉,教之有素,其心安焉,所谓有所养也。”

齐东张氏(养浩)曰:“士当求进于己,而不可求进于人,所谓求进于己者,道术学业之精是已,所谓求进于人者,富贵利达之荣是已。”又曰:“吏人以法律为师也,魏相所以望隆当世者,汉家典故无不悉也,凡学仕者,经史之余,若国朝以来典章文物,亦须备考详观,一旦入官,庶不为俗吏所迁也。”

河东薛氏(瑄)曰:“为政须通径有学术;不学无术,虽有小能,不达大体。”

这段话颇为冗长,是专门给当官的人写的,希冀他们按官德行事。这里有学问、有门道,不研究是不行的。值得提出的是,这里所引用的人物,都是当过大官的,如于定国,任汉朝廷尉,官至丞相,封西平侯;柳仲郢,唐朝人,任谏议大夫、天平节度使;吴奎,宋朝人,任枢密副使、知政事;李初平,宋朝人,任郴郡令,还如朱熹、吕本中、张养浩、薛瑄等,均做过不小的官,又是大文人,引用这些人的话,在理论和实践上,确实足有某种代表性。其实,当官与做学问,可以相辅相成的。如历史上的王安石、司马光、张居正、王阳明、曾国藩等,正由于其学问精湛,尤其潜心于为政的学问,使其做官游刃有余,进退自如。

完全可以把这段话用一个标题概括:“为官须通政有学术”,这个“通”、这个“术”,就是“仁”的活学活用了,更是一种“熟仁”在为官活动中的展示了。看来,儒家确实有“为政即是实学问”的政治道德。陈宏谋在《从政遗规》载王阳明一段话很有代表性:“我何尝教尔离却薄书讼狱,悬空去讲学……薄书讼狱之间,无非实学,若离却事物为学,都是著空。”[7]王阳明是个大文人,又是显赫的大官僚,从政颇有政绩,他教导弟子要潜心于对于为政之道的研究,要切忌不着边际的讲学。这也属于“熟仁”的一部分。这一点,我们在王阳明的"熟仁"里面，也在其他思想家那里，确实有所领略了。

其二，"半部《论语》治天下"。孔子的弟子们把老师的教诲编撰成这部《论语》，被后人称为"半部《论语》治天下"，孔子手下有不少弟子，后来都去从政了，孔子经常启发他们的"学"，就是要"熟仁"。可想而知，儒家对于"仕途"问题的展开，仕途与"熟仁"的内在关系，在孔子那里已经有着特殊的用心和刻意了，可能，也已经超越了"仕途"本身了。

说"半部《论语》治天下"，意义究竟是什么？《论语》，是孔子的学术。这一学术之道，就是关于"事功"的学说。曾官至刑部左、右侍郎的晚明大儒吕坤，对这个问题颇有心得，他读《论语》，概括其精神是："尧舜事功，孔子学术"。在《呻吟语》，他作了很多政道性分析：

"世道、人心、民生、国计，此是士君子四大责任。这里都有经略，都能张主，此是士君子四大功业。"

"'尧舜事功，孔子学术'。此八字，是君子终身急务。以天地万物为一体，此是孔孟学术；使天下万物各得其所，此是尧舜事功。"

"尧舜周孔之道，只是傍人情依物理，拈出个天然，自有之中行将去……'人情物理'四字，千古圣贤离他不得。故平天下之道，则曰絜矩。絜矩之方，不外于同好恶。舍此而别求新奇，非异端而何？"

"尧舜功业如此之大，道德如此之全，孔子称赞不啻口出。在尧舜心上有多少缺然不满足处！"

"尧舜周孔之道，如九达之衢，无所不通；如代明之日月，无所不照。"

吕坤看到尧、舜、周、孔之道，具有的内在一致性，就是治国之方，这些事功，成为"士君子"的责任所在。尧舜正是把这些"事功"，视为了责任。孔子感慨尧舜之事功，《论语》里，足以反映出孔子一个劲地在挖掘尧舜事功中的精髓，并且使之细化，让其学生了解和掌握，成为将来入仕的本领。吕坤读解《论语》，是有这样的取向。如《呻吟语·圣贤》言：

"读书要看圣人气象性情。《乡党》见孔子气象十九。至其七情。

如回非助我，牛刀割鸡，见其喜处；由之瑟，由之使门人为臣，怃然于沮溺之对，见其怒处；丧予之恸，获麟之泣，见其哀处，侍侧言志之问，与人歌和之时，见其乐处；山梁雌雉之叹，见其爱处；斥由之佞，答子贡'君子有恶'之语，见其恶处；周公之梦，东周之想，见其欲处。便见他发而皆中节处。"

这一段话，总体勾勒出孔子对待人情世故和政治理想的态度，见《乡党》一篇，就看出《论语》大概，里面的"典故"均来自于《论语》诸篇，并且，对于孔子的精神气质，从多个方面予以细腻描述，比较人性化地展示了孔子的一面。但是，这里最明显的落脚处，还是孔子梦想实现周公理想的志向，由此看出孔子具有那般"皆中节处"的"熟仁"之处。

"或问：'孔、孟周流，到处欲行其道，似技痒的？'曰：'圣贤自家看的分数真，天生出我来，抱千古帝王道术，有旋乾转坤手段，只兀兀家居，甚是自负，所以遍行天下，以求遇夫可行之君。既而天下皆无一遇，犹有九夷、浮海之思，公山、佛肸之往。夫子岂真欲如此？只见吾道有起死回生之力，天下有垂死欲生之民，必得君而后术可施也。譬之他人孺子入井与己无干，既在井畔，又知救法，岂忍袖手？'"

这一段话，讲出孔子欲不择地而治国治民，他是抱千古帝王道术而意欲走遍天下，行圣人之道，建尧舜事功。而且，此处的例子，均采自《论语》中的《子罕》："子欲居九夷"；《公冶长》："道不行，乘桴浮于海，从我者其由与？"；《阳货》："公山弗扰以费畔，召，子欲往。""佛肸召，子欲往。"佛肸，赵简子之邑宰。《阳货》记的两件事，均言孔子欲不择地而治也。仅仅几篇《论语》，寥寥数笔就看出孔子志在行古圣贤之道，展治国治民之欲，可见孔子精神旨趣之高远。

儒家相信"半部《论语》治天下"，是有充足理由的。正如朱熹在《读〈论语〉〈孟子〉法》里引用程子所论读《论语》《孟子》之法，道得再清楚不过了：

"孔子言语句句是自然，孟子言语句句是事实。"

"学者先读《论语》《孟子》，如尺度权衡相似，以此去量度事物，自然见得长短轻重。”

士子读《论语》，仕者就更要读了。里面的精髓是“事实”又是“自然”的，“以此去量度事物，自然见得长短轻重”，就足以见得《论语》的价值。当程子写道：“《论语》《孟子》既治，则六经可不治而明矣。”可想《论语》的地位了：不仅是治己的，也是治国的。《论语》的理由，正是“半部《论语》治天下”的根据。

结论就是：“半部《论语》治天下”，不是说只要半部，非全部掌握，而是讲出了《论语》的治国价值。如果一个人能够使出“半部《论语》”，也足以能治理好国家，更何况整部《论语》了。所以，这个“熟仁”，也就不再显得抽象而不着边际，熟于《论语》，就是一个具体的着落。

3. 官德上的要求

其实，儒家的为政之道，可以看做是仕途与“熟仁”的内在联系，是儒家官德的主要线索。“熟仁”，即是官德的内容和方法的结合。从孔子到孟子，从董、韩、王的三子诉求，从二程到朱熹，从张载到船山，从象山到白沙到阳明，皆有“仕”的关注，其叙述，又是从“熟仁”引向“官德”。现在，从官德上的要求综合出发，概括为以下几点：

其一，道义论架构。儒者每每讲起“熟仁”，总蕴涵强烈的治道倾向。这里有两个方向可引起注意：一是把“熟仁”内化为治道的方法归之为“义精仁熟”。明儒薛瑄《从政录》把“熟”视为治道之楔子：“（当官）处事最当熟思缓处。熟思则得其情，缓处则得其当”“凡国家礼文制度法律条例之类，皆能熟观而深考之”，也被称为“义精仁熟”。这是治道的工夫。这个“义”，是道理，是道义。二是把“熟仁”纳入于儒家“道义”论的结构中，使“熟仁”获得了重要的哲学伦理学价值。儒家的道义论结构，展开来看，是“道义—义务—规范—德性”。[8]也就是这样的逻辑：道义的东西，应当成为人们的义务，而这样的义务是赋予在规范之中，为人们的德性提供特定的根据。所以，“熟仁”，就是“大而化之”，就是努力在这样的结构里去“大而化之”，获得成熟。

做官,就是在这个结构里“滚来爬去”,按道义行动,化道义为责任,服从规范,培养德性和德行。在儒家看来,这个“父母官”,就是这样被美誉的。

这里讲的“道义”,是有特定含义的。一个最基本的含义是:“道”,指的是道路、方法、手段、途径;“义”,指的是义务、时宜、不可侵犯性。两个字合起来说,“道义”具有正当性、正义性、合法性、合理性。在“熟仁”的思路里,在此,我们要发现儒家的审度是:第一,“必以其道”。孔、孟相致的看法是“必以其道”,目的比手段更重要。做官之德,就是以“必以其道”为基本指向。第二,“义务至上”。儒家的道义论,转置为义务论,成为当然的事实。而且,“义”获得了最具道义性质的积淀。为官之德,就是以“义”为自己的根本,以“道义”为自己的责任。第三,以“仁”为活动主轴。儒家的“道义”,不管是分开来说还是合起来看,都是“仁”的方向性指归。目的以“仁”为内容,手段以“仁”为方式,这本身就是“道义”,以此为责任,去圈住各级官员。这样,儒家大力提倡的“熟仁”,对于限制官员的要求,就要以特定的规范去规定他们的言行,官员要有所作为,就必须进入“熟仁”的自觉锻炼。做到这样一种符合儒家价值取向的“道义”,他必须游刃有余。无此“熟仁”,就无此好官,看来,儒家的期望值是相当高的。

其二,德性与德行。这里讲的“德性”,主要是内在的道德素质和品性。“熟仁”,不仅仅要求有“仁”的品质,更重要的是要有化“仁”的能力,这也是一种德性。如孔子讲“克己复礼”、“我欲仁”、“博学而笃志”、“切问而近思”、“忠恕”、“推己及人”、“己所不欲,勿施于人”、“立人达人”等,都是孔子所特创的“熟仁”为德性。作为官德,孔子是有相当期待的。当他的弟子将要走入仕途,孔子教育的,就是这些德性的重要意义。用孔子的话来说,是他“一以贯之”的“道术”,希冀他们牢牢记住的,正是这些“仁”的活学活用。依此的表现,就是德行了。所以,德性是内在的一路,德行是外在的一路,所谓的“内圣外王”,在儒家那里,具体的就是德性和德行的统一。做人如此,做官更必须如此了。儒家官德,可以表现为一系列的道德规范,但是,这些规范是他律,使之成为自律,才是儒家的真实用心。中国人一直有“德”是对“道”

之所“得”的哲学观念。老子讲“道德经”,最初的意思就是如此罢了。这里,蕴涵了一层“德”的本体论意义,因为,“德”是从“道”上来说的,没有“道”,就没有“德”。儒家和道家,在这一本体论意义上,还是有共通性的。但是,儒家讲“熟仁”,是对做人和做官的要求,那就要比道家积极多了。

中国古代官德,基本的哲学支撑是儒家思想。古代官德提出了一系列的道德规范,表面上看,似乎也是按“内圣外王”路径分为两大块,一块是“内圣”型的,一块是“外王”型的,但是,这仅仅是表面的叙述,根本的仍然是“体用不二”,即两块本身就是一块。譬如,清人石成金在《居官事宜》提出了若干官德规范,在其规定的“谨身要法”里,有“谨始”、“戒偏”、“立信”、“崇默”、“存仁”、“充量”、“习俭”、“力勤”、“寡交”、“远嫌”、“惩忿”、“守谦”、“勿炫”、“防骗”、“果断”、“保终”,虽为“谨身要法”,理论上属于“内圣”,但是,实践上却极为有效。所以,德性和德行,在儒家看来,是无需分开来看待。尤其在为官之道上。“熟仁”,就是要娴熟地运用官德规范去取舍或衡量自己的行为。这里,就引出了儒家重视的官德规范:官箴到官经的问题。

其三,成为“官经”。“熟仁”,儒家不仅使之成为理论体系,更使之具有实践价值,在做人和做官上进行了充足的考量。并使“熟仁”成为做官的方法论考察,也就是说,“熟”,必须是每个官员,从国君到百官,必须具备的执政能力,这是做官之经。在一大批官箴里,集中的政治智慧,就是一种做官之熟。石成金的《嘉官捷径》,几言就道破:“到任,一切礼文,众之望也。须要预先熟观本地”“天下事愈从容,则机括愈生。熟思则得其理,缓处则得其当”“或即目未便,熟察而徐更之。”这里,已是成了官员到任的基本要求,它就是“熟”。这种种“熟”,不是消极的“圆滑”之术,而是积极的为官之道,尽管在历代官箴中不乏这样的消极方面。但这不是在此要扩大的分析意义,我们的重点依然是其积极的方面。官箴,实质就是官经,就是教导如何娴熟的做官之经。

我们注意到,历代官箴,大致从《左传·虞箴》(中国历史上第一部正式的“官箴”)开始基本属于行政伦理学方面的理论和实践,其中的核心内容,是做官(含吏)之德。以“熟仁”观之,所谓“官箴”,就是集中于政治上的娴熟之道,运用于日常的处理政事中。而且,历代官箴,其哲学背景基本倾向于儒家。儒家立足于“正心诚意修身齐家治国平天下”,而“熟仁”恰恰进入于这两段(前六个字为“内圣”阶段,后七个字为“外王”阶段)之中,因此,“熟仁”,既有正心诚意修身的主体性指归,又有齐家治国平天下的客体性旨归,就如《周易》所指谓“敬以直内,义以方外”的自熟过程。这样,无形之中,就形成了官箴书写的特定格式,即前部分属于“内圣”方面,后部分属于“外王”方面,仔细品味历代官箴,尤其是宋元明清以来的官箴作品,特别明显。如前面提到的石成金,在《居官事宜》中分“谨身要法”、“瑞鹤堂新语”、“钱粮愚见”、“于门种”。第一部分属于“内”的,涉及的是为官自修;后三个部分属于“外”的,涉及的是积谷夫役、钱粮征收及管理、命盗狱情和刑案狱法。其中,也透露出官道之熟,包括“熟仁”之妙用。历代官箴,大致如此。

二、为官之道与“熟仁”

这里要说明的是儒家官道中的“熟”境问题。由此看出,由“熟仁”之“熟”的话语,不仅仅是儒家文化、中国文化中极富想象力的哲学概念,更有着极浓厚的政治道德意蕴。中国人论“熟”,儒家最精彩最深刻最具体之处,就是将重心放在“做人——做官——做学问”的基调里。这叫求熟不误于生,讲熟不误于政。生与熟,是一对矛盾。从生到熟,儒家认定在做人做官做学问上,它内含儒家习之以常的“工夫”论要求,儒家称为“习熟”。做人要熟,是要熟于知晓做人的规则,做事要熟,是要熟于运用做事的规则,做官要熟,是要熟于做个好官的规则。这就是儒家地地道道的“熟仁”观。所谓“夫仁,亦在乎熟之而已矣”,不也正是恰到好处吗?

1. 求熟不误于生,讲熟不误于政

“求熟不误于生”,是说“求熟”,乃是为了更好地生存;“讲熟不误于政”,是说“讲熟”,乃是为了更好的行政。而在儒家看来,做好官,先要做个好人;

做个好人，就要在“仁”中滚爬，在“熟仁”中成熟。由此，勾勒出了儒家“熟仁”之“熟”的两条主线索：一条是“熟仁”之中的德性智慧和“三做”价值，与“道”是“须臾不分离”、“无终食之间违仁”，造化德性、造就人格，把“熟仁”上升到深入于“道”的形而上哲学考量；另一条是“熟仁”之中的生存智慧和“三做”取向，与现实的生活息息相关，智慧化作技能，形而上之道入于形而下之用，所谓“仁术”、“体用”、“治道”、“巧妙”等“工具性”价值许可，就应运而生了。为官之道，就形成了在“熟仁”之“熟”里的话语体系，获得了官道中的“熟境”话题。这就是儒家特定的“熟仁”理性。

由此，可以推断出：儒家“熟仁”，蕴含着强烈的治道意图。诚如明代大儒薛瑄《从政录》的申辩：“（当官）处事最当熟思缓处。熟思则得其情，缓处则得其当。”“凡国家礼文制度法律条例之类，皆能熟观而深考之，则有以酬应世务而不戾乎时宜。”纳“熟仁”于为政之道，儒家还得从先王那里找到根据，就如吕坤所说：“此孤臣孽子之法戒，坚志熟仁之妙道也。”[9]“如此工夫，始为义精仁熟。”[10]“用是见文王仁熟智精，所以为宣哲之圣也。”[11]这是从所谓的“治道”里看出“仁熟”妙道之用。

这一推断是有根有据的。按上述两条主线索展开这类根据，具体论之，就是必须锁定儒家“熟仁”与“道义”的连接及其下设“德性”之规定。

2.“熟仁”与“道义”

此“妙道”仍维系在儒家道义论的架构中：道义——义务——规范——德性。它要求官员在“熟仁”的进程里，有个与道义的善始善终。它就是德性了。在其中，儒家强化了连接于此的终始之辨。《荀子·礼论》：“礼者，谨于治生死者也。生，人之始也；死，人之终也。终始俱善，人道毕矣。故君子敬始而慎终。终始如一，是君子之道，礼义之文也。”儒家在君子之道上，坚持一种道义论立场、贯彻一种“道之所在，死生以之”的君子人格。这个问题有三个方面的德性值得提出：

其一，“谨始”德性。《礼记·经解》指出：“君子慎始，差若豪厘，缪以千里。"谨始是为君子之道,"有其始之,则已之也难,是以君子慎乎其始之也。"[12]"谨始"具有方法论要求:"速成则疾亡,晚就则善终。"[13]欲速则不达,就是要注意事物的开始,谨始要求防患于未然:"明者慎微,智者识几。"[14]"寻丈之缪,实始毫厘;君子畜德,无忽细微。"[15]谨始乃"熟仁"之贯彻,它也获得在治道中的特别价值。清人郑端撰写《为官须知》,专设《居官立政·谨始》的官箴:"谨始。事必谋始,莅事之初,士民观听所系,廉污贤否所基。作事务须详审,未可轻立新法,恐不宜人情,后难更改。持身务须点检清白,切不可轻与人交,恐一有濡染,动遭钳制。不但贿赂可以污人而已,如好技艺,则星算医卜者投之;如好奇玩,则古书奇画者入之;如好花卉,则或以奇花异草中之;嗜好一偏,便投机阱。虽诗文之交,亦有移情败事者,不可不谨。至于到任之始,有送吏书门皂者,尤宜谢绝。"为官谨始不当,就随时会给那些别有用心者留有可乘之机,利用其"嗜好一偏",投其所好,污官害政,这都与谨始不当有很大关联。有谨始,才有善始善终的开端,而怎样做到谨始?它与"熟仁"有关,"熟仁"就有自觉之"谨始",它原来就是识"几"德性所为。清人石成金在《居官事宜》设"谨始"官箴,并赋予其"惟以清廉自誓"的官德标准。此官箴言:"谨始。选有官职,不论大小,以贵为民上。当即立志,要做好官,专为百姓伸冤理枉。惟以清廉自誓,不独己有受用,没冤家,即子孙亦昌盛远大矣。奈为官者,见利生贪。虽或暂富,犹若冰山。其子孙非但贫贱,且而果报,有难忍言者。试看多人,指不胜屈,总因丧心。损人之财,岂能享用?甚可畏哉!"敬畏在官吏保持谨始德性,从初政之始就应"惟以清廉自誓",就会"子孙昌盛远大",也就有完节保终("善终"),官吏生死之界,是离不开这一"谨始"关节。这乃"熟仁"之结局:善始善终也!

其二,"慎终"德性。"熟仁"乃有慎终之结局,而慎终又在于达到善终之境界。何以"善终"?《尚书·太甲上》提出"克终允德",就是要以德性保持全节,做到生死于德、彻始彻终。唐人吴兢著《贞观政要》设《慎终》篇,颇有心思。对"善终"颇有发挥。《慎终》言:"贞观十四年,太宗谓侍臣曰:'平定天下,朕虽有其事,守之失图,功业亦复难保。秦始皇初亦平六国,据有四海,及末年不能善守,实可为诫。公等宜念公忘私,则荣名高位,可以克终其美。'魏征对曰:'臣闻之,战胜易,守胜难。陛下深思远虑,安不忘危,功业既彰,德教复洽,恒以此为政,宗社无由倾败矣。'"又记道:"贞观十六年,太宗问魏征曰:'观近古帝王有传位十代者,有一代两代者,亦有身得身失者。朕所以常怀忧惧,或恐抚养生民不得其所,或恐心生骄逸,喜怒过度。然不自知,卿可为朕言之,当以为楷则。'征对曰:'嗜欲喜怒之情,贤愚皆同。贤者能节之,不使过度,愚者纵之,多至失所。陛下圣得玄远,居安思危,伏愿陛下常能自制,以保克终之美,则万代永赖。'"在这里,魏征两次回答唐太宗提出的何以守终问题,都融入"克终允德"的善终意图。居安思危,忧乐于终始,终始于至善,寄蕴着对道义的关切。孔子说:"死者,生之终也。"[16]以善自终,一生终于闻道也,"朝闻道,夕死可矣"[17]。达到这一"以善自终",也真可谓是"熟仁"之特有境界矣。儒家也事实上把"克终"确立为官箴,张养浩《牧民忠告》说"克终"乃为政之德,也为君子之道:"克终。为政者不难于始,而难于克终也。初焉则锐,中焉则缓,末焉则废者,人之情也。慎终如始,故君子称焉。""熟仁"是内心世界的道德活动,在外就表现为政治道德的实践,"克终",对于官员来说,无非要求其在仕涯中善始善终,善终之要法,也为君子之政。它是"熟仁"的向外扩充。同理它也就成为政治道德的一部分了。

其三,原始要终、君子有吉。善始善终,慎终如善始,是一个原始返终的问题,它直指君子善终之道,"劳谦君子,有终,吉。"[18]《周易》有着很丰富的"终始之辨",它蕴涵了强烈的"善终"情结。看一下《周易》中的相关判断:《谦·辞》:"谦,亨。君子有终。"《蛊·彖》:"终则有始,天行也。"《乾·文言》:"知终终之,可与存义。"这仍然属于儒家道义论立场的阐释。君子有终是按大易之道而生生不息,这叫"生生之谓易"[19]。知终善终,就是彻底做到了存义而道济天下,这叫"原始反终,故知死生之说。"[20]原始反(返)终,归根结底,就是归在返于道,并借此道义成为左右我们的义务。这也是与道始终同在的"熟仁"境界。值得指出,与《周易》相得益彰的《老子》有独到见识,更抽象或哲理地谈论了原始反终。《一章》:"无名天地之始,有名万物之母。”《五十二章》:“天下有始,以为天下母,既知其母,复知其子。既知其子,复守其母,没身不殆。”《三十四章》:“是以圣人终不为大,故能成其大。”从“天地之始”“万物之母”的宇宙万物生成结构,《老子》领悟其“反终”,这是从“道”上点破的,始于道、终于道,人始终与道同在才能善始善终。这里可以发现《周易》与《老子》有一个重要事实,即《老子》以天道自然观、宇宙生成论扩展到人道的原始反终;《周易》论终始之辨,贯穿在六十四卦的变化过程之中,《老子》和《周易》殊途同归,共同见识在一种复归于道上的终始之辨。这一点亦如陈鼓应先生明确指出的:“老子的‘一’既是万物发生之始,又是复归之终,所以老子强调‘观始’‘观复’‘慎终如始’;而‘初爻’既是前卦之终,又是本卦之始,所以《系传》强调‘案易序’‘玩爻始’‘观始反终’。可见,初爻与老子的‘一’(即道)有着异曲同工之妙。”[21]这“同工之妙”正是在“道”上的共通旨意。终始之辨,恰恰是对道在生死境界之中的辨识,儒、易、道三家都蕴涵即道即义的共同见识。善始善终,君子有吉,在道义之中,这也是“熟仁”之结局。

三、成为官经

“熟仁”之结局,并非仅仅局限于理论上的洞察力,而更有实践上的官德的常规思量。儒家如此叙述“熟仁”之义,其意图十分明显,就是化“熟仁”在为官活动中,使之转化为“治道”意义中的“官经”所获得特殊的为政之娴熟境界。这里,不妨从“官箴”里寻找所谓“官道中的熟境”话语。

1.《嘉官捷径》

如清人石成金《嘉官捷径》道出官道、官术之“熟”:“到任,一切礼文,众之望也。须要预先熟观本地仪注,详问有学生儒,则威仪不失矣”“天下事愈从容,则机括愈生。熟思则得其理,缓处则得其当”“或即目未便,熟察而徐更之。”涉及具体的为官活动,就是在具体的处事中应该熟知国家礼文制度,尤其遇到刑事一类事件,就应该详知该做不该做、如何做才算是贴切和合理。

也如《嘉官捷径》申辩"升堂切戒"里需要的官道熟术:"五不打"、"五莫轻易打""五莫就打""五且缓打""五怜不打""五应打不打""四莫又打""四禁打"。掌握这些,是需要以熟知刑法和礼文为前提的。

2.《州县提纲》

再看一下宋人陈襄的《州县提纲》和清人郑端的《为官须知》,从这两篇官箴的目录内容中也可领略到为官活动的一种"熟"道的官术。

《州县提纲》之目录:"洁己。平心。专勤。奉职循理。节用养廉。勿求虚誉。防吏弄权。同僚贵和。防闲子弟。严内外之禁。防私觌之欺。戒亲戚贩鬻。责吏须自反。燕(宴)会宜简。吏言勿信。时加警察。晨起贵早。事无积滞。情勿壅蔽。四不宜带。三不行刑。俸给无妄请。防市买之欺。怒不可迁。盛怒必忍。疑事贵思。勿听私语。勿差人索迓。判状勿凭偏词。判状勿多追人。示无理者以法。勿萌意科罚。面审所供。呈断凭元供。详阅案牍。详审初词。通愚民之词。交易不凭钞。诬告结反坐。禁告讦扰农。告讦必惩。请佃勿遽给。证会不足凭。再会须点差。听讼无枝蔓。立限量缓急。立限量远近。催状照前限。栅不留人。察监紧人。里正副勿杂差。用刑须可继。戒谕停保人。执状勿遽判。紧限责病词。随宜理债。受状不出箱。判状详月日。籍紧要事。案牍用印。无轻役民。籍定工匠。示不由吏。详画地图。户口保伍。修举火政。禁扰役人。差役循例。酌中差役。禁差役之扰。役须预差。常平审给。安养乞丐。收抚遗弃。月给雇金。捕到人勿讯。革囚病之源。疑似必察。详究初词。人狱亲鞫。事须隔问。勿讯腿杖。狱吏择老练人。不测入狱。病囚责出。病囚责词。病囚别牢。检察囚食。遇旬点囚。狱壁必固。鞫狱从实。健讼者独匣。二竞人同牢。审囚勿对吏。夜亲定狱。勿轻禁人。审记禁刑。革盗难脏。罪重勿究轻。廉则财赋给。画月解图。整齐簿书。关并诡户。追税先销钞。揭籍点追税。收支无缓。帑吏择人。搜求渗漏。募役不禁。催科省刑。革催数欺弊。户长拈号给册。受纳苗米勿频退。优自输人户。禁擅人仓。当厅给钞。"

陈襄其书,论州县莅民之方,多至一百一十六事,极为详备,从日常事务到居官品性,从为官常规到居官政理,无不囊括其间;又于防奸蠹弊之道,抉摘甚明,可知作者是究心吏治、洞悉民情、熟知官术之人。也可将其看做是一部娴熟于官道、官术的经典目录。

3.《为官须知》

《为官须知》之目录:“初任事宜:戒营求。谨贷负。问民情。讲律招。见上司。防嫌疑。处交际。勿干求。待祖饯。止人役。慎关防。觅内书。造履历。答迎接。住公馆。辞礼物。谒圣庙。拜士夫。会宾客。安穷苦。图地理。贵有恒。尚节俭。发行价。慎起居。养性情。示信行。谨衙门。择各役。通乡音。访事实。记手摺。置行笥。备火食。日行规则:置底薄。查房科。谨佥狎。理堂事。居官立政:服官。守谦。果断。崇默。立信。远嫌。谨始。居敬。克偏。惩忿。戒独任。去先意。四事箴:律己以廉。抚民以仁。存心以公。莅事以勤。十害箴:断狱不公。听讼不审。淹禁因系。惨酷用刑。泛滥追呼。招引告讦。赋役不均。重叠催科。吏辈下乡。低价买物。戒石铭。事上接下:待上司。待同寅。待前官。待佐贰。待博学。待士夫。山人星相。上司差人。”

郑端自许其为“惯熟通家”之法作。这里申辩的为官道术,有小有大,有内有外,可以称得上是一部为政之学,又是惯通诸家之熟经。这或许与郑端“素履淳谨,历任著声”的为官从政有关。凡有为官之作为的,其撰官箴,似乎都有这样的熟道之悟。

4.其他

值得指出,为官有熟,不仅有熟之境界,而且更有居官正道之熟路。一些颇有政绩的官员,在其所撰的官箴类作品里都似有一套理路。如元人张养浩,在官十余年,颇有政绩。官至礼部尚书,参议中书省事。著《牧民忠告》,凡两卷十纲七十四子目。上卷包括拜命、上任、听讼、御下和宣化;下卷包括慎狱、救荒、事长、受代和闲居。其自正心诚意修身以至事上惠下、摘奸决疑、恤隐治赋,凡可为郡县楷式者,无不曲尽其宜。明人袁黄"知宝坻县,有善政,擢兵部主事",著《当官功过格》,举官司应兴应革之事,并即其得失之轻重,以定功过之多寡。在功格和过格之下,各系以吏、户、礼、兵、刑、工,分述六部行事功过,盖有熟门熟路而熟知政道。清人于成龙以清廉著称,被清圣祖誉为"古今第一廉吏",官至两江总督。有《于山奏牍》和《政书》。有感于当时吏治日坏,于成龙撰《亲民官自省六戒》,戒励僚属,期于州县亲民官,本爱民之实心,行惠民之实政。其中阐扬的勤抚恤、慎刑法、绝贿赂、杜私派、严征收、崇节俭,极为简要切实,甚是官道、官术之熟的精炼。更为有综合性的熟政理路,明人薛瑄专辑九十七则从政录,详论从政之道,皆躬行心得之言,故颇为切实通达。明代任山西巡抚的吕坤所著《实政录》,提出为官实政大纲,也实为吕坤为政之道的"熟仁"之体悟。善于佐治的清代幕僚汪龙庄,集三十余年佐幕之经历,声称烂熟,经验丰富,熟门熟路,在其所著的"佐治药言书"和"学治系列书",对为官之道的感悟,切实而通用。

以上的叙述,重在说明为官活动中的"熟仁"精神。必须注意到,官经之熟,是在一类官箴里叙述得比较精到。在这批官箴里,对于"熟仁"精神的彰显,有的属于政理学方面的官德理论,有的属于行政伦理方面的官德实践,而这一切在根本上渊源于儒家的教诲。宋人吕本中《官箴》中讲的"当官之法"为"清、慎、勤"三字,是最经典地集儒家精蕴之成。虽有不同哲学背景或不同倾向的官箴,但基本上都离不开儒家的基本信条,这一点,从第一部的儒家官箴《虞箴》里或许获得了这方面的开启性意义。[22]官箴在明清两代获得了长足的发展,甚至在民间也广为留传。儒家立足于正心诚意修身齐家治国平天下,而"熟仁"恰恰把这样的内圣外王路径涵盖其中。"熟仁"有正心诚意修身的主体性培育之指归,又有齐家治国平天下的客体性外在之需要,这就如《周易》所指称的"敬以直内,义以方外"的自熟过程。因此,也就形成了官箴书写的特定格式,即前半部分属于"内圣"的方面,后半部分属于"外王"的方面,仔细品味历代官箴,尤其是明清以来的官箴,特别明显。如清人石成金的《居官事宜》,分"谨身要法"、"瑞鹤堂新语"、"钱粮愚见"和"于门种",第一部分属于"内"的,涉及的是为官自修;后三个部分属于"外"的,涉及的是积谷夫役、钱粮征收及管理、命盗狱情和刑案狱法。综合地看,也是展现了官道、官术方面的熟之要求。实际上,官箴作为当官的"天平",有来自官方的,也有来自民间的,但是就其实质性内容来看,这些官箴基本上都展现了儒家的政治道德的原则和精神。这里当也包括"熟仁"之妙用。

从对本章设计的两个命题,即为政之道与"熟仁"和为官之道与"熟仁",已经积累起对于儒家为政之道中"熟仁"追求的方向和标的。当然,儒家有着持续不断的新颖看法和具象论证。但不管怎么样,儒家"熟仁"的源远流长,自始至终承继和发展着孔、孟以来的"熟仁"理性,不断得到后儒们的精蕴阐发。一方面已经有官员使"熟仁"实践化,另一方面要使"熟仁"更加理论化,让其成为儒家哲学的基本成果,从而使这样的理论得到更多人的接受和信任,包括君臣百官和吏民。因而使得儒家"熟仁"理性获得了源源不断的生命力。这或许就成为后儒对孔、孟建构的"熟仁"理性,在不同程度上具有提炼和升华,并愿意作出基础性和生长性的研究与研判,就不足为奇了。

儒家的为政之道,紧密地连接着"熟仁",成为儒家"熟仁"的基本命题。同样,在"士"步入政治成为"仕"者,这里,差不多是中国"知识分子"产生的历史进程,有"士"也有"仕",看到"熟仁"的又一"动向"。这就是接下来要分析的一个极为有意思又有分量的问题。

四、"熟仁"的造化:中国知识分子的心路历程

"仁"的世俗化,是伴随着中国文化的传播而一路袭来,借当代新儒学代表人物余英时的话说,不管是"大传统"(官方的)还是"小传统"(民间的),对这种文化的传播都是不可替代的。况且,儒者(中国知识分子的诞生处)一旦成为国家"吏"的一分子,那种"亦官亦师"的双重性质,承担文化的传播使命,就如同维护社会秩序一样不可懈怠。对此,我们更有理由相信,在这个由孔、孟倡导和引领下的"熟仁",本质上与这样的文化传播与儒者的使命紧

密地连接起来了。

当然,本章的意图并不去详细描述这个连接的内容和过程,而是去考究中国知识分子在经历“熟仁”中的造化,如何形成了“儒家”性质(身心两方面)的积淀,也给中国知识分子为中国文化的绵延与传播提供使命性质的人格支撑,即必须是经过“熟仁”的。其实,正是基于这个层面的分析,勾勒出了“仁”之世俗化的一条不可或缺的路径。

1. 从“儒”到“君子儒”到“知识分子”

中国的知识分子,是从“儒”、“儒者”演化而来的。中国古籍最早记载“儒”字的恰是《论语・雍也》:“子谓子夏曰:‘女为君子儒,无为小人儒。’”孔子对子夏说:“你要做个君子式的儒者,不要做个小人式的儒者。”这里,引起我们重视的是,孔子对“儒”,分了个“君子儒”和“小人儒”。

这就表明,在孔子的时代,“儒”作为一种行为或职业,已经表现出十分不同的品格。但是,我们这里要强调和突出的,是孔子命名的“君子儒”。对此,孔子从“仁”上来加以取舍的。也引导出“熟仁”的儒者使命。那么,孔子究竟如何规定这个“君子儒”的?

其一,身份特征。中国历史上的“儒”,或者称为最早的“知识分子”,有着中国文化意义上的身份特征。归纳地看,大致有三个方面比较突出。第一,最先的意义是与“礼”分不开的。“礼”是中国文化的渊源之一。而且“礼”的历史本身也源远流长。据专家杨群的考证指出,“礼起源于原始社会进入父系氏族社会的时期”;龙山时代是“礼的发展成长和礼制形成的时代”;夏、商、周三代,则是“礼和礼制从成熟到鼎盛之时”。[23] 大量的考古资料证明了夏、商、周三代是礼和礼制由成熟到鼎盛的时代,那么,究竟由谁来传承这些礼和礼制?究竟由谁来实行?有专家提出这个看法,很有道理:“很显然,传承与实践如此纷繁庞杂的礼仪制度,是需要一批专门人才的。只有在相当一批礼仪专家的指导之下,礼制才能变成现实。而这批专家,就是以‘礼’文化为专业的知识分子。”[24] 儒家有一批礼学典籍,如《周礼》、《仪礼》。

通过这些礼制作品,大致可以看出这些"知识分子"的不可忽视的作用,并且有着相当可观的人数。他们,正是当时的"知识阶层或文化阶层"。而"儒",就成为其中的一个重要之源。第二,中国历史上的"儒",是儒家学派的因子和胚胎。"儒"字受到先儒的传注训诂,大致有以下几种意思比较通行:许慎《说文解字·人部》:"儒,柔也,术士之称。从人,需声。"扬雄《法言·君子》:"通天地人,曰儒。"梁皇侃《论语义疏》:"儒者,濡也。"这三个层次的训释,基本体现出"儒"字含义以及后来形成的"儒家"言行的权重。许慎曰"从人",自当指人或人之行为的一种;扬雄曰"通天地人",亦指谓是人的一种类型;综观"柔"、"通"、"濡",显为的是人的行为和品格,自不言那种"柔"、"通"、"濡"蕴涵了某种"熟"的技巧。由此看来,这个"儒"字以及形成的儒者,均指谓的是一类人及其行为和品格。《中国儒学》把"儒"自限定为"用柔顺渐进的方式以收取濡染教化之功效",是有合理性的。第三,由孔子推导出的"儒",我们可以从《礼记·儒行》里发现,所谓"儒",是有知识、懂礼仪、有独立人格、有高尚品格的知识分子,并且视为"作为一种具有特定倾向与'专业'范围的知识阶层";加之由荀子划分的"大儒"和"雅儒",可以成立这样的判断:"把目光由原初的以知识与礼仪服务于社会,进一步扩展到济世治国,明确以政治与伦理方针干预社会现实,正是孔子以来之'儒家学派'的新特点。"[25]由此看到,说儒家是"入世"的哲学,是有根据的,这个"种子"在最早的"儒"字里已经萌芽了。由"入世"产生对"熟仁"的要求,也就是顺理成章的事了。

其二,《儒行》。《礼记·儒行》,孔子对"儒"的行为方式与品格作了系统的十六处描述。这里,仅作若干摘取。孔子是这样说的:

"儒有席上之珍以待聘,夙夜强学以待问,怀忠信以待举,力行以待取。其自立有如此者。"

"儒有衣冠中,动作慎,其大让如慢,小让如伪;大则如威,小则如愧。其难进而易退也;粥粥若无能也。其容貌有如此者。"

"儒有居处齐难,其坐起恭敬,言必先信,行必中正,道涂不争险易之利，冬夏不争阴阳之和；爱其死以有待也，养其身以有为也。其备豫有如此者。”（好一个“备豫”，多巧妙！）

“儒有不宝金玉，而忠信以为宝；不祈土地，立义以为土地；不祈多积，多文以为富。难得而易禄也，易禄而难畜也。非时不见，不亦难得乎？非义不合，不亦难畜乎？先劳而后禄，不亦易禄乎？其近人有如此者。”

“儒有可亲而不可劫也，可近而不可迫也，可杀而不可辱也。其居处不淫，其饮食不溽，其过失可微辨，而不可面数也。其刚毅有如此者。”

“儒有忠信以为甲胄，礼义以为干橹，戴仁而行，抱义而处，虽有暴政，不更其所。其自立有如此者。”

第一段的“强学”、“忠信”、“力行”、“自立”；第二段的“动作慎”、“难进而易退”；第三段的“齐难”、“言必先信”、“行必中正”；第四段的“忠信为宝”、“立义”、“先劳而后禄”；第五段的“可亲”、“可近”、“可杀”、“刚毅”；第六段的“戴仁而行”、“抱义而处”等，盖为“儒”者之品行。这一切的皆为“德行”，孔子给予的最亲近的关切，还是“戴仁而行、抱义而处”的“自立”所为。问题就是，“自立”的保证，需要“熟仁”，从“熟仁”中化“道义”，成为“自立”的内生的原动力。这就是“君子儒”，做不到，就是“小人儒”。看出“儒”有二分法，是孔子的精到之处。所以，一味讲究孔子崇尚“君子”和“儒”者，一定是指二分法里面的“君子儒”。《雍也》：“宰我问曰：‘仁者，虽告之曰：“井有仁（人）焉。”其从之也？’子曰：‘何为其然也？君子，可逝也，不可陷也；可欺也，不可罔也。’”欺骗一个有“仁”性的人，说井里掉下了一个人，他会跟着下去吗？孔子反问道：“为什么你要这样做呢？对于‘君子’，可以叫他离开是非之地，却不可以陷害他；可以欺骗他，却不可以愚弄他。”这里的“仁者”或谓“君子”，即是孔子心目中的知识分子。孔子表明了对待这类“君子”的态度，这是尊敬的态度。其实，《儒行》里，孔子对“儒行”有十六处之多的描述，核心是围绕一个“仁”字的，表征的还是对“熟仁”的希冀。

这里，我们还需要辨明孔子的“君子”与“小人”之辨，以加深理解中国知识分子在儒家之“儒”(更准确地说是“君子儒”)传统中的精神熏陶和延续。

其三,孔子“君子”辨。在《论语》中,孔子基本上划分了中国历史上一直沿袭使用的“君子”与“小人”之辨的根据:“君子喻于义,小人喻于利。”即便是“君子儒”与“小人儒”之别,也是基于此的。宋儒一贯这样理解,朱熹在解释“君子儒”与“小人儒”之辨时,引用宋儒所说:“君子小人之分,义与利之间而已。然所谓利者,岂必殖货财之谓?以私灭公,适己自便,凡可以害天理者皆利也。子夏文学虽有余,然意其远者大者或昧焉,故夫子语之以此。”[26]子夏是标准的“儒”,而且是“君子儒”,用今天的话来说,就是知识分子。但是,孔子忧虑他昧于“义利”之辨,担心在此问题上,稍不留意,就会变成“小人儒”。当然,这样的解释,适合的是宋儒的观点。其实,更要说明的是,在孔子那里,“君子”与“小人”之辨,还有更多的意义。现在,让我们再来看一下孔子多次在“问君”里挑明的“君子”之辨:

《为政》:“子贡问君子。子曰:‘先行其言而后从之。’”

《颜渊》:“司马牛问君子。子曰:‘君子不忧不惧。’曰:‘不忧不惧,斯可谓君子已乎?’子曰:‘内省不疚,夫何忧何惧。’”

《宪问》:“子路问君子。子曰:‘修己以敬。’曰:‘如斯而已乎?’曰:‘修己以安人。’曰:‘如斯而已乎?’曰:‘修己以安百姓。’”

这三段话是孔子直接回答“问君子”问题,蕴涵了“君子”的品行,一个扩展的面:从为人之道进入到为政之道,所以,孔子为我们敲定的“为君之道”,正是从这两个方面考量的。为君之道是:行动在言语之前,做到了然后再说;不忧愁不恐惧,自己问心无愧;修养自己认真办事,修养自己使别人安定,修养自己使老百姓安定。由此看来,孔子眼里的“君子之道”,既是做人之道又是做官之道的统一。孔子确实这样来展开他的“君子”论。孔子感慨“君子不器”,是想说明君子不像器皿那样只有狭隘用途,一系列的“君子”之辨就是这样来筹划的,这是“熟仁”所能达到的境地。以下孔子若干“君子”之辨,导向的是“熟仁”的行动价值取向:

《学而》:“君子不重则不威,学则不固。主忠信。无友不如己者。

过则勿惮改。”

君子不稳重就没有威严,用“不重”的态度去学习,就不会长久。要以忠和信这两种道德为准。不交比自己差的朋友。有了错误就不怕改正。——做人和做官,君子要克服这几个“不”,是理所当然之事。所谓“主忠信”,更是做人和做官的要领所在。

《学而》:“君子食无求饱,居无求安,敏于事而慎于言,就有道而正焉,可谓好学也已。”

君子,吃不求饱足,居住不求舒适,办事勤劳,言语谨慎,接近有道的人来匡正自己,这就是君子的好学态度了。——君子好学的内容,已经远远超出但求生存的方面。它所求之“道”,是做人做官之“正”了。

《八佾》:“君子无所争,必也射乎!揖让而升,下而饮。其争也君子。”

有道是“君子不与自然斗。”君子没有什么可以争斗的事情,如果说有,一定是比射箭吧!射箭前要相互作揖然后登堂,射箭完毕走下堂来,相互劝酒。这就是君子的竞争。——君子不能与民争利,但也有合理的竞争。如射箭比赛。孔子要讲清的道理是:友好地竞争,竞争中要体现的是“仁”,这也是君子之道。据说孔子还是个射箭高手哩!

《里仁》:“君子之于天下也,无适也,无莫也,义之与比。”

君子能够走遍天下,采取的做法是:不会无缘无故的肯定什么和否定什么,而是追求依道义而行。——君子之品格和品行,盖以“仁义”取舍,这个“义”是不可或缺的,而这个“仁”,却是扎根于心灵深处的。

《里仁》:“君子欲讷于言而敏于行。”

君子说话要谨慎迟缓,而办事要勤劳敏捷。——行动胜于言行,先行后言,乃为“熟仁”之环节,是做人做官之“标准”,就如孔子的判定:“听其言而信其行”、“听其言而观其行”、“耻其言而过其行”(羞耻于说话先于行动)。即便在选择人才上,孔子还是重于以行动为标准。如孔子在《卫灵公》中是这样规定的:“君子不以言举人,不以人废言。”君子选拔人才,不以此人的好话为标准,也不以别人的好恶来衡量此人的好话。这就是说,君子选择人才的客观标准,是以其行动说话。由此,孔子也成为行动论者,即实践“仁”的行动者。

《雍也》:“君子博学于文,约之以礼,亦可以弗畔矣夫。”

君子要广泛地学习,再用礼仪来约束言行,也就可以不背叛“仁”了。——又一次体会到孔子“博学、笃志、切问、近思”成为“熟仁”环节的道理。

《宪问》:“君子道者三,我无能焉:仁者不忧,知者不惑,勇者不惧。”

孔子谦虚地说:“君子的风范有三种,我没能做到:仁德的人不忧愁,智慧的人不迷惑,勇敢的人不恐惧。”——仁、智、勇三位一体,是孔子心目中的“君子”,但“仁”还是高于“智”和“勇”。

《卫灵公》:“君子义以为质,礼以行之,孙以出之,信以成之。君子哉!”

君子以仁义为根本,按礼节行动,谦虚地讲出这个道理,诚实守信地完成它。这就是君子呀!——四个“以”字,讲清的道理,还是一种“熟仁”的工夫!

《卫灵公》:“君子病无能焉,不病人之不己知也。”

君子只怕自己没有能力,不怕别人不了解自己。——这个能力离不开“熟仁”的锻炼。

《卫灵公》:“君子矜而不争,群而不党。”

君子庄重而不争斗,合群而不结党营私。——中庸,成为君子之道。娴熟地运用于“仁”,才会达到“中庸”的水准。

《卫灵公》:“君子谋道不谋食,耕也,馁在其中矣;学也,禄在其中矣。君子忧道不忧贫。”

君子,谋求的是道,不谋求衣食。耕种,有时是为了解决饥饿;学习,有时是为了俸禄,但是,君子,只为“道”操心,不为贫穷忧愁。——这里的“道”,就是儒家的社会政治理想,就是孔子称其为的“仁”,实现了这个“仁”,社会就会安定和谐与国强民富。所以，君子要“熟仁”地掌握这个“仁”（即“道”）来治国平天下。这是君子崇高的道义和社会责任呀！

《卫灵公》：“君子贞而不谅。”

君子恪守信义，却不固执。——贞，指的是言行一致，并能一以贯之。谅，指的是诚信，但有不顾是非、固执之意。孔子反对这样的“谅”，坚持做到“贞而不谅”，不在“熟仁”中不可能做得到。

《季氏》：“君子有三戒：少之时，血气未定，戒之在色；及其壮也，血气方刚，戒之在斗；及其老也，血气既衰，戒之在得。”

君子一生有三件事必须警戒：年轻时血气未定，必须警戒迷恋女色；到了壮年，血气正旺盛，必须警戒好胜爱斗；等到了老年，血气已经衰弱，必须警戒贪得保守。——君子从小到大，要不断深入到“熟仁”中，才能少有所得、壮有所获、老有所乐。这“三戒”，恰相映于孔子“十五而有志”到“七十而不逾矩”的“熟仁”之路。

《季氏》：“君子有九思：视思明，听思聪，色思温，貌思恭，言思忠，事思敬，疑思问，忿思难，见得思义。”

君子有九种“思”德：看的时候要思索个明白，听的时候要思索个清楚，脸色要思索温和可亲，容貌态度要思索庄重谦恭，讲话要思索忠诚可信，做事要思索认真踏实，面对疑问要思索向别人请教，发怒的时候要思索困难后果，看见得到的东西要思索道义。——这九个“思”德，仍然是孔子的“博思”范畴，是属于“仁”的活用，具有行动价值，是“熟仁”的锻炼。

这里，差不多囊括了《论语》里的孔子“君子”之辨中的“熟仁”取向。正像在每一段的引申里，都提出了它与“熟仁”的内涵连接。但是，更为有意义的是，孔子提炼出的这些“君子”之辨，也是对于“儒”——早期的中国知识分子的一种特殊的规范。当然，这样的规范是相当广泛的，可能已经超越了仅仅在“义利”之辨上的规范。行为方式和做人做官做事的品格，孔子都在“君子”之道里赋予了实质性的内容。以后中国的知识分子的发展，都带上了这些“君子”的印迹。孔子衡量“君子”的“标准”，就是孔子的“仁”了。他需要

“儒”深入于“仁”中,孔子想要或者乐于看到的,就是进行“熟仁”的活动。这里,还会引出什么样的问题呢?孔子又从“小人”之辨的特征里,不仅照观出“君子”的“身份”特征,而且廓清了“士”之而“仕”的纯洁性。

2.“小人”走不通、走不进“士”之队伍

孔子有丰富的“小人”之辨,但是,需要指出的是,孔子论“小人”,是意在反衬他的“君子儒”、“士之仕”。也是对为政之道中的“熟仁”使命,给予君子之儒的特定强化。

孔子看到,“君子务本,本立而道生。孝悌也者,其为仁之本与。”[27]能够成为“君子之道”的核心价值体系的,就是“仁”。《里仁》一语中的:“君子去仁,恶乎成名?”《宪问》还以“仁”来划清与“小人”之别:“君子而不仁者有矣夫,未有小人而仁者也。”君子中或许有达不到“仁”的人,但小人中不会有仁人。这个“达不到”,就是“熟仁”之不够。故孔子坦言:“君子无终食之间违仁,造次必于是,颠沛必于是。”所以,从“熟仁”的方向考察,孔子又确立了“君子”与“小人”之辨。这里,需注意到,孔子讲“小人”,更多的是放之于君子的对立面来衡量的。当然,还有《阳货》一句“名话”:“唯女子与小人为难养也”,朱熹释其为:“此小人,亦谓仆隶下人也。”此义就另当别论了。

《为政》:“子曰:‘君子周而不比,小人比而不周。’”

孔子说:“君子善于广泛团结人,而不相互勾结;小人相互勾结,而不会诚心团结。”

《里仁》:“子曰:‘君子怀德,小人怀土。君子怀刑,小人怀惠。’”

孔子说:“君子怀念远大的东西,小人只念眼前的利益。君子怀念礼义法度,小人只念别人的恩施。”

《里仁》:“子曰:‘君子喻于义,小人喻于利。’”

孔子说:“君子追求的是道义,小人追求的是利益。”

《述而》:“子曰:‘君子坦荡荡,小人长戚戚。’”

孔子说:“君子心胸平坦宽广,小人常常狭隘忧愁。”

《颜渊》:“子曰:‘君子成人之美,不成人之恶。小人反是。’”

孔子说:“君子成全别人的好事,而不促成坏事。小人则相反。”

《子路》:“子曰:‘君子和而不同,小人同而不和。’”

孔子说:“君子主张彼此有差别的和谐,不主张彼此没有差别的等同;小人主张彼此绝对的等同,不主张有差别的和谐。”

《子路》:“子曰:‘君子泰而不骄,小人骄而不泰。’”

孔子说:“君子平易坦荡、内心舒泰,不盛气凌人;小人骄傲凌人、不平易舒泰。”

《子路》:“子曰:‘君子易事而难说也:说之不以道,不说也;及其使人也,器之。小人难事而易说也:说之虽不以道,说也;及其使人也,求备焉。’”

孔子说:“君子易于复事但难于取悦:不用正当的方式取悦他,他是不会讨你喜欢的。君子使用人的时候,会各取长短所用。小人却易于取悦但难于复事:用不正当的方式取悦他,他就会喜欢,等到他使用人的时候,就会求全责备。”——言意中,包含了君子是有独立人格的品味。

《宪问》:“子曰:‘君子上达,小人下达。’”

“上”谓仁义之道,“下”谓财物私利。孔子说:“君子通达仁义,小人通达私利。”——“达”,内蕴的还是一层“熟仁”之功。孔子说过“下学而上达”,下学人事,上达仁义,经过“学”,到达“仁”,这里需要“熟”的锻炼。小人达不到这样的程度。

《卫灵公》:“子曰:‘君子求诸己,小人求诸人。’”

孔子说:“君子要求自己,小人要求别人。”

《卫灵公》:“子曰:‘君子不可小知,而可大受也。小人不可大受,而可小知也。’”

孔子说:“君子不以小事去加以辨识,但可以委托重大事务去考验他;小人不可以委以重任,但可以通过小事去识别他。”

《季氏》:“孔子曰:‘君子有三畏:畏天命,畏大人,畏圣人之言。小人不知天命而不畏也,狎大人,侮圣人之言。'"

孔子说:"君子有三种敬畏:一敬畏'天命',二敬畏王公'大人',三敬畏'圣人'言语。小人不知'天命',所以就不敬畏'天命',轻慢地对待王公'大人',轻侮'圣人'的言语。"

《阳货》:"子曰:'君子义以为上。君子有勇而无义为乱,小人有勇而无义为盗。'"

孔子说:"君子以道义为最珍贵。君子若只有勇,没有义贯彻其中,就会有混乱;小人有勇但没有义来统领,那就会做强盗。"

这些"小人"之辨究竟告诉我们什么?因为事实上,知识分子里确有"君子儒"与"小人儒",所以,孔子的一片良苦用心还是可以接受的。其实,当我们在"君子儒"里面讨论"知识分子"时,不要忘记了在中国知识分子的称谓下,还有一路是属于"小人儒"的。孔子并没有否认"小人"也有学"道"的,《阳货》就记载孔子一段表白:"君子学道则爱人,小人学道则易使。"君子学习"道",就会爱人,就会实现"仁者爱人";小人学习"道",就更容易受指挥,听使唤。这也从另一个角度表明,即便"小人"学习"道",仍然实现不了"君子学道"的使命。所以,在孔子那里,君子与小人、君子儒与小人儒,是有严格等级区别的。不过,我们的重点是放在"君子儒"一路。中国知识分子是从"儒"那里走过来的,作为儒家的创始人,孔子为"君子"定下的做人格调,也成为后儒们做人做官的基本原则。其实,在孔子描绘的"君子儒"里,既是做人又是做官的统称。孔子要求他的学生将来去做官的话,先把人做好,先把君子的品格学到身,出去做官才会有很好的"仕途"。所以,对于他们的"熟仁"要求,在孔子看来,也是合情合理的事了。这一点,对于我们今天有越来越多的知识分子从政,是不无启发的。中国知识分子的心路历程,结论就是:"君子儒",成为中国知识分子的标志,"熟仁"的造化,加速了"君子"与"小人"的分化,这一"分化",不仅仅是属于"义利"之辨的,而且属于一类人及其行为和品格的指代。这也是经过"熟仁"走来的成果。

3.“熟仁”的造化与中国知识分子的身心之路

这个问题,纯粹属于“熟仁”的外延扩展,身心之路,从儒到儒者到知识分子,有连接性质,因为,传承的有统一性,是儒家精髓的造化。

其一,“造化”的影响力。从“儒”字的基本意思里,我们不难发现,当初一批“儒者”,一身兼二的使命,一是“士”,一是“仕”。士而从政,就称为入仕。“士”,第一个要求,是做个有志之士,实际上,这里的问题是如何做人。第二个要求,是做个有道之仕,这里的问题是如何做官。但是,儒家一直提倡,做人是做官的基础,做官是做人的实现。这二者,都基于一种“熟仁”的锻炼,去造化自己的身心。做个好人,又做个好官,才是儒家所谓的“德才兼备”,而它实际需要自身主观上的努力,去实现“仁”的价值,内圣而外王,是人官不二的实现;舍身而取仁,是最高的追求,而“熟仁”,就是这个过程中的“过程”——一种寄托物质(即《周易》所谓的“小畜”)和精神(即《周易》所谓的“大畜”)双重满足的身心锻炼。这里所蕴涵的意思,在“儒”字的最初设定里,已经有所包含了。往后,在儒家的一系列陈述里,基本都依照这样的精神去规划“儒者”,以至于大大地影响了中国知识分子的身心历程。

这里讲的“身”,是物质的考验;“心”,是精神的考验。由“熟仁”的造化影响了中国知识分子的身心之路,在一条仕学相济的道路里,大致可以看出这个脉络。

其二,“仕”在“熟仁”的框架里。孔子相信,“仕而优则学,学而优则仕”。为什么要仕学相济?问题就是要把握好仕途。子夏,作为中国最早一代知识分子,对这个问题进行了反思,也正是他看到了读书人(当时称为“士”)从政而步入仕途正变得越来越“时尚”,因此,子夏道出了孔老夫子要想说的话。其实,综观中国历史至今,尤其是科举制度以来,越来越多的莘莘学子通过自身努力,步入政坛,走入官场。但是,究竟如何把握好这个问题,当事人可能会顾不上,可是,所谓的“旁观者”却“清”。其实,孔子设想的“熟仁”,主要的用意当然离不开“仕学相济”。

孔子,甚或整个儒家思想,对于“学”,用意极广、用心极深。要想达到儒家做官的理想结局,就是“仕”之“纯熟无间”,它的实际意味就是实现儒家“士志于道”的“仕途”一路。这一点,如王船山注释子夏此段话的“训义”所指:“子夏曰:学者学其可以仕之理,仕者行其所以学之道;理相通,则事不相悖。虽然,人之志力,一则专,杂则两废。仕有仕之事,进思尽忠,退思补过,有不遑朝夕者。必其力之沛然有余,而君民无形隔势禁之患,乃以燕处而求益于《诗》、《书》,斯有益于仕而无所废。学必尽学之功,温故而不忘,知新而日益,有不暇外求者焉。必其业之纯熟无间。”[28]仕与学,是两件事,重心不同,但此中之理是相通的,什么“理”?船山得出:“纯熟无间。”也就是说,“仕”要“纯熟”,“学”要“纯熟”。“学”与“仕”,均是用力之功,靠自我努力,而且各自要“专”,这个“专”,就是“熟”的工夫。船山点到这个“纯熟”,是对“仕”与“学”的精到剖析。尤其是这个“学”。

这里的检讨之处,也是划分“君子”与“小人”之辨的关键处。人是有物质欲望和精神追求的,割裂两者,是对人的随意曲解,问题是,如何去实现物质利益和精神追求?“君子”有君子之道,“小人”有小人之术,我们不能简单地说,“小人”不讲学习,而是学习什么?也研究“熟”,但不以“仁”为熟之对象,娴熟地走歪门邪道,官场中的那一套圆滑之术、黑白之学、穿逾之门,“小人”潜心于此。如果专为了物质之欲,忘了高尚的精神追求,那对于“士”来讲,就划入为“小人”了。再扩充地说,“熟仁”之“熟”,叫“纯熟”;以“熟”之名义行“穿窬”一类,那就叫“圆滑”了。譬如,就“学”上说,“君子”善于“学”,“小人”不乐于“学”,“君子”之仕,可以善“仕”,有“熟仁”之行而不至于落入“圆滑”之术;“小人”入仕,只会“穿窬”,借“熟仁”之名而行“狡猾”之术。历史上的贪官污吏、恶君奸臣,都可以归入于“小人”之类。而且,我们必须注意到这个事实,即这些“小人”之官,极大部分都是读书人,他们忘记了什么?在官场里是非善恶能分个明白吗?还是一个对于“熟仁”之“学”的不足。这样的话,“仕”是做不好的。

其三,突破“藩篱”。中国知识分子从儒家那里一路延伸而超越,突破了儒家的"藩篱",但是,知识分子的自我要求,对物质利益和精神利益的追求,至今和过去,形式上有所区别,而内容上相差无几。对于做人和做官的双重要求,以及政府方面对于选择干部的特殊要求,促使"知识分子"对于自己的身心有所考量,如果眼光放之于今天的社会主义干部中的知识分子阶层,仍然有相当重要的标准。外在的"压力"驱使"知识分子"要进行"内圣",内在的"自觉"促使"知识分子"要进行"外王",两者的统一,就要体现在儒家所讲的"熟仁"工夫了——尽管我们现在不是以"仁"来指称社会主义干部的道德指标,但是,"仁"所涵盖的思想实质,根本上有相一致的性质。所谓"义重于利"、"舍生取义"、"国家利益至上"、"为人民服务"等,基本的都属于"仁"的价值判断。当然,也必须指明,我们社会主义的干部道德标准,已经大大地超越了儒家之"仁",内容上不能同日而语。但是,作为一种价值理念,"仁"是一个积极性质的统筹性概念。今天的干部,今天从政的知识分子,必须要熟于社会主义干部道德的标准和党的事业的宗旨,党的基本路线、方针政策等内容,这样的"熟",仍然是一种工夫,是需要努力造化的。儒家的"熟仁",还是有现代意义的。

近千年来,中国知识分子抱着"学而优则仕"的传统,有多少人走在这座独木桥上,但是,儒家看到这个问题的深处,设计了"人官不二"的政治道德,做人是做官的基础,做官是做人的实现。所以,"熟仁"的首先考量,旨意的就是做人,一种成人之道就应运而生了。在我们业已挑明的诸位大儒中,几乎都有这样的分析标的,并在此中的理论运转中,放置于做官的问题。仕途的相应考量,也就在"熟仁"的理论和实践的图景里,获得了特殊的展望。因为,所需要的"熟仁"锻炼,是要从为人之道里转置为为官之道,这两个道,连接的,就是一种"熟仁"的行动之逻辑。做人求熟,做官求熟,实质是娴熟地把"仁"转化为世界观与方法论的统一。这方面的用心,儒家是很清楚的。

所以,结论就是,深刻影响了中国知识分子的身心历程,儒家希冀"熟仁"理性之光,去照亮这一特殊阶层的特殊行动的程序或谓逻辑,并且希冀在"士"而"仕"的道路中,在身体与心思的力行里去实现儒家预设的理想。

并且,从中去陶冶和锻炼自己的心身:做人和做官上,获得“熟仁”理性的支撑和实践依托。这是儒家的理想,尽管实现这个理想还是需要那批“儒”——“知识分子”去跨越这样的“藩篱”。“熟仁”,皆在此!

与此考量密切相关的,还有两个属于儒家“熟仁”比较外围性的研判,一个是内在的研判,即儒家“熟仁”有没有一种叫“自由主义”的问题,另一个是外在的研判,即在等级社会里,儒家“熟仁”有没有一种叫“效率”、“作为”的问题。对这些研判的评估,就会基础性地把握和展望儒家“熟仁”的大方向、大趋势,乃至对于个人成熟与人类社会永续发展的意义延伸、理性积淀、心灵纯熟、精神抚慰,无疑会获得充分的取舍。

注释:

[1]儒家有“官本位”作祟,但这里讲的“做官”,应旨意于践行《大学》“齐家治国平天下”的为政之道。

[2]谢祥皓、刘宗贤:《中国儒学》,第20—22页,四川人民出版社1993年版。

[3]朱熹:《四书章句集注·论语集注》卷十。

[4]《朱子语类》卷四十九。

[5]《朱子语类》卷四十九。

[6]《朱子语类》卷四十九。

[7]陈宏谋:《从政遗规》卷上。

[8]有关这个问题的详细讨论,可参阅拙著《儒家官德论》第二章:“道义论·义务论·规范论·德性论”,江西人民出版社2007年版。

[9]吕坤:《呻吟语·伦理》。

[10]吕坤:《呻吟语·问学》。

[11]吕坤:《呻吟语·圣贤》。

[12]王船山:《读通鉴论》卷七,岳麓书社1988年版。

[13]《三国志·魏书·王昶传》。

[14]北齐刘昼:《刘子·慎隙》。

[15]明代方孝孺:《杂铭·尺度》。

[16]《孔子家语·本命解》。

[17]《论语·里仁》。

[18]《周易·谦·九三》。

[19]《周易·系辞上》。

[20]《周易·系辞上》。

[21]陈鼓应:《易传与道家思想》,第168页,三联书店1997年版。

[22]关于《虞箴》的介绍分析,可参阅拙著《儒家官德论》中的“第七章,二、《虞箴》开始的历史反省意识”,江西人民出版社2007年出版。

[23]《孔子研究》1990年第三期。

[24]谢祥皓、刘宗贤:《中国儒学》,第15、22页。

[25]谢祥皓、刘宗贤:《中国儒学》,第15、22页。

[26]朱熹:《四书章句集注·论语集注》卷三。

[27]《论语·学而》。

[28]王船山:《四书训义》卷二十三。

第二十章

“熟仁”牵引出了儒家“自由主义”的问题

儒家有没有“自由主义”问题？如果说有，出自哪里？中国古代的“自由”观，我们更多的注意力是放在《庄子》，或许还有魏晋玄学“自然”超越“名教”那一派。其实，儒家的自由观念，是比较特殊的“自由”观，“熟仁”，极大的蕴涵了这样的“自由主义”。仍然是孔子开启了儒家的“自由”观念，并牵引出有关“自由主义”的问题。

那么，孔子究竟作了哪些开启，引出哪些问题呢？从“仁”的意义来讲，至其“熟”，就是一种特殊的“自由”了，在外做事、在内做人，孔子需要强化的是“从心所欲不逾矩”的“纯熟”。但是，孔子在摸索了的“熟仁”路径里，提供了对于“仁”的娴熟之法。其中，自由主义的问题产生了。

一、“推己及人”

自孔子倡导的“推己及人”引申出的“自由”问题，成为儒家比较独特的自由主义话语体系中的逻辑出发点。

1. 话语权

孔子建立了中国历史上第一个以“仁”为核心的哲学体系。“仁”是什么？仁者爱人；仁者，人也。这是孔子“仁”哲学体系中的最基本观念。孔子说：“为仁由己。”[1]看来，孔子对于实现“仁”，定义在从人的自身开始。这里，就发生了孔子意念里的“自由”问题。一个命题就是：“推己及人”。

所谓“推己及人”，是说，从己方开始推向他方、从自己推向别人，扩大地讲，是从个人推向社会。孔子是在什么样的背景里讲整个“推己及人”的呢？是他的“仁者爱人”、“仁者，人也”的人性设计里。墨子讲爱人，但是“兼爱”，爱无差等，是爱天下所有人；孔子的爱人，是靠人性之爱，由血缘亲亲关系逐步推得的，先爱自己家里的人，然后再往外推，一直推到外面所有可以爱的人。就在这一“推”的过程中，孔子巧妙地设计了一种人性的“自由”观念。首先，就体现为平等。“推己及人”，可以能够“推”的前提，就是自己的自主把握；而“己所不欲，勿施于人”，就是一种尊重他人的平等观念。不把自己的意志强加于他人，就是具体的平等实现。在平等的人心世界，能否推到外在世界的平等实现呢？

还可以追问的是，这种“推己及人”，能够推到多远？孔子似乎没有点到。但是，他提供了两条规则：“己所不欲，勿施于人”[2]和“夫仁者，己欲立而立人，己欲达而达人”[3]。自己不愿意的，不要强加给他人；自己要想成功，就要先帮助他人成功。只有同时做到了这两个方面，人就有了自由的更多空间。

按孔子的精神，在“熟仁”的过程里，他给出的理由是有“自由”观意义的：

第一，人同此心，心同此理。这是人之“推己及人”的根据。也是“自由”的根据。孔子是理性地对待这个问题。尧嘱咐舜要“天之历数在尔躬，允执其中”，舜也如是命禹，这是一路过来的“理”，就是历代圣人的自由根据。在《论语·尧曰》，孔子还专门引证此话。

第二，人的世界是一个价值世界。现实的生活世界充满了七情六欲、复杂的人际关系和各种各样的追求，知、情、意，也要权衡利弊得失。自由的难度也会增加。孔子要求的“乐而不淫，哀而不伤”又谈何容易呢？

第三，是否需要提供追求自由的路径和保障？人心中的自由究竟会给外在秩序提供何种样板？孔子设计的政治“理想”王国，是一种等级社会的秩序,难道它是从人心中的自由里“演绎”出来的?

推己及人,孔子有个坚定的信念,即人是目的,不是手段。自由恰恰是归于人的指向,而且是人之“道”的最终目的。“勿施于人”,“立人而达人”,人是第一位需要考虑的。推己及人,首先把人看做“人”,才有自己的存在。孔子一生的“忠恕”之道,就是“推己及人”,就是解决自己与他人关系的手段,达到的目的正是实现“人道”(人道与天道,实际就是一个“道”),是“道”的即体即用,“推己及人”就是这样的表现。朱熹解释“忠恕”,正是这样理解的:“尽己之谓忠,推己之谓恕。而已矣者,竭尽而无余之辞也。夫子之一理浑然而泛应曲当,譬则天地之至诚无息,而万物各得其所也。自此之外,固无余法,而亦无待于推矣。”[4]“尽己”和“推己”,是人的自由,而且唯人所有,是人可以把握得住的,朱熹说了人心中的“至诚无息”,似乎为这个“自由”找到了人性根据。朱子又引程子所言,表达出孔子人道之于天道的“自由”问题:“程子曰:‘以己及物,仁也;推己及物,恕也。违道不远是也。忠恕一以贯之:忠者天道,恕者人道;忠者无妄,恕者所以行乎忠也;忠者体,恕者用,大本达道也。’”[5]在“达道”的内路源头里,人心的“自由”是有根据的。

2. 根据与距离

经过儒家“熟仁”等几个“圆圈”的证明,又经过“行动”逻辑的指证,如果返归到孔子的原点和“熟仁”理性之光,似乎提供了“熟仁”中蕴涵的“自由主义”通道,这里,提出根据、指出距离,究竟存在何种意义?

根据一,“仁”的普世性。这是孔子开导出的贡献了。在孔子那里,“仁”对于做人做官和做学问,是具有最一般的意义。朱熹把这个意义解读为“惟仁者则安其仁而无适不然”[6],但是,孔子意义中的“仁”的普世价值,往往通过其特殊意义展现出来。这里,也符合孔子之“仁”在“体用不二”上的反映。孔子把我们的世界,首先看做是价值的世界,是一个充满人性化的世界,人与人、人与社会之间又充实着无数关切,有生存的、物质的、精神的、实践的、人文的,等等。“仁”是贯穿于其中的永恒存在。那么,人心呢?依然是这个

"仁","仁者,人心之全德,而必欲以身体而力行之,可谓重矣"[7]。"以身体而力行之",就是要把"仁"的普世价值具体化,用"仁",而实现"仁"。两个目标非常具体,一个是在自身培养"仁"、形成"仁",这叫"熟仁"在己;另一个是把"仁"发扬于外,这叫"熟仁"在外。"仁"的"体用不二",在此可以说"完美"实现。而这两个目标本身,就是"仁"的特殊功效,孔子的"仁之方",成为这两个目标的生动又深刻又具体的勾勒。"熟仁"在己或在外,都蕴涵人的处"仁"的自由。

根据二,"仁"的本体性。这里,牵涉到孔子的人性与天道问题。孔子有没有认真检讨过"人性"问题?争论出自其弟子子贡说的:"夫子之文章,可得而闻也;夫子之言性与天道,不可得而闻也。"[8]程子评价子贡这段话是赞美孔子之辞:"此子贡闻夫子之至论而叹美之言也。"[9]子贡感叹孔子的文章之美,而没有直接听到孔子关于"性与天道"的言论,今天听到了,真是难得呀!朱熹这样评论:"言夫子之文章,日见乎外,固学者所共闻;至于性与天道,则夫子罕言之,而学者有不得闻者。盖圣门教不躐等,子贡至是始得闻之,而叹其美也。"[10]由此看来,子贡的确很少听到孔子谈论"性与天道"这类哲学性很强的"形而上"问题,听到了,那绝对是很高兴的,所以有赞美之说的评价。至于孔子那时讲了什么,子贡没有叙述。可能是,子贡更多的是从孔子的"文章"里"闻"到孔子的"性与天道"说的。如果把握和领会了孔子的"文章","性与天道"就知晓了。朱熹向他的学生灌输了这样的教导:"这般道理,自是未消得理会。且就它威仪、文辞处学去。这处熟,性、天道自可晓。"[11]言下之意,孔子的"文章"里,充实着"性与天道"的观点。按朱熹的回答,能够"处熟"于孔子的"文章",便会精通"性与天道"之理;而孔子"文章"的核心理念,就是这个字:"仁"。把"仁"从"性与天道"高度去沟通、去理解、去把握,就会获得"仁"的本体性向度。孔子说过,他"述而不作"。所谓孔子的"文章",其实就是《论语》了。综观《论语》中孔子所言之"仁",在"性与天道"层次里去通观,这"仁",一是为人性,即为人心之体;二是为天道,即为自然之本体。性与天道的交互作用,"仁"就不断得到造化了。在人即大,在物即化,“大而化之,在熟也”。这就构成了一个极富想象力的“熟仁”进程。这样的解释,在宋明理学家那里,是不需花很多精力去消化的,如在张载、王船山的哲学里,“性与天道”与“熟仁”,获得了理论上的重大进展,翻开张子的《正蒙》和船山的《张子正蒙注》,“熟仁”二字,比比皆是。而在孔子那里,则是需要花不少精力从他的“文章”里去“咀嚼”而至的。这一点,朱熹仍然点明到位。一次上课,针对子贡所言“夫子之言性与天道,不可得而闻”,朱子的学生这样评价:“‘夫子之文章’,凡圣人威仪言辞,皆德之著见于外者,学者所共闻也。至于性与天道,乃是此理之精微。盖性者是人所受于天,有许多道理,为心之体者也。天道者,谓自然之本体所以流行而付与万物,人物得之以为性者也。圣人不以骤语学者,故学者不得而闻。然子贡却说得性与天道如此分明。必是子贡可以语此,故夫子从而告之。”朱熹听后,表示赞同:“文振看得文字平正,又浃洽。若看文字,须还他平正;又须浃洽无亏欠,方得好。”[12]所谓“性者……为心之体者”,“天道者,谓自然之本体所以流行而付与万物,人物得之以为性者”,就是说,“仁”,在“性”上形成,是人性,“仁”就成为心之本体;而“天道”,本身就是“自然之本体”,在流行中“付与万物”,在“人”就成为“性”,因而,“仁”也获得了“天道”的性质。这里,我们不由想起孔子对子贡说过这句描述“天”的话:“天何言哉？四时行焉,百物生焉,天何言哉?”[13]朱熹释谓:“四时行,百物生,莫非天理发见流行之实,不待言而可见。”[14]朱熹这里作了一个“仁”即“天理”的“旁注”,那个“发见处”,在孔子的“文章”里同样见得真切。朱熹学生说“(孔子的)文章亦性、天道之流行发见处?”朱熹断然肯定:“固亦是发见处。”[15]扩展地看,既然“仁”的本体性在“性与天道”之间的“流行”而“发见”,也就为人的“熟仁”进程提供了自由的通道,更具哲学意义的是,为“熟仁”获得的自由主义提供了形而上的保证。

根据三,“人皆可以为尧舜”。儒家非常得意于这句古语名言。并连接“熟仁”讲开这个道理:“故学莫妙于熟,人之所以皆可为尧、舜也。”[16]孔子的二位继承人,孟子和荀子,都作过充分的论证。《孟子·告子下》记孟子与曹交的一段对话：

“曹交问曰：‘人皆可以为尧舜，有诸？’孟子曰：‘然。’‘交闻文王十尺，汤九尺，今交九尺四寸以长，食粟而已，如何则可？’曰：‘奚有于是？亦为之而已矣。有人于此，力不能胜一匹雏，则为无力人矣。今曰举百钧，则为有力人矣。然则举乌获之任，是亦为乌获而已矣。夫人岂以不胜为患哉？弗为耳。徐行后长者谓之弟，疾行先长者谓之不弟。夫徐行者，岂人所不能哉？所不为也。尧舜之道，孝弟而已矣。子服尧之服，诵尧之言，行尧之行，是尧而已矣；子服桀之服，诵桀之言，行桀之行，是桀而已矣。’曰：‘交得见于邹君，可以假馆，愿留而受业于门。’曰：‘夫道，若大路然，岂难知哉？人病不求耳。子归而求之，有余师。’”

曹君之弟(也有认为是邹国人)曹交问：“人人都可以成为尧舜，有个说法吗？”孟子断然肯定：“有。”曹交又说：“听说周文王身高十尺，汤帝九尺，我是九尺四寸高，只会吃饭，怎能成为尧舜呢？”孟子回答：“这有什么关系呢？只要去做就行了。如果有人连提一只小鸡的力气都没有，便属于毫无力气之人了；如果能举起三千斤，便属于很有力气之人了。如此说来，凡是举得起大力士乌获所举起的重量的，也就是大力士乌获了。人难道只忧患自已的不能胜任吗？恐怕不去做吧。走得慢些，让在长辈的后面，这叫悌；走得很快，抢在长辈前面，这叫不悌。慢些儿走，难道是人所不能吗？只是不去做罢了。尧舜之道，就是讲孝讲悌的道理。穿尧的衣服，说尧的话，为尧的行为，便是尧了。穿桀的衣服，说桀的话，为桀的行为，便是桀了。”曹交又说：“我想让邹君召见我，向他借住房，然后留在您门下学习。”孟子回答：“这就如大路，不会难寻求吗？只怕人不去寻求罢了。你回去自己寻求吧，老师多得很呢。”——孟子论证的整个理由，就是“为之”，就是行动。“人皆可以为尧舜”，孟子最担心的是“弗为耳”。亚圣孟子真不愧是至圣孔子的“嫡传”，孟子的论证，中心仍然是在“熟仁”之“行”，只要不断有此行动，就可以成为尧舜。所谓“徐行”、“为之”，皆在孔子“力行”于“仁”的“熟仁”路径里周转。正如我们已经习惯了《里仁》中孔子的这个说法：“有能一日用其力于仁矣乎?我未见力不足者。"孟子已经把孔子的这个命题,扩展为"人皆可以为尧舜"的行动哲学。朱熹挖掘到此段的"行动"考量,是有"熟仁"之"炼"的味道,又体会出这是很好的"工夫":"孟子道'人皆可以为尧舜',何曾便道是尧舜更不假修为!且如银坑有矿,谓矿非银,不可。然必谓之银,不可。须用烹炼,然后成银。"[17]由"矿"成"银",需要"火炼",由生到熟,由不熟到成熟,方是百炼成银。这是比喻,但很形象,意在说明成人之"工夫"。朱熹又如此解释:"'归而求之,有余师',须是做工夫。若茫茫恁地,只是如此。如前夜说读书,正是要自理会。如在这里如此读书,若归去也须如此读书。看《孟子》此一段发意如此大,却在疾行徐行上面。要知工夫须是自理会,不是别人干预得底事。"[18]人人皆可以成为尧舜,在这样的"行动"里、在这样的"工夫"里,每个人都是"自由"的,这样的"自由",是完全可以实现的,正如朱熹这里挑明的:"要知工夫须是自理会,不是别人干预得底事"。其实,在儒家看来,尧舜这些圣人们,本身就是这样过来的,凡人和圣人之间,没有不可逾越的鸿沟,因为两者具有"共通"性,这一点,船山说得在理:"闻之君子之言曰:'人皆可以为尧舜……何为其不然哉!尧舜有所以为之也,人有所以为尧舜者存也。'同此人,同此心,同此理,君子体之深,故辞之决也。"[19]跨越这个"鸿沟",对于凡人来说,就必须做到如孔子说的"能一日用其力于仁"、如孟子说的"为之而已"、如朱熹说的"须用烹炼,然后成银",都是一个意思,即"熟仁"的"工夫"所在。船山说凡人与圣人,是"同此人,同此心,同此理",只要"人有所以为尧舜",就能"皆可以为尧舜"。在此,真是实实在在地揭示了"人皆可以为尧舜"的根据,皆照观了儒家"熟仁"中的"自由主义"的根据。船山说的"辞之决",就是夸奖孟子肯定说的那个"然"。孟子的口气,很肯定、很坚决,是一个全称性判断,可能囊括了他想要表达的所有意思了。

儒家还有一位孔子的继承者,是孟子稍后的先秦大儒荀子。他也提出了"为禹"是"涂之人"的神圣目标。但是,荀子的"涂之人可以为禹"命题是对"人皆可以为尧舜"作了些许"变义"的,荀子在《性恶篇》用了"涂之人可以为禹"间接地"修改"了"人皆可以为尧舜"。荀子是这样说的:

“圣可积而致。然而皆不可积，何也？曰：可以而不可使也。故小人可以为君子，而不肯为君子，君子可以为小人，而不肯为小人。小人君子者，未尝不可以相为也，然而不相为者，可以而不可使也。故涂之人可以为禹，然则涂之人能为禹，未必然也。虽不能为禹，无害可以为禹。足可以遍行天下，然而未尝有能遍行天下者也。”

圣人是可以通过积累形成的，但事实上，现实的人都没有达到积累而致，什么道理？荀子认为，是可以成为而不是使其必然成为。所以，小人可以成为君子，但不是想成为就可成为的；君子可以变为小人，但不是想变就成为小人的。小人或者君子，未尝不会相互变化的，但是可以，而不是必然如此。所以，普通人可以成为圣人，但未必是必然成为圣人。虽然不能必然成为圣人，但也无害于可以成为圣人。可以走遍天下，但未必一定能走遍天下。——荀子区分了逻辑的必然性和现实的可能性，人可以成为圣人，但未必是必然可以成为圣人。这个观点与孟子具有实质性不同。从哲学的基本面看，荀子与孟子是相左的。孟子是“性善说”，荀子是“性恶论”。孟子的性善说蕴涵了道德自律而自由的境地，即追求达到圣人境界而成为圣人，乃是出自我们的“善”的本性，是出于自愿又自觉，因而人可以自主自由控制自己的行动。只要人有了这样的善性而发，他必定可以成为圣人，所以孟子对人的成圣预期是相当乐观的。而荀子的性恶论，表明人性必须依靠外在的圣人教化和礼义法度去“化性起伪”，如果人不愿意接受这么做，外在的努力也就白费了，这就是可能性而未必是必然成为圣人。所以，荀子最大量的，就是指出“为禹”的追求并非出自“涂之人”的内在自觉要求，因而他们要成为圣人，是难以用“自由”二字去托之情趣的。这样来看，“熟仁”意义中的儒家“自由主义”，孟子以其“性善说”，提供了一个意义深远又深刻的人性之根据。

“仁”获得了普世性和本体性的基础性地位，在“熟仁”的进程里，相信人人皆可以成为圣人，根据确立了，难道就能确保这个成为圣人的必然性吗？孟子的“性善说”在后儒的思想里，也在不断地加以“修正”或“补充”。如“有善有恶说”、“无善无恶说”、“可善未善说”、“性品说”等，说明“人性善”

也受到了不少“质疑”。所以,基于上述的“根据”,看出由孔子开导“推己及人”的“自由主义”传统,使“熟仁”带上了自在性、自主性、自觉性。而那个“自主性”,是有着人性中的丰富内涵的。

我们已经试问过,“推己及人”能够推到多远?这是个“距离”问题。按孔子的“推己及人”,这是“仁者爱人”的精神所致。孔子是想缩短这个“距离”的,但是,他设计的层次和次序,即“爱有差等”,却不会改变。这就使得这个“自由”又显得不自由了。自由,总是相对的。当然,这种“距离”的缩短,却要取决于人的自修、自律、自觉的自主性程度,这就是实际展开的“熟仁”进程,但在这一进程里,人获得了“自由”的境地。有关这些“自修”、“自律”、“自觉”的自主性程度,孔子通过“我欲仁,斯仁至矣”,给人的“熟仁”,提供自我行动的“自由”通道,所以更加看高、看深一层的是,孔子探索到了这一自由的发源地:“为仁由己”。

二、“为仁由己”

孔子认为,人心中的尽己和推己,是属于自己的行动,可以自由的而且是自主的。这就在《颜渊》中讲的“为仁由己,而由人乎哉?”即非由别人控制产生的“为仁”。朱熹点明:“又言为仁由己而非他人所能预,又见其机之在我而无难也。”[20]实现“熟仁”的机制是由自己把握,这是个人所能够控制的“自由”了。

1. 由己的幅度

“为仁由己”,孔子巧妙的设计,就是赋予了一种个人行为的自由“度”,就是这样的“熟仁”中的“自由”不至于偏离方向和目标,以确保“熟仁”活动的准确性和效率性。

在孔子的“文章”里,确实就有很多这样的“为仁由己”设想:“克己复礼”、“己所不欲,勿施于人”、“己欲立而立人,己欲达而达人”,这个“礼”、那个“勿”、还有“立人”和“达人”,就是一种“度”。这一切的规定都是“为仁”

的,在《宪问》里,孔子一连串的"修己":"修己以敬人"、"修己以安人"、"修己以安百姓",就是以达到"仁"的最高目标。同时这里的"己",在意的都是出自"熟仁"的活动。一方面,内含自主性,另一方面,是仁之所用。自主性,意味的是发自人心的自愿和自觉,仁之所用,意味的是行动按礼而不违仁。这一"为仁由己"性质,朱熹以孔子的"克己复礼为仁"和"非礼勿视,非礼勿听,非礼勿言,非礼勿动"来着意刻画:"非礼者,己之私也。勿者,禁止之辞。是人心之所以为主,而胜私复礼之机也""日日克之,不以为难,则私欲净尽,天理流行,而仁不可胜用矣。"[21] 自主性,就是自我考验,朱熹解释"己所不欲,勿施于人",说出此中"自考"意:"敬以持己,恕以及物,则私意无所容而心德全矣。内外无怨,亦以其效言之,使以自考也。"[22] 至于那一连串的"修己",孔子讲出的还是"自"意,即对物讲是"自然"意,而对人讲是"自主"意:"修己以敬,夫子之言至矣尽矣……故再以其充积之盛,自然及物者告之,无他道也。人者,对己而言。"又引程子所释:"君子修己以安百姓,笃恭而天下平。惟上下一於恭敬,则天地自位,万物自育,气无不和,而四灵毕至矣。此体信达顺之道,聪明睿智皆由是出,以此事天飨帝。"[23] 修己,是自主的、自由的,达到的结果,是自位的、自育的,对物来说,是自然的,而对人来说,却是自由的。自然而自由,恰恰就是"万物一体"的人性自由。

其实,从"为仁由己"到"克己复礼",这个"由己"的幅度,孔子最大的用意,是设计那个"礼",使之成为言行的"规矩"。儒家"熟仁"说,最看重的,还是"规矩"那个理。"规矩"是自由的向导,是"熟仁"的尺度。孔子说:"君子博学于文,约之以礼,亦可以弗畔矣夫!"[24] "畔"是违背的意思。君子广泛学习,又用礼节来规范自己,就可以不背离"道"了。程明道旨意到"规矩"上:"所谓'约之以礼'者,能守礼而由于规矩也。"[25] 其实,孔子多有不同意义上的"规矩"说,尽管不曾用得"规矩"二字,除了这个"约之以礼"外,还有:

《为政》:"七十而从心所欲不逾矩。"

《雍也》:"能近取譬,可谓仁之方也已。"

《泰伯》:"立于礼。"

《先进》:“过犹不及。”

《卫灵公》:“直道而行。”

这里的几条陈述,突出的依然是“礼”的规矩价值。《述而》言“执礼”,就是严格的守礼,就是始终按规矩办事。有了这个“执礼”,言行就有了尺码,就不会出现“过犹不及”的错误,就能够“直道而行”。所以,孔子把“从心所欲不逾矩”看做是最成熟的标志(在宋儒看来是“烂熟”),那就是“立于礼”的作为了。故孔子的这片用心,其弟子们在整个《论语》的末篇,即《尧曰》,还在安排这个说法:“子曰:‘不知命,无以为君子也。不知礼,无以立也。不知言,无以知人也。’”朱熹指出:“不知礼,则耳目无所加,手足无所措。”指意的,仍然是孔子心目中的“礼”所具有的“规矩”价值。“弟子记此以终篇,得无意乎?”[26]完全是有意而为之的。结论就是:“为仁由己”,这个“自由”幅度,是以“规矩”为张力的。进行于“不逾矩”,就是“熟仁”的最高境界了。

2. 孔子眼中的“自”观

“仁本固有”,所以“欲之则至”。朱熹以一个“自考”来勾勒孔子“推己及人”到“为仁由己”,说要好好地研究一下孔子“仁”的效率,“自考”,从“人”这一“己”性讲,具有自主性和自觉性。其实,孔子眼中的“自”观,是通过一个命题充分表述的:

《述而》:“子曰:‘仁,远乎哉?我欲仁,斯仁至矣。’”

孔子说:“仁难道离我们远吗?我想实行仁,仁就来了。”——朱熹解释是:“仁者,心之德,非在外也。放而不求,故有以为远者;反而求之,则即此而在矣,夫岂远哉?”又引程子曰:“为仁由己,欲之则至,何远之有?”[27]仁,是人心内在的“德”,求之则近,则来;不求则远,则离。“为仁由己”,一方面“仁”内在于己,或谓自在性,是人之存在的道德基础;另一方面“仁”的活学活用,或谓自主性,是须由自身来实现,因而,“熟仁”的展开,完全是自己可以把握的。朱熹在给他的学生上课时,竭力阐释孔子这段话。他的阐释,抓住在“自”上,又以颜渊“三月不违仁”蕴涵“熟仁”如此的情景:“我欲仁,斯仁至矣。”朱熹这样说道：“凡人读书，只去究一两字，学所以不进。若要除却这个道理，又空读书。须把自身来体取，做得去，方是无疑。若做不去，须要讲论。且如欲仁斯仁至，如何恁地易？至于颜子‘三月不违仁’，又如何其馀更不及此？又怎生得恁地难？”[28]“我欲仁，斯仁至”，是由“自身来体取”，这是“易得”的；而无终食之间违仁，这是“难得”的。所以，“熟仁”是难的，而“我欲仁”，是易的，因为它完全可以由“自己”把握。

这里说的“熟仁”之难，孔子也好，朱熹也罢，都注意到一个时间问题，即主体用力的“自恒”性问题。朱熹说“颜子三月不违仁”，但还有“其馀”。当然，也不是说颜子做不到，只是他过早的去世了。而且朱熹非常认同颜子的“纯熟”工夫，只要日日用力，也会到达孔子般的“烂熟”。譬如，朱熹同意这样的说法：“我欲仁，斯仁至矣”可以引“有能一日用其力于仁矣乎”以证之。“一日用其力”，“日日用其力”，这就是“熟仁”的工夫。不用其力，用力不足或力不到位，就无法入于“熟仁”之状态。故孔子有“力不足者，中道而废”的说法。[29]用力不足，走到一半就会停滞不前。这段原话是这样的：

《雍也》：“冉求曰：‘非不说子之道，力不足也。’子曰：‘力不足者，中道而废。今女画。’”

冉求向孔子说：“不是我不喜欢老师的学问，而是我的能力有限、力量不够。”——孔子点拨冉求说：“力量不够，走到半路再也走不动了。现在你是自己限制自己而没有开步走。”言下之意，是冉求自己不努力。这是自我示弱。“中道”（走在正道上）已是够好的了，但不能自己止废。朱熹解释的意图大致如此：“力不足者，欲进而不能。画者，能进而不欲。谓之画者，如画地以自限也。”[30]这里，引出一个“自”字来。自己限制自己，在“我欲仁”上，实质是限制了“自由”。光这句话，后儒的解释里，引申出了一连串的“自”字，有“自画”、“自弃”、“自废”、“自止”，但关键在“自画”而“自限”上。程伊川指出：“冉求言：‘非不说子之道，力不足也。’夫子告以为学为己，未有力不足者，所谓力不足者，乃中道而自废耳。今汝自止，非力不足也。”[31]朱熹在此作了个说明：“自废与自止，两‘自’字意不同，自废则罪不在己，自止乃己之罪。”[32]意思是说,“自废”,是由于实际的力量不够;“自止”,是自己给自己圈画一个力的限度。前者是出于力不从心,这叫“欲为而不能为”;后者是故意而作,这叫“能为而不欲为”。所以,“自画”,“乃自谓材质不敏而不肯为学者”[33]。孔子是不喜欢冉求的这个“自画”,就是一种不努力,这样是达不到“熟仁”的。中道而废不是半途而废,朱熹指出:“中道而废,与半途而废不同。半途是有那赖而不进之意;中道是那只管前去,中道力不足而止。”[34]两者的差别,中道而废,是“力不足而止”;半途而废是“赖而不进”,是自己有力却不肯艰勤努力。冉求的“自画”,乃是属于前一种。有人问:“自画与自弃”有何别?朱子说:“自画是就进上说,到中间自住了;自弃是全不做。”冉求还不是“自弃”,一旦“自弃”就更糟糕了。所以,“为仁由己”,就是自己要不断努力,若给自己画上一个限制,那就要变成“自画”而“自限”了。所以,“熟仁”就在于“欲为而能为”,能力有大小,但只要努力,只要在进于道中(“中道”)就会不断走向成熟的。结论就是:“我欲仁,斯仁至矣”,就看其“为仁由己”的自主而自觉的用心和用力。

三、“万物一体”

从“推己及人”到“为仁由己”,这些看来都在个人自主自由的可控度里,其实,再往儒家成人思想的最高境界即“天人合一”上去靠拢,就会发现,儒家的“熟仁”思想中引申出的“自由主义”观念,完全衬托于“万物一体”的特有境地。

1. 张载的《西铭》

儒家是有如此信念的。张子在《西铭》中作过最恰如其分的描述:“乾称父,坤称母。予兹藐焉,乃混然中处。故天地之塞,吾其体;天地之帅,吾其性。民,吾同胞,物,吾与也。”人与天地宇宙为一体,吾身充塞天地,吾性为天地活动之主导、之自主,因此,人人皆是我的同胞兄弟,万物与我同处天地间,皆为我同伴。置身于此中的人,是一个自主而又自由的人。“熟仁”,说到底,希冀的就是这样的境地,这也是孔子“熟仁”观所追求的最高境界。也就是达到他自己所说的“七十而不逾矩”的“烂熟”,它是“万物一体”状态了,也就是孟子所概括的“从容中道”。二程和朱熹也解释为“不勉而中”。

张载《西铭》对“万物一体”,还有话:“大君者,吾父母宗子;其大臣,宗子之家相也。尊高年,所以长其长;慈孤弱,所以幼其幼。圣,其合德,贤,其秀也。凡天下疲癃残疾、茕独鳏寡,皆吾兄弟之颠连而无告者也……富贵福泽,将厚吾之生也;贫贱忧戚,庸玉汝于成也。存,吾顺事,没,吾宁也。”这段话讲出了“万物一体”的伦理效应:人人都是天地的儿子,君主是天地的长子,大臣是协助君主的“家相”,同情、扶助天下弱者、穷者、老者、幼者,都是应当做的。圣人合天地之德,贤人是天地之秀。圣贤要身处天地万物之中,忘掉“小我”之私,不计得失,不忧生死,以自守其定分为基本的人生态度。一个推论就是:置身于此中,人就感到一种特定的“自由”了。内心的自由变成外在的自由,但需要澄清,人心中的自由与外在的自由是不尽相同的。

2. 孔子设计的“程序”

这里,就存在这样一个问题,即“万物一体”中,有没有“等序”结构?以上的这段话已经清楚地表达出了这样的肯定意思。但是,更要指出的是,联系“推己及人”,我们会领悟出这个“万物一体”是包含着“差别”、“次序”的“万物一体”,故寻迹其中的“熟仁”轨迹,就是人心中的“自由”轨迹,孔子视其为先入“进德之序”:“孔子自言其进德之序如此者,圣人未必然,但为学者立法,使之盈科而后进,成章而后达耳。”[35] 其实,我们还想强调的是,孔子说他十五有志到七十而不逾矩,就是达到这样的“万物一体”,但是,孔子设定了进入的“程序”,也为“熟仁”铺开了不断进取的通道。先是内心的自由,后是外在的进或达。其进路,也是自己可以控制的,一方面是在日用之间,可以心之所欲;另一方面是整个心之本然、不失本心的过程。到达“不逾矩”,孔子想要告诉所谓“学”的道理,无非就是通过这样的“有序而进”所产生的一种自由状态的心路历程。对于这段“十五而有志”到“七十而不逾矩”,宋儒往往如是看:“圣人之教亦多术,然其要使人不失其本心而已。欲得此心者,惟志乎圣人所示之学,循其序而进焉。至于一疵不存、万理明尽之后,则其日用之间,本心莹然,随所意欲,莫非至理。盖心即体,欲即用,体即道,用即义,声为律而身为度矣。”[36]从体用上讲“自由”问题,也是为此番意义中的“熟仁”与“自由”找到内在连接的一种根据罢了。体与用,又看高了一层。朱熹用了几个“自”字,意在强化这个“自由”的“度”:“愚谓圣人生知安行,固无积累之渐,然其心未尝自谓已至此也。是其日用之间,必有独觉其进而人不及知者。故因其近似以自名,欲学者以是为则而自勉,非心实自圣而姑为是退托也。”[37]所谓“独觉其进入”而“自勉”,虽为谦虚之辞,但也透露出孔子进入“熟仁”而获得的“自由”心境。

如果从“仁”之体用不二上看之,以“忠恕”二字命名的“仁”,又被孔子称为是他本人的“一以贯之”的“道”,“推己及人”,正是其体其用,即同一个“道”有不同之“用”呀!彰显的不就是这个“万物一体”吗?朱熹似乎释出了这层意思,或许就是宋儒们津津乐道的“理一分殊”的境地:“学者尽己、推己之目以著明之……道之体也,万殊之所以一本也;万物各得其所者,道之用也,一本之所以万殊也。以此观之,一以贯之之实可见矣。”[38]在“万物一体”的境地中,在“理一分殊”的尺度里,“熟仁”的自由度,是不会偏离方向的。

四、儒家“自由主义”问题的本质

由此看来,儒家的“熟仁”,必然要牵引出儒家的自由主义问题,孔子的“熟仁”思想,是这个牵引的“引擎”,引领出了儒家的“自由主义”本质,从人心中的自由引向于人世间的自由。

1. 成圣问题

成圣问题,构成儒家“自由主义”的本质。儒家的基本格调是“内圣外王”,但是,“外王”是有严格规定的,做官的伦理道德是预先设计,不能任意取舍的,这看上去没有"自由"可言,所以"自由主义"的问题仿佛就集中在"内圣"一路。实际的情况并非如此。这里,我们要搞清楚儒家的"内圣外王"意义究竟作何设定?

所谓"内圣外王",从儒家的出处看,来自于《大学》中的"正心诚意修身齐家治国平天下"的概括。宽泛地说,前六个字属于"内圣",后七个字属于"外王"的事业,这些是构成儒家"内圣外王"的实际内容。如果要从成圣的角度去看"内圣外王",那么冯友兰先生的说法倒是一个参考:"内圣,是说他的内心致力于心灵的修养;外王,是说他在社会活动中好似君王。"又指出:"按照中国传统,圣人应具有内圣外王的品格,中国哲学的使命就是使人得以发展这样的品格。因此,中国哲学讨论的问题就是内圣外王之道。"[39]这一"内圣外王"之道,是入世的理论,它脱离不了人与人之间、人与社会之间的关系的处理,也脱离不了政治、经济、文化等一系列问题,囊括了做人、做官、做学问的大小道理。这一切的学问,就是"学为圣人"。因而赋予了"熟仁"的头等大事。

在儒家讨论的"成圣"里面,基本上有三个同性方向把握:一是圣人与凡人同类。圣人也是人,因而,圣人如凡人一样,具有生物学与社会伦理学的意义。非人之性或非人性之道,使人禽之辨得以可能。二是圣人是可学而成的。圣人是人而不是神,对待"神"的态度是"敬而远之",对待"圣人"的态度是"敬而学之",如后儒坚定地把孔子举为圣人,并坚信孔子是后人学习的榜样。如孟子所言:"乃所愿,则学孔子也。"[40]不仅仅是孔子,古代的圣人也盖莫如此。三是圣人有一以贯之的道统。韩愈第一次揭示了儒家的"道统",这个道统恰恰是由一批"圣人"构成的,韩愈列举为圣人九位:尧、舜、禹、汤、文王、武王、周公、孔子、孟子。里面始终如一的精神,即谓"道统",朱熹首次使用了这个词,并在《中庸章句·序》里,系统论证了整个"道统"的十六字真谛:"人心惟危,道心惟微。惟精惟一,允执厥中。"整个精髓之处,是"心"上的工夫,"惟危"、"惟微"、"惟精"、"惟一",正是"熟仁"之"几"。所以,"成圣",不是可望而不可即的。

当然,按照儒家的“内圣外王”的设计,“内圣”是“外王”的前提和基础,“外王”是“内圣”的实现和检验,而对于“熟仁”来讲,这恰恰是一个问题的两个方面,如果说“成圣”是“熟仁”的进程和结局,那么,集中在个人身上,“熟仁”,就是取得内外一致性进展,就是做到如冯友兰上面说的:在内不断修养圣人的品格,在外的行为就不断接近圣人,统贯这一“内圣外王”的进程,就是儒家希冀的“熟仁”,其中的“自由”,不仅仅属于内心的自觉程度,而且是贯乎于外在行动上的“得心应手”。所以做人、做官和做事,要娴熟于“仁”。这就达到了“圣人”般境地。那么,具体来说,这又是什么样的状态呢?儒家看到了一个“通”字,那是十分接近于“自由”了。

2.“通”的问题

儒家所谓的“圣人”,具有严格的实践性。它反映在“通”的观念里。儒家追求的“熟仁”,其本身就是以“通”为实际取向的。东汉许慎《说文解字》将“圣”诠释为“通”,也影响了后儒对“圣”的基本考察。稍后的郑玄注《礼记》有言:“圣,通也。”注《周礼》也言:“圣,通而先识。”“通”什么?通达事理、通达礼仪、通达生活。而哲学家可能定义得更深邃些,荀子说圣人是“知通乎大道”[41]。从而把“圣人”与“道”用“通”连接起来,开拓了一个更新的圣人之领域。到了理学时代,更加愿意从“道”的哲学意义里去挖掘“通”。从“天道”角度、从“通”引向“熟仁”,扩充了儒家的“成圣”观。在此,我们以张载《正蒙》来深化本书业已透观过的“熟仁”之于“通”的哲理。

张载著《正蒙》,这是他的哲学代表作。清代哲学家王船山有《张子正蒙注》。我们将结合这两部著作来阐明“通”——其“通”的哲理堪称一流和经典。张载的“通”论,以“天道”一路转之以“熟仁”,并连接“仁”达到人事上的“会通”。这一“通”之逻辑大体可分以下层次叙述:

其一,“感而后有通”。《正蒙·太和》:“感而后有通,不有两,则无一。故圣人以刚柔立本。”是什么产生了“感”?张载从朴素的唯物主义立场出发,认为是天道之阴阳二气。王船山如此释谓:“阴阳合于太和,而性情不能不异；惟异生感，故交相欣合于既感之后，而法象以著。藉令本无阴阳两体虚实清浊之实，则无所容其感通，而谓未感之先初无太和，亦可矣；今既两体各立，则溯其所从来，太和之有一实，显矣。非有一，则无两也。圣人之存神，本合乎至一之太虚，而立教之本，必因阴阳已分，刚柔成象之体，盖以由两而见一也。”[42]所谓“太和”即谓“道”，而阴阳二气构成“太和”，阴阳各异，相互矛盾，相互影响，相互作用，因而有感，形成万象。太和是一，阴阳是二，但二中的本质是一，构成一个“太虚”。圣人之“神”，顺应“太和”之道，以阴阳二气交流，以阳刚阴柔成象，统管天下，这就显了两中是一的本质。把握“太和”之道，就是把握这个“一”，把握了这个“一”，也就把握住了那个“二”，所以，张载认定：“通一无二”[43]。

其二，“凡气清则通”。《正蒙·太和》：“凡气清则通，昏则壅，清极则神。故聚而有间则风行，而声闻具达，清之验与！不行而至，通之极与！”这段小小的文字里，一连用了两个“通”，都在说明“通”之原委，所谓“清”，“清极则神”，指的是“不为形碍，则有形者昭明宁静以听心之用而清极矣。神则合物我于一原，达死生于一致，絪緼合德，死而不亡。”[44]不受制于外物，内心宁静，达到物我一体，生死一致，这就与天道合一。这样，人心就达到“絪緼合德”的“神”之状态：“心之神居形之间，惟存养其清通而不为物欲所塞，则物我死生，旷然达一，形不能碍，如风之有牖即入，笙管之音具达矣。”[45]达到如此“心之神”的“通”，就会引导正确的行动，行为也会获得“神”之状态：“神，故不行而至。至清而通，神之效也。盖耳目止于闻见，唯心之神，彻于六合，周于百世。”[46]如此付之于的行动，就有“圣人”的期待，就有“熟仁”的预期。

其三，“有感必通，圣人之为”。《正蒙·天道》：“上天之载，有感必通；圣人之为，得为而为之应。天不言而四时行，圣人神道设教而天下服，诚于此，动于彼，神之道与！”所谓“感而后有通”，是“上天之载”，圣人顺应天时，治理天下，“通”于阴阳二气，为之有道。因而显示出儒家的一个“仁”，圣人是多么会精到活用这个“仁”：“得为而为之，是以时制礼。浑然一‘仁’，道无不足，时可为则如其理而为之。”[47]那就是“通”了：“天以化为德，圣人以德为化,惟太和在中,充实诚笃而已。"[48]这里,含"仁"的活用,娴熟之用"仁",张载用了一个"诚"字,化尽了这个"仁"。做到了这样,就是"圣人之为"了。根据在此:"圣人通天载而达物性,不立一私意而无一物之滞者,惟其万物之理皆得而知四达也。盖神运于(太)虚……与太虚之絪緼一实者相离,而天下之不能通必矣。"[49]"通",是通达与天之道和物之性,内心的要求是"不立一私意"而"运于太虚"之中,这就是内外一致,也是"道"的内在、"仁"的运用。圣人之道,就是如此的诚实和简单。

其四,"推而行之存乎通"。《正蒙·天道》:"'推而行之存乎通。'推四时而行,则能存周岁之通;推昼夜而行,则能存百刻之通。"孔子有"推己及人",能推到多远?"通"则"远"。这是从内心出发的事实,但这个"推",是有"通"之底蕴的。船山解释了这个现象:"通者,化虽变而吉凶相倚,喜怒相因,得失相互,可会通于一也。推其情之所必至,势之所必反,行于此者可通于彼而不滞于一隅之识,则夏之葛可通于冬之裘,昼之作可通于夜之息,要归于得其和平。而变皆常矣。故或仕或止,或语或嘿,或刑或赏,皆协一而不相悖害。惟豫有以知其相通之理而存之,故行于此而不碍于彼,当其变必存其通,当其通必存其变,推行之大用,合于一心之所存,此之谓神。"[50]"通",就如同天之运行是有规律的,不得随心所欲,按其规律之"推",则"通"。就是"神"了。人事更当如此。那就是"当其变必存其通,当其通必存其变,推行之大用,合于一心之所存",是心之用"仁","熟仁",就是最好的由"推"到"通"的进程了。这个"神"之进程,归结到一个字上,是"化",就是那个"大而化之"的"化",也叫"神化"。

其五,"大而化不可为也,在熟而已"。《正蒙·神化》:"大可为也,大而化不可为也,在熟而已。《易》谓'穷神知化',乃德盛仁熟之致,非智力能强也。"凭借"智力"的是"大",凭借"熟"的是"大而化",《周易》讲"穷神知化",这是"仁熟"的状态。所谓"在熟而已",船山的解释是:"一其心于道而渐积以自然,则资深居安而顺乎时",也就是能够"与时偕行"的意思。[51]这就是"化"的特征。它是靠"熟仁"来把握的。船山非常赞同张子的"大而化之”是“在熟而已”的命题,在《张子正蒙注·神化》一再阐明其“熟仁”之于“成圣”意义:“张子之言,神化极矣,至此引而归之于仁之熟,乃示学者易简之功,学圣之奥也。择善固执,熟之始功,终食不违,则熟矣。”以下一系列的陈述大概都出于这样的意思:“大而化之,能不勉而大也;熟则不勉”“仁熟而神无不存,则与时偕行,万物自正其性命”“大成性而后圣,德盛仁熟”“圣者,大之熟也”“自大人而上,熟之则圣,圣熟而神矣。”此处之“神”,乃为“通”也。

其六,“天所性者,通极于道”。《正蒙·诚明》:“天所性者通极于道,气之昏明不足以蔽之。天所命者通极于性。”天道一阴一阳,并成之为人性的方法。这是人性通于天性的内在根据。船山释谓:“人生莫不有性,皆天道也,故仁义礼智与元亨利贞无二道。”[52]这里的“道”,有更多的方法论意义。化在“熟仁”上,“通极于道”,一则是寻求“通”的哲学本体根据,二则是从那个“道”里寻求发展人性、成就德性而至于成圣的“通”之道术。集中为德性滋熟,船山揭示得比较对路:“存神以知几,德滋而熟”“身心率循乎义,逮其熟也”“以涵泳义理而熟之”“动止时行而为理之所自出也,熟则自知之。”[53]这就是德性生长而臻于“仁熟”。张子看到“通极于道”的这个“道”,是“通”之底据,从而对学者提出“学者中道而立,则有仁以弘之”的“熟仁”之“通”。[54]

其七,“约必能感而通”。《正蒙·中正》:“大中至正之极,文必能致其用,约必能感而通。未至于此,其视圣人恍惚前后,不可为之像,此颜子之叹乎!”所谓“大中至正”,就是指无所不中,无所不正,这是贯彻了天下之道所致。到达这个地步,文就能用,礼就能约,心与物就能沟通。不达于此,就如颜子讲的,见了圣人,还不知前面是圣人,等想到是圣人,又落在了后面,就难以达到成为圣人的境地。也就是说,与圣人的感应和沟通,可以通过历史文献和圣人制定的礼去认识、把握和行动,但不入“大中至正之极”,就如颜子所叹了。因而,这里的“感而通”,蕴涵的“熟仁”,是张子想要阐明的,船山揭示得体:“故圣人教人,使之熟习之而知其所由生,乃所以成乎文与礼”“亦文与礼之易知易从者,得其时中而人且不知,亦可以思圣人义精仁熟、熟而入化之妙矣。"[55]这里,还是这个"大而化之",致使一,"熟仁"成性而成圣:"大能成性之谓圣,大则无以加矣,熟之而不待扩充。"[56]致使二,"熟仁"成圣而至神:"以正志为入德之门,以存心立诚为所学之实,以中道贯万理为至善之止,圣与神则其熟而驯致者也。"[57]致使三,"熟仁"心成而身成:"以道体身而身成,大其心以尽性,熟而安焉,则性成。"[58]这里讲的"通",即"义精仁熟",已经是成人理论的核心成分:"仁通"。

其八,"仁通"。《正蒙·至当》:"仁通极其性,故能致养而静以安;义致行其知,故能尽文而动以变。""仁通",不仅有"生理"意义,"仁者,生理之函于心者也;感于物而发,而不待感而始有,性之藏也"[59]。"仁"的道理,是生命的道理,它藏在人心里面,成为人性。"人能心依于仁,则不为物欲所迁以致养于性,静存不失。"[60]而且"仁通"已成为行动的道义和认知的内容,"义者,心所喻之物则也;知者,仁所发见之觉也。诚之明,知之良,因而行之,则仁之节文具而变动不居,无所往而非仁矣"[61]。"仁"成为"道"、成为"义"、成为"知"的确切内容。这就表明,"熟仁",就是这样的"通",它统贯人生的知和行。这"仁通",就是"仁道"了。

其九,"仁道"。《正蒙·至当》:"仁道有本,近譬诸身,推以及人,乃其方也。"船山释义谓:"心备万物之理,爱之本也。推以及人,于此求之而已。"[62]"仁"的普世性和本体性,有了"推己及人"的基础,也成为由"推"到"通"的根据。"熟仁",就是显示这样的"仁道"性质,正因为"有本",才有了"自由"的本质。所以,张子把"仁道"放置于"体用不二"的哲学背景里,体现"推己及人"的"普爱"精神。张子指出:"必欲博施济众,扩之天下,施之无穷,必有圣人之才,能弘其道。"[63]这里,充实地展现了孔子的"仁"之精髓,"熟仁",就是要入于此"道","内圣外王",就是有这个"仁道"统领,儒家就是这么认为的。这是实现了"熟仁"的最高志向了。张子称其为"天德":"大而化之,仁熟而无土不安,合于天德"[64]"穷理尽性之熟也。圣功之极致,与天合德"。[65]然而,落实到行动中,最高的境地,就是"会而通"了。

其十，“会而通”。《正蒙·大易》：“天下之理得，元也；会而通，亨也；说诸心，利也；一天下之动，贞也。”元、亨、利、贞，是《周易》的四个德性，也是价值判断。天下之理，皆为“仁道”“会而通”，如船山释谓：“理无不通，故推而行之皆顺。”[66]由此看来，“会而通”，具有“知”“行”两性，既“会”天下之理而“知”，又“会”天下之理而“行”。此“通”之“会”性，亦究在“仁”之“体用”上。船山解释：“四德分而体用自相为因，元、贞，体也；亨、利，用也；惟元统天下之理，故于事通而于心说。贞者，贞于其元。惟贞于仁，故通万变而心常安，乃必通乎事而理始咸得，说乎心而后居正不疑，则亨、利，用也，而抑为体。”[67]这句话，说到点上：“惟贞于仁，故通万变而心常安”，其实，元、亨、利、贞，都在“于仁”上，从而获得了即体即用的不二性质。说“元、亨、利、贞”是四德，还相当抽象，放之“熟仁”上，张子突显其“仁熟则义自正”的“会而通”，这就具体了，在知上，也在行上，“能通天下之志者”，“熟于天理”，“居德熟”，“仁熟则不待勉”，这里有知的，也有行的，但归结到一点，还是深刻地旨意在一个实处上，即“人皆可以为尧舜”：“大人义精仁熟而至乎圣”，船山称其为“圣功熟”。[68]这个“功”，就是“会而通”。而“会”，就是“会”在“熟仁”之“通”！

把“熟仁”中的“成圣”问题与“通”问题连接起来，形成了儒家“自由主义”特殊性和深刻性。通过张载对“通”的分析，似乎更加显示了这样的特性。其实，如果要进一步扩展儒家“熟仁”中的“自由主义”价值取向，那么，一种自由的“通”性境界更值得去廓清。

3. 自由的“通”性境界

这是儒家“熟仁”中特有的“自由主义”情结，是孔子开启出来的。这里讲的所谓“通”性境界，指的是孔子在《述而》的一句名言：“志于道，据于德，依于仁，游于艺。”这里旨意到的所谓“自由的‘通’性境界”，我们以记在《朱子语类·论语·述而》里朱熹挑明的作为这一理论的向导。首先，朱熹视“道”“德”“仁”“艺”为人们生活中的具体事实，朱熹讲到点上：“须将圣贤言语就自身上做工夫,方见事事是实用,如将'志道、据德、依仁、游艺',放在自身上看。"对于这四句话的解释,朱熹都贯彻了这样的生存论关切:"'志于道',不是只守个空底见解。须是至诚恳恻,念念不忘。所谓道者,只是日用当然之理。事亲必要孝,事君必要忠,以至事兄而弟,与朋友交而信,皆是道也。"这个"志于道",是个"坯璞"、是个"基址",蕴生了"据于德":"如孝,便是自家元得这孝道理,非从外旋取来。据于德,乃是得这基址在这里。"有了这"道"、有了这"德","仁"就在其中,靠"仁"呵护住这个"道"与"德":"道,是日用常行合做底。德,是真个有得于己。仁,谓有个安顿处。"而且,这三者贯于人们的日常生活中,"依仁,则是此理常存于心,日用之间常常存在","依于仁",正是起了个保证"志于道"、"据于德"而"不违仁"的作用:"道者,人之所共由,如臣之忠,子之孝,只是统举理而言。德者,己之所独得,如能忠、能孝,则是就做处言也。依仁,则又所行处每事不违于仁。""不违于仁",就是"熟仁"。至于"游于艺",那更是生活的日常事了。有了"道""德""仁","艺亦不可不去理会。如礼乐射御书数,一件事理会不得,此心便觉滞碍。惟是一一去理会,这道理脉络方始一一流通,无那个滞碍。因此,又却养得这个道理。以此知大则道无不包,小则道无不入。小大精粗,皆无渗漏。皆是做工夫处。"这一工夫,也是生活之道。其次,四句话构成一个整体,具有内在联系。而且里面有"熟仁"的主题控制:"这处先要就'志于道'上理会。'志于道',便恁地利,恁地好。这须知是个生死路头。……以夫子'十五志于学,三十而立,四十而不惑,五十而知天命',皆是从志学做来著工夫,须看得圣人'志于学'处是如何?这处见得定,后去节节有下工夫处。"对于"据于德":"德是行来行去,行得熟,已成个物事了。……说到德,便是成就这道,方可有据处。但'据于德',固是有得于心,是甚次第,然亦恐怕有走作时节。其所存主处,须是'依于仁',自得于心,不可得而离矣。到游艺,犹言学文,虽事未甚要紧,然亦少不得。须知那个先,那个后,始得,亦所以助其存主也。"第三,"存主",这四个道理里,又是哪个是"主"呢?是"依于仁"。朱熹在此一再强调这个道理:"'依于仁',仁是众善总会处""既见于德,亦是发见处。然仁之在此，却无隐显皆贯通，不可专指为发见”“然而不‘依于仁’，则二者(指‘志于道’、‘据于德’——引者注)皆为无用矣”“德是逐件上理会底，仁是全体大用，当依靠处”“据德，是因事发见底；依仁，是本体不可须臾离底。据德，如著衣吃饭；依仁，如鼻之呼吸气。”而且，在四个里面，朱熹看到“依于仁”的中心地位，也描绘了“熟仁”之“通”所带来的一幅仁之“自由”的画卷：“自‘志于道’至‘依于仁’，是从粗入精；自‘依于仁’至‘游于艺’，是自本兼末。能‘依于仁’，则其游于艺也，盖无一物之非仁矣。”最后，朱熹道出了“依于仁”之“熟仁”境地，此片境地是属于人心中的：“仁，人之本心也。依，如‘依乎中庸’之依，相依而不舍之意。既有所据守，又当依于仁而不违，如所谓‘君子无终食之间违仁’是也”“‘依于仁’，仁是个主，即心也。‘依于仁’，则不失其本心。既不失其本心，则德亦自然有所据。”“据于德”，是“依于仁”之心中的自由，到此地步，四个方面都“活”了，也就是“自由”了，朱熹用了一个“无物欲之累”又“纯乎天理”而达到了这样的做人自由：“至‘依于仁’，则无物欲之累，而纯乎天理，道至此亦活，德至此亦活，却亦须‘游于艺’。……此虽小学，至‘依于仁’，既熟后，所谓小学者，至此方得他用。”也即“艺至此亦活”了。

由此观之，自由的“通”性境界，原来就是孔子如何安排“志于道”“据于德”“依于仁”“游于艺”以及“依于仁”在此中的地位及其“熟仁”的价值。当朱熹把“依于仁”释义谓：“依者，不违之谓。仁，则私欲尽去而心德之全也。功夫至此而无终食之违，则存养之熟，无适而非天理之流行矣。”[69]能够按“天理流行”，这是“依于仁”的境地，那就是一种“自由”了。人之身心契合于此，在内在外，盖以“依于仁”而“通”，那是儒家向往的一种“自由”的境地了。[70]

但是，必须看到，儒家确立的“自由”观，始终存在一种具有“等级”意义的“自由”。现在，就得将目光注视于“向外”的探索，即等级社会的建构与“熟仁”的有效性“作为”，究竟如何探索是儒家“熟仁”理性的一道难题。

注释:

[1]《论语·颜渊》。

[2]《论语·颜渊》。

[3]《论语·雍也》。

[4]朱熹:《四书章句集注·论语集注》卷二。

[5]朱熹:《四书章句集注·论语集注》卷二。

[6]朱熹:《四书章句集注·论语集注》卷二。

[7]朱熹:《四书章句集注·论语集注》卷四。

[8]《论语·公冶长》。

[9]朱熹:《四书章句集注·论语集注》卷三。

[10]朱熹:《四书章句集注·论语集注》卷三。

[11]《朱子语类》卷二十八。

[12]《朱子语类》卷二十八。

[13]《论语·阳货》。

[14]朱熹:《四书章句集注·论语集注》卷九。

[15]《朱子语类》卷二十八。

[16]王船山:《张子正蒙注·神化》。

[17]《朱子语类》卷五十九。

[18]《朱子语类》卷五十九。

[19]王船山:《四书训义》卷三十六。

[20]朱熹:《四书章句集注·论语集注》卷六。

[21]朱熹:《四书章句集注·论语集注》卷六。

[22]朱熹:《四书章句集注·论语集注》卷六。

[23]朱熹:《四书章句集注·论语集注》卷七。

[24]《论语·雍也》。

[25]《朱子语类》卷三十三。

[26]朱熹:《四书章句集注·论语集注》卷十。

[27]朱熹:《四书章句集注·论语集注》卷四。

[28]《朱子语类》卷三十四。
[29]《论语·雍也》。
[30]朱熹:《四书章句集注·论语集注》卷三。
[31]《朱子语类》卷三十二。
[32]《朱子语类》卷三十二。
[33]《朱子语类》卷三十二。
[34]《朱子语类》卷三十二。
[35]朱熹:《四书章句集注·论语集注》卷一。
[36]朱熹:《四书章句集注·论语集注》卷一。
[37]朱熹:《四书章句集注·论语集注》卷一。
[38]朱熹:《四书章句集注·论语集注》卷二。
[39]冯友兰《中国哲学简史》,第8—9页,新世界出版社2004年版。
[40]《孟子·公孙丑上》。
[41]《荀子·哀公》。
[42]王船山:《张子正蒙注·太和》。
[43]张载:《正蒙·太和》。
[44]王船山:《张子正蒙注·太和》。
[45]王船山:《张子正蒙注·太和》。
[46]王船山:《张子正蒙注·太和》。
[47]王船山:《张子正蒙注·天道》。
[48]王船山:《张子正蒙注·天道》。
[49]王船山:《张子正蒙注·天道》。
[50]王船山:《张子正蒙注·天道》。
[51]王船山:《张子正蒙注·神化》。
[52]王船山:《张子正蒙注·诚明》。
[53]王船山:《张子正蒙注·神化》。
[54]张载:《正蒙·中正》。
[55]王船山:《张子正蒙注·中正》。
[56]王船山:《张子正蒙注·中正》。
[57]王船山:《张子正蒙注·中正》。

[58]王船山:《张子正蒙注·中正》。

[59]王船山:《张子正蒙注·至当》。

[60]王船山:《张子正蒙注·至当》。

[61]王船山:《张子正蒙注·至当》。

[62]王船山:《张子正蒙注·至当》。

[63]张载:《正蒙·至当》。

[64]王船山:《张子正蒙注·至当》。

[65]王船山:《张子正蒙注·三十》。

[66]王船山:《张子正蒙注·大易》。

[67]王船山:《张子正蒙注·大易》。

[68]王船山:《张子正蒙注·大易》。

[69]朱熹:《四书章句集注·论语集注》卷四。

[70]在《菜根谭》章节对“殊途同归”的分析里,“通”之“熟”性上的考量,完全可以被视为中国人对于“熟”的一种特殊情结的一种特殊关照。

第二十一章

在儒家“等级社会”的期待里，“熟仁”的作为

在一个等级社会里，儒家“熟仁”的作为，不是一个可有可无的问题，相反，却是一个不可绕开的要害问题。厘清这个问题，关系到儒家“熟仁”的效率和方向。儒家的基本问题和矛盾，也会随之获得解决的途径。

儒家是主张等级的，社会要分等级，人类和人要分等级，所谓金木水火土，是以土为中心的五行结构。人居于土上，所以种田为立国之本，农业就居于工、商、兵之前。四个阶层：士、农、工、商，各守本分、各尽其责，社会就有序可言。就一国而言，上至君王，中至百官，下至万民，乃至一州、一郡、一县、一乡、一村、一家，也盖莫如此。立足于儒家立场，这一切，或许都建立在孔子开启的仁礼结合上。儒家一再加强“熟仁”的效率，希冀的，就是要达到社会的“有序”性质。这就引出了儒家“熟仁”的外在效率问题。

由此看来，儒家讲“熟仁”，并非仅仅是与个体发生联系的，更重要的是与社会发生内在联系的，讲“熟仁”的效率，离不开这个环节。因此，儒家的“熟仁”，又充满了政治气息，换句话说，也是一个“政治”问题。这其中，“熟仁”是有所作为的。同时，也不可避免的带来了儒家在此中的痛苦期待。究竟“熟仁”的作为如何呢？

一、等级关系定位

儒家的等级关系是从两个方向定位的：一个是社会的政治体系，一个是

个体的道德体系,连接这两个体系的是儒家十分得意的社会伦理系统。

1. 周、孔、孟

构成这一理论体系的儒家传统,是经过了周公到孔子到孟子的努力。我们先来关注这一系统性理论在孔子的经典表述,其表现得尤为充实、尤有分量。孔子有两句话,可作专门检讨。第一句:

> 《颜渊》:"齐景公问政于孔子。孔子对曰:'君君,臣臣,父父,子子。'"

这是出于政治伦理考量的。齐景公问"政",孔子说:"君要像君,臣要像臣,父要像父,子要像子。"——"君君、臣臣、父父、子子",朱熹称其为"人道之大经,政事之根本"[1],这差不多成为整个中国社会的政治伦理的大纲。君、臣、父、子,是封建社会的一种身份等级,每一等级中的"位"应该做什么,孔子说得很清楚。如《八佾》里说:"君使臣以礼,臣事君以忠。"在孔子的心目里,这一关系的定位,着眼点是社会的秩序,每个位上的人,必须各尽其职,才能保证社会稳定。越位或者不到位,均是混乱的开始。但是,要做到这一点是困难的。孔子深知此中道理。孔子目睹了当时许多"僭越"现象,感受到了来自于此的社会动乱。所以,他立志要恢复"周礼",用礼来调节社会的政治伦理秩序。当然,这是一个非常难治的问题。朱熹跟他的学生讲了这番道理。学生问朱熹:"政使孔子为政,而欲正其君臣父子,当于何处下手?"如果孔子当政,他要端正君臣父子的关系,应当从哪里下手?朱熹说出了孔子的原委:"此便是难。据晏子之说,则曰:'惟礼可以已其乱。'然当时举国之人皆欲得陈氏之所谋成,岂晏子之所谓礼者可得而已之!然此岂一朝一夕之故?盖其失在初,履霜而至坚冰,亦末如之何也已。"[2]一国之君臣,应以"礼"为安排各自等级,故那个"陈氏弑君篡国之祸",在孔子看来,就是乱了君臣之礼,违了等级安排,理应受到拒斥。对于这样的"僭越",应该及早加以制止,不然后悔莫及。晏子也好,孔子也罢,所规范的各自等级的定位是以"礼"来确认和保证的。

孔子有周公情结。其实，孔子信奉的“周礼”主要来自于周公。《淮南子·要略》：“周公受封于鲁，以此移风易俗。孔子修成康之道，述周公之训，以教七十子，使服其衣冠，修其篇籍，故儒者之学生焉。”孔子对周公是深有情感的，在《论语》中，孔子两处提到周公：

《述而》：“甚矣吾衰也！久矣吾不复梦见周公。”

《泰伯》：“如有周公之才之美，使骄且吝，其余不足观也已。”

这就是孔子的周公情结。孔子感慨：“我实在是老了，好长时间没有梦见过周公了！”孔子自感衰老，故“不复梦见周公”，但言下之意，是说自己常以周公之道为己任。透过这句话，朱熹看出此底蕴：“孔子盛时，志欲行周公之道，故梦寐之间，如或见之。”[3]又对学生说：“‘梦周公’，‘忘肉味’，‘祭神如神在’，见得圣人真一处。理会一事，便全体在这一事。”[4]这就表明，孔子一生，正是以周公的言行为指针为境地。在孔子看来，周公是德才俱备的圣人，不能割裂看周公的才与德。朱熹说：“‘周公之才之美’，此是为有才而无德者言。”[5]即便有周公的才能之美，一旦这样的才能使他骄傲并且吝啬，也不值得一看了。

因此，孔子说“吾从周”是有道理的。作为儒家的“圣人”，在成王襁褓之时，周公“摄行政当国”，辅助成王治理国家。周公制定了属于儒家的政治理论：德治。这体现在周公的“敬德保民”和“明德慎罚”，此为做官之责，构成了儒家官德的核心内容。有关周公的这些陈述，在《尚书》中有很多记录。当然，这里更要指出的是，孔子使这个“德”上升到“仁”，孟子又合周公之“德”和孔子之“仁”，提出了“仁政”。除了周公的“德治”，还提出了孔子定名的“周礼”。现今看到的儒家经典《三礼》，即《周官》、《仪礼》、《礼记》，均与周公息息相关。据资料，《周官》为周公所作，也被称为《周礼》，是专门为周代设计的“官政次序”和“设官分职用人之法”。实际上，《周礼》所言，集中于政治制度的等级安排及其需要的体制设计，如《周礼·天官》开宗明义：“惟王建国，辨方正位，体国经野，设官分职，以为民极。”这里的等级性安排是何等明显。各居其位者，需要尽到的职责又是何等明显。

孔子对周公的“礼”是相当心领神会的,故历史上常将周、孔并称。有考证说,是“自东汉张衡、蔡邕以来,人们常以‘周、孔并称’”[6]。东汉的张衡、蔡邕,均属于儒家系列中的人物。张衡的《归田赋》:“弹五弦之妙指,咏周、孔之图书”;蔡邕的《释诲》:“檠旋乎周、孔之庭宇,揖儒、墨为友”,这二句,犹旨意于“周、孔”在时间(“图书”)、空间(“庭宇”)上的结合。真正使二者达到“完美”的是唐代的韩愈,其提出的儒家始终一贯的“道”,即“道统”,把周公和孔子并列为儒家的“圣人”。

但是,孔子是继承并发展了周公的思想,理论上是有重大突破的。“吾从周”,以恢复“周礼”为使命,因为孔子确是看到了时下由“僭越”产生的“混乱”,破坏了“周礼”,这被孔子称为是“礼崩乐坏”。孔子非常反感当时的鲁国大夫季孙氏竟然用了只能由周天子才能使用的舞蹈“八佾”,认为季氏用“八佾”是一种僭越行为,所以,孔子当面指责季氏:“八佾舞于庭,是可忍也,孰不可忍也?”[7]作为大夫,季氏是僭越了。面对这样的情形,孔子希冀对社会等级设计各居其位的“礼”。

同时,必须指出,在“君君、臣臣、父父、子子”的社会等级意识里,孔子是从“道”的意义上去看待符合等级之礼这个问题的。他更着眼于维护社会稳定来设计君臣之道、父子之道。君执礼,臣要忠,父讲慈,子要孝。朱熹评价孔子那句著名的“君使臣以礼,臣事君以忠”时,上升是“为君之道”、“为臣之道”,符合这些“道”,社会就有治:“为君当知为君之道,不可不使臣以礼;为臣当尽为臣之道,不可不事君以忠。君臣上下两尽其道,天下其有不治者哉!”[8]家是国的延伸,父子关系,也有“为父之道”、“为子之道”。

父讲慈,子要孝,孔子有如是观。有关这两道,《论语》有些重要记录,差不多成为儒家“父子之学”,或谓“孝学”的基本价值取向:

《学而》:“子夏曰:‘贤贤易色,事父母能竭其力,事君能致其身。’”

孔子弟子子夏说:“对妻子,看重品德,不重外貌;侍奉父母,要尽心竭力;服事君上,要有献身精神。”

《学而》:“子曰:‘父在观其志,父没观其行,三年无改于父之道,可谓孝矣。'"

孔子说"孝":"父亲活着时,要观察其子的志向;父亲不在人世了,要观察其子的行为。如果他三年不改父亲的道义行为,就可以称他是孝了。"

《为政》:"孟武伯问孝。子曰:'父母唯其疾之忧。'"

鲁国大夫孟武伯问孝。孔子说:"孝子使父母只为儿子的疾病担忧(不操别的心思)"——按马融,此"其"是指儿子,孟武伯为孟懿子的儿子。孔子最担心鲁国三家大夫的僭礼妄为,所以孔子如是这样说了。

《里仁》:"子曰:'事父母,几谏,见志不从,又敬不违,劳不怨。'"

孔子说:"侍奉父母,他们若有错误,要婉言相劝。父母没有听从你的意见,仍然要恭敬地不违拗他们,虽然忧愁,但没怨恨。"

《里仁》:"子曰:'父母在,不远游,游必有方。'"

孔子说:"父母在世,不出门远游。如果要远游,就一定要有去处。"——就是以父母之心为心,这就是子女的孝心。

《里仁》:"子曰:'父母之年,不可不知也,一则以喜,一则以惧。'"

孔子说:"父母的年纪要时刻关心,既以他们的年高而高兴,又以他们的年衰而担忧。"

《子路》:"叶公语孔子曰:'吾党有直躬者,其父攘羊,而子证之。'孔子曰:'吾党之直者异于是,父为子隐,子为父隐,直在其中矣。'"

叶公告诉孔子:"我乡里有个正直的人,父亲偷了羊,儿子告发了他。"孔子却说:"在我的乡里,正直的人与你们不同,父亲替儿子隐瞒,儿子替父亲隐瞒。正直就在这里面。"

以上所列,差不多涵盖了孔子的父子之道。但是,其中有些观点是需要澄清的。第一,在孔子的等级社会意识里,社会稳定的前提是家庭的伦理道德,它主要的侧重点在父子之道上。可能在孔子的心里,为子之道更加有利于稳定性质,因为父之地位高于子,况且将来子要成父,所以孔子比较多的检讨为子之道是情有可原的。这一"为子之道",大致可以代表传统中国人的"孝学"的基本观念。第二,在孔子的"为子之道","孝"是核心。也是"仁"

之写照。《学而》:“君子务本,本立而道生。孝弟也者,其为仁之本与!”所以,孝,是仁的行为,是“熟仁”的一部分。所谓“三年无改于父之道”“敬不违,劳不怨”,是需要锻炼成熟的。其实,孔子讲“孝”,着眼点有两个,一是放在对“仁”的活学活用上,二是放在维护社会伦理纲常上。第三,在孔子的等级社会秩序里,这样的“孝”,是基于浓烈的血缘关系和宗法关系的,那个因偷羊的父替子辩和子替父辩充分地说明了这一点。由此看出,孔子“仁”意义上的“孝”,却是最为其大的。故《中庸》有此说:“仁者,人也,亲亲为大。”孝悌便是亲亲的规范。在这个案例里,孔子似乎有个意图,就是既要维护父子之间的纲常伦理,又要彰显出孝之于“熟仁”的结局,所以,孔子设计了这个“直”。

其实,孔子已经把“孝”注入了治国之道,孔子说,孝乎惟孝,可以为政。至汉代,有儒者据孔子弟子曾参的“孝”说(据说,曾子是非常讲究孝道的)编撰了《孝经》,从理论上为封建等级设计了各自所需的“孝”,如《孝经·广扬名章》:“君子之事亲孝,故忠可移于君;事兄悌,故顺可移于长;居家理,故治可移于官。”“孝”之精到却娴熟,就会无所不通,如《孝经·应感章》:“孝悌之至,通于神明,光于四海,无所不通。”儒家的这一套“孝”的理论,最主要的是看到“孝”的实践价值,《孝经·三才章》讲得到位:“夫孝,天之经也,地之义也,民之行也。”圣明的君主治理天下,无不用其“孝”。孔子说过:“昔者明王之以孝治天下也,不敢遗小国之臣,而况于公侯伯子男乎?”[9]《孝经》一口气对“天子”“诸侯”“卿大夫”“士”“庶人”五个等级定下了“孝”的规范,以图获得治理社会的实践效率。总之,在儒家那里,孝,是等级之孝,是仁之行,既是治家规范,又是治国规范,具有理论和实践的双重价值。又如:

《季氏》:“孔子曰:‘生而知之者,上也;学而知之者,次也;困而学之,又其次也;困而不学,民斯为下矣。’”

孔子说:“生来就知道的人是上等,学习了才知道的人是次一等,有了困惑再去学习的人又次一等,有了困惑而不去学习的人是最下等的。”——这段话的等级意识十分明显,尽管孔子是从“学”的层次上去设定的。“上”

“次”“又次”“下”，就是一种等级性质的话语。每个等级位中的人就应该去做属于自己等级的事。这里，孔子意在突出个体认知道德问题。孔子认定的最“下”层，是“民”。

其实，关于等级社会性质的话语，孔子时常若有所思，从个体认知道德角度上去说，其界限往往更加分明：

《雍也》：“子曰：‘中人以上，可以语上也；中人以下，不可以语上也。’”

孔子说：“中等水平以上的人，可以向他讲上等学问；中等水平以下的人，不可以向他讲上等学问。”——在一个等级的上下，教育的方式、知识的内容有别。“熟仁”，对于不同等级中的人，渠道可以不同，所谓“殊途而同归”。但是，对于等级社会而言，这是一种等级效应。每个等级中的人，通过做好他自己的事情，不断变得成熟。“成圣”也可。朱熹引张敬夫的原话大致说出了这些意思：“圣人之道，精粗虽无二致，但其施教，则必因其材而笃焉。盖中人以下之质，骤而语之太高，非惟不能以入，且将妄意躐等，而有不切于身之弊，亦终于下而已矣。故就其所及而语之，是乃所以使之切问近思，而渐进于高远也。”[10]对于特定的“中人以上”或“中人以下”，不可超越等级（“躐等”就是超越等级的意思），在各自的等级位里，获得“因材施教”，又加之于“切问近思”，逐渐进入“高远”之状态，这样一来，社会就可以安定有序了。这里，均蕴含了“熟仁”的教化。

孔子相当关切治道秩序，个体道德体系的确立保证了“天下有道”（治道等级秩序的另一种说法）：

《季氏》：“孔子曰：‘天下有道，则礼乐征伐自天子出。天下无道，则礼乐征伐自诸侯出。自诸侯出，盖十世希不失矣。自大夫出，五世希不失矣。陪臣执国命，三世希不失矣。天下有道，则政不在大夫。天下有道，则庶人不议。’”

孔子说：“天下太平，制礼、作乐、征讨的决定，应由天子作出；天下不太平，制礼、作乐、征讨的决定，是由诸侯作出。由诸侯作出，传到十代就很少不失败的了;由大夫作出,传到五代就很少不失败的了;若是大夫的家臣把持国家命运,传到三代就很少不失败的了。天下太平,国家权力就不会掌握在大夫手中。天下太平,人民就不会议论纷纷。"——"天下"乃指社会,治理社会有等级之别,等级之乱,就是社会之乱。孔子划分出"天子"、"诸侯"、"大夫"、"陪臣",天下的等级结构不能乱来,天下有道(有序)或无道(无序),盖出自于各自的不僭越。

孔子有个战略眼光,就是他发现一个社会的稳定存在和和谐发展是需要等级来维系的。因此,他十分反对"躐等",但是,孔子还看到一个重要事实,彻底维持住等级社会结构,就需要解决和实现他的"仁",孔子的"仁"是"爱人",而孔子也注意到,人是分等级的,最上层最下层都要顾及到,他称为"中庸"。因此,他在一大批有作为的儒家思想家和政治家那里,勾勒出了一个儒家意义上的等级社会的核心问题:"仁"与"民"。这个问题的有效解决,关系到整个儒家自周、孔、孟以来的实践取向。

周公提出了"德",孔子突出了"仁",到了孟子,发展为"仁政"。孔子与孟子,都在不同程度上有着周公情结。但是,孟子与孔子有一点的不同是,孟子是置周公于具体的情景中加以情结化的。也就是说,孟子是比较实践化地确认周公情结:一个是为周公辩护,一个是在实践中运用了周公。应该看出,整篇《孟子》,说到周公的,也只在五、六次,其中,最能反映孟子为周公辩护的,是《公孙丑下》孟子与陈贾的一段对话:

燕人畔。王曰:"吾甚惭于孟子。"

陈贾曰:"王无患焉。王自以为与周公孰仁且智?"

王曰:"恶!是何言也?"

曰:"周公使管叔监殷,管叔以殷畔。知而使之,是不仁也;不知而使之,是不智也;仁智,周公未之尽也,而况于王乎?贾请见而解之。"

见孟子,问曰:"周公何人也?"

曰:"古圣人也。"

曰:"使管叔监殷,管叔以殷畔也,有诸?"

曰:“然。”

曰:“周公知其将畔而使之与?”

曰:“不知也。”“然则圣人且有过与?”

曰:“周公,弟也;管叔,兄也。周公之过,不亦宜乎?且古之君子,过则改之,今之君子,过则顺之。古之君子,其过也,如日月之食,民皆见之,及其更也,民皆仰之;今之君子,岂徒顺之,又从为之辞。”

这是孟子为周公辩护的一段著名陈述。事情是这样的:燕国人反叛齐国。齐王便说:“我对孟子感到非常愧疚。”齐国大夫陈贾却说:“大王不必愧疚。在仁和智的方面,王与周公比较一下,您认为谁强些?”齐王不解道:“此话如何讲?”陈贾说:“周公派管叔去监督殷国,管叔却率领殷国的遗民造反。如果周公预见到这一情况,仍然派管叔去,那就不仁了;如果没有这种预见,就是不智了。仁和智,周公都没有完全做到。何况您呢?我愿意去见一见孟子,向他请教。”于是就有了下面这段陈、孟对话:

陈:“周公是怎样的人?”

孟:“古代的圣人。”

陈:“周公派管叔去监督殷国,管叔却率领殷国遗民造反,有没有这件事?”

孟:“有。”

陈:“周公是预见到管叔会造反而偏要派他去吗?”

孟:“没有预见到。”

陈:“由此看来,圣人也有过错呀。”

孟:“周公是弟弟,管叔是哥哥,周公有过错也是合乎情理了。古代的圣君,有了过错,随时改正;而今天的君子,有了过错,却原谅自己。古代的圣君,有了过错,就如日食月食一样,人民个个都看得到;当他改正了错误,人民都抬头仰望着。今天的君子,不仅原谅自己,而且为过错找理由掩饰。”

我们在孔子那里找不到这样的评价。孟子为周公的辩护,是他实事求是地看待周公的重要方面。当然,最能反映出孟子这种实践化周公情结的,有三个重要特征:第一,等级优先地位,突出两头:轻君——重民。这要比孔子前进了一大步。孔子往往有“使民”态度,将“民”置于被动地位。孟子说的那句千古绝句:“民为贵,社稷次之,君为轻”,是孟子把周公的“敬德保民”放之于维护等级社会的根本出发点之上,一向以“君为大,民为小”的时代,在孟子的这一标志性的“口号”里,君与民的地位作了历史性“颠覆”,至少成为儒家政治道德的风向标,充满了儒家道义论的伦理正义。第二,由周公之“德”和孔子之“仁”转向于“仁政”。周公讲“敬德保民”,需要的是“德惟善政,政在养民。”[11]周公作《周官》,明确:“明王立政,不惟其官,惟其人。”此“人”,也可作“民”字解。就是要爱民、惠民,孔子概之以一“仁”字,“仁者,爱人”,就是周公之“德”的意念发展。到了孟子,就彻底的提倡“仁政”,号召君王们施“仁政”,孟子设计的“仁政”,意图很明显,就是维护和支持一个稳定和谐的社会结构,是保持政权的有效工具,是“天下无敌”的有力保证。第三,孟子的心志甚高。“言必称尧舜”,自称“五百年必有王者兴”,舍他还会有谁呢?在孟子看来,他是代表“民心”“天道”说话的,是说给治理国家的“君王们”听的。周公的“先知稼穑之艰难”在孟子那里,转变为一个更加新颖的标的,就是指向等级社会中的一部分执政者,要求他们以先圣之道治理好国家,这是一个等级中的必然和当然之则。这就是孟子心目中的“尧舜之道”、“周、孔之则”。在这三个层次里,孟子把周公情结细细地实践化了,很有实际意义的针对性和指向性。有人说孔子很有实践性,孟子很有理论性,但又过于远阔而显得迂腐,这是“矮化”了孟子。这是需要为孟子作一个理性“辩护”的。当时没有君主愿意接受孟子的学说,但不能因此说这个理论是错的或者是无意义的。

还需指出一点,孟子有“轻君”说,但不是说“君王”的地位不重要,这只是相对于“贵民”说而言的。实际上,孟子提出了一系列的为君之道,对于“君道”的设计,可以说,在孟子那里,从儒家的道义论立场来看是最具康德式的彻底性。在周、孔的基础上孟子把儒家的“内圣外王”作了极大的推进。即便那个“熟仁”,也可以在孟子“熟仁”命题里获得足够多的领略。至于孟子的“君道”设计，将在后面“‘位’上的文章”一节里加以更细致的分析。

从周、孔、孟那里，我们分析的侧重点是放在等级社会，问题是，儒家由此论证的等级关系定位，主要是从“外王”角度去拉近儒家的理想与现实的沟通。从最深刻的标的出发，政治理想与个体道德的双重实现，就是那个“仁”与“民”的问题。“熟仁”在此中，是有事可做的。

2.“仁”与“民”

儒家信奉的等级社会里，“民”与“仁”的关系定位，对于治理国家和君道设计，意义重大。

等级划分，要以一定的基础，可以是地位、人品、知识、财富、权力等，孔子的依据，也囿于此。但更为偏重的是知识层次和权力地位。其中最底层的恰恰就是知识层次低、没有权力的“民”。孔子的“仁”，连接着“民”，对于执政者来说，孔子给予了特殊关切。

《卫灵公》：“子曰：‘民之于仁也，甚于水火。水火，吾见蹈而死者矣，未见蹈仁而死者也。’”

孔子说：“人民需要仁，超过了对水和火的需要。但是，我只见到赴水蹈火而死的人，而没有见到过为了实行‘仁道’而牺牲的人。”——这是从官与民的等级意识里去看问题的。这是对当官者提出为民以仁的要求。仁，超越了生命中的物质因素的重要性。朱熹发现这句话正是蕴涵了孔子对于“仁”的社会期待和个体道德的特定追求。朱熹说：“民之于水火，所赖以生，不可一日无。其于仁也亦然。但水火外物，而仁在己。无水火，不过害人之身，而不仁则失其心。是仁有甚于水火，而尤不可以一日无也。况水火或有时而杀人，仁则未尝杀人，亦何惮而不为哉？”[12] 人民需要“仁”，官员要施予“仁”；“仁”是内在于己的，需要或者给予，首先自身要树立“仁”、培育“仁”、生长“仁”，然后才有“仁”的外在实现。这一内在与外在的结合，就是孔子愿意看到的“熟仁”。一个合理有序的等级社会，是需要这样的“仁”来支撑的。

因此，在等级意识里讲话，孔子就有了像“仁”这样的特定“腔调”，他需要用“熟仁”来化解等级社会里的“不稳定”因素,即“仁”成为沟通等级的渠道。这里是集中在“民”与“仁”的关系上看孔子的用心的。

“仁”的活用。孔子讲“仁”,孟子发展其为“仁政”。孔子对“民”的设定,往往多从“使民”即管理人民的角度考虑,体现其“仁”的关切。从“熟仁”的角度看,是“仁”的活用。看一下孔子关于“民”的如此叙述与定位:

《学而》:“子曰:‘导千乘之国,敬事而信,节用而爱人,使民以时。’”

孔子说:“治理人口较多之国,管理者要认真办事,讲究信用,节约开支,爱护人民,在农闲时役使人民,使百姓不违农忙季节。”——所谓“敬事而信,节用而爱人,使民以时”,皆是对“仁”的活用,是“熟仁”的环节。放置于治道上,又是治国之要。朱熹强调,“今若治国,不本此五者,则君臣上下漠然无干涉,何以为国?”[13]如果放置于等级社会的需求性来看,孔子把此五者(敬事、信用、节用、爱人、使民以时)视为一个有次序的环环相扣。这一点,朱熹颇得孔子要领。学生问朱熹:“五者相因,各有次序。”朱熹回答,对。并说了一番理由:“圣人言语,自是有伦序,不应胡乱说去。敬了,方会信;信了,方会节用;节用了,方会爱人;爱人了,方会‘使民以时’。又敬了,须是信;信了,须是节用;节用了,须是爱人;爱人,须是‘使民以时。’”[14]朱熹反复强调这个理,说明等级社会中的和谐问题,在于民做事、治国家方术上是需要讲究这种“次序”的,“圣人言语,自是有伦序”,不然,就是混乱或者徒然:“始初须是敬,方能信;能敬信,方真个是节用;真个节用,方是爱人;能真个爱人,方能‘使民以时’。然世固有能敬于己而失信于人者,故敬了又有信;亦有能信于人而自纵奢侈者,故信了又用节用;亦有自俭啬而不能推爱他人者,故节用了又用爱人;爱了人,又用‘使民以时’,使民不以时,却是徒然也。”[15]应该说,此五者,对于一个社会和谐来说是至关重要的。看来,孔子是有先见之明的。

《为政》:“子曰:‘导之以政,齐之以刑,民免而无耻。导之以德,齐之以礼,有耻且格。’”

孔子说:“管理人民,如果用政令来治理,用刑法来整顿,人民只求避免罪罚,却不会产生廉耻心。如果用道德来引导,用礼仪来整治,人民就会产生廉耻心，而且内心向善。”——引导和治理人民，“以德”、“以礼”胜于“以政”、“以刑”，二者产生的治民效果是不一样的。所谓“导之以德，齐之以礼”，就是“熟仁”在治民上的活用了。但是，应该指出，孔子并没有说前者是一种错误的做法。只是后者要比前者在治理国家上有更多的人文自觉性。一个是“民免而无耻”，一个是自觉的有羞耻心。同样，治理国家，移风易俗，“以德”“以礼”“以政”“以刑”，都是不可或缺的，只是产生的结果不同。朱熹释其前句是末、后句是本，本末不能颠倒也是从结果上说的。按孔子的设想，这是等级社会的治理结构，维持这样的结构不致混乱，“德”“礼”“政”“刑”，制度层面和道德层面，都是需要的。只是在运用的时候，不要本末倒置。治理国家的“熟仁”之于“治民”也是这一道理。

《公冶长》：“子谓子产，‘有君子之道四焉：其行己也恭，其事上也敬，其养民也惠，其使民也义。’”

孔子评价子产说：“他治国有方，对自己严格自律，对君上敬重负责，对人民教育恩惠，对治民符合道义。”——“养民有惠”“使民有义”，即是符合“仁”的“爱人”价值。子产（？—前522年），是春秋时代郑国杰出的政治家。孔子曾多次赞誉他治国有方、政绩卓越。更重要的是，孔子是从内外一致上去评价子产的，虽然子产还够不上孔子信奉的“仁者”，如朱熹评论的：“子产政事尽做得好，不专爱人。做得不是，他须以法治之。”[16]孔子赞扬子产，意图可能有三，一是，论政绩，在当时的政治事业里，子产确属于佼佼者。二是，子产内有道德约束，外有治民伦理。三是，子产的治国之道，是等级社会之必需的，堪称为时下君子所缺憾之处。看来，孔子并不完全排斥法治，孔子以“仁”的价值取向，为评价子产提供了一种新的分析标准。但是，子产毕竟离孔子的“仁”的最高宗旨即圣人境界却有一定距离。所以，朱熹的评论只能如是看。这个说法，与孔子的下面这句话，可以互为补充。

《泰伯》：“子曰：‘恭而无礼则劳，慎而无礼则葸，勇而无礼则乱，直而无礼则绞。君子笃于亲，则民兴于仁；故旧不遗，则民不偷。’”

孔子说：“谦虚而不知礼，就会劳倦不堪；谨慎而不知礼，就会畏缩怯弱；

敢作敢为而不知礼,就会鲁莽行动;心直口快而不知礼,就会尖刻刺人。在上位的人用深厚的感情对待亲族,人民就会趋向仁义;在上位的人不遗弃故乡旧里,人民就不会对人冷漠。”——“恭”、“慎”、“勇”、“直”,均为“仁德”,要活学活用,就得受之于礼的调节。当官的对待人民,“仁”的准确把握和活用,是一种“熟”,“笃于亲”、“兴于仁”,官、民互动,关键看“在上位”。这是属于“德风”与“德草”意义中的贴切比喻。更宽泛地看,“礼”的实际意义是渗透在各个等级位列里的。

从孔子的几段话里,还是能够理清“仁”与“民”关系脉络。实际上,孔子的真正用心,还是对“位”的思考。各个等级,是“位”,“位”上有“德”之要求,实现等级社会的稳定秩序,就得掌控“位”与“德”的互动。这属于“熟仁”在每个“位”上的伦理道德要求。如此解释,儒家“熟仁”中的“位”学问,本身就成为等级社会秩序的“学问”了。

二、“位”上的文章

仅仅以上表述,足以表明孔子的等级意识里,嵌入了“熟仁”的细节,对“在上位”的要求,集中到一点,就是落实到“仁”的活用。一个稳定的等级社会,各自到位而各尽责任,就是仁德了。孔子向往的就是这样的“熟仁”效率。一个是政治秩序的眼光,一个是德与位的考量。具而论之有三:

1. 政治秩序中的“位”意识转化为等级关系

儒家所标识等级意识中的“位”,转变为做人处事的方法,孔子突出了一种“位”上的等级对待。重要的是,它提供了做人做事的特定要求。因而,等级之“位”成为一种做事的方法是很有意味的。看一段孔子的精到言论:

> 《子罕》:“子曰:‘可与共学,未可与适道;可与适道,未可与立;可与立,未可与权。’”

孔子说:“可以同他一起学习,但未必可以同他一道取得某种成就;可以同他一道取得某种成就,但未必可以同他一起立身处世;可以同他一起立身处世，但未必可以同他一起灵活处理各类特殊问题。”——三句话，可作两段看：学与立是一段，为前；权是另一段，为后。这里有个先后关系，即先学后立再权。这是符合儒家的“内圣外王”。但是，在“位”上考察，孔子在这里不是在指同一个人，也不意味着是同一个人从“学”到“权”的进程，而是作了定格性的分析。孔子在此并没有流露出好坏的价值判断，扩展地看，孔子希望看到的是，在每个“位”上，可“共学”，可“适道”，可“与立”，可“与权”，各自做好自己的工作，越“位”不是可取的。当然，也可以作这么一个扩充性阐释，即放置于同一个人立场来看，从可“共学”到可“适道”，从可“适道”到可“与立”，从可“与立”到可“与权”，那就是“位”上的连接，这是做人做事的成熟，它可以表现为“熟仁”的深化了。这一连接，并不构成“越位”问题，而是做人处事的进程。诚然，这个扩充性阐释与孔子讲这段原话的初衷“有些出入”了。

2. 对“君道”的设定

其实，孔子设计的“仁”与“民”，其重心是在“上位”，因为孔子对于“德风”的重视要高于“德草”。只有“德风”才能有“德草”，“德风”在“上位”吹起，“德草”才会顺着。这里，“德草”即象征“民”。所以，在“上位”的要求就显得更重要了。儒家专门有“君道”之学，希冀的就是贯彻孔子的那个“仁”。

从周公开始的儒家“为君之道”，到了孔子和孟子，接住了话语权。孔子的为君之道，在《论语》中俯拾即是。孟子的“君道”设计，是承周、孔而来，但非常有特色。这里，侧重以孟子“君王”之道，来深化孟子“仁”到“仁政”与“熟仁”中意犹未尽的方面。

纵观《孟子》一书的核心主题，就是为君王设计治国之道和治己之道。这也成为孟子的为君之道。但是，更为重要的是，孟子的基本思路仍然用心于扩展“仁”与“民”的关系定位，并以一种敏锐的观察力去解读了当时的一本等级社会“教科书”，提出了他的独特答案。读《孟子》，会使我们感到孟子很有气魄和胆量，非常能言善辩。同样，透过这些言论，我们可以大致勾勒出孟子的“君道”设计。

《孟子》首篇是《梁惠王》(上下),在记录孟子与梁惠王、齐宣王的对话中,孟子为儒家的君王之道提供了最为“磅礴”的气势和力度。这篇文章在孟子的整个思想体系里具有极为重要的地位。

实际上,孟子所处的社会与孔子时代的本质上相同,仍然是一个等级社会。孟子相信孔子的德风与德草之比,所以,孟子也坚信,等级社会的有序运转,需要抓住“君王”,其在“位上”,就要有相应的道德和责任的规定。孟子把“仁”与“民”的问题转述为一个“仁政”问题,从而使得孔子的“熟仁”进入到了一个更加透彻的政治环境里。

首先,孟子为君王之道确立了一个被儒家奉为道义论的原则:“王亦曰仁义而已矣,何必曰利?”也就是被后儒们称为“义利之辨”中最为经典的命题。

孟子千里迢迢拜见梁惠王,惠王说:“您不远千里前来会使我的国家获得利益吗?”孟子直接回答:“王何必曰利? 亦有仁义而已矣。”孟子担心的是,各个社会等级的成员,如果只讲“利”,不讲“仁义”,那社会是很危险的。孟子向梁惠王说明此理:“王曰:‘何以利吾国?’大夫曰:‘何以利吾家?’士庶人曰:‘何以利吾身? 上下交征利,而国危矣。’”在一个国家里,君王说“怎样使我的国家获得利益?”大夫说“怎样使我的封地获得利益?”老百姓也说“怎样使我本人获得利益?”上上下下互相追逐私利,国家便危险了。所以,孟子最后又告诫惠王:“王亦曰仁义而已矣,何必曰利?”此段对话的重点就是讲这个义重于利的君王之道。这个“道”,随即成为儒家道义论的核心价值。

其次,确认“王道之始”的民本倾向。整个《梁惠王》,孟子竭力向君王陈述要把握好君与民的关系定位。实际上,孟子正是从“民”的立场和意义中去限定或规范“君”的使命和责任。我们这里仅仅举出带有“民”字的君道之关切,即孟子所谓的“王道之始”:

“为民父母,行政。”

“王如施仁政于民。”

"如有不嗜杀人者,则天下之民皆引领而望之矣。"

"保民而王,莫之能御也。"

"是故明君制民之产。"

"今王与百姓同乐,则王矣。"

"乐民之乐者,民亦乐其乐;忧民之忧者,民亦忧其忧。乐以天下,忧以天下,然而不王者,未之有也。"

孟子主张用"仁政"实现他的"王道",孟子显然提倡用"王道"取代"霸道",所以,有人讲孟子的言论是"远阔而迂腐",不合时宜。在当时战国林立的时代,社会等级面临严重冲击,孟子寄希望于有作为的君王能够实行"仁政"来统领中国。他发现关键的问题是必须解决好人民的地位。君王与人民的关系,就是要落实孔子的那个"仁"。因此,实现"王道"的基础就是要处理好"仁"与"民"的关系,若能够圆满地实现这个目标,那么,带来的结果是有双重意义的:一是从"仁"来看,影响"熟仁"在治国和治己中的意义;二是从"民"上看,影响等级社会的结构有序和社会稳定。其实,孟子讲的,甚至整个中国历史上讲的"以民为本",大都是作为工具理性,作为手段而非目的去实现"以民为本",更难以从这个"以民为本"转变至"以民为主"的现代民主的理念。当然,这也不能抹杀或淡化孟子的"民为贵"。因为,这其中,实质性的成果是难以抗衡的,那就是刚才说的一个结果的双重意义。

再次,一个可贵的地方是,孟子用经济的观点去看待如何实现社会等级的和谐问题。用"仁政"去实现这个目标,孟子称其为"仁术"。孟子向梁惠王宣读的"仁政",后来又向滕国的国君作了一番解释,颇具"经济决定政治"的眼界:

《滕文公》(上):"孟子曰:'子之君将行仁政,选择而使子,子必勉之!夫仁政,必自经界始。经界不正,井地不钧,穀禄不平。是故暴君汙吏必慢其经界。经界既正,分田制禄,可坐而定也。夫滕,壤地褊小,将为君子焉,将为野人焉。无君子莫治野人,无野人莫养君子。请野九一而助,国中什一使自赋。卿以下必有圭田,圭田五十亩。余夫二十五亩。

死徙无出乡，乡田同井，出入相友，守望相助，疾病相扶持，则百姓亲睦。'"

滕文公派人向孟子求教实行"仁政"的具体措施，孟子说："你的国君要实行仁政，经过挑选才派你来，你要努力呀！实行仁政，必须从划分整顿田界开始。田界划分得不规整，井田的大小就不均匀，俸禄也就不公平。所以，暴虐的君王和腐败的官吏，一定不会重视他们的田地分界。田地的分界规整了，分配田地、制定俸禄，就可以容易决定了。滕国的土地虽然狭小，但是，一样要有执政的君子，也要有在田野耕耘的百姓。没有执政的君子，就没有人治理百姓；没有百姓，也就没人供养那些执政的君子。所以我建议：郊野用九分抽一的助耕法，城市用十分抽一的纳税法。国卿以下的官吏，一定有供祭祀用的圭地，每家五十亩。每户的多余人口给二十五亩。无论丧葬或者迁移，都不离开本乡。共用井田的各家，出入劳作时相互伴随，防御盗贼时互相帮助；有病痛意外时互相照顾，那么百姓就会和睦相处了。"——孟子建议的，是正在不断受到破坏的井田制。等级社会的核心问题是土地问题，孟子发现了土地公平分配就是保证社会等级相处的经济保障。所谓"王道之始"，可以从"经济"出发，依社会各等级分配相应田地，或许这也是孟子的社会理想。当然，在孟子的时代，西周留下的井田制(实质上是一种公田)受到了严重打击，社会已经出现了公田向私田的转化，它已经引起了社会的不稳定。孟子担心这样的趋势蔓延，因此，建议滕文公采纳相应的"助耕法"和"纳税法"，城市和乡野、君王与官吏、平民百姓，各个阶层或各个等级中的一员，均匀地分配到一定量的国家土地，保持社会财富的公平和正义。这是孟子宣扬的"仁政"之始。

社会是应该在等级中存在和发展的。孟子发现了这样一个"需要"理论，即各个等级是由一种需要决定的。并在这种需要里，各个等级的人尽其职责，满足了自己又满足了他人的需求，社会就获得了合理发展的基础了。孟子是从治国之道上说开的。

《滕文公》(上)："然则治天下独可耕且为与？有大人之事，有小人之事。且一人之身，而百工之所为备。如必自为而后用之，是率天下而路也。故曰：或劳心，或劳力，劳心者治人，劳力者治于人。治于人者食人，治人者食于人，天下之通义也。”

孟子说：“难道治理国家就能耕种着庄稼来兼做吗？天底下是有分工的，有君子的事务，有小人的事务。在一个人身上，需要的各种生活用品，工匠几乎都能生产出来，供其满足。如果每样东西都要自己制造出来供自己使用，那么，率领天下的人就会使人们走向混乱的道路。所以说，天底下，有的人干脑力活，有的人干体力活。干脑力活的人治理别人，干体力活的人被别人治理。社会就是这样：被治理的人供养别人，治理别人的人靠别人供养。这是天下通行的义理。”这个思想，是接着孔子讲的：“劳心者治人，劳力者治于人。”以后就成为脑力劳动和体力劳动的代名词。但是，孟子要想说明的是，治理国家，处于各个等级中的成员，都是为了另外一个成员的需要而存在的，是彼此需要决定了这样一个社会结构，在这个等级结构里，他只要做好自己的事，就是对的。不要去越过等级，做本不属于他的等级上的事，因为各个等级是有差异的，要区别对待，不然，会引起社会混乱。

当时，有位研究神农氏的学者叫许行，作了一个经济社会学的理想结论：让市场上的物价一致起来，全国就没有欺诈了。买卖东西，是老少无欺；布匹丝绸的长短一致，价钱就一样；麻线丝绵的轻重一致，价钱就一样；谷米的多少一致，价钱就一样；鞋的大小一样，价钱就一样。许子似乎论证了一大堆物件一致的好处。孟子不同意这样的看法，并讲出了差异的理由。

《滕文公》(上)：“夫物之不齐，物之情也。或相倍蓰，或相什伯，或相千万，子比而同之，是乱天下也。巨屦小屦同贾，人岂为之哉？从许子之道，相率而为伪者也，恶能治国家？”

孟子说：“货物的品种质量不一致，反倒是常情。有的相差一倍到五倍，有的相差十倍到百倍，有的相差千倍到万倍。你要使它们一致，这只能扰乱天下。粗制的鞋子和精细编制的鞋子同一个价钱，人们难道肯干吗？听从许子的学说，只会引导人们走向虚伪，更谈不上可以用来治理国家哩。”孟子的这番议论,是符合经济学道理的,也有哲学的思想,和谐是在差异中实现的。符合了“和而不同”的价值理念。同样的道理,价钱的不一致,也是社会的需要,是满足各个等级成员的不同需要。孟子的观点,也符合了今天的经济学原理。

现在进一步明白了这个事实,即孟子为什么看重“熟仁”,因为有了他的“仁政”。孟子一生追求的社会理想,可能就是在全中国实现他的“仁政”蓝图。所以,孟子对“熟仁”的设计也不会逊色。当然,孟子需要在等级社会的结构里去追寻“熟仁”的到来,这是在孔子的思路中做到了比孔子更为积极的方面。那就是对“民”在“仁”中的地位。“仁政”的核心,就是解决一个“民”的问题,这是在“上位”的道义性规范,实质就是儒家一向坚持的对“君道”的主要设定。

3. 与“熟仁”的挂钩

“位”上的考量,儒家有个“德位之辨”问题。[17]有何位,应有何德,这叫“以德居位”。反映在实际中,就是德性和德行的一致。“熟仁”,就有这个方向。儒家就是这么看的。对于“君位”来说,情况盖莫如此。《中庸》大致概括了这个看法:

“君子素其位而行,不愿乎其外。素富贵,行乎富贵;素贫贱,行乎贫贱;素夷狄,行乎夷狄;素患难,行乎患难;君子无入而不自得焉。在上位不陵下,在下位不援上。正己而不求于人则无怨。上不怨天,下不尤人。故君子居易以俟命,小人行险以徼幸。子曰:‘射有似乎君子,失诸正鹄,反求诸其身。’”

君子按照自己所处的地位行事,不愿超越自己的地位去做事。做的是分内之事,决不有非分之想。平素富贵,就按富贵行动;平素贫贱,就按贫贱行动;处在夷狄野蛮地方,就按夷狄习俗行动;处在患难境地,就按患难状况行动。君子无论进入什么样的状况,都能自得其乐,自我安排,自然处置,也就是“熟仁”的处事。处于上位者,不欺凌下属;处于下位者,不攀附上级。端正自己的思想言行,却不苛求别人的不是,那就没有怨恨了。在上位者不怨恨天,在下位者不怨恨人。所以,君子能安处在各自的地位来服事天命,小人则采取险恶的行动来追求意外的非分之想。孔子说:"射箭,有点像君子做人。射不到箭靶的中心,应返回来从自身寻找原因。"

这是一段"位"上的状态描写,有两层含义:一是"位"上各尽其事,不管是富贵还是贫贱;二是"熟仁"的到来,在各自的"位"上,自然行事,有点像孔子的"烂熟"境地。结合地看,就是"位"上的"娴熟"了。

"反求诸己身",似乎问题又回到了那个"熟仁"的出发点:"为仁由己"上了。是的,各自"位"上的"德",追究起来,还是自身的那个"所以立",即"立己"。爱天下之人,须从"己"上出发。孔子概括为"推己及人"。当然,对于"位",孟子有个重要的系统性认识,即每个"位",都与其他"位"发生联系。这叫"位位相约"。孟子没有忘记孔子"推己及人"的"仁术",但是,更为重要的是,孟子把它"移植"到整个社会的"位"系统去思考,并且作为治国之道。孟子在与君王的政治对话里,始终抱着如此的信念,即"上位"的责任要求和道德锁定。那个贪婪权利、金钱、美色的自私的齐宣王向孟子请教"王道何以为"的问题,面对这个"上位",孟子意味深长地重申了孔子的"推己及人",希冀这个"上位",一方面能够尽其职责,用正确的行动去维持"下位"的等级和谐;另一方面能够很实际地做些"仁政"实事,从自己带个头,去推广"仁":

《梁惠王》(上):"老吾老,以及人之老;幼吾幼,以及人之幼。天下可运于掌。《诗》云:'刑于寡妻,至于兄弟,以御于家邦。'言举斯心加诸彼而已。故推恩足以保四海,不推恩无以保妻子。古之人所以大过人者无他焉,善推其所为而已矣。今恩足以及禽兽,而功不至于百姓者,独何与?权,然后知轻重。度,然后知长短。物皆然,心为甚。王请度之!"

孟子说:"尊敬自己的长辈,并推广到尊敬别的长辈;爱护自己的晚辈,并推广到爱护别的晚辈。能够这样做,治理天下就像在手掌里转动东西那样的容易了。《诗经》说:'先给妻子作个好榜样,再推广到兄弟,进而再推广到封邑和邦国。'就是说,要把这一仁爱之心推广扩大到其他方面。所以,把恩惠推广开去,便足以安定天下,不这样,就连自己的妻子儿女都保护不了。古代的圣贤胜过世人没有其他原因,只是善于推广他们的德性和德行罢了。如今您的恩德足以使禽兽沾光,但人民得不到您的好处,这是为什么呢?称一称,才晓得轻重;量一量,才晓得长短。任何事物都是如此,人心更是如此了。大王,请您量度一下吧。"——孟子说的那个"使禽兽沾光,但人民得不到您的好处",是针对齐宣王的一件杀羊不杀牛的祭事而言的。一次,齐宣王坐在殿堂上,见有人牵着牛从殿堂下面走过,就问那人要牵到哪里?那人说,准备宰了,用它的血祭钟。齐宣王说,"放了它吧,我不忍心看它那么可怜的样子,它毫无罪过,却走向屠宰场。就用羊羔替换牛吧。"孟子指出,用小羊替代大牛,宰羊与宰牛又有什么不同呢?其实,孟子要想说的是:大王有这份仁爱之心,是推行"仁政"的基础,不仅仅要使禽兽沾光,更重要的是要让人民沾光,要把您的恩德推广到更大的范围,或者说,推广到社会的各个等级,才是"仁政"的含义。这里,孟子又巧妙地"迂回"到了"熟仁"工夫上,即谓齐宣王推行"仁政",不是无能力而是"不用力"。孟子指出:"今恩足以及禽兽,而功不至于百姓者,独何与?然则一羽之不举,为不用力焉;舆薪之不见,为不用明焉;百姓之不见保,为不用恩焉。故王之不王,不为也,非不能也。"[18]孟子说:"如今大王的恩德足以使禽兽沾光,却不能使百姓得到好处,这是为什么呢?由此来看,拿不起一根羽毛,是不肯用力的缘故;看不见一车柴草,是不肯用眼力的缘故;人民得不到安抚保护,是不肯实施恩德的缘故。所以,大王不能实行王道,只是不肯干,而不是不能干。"孟子给齐宣王上了很好的一课,听了这些话,齐宣王羞愧不已。

当然,孟子不仅仅是规劝齐宣王,还给他指出实行"仁政"的方案。"仁"与"民"经过"王位"的"仁政"推行,真正实现"民为贵",社会等级的底层,关系到统治的稳定性和持盈性。这里,孟子在经济学的基础上又突出文化方面的重要性质,提出"制民之产",作为"仁政"的基础性工作。孟子向齐宣王阐述了"仁政"的理想:

"无恒产而有恒心者,惟士为能;若民则无恒产,因无恒心。苟无恒心，放辟邪侈，无不为已。及陷于罪，然后从而刑之，是罔民也。焉有仁人在位，罔民而可为也？是故明君制民之产，必使仰足以事父母，俯足以畜妻子，乐岁终身饱，凶年免于死亡。然后驱而之善，故民之从之也轻。今也制民之产，仰不足以事父母，俯不足以畜妻子，乐岁终身饱，凶年不免于死亡。此惟救死而恐不赡，奚暇治礼义哉？王欲行之，则盍反其本矣：五亩之宅，树之以桑，五十者可以衣帛矣。鸡豚狗彘之畜，无失其时，七十者可以食肉矣。百亩之田，勿夺其时，八口之家可以无饥矣。谨庠序之教，申之以孝悌之义，颁白者不负戴于道路矣。老者衣帛食肉，黎民不饥不寒，然而不王者，未之有也。”

这段话颇长，主要是讲“制民之产”，核心意思有三：第一，社会各个等级，求生的能力是有差别的，这里，孟子关注的是“民”的经济地位。他的“制民之产”是这样说的：“没有固定的产业却有坚定的信念，只有读书人能够做得到。而普通百姓却做不到。没有坚定的信念，便会干出越规的事。等到他们犯了罪，再去处罚，这等于是陷害他们。这不是仁人在位的所作所为吧。原因是他们没有固定的产业所造成的。”第二，制民之产，应有足够的量，否则仍无济于事。孟子这样描述说：“英明的君王规定人民的产业，一定要使他们上足够赡养父母，下足够抚养妻儿，丰年能够丰衣足食，荒年不至于饿死，然后再去引导他们走正确的大路，使人民心悦诚服地服从领导。否则，社会混乱就不远了。”第三，“制民之产”，孟子设计的内容，有物质和精神两个方面。物质方面，“给每户老百姓五亩土地的住宅，圈围种植桑树，使人民时适地饲养家禽，给每户分一百亩耕地，并不妨碍生产季节。使人民衣食无忧，安定社会。”精神方面，“办好学校，申明伦理，宣传孝顺父母、尊敬兄长的道德，家庭和睦、社会和谐就有希望了。”孟子感慨：“这就是君王之道呀！”孟子所发挥的儒家“熟仁”之道，就是要运用到这个“君王”之道上去，可见孟子的用心良苦。

所以，在儒家的等级社会观念里，孟子的眼光可以说是比较深刻和远大的，以后，在儒家理论体系里开发出的“实学”，与孟子的思想是分不开的。

一批“实学”思想家里,有着丰富的“熟仁”观念,而且对于解决等级社会的问题,包括政治、经济、文化等,儒家始终没有离开周、孔、孟的轨迹。

三、儒家的期待与痛苦

在等级社会里,对于“熟仁”的作为,儒家有着特定的期待,并且,是痛苦的期待。儒家关切等级社会,已经不纯粹是一个政治问题。儒家更愿意看到一个稳定的社会,是在“礼”的控制下,由“仁”来调节的等级社会,各自在应在的位置上尽其责。这点与柏拉图的“四主德”不同的是,在柏拉图那里,社会四个等级阶层相应的各自主德,社会就和谐和安定了。但是,在儒家那里,至少在孔子那里,已经设计了“仁”的原则,而这“仁”,是面向任何人的:仁者,爱人。既是对人,又是对己的。孔子又辅之以“礼”来“润滑”。使“仁”活动起来,孔子设计了“熟仁”,以其来调动人性的成熟和调整个人与社会之间的矛盾。

1.“熟仁”的内涵导引出的期待

由儒家“熟仁”所导引出的期待,并非仅仅是由一类文字堆砌起来的“伪命题”,相反,却是活生生的现实的鲜活命题。由此,就形成了这些特殊期待的真实情缘。内容上的真实性就在这样的内涵中得到了彰显,所有这些命题、话题、话语贯穿了这样一种逻辑:第一,目的是做人,使人不断成熟。第二,做人是做官的基础,做官要求娴熟地活用“仁”。第三,化“熟仁”为方法论,使之获得普遍性意义。第四,“熟仁”,自孔子开启,一直延续于儒家始终,后儒不断在阐述和推进这一“熟仁”思想。第五,“熟仁”,就是化仁德为内在(德性),化德性为外在(德行),化“熟仁”为方法。第六,按照“熟仁”的环节,儒家集中在做人、做官、做学问的成熟,提炼出了一系列规则。第七,儒家“熟仁”构成了中国“熟”文化的核心内涵。第八,儒家“熟仁”的外化意义:期待问题。

由于这些特定的“熟仁”内容,也产生了儒家的期待。实际上,儒家对

“熟仁”的期待结果和心态都比较复杂，甚至是痛苦的。为什么？因为所处的是一个等级社会。

做人要“熟仁”，但能有多少人像孔子一般达到“七十而不逾矩”的“烂熟”呢？曾国藩说要把“仁”内化为自己的做人做官的责任，这就是“熟仁”的“道义”意识，又有多少人能够这样的娴熟于己呢？在一个等级社会里，儒家向往的社会稳定，希冀各位上的人，都娴熟于“仁”，保持“仁”的内化和外在实现，但是又有多少次为争夺王位权力而战乱？又有多少次为财富分配不公而爆发农民起义？从“熟仁”里延伸出的自由主义，究竟能够起多大作用？在“熟仁”里，可以把握得住的，可能就是“进德修业”方面，但是，究竟能把握到何种程度？持久的身心锻炼，凡人能够挺多久？从最高境界上看，“熟仁”是达到“至熟”，而复圣颜渊也只能是“三月不违仁”，更何况天下的普通人呢？所有的“熟仁”规则，或谓方法论意义上的“熟仁”工夫，儒家一直在不断地提炼和完善，希冀成为一般意义的做人做官做事的方法论，只是，这样的普世主义价值倾向究竟有多少人会自觉终守于此呢？从不成熟到较成熟再到成熟，这是一个漫长的努力过程，或许一辈子也很难达到完全的成熟，但儒家不会感到真正的“伤心”和“痛苦”，事实上，最令儒家感到“痛苦”的，是无数人放弃了努力，自孔子开始，倡导“吾十五而有志”到“七十而不逾矩”，只要在“熟”中，不言放弃，儒家就相信其就是可造之材、可“熟”之才。

2. 在一个等级社会里可以感知的痛苦

再说这个“痛苦”，其实，这就是现实与理论存在着的如此大的反差而已！内容上的真实性同样使期待里蕴含着某种“痛苦”。这是一个在等级社会里的残酷现实。儒家要正视如此境遇。朱熹为他的学生讲解《论语》时就已经发现了这个问题，在《朱子语类》中（该书即为其学生上课时由弟子们记录而成的“教材”），我们经常看到朱熹如此说：“今人学所以便住了，只是不曾习熟，不见得好”“如今人记书，熟底非全不记，但未熟底比似这个较用著心力照管""这个须是去做,到得熟了,自然贯通。到这里方是一贯。古人由之而不知,今人不由而但求知,不习而但求察。"足以见得朱熹内心对当时社会上存在的这种"熟仁"状况的痛苦滋味。但是痛苦之余,朱熹看到了一种愿景与期待:"圣人做出,是圣人事业;贤人做出,是贤人事业;中人以上,是中人以上事业。这通上下而言。"[19]言下之意,每一个等级中的一分子,都有各自的事业,而"熟仁",恰为此"通"之道。

儒家希冀的是,在一个等级社会里,每个位上的成员,按照社会伦理纲常,即礼的规范,各尽其责。实现这个目标,就是要实现"仁",儒家认为是需要每个人自觉修炼而成,因而就有了儒家的"熟仁"问题。孔子开启了这个大方向。问题是,等级中的人,一是没有自觉意识到"熟仁"对于等级社会的重要性,二是没有很好地进行"熟仁"的锻炼,三是没有从日常社会的事实里,即在做人做官和做学问等方面,以"熟仁"的思想里去获得方法论意义。社会的动荡和混乱,在儒家看来:在上位,可能是君王出了问题;在下位,可能是人民出了问题。这两个问题同时又牵引出:要么是政治、经济、文化等制度上出了问题,要么是等级社会的秩序出了问题。不管是哪个问题,要解决它,根本是要有"内圣外王"的思路,因此,"熟仁"就成为解决问题的核心要素。

当然,上述无论何种问题,归结起来,无非就是做人和做官的问题。解决这个期待的痛苦,或者称为痛苦的期待,儒家将砝码的重心压在"熟仁"上,就一点也不奇怪了。可想"熟仁"在儒家理论体系中的重要性。儒家是理想主义,他们坚信,"熟仁",如果从方法论意义上说,走向成熟之中,只要不断努力,就是可取之人。"人人皆可为尧舜",需要"熟仁",还是可以实现的。"熟仁"的作为,在解决"仁"与"民"的关系定位里,是可想而知的。由于有以上的"痛苦"期待,儒家把"熟仁"又旨意在"仕途"问题,或谓是为政之道的问题,也就不足为怪了。所以,尽管有这样或那样的"痛苦",儒家还是乐观的。儒家之"位"说受到中国文化的特定关注与青睐,一部《周易》,似乎对"位",倾注了无穷无尽的纠结,这不是没有道理的。而且从儒家"熟仁"的大方向看,即便在等级社会体系里,之"位"说也并没有产生严格意义上的宿命论色彩。

结论就是，这样的期待与痛苦，同样是在检验儒家“熟仁”的效率，也同样是在丈量儒家“熟仁”的方向。

注释：

[1]朱熹：《四书章句集注·论语集注》卷六。

[2]《朱子语类》卷四十二。

[3]朱熹：《四书章句集注·论语集注》卷四。

[4]《朱子语类》卷三十四。

[5]《朱子语类》卷三十五。

[6]见谢祥皓、刘宗贤《中国儒学》，第28页，四川人民出版社1993年版。

[7]《论语·八佾》。

[8]《朱子语类》卷二十五。

[9]《孝经·孝治章》。

[10]朱熹：《四书章句集注·论语集注》卷三。

[11]《尚书·大禹谟》。

[12]朱熹：《四书章句集注·论语集注》卷八。

[13]《朱子语类》卷二十一。

[14]《朱子语类》卷二十一。

[15]《朱子语类》卷二十一。

[16]《朱子语类》卷二十九。

[17]有关儒家的“德位之辨”，可参阅拙著《儒家官德论》的“中篇”：“德与位”一章，江西人民出版社2007年版。

[18]《孟子·梁惠王上》。

[19]《朱子语类》卷三十五。

第二十二章

“熟仁”始终有个大方向

这是一个总括性的话题了。儒家理论化的“熟仁”体系,又有着实践性价值取向。因而,此话题必然会引申出儒家“熟仁”的方向性问题:“熟仁”是有效率的,“仁”获得了“道义”的方向,而“士”恰恰就成为这个志向的肩负者。

一、“熟仁”的效率问题

儒家讲的“仁”,决非仅仅标识为一个特殊的符号。更重要的是,要给出一个实行“仁”的效率。“熟仁”,就是这样的效率积累。

1. 效率标识

很明显的是,“仁”,孔子赋予了“善”的结果。《雍也》:“子曰:‘知者乐水,仁者乐山。知者动,仁者静。知者乐,仁者寿。’”仁人好山,仁人主静,仁人长寿。《子罕》又记孔子关于“知、仁、勇”的叙述:“知者不惑,仁者不忧,勇者不惧。”智慧,使人不会迷惑;仁德,令人不至忧愁;勇敢,使人不会胆怯。这与做人、做官、做学问等方面,都有不同程度的契合。但是,“仁”优于“勇”,《宪问》记孔子说:“仁者必有勇,勇者不必有仁。”“仁”,带来的结果是“勇”,这是最好的“勇”。其实,在“知”、“仁”、“勇”的水平系列里,“仁”始终具有优等性。这种优等性就在于仁有着最根本的作用。

"仁"具有利益,儒家在实现"仁"的意义里赋予了一种合理的功利主义倾向,对效用的关注是十分用心的,包括孔子。《卫灵公》:"子曰:'知及之,仁不能守之;虽得之,必失之。知及之,仁能守之,不庄以莅之,则民不敬。知及之,仁能守之,庄以莅之。'"做人和做官,不能仅仅停留在"知"的层次里,还要在上一层意义里,即"仁"的意义里获得利益。那么,"仁"会带来怎么样的优于"知"的利益?孔子作了比较:"对于做人而言,凭聪明才智会得到某些名利,但只有靠仁德才能守住,否则,得到了也要丢失;对于做官而言,聪明才智可以得到的,仁德可以守得住的,还要以庄敬的态度来治理百姓,否则百姓就不服。"

"求仁而得仁,又何怨!""仁"是一个最终的效率。《述而》记载了这样一件事,一次,孔子的学生子贡问孔子:"伯夷、叔齐是什么样的人?他俩抛弃君位,会有悔恨吗?"孔子回答:"古之贤人也","求仁而得仁,又何怨!"那两位是古代的贤人啊!他俩求仁德,便得到了仁德,又悔恨什么呢?求仁是最重要且最终的结果,"熟仁",无非就是不断的获得"仁",这是最好的效用。

2."当仁不让"

有了"仁"的最终性效用,所以,孔子把"仁"提高到"道义"地位,强调"当仁不让"的道义价值。《卫灵公》这样评价:"当仁,不让于师。"孔子说,面对为"仁"的事,对老师也无需谦让。"仁"是一个开始,又是一个结局。孔子是从"道义"论立场上来规划的。从而把"仁"提高到了最高最终的地位。并且,孔子也发现,实现这个"仁",又是相当困难的,不熟,则难以获得。

朱熹在评论这段话时似乎说到这点:"恐这'仁'字是指大处,难做处说。这般处须著担当,不可说道自家做不得,是师长可做底事。"[1]说"仁"是"大处",是"难做处",这是"道"上的追究了。这也可能构筑了"熟仁"的底子了。这里的"师",指的是老师,"士"也理应步"老师"后尘,向"老师"看齐,承担"老师"的使命和责任。韩愈说老师是"传道、授业、解惑",这只是"老师"的最基本意思,其实,儒家对于"老师"的定义,还可以更超越些,"当仁,不让于师”,这是孔子对“士”的期待。

二、“士”的“道义”定位

“熟仁”的价值定位,是道义论的,《卫灵公》记孔子的名言:“志士仁人,无求生以害仁,有杀身以成仁。”所谓“志士仁人”,是有志向有仁德的人,不以损害“仁义”而求生,只能勇于牺牲来成全“仁义”。孔子对于“士”的定位,往往从“仁”上确立,并以此“仁”向“道”、“道义”扩展,赋予道义论意义中的使命感和责任意识。

1. 关于“士”与“道义”

把“士”与“道义”相连接,作为一个整体形象出现,孔子作了比较多向性的描述。看一下孔子的这些很有特性的表述:

《里仁》:“士志于道,而耻恶衣恶食者,未足与议也。”

有志于仁德的人,不愿意从小事、粗事做起,那叫“口是心非”,言行不一致的人,是不能同他共议大事的。——程子释谓:“志于道而心役乎外,何足与议也。”[2]“心”与“志”,貌合神离,所以“道”就在外了,这是心中没“仁”的统领呀!朱熹点破于此:“心欲求道,而以口体之奉不若人为耻,其识趣之卑陋甚矣,何足与议於道哉?”[3]“恶衣恶食者”,不愿着手于小事和粗事的人,难道会有“熟仁”的培养过程吗?“未足与议”,是不能与他讨论“道”的,言下之意,是说,“未足与议”,是由于其缺乏“道义”共识。

《颜渊》:“子张问:‘士何如,斯可谓之达也?’子曰:‘何哉,尔所谓达者矣?’子张对曰:‘在邦必闻,在家必闻。’子曰:‘是闻也,非达也。夫达也者,质直而好义,察言而观色,虑以下人,在邦必达,在家必达。夫闻也者,色取仁而行违,居之不疑,在邦必闻,在家必闻。’”

子张问:“读书人要如何做才算是‘达’呢?”孔子反问:“你说的‘达’到底是什么意思?”子张说:“在国在家办事,一定有名望。”孔子纠正说:“这叫‘闻’,不叫‘达’。所谓‘达’,指的是有正直的品质,爱好道义,善于分析别人的言论、观察别人的脸色、考虑下面的人情。这样的人,在国在家办事,一定会通达。至于'闻',表面上爱好仁,实际行动却违背仁,可是竟以'仁'自居而不反省、不质疑。所以,这样的人,在国在家办事,只会徒有虚名。"——"士"出入仕,在诸侯国、在大夫家干事,以"仁"为原则,这就是"达","达"优于"闻",朱熹分辨:"闻与达相似而不同,乃诚伪之所以分,学者不可不审也。"[4]而"达"之优,优在通达于"仁",这就为"熟仁"确立了通道和目标。其实,不仅是做官,做人更是要通达于"仁",朱熹说得如是:"内主忠信。而所行合宜,审於接物而卑以自牧,皆自修於内,不求人知之事。然德修於己而人信之,则所行自无窒碍矣。"并且,阐发出一个"务实"而不求"虚名",讲出做人的根本原则以及道义上的必然性,是以"仁"为取舍的,所以,对学习的人,提出的要求,理所当然的是要学以至于"熟仁",刚才提到的"所行合宜"、"德修於己",都是出自这样的动机。朱熹还阐明:"善其颜色以取于仁,而行实背之,又自以为是而无所忌惮。此不务实而专务求名者,故虚誉虽隆而实德则病矣。"[5]这也表明,求"熟仁",也可削弱骗取名誉的自私自利之心。朱熹又引二程之言,进一步说明此理:"学者须是务实,不要近名。有意近名,大本已失,更学何事?为名而学,则是伪也。今之学者,大抵为名。为名与为利虽清浊不同,然其利心则一也。"又引尹焞所言:"子张之学,病在乎不务实。故孔子告之,皆笃实之事,充乎内而发乎外者也。"[6]"务实"不"务虚",讲"诚"不讲"伪",看的是,内心里有没有"仁",以此为"道义"而锁定。因此,这个"达",就是对"道"的把握,对"仁"的通达,并使之内化为了"道义"和"责任","熟仁",正是集中了对"道"、"仁"之"达"。一个"诚伪"之分,也可一目了然。

2. 孔子论"士":看到"熟仁"的价值定位

"士",相较于读书人,是一种誉称,其标志是以"学"为使命,以"入仕"为责任,所以,对于"士"的要求相比一般读书人要高出很多。孔子比较多向地检讨了这个看法。

《子路》:"子贡问曰:'何如斯可谓之士矣?'子曰:'行己有耻,使于四方,不辱君命,可谓士矣。'"

子贡问:"怎样可以称为'士'"?孔子回答:"自己要始终保持羞耻心,出使外国不辜负君主的使命。这就可以叫'士'了。"——一颗羞耻心始终陪伴着"士",不管是做人还是做官,不管是以读书人自居还是作为仕者而言,盖莫如此也。而这颗"羞耻心",恰恰以"道义"权衡。

《子路》:"子路问曰:'何如斯可谓之士矣?'子曰:'切切、偲偲、怡怡如也,可谓士矣。朋友切切、偲偲,兄弟怡怡。'"

子路问了上述子贡相同的问题,孔子说:"相互切磋,相互勉励,相处和睦,这就可以叫'士'了。"——切切偲偲,意思是互相切磋勉励。在做人做官做事的方方面面,孔子强调朋友之间、兄弟之间要有这样的"士"品格,其实,这里讲的"朋友"和"兄弟",含义是广泛的,几乎泛指社会各个阶层,在孔子的眼里,这里的个体化努力有着整体性价值,而且,"切切偲偲",又使我们想到孔子"熟仁"中的"切问而近思"的努力了,是有异曲同工之效的"熟仁"工夫。

《宪问》:"子曰:'士而怀居,不足以为士矣。'"

孔子说:"读书人留恋安逸,就不配做读书人了。"——言下之意是,读书人要想成就一番大事业,就必须历练磨难。那还有一层"熟仁",不也会在其中吗?如果再追问一下,孔子是以什么来划分"士"的?仍然是以"仁"。即如《卫灵公》所记:"居是邦也,事其大夫之贤者,友其士之仁者也。"由此看出,"士"在孔子那里,也有个"士之仁者"之分,正像"儒"有"君子儒"和"小人儒"的差别,表明并非所有的"士",都符合孔子的"士"之标准,即以"士志于道"的"志士仁人"为价值取向。诸如"士而怀居"者,就算不上"士之仁者也"。

还有一些出自他学生的话,也足以表达孔子"士"观的一般原则和基本精神:

《泰伯》:"曾子曰:'士不可以不弘毅,任重而道远。仁以为己任,不亦重乎？死而后已，不亦远乎？”

曾子说：“读书人不可以丧失宽广的胸怀和强忍的毅力，因为他肩负重任，路程遥远。他以实现‘仁’为自己的使命和责任，这就显得沉重呀；他到死才会停止，这就显得遥远呀。”——“士”的使命，就是一个不断走向“仁”、实现“仁”的过程。此中的“熟仁”之底蕴，在程朱的阐释里一目了然，朱熹说：“仁者，人心之全德，而必欲以身体而力行之，可谓重矣。一息尚存，此志不容少懈，可谓远矣。”[7]程子说：“弘而不毅，则无规矩而难立，毅而不弘，则隘陋而无以居之。”[8]朱熹所释的“重矣”、“远矣”，程子所释的“弘”和“毅”，都旨趣于“熟仁”的工夫上：“身体而力行之”、“不容少懈”、“无规矩而难立”，都是“熟仁”的精髓了。当曾子说“仁以为己任”，蕴涵的不仅仅是一种“熟仁”工夫，更有那层“道义”、“使命”、“责任”的一线了。

《子张》：“子张曰：‘士见危致命，见得思义，祭思敬，丧思哀，其可已矣。’”

子张说：“士人遇到危险便愿意豁出生命，看见能够得到什么便马上想到道义，祭祀时便肃然起敬，居丧时便哀伤悲痛，那就符合标准了。”——这是对“士”的道德标准的衡量，能够做到这一切，全出于“仁”，是“志士仁人”的价值体现，也是对“仁”的活学活用，从某种程度上讲，就是“熟仁”的结果。

所有关于“士”的规定，都验证了“仁”的最终最高的效率。而且，这样的规定，就必然要选择“熟仁”，因为“仁”就是“道”的载体，“道”就是“仁”的实现，达到这二者的统一，那就是叫“义”了。所以，“熟仁”的本身，真实的就是道义论的建构。“士”也好，“儒”也罢；“君子”也好，“君子儒”也罢，这里的心路历程却是一致的。朝向这个“道义”，就是“熟仁”的最后归宿和做人的最终落实。

当然，“士”在孔子那里，也有个“士之仁者”之分，我们要揭示的“士”，仍然以“士之仁者”为基本线索，总体上是以“士志于道”的“志士仁人”为价值取向的。因为，在这样的“士”里，“道义”也好，“责任”也罢，都在他的“熟仁”努力里展显和实现。孔子为我们描绘和阐明出了这个“熟仁”的大方向。

结论就是,“仁”所获得的道义论定位,实质上牵引出“熟仁”始终有个大方向的问题,一切的期待和厚望,都深刻地折射出自孔子所开启的儒家思想的引领和指向:“熟仁”,是做人、做官、做事的一致性工夫!

三、儒家“熟仁”的大方向

儒家为什么要设计“熟仁”之论?又是为谁设计了“熟仁”之路?又是如何设计了实现“熟仁”之功?作为开启者的孔子,已经作了理论和实践的铺垫。后儒就在这个铺垫的基础上将“熟仁”进一步延伸和扩大。这个铺垫,势如一个大方向,后儒们在这道路上坚毅前行,在理论和实践上,都进行了生生不息的深入研究和扩充阐述。这里继续的“定位”与“厚望”进一步累积由这个一路奔来的确认和趋势。

1. 定位

儒家的“熟仁”,自孔子率先的注目之处,我们在孔子“熟仁”的三句话里已经领略,是做人、做官的动态建设。所谓的“动态”,指的是做人与做官在“熟仁”中的沟通。“熟仁”,首先是为做人设计的,这一点在孔、孟那里已经十分显明了。后儒们大都朝向着这个目标,去精心培育这个理论。并且,通过这样的理论,放置于做官的活动,实现了儒家“人、官不二”的哲学信念。“熟仁”,不仅是士而仕,更是普通人的身心发展走向成熟的理想人格。成人的思想,就是儒家“熟仁”的理论核心。

其实,“熟仁”可以透露出儒家成人思想最精彩的地方。儒家成人思想的最重要的理论品格是强调身心的锻炼。内圣而外王,构成了这个锻炼的善始善终。期间能够维系住的,就是“熟仁”的活动,在“熟仁”的环节里,使心使身,不断提高,至圣至熟。但是,必须指出,这些环节,都是在现实生活中的锻炼,又是心超越于身的锻炼。这里的“圣”和“王”,都离不开“世”。有人以为,儒家是“入世”的哲学,“出世”属于道家的“专利”,冯友兰已经指出这种观点的“不实”之处。这里,已经深入到了中国哲学的精神问题。而“熟仁”

恰恰成为这一精神之精髓。

"熟仁",是归于至圣之熟,又不离于日常生活,因此,现实的世界,却使这个"熟仁"显得非常实际又实在。所以,"熟仁"成为"入世"和"出世"的结合体,极大地丰富了儒家的哲学旨趣。这一点,冯友兰讲得透彻:

"中国传统哲学的主要精神,如果正确理解,既不能把它称作完全是现世的,也不能把它称作完全是出世的。它既是现世的,又是出世。有一位哲学家在谈到宋朝道学时说它:'不离日用常行内,直到天地未画前。'这是中国哲学努力的方向。"[9]

冯友兰找准了儒家的一个方向:圣人是在日常生活之中的,由此,成为圣人之熟,也就离不开这个"日用常行内"。因为,圣人本身,既是入世的,又是出世的。冯友兰这样写道:

"按中国哲学的看法,能够不仅在理论上,而且在行动中实现这种综合的,就是圣人。他既入世,又出世;中国圣人的这个成就相当于佛教中的佛和西方宗教里的圣徒。但是,中国的圣人不是不食人间烟火、漫游山林、独善其身;他的品格可以用'内圣外王'四个字来刻画;内圣,是说他的内心致力于心灵的修养,外王,是说他在社会活动中好似君王。"[10]

儒家确立的"熟仁",一个最重要的着眼点是成为圣人,心中的锻炼先于身体的劳作,因为是内圣而外王,但是,先于并不是优于,只是"顺序"而已。儒家心目中的圣人,是生活于人间的,是为普善于天下而奔波劳作的人。好似君王,但不一定是君王;他的心灵修养可以达到极致,是可以落实到行动中的。"熟仁",可以成就这样的圣人。这就是一个特定的方向。其实,"出世"和"入世",有个"平衡的结合"问题。这是需要"熟"吗?冯友兰先生看到了其中的"奥妙":

"儒家'游方之内',显得比道家入世;道家'游方之外',显得比儒家出世。这两种思想看来相反,其实却正相反相成,使中国人在入世和出世之间,得以较好地取得平衡。"[11]

除了儒家,道家也有"熟"之关切,虽不能以"仁"为"熟"之对象来论。我们在《菜根谭》里已有认识。《庄子·天道》:"今吾观子,非圣人也,鼠壤有余蔬而弃妹,不仁也,生熟不尽于前。"在庄子的眼光里,时下没有内圣外王的圣人,尽是些疙疙瘩瘩的"不仁"之事,原来就是"生",不是"熟"。现实生活中,圣人难有立足之处,还是"游方之外",但是,娴熟,却是在现实生活中的。庄子的庖丁解牛,庖丁能够"以神遇而不以目视,官知止而神欲行",是由生到熟了。但是,庖丁,在庄子的圣人谱系里,是没有位置的,他只不过是一个极为普通的"屠夫"而已。庄子是反传统的,或许可以说,是反"圣人"的。但是,庄子没有反"熟"。而且,这个"熟",是在普通人身上的体现。虽然庄子的眼界,在这里显得不如儒家来得"神圣",可是,庄子的"入世"也在这里,一点也不逊色于儒家了。同样的问题是,儒家有没有"出世"观念?

儒家的"出世"观念与其特殊的理想主义甚有牵挂,因而比较特殊。儒家是有理想主义的哲学传统,孔子的"士志于道"、"杀身成仁",孟子的"养气"、"大丈夫",都成为儒家理想主义的精神渊源。而这一精神的实质,就是由孔子开创的"仁",是进入到"仁"的精神状态,所谓"出世",就是进入到了围绕这个"仁"的理想主义的情感世界中了。所以,道家的"出世",可能是彻底地退出现实的政治生活,而儒家的"出世",是进入于理想世界的一种状态,这个世界,就是对"仁"的守望和期待。

2. 厚望

"熟仁"始终是在行动中的理论,它不是大人物的专利品,也不仅仅属于精英们的行为,而是普通人都可以做得到的,只要人人都努力。儒家信奉的"人皆可以为尧舜",通过"熟仁",是可以达到的。这是儒家"熟仁"中的主旨性厚望。并且,有三个方向性指标可以来指证"熟仁"的"平民化"性质。

第一,等级社会并不是"熟仁"的障碍。等级社会中的每个成员,在"熟仁"方面,都具"平等"性质。虽然儒家要通过一种等级社会去阐发做人和做官的"极限",但是,"熟仁"的自由通道,却可以超越这样的等级社会的"藩篱”，每个等级中的一员，通过“熟仁”的活动，各尽其责，干好他应该干的事，这是对社会成员的儒家式规定。这里，儒家以道义论把等级社会中的成员统一起来，每个人在“熟仁”的方向里进行，无疑是不分上下了。

第二，德性的娴熟，使“熟仁”成为一种特殊的做人技术。这个观点，可以借鉴亚里士多德“合乎德性”的观点。亚里士多德在讨论“合乎德性的现实活动”与把握机遇的关系的问题时，点到了这个“熟”。亚氏指出，在合乎德性的现实生活里，最为持久性、最具巩固性的，就是“对机遇的利用必须美好、娴熟”，而且我们的德性，正是“通过习惯而达到完满”。[12] 习惯，是一种平民化的生活样式，使之上升到“样式”，就是一种“熟”的历练，真正能够把握到“合乎德性的现实活动”，无疑就是一种幸福的生活，在熟的方式里提问，则就在儒家的范围里，可以称为“熟仁”了。如果把“仁”放在“道”的意义里衡量，就势必有个熟与道的关系。

第三，熟之于道的问题。儒家毕竟有着浓厚的精英主义道德伦理观，但是，一旦涉及做人的问题，儒家还是致力于全体性和普遍性，也就是一种“平民化”的过程了。儒家希冀整个社会都是立于“道”上来做人和做事。儒家的人物，不管是大人物还是小人物，开口一个道，闭口一个道，熟仁，也是在这一旨意里，获得了普遍意义的价值取向。所以，当我们看到，儒家把“熟仁”置入于事事物物里，就不会觉得这是一个虚构吧？因为在现实的生活里，精英和凡人，无时无刻的在处处寻熟，是不是“熟仁”理性在驱使、在作怪？问题就是仅仅依靠每个人的自觉和不自觉，仅仅是解决问题的一半思路，还有另一半，应该交给谁呢？或许就是应该追究到“熟仁”理性与“熟之于道”的规定中去了。这一考量，会在“跋”里专门进行，以作为本书的终结话题。

3.“熟仁”理性：走出“心魔”的考验

这得从朱熹看到“熟仁”的一个特定境遇说开。所谓大方向之指标，勾勒出的是“熟仁”之世俗化、普世化而可以归结为“平民化”之期待，那“熟仁”就不再是精英之辈的“果实”。儒家一以贯之的“熟仁”，骨底子里裹着的，就是对“平民化”预期的苦心孤诣,其究竟厚望于什么？是不是“熟仁”理性的回归？话题最终还得回归到“心魔”之问题。

走出“心魔”的历程,就是“熟仁”的过程,就是把“熟仁”转化为不断成熟和锻炼纯熟的“着实工夫”。“熟仁”理性之光,透过其中的“熟”之进程,照耀着每个人。当然,渗透于现实世界之方方面面的“熟仁”,无论是可以实现的期待还是可以感知的痛苦,儒家始终没有放弃“熟仁”努力,贯于其中的“着实工夫”,就是“熟仁”理性之光的照耀,每个人俱可如此。关键是,这样的“熟仁”理性,每个人能不能去自我发现、自我作用、自我存养、自我涵泳。归根结底,这是走出“心魔”的“境遇”,一种特殊的人生境遇。这一“境遇”,更是儒家“熟仁”里特有的“境遇”。置身于“熟仁”理性的境遇话语,可用四个“关键词”予以勾勒:“走出心魔”——“熟仁”——“期待”——“痛苦”。

对于“熟仁”的期待,是不言而喻的,至于这种期待中的痛苦,可能是需要通过儒家文献来加以诠释。现在,暂且可以从朱熹“熟仁”的话语里,去找到此中用心,去拨动儒家的这份心弦,去磨合儒家的这份心情,去了却儒家的这份心思。

朱熹为他的学生讲解《论语》时,不时流露出如此心绪。从孔子时代到朱熹时代,一千多年的历史变迁和社会变化,儒家的“熟仁”源远流长,对这一“熟仁”的期待仍然一如既往,但是,现实的情况难以掩饰儒者们在心灵深处的忧虑,乃至痛苦。朱熹是研究儒家“熟仁”最有心得的一位大师级人物,翻开他给学生上课的“教材”——《朱子语类》,就可感悟出这样的期待和痛苦的流露。现在,将《朱子语类》中读解《论语》中的“熟”论大致列出,站在今人立场上,作些圈点性质的发挥。同样,当朱熹说“今人学所以便住了,只是不曾习熟,不见得好”,足以见得朱熹内心痛苦的滋味了。当然,朱熹在这里的分析,大都放在“熟仁”之“熟”转化为“工夫”说的意义上,试图去点亮“熟仁”理性之光。

在这个叙述之前,特别要指出两点:一是,这里引用的,仅仅是《朱子语类》中读《论语》的部分,这是他在跟学生上课交流时的原话,而且这些弟子大多来自于层次较低的社会,思想比较活跃,反映的问题比较实际,因而,朱熹圈之为"今人"说里,依然有着极为可取的启迪。二是,朱熹说的"今人",是指他那个时代的人,这里转述为"时下",而笔者以下所用的"今人",盖指当代的、现在的有些人而已。

读《学而篇》:

"今读《论语》,且熟读《学而》一篇,若明得一篇,其余自然易晓。"——要熟读《论语》,先要熟读首篇《学而》,这样,就易于读懂整部《论语》。今人读《论语》,恐怕未知此理吧!

"书也只是熟读,常记在心头,便得。"——熟读书,把书中的道理,常记在心里,便是得到了。今人读书,甚有摆摆样子,应付考试一类,这就难以算读书,更谈不上"熟"读了。

"学是学别人,行是自家行。习是行未熟,须在此习行之也。"——学习,应分开来看,是学与习。不断地"习",就是行,这方面欠火候,就是未熟,所以,在"学"的同时,要不断地"习",不断地"行",这就是"熟"的锻炼。今人的"学习",可能缺乏的是"习",因而难以进入"熟"的状态。

"思得惯熟了,却行无不当者。"——要三思而行,娴熟地思考问题,行动就会有着落。今人有的思想懒散,不肯动脑子。行动就没有创新性了。

"见得渐渐分晓,行得渐渐熟,便说。"——道理总是渐渐获得的,行动总是渐渐成熟。今人奢望一夜之间成名,一夜之间暴富的心理,究竟会害苦了谁?

"学只是要一个习,习到熟后,自然喜说不能自已。今人学所以便住了,只是不曾习熟,不见得好。"——"学习"不能分家,但"学"以"习"为基础,只有"习"到"熟"了,才是见得好。这就叫理论联系实践。今人虽有"学习",但只管住"学"一头,忘了或少了"习"一头,那就永远到不了"熟"一头。

"心是把捉人底,人如何去把捉得他!只是以义理养之,久而自熟。"——以义理养心,人会久久成熟,这是把握做人的根底。朱熹看到了"心魔"的克星。今人能做到"以义理养心"而久久成熟吗?今人能够把握住自身,是靠什么?靠我们的心灵本身吗?还是靠我们的心外之物?

“平心定气熟看,将来自有得处。”——读书要心平气和地读才会有效果;如果心存杂欲的读,是不会读出什么结果的。所以今人读书,要心态第一,做人第一,但这真是难以做得到的!

“看熟了,真攧扑不破!”——看什么,都要熟,才能看出真理性的东西。看熟了,才有自信。今人看人情世故、看书本知识,是想看到真理性呢?还是功利性呢?

“曾子三省,只是他这些未熟。如今人记书,熟底非全不记,但未熟底比似这个较用著心力照管。这也是他打不过处。”——曾子说他一日而三省,因为他有不熟之处。时下人记书,不仅熟的东西要记,而且不熟的比熟的更要用心记住,这一点连曾子也打不破。今人不要说缺乏曾子的一日三省,熟的东西不会全记,不熟的就更不会尽心去记,这着实需要反省呀!

“圣人熟,学者生。圣人自胸中流出,学者须著勉强。”——从生到熟,学做圣人,就是要不断勉励自己。今人又有多少人在不断勉励自己学做圣人之熟呢?

读《为政篇》:

“凡人作好事,若只做得一件两件,亦只是勉强,非是有得。所谓‘得’者,谓其行之熟,则心安于此也。如此去为政,自是人服。”——人做好事,要一贯到底,就是求个行动之熟。得于道,才叫“德”。得了道,就有行之熟,心要安于此“熟”之中,就是“德”所“得”,这样的人去为政,才能使人之服。

“这个须是去做,到得熟了,自然贯通。到这里方是一贯。古人由之而不知,今人不由而但求知,不习而但求察。”——知识要去实践体会,到了熟的地步,就能融会贯通了。古人是这样去做的,而今人不了解这一点。时下的人呀,只是去了解这些而不愿意去实现这些,只是去考察这些而不愿意行动。今人只知不行,书是读了很多,就是不愿意实行,这样怎么能把知识用到“熟”的领域呢?

“听最是人所不著力。所闻皆是道理,无一事不是,可见其‘义精仁熟’

如此。"——到了"义精仁熟"地步，对于听见和看到的，都能够从中发现道理。今人轻信道听途说，缺乏理性思辨能力，即便到了六十岁还是如此，这是"不著力"的缘故呀！

"到六十时，是见得那道理烂熟后，不待思量，过耳便晓。"——人到六十，经历沧桑，见得道理，自然而然可知晓个中道理，那是"烂熟"了。今人有耳熟之人吗？晚节不保之人，更需这方面的培养呀。

"立，便是从心不逾矩底根子；从心不逾矩，便是立底事，只是到这里熟，却是个大底立。"——立志，是人走向成熟的开始；立志于道，就是人生的一个大规矩、大规模，要做到"从心不逾矩"，就是要坚定地做到这个"立"，人生之熟，就是在这里开始，一个人生大底据的"所以立"。今人，是"立常志"多还是"常立志"多？立了志又能坚持身心锻炼吗？到了晚年，不熟，能怪谁呢？

"十五志于学，此学自是彻始彻终，到四十不惑，已自有耳顺、从心不逾矩意思，但久而益熟。年止七十，若更加数十岁，也只是这个，终不然到七十便画住了。"——从十五有志到七十不逾矩，贯彻了学习，久而益熟，就在这个"学"与"习"上的彻始彻终。到了七十而熟、八十而熟、九十而熟，甚至过了一百岁，还是这个"熟"。今人似乎忘了这个"久而益熟"的道理，似乎缺乏"规矩"意识？

"到得此时，是于道理烂熟了，闻人言语，更不用思量得，才闻言便晓，只是道理烂熟耳。"——熟，是熟在道理，用朱熹的话来说，是熟在天理人欲上。有见"理与欲"之争，则知天理胜于人欲。今人面对的是人欲横流时代，有多少人会用心于"天理"与"人欲"之辨中，娴熟于其中的道理呢？

"圣人生知，理固已明，亦必待十五而志于学。但此处亦非全如是，亦非全无实，但须自觉有生熟之分。"——有生到熟，故人"必待十五而志于学"，圣人也不例外。人就是要自觉意识到这个由生到熟的道理。今人知生，也知由生到熟的道理，但是，要在自觉的基础上去实践这个由生到熟的过程，又有多少人在向圣人学习呢？又有多少人知晓其中的艰辛而又愿意去践履吃苦呢?

“‘心融’,恐是功深力到处,见得道理熟了,故言入于心,随即融化,更无渣滓。故其发见于日用之间,从容和顺,所以能发明圣人之道。”——心融,是熟的状态,看见的,听到的,都随即在心内融化,哪怕这些道理就在日用之间,即可体会和消化,“须是融化,渣滓便下去,精英便充于体肤,故能肥润”,内心清澈,发明圣人之道,就是要进入到“熟”,所谓“心融”、“从容和顺”、“随即融化”、“更无渣滓”,就是“熟”之状态。今人能够在日用之间发现“圣人之道”吗?进不了“心融”,心存“渣滓”,是一辈子进不了“熟”的。这也难怪,因为这需要“功深力到处”啊!

“私欲一次胜他不得,但教真个知得他不好了,立定脚根,只管硬地自行从好路去。待得熟时,私意自住不得。”——战胜私欲,需要“立定脚根”,然后一直坚定地走下去,到了“熟”,私欲就站不住了,也就是对“仁”的不断把握和实现了。今人靠什么胜过私欲?私意或私欲,其实人人皆有,也消除不了。问题是要有效控制,而且要合理引导,理性控制,使其不过度。那需要从“立定脚根”,使自己实施进入“熟仁”状态的行动,才能实现。今人缺乏的是“立定脚根”的基础性认识,任意扩大欲望,并使之转变为私意,那就变成私心杂念、私欲横流了。

“安,大率是他平日存主习熟处。他本心爱如此,虽所由偶然不如此,终是勉强,必竟所乐不在此,次第依旧又从熟处去。”——安仁,安心,有助于平日“习熟”,人要乐于安仁、安心,也要乐于此中的“熟仁”,使勉强走向自觉而成熟,就是要时时“从熟处去”。今人会自觉去“安仁”、“安心”吗?又会从哪个方向上去“安仁”、“安心”?“勉强”还是“处熟”?

“‘温故知新’,不是易底新者,只是故中底道理时习得熟,渐渐发得出来。”——“新”的东西是从“故”中“渐渐发得出来”,而且它是借助于“习熟”中获得。今人有标新立异,从脑中空想,美其名曰“创新”,其实,任何创新活动都不是凭空捏造。有价值的创新,都属于“习得熟”得来的。

“‘思而不学则殆’,虽用心思量,不曾就事上习熟,毕竟生硬,不会妥帖。"——思而学,要统一,思考问题,事上用功,习熟于此,思考就会深刻而具体。今人往往有思与习结合,问题是"事上习熟",究竟事事都如此了吗?是不是形成了一个传统呢?现在的快节奏生活,是不是影响了这个"事上习熟"的必要性?

"既思得这事,若不去做这事,便不熟。"——行动的重要性,要"熟",就得去做,去做了,就会"熟"。今人有思有行,但对同一件事,能做得到思于此又行于此吗?

读《八佾篇》:

"易,只是习得来熟。"——容易,得心应手,来自于习熟,今人愿动口不愿动手,已经形成了职业习惯,但这不是职业分工造成的,而是形成了一种心理习惯。

"治田者须是经犁经耙,治得窒碍,方可言熟也。若居丧习熟于礼文,行得皆无窒碍。"——熟,渗透在社会生活的方方面面,也是治国之道,只有"熟"了,才能行动无碍。今人是否意识到"熟"是生活的方方面面呢?

读《里仁篇》:

"但学者初做时,固不能无间断。做来做去,做到彻处,自然纯熟,自然光明。"——做事,由粗到精,由生到熟,必须要彻底始终,做来做去,才能自然成熟,心地光明,行动到位。今人"不能无间断",但做到彻底,达到纯熟,那是有很多路要走的。因为,现在最担心的是急功近利,又加之半生不熟,那将来就无"光明"可言了。

"然学者但能尽己以推之于人,推之既熟,久之自能见圣人不待推之意。"——"推己及人",要熟,需要合理之推,无间断地"推己及人","熟仁"就会不断显示;而"推己及人"一旦达之于"熟",久而久之,就会见得"尽己"中的圣人之品行。今人"推己"能"尽己"吗?

读《公冶长篇》:

"子路底收敛,也可以到颜子;颜子底纯熟,可以到夫子。"——学习的榜样,要挑最好的、最高的,但也可以是逐级提升的。子路可以到颜子,颜子可以到孔子,实际上,对于子路来说,有两个可以学习的榜样。当然,我们这里要表达的意思是,颜子之熟,可以进入到孔子层次里再进一步升华,到达"烂熟"。今人选择榜样,可能更多是心中的"偶像",缺乏的是榜样中的道德原则和精神境界。颜子好学,就是向孔子学习。

读《雍也篇》:

"颜子学处,专在非礼勿视听言动上。至此纯熟,乃能如此。"——颜子的工夫,是"克己复礼",他学有所专,全是在做人上,颜子在这方面有达于"纯熟",那也是"圣人"的体现了。换句话说,能够做到"非礼勿视、听、言、动上",也就是到达了"纯熟"的境地了。今人又有多少人会专注于"非礼勿视听言动上"呢?即便有,又有谁能坚持到"纯熟"的地步或境界?

"不能循循不已,则有时而间断矣。孟子所谓'夫仁,亦在乎熟之而已矣',此语说得尽了。"——"熟仁"工夫是循序渐进、从间断到无间断的反复,实现"仁",只是看他一个"熟",做人做事的道理尽在这个"熟仁"里面了。今人是否意识到了尽在"熟仁"中的道理呢?

"圣人之心,直是表里精粗,无不昭彻,方其有所思,都是这里流出,所谓德盛仁熟,'从心所欲,不逾矩'。"——我们都是凡人,但要学一下圣人之心,"表里精粗,无不昭彻",心内心外无不流露于"从心所欲,不逾矩"之状态,这就是"德盛仁熟"了。今有心志高于天的人,也有低于地的人,然而,心中不存"无不昭彻"的光明,那就暗藏了杀生的危机了。这就是"德"的不够,"仁"的不熟。

"'克己复礼',致谨于视听言动之间,久久自当纯熟,充达向上去。"——在视听言动的日常生活里,推己及人,按礼处事,坚持不懈,就会到达"纯熟",向上充实奋进。今人生活在"视听言行"的世界里,但在各个方面能处处按"礼"行动吗?今人要多讲究些"克己复礼"呀!对此要提高"熟仁"的锻炼。

"只是'博我以文,约我以礼'后,见得那天理分明,日用间义理纯熟后,不被那人欲来苦楚,自恁地快活。"——"纯熟"是见得那"天理",人就达到自我快活了。今人会十分愿意"博我以文,约我以礼"去达到那"日用间义理纯熟"吗?今人的"自我快活",不在这个意义里,那恐怕就是在没有内心之"熟"的"自寻其乐"吧!这是一种痛苦又无奈的"快乐"。

读《述而篇》:

"德是行来行去,行得熟,已成个物事了。"——"熟",有助于成人和成事,这是"德"的培育和作为的过程。今人靠什么去做人、靠什么去做事,这里的答案是很清楚的。

"教以孝德以知逆恶,使它就孝上做将去,熟于孝,则知逆恶之不可为。"——教于孝,知行孝,意在熟于孝。于己做人知道何以"孝"。今人究竟有"熟于孝"之意识吗?有没有人愿意主动去接受这个"孝"之教育?孝一次,可以做得到;一直孝,恐怕很难得,而"熟于孝",就更加显得弥足珍贵了。

"此虽小学,至'依于仁',既熟后,所谓小学者,至此方得他用。"——先小学后大学,方至熟;读小学读大学,"依于仁"而读,也就是点明读书的手段与目的一致,即"依于仁"。今人读书,无"熟仁"鹄的,有投机取巧、哗众取宠、剽窃抄袭者;有为考试而读者;有临时抱佛脚而读者;有六十分万岁而读者。读书只为科举、不为做人的想法,会害死知识,更可怕的是,会害死读书人自身。

"许多道理,本无不可知之数,惟是康节体得熟。只管体来体去,到得熟后,看是甚么事理,无不洞见。"——康节,人名,指北宋五子的邵雍。人生道理还是书中道理,要不断体会,要自觉体会,要联系自身体会,等到这样的体会熟了,道理就自然懂了。今人有体会,但能够"体来体去"吗?而这个"体"的内容,是不是"仁"呢?还是自家的"私欲"在"体来体去"?

读《泰伯篇》:

"看文字,须是熟后,到自然脱落处方是。某初看此,都安排不成。按得东头西头起,按得前面后面起。到熟后,全不费力。"——读书写字,到了熟,便"自然脱落",不费力;不熟,就不会有自然而然的熟之状态。这个道理今人大多都懂,问题是有多少人会去努力呢?

“只是就容貌辞色之间用工,更无别法。但上面临时可做,下面临时做不得,须是熟后能如此。初间未熟时,虽是动容貌,到熟后自然远暴慢;虽是正颜色,到熟后自然近信;虽是出辞气,到熟后自然远鄙倍。”——待人接物,有“容貌辞色之间用工”,“远暴慢”、“近信”、“远鄙倍”,需要“熟”,才能有自然而然的状态。今人动辄发怒、见人皱眉、轻慢下属、出口伤人,是远离“熟仁”的锻炼了。

“然看得来只是读书理会道理,只管将来涵泳,到浃洽贯通熟处,亦有此意思。致道云:读《孟子》熟,尽有此意。”——读书理会道理,涵泳体会,心意交融,浃洽有余,这就有了读书之熟,书中之理就融会贯通了。读《孟子》要有这样的“熟”,才能正确把握孟子的思想。今人读书,“涵泳”、“浃洽”、“贯通”,有没有意识到“读熟”之于知识的生长力?

“如《大学传》‘知止’章及‘齐家’章引许多《诗》语,涵泳得熟,诚有不自已处。”——《大学》引《诗经》,不是为引而引,而是引而有证、有发,是说明道理之引,本身就包括了对《诗经》之熟。今人文章,多有引用,关键是被引之文要熟,熟了吗?不熟,乃有为引而引了。

“以今观之,不若熟理会《论语》,方能兴起善意也。”——读《论语》,讲解《论语》,不对《论语》熟理会,便有牵强附会之处了。今人讲读《论语》,甚至包括其他讲读,首先自问一下,熟理会《论语》了吗?关键是,只有在“熟理会”里,才会“兴起善意”。

读《子罕篇》:

“且就此本文上看一段,须反覆看来看去,要烂熟,方见得意味快乐,令人都不欲看别段,始得。”——读书,要烂熟,读出其中的快乐之意,方始得道理。今人读书,有否“烂熟”之意?方从哪里找到快乐?

“如此精专,方见得夫子动容周旋无不中处,皆是天理之流行,卓然如此分晓。到这里,只有个生熟了。”——身心无不中处,浑身上下是“天理流行”,那么,生熟就见分晓了。今人能否看出这个“生熟”内化?当你听到周围小贩的吆喝声影响了你的睡眠时,你若想到这是他们的生活之声,就会产生别样的宽容，这就是“熟仁”了。而厌烦，则是“生”了。

“自生而至熟，正如写字一般。会写底，固是会；不会写底，须学他写。今日写，明日写，自生而至熟，自然写得。”——做人如写字，也有个生到熟，只是要不断地写，等到熟了，就是得心应手之时。今人写字，只就练习自家的姓名，又有何用？还要出签名的“专用机”，这不是更助长了此风？

“只熟了，自然恁地去。横渠曰：‘大可为也，化不可为也，在熟之而已。’”——到了熟的境地，自然地去做，大而化之的状态，只是一个“熟”了。今人有“大可为”之气魄，但缺少进入“大而化之”的熟境，那未免太可惜了。

“只恁地养熟了”——“熟”需要存养之，如何“养”？朱熹引程明道言：“我更著力。”这有两层意思，一是需要自我努力，强调人的主观能动性；二是需要不断着力，强调渐渐而习的力行。靠这些“营养”去滋润“熟”。今人的“滋养”恐怕够不到“养熟”的方寸吧。

读《先进篇》：

“只是争个生熟”——生熟之辨，是做人做事的开局，必须看个透彻。今人的开局，往往不立此局，所以，人生缺了个大规模。走到人生的尽头，还看不出所以然，庸碌一生，何其可惜矣！

读《颜渊篇》：

“到养得熟后，便私意自渐渐消磨去矣。今人须拣易底做，却不知若不自难处入，如何得到易处。”——养“熟”，是培育“仁”底，又是去掉“私心”的艰难过程，时下的人呀，就是喜欢挑选容易的去做，这如何养得“熟”呢？今人想得“易”，却不愿意吃苦，愿意“自难处入”的，并且是在“熟”上去锻炼的，是何等之少矣。要知，围着“私意”去练熟，不是真正的“习熟”，今人要领会得出朱熹的此番苦心之诣呀！

透过朱熹的笔墨发现的是，每个事物里，每个人本身，都含有个“熟仁”。就看其能否把握住自己的那个“熟仁”理性，走出“心魔”的考验，同时，也是“熟仁”理性的考验，做不到，就只能怪他“工夫”不到纯熟之境地，与其不努力有关了。圣人是榜样，颜子是榜样，未至于“熟仁”者，还求助于外界的力量吗?

结论就是,儒家"熟仁",依其来龙去脉、善始善终,底子里藏了个"熟仁"理性,它贯穿于"仁之熟"的世俗化、普世化、平民化,使"熟仁"之于"仁熟",成为"着实工夫"的真实存在。这就是儒家"熟仁"的大方向、大趋势。走出"心魔",必依靠于"熟仁"理性之光的不断发散和照耀!

实际情形,就是如此吗?"跋",作为本书的终结性话语,割不断的还是对儒家"熟仁"之于走出"心魔"的情结。在"跋"里,继续研判这个问题,当会彻底了断作者的这份情感上的"腼腆"和"害羞"。

注释:

[1]《朱子语类》卷四十五。

[2]朱熹:《四书章句集注·论语集注》卷二。

[3]朱熹:《四书章句集注·论语集注》卷二。

[4]朱熹:《四书章句集注·论语集注》卷六。

[5]朱熹:《四书章句集注·论语集注》卷六。

[6]朱熹:《四书章句集注·论语集注》卷六。

[7]朱熹:《四书章句集注·论语集注》卷四。

[8]朱熹:《四书章句集注·论语集注》卷四。

[9]冯友兰:《中国哲学简史》,第7页,新世界出版社2004年版。

[10]冯友兰:《中国哲学简史》,第7页。

[11]冯友兰:《中国哲学简史》,第19页。

[12]亚里士多德:《尼各马科伦理学》,第21、27页,见苗力田主编《亚里士多德全集》第八卷,中国人民大学出版社1994年版。

跋

“熟仁”理性之光的照耀
——夹杂一个走出“心魔”的再议论

“楔子”里提出的话题,在这里似有归宿。

“跋”,作为整部书的结束语,就是要把意犹未尽的再继续作个“交代”。这里,提炼了儒家“熟仁”理性之光的照耀,继续延伸这个所谓的“意犹未尽”。想通过儒家之“道”的一个特殊境遇,再次返归到儒家“熟仁”的开启者孔子那里,去展开这个“意犹未尽”,并且补充性地发挥本书“雪藏已久”的戴东原、胡五峰之“熟仁”,去获得儒家“熟仁”理性之光的照耀,之于人类的“灯塔”与“落地”。

之所以称为“夹杂”,是作为一个追加性的话题,试图从儒家“熟仁”理性之光的照耀里,去窥探人们经意不经意之间、介意不介意之间进入的某种“心魔”状态。但作为“夹杂”的“议论”,很显然,这里的叙述就绝不会是一个学术性很强、很专业的“论”,而是以比较“休闲”、“松散”的方式展开,因为切入的议题、人物就带上了这个特征。将来笔者会以此为主题,致力于走出“心魔”的研究,但那是后话了。

之所以称为“再议论”,是对该话题已经讲过的话的再补充。因为,在上文所夹杂的评析中,事实上已经对走出“心魔”进行了或多或少的提及和适度的评判。这里再给予一种总括性质的权衡,但总属于“夹杂”的“议论”。深度和厚度是不予计较的了。

前面业已指出,在一个等级社会里,儒家的“熟仁”期待,是一个痛苦的事实。这个可以感知的期待和痛苦,是儒家必须正视的问题。但是,天无绝人之路,峰回路转的是,儒家提炼了“熟仁”作为一种方法论,成为整个儒家检讨“熟仁”的出路。其实,这是一个巨大的理论成就和实践取向,甚至也成为中国人接受的普天下之道。

“熟”成为方法论,就具有人生指导意义。因此,儒家的理想主义给予了走出这一期待的痛苦“药方”,通过这个“药方”,保证了“走出心魔”的方向,也就到达“道”的理想进程。更确切地说是进入到“道”之中。由此,一下子拉近了“熟”之于“道”的问题。

要深入儒家“熟仁”的方向性问题,必须牵涉到儒家之“道”的本质。因为,“熟仁”,做人之道也好,做官之道也罢,归根结底,是熟于入道的问题。考量这个问题,从孔子之“道”开始,不仅“熟仁”源自于孔子,而且儒家之道,也要找到其源头性的哲学先驱,毋庸置疑,还是离不开孔子。那么,究竟如何把握孔子说的“道”呢?将孔子之“道”融入“熟仁”的特定境遇,意义就非同寻常了。

“道”字在中国古人的思维方式里,意义非同寻常,可以上升其为一种文化现象。对此,中国人津津乐道于各种道,尤其引以为豪的是中国人所特有的老子之道。掀开一层中国人之“道”的微言大义,发现孔子言意之“道”的特殊魅力,与老子之道不仅魅力相当,而且容有特殊的方向和取向,在与老子之道的交相辉映里,使中国人最原初性的“道”意识,展示出丰富的想象力和深邃的意义空间。

纵观《论语》,“道”字出现不少于30次,而孔子直言为“道”的,也有20余次。仔细品味孔子说的“道”,意蕴是丰富的。更重要的是,它折射出孔子哲学的特殊性和深刻性。有几个方面是能够抓住孔子之“道”的深邃言意的:从本体论语境,使其蕴含为具体之道、本根之道、抽象之道;又使其生成为孔子所特有的成人之道、为官之道、做事之道。当我们超越老子之道的视野,去反观孔子的“道”观,会发现二者是交相辉映和相辅相成的,但更有那“异曲同工之妙"的哲学同格。

一、进入孔子的一个新"道"景:超越老子之道

中国人一讲起"道",常以老子之道为荣耀,而对于孔子之道的特殊性和深刻性,却难以引起足够多的"渲染",要彻底了解中国人的"道"意识,理解老子之道固然重要,但理解孔子之道同样重要。

据说老子生于孔子之前,但有不少文献却记载着孔子与老子的"对话"。意图很明显,就是要点穿一些孔子与老子在"道"上的一致性。综合儒、道两家的《淮南子》似乎尤其值得注意。《道应训》举例为证,就是那个著名的"欹器之辨":"孔子观桓公之庙,有器焉,谓之宥卮。孔子曰:'善哉!予得见此器。'顾曰:'弟子取水。'水至,灌之。其中则正,其盈则覆。孔子造然革容曰:'善哉!持盈者乎?'子贡在侧曰:'请问持盈?'曰:'益而损之。'曰:'何谓益而损之?'曰:'夫物盛而衰,乐极则悲,日中而移,月盈则亏。是故聪明睿智,守之以愚;多问博辩,守之以陋;代(武)力毅勇,守之以畏;富贵广大,守之以俭;德施天下,守之以让。此五者,先王所以守天下而弗失也。反此五者,未尝不危也。'故《老子》曰:'服此道者不欲盈。夫唯不盈,故能弊而不新成。'"关于"持盈之道",孔子和老子是有着共通的见识,这是对"道"的共通之处。所以,陈鼓应先生才有这个评价:"《淮南子·道应训》记载老子向孔子及其弟子子路讲'持盈之道'。"[1]

必须指出,老子讲的"道",更深层次上,是着意于自然之道,并转变成做人之道,因而,老子论述的自然之"道",基调或本质是"道法自然",能够贴近我们的生活层次,取向于得"道"的"自然无为",也就是"道常无为而无不为"。所以,在老子的这个哲学体系里,人是被动的,虽然人亦大,但也只是"居其一焉",人只能属于"人法地,地法天,天法道,道法自然"[2]的系列之中,在这样的圈子里,人的作为是从属于"道",也必须服从于这个"道",天地不仁,所以圣人也不仁。而孔子之道,自然的意思似乎比老子少了些许,更多

的却是人道方面。同样面对难以挽回的"礼坏乐崩"的趋势,老子反对礼治,而孔子愤然无比,发出的声音是"是可忍也,孰不可忍也"。老子认为"法令滋彰,盗贼多有",也反对法治,并且从相反方向肯定"为无为而无不为"[3]的"无为"策略,说得透彻些,这就是贯彻在一切领域里反对一切的人治。孔子就不同了。"仁者爱人"、"为政在人"、"为国以礼"、"博我以文"、"约我以礼"、"天下归仁",个中基调无非就是人的作为了。也就是那个人治的问题。礼乐是重要的,人治是主要的,仁义是必须的。为此,孔子勾勒了一抹蕴意生动又深邃之"道"的风景。

这一"道"景是这样的:"道"是分层次的,有具体之道、本根之道、抽象之道;"道"有哲学——伦理的取向,是道义标准、道德境界、道理设定;"道"有实践——方法的意义,是手段与目的、道路与方向、途径与原则的统一。这幅"道"景,画中之题就是一个"为人"的问题。这里,已经远远超出"道"的字面意思了。同时,孔子叙述"道"的思路也是很别致的:从本体论层次出发,绕开一个道的自然性问题,直指立人之道;从正名观的角度,作了"道"的名实相副,划出了个人在社会中的角色的定位,对此引申出了"道"的特殊规定;从先后关系上,完整地给予了上述"道"景的空间和时间,锁定了人之"道"性。

在这幅"道"景里,我们能够领略出孔子之"道"的意义和在超越老子之"道"方面的特殊性和深刻性。

二、孔子心目中的"道":具体之道

其实,孔子先要树立的,是"立人为本"的先在性。而且,正是做人的具体性方向,孔子筹划了他的"道"。孔子走了不同于老子的方向,特意避开了"道"的自然性的先在性证明,而是直指于"立人为本"的具体性质,对此,孔子寓意深深:

《论语·学而》:"君子务本,本立而道生。"

《论语·雍也》:"夫仁者,己欲立而立人,己欲达而达人。"

这里的话语意境,具有最高层次的哲学意义以及最高的做人境地。朱熹解第一句,是据本根上立意,专注于做人方面,他从两个方向确认:"言君子凡事专用力于根本,根本既立,则其道自生。"[4]一个方向是"务本",即专注于从根本上去做人;另一个方向是本体意义里的发现,即做人的根本取决于"道"的方向,但重要的是,这个"道"的诞生,又取决于人的"务本"。其实,这里的"道",首先属于"本"意义里的,是做人的存在的本体性方面的实现,其次是属于这个"本"的道的生成,前者属于具体之"道",后者就属于本根之道。这就好比根与叶的关系。朱熹在跟他的弟子们讲学此段时,作了这种形象化的说明。其弟子可学说此句是"如草木之有本根,方始枝叶繁茂"。朱熹肯定:"固是。但有本根,则枝叶自然繁茂。不是要得枝叶繁茂,方始去培植本根。"[5]由此看出,孔子有"本"与"道"的先后关系,在这里,似乎有一层先"本"后"道"的味道,这就与老子之道的方向恰为相反了。老子先自然、本根之道,后是为人之道;孔子是先立人之道,后才是讲出本根之道。"道",在孔子叙述的话语结构里,从具体之道里蕴生出本根之道,这是孔子之道的逻辑,这个"道"的名实相副的问题,在中国人的"道"的话语体系里,显得格外注目了。

看得出,孔子心目中的"道",是很有深意的。可以有具体意义的"道",也有不容置疑的本体意义的"道"。立人的所在,首先是立于"道"上的,这就是"本"上的意思。也就意味着,孔子实际的是在使用着"本"与"道"的兼容性,有一层不可怀疑的本体化语境。但是,它严格地带上了从"本"到"道"的思维路径,从做人之"本"的确立而生长出"道"("道生"),反转到"道生"之后,是"立人而达人"的过程,所谓梳厘或破解孔子之"道",其语境和语意,是在"立人"和"达人"的两方面,可见孔子之道之于老子之道的深刻性。所以,纵观孔子之"道"的叙述,可以看出孔子的笔墨,着意的就是"本立而道生","本立"是在具体之道中的,"道生"是在本根之道中的。看一下孔子之道的这两个方面的陈述,而且是直呼之言为"道"的,可以称其为具体之道。

有为父之道《学而》:“父在,观其志。父没,观其行;三年无改于父之道,可谓孝矣。”孔子说:“父亲活着时,观察这个人的志向;父亲死了,考察这个人的言行。这个人连续三年不改变其父亲的合理行为的方式,这就是孝了。”考察“孝”,是忠守于父之道,也归于孝之道。朱熹如此见得:“父在,子不得自专,而志则可知。父没,然后其行可见。故观此足以知其人之善恶,然又必能三年无改于父之道,乃见其孝,不然,则所行虽善,亦不得为孝矣。”[6]父之道,是衡量孝子的标尺,而且这个“道”,是符合儒家评判标准的“正道”,朱子引用尹焞氏所说的来加强这个看法:“如其道,虽终身无改可也。如其非道,何待三年。然则三年无改者,孝子之心有所不忍故也。”[7]“父之道”,不是“非道”,忠守于“父之道”,就是“孝之道”。从“无改于父之道”引申出“孝之道”,恐怕是得了孔子的要领了。

有先王之道。《学而》:“礼之用,和为贵。先王之道斯为美,小大由之。有所不行,知和而和,不以礼节之,亦不可行也。”实施礼,必须以和谐适中为可贵。先王之道的美好处就在这里,无论小事和大事,盖以和谐适中为准则。当然也有行不通的地方,就是为和谐适中而和谐适中,不用礼加以节制和协调同样行不通。这段话很有名,是赞扬先王之道的,虽出自弟子有子之口,但也反映出孔子的思想。这句“礼之用,和为贵。先王之道斯为美”最有名。孔子重礼贵和,是讲出了先王之道,是源自于三皇五帝的传统,这一传统(也可称为“道”)而且又是以“和为贵”为实际内容的,是具体之道,一点也不空洞。孔子赞美先王以来的传统,是自有他的道理。

有君子之道。《公冶长》:“子谓子产:‘有君子之道四焉:其行己也恭,其事上也敬,其养民也惠,其使民也义。’”孔子评论子产说:“他有君子的四种行为方式:对自己庄严谦恭,对君上负责敬重,对人民施于教养和恩惠,也对人民符合道义地进行管理。”子产是春秋时代郑国杰出的政治家,孔子赞美他的品德和执政方式,盖之以“君子之道”,意在表明,做一个君子是有道德准则和行为方式的,不管是做人、做官还是做事,都有这样的要求,子产就是这个榜样。在这样的层面上,孔子说子产,不是就子产而说子产,而是通过子产这个榜样,试图总结出一般意义的君子之道,所谓"子产有君子之道四焉是也。今或以一言盖一人、一事盖一时,皆非也。"[8]当然,孔子说的君子之道,不仅仅限定于此"四焉",关键是孔子坚定君子非普通之流,其应该有特殊之"道"来定位、来指引、来规范。统观《论语》,系为"君子"所设计的规范和标准,绝非是随口说说的点缀。孔子直言为君子之道的,不乏其数,而且内涵丰富且生动,其弟子曾子在弥留之际,重重道出君子之道,恐怕也是他一生之道的总结:

《泰伯》:"曾子有疾,孟敬子问之。曾子言曰:'鸟之将死,其鸣也哀;人之将死,其言也善。君子所贵道者三:动容貌,斯远暴慢矣;正颜色,斯近信矣;出辞气,斯远鄙倍矣。笾豆之事,则有司存。'"

曾参病了,鲁国大夫孟敬子探问他。曾子感叹:"鸟将要死时,其鸣声是悲哀的;人将要死时,说出的话是善意的。君子要贵于行事得当,其为人处世的原则有三:注意自己的容貌,避免粗暴和懈怠;端正自己的脸色,亲近诚信,使别人得以信任你;说话的时候,避免粗陋和违背常理。至于摆设祭器等事,自有主管人员。"做任何事都有道之循,哪怕像"笾豆之事"都有章可循,更何况是君子之道呢?曾子的这段话,如朱熹揭示其理,就是"道"的覆盖性,做君子、处理事,都有"道"在其中。朱熹是这样评价这段话的:"言道虽无所不在,然君子所重者,在此三事而已。是皆修身之要、为政之本,学者所当操存省察,而不可有造次颠沛之违者也。若夫笾豆之事,器数之末,道之全体固无不该,然其分则有司之守,而非君子之所重矣。"[9]而君子所重的,是"道",修身之道、为政之道,即便"笾豆之事,器数之末"的问题,也要从"道"上去看、去行动。

孔子的弟子们多少从"道"的高度和风度里把握了其老师的"道",其实,孔子也一再重申君子之风范,并以此为自戒之道。孔子自责以勉人:

《宪问》:"君子道者三,我无能焉。仁者不忧,知者不惑,勇者不惧。子贡曰:'夫子自道也。'"

孔子说:"君子的风范有仁、知、勇的三种方式,我没能做到:仁德的人不忧虑,智慧的人不迷惑,勇敢的人不惧怕。子贡说:‘这正是老师说他自己呢。’”孔子言成君之道,是集仁、知、勇为一体的,但也有次序:“成德以仁为先,进学以知为先。故夫子之言,其序有不同者以此。”[10]表明,孔子心目中的成君之道十分具体,而且层次分明,易于把握。避开孔子谦虚的一面,探实其君子之道的具体性和深刻性,孔子论“君子”,可以看出很多新意蕴。

有善人之道。《先进》:“子张问善人之道。子曰:‘不践迹,亦不入于室。’”子张问怎样才算“善人”?孔子说:“善人不踩着别人的脚印走,学问道德也造诣不深。”所谓“善人”,朱熹释谓:“质美而未学者也”,并引二程、张载加以辨析:“程子曰:‘践迹,如言循途守辙。善人虽不必践旧迹而自不为恶,然亦不能入圣人之室也。’张子曰:‘善人欲仁而未志于学者也。欲仁,故虽不践成法,亦不蹈与恶,有诸己也。由不学,故无自而入圣人之室也。’”[11]孔子有“善人之道”,又有“成人之道”,区别何在?仅从上述朱、程、张所释,已经初步看出,“善人”不为“君子之道”,也不为“圣人之道”,更不为“成人之道”。“善人”低于“成人”,难以走入圣人之路,因为缺了“学习”,有仁而不志于学,皆不为成人之道,成人,就是要成为君子,做个完美的人才,学到个圣人的模样。关于成人的问题,孔子是有独特见解的。《宪问》:“子路问成人。子曰:‘若臧武仲之知,公绰之不欲,卞庄子之勇,冉求之艺,文之以礼乐,亦可以为成人矣。’曰:‘今之成人者何必然?见利思义,见危授命,久要不忘平生之言,亦可以为成人矣。’”这里的“成人”,朱熹解释为“犹言全人”,指完美的人才。子路问怎样才算是全人?孔子比较性的作了说明:“有臧武仲那样的智慧,有孟公绰那样的清心寡欲,有卞庄子那样的勇敢,有冉求那样的多才多艺,再赋之以礼乐来教养,也可以成为全人了。”又回答说:“眼下的全人哪里一定要如此呢?看见利益能够想到道义,面对危险愿意牺牲生命,长期身处穷困却不忘记平生的诺言,也可以说是全人了。”如果说“成人”还有一个如何培养理想人格的问题,那么,孔子给出的“眼下的全人”答案,则是成人之道的现实问题了。这里讲到的“文之以礼乐”,就是这样的“道”,这也表明了,孔子处处留心的是做人的“道”的具体、现实的方面。仁、知、勇,三位一体,所以不能割裂去衡量"成人",因为它们是一个整体;朱熹见之有地:"言兼此四子之长,则知足以穷理,廉足以养心,勇足以力行,艺足以泛应,而又节之以礼,和之以乐,使德成于内,而文见乎外。则财全德备,浑然不见一善成名之迹;中正和乐,粹然无复偏倚驳杂之弊,而其为人也亦成矣。"[12]可见,成人,是内外有德的统一体,又是礼乐的造化。朱熹引程子所言,点到如此:"知之明,信之笃,行之果,天下之达德也。若孔子所谓成人,亦不出此三者。武仲,知也;公绰,仁也;卞庄子,勇也;冉求,艺也。须是合此四人之能,文之以礼乐,亦可以为成人矣。然而论其大成,则不止于此。若今之成人,有忠信而不及于礼乐,则又其次者也。"[13]这是加强了礼乐对于成人的特定价值取向。所谓"善人之道",是不够于"四人之能",因此,联系到"善人之道","成人之道"才是孔子,乃至整个儒家倾心所指,"善人之道"要向成人之道进一步,才能"学到个圣人的模样"。这里还须指出,这段"成人"的话语,孔子似乎描绘了"成人"的二类"差别":鲁国大夫臧武仲,为人聪明,办事有远见,这是他的"知";鲁国大夫孟公绰,廉静寡欲,威望较高,这是他的"不欲";卞庄子,鲁国勇士,曾刺杀双虎,这是他的"勇";孔子学生冉求,多才多艺,这是他的"艺"。单有"知"、"不欲"、"勇"、"艺",还不足于"成人",只有再加之以"文之以礼乐",才足以成人。另一类成人,条件有所变化,更是以道义去衡量和取舍,即所谓的"见利思义,见危授命,久要不忘平生之言"。这里,似乎又转述出这样的一层意思:有的成人是建立在他个人已具备的品性上面,像臧、孟、卞、冉一类;还有的成人是取决于他的道义观、价值观、人生观,而且,在孔子看来,现在的成人恐怕更需要作后一方面的道德评估。这又极大地修正了"善人之道"的浅薄。

有相师之道。《卫灵公》:"师冕见,及阶,子曰:'阶也。'及席,子曰:'席也。'皆坐,子告之曰:'某在斯,某在斯。'师冕出。子张问曰:'与师言之道与?'子曰:'然,固相师之道也。'"这里的"师",为乐师,古时多由瞎子充当。冕,人名。相,辅助,古时把搀扶瞎子的人称为相。一次,一位叫冕的乐师拜见孔子。走到台阶边,孔子说:"这是台阶呵。"走到坐席旁边,孔子说:"这是坐席呵。"都坐定了,孔子告诉他说:"某某在此,某某在此。"师冕走后,子张问道:"这是同瞎子乐师讲话的方式吗?"孔子说:"对。这本来是帮助瞎乐师的方式。"这里,孔子究竟想告诉他的弟子是什么呢?是这个"相师之道"。朱熹解释为:"相,助也。古者瞽必有相,其道如此。盖圣人于此,非作意而为之,但尽其道而已。"[14]这个"相师之道",用今天的话来讲,就是乐于帮助弱者,这是一颗仁爱之心,其"相"完全出于真诚之心,绝无"作秀"之意。成人之行,就是要学到圣人的这个"相师之道"。朱熹引尹氏、范氏之言,如此发挥:"圣人处己为人,其心一致,无不尽其诚故也。有志于学者,求圣人之心,于斯亦可见矣。""圣人不侮鳏寡,不虐无告,可见于此。推之天下,无一物不得其所矣。"[15]相师之道,彰显的是圣人之心,所以,此"道",乃积累于学者向于圣人的言、行、思之中:"圣门学者,于夫子之一言一动,无不存心省察如此。"[16]这样的"相师之道",盖为成人之道所不可或缺的。试问这样的"成人之道",具体吗?

有快乐之道。《季氏》:"孔子曰:'益者三乐,损者三乐。乐节礼乐,乐道人之善,乐多贤友,益矣。乐骄乐,乐佚游,乐宴乐,损矣。'"孔子说:"有三种有益的快乐,也有三种有害的快乐。三种有益的快乐是:以得到礼乐的调节为快乐,以宣扬别人的好处为快乐,以多结交有贤德的朋友为快乐,这就有益了。三种有害的快乐是:以骄纵为快乐,以放荡为快乐,以吃喝为快乐,这就有害了。"君子有"好乐",可不能不谨慎。这里,孔子用了"益损之道"讲出了做人方面很多的快乐的辩证法:人各有"乐",但追求的是,要乐于成为君子之"乐",孔子看重的是:节礼乐、道人之善、多贤友。"节礼乐",看重了礼乐的规范作用;"道人之善",看重了见贤思齐的榜样作用;"多贤友",看重了朋友的价值。就"友"来说,孔子有高论:"益者三友,损者三友。友直、友谅、友多闻,益矣。友便辟、友善柔、友便佞,损矣。"[17]朋友并非是多多益善的,有益的朋友有三种,有害的朋友也有三种。与正直的人交友、与诚实信用的人交友、与见闻广博的人交友,这就是"益友"。与工于心计而爱要手腕的人交友、与当面顺从而背后诽谤的人交友、与花言巧语而爱阿谀逢迎的人交友,这就是“害友”。在孔子看来,乐于交友的,要交个“益友”,自己也要做一个“益友”。在快乐之道的看法里,孔子有辩证法的思想,当为可取之道,又是一个现实之道。

有事人之直道。《微子》:“柳下惠为士师,三黜。人曰:‘子未可以去乎?’曰:‘直道而事人,焉往而不三黜?枉道而事人,何必去父母之邦?’”柳下惠做监狱官,多次被免职。有人对他说:“您不可以离开鲁国吗?”柳下惠回答:“我以直道事奉君主,走到哪里,不也是如此结局吗?如果要放弃直道而枉道事君,我何必离开我的祖国呢?”言下之意,这里不就是一个可以“枉道而事君”的地方啊!表明柳下惠还是想“直道而行”。所谓“直道”,指的是正直、率直、正义一类意思,而“枉道”则是“直道”的反面。“直道”,就是正义之道。其实,孔子对柳下惠的评价并不怎么高,但是,对于他的这个“直道而事人”还是积极认可的。孔子也有赞美“直道而行”的态度:“斯民也,三代之所以直道而行也。”这是孔子夸奖的话。当然,事君要直道,孔子提出了大胆的设想:“所谓大臣者,以道事君,不可则止。”[18]事人也要直道,这叫“有道而正”。结论就是:这两个方面,才是孔子想要袒露的“直道”心声。

以上所引孔子直言之道的论述,有为父之道、为君之道、先王之道、善人之道、相师之道、快乐之道、事人之道,相当具有特殊性质的常规意义。在其他更多的叙述中,尽管孔子没有使用“之道”术语,可实际上还是有这方面的锁定。

三、孔子心目中的“道”:本根之道

孔子陈述的“道”,还有更深刻的存在意义,就是本根之道。具体之道,说到底,是本根之道的存在表现。以“本”说“道”,似乎在孔子的话语体系里,始终被老子之道的本体论沉思而“淡化”或“淹没”。这一点不被彻底撩开,就很有可能掩盖孔子之“道”的本体论色彩。孔子以“本”说“道”,既具体又深刻。

从孔子“仁”哲学的本义里去陶冶和提炼,此“本”,孔子定位在“仁”,是“仁之本”,并且这个“本”,具体又特定,是在人的生活事实中的“道”,也就是一种具体的做人之道。这个“本立而道生”,孔子是在“仁之本”的范围里圈定的,并且赋予了这个“本”具体性。他的弟子十分贴切地说出了孔老夫子的这个观点:“有子曰:‘其为人也孝悌,而好犯上者,鲜矣。不好犯上而好作乱者,未之有也。君子务本,本立而道生。孝悌也者,其为仁之本与?’”问题不在于是谁说了这段话,也不在于此段没有记载孔子的回答,而是在于孔子就是这样的观点,他的学生也深刻领会了孔子的这个观点,孝悌,乃是仁之本,有了孝悌,就有了立人之本,就有了做人之道的“道生”。后文孔子细细道来的,也可谓是集中于“孝悌”之道之于“仁之本”的旁注:

《学而》:“弟子入则孝,出则悌,谨而信,泛爱众而亲仁。”

有关孔子论“孝”,是不计其数的,而且在不同场合,用词不同,本义却相一致。除了已经引述过的几段话以外,尚有以下几则:

“孟懿子问孝。子曰:‘无违。’樊迟御,子告之曰:‘孟孙问孝于我,我对曰“无违”。’樊迟曰:‘何谓也?’子曰:‘生,事之以礼;死,葬之以礼,祭之以礼。’”

“孟武伯问孝。子曰:‘父母唯其疾之忧。’”

“子游问孝。子曰:‘今之孝者,是谓能养。至于犬马,皆能有养。不敬,何以别乎?’”

“子夏问孝。子曰:‘色难。有事,弟子服其劳;有酒食,先生馔。曾是以为孝乎?’”

这些对话,有的是孔子与执政者进行的,有的是与其弟子进行的,其中确有精义。

鲁国大夫孟懿子向孔子请教孝道。孔子说:“不要违背礼节。”孔子的学生樊迟替孔子驾车,孔子告诉樊迟:“孟孙向我问孝道,我回答他,不要违背礼节。”樊迟不解地问:“这是什么意思阿?”孔子回答:“父母活着,按礼侍奉他们;死了,按礼埋葬他们,按礼祭祀他们。”这是孝了。孟懿子是鲁国的大夫,属于统治阶级,孔子向他讲出这番孝道,有一层特殊的政治道德含义。孟懿子的儿子孟武伯,也为鲁国大夫,向孔子求教孝道,孔子回答:"孝子使父母只为儿子的疾病担忧。"这句话的确有点"语焉不详",其实,孔子要想喻义的是:孟武伯要子承父业,绝对不能"僭礼",这个"僭礼",其实就是父母的"疾之忧",用朱熹的话来讲,就是"僭礼"、就是"陷于不义"。以上两段话,朱熹都有如是看,并且认为孔子所言,乃有普遍之意义:"是时三家僭礼,故夫子以是警之,然语意浑然,又若不专为三家发者,所以为圣人之言也。"又:"言父母爱子之心,无所不至,惟恐其有疾病,常以为忧也。人子体此,而以父母之心为心,则凡所以守其身者,自不容于不谨矣,岂不可以为孝乎?旧说,人子不能使父母不以其陷于不义为忧,而独以其疾为忧,乃可谓孝。亦通。"[19]这个"旧说"和"亦通",已经是从一般的意义里来看待"孝"了。当然,对于二位大夫,孔子言言教诲他们,希冀他们坚守住儒家之孝,去齐家治国,这里,孔子一下子把"孝"与政治拉近了距离。

孔子的学生子游向孔子问孝道,孔子说得似乎就深刻多了:"时下所谓的孝,只能说养活爹娘而已,因为连狗马都能得到饲养;若不敬重孝顺父母,那养活爹娘和饲养狗马又有怎么样的区别呢?"言下之意,孝的问题,决非仅仅是一个"养活"的问题,应该寻找到"孝"的本根之道,才有名副其实的"养活",即是在"孝"道里的"养活",是对"孝"的敬畏和实现,故朱熹说其为"其言不敬之罪,所以深警之也。"[20]至于熟悉文献辞令的子游,孔子担心他囿于文学而忽略孝道,向他说了这番形象的"孝"道之理,"子游圣门高弟,未必至此,圣人直恐其爱逾于敬,故以是深警发之也"[21]。孔子的真实意图,就是要提升"孝"的本根意义。另一弟子子夏向孔子问孝道,孔子晓之以理:"在父母面前经常和颜悦色是困难的事。有劳作,替长辈效劳;有酒菜食物,先让长者敬用。仅仅这样竟可以认为是孝吗?"还是向子游说的这个意思,不能仅仅停留在孝的表象层次,要看到孝的本根意义。或许子夏还是没有从本根之道里去体验这个孝。总之,以上关于"孝"的四段话,孔子揭示的道理,就是从本根意义里阐发出"孝"的深刻性和具体性,二程读了此节,作了这个归纳:“程子曰:‘告懿子,告众人者也。告武伯者,以其人多可忧之事。子游能养而或失于敬,子夏能直义而或少温润之色。各因其材之高下,与其所失而告之,故不同也。’”[22]朱熹引用二程的这段话来加深孔子所论之“孝”在道上的意义。

应该看到,孔子讲“孝”,必须透过血缘、宗法这层关系去看待。虽然,孔子的孝道势必带有一层含情脉脉的宗法血缘的外衣,可是,外衣裹着的,是孝之为政的脉络。

《为政》:“或谓孔子曰:‘子奚不为政?’子曰:‘《书》云:“孝乎!惟孝,友于兄弟,施于有政。”是亦为政,奚其为为政?’”

有人对孔子说:“你为什么不参政?”孔子答道:“《尚书》上讲,‘孝呀!只有孝顺父母长辈,友爱兄弟,才能扩展到政治上去。’这就是参政呀!为什么一定要做官才算参政呢?”孔子的一生,官运并不通畅,为官也只不过一介小官而已,可是,孔子却给“孝”赋予了政治的意义,孝不仅仅是齐家的问题,也是个治国的问题。但是,儒家强调的是先齐家后治国的路径,在家有孝,在国则有忠,一个在家不能孝顺父母的人,在国能够孝于君主吗?孔子引《尚书·君陈》,想要说的正是仕上的问题,是一个政治道德,可能孔子对其时下的政治有难言之处,故强调了在家之孝,就是参政了,孔子看到的是,或许时下的政治出现了在家在国不尽如孝的状况,他更加希冀的是,先在家里练好孝的本领,然后出来做官。朱熹道出了孔子的婉转之心思:“盖孔子之不仕,有难以语或人者,故托此以告之,要之至理亦不外是。”[23]这个“理”,就是《尚书·君陈》之言,朱熹发挥了:“《书》言君陈能孝于亲,友于兄弟,又能推广此心,以为一家之政。”[24]所谓“推广此心”,即为孔子的“推己及人”,它蕴含“推广”具有本根性的生长和扩展的意蕴。

更广泛的看,如果从本根之道的意义里去考察孔子之道,可以从《论语》中这样一些经典的话语入手。

《学而》:“有道而正。”

《雍也》:“中道而废。”

《子罕》:"是道也,何足以臧?"

《宪问》:"道之将行也与,命也;道之将废也与,命也。"

这几个"道"字,孔子是从做人之本根意义里讲的。具体分析一下其中的道理,对于全面而彻底地了解孔子之道之于本根的意义,是特有帮助的。

所谓"有道而正",《学而》里的原文是这样的:"子曰:'君子食无求饱,居无求安,敏于事而慎于言,就有道而正焉,可谓好学也已。'"君子,吃不要求饱足,居住不要求舒适,办事勤劳敏捷,说话却谨慎,求得中正之道,来匡正和发展自己,这就叫好学了。这个"道",朱熹解释为"凡言道者,皆谓事物当然之理,人之所共有者也。"[25]所谓"人之所共有者",是谓"根"也,是人人之有的"共同之根"。只有根正了,做人才有正确的方向,才会从心底里生长出正确的志向和毅力,也才有那坚定不移的"熟仁"行动。人人要想成为君子,就必须在这个"根"上做事和做人。孔子列举了"食""居""事""言"四项,是好学的内容,是学到"根"的方法,"君子之学,能是四者,可谓笃志力行者矣。然不取正于有道,未免有差"[26]。可见,朱熹引用了别人的话,也意指于此。所谓"有差",就是差于做人之根的缺失。

所谓"中道而废",《雍也》是这样记载的:"冉求曰:'非不说子之道,力不足也。'子曰:'力不足者,中道而废。今女画。'"冉求向孔子说:"不是我不喜欢您的学说,而是我的力量不够。"孔子说:"确实力量不够的,走到'道'的一半,会因无力而停止。而现在你却是自己限制自己。"朱熹借胡氏曰:"夫子称颜回不改其乐,冉求闻之,故有是言。然使求说夫子之道,诚如口之说刍豢,则必将尽力以求之,和患力之不足哉?画而不进,则日退而已矣,此冉求之所以局于艺也。"[27]冉求"局于艺",故未能继续向"道"直进,反而给自己去画了个圈,限制了自己的前进方向,这是一种自我示弱的表现,不可取。所以,冉求不如一直孜孜不倦的颜回。关于"中道而废",可以这样解释:走路走到一半,就停止不前了;或者人于道的一半,就停了。还有,关于这个"道",可以解释为"路",也可解释为"理",但这里,更倾向于用"本根"来解释。王船山对此段有如此训义:"天下何者而谓之道哉?人之所可知者,因而知其当然也;人之所能行者,因而信其必然也。人所可知可行之外,道之所不设固矣。所可知所能行者,人之力也。"[28]这个"道",意义何谓又何为?《训义》开宗明义,这个"道",是人可知可行的渊源,道不依赖于人力所为,而人力的范围是依据道的"所可知所能行",这就从"本根"上确立道对于知行的先在性和根据性,人力所为,则是道的显示;人力所不为,则无是道,船山继续这样训义:"有是力则有是道,虽圣人,岂能以人力之所不至者而为道乎?"[29]所谓"中道而废",不仅仅是人力不足,而且是不足以称为"道"的所知、所行,船山认为,孔子的此段表白,恰恰揭示了"妙道之归":"子且以是为妙道之归",责备冉求"中道而废",意在揭示"道"为知行的根源性:"道岂有不可知者哉?勉子之行焉,道岂有难行者哉?力之所不足者,道之所不至。"[30]力不足,道不显;力足够,道就在。冉求囿于"艺",非据于"道",则就有"力不足",孔子才有如此感慨。

所谓"是道也,何足以臧?"《子罕》如此记述孔子对子路所言:"衣弊缊袍,与衣狐貉者立,而不耻者,其由与!'不忮不求,何用不臧?'子路终身诵之。子曰:'是道也,何足以臧?'"孔子说:"穿着破旧的丝棉袍子,与穿着狐貉皮袍的人站在一起,不觉得羞耻的,恐怕只有仲由了。'不嫉妒,不贪求,按此行动有何不善呢?'子路一生牢记心头,念念不忘。孔子表扬说:'这是"道"呵,还不仅仅是善呀!'"仲由即子路,被称为"有勇力才艺、以政事著名"的他,不耻于"衣弊缊袍",而且有志于"不忮不求",孔子盖之以"道"上肯定,正如朱熹释义:"子路之志如此,则能不以贫富动其心,而可以进于道矣,故夫子称之。"[31]孔子引《诗经·卫风·雄雉》"不忮不求,何用不臧",意在向他的弟子警示,不仅要乐于、善于"不忮不求",而且要不断地进于道,孔子看出子路的不足之处:"终身诵之,则自喜其能,而不复求进于道矣,故夫子复言此以警之。"[32]所以,不能仅仅停留在口头上的"不忮不求",还要从做人之本根上求得这个"道",言行一致,名实相副,"是道也,何足以臧?"只要是"道"上的问题,就是一种根上的寻求,恐怕也不仅仅是美、善上去讲它的"用"了。孔子最大的担心,就是他的弟子会成为这样的人。所以,才有孔子与其弟子的这样一段对话。也如朱熹引谢氏言:“耻恶衣恶食,学者之大病。善心不存,盖由于此。子路之志如此,其过人远矣。然以众人而能此,则可以为善矣;子路之贤,宜不止此。而终身诵之,则非所以进于日新也,故激而进之。”[33]孔子是从做人之根上去点拨他的弟子,要日日进于道呀!

所谓“道之将行”、“道之将废”。《宪问》记载了这段孔子为其弟子辩护的对话:“公伯寮向鲁国大夫季孙氏诋毁子路。鲁国大夫子服景伯告诉孔子,并且说:‘那季孙氏已经被公伯寮迷惑住了,可是我的力量还能使公伯寮的尸首在街头示众呢。’孔子说:‘道能够实现,这是命运;道不能够实现,也是命运。公伯寮能有这种命运吗?’”也可以把最后一句解释成:公伯寮能抗拒这个道吗?或许这样会更恰当些。当时,子路正任季孙氏的家臣,而且做得很突出,也颇有成绩。公伯寮嫉之,去季孙氏那里告子路。朱熹认为,孔子的这一席话,“言此以晓景伯,安子路,而警伯寮耳。圣人于利害之际,则不待决于命而后泰然也。”[34]从朱熹的解释里,似乎得不到关于这个“道”的确切信息,而从王船山的释义里,意思就多了。并且,内含了“道”与“命”的意义不同。首先指出,船山是从本根意义上去规划“道”的,做人和做事,是由“道”上定位,这才有“命”。我们不妨把这段“训义”摘录于此,以示彰义:

[训义]:穷达、命也,自一人而言之也。道之兴衰,世之治乱,命也,自天下而言之也。圣人以一人而系乎天下,引天下之治乱以为一人之穷达,故其知命也大矣。夫子道行乎鲁,子路为季氏宰,堕郈、费,兴教化,而道几行矣。小人忌之,而公伯寮者乃翘其过以愬于季孙,以挠子路,即以间夫子也。子服景伯愤焉,以其事告夫子,而言曰:夫用子而行子之道,委政于由,夫子之志也。今闻寮之言而惑焉,堕当事之心,而毁将成之绪,是祸之首也。吾与闻国政,法犹在我,尚能正其罪而诛之,肆诸市朝,小人知惧,而君子权伸,吾将行之。

夫子曰:无然也。吾与由所欲行者,道耳,非但论遇之穷通,亦非但争党之邪正也。夫道而可以人力争也哉?如其道之将行也与,有与成之,无与毁之,此莫之劝而自动;道之兴,天之命天下以得其理者也。苟其道之将废也与，虽几成之，或以毁之，此莫之使而自生；道之丧，天之命天下以仍乎乱者也。一治一乱，惟天之命，则俟命而已矣，于寮何尤焉！夫尧、舜之兴，不乏共、驩；周公之世，不无管、蔡；而终无能如何也。则公伯寮者，能言之，不能必人之惑，而其能如之何哉！若愤忮而与小人争一旦之是非，则非道也，非命也，子无容心焉。呜呼！此所以为圣人之知命也。

看得出，船山的训义比朱熹的要深入多了。透过孔子以及船山此段的语意，我们领会到的是，“道之将行”、“道之将废”，绝非为某个人、某种行为所左右，人事变化、社会变迁，系由“道”使然，这就是“命”。孔子认识到这一点，而子服景伯就逊色了。对于公伯寮向季孙氏诋毁子路，子服景伯表现得愤愤然，而孔子以为，通行天底下的“道”绝非是愤愤然可以动摇和改变的，公伯寮又能够怎么样呢？人们要“服命”，这就是进入到了“圣人之知命”的状态和境地了。再把这个意思扩展一些：这是将“道”作为生命运行和社会治乱之规律，具有不可抗拒之“命”，做人做事，皆有规律在支配，这就是“命”了。

其实，在中国古人的词汇里，“命”这个字含义是很丰富的，并不是一个“命运”就能说得过去的。穷达和进退、圆满和欠缺、成功和失败、利害和得失，盖由一个“命”在其中，实际就是一个“道”，而这个“道”的原本或谓初始状态，就是它的本根性意义，人们只有承受这个“道”，才能确切的把握自己的命运。用现在的话来说，就是按规律办事的意思了。所谓“熟仁”，就是要寻得个按“道”办事的结局。到达了这样的境地，一切都会如此：娴熟于穷达和进退、圆满和欠缺、成功和失败、利害和得失之际，也如朱熹点穿的：“则不待决于命而后泰然也”的“熟”之特殊境地。

四、“熟仁”之于“道”

儒家从其理论之始，就深藏一种普遍化取向。“熟仁”当也不例外。儒家的态度大致如此:“熟仁”之“仁”,就是一个“道”;“熟仁”本身的问题,就是“道”的问题。习熟,就是“日日进于道”的过程。因此,对于“熟仁”的研习,在儒家的视野里,始终权衡于“道”的进程。孔子讲出的“道”,成为“熟仁”的来龙去脉。并且,孔子完全是基于“道”上的先在性和本根性,确立了“熟仁”的方向性和环节性,经过这样的评述,无疑定位了“熟仁”之于“道”的深刻性和具体性。除了上述“具体之道”和“本根之道”,孔子又融入了“道”的名实相副的问题。关于“道”的名上意义,孔子似乎更多的给予了“名象”之道的意蕴:

《八佾》:“天下之无道久矣。”

《公冶长》:“邦有道不废,邦无道免于刑戮。”“道不行,乘桴浮于海。”“邦有道则知,邦无道则愚。”

《雍也》:“谁能出不由户者,何莫由斯道也!”

《述而》:“志于道,据于德,依于仁,游于艺。”

《泰伯》:“天下有道则见,无道则隐。邦有道,贫且贱焉,耻也;邦无道,富且贵焉,耻也。”

《子罕》:“可与共学,未可与适道;可与适道,未可与立;可与立,未可与权。”

《宪问》:“邦有道,谷;邦无道,谷,耻也。”“邦有道,危言危行;邦无道,危行言逊。”

《子路》:“说之不以道,不说也。”

《卫灵公》:“直哉史鱼!邦有道,如矢;邦无道,如矢。君子哉蘧伯玉!邦有道,则仕;邦无道,则可卷而怀也。”“斯民也,三代之所以直道而行也。”“人能弘道,非道弘人也。”“君子谋道不谋食”“君子忧道不忧贫”“道不同,不相为谋。”

《季氏》:“天下有道,则礼乐征伐自天子出。天下无道,则礼乐征伐自诸侯出。”“天下有道,则政不在大夫。天下有道,则庶人不议。”“隐居以求其志,行义以达其道。”

《微子》:“天下有道,丘不与易也。”“道之不行也,已知之矣。”

《雍也》:“齐一变,至于鲁;鲁一变,至于道。”

这个所谓的“名象”之道,含义是极为丰富的。以上关于“道”的陈述,几乎都含有具体之道和本根之道的双重意义,这是“名象”之道的实质性规定。而“名象”之道同时成为孔子评判做人、做事、做官的道义标准、道德境界。如孔子强调和追求的:“富与贵,是人之所欲也,不以其道得之,不处也。贫与贱,是人之所恶,不以其道得之,不去也。”[35]富有和显贵,是人人向往之事,但不因道义而取得,是君子所不为;贫困和低贱,是人人厌恶之事,但不以道义去之,也是君子所不为。又:“朝闻道,夕死可矣。”[36]君子只要听见了道,识别了道,即刻去死,也是值得了。当孔子赋予“士志于道”的价值取向,实质上已经把道义标准、道德境界贯穿在他的“道”中了。更有意义的是,孔子把他的理论概之为一个“道”字:“吾道一以贯之!”[37]所以,研习“道”,就是“熟仁”的考量,也就是习熟的历练,“仁”之于“道”,实质就是“熟”的核心价值体系。

其实,要追问孔子之道的“名象”性质,就得去考量孔子的“正名”观念。“道”需要名实相副,所以孔子有相当要义的正名观。《宪问》:“子曰:‘卫灵公之无道也。’”卫灵公昏乱无道,而作为一国之君,其所作所为不能没有道啊。君王之名,需有君王之实,君王之名实相副,就在其“道”上。在孔子的心里,每个人各有其道,这是名分的等级,也是维系等级社会的内在控制力。对于道的这样正名,孔子转述出的意思是:人可以分为不同等级,但都是人,都有各自之道的运转,而这个所谓的“各自之道”,就是内涵了各个人的名实相副。如此一来,“道”就成为人之所以为人的根据,成为做人意义中的名实相副的根据了。为什么子贡赞叹老师有“夫子自道也”,[38]现在完全可以理解了!

孔子的“熟仁”,最为其弟子青睐,也是孔子首先为其弟子们设计的做人之道,那三段“熟仁”名言,有的出自孔子之口,有的出自于其弟子。孔子的弟子们,有“仁”的转述,也有“道”的转述,这些转述,虽不为孔子亲口所说,但符合孔子之道的精髓。《公冶长》记子贡说:"夫子之言性与天道,不可得而闻也已矣。"《泰伯》记曾子说:"士不可以不弘毅,任重而道远。仁以为己任,不亦重乎?死而后已,不亦远乎?"《阳货》记子游说:"昔者偃也闻诸夫子曰:'君子学道则爱人,小人学道则易使。'"集中在《子张》篇里,更觉显著:"子张曰:'执德不弘,信道不笃。'""子夏曰:'虽小道,必有可观者焉,致远恐泥,是以君子不为也。'""子夏曰:'君子学以致其道。'""子游曰:'君子之道,焉可诬也?'""曾子曰:'上失其道,民散久矣。'""子贡曰:'文武之道,未坠于地,在人。'"那么,"熟仁"呢?在"道"的这些意义里,弟子们秉受了孔子的教诲,也在不断的努力习熟于仁、习熟于"道",但是,"熟仁"的程度是不同的,颜子也只能是"欠达一间"而"未至于熟",毕竟也是一个"未至于道"的缺憾吧!

中国人"道"的总括性意义,已经预先设定了儒家"熟仁"的全面性和具体性、深刻性和历史性的整体取向。其实,在西方文化的视野内,同样是关注于"熟"的问题。

对"熟"的重视,这里暂且仅以亚里士多德和康德的观点(因其与儒家具有实质性的可比性、代表性、标志性)来权衡。亚里士多德在讨论"合乎德性的现实活动"问题时,用幸福生活与把握机遇的关系,触及了这个"熟"问题。亚里士多德认为,在合乎德性的现实生活世界里,那纯粹、纯熟地享受其至福的生活,最为持久,也是最为荣耀和稳固的,就是"对机遇的利用必须美好、娴熟"[39],而且,人们的德性,正是"通过习惯而达到完满"[40]。这样的看法,与中国人讲的"成性成身"、"习熟习心"有共通旨趣。康德在讨论"对法则的爱"问题时,强调这"法则"(实际是"道德先验法则的绝对命令")成为"人们所努力追求的恒常而不可达到的目标。因为在我们高度推崇但又畏惧(我们会经常感到自己的脆弱)那些事情上,身体力行,工夫成熟以后,便会使敬畏转变为爱好,敬重转化为爱心;这至少也是一个完美守法意向的最高境界"。[41]追求"绝对命令",变道德法则由敬畏到爱好,由敬重到爱心,朝一个充满守法意向的"成熟"境界发展。这是我们"身体力行,工夫成熟"所致。

康德的这类“熟”观,与儒家讲的习熟之中开展的化天道为人道、化天性为德性的“熟仁”过程,有着共通的实践性指归。

当然,中国人讲的“熟”,是有自身的文化背景和语境意义的。以儒家“熟仁”的腔调,自孔、孟开启的“熟仁”路数,似乎有意或无意地需要在“心化”的考量。即如朱熹挑明:“仁者洞然只是一个心”,是心之底的纯熟,然后才有心之面上的成熟。而这个“心”,已不仅仅是“心学”意中的“心”了。

所以,西方人的关注,与儒家“熟仁”的话语世界,还是有距离的。这距离的产生,恰恰是中国人的“道”,西方文明总觉得与此稍有出入。当海德格尔以老子之道去诠释或解开中国文化之“谜”,也会显得有些力不从心。问题就在于,在中国文化里有个“仁”,始终在中国人的心底,“仁”与“道”的地位,是可以用“熟”来沟通的,历史上的“老外”或现实上的“老外”,不从此通道里进出,恐怕是难以真正、真实揭开中国文化之“谜”的!

五、掌控人欲与“万物之灵”的价值研判

清代大儒戴震(1724—1777,字东原,安徽休宁人),在其名著《孟子字义疏证》中,疏证了孔子“熟仁”里的那句名言,即“从心所欲不逾矩”,读来颇具感触:

> “天下自然而无失者,其惟圣人乎!孔子言‘从心所欲不逾矩’,‘从心所欲’者,自然也;‘不逾矩’者,归于必然也。必然之与自然,非二事也。就其自然明之尽,而无几微之失焉,是其必然也;如是而后无憾,如是而后安,是乃古贤圣之所谓自然也。”[42]

那个“自然”,相当于“仁熟”;那个“必然”,相当于“熟仁”。在戴东原看来,孔子“从心所欲不逾矩”,可从两个方面看,“从心所欲”,是孔子对人欲的掌控,达到了“从心所欲”的“仁熟”境地(“自然而然”);“不逾矩”,却是这“从心所欲”的必然结局。但是,这“自然”是来自于“必然”,这“必然”又来自于“自然”,这二事,其实就是一桩事。这就是孔子“至熟”的境地了。

戴东原的解释,实质上意在指明孔子"至熟"里掌控人欲的价值。其实,翻开这部《孟子字义疏证》,一贯到底的基本精神,就是讲了人欲存在的合法性及其掌控的合理性。东原的证明是基于人性的欲望,其存在的合法合理性,就在人们的日常生活实践中,戴东原称其谓"人道":"人道,人伦日用身之所行皆是也。在天地,则气化流行,生生不息,是谓道;在人物,则凡生生所有事,亦如气化之不可已,是谓道。"[43]但是,人欲存在的合法性和合理性,还是需要掌控的。如何掌控?戴东原指向的通道,就是孔子"从心所欲不逾矩"。对于每个人自身,"从心所欲"具有"自然"性质,是想往之极;"不逾矩"又是人性中"纯美精好"的价值,犹如孟子的"道性善"。"从心所欲不逾矩",只是一件事,一件"纯美精好"的向往之极的事。

那个"纯美精好"的价值,究竟是什么?有"体"之名、有"用"之名,"用"之名,才称得上"纯美精好",但这"用"又是连接着"体"。戴东原以《周礼》说开:"《周礼》云'喻书名,听声音'是也。以字定名,有指其实体实事之名,有称夫纯美精好之名,如曰'人',曰'言',曰'行',指其实体实事之名也;曰'圣',曰'贤',称夫纯美精好之名也。曰'道',曰'性',亦指其实体实事之名也。道有天道人道,天道,阴阳五行是也;人道,人伦日用是也。曰'善',曰'理',亦称夫纯美精好之名也。曰'中',曰'命',在形象,在言语,指其实体实事之名也;在心思之审察,能见于不可易不可逾,亦称夫纯美精好之名也。"[44]戴东原以"体用"上定义"纯美精好",看得出,是指意在"体用不二"上之名:"天地之气化,流行不已,生生不息,其实体即纯美精好;人伦日用,其自然不失即纯美精好。"[45]介入孔子"从心所欲不逾矩",这"从心所欲"是"实体实事",是"自然",有着"纯美精好";"不逾矩",是"人伦日用",是"必然",也有着"纯美精好"。二者皆谓"道",天道人道,其实就是一个道。

但是,戴东原不会看不到现实生活世界中缺乏"纯美精好"的存在,其根源就是离了"道"。儒家讲"修道以仁"、"修身以道",他不怎么同意宋儒们以"理"取代"道",并解释《中庸》"道不可离":"出于身者,无非道也,故曰'不可须臾离,可离非道'。"孔子之所以做得到"从心所欲不逾矩",就在于"无终食之间违仁,造次必于是,颠沛必于是"。人欲即谓"道",难道人能够离得开"欲"吗?"不逾矩"即谓"道",难道人能够不讲"不逾矩"吗?这恰恰是人之为人的根据,"人之异于禽兽者,虽同有精爽,而人能进于神明也。"[46]"神明",即"道";"进于神明",即"修道"、"修身"而"达道":"'天下之达道五'是也。此所谓道不可不修者也,'修道以仁'及'圣人修之以为教'是也,其纯美精好,则所谓'中节之谓达道',所谓'君子之道','圣人之道'是也。'中节之为达道'者,纯美精好,推之天下而准也,君臣、父子、夫妇、昆弟、朋友之交,五者为达道,但举实事而已矣。"[47]

这里的重要之处,就是戴东原证实了儒家"熟仁"的世俗化、普世化、平民化的通道,即:在肯定人欲存在的前提下,通过"修道"、"修身"而"达道",使凡人与圣人沟通,圣、凡之间,就没有阻隔。戴东原强调:"人伦日用,圣人以通天下之情,遂天下之欲。"[48]"凡此,皆精于道之谓也。心精于道,全乎圣智,自无弗贯通。"[49]这样,"熟仁"就是现实的意义了。在颜子那里,不就是做到了吗?戴东原是如是看的。

"中节",即合理地、有节制地掌控人欲,即谓"修"。修人欲,如何修?戴东原举的榜样,就是颜子。戴东原引颜子之熟的原委,就在于颜子"循此道以至乎圣人之道"的"不违仁":"颜子之言又曰:'夫子循循然善诱人,博我以文,约我以礼。'《中庸》详举其目,曰博学、审问、慎思、明辨、笃行,而终之曰:'果能此道矣,虽愚必明,虽柔必强。'盖循此道以至乎圣人之道,实循此道以日增其智,日增其仁,日增其勇也,将使智仁勇齐乎圣人。其日增也,有难有易,譬之学一技一能,其始日异而月不同;久之,人不见其进矣;又久之,已亦觉不复能进矣;人虽以国工许之,而自知未至也。颜子所以言'欲罢不能,既竭吾才,如有所立,卓爾,虽欲从之,末由也已',此颜子之所至也。"[50]

这里要搞清的是,颜子到底是"有欲"还是"无欲"?我们在分析"颜子话题"时,已经触及了颜子之熟与其"无欲"问题。朱熹肯定,颜子之熟,是包括了"无私欲",戴东原肯定的是"有欲",只不过那是合情合理之"欲",实际上也排斥了如朱熹意义中的"私欲"。就这点上看,"熟仁"是出于心中无私欲,这还是儒家“熟仁”里基础性的看法。有人问东原,同意不同意这个看法:“《论语》言‘克己复礼为仁’……老、庄、释氏,无欲而非无私;圣贤之道,无私而非无欲;谓之‘私欲’,则圣贤固无之。然如颜子之贤,不可谓其不能胜私欲矣,岂颜子犹坏于私欲邪?”戴东原的回答是:一方面,颜子去的是“私欲”,但还得去“蔽”识,这个“蔽”识不去,就会使“己”与“天下”有阻隔,因为“克己复礼”之“己”,即为“私欲”之“己”,否则,就是对“己”的“蔽”识,东原称其为“德性未纯”;另一方面,“克己复礼”,就是每个自己在行动上要获得“至当”法则,即“动容周旋中礼”,去消除“己”与“天下归仁”的那个“私欲”阻隔。颜子能够做到,是因为他“德性纯粹”。原话是这样的:“克己复礼之为仁,以‘己’对‘天下’言也。礼者,至当不易之则,故曰:‘动容周旋中礼,盛德之至也。’凡意见少偏,德性未纯,皆己与天下阻隔之端;能克己以还其至当不易之则,斯不隔于天下,故曰:‘一日克己复礼,天下归仁焉。’然又非取决于天下乃断之为仁也,断之为仁,实取决于己,不取决于人,故曰:‘为仁由己,而由人乎哉。’自非圣人,未易语于意见不偏,德性纯粹;至意见不偏,德性纯粹,动皆中礼矣。就一身举之,有视,有听,有言,有动,四者勿使爽失于礼,与‘动容周旋中礼’,分‘安’、‘勉’而已。圣人之言,无非使人求其至当以见之行;求其至当,即先务于知也。凡去私不求去蔽,重行不先重知,非圣学也。”[51]那个“去私不求去蔽”,是东原对“克己复礼之为仁”的最好解释。

遗憾的是,戴东原没有专门考量颜子“至熟”抑或“未熟”问题,仅据此分析,还难以推断戴氏属于哪派。但这绝不会降低戴东原对于颜子之熟的赞美。

从掌控人欲的戴震逻辑里,事实上已经还原了儒家的基本命题——当也属于儒家“熟仁”理性之光的照耀——人是“万物之灵”的价值研判。戴东原已经从“道”的意义里强化了这一道德研判。人有欲望,但人能通过理性之光、德性之源,获得掌控或谓调节;动物也有,但缺乏理性,最终任其纵欲;禽兽,是披着人皮的伪君子,理性的丧失,德性的泯灭,最终不成其为真正意义中的人了。当然,在此更加重要的命题是人禽之辨。

象山写过《天地之性人为贵论》一文,揭示的事实是,人之所以为贵,正是人能够“知性知天”、“养性事天”、“尽心”而能“赞天地之化育”。而这一切的起始与归宿,就在“所贵者类出于利欲”[52]。“利欲”,即掌控人欲至于有利于人本身。而在“熟仁”里,似乎恰恰提供了“天地之性人为贵”的舞台,无比优越和自豪地展示了人之“熟仁”理性之光的照耀。尽管戴东原并不十分赞同象山之“心学”,但是,在涉及人是“万物之灵”的问题,基本取向还是符合儒家之一般理念和精神。

走出“心魔”,最重要的恐怕就是掌控人欲了。脱离动物界,不与禽兽为伍,儒家“熟仁”理性之光,就像灯塔与落地指引光明,给出安宅。

这里,化作一个具体性问题,不管是何种形式、何种意义中的“心魔”,需要承受的“思无邪”,首先就得在“德”上追求一种所谓的“德性”之“熟”。在里面求人生、仕途、学问之“通达”。其实,在里面就得有一种特别的娴熟工夫,需要去“思”。“音乐”,给予了这样的关怀和指点。《礼记·乐记》似乎给出了某些很有意思的提示甚或有指归的答案:

“凡音者,生于人心者也;乐者,通伦理者也。是故,知声而不知音者,禽兽是也;知音而不知乐者,众庶是也。唯君子为能知乐。是故,审声以知音,审音以知乐,审乐以知政,而治道备矣。”

人总是优越于动物,与禽兽相异,娴熟的聪明才智、娴熟的治理能力,总是属于人类的。因为,从声、从音、从乐的背后,人能够有“知”、能够有“通”;“乐”是最高层次的境界,“知乐”,这只有人才能到达得了的。这就是《诗》、《书》中常冠之为“德音”的某种深厚意蕴吧?当孔子以“德”向“仁”的华丽转升,也应该看到了“德音”的这层“玄机”了!

六、“灯塔”与“落地”

朱熹说:“圣人且立个大界限,先要人分别得个路头。”[53]这是“灯塔”效应;胡五峰说:“道之明也,道之行也,或知之矣。变动不居,进退无常,妙道精义未尝须臾离也。"[54]这是"落地"效应。

在此,需要引出二程之后、朱熹之前,被称为具有相当独立思考、少有迂腐之气的儒家思想家胡宏的"熟仁",为走出"心魔",寻迹到儒家的鲜活分析和厚实印证。

胡宏(1105—1161),字仁仲,福建崇安人,南宋学者。因后期长期寓居衡山五峰(祝融、天柱、芙蓉、紫盖、石廪)之下,故被学者称为五峰先生。在以儒家"熟仁"的路数里,五峰先生揭秘了"心魔"之由。走出"心魔",五峰的"熟仁",似乎蛮恰到好处地,可与之匹对。关于五峰运用的"熟"字,与前辈的用意,有几乎一致的一面,还似有创新之词,如有"熟读"、"熟讲"、"熟察"、"纯熟"、"仁熟"、"习必熟"、"熟必久",其中的"熟必久",是前辈们鲜有提及的!五峰的"熟仁",以这个命题成名:

"学必习,习必熟,熟必久,久则天。"[55]

那么,如何"久"呢?五峰以颜子为"熟必久"之榜样,许诺了一番道理:"此颜子所以克己复礼,不远复而庶几圣人者也。及其久也,德盛而万物一体,仁熟而变通不穷,岂特不为事物所迷乱而已哉?"[56]"不为事物所迷乱",是需要"熟仁"之"久"的努力,就如颜子"久"在"克己复礼"上,走出"心魔",不也是避免出现"为事物所迷乱"的节次吗?所谓"德盛仁熟",就是走出"心魔"的理想状态,而这个进程的基础,是如颜子般的"克己复礼"之学、之习:"学必习,习必熟,熟必久,久则天",才能不为事物所"迷乱"。说到底,这是"仁"上工夫所为:"志仁则可大,依仁则可久。"[57]

重要的是,五峰指明,这个"熟必久"是"尽心"的结局。他以孔子"从心所欲"的"纯熟"和"至熟",讲了这个理:"仲尼从心所欲不逾矩,可谓尽心矣。天即孔子也,孔子即天也。释氏无障碍,而所欲不能不逾矩,吾知其未见心之全也,猖狂妄行而已。"[58]孔子之熟,是源自于孔子能够"尽心",而这"尽心",旨意在"心与天地同流",即是"心之全"的"尽心"。反观释氏"无障碍",但行动上"所欲不能不逾矩",根本达不到孔子般的"从心所欲不逾矩",就是释氏处于偏识,"未见心之全"。这里,五峰似乎从一种精神性的根子里,挖到了“心魔”盘根错节里的主导性头绪,似乎皆与“偏识”、“未见心之全”结为“连襟”。

那么,何谓“心之全”?关键是如何看待这“全”字意义。五峰有两个证明,颇具定义性质。

第一个,“人也者,天地之全也”。五峰说得是:“人也者,天地之全也。而何以知其全乎?万物有有父子之亲者焉,有有君臣之统者焉,有有报本反始之礼者焉,有有兄弟之序者焉,有有救灾恤患之义者焉,有有夫妇之别者焉。至于知时御盗如鸡犬,犹能有功于人,然谓之禽兽而人不与为类,何也?以其不得其全,不可与为类也。夫人虽备万物之性,然好恶有邪正,取舍有是非,或中于先,或否于后,或得于上,或失于下,故有不仁而入于夷狄禽兽之性者矣。”[59]人,乃为天地之全,是全在“备万物之性”上,但是,生活世界里,总有是是非非的取舍,前前后后的选择,此时此刻,需要“熟仁”理性之辨识,不落偏、蔽;否则,人的行动,就会行似“禽兽之性”。这里,似乎又回到了那个“人禽之辨”的问题了。五峰先生给出的答案,是有独到之见解的。

第二个,“归于一心,则天地之纯全”。五峰说得是:“归于一心,则天地之纯全,万人之大体,皆其分内耳。所谓‘一以贯之’也。”[60]这“一以贯之”之“心”,是一个“全”,是“将尽己之性以尽物之性,而至于参天地,其于一贯之妙举,积此矣”[61]。这个“一以贯之”,就是“心”之“全”的意义诠释。五峰把这个问题直接切入到“熟仁”的“一以贯之”:“唯仁者为能一以贯天下之道,是故欲知一贯之道者,必先求仁;欲求仁者,必先识心……圣人所传者心也,所悟者心也,相契者心也。”[62]这里。“道”、“仁”、“心”,三者的工夫,就是一个工夫;三者融为一体,是“全”的意义了。所以,行动,在这三者的“一以贯之”里,就不会是魔法缠身的举止了。

这“全”的证实,通过颜子,树立了榜样。五峰先生的评价是:“颜子资禀天然完具者,以其天地心,大则高明,高明则物莫能蔽,故闻一知十,观听夫子言行,终日不远,更无疑义,亦可谓贤达之士,自足了一生矣。然夫子必博之以文,使颜子求知生而至之,约之以礼,使颜子既知所终,力进而终之,致颜子进德修业,与天同大,不止了其一生。此圣人所以成就英才,欲与共代天工者也。”[63]表明,颜子的聪明智慧,恰恰与其“完具”者有关。

胡宏看到了颜子之熟与孔子之熟的差距。但是,胡宏笔墨下的颜子,却是个鲜活的“善学”之榜样,颜子一辈子在“求仁”啊!他从其未熟向孔子般至熟的方向看齐,并且始终在谦虚的努力着:“此颜子之学,学者所宜尽心,不可姑从人言而已也。仰之而知其弥高,鑽之而知其弥坚,瞻之而知其在前,而又知其忽焉在后,此颜子习而察见圣人分明,所以为善学也。夫子循循然善诱人,其先后次第不可得而详闻矣。‘博我以文’,所以使我见识极高明、穷广大也;‘约我以礼’,所以使我践履不失中庸也,此夫子所以善教也。‘欲罢不能’,理义悦我心,自不能已也。‘既竭吾才,如有所立卓爾,虽欲从之,末由也已。’颜子庶几圣人在欲化未化之间,故发言如此也。夫欲化未化之时,似犹用聪明智力,又似用聪明智力不得真当,得之于意表,不可言语形容也。若圣人从心不逾矩,则聪明智力具存而无所用之,故所过者化,所存者神,与天地参矣。”[64]颜子之熟处,在于“欲化未化之间”,但仍叹息呀,颜子还是达不到孔子“从心所欲不逾矩”,尽管颜子在“善学”之中,也尽管颜子天生具有“聪明智力”。由此看来,五峰先生属于“未熟”派。

胡宏“学必习,习必熟,熟必久,久则天”的“熟仁”命题,最终归结到“求仁”,是其最精辟的结论。所谓“全”,是有原点支柱,就在“求仁”二字,一切的言行,皆以“求仁”为终始。五峰的《求仁说》,写得精辟和真实:

> “夫圣人之道,本诸身以成万物,广大不可穷,变通不可测,而有一言可以蔽之者,曰:仁而已。仁也者,人也。人而能仁,道是以生。生则安,安则久,久在天,天以生为道者也。人之于道,下学于己而上达于天,然后仁可言矣。《论语》一书,大抵皆求仁之方也。审取其可以药己病。病去则仁,仁则日新,日新则乐矣。此岂言语之所能及乎!”

“人而能仁,道是以生。生则安,安则久,久在天,天以生为道者也”,似乎为本文开头讲到的儒家境遇提供了一篇很逼真的说解性“样板”,视“熟仁”话语为治病药方实属新颖之见。治什么样的病呢?言不由衷的是:心之病！更何况，在“熟仁”理性之光的照耀下，“灯塔”与“落地”，似乎指明、指示了方向。

再回到开篇的话题，儒家“熟仁”之境遇，即“道”上指归，欲求五峰先生“心之全”的谜底，用他自己的话揭开谜底，就是对“仁”的“纯熟”而已：

“圣人与道一体，故不用学。学者，学道者也。若体与道一，则更何用学。惟未能与道为一，故须学也。学道，便是行仁义也。至于德盛仁熟，则由仁义行，不用行仁义矣。‘道也者，不可须臾离也；可离，非道也。’指大体而言也。欲求全体，故须戒慎恐惧，莫使有亏欠也。戒慎恐惧，便是行也。至于纯熟，自不用戒慎恐惧，然后谓之由仁义行矣。”[65]

“至于纯熟”之境地，那个“全”字就应验了。无怪乎，五峰先生对那个“全”，有多么看重，是出于对“不可须臾离”的“道”以及“德盛仁熟，则由仁义行”、“纯熟，自不用戒慎恐惧”的关注呀！

《礼记·表记》云：“仁者右也，道者左也。仁者人也，道者义也。”儒家坚信：人，始终站立在“仁”的高度，处“义”之中、与“道”之间，才成为了超拔于万物的“智慧之类”；但是，人必须学习，才有能力去实现这个“站立”、这个“超拔”，这是实现人之成熟的必由之路。据此，五峰的观点就是去调动、激活那个“全”。胡五峰的“学必习，习必熟，熟必久，久则天”，也被“成熟”(即“熟仁”的事实)得以证实。因为儒家看到了这个“成熟”是一个不断学习、不断习熟的进程，即“全”；缺乏其中环环相扣的任意、盲目和侥幸，“心魔”则会蠢蠢欲动。由此，我们就会读懂《礼记·学记》所云“小成”、“大成”之别、之趣：

“一年视离经辨志，三年视敬业乐群，五年视博习亲师，七年视论学取友，谓之小成；九年知类通达，强立而不反，谓之大成。夫然后足以化民易俗，近者说服，而远者怀之，此大学之道也。”

无怪乎，孔子之学、之熟，那句“十五有志到七十从心所欲不逾矩”，会得到永恒性、终极性的“至善”、“至熟”的道德反馈；无怪乎，颜子之学，为什么会长期受到儒家的倾慕，为什么会在儒家“熟仁”理性之光里，获得永久性照耀之魅力！

结论就是：走出“心魔”，指归在“熟仁”之于“道”的努力之中，在儒家看来，这是做人、做官、做事、做学问的逐级升华的标志和归宿。儒家所期待的，无非于此。

在本书撰写接近尾声之时，提挈一位距离现在已经有二百多年的伟大德国哲学家伊曼努尔·康德（Immanuel Kant，1724—1804）在《历史理性批判文集》中的三段表白，以彰显出儒家“熟仁”理性之光的照耀之“亮度”、积淀之“厚度”。

康德说：“一个被创造物的身上的理性，乃是一种要把它的全部力量的使用规律和目标都远远突出到自然的本能之外的能力，……但它并不是单凭本能而自行活动的，而是需要有探讨、有训练、有教导，才能够逐步地从一个认识阶段前进到另一个阶段。”[66]

康德说：“朝着改善前进会给人类带来什么收获？所带来的并不是道德数量在心灵中的不断增长，而是它那合法性的产品在合义务的行为中的增多，无论它可能是由什么动机所促成的。这就是说，人类朝着改善而努力的收获（结果），只能存在于永远会出落得更多和更好的人类善行之中，也就是存在于人类道德品质的现象之中。”[67]

康德说：“但不幸正在于，当问题涉及预言自由的行为时，我们却无法把自己置于这种立足点之上。因为那会是超乎一切人类智慧之外的天意的立足点了，天意是也要扩及于人类的自由行为的；而人类的自由行为固然也能被人类见到，但却不能确切地被人类预见到（对于神明的眼光，这里面却没有任何区别）。因为人类的预见需要根据自然法则的联系，但在有关未来的自由的行为方面人类却必须放弃这种引导或指示。”[68]

三段康德之“历史理性”的描观，同样适用于儒家“熟仁”理性所潜在拥有的历史理性沉淀。不是吗？也同样适应于通过儒家“熟仁”理性之光的照耀，给予人类自身不断走出“心魔”提供人类文明历史在理论和实践上的双重证明。难道不是吗？

“熟仁”,一切还在继续中!

注释:

[1]陈鼓应《易传与道家思想》,第84页,三联书店1996年版。

[2]《老子·二十五章》。

[3]《老子·三章》。

[4]朱熹:《四书章句集注·论语集注》卷一。

[5]《朱子语类》卷二十。

[6]朱熹:《四书章句集注·论语集注》卷一。

[7]朱熹:《四书章句集注·论语集注》卷一。

[8]朱熹:《四书章句集注·论语集注》卷三。

[9]朱熹:《四书章句集注·论语集注》卷四。

[10]朱熹:《四书章句集注·论语集注》卷七。

[11]朱熹:《四书章句集注·论语集注》卷六。

[12]朱熹:《四书章句集注·论语集注》卷七。

[13]朱熹:《四书章句集注·论语集注》卷七。

[14]朱熹:《四书章句集注·论语集注》卷八。

[15]朱熹:《四书章句集注·论语集注》卷八。

[16]朱熹:《四书章句集注·论语集注》卷八。

[17]《论语·季氏》。

[18]《论语·先进》。

[19]朱熹:《四书章句集注·论语集注》卷一。

[20]朱熹:《四书章句集注·论语集注》卷一。

[21]朱熹:《四书章句集注·论语集注》卷一。

[22]朱熹:《四书章句集注·论语集注》卷一。

[23]朱熹:《四书章句集注·论语集注》卷一。

[24]朱熹:《四书章句集注·论语集注》卷一。

[25]朱熹:《四书章句集注·论语集注》卷一。

[26]朱熹:《四书章句集注·论语集注》卷一。

[27]朱熹:《四书章句集注·论语集注》卷三。

[28]王船山:《四书训义》卷六。

[29]王船山:《四书训义》卷六。

[30]王船山:《四书训义》卷六。

[31]朱熹:《四书章句集注·论语集注》卷五。

[32]朱熹:《四书章句集注·论语集注》卷五。

[33]朱熹:《四书章句集注·论语集注》卷五。

[34]朱熹:《四书章句集注·论语集注》卷七。

[35]《论语·里仁》。

[36]《论语·里仁》。

[37]《论语·里仁》。

[38]《论语·宪问》。

[39]亚里士多德:《尼各马科伦理学》,第21页,见苗力田主编《亚里士多德全集》第八卷,中国人民大学出版社1994年版。

[40]亚里士多德:《尼各马科伦理学》,第27页。

[41]康德:《实践理性批判》,第228页,见《康德文集》,中国改革出版社1997年版。

[42]戴震:《孟子私淑录》(卷中),见《孟子字义疏证》,第147页,中华书局1982年版。

[43]《孟子字义疏证》,第43页。

[44]《孟子字义疏证》,第97页。

[45]《孟子字义疏证》,第98页。

[46]《孟子字义疏证》,第111页。

[47]《孟子字义疏证》,第98页。

[48]《孟子字义疏证》,第54页。

[49]《孟子字义疏证》,第55页。

[50]《孟子字义疏证》,第47页。

[51]《孟子字义疏证》,第56页。

[52]《陆九渊集》,第347页。

[53]《朱子语类》,卷二十六。

[54]《胡宏集·知言》,中华书局1987年版。

[55]《胡宏集·知言》。

[56]《胡宏集·杂文》。

[57]《胡宏集·知言》。

[58]《胡宏集·知言》。

[59]《胡宏集·知言》。

[60]《胡宏集·论语指南》。

[61]《胡宏集·论语指南》。

[62]《胡宏集·论语指南》。

[63]《胡宏集·杂文》。

[64]《胡宏集·论语指南》。

[65]《胡宏集·论语指南》。

[66]康德:《历史理性批判文集》(何兆武译),第4页,商务印书馆1996年版。

[67]康德:《历史理性批判文集》,第159页。

[68]康德:《历史理性批判文集》,第150页。

附

“熟仁”手册

朱　熹

——以《朱子语类》为蓝本，收集朱熹所说“熟仁”之“熟”的语录，称为“手册”，皆以为有实践价值，供简便之用。

1.“‘仁’字如人酿酒，酒方微发时，带些温气，便是仁；到发得极热时，便是礼；到得熟时，便是义；到得成酒后，却只与水一般，便是智。”

2.“熟底是仁，生底是恕；自然底是仁，勉强底是恕；无计较、无睹当底是仁，有计较、有睹当底是恕。”

3.“‘义’字如一横剑相似，凡事物到前，便两分去。‘君子义以为质’，‘义以为上’，‘义不食也’，‘义弗乘也’，‘精义入神，以致用也’；是此义十分精熟，用便见也。”

4.“古人于小学存养已熟，根基已深厚，到大学，只就上面点化出些精彩。”

5.“今语学问，正如煮物相似，须爇猛或先煮，方用微火慢煮。若一向只用微火，何由得熟？”

6.“学者须是熟。熟时，一唤便在目前；不熟时，须著旋思索。到思索得来，意思已不如初了。”

7.“圣人与理为一，是恰好。其他以心处这理，却是未熟，要将此心处理。”

8.“看得道理熟后,只除了这道理是真实法外,见世间万事,颠倒迷妄,耽嗜恋著,无一不是戏剧,真不堪著眼也。”

9.“因说一朋友有书来,见人说他说得不是,却来说我只是践履未至,涵养未熟,我而今且未须考究,且理会涵养。”

10.“所谓穷理,大底也穷,小底也穷,少间都成一个物事。所谓持守者,人不能不牵于物欲,才觉得,便收将来。久之,自然成熟,非谓截然今日为始也。”

11.“居敬是个收敛执持底道理,穷理是个推寻究竟底道理。只此二者,便是相妨。若是熟时,则自不相碍矣。”

12.“持敬以静为主。此意须要于不做工夫时频频体察,久而自熟。”

13.“若心下有些子不安稳,便不做。到得更有一项心下习熟底事。”

14.“人见得义理熟时,自然好。”

15.“心熟后,自然有见理处。熟则心精微。不见理,只缘是心粗。”

16.“心精,便会熟。”

17.“读书之法,先要熟读。须是正看背看,左看右看。看得是了,未可便说道是,更须反覆玩味。”

18.“少看熟读,反覆体验,不必想像计获。只此三事,守之有常。”

19.“大凡看文字,少看熟读,一也;不要钻研立说,但要反覆体验,二也;埋头理会,不要求效,三也。三者,学者当守此。”

20.“书宜少看,要极熟。”

21.“读书,小作课程,大施功力。如会读得二百字,只读得一百字。却于百字中猛施工夫,理会子细,读诵教熟。如此,不会记性人自记得,无识性人亦理会得。”

22.“读书不可贪多,且要精熟。如今日看得一板,且看半板,将那精力来更看前半板,两边如此,方看得熟。直须看得古人意思出,方好。”

23.“读书,只看一个册子,每日只读一段,方始是自家底。若看此又看彼,虽从眼边过得一遍,终是不熟。”

24.“读书不贵多，只贵熟尔。”

25.“读书，且就那一段本文意上看，不必又生枝节。看一段，须反覆看来看去，要十分烂熟，方见意味，方快活，令人都不爱去看别段，始得。”

26.“大凡读书，须是熟读。熟读了，自精熟；精熟后，理自见得。”

27.“因说‘进德居业’‘进’字、‘居’字曰：今看文字未熟，所以鹘突，都只见成一片黑淬淬地。”

28.“愿言克己工夫熟，要得周旋事仰钻。”

29.“大抵观书先须熟读，使其言皆若出于吾之口；继以精思，使其意皆若出于吾之心，然后可以有得尔。然熟读精思既晓得后，又须疑不止如此，庶几有进。”

30.“书须熟读。所谓书，只是一般。然读十遍时，与读一遍时终别；读百遍时，与读十遍又自不同也。”

31.“今学者本文尚且未熟，如何会有益！”

32.“举《荀子》四句云：‘诵数以贯之，思索以通之，为其人以处之，除其害以持养之。’《荀子》此说亦好。‘诵数’云者，想是古人诵书亦记遍数。‘贯’字训熟，如‘习惯如自然’；又训‘通’，诵得熟，方能通晓。若诵不熟，亦无可得思索。”

33.“若是读不熟，都没这般滋味。而今未说读得注，且只熟读正经，行住坐卧，心常在此，自然晓得。”

34.“若读得熟，而又思得精，自然心与理一，永远不忘。”

35.“是知书只贵熟读，别无方法。”

36.“须是玩味反覆，到得熟后，方始会活，方始会动，方有得受用处。”

37.“须要熟看熟思，久久之间，自然见个道理四停八当，而所谓统要者自在其中矣。”

38.“文字不可硬说，但当习熟，渐渐分明。”

39.“读书只是且恁地虚心就上面熟读，久之自有所得，亦自有疑处。盖熟读后，自有窒碍，不通处是自然有疑，方好较量。”

40.“今却有《集注》了,且可傍本看教心熟。少间或有说不通处,自见得疑,只是今未可先去疑著。”

41.“学者只是要熟,工夫纯一而已。读时熟,看时熟,玩味时熟。”

42.“须熟读之,便得其味。”

43.“大凡人读书,且当虚心一意,将正文熟读,不可便立见解。看正文了,却著深思熟读,便如已说,如此方是。”

44.“须是将本文熟读,字字咀嚼教有味。若有理会不得处,深思之;又不得,然后却将注解看,方有意味。”

45.“学者观书,先须读正文,记得注解,成诵精熟。注中训释文意、事物、名义、发明经指,相穿纽处,一一认得,如自己做出来底一般,方能玩味反覆,向上有透处。”

46.“凡人读书,若穷得到道理透处,心中也替他饶本作‘替地’快活,若有疑处,须是参诸家解熟看。看得有差互时,此一段终是不稳在心头,不要放过。”

47.“史且如此看读去,待知首尾稍熟后,却下手理会,读书皆然。”

48.“读一件书,须心心念念只在这书上,令彻头彻尾,读教精熟,这说是如何,那说是如何,这说同处是如何,不同处是如何,安有不长进!”

49.“只是频频提起,久之自熟。”

50.“学者之于善恶,亦要于两夹界处拦截分晓,勿使纤恶间绝善端。动静日用,时加体察,持养久之,自然成熟。”

51.“心存时少,亡时多。存养得熟后,临事省察不费力。”

52.“只是他便与敬为一。自家须用持著,稍缓则忘了,所以常要惺惺他。久之成熟,可知道‘从心所欲,不逾矩’。”

53.“熟味‘整齐严肃’、‘严威俨恪’、‘动容貌,整思虑’、‘正衣冠,尊瞻视’此等数语,而实加工焉。”

54.“只是习得熟,熟则自久。”

55.“‘操则存,舍则亡’,只在操舍两字之间。要之,只消一个‘操’字。

到紧要处,全不消许多文字言语。若此意成熟,虽'操'字亦不须用。"

56."若熟后,敬便有义,义便有敬。"

57."譬如人居家熟了,便是出外,到家便安。如茫茫在外,不曾下工夫,便要收敛向里面,也无个著落处。"(注:"居家熟了",是形容"敬"之工夫的到位。)

58."静便定,熟便透。"

59."这一边道理熟,那一边俗见之类自破。"

60."若信得及,脚踏实地,如此做去,良心自然不放,践履自然纯熟。非但读书一事也。"

61."《大学》是个大坯模。《大学》譬如买田契,《论语》如田亩阔狭去处,逐段子耕将去。或曰:亦在乎熟之而已。"

62."今且须熟究《大学》作间架,却以他书填补去。"

63."《大学》一字不胡乱下,亦是古人见得这道理熟。"

64."看《大学》,固是著逐句看去,也须先统读传文教熟,方好从头仔细看。"

65."只是初间读得,似不与自家相关,后来看熟,见许多说话须著如此做,不如此做自不得。"

66."只是更要熟读,熟时,滋味自别。且如吃果子,生时将来吃,也是吃这果子;熟时将来吃,也是吃这果子,只是滋味别。"

67."只要熟,不要贪多。"

68."学者且去熟读《大学》正文了,又子细看《章句》。"

69."而今且去熟看那解,看得细字分晓了,便晓得大字,便与道理相近。"

70."如人行路,今日行得这一条路,则此一条路便知得熟了,便有定了。"

71."待将来熟时,便自见得。"

72."须是格物精熟,方到此。"

73.“但须自觉有生熟之分。”

74.“正如金,已是真金了,只是锻炼得微不熟,微有些渣滓去不尽,颜色或白、或青、或黄,便不是十分精金矣。”

75.“譬如果子烂熟后,皮核自脱落离去,不用人去咬得了。如公之说,这里面一重不曾透彻在。只是认得个容著,硬遏捺将去,不知得源头工夫在。”

76.“这个物事,只是看得熟,自然有条理。”

77.“久而思得熟。”

78.“只就近处行到熟处,见得自高。”

79.“‘下学上达’,即这个便是道理,别更那有道理。只是这个熟处,自见精微。”

80.“‘尧舜之道,孝弟而已矣。’亦只是就近处做得熟,便是尧舜。”

81.“圣人与庸凡之分,只是个熟与不熟。”

82.“著力处大段在这里,更熟看,要见血脉相贯穿。”

83.“说得来局蹙,不恁地宽舒,如将绳索絣在这里一般,也只看道理未熟。”

84.“天下事无他,只是个熟与不熟。”

85.“某《论语集注》已改,公读令《大学》十分熟了,却取去看。”

86.“《论语》易晓,《孟子》有难晓处。《语》《孟》《中庸》《大学》是熟饭,看其它经,是打禾为饭。”

87.“《孟子》要熟读,《论语》却费思索。《孟子》熟读易见,盖缘是它有许多答问发扬。”

88.“《孟子》成大段,首尾通贯,熟读文义自见,不可逐一句一字上理会也。”

89.“须是子细玩味,以身体之,见前后晦明生熟不同,方是切实。”

90.“今人读书伤快,须是熟方得。”

91.“须从头看,无精无粗,无浅无深,且都玩味得熟,道理自然出。”

92.“读《孟子》,非惟看它义理,熟读之,便晓作文之法。”

93. "兼是如簿尉等初官,使之决狱听讼得熟,是亦教诲之也。"

94. "此等言语,都是经锻炼底语,须熟念细看。"

95. "如看得透,存养熟,可谓甚生气质。"

96. "只把这个熟看,自然晓得,莫枉费心去外面思量。"

97. "大概如此,只是要熟,须是日日认过。"

98. "读新底了,反转看旧底,教十分熟后,自别有意思。"

99. "只《尽心篇》语简了,便难理会。且如'养气'一章,被它说长了,极分晓,只是人不熟读。"

100. "收敛此心专一,渐渐自会熟,熟了自有此意。看来百事只在熟。且如百工技艺,也只要熟,熟则精,精则巧。"

101. "凡看文字,端坐熟读,久久于正文边自有细字注解迸出来,方是自家见得亲切。"

102. "圣人言语只熟读玩味,道理自不难见。"

103. "别无方法,但虚心熟读而审择之耳。"

104. "读书,且须熟读玩味,不必立说,且理会古人说教通透。如《语孟集义》中所载诸先生语,须是熟读,一一记放心下,时时将来玩味,久久自然理会得。"

105. "此心便熟,数篇之后,迎刃而解矣。"

106. "学者解《论语》,多是硬说。须习熟,然后有个入头处。"

107. "今读《论语》,且熟读《学而》一篇,若明得一篇,其馀自然易晓。"

108. "书也只是熟读,常记在心头,便得。"

109. "既熟,则不烦恼,覆背得,此便是说也。书字亦然。"

110. "皆说习熟之意。"

111. "思得惯熟了,却行无不当者。"

112. "所以欲诸公将文字熟读,方始经心,方始谓之习。"

113. "若锻炼未能得十分如此成熟,心里固有时被它动。"

114. "见得渐渐分晓,行得渐渐熟,便说。"

115.“学只是要一个习,习到熟后,自然喜说不能自已。今人学所以便住了,只是不曾习熟,不见得好。”

116.“心是把捉人底,人如何去把捉得他！只是以义理养之,久而自熟。”

117.“大抵看圣贤语言,不须作课程。但平心定气熟看,将来自有得处。”

118.“且前辈讲求非不熟,初学须是自处于无能,遵禀他前辈说话,渐见实处。”

119.“人臣之事君当熟谏。”

120.“看熟了,真攧扑不破!”

121.“曾子三省,只是他这些未熟。如今人记书,熟底非全不记,但未熟底比似这个较用著心力照管。”

122.“但圣人熟,学者生。圣人自胸中流出,学者须著勉强。”

123.“所谓‘得’者,谓其行之熟,而心安于此也。”

124.“这个须是去做,到得熟了,自然贯通。”

125.“所闻皆是道理,无一事不是,可见其义精仁熟如此。”

126.“到六十时,是见得那道理烂熟后,不待思量,过耳便晓。”

127.“立,便是从心不逾矩底根子;从心不逾矩,便是立底事,只是到这里熟,却是个大底立。”

128.“到四十不惑,已自有耳顺,从心不逾矩意思,但久而益熟。”

129.“到得此时,是于道理烂熟了。闻人言语,更不用思量得,才闻言便晓,只是道理烂熟耳。”

130.“耳顺时,见得理熟;从心所欲不逾距时,又是烂熟也。”

131.“待得熟时,私意自住不得。”

132.“平日存主习熟处。”

133.“次第依旧又从熟处去。”

134.“‘温故知新’,不是易底新者,只是故中底道理时习得熟,渐渐发得出来。"

135."'思而不学则殆'。虽用心思量,不曾就事上习熟,毕竟生硬,不会妥帖。"

136."既思得这事,若不去做这事,便不熟,则臬兀不安。"

137."且如读书,看这一句理会不得,便须熟读,此便是学。"

138."'易',只是习得来熟。"

139."治田者须是经犁经耙,治得窒碍,方可言熟也。"

140."居丧习熟于礼文。"

141."只见得好仁路上熟。"

142."到这里(指"仁"处——引者加注)是熟。"

143."学者初做时,固不能无间断。做来做去,做到彻处,自然纯熟,自然光明。"

144."然学者但能尽己以推之于人,推之既熟,久之自能见圣人不待推之意。"

145."唯伊川《经解》之言,是晚年仁熟,方看得如此分晓,说出得如此分明。两句所以分仁恕,只是生熟、难易之间。"

146."这般道理,自是未消得理会。且就它威仪、文辞处学去。这处熟,性、天道自可晓。"

147."颜子底纯熟,可以到夫子。"

148."此平日克己工夫持养纯熟,故有此效。"

149."颜子学处,专在非礼勿视言动上。至此纯熟,乃能如此。"

150."看文字,且把著要紧处平直看教通彻,十分纯熟,见得道理,如人一身从前面直望见背后,从背直望见前面,更无些子遮蔽,方好。"

151."孟子所谓'夫仁,亦在乎熟之而已矣',此语说得尽了。"

152."圣人之心,直是表里精粗,无不昭彻,方其有所思,都是这里流出,所谓德盛仁熟,'从心所欲不逾矩',庄子所谓'人貌而天'。"

153."如'克己复礼',致谨于视听言动之间,久久自当纯熟,充达向上去。”

154.“见得那天理分明,日用间义理纯熟后,不被那人欲来苦楚,自恁地快活。”

155.“也只一般,只有个生熟。圣贤是已熟底学者,学者是未熟底圣贤。”

156.“这是熟底‘先难后获’,是得仁底人。”

157.“众人虽见他(指‘圣人’)是仁之至熟,义之至精,它(亦指‘圣人’)只管自见得有欠阙处。”

158.“德是行来行去,行得熟,已成个物事了。”

159.“熟于孝,则知逆恶之不可为。”

160.“此虽小学,至‘依于仁’既熟后,所谓小学者,至此方得他用。”

161.“只管体来体去,到得熟后,看是甚么事理,无不洞见。”

162.“看文字,须是熟后,到自然脱落处方是。”

163.“到熟后,全不费力。”

164.“须是熟后能如此。初间未熟时,虽蜀本淳录作‘须’字。是动容貌,到熟后自然远暴慢;虽是正颜色,到熟后自然近信;虽是出辞气,到熟后自然远鄙倍。”

165.“‘然看得来只是读书理会道理,只管将来涵泳,到浃洽贯通熟处,亦有此意思。’致道云:‘读《孟子》熟,尽有此意。’曰:‘也是。’”

166.“仁如酒好,圣如酒熟。”

167.“以今观之,不若熟理会《论语》,方能兴起善意也。”

168.“义精仁熟,而和顺道德。”

169.“贤人有未熟处,人未甚信服,若不引而自高,则人必以为浅近不足为。”

170.“须反覆看来看去,要烂熟,方见意味快乐,令人都不欲看别段,始得。”

171.“皆是天理之流行,卓然如此分晓。到这里,只有个生熟了。”

172."只熟了,自然恁地去。"

173."自生而至熟,正如写字一般。会写底,固是会;不会写底,须学他写。今日写,明日写,自生而至熟,自然写得。"

174."只恁地养熟了,便忽然落在那窠窟里。"

175."曾点与漆雕开,只是争个生熟。"

176."曾子随事上做,细微曲折,做得极烂熟了,才得圣人指拨,一悟即了当。"

177."一味就理上去做,次第渐渐见得,道理自然纯熟,仁亦可见。"

178."克己工夫,其初如何便得会自然!也须著禁制始得,到养得熟后,便私意自渐渐消磨去矣。"

179."此等言语,人皆烂熟,以为必须如此说。才不如此说,便不快意矣。"

180."也只是刬除熟。而今人于身上不好处,只是常刬去之。才发便刬,自到熟处。"(注:刬除掉身上的病痛,意指刬除去胸中积怨、私心杂念。)

181."他(指孔子)日用间是理会甚事,想每日讲论甚熟。"

182."圣人教人,内外夹持起来,恁地积累成熟,便会无些子渗漏。"

183."'从事于此,则心不外驰,而所存自熟'之意?曰:'然。'"

184."言德性,是就本原处说。根基深厚,德盛仁熟,便能如此,便是'所过者化'。"

185."如'从心所欲不逾矩',是也,然此理既熟,自是放出。"

186."苟施种植之功,至于日至之时,则自然成熟。"

187."'天地以生物为心'。譬如甑蒸饭,气从下面滚到上面,又滚下,只管在里面滚,便蒸得熟。"(注:形象化的说明,人心之成熟,也需要如此"滚上滚下",方"蒸得熟"。)

188."《孟子》七篇论性处,只此一处,已说得尽。须是日日认一过,只是要熟。"

189."看得道理熟,见世间事才是苟且底,鲜有不害事。"

190.“若是见得道理熟,自然有所分别,而不肯为恶矣。”

191.“到得常常做得熟,自然浃洽通快,周流不息,油然而生,不能自已。只是要到这乐处,实是难在。”

192.“‘取之左右逢其原’,到得熟了,自然日用之间只见许多道理在眼前。”

193.“某因将《孟子》反覆熟读,每一段三五十过,至此方看得出。”

194.“以此知观书不可苟,须熟读深思,道理自见。”

195.“及临事方要穷理,从那里捉起!惟是平时常操得存,自然熟了,将这个去穷理,自是分明。”

196.“收放心,只是收物欲之心。如理义之心,即良心,切不须收。须就这上看教熟,见得天理人欲分明。”

197.“作三节看后,自然习熟,此心不至于放。”

198.“以此知这道理虽然说得有许多头项,看得熟了,都自相贯通。”

199.“今初求,须猛勇作力,如煎药,初用猛火;既沸之后,方用慢火养之,久之须自熟也。”(注:读书做学问,亦须如此!)

200.“‘若要熟,也须从这里过。’人须从贫困艰苦中做来,方坚牢。若不从这里过,也不识所以坚牢者,正缘不曾亲历了,不识。似一条路,须每日从上面往来,行得熟了,方认得许多险阻去处。若素不曾行,忽然一旦撞行将去,少间定堕坑落堑去也!”

201.“初间固是操守存在这里(指‘尽心’),到存得熟后,也只是存。”

202.“‘强恕而行’,是知之未至,且恁把捉勉强去,少间到纯熟处,便是仁。”

203.“须先自《学而篇》渐渐浸灌到纯熟处,其间义理却自然出。”

204.“不干涉。如‘勉强而行’,亦非此比。安(仁)、利(仁)、勉强,皆是真切,但有熟不熟耳。”

205.“如涵养熟者,固是自然中节。便做圣贤,于发处亦须审其是非而行。涵养不熟底,虽未必能中节,亦须直要中节可也。要知二者可以交相助,不可交相待。”

206.“君子要‘多识前言往行,以蓄其德’者,以其看前言往行熟,则自能见得时中,此是穷理致知功夫。惟如此,乃能‘择乎中庸’否?此说亦是。”

207.“且须熟读正文,莫看注解。”

208.“仁固欲熟,义固欲精。”

209.“不过熟读精思,自首至尾,章章推究,字字玩索,以求圣人作《易》之意,庶几其可。”

210.“成熟为贞。”

211.“到得生实欲熟未熟之际,此便是利;及其既实而坚,此便是贞矣。”(注:借物说人。)

212.“大凡读《易》到精熟后,颠倒说来皆合;不然,则是死说耳。”

213.“读《诗》之法,只是熟读涵味,自然和气从胸中流出,其妙处不可得而言。”

214.“看来书只是要读,读得熟时,道理自见,切忌先自布置立说。”

215.“只觉得熟便止。”

216.“须是读熟了,文义都晓得了,涵泳读取百来遍,方见得那好处,那好处方出,方见得精怪。见公每日说得来干燥,元来不曾熟读。若读到精熟时,意思自说不得。”

217.“读得这一篇,恨不得常熟读此篇,如无那第二篇方好。”

218.“如《孟子》,也大故分晓,也不用解他,熟读滋味自出。”

219.“读《诗》全在讽咏得熟,则六义将自分明。须使篇篇有个下落,始得。且如子善向看《易传》,往往毕竟不曾熟。如此,则何缘会浃洽!”

220.“福州陈止之极鲁钝,每读书,只读五十字,必三二百遍而后能熟,精习读去,后来却赴贤良。要知人只是不会耐苦耳。”

221.“未要去讨疑处,只熟看。”

222.“此是三百篇之首,可更熟看。”

223.“又熟看久之,方敢决定断说这说是,那说不是。”

224.“《关雎》一诗文理深奥,如《乾》《坤》卦一般,只可熟读详味,不可说。”

225.“古人上下习熟,不待家至户晓,皆如饥食而渴饮,略不见其为难。”

226.“每日接熟于耳目,所以一旦丧祸,不待讲究,便可以如礼。”

227.“此等礼,古人目熟耳闻,凡其周旋曲折,升降揖逊,无人不晓。”

228.“也只存得这物事在这里,便恁地涵养将去。既熟,则其发见自不差。”

229.“一部《周礼》却是看得天理烂熟也。”

230.“向时尚有《开宝通礼》科,令其熟读此书,试时挑问。”

231.“想得不似颜子熟,然曾子亦大故有力。”

232.“周子看得这理熟,纵横妙用,只是这数个字都括尽了。”

233.“伊川解文字甚缜密,也是他年高七十以上岁,见得道理熟。吕与叔言语多不缜密处,是他不满五十岁。若使年高,看道理必煞缜密。”(注:以旁证孔子“七十从心所欲不逾矩”之熟境!)

234.“如谷九分熟,一分未熟,若割断,亦死了。到十分熟,方割来,这生意又藏在里面。明年熟,亦只是这个生。如恻隐、羞恶、辞逊、是非,都是一个生意。”(注:此“生”,非生熟之“生”,而是生生不息之“生”,是“仁”性之“生”。)

235.“这道理只熟看,久之自见如此,硬桩定说不得。”

236.“须是看得道理大段熟,方可看。”

237.“(横渠)只是学个恭,自验见不曾熟;不是学个恭,又学个安。”

238.“精熟义理而造于神,事业定乎内。”

239.“咸令精熟。”

240.“于馆人处借得《孟子》一册熟读,方晓得‘养气’一章语脉。”

241.“老苏(指苏洵)则直是心中都透熟了,方出之于书!看他们用工夫更难,可惜!”

242.“《孟子》之书,明白亲切,无甚可疑者。只要日日熟读,须教他在吾肚中转作千百回,便自然纯熟。"

243."这道理无他巧,只是熟,只是专一。"

244."只是要熟,孟子曰'仁,亦在乎熟之而已。'熟,则一唤在面前。不熟时,才被人问著。"

245."此不厌熟,熟后更看,方始滋味出。"

246."此亦无他,只是觉得不当思虑底,便莫要思,便从脚下做将去。久久纯熟,自然无此等思虑矣。譬如人坐不定者,两脚常要行;但才要行时,便自少觉莫要行。久久纯熟,亦自然不要行而坐得定矣。"

247."初读书时,且从易处看。待得熟后,难者自易理会。如捉贼,先擒尽弱者,则贼魁自在这里,不容脱也。"

248."今须先正路头,明辨为己为人之别,直见得透,却旋旋下工夫(即熟);则思虑自通,知识自明,践履自正。积日累月,渐渐熟,渐渐自然。若见不透,路头错了。"

249."公看文字,亦且就分明注解依傍看教熟。待自家意思与他意思相似,自通透。"

250."又不得贪多欲速,直须要熟,工夫自熟中出。"

251."只是养未熟尔。"

252."大率为学虽是立志,然书亦不可不读,须将经传本文熟复。"

253."只看《近思录》。今日问个,明日复将来温寻,子细熟看。"

254."只是未熟在。如饥而食,吃得多,则须饱矣。"

255."于今为学之道,更无他法,但能熟读精思,久久自有见处。"

256."只是看得未熟耳。若熟看,待浃洽,则悦矣。"

257."这粗便是细,只是恁地看熟了,自通透。"

258."后得谢显道《论语》,甚喜,乃熟读。先将朱笔抹出语意好处;又熟读得趣,觉见朱抹处太烦,再用墨抹出;又熟读得趣,别用青笔抹出;又熟读得其要领,乃用黄笔抹出。至此,自见所得处甚约,只是一两句上。却日夜就此一两句上用意玩味,胸中自是洒落。"

259."须是平时只管去讲明,讲明得熟时后,却解渐渐不做差了。"

260."熟而荐之。"

261."元不曾识。举世皆然,只是不曾读。熟读后自然见得。"

262."他都是将三代以前文字熟读后,故能如此。"

263."若但欲来人面前说得去,不求自熟,如此济得甚事!"

264."此只是强自降伏,若未得天理纯熟,一旦失觉察,病痛出来,不可不知也。"

265."有些说话,且留在胸次烹治锻炼,教这道理成熟。"

266."观《诗》之法,且虚心熟读寻绎之,不要被旧说粘定,看得不活。"

267."善熟。"

268."人若读得《左传》熟,直是会趋利避害。"

269."天下无不可说底道理。如为人谋而忠,朋友交而信,传而习,亦都是眼前底事,皆可说。只有一个熟处说不得。除了熟之外,无不可说者。未熟时,顿放这里又不稳帖,拈放那边又不是。然终不成住了,也须从这里更著力始得。到那熟处,顿放这边也是,顿放那边也是,七颠八倒无不是。所谓'居之安,则资之深;资之深,则左右逢其原'。譬如梨柿,生时酸涩吃不得,到熟后,自是一般甘美。相去大远,只在熟与不熟之间。"

270."这处便是悟。做文章合当如此,亦只是熟,便如此。恰如自家们讲究义理到熟处。"

271."老苏文豪杰,只是熟。"

272."譬如他人做得饭熟,盛在碗里,自是好吃,不解毒人,是定。自家但吃将去,便知滋味,何用问人?"(注:以"熟饭"喻之,做人、做官、做学问,皆以"熟"来滋味其中自家辛酸"工夫"!)

273."譬如耕田,须是下了种子,便去耘锄灌溉,然后到那熟处。而今只想象那熟处,却不曾下得种子,如何会熟?"

274."莫是穷来穷去,做来做去,久而且熟,自能长进到十分否?虽未能从容,只是熟后便会从容。再三咏一'熟'字。"

275."岂有妙道精义在？只是也要理会。理会得熟时，道理便在上面。"

276."更将孟子答滕文公曹交问孟子章熟读。才见得此，甚省力。"

277."孟子曰'仁在乎熟'，吾友更详思之。"

278."亦在乎熟耳。如小儿读书遍数多，自记得，此熟之验也。大抵禀赋得深，多少年月，一旦如何便尽打叠得！须是日夜惩戒之以至于熟，久当自去。"

279."习之而熟，能无悦乎？"

280."若研穷不熟，得些义理，以为是亦得，以为非亦得。须是见得'差之毫厘，谬以千里'方可。"

281."须平日多读书，讲明道理，以涵养灌培，使此心常与理相入，久后自熟，方见得力处。"

282."讲究得多，便自然熟。"

283."须著些心力，如法考究。若如此看得三五项了，自然便熟，向后看时，更不似初间难，亦可类推也。"

284."人要知得轻重，须用称方得。有拈弄得熟底，只把在手上，便知是若干斤两，更不用称。此无他，只是熟。"

285."百工技艺做得精者，亦是熟后便精。孟子曰：'夫仁，亦在乎熟之而已。'所以贵乎熟者。"

286."思虑多走作，亦只是不熟，熟后自无。"

287."经书正须要读。如史书要见事变之血脉，不可不熟。"

288."只是熟，故说；到说时，自不肯休了。而今人所以恁地作辍者，只是未熟。"

289."圣人漉得那天理似泥样熟。"

290."虽未能从容，只是熟后便自会，只是熟，只是熟。"

291."道理本自广大，只是潜心积虑，缓缓养将去，自然透熟。"

292."此道理无出圣人之言，但当熟读深思。且如人看生文字与熟文字，自是两般。既熟时，他人说底便是我底。"

293."读书无甚巧妙,只是熟读。"

294."工夫熟时,义理自然通贯,不用问人。"

295."生恁地,自无安顿去处。到后来理会熟了,便自合当如此。"

296."将本文熟读平看,今日看不出,明日又看。看来看去,道理自出。"

297."这个亦只是认教熟,熟了便不如此。"

298."须是本句透熟,方可推。"

299."某人来说书,大概只是捏合来说,都不详密活熟。此病乃是心上病。"

300."且旋恁地做去,只是如今且说个'熟'字。这'熟'字如何便得到这地位?到得熟地位,自有忽然不可知处。不是被你硬要得,直是不知不觉得如此。"

301."今人读书,仁义礼智总识,而却无落泊处,此不熟之故也。"

302."只是不熟,不曾玩味入心。"

303."读书正要精熟,而言不用精熟;学问正要思惟,而言不可思惟。"

304."今欲理会这个道理,是天下第一至大至难之事,乃不曾用得旬月功夫熟读得一卷书。"

305."思量一件道理,直是思量得彻底透熟,无一毫不尽!"

306."心路只在这上走,久久自然晓得透熟。"

307."今公们只是扭捏巴揽来说,都记得不熟,所以这道理收拾他不住。"

308."所争者只是熟与不熟耳。"

309."今之学者所以多不得力、不济事者,只是不熟。平生也费许多功夫看文字,下梢头都不得力者,正缘不熟耳。只缘一个不熟,少间无一件事理会得精。"

310."这个须是烂泥酱熟,纵横妙用皆由自家,方济得事也。"

311."而今都只在那皮毛上理会,尽不曾抓著痒处。若看得那物事熟时,少间自转动不得。自家脚才动,自然踏著那物事行。"

312."此间所以令学者入细观书做工夫者,正欲其熟考圣贤言语,求个的确所在。"

313."若大著意思反复熟看,那正当道理自涌出来。"

314."今人要入室奥,须先入门入庭,见路头熟,次第入中间来。"

315."(仁义礼智)这四个字若看得熟,于世间道理,沛然若决江河而下,莫之能御矣。"

316."今若不做培养工夫,便是五谷不熟,又不如稊稗也。"

317."(庖丁解牛)理之得名以此。目中所见无全牛,熟。"

318."《参同契》为艰深之词,使人难晓。其中有'千周万遍'之说,欲人之熟读以得之也。大概其说以为欲明言之,恐泄天机,欲不说来,又却可惜!"

319."盖学之既久,自然纯熟。"

320."人做文章,若是子细看得一般文字熟,少间做出文字,意思语脉自是相似。读得韩文熟,便做出韩文底文字;读得苏文熟,便做出苏文底文字。"

321."熟处难忘。"

——殿后那句"熟处难忘",作为这里的幸运结语!

链　接

●人物链接(Ⅰ)：

○孔子

○孟子

○董仲舒

○韩愈

○王安石

○二程

○张载

○朱熹

○陆象山

○陈献章

○王阳明

○王船山

●思想“圆圈”：

○孔子到孟子

○二程到朱熹

○张载到王船山

○陆象山到陈献章再到王阳明

●**事实研判：**

○“夫仁,亦在乎熟之而已矣”

●**一路走来：**

○孔子话语

○孟子语境

○孔孟集义

○三子诉求

○二程品位

○张子气质

○象山动向

○白沙起步

○阳明考量

○船山别致

●**独到情结：**

○原点与杠杆

○“熟仁”与“仁熟”

○“熟仁”理性

○做人—做官—做事—做学问

●**人物链接(Ⅱ)：**

○颜渊

○颜元

○吕坤
○李栗谷
○曾国藩
○洪应明
○戴震
○胡五峰

●**特殊链接:**

○《菜根谭》
○《庄子》
○《淮南子》
○《陶渊明集》
○《闲情偶寄》
○兵家作品

●**事实研判:**

○“行动”逻辑

●**一路走来:**

○颜渊:“三月不违仁”
○颜元:“看高一线”
○吕坤:“自德性中来”
○李栗谷:“‘熟仁’无国界”
○曾国藩:“熟仁”的集散地
○洪应明:《菜根谭》见得“殊途同归”
○戴震:“人欲”疏证
○胡五峰:“熟仁”照亮

●**独到情结**:

○“仁必欲熟”

○殊途同归

○“熟仁”理性之光

○走出“心魔”

主要参考文献

甲:核心文献书目

1.《论语》(万有文库丛书),辽宁教育出版社 1997 年版。

2.《孟子》(万有文库丛书),辽宁教育出版社 1997 年版。

3.《孔子家语》(万有文库丛书),辽宁教育出版社 1997 年版。

4.《礼记》(万有文库丛书),辽宁教育出版社 1997 年版。

5.《周易》(万有文库丛书),辽宁教育出版社 1997 年版。

6.《尚书》(万有文库丛书),辽宁教育出版社 1997 年版。

7.《诗经》(万有文库丛书),辽宁教育出版社 1997 年版。

8. 朱熹:《四书章句集注》,中华书局 1983 年版。

9. [宋]黎靖德编:《朱子语类》,岳麓书社 1997 年版。

10.《二程集》,中华书局 1981 年版。

11.《张载集》,中华书局 1978 年版。

12. 王船山:《四书训义》,岳麓书社 1990 年版;《张子正蒙注》,岳麓书社 1992 年版;《读四书大全说》,岳麓书社 1991 年版;《周易内传》,岳麓书社 1992 年版;《周易外传》,岳麓书社 1992 年版。

13.《陆象山集》,中华书局 1980 年版。

14.《陈献章集》,中华书局 1987 年版。

15.《王阳明全集》(吴光等编校),上海古籍出版社 1992 年版。

16.《曾国藩全集》,岳麓书社出版,《日记》(一),1987 年版;《日记》(二),1988 年版;《日记》(三),1989 年版;《家书》(一),1985 年版;《家书》(二),1985 年版;《诗文》,19 86 年版;《书信》(一),1990 年版;《书信》(二),1991 年版;《书信》(三),1992 年版;《书信》(四),1992 年版;《书信》(五),1992 年版;《书信》(六),1992 年版。

17.《颜元集》,中华书局 1987 年版。

18.[清]苏舆:《春秋繁露义证》,中华书局 1992 年版。

19.《韩愈全集校注》(屈守元、常思春主编),四川大学出版社 1996 年版。

20.《王安石全集》,吉林人民出版社 1996 年版。

21.《胡宏集》,中华书局 1987 年版。

22.[清]戴震:《孟子字义疏证》,中华书局 1982 年版。

23.[明]吕坤:《呻吟语》(吴承学、李光摩校注),上海古籍出版社 2000 年版。

24.[明]洪应明:《菜根谭》(吴承学、李光摩校注),上海古籍出版社 2000 年版。

25.[韩国]李栗谷:《圣学辑要》,《栗谷集》(II),韩国庚寅文化社 1986 年版。

26.《李觏集》,中华书局 1981 年版。

27.[宋]周敦颐:《周子通书》,上海古籍出版社 2000 年版。

28.《官箴书集成》(官箴书集成纂委员会编),黄山书社 1997 年版。

乙:外围文献书目

29.《淮南子译注》(陈广忠注译),吉林文史出版社 1990 年版。

30.《陶渊明集》(万有文库丛书),辽宁教育出版社 1997 年版。

31.《老子 庄子 孙子 吴子》(万有文库丛书),辽宁教育出版社 1997 年版。

32. 屈守元:《韩诗外传笺疏》,巴蜀书社 1996 年版。

33.《潜书注》,四川人民出版社 1984 年版。

34. [清]李光地:《周易折中》,巴蜀书社 1998 年版。

35. 班固:《汉书》,浙江古籍出版社 2000 年版。

36.《中国儒学》(谢祥皓、刘宗贤编),四川人民出版社 1993 年版。

37. 陈子展:《诗经直解》,复旦大学出版社 1983 年版。

38.《六祖坛经》敦煌新本(杨曾文校写),上海古籍出版社 1993 年版。

39.《韩非子》(万有文库丛书),辽宁教育出版社 1997 年版。

40.《墨子》(万有文库丛书),辽宁教育出版社 1997 年版。

41.《尉缭子全译》(刘春生译注),贵州人民出版社 1993 年版。

42.《春秋谷梁传》(万有文库丛书),辽宁教育出版社 1997 年版。

43.《管子》(万有文库丛书),辽宁教育出版社 1997 年版。

44.《逸周书》,(万有文库丛书),辽宁教育出版社 1997 年版。

45. [明—清]李渔:《李渔随笔》全集,巴蜀书社 1997 年版。

46. 梁启超:《中国近三百年学术史》,中国书店 1985 年版。

47. 冯友兰:《中国哲学简史》,新世界出版社 2004 年版。

48. [苏联]列宁:《谈谈辩证法问题》,见《列宁选集》第二卷,人民出版社 1995 年版。

49. [德国]康德:《历史理性批判文集》(何兆武译),商务印书馆 1996 年版。

50. [德国]康德:《实践理性批判》,见《康德文集》,改革出版社 1997 年版。

51. [希腊]亚里士多德:《尼各马科伦理学》,见苗力田主编《亚里士多德全集》第八卷,中国人民大学出版社 1994 年版。

52.《周礼·仪礼》(万有文库丛书),辽宁教育出版社 1997 年版。

53. 司马迁:《史记》,岳麓书社 1988 年版。

54. [清]黄汝成:《日知录集释》,岳麓书社 1994 年版。

55. 庞朴:《儒家辩证法研究》,中华书局 1984 年版。

56. 徐复观:《两汉思想史》(三卷),华东师范大学出版社 2001 年版。

57. 李明辉:《儒家视野下的政治思想》,台湾大学出版中心 2005 年版。

58. 杨伯峻:《论语译注》,中华书局 1980 年版。

59. 陈鼓应:《易传与道家思想》,三联书店 1997 年版。

60.《中国政治思想史》三卷本(刘泽华主编),浙江人民出版社 1996 年版。

61. [韩国]丁若镛:《牧民心书》,韩国弘新文化社 2004 年版。

62.《孝经》(万有文库丛书),辽宁教育出版社 1997 年版。

63. 冯契:《中国古代哲学的逻辑发展》(三卷),上海人民出版社 1985 年版。

64. [美]余英时:《士与中国文化》,上海人民出版社 1987 年版。

65.《官箴》(徐梓编注),中央民族大学出版社 1996 年版。

66.《李泽厚十年集》,安徽文艺出版社 1994 年版。

67.《吕氏春秋集释》,中华书局 2009 年版。

68. 中国哲学史、孔子研究、孔孟月刊(台湾)最近十年期刊。

后 记

对于儒家“熟仁”的思考和研究，已经“消耗”了我至少十二年光景。十二个春秋花在这一题目的探索上，尽管为此头发白了一层又一层，但是，当我看到十二年工夫没有白花，几近一百万字的书出版了，内心不甚欣慰和激动。

本拙著出版之前，我已经作了很多辅助性研究，相关的论文已经发表在海内外，说明这个课题的研究还是受到学界内的关注和欢迎。

公允地说，关于儒家的“熟仁”研究，这本书可能是至今首猎其题的专著。感到幸运的是，能够如愿以偿地在我有生之年出版了，或许给予我一生学术生涯之最大安慰的，就是这本书了。因为，以后的写作，我将专注于那个“颜渊”与“心灵鸡汤”的写实了。

在此，感谢江西人民出版社的徐兄明德，再一次为一个笔友“肝胆相照”了一回。同样，借此机会，感谢所有关心我的人，不管是过去的、现在的、将来的。一切尽在不言中！

善哉

杨建祥

于上海寒舍无亢书房

2012 年 03 月 21 日